國家社科基金重大項目《荆楚全書》編纂成果

荊楚文庫

曹亞伯集（上）

曹亞伯 著

周月峰 張陽 郭靖 編

荊楚文庫編纂出版委員會

華中師範大學出版社

荆楚文庫

曹亞伯集

CAOYABO JI

圖書在版編目 (CIP) 數據

曹亞伯集 / 曹亞伯著；周月峰，張陽，郭靖編．
—武漢：華中師範大學出版社，2019.3
（荆楚文庫）
ISBN 978-7-5622-8500-7
Ⅰ．①曹…
Ⅱ．①曹… ②周… ③張… ④郭…
Ⅲ．①中國歷史—近代史—文集
Ⅳ．① K250.7-53
中國版本圖書館 CIP 數據核字（2019）第 024441 號

責任編輯：魏耀武
整體設計：范漢成 曾顯惠 思 蒙
責任校對：熊 然
責任印製：王興平
出版發行：華中師範大學出版社
地址：湖北省武漢市洪山區珞喻路 152 號（湖北・武漢）
電話：027-67863426（發行部） 郵政編碼：430079
録排：桂子工藝
印刷：湖北新華印務有限公司
開本：720mm × 1000mm 1/16
印張：86
字數：1200 千字
版次：2019 年 12 月第 1 版 2019 年 12 月第 1 次印刷
定價：395 元（全三册）

ISBN 978-7-5622-8500-7
9 787562 285007

出版説明

湖北乃九省通衢，北學南學交會融通之地，文明昌盛，歷代文獻豐厚。守望傳統，編纂荆楚文獻，湖北淵源有自。清同治年間設立官書局，以整理鄉邦文獻爲旨趣。光緒年間張之洞督鄂後，以崇文書局推進典籍集成，湖北鄉賢身體力行之，編纂《湖北文徵》，集元明清三代湖北先哲遺作，收兩千七百餘作者文八千餘篇，洋洋六百萬言。盧氏兄弟輯録湖北先賢之作而成《湖北先正遺書》。至當代，武漢多所大學、圖書館在鄉邦典籍整理方面亦多所用力。爲傳承和弘揚優秀傳統文化，湖北省委、省政府决定編纂大型歷史文獻叢書《荆楚文庫》。

《荆楚文庫》以“搶救、保護、整理、出版”湖北文獻爲宗旨，分三編集藏。

甲、文獻編。收録歷代鄂籍人士著述，長期寓居湖北人士著述，省外人士探究湖北著述。包括傳世文獻、出土文獻和民間文獻。

乙、方志編。收録歷代省志、府縣志等。

丙、研究編。收録今人研究評述荆楚人物、史地、風物的學術著作和工具書及圖册。

文獻編、方志編録籍以 1949 年爲下限。

研究編簡體横排，文獻編繁體横排，方志編影印或點校出版。

《荆楚文庫》編纂出版委員會

2015 年 11 月

曹亞伯像

前　　言

1946年12月7日，國民政府頒發了一份褒揚令，内容爲：

> 曹亞伯早歲加入同盟，經歷險阻，嗣出亡海外，留學英倫。歸國後，爲國馳驅，不求榮利。晚年崑山隱處，益勵清操。抗戰軍興，攖心國難，憂憤成疾，賫志以終。追念遺型，良深軫惜，應予明令褒揚，以彰潛德。此令。①

曹亞伯是革命元老，病逝於1937年10月這一非常之時，褒揚令中所謂"抗戰軍興，攖心國難，憂憤成疾，賫志以終"。在戰争初起之時，正需立加褒獎，振奮人心，但爲何卻遲至1946年方頒發褒揚令？這緣於曹亞伯與國民政府的複雜關係。對於國民政府來説，曹亞伯始終是一位"非主流"的老革命黨，並且撰寫了一部"非正統"的、被國民政府禁毁的《武昌革命真史》。

曹亞伯（1875—1937），字慶雲，湖北興國州（今陽新縣）人，是一位老革命黨。他是日知會、華興會、武昌科學補習所等早期革命團體的發起者或重要會員，其中，日知會經曹亞伯等人的改造，才從普通閲報室一變而爲"新組織之黨團"，且爲"革命機關部"②。此後他又爲團結革命力量，前往日本聯絡奔走，發起組織同盟會，被推爲湖北省主盟員（評議部議員），爲同盟會中"有力分子"。除組織革命團體外，他在清末時又積極參與革命活動，運動軍隊，聯絡會黨，"自瀏陽起義至辛亥革命

---

① 《國民政府令》，《國民政府公報》1946年12月7日，第1版。

② 《曹君亞白傳》，鄒魯編著：《中國國民黨史稿》，上海書店1989年版，第1625頁。

告成，無役不從"①。即使在英國時，也爲宣傳中國革命運動孜孜不倦，其寓所即爲中國同盟會倫敦辦事處，爲歐洲革命團體之重鎮。民國之後，先後參與討袁之役、護法運動及北伐，是衆多革命事件的核心人物。曹亞伯并且爲歷次革命活動籌集經費，功不可没，在護法運動中，據説更以自己的關係爲革命黨取得德國百萬資助，"遂有程璧光率海軍南下及廣州召集非常國會之舉"②。此外，他年輕時即與黄興同窗，與孫中山、陳少白等革命元老相從甚密，甚至連吴稚暉都是經曹亞伯介紹才加入同盟會，又曾指引林森、居正、柏文蔚等信佛，他自己甚至説"我與孫中山財帛不分家"③。可以看到，無論從組織團體、參與革命事件或與革命元老的關係等任何一方面而言，曹亞伯都稱得上是革命元勳。不過，如果説孫、黄等人是革命黨的"面子"，那曹亞伯則更像是革命黨的"裏子"。革命成功之後，"功成身退，甘自淡泊"④。

曹亞伯是性情中人，有著火爆脾气。他的任俠之氣，使他與革命黨契合，卻又常與革命黨人不和。他於1900年入兩湖書院，當時同學諸生"多熱衷利禄，不脱奴隸根性，遂呵之曰'無氣骨'，或曰'走狗奴才'。同學中惡其好使氣罵人，咸以'曹瘋子'三字報之"⑤。可見其性格之一斑。張之洞曾評價其爲"性情尤屬乖張"，吴稚暉也説他"心直口快，是黨中天不怕地不怕的一個，什麽人都被他謾駡"⑥。後來孫中山曾對人説："劉成禹、曹亞伯兩人，於党國革命，曾盡大力，而未獲相當報酬。數次

---

① 《革命先進曹亞伯逝世》，《申報》1937年10月15日，第6版。

② 馮自由：《興國州人曹亞伯》，《革命逸史》第2集，中華書局1981年版，第53页。

③ 曹志鵬：《曹亞伯先生致力革命大業年表》，《黄石文史資料》第19期，1995年，第286頁。

④ 《革命先進曹亞伯逝世》，《申報》1937年10月15日，第6版。

⑤ 馮自由：《興國州人曹亞伯》，《革命逸史》第2集，中華書局1981年版，第51—52页。

⑥ 吴相湘：《石瑛——民國以來第一清官》，《傳記文學》第6卷第5期，1965年5月，第31頁。

欲用，人皆謂其悠悠忽忽，不能任事。”① 所謂“悠悠忽忽”大抵也是指性格而言，或者曹亞伯真“悠悠忽忽”，性格火爆，非體制中人，故“不能任事”；或者他其實并不“悠悠忽忽”，而卻“人皆謂”他如此，這同樣也表示他與孫中山周圍之人并不和洽。其中，又以與胡漢民的關係最爲緊張。

曹亞伯與胡漢民的矛盾未知因何“細故”而起。馮自由記載説，在1921年10月，孫中山督師北伐，駐節桂林，“亞伯隨行，嘗因細故與參軍某不協，某令侍役勿爲其供食，亞伯大窘”。曹此後“逢人必訴某氏弟兄閉塞賢路，妨害大局等事”②。也有黨國元老但燾解釋此中矛盾，指出“當年國父係與亞伯先生同席而食，胡某某爲此吃醋，故必欲排擠而後快”，並推測“因何細故齟齬”，“可能亞伯好使氣駡人，胡某某心胸狹隘受不了”③。總之，無論具體原因若何，曹胡之間確實勢同水火。曹亞伯甚至在1922年春“宣言殺胡漢民”④。同時，因爲胡之故，也不再願意到孫中山處。有一次有人託曹帶信於孫，他卻轉而致信宋慶齡，説：“亞伯因恨胡漢民，故決不到先生處。”⑤

無論是説胡漢民“心胸狹隘”抑或曹亞伯“好使氣駡人”，均只著眼於性格。不過，如果僅僅是雙方性格造成，則只是個人之間的矛盾。然而，從曹亞伯的字裏行間推測，内中可能同時牽涉革命黨内部老派與新派、實幹者與文官政客之間的衝突。此前，曹亞伯曾提醒孫中山“對於一切老年老同志皆當親愛以動其感情”，又説“萬不可以無聊政客之吹牛，亂委人員，以自醖禍”，並嘲笑王正廷等革命新人政客“吹牛取利”，

---

① 曹志鵬：《曹亞伯先生致力革命大業年表》，《黄石文史資料》第19期，1995年，第288頁。

② 馮自由：《興國州人曹亞伯》，《革命逸史》第2集，中華書局1981年版，第53—54頁。

③ 曹志鵬：《曹亞伯先生致力革命大業年表》，《黄石文史資料》第19期，1995年，第269頁。

④ 《曹亞伯就對胡漢民等人的看法事致吴景濂函》（1922年12月2日），《北洋軍閥史料·吴景濂卷》第4册，天津古籍出版社1996年版，第253頁。

⑤ 《曹亞伯致宋慶齡函》（1922年12月4日），中國國民黨黨史會藏原件。

争做首領，説："若要吹牛取利，則吾首先在教會組織革命機關，在兩湖經營二十一年，同志死者累千，不知要出何等風頭。"① 他與孫中山是布衣之交，看到孫任用、信任新人文士，而忽視曾在槍林彈雨中出生入死的"老年老同志"，恐有不平與失落。故他説："中山之迷信漢民，恐老同志皆不願与之共事。"② 這或許能解釋他在孫中山、陳炯明矛盾初顯時，一度傾向陳炯明，"附和陳逆，攻訐總理"③。因爲陳炯明的理由之一便是"我是服從總理的，不過要總理把左右文武佞人清除"④。恐怕這同樣是曹亞伯的心聲。所以他評價孫中山説："武昌倡義，推爲元首，惜爲左右所包圍，一念及私，則同舟立成敵國。"⑤ 正如他當年對黎元洪所説："對於胡漢民、王正廷輩宵小勿使得志，皆收人心，順天命之急務。"⑥又對吴景濂説："王正廷、顧維鈞、高思洪輩，俱被國人共棄。"⑦可見他痛恨的其實是跟"老年老同志"相對的"宵小"、"左右文武佞人"羣體，並不限於胡漢民一人。

曹亞伯與胡漢民的矛盾及背後的代際、派系之争，是曹晚年離開革命黨選擇隱居崑山的原因，即"自今春宣言殺胡漢民以來，對於南北皆不沾染"⑧。同時，這也成爲其作《武昌革命真史》的動機之一。他對宋慶齡便説："亞伯將作《革命真史》，必有以宣佈小人之罪狀，以告天下後世也。"⑨ 所謂"小人"，無疑正是胡漢民、王正廷等"宵小"之輩。

---

① 《曹亞伯致孫中山》，曹文錫：《與國父有關之珍貴史料》，《湖北文獻》第 57 期，1980 年 10 月 10 日，第 2 頁。

②⑦⑧ 《曹亞伯就對胡漢民等人的看法事致吴景濂函》（1922 年 12 月 2 日），《北洋軍閥史料·吴景濂卷》第 4 册，天津古籍出版社 1996 年版，第 253 頁。

③ 《令縣屬各警署、九江市政局奉民政廳令查禁中華書局出版之〈武昌革命真史〉一書案》，《南海縣政季報》1930 年第 5 期，第 121－122 頁。

④ 曹志鵬：《曹亞伯先生致力革命大業年表》，《黄石文史資料》第 19 期，1995 年，第 272 頁。

⑤ 曹亞伯：《武昌革命真史》上册，上海書店 1982 年版。

⑥ 《曹亞伯陳述粤直及其他政界要人情况函》（1922 年 7 月 4 日），《北洋軍閥史料·黎元洪卷》第 3 册，天津古籍出版社 1996 年版。

⑨ 《曹亞伯致宋慶齡函》（1922 年 12 月 4 日），中國國民黨黨史會藏原件。

馮自由解釋其著書原因，説：

> 亞伯既脱罪，謂國民黨改組後，一般青年多數典忘祖，鄙視前輩，皆由不知革命歷史所致，遂發憤搜集其多年珍藏之日知會文書筆記，及辛亥武昌革命一切文告等等，編輯成書，題曰“武昌革命真史”，凡數十萬言。

曹亞伯著書的想法由來已久，無論是希望“宣佈小人之罪狀”或對“國民黨改組後，一般青年多數典忘祖，鄙視前輩”的不滿，其實都是老革命對革命黨中新進得勢者的“反抗”。曹亞伯所不滿的新進得勢者也包括在北伐中以“投機”爲名拘禁曹亞伯的白崇禧。所以，此書既是對小人罪狀的宣佈，也是對被忽視的“老年老同志”功績的彰顯。如果説一般的“正史”，尤其是“立國史”都是勝利者所撰寫，而《武昌革命真史》卻出自勝利者中的失意者，是失意者对正统叙述的“反抗”。這也注定了該書的“非正統”性。

對於此書的價值，左舜生曾説：

> 以史料視此書，則價值頗高；以著作體裁論，則大可商榷。蓋此書所蒐集之資料，無一而非真實，然僅側重兩湖，於其他方面，則不免挂一漏萬。如題曰“辛亥革命史料”，則毛病尚小，斷不能名之曰“史”，更不能曰“真史”。……假令今有人焉，欲就辛亥一役，成一完整之著作，如不得曹書參考，余真不知其從何著筆也。①

顯然，左舜生看重的是《真史》的史料價值。蓋曹亞伯此書特重原始材料，並且，曹本是革命核心參與者，最能接觸、蒐集到核心文件，

---

① 左舜生：《曹亞伯與〈武昌革命真史〉》，《萬竹樓隨筆》，文海出版社 1967 年版，第 349—350 頁。

所謂“發憤搜集其多年珍藏之日知會文書筆記，及辛亥武昌革命一切文告”。如他在《真史》書後述及蒐集材料的過程，説：“民國十六年丙寅春間，余至漢搜集辛亥革命真史材料，並晤同志吴君兆麟，將辛亥民軍與清軍陽夏之戰，以至北伐之役一切戰報命令及陣中日記檢出交余，編爲革命實録。”① 國民政府的禁令中説此書正編“自武昌發難，以及北京臨時政府成立之材料，則係雜集新聞文電而成，毫不加以整理”②。對於一部著作而言，“毫不加以整理”可能是缺點，但對於史料而言，恰是其價值所在，這也是左舜生看重《真史》之原因。

然而，值得注意的是，《武昌革命真史》自然有其史料價值，但如果僅以史料視之，則忽視了該書的最大特色（甚至價值）。《武昌革命真史》的特色正是其“非正統”：它呈現給世人一個不一樣的革命故事。例如，與一般國民黨人敘述辛亥革命從孫中山、同盟會講起不同，曹亞伯的革命史獨重兩湖，第一、二章便是黄興、武昌日知會在長沙與武昌的革命活動。傳統史學有“興滅國，繼絶世，舉逸民”的職責，曹之《武昌革命真史》也有類似用意，他要讓被忽視的“革命殉身諸先烈”，尤其是兩湖志士“得不湮没”③，甚至對其他方面“挂一漏萬”，同時“宣佈小人之罪狀”，對後來得勢的革命黨人頗多“微詞”。曹亞伯的“非正統”寫法被吴醒漢稱爲“顛倒是非”④，官方同樣認爲，《武昌革命真史》會引起“以僞亂真，不免動摇革命真實之史跡”⑤。所謂“動摇革命真實”，流露出國民政府高層對革命史話語權的掌控。而《真史》最大的價值也正在於此，它的存在，可以讓我們突破國民黨官方的革命叙述，看到在官方革命史中被遮蔽的人、事與綫索。

本次編輯《曹亞伯集》，除《武昌革命真史》外，同時收録《遊川日

---

①③ 曹亞伯：《武昌革命真史》下册，上海書店1982年版，第790頁。

②⑤ 《令縣屬各警署、九江市政局奉民政廳令查禁中華書局出版之〈武昌革命真史〉一書案》，《南海縣政季報》，1930年第5期，第121—122頁。

④ 吴醒漢：《武昌起義三日記》，《建國月刊》（上海），第4卷第1期，1930年，第11—16頁。

記》及《歐戰中世界旅行記》，並蒐集散見於報章雜誌及檔案中的散佚文章、演講、函電、信札。《歐戰中世界旅行記》記述曹亞伯第一次世界大戰後期遊訪日本、歐美、東南亞等地區，始於1918年8月，意在“觀歐洲大戰時之現狀，卜各國戰後之興衰”，作品以“鄉下人”署名，近百年來從未再版，也極少人知曉此書爲曹亞伯所作。《歐戰中世界旅行記》的再版，可以豐富我們對歐戰後中國人的心態及世界風氣的瞭解。《遊川日記》記録20年代末曹亞伯遊訪四川的所見所感，歷時66天，描寫了旅行沿途的風土人情、經濟富藏等。尤其值得一提的是，無論是在《旅行記》還是《遊川日記》中，曹亞伯常常直抒胸臆，闡發政見。這兩篇遊記是深入瞭解曹氏思想、政見的最佳文本。例如他在《遊川日記》文末感歎，“全國中‘農業工業化’、‘工業國民經濟化’之地則莫四川若”，卻没有被“善用之，抑一禍之根耳”，隨即詳列“善用”之法①。報章雜誌及檔案中的散佚文章、演講、函電、信札，涵括了政局、實業、學習、遊歷、人際交往諸方面，可以補充我們對曹亞伯及民初史事之理解。其中，有些函件、講演揭示曹亞伯在五四運動之後的一年中，曾特重工人，創辦中華工業協會，發動組織工人，甚至一度擬成立工黨。這是迄今未被注意卻十分重要的面相。這些新材料的面世，或許可以帶我們重新認識曹亞伯以及他所身處的世界。

特別需要説明的是，本書内容來自不同時期不同出版機構的圖書、期刊、報紙，在使用人名、地名等專有名詞時並無統一規範，如“曹亞伯”作“曹亞白”、“劉敬安”作“劉敬庵”、“劉成禺”作“劉成禹”等，爲保持原貌，均一仍其舊。最後，限於編者的學識和精力，書中遺漏、錯誤必多，期待各位師友補缺、斧正。

周月峰

2018年12月於武昌桂子山

---

① 曹亞伯：《遊川日記》，中國旅行社1929年版，第88頁。

總 目 録

荆楚文库

武昌革命真史

自　　叙

革命者，本天性之慈悲，而爲世人除凶暴、求平等之事業也。

予生八歲，聞屠人語："中國人有辮，乃降服外國人之表誌。方今皇帝，即外國人。"予聞之憤甚，謂："中國人不應許外人作皇帝，謹記之。"因藐視讀書人之無志，惟斤斤於求爲翰林，從無敢求爲皇帝者。然於吾國之聖賢極崇拜之，以其嘉言懿行，可爲斯人之圭臬也。聞耶穌教爲異端，痛惡之。年十五，至大冶縣福音堂，與駐堂教士張長善尋仇，大駡之曰："洋奴邪言惑衆，吾若得志，必殺盡若輩而後已。"張對予唯微笑，予奇之，自揣設有人指予辱駡，吾必不然。旋張示予一書，名曰《格物探源》，乃上海廣學會所譯。予生長於極閉塞之興國州崇山中，見此新書，極其快意。欲借一讀，張故靳而不與。予强借，頓悟守舊之非，即入大冶縣福音堂爲信徒。於是家庭革命、社會革命之思想日往復於胸中，不顧自身之一切，時與舊習慣相抗矣。適家道中落，家君欲吾訓蒙，予向家慈求得川資至武昌，考入農務學堂肄業焉。

庚子秋七月二十六日，唐才常革命案破，林述唐、傅致祥、李炳寰、蔡承煜、王天曙、黎科、瞿河清七人於二十七日被張之洞殺於武昌之天符廟。予見其血，聞其血腥，心益悲痛。次日，唐才常被殺於武昌之大朝街附近，許匯東親見之，聞其臨刑前之一刹那，曾口占一詩，有句云："剩好頭顱酬死友，無真面目見群魔。"迄今猶雒誦不置也。是年冬，予考入兩湖書院，日與南齋王文豹、王愷憲、周震鱗、黄軫（即黄興）輩周旋。

壬寅春，兩湖輿地教授鄒沅帆先生應清學部張百熙之召，調予與王文豹二人入京充編纂。臨行變計，派予與王文豹往湖南新化辦中學。予雖教博物及數學，然處處引發學生革命之思想。予憶授一加法命題，謂吴三桂引清兵入關時大殺漢人，在揚州十日殺八十萬人，在嘉定屠城三次，殺二十五萬人，其餘漢人因不肯蓄辮投降者，即殺無赦，又殺十八省同胞幾三百萬人，共殺漢人若干云云。此予教法之一例也。予又教授柔軟體操，每上操場，必向學生演説漢人文弱被壓制之苦痛。是時譚人鳳在新化教小學，常率小學生來會操，聆演講。同時陳天華留學日本，專著革命小册子，如《警世鐘》、《猛回頭》等，輸入湖南、湖北之各學堂、各軍營中。而新化學界革命之思潮幾不可遏止矣。是年秋，錢維驥來新化教國文，介紹禹之謨與余交，因禹極抱亡國之痛也。冬假，予渡日本。過長沙時，適經正學堂小學生胡宗琬（即胡瑛，至民國後失節勸進，種種無行，非意料所及。）結黨暗殺劣紳王益吾，未成，被國文教授陸詠霓革出。王君復生告予，予異之，即介紹胡宗琬於建築武昌武普通學校之吴禄貞。是年，吴禄貞與耿覲文、李書城亦游湘，以覘革命運動之成績。

癸卯三月，予復返新化中學，過武昌訪吴禄貞，問胡宗琬之行踪，彼已派至沙市、宜昌、湘西一帶與會黨聯絡去矣。先是劉敬安於武昌組織一救世軍，秘約軍中同志分途運動。聞胡宗琬將至鄂，會合於蛇山之頂，準備歡迎。到會者，即劉與辜天保、季雨霖、方柏年、張漢、徐竹平、徐于七人。胡至後，即組織科學補習所於武昌山前東廠口，與劉敬安、馮特民、朱滓淘、時伯弼、宋教仁、易本羲、張朗村、王漢、朱子龍輩，分道進行。倘張之洞有招兵事，劉敬安必先知，因劉在南湖馬隊營黎元洪營部充書記。予知黎元洪之名從此始。胡宗琬即用秘電招會黨來入伍，科學補習所專作介紹入伍機關。當時所用秘碼，招兵曰貨俏，速派弟兄們來曰“辦貨來”，兵器曰“海帶”。未介紹入伍之先，必受科學補習所之秘約，約中大意，謂吾漢人四萬萬，亡國於滿清之手已二百數十年，受盡苦痛，諸君此次入伍，務學成健兒，待時機至，即起而革命，光復漢族，爲一定之宗旨。其時張之洞所募新軍，大半科學補習所介紹之新貨也。予抵新化，不及兩月，新化縣知事張某，浙人，向湘撫趙爾巽秘告予謀反叛逆，欲吾頸血染彼紅頂。不意趙爾巽怵於甲午之敗，亦頗有維新之隱衷，加以其人忠厚，本性愛才，不惟不究，反參去新化縣張知事永不録用。而新化中學校董彭莊仲、晏穀如、鄒价人、伍子奇輩雖久謀革命，終恐學校被予破壞。斯時，新化留日陸軍學生楊源濬（字伯笙）新自東京歸，帶有陳天華之《猛回頭》七千册，皆被諸校董焚去。予遂不願久留，即於五月下益陽，至長沙，受錢維驥、童峙三及齊耀農所辦寧鄉中學之聘，兼任汪德植所辦求中學校及彭梅生所辦長沙中學之教席。聞黄吉亭牧師爲長沙聖公會會長，愛國心長，並辦有日知會以開民智，予遂依之。爾時，黄興先由上海吴國光會長介紹，已與黄牧師相見，記名爲會員。從此學界軍界皆入於聖公會之門，而長沙之日知會乃極一時之盛。

甲辰暑假中，予又至江西吉安府廖笏堂處運動軍隊。時笏堂爲統領，駐吉安，新化學生投其隨營學堂者不少。適廖往瑞昌辦教案，予從容向吉安民衆演説，並散《猛回頭》、《警世鐘》諸書。吉安正府試，予洋裝無辮，聽演説者大半應試生，竟有人持予所散書至知府胡祖謙前告秘。江西巡撫夏時聞知，用萬急公文至吉安軍營指名捕予，就地正法。營中教授江彤侯、秘書長張通焕送予川資三十串以行。予並不知有就地正法之公文。過南昌，又至郭人漳（字實森）所辦之隨營學堂演説。次日即抵九江，乘輪上駛矣。予離吉安之次日，陳天華亦至吉安。因予案發，彼不能安居，遂由袁州經萍鄉而至長沙，受盡内地運動之折磨。

予抵武昌，住科學補習所。吴禄貞邀予居其家，因匆匆不便，暫留科學補習所以便奔走。所中辦事極忙者，即劉敬安、胡宗琬、宋教仁、易本羲、時伯弼、朱滓淘諸人。予因奔走過久，倦極鼾睡中，有鼠齕予脚皮，至真皮知痛始驚而醒。所中無傭工，惟宋教仁、易本羲常爲衆效勞。所中無用費，予曾向劉百剛借二十元接濟之。

時忽届秋，予復至長沙。每日於三學堂授課外，即往日知會辦事，並每日按時至西長街循道會福音堂演説，凡以促革命之成功而已。

甲辰九月，長沙革命失敗。長沙日知會亟遣人秘告武昌科學補習所，即時停辦，以防株連。至冬假，予過武昌，知高家巷聖公會胡蘭亭牧師辦有日知會，又集合科學補習所同志劉敬安、馮特民輩全體加入，繼續革命之進行。乙巳，會務極發達。丙午夏，復設科學補習所於日知會内。一時軍學兩界聲氣互通，有若機括之將發。秋冬之交，郭堯階洩其謀於巡警道馮啓鈞，劉敬安、朱松坪等被逮，而日知會、科學補習所諸同志遂分設各機關，别立會名社名甚夥，而機事益密。此辛亥起義之前因也。

噫！予愧不學，少未聞釋老孔墨諸勝義。及其長也，痛我政治不良，艷羨歐風，舉西來一切政教藝術莫不推崇而樂從之，未免蔑視舊有禮教，而於家國之革命不無過勇之愆。蓋道之真以治身，其緒餘以治國家，其土苴以治天下。外重者内拙，意不誠，心不正，不足以言修齊治平也。自民國成立以來，吾同胞痛苦日增，乃至上無禮，下無學，賊民朋興，謂非革命者不能自苦以利天下之咎乎？嗚乎，予亦一罪魁也。予幸從故友張純一先生之規勸，虔誦佛經已六年於兹。今始知基督教爲天魔外道，而儒道墨諸家所言之治道，允宜潛心宣究，尤宜以佛教爲歸，則利他以自利，庶幾有利而無弊矣。予今爲此言，所以懺悔三十年來一切昏動之罪，亦以仰慰陳公星台在天之靈，更望後之言革命者，先自革其我見之非始也。各省革命之同志極多，予未能一一記録，遺忘缺漏，知所不免。兹特就予所見聞之可言者，略爲紀述，以明真相，供史家采擇焉。

民國十六年六月十五日曹亞伯叙於崑山之平居

目　　録

前　　編

正　　編

前　編

第一章　黄克强長沙革命之失敗

黄克强，名軫，字慶午，原在胡元倓所辦之明德學堂、經正學堂藉作教授，以爲運動革命之大本營。雖出入於聖公會之日知會，仍别立一華興會以號召會黨，秘圖起義。

甲辰秋，本西太后六十生辰。於未舉行皇會之前，長沙之軍械幾何、兵士幾何、槍彈幾何，已一一調查清晰。原擬於皇會之日，趁觀會之機，俾各鄉之會黨得以集合於長沙，義旗一舉，長沙唾手可得。不期好事多磨，王益吾之黨羽劉作楫亦在長沙辦學堂，得知消息遂秘告王益吾，王益吾即秘告湘撫龐鴻書。是時趙爾巽已他調矣，龐鴻書極頑固凶殘，即購一會黨作引綫，捕一與黄克强有關係之會黨，酷刑拷打逼供，一面下捕黄克强之公文與游擊熊得壽。熊以公文示求中學堂校長汪德植，汪先報黄知，於是黄克强之居宅被軍警包圍矣。黄克强之子黄一歐尚幼，出門報信於明德學堂。黄克强即走避於明德學堂附近龍璋（字硯仙）之家。其時已近黄昏，尚距皇會之前十日也，軍警索捕甚急，金華祝（字封三）、張繼（字溥泉）輩，時在黄克强左右。

將夜半，予正在寧鄉中學教員寄宿舍編博物學課程，忽見金封三派人持信來，謂有要事相商，轎子已在校外立候，予閲之急甚，知克强之謀破矣。即出房門，將門加鎖，而鑰匙忘記帶出，再由窗户入房拿出鑰匙。出校登轎，而各街栅欄均已加鎖，幸予著洋服，無辮，守卒以予爲洋人，一一由夢中醒來，開栅門讓予經過。

予至龍硯仙家，門口有一警卒守衛。直入數進至一花廳，見克强坐在書案，起立與予握手，謂："事已被人告秘，軍警捕之甚急，奈何？"予云："勿畏！"即乘原轎至吉祥巷聖公會，叩黄吉亭牧師之後門，沿途叩栅欄如前。黄吉亭牧師宿於聖公會堂後門附近之一室，聞予叩門聲急，頗驚惶，便行祈禱，始稍定。開門後，予就黄牧師床前秘告以故。黄即穿衣坐予所乘之轎，予隨轎後行，重至龍硯仙之花廳與克强討論出險方法。黄牧師先用温語安慰克强，次對克强至友如龍硯仙、金封三、張溥泉、李蓮舫諸人，謂此次事變擔保克强之安全，但克强親友無論何人不能向予問克强之行踪。

次日風聲更急，又捕去同謀之會黨首領游得勝、蕭桂生二人。

次晚黄牧師再至龍硯仙家，授以出龍公館之秘計，約定次日下午六時，先由黄牧師自南門乘小轎，垂轎簾而入龍硯仙之内室，隨换克强乘此轎經小街而至吉祥巷聖公會之後街某娼家門首，下轎入聖公會後門之一小巷。予則於黄昏時，專守聖公會後門以待之，黄牧師數易服裝出聖公會大門以探之。待至六時十分許，克强始入小巷抵聖公會之後門矣。予牽其手而入，心始安。

隨克强之轎而來冒充班隨者，即張溥泉也。時將秋季，溥泉猶著藍竹布長衫，袋中盛一四寸手槍，謂途中苟遇不測，只好用手槍拚命。予是以重視溥泉之爲人。予見手槍此爲第一次。

溥泉别去，克强即登聖公會後進之一樓。樓上亦無陳設，僅安置袁禮彬之一行軍床，與一小桌一小櫈。予托黄牧師由漢口買來一新棉絮，即與克强墊鋪，予則僅蓋一日本製造之虎紋毛毯。青年時代，固不畏寒也。克强在聖公會樓上，除黄牧師、袁禮彬及予外，無一知者。

長沙城内風聲鶴唳，幾乎草木皆兵。而游得勝、蕭桂生所受之酷刑，聞之酸鼻。每日審問必燒紅鐵鍊，使之露膝跪下，跪下時膝肉生烟，其聲其臭，熏聞滿座。脚擦①手扭②，鐵鍊叮噹，更上夾板，骨肉分裂。迨至痛失知覺，即横陳未斷氣之身體於石板上，至稍知人事時復嚴刑逼供。酷刑之下，何供不得。由是黄克强之大名，居然列案首矣，而宋教仁、胡宗琬、易本羲、馬福益、柳聘農、劉揆一輩，名皆前列。按名索

① 擦，疑應爲“鐐”。
② 扭，疑應爲“鈕”。

捕，急於星火。予奔走於聖公會之日知會如故也，每禮拜日學生軍人來聖公會堂作禮拜，聽黄吉亭牧師説教之擁擠如故也。

予每日上午在校授課，下午至聖公會之日知會辦事，並至西長街循道會福音堂開門演説如故也。至游得勝、蕭桂生受斬刑之次日，予方在循道會開門演説畢，出禮拜堂，過長沙中學大門口遇宋教仁，予驚甚，因問柳聘農在校否。蓋克强破案後聘農已逃，宋教仁不之知也，予即呼曰頓初（宋教仁之字）隨我來。彼見予狀倉皇，亦不作聲色，隨予至吉祥巷聖公會見黄吉亭牧師。緣聖公會教友有在湘撫衙門爲吏者，自黄克强破案，游得勝、蕭桂生被捕後，每日刑訊狀況及逼出口供，均能詳細記録，以資研究。及宋教仁見黄牧師於禮拜堂，黄牧師示以游得勝、蕭桂生之口供，及急電湘西捕拿宋教仁之消息，宋方知克强之謀已破，神色慘傷。予與黄牧師皆勸其速離虎口，並送其出長沙城，黄牧師且贈以旅費八元。是時城門已有兵士看守，門正中繫一長繩，行人出入，嚴分左右。予偕黄牧師送頓初平安出城後，方返吉祥巷。蓋頓初之來，包定大杉板船兩隻，特來長沙運軍火，約於皇會之日在常德謀響應者也，無如銀錢八元不足分配。次晨又來寧鄉中學覓予，求予設法，改名甘某，予又陪之至友人處支挪。途中遇長沙善化縣知事出巡，衛卒森嚴。值此風聲緊急之時，其一種狰獰之氣，不可嚮邇，在傷心人見之，尤不可耐。予覺頓初之足，似弱不勝風者，予仗洋裝手杖之勢，龍行虎步，横衝直撞，頓初之膽亦壯，於是又送頓初平安出城。

頓初去後，長沙之風聲尤急，謡言日衆，而皇會亦不敢大開，僅於大街上懸幾盞走馬燈以爲點綴。予每日仍於禮拜堂開門演説之時，宣布滿清入關滅我漢人之罪惡，實爲上帝所不許。時循道會教士李親仁先生對予極愛護，知予喜吃糖菓，每日必買一包糖菓置之案頭。每出禮拜堂，彼必在予後三四十步隨行，見予歸寧鄉中學後方返。予自幼受曹鳳翔先生之教，行路從不後顧。李親仁先生在後看護，予未嘗一發見也。事後，李親仁先生告予，謂長沙風聲緊急，克强之案被捕者曾供有予名，故彼特使予每日開門講書。依循道會規則，未受洗者不能登講臺，是時予尚未受洗禮也。英人任修本牧師素知予性激烈，亦不願爲予施洗禮。Rev G. G. Warren 李親仁教士則多方裁成之，故意使予登臺，使保護教堂之巡警每日報告曹亞伯教士演講無恙。又謂彼每日隨予後三四十步以行，見予平安歸寧鄉中學後方返者。彼已立定主意，因年及半百，活在人間無甚作爲；予正丁年，可以爲國出力。如官場與予爲難，彼必與之拚命。一鬧教案，予之性命即安全也。至今憶之，猶令我五中感激。

克强藏在聖公會樓上，對於營救同志全仗黄吉亭牧師苦心籌畫。故派袁禮彬之弟某搭輪船送信至武昌西廠口革命機關之科學補習所，使胡宗琬、劉敬安輩速將機關取消，並托其通知安慶、九江、南京、上海、杭州各處機關同時停止。一面由袁禮彬、李仲廉兩人在長沙郵政總局檢查郵件，凡關於明德學堂轉交黄軫之信札，皆一一收檢。因袁禮彬、李仲廉皆長沙郵政總局重要職員，袁禮彬之用心極周到，故此次克强破案，官場未得片紙隻字之憑證也。

黄吉亭牧師愛心圓滿，猶恐克强家族受驚，更於聖公會附近租一屋，使克强家族遷居。每禮拜日命克强兒媳來聖公會堂作禮拜聽講，即黄一歐、李興亞夫婦也。予亦引克强夫人及其次子於禮拜日至西長街循道會福音堂作禮拜。予憶克强次子尚在襁褓，曾於祈禱時放聲大哭，予不得已抱之行走，以維持祈禱之秩序。前清官場見克强家族皆耶穌信徒，亦不敢濫下毒手。然胡宗琬自武昌來長沙，尚雄心勃勃，彼曾在武昌西廠口科學補習所印就軍用票三十萬張。票係白宣紙，長五寸，寬三寸，上印藍色地球，地球北極上繪一雄鷹，隻脚立於球上，極爲精緻，隱隱中表示英雄獨立之意。局外人見之，視爲極上等之信箋。胡宗琬離武昌時，將科學補習所交劉敬安收束，宗琬則帶此三十萬印就之票紙至長沙城外王閩憲家，預備票面上填“臨時軍用”，作會黨起義時之符信通行券。因城門稽查極嚴，此票亦無用處。胡宗琬復返武昌，仍與劉敬安、王漢輩秘謀進行，而長沙索捕黄克强之風聲亦漸鬆懈。

克强藏在吉祥巷聖公會樓上將一月，有意與長沙告別。黄吉亭牧師又苦心經營送克强出險。克强出城之前數日，武昌高家巷聖公會會長兼

黄興先生遺像

黄興，字克强，湖南善化人。在兩湖書院肄業時，原名軫，字厪午。勤學寡言笑，以身許國，力行革命，破家産以作運動之資。器量寬宏，性情篤摯。初練鄉團，爲劣紳所阻，復興學以聯學子，更奔走草澤間以結納英俊。長沙之役失敗後，走日本，結合各省志士組織同盟會，推孫文爲會長。效命兩粤，屢敗屢起，百折不撓，河山爲之壯色。以慈悲心行救國事，可謂任矣。武昌起義，喋血陽夏。設無漢奸，民國早定矣。

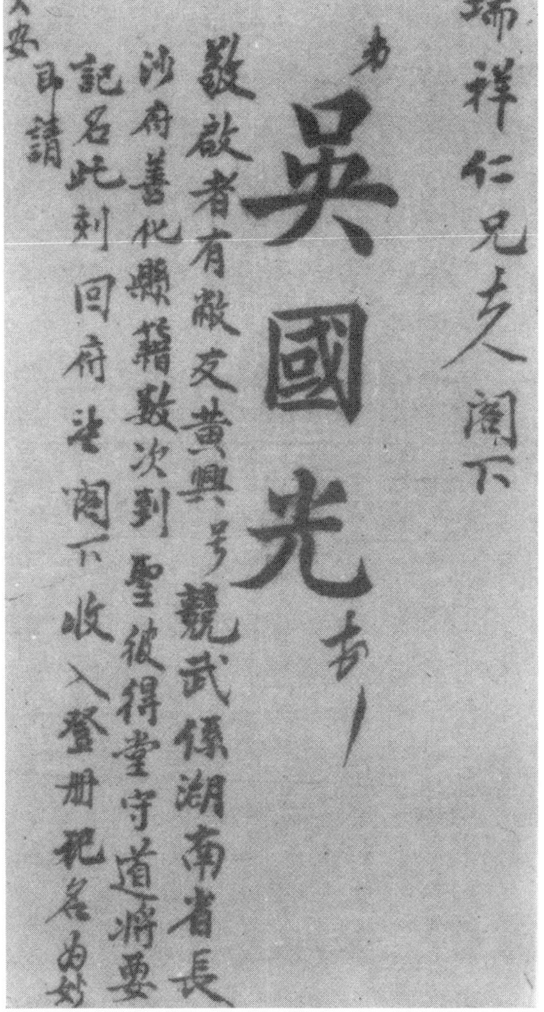
瑞祥仁兄大人閣下
吳國光
敬啟者有教友黄興号競武係湖南省長
沙府善化縣籍數次到聖彼得堂守道將要
記名此刻回府請閣下收入登冊記名為妙
即請
大安

右片即上海聖彼得堂吴國光會長介紹黄克强初見長沙吉祥巷聖公會黄吉亭會長之介紹書也。時克强自日本宏文速成師範畢業甫返國，欲經營湖南之革命，此其動機也。歲在光緒二十八年壬寅春。

宋公教仁遗像

宋教仁，字頓初，湖南湘西人。肄業於武昌自强學堂時即作革命之運動。善屬文，工小篆。宣傳革命宗旨於祕密會社極有力。長沙之役失敗後亡命東京，與各省愛國之士秘謀革命，并奔走於東三省與草澤英雄及莘莘學子間，作一勞永逸之計。政治手腕獨具靈光，惜武昌倡義未能澈底，而漢奸柄政，卒爲袁世凱所暗殺。

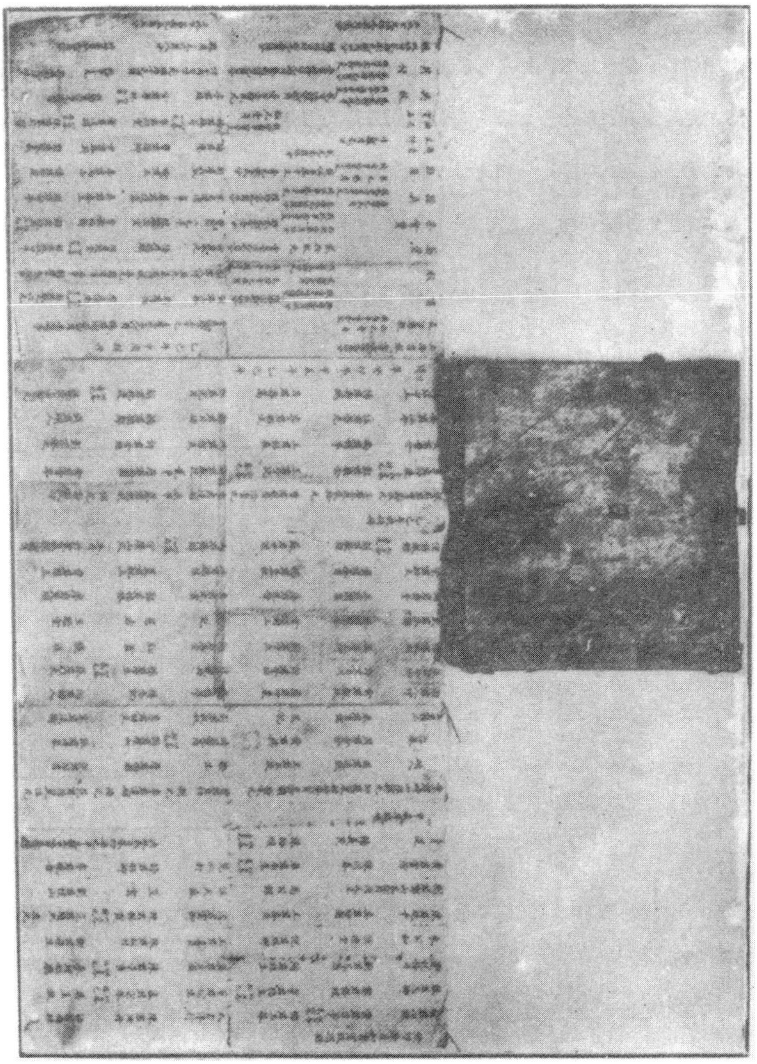

右長沙日知會帳目。

長沙吉祥巷聖公會，鑒於庚子之役，由於民智之蔽塞，乃創設日知會。收藏書報僅供會衆流覽而已，初無與於政聞也。歲癸卯，適黃牧師吉亭董其事，愚以國事日非，應亟謀政治之改革，商之黃牧師擴充日知會，無論何教人皆可來會縱覽。凡來觀者，必有人與接談。即痛陳内治之腐敗，外侮之由來。於是樂爲會員热心贊助者不乏人。大抵不計成敗，惟求日知會之發展，足以促進政治之革新耳。自癸卯至乙巳三年中，一切支付，詳實俱在。茲特將捐欵者芳名照出，以資徵信。表中范君陽叟，即范陽叟四明盧鴻滄也。

武昌日知會會長胡蘭亭牧師亦到長沙，與黄吉亭牧師秘謀送克强出城方法。黄克强本蓄有黄帝式之三鬚髯，胡蘭亭牧師將克强之鬚髯剃去。黄吉亭牧師即往城外海關人員鄧玉振先生家，借其房屋請酒一席。至黄昏城門將關未關時，黄牧師偕黄克强、袁禮彬三人化裝海關辦事人員，並臨時催日知會會員數人出城至鄧玉振先生家晚飯。予服洋裝不便親送，惟在寧鄉中學操場默禱上帝，求上帝護佑黄克强平安出城。予且願終身爲上帝作證，無論在何人面前，必相告曰："我乃信上帝之基督徒也。"克强臨行時告黄吉亭牧師、袁禮彬先生曰，途中若遇危險，則請兩君速避，彼當以自衛手槍與敵人拚命。幸天佑善人，一路平安抵鄧玉振先生家，由黄牧師介紹，鄧君歡喜無量。是晚日本輪船沅江丸開往漢口，晚餐畢登沅江丸。船上重要船員蔡植生允妥爲照料，黄牧師親送至漢口。次晨黎明開輪，過靖港時，船上遇同志藍天蔚（字秀豪），蓋張之洞派往萍鄉察看地勢，擬在萍鄉設一大規模之兵工廠者。適在沅江船上不期而遇，三人相見，喜出望外。藍聞克强在長沙破案，心甚憂之，至此心乃大慰，並自告奮勇，力保克强經過漢口之安全。沅江丸此次下駛特别迅速，早四時許離長沙，晚九時許即安抵漢口矣。船抵漢口時，漢口至上海之輪船皆已開行。惟招商局之江亨因裝貨未齊尚未離漢，然已停在江心矣。比即呼一小舟，趕上江亨。黄牧師送至船上，秘囑曰到上海時即來一電，只拍一"興"字即知君平安無恙也，於是黄興之名自此定。黄吉亭牧師見江亨已下駛，彼亦上日本輪船夜班回長沙。不數日上海之電亦至，吾輩皆相慶幸，不期上海萬福華刺王之春之案又作。萬福華之謀刺王之春，本蔡元培、章士釗所主持。謀刺未成，萬福華被租界捕房拘去。章士釗往捕房探視萬福華，捕房問章士釗與萬福華有何關係，居在何處。時章士釗與蔡元培在上海辦一日報，章不告以報館之住址，特告以新閘路餘慶里某號門牌。蓋新閘路餘慶里某號門牌即愛國協會，爲各省革命同志寄居之所，而由長沙新脱險之黄興亦在其内。江西統兵大員郭人漳與張繼、蘇鳳初、朱滓淘輩共二十餘人同在一處。章士釗在捕房説出新閘路餘慶里某號門牌之時，捕房即派武裝巡警一大隊至該里某號門牌，將一班同志二十餘人一網打盡，解入捕房，章士釗亦在内。幸郭人漳爲江西統兵大員，比致電江西巡撫夏時。夏時來電保釋，租界捕房聞郭人漳係江西統兵大員，莫不特别致敬，餘則仍羈捕房。郭人漳保出時，謂黄興等四人爲彼來滬聘請之教習，故亦同時釋放。黄興出獄之夕，即乘三菱公司輪船渡日本而往東京矣。餘則尚繫獄中，至乙巳春方交保出獄焉。

黄興脱險後，長沙日知會革命之運動及武昌科學補習所革命之經營更加慎密。清廷對於武昌、長沙兩處益加注意，故特派鐵良南下武漢偵察情形。而胡瑛、王漢亦圖窺其隙，以去滿人之魁渠。鐵良由京漢火車返京之日，胡瑛、王漢化裝隨之。行至河南，王漢露出破綻，自知不免，投井死焉。胡瑛跟踪至北京，依同志而居，謀益亟。

乙巳春，清廷任端方撫湖南，下車之日即殺劉道一於瀏陽門，旋又捕馬福益於萍鄉。馬福益被捕時，用鐵練鎖其肩骨，俗名“强盜骨”。以刀洞穿肩骨，繫之以練，解至長沙。觀者如堵，因馬福益爲黄興案中之一人。刑訊極苦，馬福益亦直供不諱，聲言革異族命爲漢族復仇，死何所憾。於被捕之三日亦斬於瀏陽門。予囑謝申嶽往觀之，謂血流盈丈，狀至慘也。予乃兩湖書院學生，端方曾署兩湖總督，認爲有師生之誼。加以予爲耶穌教徒，適是時兩湖歷史副教授陳慶年（正教授楊守敬），端方聘爲上賓，待予甚厚，故端方不殺予，然又不任予在長沙運動革命，不得已派予往日本爲調查宗教委員。此仇教之清廷派學生出洋調查宗教，此爲第一次。

袁禮彬先生遺像

第二章　武昌日知會之運動

予過武昌，寓於高家巷聖公會胡蘭亭牧師家。聖公會之日知會實係革命機關，表面則講道閱書報，因附設於聖公會也，故推胡蘭亭任會正，劉敬安副之。幹部有評議員五，選舉馮特民、陸費逵、李亞東、濮以正等任之。開幕之日，吳祿貞捐月薪五十兩以作開辦之費。斯時吳祿貞將調至北京陸軍部也，藍天蔚亦暗助不少。結合軍學兩界之重要會員分途運動，如吳兆麟、李亞東、辜天保、范騰霄、盧保三、徐竹平、黄家麟、潘善伯、李勝美、黃警亞、蔡達生等數十人，援引青年，廣結同志，宣傳陳天華所著之革命小册子如《猛回頭》、《警世鐘》諸書。漸次軍學兩界之有心革命者均歸納於高家巷日知會。會務發達，一日千里。張純一、余仲勉、范焕文等又充文華大學教授。張純一於乙巳春夏之交曾爲日知會徵求同志作宣言，文極沈摯，足令見者莫不心動。當時僅印千份，一散而盡。經丙午冬季之變，竟無存者。更以白話作軍歌三首，以爲軍界學界革命之鼓吹，一時風行全國。

今猶記憶，特録之如下：

願同胞，團結個英雄氣，唱軍歌，
一腔熱血兒按劍摩，
怎能夠，坐視國步蹉跎?
準備指日揮戈，
好收拾舊山河。
從軍樂，樂如何，
從軍樂，樂如何。
怎能夠，坐視國步蹉跎?

準備指日揮戈，
好收拾舊山河。
對天演烈風潮，爭優勝武士道，
競上舞臺高，精神好。
爲國民從新鑄個頭腦，
掙得神州天曉。
紀念碑，立雲表，
操操操，休草草，
操操操，休草草。
爲國民從新鑄個頭腦，
掙得神州天曉。
紀念碑，立雲表，
齊昂昂，整頓了好身手，講兵韜，
救國千鈞擔一肩挑。
新中國能夠造得堅牢，
便是絶代人豪，
浩然氣，薄雲霄。
聲價兒比天高，
聲價兒比天高。
新中國能夠造得堅牢，
便是絶代人豪，
浩然氣，薄雲霄。

予渡日本後，即入東京府下淀橋町中田重治主教所辦之聖書學院。旋接武昌報告，知日知會曾開大會，會務日臻發達。今將幹部成立開會之日，張漢傑所記劉敬安之演説，録之如次：

中國醒，中國醒，我中華大國，外人要瓜分了。我們同胞又要右書即劉君敬安辦武昌高家巷日知會時，復范君騰霄留學東京之遺墨也。歲乙巳，高家巷聖公會胡蘭亭會長留東京青年會，故書中拳拳致殷勤，所以尊道德也。教育爲國家自强之本，日知會對於軍學兩界，以啓發智慧爲急圖，得其本矣。予嘗見張君純一致敬安書有云："天下惟英雄能識英雄，亦惟英雄能英雄英雄。"旋聞敬安甚韙張君之説。今書中有"惟英雄能識英雄"句，足見天下惟真英雄始能心心相印也。

乙巳春夏之交武昌日知會幹部攝影

第一排	熊興亞	羅子清	徐竹平	喻　禄	董　傑
第二排	吴兆麟	朱元成	陸費逵	盧保三	劉敬安
第三排	黄家麟	李亞東	范騰霄	馮特民	李勝美
第四排	劉堯澂	方柏年	潘善美	范尚立	胡蘭亭

日知會幹部諸君多係捨身愛國之健者。夫武昌，湖北之都會，全國之中心也。當時張之洞、端方、梁鼎芬等壓力殊大，諸君不顧利害，冒死進行，非大慈大勇者不能也。辛亥武昌起義，發難者仍多日知會幹部。劉敬安諸人雖死，其精神固未死也。

做兩重亡國奴了。滿清那拉氏常言“寧將中國亡於外人，不可失於家奴”，此滿清亦自認中國又要再亡了。我漢人四萬萬同胞被滿清壓迫愚弄多有不知的，現在禍在眉睫，應該醒來，應該覺悟，早想挽救之法，以免永爲人之奴隸牛馬，不勝急切盼禱之至。日前同志曹亞伯由湘來鄂，與胡蘭亭先生及兄弟三人商議擴充日知會。現曹君已往日本從事運動。我們日知會重又成立，一切章程宣言都已備就。應成立幹事部，此幹部多係軍學兩界同志。以後一切責任及開導民智，救中國危亡，成一新中國，俾黄帝子孫不復爲亡國奴。豈惟同志之幸，亦中國四萬萬同胞之幸。

予入聖書學院研究宗教，每週必至東京中心之神田區與日知會同志黄興、宋教仁輩會晤，謀革命進行之法。

第三章　同盟會之成立及吴樾炸五大臣

宋教仁逃出長沙後，在東京結合一班同志如白逾桓等組織一雜誌，名曰“二十世紀之支那”，初出版而日本政府即禁止發行。

黄興來後，欲結合各省之同志立一革命總機關。而戊戌政變後長沙時務學堂逃去之一班學生，如楊度、范源廉等俱不願戴黄興爲首領。於是黄興由惠州革命失敗首領陳少白（時寄寓横濱）及香港同志馮自由介紹與孫文相見。於乙巳夏組織同盟會於東京，推孫文爲總理。

先是惠州革命失敗後庚子之役，陳少白約孫文立同盟會於香港。入會之士雖抱種族之見，究不能普及於内地各省。至是結合各省留學於日本之志士，主義因而大昌。初開成立會於東京赤坂下之黑龍會，宫崎寅藏爲熱心之招待員，到者有龔國煌、時功玖、田桐、居正、李烈鈞、唐繼堯、閻錫山、尹昌衡等四十餘人。首請孫文演説，説明革命即造反。造者，即造世界，反者，即反對異族强權賣國政府。演説甚長。次即予演説，説明漢人亡國，韃子入主，凡屬漢人皆當驅除異族，恢復漢人江山。再次則爲黄興演説，説明革命後如何普及教育，如何振興實業，如何整理内治，如何修睦外交。聽者皆爲奮發。演説畢，故意由同志假反對論反駁之，以探在座者之革命心理是否堅定。予勝氣與之争鋒，衆皆鼓掌。然後宫崎寅藏持出日本信紙一卷請衆簽名，衆皆席地而坐，静默不動。予則憤然而起持筆寫“曹亞伯”三大字，曰：“憑吾良心簽名。”次程家檉曰：“我亦憑我良心簽名。”於是按次皆簽名矣。最後有二人年頗長，北方人，盤辮於頂，忘其名，不肯簽字，以反對予所寫之三大字太不恭敬爲由。予則謂今日之會非考翰林。黄興補之曰：“老兄欲考翰林，則請向滿州政府投考。”衆則解和勸勉，二人卒簽名。會畢，孫文請大衆少待。孫文先至會所大門旁之一小室，請與會者按次傳握手秘號，並宣讀一紙誓約。宣讀時用左手向天，文曰："當天發誓，同心協力，驅除韃虜，光復中華，創立民國，平均地權。矢信矢忠，有始有卒，如或渝此，任衆處罰。"因進出於大門者四十餘人，日本式之木屋頗不堅實，大門内之地板爲之倒塌。衆皆驚之，予則曰異族政府必倒，以此爲兆。是日到會者四十餘人，如黄興、孫文、宋教仁、張繼、杜禹、汪精衛、馬君武、李根源、吕天民、馮自由、于德坤、程家檉、孫毓筠、黄復生、周代本、胡瑛、吴春陽、石志泉、李書城、耿覲文、但燾、田桐、何曉柳、宫崎寅藏、張昉、陳天華、曹亞伯、秋瑾等。大約各省皆有一二，惜未抄存其名册也。

隔數日，再開會於東京赤坂某日人家，各省到會者計四百餘人。由陳天華一手起草之《革命方略》、《同盟會章程》皆逐條於此會通過。旋組織民報社於日本東京市牛込區新小川町二丁目八番地，以張繼、黄興總其成，文稿則以會員之能文者自告奮勇。會計爲何天炯，字曉柳，庶務即田桐。出版之日無法發行，予與蕭鐘英、陳謨、龔國輝（後改名斌）、龔國煌、馮大樹數人將印就之《民報》第一期或包捲或寫封皮或貼郵票，命女傭用小車推至郵局。不數小時而三千份《民報》皆發出送之中國内地矣，餘則二千余份散布於日本中國留學生中。予每日提一大包往各學校發賣。一時《民報》之聲價風行海内外。

乙巳秋，清廷知提倡革命者之多，不得已宣言預備立憲，以掩天下人之耳目。首命五大臣載澤、端方、戴鴻慈、紹英、徐世昌出洋考察憲政。革命黨知其作僞，即行暗殺主義。方五大臣之出京也，正上正陽門東車站。皖人吴樾飾僕裝，登車親擲炸彈。中國破天荒之炸彈第一聲，即隱身於五大臣隊中之隨員，蓋製炸藥者楊毓麟（字篤生）也，製彈壳者胡瑛也，皆抱種族革命主義之最激烈者也。不幸一擊未中，身被炸死。而五大臣狼奔鼠竄，魄散魂飛，知炸彈爲不可侮之利器矣。皆逃返京寓，改期出京。在吴樾之意，以爲革命必先行暗殺，觀其決志實行暗殺之先，有致留學東京秘友意見書及其友之論吴樾事，可得其大概矣。北京正陽門東車站之炸彈爆，發於乙巳九月二十六日，其意見書發見於吴烈士炸死之後，原文云：

國民公鑒：立憲之聲囂然遍天下，以詿誤國民者，實保皇會人爲之倡。宗旨曖昧，手段卑劣，進則不能爲祖國洗濯仇恥，退亦不得滿洲信任。譸張爲幻，迷亂後生，彼族黠者遂因以欲增重於漢人奴隸之義務，以鞏固其萬世不替之皇基。於是考求政治、欽定憲法之謬説傴僂於朝野間。哀哉，我四萬萬同胞！稍有知識者相與俯首仰目，懷此無絲毫利益我漢族之要求。謬説流傳，爲患益劇。樾生平既自認爲中華革命男子，決不甘爲拜服異種非驢非馬之立憲國民也。故寧犧牲一己肉體，以剪除此考求憲政之五大臣。其所以不得不出此之理由，敬爲我皇漢諸父老昆季陳之。

（一）唯一原理民族建國主義。世界既不能立躋大同之域，民族間之利害衝突勢所不免，惟勢力平均者始有和協提携之希望。凍餒其身家而膏梁文繡其里隣者，人無智愚均不爲也。漢之不能容滿亦猶夫滿之不能資漢，故我輩欲滅漢以榮滿也斯已矣。如有良知思恢復我族之權利，斷不能不顛覆漠視漢人勢不兩立之滿州政府，而建立皇漢民族新國家以自行意志、以自衛同胞。夫偷生苟活於異族主權之下，已失世界之名譽、歷史之光榮，而況乎其將隨腐朽異族之腐朽而同仆耶？簡言以斷之曰建立漢族新國家爲吾四萬萬同胞唯一之天職，傾覆異族寄生之舊政府爲吾四萬萬同胞唯一之手段。

（二）扶滿不足以救亡。吾國今日之行政、軍事、教育、實業，一切國家社會之事必經非常之改革始克有真進步，決非補苴罅漏、半新半舊之變法足以挽此呼吸間之危亡也。以滿族而宰制中國，無論專制立憲決不能有非常之改革，而且阻遏之。何則？專制立憲乃形式上之變更，至根本問題，滿人抱持唯一排漢主義，寧死毋二。即能立憲，亦必巧立名目，仍用其愚弄漢人之故技，甚且假文明之名行野蠻之實。軍事界之猜疑、教育界之束縛、實業界之阻抑必不能去。而我漢人思想能力終無自由伸張之一日，仍復因循固陋，枉

吴公樾遗像

吴樾，安徽世家子。中國自漢奸吴三桂等引胡人僭主以來，漢家亡國，天地昏暗，吴君以一弱書生，首擲破天荒之炸彈於北京東車站，以殺僞朝考察憲政之五大臣。雖未成功，而專制之網爲之冲破，開天下倡義敢死之風。吴君之忠魂，與中國河山同昭日月矣。

梏於其胯下。如是而欲救亡豈可得耶？且也凡同居一域之内無親切之感情者必不得有固結之團力。在滿洲政府之方面言，其視漢土本屬儻來之物，割棄土地、喪失主權原無顧惜，人民疾苦更不相關。在漢人之方面言，無歷史遺傳之感情而欲官吏效忠政府，無民族團結一致之感情而欲軍士捨身報國，此皆必不可得之數也。滿洲政府實中國富强第一大障礙，欲救亡而思扶滿真是揚湯止沸、抱薪救火。

（三）滿洲皇室無立憲資格。言立憲者非奉載湉爲聖主即奉那拉氏爲傀儡。彼滿族自彼祖遺傳奴僕漢人之政策，不肯拱手放棄權利且不論，如載湉者，童呆昏弱，生死於那拉諸權貴之手，自顧不暇，遑恤其他。至那拉氏者，縱情肆欲，日剥漢民膏血以供宫室車服之淫樂。恃此人爲中國憲政之元首，豈不遺笑全球？至其親信之臣，如端方者政治思想極淺陋不足道；鐵良亦不過稍有軍事之知識且持極端排漢族非文教主義如故；剛毅更等而下之。如奕劻、載振、溥倫、那桐、榮慶、耆善輩，殖財自封，但知居積，娼優狗馬，亡國賤奴。以如是人格處如是世界，詎有組織立憲政府之資格也耶？且滿洲部民對於愛新覺羅素抱隱恨，推之蒙藏，更屬秦越。以彼而擬大不列顛之於愛爾蘭、奥地利之於匈牙利，尤不倫矣。

（四）滿政府對待漢人之政策，我國聖聖相承凡數千年，不待他族之鞭策而固有獨立之資格。歷史事實當不誣妄。彼族乘機竊取，戰爭之殘殺無論矣。薙髮之役、文字之禍、我祖被害者，其子孫惡得而忘之？此猶過去之冤仇也。且論近政，其對官吏也，漢土碩大，奴隸漢人乃其不得已也。但漢滿人數與官缺之比例，漢員升轉與滿員升轉之遲速果平均耶？其對士人也，奴叱娼畜果無意耶？其對工商也，厘金賠欵誅求無厭，顧不虐耶？其對農民也，重征浮收且歲征漕米、養彼旗丁，果國民應盡之義務耶？其對平民也，濫刑苛法，不許越訴，視彼黄紅帶子作奸犯科而不受漢官懲治者，果平等耶？其對軍士也，招之則來，任其鞭撲，揮之則散，且乘其飢寒而以游勇之罪戮之。南方要塞悉設駐防，鳴呼，其所駐者何地，而所防者果何人耶？此猶内政也。今日列强並立，國之存亡每視外交爲轉移。吾族對於列國不能有獨立之外交權，固已蒙政治上之奇辱。論及滿洲之代表吾族外交也，獨有割讓土地、委棄利權、條約之簽押爲其成績。至海外商民坐視其塗炭，而内地商業設重出口税以困之。路鑛條約貪外賄以贈敵，非其外部王大臣視爲奇貨者耶。庚子之役乃彼婦一念之私，蹂躪數省，使我十八省之漢人擔任數十年數百兆之賠欵。敲脂吸髓，十室九空，來日方長，其曷堪此。數其失政更僕難終，皆其奴僕漢人之政策使然也。

（五）立憲決不利於漢人。滿政府負於漢人之罪惡如是矣，而彼主張立憲者猶曰是固專制政體之罪惡，但能立憲，必得剷除而使漢人享滿足之自由幸福也。惡是何言？立憲政治焉得如此之神聖？以日本萬世一系之立憲、奥匈雙立政府之立憲尚有無限之缺憾，況彼奴視漢民之滿政府耶？計彼族據我華夏以來，人無賢否，罔不抱守其壓抑漢人主義，彼爲貴種、漢乃賤奴之説。身至北京即入於耳。若鐵良（鐵爲排漢巨魁，彼祖述剛毅人才六等之説，以不識字之旗人爲一等；讀書之旗人爲二等；讀西書之旗人爲三等；不識字之漢人爲四等；讀書之漢人爲五等；讀西書之漢人爲最下。鐵方以練兵制家奴爲急務，他種教育均不贊成）、榮慶（榮專持漢人學堂日少，旗人學堂日多之政策），其代表也。彼以數百萬之蠻民馭四萬萬之名族，反側之勢，毋怪其然。誠爲滿人計，決不可使漢人雄飛獸挺，以成尾大不掉之勢。而我漢人猶懵然曰，滿廷立憲必利於我，滿之識者，能毋嗤乎？夫立憲之利於民者莫過於集會、出版、言論、身體、財産諸自由權利。以彼那拉、奕劻、鐵良、榮慶諸野物而甘心以是畀吾族也，誰其信之？謂余不信，請視其近年之新政，練兵之權必操之奕劻、鐵良之手，袁世凱甘爲傀儡且猜嫌備至。警察之權，滿學生獨攬之，駐防未撤又練京旗。政府要津罔非滿産，所用漢人獨取夫耳聾目瞶、奴性深錮者以充其數。至於外疆督撫岑、張二人僅保殘喘，其目不識丁、貪鄙無能之滿員，動任封疆，罔以爲怪。

且如斷髮改裝之嚴禁、出版言論之干涉，固司馬昭之心，人人所知矣。綜諸種之原因可逆斷將來立憲之效果，地方自治彼必不甘，三權分立決不成就，滿漢權利必不平等。如是立憲於漢人何利？且不徒無利而又害之，假憲政名義加重吾族納税之義務，以供其奴隸陸軍、爪牙警察，爲鎮壓家賊之用耳。而彼族固自擁其君主神聖不可侵犯之權利矣，吾族仰望其立憲利害如此。

（六）主張滿廷立憲者對於國民行爲之不忠。（甲）保皇派所藉口者，合滿漢蒙回藏爲一偉大民族，奉神聖之光緒皇帝爲立憲君主。載湉童騃，海内所知。滿洲已失，藏事已去，回部動揺，兩蒙外向，瓦解即在旦夕。紙墨未乾，目的物業已消失，日日以要求立憲爲辭，蟄伏海外，膽小如鼠，希冀個人之富貴，拋棄民族之積恥，是爲不忠之尤。（乙）那拉氏黨，此黨皆乘時邀利之小人，數十輩劣等根性之留學生俯仰其間、揺尾鼓掌，餂取一月一二百金之身賃。乞得不甚愛惜之學習主事分發知縣，而其望已足。立憲二空字不過變形一苞苴竽牘而已，其行爲不忠，明白易曉。

綜合以上之理由，立憲主義徒墮落我皇漢民族之人格，污辱我皇漢民族之思想。吾輩今日非極力排斥此等謬説，則吾族無良、死心踏地歸附彼族者必日加多。敢以區區之心貢獻於我漢族四萬萬同胞，必能協心並力，抱持唯一排滿主義，並圖建立漢族新國，則某雖死猶生（後略）。

並録吴樾良友之按語曰：

按吴君名樾，字孟俠，爲桐城名家子。其個人歷史他日自有人詳道之。吴君爲人慷慨義烈，根於天性。每與談及國亡種削之勢輒仰泣不止。及久歷關津，種族之感情益烈，時痛四方口舌排滿之輩不得一人之實行爲恥。犧牲其身爲天下倡，而復活我祖國荆聶壯美之歷史，使全世界異種人均不敢玩弄吾族也。聞其入夏以後，私瞰滿種某巨公居處動作，將有所發。適立憲狂説日益流行，吴君益痛滿政府愚弄我民族之毒計，又深恨我民族中無耻之輩死心踏地爲滿族奴，益鼓吹其君民一體、滿漢一家之邪説，天下淺見之士遂信夫上下相安，仰望仁政，苟且圖存，非復昔日激昂不平之見。而吾族永久沉淪，無復脱離滿族羈絆之一日。計非以身遏之不可，遂以九月二十六日携所蓄利器往前門車站加害於考察憲法之五大臣。殉義之前十日以兩書郵寄於予。前書今姑秘之，兹所發布者其後書也。予於海外得是書，已去其殉義凡三十日矣。今特發布其殉義之意見並述吴君平昔語諸同志之言曰："我四萬萬同胞人人實行與賊滿政府勢不兩立之行爲，乃得有生人之權利，不得權利毋寧速死。"又曰："我願四萬萬同胞前仆後繼，請爲之先。"悲夫！此吴君所以捨身殉義而不惑也。吴君之身往矣，吴君之志猶未得達。吾願奉遺書主義爲吴君繼，並以詔國人焉。吴君後死之友敬識。

第四章　陳天華投海

自《民報》爲宣傳革命機關後，留學界之革命思潮亦漸次膨漲。滿洲政府、各省督撫皆相謀防止之策，於是要求日本政府驅逐留日之革命黨，並取締留日之中國學生。日本外務省以六千元與孫文，僱其從速離去橫濱。而取締留學生之政令亦不久實現。日本當局亦因貪中國之利權，不惜自低聲價，代滿洲政府施行取締中國留日學生之規則。斯時中國各省之留學日本者幾及萬人，群起反對。而革命黨之大文豪陳天華遂投海殉國，以堅留學生之志。於是人心愈憤激，大有與滿洲政府勢不兩立之氣，不願留學日本以蒙數重奴隸之羞。陳天華之死，全體痛悼，凡血性青年皆起赴義不顧身之熱誠。陳天華投海之前一夕親寫絶命書一篇，其文曰：

嗚呼！我同胞其亦知今日之中國乎？今日之中國，主權失矣，利權去矣，無在而不是悲觀，未見有樂觀者存。其有一綫之希望者則在於近來留學生日多，風氣漸開也。使由是而日進不已，人皆以愛國爲念，刻苦向學以救祖國，即十年二十年之後未始不可不轉危爲安。乃進觀吾國同學者，有爲之士固多，可疵可指之事亦不少。以東瀛爲終南捷徑者，目的在於求利禄而不在於居責任。其尤不肖者則學問未事，私德先壞。其被舉於彼國報章者不可縷數。

近該國文部省有清國留學生取締規則之頒，其剥我自由、侵我主權固不待言。鄙人内顧團體之實情，不敢輕於發難。繼同學諸君倡爲停課，鄙人聞之，恐事體愈致重大，頗不贊成。然既已如此矣，則宜全體一致，始終貫徹，萬不可互相參差，貽日人以口實。幸而各校同心，八千餘人不謀而合。此誠出於鄙人豫料之外，且驚且懼。

驚者何？驚吾同人果有此團體也。懼者何？懼不能持久也。然而日本各報則詆爲烏合之衆，或嘲或諷，不可言喻。如《朝日新聞》等則直詆爲放縱卑劣，其輕我不遺餘地矣。夫使此四字加諸我而不當也，斯亦不足與之計較。若或有萬一之似焉，則真不可磨之玷也。

近來每遇一問題發生，則群起譁之曰：此中國存亡問題也。顧問題有何存亡之分，我不自亡，人孰能亡我者？惟留學生而皆放縱卑劣，則中國真亡矣。豈特亡國而已？二十世紀之後，有放縱卑劣之人種能存於世乎？鄙人心痛此言，欲我同胞時時勿忘此語，力除此四字，而做此四字之反面——堅忍奉公、力學愛國。恐同胞之不見聽而或忘之，故以身投東海爲諸君之紀念。諸君而念及鄙人也，則毋忘鄙人今日所言。但慎毋誤會其意，謂鄙人爲取締規則而死，而更有意外之舉動。須知鄙人原重自修，不重尤人。鄙人死後，取締規則問題可了則了，切勿固執。惟須急講善後之策，力求振作之方，雪日本報章所言，舉行救國之實。則鄙人雖死之日猶生之年矣，諸君更勿爲鄙人惜也。鄙人志行薄弱，不能大有所作爲，將來自處惟有兩途：其一則作書報以警世；其二則遇有可死之機會而死之。夫空談救國，人皆厭聞。能言如鄙人者不知凡幾，以生而多言或不如死而少言之有效乎！至於待至事無可爲始從容就死，其於鄙人誠得矣，其於事何補耶？今朝鮮非無死者而朝鮮終亡，中國去亡之期極少須有十年。與其死於十年之後，曷若於今日死之？使諸君有所警動，去絶非行，共講愛國，更卧薪嘗膽，刻苦求學，徐以養成實力，丕興國家，則中國或可以不亡，此鄙人今日之希望也。然而必如鄙人之無才無學無氣者而後可，使稍勝於鄙人者則萬不可學鄙人也。與鄙人相親厚之友朋，勿以鄙人之故而悲痛失其故常，亦勿爲輿論所動而易其素志。鄙人以救國爲前提，苟可以達救國之目的者，其行事不必與鄙人合也。今將與諸君長别矣，當世之問題亦不得不與諸君略言之。

近今革命之論囂囂起矣，鄙人亦此中之一人也。而革命之中有

陳公天華遺像

陳天華，字星台，湖南新化人。幼飯牛，有奇氣。十五入蒙塾，始發憤讀書。過目不忘，善穎悟，似讀書極多者。讀書一二年，即應新化書院月課，輒冠軍，由新化實業中學堂派送日本留學。發揮亡國之痛，專從事於著作，有《猛回頭》、《警世鐘》、《獅子吼》諸書，唤起國魂。國内革命思潮所及，軍人學子皆受其賜。同盟會之革命方畧，亦其手澤。因日本取締中國學生，日報紙辱學生爲放縱卑劣，投海死。

置重於民族主義者，有置重於政治問題者。鄙人所主張固重政治而輕民族，觀於鄙人所著各書自明。去歲以前亦嘗渴望滿洲政府變法，融和種界以禦外侮。然至近則主張民族者以爲滿漢終不並立，我排彼以言，彼排我以實。我之排彼自近年始，彼之排我二百年如一日。我退則彼進，豈能望彼消釋嫌疑而甘心願與我共事乎？欲使中國不亡惟有一刀兩斷，代滿洲執政柄而卵育之。彼若果知天命者，則待之以德川氏可也。滿洲民族許爲同等之國民，以現世之文明斷無有仇殺之事。故鄙人之排滿也，非如倡復仇論者所云，仍爲政治問題也。蓋政治公例，以多數優等之族統治少數之劣等族者爲順，以少數之劣等族統治多數之優等族者爲逆故也。鄙人之於革命如此，然鄙人之於革命有與人異其趣者，則鄙人之於革命必出之以極迂拙之手段，不可有一毫取巧之心。蓋革命有出於功名心者，有出於責任心者。出於責任心，必事至萬不得已而後爲之，無所利焉。出於功名心者，已力不足或至借他力，非内用會黨則外恃外資。會黨可以偏用而不可恃爲本營。日俄不能用馬賊交戰，光武不能用銅馬赤眉平定天下，況欲用今日之會黨以成大事乎？至於外資則尤危險，菲律賓覆轍可爲前鑒。夫以鄙人之迂遠如此，或至無實行之期亦不可知。然而舉中國皆漢人也，使漢人皆認革命爲必要則或如瑞典、諾威之分離，以一紙書通過而無須流血焉可也。故今日惟有使中等社會皆知革命主義，漸普及下等社會。斯時也，一夫發難，萬衆響應，其於事何難焉？若多數猶未明此義而即實行，恐未足以救中國而轉以亂中國也。此鄙人對於革命問題之意見也。近今盛倡利權收回，不可謂非民族之進步也，然於利權收回之後無所設施，則與前此之持鎖國主義者何異？夫前此之持鎖國主義者不可謂所慮之不是也，徒用消極方法而無積極方法，故國終不鎖。而前此之紛紛擾擾者皆爲無效，今之倡利權收回者何以異兹。故苟能善用之於此數年之間，改變國政，開通民智，整理財政，養成實業人才，十年之後經理有人，主權還復，吸收外國資本以開發中國文明。如日本今日之輸進外資可也，否則争之甲者仍與之乙，或遂不辦。外人有所藉口，群以强力相壓迫。則十年之後亦如潰堤之水滔滔而入，利權終不保也。此對於利權收回問題之意見也。近人有主張親日者，有主張排日者，鄙人以爲二者皆非也。彼以日本爲可親，則請觀朝鮮。然遂謂日人將不利於我，必排之而後可者，則愚亦不知其説之所在也。夫日人之隱謀，所謂司馬昭之心路人皆知，即彼之書報亦倡言無忌，固不慮吾之知也。而吾謂其不可排者何也？兼弱攻昧，取亂侮亡，吾古聖之明訓也。自有可亡之道，豈能怨人之亡我？吾無可亡之道，彼能亡我乎？朝鮮之亡也亦朝鮮自亡之耳，非日本能亡之也。吾不能禁彼之不亡我，彼亦不能禁我之自强。使吾亦如彼之治其國者，則彼將親我之不暇，遑敢亡我乎？否則即排之有何實力耶？平心而論，日本此次之戰不可謂於東亞全無功也。倘無日本一戰，則中國已瓜分亦不可知。因有日本一戰而中國得保殘喘。雖以堂堂中國被保護於日本，言之可羞。然事實已如此，無可諱也。如恥之，莫如自强，利用外交，更新政體。於十年之間練常備軍五十萬，增海軍二十萬噸，修鐵路十萬里，則彼必與我同盟。夫同盟與保護不可同日語也。保護者，自己無實力而惟受人擁蔽，朝鮮是也。同盟者，勢力相等互相救援，日英是也。同盟爲利害關係相同之故，而不由於同文同種。英不與歐洲同文同種之國同盟，而與不同文同種之日本同盟。日本不與亞洲同文同種之國同盟，而與不同文同種之英國同盟。無他，利害相衝突則雖同文同種而亦相仇讎，利害關係相同則雖不同文同種而亦相同盟。中國之與日本，利害關係可謂同矣。然而實力苟不相等，是同盟其名，保護其實也。故屆今日而欲與日本同盟是欲作朝鮮也，居今日而欲與日本相離是欲亡東亞也。惟能分擔保全東亞之義務，則彼不能專握東亞之權利可斷言也。此鄙人對於日本之意見也。凡作一事須遠矚百年，不可徒任一時感觸，而一切不顧一鬨之政策此後再不宜於中國矣。如有問題發生，須計全局，勿輕於發難。此固鄙人有謂而發，然亦切要之言也。鄙人於宗教觀念素來薄弱，然如謂宗教必不可無，則無寧仍尊孔教，以重於違俗之故則並奉佛教亦可。至於耶教，除好之者可自由奉之之外，欲據以改易國教則可不必。或有本非迷信，欲利用之而有所運動者，其謬於鄙人所著之最後之方針，言之已詳，茲不贅及。近來青年誤解自由以不服從規則、違抗尊長爲能。以愛國自飾，而先犧牲一切私德，此之結果不言可想。其餘鄙人所欲言者多今不及言矣，散見於鄙人所著各書者，願諸君取而觀之，擇其是者而從之，幸甚。語曰“君子不以人廢言”，又曰“鳥之將死其鳴也哀，人之將死其言也善”，則鄙人今日之言或亦不無可取乎。

（予當日未讀佛書，極無知識，頗欲以耶教爲國教。陳君此言確係對予而發，近幸能讀佛書業已六年，始知世間無盡德業必淵源於真實之宗教。而宗教莫如佛法爲最圓滿邃密。於是知陳君之卓識誠不可及矣。亞伯附注。）

又發一通知留學生總會諸幹事書曰：

幹事諸君鑒：聞諸君有欲辭職者，不解所謂。事實已如此，諸君不力爲維持、保全國體，不重辱留學界耶？如日俄交戰，倘日本政府因國民之暴動而即解散機關，坐視國家之滅，可乎否乎？今之問題何以異是，願諸君思之。

黄興對於陳天華絶命書之跋文曰：

此吾友陳君星台絶命書，强齋每一思君輒一環誦之。蓋未嘗不心悁悁然悲，而淚涔涔然下也。曰嗚呼，若君者，殆所謂愛國根於天性之人非耶。當去歲秋，湖南事敗，君與强等先後走日本，憂憤益大過量，時時相與過從談天下事，未嘗不哽咽對坐涕泣而道也。今歲春，東報興瓜分謠，君愈憤，欲北上，冀以死要滿廷救亡。殆固知無裨益而思以一身嘗試，絶世人扶滿之望也。既而友人沮之，不遂行。然其常言曰，吾實不願久偷生於此人間世也，蓋其抱求死之目的以竢久矣。居無何，留學界以日本人定學則，議群起力争。始强浼君曰，君能文，盍有所作以表意見乎？君曰否。徒以空言驅人發難，吾豈爲耶？越數日，學界則大憤，均休校議事，君猶無動。迄月之十一日，其同居者則見君握管作文字至夜分不輟。其十二日晨起食畢，自友某君貸金二圓出門去。同居者意其以所作付剞劂也，聽焉，入夜未歸，始懷疑。良久有留學生會館閽者踵門語曰，使署來電話稱大森警吏發電至署，告有一支那男子死於海。陳其姓，名天華，居神田東新社者云。嗚呼！於是知君乃死矣。痛哉！天未明，强偕友人某氏某氏赴大森視之。大森町長乃語曰，昨日六時當地海岸東濱距離六十間處發見一尸，即撈獲之。九時乃檢查身畔，得銅貨數枚與書留（寄信保險證），餘無他物。今既已殮矣，則率引我輩觀之。一棺悽然，倭式也。君則在焉，復采視書留，爲以君氏名，自芝區御門前郵達中國留學生總會館幹事長者。當是時，君邑人已有往横濱備棺衾，擬厝於華人墓地，乃倩二人送君尸於横濱。强與某等乃返，抵會館索其郵物，獲之則萬言之長函，即此絶命書也。一人宣讀之，聽者數百人，皆泣下不能仰。夫以君之所志，使其所懷抱得畢展於世，無少殘留，則吾民受其福祚，其所造於中國前途者豈有涯耶？而乃竟如是已焉，吾人得毋有爲之悼惜不置者乎。雖然，吾觀君之言曰以救國爲前提，又曰欲我同胞時時刻刻勿忘此語（放縱卑劣），力除此四字而做此四字之反面，恐同胞不見聽或忘之，故以身投東海爲諸君之紀念。又曰中國去亡之期極少須有十年，與其死於十年之後，曷若死於今日？使諸君有所警動。蓋君之意，自以爲留此身以有所竢，孰與死之影響强？吾寧取夫死以覺吾同胞，使共登於救國之一途。則其所成就，較以吾一身之所爲孰多耶？噫，此則君之所以死歟，君之心則苦矣。吾人讀君之書，想見君之爲人。不徒悼惜夫君之死，惟勉有以副乎君死時之所言焉，斯君爲不死也已。

乙巳十一月晦强齋謹泣跋

《猛回頭》序

俺也曾灑了幾點國民淚，俺也曾受了幾日文明氣，俺也曾撥了一段殺人機，代同胞願把頭顱碎。俺本是如來座下現身説法的金光游戲，爲甚麼有這兒女妻奴迷？俺真三昧，到於今始悟通靈地。走遍天涯，哭遍天涯，願尋著一個同聲氣。拿鼓板兒、弦索兒，在亞洲大陸清涼山下唱幾曲文明戲。

紀元二千四百五十五年　群學會主人書

《猛回頭》黄帝肖像後題

哭一聲我的始祖公公，叫一聲我的始祖公公，想當初大刀闊斧奠定中原，好不威風。到於今，飄殘了，好似那雨打梨花，風吹萍葉，莫定西東。受過了多少壓制，做過了數朝奴隸。轉瞬間，又要爲牛爲馬，斷送軀躬。怕的是刀聲霍霍，砲聲隆隆，萬馬奔騰。齊到此中，磨牙吮血，横吞大嚼。你的子孫，就此告終。哭一聲我的始祖公公，叫一聲我的始祖公公，在天有靈，能不憂恫。望皇祖告訴蒼穹，爲漢種速降下英雄。

哭一聲我的同胞弟兄，叫一聲我的同胞弟兄，我和你都是一家骨肉，爲甚麼不相認？忘著所生，替他人殘同種，忍心害理，少不得自己們也要受烹。那異族非常凶狠，把漢族當做犧牲，任憑你順從他，總是難免四萬萬共入了枉死城。俺同胞到此地尚不覺醒，把仇讎認做父，好不分明。想始祖在當日何等威武，都只緣這些不肖孫子，敗倒聲名。哭一聲我的同胞弟兄，叫一聲我的同胞弟兄，又是恨卿，又是想卿。棄邪歸正，共結同盟，驅除外族，復我漢京。崑崙高高兮，江水清清，乃我始祖所建國兮，造作五兵。我飲我食兮，無非始祖之所經營，誓死以守之兮，決不令他族之我争。子子孫孫兮，同此血誠。

地理略述

普天之下共分五大洲，中國是亞細亞洲一個頂大的國，内地有十八省，稱爲中國本部。在本部東北方有東三省，即從前宋朝那時候的金國，現在的滿洲。那滿洲乘著明末的亂佔了我們中國，改號大清國。直隸、山西、陜西之北有蒙古即元韃子，滅了宋朝一統中華。明太祖把他趕歸原處，後亦爲滿洲所滅。由甘肅過去有新疆省，是一個回回國，乾隆年間滅的。四川之西有西藏，是一個活佛做國主，亦歸服清朝。除了十八省以外，從前都是外國，於今都是大清國。雖然中國也不過與那蒙古、新疆、西藏同做了滿洲的奴隸。在中國東方的有日本國，約有中國兩省大。從前也是弱國，近來仿照西洋人的法子，不過三十年，遂做了世界第一等的强國。與山東省遥遥相對的是高麗國，近來改名朝鮮。從前也是中國的屬國，自甲午年戰敗之後遂不歸中國管轄。在中國南方的有越南國、暹羅國、緬甸國，皆是進貢中國的。後來法國佔了越南，英國佔了緬甸，暹羅亦受英法兩國的挾制，不久也是要滅。由西藏之西南有印度國，佛菩薩所出的地方，約有中國十二三省大，乾隆年間爲英國東印度公司所滅。以上皆是亞細亞洲，此外又有大小國數十，都被那西洋人滅了。亞細亞洲之西有歐羅巴洲，五大洲之中惟此洲最小又最强，洲中大小國亦數十。第一强國是俄羅斯，他的地方小半在歐羅巴，大半在亞細亞。中國與他連界二萬餘里，國土有清國二倍之大，但人口只有中國三分之一。第二是英吉利，他的本國很小，屬地比本國大七十六倍。又有法蘭西、德意志、奥大利、意大利，皆是强國。其餘的國，大者如中國的一二府而已。歐羅巴洲的南方有阿非利加洲，沙漠居多，天氣很熱。從前也有數十國，於今皆爲西洋人所瓜分。印度之南有南洋群島，約有數百，自明朝即爲西洋人所佔。南洋群島之中有最大的島，名叫澳大利加洲，亦稱爲五大洲中之一。

土人很少，爲英國所佔領。在以上四大洲之西者叫做阿美利加洲，從前本是一塊荒地，與這四洲東隔著太平洋，西隔著大西洋，自古與四洲不相通。自明朝中間，歐羅巴人名叫哥侖布者始尋得是處。其後歐羅巴的人往者愈多，遂建了多少的國，尤以美利堅爲最大。五洲萬國除中國、日本數國之外，其餘諸部皆歸服了歐羅巴，中國又危乎殆哉。我的同胞，你們還没有醒轉來嗎？

人種略迷

天下的人自大處言之約分五種。亞細亞洲的人大半是黄色種，歐羅巴洲的人是白色種，阿非利加洲的人是黑色種，南洋群島的人是棕色種，阿美利加洲的土人是紅色種。五種人中只有白色種最强，黄色種次之，其餘的三種都爲白色種所壓制，不久就要滅種。此就色面而分出五大種也。專就黄色種而言之，則十八省的人皆係漢種。我始祖黄帝於五千年前，自西北方面來戰勝了苗族，一統中國。今雖爲外種所征服，其人口共四萬萬有餘，居世界人口四分之一。滿洲是通古斯種，金朝亦是此種人，其人口共五百萬。蒙古爲蒙古種，其人口共二百萬。新疆爲回回種，其人口一百二十萬。西藏爲吐番種，其人口一百五十萬。苗瑶是從前中國的土人，其數比漢種較多，於今只深山之中留了些微。滿洲、蒙古、新疆、西藏的人從前都是漢種的對頭，無一刻不隄防他。其人皆是野蠻，凶如虎狼，不知禮義。中國稱他爲犬羊，受他等之害不少。自滿洲入主中國，號稱中外一家，於是向之稱他爲犬羊者，今皆俯首爲犬羊的奴隸了。

猛回頭

大地沈淪幾百秋，烽烟滚滚血横流。傷心細數當時事，同種何人雪恥仇。

俺家中華滅後二百餘年，一個亡國民是也。幼年也曾習得一點奴隸學問，想望做一個奴隸官兒。不料海禁大開，風雲益急，來了什麼英吉利、法蘭西、俄羅斯、德意志到我們中國通商。不上五十年，弄得中國民窮財盡，這還罷了，他們又時時的興兵動馬來犯我邦。他們連戰連勝，我們屢戰屢敗。日本佔了臺灣，俄國佔了旅順，英國佔了威海，法國佔了廣州灣，德國佔了膠州，把我們十八省都畫在那各國的勢力圈内，絲毫也不准我們自由。中國的官府好像他的奴僕一班，中國的百姓好像他的牛馬一樣。又有那一班傳教的教士如狼似虎，一點兒待他不好，遂辦起教案來，要怎麽樣就怎麽樣。我中國雖説未曾瓜分，也就比瓜分差不多了。那時我們漢人中有一班志士看見時勢不好，熱心的變法，只想把這國勢救轉來。那裏曉得這滿洲的政府説出甚麽漢人强滿人亡的話兒，不要我們漢人自己變法，把轟轟烈烈爲國流血的大豪傑譚嗣同六個人一齊斬了，其餘殺的殺，走的走，弄得乾乾净净。不上兩年工夫出了一個義和團。這義和團心思是很好的，却有幾件大大的不好處。不操切實本領，靠著那邪術，這邪術乃是小説中一段假故事，那裏靠得住。所以撞著洋人，白白的送了性命。兼且不分别好醜，把各國一齊都得罪了。不知各國内也有與我們有仇的，也有與我們無仇的。不分别出來，我們一國那裏敵得許多國住。我們雖然恨洋人得很，也只好做應敵的兵，斷不能無故挑釁，説到那圍攻公使館、燒毁天主堂尤爲無識。自古道兩國相争不斬來使，我無故殺他的使臣，這是使他有話説了。我們要殺洋人，當殺那千軍萬馬的洋人，不要殺那一二無用的洋人。若他們的軍馬來，你就怕他；他們的商人教士，你就要殺害他。這是俗話所謂謀孤客，怎麽算得威武呢？義和團不懂這個道理，所以弄出天大的禍來，把我們中國害得上不上，下不下。義和團真真是我們中國的罪人了。當時那一班頑固的大臣滿懷私意，利用義和團。等到八國興兵問罪，束手無策，棄了北京，逃往陝西，不顧百姓的死活。可憐北京一帶被八國殺得尸體遍野，血流成河，足足殺了數百萬。俄國乘勢佔了東三省，無故的把六千人趕入黑龍江。列位，你道好慘不好慘？可惜這無恥無能的中國人，大家扯了八國順民旗，迎接八國的兵馬進城，還有那喪盡天良的，引八國的人奸淫擄掠，無所不至。咱家説到此處喉嚨也硬了，説也説不出來。只恨我無權無力，不能將這等自殘同種的混帳忘八蛋千刀萬段，這真真是我的恨事了。列位，你道各國佔了北京，怎麼不就把這中國實行瓜分了？不曉得各國像貌不同、言語不通，兼且離我中國很遠，那裏有許多人鎮服我們。不如留著這滿洲的政府代他管領，他又管領這滿洲的政府。漢人做滿洲的奴隸是做慣了的，自然安然無事。我們是奴隸的奴隸，各國是主人家的主人家。何等便當，豈不比這實行瓜分要自己費力的好得多嗎？果然這滿洲的政府感激各國了不得。從前賠欵數次差不多上十萬萬了，此次賠各國的欵連本帶息又是十萬萬，我們就是賣兒賣女也是出不起來的。又自己把沿海的砲臺削了，本國的軍營請各國來練，本國的鑛産讓各國來開，本國的鐵路聽各國來修，還有那生殺用人的權柄都聽各國指揮。列位，你看滿洲的政府只圖苟全一己，不顧漢人永世翻不得身，件件依了洋人的，你道可恨不可恨？我們若不依他的，他就加以違旨的罪，興兵勦洗，比草芥也比不上。十八省中愁雲黯黯、怨氣騰霄，賽過十八層地獄。他又見從前守舊的惹出禍來，纔敷衍行了一切新政，不過是掩飾人的耳目。他且莫講京城修一個大學堂要費三十萬銀子，政府説費用大了，至今未修。皇太后復修頤和園數千萬銀子也辦出來了，每年辦陵差動輒百萬亦是有的，獨有這三十萬難道説尋不出呢？我們百姓家裏要一個錢買水吃也没有。去年榮禄嫁女，他的門房得門包三十二萬。這銀子是那裏來的？都是那貪官剥削我們的脂膏獻與榮禄的。榮禄之外，還有那太監李蓮英，皇太后最信用他，最相好的，他的家財比榮禄多了十倍，當今的官府多半是他的門生、小門生。

列位，你看這個情形，中國還保得住呢？到了今年俄國就要把東三省實歸他有了，法國也要這廣西省。中國若准了他兩國，這英國少不得就要長江七省，德國少不得就要山東、河南，日本少不得就要福建、浙江，還有那一塊是我們的？我想這政府是送土地送熟了的，不久就是拱手奉納。我們到了那個時節，上天無路，入地無門，還有什麽好處呢？咱家想到此際，把做官的念頭丢了，只想把我們的同種救出苦海。無奈我們的同胞沈迷不醒，依然歌舞太平。大家自私自利，全無一點團結力。真真是火燒到眉毛尖子上尚不知痛。好歎呀！咱家閑下無事，編成了幾句粗話，叫做《猛回頭》，列位若不厭煩，聽咱家唱來消消閒好麽？

拿鼓板坐長街高聲大唱，尊一聲衆同胞細聽端詳。
我中華原是個有名大國，不比那彈丸地僻處偏方。
論方里四千萬五洲無比，論人口四萬萬世界誰當。
論物産真個是取之不盡，論才智也不讓東西兩洋。
看起來那一件比人不上，照常理就應該獨稱霸王。
爲甚麽到今日奄奄將絶，割了地賠了欵就要滅亡。
這原因真真是一言難盡，待咱們細細數共做商量。
五千年俺漢人開基始祖，名黄帝自西北一統中央。
夏商周和秦漢一姓傳下，並没有異種人來做帝皇。
這是我祖宗們傳留家法，俺子孫自應該永遠不忘。
可惜的骨肉間自相殘殺，惹進了外邦人雪上加霜。
到晋朝那五胡異常猖獗，無非是俺同種引虎進狼。
自從此分南北神州擾亂，到唐朝裁平定暫息刀槍。
到五季又是個外强中弱，俺同胞遭殺戮好不心傷。
宋太祖坐中原無才無德，復燕雲這小事尚説不遑。
難怪他子孫們懦弱不振，稱臣姪納貢品習以爲常。
那徽宗和欽宗爲金捉去，只岳飛打死仗敵住虎狼。
朱仙鎮殺得金片甲不返，可恨那秦檜賊暗地中傷。
自此後俺漢人别無健將，任憑他屠割我如豕如羊。
元韃子比金賊更加凶狠，先滅金後滅宋鋒不可當。
殺漢人不計數好比瓜果，有一件俺説起就要斷腸。
攻常州將人膏燃做燈亮，這殘忍想一想好不凄涼。

豈非是異種人原無惻隱，俺同胞把仇讎認做君王。

想當日那金元人數極少，合計算數十萬有甚高强。

俺漢人百敵一都還有剩，爲什麼寡勝衆反易天常。

只緣我不曉得種族主義，爲他人殺同胞喪盡天良。

他們來全不要自己費力，只要我中國人自相殘傷。

這滿洲滅我國就是此策，吴三桂孔有德爲虎作倀。

那清初所殺的何止千萬，那一個不是我自倒門牆。

列位，你看中國數千年來只有外國人殺中國人，斷没有中國人殺外國人的，只有外國人到中國做皇帝，斷没有中國人往外國做皇帝的。這是甚麽緣故？因中國地方大得很，人口多得很。大了就不相往來，多了就難於親熱，又不曉得是一個祖宗發出來的，把做别人相看。太平久了，没有禍患來逼迫他，自然是游手好閒，不習武藝。外國地方既小，人口又少，所以最相親愛，合數十萬人爲一個人。他們又没有别項出息，全靠著游獵擄掠爲生。把武藝做性命，人人都操得好，一可敵十，以攻我這一人是一人、全無氣力的中國人，怎麽不有勝無敗？况且又有我這忘著自己本族的人替他盡死，怎麽不就做了中國的皇帝呢？從前做中國皇帝的，雖然朝代屢易，總是我漢人，總是我黄帝的子孫，只可稱之爲换朝，算不得滅國。惟有元韃子滅了中國，後來賴有朱太祖恢復轉來了。於今這滿洲滅了我中國，難道説我們這些人就不想恢復了嗎？

俺漢人想興復倒説“造反”，便有這無恥的替他勤王。

列位，你道這“造反”二字怎麽様講的？他强佔了我們的國，我們自己想恢復起來是正正堂堂的道理。有甚麽造反？好比那人家有一份産業被强盜霸去了，到後來這人家的子孫長大了想要報這個仇，把從前的産業争轉來，也可説他是不應該的嗎？那人家的子孫若是有一半倒要幫這個强盜，把自己的親兄弟殺害了，到那强盜處討功，這還算得一個人呢？列位，你看這勤王黨，豈不是與這個人殺害自己的親兄弟到那强盜處討功的一様嗎？列位，這都忍得，還有那一件忍不得的呢？

還有那讀書人動言忠孝，全不曉忠孝字真理大綱。
是聖賢應忠國怎忠外姓，分明是殘同種滅喪綱常。
轉瞬間西洋人來做皇帝，這班人少不得又喊聖皇。
想起來好傷心有淚莫灑，這奴種到何日始能盡亡。
還有那假維新主張立憲，略畛域講服從胡漢一堂。
這議論都是個隔靴搔癢，當時事全不懂好像顛狂。
儻若是現政府勵精圖治，保得住俺漢種不遭凶殃。
俺漢人就吞聲隸他宇下，納血稅做奴僕也自無妨。
怎奈他把國事全然不理，滿朝中除媚外别無他長。
俺漢人再靠他真不得了，好像那四萬萬捆入法場。
俄羅斯自北方包我三面，英吉利假通商毒計中藏。
法蘭西佔廣州窺伺黔桂，德意志膠州領虎視東方。
新日本取臺灣再圖福建，美利堅也想要割土分疆。
這中國那一點我還有分，這朝廷原是個名存實亡。
替洋人做一個守土官長，壓制我衆漢人拱手降洋。

列位，你道現在的朝廷仍是滿洲的嗎？多久是洋人的了。列位，若還不信，請看近來朝廷所做的事，那一件不是奉洋人的號令？我們分明是拒洋人，他不説我們與洋人做對，反説與現在的朝廷做對，要把我們當做謀反叛逆的殺了。列位，我們尚不把這個道理想清，事事依朝廷的。恐怕口雖説不甘做洋人的百姓，多久做了尚不知信。朝廷固然是不可違拒，難道説這洋人的朝廷也不該違拒嗎？

俺漢人自應該想個計策，爲甚麼到死地不慌不忙。
痛只痛甲午年打下敗陣，痛只痛庚子歲慘遭殺傷。
痛只痛割去地萬古不返，痛只痛所賠款永世難償。
痛只痛東三省又將割獻，痛只痛法國兵又到南方。
痛只痛因通商民窮財盡，痛只痛失礦權莫保糟糠。
痛只痛辦教案人命如草，痛只痛修鐵路人扼我吭。

痛只痛在租界時遭凌踐，痛只痛出外洋日苦深湯。

列位，你看洋人到了中國，任是甚麼下等人，我們官府都要把做上司相看。租界雖然租了，仍是我的地方。那裏曉得到了租界內，中國人比禽獸也比不上，一點兒不到，任是甚麼大官都要送到工部局治罪，守街的巡捕比那虎狼還凶些。中國人打死外國人，一個人要完十個人的命，還要革許多的官員，裁能結案。外國人打死中國人，他就送往本國去了，中國的官府半句話也講不得。上海的西洋人有一個花園上貼一張字，只有狗與支那人不准進入，中國人當狗都當不得了。南洋群島一帶以及美洲、澳洲，中國有二三百萬人在那裏做苦工營生。那洋人異常妒忌，每人上岸就要抽五十圓的税，每年還有種種的税。少不如他們的意，他就任意打死。有一個地方號做檀香山，有中國萬多人的街，病死一個婦人也是常事。那洋人説是疫死的，怕傳染他們外國人，就放火把這街全行燒了。這街的人不敢做聲，大家都到那河邊樹下居住。列位，你道傷心不傷心？那洋人看見中國的人仍來他國不止，又想一個法子。上岸的時候不能寫五十個洋字的不准上岸，把五十圓的身税加至五百圓。其餘的辣手段都高漲了，差不多中國人不能有一個配出洋的，這一條苦生路都將没有，還有别項生路嗎？中國尚未爲洋人所瓜分已到這個情形，等到他們瓜分中國之後，他還准我們有一碗飯吃嗎？

怕只怕做印度廣土不保，怕只怕做安南中興無望。

列位，你道印度這大的地方怎麼滅的？説來真是好笑。三百年前，英國有幾個商人集十二萬小小的公司到印度通商。不上百年，這公司的資本就大了。到乾隆年間，這公司的一個書記叫做克雷飛的，生得有文武全才。他就招印度人爲兵，就印度地方籌餉，把印度各國全行滅了，歸他公司管轄。列位，你道希罕得很罷？這印度是出佛菩薩的國，其地方比中國小不得幾多，其人口也有中國四分之三，爲什麼被英國一公司所滅？不曉得是印度人自己滅的，全不要英國費力，怎麼怪得英國？我們中國人和這印度人好像是一槽水衝出來的。英國在我國的勢力比當初在印度大得多。列位，試想一想我們今日罵印度人，恐怕印度人就要罵我了。安南是越南國，從前是進貢我中國的，和雲南、廣西隔界，有中國三省地方之大，光緒十年爲法國所滅。這安南國王仍有個皇帝的空號，只没有權柄，受氣不過，悔恨而死。臨死的時候叫道歐洲人惹不得。嗚呼，晚了！

怕只怕做波蘭飄零異域，怕只怕做猶太没有家鄉。

列位，道這波蘭是一個什麽國？數百年前，他也是歐洲一個最著名的大國。後來内政不修、貴族當權、上下隔絶，遂爲那俄羅斯、德意志、奥大利三國瓜分了，俄羅斯所得的地方更大。那暴虐的政府真是筆不能述。波蘭的人民受虐不過，共起義兵。恰好有了基礎，那貪生怕死的貴族甘心做外族的奴隸，替俄人殺戮同胞，正如我國太平王起義兵偏偏有這湘軍替滿洲平定禍亂。那俄人得此勢力，遂乘勢把波蘭人殺死大半，其餘殺不盡的不准用波蘭的語言和波蘭的文字，波蘭的教門一切都要用俄羅斯的。四處有俄羅斯的警察兵，波蘭人一言一動都不能自由。又把這貴族富户以及讀書的人都用囚籠囚了，送往那常年有雪的西伯利亞，共數三萬，每一隊有兵一隊押送。起程之際，各人都捨不得自己的安樂家鄉，抱頭大哭，天昏地暗，就使鐵石人聽了也應弔下淚來。獨有這如狼似虎的兵卒，不管你捨得捨不得，不行的用鞭子抽。頃刻間，血肉横飛，死了無數。有一個婦人抱著孩子啼哭，那兵卒從懷中搶去，擲出數丈之外。那孩子口含饅頭遂跌死了，那婦人心如刀割亦就搶死在地。一路之上，風餐露宿，忍飢受打，足足行了數月方到彼處，已只救得三分之一。滿目荒涼，悽慘萬狀。回想前日的繁華，真如隔世，都是夢也做不到的。

那波蘭人到此地步，思想早知如此，何不同那國民軍共殺異族。縱然戰死疆場也落得個乾乾净净，何至如此受苦？真個悔之無及。列位，這豈非是波蘭人自作自受嗎？至若猶太國更與波蘭不同，是數千年前一個名國。那耶穌即生在這個地方，其人最是聰明，文章技藝件件俱精，尤善行商，只因行爲卑鄙，没有政治思想。張三來也奉他做皇帝，李四來也奉他做君王。誰曉得各國只要土地，不要人口，把猶太人逐出在外，不准在本地居留。可憐猶太人東奔西竄，無家可歸。縱有萬貫家財也是别人的，即具絶頂才學也無用處。各國都見他是一個無國的人，不把做個人相看，任意欺陵。今年俄羅斯有一個地方住有數千猶太人，素安本分。近日俄人失掉了一個小孩子，哄傳是猶太人殺了祭神，聚集多人，把猶太人的房屋放火燒了。猶太人也有自投河的，也有自弔梁的，其餘的被俄人或砍其手，或斷其足，或把身體支分節剖。又將小兒擲在空中，用刀承接。種種殘虐，慘無天日。那俄國的官府不但不禁，反贊道應該如此。俄國的紳士以及傳教士都坐馬車往觀，以爲笑樂。列位，試想一想，人到没有國的田地就是這個模樣。那一國不是俄羅斯？那一個不是猶太人？好嘆呀！好怕呀！

怕只怕做非洲永爲牛馬，怕只怕做南洋服事犬羊。

列位呵，莫道中國地是狠大，人是狠多，任從洋人怎麽樣狠終不能瓜分中國。這非洲也就不小了，天下五大洲亞細亞洲最大，第二就是非洲，人口也有二萬萬，只蠢如鹿豕，全不講求學問。歐洲各國遂漸漸把他的地方瓜分了，又將人口擄回，叫他做最粗的工，好比牛馬一樣。西洋人看待此處的人如草芥一般，享福的是西洋人，受苦的是此處人。這是何故？都緣其人概不讀書，愚蠢極了，所以受制於人。你看中國的人有本領有知識的有幾個？就是號稱讀書的人，除了且夫若曰幾個字外還曉得什麽？那歐美各國以及日本，每人到了六歲，無論男女都要進學堂。所學的無非是天文、輿地、倫理、化學、物理、算學、圖畫、音樂一切有用的學問，習了十餘年。還有那陸軍、海軍、文科、農科、醫科、師範各種專門學問。他的極下等人，其學問勝過我國的翰林進士。所以他造一個輪船，我只能當他的水手。他立一個機器廠，我只能當他的粗工。他們安坐而得大利，我們勞動而難糊口。此時大家尚不送子弟講求切實的學問，等到洋人瓜分了中國，一定是不要我們學他的，恐怕是求爲牛馬都不可得了。

怕只怕做澳洲要把種滅，怕只怕做苗瑶日見消亡。

列位，你道於今滅國仍是從前一樣嗎？從前滅國不過是把那國的帝王換了坐位，於民間仍是無損，於今就大大的不相同了。滅國的名詞叫做民族帝國主義，這民族帝國怎麽講的？因其國的人數太多，本地不能安插。撞著某國的人民本領抵當他不住的，他就乘勢佔了。久而久之，必將其人滅盡，他方可全得一塊地方。非是歸服於他就可無事，這一國的人種不滅盡總不放手。那滅種的法子也是不一。或先假通商，把你國的財源如海關等一手攬住。這國的人漸漸窮了，不能娶妻生子，其種自然是要滅。或先將利債借與你國，子息積多，其國永遠不能還清，拱手歸其掌握。或修鐵路於你國中，全國死命皆制在他手。或將你國的鑛産盡行霸佔，本國的人倒没有份。且西洋人凡滅了一國，不准你的國人學習政治、法律、軍事，只准學些最粗淺的工藝。初則以爲牛馬，終則草芥不如。其尤毒者則使其國的人自相殘殺。那澳洲的土人凶悍不過，英國雖佔領此處也無法可治，最後乃想一個絶好的妙計，土人之中有自將同類殺害來獻者，每一頭賞銀五角。那土人爲著五角銀子紛紛相殺，這人殺了那人，其頭又被他人取去。不上幾十年的工夫，其人遂没有種了，銀子絲毫仍歸英人。列位，你看我們中國的人爲著每月一二兩餉銀便甘心爲異族殺害同種，豈不與這澳洲的土人一樣嗎？那西洋人滅人國的法子那一條没有向中國用過呢？就使不瓜分我們中國，但如此行去，不上百年我們中國也没有種了，這是何故？你看自通商以來，我們中國的人不是日窮一日麽？每年因通商要送他四五千萬銀子，洋烟一項又要送他無數萬，中國就是金山也要用盡。況且近來又添出五六千萬兩的賠欵，那裏有這項大欵呢？記得我前年在本省省城居住，市上生意尚爲繁盛，新年度歲，熱鬧非常。到了去年因要出這項賠欵倒了多少錢號，及至今年新正冷淡多了。僅只一年已是如此，再過二三十年後可想得嗎？洋人在中國的輪船鐵路日多一日，那靠著駕船挑擔爲生者再有路嗎？洋人在中國的機器織布等局愈推愈廣，那靠著手藝紡織爲生者再用得著嗎？這輪船鐵路機器織布最能富國，無奈中國的人自己不做，甘心送與洋人做，豈非是自尋死路嗎？中國的鑛產隨便一省足敵歐洲一國，也都送與洋人，還有那裏可生活呢？洋人得了中國的錢就來制中國的命。英國施於澳洲的手段又施之於中國。俄國在東三省、英國在威海衛、德國在膠州、法國在廣州灣即招中國人爲兵，與中國開起戰來，把此等的兵當做先鋒。將來各國瓜分中國之後又不能相安無事，彼此仍要相爭。此國驅這省的人，彼國驅那省的人，彼此死的都是中國的人，洋人不過在後做一個指揮官，勝了敗了都與他無涉。各國戰爭没有休止，中國人的死期也没有休止。等到中國人殺完了，其實洋人終未動手，仍是中國人殺中國人。人數雖多，不過比澳洲多殺得幾年，那裏還有種呢？列位不要錯認蒙古、滿洲滅了中國。中國人種雖當時殺了十分之九，不久又復了原，將來洋人分了中國也不過是一例。須曉得蒙古、滿洲本國人數狠少，中國人數很多。没有中國人，他得一塊荒地，有何用處？兼且他是野蠻，我是文明，無一件不將就中國的人。這非他有愛於我，爲勢所迫不得不然。那蒙古初得中國的時候，本意要將漢人殺盡，把其地做爲牧場以便畜養牛馬，耶律楚材説不如留之以出租税，是以得免。漢種之不滅豈不僥倖得很嗎？洋人的文明比中國强得遠。他得了中國，除充下等的奴隸，那一項要你這個無用的東西。文明當他不住，他就不殺也是要滅的。這中國先前的主人翁豈不是那苗瑶的嗎？這十八省那一處不是他的。我們漢族自西北方來到中國，也與這西洋人自泰西來的差不多。他們戰敗了，漸漸退出黄河一帶讓與我們漢人，又被我們漢人由大江一帶把他趕到那閩廣雲貴等處居住，不久又被我們漢人佔了。到了今日，除深山窮谷外尚有些少苗瑶，其餘的平原大地還有苗瑶的影兒嗎？當漢人未來之先，這苗瑶也是泱泱大族，他族内的事情他也辦得井井有條。只因撞著我們這文明的漢族就如雪見太陽，全不要理他，自行消滅。我漢族對於蒙古、滿洲、苗瑶自然是文明的，對於歐美各國又是野蠻。儻不力求進步，使文明與歐美並駕齊驅，還有不滅種的理麼？

左一思右一想真正危險，説起來不由人膽戰心惶。

俺同胞除非是死中求活，再無有好妙計堪做主張。

第一要除黨見，同心同德。

列位，我們四萬萬人都是同胞，有什麼黨見呢？常言道得好，兄弟在家不和，對了外仇一根喉嚨出氣。我看近來也有守舊的，也有求新的，遂鬧出多少的意見。其實真守舊是很好的。他的意思，總要守著那祖宗相傳的習慣，恐怕講習時務就變了外國的模樣。我實在佩服得很，但可惜没有到實事上用心去想，不曉得這時務是萬要講的。比如冬天有冬天的事情，夏天有夏天的事情，一點兒都要守那冬天的樣子可行得去嗎？我們從前用弓箭交戰，他於今變了洋槍，我還可拿弓箭與他交戰嗎？我們用手織布，他用機器織布，一人可抵得千人。我又不能禁人不穿洋布，還可不學他的機器嗎？凡他種種强過我們的事件，我那一件不要學他的呢？不把他們的好處學到手，可抵得他住嗎？

猶如鄰家恃著他的讀書人多、武藝高强、銀錢廣有，欺陵我到極步。我恨他是不消説得的，但任你如何恨他，也是奈他不何。少不得也要送子弟讀書習武，將他發財的道理一切學習，等到件件與他一様裁可報他的仇。這様看來，不想守舊則罷，要想守舊斷斷不能不求新了。那真求新的，這守舊的念頭也就很重。祖宗舊日的土地失了數百年仍想争轉來，一草一木都不容外族佔去，豈不較那徒守舊的勝得多嗎？至若專習幾句洋話，到那洋人處當個二毛子遂自號求新黨，這是漢種的敗類，怎麼説得是求新呢？那守著八股八韻只想僥倖得一個功名，以外一概不管，這是全無人心的人，怎麽説得是守舊？這兩種人都可不講。只要這真守舊真求新的會合起來，這利益就很大了。從前只有守舊求新二黨，到了晚近即求新一黨又分出許多黨來，有主張革命的，有主張勤王的，有主張急進的，有主張和平的，有主張陸軍的，有主張科學的，比那從前兩大黨的爭競還急烈一些。不曉得都没有平心去想，革命固是要緊，但那勤王的只是一時見不到，久後一定要變。除非是兩軍陣前，總不可挾持意氣，只可將真理慢慢與他講明。今日的時勢急進是萬不可無，然没有和平一派，一敗之後遂没有人繼起了。要把現在的江山從那虎狼口中搶轉來，怎麼不要陸軍呢？但江山搶轉來了，没有科學又怎麼行得去呢？外國人的黨派雖多，然大宗旨都是與他國他族做對，全是爲公並没爲私。撞著他國他族的事件來了，他一國一族的人同是一個心，並没有兩個心。故我等但求莫失這與外族做對的大宗旨，其餘下手的方法也就聽各人自便，毫不能相强的。此外又有私立的黨會，算來不下數千百起，都不相連絡。此處起事，彼處旁觀，甚或彼此相仇也是有的。列位呵，昔日有一個番王，他有十九個兒子。到了臨死的時候，把十九個兒子都喊到面前，每人賜一枝箭，叫把一枝箭折斷就折斷了，又叫把十九枝箭札合起來，就不能折斷半毫。那番王言道："孩兒呵，你們須曉得分開易斷，合聚難折。你們兄弟假若一人是一人，别人就不難把你們滅了。你們若是合聚起來如一個人一般，那一個能滅得你們？"這十九人聽了他父親的言語，果然國富兵强，没有一國敢小視他。今日無數的外族都要滅我們這一族，我們四萬萬人就合做一個，尚恐怕敵他不住。怎麼一起是一起的全不相關，等到各起都滅完了，難道你這一起保得住麽？依了鄙人的愚見，不如大家合做一個大黨，凡是我漢族的人，無論是爲士爲農爲工爲商都不可絲毫擾害，都要極力保護，不使一個受外族的欺陵，方可對得祖宗住，豈不是大豪傑所做的事嗎？

第二要講公德，有條有綱。

列位，你看我們中國到這個地步，豈不是大家都不講公德只圖自利嗎？你不管别人，别人也就不管你，你一個人怎麼做得去呢？

若是大家都講公德，凡公共的事件盡心去做，别人固然有益，你也是有益。比如當他人窮困的時候，我救了他，我到了窮困的時候，他又來救我，豈不是自救嗎？有一個物件因不是我的，不甚愛惜，順便破壞，到我要用那物件的時候又没有了，豈不是自害嗎？我看外國的人没有一個不講公德的，所以强盛得很。即如商業一項誠實無欺，人人信得他過。不比中國人做生意奸盗詐僞齊生，没有人敢照顧，這商務難道不讓他占先呢？列位，爲人即是爲己。爲己斷不能有益於己的，若還不講公德，只講自私，不要他人來滅，恐怕自己也是要滅的。

第三要重武備，能戰能守。

列位，今日的世界什麽世界？是弱肉强食的世界。你看於今各國那國不重武備，每人到了二十歲，就是王子也要當兵三年。不當兵的任是什麽貴族也没有個出身，這兵的貴重比中國的舉人秀才還貴重一些。兵丁的禮信，中國的道學先生多當他不得。平日的操練如臨戰一般，到了兩軍陣前，有進無退。若是戰死了，都到死者家裏慶賀，這家也就不勝榮寵，全無哀戚的心思。假若臨陣脱逃，父遂不以爲子，妻遂不以爲夫。所以極小的國都有數十萬精兵，任憑何等强國都是不怕。不比中國好兒不當兵，好鐵不打釘，把兵看得極賤。平時操練一點没有，到開差的時候，婦啼子哭，恐怕就不生還。一路奸淫擄掠，聞風就跑。列位，你看外國的兵是那個樣子，中國的兵是這個樣子，怎麽不有敗無勝？若不仿照外國的法子，人人當兵，把積弊一切掃除，真真不可設想了。

第四要務實業，可富可强。

列位，中國從前把工藝做下等人物看待，那裏曉得各國的富强都從工藝來的。於今中國窮弱極了，若没有人做槍砲，何能與外國開戰？没有人做一切的機器，何能把通商所失的利權争轉來？鐵路輪船鑛務都可以富國，若没有人學習此等的專門又何以辦得呢？列位，你們有子弟的，何不趕緊送出外洋學習實業，不過費一二千金，立刻可以大富並且有大利於國，何苦而不爲呢？

第五要興學堂，教育普及。

列位，各國的教育前已講明過了，中國此時尚不廣興學堂，真是無從救了。

第六要立演説，思想徧揚。

列位，演説是開通風氣第一要著，外國有了三四個人就要演説一番。要想救國，這是萬不可不立的。

第七要興女學，培植根本。

列位呵，那“女子無才便是德”的謬説真正害人得很。外國女子的學問與男子一樣，所以能相夫教子。中國的女子一點知識没有，丈夫兒子不但不能得他的益，且被他阻撓不少。往往有大志的人，竟消磨於愛妻慈母。男子半生都在女子手裏，女子無學，根本壞了，那裏有好枝葉呢？

第八要禁纏足，敝俗矯匡。

纏足的害已經多人説了，不消重述。但大難臨頭，尚不趕緊放足，豈不是甘心尋死嗎？

第九要把洋煙，一點不吃。

洋人害中國的事，没有毒於洋煙的。然而洋人自己不吃，這是怪得洋人嗎？吃煙明明有損無益，都不能戒，也就没有話説了。

第十要凡社會，概爲改良。

列位，我們若不把社會一切不好的處大加改變，無論敵不住外族，就是没有外族，又怎麽自立呢？外國人好，非是幾個人好，乃是全國的人都好。比如一家，只有一兩個好人，其餘都是無惡不做的，那家怎麽能興呢？列位，照現在的人心風俗，恐怕是萬事俱休的景況。可痛呀！

這十要無一件不是切緊，勸同胞再不可互相觀望。

還須要把生死十分看透，殺國仇保同族效命疆場。

杜蘭斯不及我一府之大，與英國戰三年未折鋒鋩。

何況我四萬萬齊心決死，任憑他什麼國也不敢當。

看近來怕洋人到了極步，這是我毫未曾較短比長。

天下事怕的是不肯去做，斷没有做不到有志莫償。

這杜國豈非是確憑確證，難道我不如他甘做庸常。

列位呵，你看從前聽得洋人二字，心中便焦恨，不將空拳打死他，全不曉得他人怎麽樣强。只恃著我一肚子血氣，俺家曾勸道，不要無理取鬧，恐怕惹出禍來没有人擔任。不意近來一變而爲怕洋人的世界，見了洋人就稱洋大人、洋老爺，豫先存一個順民的意思。列位呵，從前的行爲雖然有一些野蠻，尚有一點勇敢之概。照現在的情形，是做了一次的奴隸不足，又要做第二次的奴隸，真個好哭呀。這也無非因打下幾個敗陣，遂把洋人看得極重。其實洋人也不過是一個人，非有三頭六臂，怎麽就説不能敵他？近數年有一段故事，列位聽了就不要懼怕那洋人。南阿非利加洲有一個小小的民主國，名叫杜蘭斯。那國的地方也有中國數府大，只是人口僅有四五十萬，不及中國一縣。這國的金鑛很多，世界第一個强國英吉利，慣滅人國的，怎麽不起了貪心，想要把這國歸他管轄。那裏曉得杜國人人都是頂天立地的大國民，不甘做他人的奴隸，遂與英國開戰。這英國滅過多少的大國，那裏有杜國在眼裏。不意杜國越戰越猛，鋒不可當。英國大驚，調各屬地的大兵三十萬，浩浩蕩蕩向杜國進發。可憐杜國通國可當兵的不過四五萬人，盡數調集，分頭迎敵，足足戰了三年，絲毫没有退讓。英國曉得萬不能滅他，遂與杜國講和退兵。列位呵，那英國的屬地比本國大七十六倍，個個是杜蘭斯，英國能佔得他人一寸地嗎？中國的人比杜國多一千倍，英國要滅我中國，照杜國的比例算起來，英國須調兵至三萬萬相戰至三千年，裁可與他言和。杜國既然如此，難道我就當不得杜國嗎？天下無難事，只怕有心人。這兩句話，難道列位未曾聽過嗎？

要學那法蘭西改革弊政。

列位，你看於今那個不贊道法蘭西的民，享自由的福。誰曉得他當二百年以前受那昏君賊官的壓制也與我現在一樣。法蘭西通國只有中國一二省大，却有十三萬家的貴族都與那國王狼狽爲奸，把百姓如泥似土的任意陵踐。當明朝年間，法國出了一個大儒，名號盧騷，是天生下來救度普世界的人民的。自幼就有扶弱抑强的志氣。及長，著了一書，叫做《民約論》。説道這國家是由人民集合而成，公請一個人做國王，替人民辦事，這人民就是一國的主人，這國王就是人民的公奴隸。國王若有負人民的委任，這人民可任意掉換。法國的人先前把國認做是國王的，自己當做奴隸看待，任憑國王殘虐也不敢怨。聞了盧騷這一番言語如夢初醒，遂與國王争起政來。國王極力鎮壓，把民黨殺了無數，誰知越殺越多，一連革了七八次命。前後數十年，終把那害民的國民貴族除得乾乾净净，建設共和政府，公舉一人當大統領，七年一换。又把那立法的權柄歸到衆議院來了，議員都從民間公舉。從前種種虐民的弊政一點没有，利民的善策件件做到。這法蘭西的人民好不自由快樂嗎？人人都追想盧騷的功勞。在法國京城巴黎爲盧騷鑄一個大大的銅像，萬民瞻仰，真可羨呀。

要學那德意志報復凶狂。

列位呵，有恩不報非君子，有仇不報枉爲人，這兩句話豈不是我們常常講的嗎？試看我們的仇一點報了没有？不獨没報，有這個報仇的心思没有？這德意志就與我們不同。法國的皇帝名叫拿破崙第一，恃著他的英雄，把德國破殘到極步。那德國的皇帝威廉第一與宰相俾士麥想報法國的仇，用全國皆兵的制度。人民到了二十歲即當正兵，三年退爲豫備兵，到了五十歲方可免役，不上幾十年，人人都是精兵。到了咸豐年間，把法國打得大敗。拿破崙第一的姪兒拿破崙第三扯下白旗向德國投降，又割了七城及五千兆法蘭格與德國講和息兵。德國遂做了第一等的强國，豈不真可佩服嗎？

要學那美利堅離英自立。

列位，你看五洲萬國最平等最自由稱爲極樂世界者，豈不是美利堅嗎？列位，須曉得這個世界也不是容易做得來的。這美利堅原是北美洲一塊荒土，自前明年間英國有數人前往開荒，自後越來越多。到乾隆時候，有了三百萬人。時英國與法國連年開戰，兵餉不足，把美利堅的地税加了又加，百姓實在出不起了，向那官府面前求減輕一些。不但不准，反治了多少人的罪。人人憤怒，共約離英自立。公舉華盛頓挂帥，與英國一連戰了八年。英國奈他不何，只好聽其自立一國。公舉華盛頓爲王，華盛頓堅不允從，説道豈可以衆人辛苦成立的國家做一人的私産？因定了民主國的制度，把全國分爲十三邦，由十三邦公舉一人做大統領，四年一任，退任後與平民一樣。其人若好再可留任四年，八年後任憑如何不能留任。衆人公舉了華盛頓爲大統領，後又做過一任，即住家中爲農，終身未嘗言功。列位，這豈非是大豪傑大聖賢的行徑嗎？美利堅至今仍守此制，人口有了七千余萬，荒地尚有五分之四未開，全國的鐵路一十六萬里，學堂的費用每年八千余萬，其國的人民好像在天堂一般。列位，這美利堅若不是八年苦戰，怎麼有了今日呢？

要學那義大利獨自稱王。

列位，這義大利從前是一統的大國，後來爲奧大利占領，分做無數的小邦，都受奧大利的節制。有多少志士思想恢復，終是不成。前數十年有一個志士，名叫嗎志尼，因國爲人所滅，終身穿著喪服，著書立説，鼓動全國的人民報仇復國，人人都爲他所感動。又有一個深明韜略的加波里，智勝天人的加富耳，輔著那撒爾丁王，一統義大利，脱了奧大利的羈絆。於今義大利有人口三千萬，海陸精兵五十餘萬，在歐洲算一個頭等的國，豈不是那三傑的功勞嗎？

莫學那張弘範引元入宋。

列位呵，你看好好一個中國被那最醜最賤的元韃子所滅，誰不痛心切齒，那曉得就是梟獍爲心的張弘範帶領元兵滅的。這張弘範雖把他千刀萬剮也不足以償其罪，但恐怕於今要做張弘範的正是很多。何苦以一時的富貴受萬古的駡名，也很犯不著。就是要傾倒那滿洲只可由我所爲，斷不可借外洋的兵。那引虎進狼的下策，勸列位萬萬莫做。

莫學那洪承疇狠心毒腸。

列位呵，奸淫的人見了美貌女子莫不甘言哄誘，及到了手又嫌他是不貞的婦女，常存鄙薄的心思。那强盗取人的國就是這個情形。要他人投降，便以高官厚爵相哄。降了之後，又要説他不忠。比如洪承疇是明朝一個大學士，督統天下的兵馬，征討滿洲。戰得大敗，滿洲把他捉去。其初也有不降的心思，滿洲苦苦相勸，他遂變了初節，又做了滿洲的閣老。捉拿殘明的福王、唐王、桂王都是他的頭功。那裏曉得滿洲的統帥個個封王賜爵，獨有洪承疇白白亡了明朝的江山，一爵俱無。到了乾隆年間，修纂國史，把他放在貳臣傳第一。列位，那洪承疇死後有知，豈不埋怨當初嗎？

莫學那曾國藩爲仇盡力。

列位呵，當道光同治年間我們漢人有絶好自立的機會，被那全無心肝的人苦爲滿洲出力，以致功敗垂成。豈不是那湘軍大都督曾國藩嗎？俺想曾國藩爲人也很誠實，只是爲數千年的腐敗學説所誤，不曉得有本族異族之分，也怪他不得。但可憐曾國藩辛苦十餘年，殺了數百萬同胞僅得一個侯爵，八旗的人絶不費力，不是親王就是郡王。而且大功纔立，就把他兵權削了，終身未嘗立朝，僅做個兩江總督，處處受人的挾制，晦氣不晦氣？若是當日曉得我的世仇萬不可不滅的，順便下手，那天下多久是我漢人的？曾國藩的子孫於今尚是皇帝，湘軍的統領都是元勳，豈不好得多嗎？列位，你道可惜不可惜呢？

莫學那葉志超棄甲丢槍。

列位，對於自己不可爲滿洲殺同胞，對於他人又不可不爲同種殺外種。日本與我國在朝鮮國開戰，淮軍統領葉志超帶領數十個營頭不戰而逃，以致朝鮮盡失，又賠日本的欵二萬萬兩，臺灣割送。中國自此一敗，遂跌落到這一個地步，豈不是葉志超的罪魁嗎？

或排外或革命捨死做去，孫而子子而孫永遠不忘。
這目的總有時自然達到，縱不成也落得萬古流芳。
文天祥史可法爲國死節，到於今都個個頂祝馨香。
越怕死越要死死終不免，捨得家保得家家國兩昌。
那元朝殺中國千八百萬，那清朝殺戮我四十星霜。
洗楊州屠嘉定天昏地暗，束著手跪著膝枉作夭殃。
閻典史據江陰當場鏖戰，八十日城乃破清兵半傷。
苟當日千餘縣皆打死仗，這滿洲縱然很也不彀亡。
無如人都貪生望風逃散，遇著敵好像那雪見太陽。
或懸梁或投井填街塞巷，婦女們被擄去拆散鴛鴦。
那丁壯編旗下充當苦役，任世世不自由賽過牛羊。
那田地被圈出八旗享受，那房屋入了官變做旗莊。
還要我十八省完納糧餉，養給他五百萬踴躍輸將。
看起來留得命有何好處，倒不如做雄鬼爲國之光。

列位呵，你看元朝入中國以來，前後共殺人一千八百萬。這是有册可考，那未入册的又不知有幾多。假若這一千八百萬人豫先曉得這一死是不能免的，皆起來與他做敵。這元朝總共只有數十萬人，就是十個拚他一個，不過死數百萬人，他也没有種了，又怎能滅中國呢？就是清朝自明萬曆以來，日在遼東一帶草鬧有數十年之久，所殺的人已不知多少了。自順治元年到康熙二十二年共四十年，無一時一刻不是殺漢人，揚州一城已是八十餘萬。天下一千六百餘城，照此算來可以想了，現在人口四萬萬，明朝休養三百年亦必有了此數，康熙年間查點天下的人口僅二千餘萬，是二十個只救得一個。其餘的小半是張李二賊所殺，大半是滿洲所殺。列位，你道可慘得很嗎？這被殺的人都不是在陣前殺的。人人都想逃死，各人只顧各人。那滿洲殺了這一方，又殺那一方，全没有人抗拒。僅只江陰縣有一個閻典史，名叫應元，糾集民兵數百死守縣城。那滿洲提大兵二十五萬日夜攻打，應元臨機應變，滿洲死了無數。直攻打八十日，其城乃破。應元手執大刀，等在巷口血戰，所殺的韃子數百餘個，始爲滿兵所捉。滿洲的頭目苦勸其投降，許以王侯之貴。那位閻典史只是駡不絶口，仍不敢殺他，幽在一寺，半夜間自行死了。一城的男女都皆戰死，無一個降的。滿洲自犯中國以來從未損兵折將，這回死了一王二貝勒及兵將十餘萬。列位，假若人人都是應元，縣縣都是江陰，那滿洲怎能入中國呢？可惜人皆怕死，這一死是萬不能免的。殺不盡的婦女被滿洲擄去，任意奸淫。有錢可以贖回，無錢永不相見。丁壯趕往北方，交八旗人爲奴，牛馬也比不上。如有私逃的人，匿留一晚就要全家誅戮，往往因一人株連數千家。離北京横直五百里都圈做八旗的地。從前的業主趕出本境，房屋一概入官，做爲旗莊。此外又要十八省的人公養他五百萬，至今不農不工，只是坐食漢人。列位，這豈非是可恨之極嗎？

這些事雖過了難以深講，恐將來那慘酷百倍蕭涼。
怎奈人把生死仍看不透，説到死就便要魂魄失喪。
任同胞都殺盡只圖獨免，那曉得這一死終不能禳。
也有道是氣數不關人事，也有道當積弱不可輕嘗。
這些話好一比猶如説夢，退一步進一步坐以待亡。
那滿人到今日勢消力小，全不要懼怕他失弔主張。
那列强縱然是富强無敵，他爲客我爲主也自無妨。
只要我衆同胞認清種族，只要我衆同胞發現天良。
只要我衆同胞不幫别個，只要我衆同胞不殺同鄉。

列位呵，那滿洲只有我百份之一，怎麽能壓制漢人？都因不知漢人是同祖的骨肉，滿洲是異種的深仇。倒行逆施，替仇人殘害同種，所以滿人就能安然坐了二百餘年的天下。豈是滿人的才能？乃是我漢人愚蠢極了，試問那一處的禍亂不是漢人代他平息的？假若漢人都曉得種族，把天良拿出來，不帮他了，只要喊一聲，那滿人就坐不穩了。列位，你們也曉得家有家帮，族有族帮，縣有縣帮，府有府帮，難道説對了外國異族就没有帮口嗎？有人叫列位把自己的兄弟殺死，雖有多少銀錢，列位諒不願的。怎麼爲著數兩銀子就甘心替仇人殺同胞？列位，試自問有良心没有？他要殺人的時就叫列位來，他没有人殺就不要列位了，列位有半點不是，他又叫人來殺列位。列位所吃的糧，雖説是滿洲所出，其實他吃的都是漢人的，那裏有糧與你吃？吃漢人的糧仍殺漢人，列位可想得去嗎？列位，若是替同種殺了異種，那個不報你的功勞呢？列位，列位，前此錯了，於今可以轉來了。至若替那數萬里外的西洋人殺害同胞，不消説得，這是萬不可行的。

那怕他槍如林砲如雨下，那怕他將又廣兵又精强。
那怕他專制政層層束縛，那怕他天羅網處處高張。
猛睡獅夢中醒向天一吼，百獸驚龍蛇走魑魅逃藏。
改條約復政權完全獨立，雪仇恥驅外族復我冠裳。
到那時齊叫道中華萬歲，裁是我大國民氣吐眉揚。
俺小子無好言無以奉勸，這篇話願大家細細思量。
瓜分豆剖逼人來，同種沈淪劇可哀。
太息神州今去矣，勸君猛省莫徘徊。
匈奴未滅，何以家爲。

警世鐘

長夢千年何日醒，睡鄉誰遣警鐘鳴。腥風血雨難爲我，好個江山忍送人。

萬丈風潮大逼人，腥膻滿地血如糜。一腔無限同舟痛，獻與同胞側耳聽。

哎呀，哎呀，來了，來了。甚麽來了？洋人來了。洋人來了，不好了，不好了，大家都不好了。老的、少的、男的、女的、貴的、賤的、富的、貧的、做官的、讀書的、做買賣的、做手藝的，各項人等從今以後都是那洋人畜圈裏的牛羊、鍋子裏的魚肉，由他要殺就殺，要煮就煮，不能走動半分。唉，這是我們大家的死日到了。

苦呀！苦呀！苦呀！我們同胞辛苦所積的銀錢産業，一齊要被洋人奪去，我們同胞恩愛的妻兒老小，活活要被洋人拆散。男男女女們、父子兄弟們、夫妻兒女們都要受那洋人的斬殺奸淫。我們同胞的生路將從此停止，我們同胞的後代將永遠斷絶。鎗林砲雨是我們同胞的送終場，黑牢暗獄是我們同胞的安身所。大好江山變做了犬羊的世界，神明貴種淪落爲最下的奴才。唉，好不傷心呀！

恨呀！恨呀！恨呀！恨的是滿洲政府不早變法。你看洋人這麼樣强、這麼樣富，難道生來就是這麼樣嗎？他們都是從近二百年來做出來的。莫講歐美各國，於今單説那日本國，三十年前没一事不和中國一樣，自從明治初年變法以來，那國勢就蒸蒸日上起來了。到了於今不但没有瓜分之禍，並且還要來瓜分我中國哩。論他的土地人口，不及中國十份之一，他因爲能夠變法，尚能如此强雄。倘若中國也和日本一樣變起法來，莫説是小小日本不足道，就是那英俄美德各大國恐怕也要推中國做盟主了。可恨滿洲政府抱定一個漢人强滿人亡的宗旨，死死不肯變法。到了戊戌年纔有新機，又把新政推翻，把那些維新的志士殺的殺、逐的逐。只要保全他滿人的勢力，全不管漢人的死活。及到庚子年鬧出了彌天的大禍，才曉得一味守舊萬萬不可，稍稍行了些皮毛新政。其實何曾行過，不過借此掩飾掩飾國民的耳目，討討洋人的歡喜罷了。不但没有放了一綫光明的，那黑暗反倒加了幾倍。到了今日，中國的病遂成了不治之症。我漢人本有做世界主人翁的勢力，活活被滿洲殘害，弄到這步田地，亡國滅種就在眼前。你道可恨不可恨呢？恨的是曾國藩，只曉得替滿人殺同胞，不曉得替中國争權利。當初曾國藩做翰林的時候曾上過摺子，説把詩賦小楷取士不合道理，到了後來出將入相的時候，倒一句都不敢説了。若説他不知道這些事體，緣何却把他的兒子曾紀澤學習外國語言文字，却不敢把朝廷的弊政更改些兒呢？無非怕招滿政府的忌諱，所以閉口不説。保全自己的禄位，却把那天下後世長治久安的政策丢了不提。你道可恨不可恨呢？恨的是前次公使隨員出洋學生不把外洋學説輸進祖國。内地的人爲從前的學説所誤，八股以外没有事業，五經以外没有文章。這一種可鄙可厭的情態，極頑極固的説話也不用怪。我怪那公使隨員出洋學生親到外洋，見那外洋富强的原由。盧騷的《民約論》、美國的《獨立史》也曾看過，也曾讀過，回國後應當大聲疾呼，喊醒祖國同胞的迷夢。那知這些人空染了一股洋派，發了一些洋財，外洋的文明一點全没帶進來。縱有幾個人著了幾部書，都是些不關痛癢的話，那外洋立國的根本、富强的原因没有説及一句。這是甚麼緣故哩？恐怕言語不慎，招了不測之禍，所以情願瞞着良心做一個混沌漢。同時日本國的出洋人員回了國後，就把國政大變的變起來，西洋大儒的學説大倡的倡起來。朝廷若不依他們，他們就倡起革命來，所以能把日本國弄到這個地步。若是中國出洋的人，回國後也和日本一樣逼朝廷變法，不變法就大家革起命來。那時各國的勢力範圍尚没有如今的廣大，中國早已組織了一個完完全全的政府了，何至有今日，萬事都措手不及哩。唉，這些出洋的人只怕自己招罪，遂不怕同胞永墮苦海。你道可恨不可恨呢？恨的是頑固黨遇事阻撓，以私害公。我不曉得頑固黨是何居心，明明足以利國利民的政事，他偏偏要出來阻撓。我以爲他不講洋務一定是很恨洋人的，那裏曉得他見了洋人，猶如鼠見了貓一般，骨都軟了。洋人説一句，他就依一句。平日口口聲聲説製造不要設，輪船鐵路不要修，洋人所造的洋貨他倒喜歡用，洋人所修的輪船火車他倒偏要坐。到了於今，他寧可把理財權、練兵權、教育權拱手讓把洋人，開辦學堂派遣留學生他倒斷斷不可。這個道理那一個能猜得透哩？呵呵，我知道了，他以爲變了舊政，他們的衣食飯碗就不穩了，高官厚爵也做不成了，所以無論什麼與國家有益的事只要與他不便，總要出來做反對，保他目前的利權。滅國滅種的話全然不知，就有幾個知道，也如大風過耳，置之不理。現在已到了滅亡時候，他還要想出多少法兒束縛學生的言論思想行爲自由，好像恐怕中國有翻身的一日。你道可恨不可恨呢？這四種人到今日恨也枉然了，但是使我們四萬萬人做牛做馬，永世不得翻身，以後還有滅種的日子，都是被這四種人害了。唉，我們死也不能和他甘休的。

真呀！真呀！真呀！中國要瓜分了。瓜分的話不從今日纔有的。康熙年間，俄羅斯已侵入黑龍江的邊界。道光十八年，英吉利領兵三千六百人侵犯沿海七省，破了許多城池，到了道光二十二年纔講和。准他在沿海五口通商，割去香港島（屬廣東省），又前後賠他銀子二千一百萬兩。從此那傳教的禁條也解了，鴉片烟也任他賣了。照《萬國公法》，外國人在此國必依此國的法律。那時中國和英國所訂的條約，英國人在中國犯了罪，中國官員不能懲辦他，就是中國人在租界也不歸中國管束。名爲租界，其實是英國的地方了。又各國於外國進口的貨物，抽税極重，極少值百抽二十，極多值百抽二百。抽多抽少只由本國做主，外國不能阻他。獨有英國在中國通商值百抽五，訂明在條約上面；如要加改，不由英國允許了不可。並且條約中還有利益各國均沾的話，所以源源而來的共有十六國，都照英國的辦法。從此中國交涉的事日難一日，一切利權都任洋人奪去，亡國滅種的禍根早已埋伏在這個條約裏了。可憐中國人好像死人一般，分毫不知。到了咸豐六年，英法兩國破了廣東省城，把兩廣總督葉名琛活活捉去，後來死在印度。咸豐十年，英美俄法四國聯兵把北京打破。咸豐帝逃往熱河，叫恭親王和四國講和，賠銀八百萬兩，五口之外又加了長江三口。以後到了光緒十年，法國佔了越南國，後一年英國又佔了緬甸國，那中國的勢力越發弱下去了。光緒二十年，日本國想佔高麗國，中國發兵往救，連打敗仗，牛莊、威海衛接連失守。遂命李鴻章做全權大臣，在日本馬關和日本宰相伊藤博文訂立和約，賠日本銀二萬萬兩，另割遼東（即盛京省）七城、臺灣一省。後來俄國出來説日本不應得遼東，叫中國再加銀三千萬兩贖還七城。日本勉强聽從，俄國因此向中國索討謝敬，滿洲遂把盛京的旅順、大連灣奉送俄國。各國執了利益各國均沾那句話，所以英國就乘勢占了威海衛，德國在先占了膠州灣，法國照様占了廣州灣。（旅順在盛京省，威海、膠州俱屬山東省，以上三處俱是北洋第一重門户。廣州灣屬廣東省。）那時已大倡瓜分之説，把一個瓜分圖送到總理衙門（就是於今的外務部）。當時也有信的，也有不信的，但不信的人多得很。到了庚子年，義和團起事，八國聯兵打破北京。這時大家以爲各國必要實行瓜分中國了，不料各國按兵不動，仍許中國講和。但要中國出賠欵四百五十兆（每兆一百萬）兩，把沿海沿江的砲臺折毁，京師駐紮洋兵。各國得了以上各項利益遂把兵退了，於是人人都説瓜分是一句假話，乃是維新黨揑造出來的。大家不要信他的胡説，不知各國不是不瓜分中國，因爲國數多了一時難得均分，並且中國地方寬得很，各國勢力也有不及的地方。不如留住這滿洲政府代他管領，他再管領滿洲政府，豈不比瓜分便宜得多嗎？瓜分慢一年，各國的勢子越穩一年。等到要實行瓜分的時候，只要把滿洲政府去了，全不要費絲毫之力。中國有些人瓜分的利害全然不知，一絲兒不怕。有些人知道瓜分的利害，天天怕各國瓜分中國，我只怕各國不實行瓜分。倘若實行瓜分了，中國或者倒能有望。這暗行瓜分的利害真真了不得。果然俄國到今年四月，東三省第二期撤兵的時候也不肯照約撤兵，（庚子年俄國用兵把東三省盡行佔了，各國定約叫俄國把東三省退回中國，分做三期撤兵。吉林、黑龍江、盛京叫做東三省，又叫做滿洲，是清朝的老家。）提出新要求七欵，老老實實把東三省就算做自己的了。那時中國的學生志士奔走叫號，以爲瓜分時候又到了。後來英、美、日本三國的公使不准中國答應俄國七欵的要求，俄國藉口中國不答應他的要求就不肯退兵，彼此拖了許多日子。那中國的人見俄國按兵不動又歌舞太平起來，越發説瓜分的話是假的了。那知俄國暗地裏增兵，並且還放一個極東大總督駐紮在東三省，他的權柄幾乎同俄皇一様大小。俄皇又親到德國與德皇聯盟，法國也和俄國聯盟，彼此相約瓜分中國。英美兩國看見德法都從了俄國，也就不和日本聯盟，都想學俄國的樣兒。日本勢孤無助，不得不與俄國協商，滿洲歸俄國，高麗歸日本，各行各事，兩不相管。俄國到此没有別國掣他的肘了，就大搖大擺起來。到了八月二十八，第一撤兵的期，又違約不退。兵丁從俄國調來的前後共有十餘萬。在九月中旬，派兵一千名把盛京省城奉天府佔了，把盛京將軍增祺囚了。各項衙門及電報局盡派俄兵駐守，東三省大小官員限一月内出境。每人止給洋銀一百圓，逐家挨户都要挂俄國的旗，各處的團練都要把軍器繳出。大車裝運的俄兵，每日有數千，於是俄國第一個倡瓜分中國。各國都畫了押，只有美國没畫押。近來美國也畫了押，只有各國的皇帝大統領尚没蓋印，極遲不過數月的事了。這個消息日本報章也不肯載，是從日本外務省的官吏、政黨的大員、學堂的教習私自探聽得的，極真極確，並不是誑話。留學生也有不信的，私向日本某輿地學家問他瓜分的事真不真。他答道，你但問俄國佔東三省的事真不真，不要問瓜分的事真不真。俄國佔東三省的事倘若不虛，這瓜分的事一定是實了。你看德國佔了膠州海口，俄國、英國、法國也就照德國的樣兒，各佔了一個海口。於今俄國佔了東三省，請問中國有幾塊與東三省一樣寬的地方，將來分的時候恐怕還不彀分哩。於今還來問真問假，真真不知時務了。列位，他所説的不是正當不移的道理嗎？近來各報章載道，俄國把全國的海軍四份之三調到東方，英國照會兩江總督魏光燾，説伊國也要照俄國派一個極東大總督駐紮江寧，長江七省重要的地方都要修築砲臺，駐紮重兵，限四日内回信。又稱英國已派兵到西藏，由西藏取四川，做首尾並舉之計。德國在膠州的工廠晝夜加工，預備開戰。日本把兵盡調到臺灣，法國把在越南的兵盡調到廣西邊界。於今好比火綫相連，只要一處放火就四處響應。遍中國二十二行省都如天崩地坼一般，没有一塊乾净土了。好險呀！好怕呀！火燒到眉毛邊了還不知痛，真真是無知覺的蠢東西，連禽獸還不如哩！

痛呀！痛呀！痛呀！你看中國地方這樣大，人口這樣多，可算是世界有一無二的國度了。那裏曉得自古至今，只有外國人殺中國人的，斷没有中國人殺外國人的，這是什麼緣故呢？因爲中國人不曉得有本國的分别，外國人來了，只有稍爲比我强些，遂拱手投降，倒帮著外國人殺本國人，全不要外國人費力。當初金韃子、元韃子在中國横行直走，没有一個敢擋住他。若問他國實在的人數，總計不及中國一縣的人，百個捉他一個也就捉完他了。即如清朝在滿洲的時候，那八旗兵總共止有六萬，若没有那吴三桂、孔有德、洪承疇一班狗奴才帶領數百萬漢軍替他平定中國，那六萬人中國把他當飯吃，恐怕連一餐都少哩。到後來太平天國有天下三分之二，將要成功。又有湘軍三十萬人替滿洲死死把太平天國打滅，雙手仍把江山送還滿洲。真個好蠢的東西呀！可恨外洋各國也學那滿洲以中國人殺中國人的奸計，屢次犯中國都有中國人當他的兵，替他死戰。庚子年八國聯兵，我以爲這次洋兵没有百萬也應該有幾十萬，誰知統共只有二萬，其餘的都是中國人。打起仗來，把中國人排在前頭。各國洋兵奸淫擄掠，中國人替他引導。和局定了，各國在中國佔領的地方所練的兵丁大半是中國人，只有將領是洋人。東三省的馬賊很多，俄國盡數招撫，已有一萬二三千人，這些馬賊殺人比俄兵還要凶悍些。俄國又在東三省、北京一帶招那中國讀書人做他的顧問官，不要通洋文，只要漢文做得好。已有許多無恥的人去了，巴望做洪承疇一流的人物。將來英國在長江、德國在山東、日本在福建、法國在兩廣一定要照俄國的樣兒來辦。各省的會黨兵勇盡是各國的兵丁，各省的假志士、假國民盡是各國的顧問官。其餘的狗奴才如庚子北直的人一齊插順民旗，更不消説了。各國不要調一兵折一矢，中國人可以自己殺盡。天呀！地呀！同胞呀！世間萬國都没有這樣的賤種。有了這樣的賤種，這種怎麼會不滅呢？不知我中國人的心肝五臟是什麼做成的，爲何這樣殘忍？唉，真好痛心呀！

恥！恥！恥！你看堂堂中國豈不是自古到今，四夷小國所稱爲天朝大國嗎？爲什麼到於今由頭等國降爲第四等國呀？外洋人不駡爲東方病夫，就駡爲野蠻賤種，中國人到了外洋連牛馬也比不上。美國多年禁止華工上岸，今年有一個譚隨員無故被美國差役打死，無處伸冤；又梁欽差的兄弟也被美國的巡捕淩辱一番，不敢作聲。中國學生到美國，客店不肯收留。有一個姓孫的留學生和美國一個學生相好。一日美國學生對孫某説道："我和你雖然相好，但是到了外面，你不可招呼我。"孫某驚問道："這話怎講?"美國學生道："你們漢人是滿洲的奴隸，滿洲又是我們的奴隸。倘是我國的人知道我和做兩層奴隸的人結交，我國的人一定不以人齒我了。"孫某聽了這話，遂活活氣死了。美國是外洋極講公理的國，尚且如此，其餘的國更可想了。歐美各國與我不同洲的國也不怪他，那日本不是我的同洲的國嗎?甲午年以前，他待中國人和待西洋人一樣，甲午年以後就隔得遠了。中國人在日本的，受他的欺侮一言難盡哩。單講今年日本秋季大操，各國派來看操的，就是極小的官員也有坐位，日本將官十分恭敬。中國派來看操的，就是極大的官員也没有坐位，日本將官全不理會。有某總兵受氣不過，還轉客棧放聲大哭。唉，列位，你看日本還把中國當個國嗎?外國人待中國人雖是如此無禮，中國的官府仍舊絲毫不恨他。撞著外國人倒反恭恭敬敬，猶如屬員見了上司一般唯唯聽命，這不是奇事麽?租界雖是租了，仍是中國的地方。那知一入租界猶如入了地獄一般，没有一點兒自由。站街的印度巡捕好比閻羅殿前的夜叉，洋行的通事西仔好比判官手下的小鬼，叫人通身不冷也要毛髮直竪。上海有一個外國公園，門首貼一張字道：狗和華人不准入内。中國人比狗還要次一等哩。中國如今尚有一個國號，他們待中國已是這樣，等到他瓜分中國之後還可想得嗎?各國的人也是一個人，中國的人也是一個人，爲何中國人要受各國人這樣欺侮呢?若説各國的人聰明些，中國的人愚蠢些，現在中國的留學生在各國留學的，他們本國人要十餘年學得成的，中國學生三四年就夠了，各國的學者莫不拜服中國學生的能幹。若説各國的人多些，中國的人少些，各國的人極多的不過中國三份之一，少的没有中國十份之一。若説各國的地方大些，中國的地方小些，除了俄羅斯以外，大的不過如中國的二三省，小的不過如中國一省。若説各國富些，中國窮些，各國地面地内的物件差不多就要用盡了，中國的五金各礦不計其數，大半没開，並且地方很肥，出産很多。這樣講來就應該中國居上，各國居下。只有各國怕中國的，斷没有中國怕各國的。那知把中國比各國，倒相差百餘級，做了他們的奴隸還不算，還要做他們的牛馬；做了他們的牛馬還不算，還要滅種，連牛馬都做不著。世間可恥可羞的事那有比這個還重些的嗎？我們於這等事還不知恥，也就無可恥的事了。唉，傷心呀！

殺呀！殺呀！殺呀！於今的人都説中國此時貧弱極了，槍砲也少得很，怎麼能和外國開戰呢？這話我也曉得。但是各國不來瓜分我，中國斷不能無故自己挑釁，學那義和團的舉動。於今各國不由我分説，硬要瓜分我了。横也是瓜分，豎也是瓜分，與其不知不覺被他瓜分了，不如殺他幾個，就是瓜分了也值得些兒。俗語説的趕狗逼到牆，總要回轉頭來咬他幾口。難道四萬萬人連狗都不如嗎？洋兵不來便罷，洋兵若來，奉勸各人把膽子放大，全不要怕他。讀書的放了筆，耕田的放了犁耙，做生意的放了職事，做手藝的放了器具，齊把刀子磨快，子藥上足，同飲一杯血酒，呼的呼，喊的喊，萬衆直前殺那洋鬼子，殺投降那洋鬼子的二毛子。滿人若是幫著洋人殺我們，便先把滿人殺盡。那些賊官若是幫著洋人殺我們，便先把賊官殺盡。手執剛刀九十九，殺盡仇人方罷手。我所最親愛的同胞，我所最親愛的同胞，向前去，殺！向前去，殺！向前去，殺！殺！殺！殺我累世的國仇，殺我新來的大敵，殺我媚外的漢奸。殺！殺！殺！殺！殺！

奮呀！奮呀！奮呀！於今的中國人怕洋人怕到了極步。其實洋人也是一個人，我也是一個人，我怎麼要怕他？有人説洋人在中國的勢力大得很，無處不有洋兵。我一起事，他便制住我了，不知我是主，他是客。他雖然來得多，總難得及我。在他以爲深入我的腹地，我説他深入死地亦可以的。只要我全國皆兵，他就四面受敵，即有槍砲也是寡不敵衆。古昔夏朝有一個少康皇帝，他的天下都失了，只剩得五百人，終把天下恢復轉來。又戰國的時候，燕國把齊國破了，齊國的七十餘城都已降了燕國。只有田單守住即墨一城，到後來終把燕國打退，七十餘城又被齊國奪回。何況於今十八省完完全全，怎麼就説不能敵洋人呢？就是只剩得幾府幾縣也是能夠獨立的。阿非利加洲有一個杜蘭斯哇國，他的國度只有中國一府的大，他的人口只有中國一縣的多，和世界第一個大國英吉利連戰三年。英國調了大兵三十萬，死了一半，終不能把杜國做個怎麼樣。這是眼前的事，人人曉得的。難道我連杜國都不能做得嗎？杜國的人敢把這麼樣小的國和這麼樣大的國打仗，這是何故呢？因爲杜國的人，人人都存個百折不回的氣概，人人都願戰死疆場，不願做别人的奴隸，所以能打三年的死仗。中國的人没有堅忍的志氣，一處敗了，各處就如鳥獸散了。須知各國在中國已經數十年了，中國從前一點預備都没有，槍砲又不完全。這起頭幾陣一定是要敗的，但敗得多，閲歷也多，對付各國的手段也就精了。漢高祖和楚霸王連戰七十二陣，陣陣皆敗，最後一勝就得天下。湘軍打長毛，當初也是連打敗仗，後來纔轉敗爲勝。大家都要曉得這個道理，都把精神提起，勇氣鼓足，任他前頭打了千百個敗仗總要再接再厲。那美國獨立也是苦戰了八年纔能夠獨立的，我如今就是要苦戰八十年也應該要支持下去。怎麼要膽小，怎麼要害怕，這個道理我實在想他不透。俗語説的，一人捨得死萬夫不敢擋，一八省四萬萬人都捨得死，各國縱有精兵百萬也不足畏了。各國的兵很貴重的，倘若死了幾十萬，他就要怕中國，不敢來了。就是他再要來，漢人多得很，死去幾百萬幾千萬也是無妨的。若是把國救住了，不上幾十年，這人口又圓滿了。只要我人心不死，這中國萬無可亡的理。諸君，諸君，聽者，聽者，捨死向前去，莫愁敵不住。千斤擔子肩上擔，打救同胞出水火，這方算大英雄，大豪傑。怎麼同胞不想做呢？

快呀！快呀！快呀！我這人人笑罵、個個欺陵將要亡的中國，一朝把國勢弄得蒸蒸日上起來，使他一班勢利鬼不敢輕視，倒要恭維起來，見了中國的國旗莫不肅然起敬。中國講一句話，各國就奉爲金科玉律，無論什麽國都要贊歎我中國、畏服我中國，豈非可快到極處嗎？我這全無知識，全無氣力，要死不死的人一朝把體操操得好好兒的，身子活活潑潑，路也跑得，馬也騎得，槍也打得，同著無數萬相親相愛的同胞，到了兩軍陣前，一字兒排開。砲聲隆隆，角聲嗚嗚，旌旗飄揚，鼓聲雷動，一聲喊起，如山崩潮湧一般。衝入敵陣，把敵人亂殺亂砍，割了頭顱，回轉營來沽酒痛飲，豈非可快到極處嗎？就是不幸受傷身死，衆口交傳，全國哀痛，還要鑄幾個銅像，立幾個石碑，萬古流芳，永垂不朽，豈非可快到極處嗎？世間萬事惟有從軍最好，我勸有血性的男兒不可錯過這個時代。照以上所説的，列位一定疑我是瘋了，又一定疑我是義和團一流人物了。不是，不是，我生平是最恨義和團的。洋人也見過好多，洋國也走過幾國，平日極要人學習洋務。洋人的學問我常常稱道的，但是我見那洋人心腸很毒，中國若是被洋人瓜分了，我漢人一定不得了。所以敢説這些激烈的話提醒大家，救我中國。但是要達這個目的又有十個須知。

第一須知這瓜分之禍不但是亡國罷了，一定還要滅種。中國從前的亡國算不得亡國，只算得换朝（夏商周秦唐宋明都是朝號，不是國號，因爲是中國的人），自己争鬥。只有元朝由蒙古（就是古時的匈奴國），清朝由滿洲（就是宋朝時候的金國）打進中國，這中國就算亡過二次。但是蒙古滿洲的人數少得很，只有武力勝過漢人，其餘一概當不得漢人。過了幾代連武力都没有了，没有一事不將就漢人。名爲他做國主，其實已被漢人所化了。所以中國國雖亡了，中國人種的澎涨力仍舊大得很。近來洋人因爲人數太多，無地安插，四處找尋地方。得了一國，不把敵國的人殺盡死盡，他總不肯停手。前日本人某考察東三省的事情，回來向我説道，那處的漢人受俄人的殘虐，慘不可言。一日在火車上看見車站傍邊立著個中國人，一個俄人用鞭抽他，他又不敢哭，只用兩手擦淚。再一鞭就倒在鐵路上了，却巧有一火車過來把這人截爲兩段。火車上的人毫不在意，我問道這是甚麽緣故呢？一個中國人在傍答道，没有什麽緣故，因爲俄人醉了。到後來也没人根究這事，這中國人就算白死了。一路上，中國的人被俄人打得半死半生的，不計其數。雖是疼痛也不敢哭，倘若哭了，不但是俄國人要打他，傍邊立的中國人也都替俄國人代打。倘若打死了，死者家裏也不敢哭，倘若哭了，地方官員就要當最重的罪辦他，討俄人的好。路上不許中國人兩人相連而行，若有兩個人連行，俄國的警察兵必先行打死一個，恐怕一個俄國人撞著兩個中國人，要遭中國人的報復，所以預先堤防。俄兵到一處就把那處的房屋燒了，奸淫擄掠更不消講。界外頭的漢人不准進界，界裏的漢人不准出界。不出三年，東三省的漢人（東三省的人口共有一千六百萬，有漢人十份之七）一定是没有了。將來中國瓜分之後，你們中國人真不堪設想了。照他所説，這等境遇不是可怕到極處嗎？試看英法德美日本各國，那一國不像俄羅斯。各國瓜分中國之後又不能相安無事，彼此又要相争，都要中國人做他的兵了。各國的競争没有了時，中國人的死期也没有了時。或者各國用那温和手段、假仁假義，不學俄國的殘暴，那就更毒了。這是何故呢？因爲各國若和俄國一樣殺人如麻，人人恐怕，互相團結、拚命死戰起來也就不怕了。只有外面和平、内裏暗殺，使人不知不覺甘心做他的順民。這滅種就一定不免了。他不要殺你，只要把各人的生路絶了，使人不能婚娶、不能讀書，由半文半野的種族變爲極野蠻的種族，再由野蠻種族變爲最下的動物。《日本週報》所説的中國十年滅國、百年滅種的話，不要十年國已滅了，不要百年這種一定要滅。列位若還不信，睁眼看看從通商以來只有五十年已弄得一個民窮財盡。若是各國瓜分了中國，一切礦山、鐵路、輪船、電綫以及種種製造都是洋人的。中國人的家財、中國人的職業一齊失了，還可想得嗎？最上的做一個買辦通事，極下的連那粗重的工程都當不得。一年辛苦所得的工資納各國的税還不夠，那裏還養身家？中國的人日少一日，各國的人日多一日。中國人口全滅了，中國的地方他全得了。不在這時拚命捨死保住幾塊地方，世界雖然廣大，只怕没有中國人住的地方了。不但中國人没有地方可以住，恐怕到後來世界上連中國人種的影子都没有了。

第二須知各國就是瓜分了中國之後，必定仍舊留著滿洲政府壓制漢人。列位，你道今日中國還是滿洲政府的嗎？早已是各國的了。那些財政權、鐵道權、用人權一概拱手送與洋人，洋人全不要費力，要怎麽樣只要下一個號令，滿洲政府遂立刻奉行。中國雖説未曾瓜分，其實已經瓜分數十年了。從前不過是暗中瓜分，於今却是實行瓜分。不過在滿洲政府的上建設各國的政府，在各省督撫的上建設各國的督撫。到那時我們要想一舉一動，各國政府就要下一個令把滿洲政府，滿州政府下一道電諭把各省督撫，各省督撫下一道公文把各府州縣，立刻就代各國剿除得乾乾浄浄了。爾等食毛踐土，具有天良，當此時勢艱難，輕舉妄動，上貽君父之憂，殊堪痛恨的話又要説了。我們漢人死到盡頭，那滿洲政府對於漢人的勢力依然還在。漢人死完了，滿洲政府也就没有了。故我們要想拒洋人，只有講革命獨立，不能講勤王。因他不要你勤王，你從何處勤哩？有人説道，中國於今不可自生内亂使洋人得間，這話我亦深以爲然。倘若滿洲政府從此勵精求治，維新變法，破除滿漢的意見，一切奸臣盡行革去，一切忠賢盡行登用，決意和各國捨死一戰，我也很願把從前的意見丟了，身家性命都不要了，同政府抵抗那各國。怎奈他拿定寧以天下送之朋友，不以天下送之奴隸的主見。任你口説出血來，他總是不理。自從俄國復佔了東三省之後，瓜分的話日甚一日。外國的人都替中國害怕，人人都説中國滅種的日子到了，那裏曉得自皇太后以至大小官員日日在頤和園看戲作樂，全不動心。今年謁西陵用銀三百萬，皇太后的生日，各官的貢獻比上年還要多十倍。

明年皇太后七旬萬壽，預備一千五百萬銀子做慶典，北京不破斷不肯停的。馬玉崑在某洋行買洋槍三千桿，要銀數萬兩，户部不肯出。皇太后修某宫殿，八十萬銀子又有了。你看這等情形還可扶助嗎？中國自古以來被那君臣大義的邪説所誤，任憑什麽昏君把百姓害到盡頭，做百姓的總不能出來説句話。不知孟夫子説道：民爲貴，社稷次之，君爲輕。君若是不好，百姓盡可另立一個。何況滿洲原是外國的韃子，盗占中國，殺去中國的人民無數，是我祖宗的大仇。於今他又將我四萬萬漢人盡數送入枉死城中永做無頭之鬼，尚不想個法子脱了他的羅網，還要依他的言語，做他的死奴隸，豈是情願絶子絶孫絶後代麽？印度亡了，印度王的王位還在。越南亡了，越南王的王位還在。只可憐印度、越南的百姓於今好似牛馬一般。那滿洲政府明知天下不是他自己的，把四萬萬個人做四萬萬隻羊，每日送幾千，也做得數十年的人情。人情是滿洲得了，只可憐宰殺割烹的苦楚都是漢人受了。那些迂腐小儒至今還説忠君忠君、遵旨遵旨，不知和他有甚麽冤孽，總要把漢人害得没有種子方休。天，天，天，那項得罪了他，爲何忍下這般毒手呀？

第三須知事到今日斷不能再講預備救中國了，只有死死苦戰纔能救得中國。中國的毛病，平時没有説預備，到了臨危方説預備，及事過了又忘記了。自道光以來，每次講和都因從前毫没預備，措手不及。不如暫時受些委屈，等到後來預備好了再和各國打仗。那知到了後來，另是一樣的話，所以受的委屈一次重過一次。等到今日，各國要實行瓜分了，那預備仍是一點兒没有。如今還説後來再預備，不但是説説謊話罷了，就是要想預備，也無從預備了。試看俄人在東三省把中國兵勇的槍砲盡行追繳，不許民間設立團練，兩人並行都要治罪，還有預備可説嗎？要瓜分中國豈容你預備。你預備一分，他的勢子增進一丈，我的國勢墮落十丈。比如一爐火，千個人添柴添炭，一個人慢慢運水，那火能打滅嗎？兵臨境上，你方纔講學問、講教育、講開通風氣，猶如得了急症，打發人往千萬里之外買滋補的藥，直等到病人的屍首都爛了，買藥的人還没有回來。怎麽能救急呢？爲今之計，惟有不顧成敗節節打去，得寸是寸，得尺是尺，等到有了基礎再講立國的道理。此時不把中國救住，以後莫想恢復了。滿洲以五百萬的野蠻種族尚能占中國二百六十年，各國以七八萬萬的文明種族分佔中國，怎麽能恢復呢？我聽過多少人説國已亡了，惟有預備瓜分以後的事。我不知他説預備何事，大約是預備做奴隸吧。此時中國雖説危急，洋兵還没深入，還没實行瓜分。等到四處有了洋兵，和俄國在東三省一般，一言一語都不能自由。縱你有天大的本領，怎麽用得出呢？那就不到滅種不休了。所以要保皇的，這時候可以保了，過這時没有皇了。要革命的，這時可以革了，過了這時没有命了。一刻千金，時乎時乎不再來。我親愛的同胞，快醒，快醒，不要再睡了。

第四須知這時多死幾人，以後方能多救幾人。於今的人多説國勢已不可救了，徒然多害生靈也犯不著，不如大家就降了各國爲兵。唉，照這樣辦法，各國一定把中國人看得極輕，以爲這等賤種，任憑我如何殘暴，他總不敢出來做聲，一切無情無理的毒手段都要做了出來，中國人種那就亡得成了。此時大家都死得轟轟烈烈，各國都知道中國人不可輕視，也就不敢十分野蠻待中國人了。凡事易得到手的決不愛惜，難得到手的方能愛惜，這是的確的道理。你看金國把宋朝徽宗、欽宗兩個皇帝捉去，宋朝的百姓不戰自降。後來元世祖滅了宋朝，看見中國人容易做别人的奴隸，從没報過金國的仇，遂想把中國的人殺盡，把中國做爲牧牛馬的草場。耶律楚材説道，不如留了他們以納糧餉，後來纔免。雖因此中國人僥倖得生，但是待漢人殘酷的了不得。明末的時候，各處起義兵拒滿洲的不計其數，那《殉節録》所載拒滿的忠臣共有三千六百個，所以清朝待漢人比元朝好得多了。到了乾隆年間修纂國史，把投降他的官員，如洪承疇等盡列在《貳臣傳》中，不放在人數上算帳。明朝死難的人都加謚號，建立祠堂，録用他的後裔。譬如强盗强奸人的婦女，一個是寧死不從被他殺了，一個是甘心從他。到了後日，那强盗一定稱獎那不從他的是貞節，罵那從他的是淫婦。那淫婦雖忍辱想從强盗終身，這强盗一定不答應。所受的磨折比那貞節女當日被强盗一刀兩段的，其苦更加萬倍。那貪生怕死的人，他的下場一定和這淫婦一樣。故我勸列位撞著可死的機會，這死一定不要怕。我雖死了，我的子孫還有些利益，比那受盡無窮的恥辱，到頭終不能免一死，死了更無後望的不好得多嗎？泰西的大儒有兩句格言，犧牲個人（指把一個人的利益不要）以爲社會（指爲公衆謀利益），犧牲現在（指把現在的眷戀丟了）以爲將來（指替後人造福）。這兩句話我願大家常常諷誦。

第五須知種族二字最要認得明白，分得清楚。世界有五個大洲：一個名叫亞細亞洲（又稱亞洲，中國、日本、高麗、印度都在這洲），一個名叫歐羅巴洲（又稱歐洲，俄英德法等國都在這洲），一個名叫阿非利加洲（又稱非洲，從前有數十國，現在都被歐洲各國滅了），一個名叫澳非利加洲（又稱澳洲，被英國占領），以上四洲共在東半球（地形如球，在東的稱東半球，在西的稱西半球）；一個名叫阿美利加洲（又稱美洲，美利堅、墨西哥都在這洲），獨在西半球。住在五洲的人也有五種：一黄色種（又稱黄種），亞洲的國除了五印度的人（印度人也是歐洲的白色種，但年數好久了，所以面上變爲黑色）皆是黄種人；二白色種（又稱白種，歐洲各國的人及現在美洲各國人都是這種）；三紅色種（美洲的土人）；四黑色種（非洲的人）；五棕色種（南洋群島的人）。單就黄種而論，又分漢種（始祖黄帝於四千三百餘年前自中國的西北來，戰勝了蚩尤，把從前在中國的老族苗族趕走，在黄河兩岸建立國家。現在中國内部十八省的四萬萬人皆是黄帝公公的子孫，號稱漢種）；二苗種（從前遍中國皆是這種人，於今只有雲貴兩廣稍爲有些）；三東胡種（就是從前的金，現在的滿洲，人口有五百萬）；四蒙古種（就是從前的元朝，現在内外蒙古，人口有二百萬）。其餘的種族不必細講，合黄種、白種、黑種、紅種、棕色種的人口算起來有一十六萬萬。黄種五萬萬餘（百年前有八萬萬，現在减了三萬萬），白種八萬萬（百年前只五萬萬，現在多三萬萬），黑種不足二萬萬（百年前多一倍），紅種數百萬（百年前多十倍），棕色種二千餘萬（百年前多兩倍）。五種人中只有白種年年加多，其餘四種都年年減少。這是何故呢？因爲世界萬國都被白種人滅了（亞洲百余國、美洲數十國、非洲數十國、澳洲南洋群島各國都是那白色種的俄羅斯、英吉利、德意志、法蘭西、奥大利、義大利、西班牙、葡萄牙、荷蘭、美利堅、墨西哥、巴西、秘魯各國的屬國，只有中國和日本等數國没滅。中國若亡了，日本等國也不可保了）。這四種人不曉得把自己祖傳的地方守住，甘心讓與外種人，那種怎能不少呢？這種族的感情是從胎裏帶來的。對於自己種族的人一定是相親相愛，對於以外種族的人一定是相殘相殺。自己没有父，認别人做父，一定没有像親父的恩愛。自己没有兄弟，認别人做兄弟，一定没有像親兄弟的和睦。譬如一份家産，自己不要，送把别人，倒向别人求衣食，這可靠得住嗎？這四種人不曉得這個道理，以爲别人佔了我國也是無妨的，誰知後來就要滅種哩？所以文明各國，如有外種人要佔他的國度，他寧可全種戰死，決不做外種的奴隸。（西洋各國没有一國不是這樣，所以極小的國不及中國一縣，各大國都不敢滅他。日本的國民現在力逼政府和俄國開戰。那國民説道，就是戰了不勝，日本人都死了，也留得一個大日本的國魂在世。不然，這時候不戰，中國亡了，日本也要亡的，早遲總是一死，不如在今日死了。日本是一個很强的國，他的人民顧及後來，還如此激昂，怎麽我中國人身當滅亡地步的，倒一毫不動哩？唉，可歎。）只有中國從來不知有種族的分别，蒙古、滿洲來了照例當兵納糧，西洋人來了也照例當兵納糧。不要外種人動手，自己可以殺盡。禽獸也知各顧自己的同種，中國人真是連禽獸都不如了。俗話説得好，人不親外姓，兩姓相争，一定是幫同姓，斷没有幫外姓的。但是平常的姓都是從一姓分出來的。漢種是一個大姓，黄帝是一個大始祖。凡不同漢種不是黄帝的子孫的，統統都是外姓，斷不可幫他的。若幫了他，是不要祖宗了，你不要祖宗的人就是畜生。

第六須知國家是人人有份的，萬不可絲毫不管，隨他怎樣的。中國的人最可恥的是不曉得國家與身家有密接的關係，以爲國是國，我是我，國家有難與我何干。只要我的身家可保，管什麼國家好不好。不知身家都在國家之内，國家不保，身家怎麼能保呢？國家譬如一隻船，皇帝是一個舵工，官府是船上的水手，百姓是出資本的東家。船若不好了，不但是舵工水手要着急，東家越加要着急。倘若舵工水手不能辦事，東家一定要把這些舵工水手换了，另用一班人纔是道理，斷没有袖手旁觀，不管那船的好壞，任那舵工水手胡亂行駛的道理。既我是這個國的國民，怎麼可以不管國家的好歹，任那皇帝官府胡行亂爲呢？皇帝官府盡心爲國，我一定要幫他的忙。皇帝官府敗壞國家，我一定不答應他，這方算做東家的職分。古來的陋儒不説忠國只説忠君，那做皇帝的也就把國度據爲他一人的私産，逼那人民忠他一人。倘若國家當真是他一家的，我自可不必管他。但是只因爲這國家斷斷是公共的産業，斷斷不是他做皇帝的一家的産業。有人侵占我的國家即是侵占我的産業，有人盜賣我的國家即是盜賣我的産業。人來侵占我的産業、盜賣我的産業都不大家出來拚命，這也不算是一個人了。

第七須知要拒外人須要先學外人的長處。於今的人都説西洋各國富强得很，却不知道他怎麼樣富强的。所以雖是恨他，他的長處倒不可以不去學他。譬如與我有仇的人家，他辦的事體很好，却因爲有仇不肯學他。這仇怎麼能報呢？他若是好，我要比他更好，然後纔可以報得仇呢。日本國從前很恨西洋人，見了西洋人就要殺他，有藏一部洋書的，就把他全家殺盡。到了明治初年，曉得空恨洋人不行，就變了從前的主意，一切都學西洋，連那衣服頭髮都學了洋人的裝束（日本從前用中國古時的裝束）。從外面看起來好像是變了洋人了，却不知他恨洋人的心比從前還要增長幾倍。所有用洋人的地方一概改用日本人，洋人從前所得日本人的權利一概争回來。洋人到了日本國一點不能無禮亂爲，不比在中國可以任意胡行。這是何故呢？因爲洋人的長處日本都學到了手，國勢也和洋人一樣，所以不怕洋人，洋人也奈何他不得。中國和日本正是反比例，洋人的長處一點不肯學。有説洋人學問好的便駡他想做洋鬼子，洋人的洋烟（日本一切洋人的東西都有，只有洋烟没有）及一切没有用的東西，倒是没有不喜歡的。更有一稀奇的事，各國都只用本國的銀圓鈔票，不用外國的銀圓鈔票，就是用他的，亦只做得七折八折。只有中國倒要用外國的銀圓鈔票（日本一元的銀圓，本國不用，通行中國），自己的銀圓鈔票倒難通行。這也可算保守國粹嗎？平日所吃所穿所用的東西，無一不是從洋人來的，只不肯學他的製造。這等思想，真真不可思議了。有人口口説打洋人，却不講洋人怎麽打法，只想拿空拳打他，一經事到臨危，空拳也要打他幾下，平時却不可預存這個心。即如他的槍能打三四里，一分時能發十餘響，鳥槍只能打十餘丈，數分時只能發一響。不學他的槍砲，能打得他倒嗎？其餘洋人的長處數不勝數。他們最大的長處大約是人人有學問（把没有學問的不當人），有公德（待同種却有公德，待外種却全無公德），知愛國（愛自己的國，決不愛他人的國），一切陸軍、海軍（各國的將官都在學堂讀書二三十年，天文、地理、兵法、武藝無一不精，軍人亦很有學問）、政治、工藝無不美益求美，精益求精。這些事體，中國那一項不應該學呢？俗語道，天下無難事，只怕有心人，若有心肯學也很容易的。越恨他越要學他，越學他越能報他，不學斷不能報。就是這時不能學得完備，粗淺也要學他幾分。形式或者可以慢些，精神一定要學（精神指愛國，有公德，不做外種的奴隸）。要想學他，一定要開學堂，派送留學生。於今的人多有仇恨留學生的，以爲留學生多半染了洋派，喜歡説排滿革命，一定是要扶助洋人的。不知外面的洋派不甚要緊，且看他心内如何（於日本可知）。他説排滿革命也有不得已之苦衷（前已説過，不是故意要説這些奇話），想得利益（留學生若是貪圖利益，明明翰林進士的出身不要，倒要做斷頭的事，没有這樣蠢了。至於忍恥含羞就學仇人的國，原想習點本領返救祖國，豈有爲洋人用的理？即有此等人，也只有待他敗露，任憑同胞將他捉來千刀萬剮，比常人加十倍治罪，此時却難一筆抹殺）。同胞，同胞，現在固然不是爲學的時候，但這等頑固心思到了這個時候尚不化去，也就不好説了。

第八須知要想自强當先去掉自己的短處。中國的人常常自誇爲文明種族、禮義之邦。從前我祖宗的時候原是不錯，但到了今日，奸盜詐僞無所不爲，一點古風也没有了。做官的只曉得貪財愛寶，帶兵的只曉得貪生怕死，讀書的只曉得想科名，其餘一切的事都不管。上下中三等的人天良喪盡，廉恥全無；一點知識没開，一點學問没有；迂腐固陋，信鬼信怪；男吸洋烟，女纏雙足；游民成群，盜賊遍野；居處好似畜圈，行爲猶如蠻人；言語無信，愛錢如命。所到的國都駡爲野蠻賤種，不准上岸，不准停留。國家被外國欺陵到極處還是不知不覺，不知恥辱，只知自私自利。瓜分到了目前，依然歡喜歌舞，做農做工做商的只死守著那古法，不知自出新奇，與外國競争。無恥的人倒要借外國人的勢力欺壓本國，隨便什麼國來都可做他的奴隸。一國的人都把武藝看得極輕（俗話好鐵不打釘，好漢不當兵），全不以兵事爲意，外兵來了只有束手待斃。其餘各項的醜處一言難盡，醜不可言。大家若不從此另换心腸，痛加改悔，恐怕不要洋人來滅，也要自己滅種了。

第九須知必定用文明排外，不可用野蠻排外。文明排外的辦法：平日待各國的人，外面極其平和，所有教堂教士商人盡要保護，内裏却刻刻隄防他，如他要佔我的權利，一絲兒不能。（如他要在我的地方修鐵路、買礦山及駐紮洋兵、設立洋官等事，要侵我的利權的都不可許。）與他開起戰來，他用千萬黄金請我，我決不去；他要買我糧餉食物，我決不賣；（俄國在東三省出重價向日本商民買煤，日本商民硬不賣與他。）他要我探消息，我決不肯。在兩軍陣前，有進無退，巴不得把他殺盡，洋兵以外的洋人一概不傷他。洋兵若是降了擒了也不殺害（萬國公法都是這様，所以使敵人離心，不至死戰。若一概殺了，他必定死戰起來，没有人降了）。這是文明排外的辦法（現在排外只能自己保住本國足了，不能滅洋人的國。日後仍舊要和，故必定要用文明排外）。野蠻排外的辦法全没有規矩宗旨。忽然聚集數千百人焚毁幾座教堂，殺幾個教士教民以及游歷的洋員、通商的洋商就算能事盡了。洋兵一到，一鬨走了，割地賠欵一概不管。這是野蠻排外的辦法。這兩種辦法，那椿好那椿歹不用講了。列位若是單逞着意氣野蠻排外也可使得，若是有愛國的心腸，這野蠻排外斷斷不可行的。

第十須知這排外事業無有了時。各國若想瓜分我國，二十歲以上的人不死盡，斷不任他瓜分。萬一被他瓜分了，以後的人滿了二十歲即當起來驅逐各國。一代不能，接及十代，十代不能，接及百代，百代不能，接及千代。漢人若不建設國家，把中國全國恢復轉來，這排外的事永没有了期。有甘心做各國的奴隸不替祖宗報仇的生不准進祖祠，死不准進祖山，族中有權力的可以隨便將他處死。海石可枯，此心不枯；天地有盡，此恨不盡。我後輩千萬不可忘了這二句話。十個須知講完了，又有十條奉勸。

第一奉勸做官的人要盡忠報國。我這報國二字不是要諸君替滿洲殺害同胞，乃是要諸君替漢人保守疆土。因爲國家是漢人的國家，滿洲不過偶然替漢人代理。諸君所吃的俸禄都是漢人的，自應當替漢人辦事，有利於漢人的必要盡心去辦。漢人强了，滿洲也無憂了（滿洲寧以天下送之外國，只恐怕漢人得勢，實在糊塗極了。因爲各國與滿洲有甚麽恩愛，各國斷不肯保全滿洲）。漢人不存，滿洲一定要先滅。爲漢人就是爲滿洲，專爲滿洲就害了滿洲（張之洞所以是滿洲的罪人）。至於愛財利己、害國傷民的事一概做不得，更不消説。我看近日做官的又把趨奉滿洲的心腸趨奉洋人，應承洋人的意旨比聖旨還要重些。洋人没來已先預備做洋人的順官，不以爲恥，反以爲榮。我以爲諸君的計太左了，諸君的主意，不過想做官罷了，不知各國那裏有官來把你們做？他得了中國，一定先從諸君殺起。諸君不信，你看奉天將軍增祺從前誠心歸服俄人，俄人講一句他就依一句，那知俄人今年再佔奉天遂把他囚了，如今生死還不能定。東三省的官員平日趨奉俄人，無所不至，都被俄人趕逐出境，利益一點没得，徒遭千人的唾駡，有甚麽益處呢？我勸諸君切不可學。官大的倡獨立，官小的與城共存亡。寧爲種族死，不做無義生，這方算諸君的天職。

第二奉勸當兵的要捨生取義。列位，這當兵二字是人生第一要盡的義務。國家既是人人有份，自應該人人保守國家的權利，要想保守國家的權利，自應該人人皆兵。所以各國都把當兵看得極重。王子他要當兵三年，其餘的人更可想了。平日紀律極嚴，操練極勤，和外國開起戰來有進無退。就是戰死了，那家也不悲傷，以爲享了國家的利益就應當擔任國家的義務，至於賣國投降的人實在少得很。不比中國把兵看得極輕，一點操練没有，替滿洲殺同胞倒能殺得幾個，替同胞殺洋兵就没有用了。聽説洋人口糧多些，那心中躍躍欲動就想吃洋人的糧，甘心爲國捐軀的很少很少。於今中國的兵都是這樣，怎麽不亡呢？漢種的存亡都在諸君身上。諸君死一個，漢人就救得千個。諸君怎麽惜一人的命，置千個同胞不救呢？人生終有一死，只要死得磊落光明。救同胞而死，何等磊落！何等光明！千古莫不敬重大宋的岳爺，無非因他能替同胞殺韃子。諸君若能替同胞殺鬼子，就是死了，後人也是一樣敬重。怎的不好呢？

第三奉勸世家貴族毁家紓難。世家貴族受國家的利益較常人多些，國家亡了，所受的慘也要較常人重些。明朝李闖王將到北京的時候，崇禎皇帝叫那世家貴族各拿家財出來助餉，各人都吝嗇不肯。及李闖王破了北京，世家貴族都受了砲烙之刑，活活拷死，家財抄没。當時若肯把少半家財拿出來助餉，北京又怎麽能破？北京没破之前，武昌有一個楚王，家貲百萬。張獻忠、李闖王兵馬將到，大學士賀逢聖告老在家，親見楚王道，人馬儘有，只要大王拿出家財充餉，楚王一金不出。張獻忠到了，先把楚王一家放在一個大竹籃內投到江心。張兩面長圍，盡把武漢的人驅入大江。打入楚王府中，金銀堆積如山。獻忠歎道有如此的財不把來招兵，朱胡子真庸人了。又有一個福王，富堪敵國，也不肯把家財助餉，被賊捉去，殺一隻鹿和福王的肉（福王極肥胖）一同吃了，名叫福禄酒。後來滿洲到了南京，各世爵都投降了，只想爵位依然尚在，那知滿洲把各人的家財一概查抄充公。有一個徐青山，係魏國公徐達的後代，後來流落討飯，當了一個打板的板子手，辱没祖宗到了極處了。明末最難的是餉，倘若各世家貴族都肯把家財拿出來，莫説一個流寇，十個流寇也不足平哩。先前以爲國家壞了，家財仍舊可以保得住。誰知家財與國一齊去了，性命都是難保。雖要懊悔也懊悔不及，真真好蠢呀。波蘭國被俄奥德三國瓜分，俄國把波蘭的貴族盡數送至常年有雪的西伯利亞，老少共三萬餘口。在路死了一半，既到那處，滿目荒涼，比死去的更慘萬倍。庚子年聯軍進京，王爺、尚書被洋人捉去當奴隸拉車子。受苦不過的往往自盡，瓜分之後那慘酷更要再加百倍了。我看現在的世家貴族實在快活得很，不知别人或者還有生路，只這世家貴族一定是有死無生。外國人即或不殺，本國的兵民斷難饒恕你，況且外國人也是不放手的。近看庚子年，遠看波蘭，就可曉得了。只有把架子放下來，每年要用一萬的止用一千，所餘的九千來辦公事。降心下氣，和那平民黨、維新黨同心合德，不分畛域，共圖抵制外國。一切大禍可免，還有保國的功勞，人人還要愛戴，没有比這計更上的了。如若不然，我也不能替諸君設想了。

第四奉勸讀書士子，明是會説，必要會行。我看近來的言論發達到了極處，民權革命、平等自由幾成了口頭禪，又有甚麽民族主義、保皇主義、立憲主義，無不各抒偉議，都有理信可執，但總没見有人實行過。自瓜分的信確了之後，連那議論都没有人發了。所謂愛國黨、留學生，影子都不見了。從偏僻之處尋出一二個，問他何不奔赴内地實行平日所抱的主義，答道我現在没有學問，没有資格，回去不能辦一點事。問他這學問、資格何時有呢，答道最遲十年，早則五六年。問這瓜分之期何日到，答道遠則一年，近則一月。呵呵，當他高談闊論的時候怎麽不計及没有學問、没有資格，到了要實行的時節就説没有學問、没有資格。等到你有了學問、資格的時候，中國早已亡了，難道要你回去開追悼會不成？這學問、資格非是生來就有的，歷練得多也可長進。試看日本當年傾幕的志士有什麽學問、資格，只憑熱心去做。若没有這等熱心，中國從前也曾有有學問、有資格的人，可曾辦出什麽事來？所謂瓜分之後也要講學問，是爲瓜分以後的人説話，不是爲現在的人説話。若現在的人不多流些血，力救中國不瓜分，只空口説説白話，要使後來的人在數百年之後講民族、講恢復，那個肯信？只有現在捨死做幾次，實在無可如何了，那後輩或者體諒前輩的心事接踵繼起，斷没有自己不肯死能使人死的。那諸葛武侯《出師表》上所謂漢賊不兩立，王業不偏安，漢不伐賊，王業亦亡，與其坐以待亡不如伐之，又謂鞠躬盡瘁死而後已。至於成敗利鈍非所逆睹的話，我們應該常常諷誦。有人謂大家都死了，這國一亡之後遂没有人布文明種子了。這話我也以爲然，但總要有一半開通人先死。倘若大家都想布文明種子，一個不肯死，這便不是文明種子，乃是奴隸種子了。布文明種子的人自有人做，人所不爲的我便當先做，這方算是真讀書人。

第五勸富的捨錢。世間之上，最能做事業、最能得名譽的莫過於家富的人。蓋没有資本的人隨便做什麽事都是力不從心。譬如現在要拒洋人，槍砲少得很。如能獨捐巨欵買槍砲千枝萬枝，或因軍餉不足助軍餉捐，那功勞比什麽人都大幾倍。其餘開辦學堂、印送新書以及演説會、體育會、禁纏足會、戒洋烟會、警察團練等事都是没錢不辦，有能出錢辦的，其功德大得很。更有不要助捐，於自己有重息、於國家有大利的一樁事。如集資設立公司，修設輪船、鐵路、電綫及各種機器局、製造局，采練各礦。這些事體多有大利可得，爲何不辦呢？把銀錢坐收在家真是可惜。把這錢會用了就能取名得譽，不會用了就能招災惹禍。你看自古换朝的時候，受盡苦楚的不是那富户嗎？《揚州十日記》上所載滿兵將到揚州，那些富户一文錢不肯出。及城破了，争出錢買命，一隊去了一隊又來，有出過萬金終不免於死的。我鄉父老相傳明末的富户被滿兵捉去，把竹絲所做的大籃檕中穿一心，戴在頸上，周圍點火，要他説出金銀埋在何處。盡行説出，仍舊以爲不止有此數，就活活燒死。

又某小説書所載，有一富翁積金百萬，不肯亂用一文。恐怕人偷去金銀，四布鐵菱角，因此人喊他做鐵菱角。滿兵一到，把騾馬裝運金銀，不上半天就乾乾净净。那人見一世辛苦所積一朝去了，遂立時氣死。滿洲入關的時候有什麽餉，偏偏有人替他積著，早若是拿出來打滿洲，滿洲那裏還有今日呢？猶太人會積財，只因没有國，所有的都被别人得去。英國佔印度，所有富户的田租一概充公。於今印度每年有賦税二萬八千萬兩（中國只有賦税八千萬兩），三份之一是從前富户的田租。日本占臺灣，有一個姓林的紳士有數千萬的家貲，用他一家也可敵住日本，私地向日本投降，獻銀數百萬。日本一入臺灣，他在臺灣的産業，日本一概查抄。現在臺灣的富户盡變了窮民，新出的財主皆是日本人了。諸君當知國保了，家財自在，國若不保，家財斷不能保住的。列位此刻尚見不透，没有日子了。

第六勸窮的捨命。中國的窮民最佔多數，於是他們常常想天下亂，以爲天下亂了，這些富户與他一樣的受苦。更有不肖之輩存一個乘濁水捉魚的心事，不知天下亂了，富户固然吃虧，窮民也没有便宜可佔。平時尚能用力掙幾個錢，刀兵四起，那一個請你來做工？況且洋人佔了天下，愈加了不得。他最重的是富户，最賤的是窮民。他本國的窮民，不把在人内算數，何況於所征服的敵國。一定見富者窮，窮者變牛馬。我聽見多少人説洋人也要人抬轎擔擔，那怕没有工做？要擔什麼心？不爭主權，只要有奴隸做，我也没有話和他説了。但是洋人一切都用機器，人工一定不要，一般窮民怎麼得了。他因爲本國人多，無地安插，所以遠遠搶占别人的土地。中國的人住得無處安針，最多的又是窮民，不把你們害盡，叫他到那裏去住？我曉得洋人初到，一定用巧言哄誘，還要施一點小恩惠，但是到了後來方曉得他狠。試問他費了許多的金銀、用了許多的心力，不是謀害你們，他爲别的什麼呢？他有恩惠怎麼不施在本國來施你們？把餌釣魚，不是把餌給魚吃，乃是要魚上釣。你吃了他的餌，他一定要吃你的肉。今日没有别法，洋兵若來，只有大家拚命死打。洋人打退了，再迫官府把各人的生計想一個好法子，必定要人人足衣足食，這方是列位的道理。

第七勸新舊兩黨各除意見。於今的時候，有甚麽新舊？新的也要愛國，舊的也要愛國，同是愛國，就没有不同之處。至於應用的方法總以合時宜爲主，萬不能執拗。即有不合，彼此都要和平相商，不可挾持私見。《詩經》上説得好，兄弟鬩於牆，外禦其侮。現在甚麽時候了？還可做那鬩牆之事麽？我有新舊之分，在洋人看起來就没有新舊，只要是漢人一樣的下毒手。故我剖心泣血，勸列位總要把從前的意見捐除纔是好哩。

第八勸江湖朋友改變方針。那些走江湖的種類很多，就中哥老會、三合會各省游勇最佔多數。想做大事也有不少，没有志氣、只想尋幾個錢度日的也有好多。這等人就是起事也没有什麼思想，不過圖奸淫擄掠四字，或者借個名目説是復明滅清，或者説是扶清滅洋，一點團體没有，上的上山，下的下水。一切事做不出來，窮而無計的時候喪滅天良的，也就降了洋人，替洋人殺起同胞來，和東三省的馬賊一樣。我不怕洋人，就怕這等不知祖國、只圖一己的人，我實在要吃他的肉。但江湖的豪傑一定是愛國的男兒，平生憤恨外族侵陵中國，所以結集黨羽，無非是想爲漢種出力，打救同胞，決不是爲一人的富貴做洋人的内應。須知做事以得人心爲主，若是紀律不嚴、人人怨恨，這怎麽能行得去呢？我起初恨各處鄉團不應該違拒太平王，後來曉得也難怪他。太平王的部下不免騷擾民間，人心都不順他，因此生出反對來。若太平王當日秋毫不犯，這鄉團也就不阻抗他了。所以我勸列位起事，這人民一定不可得罪的。又現在各種會黨彼此都不通，不知蚊子最小，因爲多了，那聲音如雷一般。獅子最大，單獨一個也顯不出威風來。各做各的，怎麽行呢？一定是要互相聯絡，此發彼應纔行。我更有一句話奉勸，我們内裏的事情没有辦好，輕舉妄動，或燒教堂或鬧租界，好像請洋人來干涉，這也是犯不着。暗地組織，等到洋人實在想侵奪中國了，大家一齊俱起，照着文明排外的辦法使他無理可講，我有理可説，不使他佔半點便宜。生爲漢種人，死爲漢種鬼，弄到水盡山窮，終不拜那洋人的下風，這方算是大豪傑、大國民。我所望於列位的如此如此，不知列位都以爲是否？

第九勸教民當以愛國爲主。教與國不同，教可以自由奉教，國是斷斷不能容别人侵奪的。歐洲各國，一國之中有數教，毫不禁制。無論何教的人都愛自己生長的國，譬如天主教皇在羅馬，倘若羅馬人要侵奪各國，這各國的天主教人一定要替本國抵拒羅馬人，就是教皇親來也是不答應的。日本國從前信奉儒教。有一個道學先生門徒很多，一日有個門徒問先生道，我們最尊敬孔子，倘若孔子現在没死，中國把他做爲大將征討我國，我們怎麽做法呢？先生答道，孔子是主張愛國的，我們若降了孔子，便是孔子的罪人了，只有齊心死拒把孔子擒來，這方算得行了孔子的道。各國的人不阻止行外國的教，所以别人的好處能夠取得到手，没有自尊自大的弊習。但是只容他行教却不容他占本國的土地，所以國國都强盛得很。中國人有些拚命要與洋教爲仇，有些一入了教就好像變了外國人，忘記自己是中國人，反要仗著教的勢力欺侮我們中國人。不知這中國是自從祖宗以來生長在此的，丢了祖宗怎麽可以算人呢？一入了教，還有些人平素相愛的朋友親戚都不要了，只認得洋人。洋人要他的國，他也允許；洋人要殺他的朋友親戚，他也允許。唉，世間之上那有這樣的教呢？各教的書我也讀過看過，無一不説國當愛的。倘若信耶穌的道，人不要愛本國的，這真是耶穌的罪人了。我也曉得各位有因爲被官府欺侮不過，所以如此的，但是中國人極多，少數人得罪了你，未必中國全數人都得罪了你。祖宗也没有虧負你，怎麼受了小氣遂連祖宗都不要了。好人家請先生，不論何國都可請得的。這先生一定要敬重他，但是我這父母兄弟也是不可丢的。先生若是謀害我的家起來，我也可答應他嗎？教士好比是一個先生，中國好比是我的家。教士滅我的國，怎麼可應允他呢？況並不是教士，不過教士國的人呢。（各國教師不管國政。）我勸列位信教是可以信的，這國是一定要愛的。

第十勸婦女必定也要想救國。中國人四萬萬，婦女居了一半。亡國的慘禍，女子和男子一樣，一齊都要受的，那救國的責任也應和男子一樣，一定要擔任的。中國素來重男卑女，婦女都纏了雙足死處閨中，一點學問没有，那裏曉得救國？但見現在是擴張女權的時候，女學堂也開了，不纏足會也立了。凡我的女同胞急急應該把脚放了，入了女學堂講些學問，把救國的擔子也擔在身上，替數千年的婦女吐氣。你看法蘭西革命不有那位羅蘭夫人嗎？俄羅斯虚無黨的女傑不是那位蘇菲尼亞嗎？就是中國從前也有那木蘭從軍、秦良玉殺賊，都是女人所幹的事業，爲何今日女子就不能這樣呢？我看婦女們的勢力比男子還要大些，男子一舉一動大半都受女子的牽制。女子若是想救國，只要日夜聳動男子去做，男子没有不從命的。況且演壇演説、軍中看病更要女子方好。婦女救國的責任這樣兒大，我女同胞們怎麼都拋棄了責任不問呢？我的話講到這裏也講完了，我願我同胞呀！

醒來！醒來！快快醒來！快快醒來！不要睡的像死人一般。同胞，同胞，我知道我所最親最愛的同胞，不過從前深處黑闇，没有聞過這等道理。一經聞過，這愛國的心一定要發達了，這救國的事一定就要勇任了，前死後繼、百折不回。我漢種一定能夠建立個極完全的國家，横絶五大洲。我敢爲同胞祝曰：漢種萬歲，中國萬歲。

是時留學生反對日本之取締規則，因陳天華之死更加激烈，相率歸國者日衆。汪精衛、胡漢民等組織留學維持會，風潮漸平息，予憤而離日本。適日本東洋宣教會主教中田重治渡英，予即偕行。過上海，並引中田主教游武昌四日，住高家巷聖公會胡蘭亭牧師家，藉以與日知會重要幹部劉敬安、馮特民等秘商，潘善伯亦來與中田主教相見。當時潘善伯充武昌軍中譯員，與中田主教亦屬師生之誼。潘善伯入日知會，漸與劉敬安、馮特民參加革命之運動矣。予在日知會將東京同盟會之組織一一介紹於劉敬安、馮特民二人，並請劉馮二人爲同盟會之主盟人，自此同盟會與日知會之聲氣息息相通矣。是年劉敬安僅二十八歲，尚未娶，有聖公會某女教習欲與訂婚，劉敬安詢之予。予曰，君欲爲國犧牲而忍遺孤兒寡婦受無窮之苦痛乎？敬安遂不娶。予因有遠行，引中田主教同行回鄉，見老母並妻子於曹家灣，僅一夕而出，次晨離家。小子文錫僅一歲，大聲呼爹爹不已。予與中田主教因赴上海渡歐之船期迫，亦無暇戀戀於家庭也。抵上海後一二日即乘法國郵船作無等艙之客，因予旅費不足，而中田主教之旅費亦僅敷三等艙之用，故同搭無等艙。船中遇同志張繼往南洋爪哇，受邱心榮之聘而充邱燮亭所辦華僑公學之教員。過香港時謁老同志陳少白。斯時少白主持《中國報》於香港，作南方鼓吹革命之惟一機關。馮自由亦在中國報辦事，招待予與張繼甚歡。予與張繼謁陳少白後，馮自由送予二人返法國郵船，陳少白並托予在倫敦做《中國報》之通訊員。

第五章　孫文革命之追記

先是甲午中東之役，廣東三合會會員乘機密購兵器及彈藥，並暗中募兵於汕頭、西河、香港三處。既而清兵累戰皆北，李鴻章至日媾和，結《馬關條約》，賠欵二萬萬，又割我臺灣一省。黨人更不能耐，因潛招諸地兵入省垣，謀一舉奪廣東。不幸於舉事前一夕洩謀，陸皓東以下數人就擒（青天白日旗乃陸皓東所製）。孫文僅以隻身遁澳門，因再至香港渡日本。當時香港《華字日報》曾登有懸賞購拿廣告以緝孫逸仙諸人，其文如下：

懸賞購匪欽命廣東提刑按察使兼管全省驛傳事務加三級記録十次張爲懸賞購匪事。照得土匪孫文糾結夥黨暗運軍火，約期在省城滋事一案，當經拿獲匪犯陸皓東等多人審辦，惟尚有首要名匪孫文等在逃未獲，亟應懸賞緝拿。合行出示曉諭，爲此示諭闔屬軍民人等知悉：爾等如能拿獲後開賞格有名匪犯解案，一經訊明定奪，即如數給與花紅銀兩。銀封存庫，犯到即給，愼勿懷疑觀望。至此外案內被誘匪徒，准其改過自新，免予深究。如能拿獲後開首要各匪解案仍一律給賞，各宜凜遵勿違，特示。

計開

孫文，即逸仙，香山縣東鄉翠微人，額角不寬，年約二十九歲，花紅銀一千元。

夏亞伯，新會縣人，肥矮面微麻，年約四十歲，花紅銀一百元。

李亞舉，香山縣隆都鄉藍下村人，身高眼大，髮多白，年約五十三歲，花紅銀二百元。

李芝南，南海縣佛山人，年約三四十歲，花紅銀二百元。

楊衢雲，香山縣人，本籍福建，右手共缺三指，年約三十九歲，花紅銀一千元。

劉秉祥，清遠縣人，身高，年約三十歲，花紅銀二百。

朱浩清，清遠縣人，年約二十七八歲，花紅銀二百元。

陳少白，即夔石，新會縣外海人，年約二十八九歲，花紅銀一百元。

王質甫，江西人，身中面白，年約三十七八歲，花紅銀二百元。

湯亞才，花縣人，身高微麻，年約四十歲，花紅銀三百元。

吴子才，潮州人，身高額窄，年約四十歲，花紅銀二百元。

莫亨，順德人，身矮，年約二十五六歲，花紅銀一百。

陳焕州，南海縣西樵鄉人，身胖微麻，年約三十二三歲，花紅銀二百元。

侯艾泉，香山縣隆都鄉人，身高瘦，髮秃，年約五十歲，花紅銀二百元。

魏友琴，歸善縣南真村人，面圓有髮，年約三十七八歲，花紅銀二百元。

黄麗彬，清遠縣人，矮瘦，年約二十四五歲，花紅銀一百元。

光緒二十一年十月二十一日示

孫逸仙既抵横濱，剪髮易服，經夏威夷以游美，轉至倫敦。一日偶游街市，途遇一中國人，問以足下爲中國人否，孫遽答曰然，我廣東人也。其人曰我亦廣東人，願過我寓一顧乎，則答曰諾。因偕入一大厦，孰知即清國公使館，其人即偵探，孫遽被囚禁。其師康得立適歸倫敦，聞之竭力援救，其事遂爲中英外交問題。時英國總理大臣沙利斯波屢向清公使交涉，卒釋孫。於是孫逸仙之名大噪，孫爲中國革命黨首領之名遂鬨傳於世。

附録一：

孫公中山遺像

孫文，字逸仙，廣東香山人。周游世界，運動革命，時用日本名字爲中山，又名高野。爲耶穌信徒，含苦茹辛，百折不回。以世界眼光，謀種族革命，誠心所感，全國應之。武昌倡義，推爲元首，惜爲左右所包圍，一念及私，則同舟立成敵國，帝制餘孽得以竊據國權，爲天下禍。外人乃暗中操縱之，而吾民遂日益不堪命。孫公憂之，卒以反對一切不平等條約爲天下導。

啟者弟被誘擒於倫頓牢於清使館十有餘日擬將弟綑綁乘夜下船私運出境船已僱備惟候機宜初六七日內無人知覺弟身在牢中自分必死無再生之望窮則呼天痛癢則呼父母人之情也弟此時惟有痛心懺悔懇切祈禱而已一連六七日日夜不絕祈禱愈祈愈切至第七日心中忽然安慰全無憂色不期然而然自云此祈禱有應蒙神施恩矣然究在牢中生死關頭盡在能傳消息於外与否耳但日夜三四人看守窗戶俱閉嚴密異常惟有洋役二人日入房中一二次傳遞食物各件然前已托之傳書已為所賣將書交与衙內之人密事俱俾知之防範更為加密而可為我傳消息者終必賴其人今既蒙上帝施恩接我祈禱使我安慰當必能感動其人使肯為我傳書次早他入房中適防守偶疏得乘間与他關說果得允肯然此時筆墨紙料俱被搜去幸前時將名帖寫定數言未曾搜出即交此傳出外与簡地利萬臣兩師他等一聞此事着力異常即報捕房即稟外部而初時尚無人信捕房以此二人為癲狂者使館全推並無其事他等初二三日自出暗差自出防守恐溜夜運往別處初報館亦不甚信迨後彼二人力証其事之不誣報館始為傳揚而全國震動歐洲震動天下各國亦然想香港當時亦必傳揚其事倫頓幾乎鼓噪有街坊欲聯合人拆平清使衙門者沙侯行文着即釋放不然則將使臣人等逐出英境使館始懼而放我此十餘日間使館与北京電報來往不絕我數十斤肉任彼千方百計而謀耳幸天心有意人謀不臧雖清虜陰謀終無我何適足以揚其無道殘暴而已虜朝之名從茲盡喪矣弟現擬暫住數月以交此地賢豪弟遭此大故如蕩子還家亡羊復獲此皆天父大恩敬望先生進之以道常賜教言俾從神道而入治道則弟幸甚蒼生幸甚

孫中山先生年系

吴稚暉

丙寅　清同治五年，西一八六六，中山先生一歲。

生於是年十月六日，在香山縣之鄉間。洪楊軍被消滅才三年，英法聯軍入北京焚燬圓明園剛過六年。

丁卯　清同治六年，西一八六七，二歲。

戊辰　清同治七年，西一八六八，三歲。

己巳　清同治八年，西一八六九，四歲。

庚午　清同治九年，西一八七〇，五歲。

普法戰争，法國最後共和成立。

辛未　清同治十年，西一八七一，六歲。

壬申　清同治十一年，西一八七二，七歲。

癸酉　清同治十二年，西一八七三，八歲。

甲戌　清同治十三年，西一八七四，九歲。

乙亥　清光緒元年，西一八七五，十歲。

丙子　清光緒二年，西一八七六，十一歲。

丁丑　清光緒三年，西一八七七，十二歲。

以前曾從美教士克爾習英語。

戊寅　清光緒四年，西一八七八，十三歲。

入其叔所設之私塾，聞講洪楊故事，潛抱革命大志，旋赴夏威夷入耶教學校。

己卯　清光緒五年，西一八七九，十四歲。

庚辰　清光緒六年，西一八八〇，十五歲。

辛巳　清光緒七年，西一八八一，十六歲。

由夏威夷回國，尋入廣州博濟醫學校。在校識鄭士良弼臣，與談革命，士良悦服。

壬午清光緒八年，西一八八二，十七歲。

轉學於香港阿賴斯醫院，又識陳少白、楊鶴齡、陸皓東，與陳、楊昕夕談革命，澳間親友呼爲四大冠。

癸未　清光緒九年，西一八八三，十八歲。

甲申　清光緒十年，西一八八四，十九歲。

是年中法啓釁於廣西、安南間。

乙酉　清光堵十一年，西一八八五，二十歲。

自傳曰："予自乙酉中法戰敗之年始決傾覆清廷，創建民國之志。由是以學堂爲鼓吹之地，借醫術爲入世之媒。"據此，先生畢業香港醫校，懸壺澳門、廣州在此年也。

丙戌　清光緒十二年，西一八八六，二十一歲。

丁亥　清光緒十三年，西一八八七，二十二歲。

西人記載謂先生以本年方入香港醫校者，誤也。

戊子　清光緒十四年，西一八八八，二十三歲。

己丑　清光緒十五年，西一八八九，二十四歲。

庚寅　清光緒十六年，西一八九〇，二十五歲。

辛卯　清光緒十七年，西一八九一，二十六歲。

壬辰　清光緒十八年，西一八九二，二十七歲。

癸巳　清光緒十九年，西一八九三，二十八歲。

自傳曰："及予卒業之後，懸壺於澳門、香港兩地，爲革命運動之開始。時鄭士良則結納會黨，聯絡防營，門徑既通，端倪略備。予與陸皓東北遊京津以窺清廷之虚實，深入武漢以觀長江之形勢。"又別傳曰："中日交戰前，先生由湖南出洋子江，由海路入北京，深夜冒險晤李鴻章於私邸，陳説大計，勸李革命，李以年耄辭。"

據以上一説，先生游武漢及京津但知在甲午前，未能定在何年。終之自二十歲至二十八歲，除游武漢京津外，終在澳門及廣州運動革命。自傳所謂"借醫術爲入世之媒，十年如一日"者即指此等年也。

甲午　清光緒二十年，西一八九四，二十九歲。

是年七月一日中日開始宣戰。自傳云："至甲午中東戰起，以爲時機可乘乃赴檀島美洲。"出洋後郵上李鴻章一書，所以知其爲郵上者，因書中有“文於回華後……”云云也。郵書必在八月，因是年九月十月份之上海《萬國公報》已登載該書矣。又此書首言“竊文籍隸粵東，世居香邑，曾於香港考授英國醫士”云云。若甲午前曾深夜晤李於私邸，必不作此開端，則別傳冒險晤李之説必係傳聞之誤。其書又云“文生二十有八年矣”，乃以西法計算。

在檀島創立興中會（該會宣言及章程見後），應者寥寥，僅得鄧蔭南與胞兄德彰。

乙未　清光緒二十一年，西一八九五，三十歲。

清兵既敗，人心憤激。上海同志宋躍如函促歸國，乃偕鄧蔭南等三五人同歸，開乾享行於香港。鄧蔭南、楊衢雲、黃詠商、陳少白主之，設農學會於廣州。陸皓東、鄭士良與歐美技師及將校數人助之，先生則往來兩地。九月九日因運械不慎，海關搜獲手槍六百餘桿，事機乃洩。陸皓東與丘四、朱貴全死之，被捕七十餘人。程璧光之兄奎光與焉，瘐死獄中。此第一次革命之失敗也。敗後十余日先生從間道至香港，與鄭士良、陳少白同至橫濱。少白留日，士良回華，先生再去檀島。

康有爲者，長先生數歲。甲午以前名祖詒，止以談《公羊》、作《孔子改制考》等稱怪於八股士人中（彼蓄長髯，自號長素，即比素王爲長，取賢於孔子之義。後乃割鬚尊孔，便於保皇，已非其本來面目矣）。甲午中舉人，乙未與其徒梁啓超（梁中舉在其師前）同在北京會試。康草一書論改革救亡，遍傳各會館簽名，即所謂“公車上書”是也。是年康中進士，康之活動於政治舞臺自此上書始。

自此年始，國人皆知有孫文其人謀亂如洪秀全，官書報紙皆稱“孫汶”，視與强盗囚徒相等。康有爲則舊日險怪之名頓消，群目爲愛國志士。

丙申　清光緒二十二年，西一八八九，三十一歲。

先生在檀島推廣興中會，進行遲滯，乃至美洲住有華人各處運動。惟美洲華僑之風氣閉塞比檀島尤甚，歡迎革命主義者每埠不過數人或十餘人而已，然已大觸清廷之忌。陰曆八月由美至英，遂爲英使館誘拘，欲私送回國。幸在檀島渡美時遇見香港醫校之教師英人康德黎夫婦，知其倫敦住處。先生在使館賄侍者投書康氏，康氏乃爲之發佈於報紙，促英政府之注意，英政府乃强公使龔照瑗釋出。按龔照瑗，有人作龔照璵，誤也。照瑗曾爲上海道，後充駐英使者，照璵乃其弟，中日戰争時在旅順失機，下獄幾死。先生被囚駐英使館乃光緒二十二年之事，別傳係之於二十三年後亦誤。此事有先生自著之英文《英使館遇難記》，亦有譯本，特所譯姓名亦有誤。最近曾爲荷蘭公使之吴宗濂，當時彼爲龔使隨員，實於龔姪，今内務部總長心湛，同奔走於偵探及預備雇船解送先生回國等事。吴有《隨軺筆記》曾記此事，今録吴記中記事一通於下，略窺當時官樣文章亦一趣聞也。

吴記云："光緒二十二年七月，准出使美日秘大臣楊子通星使函稱粵東要犯孫文謀亂發覺，潛逃赴美，奉總署電令確查該犯行蹤並飭電知龔星使。援香港緬甸交犯約，轉懇英國代拏等因，並附節略，叙其面貌、年歲、籍貫。八月十九日，復准通使電稱孫文於西九月二十三日（即華八月十七日）由紐約搭船至英國梨華埔海口登岸……等語。時星使卧病已久，神志甚清，當遣參贊馬格里（英人）婉詢英外部，擬援香港及緬甸交犯約，請拏該犯。外部答以二約祇能行於安南、緬甸，不能施之他處，設意代拏必爲刑司駁阻。星使之猶子仙舟司馬心湛，乃僱包探赴梨花埔守候。旋據該探密報，孫文翦髮作洋裝，於八月二十四日登岸。即日乘火車至倫敦下榻客店，有二西人隨行。九月初四日，孫文行經使署之門遇學生宋芝田（學生者，使館學生也），詢其有無粵人在署，宋曰有之。孫即請見，乃進署門，入廳事。四等翻譯官鄧琴齋刺史廷鏗，粵産也，遂與接談。該犯以異地遇同鄉分外愜意，自言姓陳，號載之，繼出金表以睹時刻。刺史索觀，則鐫有英文拚切之孫字。刺史恍然，然不動聲色。孫約翌日再來，同赴海口探望粵商。刺史欣諾，孫既去，急密告仙舟轉禀星使。星使與馬格里、王鵬九兩参贊密商辦法，皆曰可拏。初五午前，孫果貿貿然來。飯後，鄧刺史請孫登樓。先至首層，觀星憲之會客廳、簽押屋，繼至二層入李琴伯明府盛鐘卧室。坐談良久，適馬参贊到，刺史遂告孫曰，君能再上一層，枉顧弟房乎？孫曰甚好，遂隨刺史拾級而升。馬参贊在前引導，先入預備之空房内，待開門侍客狀。鄧指曰，此即弟房，請君先進。孫剛涉足，錯愕間，馬参贊即將房門關閉，告曰奉有總署及駐美楊子通星使密電捉拏要犯孫文，爾即是也。既經到此，請暫留一日一夜，静候總署回電。孫見已識破，無可如何，唯唯應命。星使遂飭鄧刺史、武弁車焕章、謝邦清、造砲學生宋芝田及洋僕二名日夜輪守。初七日接總署回電，力囑慎密辦理，不可爲英所知，致被反噬，應如何措手，悉聽主裁。初八日星使囑宗濂代擬電稿，言惟有專雇一船徑解粤省，否則只可釋放。派探密跟，窮其所往，請示祇遵。此電去後，總署無復。十三日星使又發電云釋放宜早，免有痕迹。仍無復電，時署外已有人日夜守伺。十六日英國格羅孛夜報忽刊其事，不直使署所爲。他報訪事人接踵來訪，鄧刺史力辨其無，馬贊参直認不諱。翌晨各報刊布，指爲使署拐騙監禁，譁然而起，甚有以使署房屋繪爲圖畫者，亦有以此事標題特印大字告白，兜銷報章者。使署門口自朝至於日中昃，聚衆至百數。英外部沙侯聞此消息即柬請参贊去，婉告曰：中英交犯約曾經前大臣議而未成，刻既無約可援。如解犯潛過英地，殊與公例不符，宜將孫文即日開釋。馬参贊諾諾連聲而退，急即回禀星使，不移時而外部總辦及巡捕頭果皆戾止，索領孫文。馬参贊遂將孫文放出，交該總辦及巡捕頭，由後門坐車而去，蓋避前門聚觀之衆也。是夜各報刻有孫文對答之辭殊形荒謬。據謂，鄧刺史告以擬將其裝入箱中運至船上，或先行毒死，解華戮屍。此蓋該犯臆造，藉以駭人聽聞也。西國久無此等刑法，見此數語益笑中國之教化毫無。十八日接總署覆電，内稱雇船解粤甚是。電欵六千餘鎊，即令滙豐撥解等因。惜其時孫文已爲英廷索去，無可挽回，當即據實電復。十九日仙舟接短工洋僕查耳來信，内言孫文起初幾次著伊送信，優給金錢。伊皆一律繳呈馬格里參贊，未得分毫獎賞。嗣孫復許酬英金五百鎊送一密信，並囑其事後離開使署隨孫度日。故伊甘冒不法，以洋信密報孫文坎特立（即康得黎）、門森兩英醫。兩英醫因即在外設法派人伺守，並報外部及巡捕房。各報聞之遂亦附和作不平鳴，致貴署不能不將孫文釋放，曷勝悵悵。馬參贊當時恫嚇，謂如有走漏風聲當送官嚴辦。予是以照實供明，聽候懲治云云。仙舟司馬以此信示馬參贊，馬參贊無計可施，徒形憒憒。各報議論紛如，痛斥馬參贊及中國使署者又數日，而孫則致函日報，遍謝英廷、英報、英民，文過飾非，傾動衆聽。英國議紳之不明事理者且舉以詰責政府，擬請轉令使館不得再用馬格里。幸沙講相顧全大體，片言解紛，星使又無所聞見，得以怡然養疴。更幸外部允照星憲照會中所請各節，移知香港總督，嚴查不法，以戢亂謀而杜後患。即日由星憲諮報總署，此案遂結。然傳遞密信之奸僕以孫文所酬止有英金二十五磅控諸刑司，又不得直，至今迄不甘服。孫逆亦以港督懸有厲禁不敢回華以身試法，故輾轉竄匿，溷迹東瀛。而我中國東南半壁即藉此得以謐安，則我星憲龔公之一紙公文保全者誠大而遠哉。粤民有知，尚其鑄像以祝也可。時光緒二十五年八月，嘉定吴宗濂追識於漢皋鐵路局之牟隱廬。”

吴挹青先生雖詞氣不大客套，然知孫文回華，東南半壁不得謐安，不可不謂能識英雄於未遇時。我們在公園社稷壇大殿見龔仙舟先生代段執政對殭卧之孫文一鞠躬，再鞠躬，三鞠躬。想見其得意，然畢竟吏部尚書變了内務總長，頭銜不華貴了許多。還是孫文作祟，一笑。

先生見釋後，即客居英倫。

是年國内在四五月間康有爲歆動了張之洞，立起一個强學會。然因發刊一《强學報》，上題孔子降生二千幾百幾十年。張之洞駭得屁滚尿流，連夜禁止發行。七月康之弟子梁啓超、麥孟華、徐勤等始出《時務報》雜誌於上海，時人大歡迎。梁啓超之名始叫國人認識。

丁酉　清光緒二十三年，西一八九七，三十二歲。

先生仍居英倫。

梁啓超之《時務報》益風行於時，尤令時人愛讀者，末附李維格所譯之福爾摩斯包探案，莫不詫爲新奇。

是年北洋學堂已開。總辦王修值，一通品之翰林，與候補道嚴復、孫寶琦等在天津侯家後妓寮妓榻上縱談太西學問及時事，其後杭州夏曾佑亦在津主育才學堂，語嚴復等以周秦學術，嚴復遂譯赫胥黎《天演論》，作《國聞雜誌》登之，與《時務報》南北相應。國中所謂維新黨者因而日多一日。是年秋間上海亦開南洋公學（其時名師範學堂），張敔甫作“警警警”歌，俾師生朔望謁孔歌之，亦群目爲怪。

冬間康有爲忽潛入北京運動，朝士略有往還者，而多數皆詫爲妖異。予在天津北洋學堂教國文，十二月十七日年假入京，曾偕廉南湖、陶欣皆同至米市胡同南海館與康談話。論當除三害：八股、洋烟、小脚。然自此以後直至於今，予未與康氏遇見一次。可笑章炳麟之《章氏文鈔》中亂説我曾拜康爲師，大約章之年事太少，與世人相見又晚，彼在丁酉間尚非師康不可，故疑人必師康也。時人知章之名已在庚子年。據彼自説，言在《時務報》館曾揮拳擊梁啓超一掌，所以中山先生死後，段祺瑞在國務會議席上欲認孫文有提倡革命之功，席上有人偏説提倡革命章太炎還早。然今細按年月日，中山先生乙未舉事，丙申拘入英使館，其時章太炎者何在乎？

戊戌　清光緒二十四年，西一八九八，三十三歲。

先生仍居英倫。

是年爲康梁大出風頭之年，即有名之戊戌政變是也。予四月前在天津尚聞康有爲將被逐。予則因學生罵皇帝爲公奴僕，不善其説，遂南下至南洋公學爲學長。六月忽在報紙每早見維新之上諭雪片而下。事後聞同時將禮部六堂官革職之上諭，乃康有爲在南海館用客人名片在反面寫好遞入。光緒照抄，後被西后在光緒處檢得，故憤怒尤甚。禮部尚書懷塔布即居現時東廠胡同黎元洪之宅，其母係西后長親，入宫作膚受之愬。西后遂重新聽政，戮譚嗣同等六人。八月新政告畢，梁啓超逃日本，作《清議報》駡西后。康有爲遂去南洋，立保皇黨。然“保中國，不保大清”。又自誇華僑信從之衆，乃言“雖無土地，却有人民”，决不及現在之忠貞也。

是年冬北洋學堂派六人，南洋公學與廣方言館亦各六人，湖北武備學堂又派若干人皆去日本，日本有中國留學生自此始。歐美除華僑與使館偶有少數學生西去外，美之童生一百、歐之北洋水師學堂學生二三十人皆派於光緒初年。此時歐洲甚少學生在彼，故先生自傳亦云“兩年之中……時歐洲尚無留學生”也。

己亥　清光緒二十五年，西一八九九，三十四歲。

不知在去年之末，抑本年之初，因在英倫曠廢革命之時日，故往日本，始與犬養毅、宫崎寅藏等相見。其時日本雖有華僑萬餘人，附和排滿革命之説者止得百數十人。自傳云：“自乙未初敗以至於庚子，此五年之間實爲革命最艱難困苦之時代也。……適於其時有保皇黨發生，爲虎作倀。其反對革命、反對共和比之清廷爲尤甚。”今知先生所感痛苦，實無如當時之人心何，明明我輩亦皆直梁啓超而笑孫文，必至庚子以後乃覺悟也。但先生死時之情形仍如曩昔，反對之者，進步黨甚於北洋派，自己之國民黨尤甚於進步黨也。先生果“大砲”乎哉，抑所謂先覺歟，止能異日論定矣。

是年梁啓超之《清議報》，且用日本學生敲邊鼓，大吹大鬧，甚觸清廷之忌。

庚子　清光緒二十六年，西一九〇〇，三十五歲。

先生前四年至日本後即派陳少白、史堅如、鄭士良等至香港、長江等處活動。香港發刊《中國日報》，長江閩粤之會黨皆並合於興中會。

秋間北方義和團起後，先生擬入粵舉事。至香港不得登岸，謀從臺灣趨惠州，亦不可得。鄭士良在惠州稱兵，初甚得手，即有名之惠州大發動也。後以無援而敗，日本人山田良政等殉焉。旋史堅如在廣州謀用炸藥攻毀兩廣總督德壽之署，炸發不中被擒，爲南海縣官裴景福所殺。

去年除夕西后突命端王載漪之子立爲大阿哥（即太子），爲上海商人經元善等通電反對，未能即行廢立。故西后與端王皆恨新黨入骨，遷怒及於洋人。適有義和團以槍砲不能轟傷自誇，西后信之，決計使之扶清滅洋。七月攻圍東交民巷使館，遂引八國聯軍進京。西后母子遁西安，賠欵四百五十兆兩。盡毀東交民巷民居作爲使館界，才算免却瓜分。

義和團方起之時，八月初唐才常等至武昌舉事，爲張之洞所覺，擒殺多人，皆日本學生。安徽之大通秦力山等響應，亦不成。

嚴復避聯軍南下，至上海開保國會。開會之日，有人當衆忽翦去其髮辮，即所謂章炳麟是也。章爲時人所知始此。

辛丑　清光緒二十七年，西一九〇一，三十六歲。

先生居日本横濱。其時與梁啓超同爲失敗之人，故時時相見，然議論終不能合。惟自義和團一起，國人恨西后者日多，唐才常舉事被戮，史堅如炸官被殺，空前之惠州革命，亦爲世人所重。自傳云："當初次之失敗也（指乙未），舉國輿論莫不目予爲亂臣賊子，大逆不道，呪咀謾罵之聲不絶於耳……惟庚子失敗之後（指惠州），則鮮聞一般人之惡聲相加。"當時情形千真萬確。予三月去東京，五六月間鈕惕生偕吴禄貞、程家檉去横濱晤先生。我雖未以爲甚合，却認見見亦不妨矣。及聞惕生言彼氣度如何之好，我始驚異。

是年梁啓超另刊《新民叢報》。

冬間陶模欲設廣東大學堂及武備學堂。予與惕生同去粵，代草章程。其時胡展堂方爲《嶺南報》主筆，爲述史堅如如何烈死，同深太息，彼亦未與先生相遇也。

壬寅　清光緒二十八年，西一九〇二，三十七歲。

先生在日本。

五月留學生入東京使館與公使蔡鈞爭鬧，予與孫道毅以擾亂治安罪名被逐歸。十一月南洋公學全體罷學，另立愛國學社。

癸卯　清光緒二十九年，西一九〇三，三十八歲。

先生從日本至安南。

上海愛國社教員學生始於正月間在張園演説革命。予與蔡孑民、徐競吾等屢被巡捕房傳詢，惟每次皆言儻不藏軍火，必予保護，不聽華官捕人。然至閏五月傳章炳麟等去，遂不釋。章後在看守所函囑鄒容、龍積之到案，亦被繫。最後雖未交華官，却分别禁西牢兩三年，時人所知之《蘇報》案是也。其實《蘇報》實際之主筆則爲今日司法兼教育總長之章行嚴先生。自傳言："在上海則有章太炎、吴稚暉、鄒容等借《蘇報》以鼓吹革命。"實未盡合，其事當别有記載，今不孱説。

甲辰　清光緒三十年，西一九〇四，三十九歲。

先生又從安南去日本，旋赴檀島美洲，且去歐洲。

自傳云："自惠州失敗後，……舉義者在粤則有李紀堂、洪全福之事，在湘則有黄克强、馬福益之事。"李洪之事吾不知其確期，馬福益則被殺在本年也。

乙巳　清光緒三十一年，西一九〇五，四十歲。

先生至歐洲。自傳云："乙巳春間，今重至歐洲，則其地之留學生已多數贊成革命。蓋彼輩皆新從内地或日本來歐，近一二年已深受革命之思潮之陶冶，已漸由言論而達至實行矣（歐洲再有學生自一九〇二始，恒於一九〇三之八月至英，英止有南洋公學學生數人。聞法、比、德皆有湖北張之洞之學生派往）。因於是乃揭櫫吾生平所懷抱之三民主義、五權憲法以號召之，而組織革命團體焉。於是開第一會於北京，加盟者三十餘人。開第二會於柏林，加盟者二十餘人。開第三會於巴黎，加盟者亦十餘人。"按自傳雖接叙東京之同盟會爲第四會，然在歐所集之三會其名仍爲興中會也。集此三會時有一小小佳話，即在柏林之十余人中有王發科者湖北學生，彼加盟於中山先生之興中會後，有一滿洲學生告之曰，我將通信内國撤汝之官費，取汝之性命。王大窘，允私隨先生至巴黎設法，至巴黎後尋同鄉學生湯薌銘相商。湯亦新加盟，聞之色沮，遂偕王共候於先生所居之旅館外。伺先生出門，以朋友名義直入先生之房，刨其皮包取加盟之名册出，共趨駐法使館，向公使孫寶琦涕泣自承。孫時號開通，乃不直湯王所爲，且恐又生倫敦使館之同樣笑話也。揮湯王使起立，斥之曰，速返名册於孫文，否則我當先撤爾等之官費，遲或孫文亦訴法警，將逮汝等。湯王大悟，急返先生寓，又涕泣自承刨包，先生温言慰之。後南京政府成立，先生反以海軍次長任湯，冀其不搗亂也。先生由法赴英，彼訪我寓所，爲我與中山先生相見之始（已載《猛進》第三期中，惟作彼文時誤記年月爲甲辰一九〇四）。彼雖介紹我同去康得黎家吃飯，殷殷相待，我亦口談革命，然彼未欲我加盟，且知英國學生亦無可加盟者。先生蓋灼見我等程度未到也。

夏間道美去日本。其秋則空前之同盟會遂出現於東京。自傳云："及乙巳之秋，集合全國之英俊而成立革命同盟會於東京之日，吾始信革命大業可及身而成矣。"想見先生之滿意，於是空前之革命報所謂《民報》亦出世。《民報》最有名之人物即汪精衛、胡漢民是也。胡於一九〇三以速成師範入東京宏文學院，汪則又後一二年，由官派至東京習法政。當革命未成功，人皆以多盡義務爲尚，故當時汪胡以少數人獨向先生多盡力。人豔稱相得之益彰，以爲學生無先生不醒，先生無汪胡不盛。迨略有基礎，實則革命尚未成功，而權利義務已夾雜縈繞。雖仍以舊同志盡向來之義務，亦有少數包圍之嫌矣。此所以古今之革命多敗於垂成也，然反言之，以"共患難易，共富貴難"之原理播弄於人間。反革命派之容易倒敗，亦幸而其同惡之程度也不堅强，所以少積時日即倒敗隨之。有如昔之津呀保呀、今之安呀福呀，皆互相水火，足令他人流連慨嘆，同一理也。

當日先生在倫敦不與予言加盟之事，想見予之頭巾氣足以隱拒先生於千里之外。予之入同盟會也在是年之冬，由曹亞伯自東京來向予提議，出盟書見示，有“當天發誓……平均地權”等語。予大笑且作惡，揚言曰，我輩革命則革命耳，豈亦學康有爲造作富有票之所爲？忽同座孫鴻哲徐冷語曰：“我不入地獄，誰入地獄？先生亦聞其説乎?”予已先書此盟書矣，恒聞言大詫，頓即大悟。立書盟詞一紙給曹君，自此乃打破紳士式之觀念。至今竊笑梁啓超等之狼狽周章，無他，皆頭巾誤之而已。予今爲此言者，正因興中會、同盟會印刷兩件，粗讀皆不甚高明，故不恤開罪許多朋友，亦欲讀者勿草草看過而已。先生年系亦暫止於此，因予作年系僅欲爲興中會、同盟會兩印刷物説其當時環境之因緣，非敢草率爲先生作年譜也。錯誤之處甚多，幸知者正之。

附録二：

興中會及同盟會宣言

中國積弱，至今極矣。上則因循苟且、粉飾虛張，下則蒙昧無知、鮮能遠慮。堂堂華國不恥於列强，濟濟衣冠被輕於異族。有志之士能不痛心？夫以四百兆人民之衆、數萬里土地之饒，本可發憤爲雄，無敵於天下，乃以政治不修、綱維敗壞；朝廷則鬻爵賣官、公然賄賂；官府則剥民括地、暴過虎狼；盗賊横行、饑饉交集、哀鴻遍野、民不聊生。嗚呼慘矣！方今强鄰環列、虎視鷹瞵，久垂涎吾中華五金之富、物産之多。蠶食鯨吞，已見效於接踵，瓜分豆剖，實堪慮於目前。嗚呼危哉！有心人不禁大聲疾呼，拯斯民於水火，扶大厦之將傾，庶我子子孫孫或免奴隸他族。用特集志士以興中，協賢豪而共濟，切仰諸同志，盡自勉旃。

興中會章程

一、會名宜正也。本會名曰興中會，總會設在中國，分會設各地。

二、本旨宜明也。本會之設，專爲聯絡中外有志華人講求富强之學，以振興中華、維持團體起見。蓋中國今日政治日非、綱維日壞，强鄰輕侮百姓。其原因皆由衆心不一，只圖目前之私，不顧長久大局。不思中國一旦爲人分裂，則子子孫孫世爲奴隸，身家性命且不保。急莫急於此，私莫私於此。而舉國憒憒，無人悟之、無人挽之，此禍豈能倖免？倘不及早維持、乘時發憤，則數千年聲名文物之邦、累世代冠裳禮義之族，從以淪亡，由兹泯滅，是誰之咎？識時賢者能無責乎？故特聯結四方賢才志士，切實講求富國强兵之學，化民成俗之經，力爲推廣。曉諭愚蒙，使舉國之人皆能通曉。聯智愚爲一心，合遐邇爲一德，群策群力，投大遺艱，則中國雖危，庶可救挽。所謂民爲邦本，本固邦寧也。

三、志向宜定也。本會擬辦之事務須利國益民者方能行之，如設報館以開風氣、立學校以育人才、興大利以厚民生、除積弊以培國脈等，皆唯力是視，逐漸舉行，以期上匡國家以臻隆治，下維黎庶以絶苛殘，必使吾中國四百兆生民各得其所方爲滿志。倘有藉端舞弊、結黨行私或畛域互分、彼此歧視，皆非本會志向。宜痛絶之以昭大公，而杜流弊。

四、人員宜得也。本會按年公舉辦理人員一次，務擇品學兼優、才能通達者。推一人爲總辦，一人爲幫辦，一人爲管庫，一人司華文之案，一人司洋文之案，十人爲董事，以司會中事務。凡舉辦一事必齊集會員五人，董事十人，公議妥善，然後施行。

五、交友宜擇也。本會收接會友務由舊會友二人薦引，經董事察其心地光明，確具忠義，有心愛戴中國，肯爲其父母邦竭力維持中國，以臻强盛之地，然後由董事帶之入會。必要當衆自承其甘願入會，一心一德，矢信矢忠，共挽中國危局，樂填名册，並即繳會底銀五元。由總會發給憑照收執以昭信守，是爲會友。若各處支會，則由該處會員暫發收條，俟將會底銀繳報總會，取到憑照然後交换。

六、支會宜廣也。四方有志之士皆可仿照章程隨處自行立會，惟不能在一處地方分立兩會。無論會友多至幾何，皆須合而爲一，又凡每處新立一會，至少須有會友十五人方算成會。其成會之初，所有繳底領照各事必須託附近老會代爲轉達總會，待總會給照認妥，然後該支會方能與總會互通消息。

七、人才宜集也。本會需材孔亟，會友散處四方，自當隨時隨地物色賢材。無論中外人士，倘有心益世，肯爲中國盡力，皆得收於會中。待將來用人，各會可修書薦至總會，以資臂助，故今日謹爲搜集，乃各會之職司也。

八、欵項宜籌也。本會所理各事，事體重大，需欵浩繁，故特設銀會以資鉅集，用濟公家之急兼爲股友生財捷徑，一舉兩得，誠善舉也。各會友好義急公，自能惟力是視，集腋成裘，以助一臂，兹將辦法節略於後。每股科銀十員，認一股至萬股皆隨所便。所科股銀由各處總辦管庫代收，發給收條據，將銀暫存銀行，待總會收股時即彙寄至總會收入，給發銀會股票，由各處總辦换交各友收存。開會之日，每股可收回本利百元。此於公私皆有裨益，各友咸具愛國之誠，當踴躍從事。比之捐頂子、買翎枝有去無還、洵隔天壤，且十可圖百、萬可圖億，利莫大焉，機不可失也。

九、公所宜設也。各處支會當設一公所，爲會員辦公之處及使各友時到叙談，講求興中良法，討論當今時事，考究各國政治，各抒己見，互勉進益。不得在此博弈游戲，暨行一切無益之事。其經費由會友按數捐支。

十、變通宜善也。以上各欵爲本會開辦之大綱，各處支會自當仿照辦理。至於詳細節目各有所宜，各會支會可隨地變通，别立規條，務盡妥善。

同盟會軍政府之宣言

天運歲次年月日中華國民軍都督奉軍政府命，以軍政府之宗旨及條理布告國民。今者國民軍起立軍政府，滌二百六十年之膻腥，復四千年之祖國，謀四萬萬人之福祉。此不獨軍政府責無旁貸，凡我國民皆當引爲己責者也。維我中國開國以來，以中國人治中國，雖間有異族篡據，我祖我宗常能驅除光復，以貽後人。今漢人倡率義師、殄除胡虜，此爲上繼先人遺烈，大義所在，凡我漢人當無不曉然。惟前代革命，如有明及太平天國祇以驅除光復自任，此外無所轉移。我等今日與前代殊，於驅除韃虜、恢復中華之外，國體民生尚當變更。雖經緯萬端，要其一貫之精神則爲自由、平等、博愛。故前代爲英雄革命，今日爲國民革命。所謂國民革命者，一國之人皆有自由、平等、博愛之精神，即皆負革命之責任，軍政府特爲其機關而已。自今以往，國民之責任即軍政府之責任，軍政府之功即國民之功。軍政府與國民同心戮力，以盡責任。用特披露腹心，以今日革命之大經暨將來治國之大本布告天下。

一、驅除韃虜。今之滿洲本塞外東胡，昔在明朝屢爲邊患，後中國多事，長驅入關，滅我中國，迫我漢人爲其奴隸，有不從者殺戮億萬。我漢人爲亡國之民者二百六十年於斯。滿洲政府窮凶極惡，今已貫盈。義師所指，覆彼政府、還我主權。其滿洲漢軍人等如悔悟來降者免其罪，敢有抵抗，殺無赦。漢人有爲滿奴作漢奸者亦如之。

二、恢復中華。中國者，中國人之中國。中國之政治，中國人任之。驅除韃虜之後，光復我民族的國家，敢有爲石敬塘、吴三桂之所爲者，天下共擊之。

三、建立民國。今者由平等革命以建立民國政府，凡爲國民皆平等，皆有參政權。大總統由國民公舉，議會以國民公舉之議員構成之。制定中華民國憲法，人人共守，敢有帝制自爲者，天下共擊之。

四、平均地權。文明之福祉，國民平等以享之。當改良社會經濟組織、核定天下地價，其現有之地價仍屬原主。所有其革命後社會改良進步之增價則歸於國家，爲國民所共用，肇造社會的國家。俾家給人足，四海之内無一夫不獲其所，敢有壟斷以制國民之生命者，與衆棄之。

右四綱，其處分之序則分三期。第一期爲軍法之治。義師既起，各地反正。土地人民新脱滿洲之羈絆，臨敵者宜同仇敵愾。内輯族人，外禦寇仇。軍隊與人民同受治於軍法之下，軍隊爲人民戮力破敵，人民供軍隊之需要及不妨其安寧。既破敵者及未破敵之地方行政，軍政府總攝之。以次掃除積弊政治之害，如政府之壓制、官吏之貪婪、差役之勒索、刑罰之殘酷、抽捐之横暴、辮髮之屈辱，與滿洲勢力同時斬絶。風俗之害，如奴婢之畜養、纏足之殘忍、鴉片之流毒、風水之阻害亦一切禁止。每一縣以三年爲限，其未及三年已有成效者皆解軍法、布約法。第二期爲約法之治。每縣既解軍法之後，軍政府以地方自治權歸之其地之人民，地方議會議員及地方行政官皆由人民選舉。凡軍政府於對於人民之權利義務，及人民對於政府之權利義務悉規定於約法。軍政府與地方議會及人民皆循守之，有違法者，負其責任，以天下定後六年爲限，始解約法，布憲法。第三期爲憲法之治。全國行約法六年後制定憲法，軍政府解兵權、行政權，國民公舉大總統及公舉議員以組織國會，一國之政事依憲法中行之。此三期，第一期爲軍政府督率國民掃除舊污之時代；第二期爲軍政府授地方自治權於人民，而自總攬國事之時代；第三期爲軍政府解除權柄，憲法上國家機關分掌國事之時代。俾我國民循序以進，養成自由平等之資格，中華民國之根本胥於是乎在焉。

以上爲綱有四，其序有三。軍政府爲國戮力，矢信矢忠，終始不渝，尤深信我國民必須踔厲堅忍，共成大業。漢族神靈久耀於四海，比遭邦家多難，困苦百折。今際光復時代，祈人人各發揚其精神，我漢人同爲軒轅之子孫，國人相視皆伯叔兄弟諸姑姊妹，一切平等，無有貴賤之差、貧富之別，休戚與共，患難相救，同心同德，以衛國保種自任。戰士不愛其命，閭閻不惜其力，即革命可成、令政可立，願我四萬萬人共勉之。

孫逸仙出倫敦清使館後，親致一書於香港道濟會長老區鳳墀。時清廷大興黨獄，凡與革命黨通者莫不羅織之。故本函首尾未署名，殆防株連也。又自著英文書一册，名曰“*Sun Yat Sen Kidnaped in London*”，書中歷叙囚禁顛末並略表謝忱。辭別英國再至日本，時光緒二十三年也。是時日本宫崎寅藏及民藏、可兒長一、平山周數人因犬養毅之推舉，以調查民黨游中國，實則日本自有秘密運動。道經上海至香港，聞孫由英之利物浦返日本，宫崎等即束裝返國，訪孫於横濱逆旅，握手言歡。當時日本尚爲租界制度，不許外人雜居内地。數人以聘華語教習爲名得引孫居租界外，復因犬養、平岡二氏之庇護，孫得獨與平山周僑居東京之麹町，後復遷至早稻田。

明年秋，宫崎及平山復欲聯絡中國各省志士再游中國，遷孫寓於横濱。二人抵上海即分向南北，宫崎向香港，平山向北京。平山過煙臺，遇畢永年，因偕入北京，又結納山田良政。會戊戌政變，康有爲遁香港，梁啓超逃塘沽。日本平山、山田及小村俊三郎、野口多内等偕梁至横濱。後五日，宫崎亦偕康自香港至。平山欲調和孫與康、梁。因勸孫訪之，康、梁匿不見。

既而畢永年至東京，唐才常因晤康，亦至東京。是時康欲煽動哥老會謀恢復政權，使唐返兩湖。平山氏則以爲革命軍欲起事必四方並起，謀緩其事，遂偕畢同來中國。過漢口時遇林述唐，因偕游長沙、瀏陽、衡州各地，晤哥老會頭目李雲彪、楊鴻鈞、張堯卿、李堃山諸人，並與言孫逸仙之爲人，欲孫與哥老會連絡也。後平山回日，適菲立濱事起。孫欲援助菲律濱獨立，卒無成。

至光緒二十五年，畢永年偕湖南哥老會頭目七人抵香港，與三合會頭目及興中會領袖晤，相約組織興漢會，推孫爲首領，推陳少白爲龍頭之龍頭。後畢與哥老會之徒不和，適康有爲由美國至香港，哥老會徒欲利用康之資財，畢則不忍而去。畢去後，康復招致平山，卒無成。

光緒二十六年，康離日本至新嘉坡，唐才常在上海設東文社。會庚子義和拳起事，各國聯軍入北京，孫文謀再起革命軍，同志日人亦竭力謀孫唐之結合。然康獨在港，康徒中無可與言者。忽廣東劉學詢致孫一書，大致謂兩廣總督李鴻章欲因足下謀廣東之獨立，惟所最惡者惟康有爲，足下如得壯士暗殺之，大事即成，請速來廣東可也。孫明知誘己，亦將計就計。先偕日本諸同志至香港，既抵港，李鴻章遣一砲艦迎之。孫恐中其計，令日人宫崎等至廣東與劉學詢議，而自向柴棍。是時康在新嘉坡，劉乃先付三萬元，待宫崎及孫等至新嘉坡再送三萬元。實則孫欲因以與康連合，無如横濱康黨探知孫、劉之交涉，未究其實，以爲孫真欲殺康也，特電康令預防之。宫崎等既至新嘉坡求見，康匿不見，並告新嘉坡市政廳，謂日本到有刺客，故派警兵捕二日人投之獄。獄起而孫至，出二人，而孫、康亦終難合作。

初康之在廣東也頗主共和政體，未幾一變而組織强學會，提倡變法自强。强學會被禁，復組織保國會，志在助清廷行新政。適光緒親政，被不次之擢，一躍而爲總理衙門章京。事敗後仍感恩知遇，雖流寓海外，不忘光緒。於是設保皇會，謀復光緒政權。孫則反對之，專主共和，傾覆異族。故兩派政見遂如冰炭。

既而孫等自新嘉坡抵香港，香港英人預接新嘉坡之密電，防範極嚴，禁孫登岸。於是即舟中議事，遣鄭弼臣舉義旗於惠州，平山、山田等佐之。是時畢亦在香港，改名普航，則令操縱哥老會，一面復致請願書於香港總督。書中大意要求英人贊助，所宣布各條：（一）遷都於適中之地；（二）於都内立一中央政府以總其成，於各省立一自治政府以資分理；（三）公權利於天下；（四）增添文武官俸；（五）平其政刑；（六）變科舉爲專門之學。

在孫之意，蓋欲因港督實行劉學詢前議，乃孫友某忽傳港督意，謂："港督曾自説李鴻章提議兩廣獨立，任足下以行新政。李頗然其説，大有更新之志。惟此次義和團之亂，外交糾紛，清廷促李北上，李不得已定於即日啓行。港督現正擬止其行，設李竟幡然變計，或得與足下共聚一堂，未可知也。”

後李竟北上，孫再渡日。無何，孫更至上海。居一日，適漢口唐才常事破，容閎、容星橋等均逃至上海。表面設東文社於上海，實則陰創中國獨立協會，以康、梁爲海外運動員，容閎任外交，沈克誠任内政，狄平子任財政。林述唐任漢口事件，哥老會李和生附益之，並連絡湖南哥老會馬福益、鎮江青紅幫徐寶山，别有香港歸來之哥老會李雲彪、楊鴻鈞號令長江一帶爲策應，廣發富有票，昌言揚子江沿岸之哥老會將於漢口起事，然黨徒意見不一。李楊二人先離異，辜鴻恩則發貴爲票，李和生則發回天票，各自爲謀。及漢口機謀一洩，唐林等被捕，而傅良弼（字致祥）、黎科諸人同被難。長江一帶異常戒嚴，孫於上海亦不能有所舉動。惟吴禄貞與秦力山借大通王文豹之兄所統巡防營之兵，與清兵一戰而遁往上海租界，復返日本士官學校。孫再至日本，由長崎折回臺灣，欲在臺灣與惠州連絡。因偕平山寓臺北新起街，通電惠州革命軍向澳門進展。六七日後，忽日本政府下逐革命黨之令，孫於是離臺灣。

初，鄭弼臣之起革命於惠州也，壯士群集大鵬灣之三州田山寨，静以待命，乃舉事之期一再遷延。風説傳至廣州省城，兩廣總督德壽，滿人，派兵深圳淡水以備之。已而清兵進至沙灣，將攻三州田之山寨，於是革命軍乘夜襲擊清兵二百潰走。會孫有電命因取道東北向澳門，破敵佛山坳，擒清將杜鳳梧，奪獲洋槍七百枝。是時投效者之多，幾及五千，然肩槍者僅千餘人，餘皆持竹槍戈矛以從。進至永湖，破敵五千。提督劉萬負傷，奪獲洋槍五六百枝，子彈萬顆。復進攻至白芒花，同志投效者益多，約萬餘人。再進至崩崗，與清兵七千隔河而陣，交戰徹夜，擊走之。正擬向三多祝進攻，至梅林，忽自香港傳孫電命，謂形勢一變，外援難期，到澳門後恐無接濟之途，軍事乞司令自決進止。於是鄭留肩槍之兵千餘人，餘則概行解散，隱以休軍。清軍探知之，猛加追擊，卒全軍潰散。方惠州革命軍之未潰散也，有同志史堅如謀牽制，潛人廣東省垣炸總督衙門，斃官吏二十餘人。德壽未死，史堅如親往視察，爲巡捕所擒。總督得之大喜，欲刑訊逼供革命黨之内容及同志諸人之姓氏。史堅不吐實，從容就義。惠州革命軍潰散後，兩廣總督購緝首謀。翌年鄭、陳二人皆病死，畢人羅浮山出家，惟楊飛鴻在香港爲英文私塾教習。一日正授課，忽來一刺客以手槍擊之。楊將手中書籍擲刺客，卒被彈死。此惠州一役最後之悲劇也。義和團而後，中國受辱太重。國内稍興教育，留日學生亦漸衆，孫欲乘此注入革命主義於留學生中。

浙人章炳麟，字太炎，游日本，亦鼓吹民族革命主義。湘人秦力山亦開中國亡國紀念會以激發之，但其會爲清使蔡鈞借日警之力禁止。此後留學生提倡革命者益多，如陳天華、楊毓麟等鼓吹最力，人數亦漸衆，而内地革命失敗之徒爲黄興、宋教仁、張繼等紛紛集合。會孫由歐美游歷復歸横濱，遂爲黄興等迎入東京，組織中國同盟會。舉孫爲首領，發《民報》月刊，以爲革命黨輿論之機關，陳少白發行《中國日報》於香港。

史公坚如遗像

史堅如，廣東人。年少有大志，抱種族革命主義，百折不回。惠州之役，史君埋炸彈於廣州清總督公署之地底，由署旁租民房挖地洞而入。彈炸之日，督署房屋炸毁數間，而清督德壽毫無所損。史君親往偵察，爲漢奸所捕，被殺。

第六章　歐洲學生之革命潮

予自香港啓行，船行五日即抵新嘉坡。孫文先抵新嘉坡三月，住張永福、程楚楠所安排之一洋樓。予與張繼謁之，快甚，並寫介紹書數通與予之同學留學巴黎者，胡秉柯、魏宸組、李藩昌、王鴻猷、石鴻翥等。又寫一介紹書於留英之林行規，因林曾與孫同船相識也。

予與孫别後，張繼則往爪哇，予歸舟行。臨行，張繼贈予新嘉坡紙幣四十元。予偕中田主教過錫蘭，越紅海，經地中海安抵法之馬塞，换火車至加黎。過巴黎時停留一日，訪胡秉柯、魏宸組之寄寓。適李藩昌、王鴻猷亦在巴黎，相見極慰，招待予與中田主教入浴並晚膳，晚間登車至加黎。過英國海峽，遇大風，全船搭客俱吐。清晨抵杜蛙，登車至倫敦黎發坡車站，旋偕中田主教同寓於倫敦西南角之友人家焉。

予抵倫敦後即與巴黎同學通信，而巴黎同學胡、魏等已通知留德、法、比之各同志，一致勸予留學倫敦，諸同志擔任學費。汪大燮任駐英公使，亦暗補予爲使署津貼學生。於是與中田主教分别，中田主教自倫敦渡美募資，以擴充東洋宣教會之事業。予則留學倫敦，仍爲中國革命之運動。

丙午夏，歐洲留學生監督吴一清聽王鴻猷、賀子才等之請求，曾電兩湖總督張之洞，代請補予官費以學海軍。得張之洞覆電云："該生曹亞伯前在湘省充當教習，宗旨悖謬。去歲留東風潮，該生主使强有力，性情尤屬乖張，所請萬不能允。且海軍一節尤非外省督撫所能主持，暫無庸議。"但官費雖未補，而留歐同志之扶助固按月寄款。先是孫逸仙在巴黎時與魏宸組、胡秉柯，留德之朱和中、賓步程，留比之王鴻猷、賀子才、黄大偉、劉文貞等，共七十餘人組織一興中會，各簽名單交孫。而湯薌銘、王發科、王相楚、向國華四人忽生異，由湯薌銘主謀，同至孫逸仙所寓巴黎旅舍竊割孫之皮包，將名單七十餘張持至駐巴黎清使孫寶琦前告密。孫寶琦見此名單，令一一寄還。而告密之四人亦失意而返，孫文並不之知也。自經此變，留歐團體另組織一公民黨以維繫之。同志助予學費，公民黨亦在其内也。丙午夏，王鴻猷、石鴻翥來倫敦，吴稚暉亦由蘇格蘭至，孫鴻哲亦來吴稚暉寓。予偕王鴻猷訪之，比請吴、孫二人入同盟會矣。是年夏再游巴黎，而石瑛亦加入同盟會矣。巴黎同志張人傑（字静江）、李石曾組織一週刊，名《新世紀》，聘吴稚暉主筆政，予亦按期投稿。自是留歐學生中革命主義亦普及矣，不久馬君武、張繼、蔡元培、褚民誼輩亦齊至焉。

第七章　武昌日知會之破案

予至倫敦數月後，聞因反對日本取締留學生規則返滬、倡辦中國公學之姚宏業亦因國事憤激，投黄浦死，遺有絶命書於世。而劉敬安之在武昌則努力散布其絶命書及一切革命書報於軍學紳商各界，藉以廣播革命種子。俾我漢族不爲異族政府之專制所愚，宗教機關固以德育、智育爲救世之先鋒，而耶教宣傳之法尤爲適合時宜。故劉敬安得於日知會勤奮宣傳，不遺餘力，血誠所感，有情皆應。

丙午春，胡厚齋牧師自九江至武昌聽劉敬安在日知會之演講，大受感動，亦於返九江後設一開化閲書報室，邀李獻彬、查冠英、陳義山、楊器之、劉慶雲相助，並請九江紳商開會於新安會館，議開辦書報室之法。蒙一致贊成，捐助欵項買各種新書新報於開化閲書報室。武昌日知會劉敬安所暗散之各種革命書籍亦漸分布於九江，故九江軍學兩界及紳商有志之士與海關人員受書報之益而密謀革命者亦日多，並附設平民學校，日夜授課以開風氣。自此開化閲書報室之革命宣傳發起後，影響漸達於南昌。而黄茂才復奇，字大可，曾留學東京，見此公益，更加提倡，將其所居房産捐爲開化閲書報室之基業。其親房反對，彼則懸一字條於門，謂此屋已捐與開化閲書報社管業。如有阻撓之者，余當變厲鬼以擊其腦云云，此知書報感人之深也。世之頑梗不化、腐舊自甘，而與新世界爲仇者究非其罪，實其有所不知也。焉得劉敬安化身千百萬，使舊腐之人物一一覺悟哉。敬安作事最機密而沈静，與日知會幹部諸同志常開會議，秘授宣傳革命之方法，設印刷革命機關於黄州。凡運動革命之出版品皆使黄州殷子衡、吴之銓廣爲印送，學界則易於散播，兵士則傳播頗難。每於夜間或兵士出勤之時，由營中同志秘置革命小册子於各兵士之床，更介紹同志入營以求普及。各兵士每每讀《猛回頭》、《警世鐘》

諸書即奉爲至寶，秘藏不露，思想言論漸漸改良。有時退伍，散至民間，則用爲歌本。遍行歌唱，其效力之大不可言喻。而文學堂之青年亦時以偷看《猛回頭》爲樂，但大多數尚不知出自日知會之所散布也。

於是同志日多，日知會極形發達。每逢禮拜假期，至日知會閱書報者更多，兵士學生習以爲常，因而做禮拜作基督徒者亦不少。劉敬安擴充武昌日知會之成績，於法人歐吉羅未來演説之前，軍學兩界之入會者數約萬人。其每月捐欵之簿記於日知會破案時俱爲中西牧師輩焚去，而劉藩侯會長尚保留捐册一本。今抄出以誌盛，其原册字跡係劉敬安親筆也。

姓名：趙聽秋　住址：黄土坡武防三營内第一鎮砲兵一營三哨四棚　月捐三百文　九月起

盛中潢　月捐百文　八月起　百文收

魯士植　月捐百文　八月起　百文收

鄭作坤　月捐百文　八月起　百文收

范幼卿　月捐百文　八月起　百文收　九月　同收

金家欽　月捐百文　八月起　百文收

趙茂卿　月捐百文　八月起　百文收

劉紹材　月捐百文　八月起　百文收

張南山　月捐百文　八月起　百文收

朱克林　月捐百文　八月起　百文收

蔣□　良軒介紹　月捐三角　十月起　三角收

邢則寬　良軒介紹　月捐五角　十月起　五角收

熊元勳　良軒介紹　月捐五角　十月起　五角收

蕭石藩　南師範　月捐二百　十月　二百文收

袁銘勛　南師範　月捐百文　十月　一百文收

李國芳　南師範　月捐三百文　十月　三百文收

周進先　南師範　月捐百文　十月　百文收

黄文凱　南師範　月捐三百文　十月　三百文收

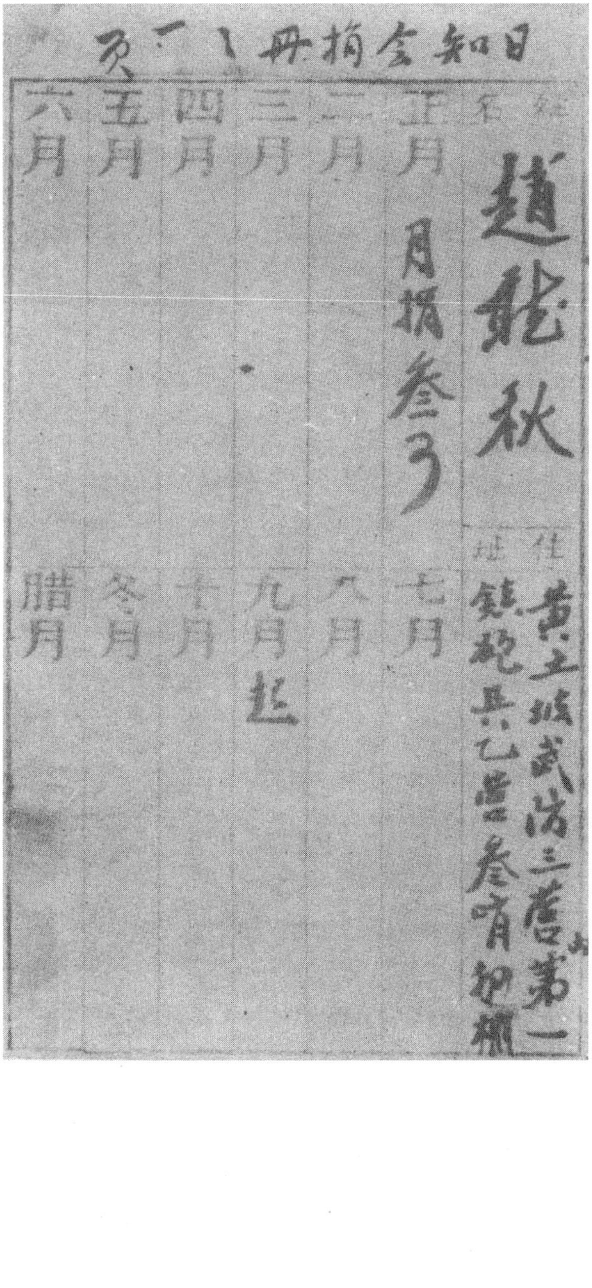
日知会捐册

姓名　趙龍秋

住址　黄土坡武防三营第一镇炮兵乙营叁哨

正月　月捐叁子

二月

三月

四月

五月

六月

七月

八月

九月起

十月

冬月

腊月

馮孝友	南師範	月捐二百文	十月	二百文收
陳道章	南師範	月捐一百文	十月	百文收
羅定邦	南師範	月捐一百文	十月	百文收
葛鄂屏	南師範	月捐一百文	十月	百文收
劉祖桊	南師範	月捐一百文	十月	百文收
劉治馴	南師範	月捐一百文	十月	百文收
舒仁敬	南師範	月捐一百文	十月	百文收
朱子篪	南小學	月捐一百文	十月	百文收

先是，與清廷不兩立之上海《蘇報》被封後，四川鄒容死於上海西牢，其所著《革命軍》一書甚有價值。而《蘇報》主筆之蔡元培、章士釗則避往日本，吴稚暉則避至英國，章炳麟（字枚叔，一號太炎）則自投案，拘禁三年。鄒容死不甚明，太炎文學甚優，尚不爲官僚所忌。出獄之期，東京《民報》社先派同志來滬歡迎，及出，即登日本船至東京《民報》社以主筆政。太炎抵《民報》社之日開會歡迎，到者甚衆。太炎發揮種族大義，轟動一時。

萍鄉、醴陵革命軍起，本日知會之密謀，主持最力者即易本羲，湖南湘鄉人。聲勢大振，同志歸國襄助者頗衆，江西、湖南、湖北三省震動。無如萍、醴偏僻之地，軍餉器械無所取材，烏合之師未經訓練，其氣雖壯，其力無援，加以江西、湖南兩省之新軍又無聯絡，數日無一響應。敵人來襲，朝發夕至，張之洞利用漢冶萍之小輪三十餘隻，運輸靈便，遂因衆寡不敵，革命軍旋即消滅。損失同志頗多，被捕而禁於長沙、武昌之監獄者亦衆。易本羲吐血數升而死。革命不發生於久練之軍，不得形勝之地以爲根據，未有不失敗者。自此失敗，清政府之暴力更形伸張。而武昌日知會之秘密運動不得不更加慎重。以劉敬安之鎮静，作事之機警，各同志之團結，雖外間稍有風聲，官場對於日知會暗中注意。但因教會機關僅學生、軍人閲書報之所，官場亦無隙可乘。

當時日知會分會密布於軍隊，尤以黄岡軍學界講習社爲重要。先是鄂中軍人與學子不相聯絡，軍界中只有少數志士陰投身於其間，以無結合之故不得大生影響。丙午春，日知會會員黄岡熊十力、熊飛宇、鍾大聲、邱介甫、馮群先、張海濤、張其亞、易介三、涂詰、童澍等始倡議聯合黄岡人之肄業武昌各學堂（如兩湖學堂、文普通學堂、武普通學堂、陸軍特别學堂及四路高等小學堂等）及在駐省充各軍兵役者組成黄岡軍學界講習社。每星期日爲大規模之集會演講，多根據孟子與王船山、黄宗羲諸家之説闡發民族、民權思想。而亡國之痛實爲人類最痛心之境，每每發揮無遺，又時援《周禮》倡地方自治之論。軍隊中則陰合十人爲一組，各組隨時私聚，而爲革命之計畫。又密結同志謀團體之擴張，更廣布宣傳文籍，如《民報》及《警世鐘》、《猛回頭》、《革命軍》、《孔孟心肝》諸書，幾於各軍兵士人手一本矣。初爲黄岡人之結合，迨成立半月以後則不分縣界，而廣結同氣，故其宣傳甚有力。蓋以外縣人而首先加入此團體居主幹之列者，則有荊門季雨霖、沔陽趙光華（起義時佐季雨霖收復荊襄大有功，元年病卒）、圻春郝可權（後在新疆伊犂間傳播革命思想甚力，辛亥舉義伊犂，爲伊犁軍政府之參謀總長）、鄂城徐叔淵（後在新疆伊犂間傳播革命有力）、圻水畢振英、孝感李實栗等。

是年清廷命南北軍會操於河南，熊十力欲乘機舉事，創議陰結荊襄巴蜀及河南秘密會黨，如洪門與哥老會等，使之發難於各地。清廷必遣軍隊往剿之，而軍中同志即可乘機以舉義旗，中原不難定也。時熊十力肄業武昌陸軍特别學堂，以此奔走軍中甚力，又嘗在同學中鼓動風潮。監督劉邦驥言之總兵張彪，彪立命混成協統領黎元洪捕之，陸軍特别學生皆就各營兵士挑選。熊十力故隸黎元洪部下，及黎元洪將捕十力，季雨霖時爲黎元洪部下督隊官，密白十力，得先遁。黎捕十力不得，懸賞五百金購其頭，時丙午夏四月也（熊十力，原名定中，字子真），而黄岡軍學界講習社亦由此封閉。因此團體本日知會之分會，自丙午春成立，即於是夏破壞，爲期不過三四月。然當時倡始諸人努力傳播革命思潮於軍隊，終有相當之成績。又此創辦諸人在當時皆青年朝氣，其後或以勞鬱早死；或因年事稍長而因循委靡，終於碌碌無所表見；或志大而厄於

鄒容先生遺像

鄒容，字慰丹，四川人。留學日本，大唱排滿革命，著有《革命軍》一書，歷數滿胡入關僭主中國二百數十年之罪惡。上海“蘇報案”發生，與章炳麟同投案，禁之西牢。監期將滿，暴病死。或謂由清吏賄西禁卒毒殺之。天地正氣，僅流露於《革命軍》書中。後世讀其書者，當知亡國之痛非人類所能忍受。益州多豪傑之士，鄒公其一也。

機運，不獲用其才；或因頓挫太多而捨棄事業，以專向於學術，要其當時一段之勞苦不可没也。

又，黄梅宛思演君亦日知會之忠實會員，乃革命之先覺，其對於湖北革命之功德頗大，而名不彰。被其陶冶者如詹大悲、何海鳴等反有名於時。宛思演年十五即有革命思想，始肄業武昌兩湖師範及黄州府中學即努力向同學宣傳。嘗傾其家産先後創辦《商務報》、《大江報》於漢口，而劉堯澂（武昌起義前一日被瑞澂所殺三烈士之一）、詹大悲等主筆政於其間。嘗爲各軍兵士登載軍官惡濁之事，以此益得軍士歡，而軍人遂無不樂入革命黨者，此辛亥之事所以易易也。詹大悲以此成名，而世乃不知詹大悲由宛思演之所陶成也（後詹大悲附和共産革命軍，被其後輩所殺，同時被殺者更有共産學者李漢俊）。

又，黄岡張統，字潤三，亦日知會之健將，年少投筆從戎，在軍中密謀革命頗久。（武昌起義時頗有勞績，時鄂軍政府用五權分立制，設總監察處，内分參議、稽查二部，張統爲稽查部務司長。北軍之下漢陽也，都督黎元洪遁退洪山，張統率同僚彈之，記黎元洪大過一次。南北和議成，張統逆料袁世凱必叛，心惡黎元洪附袁。日謀所以除之，黎元洪密電袁，下令通緝。癸丑三月，黎元洪捕殺張統於武昌江岸，投其尸江中。統無子，有妻改嫁北人。如是類者甚多，不忍詳記。）

湖北軍界隱藏各省之志士不乏濟世之才，如貴州之王憲章、河南之李濟川、廣東之許崇灝等，皆得與劉敬安同立大願，分途進行。而各省新軍中亦多有日知會會員插足其中，陰爲結合同志。湖北各縣之有新學知識者以及縉紳先生多暗助日知會之宣傳，其名雖不彰，其功自在天壤也。

先是孫逸仙托法國友人歐吉羅氏調查中國内地革命黨之組織，蓋歐吉羅由孫逸仙介紹至東京同盟會。是時東京同盟會重要分子皆分途奮鬥，散往各方。東京黨部僅屬宣傳機關，努力於《民報》之出版及各方之通訊而已。同盟會會員山西喬義生乃伴歐吉羅入中國内地游歷，兼作譯員，先游京津，次游長江，再游南服。丙午五月初四，歐吉羅自山東煙臺電武昌日知會劉敬安，謂定於五月初八日蒞鄂至貴會參觀。劉敬安即約同殷子衡、朱子龍、吴崑、季雨霖、馮特民、李亞東等預備歡迎。屆時法人歐吉羅果偕喬義生、鄧家彦至漢口，劉敬安自武昌高家巷日知會渡江至漢口迎之。行近漢口一碼頭，歐吉羅迎面而來。街上行人頗擁擠，歐吉羅忽問劉敬安曰，汝乃劉敬安先生乎？敬安答曰，汝即歐吉羅先生乎？握手言歡，親如兄弟。以素未謀面之交，相隔數萬里之客，言語不同，面貌迥異之友，邂逅相逢，彼此相識，豈真前世因緣乎。於是相率渡江至武昌高家巷日知會，時到會歡迎者，軍學兩界已數百人。會場亦布置整潔，彼此相見極歡。歐吉羅演説，朱作梅爲之翻譯，説法國革命之由、世界革命之勢，中國不能不革命之所以然，條理井然，人心大震。而會中學界軍界之青年聞之熱血怒潮，莫不奮興也。時巡警道馮啓鈞（字少竹，廣東人）派有密探在座，特別注意。會畢，攝影而散。適八月醴陵、萍鄉起義，勢甚洶湧，鄂中清吏遂注意於日知會。

是時高家巷聖公會會長胡蘭亭已赴日本東京青年會，主高家巷聖公會堂者乃劉藩侯會長。適長沙聖公會會長黄吉亭亦派往日本，劉藩侯即由吴德施主教調往長沙。而高家巷之會長即派余文卿，其子余日章乃日知會會員，素與馮啓鈞之同事朱通往來。朱通暗洩馮啓鈞捕拿日知會會員劉家運（即劉敬安）等之消息，余日章歸告其父余文卿。余文卿詢之劉敬安，謂萍醴案中牽連之劉家運是否君之别名，馮啓鈞捕之急。劉敬安隱約其詞，轉商之胡蘭亭會長之夫人。胡夫人命其甥某引劉敬安避往黄陂某鄉胡蘭亭之大姐家，而馮啓鈞派偵探日日至高家巷聖公會小學堂審問小學生。有一小學生謂前日有某學生請假回黄陂某鄉去矣，該偵探問汝知往某鄉乎？該生答曰有一親戚知之。於是介紹其親戚引馮啓鈞之兵往黄陂，適黄吉亭牧師自長沙渡日，經過武漢，知此案破，急與美人孟良佐會長謀救之之法。Rev. A. A. Gilman 孟良佐之先人固華盛頓離英獨立時之有功者，對於中國革命黨極表同情，願親往黄陂救劉敬安。其意甫定，而劉敬安已戴枷鎖由兵士押解入武昌城矣。此皆由於日知會内部有漢奸郭定安（字堯階，沔陽人）向馮啓鈞告密，欲藉以升官發財也。是時會員朱子龍、梁瀛洲同寓漢陽青蓮寺，郭堯階引馮啓鈞之兵數

右照即孫中山所派法國友人歐吉羅游歷長江調查日知會之秘密運動，在武昌高家巷聖公會内之日知會演説後所拍。此即日知會破案之引綫也。圖中坐持羽扇者即劉敬安。破案後，馮啓鈞憑此照以捕人。今得之於劉藩侯會長家也。

十人圍之。梁瀛洲他往，其弟梁鍾漢與朱子龍同捕去。胡瑛、李亞東、季雨霖則由郭堯階引捕於漢口名利棧。劉斌（即劉權，字玉堂）開設新大方棧於名利棧間壁，聞此案破即避往上海。郭堯階又率馮啓鈞之兵數十人乘夜往捕其表兄張難先於其寓，旋派兵輪往黄州捕吴貢三、殷子衡二人下之獄。是役被捕者九人，被牽累而未敢遽捕者軍官數十，學生甚衆，而日知會之名册俱爲聖公會外人收毁之。

張純一，字仲如，漢陽人。自甲午敗於日本後，痛外侮之頻仍，由於内政之不修，實由於官僚之惡劣，故對於官僚極賤惡之。戊戌政變後，國事日非。每與其尊翁潤五先生談及國步之日艱，則相對泣下。庚子之役及至唐才常之失敗，益用痛心，而謀政治之大改革、結納有志之士益亟。甲辰乙巳間，任武昌文華大學格致室（即研究院）講席，在在以革新道德、革新人心與學子相勉勵。時黨人集於省垣者日衆，張君即與馮特民、劉敬安輩謀日知會之擴充。日知會所有籌畫，劉敬安必諮詢之。嘗爲日知會徵求同志，作宣言書，並以白話作軍歌，便於軍學兩界爲革命之鼓吹。旋游日本，意在覘其國情，以爲吾國利病之比較。適同盟會成立於東京，予深知張君愛國血誠，約同田桐往晤，勸其入會。張君云革命在精神，不在形迹，凡真能愛國愛民之事，吾必生死以之，决不退怯以辱同志。若必捨日知會入同盟會，是以人爲强制之結合，重於血性至誠之契合，甚無取也。予猶强勸之。田桐云，設吾國人皆如張君具足革命之神理，雖不入同盟會，無非同盟會之健者也。張君因對予與田桐祝願同盟會之發達，相與暢談而散。蓋張君之卓識與其堅苦之行，有爲予萬不及者於此可見一斑。

丙午秋，張君自日甫歸，劉敬安知之，即至其家，略叙數語，相邀渡江。至日知會，爲竟夕之談，皆規劃時局事。時醴陵事起，武昌黨人咸欲響應，敬安急不暇擇，張君以準備未齊，力遏止之，且謂胡瑛不日由申至鄂，俟其蒞止。如果有軍餉接濟可操勝算，然後動作。未及數日胡瑛果至，開會籌議，胡瑛亦以未可輕舉爲言。無幾，醴陵事敗，黨人復専爲秘密之運動。

有沔陽人郭堯階，久聞張君之名，欲敬安介紹以相見並已詳悉張君住址，將往訪之。一日，敬安以郭意告張君，張君即詳詢郭之爲人，敬安述郭頗以革命首席自命。張君叩其近執何業，用度何出。敬安答曰，彼未有職業而往來必乘轎，其用欵聞借自某孀婦云。張君即惡其輕浮且斷定其心術不正，不願與之相見，請敬安婉言拒之。未幾，郭果向巡警道馮啓鈞告密，親領巡兵逮捕劉敬安等。及往黃州捕吴貢三、殷子衡至省垣時，適黄吉亭會長由長沙聖公會到漢口，將往日本之東京，聞知吴、殷被捕係由《孔孟心肝》一書。書中詳言攘夷事，吴貢三所手編，殷子衡所密印，並無著者姓名，而書末附載軍歌（見前），獨刻張純一名，恐將被捕，特遣人至漢陽城内張君家告以詳情，適張君往漢口某戚家弔喪，不遇。乃張君至友夏清泉聞知，特往漢口尋覓，見張君，以實告，即偕張君至英租界四碼頭聖保羅堂。該堂會長王理堂亦富具革命思想者，見張君至，問知其故，即慰之曰，姑安住此可保無憂。旋黄吉亭會長至保羅堂，見張君極欣慰，即與王理堂會長商議萬全之策。設清吏有公文至租界逮捕，必知會美領事，可預托領事館辦公事者，如見有此項公文至，請先遣人來堂報告，即視其時間之延促如何而定辦法。如時過促則暫匿聖衣房以避之，如時長可請吴德施主教或孟良佐會長（均美國人極贊成中國革命者）送往美國軍艦中，即可保無事，因中國官吏不能至外國軍艦中捕國事犯也。

自是張君漢陽居宅前後常有巡兵窺伺，歷月餘而後已。張君匿居聖保羅堂月餘，其至友夏清泉間日輒來堂問訊，且至張君家通消息，安慰其眷屬。夏君亦血性人也，迨捕黨人風聲稍息遂出堂，因夏清泉至漢口下游之灄口，溷迹於建築堤防之路工中。時至聖保羅堂探詢劉敬安、殷子衡等之消息，聖公會中西諸會長（即牧師）均明達，頗器重敬安等。聞其受刑甚酷，群欲營救。會青年會總幹事穆得（美國人）博士蒞漢演講，聞劉敬安爲信徒，欲赴北京爲之寬解。時張純一匿居聖保羅堂，即同余日章、孟良佐三人預備呈詞。因請馮特民來詳詢敬安被訊情形，遂分述十九條爲敬安辯護。時孟良佐夫人在旁伺候，頻以茶進且以食點進，足見其賢也。詞稿擬定繕畢，穆得即携之赴京，請美公使爲之寬於清外部，九人均得減死刑。當時被逮者九人，而受刑最酷者爲劉敬安，次則朱子龍、殷子衡。以劉敬安爲日知會會首，故首救劉敬安也。張純一溷迹路工，時或運米，路爲水淹，輒去長衫，肩囊赤足而涉。蓋力矯腐朽之習，鍛鍊筋骨，以便接近衆工也。工暇則集工人講個人社會衛生事，且講中國亟應改革一切之理由，聽者莫不詡詡欲動。工畢，即同夏清泉罄所獲資，在漢陽沌口購地八十餘畝捐於聖公會，以爲孤貧工藝學校之基址。

戊申春，温州孫詒讓（字仲容）開辦師範學校。張君聞秋瑾之獄株連不已，幸得仲容先生致書於端方、張之洞始止。張、端均以孫著作等身，極敬重之故爾。又聞孫嘗致書日本，敦請章炳麟至其家可保無憂云云，知其富於革命思想且欽佩其《周禮正義》、《墨子閒詁》等著述，往任教育兼倫理講席，大施其革命之工作。適光緒、西后相繼死，幼主宣統立，大好材料足資講演。學生二百餘，每遇張君授課莫不欣欣然。先時入堂静坐以俟之，凝神注聽，恒不覺其晷之移，而甚恨其時之短。蓋張君能以革命之身教，非僅以革命之言教，故感人獨深也。及將去校，諸生痛切哭泣者二十餘人，全體排列禮送畢，更趕至海濱送行。待至輪船已開，始各揮淚而返者十餘人，張君亦爲之墮淚焉。己酉，張君在上海廣學會任編纂，兼辦《大同報》，自是專用文字爲政治革命之先導者前後凡十年。

辛亥八月二十日辰間，聞友人報告云武昌革命軍已驅逐清督瑞澂，占領省城，喜出望外，即與廣學會哈文藻（字筱泉，漢陽人）商於英人李提摩太博士。電致漢口英領事，聯合各國領事，創議保護武漢各國人民生命財産，如革命軍與清兵有戰事須離開武漢二十里以外。李博士富具愛心，慨然應允，盡力爲之，即往晤上海英領事並美領事。得其同意，會同致電漢口焉。此所以維持革命軍之勢力，亦使各國嚴守中立也。乃在上海盡力奔走，凡有利於革命軍者，雖勞苦不少懈。至清室退位，張君鑒於政治革命之紛擾，絶不與聞，以爲非弘揚佛化無以爲制治清濁之原，於是專心著述，自苦以利他。繼見黨人無行、袁世凱盜國，益痛心焉。更於教育界主張道德革命、人心革命以爲根本之解決，乃著《墨子閒詁箋》等。革學者執我自利之命，又以基督教之上帝爲帝國主義之大原。教義陋劣，不能止西人侵略之心，著《佛化基督教》、《福音秘義》等，革天魔外道之命，使此全地球上未來無盡人類悉歸於無上正等覺道，真能福利世間。又著《國學闡微》等破除儒道諸家門户之見，圓成孔老諸説。凡以革地獄餓鬼畜生之命，使皆止惡修善，永得爲人。且革人間一切凡夫溺於愛河、陷於有獄者之命，使皆得解脱，爲賢爲聖。由是大慈大悲，救苦救難，乃至成佛。庶幾除盡貪嗔癡闇，無難變此五濁惡世，成爲極樂净土。蓋世間衆生無盡，殺盜淫無盡，革命功德亦無可盡。是其清净無漏革命之弘願，惟圖報衆生恩，决不容有我之見存，可謂得其究竟矣。嗚呼，安得天下侈言革命者皆如張君，足爲不才今後革命之師範耶。

馮一，字特民，與劉敬安同爲日知會運動革命之有力者。案既破，馮亦自危。適楊纘緒調往新疆爲陸軍統帶，特民與馮大樹、李輔黄、郝可權、李克果等乃隨楊往，分布於新疆伊犂間，暗爲聯絡漢回軍隊，作西北之革命運動而去矣。

九人下獄之後，謡言鑫起。刑訊逼供，時聞有斬决之訊，黄吉亭牧師與孟良佐牧師、吴德施主教急圖挽救，不承認劉敬安爲劉家運，必出證據證明之，方可任中國政府自由處置，如無證據，則教會自有權衡與清政府交涉也。吴主教每與北京美公使通電，並親往北京與清政府交涉。

劉敬安被酷刑逼出之供詞：

（一）接辦日知新會，專爲聯絡軍學兩界中人，以爲革命之預備地位。

（二）由吴崑引見法國洋人，是我請至日知會演説法國皇帝路易十四殘虐，國民群起而攻之，謂中國亦當如是。

（三）友人由東京帶回《民報》二三十分，由我銷售出去。

（四）《訓兵談》一書由熊芷香帶至黄岡秘密印刷所，請殷某刻印，是我所作。

（五）朱元成（即朱子龍）告訴我已經會見孫文，他回湖北運動軍界中人。

劉敬安先生遺像

此即劉敬安在南湖馬隊營黎元洪營長辦事時之小照。日知會破案後受刑最酷。實秘謀武昌首義之第一人也。

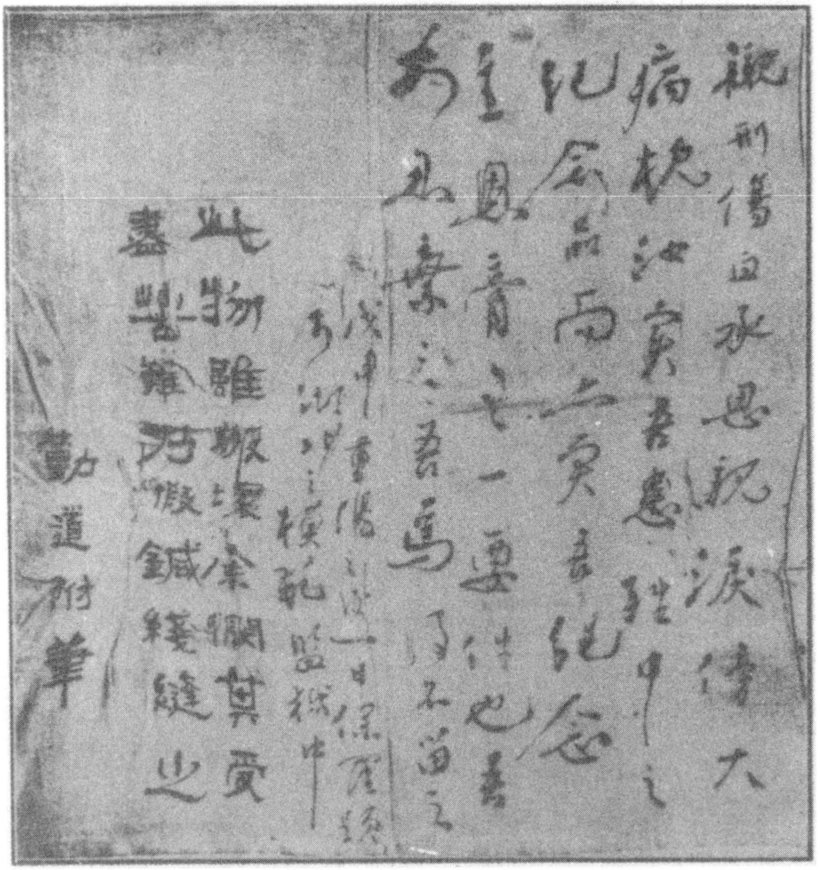
勤道附筆

右照片乃日知會破案後。馮啓鈞、梁鼎芬輩常以酷刑逼供，慘不忍聞。曾用籐條鞭劉敬安之背一千四百下，血肉横飛，肉盡骨見，死而復生者數次。逼供爲萍醴革命軍首領劉家運，而劉敬安則寧鞭死不承認也。刑訊後衣以囚衣，背肉破爛，血流不止，故用白洋布手巾襯之。全巾盡赤，血乾脱下。後同獄殷子衡將血巾剪爲二，復用針線縫爲一，以消遣時光，因保存之。閲三年，劉敬安見之，親題數語於其上，署名保羅，即其信道法號也。

（六）郭堯階見我，謂籌銀一萬兩可以運動下等社會，以準備革命。

（七）熊芷香逢人説我是會首。

（八）會長胡蘭亭、劉藩侯，演説人朱作梅、余德沅。

聖公會諸人主張，謂劉敬安既爲聖公會信徒，革命乃改良治政之不二法門，何得誣爲匪首？官場既誣劉敬安爲匪首，則妨害聖公會之名譽。故吴主教等與駐漢美總領事、駐京美公使及美京外交部郵電往來，一致與清外務部抗議。郵電極多，不克備載，特摘其要者數件以明真相。

西曆一千九百零七年十月十七號，駐北京美公使樂克希復駐漢口美總領事馬丁先生之信曰：

此間附上北京外務部來文，關於劉敬安一案連累武昌聖公會者，但外務部已電湖廣總督從速布告劉敬安革命之案與武昌聖公會毫無關係。本使署願得此種布告一紙，得以證明有無傷害武昌聖公會名譽之處，附譯慶親王致本使之原函：

公使閣下，關於劉敬安或劉貞一之案，我已收到閣下陽曆九月十號之信，謂劉係武昌聖公會所辦大學之教員，對於劉敬安革命之犯案不無連累。但劉充教員已八閲月，毫無過犯，無傷聖公會之美名。對於此點，外務部已開會議，務期對於貴聖公會之名譽無損，並電湖廣總督查明速覆。

今得二十號覆電如下：

劉貞一所犯之案毫與武昌聖公會無關，已屢次申明。再於各處捕獲革命黨到案，皆於劉貞一有共謀之證，則劉貞一之犯革命是實。自美公使數次要求保護聖公會以來，我已盡友誼與該會周旋。從劉貞一捕到之始，即未傷及聖公會美名。今又令按察司出示曉諭，説明劉貞一之秘密運動革命非聖公會所及知。湖北官場之對於基督徒素來尊重，湖廣總督對於聖公會之令譽尤所欣悦，調查劉貞一案件種種事實俱與聖公會無涉，聖公會之美名決無損傷。請轉告美公使，盼覆。本部接到上電，知劉貞一犯罪乃個人行爲，無關武昌聖公會，不知聖公會感何困難。茲據湖廣總督報告，彼已出示宣布劉貞一案完全與湖北聖公會無涉，則聖公會之美名可以滿貴公使之意而無損。是以特爲照會貴公使，並請將此意轉達武昌聖公會。

外務部印緊要公文，原文如下：

Copy of Letter from
American Legation, Pekin.
To Amer. Consul-gen. , Hankow.
Wm. Martin, Esq.
American consul-General,
Hankow, China.
Sir:

Enclosed herewith is a copy of a note received from the Foreign Office with reference to the case of Liu Chin-ngan, in whose trial on the charge of treason the American Church Mission at Wuchang became involved, in which it is stated that the Viceroy of the Hukuang provinces has directe that proclamation be issued stating the American Church Mission′s reputation was of the highest order and that the said Mission was in no way connected with the case of Liu Chin-ngan.

The Legation would be pleased to receive a copy of this proclamation when issued, in order that it may be ascertained whether it is sufficiently clear and emphatic to be accepted as a refutation of the charges made against the mission bb the Hupeh Judge.

Of (Translation)

Prince, Ch'ing to

Mr. Rockhill.

Foreign Office Sep. 23, 1907

Your Excellency：

Referring to the case of Lin Chia-yun，Or Liu Chen-i，I have the honor to acknowledge the receipt of your letter of Sep. 10 saying that this man had been a teacher in the college of the American Church Mission in Wuchang；that the good name of the Mission has therefore been involved in the charge of treason brought against him；that said mission still labored under these charges although nearly eight months had passed since you first asked that it be publicly cleared of them.

In reply I have the honor to state that the Ministers of my Board recently held a conversation with your excellency with regard to the method of clearing the good name of the Mission and that after that conversation my Board telegraphed to the Viceroy of Hukuang urging him to give the matter his early attention，and to reply，on the 20th，inst. an answer was received as follows：

The case of the Criminal Liu Chen-i does not involve the American Church Mission in the slightest degree，as I have repeatedly stated. Furthermore，many more revolutionists have been apprehended in various places，and Liu Chen-i is found to have been implicated in many other affairs of the kind. It is evident，therefore，that the evidence against him in the case in question was undoubtedly true.

Since the American Minister has repeatedly asked that the name of the American Church Mission be protected，since I have always been upon the most friendly terms with the said Mission；and since the case of Liu Chen-i does not injure their good name；now，therefore，I have directed the provincial Judge to issue a proclamation clearly setting forth with regard to the case of Liu Chen-i，that he commonly did things in secret，without the knowledge of the American Church Mission; that the officials in Hupeh have always been very fair in their dealings with the Christians; that the American Church Mission enjoyed an excellent reputation in the province; of which fact the viceroy is very glad; that an investigation made after Liu Chen-i's crime was committed showed that the American Church Mission was not concerned therein at all; and finally that there was abundant proof that the Missionaries were actuated by friendly motives entirely.

Their action will certainly preserve absolutely uninjured the good name of the American Church Mission.

Please notify the American Minister and reply.

Having received the above, my Board finds that the crime in this instance was committed by the accused Liu Chen-i in his individual capacity, that it did not reflect upon the Mission in the least, and consequently it is not evident how its good name has suffered. Now, however, the Viceroy reports that he has directed proclamations to be issued stating that the Mission's reputation in the province is of the highest order, and that the said Mission' was not in any way connected with the Lin Chen-i affair.

The name of the Mission is thereby preserved absolutely unharmed, which is in accord with your excellency's wish.

It becomes my duty therefore to communicate the fact to your Excellency and request that you will transmit the information to the American Church Mission.

A necessary despatch.

"Seal of the wai wu pu"

自聖公會與北京清外務部交涉後，馮啓鈞羅織要功之獄，捕去劉敬

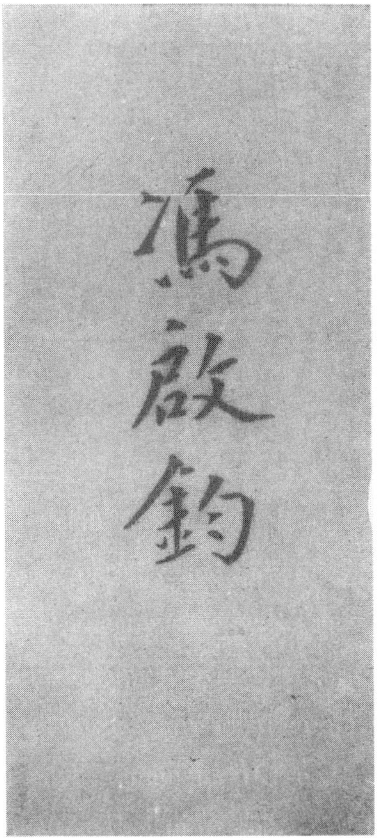

馮啓鈞之名片

此即馮啓鈞復聖公會吴德施主教之名片。片用紅紙木戳，字跡似梁鼎芬手筆。

安等九人，刑苦萬狀。張之洞究不敢以一匪字斷去九人之生命，然永不判決釋放。故聖公會吴德施主教等更致書馮啓鈞爲劉敬安伸冤。函云：

馮司馬大人閣下賜鑒，敬啓者：前數日閣下在文華書院時，我等未曾問明，刻要請問閣下，劉敬安業已被捉，其父親兄弟現還在押，是因何故不肯釋放？他等父子在監中，敬安母親在家受大苦，屢至書院求恩惠幫助他。還有一要事好藉此機會提起，審判如此遲遲，是使人疑惑，生出謠言來。在閣下官場與我等教會兩不方便，我等望速判定。如此過年後，我等可以平安辦理教會中事。閣下日前謂不能自己定此案，如是看來，不若我等趨赴督轅，恭求宫保大人快定，却我等不好意思如此，恐有礙閣下，所以我等請問閣下看此事能否自主判斷？閣下捉劉是所本分，因其被人供出之故。若自己釋放劉，明説已經審問，知其憑據不足。如此，凡百姓及教會莫不歌功頌德，都覺得閣下公道審判，是講情講義之官，閣下聲名自然傳揚中外。按我等所看，閣下可以公道釋放劉並其父親兄弟，都是因爲此故。閣下云，劉家運並無其人，但北邊外國人道其名字，恐外國口音致有错誤。刻我等不用提貞一與家運，只問此外國人所説是真言是假語。除外國人所説外，現被押之劉貞一果有匪首憑據否？前談日記簿中所載一節已函乞閣下與我等一閲，至今尚未奉到，務求擲下爲要。我等查此三禮拜當中他所有憑據已另繕呈電，我等看他此等憑據實在顯明其無罪。閣下看他此等憑據亦可曉得他幼年在鄉讀書，交往無多。直至前兩年投營方在黎統領帳下充當書記，未必與匪人有來往。後雖或有往來同情，不能長久。因我等知其過了四個月，他往宣道會聽道理，常與會中人談道，再閲兩月他即在本公會受奉教禮。從爾時直至於今，我等熟識他，詳細查看他。在日知會派他招呼書報，我等恐其裏或有歹人來往，我等更加查看他。到底屬匪的漸漸離開本會，他等覺教會與之無益。惟有敬安一人不離開本會，他於道理日有進益，後定其志，思學聖品，謂若是拯救中國惟基督道理爲要，非匪人所能爲也。此時凡他一切友人都離開他，他所管夜課學堂，各朋友皆不服。以故各人另開學堂，輕看劉，謂他只想教會，不想我等。求閣下細思此事，能否設法釋放他父子兄弟，愈快愈妙，專此。兼請政安，名另肅。

此函送去，馮啓鈞回一名片。此名片紅紙木戳，似梁鼎芬字迹。劉敬安未得釋放，吴德施主教因事返美國。武昌聖公會事並劉敬安事則委託雷德禮牧師代理，而雷德禮牧師對於挽救劉敬安亦極盡力。雷德禮牧師致駐北京美公使樂克希函云：

西曆一千九百零七年九月二十一號自武昌發樂克希先生惠鑒，吴德施主教回美之時，劉敬安案及一切事皆委託於予，予願劉敬安一案早得佳音。因張之洞已奉召入閣，趙爾巽將來兩湖，但兩人俱在北京，切盼公使至北京外務部特爲劉敬安事與兩人相見。但廣東張興閣一案了結甚易，而劉敬安案辦理極遲，不知何故。我輩當援例請求也。我已覓得一人代理劉敬安教授之職，因此案連累頗重，劉敬安已經長夏受苦於獄並致病極篤。此不公平之處置對於劉敬安與聖公會兩不合也。敢問尊意對於此案有何良法？謠傳此案將由五年牢獄改爲永遠監禁。感君費神並祝健康，雷德禮。

原文如下：

Sep. 21st. 1907
To the Hon. W. W. Rockhill
Minister of the American Government at Peking.
My dear Mr. Rockhill

When Bishop Roots left for America, he committed to my charge all matters connected with the case of Liu Chin-ngan.

I have been hoping you might have some communication to make, some good news in the matter. The fact that our Viceroy has been called to the Grand Council and another sent in his place leads us to wonder if at this time something cannot be done, either through Chang Chih-t′ung himself, who is now in the Capital, or through Tsao Rh-sen, who is also there but soon to come here? Could anything be accomplished through a personal interview between (e. g.) the Viceroys and the Waiwu Pu?

It seems to us here curious that the case of Tsung Hsin-k'o, from Canton, could be so easily settled, while this of Liu, which seems quite paralel, should be so difficult. Was there anything done by his friends which Liu's friends here have not thought of and in which we might learn a lesson from them?

I have succeeded in finding a temporary substitute for Mr. Liu in the work of the Divinity school, so that, though we are involved in double expense, the work is going on. But Liu himself, meanwhile, has endured the long summer in prison, and his health is suffering, and the injustice to him and the reproach on our name, of course, remain unredressed. May I ask your own opinion as to whether there is any way out of the present cul-de-sac, or whether we must simply make up our minds to let the matter drag on, and the man endure to the end the imprisonment determined on by the authorities, which, by the way, it is now rumored, has been altered from "five Years" to "imprisonment for life".

Thanking you for all your constant interest in the affair, and hoping you have had a good rest this summer and are returning refreshed to your labors in the Capital again, I remain.

Very truly yours

西曆一千九百零七年十月二十二號，美使署頭等參贊佛利喬君復雷德禮牧師之書曰：接君二十號密電，關於劉敬安之案未能詳解，但我於二十一號復君一電曰：來電難解。今接君二十一號之電如下：劉獄已決，脚鐐手扭，五卒看守，恐速斬，禁閱聖書。雷德禮。本使署極不安，恐難再干涉。佛利喬。原信如下：

D.

No. 767（Misc）.

October 22 1907

Rev. L. B. Ridgely，

American Church Mission，

Wuchang，China.

Sir：

Asyour code telegram of the 20th instant relating to the case of Liu Ching-an could not be deciphered，I telegraphed you under date of the 21st as follows：

"Telegram unintelligible，（sgd）Fletcher".

I now have to acknowledge the receipt of your telegram of the 21st，reading：

"Liu in condemned cell manacled fettered five guards fear speedy execution bible forbidden.（Sgd）Ridgely".

The Legation regrets that it is unable to interfere further.

I am，Sir，

Your obedient servant，

Charge d'Affaires.（簽名）

二十四號佛利喬又復雷德禮書曰：接讀十九、二十一兩號來書，關於劉敬安案，禁讀聖書是否有關中美條約，今將條文第十四節譯出如下：

基督要義，無論新舊兩派，無非勸人爲善，己所不欲，勿施於人。此種真理宣傳應竭力保護。

凡中美信徒實行教條都無可干涉，凡屬中國人民，無論教内教外皆當遵守法律，敬重官長，和穆相處。若教徒犯法，於未入教之先或既入教之後，當革除之，並不可使之恃教爲護符而有抗税等類之舉。地方官對於教内教外人等一例看待。教士無干涉地方官之權，方能相安無事。條約如此，昨日所告恐不便再行干涉。君九號致樂先希公使之書已達華盛頓外交部，我必待其命令而行。但此案前途如何，尚不明處置方法也。佛利喬。

原文如下：

F.
No. 768 (Misc).
October 24，1907
Rev. L. B. Ridgely，
American Church Mission，
Wuchang，China.
Sir：

And 21st

Replying to your letters of October 19，1907，in further reference to the case of Liu Ching-an，and asking if it is in accordance with treaties that prisoners be not allowed to have Bibles I quote Artivle XIV. of our treaty with China：

The principles of the Christian religion，as professed by the protestant and Catholic churches, are recognized as teaching men to do good and to do to others as they would have others do to them. Those who quietly profess and teach these doctrines shall not be harassed or persecuted on account of their faith. Any person, whether citizen of the United States or Chinese convert, who, according to these tenets, peaceably teach and practice the principles of Christianity shall in no case be interfered with or molested therefore. No restrictions shall be placed on Chinese joining Christian churches. Converts and non-converts, being Chinese subjects, shall alike conform to the laws of China; and shall pay due respect to those in authority, living together in Peace and amity; and the fact of being converts shall not protect them from the consequences of any offense they may have committed before or may commit after their admission into the church, or exempt them from paying legal taxes levied on Chinese subjects generally, except taxes levied and contributions for the support of religious customs and practices contrary to their faith. Missionaries shall not interfere with the execise by the native authorities of their jurisd-iction over Chinese subjects; nor shall the native authorities make any distinction between converts and non-converts, but shall administer the laws without partiality so that both class can live together in peace".

As the Legation informed you yesterday, it regrets its inability to interfere in this case as between the Chinese authorities and the prisoner. Your letter to Mr. Rockhill of the 9th instant has been communicated to the Department and I will hold myself in readiness to carry out any further instructions I may receive from Washington, but as the case now stands I do not see my way clear to take any action which can be construed as an interference.

I am, Sir,

Your obedient servant,

Charge d'Affaires.（簽名）

九人被捕情狀甚慘，今特將殷子衡獄中日記載出，可想中國亡於滿州二百六十餘年之苦痛。一班官僚大都自殘同種，以媚異族。而於愛國志士每每加一匪字而處死刑，二百六十餘年如一日。日知會案破，因教會關係，官場尚不敢十分猖狂，否則九人生命尚不知有何希望也。

第八章　殷子衡之日記

武昌日知會被捕人所受刑具及獄中生活，讀殷子衡日記可見一斑，茲録之如左：

何季達是時藏匿省垣探聽消息，見日知會破案，連夜買舟東下，次晨抵黄岡之團風鎮（予因萍醴事敗即投入團風高等學校充輿地教習）。一入校門，不及坐，携予手至院落一隅，密告予曰武昌機關已破，劉敬安、朱松坪等均已被捕。昔日我輩與歐吉羅所謀從安南運輸軍火起義之説恐今無望矣，吾儕宜遠逃以避其鋒。時丙午十二月十三日也。予聞此言，心中難安。欲逃之遠方，恐被捕之諸同志無人看顧，鄂事無人提倡。欲不逃，恐已又被拘，於事亦無濟。實處兩難之地，不能自決。

十二月十八日，有測海兵輪一艘由黄州拘予舅父吴貢三復至團風鎮，予在是鎮之紫荆山廟中與霍雄飛、秦少溪商籌一切。捕兵二人迎面而來，問予曰殷先生在此否？予疑係來捕己者，即應之曰他已回鄉去矣。隨應隨走，已與秦君離去廟門百步之外，見操場站立兵士多名。予疑益甚，走更急。突有二兵士搶步近前，大聲呼曰，那前面一位是殷先生否？請先生站着，我有話與你説。予見兵士跑步來追，即止步，以目示意，囑秦君遁去。兵士近前曰，張宫保有命令，特派兵輪下來請先生往省城去。旋兵士飛步俱來，舁予左右脇，牽予長辮。予即叱之曰，何用此爲，男兒謀救國，豈愛惜生命乎？由是捕予至兵輪，時舅父吴貢三已在艙中坐定矣。薄暮開輪，斯時夕陽隱樹，愁雲點空，鼓浪之聲不絶於耳。予兀坐舟中，百感交集（後聞是處學生見予被逮，蜂擁江干，望船痛哭，如群羊之失牧人，哀號不已），上望蒼天，回思漢族，不自知涕之從何而出也，乃喟然長嘆曰，吾輩若死，我黄帝神明之胄，即我最親愛之父老兄弟姊妹，有誰救援於陷溺中乎？我若不死，以予病後孱弱之身，又何能受專制酷毒之刑杖？左右躊躇，願爲其易。遂於白滸山下躍入江心，效魯仲連之蹈東海、楚屈原之投汨羅，以一死了予畢生事。孰知天不死予，身隨浮水，欲沈不得。眼觀月華，似有物扶持左右然。予此時心頗清白，尚記憶我之老母、弱弟及我之學生、同族，乃翹首對天曰，我已不能再作人世間事矣。忽而測海兵輪轉舵反行，將予鈎起，脱去濕衣，取暖於火艙。稍温，覆以被，守以健卒。予如醉如夢，不知東方之既白。

十九日晨五句鐘，捕兵促予起。予驚醒，張眼四顧，起而坐。予舅父亦起，肩輿二乘已抵船側。兵士以雨衣披予身，牽予下船。予與舅父各坐肩輿一乘，壯丁堵於前以防逃逸。輿行甚急，直入漢陽門，逕至馮啓鈞寄盧。予步行入門，忽見左右排列刀斧，威武異常。過一花廳，轉入後花園之一小客房，兵士環列。俄有一人自内出，不知爲誰，面白無須，衣皮裘及緞馬褂，口啣烟管，戴金絲眼鏡，來予與予舅父前，甘言誘之曰，你們原不要緊，不過要你們證實劉敬安是日知會匪首足矣，你們將劉敬安的罪狀一一説出，即可以放你們回去，此案與你們原無干涉。予思劉敬安是予同志，何忍以千鈞重擔推之於一人之身，使其有用之軀而爲毒吏所殘害。予既來此，當共同生死，全無憂懼。伊見予堅不肯言，即出紙筆令予詳書日知會始末。予以關係甚鉅，既被捕無法可逃，未被捕者豈忍令其羅織乎？予乃信手塗鴉，支吾其辭，所答非所問，其人莫得真情，不悦而去。有頃，又來一人，不知姓氏，面色微黑，頭顱碩大，身材魁梧，著軍服，手持三尺棒。來予前，以各種言語恐嚇，予仍緘默不作聲，伊即帶予與予舅父吴貢三至警察總局。聞衛士云，胡瑛已在此，他善賦詩，可惜可惜。緣胡瑛被捕之後數日有擬斬之訊，故於獄中賦一詩以示絶筆。詩云：崑侖雲氣鬱蒼蒼，底事無端競白黄。仗劍十年悲祖國，横刀一笑即仙鄉。河山寂寂人何在，歲月悠悠恨最長。我願乘風歸去也，衆生前路苦茫茫。予詢該衛士曰，先生記得其詩否？請爲我一述。伊出門環顧，返而述之。予聞之心甚不安，胡君係與予同案者，渠在獄中出此哀聲，不知予異日又作如何悲感也。

是日午後一時，持棒者導予與予舅父前往，坐人力車，行至長街遇同邑之馮群仙，予不與語，怒目示意促之走。而何季達、熊子貞已走江西，忽至武昌府署前之旁廳。衆人聚問所犯何案，看守者應曰，昨日在黄岡縣拿獲二革命黨，係與劉家運、朱子龍同犯一案。於是觀衆擁擠，有云可憐，有云他們想殺皇帝，有云如此好人何故要犯此種之事。予默不出聲，惟憐多數同胞日受縛於專制異族政府之下而不之覺。俄而提入堂内，静候廊下良久，不覺紅日西墜，人影在地，呼喊之聲不絶。予自忖度，以予病後珊珊弱骨何能抵擋彼之酷刑。爲予一身計，寧可死於刀下，若爲漢族計，予不得不於萬死之中而求一生。孔子云死生有命，耶穌云殺身體不能殺魂靈，於是生大無畏心。前後縈思，當今之世微革命莫由改造，我輩之所爲，衆人固不識也，不過順天以救人耳。語曰：順天者存，逆天者亡。予之氣壯，而膽益雄。

晚六時許，各處燈燃，署中皂隸往來如織，或三五成群，以手代語，聲音莫辨。越一小時，差役導予舅父吴貢三至東花廳。堂上燈光照耀，中設長案，鋪以緑毡，瓜燈一對，筆架籤筒各一，壯丁數人左右侍。上坐者爲馮啓鈞、雙壽，側坐者爲王思位。先提予舅父審問，予離甚遠，不辨其所供。問後將予舅父另押一處，復提予上堂研鞫。始由馮啓鈞提問曰，你是殷子衡否？予趺跏而坐，對曰是。馮曰，你住黄岡否？予曰，不錯。馮曰，你年幾何？予曰，三十二歲。馮曰，你執何業？予曰，生平愛讀書。馮曰，你何故同劉敬安倡革命？予曰，我國被滿洲占去二百六十餘年，政治腐敗已達極點，人民顛沛流離，執政權者全無知識，所以吾輩欲改革專制政體，建設共和。馮曰，幾時起事？予曰，不過思想如是，尚無準備。馮曰，劉敬安是劉家運否？予曰，不是，他名貞一。馮曰，辦日知會是劉敬安否？予曰，是。馮曰，他辦日知會是何作用？予曰，其宗旨欲將世界文明輸入内地，故日知會對於軍學兩界無不接洽，冀有以交换智識，多購書報，任人查閲，爲開通民智之助。馮曰，八月萍鄉醴陵起革命軍，是劉敬安的黨羽否？予曰，不是。馮曰，你何以知其不是？予曰，從未聽其説過。馮曰，你袒護他。馮即唤皂役抬綳子刑具來：他不直招，只好將他綳起，看他如何。於是左右將予扛至綳上，以予辮髮繫於横木之孔，兩手拴於兩旁木柱中，折予雙膝跪於鐵鍊，復以長棍壓於兩脚之頸，用二人以力上抬，痛不可耐。雙壽前來問曰，你招供詞，你只供萍醴革命軍是劉敬安的黨羽，劉敬安即是劉家運數語，我即釋你回去。予默不語。伊再向予曰，這痛苦難受，你説你説，我就放你下來。予忍痛不語，約四五分鐘之久，始將予解下。予伸足坐地，脚脛痛，雙膝痛，兩膀痛，頭痛，骨肉皆痛。心中焦灼，如火中燒，悲憤交集，遂不欲生。王思位斜坐案旁，先以好言勸慰曰，你放明白些，此案與你毫無干涉。聽説劉敬安是長江上下游匪首，勢力很大，軍學兩界，他已聯絡就緒，預備何時發動你必知之。你若直供即可將你釋放。予見彼甚無聊，用此種騙術誘予入彀。予憤怒不能自禁，乃大聲曰，你們想把别人的血染自己的頂子（因韃靼官制，能多殺漢人立功，升級至頭品頂戴者賞紅頂），那是不能的，什麽長江匪首我一概不知。王思位聞予辭鋒甚厲，迴變常態曰，我與你説好話，你還動氣，再綳起，拿藤條來鞭他的背，看他招供不招供。於是將予衣服脱盡，只留單褌在身，依然綳起。隸卒左右環伺，束細竹枝爲鞭，二壯丁用力怒擊予背數百，血流如注，痛入肝脾。王思位及雙壽、馮啓鈞三人先後笑謂予曰，你照直説，免再受刑。予終不忍説出同黨之一人，更何忍説劉敬安是匪首。伊等見予堅忍，用刑愈毒。予背肉横飛，血流濕褌，額上冷汗涔涔然滴與淚合，氣息奄奄，四肢百體均失作用，予心以爲必不能再生活於世。彼等見予將死，稍發一綫天良，囑隸卒將予解下。予復蘇，又伸足坐地。侍役以手擦予之膝，予心跳躍不止，血輪停滯，身體麻木，不知疼痛。忽有警士向馮啓鈞報告，謂某處牆倒壓斃多人，請快去相驗，以免途人堵塞，致起驚慌。故即刻退堂，隸役扶予至簾外，就矮坐，給飯湯合一盂，予僅飲湯數口，飯則粒難下咽。徐覺氣息稍長，心跳略緩。天心莫測，在人以爲必死者而復有以生之，斯亦不幸中之大幸矣。時鐘鳴三下，差役四人押予出，二人提燈，一人揪予辮發，一人導於前，喚坐人力車。車行頗疾，不覺至一衙署。入旁門，過深巷，抵一栅欄。守衛者啓門放予入，人聲譁然。禁卒拆予辮繩，脱予衣襟，摸予襪履，搜予全身畢，然後開一號房門鎖，將予推入内，又用大鍊一端鎖予頸，一端繫於便桶。鍊長不過三尺，站立不能，睡眠亦不得。獄房縱横纔六尺，内住九人，有吸鴉片者、有捫臭虱者、有咳唾涎涕不止者、有大小便於予所繫之桶者、有出惡聲鬥駡者，且有用各種方法敲詐新犯者（名曰桶子老板）。予欲就桶邊之地而坐，然四周盡濕，其腥臊臊臭之氣撲鼻而來，不可響邇。予嘆曰，此何地（後聞老囚人云係江夏縣獄），非十八層活地獄乎？哀我同胞受此慘苦而不之覺，猶自相魚肉，如以色列人之作埃及奴，毒哉專制政體之遺害於生民也。

二十日早九句鐘，朱松坪聞予入此獄，即從彼之獄室來見予，曰：汝何來？予用佛語答之，吾不入地獄，誰入地獄。松坪慰予曰，汝其少安勿躁，我已在此十八層地獄中閲歷十八日矣，汝來此我可爲汝照應。朱君旋遁去，予兀坐良久。有頃，朱君命同難者送來稀飯一罐，饅頭兩個，醬菜數片，予勉强食之。如是者閲數日。

二十三日清晨，提予與朱松坪復審。各乘肩輿至武昌府署，坐西花廳之走廊下。予與朱君雖傍欄杆小步，而看守森嚴，不敢對語。予舉頭見廳前木柱上有聯云：看階前草緑苔青，無非生意；聽牆外鳥啼鵲噪，恐有冤魂。予腹誹之，滿人入關，殘戮我國民，霸佔我國土，二百六十年來冤聲載道，鬼哭神號。爾猶未之聞耶，爾之眼

（殷勤道監獄官之肖像）
在主耶穌裏永遠最親愛之靈生兒
出獄後之勤道贈

右照乃殷子衡在獄中脚鐐手之像，武昌起義後檢出以寄其兒女作紀念者。爲革命以救漢族，受盡酷刑，可傷感也。憶法國大革命時，人民破獄見刑具而益憤，吾國人豈獨無心耶?

光僅及於階前牆外，無怪乎爾等之自戕愛國志士向異族邀功也。十句鐘，予飢甚，向差役求食。伊即買鍋塊數枚，予與朱松坪分而食之，然渴尚不得一滴水也。梁鍾漢則因飢渴大罵，亦同免於餓。正午十二時，復將予與朱松坪提入後花廳，使各坐一室。俄而胡瑛手鎖鐵鍊，從予所坐之室門經過。未幾予舅父吴貢三亦鎖入予對面之一小房。斯時劉敬安、季雨霖、梁鍾漢、李亞東、張難先皆分别禁坐，以待會審。此次鄂中大吏齊集武昌府署，馮啓鈞爲司門之役。門前衛兵數百人，異常嚴厲。承審員計十三人：梁鼎芬、陳樹屏、馮啓鈞、趙以楠、楊壽昌、王思位、熊家麒、程笙，餘六人不素識。梁鼎芬因杯酒酬酢，至則極遲，午後八時始將予等提審。惟劉敬安受刑極重，死而復活者數次。蓋官場急求保案，刑逼劉敬安爲匪首，直供劉家運，以求其所大欲，故以人命爲草菅也。鞭背見骨，撲面青腫，卒無所得。余則按次刑訊，尚無大傷。審張難先時，張索紙筆直供千餘言，大意即吾不革命誰革命，吾不革命不僅負吾筆墨，吾且負天下人也。投筆厲聲曰，斬便斬，索供何爲？馮啓鈞曰，久聞先生名，革命黨首屈一指。郭堯階向爲我言之矣，謂屬表親。素稔先生事，果不爽。審梁鍾漢時，梁鍾漢笑駡官場曰，幹天下事，我輩天職也，豈有畏死之革命黨乎？李亞東則手書一卷，鬨堂大笑，氣壓鬥牛。松坪則曰，我爲革命而來，來無他事。元璋天下失之胡兒，即不還之元璋亦當還之漢人。問官欲推出斬之，朱子龍厲聲曰，革命黨遍天下，殺之難，殺盡尤難，不殺不多，不多不速，不速則革命不成。革命黨之血即灌溉漢人自由之肥料也，固求之不得。伸頸大呼曰殺殺殺。審過午夜十二時猶未退堂，當鐘鳴四點，而上座梁鼎芬忽腹瀉滿座，衣冠俱臭，會審者相對不言。梁鼎芬提褲下堂，會審者俱散。予等仍分别入監，未久天亦放曉。此次會審後，預備分别治罪，或梟首，或永遠監禁。予等九人惟有静待其決斷執行之耳，各自處理後事，賦詩見志，自輓鳴哀，預備家書，與世長别。

聞於十二月二十五日，北京外務部忽來電云關於聖公會之日知會劉敬安案從緩辦理。蓋美公使既抗議，而吴禄貞、程家檉等亦暗中於慶王、肅王前有施救之術也。

翌年春，予與朱松坪同住一監房，並且同榻。

正月二十日，予病日篤，朱君殷勤照料。予恐其傳染，請朱君另搬一房。朱君不忍離予左右，敦促再四，然後搬出。自朱君出後，予病更重。三胞弟子平來，是夜同予宿，未解衣帶。時嗚嗚哭，終夜不已，以爲予必不能久於人世。予心猶未亂，囑三弟曰，你暫歸家，請奚壽益先生來爲予診治。時大雪霏霏，行人没膝，三弟冒雪歸里。

越數日，予二伯父年七十餘，引奚先生來，館於劉宅。二伯父一人入獄視予病，一見輒淚盈兩頰，謂予曰，奚先生來武昌，不肯進獄，彼聞劉宅中人謂獄中大疫，每日死人，最易傳染。予始悟歲寒知松柏，患難識親朋。於是七十老人不忍捨予而去，看護獄中，不勝悲憐。幸有方言學堂李西林，湖南鄭先聲之甥也，精岐黄。聞予病，特來醫治。予金告罄，李君典衣爲予買藥。予輾轉床褥者七十餘日，李君間日必來視。又有同獄室之患難朋友胡潤扶持左右，待予如手足。予病稍痊，而朱君松坪又染疫極重，血痢不止。予扶病勉侍湯藥，洗滌污垢，竟不能治。口占數語云，死我一人天下生，且看革命起雄兵；滿清竊國歸烏有，到此天心合我心。擲筆咯血數升，面盡赤，淚如雨下，謂予曰，吾不敢云詩，留與人間表吾心之血痕耳。歷一小時而逝，目不瞑。

五月初，予病漸愈，食量日增。予母聞之悲而且喜，嘗備豚鴨及各種食物，命予二弟子林送來。予家素貧，母親已老，未能朝夕承歡菽水，反令高堂時刻爲我憂傷。病後食饞，食此恩物，涕淚如洗面也。

是時有日知會會員先予而遭難者熊麗堂，常來照料，且烹鼈饋予。歐陽澤垠，湘人，萍醴革命軍之參謀長，時爲予煎茶，不離予側。張難先聞予病後太弱，典衣買鷄以饋之。胡瑛托周蘭陔送來銀

季公雨霖遺像

季雨霖，字良軒，湖北荆門人。黎元洪帶馬隊營於南湖時充其隊官。與劉敬安謀革命，甚有力，介紹軍人入日知會者極多。起義後治軍荆襄，黎忌之，被解散。四次革命，欲起兵於襄陽，被綠林出身之黎天才所殺。

洋數元以作湯餌之費，至於予舅父吴貢三及李亞東、季雨霖、梁鍾漢亦均於患難中時有贈遺，惟劉敬安則禁錮臬司獄，不易通訊，亦自危苦萬狀也。

是年秋，予用竭，獄中只有口糧錢五十文，每日之需，時虞缺乏。

九月中旬，予母與二弟來獄視予，並擔米數斗入。予母見面，淚從咽吞，許久不作聲，徐徐云，汝勿急，聽天安排，予即以好言慰之而去。閲數日母欲歸，復携弟來。予送之獄門，不敢出。予母回頭屢顧，慈悲不忍去。予心滋痛，潸然流涕。

是年冬，留學日本之同志夏占奎、吴志清、馮維周、陳鳳池、孫少泉、吴崑、鄒屏山、鄒大霆、祝蘭亭、吴錫疇、殷盤等憐予在獄，各竭力醵資從海外寄回，且派程起陸親遞獄中，皆由愛國心長，本愛屋及烏之義焉。胡國楨亦爲予奔走，自病癒後，每早俟開鎖後即移便桶火爐於門外，卷鋪掃地，以冷水盥漱竟，設案端坐，展書誦讀。平生最愛《南華》、《道德》、《金剛》諸經，以養心性。凡新書新報從未入目，恐動念煩惱，激起思潮，在獄不能一朝居也，間日亦作詩習字以自遣。有同難余幹卿之子名庭香者甚聰穎，曾就予學書。熊麗堂亦時來問字，按時自炊，日日如是。惟夜間臭蟲魚貫而來，其勢洶洶，如千軍萬馬，或從房頂木栅下落，或由地板攀緣。如四面楚歌然，掀被細察，有飽如大腹賈者，有色紅如明珠者，有飢如餓莩者。東西南北，各自奔馳，但未見其有蝸角蠻觸之争，效群蟻同根之戰。此種衆生，撲之不勝撲，滅之不勝滅。噬人則肉腫，奇癢刺骨，若再搔之以手則皮立破，痛不可耐，實令人煩悶。夜不能寐，無已，用水一盂，捕而投之水中，或用竹床一具，以盂盛水，墊於四足。然一經入卧，而臭蟲仍不稍減。予苦甚，乃大聲歎曰，臭蟲之害人，如民賊之害國，非去莠不能安良。予乃終日不作事，專致力於捕蟲。雖經數月之久，而蟲勢仍未少衰。有客謂予曰，子愚甚，夫治臭蟲如治國然，中國數千年來，凡據有天下者對於民賊未嘗不欲剷除清淨。沿至今日，不惟不能澈底澄清，且上下皆爲民賊，實國民莫得正本清源之道耳。子之治臭蟲毋乃類此。予於是恍然頓悟，求獄中之善裱糊者用紙四壁堅褙，不留餘隙，所謂堅壁清野。大衆乂安，予自後稍得安枕。予在此江夏縣獄受盡痛苦，無異地獄。若不改良，幾如活埋生命，乃將内中情弊逐條詳述，函告湖廣總督。聞彼即傳江夏縣面斥，且出予信示江夏縣，命其速將監獄改良，後竟撤其職任，另委一人。

戊申春，予由江夏縣獄轉入湖北模範監獄，入監門時，守衛兵脱去予之外衣，另换獄衣。初至是獄，予頗自喜，以表面觀之，西式高樓大如殿宇，各處電燈，入夜輝煌，自來水、唤人鈴、浴室、病室無一不備，而内容之腐敗，殊非筆墨所能形容。予先住外監，未及七日即轉入内監。經過站崗處、守衛室、工廠始抵内監，一入巷道即遇同案受苦最毒之劉敬安。見予即起身爲禮，不敢作聲。俟予入獄室，守衛兵離去時，劉君啓門入，與予握手爲禮曰，你也轉入模範監獄來。予曰，我們不來問誰來。相談良久，聲淚俱下。劉君恐守衛兵至，潛出，以手掩門，勸慰予曰，汝其平安勿煩。予是夜口渴不成寐，求水不得一滴，五中焦灼，如酷暑之迷路大沙漠。注目電光，百感交集，回思祖國沈淪，人民塗炭，安得天生聖人出而爲之一援手乎?

次日九時，獄中號房門始開鎖，十一時雜役送飯至。每人飯菜各一分，米極粗糲，有穀稗沙四分之一，菜則有數寸長之黄豆芽少許，爛蘿蔔一二片，老可作薪之紅菜苔數段，臭豆豉或馬料蠶豆幾粒，油則無着，鹽尚可鹹，飢不擇食，藉以度命。房則縱横丈餘，有高窗一，編以鐵柱，窗下剖地板約二尺，以木作盒，置環於一端。從牆外可以抽出，大小便均在其中，便後臭聞於天，腦爲之暈。號門深鎖，無法可避。若雜役間日不來傾潑，則此身如在糞坑。其最難堪者莫如炎夏。加以是年某犯越獄後，凡囚於其中者均帶脚鐐。一日守衛兵迫予戴鐐，予甚不願。旋自審思，昔耶穌救世，釘在十架，不出怨言，佛體寸解，仍存慈悲。中國自亡於胡虜以來二百六十年中，漢族之圖光復革命而斷頭流血者指不勝屈，吾儕受此區區械鐐何苦之有，心爲之寂。但終日兩足不得自由，步移不能過五寸，褲甚窄小，不破其襠不能着也。睡則如守冰窖，冷沁骨寒。時届嚴冬，彌天大雪，自來水管結冰，水不得出。予每晨早起飢渴異常，乃取陳飯一團，搏雪啖之。夜間時聞祈禱之聲自窗櫺入，傾耳細聽乃劉敬安之聲浪也。蓋人急呼天，痛則呼母，司馬遷受肉刑，卒成《史記》；聖約翰受永禁，能作《默示録》；成湯有夏臺之厄，文王遭羑里之拘。天厄賢豪，所以鍛鍊其精誠，使之代天行道耳。

次晨，予問劉君曰，昨夜聞君祈禱之聲，何爲？劉君曰，維摩詰病在斗室，佛法及於三千大千世界；耶穌降生馬槽，福音遍傳於南北二極。予持耶穌之名求救中國之苦，身在縲絏，心在天堂。汝未觀新舊二約乎？三界唯心，有所歸依，即不亂也，自度度人，汝急信道以求解脱患難中之業障乎？予自此常恒心從劉敬安學道，殷勤祈禱，於極苦中求至樂。與予同居江夏縣獄年餘之歐陽澤垠，字篤初，湘鄉豪傑士也，性剛直而不能下人，亦轉禁於此。見予與劉敬安研究福音，早晚禱告，彼甚異之。時相討論，彼亦覺悟。教主慈悲，立教以普度衆生爲任，《聖經》賢傳、哲理名言皆可爲灌概靈性之資糧。吾輩與中外教主本屬一體，日月所照，四大所成，作聖作哲，是在人有宏願否耳。

一日歐陽澤垠正與予談道中，適副典獄蕭繼昌清查獄房人數。歐陽潛返其囚室，蕭見之大呼歐陽澤垠，威風可畏。歐陽應之曰，予頃至他房借書讀之。蕭云你太不守規則，讀甚麽書，辱駡不已且命衛兵拿銬子來，加以手銬。歐陽因受道陶鎔，頗能隱忍，毫無抵抗。蕭復以藤鞭鞭之，此時歐陽實不能耐，乃出言責蕭爲之已甚，並以手推蕭於後，大鬧一場。有守衛兵目某曾受基督教感化者，即將歐陽澤垠移於予之囚室，從此更得劉敬安之教益，朝夕薰陶，如親師長。

是年六月，劉敬安大病，發熱如焚。予移與同居，左右看護。其唾壺溺器及不潔衣服，予親爲洗滌。劉君垂危床褥七十餘日，予未忍一刻離，又有從劉君學道之守衛兵目潘季貞，每日潛饋藥餌。依世界文明國獄章，凡犯人生病須移居病室，派人疹治，必准其親屬看顧。無如此模範監獄有名無實，獄中病人極多，無人注意，有生病數日便死者，有因病重太苦自縊者。予屢托守衛兵轉求典獄廷啓胡人，將劉君移至病監醫治，堅不之許，且不准食物養料運入。劉君忍痛耐苦，至中秋後稍痊。

是年八月，誤斬獄中五人。予不知其入獄之罪應死與否，但就此次而論，其罪決不至於死。其致死之因，由獄中愚囚欲得典獄之歡，要功求釋，向與五人互有口角，遂誤告彼等五人在獄中開立山堂，拜名拈香，預備謀反。時王思位爲江夏縣，黄以霖爲武昌府。王思位本知此事盡屬於虛，乃故意鋪張，以博幹員之譽，邀上官之寵，竟將五人斬首，冤沈三字矣。更有五六人亦擬問斬罪，黄以霖天良發現，不肯多結來生債。

生命關天，而百里長官不問其事之虛實、有無證據，僅憑一人好惡之私，信人栽誣，將一班可憐無辜肆行枉殺，毋乃太酷乎！古人畫地爲獄，圜土爲垣，以懲奸宄。歷數千百年而弊生，至今日始有改良監獄之説。如太侮辱人權，不教而誅，安知所誅者非國家大有用之人才，且人非聖賢，孰能無過？一念悔改，即成仙佛。南洋群島之富豪，大半廣東欲捕之罪犯；澳洲繁盛之地主，皆昔日英國徒刑之凶囚。憶昔法國有一巨盜，囚於獄中，忽越獄而逃，復被逮，定刑期二年。期滿出獄，適日暮，人咸知其劣名，不留其宿。彼深恐深夜再遇巡捕，又生誤會，默念福音堂甚邇。該堂教士素具博愛心腸，乃至彼處叩門求宿，竟延入，欵以酒膳，杯盤器具均係銀質。食畢，引入寢室，使之安眠。盜之貪念復萌，披衣而起，先至廚室，席卷銀器，復至教士寢室，竊取貴重珍品。開門私逃，遇警士於途，斥之立，攘器盤查，盜無以對。見器上鐫有教士姓名，警士知其竊自福音堂者。捕盜至堂，該教士云，此器係予給彼作貿易之資者，無庸干涉。警士去，盜感悟痛悔，立志爲善，卒成第一流人物。

中國法律非定案者不能下監，内有湖南人諶義思因人命案牽涉入獄，禁錮十八年尚未定案。一日對予曰，我若有罪即當死，我若無罪即當釋。不死不釋，遷轉於湖北省城各監牢。十八年中足迹殆遍，其故安在？予用好言安慰之。閲數日，適諶義思因食饐而向守衛兵有所言，毒遭謾駡。諶義思不能忍，亦出言不遜。守衛兵稟典獄，又加杖笞，禁於暗室。諶義思更憤怒不息，遂送至江夏縣王思位處。此時王思位有新發明之一轎子監，其構造之法以青磚圍其四周，高約三尺，寬約二尺。門一，用鐵棍栽於左右壁中，使犯人作坐狀。又用鐵棍二，一横於胸前，一堵於背後，兩端均拴固於木柱，頭上壓以厚板。凡受此刑者，腰不能伸，身不能轉，足不能動。每日僅給稀飯二碗，便溺亦遺於此。雖身體極强健之人亦難受一句鐘之久。諶義思在此罰坐四星期，然尚未死，仍轉入内監，但面呈土色，骨瘦如柴，氣息奄奄，艱於言語，不數日而諶義思竟因受酷刑死矣。

予舅父吴貢三、李亞東、梁鍾漢、季雨霖俱押於武昌府候審所。季雨霖入獄未一年即被黎元洪營長保出；張難先於丁未三月病於此獄幾死，被獄官熊家騏稟釋調治；胡瑛仍繫臬司獄；李亞東則招陳紹武辦一白話報於漢口，常作白話文以抒憤。予舅父吴貢三與李亞東、梁鍾漢得獄官熊家騏之庇護，組織一中華鐵血軍於獄中，得以與日知會會員變名分設之各種機關通聲氣。如武昌省垣之閲書報室、溢中書局、明新學社、集賢學社、容光照相館、共進會、文學社、民社以及沔陽之群進會、黄州之明明德社，皆以中華鐵血軍爲日知會破案後之中堅，作鐵血軍之壯士，以鄂軍三十一標、三十二標及陸軍學堂之翹楚生最多。時彭養光設鍾祥學社於玉皇閣，極力贊成此舉，並請吴貢三作革命檄文口號，以爲異日起義時之用。蓋熊家琪乃抱種族革命思想而隱於官者，江西鄱城人，字希麟，滿清舉人，典獄武昌候審所，愛護吴貢三、李亞東、梁鍾漢極周密。時請此三人飲食於其署内之内室，並請其夫人親自烹飪，曾密謂三人曰，中國亡國之慘非革命無可挽救，汝輩組織鐵血軍以結合愛國青年、軍中志士，凡屬漢人具有血氣者當馨香禱祝，以期大事告成，力爲贊助。吾雖作官，吾心固與諸君一致也，努力圖之。胡瑛在臬司獄中尚不十分痛苦，因北京有吴禄貞、程家檉之照應，海外有楊毓麟、黄興之關心，武昌各同志機關中又有詹大悲爲之代理一切。故管獄者談國華，對於胡瑛特别優待，並以其女許之，孫昌敬時贈書籍以縱其觀覽焉。

殷子衡轉入夏口縣獄之日記録之如下：

宣統元年五月初十日，予由武昌模範監獄轉入夏口縣禮智司監獄。先至夏口縣點名，戴上撑筒及手銬脚鐐，係由模範監獄帶來。差役二人導予入獄，經一長巷至一獄室，室中黑暗無光，地則潮濕如泥。予飢渴甚，不得飲食。入夜更於鎖上加封，置予雙足於札板中。其製乃破厚木板爲二，脊縫中鑿洞如滿月式。開板之一端，插雙足於洞内，復合之，鎖以鐵鑰，於是脚不得出，全身卧地，脚手鐐銬依然如故。少頃，蚊虫臭蝨排陣而來，吮血吸膏，飽而不去。自頂至踵，任其擇食。手揮不得，體曲不伸，奇痛奇癢，心爲之裂。人生至此，不如速死，如是者越數日夜。

獄中惡習，凡新加入之犯人須納資禁卒及老囚，否則受其酷刑，迄無止境。予家素貧，薄田數畝。因予入獄後，典賣俱盡。故不忍禀告老母，加老母之憂傷，惟有默禱上帝解我苦痛。忽有同難之俞慶餘，浙江紹興山陰人，與予素不相識，特使人告予曰，先生所受刑具今夜可幸而免。俞先生代出錢若干以還公事（新犯獻資獄中，名詞稱還公事，又稱還規矩），且私給錢與火夫爲予做飯。俞君好善樂施，有任俠風，凡獄中之貧苦者無不竭力周濟。彼因牽累被拘，助予年餘，飲食衣服皆受其賜，真患難之交也。

夏口爲南北孔道，每年春秋冬三季由北而南發之罪囚，幾乎無日蔑有。亦有拘留於此獄者，内有直隸劉七，從北方解來，頗悉北方監獄情狀，曰河南以北之監獄不及湖北遠甚，其種種刑杖有過於此處之木狗膝枷者。略舉一二以證殘酷。有所謂稱人者，有所謂吃水烟者，有所謂開大鋪者，更有所謂打花鼓者。何謂稱人？即用木狗銜犯人兩足，使不得脱，然後將犯人之辮髮和兩手懸於一横木之上，離地約二尺許。木狗兩端用二人站立，用力下壓，此之謂稱人。何謂吃水烟？用木作丁字形，約高三尺，鑿一孔於上，將犯人之辮髮緊拴於孔中，使人作懸空而坐之勢，頭面仰望，欲伸不能，欲卧不得，此之謂吃水烟。何謂開大鋪？每於日暮加鎖之時將犯人一排均仰卧於地，頭與頭齊，脚與脚齊，用大鐵鍊二編織各人頭脚，緊束挨擠，不許展轉，寒暑無間，此之謂開大鋪。何謂打花鼓？用繩繫便溺器於頸，使溺器之口對於犯人之鼻，臭氣息息得入，左右有人監視之，不准擅脱，此之謂打花鼓。中國監獄之凶惡實爲世界人類之羞，若不從速掃除則人道絶，人種難於生存也。

宣統三年春，詹大悲、蒯律誠來獄視予曰，吾儕昨日由胡經武處所聞，謂胡之刑期由永遠監禁改爲長期十二年，君可援例請減。詹君代予作稟，呈遞後杳無影響。不多日而詹大悲同何海鳴亦被囚於此，聞辛亥五月十六日，劉公敬安竟死於武昌模範監獄。痛哉，咫尺天涯，牢門深鎖，其疾未能視，其死未能知。徒具救國苦心，竟未能親見義旗之高舉，推翻數千年帝國之專制，恢復漢族獨立無恙之山河，飲恨而終。不知其目能瞑否？劉公敬安平日一念慈悲，與受難之衆囚感情甚厚，死時皆撫尸痛哭如喪考妣。且賞託獄吏報告高家巷聖公會，中西牧師聞耗哀痛，迅至獄中清尸殮葬，蓋恐獄吏暴戾棄尸於野也。獄官初不之允，固請而後許，遂舁至武昌聖馬可堂厚殮之。入棺之頃，劉之老母撫棺痛哭，暈死者再，幾不知其子之真相。蓋骨瘦如柴，年僅三旬餘而鬚髮盡白，其爲國所受之苦可以想見。今尚窀穸於聖公會之塋地焉。劉公敬安，名貞一，道號保羅，家運其别字也。籍湖北安陸府潛江縣，生於一千八百七十五年。父麒，辛卯貢生，母金氏，兄弟四人，敬安居長，世代書香。敬安未娶，以其弟之子劉應松繼承之。

七月晦，鄂軍砲隊特派代表夏洪勝來夏口獄告予曰，先生可屏左右，我有語向先生秘談。予會其意，以手掩牢門。彼曰，我們軍隊將於八月十五起義，先生知之乎？予曰，未也。彼一一爲予詳述。至十八日，少有變動。十九日，瑞澂逃，張彪遁，武昌恢復。二十日收漢陽，救出同難李亞東於漢陽獄，以李亞東權漢陽知府事。二十一日晨杜文炳來，謂今日午後有民軍來此迎接先生。予心怦怦動，憂喜交集。予即托人出外偵察獄門衛兵撤否，偵者回報衛兵皆有餒氣。予即聚同難而曉之曰，我國之仁人志士提倡革命，奔走海内外垂數十年，今日漢幟一揮，復我故土。吾儕當整衣束帶，排隊而出，以效奔走。雪漢族亡國於淫胡二百六十七年之大辱，何必望民軍之來迎乎？同難聞予言皆勇氣百倍，欣欣然喜相告曰，我等此時當聽殷先生命令，於是振臂一呼，大聲告誡曰，同難諸君齊出獄，或渡江投軍，或歸家省視父母，切不可再犯法紀。由是帶領數十人魚貫而出，各自分散，不知其所。予出獄後先至同難周大榮家，再至聖公會劉玉階、李馬太、尹陞庭處。小子愛生、小女昭素均在此。惟弱妻祁氏因予入獄，則憂苦成疾，神經昏亂，終身不治矣。

第九章　被難各人略述

劉敬安在武昌模範監獄之苦痛有非筆墨所能形容，而李亞東與吴貢三、梁鍾漢在熊家騏典獄庇護之下所組織之中華鐵血軍時得以與三十一、三十二標張聘安、梅鼎洲、鍾劍林所辦之集賢學社，四十一標趙鵬飛、賀公俠輩所辦之自治團往來，尚有多數同志如樊學海、柯大瓊等看顧獄中傷心人也。一日陸軍特別學堂學生鄭國棟字挽瀾、方克光字漢農、蕭興漢字立中與三十一標之兵士李岳崧字峻如，烹數種時菜送至武昌府候審所，交李亞東等以解其獄中苦悶。適獄中戒嚴不得入，僅得由監外小孔傳進。歸途李岳崧約鄭國棟、方克光、蕭興漢題詩言志，並於句中表出各人名號。各聯一句曰：巍巍崧嶽峻如天，欲挽狂瀾何懼焉。克復河山光漢族，重興漢室立中原。蓋集賢學社之宗旨，在結合軍學兩界同志分往各省，作同時革命之準備。而主持其機關之張聘安，廣濟龍坪人，本儒生而經商，專籌各志士出行之旅費。梅鼎洲，字冶逸，黄梅人，則由安徽新軍隊官而往雲南充講武堂教授。及武昌起義之日，助唐繼堯克復貴州，後被其部下魯某所殺。其餘分往各省響應武昌起義者甚多，多被各省之反民國派所害。當日之秘密運動尚有李長齡、曹振武等分往各省軍隊，然至今幾無從紀録也。日知會自丙午破案後被捕九人中，季雨霖則由黎元洪保出，張難先則由熊家騏保出，朱元成字子龍，一名松坪，已疫死於江夏縣獄外。尚有六人困苦獄中，案久未定，至第三年方定此六人之罪。今將其定案全文録出，以供參考。

敬禀者：卷查光緒三十二年十一月前府趙守任内奉閣前督憲張批，飭會同現任巡警道馮道等審訊匪犯劉貞一等一案，先後叙録供詞，禀沐閣前督憲張咨呈外務部定案。知府前以恭逢恩詔，查辦各項罪犯，稟奉北臬司轉奉督憲飭發咨稿兩件到府。知府伏查光緒三十三年五月初二日咨呈内聲叙劉貞一、朱元成、胡瑛、梁瀛洲等罪狀至爲詳盡，並有劉貞一之罪與朱元成、胡瑛、梁瀛洲相等各等語。劉貞一一犯已奉閣前督憲定以永遠監禁之罪，胡瑛一犯聲明與劉貞一之罪相等，應請一併予以永遠監禁。其朱元成一犯已在江夏縣監内病故，應請勿庸置議。梁瀛洲一犯現尚在逃，應請獲日另結。以外尚有吴之銓、殷子衡、李斌、梁鍾漢四犯尚未定擬。茲查吴之銓、殷子衡均爲劉貞一等秘密刷印悖逆書籍，吴之銓並曾自行編纂；李斌爲日知會閲報室稽查，閲看悖逆書報；梁鍾漢曾與朱元成同船回國，住漢陽青蓮寺，又爲梁瀛洲之胞兄，皆與劉貞一、胡瑛等同爲匪黨。此案劉貞一等陰謀大逆，查有實據，本應立置重典，惟業蒙閣前督憲法外施仁，貸其一死。劉貞一、胡瑛均只定以永遠監禁，吴之銓、殷子衡、李斌、梁鍾漢自應以次遞擬。知府查核供詞，吴之銓印刷逆書兼編纂，情罪較重，擬請定以監禁十五年。殷子衡只爲刷印逆書販賣，李斌只爲日知會稽查，閲看逆書報，均當量從末減。殷子衡擬請監禁十年，李斌擬請以監禁五年。梁鍾漢與朱元成同在日本游學，回國時又同船同寓。朱元成等密議悖逆之事，梁鍾漢朝夕與共，不能諉爲不知。未便因其狡供避就，遽予輕縱，擬請發回原籍漢川縣，定以監禁三年。各該犯等年限屆滿，由各該管官察看情形，另稟辦理。定該犯事在光緒三十四年十一月初九日恩詔以前，均在部議條欵不准援免之列，均應不准援免，除將各犯原訊供詞繕具清摺隨稟賫呈外，所有遵飭酌擬監禁緣由是否有當，理合稟請俯賜查核批示祇遵。再查吴之銓供係生員，是否屬實擬請將該犯發回原籍黄岡縣就近移學查明詳革，再行收禁，依限監禁，合併聲明，謹肅具稟。

自此案定，而湖廣總督陳、北臬司楊皆批准照所擬執行。劉敬安永遠監禁於武昌模範監獄，胡瑛永遠監禁於臬司獄，李斌字亞東以監禁五年移轉於漢陽府獄，殷子衡以監禁十年移轉於夏口縣獄，梁鍾漢以監禁三年解回原籍漢川縣獄，吴之銓，字貢三，以十五年監禁解回原籍黄岡縣獄。俱有原案移文，但不可得。惟吴貢三於武昌首義之次日即響應於黄州，故關於吴貢三之全案皆彙集成册，絲毫未失，而定案全文是以得窺全豹也。更將宣統元年五月初十日武昌府正堂黄札飭黄岡縣原文録之如下：

爲札飭事，本年四月廿六日奉臬憲楊札開案，奉督部堂陳（夔龍）批據該府稟匪犯劉貞一案内從前未擬各犯，遵飭分別酌擬請示遵由。奉批稟及供招均悉，查核所擬尚屬允協。仰北按察司即行復核分別飭遵具覆。等因奉此。並據該府並稟到司。本司查所擬各犯罪名均尚允協，應即如稟辦理。除呈覆督憲外，合亟札飭。札到該府即便遵照辦理勿違，等因奉此。本府查吴之銓一犯已於原稟指明發回原籍在案，茲奉前因除行江夏縣遞解外，合亟抄稟札飭。札到該縣，一俟吴之餘解到即行查照抄稟，將吴之銓查明詳革，依限監禁，仍將收禁日期通報查考毋違。此札計抄府稟一紙，吴之銓供單一分。宣統元年五月初十日承啓官署武昌府司獄劉悁蓋印。

又移文如下：

江夏縣正堂王爲遞解事。奉府憲札，仰該縣即將現收候審所之匪犯吴之銓一名刻日提至，當堂驗明正身，加上刑具，簽派勇役，解赴黄岡縣衙門投收監禁。等因奉此。擬合備文遞解。爲此合移貴縣，煩收監禁，給照回銷。須至移者，計遞解吴之銓一名，刑具口糧一分。右移黄岡縣正堂。宣統元年五月十三日移。

訊録吴之銓供單如下：

據生員吴之銓供，堵城對岸新洲人，光緒十五年趙學憲任内入學。今蒙提訊，蒙將生員先行收押，只求格外生全。諭先行收押，俟移學查明詳革，再轉監依限收禁，並申報各憲可也，此諭。五月十四日訊。

黄岡縣正堂熊移請黄岡縣儒學查照，希將吴之銓三代年貌開録以憑詳革，依限收禁之文不録外，更將回牒記出如下：

黄岡縣儒學正堂任爲移送年貌事，案准貴縣移開原文有案不録外，尾開查照希將吴之銓三代年貌開録移覆以憑詳革等因，准此。敝學遵將該生吴之銓三代年貌開明備文牒送，爲此合牒貴縣，請煩查照詳辦。須至牒者計開吴之銓，現年四十二歲，曾祖鳳，祖定邦，父光喜，光緒十五年入學。右牒黄岡縣正堂熊。宣統元年六月二十五日牒。

關於此案詳革文件由黄州府正堂麒、提學使高之札飭頗多，茲不備録，特將吴之銓提堂釘鐐收禁之苦與地方紳士求保之狀揭出數篇，以明真相。

宣統元年七月初六日，附貢生姜元楷、巡檢舒鈞、封職朱澤霖、生員張鴻漸、教職杜樹森、職員邱沅、職員潘福潤、廩生何春浩、生員廖春華、生員邱紱、職員洪潤生、世職張鴻恩等，本城二三甲，公爲苦極乞恩，公懇通詳請減，以賜生全事。

竊查已革優增生吴之銓，前經上憲擬辦發解原籍。功令森嚴，生等何敢率瀆。第念銓世居外嶺，去城僅三十里許，其生平事實聞見較真。自束髮受書以來，雖無卓卓善行，前此幸無劣迹可指，以故鄉鄰子弟争師事之。奈文章憎命，困頓名場，弗能以詩書啓家，惟以舌耕得粟，藉爲仰事俯畜之資。此次蒙恩收押迄有三年，墨渴毫乾，生計日蹙。惟思伊父已八十有三，僅此獨子，又無長次之可依。伊又孑然一身，嗣祧莫續。所存者兩幼女耳，一梅仙，九歲，一蘭仙，四歲。雖慰情聊勝於無，然輾轉流離，情殊無告。現值大水爲災，宅成魚窟，伊又抑鬱成病，時染咯紅。可憐父哭於途，子病於獄，女號於室，妻竄於城，哀鴻嗷嗷。夫何至於此極耶？竊維聖朝恤老有政，留養有條。況當恩赦三頒，厚澤深仁，覃敷無暨。仁憲化雨仁風，遐陬遍被，歡欣歌頌，感切肌膚。銓雖罪無可原，然亦屬憲之赤子。其家口無依，死生莫保，知必有以老老幼幼之懷而法外施恩者也。生等誼屬戚鄰，目擊斯艱，忉怛無主，故敢冒干功令。公叩大老爺台前恩憐作主，賞將吴之銓是否通詳遞減，抑或别有原宥之處原出恩裁，生等不勝惶悚待命之至，上呈。

此呈既上，而黄岡縣正堂批曰：

吴之銓係應監禁十五年，所請應毋庸議，初九日批。

又，

族長職員吴紹燮、職員吴鳳翥、房首監生吴瑞卿、監生吴聯芬、經管吴運庚、經管吴兆慶、職員吴步陛、監生吴懷薌、文童吴子受、文童吴兆桐、吴兆桓、吴光漢、吴甫臣、吴正順、吴正元等自爲貧苦無聊，嚎懇詳請原宥事。

竊職族吴之銓前蒙上憲發解回籍，迭荷厚恩，過蒙曲全，自應仰體憲心，静候憲示，何敢冒昧率瀆。惟銓素守一經，拳拳自愛，鄉里且有稱爲恂恂者。自入泮而後，終歲不履户族之庭，歷二十餘年惟以課徒爲業。其鄰族子弟無不賴以陶成，以故人皆愛之。丙午歲應本城福音堂之聘，承充國文教員，按時授課，勤懇有加，又爲西人所信任。不料比年黨案發，委提省訊，始押警察總局，繼押武昌候審所。雖歷有三年之久，究案之起伏，情之有無，職等俱不得而知，亦不敢置辨。惟念銓家無恒業，素以筆墨營生。自羈押以至於今，墨渴毫乾，生計因以日蹙。上有八旬老父龍鍾顛倒，乞告無門。下有兩幼女啼飢號寒，慘聲交作。今歲洪水爲災，禾苗淹盡，素封之家尚難爲活，況貧苦如銓，其家口將何以生理耶？且銓病骨支離，吐紅並發，氣息奄奄，僅存一綫。如此慘狀，職等實不忍聞。伏思仁憲聞德昭彰，恩慈夙著。因仁風之久被，賴惠澤之旁敷，故敢不揣愚頑，縷情嚎叩大老爺台前，矜憐作主，法外施恩。其將吴之銓或有原宥之處仰賴恩裁，不但銓闔家感戴不忘，職等亦啣結無暨矣，望光上呈。

此呈上後，黄岡縣正堂熊賓批曰：

已於附貢生姜元楷等初六日呈内批示矣。

復有陳汝慈保狀如下：

四川補用知府陳汝慈，四十一歲，原籍圻州。自爲功令難恕，曲全在人，破指血結，懇恩交保，以全生命事。

竊查已革增生吴之銓自丙午被逮，迄有三年。今夏武昌府按擬通詳，復經督憲批准在案，榜其罪則監禁矣，定其限則十五年矣。一紙文書，森嚴可憚，則不敢請保。發解回籍，移學詳革，再行收禁，則不得請保。吴族邑紳迭上公禀，蒙批所請應毋庸議，則更不能請保。然職所以亟亟欲保者非不愛惜身家性命而勉强爲之也。昔蘇子有言：死讀書，活看律。職雖不才，竊奉此爲圭臬矣。況銓廉隅自守，生平尚無過犯。惟嗣續維艱，宗祧莫繼。父已年逾八十，家無次丁，則所謂内無應門五尺之童，外無期功强近之親。門衰祚薄，孤苦零仃，景況之艱，夫孰有如銓者哉？夫刑法之設，原以懲既往而愓將來。人能自新，即可率以共由之路，非謂在監可以見善，出監即見惡也。際今監獄改良，酌造新律，仁煦之恩，彌綸天地，何非赤子？孰不在矜鑒之中？銓雖有外生成，何嘗無可原情之處？職維李陵失守，史遷下蠶室而不辭；李綱下獄，陳東哭宫闕而不去。義之所在，既知必爲情之可鄰，雖死必救。況讀仁憲《三縣治略》不冤一民，不借一勢，慈愛之心，藹然可揭。職所恃而敢請保者，徒以此耳。伏乞鑒察愚衷，惻憐寒餒，多方婉轉，立沛深恩。或援獨養之例，或援擬贖之條，暫行交保，以賜生全。倘日後衆論不孚，則請治職以阿好之罪；察明品學不正，則請治職以欺飾之罪；或經人指控，不惟送銓究辦，並請治職濫保之罪。爲此出具血結，粘叩大老爺台前，憐情作主，賞將吴之銓開釋。不獨銓闔家戴德靡涯，職亦頂恩無暨矣，上呈。

保結一紙呈上，黄岡縣正堂熊批曰：

吴之銓經武昌府憲訊，擬監禁十五年，詳奉督憲批准解回原籍監禁。案情重大，何能輕率交保開釋？惟現在既據該紳出具甘願連坐加等之保結，並前據本城各紳朱澤霖等及户族吴瑞卿等聯名呈請通詳宥減，姑候據情詳請各憲核示遵行，甘結暫存，二十四日批。

陳汝慈，字慧泉，蘄州人，今改蘄春，乃吴之銓門下士，品高學博，有大志。吴犯國事被縶，爲謀解脱不成，走重洋以謀天下事。武昌起義，隨孫中山自南洋歸南京，力主北伐，爲袁世凱所恨。南京政府取消後，卒被反對民國者槍斃於南京，後由盧鶴琴及蘄春知事黄厚焱於蘄春建有陳公祠焉。又吴之銓自求開釋，其妻孫氏稟請代夫受罪，均不得邀准，復在獄中大病，危在旦夕。而大監禁卒李才謝主龍海謝和及黄岡縣典史熊樹藩皆稟求查驗核奪，而吴族士紳吴紹燮等又出保狀如下：

公爲病危情慘，公懇鑒憐暫保原詳事。

職族革生吴之銓曩蒙上憲遞籍限禁到縣後，職等及紳耆數十人前後聯名曾將銓苦實稟。當荷前熊憲通詳在案，兹銓忽染重病，醫藥罔效。銓妻孫氏稟懇詳請仁憲核驗，荷飭延福音堂華牧師到監醫治。師至投劑無驗，次日師復約其醫院雷醫同至視疾，咸謂銓文弱書生染監内疫氣過深，非就彼醫院法調氣息，萬無生理。故孫氏復哀懇憲天生全，未荷批示。迨職等見銓，察其形，則瘦損不堪矣。與之言，則昏卧不省矣。詰其食，則多日不沾矣。及至見其相聚之人，八十五歲之老父丐食歸而哭子欲絶，數齡之幼女學績哀而求代父苦。其妻孫氏更惶懼無主，呼天告化，莫知所之。職等皆誼屬一本，憐其病之危，憫其情之慘，觀其事之急，遂不揣冒昧，聯名公叩大老爺俯察病情，鑒憐作主，賞懇立將吴之銓暫交職等保送本城福音堂醫院就華牧師醫治。恩予通詳，俟病愈後如上憲札飭要銓，職等仍願將銓交禁守法，實公德兩便，上呈。

保狀一紙不録，而黄岡縣正堂潘批曰：

卷查該犯吴之銓奉發遞籍監禁之後，嗣據該職等以吴之銓上有老父，下有幼女，環懇詳請宥減。即經熊升前任據情轉詳，旋奉督憲批示：

查該犯吴之銓，原犯情罪甚重，前由武昌府審擬監禁十五年，已屬從寬。該縣何得率據該户族等所稟爲之轉請，殊屬冒昧等因，轉行到縣。現在該犯在監患病，雖屬實情，所請交保必致仍干駁斥，礙難照準，候撥醫加緊調治可也。

上録數條皆得之於吴之銓遞解黄岡後之全卷。武昌起義之次日，吴之銓即出獄，率杜芳等響應於黄州，更名保春，爲軍政分府首領，玹下囚即座上客矣。

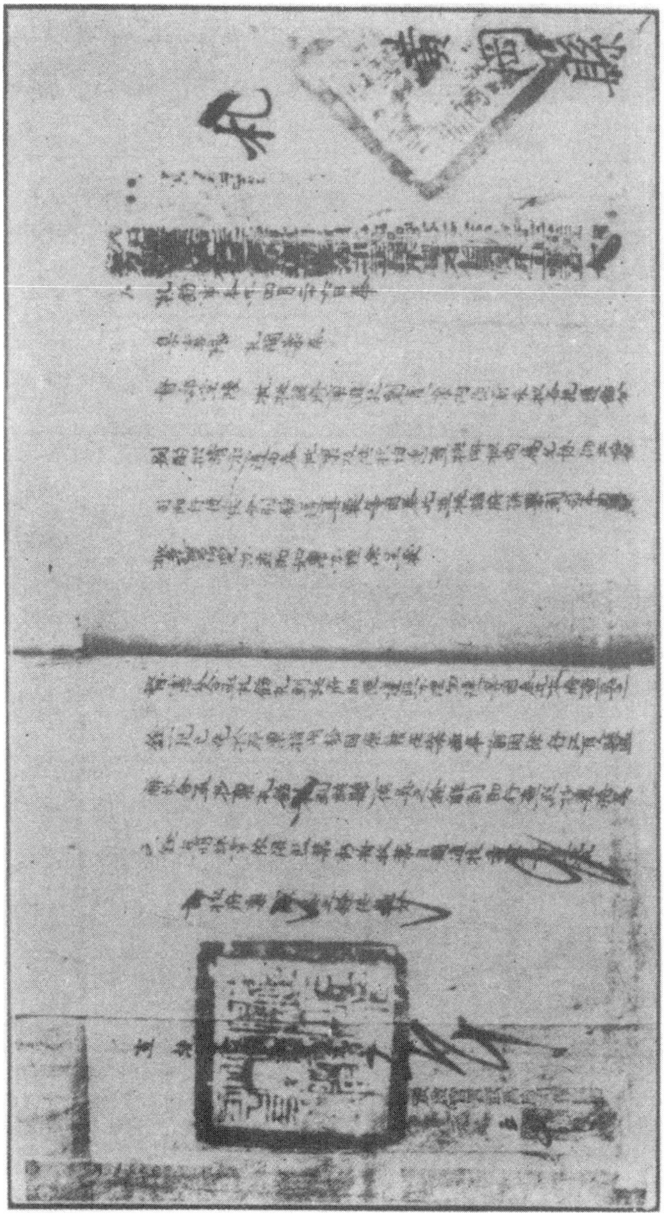

此武昌府正堂札飭黄岡縣移解吴之銓回籍收禁之公文也。

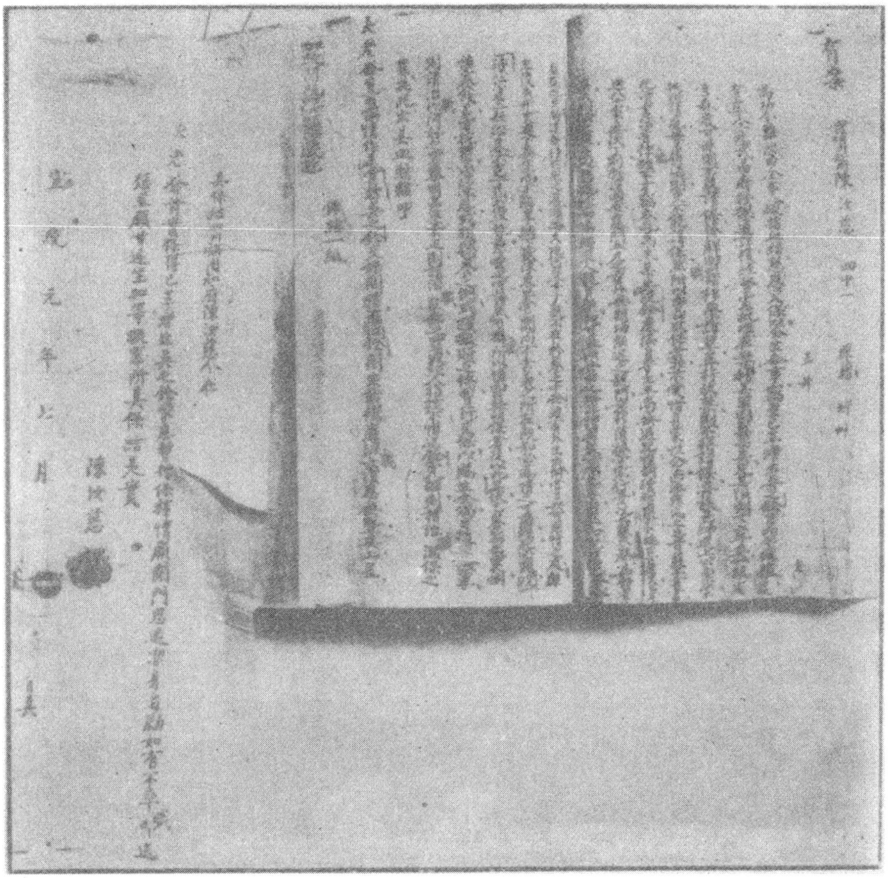

此陳汝慈求保開釋吴貢三所出之血結也。

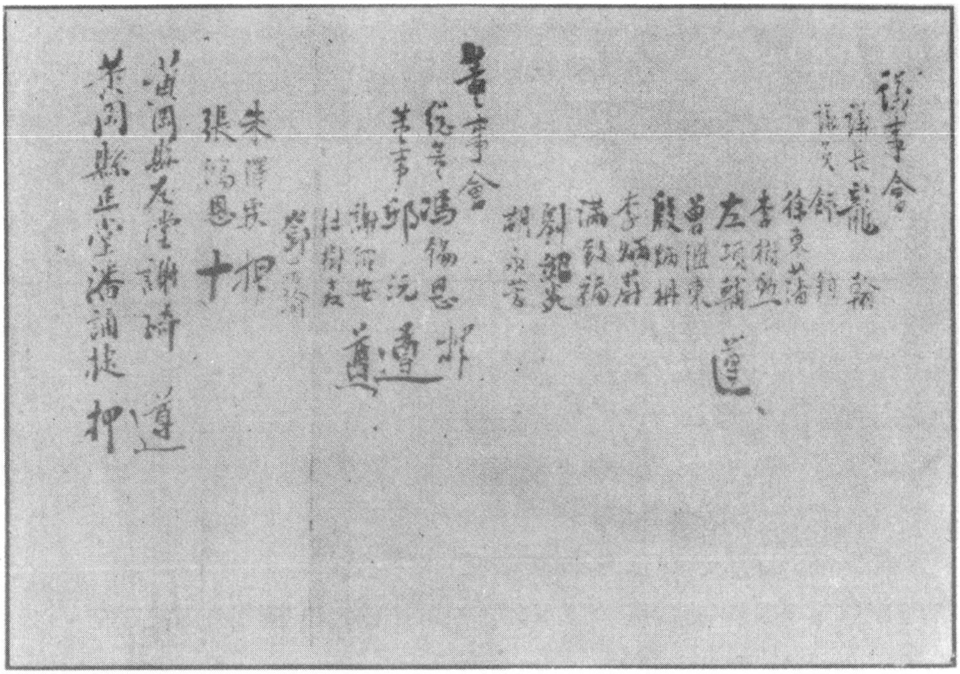
议事会
议长
议员
董事会
董事

此即黄州八屬之議員，及當地官紳，於辛亥八月十九武昌起義之次日請吴貢三出獄組織軍政分府時，簽名畫押響應於黄州之攝影也。

附録吴貢三著《孔孟心肝》之前半（後半已佚）：

序

新書之出，近來不知凡幾。如《浙江潮》、《新湖南》諸編，議論之宏，筆墨之富，固爲衆目共賞。然其字句高深，僅可供文人學士之賞鑒。若商賈之流讀之，其味如同嚼蠟，識者惜之。石決明先生，亞東志士也。恐中國人長眠不醒，爰用俚語，著爲此編。字求其淺，句求其明，使識字者讀之，皆可悟其理而警於心，發聾振聵，誠至妙之法也。其可以不文而笑之乎？中國亡國後二百十一年，歲在乙巳，常山黄著謹序。

管仲相桓公，尊周室，攘夷狄。孔子直稱之曰，微管仲，吾其披髮左衽矣。讀其書可知孔子有攘夷之志。

何謂夷狄？即外國人也。攘字作逐字解，言外國人皆宜逐去也。

嗚呼，我中國之地現被滿洲人佔去二百六十餘年矣，照孔子之書理應將滿洲人趕逐歸去。

仲尼祖述堯舜，孔子之學無一不是堯舜之學也。故欲知孔子之爲人，當先知堯舜之爲人。

堯舜者，以天下爲公共之天下也。故堯以天下讓舜，舜見禹賢，亦以天下讓禹，孔子祖述堯舜，亦欲以天下爲公共之天下也。

何也？以國君賢能，則一國之政治必善，政治好則夷狄自不能來欺中國。夷狄既不能來，則中國之君萬世皆是中國人自做，斷不致有外國人來中國爲君也。

自後世之人以天下爲自己之天下，不傳於賢能之人，而傳之於子，子傳之於孫。此中國人所以有争奪天下之事也。自中國人自相争奪之後，則中國之君每多昏暴。國無賢君則政治必不能善，政治不好則夷狄即來。此前明崇禎時所以有滿洲人奪我中國也。

孔子曰：雍也，可使南面。何謂南面？言爲君者南面而立，爲臣者北面而朝，南面即爲君也。孔子言雍也之才，可以使他爲君，是中國之君無人不可爲之也。

或者曰，君臣之分甚嚴，孔子之爲人豈無君無父者乎？此亦或人不思之甚也，此或人未知歷史之故也。

滿洲之韃靼固中國之臣也。當前明萬歷年間，我中國曾封奴兒哈赤爲建州都督，給龍虎將軍印，每歲賞給他俸銀八百兩。奴兒哈赤者，即清朝順治皇帝之祖也。豈滿洲人爲中國之臣可以奪中國之天下，我中國之人爭回中國之地，有不合之言乎？

即以君臣而論，吾且以君臣言之。

孔子曰，民之父母，康誥曰如保赤子。言君之視民如子，民之視君一如其父也。設有人來我家中將我之父殺死，將我之母佔去爲妻，將我家之田地房屋產業一概占去，還要我們叫他爲父。我年少不知亦叫他爲父，此所謂父不父，子不子也。

滿洲人來我中國將我中國之土地佔去，將我中國之皇帝殺死，自立爲君，還要我中國人爲臣。他本來是個夷狄，不是我的君。要我稱他爲君，此所謂君不君、臣不臣也。

明朝崇禎皇帝死後，滿洲人遂將京城佔去。

南京人乃立福王爲君，即宏光①皇帝是也，順治二年被滿洲人所殺。

福建人見宏光皇帝被殺，又立唐王爲君，即隆武皇帝是也。順治三年又被滿洲人所殺。

厥後，兩廣人又立桂王爲君，即永歷②皇帝是也。清朝乃叫令吴三桂捉之，桂王逃至緬甸國，又爲滿洲人所殺。

鄭成功者，桂王封其爲延平王。桂王死，鄭成功不肯投降，與其死戰。戰敗逃至臺灣，其後又爲滿洲人所殺。

清朝佔我土地，要我中國人剃去頭髮，打起辮子，換了他們韃靼的衣服。此是披髮左衽也，此夷狄之俗也。中國人不從即將我中

---

① 宏光，應爲“弘光”，即明安宗朱由菘年号。

② 永歷，應爲“永曆”，即南明桂王朱由榔年号，鄭成功、鄭經、孫克塽沿用至1683年。

國人殺了，爲了剃頭一事不知殺了中國幾千萬人。

揚州人不肯從他，滿洲人就帶了兵來，一連殺了十日，共計殺了八十二萬四千餘人。

嘉定人不從他，滿洲人亦帶兵來屠城。其餘如義烏諸處，被他屠城的地方不知其數。

現在剃頭擔上猶有一枝旗杆。此旗杆即是明末清初時殺人之令也。嗚呼，我孔子嘗言身體髮膚不敢毀傷，今滿洲之韃靼逼我中國人剃去頭髮是毀傷髮膚也。我中國人讀孔子之書，何不再想一想，仍然養起頭髮焉。《孝經》云：非先王之法服不敢服，是衣服不可不慎也。今滿洲人要我穿他韃靼之服衣，是披髮左衽也，是棄先聖之道也。我中國人讀先聖之書，何不再圖改換，仍然穿我中國之衣。

滿洲人來佔中國，姦淫婦女，殺人放火，無所不至，此固無處不有也。

嗚呼，滿洲人所殺之人即我漢族之祖宗也，滿洲人姦淫之婦女即我祖宗之妻也，即我祖宗之女也，即我祖宗之姊妹也。

夫然，則滿洲人非但不是我的君，實是我中國人之大仇人也。

既知滿洲人是我中國人之冤仇，我中國人固當報此大仇矣。何爲乎鼓上睡不醒也？

俗語云：有恩不報非君子，有仇不報枉爲人。既欲做人，此仇不可不報。或者曰：我既奉之爲君，若以君臣而論，我又不敢如此也。此未讀孔孟之書也。孟子曰：民爲貴，社稷次之，君爲輕。言一國之中以民爲最貴，社稷又次之。若所謂君者，固甚輕也。况且滿洲人是個夷狄，不是我中國之君。孟子曰：君子視臣如草芥，則臣之視君如寇讎。今滿洲人殺我祖宗，姦淫我祖宗之妻女，非但視我中國人如草芥，實視我中國人如讎敵也。彼既視我如讎敵，我中國人猶不知自思自反乎？

自明朝萬歷①三十八年起至康熙二十二年止，清朝與我中國共

① 萬歷，應爲“萬曆”，明神宗年号（1573—1620）。

計戰争七十四年，共計殺死我中國人一萬八千萬。嗚呼，滿洲人與我中國漢種人有不共戴天之仇。我中國人固當同心協力驅逐此滿洲之韃靼也，或殺此滿洲之韃靼以報其仇也。何爲乎有仇不報，猶且奉之爲君，甘心作爲滿洲人之奴僕，我中國人固亦無耻之甚矣。

或曰爲人宜忠，爲人宜孝，爲人宜愛國。嗚呼，我中國之君已死，滿洲人是個夷狄，是我中國之仇，又非我中國之君。孟子曰：非其君不事。我欲忠君，我已無君可忠。奈之何謂我不忠也？

嗚呼，父之仇不能報乃囑付於子，子不能報乃囑付於孫。今滿洲人爲我祖宗之大仇敵，我不能報復其仇，我中國人固是不孝也。

嗚呼，我中國已被滿洲人强佔，我中國之國已亡去二百餘年。我欲愛國，我已無國可愛矣。如欲愛國，其必争回中國之土地乎。

或者曰，我欲起兵争回中國，人皆以我是造反，人皆以我是大逆不道，如何則可？

嗚呼，中國者，中國人之土地也。今被滿洲人强佔，我欲争回土地是我自己取我自己之土地也，何得謂之造反，何得謂之大逆不道？謂之光復可也，謂之殺韃靼可也，謂之攘夷狄可也。

昔者武王伐紂，孟夫子直稱之曰，聞誅一夫紂矣，未聞弑君也。讀其書是暴虐之君，即可起兵伐之，況滿洲人是個夷狄，不是我之君乎。

或者曰，此事甚難，皇帝亦不知何人可做。

嗚呼，此亦不知古代之歷史也，皇帝是無人不可不做也。

昔者漢高祖是一個泗上亭長。漢朝的亭長即今之地保也。他們家中甚貧，後來機會湊巧，只是用人得當，不過五年之中漢高祖就做了皇帝，一統天下。

昔者朱洪武是一個小和尚，後來因劉伯温、徐達等人幫助他，朱洪武將元朝的韃靼趕歸蒙古，就做了明朝的皇帝，一統天下。

現在只要中國人自己和氣，中國人不要殺我自己中國人。

滿洲人共計五百萬，我中國漢人共計三萬七千五百余萬，比他們已多至七十七倍。只要中國人不幫助滿洲人，則滿洲人即可趕逐歸去。

奉勸中國之兵不要殺自己中國人，奉勸中國人不要殺自己中國之兵。夫然，則當兵之人可以不死，中國之人可以爭回中國之天下，中國之皇帝可以中國人自做。

滿洲韃靼之來歷

滿洲在中國北京之東，其人種類是一個夷狄，與中國之漢族不同。當堯舜之時，中國人稱滿洲人爲肅愼，至漢朝唐朝時稱滿洲人爲奚契丹，當宋朝時中國人稱滿洲人爲契丹。後契丹爲滿洲之女真國所滅，女真國又改名金國。當宋朝之時，我中國岳飛去打金兀朮，即是滿洲人之祖宗也。後金國降了元朝，厥後，朱洪武將元朝趕歸蒙古。中國之土地仍歸中國人自管。明朝永樂皇帝將元朝韃子掃除之後，又帶兵打遼東，於是女真遺種皆降明朝。遼東者，即滿洲也。滿洲人自投降我明朝之後，歷代受封。明朝至萬歷皇帝乃封奴兒哈赤爲建州都督，給龍虎將軍印，每年賞他俸銀八百兩。奴兒哈赤者，即清朝順治之祖也。奴兒哈赤雖然受封明朝，嘗帶兵謀反，屢次平之。奴兒哈赤之子皇太極亦屢次謀反來打明朝，入山海關四次，殺我山東、直隸、山西百姓數百萬人。至崇禎時，中國有李闖之亂。滿洲人遂入山海關，佔我中國之京城。我中國在南京立福王爲君，被滿洲人所殺；又在福建立唐王爲君，又被滿洲人所殺；又在兩廣立桂王爲君，又被滿洲人所殺。鄭成功者，桂王封其爲延平王。桂王死，鄭成功不肯降清，與其死戰。戰敗乃逃至臺灣，其後康熙二十二年又被滿洲人所滅。至此，中國之國遂亡，中國之土地皆爲滿洲之韃靼爭去。嗚呼，此仇不報，我中國人真是無恥之甚矣。

忍令上國衣冠，淪於夷俗，

相率中原豪傑，還我山河。

第十章　禹之謨之死難

禹之謨，湖南湘鄉人。少任俠，工書法，能文章。壯游江浙，懷遠志。甲午之役，君憤士氣之弱，投筆從戎。任轉餉，出榆關，歷遼東西。經敵壘，冒重圍，卒完所事。以勞績保知縣，君見國事日非，褰裳去之，專究新猷，學實業。在滬考察半年，復游日本。歷千代田大阪各工廠，躬操作。尋以其尊人春軒公病，急歸國。戊戌政變，知異族僭主，爲惡不悛，力圖革命。庚子秋，與唐才常謀武漢。事敗，君至尚不知。入唐寓，邏騎滿室。君從容作寄信人得脱，往還南京。時與同志錢維驥及共心腹者睹故國河山，潸然流涕。癸卯返湘潭，設毛巾廠。甲辰，予邀移長沙，附設工校。乙巳，擴充實業工場，整理機織皆親自操之。又藉湘鄉會館創設唯一學校，是時各學校賴君成立者甚多。適日俄媾和，清政府謀以閩易遼於日，於是湘人群電樞府抗争。君之血誠所激，湘中教育商會皆推君爲會長。丙午夏，殉國烈士新化陳天華、益陽姚宏業歸櫬湖湘。君主葬嶽麓，以表崇報。清大吏禁之。至日，君約全體學生制服行喪禮，萬人整隊，送之山陵。一時官紳屬目，以爲民氣伸張。清政府危，而官紳之富貴不保矣，遂恨君。更有湘教育界敗類俞誥慶字飭華等暗害君。俞飭華爲長沙學務處總監督，常以學務處燈籠爲前導，狎妓嫖土娼，爲學生所窘，捕至濂溪閣。黥其面，裸其體，拍其照於土娼跨下。君開會辱之，叱其無恥。因告密，謂君爲革命黨魁，將結軍學兩界謀起事。清大吏憚君名，遲遲不敢發。會六月湘鄉士子争鹽商浮收，君以爲食鹽加税已違人道，浮收巨額，民命更危。不得已争浮收之欵辦學，免入貪囊。湘鄉知事陶上詳，坐君率衆塞署罪。清撫下令捕君急，長沙聖公會黄吉亭牧師勸之避，君執不可，曰：吾輩作事，死，義也。列邦改政，孰不流血？吾當爲先導。竟於丙午六月二十一日被捕，捕後爲君申辨者日數十起。清吏格於清議，監致常德，又移靖州。靖州牧金蓉鏡極殘酷，雖已定君永遠監禁之罪，金牧欲殺君以媚上官。故抵靖後，酷刑十餘日。始以針刺爪甲，君不怯。繼倒懸之，熏椒烟於口鼻，君仍無語。金憤甚，自燒烙鐵烙君肉。全身焦爛，胥役皆不忍睹。又值八月萍醴革命軍起，全省戒嚴，更速君死。金牧刑訊君，其酷爲世界所絶無。斷君指，割君舌，求死不得，身無完膚，乃於十二月二十一日縊君於靖州之東門。就義之先，猶手書絶命詞，拇指早爲繩斷，字迹仍端好如恒。臨死之頃，指金牧曰："我要流血，爲何絞之？吾熱血不流，辜負我滿腔心事矣！"

嗚呼，痛哉！禹君之壯烈將與岳武穆、文天祥並駕矣。今記其遺書數通以悲其遇。致友人書云：

湘蓀介人藴山同志鑒：

謨自六月二十一日遭此横禍，八月初二日抵靖州，即日入獄。究不知因何定罪，有無期限。世界黑暗，學界亟欲其光明，危乎難矣。謨入黑暗獄，將編黑暗史。適高等學堂申生建藩，字鐵琴，暑假歸里，正在籌資東渡。日前靖州師範學生與人争鬥於市，鐵琴見之，從旁解勸。而師範生竟與鐵琴反對，誣爲糾毆，訴於州牧。郭牧本昏憒貪吏，以申爲奇貨，不減咸陽之索，只得暫避野蠻凶鋒，專制虎威。現用去百金有奇，其禍猶未已也，必欲得而甘心焉。嗚呼險哉，誤居囹圄，來慰問者日有人，得聞兹事之大概，告我學界同志爲之評議。乞學務處行文銷案，毋使昏吏上下其手。藉飽欲壑，庶僻遠萌芽之學風，去其奴性蠻俗，自重人格，進爲有秩序之團體，不亦幸乎。

與同學諸君書云：

同學諸君御覽：

捧讀來書，感愧交增，汗淚並下。敬譪諸君學有根底，琢磨益光。亞東之華盛頓，其在諸君乎？謨本不學無術，動多窒礙，未能於社會建毫末之利益，致增一層阻喪，死罪死罪。至湘學會即能成立，必含多分的奴性，藉奴勢以伸權力、行壓制可預知也，滿奴亦得利用之。嗚呼危哉。學子其在彀中矣，猗歟，幸哉，學子已能自立矣。我所希望之學生自治會，幸諸君之大魄力於大風潮大勢力與大獄之際，放大光明於黑暗世界。獄中人聞之，喜而不寐，更望諸君以百折不回之氣概振刷精神，整齊秩序，力求進步，毋少懈怠，毋少退讓。以自治會爲政黨會、新國會之基礎，其責任之重且大也如此，諸君勉之。吾輩可爲清廷之囚犯，不可爲自治會之罪人，願諸君務其大者遠者。若目前之小害無畏焉，今學生自治會成立矣，請再進一步創立群治大會爲各省倡，亦惟諸君是賴。鐵路初歸官辦，既而紳辦，兩年之久毫無影響。今春商會成立，謨於會中再四演説，云不自我先，不自我後，有此大權大利之鐵路機會，商界當急取之，勿彷徨也。幸而見信，是以有四月電達商部允歸商辦，兩期即集股二百萬有奇。近有官督商辦之説，是皆前此紳辦者。因事權不己屬也，陰地唆弄，必破壞商辦之局而後快。商界無人才、無魄力，祇可居被動之地位，無原動之資格。湘路之能否專歸商辦，必得學界爲之援助，否則一爲官辦，資本無着，人皆慳而不前，勢必借洋欵，以數百萬贖回之路權又將去矣，且湖南與之俱亡。謂余不信，試觀甲午三千萬贖回之遼東隨轉而送之俄人。遼東爲建虜發祥之地尚爾，有何愛於湖南？嗚呼，怨哉，欲存湖南，必争路權。争路權者，商界學界之天職，責無旁貸。諸君以謨言爲千慮之一得歟，請於學界開會之際爲謨宣布此意，以俟大多數國民采擇，是爲幸。承諸君存問，惠贈。却之不恭，受之有愧。學生自治會成立，之謨敬捐銀二元以答盛情。

又書云：

斗衡梓卿心滌鐵錚漢援仙霞松藤大國民御覽：

謨不學無術，自謀不臧，被群小構陷，致勞諸君多方營救及松藤回國運動。昨讀洞庭波，又承諸君表曝過當，感愧交增。入獄情形，松藤已知梗概，當爲之述及，此不贅。昨讀松藤長沙之信，知佩初在上海爲中國公學諸君判以卸責之罪，佩願每年以二百四十圓爲謨獄中及家中之用，至出獄之日止。在公學諸君之判爲不固團體者戒。佩初之私和鹽案爲王龍文所愚，既和，不請陶令銷案有疎忽之咎，無構陷之心，在佩之出資，有通財之義。謨請作爲借欵可也，至湘路又有官督商辦之説，是皆前此紳辦者因事權之不己屬也。暗地播弄，必破壞商辦之局而後快。湘省商界無人才、無魄力，祇可居被動之地位，無原動之資格。今也督者執其權，辦者僅供資財。欵歸中飽，資本無着，人皆慳而不前，勢必大借洋欵。路權去矣，而湖南與之俱亡。嗚呼危哉，欲存湖南，必争路權，是所望於諸君。

又函云：

松藤賢弟如握：

二十六日接弟八月二十六日手書，敬悉賢弟歸來，爲我運動，愛逾同胞，感甚愧甚。兄與滿奴各處一端，自不兩立。捕拿下獄，不遂我殺身之志。幽居無聊，又不能盡建設之義務，恨何如之。吾輩所希望之人才，其在學界乎？若湘學界之價值已在數十兩牙帖之下，以全縣之力，不能去一擅收陋規之行户，且異族之奴隸隨意以一紙公文不由理論而鉗制之。雖有對付之議論，恐無對付之事實，縱有一二度之對付，其不能收最後之效果，有斷然矣，何哉？彼賤奴以提欵興學，恐學界發達，漢族有生機也。其摧之不遺餘力者，效忠於虜廷，冀固其位，勢所然也。嗟乎，世固有希望賤族立憲者，試觀數十級下行之奴隸，尚縱其霸食，欲望政治之平，得乎？以知一縣事之奴隸，一紙具文，即大加捕拿，等學界若草芥，以牙行爲神聖不可侵犯，此開明專制，假空談之學術，行牢籠之方略。今稍有識者無不研求學術，思想發達，破綱沖飛，不可牢籠，而惟學校以一紙條封閉之。靖州牢獄役卒向來非常凶殘，苛求犯人，備歷苦楚。必須重賄方能免禍，真不堪之慘，其無錢者如欲打草鞋度日，即割斷其繩索，且終幽閉籠内，雖至親不得面晤。於今年有犯人吴翰臣、劉禦堂（尚在禁）、陸玉堂、蔣南賓各持尖刀一柄將禁卒田貴殺死，馮喜、盧吉、楊某受重傷。

又致全中國國民書曰：

我所最親愛之在世同胞鑒：

世局危殆，固由迂腐之舊學所致，亦非印版的科學所能挽回。故余之於學界有保種存國之宗旨在焉，與若輩以摧殘同種爲手段者勢不兩立。於是乎有靖州之監禁，不百日而金牧提訊。所發不成論理之問題無非受人意旨，陰謀秘計，横爲成見。是以所答動遭無理之駁結，不能置詞，且曰爾輩牛馬耳，人欲食則食之，有何愛焉？禹之謨正告同胞曰，身雖禁於囹圄，而志自若。軀壳死耳，我志長存。同胞同胞，其善爲死所，寧可牛馬其身而死，甚勿奴隸其心而生。前途茫茫，死者已矣，存者誠可哀也。我同胞其圖之，困心衡慮，終必底於成也。禹之謨，四十一歲，丙午十一月十九日靖州獄中遺書。

又致諸弟書曰：

蓉立澤蔚健康六弟如見：

昨二十夜親筆所書之信及遺言已封妥託帶，尚未發行。二鼓後，金牧提訊，至二堂，梆子已具。金牧即呼上梆子，裸其體。照昨信所書情形，而加用大椒末熏口鼻，金牧親持綫香一大把燒吾背，約二時之久，無所供，抬至戲廳，吊吾右大指及大脚指，懸高八尺，數刻繩斷，大指已經破爛，尋亦斷。又换繫左大指懸之，再用香火灼吾背及膊，徧體無完膚。所訊無非是要供稱孫文。又曰，爾昨天所講認得這個譚心休，究竟是孫文使來的否？余曰，我只知伊爲中國公學回湘籌欵。金牧曰，你不實供，分明他是孫文的黨羽，你爲何不説？又用香火亂燒。余曰，既説是他的黨羽即是他的黨羽，我不得清楚。金牧曰，譚心休是幾時來通約你們的？余曰，是四月籌欵時會過的。金牧曰，我聽説他有個什麽票據。余曰不知。金牧曰，昨天你認説是孫文的黨羽，爲何不知他的憑據口號？又拿火來燒，余只得誣供有口號。金牧曰，是何口號，從實供來。余曰，記不得清楚了。言未了即用火亂燒。余即誣供曰，口號叫做中國人。金牧曰，不止此一號，尚有何號？我見他勢又執香火近前，余又誣供曰，以手加額爲相見之禮。金曰，楊懷三你到底認得否？余曰，認不得。金牧曰，他説你在湖南是個頭目，究竟你是何等頭目？余曰，我不是頭目。又拿火來燒，不得已又誣供曰，我是上等頭目。然則你是頭目，你之下還有些夥計，是些什麽人？我説無。金牧曰，總有些，你不説，我又要你上火坑。我見其勢凶猛，曰同志即是夥計。金牧曰，你同志有多少？我説不計其數。金牧曰，是何姓名？我説無姓。問，有孫文叫你們做甚麽事情的？我説救國保種。金牧曰，如何救法？我説是殺人放火。金牧曰，你要殺那一個？予曰，應殺者即殺。金牧曰，你們幾日起事？余曰，我不知期。金牧又來燒，余信口曰十月間。然則在何處起事？余曰，在上海相會。金牧曰，何必要到上海？我想即是湖南，你不見瀏陽醴陵之事乎？你關在禁裏，不然你也是一個。又曰，你與孫文同黨，有何好處？余曰，好處就是革命。金牧曰，《民報》是你發行否？余曰，我不曾發行。然則是誰發行？答曰，不曉得。金牧曰，你曾看見《民報》乎？我説看見一本。金牧曰，報上説的是甚麽道理？我説無非中國被外國欺壓，政府不能保護，總要百姓曉得救國。金牧曰，尚有何言？余曰，一時記不起來，我求他釋放下來，徐徐講出。金牧曰，放下來，不講，再上火坑。衆役放下，不知有無四體，時俯卧在地，氣息奄奄。金牧催説曰，我曉得放下來就不講了，他説就要把你打死，我即述説一些救國的話。時已五鼓，金牧即標牌收押。兵役抬下，不省人事，遺尿在床。至今二十一早七時始蘇，求友書此普告同胞。要知政府下詔立憲，專制的凶暴政治有進無已。將來四億的同胞其苦慘可想而知。我死矣，哀哉同胞。丙午十一月二十一日上午九時書於枕邊。

禹之謨遺言：

容澤蔚諸弟鑒：

兄被捕之翌日，清吏會訊。劉令曰，學界在天心閣開秘密會，所議何事？禹曰，天心閣開會，其常也。先行傳知，惟恐人之不衆耳。無論政界軍界警察工商界皆得旁聽，恨不得吾輩宗旨大義家喻户曉，印入人人之腦中，何秘爲？且也下學期必開學界軍界警察工商界群治大會以聯感情，一洗從前陌路之弊。如今夏蘇省徵兵募兵，南京徵兵警兵之鬨，皆因彼此無感情，致有此等怪像。我湖南其爲之防，今也我遭傾陷，無能爲矣。能繼我志者，學界必有人。劉令曰，學界之人聯絡軍界，意將何爲？禹曰，交换智識，調和養氣，申明大義而已。王令曰，幸而未也，有干法紀云云。容弟如見，前月由長沙轉來手書，字耶？淚耶？使我不能竟讀，手足之情固如是乎。兄入獄以來，幸靖地本家及鄉人存問絡繹，尚不寂寞。賤軀無恙，請釋遠念。昨接澤蔚來信，知省垣工廠勉强撑持，所成貨色甚爲暢銷。且蔚弟之知識較往年大有進步。若澤弟之種族思想秉於天性，邇來研求學理，琢磨益光。康弟天性純良，入校數月思想頓開。爲人心進化是本來有的，惟立弟性極因循，無藥可醫，爲之奈何？吾弟德性最厚，惜爲家計所迫，降志因人，良用浩歎。吾意俟年終工廠徹底稽核盈絀若何，倘敷衍得來，明年可專立一女工廠，擬令純卿帶詠月兩姪學習織工。吾意澤弟明年宜在省垣學堂辦事，可兼顧一切。容弟其静思之，能否將家眷移省從事實業乎？且吾弟之飄零無定，又非社會生利之道，弟能改轍爲社會增幸福，爲安家之長策乎？

又致諸伯母書：

姪不肖，致使堂上各位大人驚憂，罪無可贖。但事已至此，祈勿過慮，致重姪罪也。姪自六月二十一日遭此横禍，住善化獄，縣令待姪尚不虐（臨行時並送姪花邊八元爲零用）。至七月初間，因省城學生來者漸多，官吏恐學生等爲姪抱不平，致滋大事，即於七月初六夜四更時派委顧令並哨官二人、兵勇三十餘人，輪船一艄，即刻出城上船，往常德進發。初八日午刻過龍陽縣，申刻抵常德。三更後始坐轎進城，住武陵縣署花廳之側。縣令廖芷才待姪甚優，臨行送姪錢六千，且殷勤慰送。十七日下午坐巴干船向上游駛行。河中灘多水陡，至二十九日始抵洪江。八月初一早坐三名夫轎上岸，原來之委員哨弁兵勇一同護送。初二日下午進靖州，即時入獄，獄中老犯供姪飯食甚恭。初三日下午姪書一信與原來兵勇帶回省城交澤亭，想中秋時可以交到。是日三點鐘時，禹弼臣四叔、茂林五叔同來獄中問候。初四日早九點鐘時，益軒表弟同友三人來獄中探問，下午益軒又同禹家友及四友人來問候。初六日益軒又同順章叔來，下午李贊皋來，又有自省城暑假回靖之學生數人來探問。以後在靖之本家及湘郡諸君每日必有數人來問候。時值中秋節，送月餅來者十餘人。十七日茂林叔引黄裕義來云，明日起身往湘潭，姪即托帶信下省，專送澤渟蔚亭，仰帶衣服書籍等件來靖。十八日弼臣四叔與家友來云，在靖本家籌資十九千，交姪零用。二十一日下午陳敏軒同青樹坪祥茂和蔡恒祥厚生祥聶湘義來問候，日來問者絡繹不絶。至二十七日下午陳樹人與王益三來，詢悉堂上大人福安，滿門清吉，慰甚。樹人自省帶來衣被花邊均收到。樹人不辭勞苦，徒步千里，患難相顧，有古人風，可佩可敬。省中一切情形，樹人所述甚詳，姪心稍安。澤淳景裳爲姪事奔走常湘，可感之至。世有爲私罪下獄，誠可羞也。姪十年以來，不甘爲滿洲之奴隸，且大聲疾呼，喚世人無爲奴隸。近來所喚醒而有國民志者可萬數計。宗旨甚正，程度漸高，思想甚大，犧牲其身，無所惜也，且不計當日之毁譽，袛求達其目的。於是守財虜、井底蛙竊幸余遇禍，已得從旁非笑之、評論之。嘻！燕雀豈知鴻鵠志，無足怪也。祈大人轉憂爲喜，喜吾家甘爲國民死，不爲奴隸生，並望立志早脱奴籍，幸甚。各位弟媳及姪兒女勿挂念，四祖母以次各位伯叔父母兄弟姊妹不要挂念，鄰居各位親戚長老及親愛之姊妹不要挂念，鄰居愛友不要挂念。尚有數人必挂念，我岳母也、六妹也、金兒也亦不要挂念。聞六妹之兒媳自盡，用費數百串，姪甚爲焦慮。想六妹在家，不堪憂苦，能下省看繼母，與其嫂妹居一年半載以解憂愁，並學工藝，歸而自辦，不亦可乎。陳樹人尚住靖州，今便原來王益三帶此信回，面送家中，可就便面詢一切細情也，餘容續禀。

又致諸弟書：

蓉立澤蔚健康六弟如見：

十一月十六日下午四時靖州牧金蓉鏡提予問訊，毫無意義。所問人名多不知者，余之脚鐐自八月二十六日託人具保狀於吏目始開去，故提訊可不帶鐐。是日金牧亦未詰予之去鐐。五日入獄，十八日三時金牧又提予訊問，曰，汝爲何到這裏來？余曰，爲湘鄉學堂提鹽行陋規事。金牧即曰，此非原因，可將原因説來。余曰，其爲葬陳天華、姚宏業乎。金牧曰，不是，尚有原因。余曰，長沙周守所詳亦不過此二事，他非所知也。又問曰，你認得楊某乎，陳某乎？所問之人皆向所未聞，余曰，都不認識。金牧曰，你會作對聯乎？

你認得報館的人乎？余曰，我不能作對聯，亦不識報館之人。金牧曰，曾聞禹之謨三字如雷貫耳，何以這些人都不認得？然則你所認識者又是些甚麽人？余以各學堂監督教員及商會之人對。金牧曰，僅識此等人亦不算上等人。所答動遭無禮之斥駁，謂左右曰，拿長刑來。即當面釘鐐，且曰，你既不説出原因道理來，即如牛馬一般，牛馬之肉，人欲食則食之，何愛焉？押下去。金牧此訊，心横成見，不知受誰意旨。余之生死久已置之度外，乃於十九日遺書在世同胞，附回公鑒。帶鐐坐牢又一月，不聞動作。余日以《群學肄言》一書玩索而有得焉，歎我國民智之劣，於群德群情雖以萬倍的顯微鏡亦不見有影兒。十二月十八夜三鼓睡中聞提禹之謨，余乃著衣前進，至二道之右側小廳。金牧云，湘撫鄂督有來文云，陳某供稱孫文派你在湖南爲虚無黨，你從實供來，還有些甚麽人。余曰，余在湘省辦紡織事，三年於兹，不知孫文、陳某爲何許人。金牧即呼拿梆子來，褫去余衣，跪於鐵鍊之上，兩手左右伸開，於膝後灣處横壓一棍，兩端入柱之孔，又以棍横於脚背灣處，板上三疊，計一尺高，使重壓力盡在膝盖，胸前横一棍使不得移動。金牧即呼打以荆條，鞭背至九百，血耶肉耶，余不得見。金牧即問，你是孫文黨乎？余曰，孫文之黨可也，余即是孫文亦可也，請速殺，此苦不能受矣。金牧曰，何必殺，就是這樣打死。復曰，你認得譚心休否？余曰，譚心休自四月爲上海公學派回湖南籌欵，曾會過面的。金牧又曰，聽得陳統領説你爲陳天華作了一副輓聯，殺同胞是湖南，救同胞是湖南云云。余曰，我不曾作輓聯。金牧曰，聞有一種《民報》是你代爲發賣。余曰，我不開書鋪報館，何能賣報？時轉五鼓，有管禁董某在側，余託其至金牧前代求，余能書願死狀，請釋此刑，久之使簽牌放下。自三更至五鼓，赤身跪壓，加以鞭背，幾遺矢溺。數兵扶之下架，腦雖未死而四肢已不知誰屬。比抬入禁，置於床。至十九日午刻，自膝而下尚冷如冰。同禁張福二以酒磨三七按摩之，不知有痛，至晚輕摩之猶麻木不知，重按之始覺有痛。不能步行，如廁必負之而入。聞尚欲提，死耳，夫復何言？祈諸弟代爲余禀堂上諸位大人，謝撫鞠之恩，悔不孝之罪。

丙午十二月二十日兄之謨靖州獄中遺書

次日即被金蓉鏡所縊殺，此禹公之謨爲革命捨身之大略也。

丁未二月七日，端方殺黨人楊卓霖於東市。

楊卓霖，字公僕，一名恢，湘東醴陵人也。魁梧有勇力，以俠聞。曾鬻販鄉里以自給，里有鬥争，輒往勸解，謂不宜同種相仇，事親孝，事師以禮。嘗夜借領燭讀兵書及諸戰争稗史，時拍案狂呼曰，大丈夫生不封萬户侯，當赴鋒鏑死耳，安能與鄉里小兒討無謂生活哉？遂投張春發軍爲目兵。庚子之役，隨春發防禦京津。與八國聯軍接戰，奮勇争先，手刃倭卒數人，連發數十彈皆命中。軍雖敗而未至覆没，統軍者莫之知，楊亦不自言。聯軍既捷，津沽爲墟。楊憤清廷無狀，民氣不振。兆玆大禍，乃遍走諸省，求江湖豪俠，如山東之响馬、長江之鹽幫、江西之洪江、廣東之三點皆欲結其魁傑。既而察其時機未至，會黨不足與有爲，轉學陸軍，乃入南京將備學校。是時周馥督兩江，德意志要求以金陵之獅子山爲租借地，馥將許之，都人士集會議反抗。卒怵刑威，莫敢發言。卓霖則首倡殺馥，謂國家土地不可以尺寸與人，否則以賣國論罪，況獅子山乃長江險要耶。聽者皆驚，自是常以手槍自隨。事稍爲馥所聞，欲致之死。寧鄉陶森甲乃將備學校提調，密告卓霖，謂當留此身以有待，徒死無益，幸勉學焉，乃資使東渡日本，而獅子山租借之議亦遂寢。卓霖至日本，入鐵道學校。每遇困乏，則賴陶森甲及杜雲秋助之。時黄興擁孫文創中國同盟會，卓霖介紹入會者不下千數百人。及日本取締中國留學生事起，全體激昂。陳天華投海以厲之，卓霖益思有所爲，乃居横濱製炸藥，刻苦逾恒。是時益陽姚宏業爲歸國代表，道過横濱，與卓霖别，相對泣下，各以死相勖。翌年宏業以上海中國公學事投黄浦，卓霖旋内渡。會萍醴舉義，卓霖則居滬日夜運籌。然倉卒集事，轉瞬即敗。卓霖乃大呼曰，吾將覓死所矣。揚州某鎮，故會黨叢集之地。卓霖密結

杨卓霖先生遗像

楊卓霖，湖南人。隱身草澤中，深抱種族革命主義者也。甲辰與予同舟渡日本，乙巳入同盟會，旋返江蘇。常與湘軍子弟謀革命事。端方督兩江，專殺漢人之有種族思想者。誘楊公而殺之，特其一耳。

其渠魁，欲謀刺端方以舉事。部署既定，即挾炸彈及其友二人以行。事爲湘人劉復權、蕭子翼所聞，遣告端方，遂與二人中途被逮。端方固日以殺漢人爲事者，委長沙朱恩黻鞫其獄。朱報楊卓霖罪涉疑似，必欲誣殺，寧免我職，獄久不决。而警監何黻章欲要功，力言卓霖有罪，並及同逮者二人。乃故遣恩黻之滬上，親訊卓霖及其二友。卓霖知禍已迫，二人且不免，乃一以自任，且罵且起。前掀案，案折，謂事與彼二人無涉，我志不遂，死耳，天下豈有畏死楊卓霖耶，速殺我，毋累及無辜。遂於二月七日就義，而二人卒得脱。死前四十日請其友傅熊湘寄書其母，温問有加。不知其母死已久，人未之告也。卓霖死後，無敢視其尸者，萍鄉葉鈞與邑人潘晋獨收之，葬之金陵。

第十一章　徐錫麟刺恩銘

丁未五月二十六日，徐錫麟刺皖撫胡人恩銘。

徐公浙人，初立復古會於上海，徐及秋瑾女士、陳伯平、倪映典等爲會員。其事稍爲世人所知，更立光復會，杭辛齋、章炳麟、陶成章等皆與焉。其會員以金牌爲徽章，中鏤一復字篆文，旁刻真楷。其口號即“黄河源溯浙江潮，衛我中華漢族豪。莫使滿胡留片甲，軒轅神胄是天驕”。首領則鏤一黄字，協領鏤一河字，分領鏤一源字，如是次第，共分十七部。更於紹興府設大通學堂，專重兵式體操，以爲革命之備。徐復納資爲候補道，會辦安徽巡警學堂，欲攬軍警之權，以圖大舉。然恩銘訪拿革命黨亟嚴，徐因爲先發制人計，殺恩銘。陳伯平、馬宗漢、秋瑾被株連，先後就刑。清廷達官人人自危，謂革命軍不足畏，惟暗殺實可畏也。自恩銘被刺後，清廷震驚，世界注目，大官咸揣惴自保。其當時被刺情狀及株連黨獄，中外各報無不詳載。今節録數條如下。

陰曆五月二十六日，安撫恩銘蒞巡警學堂行卒業式，被會辦徐道錫麟突以手槍轟擊，致受重傷。司道各員争先潰散。某營杜管帶捕獲徐於軍械所。當徐錫麟奪入安慶軍械所時，該所總辦周家煜見來勢洶湧，知事不諧，登時逃避。徐竟直入，欲將所中所存巨砲一律開放，以壯聲威。不期砲係新式，起事者人才缺乏，不知運用。遍索槍彈，大小懸殊。隨見抗義之師蜂擁而來，四面包圍，徐即開槍擊斃營勇數名。卒因子彈不繼，陳伯平死之，遂與馬宗漢及學生二十一人同被捕。

徐既被捕，解至撫署，由司道各員訊取供詞（惟安慶府龔鎮湘因受傷未到），徐即直供以排滿爲惟一宗旨。司道問何以要捐官，徐曰，捐官到皖專爲滿人恩銘而來。司道又問，既係排滿，則兩捕及顧松均屬漢人，何爲殺之。徐曰，顧係漢奸，兩捕曾拿我漢族愛國黨人，如爾輩之殘同

徐公锡麟遗像

徐錫麟，字伯蓀，浙之山陰人，世居東浦。公以茂才中副榜，勵志經世之學，以救國爲己任。家素豐，集資捐道員，欲攬政權以便光復故物。會恩銘訪拿革命黨亟嚴，遂擊殺之，卒以身殉，爲天下倡。其壯烈可以不朽矣。

媚異相等，我甚恨之，殺之已晚。又問，汝於平時恩撫待爾不薄，汝何忘之。徐曰，恩銘待我甚厚乃屬個人私惠，我殺恩銘固是排滿公理。又問，汝平日常謁恩撫，何不擊之於署中而至今曰始擊之。徐曰，署中，私室也，學堂，公地也。大丈夫作事須令衆目昭彰。又問餘黨共有若干，徐曰，凡屬漢人亡國數百年，欲救國而不願爲外人奴隸者皆是餘黨。司道命寫親供，徐欣然直書於後：

我本革命黨大首領，捐道員，到安慶，專爲排滿而來。做官本是假的，使人無可防備。滿人虐我漢族將近三百年矣。觀其表面，立憲不過牢籠天下人心，實主中央集權，可以膨脹其專制力量。滿人妄想立憲，所以使漢人不能革命。殊不知中國人的程度急在獨立，以我理想，滿人立憲是萬萬做不到的，漢人革命是人人做得到的。若以中央集權爲立憲，越立憲的快，越革命的快。我只抱定革命宗旨，一旦乘時而起，殺盡害我中國的滿人及助滿爲虐之漢奸，自然漢人强盛，再圖立憲不遲。我蓄志排滿已十餘年，今日始達目的。本擬殺恩銘後，再殺端方、鐵良、良弼，爲漢人復仇。乃竟於殺恩銘後即被拿獲，實難滿意。我今日之意僅欲殺恩銘與毓鍾山耳。恩銘想已擊死，可惜便宜了毓鍾山。此外各員均係誤傷，惟顧松係漢奸。他説會辦謀反，所以將他殺死。趙廷璽他欲拿我，故我亦欲殺之，惜被逃脱。爾等言恩銘是好官，待我甚厚，誠然。但我既以排滿爲宗旨，即不問滿人作官好壞。至恩撫厚我，固屬個人私恩，我殺恩銘，乃是排滿公理。此舉本擬緩圖，因近日稽查革命黨甚嚴，彼又當面教我拿革命黨首領，恐遭其害，故先爲同黨報仇。且要當大衆將他打死，以表我名。只要打死了他，此外文武百官不怕不降順我所主持之主義。然後直下南京，可以勢如破竹，我從此可表正義於天下，此實我最得意之事。爾等再三言我密友二人，現已一併拿獲，均不肯供出姓名，將來不能與我大名永垂不朽，未免可惜，所論亦是。但此二人皆有學問，日本均皆知名。以我所聞，在軍械所擊死者爲光復子陳伯平，此實我之好友。另被獲者或係我友宗漢子，向以別號傳，並無真姓名。若爾等所已獲之黄福維，浙人，我不認識。衆學生程度太低，無一可用之人，均不知情。你們殺我好了，將我心剖了，兩手兩足剁了，全身砍碎了均可，不要冤殺學生，是我誘逼他去的。革命黨本多，在安慶實我一人，爲排滿事欲創革命軍助我者僅光復子、宗漢子兩人，不可拖累無辜。我與孫文宗旨不合，他也不配使我行刺。我自知必死，可拿筆墨來，將我宗旨大要親書數語，使天下後世皆知我名，不勝榮幸之至。

恩銘受彈時即請西醫啓視，曰，非先取彈丸出不可。除左右手腿腹部三傷外，左右胯首及下部亦有槍傷四五處，皆已前後洞穿，彈丸均皆取出。惟腹部一傷甚深，彈子未出。醫生不能保險，遂剖腹，於二十六日未刻死矣。

清藩臬司道見恩銘已死，即請令箭將徐提至撫署東轅門側，先剖徐心祭滿人恩銘，再斬首。徐臨刑時神色不變，毫無懼容，大呼排滿不止。嗚乎，漢族英雄又弱一個，徐公可謂丹心照千古矣。

清督端方自南京電發安民告示曰：

革命逆黨徐道錫麟槍傷撫院，罪惡貫盈，業經拿獲，供認罪名，按例懲辦，萬難姑容。所有脅從，一律從輕，罪在禍首，勿牽旁人。軍民人等，皆可安心。

因徐籍紹興，即將其前集資創辦之大通學堂搗毀，並槍斃學生數名，且搜捕徐之家屬。浙撫張委陳翼棟至紹郡督辦勦捕事宜，陳輕信揭帖誣控之辭，帶隊擎槍，將同仁學堂搶掠一空。檢查二小時毫無實據，遂將該學堂董事八人拘提至府署。大同學堂女教員秋瑾被紹興府滿人貴福派兵拘至府署，並不訊供，即綁赴市中用刑（死時書“秋雨秋風愁煞人”數字）。紹郡居民迭經搜捕，學界風潮紛紛遷避，在城門中被扣留者不少。

陳公伯平遺像

光復子陳伯平，原名陳淵，字墨峯，浙之積學士也。與徐錫麟、馬宗漢誓願捨生以救國。既殺恩銘，即同據軍械局，與漢奸鏖戰，彈竭陣亡。惜哉。

寄生君評之曰：

昔張汶祥刺馬新貽，其事慷慨，使人泣下。特其所以出此，爲友仇而已也。友仇非不當復，止足以爲後世澆薄者法。若於民生關係休戚，或抱神州陸沈之痛，雖磨頂焚身不恤。思以一擊而伸野人之憤者，在昔上古，人情淳朴，引繩墨以較量分寸間，猶不多合。况於道德墜地，術詐是尚。如今之世耶，則幸比年來，時俗趨向競效歐美，於斯固善惡分劑互相雜糅，而敢死之風亦漸扇。吴樾爲世家子，廁列僕隸，求進身於五大臣之前，遂其所欲。事卒壞滅，已足震動一世。迨徐氏出，而天下之人始相驚以言曰，中國非無人焉，觀吴氏之將赴難，序其書曰，予願予死後，化一我而爲千萬我。前者仆，後者繼，不殺不休，不盡不止。而徐之自道，蓄志排滿已十餘年。夫吴氏懼一己之徒死，而人莫我繼，則反以資敵，故其勖之至深遠。徐氏有鑒於世情之久媮，崇朝而志於是。食頃以輟，則若告之躬爲此事，其辛勤惕勵有若是者焉。二公之用心初未嘗殊，而成敗若反。顧世雖多有因其成敗以私意爲崇黜，就其勢導之行，以指爲歸。則苟有追迹二公者，又各自必有其成敗在也，於二公曾何損毫髮。恩銘之罪，徐氏既以暴於天下。然徐氏欲殺四人，其一即恩銘，三人者爲端方、鐵良、良弼，是皆滿人之雄。而漢民之所以集怨也，特吾謂端方、鐵良其爲患猶稍次。何者？其虐民之政顯而易知，其卒左右瞻顧，靡弗爲敵，且將不能一夕安枕，彼徒自苦耳。良弼貌似陰柔，爲毒甚於蜂刺蠆尾。方其留學日本，居東京，專司偵察。際偶有建立青年會者，投身其中，聆激烈之談，拊掌贊詡。實則是黨之一舉一動周悉而審思之，僞爲輯睦，陰相殘破。又其時諸生志匆堅確，口以殺身流血爲談資，而心實眩乎高車駟馬之榮名。良弼深中其隱，上書當道，請以爵號翎頂爲羈縻黨人之具。自是政府始行其策，流毒至今，致令英俊之士湛陷湫澤中以爲至樂。今且有作文字以易金幣者名節不講，於是爲極。徐氏察其術之柔媚，而實漢人腐腸之藥也。誠不可以不加之提撕，乃持以與鐵良、端方並告當世。孰有深知其意肯擔負其未竟之責，以爲滿人懲儆者哉？顧吾對於恩銘之死雜感在胸，析而講之則有三類：一曰滿政府之脆薄而易破也。自恩銘被刺後，封疆大吏背不貼席，有設軍隊以自衛者，有深居簡出諭道府以下免迎送者。大抵論今之疆吏莫不獻諛於袁世凱、張之洞、端方三人。袁夙以雄傑自命，則頌之者亦曰精明練達，治世之能臣也。張喜文學，能著書，於是又群以古之歐陽修、近之曾國藩爲比擬。端亦提倡新學，接人惟謹，而人且習習以滿人中高瞻遠矚、英爽不拔之才歸之矣。端不足論，袁爲人獷悍而狡，馭下以術智，殆所謂小有才者。若擬張以歐陽修，邈不相似。曾與胡駱斬掘本根以取富貴，與張若符節之翕合。然端嚴謹微，潔行忤俗，非張之所得儔匹也。而大要是三人者皆爲僞朝所倚重，異時撐拒義軍必藉其力乃可以懸揣得之。不幸畏縮若此，何以慰其君父之心而副顛倒輿情之仰望耶？吾聞端自汽車遇險，遂亡精魄。其考察日本，舟抵港口，天色蒼然，及暮則不敢登陸，宴於橫濱之中華會館。某校生徒習操步伐，擎槍而過其門。端遽倉皇變色，齒牙上下相擊有聲。出語人曰，某非敢惜死，將欲有以盡力於國家。夫彼之所謂國家，捨滿洲莫屬，其有所盡力非空言也。歸任兩江總督，淫威是逞，株逮黨人，不能以數計，則實示其盡力之徵。及徐氏事發，畏心復熾。見一屬官凜然若蹈虎尾，至以形迹疑似，遽令縛人。外國傳爲笑柄。望其於戎馬間賭擲肝腦以爲勝員之注，不亦遠乎？則彼所云盡力，其能力亦至有界限而易盡者耳。張之入京，盛置儀衛（其所遣某游歷官來東京後，宣言張氏震懼實甚，某日啜茗聞警，杯自手墜），袁氏飭屬不得至驛旁窺視兵仗，凡平常得出入者皆刻木作符，俟閽者驗而後進，其怯懦之態章章莫能掩。顧欲與民氣競，如枝葉將槁，一遇驚風震盪，能不飛落者幾希矣。滿人本不足慮，光復諸軍，前乎此者未嘗有成，有漢人以輔翼擁戴之也。今張與袁無將兵之才，無御群之德，無慶忌之捷，無賁獲之勇。徒以機詐逢迎，求固其恩寵於婦豎，倚爲城郭，尚不如築士壘石之堅。而環顧朝士，終無能出其右者，人才之疎，蓋未有如今日清朝者也。徐氏爲刺客，徒黨落落，非有萬人之衆、槍纔盈把，弗敵攻城之器。殺恩銘一人亦流血五步間耳，非有漂杵之烈。然而舉國戒嚴，乘輿不出，如大數已壓四境，苟億兆民衆齊壹心志，雖徒手可奮，耰鋤可擊，況有堅甲利兵以爲憑藉者。顛覆滿洲政府其易已甚，引烈火以燃蘆絮，激海波以淘蟻穴，豈足以爲喻焉哉？一曰株連之甚，不可以不報也。徐氏既受縛，翌日緹騎四出，越境紛擾，下其家族於獄。閉浙江某中學，殺學生二人。未幾又殺女士秋瑾，留學日本以此被疑者尚三十餘人。夫恩銘，漢民之蠹也。徐氏爲民請命，於吾民則有功而無罪。雖然漢人之蠹，斯滿人之鷹犬，而有功於民，斯大獲罪於政府當道。且殺人者死，載諸刑書，則亦尸行事者一人以償至矣，奈何今者連累以及鄉人，淫威加乎女子？無辜被僇動以百計。此朝不謀夕，昔人所以興嘆也。又況斷頭之制雖列典章，剖心之刑實惟倡見。攀附爲前例者僅張汶祥一事。夫固不得爲經常，暴政是則，非蠻夷盜夏，惡能有是。矧又數十年以後，於今之塗飾文明之世耶。稽自滿洲僭竊之始即專恃刑罰，濫興大獄。終於近代，何止百數。然猶有人頌虜聖德，謂其遠逸湯禹。夫禹之用刑，一見於誅防風而已矣。道遇皋人，下車涕泣，以爲己治不若堯舜。湯之伐夏以禁暴爲宗義，戢武不用，即不聞其妄殛一人。必謂今世省刑過於往昔，非狂瘈者孰從而和之，非矇瞽者孰從而聽之。特今所云報，豈必權度重輕，毫釐不讓以行報施哉。彼有所動，我亦未能嘿爾，故作文字以相非難，爲報之一道也。短劍搏刺，踵徐氏而起，亦一道也。飭治軍旅，平原列陣，虜其渠帥，繫其名王，斯無不盡報也已，過此以往，無所用報。如元清之第尊卑，如皙人之遇黑種，世有公例，吾無取耳。至若怡悦顔色，甘爲臣僕，由之不二者，厥惟要求一途。既爲要求，非屈膝泥塗，叩頭階陛，此何以稱？要求不遂，而兵力非可以向主家，度惟有伏劍廟堂之側，抉眼胥子之門。此以爲報，則孔丘所譏以德報怨之謂。嗚乎，徐氏有靈，請爲厲鬼擊之，勿令吾子之冤抑於若輩，徒歷歲年而終無以報也。一曰，知反對黨之情僞將不足以惑人也。恩銘既死，留東滿洲學生爲開追悼會於八旗會館，且得某氏贊同之。某氏長在好武之鄉，夙知自愛。嘗與日本知名之士意氣論難，謂一國之内種族交尅，雖欲治理，其又安能？未嘗不傾動一世，推爲知言。退而作詩見志，則思舉其鄉爲斯巴達。雖語雜背戾，而雄武之風固在。洎處世日久，染慕富貴，不惜揚阿曲學，以取容悦，使桑梓蒙垢，武德掃地無餘矣。夫鄉里束身自好者，雖畀銅山以易名節，猶不肯爲。不意某氏數年之前倔傲可風，曾不胥時而至於此，吾不能不重爲之弔也。惟其有朝三暮四之德，則收拾人心暫而不久，黨人烟散，孑然寡和，其末路亦甚可悲矣。滿洲學生傷其同類，無所致責。然其筆之於書，謂滿漢之界宜撤，惟取國民主義以共對於上，天奪其魄。忽藉恩銘之死而使自白於衆。假令不論滿漢，恩氏猶爲民害，不以民族主義重徐氏，猶當以其有造於民而愛重之。今也追悼恩銘必斥徐氏爲狂妄。恩銘既無功德可頌，徒以死於漢族之手。乃出此者是彼雖日言消融滿漢，徒見其不由於衷耳。然則其爲此言猶是政府之故技，思以愚弄人心。指而出之，人皆憬然，其術乃不售。是故由前之説可以知其黨力之薄，無慮作梗。由後之説，而滿人之肺肝如見，終不可與一朝處也。及時不奮，將樂貽悔於無窮耶。天下之大有智者焉，請爲吾民卜之。

南史氏作《徐錫麟傳》曰：

自丙午以來，清廷畀端方鎮江南。方遣馬販米占元、優人夏月恒刺探黨人陰事，捕縛入獄者踵相接。米夏故端狎客也，故革命黨人愈憤。丁未五月二十六日，遂有會稽徐錫麟槍斃皖撫恩銘事。警耗遥達，北廷駭驚。而徐卒以救援梗絶，力竭而死，嗚乎烈哉。謹按君諱錫麟，字伯蓀，會稽東浦人也。少讀書，通大義。然恒失愛於其父，乃益自刻厲，應試輒冠其曹。郡邑吏欽其才，以收君門下爲榮。君研精數學，善製儀器，曾手構星球儀，見者嘆爲莫及。後以諸生中副榜，既復悔之，乃集資設書肆，假以物色豪傑。繼乃從事教育，尤熱心桑梓公益。創辦之始，邑人嘖有煩言，繼乃欽其識。紹興中學校亦延君任教授，曾乘間至日本觀察博覽會。益有志於經世，繼念宗邦削弱。原於祖國之陸沈，適邑人某某旅上海，結合某暗殺團。君緣某君之介紹，於滬入會。歸乃運動紹屬會黨，盡交其酋豪，旁及金華諸府，由是草澤間往往知君名。繼念浙省會黨知識淺闇，莫若稍事教練，以兵法相勒。乃與陶焕卿、龔味蓀、沈馥生、陳子英、陳淑南、陳墨峰等謀創設大通師範學校於紹興，以普通科目外尤重體操，六閲月而課畢。由是緑林之豪，如竺紹康、王金發等麕集其間，而勢力亦益盛，然爲官吏者莫知也。繼念非握兵柄不足舉大計，乃同某君等共假金某氏得數萬金，以捐納得道員，又得俞廉三爲之助，僞設奇策以干張之洞、袁世凱。欲假官力東游，投身陸軍學校，俟畢業以後反握重兵，乃束裝再渡日本。適日本振武學校，以君體質素孱，禁其肄業。然君固嫻習武事者，雙目雖短視，顧精於槍術，所發罔不中，皖事之成即肇端於此。君既反國，乃取某氏所貸餘金運動滿洲政府，盡罄其資。昔與君同事者爭怨之，顧莫能測君所爲。然君竟因是得安徽候補道，君之蒞皖也，亦賴俞廉三之助，並得清慶王及杭州將軍長某薦函。慶、長均皖撫恩銘戚也。君得其函，持謁恩銘。恩銘大器之，立命會辦警察學堂事務，於是君遂得發抒其意見。蒞校後，鼓勵諸生，殫竭勞勳。每赤日中戎裝劍佩，躬自督練，儀觀偉然。皖撫以爲能，立奏請加二品銜，而不知君報國熱忱日益歕薄，固將食其肉而寢其皮也。端方既仇殺黨人，皖撫心動，亦下命戒嚴。君聞之竊獨悲憤，謂禍根不除，終且滋蔓，則神州黄胤，寧有重見天日之期耶？乃密約海内外同志迅疾赴皖共圖舉事，期以五月二十八日會警察生將畢業，君乃遍邀皖中官吏蒞堂觀禮，亦期五月二十八日。而恩銘欲速，君對以未集。恩銘乃召其校執事顧松問之，松唯唯從命，遂改五月二十六日舉行畢業禮。君慮堅持，則謀將洩，而從之。則後援尚未至，顧業已無可如何，不如先發以待天命，遂從之。期近，君日召諸生討厲綦切，繼之涕泣，諸生咸爲動容。又密與其同志陳伯平、馬宗漢嚴爲戒備，二君皆諾之。至日恩銘以下皆戾止，君始終慮謀洩。坐既定，君諭教員某君下鍵，某君承命遠遁。嗣命顧松下鍵，顧松固知情，至是忽不從，君大憤恨，立擊殺之，遂還擊恩銘於堂。槍連發皆中之，並傷及其左右。藩學臬以下官吏皆紛紛奪門逾垣遁。恩銘尚未死，其左右急牽之去。君復擊之，洞其腹，及巡撫署而死。臨死猶謂人曰，徐道擊我，徐道擊我，故其下遂發兵擊君。君知事敗，急率衆據軍械局，放槍，槍子竭，發砲，砲機關絶，遂被圍，陳伯平死之。或曰斃於君手，君復走，爲追者所及，卒就擒。至按察司署，官吏咸臨詢問，君侃侃不諱，詞氣甚正，遂殺之，剖其心以祭恩銘云。南史氏曰，長江流域自張汶祥以私憾刺江南總督馬新貽死之，迄今之數十年，俠風慘淡，亦幾幾不聞有荆聶之儔矣。至甲辰之冬，春申市上，乃始有萬福華鎗擊王之春事，固皎然皖北之民也，然不成而敗。聞者惜之，顧殺機一開，刺客踵起。至踰年春日，爰有王漢刺鐵良不成而自殺之事。風潮所播，警鐘不鳴，舞台摧倒（時警鐘報館以登王漢事被錮，而予所作《大舞台》雜誌亦同詰問銷毁），蓋亦烈矣。然而吴樾以一介書生，因之感激（見其自序），逕懷炸彈以入北廷，力投汽車，期盡殲其渠，志氣勇甚。乃天禍中國，滿酋無恙，而終殞厥身。悲夫傷哉。兩歲以來，胡塵蔽日，天地不明，漢朝男子終若甘心降虜矣。乃端方返國來我江南，不務安集，而日爲酷虐。天乎人乎。固有人焉思剚刃於其腹矣，而徐君乃毅然突起其間，先掠小醜而殲之。雖曰傷勇輕生，殺之不武，而其效已著，夙願畢償。要可含笑入地，傲文祥而慚福華，慰王漢而憫吴樾。軒然岸然。悚其魂爲厲鬼，以褫擊胡虜之魄；降其靈爲天神，以昭告漢族之民。陰佑默相，俾我生者盡集巨憝而殲之。重扶漢室，歸於中州，永奠

馬公宗漢遺像

馬宗漢，字子畦，浙之餘姚人。以茂才而留學東京早稻田，富於學。夙抱亡國之恨，深明夷夏之防，與徐錫麟、陳伯平結爲謀國知己，皆願捨身救國。殺恩銘一役，本可封鎖校門，將全城清吏一網打盡，無如事不從心，反以身殉，天下惜之。然恩銘伏誅，快甚。

河山，長覘日月。則徐君之賜我多矣，故傳其略以勖吾黨。

更有留東同志開會追悼，而章太炎等祭徐公等之文如下：

年月日，餘杭章炳麟、儀徵劉光漢、滄洲張繼等謹以玄酒菜香奠志士徐君、陳君、馬君、烈女秋氏之靈曰：專諸聶政，死二千年。刺客之傳，鬱堙弗宣。泰士有士，曰張文祥。睚眦報仇，新貽是創。期死雖勇，未登明堂。觥觥徐君，會稽降神。十三俶儻，遁形桑門。既返初服，天發芝菌。矯捷善算，跳丸如輪。手造渾儀，上捫星辰。刑天舞干，螣蛇致雲。有不吾擾，要領祝分。蠢爾東胡，爲蚋爲蝨。薦食上國，炎黄之孫。君曰小醜，臘毒盈屯。大命將至，爾惟游魂。惟我東越，昔有莫邪。麾劍城上，白頭盈閣。鬱此神秘，待時其葩。仡仡秋子，風霆流形。不卹其緯，而討不庭。諸於大招，左杖青萍。部勒子弟，爰方啓行。懷怒赤若，帝天見靈。既刑白馬，要誓則成。伯孫曰咨，咨汝烏桓。汝饕嗜肉，飛貍野干。余有金版，以賂市官。既入爾阻，黄龍授權。仲夏將苗，材官角力。挈提死士，二人作翼。郊雉三呴，東方辨色。胡帥蹶起，皤腹徑入。袀服千夫，列人爲堹。坐席未温，倨牙在側。左手把袖，右射其臆。彈丸四發，肝脾騈黑。百吏怔忪，穿牆跳匿。衛候猶厲，狗懷桀德。桓桓陳君，壹發則殪。遂襲軍府，畢力以戛。正氣湛掩，城門晝塞。蒼鷹擊殿，畢昂爲蝕。援師枳橈，二良斯馘。胣腹解支，爲淫昏食。亦有馬君，就塗未極。詷吏旁布，斷頭登陟。嗚呼哀哉，泰風羊角。下吹浙江，眈眈越女。劍客無雙，方乘素車。上迎伍公，揮斥八極。執戈以撞，彍騎奄至。烟霧蔽蒙，衆寡不當。杝壁洞通，曳髮反接。琅當其胸，逆立郡廷。雖虜不降，蘆灰未積。喪此元躬，嗚乎哀哉。韓良狙擊，乃中副車。豫讓漆身，杅刀割虛。漸離矐目，慶卿斷股。劍術麤犻，卒何云補。未若君曹，風行霆舉。鉛丸部發，踣僵胡虜。二十一代，勇夫消阻。剥床斯腹，今乎反古。浙雖海濱，實興項楚。其亡其亡，繫於三户。

誰云黄鵠，讖書無語。嗚乎哀哉，尚饗。

秋瑾著有《秋瑾集》一卷，章太炎序之曰：

山陰爲少康枝子之地，箕帚作而婦道成。曹娥以死其父，未足以多。最後有秋瑾變古易常爲刺客，將其德合於乾元，剛健中正，純粹精也。六爻發揮，旁通情也。時乘六龍，以御天也。雲行雨施，天下平也。謹素自豪，語言無簡擇，嘗稱其鄉人某爲已死士，聞者銜之次骨。徐錫麟既誅恩銘，黨禍浸尋及紹興，遂牽連以告有司而賊之。瑾死，傳其詩詞有餘首，都爲一集。余睹其語，婉瘱若不稱其性情者，人之志行或深固不見於詩，然瑾卒以漏言自隕，悲夫。余聞古之善劍術者，内實精神，外亦妥儀，則喋喋騰口者寡。讀《吴越春秋》有袁公越女之事，惜乎瑾之不志此也。定哀之世，於是乎有微言。丁未七日章炳麟序。

秋瑾女烈士遗像

秋瑾，浙之山陰人。能詩文，性任俠，著有《秋瑾集》。徐錫麟殺恩銘後，因胡道南告秘，被株連，就義於紹興軒亭口。

第十二章　各地紛起革命軍

丁未七月，黄興起事於欽州。先是數月前劉恩裕爲萬人會首，在廉州之三那抗苛税，與清防營戰於那彭墟。敗退欽州，與欽州張得清之黨徒會合。黄興遂用之進據防城，無如外援不至，防城旋得而復失。黄興親領數十人與清兵黎天才鏖戰於十萬大山中，支持兩月，糧則自携。彈不虚發，風餐露宿，依石爲營。有時米糧告匱，加嫩草和細沙炊之，欲成佳飯，勢所不能。有時遇見村莊，而鄉民争餉酒肉，緣兩廣百姓皆以抗異族爲榮，黄興留東時所得之脚氣病至是亦不藥而治矣。湘人郭人漳是時擁兵廣西，與黄興素聯絡。本約響應，但其人凶而狡，反覆無常，卒殺黨人之與接洽者於其軍。趙聲兵力不足，未能爲助，且幾遭郭人漳之害，故衆寡不敵，潛退安南。十月十三，黄興又與孫文、田桐、居正、胡漢民輩自安南收復鎮南關，以鎮南關附近那模村游勇爲先鋒，連克鎮南、鎮東、鎮北三砲臺。次晨清兵陸榮廷率防營攻之，孫文、黄興皆親據砲臺督戰。陸榮廷不支，將全隊潰走，而清兵龍濟光復率三千人與陸榮廷會合，協攻七晝夜。黨人卒因餉彈不繼，加以内地約響應者又失敗，於是仍退入安南。田桐、居正輩皆被安南法人所捕，孫文則重至新嘉坡，謀釋黨人於安南獄。兵則由安南法人用輪船押解至新嘉坡，由英國新嘉坡居留政府遣散。

戊申二月，黄興又起革命軍於馬篤山，並横行於欽廉上思一帶。大小數十戰，所向無敵，清兵皆畏之，然彈援盡絶，又不得不退。三月，黄興又與黄明堂起事於雲南之河口，更聯絡雲南邊境之清兵内應，誅其邊防督辦，遂得河口南溪數處，並佔領四砲臺。清兵降者甚衆，斯時錫良督雲貴，張惶失措，出據通海縣，不敢抗義。革命軍聲勢日大，雲南幾入掌握，但法人據有安南，爲之梗塞，且欲繳黄興之槍，復因餉彈無繼，不半月仍歸失敗。黄興、黄明堂率衆六百餘人再退安南。黄興至安南，被法國武官指爲日本人，拘之河内，旋逐之出境，往新嘉坡。

是年七月熊成基反正於安慶。因湖北及南洋之常備新軍定期於七月二十六日會操於安徽之太湖，熊成基與薛澤獨留守於安慶城内外，遂乘機於是晚起事，卒被不明種族大義之余大洪所敗。熊成基不得已退入皖北，將其部下遣散，化裝釋子，遁入關東，欲與馬傑健兒再舉大事，後因清廷緝捕日急，端方督南京，更懸重賞十萬元以購其頭，竟被漢奸所賣，被殺於白山黑水間，慘矣。其壯烈之氣今尚彌綸於東三省也。是時日知會會員吴禄貞練兵於東三省，同志徐竹平、徐于、商震、柏烈武輩皆往助，得以與蔣大同字衛平。結合，大刀闊斧開闢榆關以外之新天地。熊成基敗後往投之，所謂具英雄之慧眼者也。熊成基，字味根，江蘇維揚人。童年由揚州高小學校畢業，充南京第一期徵兵。潛心力學，獨出儕輩，懷救國之大志。緘默安静，從不發一言。讀歷代興亡典故，過目不忘。善屬文，亦工書法。其年幼，其貌端，敬謹讀書，絶少游戲，而兵操尤擅第一。與朋友交，言必有信，温良儉約，有大度，師長皆器重之。每年試驗輒冠軍，不三年超遷安慶砲兵營隊官，且安慶爲愛國志士産生最多之地，武備練軍之學生如倪映典、馬林輩曾開革命之風氣於新軍。熊成基既握砲兵於安慶，竊喜英雄有用武之地，更因丁未五月二十六徐錫麟實行排滿革命殺恩銘，滿人端方、毓鍾山剖徐心以祭。成基聞之痛哭，漢人遭異族之凶殘，甚至生剖其心以致祭國仇。恨未早與同謀，生則同復漢家，敗則同歸於盡。適戊申七月二十六日太湖舉秋操，各軍俱發，惟熊成基與薛澤留守省會。成基即於是夜與薛澤及范烈士諸人起義，成基指揮城外留守軍隊攻城，薛澤指揮城内留守軍隊内應。謀既定，成基首發難，管帶官某聞變，左手持手槍，右手揮刀，哀跪營門，呼衆中止。衆幾爲動，成基手刃之，衆大驚愕，始整隊從之。成基帶隊出，威脅騎步各營，進逼城下，向内開砲，轟擊四十八發，惜彈落撫署均未爆裂。城内僅步兵一營，即薛澤所管帶。當時薛澤僅派兵一排往開城，排長余某忽遇協統余大洪於途。大洪用術反令守城，並挾薛澤面皖

熊公成基遺像

熊成基，字味根，江蘇揚州人。悲憫漢人亡國爲異族之魚肉，隨顧忠琛至安慶充砲兵營隊官，乘機發難，救民水火，乃爲漢奸所阻，同志多流血以終。乃走關外，與蔣大同及日知會同志徐于、徐竹平等秘謀救亡之術。而端方懸賞十萬以緝之，卒被嗜利之漢奸所賣，慷慨就義。東南壯士仁人血，一洗河山破碎痕。雖死猶生！

蔣公大同遺像

撫朱家寶。范烈士等見事不諧，乘余大洪巡城時狙擊之，不中被擒。守兵感其義，請偕亡。烈士嘆曰，數年經營敗於一旦，同志被難，舉國爲奴，生而忍痛，不如死，遂遭害。時熊成基引兵堅城之下，初以爲無抵抗，故未作持久戰之準備。及至相持一晝夜，清之援兵集，提督李准又率兵艦夾攻。腹背受敵，加以糧彈不濟，飢餓疲勞，勢遂不支，不得已向正陽方面潰退。瀕行，成基留於後，伏蘆葦中，伺大洪出城，因以排槍擊之。大洪顛馬下，從弁皆死，以爲大洪必不免。正偵察間，大洪隻身突起，反奔入城，成基乃從容去。嗣以清廷購之急，改名張建勳。易服乞食，繞道數千里至長春投蔣大同。大同捉其襟，見其肘，憔悴之狀不忍入目，爲之相抱哭，更召徐于、商震來長春與之會，以決進行。議既定，成基之東京，協商再舉。同盟會因俄動員令案，復令成基返東三省。時蔣衛平已去榆關，徐于、商震亦北去。成基欲就商俄案，隨至哈爾濱，不意漢奸臧貫三利其賞格，乘載振過滿洲，因告密於吉撫陳昭常，遂被逮，並收黨人《長春日報》主筆徐竹平於獄。因車過長春，桎梏綦嚴，道尹顏世清喝押解衛士曰，此非盜案，何用械鎖？爲之親解鐐銬。成基猶令先攝影，親題數語於影上，始允除刑，繫吉垣法署。滿守德頤視獄所曰，爾輩食毛踐土，焉用革命？語侵成基，被成基擲茶碗破其額，德頤鼠竄而出，由是人益加敬。臨刑前，吉撫陳昭常設筵祖餞。吉撫以下咸列席，成基居上座，談笑自若，食量倍常，惟酒不沾唇。陳昭常勸以酒，熊答曰，余革命黨也，光明磊落，來去清白，不可以酒亂性。餐畢，自座起登車出巴爾虎門，赴刑場。觀者如堵，成基囑刀手少待，敬立向大衆曰，你們大家來看殺人，要知殺的是我熊成基，熊成基是一個革命黨，不是殺人越貨的紅鬍子。紅鬍子不怕死是禍國殃民，我不怕死是愛國救民。人誰不死？我死不足惜。我死只要前仆後繼，再接再厲，排滿革命必定成功。我縱流血亦當含笑九原。若我死後，繼起無人，大家都畏難苟安，貪生怕死，甘心異族專制，坐受外人宰割，我縱復活亦恥與同中國。人之愛國，誰不如我？請你們大家莫怕死，莫怕我死，莫哀我死，莫可憐我死。殺身成仁，舍生取義，我今日死得其所了，望你們大家好自爲之。從此告别，與世長辭。説畢，直立受刑。死後顔色如生，觀者皆爲之墜淚。

附録熊成基供詞：

吾生平磊磊落落，言無不吐，既經明問，直書胸臆以答。

宗旨　推倒野蠻專制之政府，重行組織新政府，俾我同胞永享共和之幸福，以洗滌我祖國歷史上莫大之恥辱。

理由　滿人自吞我土地以來，待我漢種之手段異常陰毒。入關之初，殺我漢族。彼時尸骨已積成一大地氈，蓋於中原之全部；鮮血已積成一大紅海，滿於支那之本部，當時稱爲白骨山、紅澤國殆非虛語。然最慘者惟我揚州，滿兵入城連殺十日，靡有孑遺。揚州如此，他處可知。其後歷年來待我漢人之尤陰毒者歷舉如下：

一、海陸軍權不與我漢人也。自滿人入關以來二百餘年，兵權專屬之滿人之手。偶有不肖漢人殘殺同胞，圖媚彼族，如曾國藩等，而彼必仍派滿人官文等從中鉗制之。即如近年來創設海陸軍，關係何等重要，彼果有改良軍事之意，中國之大，豈無人才？如彼所派管理之員，如載洵、載濤、鐵良等，何嘗稍有軍事上之知識？而彼利用之者，誠不知其是何居心。

二、政權不與我漢人也。從前各行省督撫監司中，心有一二滿人暗行監督，而省會及邊防險要之所，無不有其將軍、都統、副都統監視之。近年利用中央集權主義假意融化滿漢，裁撤將軍、都統，試一觀之，自改定新官制以後，軍機爲樞密重地，而奕劻領班；外交爲聯合機關，而那桐用事；財政爲辦事之母，而載澤常權；資政爲議院之基，而溥倫尸位。其他如民政部之用善耆，農工商部之用溥頲，理藩部之用壽耆，法部之用廷杰，大理院之用定成，學部之用榮慶，無非滿人，僅餘無關重輕之吏、禮、郵傳三部委之漢人之手。豈真才智不相及歟？吾不得而知之矣。

三、不問我漢人之生活也。我漢人終歲勤苦，所得幾何？罄其脂膏不足供皇室之揮霍，而至踈且賤之旗丁每月必給口糧。現知月餉不能久持，日爲八旗籌生計，而我漢人之生計又如何耶？其尤甚者，一遇災年僅予區區數千金之欵，動侈謂深仁厚澤。抑知此數千金之内幣係漢民之脂膏乎？其重滿輕漢之意不待智者而後決矣。

四、不開我漢人之智識也。現在學堂雖漸設立，而宗旨不正，不願以國民教育爲目的。其所陶鑄者，非利禄之夫即庸懦之輩，間有奇材異能魁傑卓犖之士。必多方挫折之，使不得行其志，甚至農工商最有益民生之學堂亦不肯徧設。嗟我漢人，何堪設想耶？

西人常言支那人有四萬萬之多，竟爲五百萬之野蠻滿洲人壓制二百餘年仍未恢復，此可見支那人之奴性甲於各種人矣。苟實行瓜分中國必不敢拒制，又聞歐西以一時受制於人，雖以海水尚難洗盡歷史上之恥辱。而我漢族歷史上二百餘年之恥辱當如何洗之耶？

以上之理由故有種族革命之決心。現在處於競争之時代，强者存，弱者亡，人所共知，而我中國土地如此之大，人民如此之多，何以不能立於優勝之地步耶？要知月先暈而後風，礎先潤而後雨。吾中國之所以弱者，由於政治不良故也，或云，現在預備立憲一經實行，則中國之病根必可消除矣。噫，此乃不知根本上之解決也。譬如人生一癬，徒以藥敷其外，不肯將此腐敗肉挖去，能期全愈乎？況君主立憲乃特别專制之代名詞，非人民得有參政權也。夫在未立憲時代，助政府壓制人民皆不過官府而已，設已立憲，反多各省之議員爲政府助矣。君主立憲時之議員乃非禽非獸之蝠，日則入於獸類以買獸之歡，夜則入於禽類以騙禽之食。然謂爲非禽非獸之蝠者猶屬良善名詞，其實與御者等不過爲貴族執鞭策馬而已。有以上之理由，故又有政治革命之決心。

綜此兩念，比較參觀。種族革命開其先，尤必有政治革命繼其後。何以言之？推倒滿政府固爲今日除一大障害，而政治不能改良，仍蹈數千年專制之弊，則雖以漢易滿亦未必彼善於此。吾同胞當知我今日之革命不僅爲種族問題，尤注重政治問題也。

處置　前日南洋、湖北兩軍赴皖秋操之時，適逢那拉母子命終之日，人心騷動。我處先發，他處必相繼而起，且秋操之軍皆係皖之鄰省軍隊。我若得安慶重地，隨赴秋操地招撫南洋、湖北兩軍，該兩軍既爲我得，則兩省亦在我掌握之中。既有此天然根據地，一面宣佈獨立，一面攻取他省。值此人心思動之際，其勢如破竹必矣。兵力既厚，再行北上，我之目的可達。因有以上之希望，故於十月二十六日約同志數人會議，幸彼時全數贊成，遂於是日午後四時頒發命令如左：

一、與我反對之軍隊。（甲）水師一營在西門外，（乙）巡防一營在北門内附近，（丙）城内外火藥庫有巡防兵兩隊，（丁）撫院及各衙門之衛隊約兩隊。

二、我軍決於今日午後十時齊發，先取城内外兩火藥庫，後全隊進城，各盡任務。於次日午前五時在五里廟齊合，再候命令出發。

三、一標同二標第三營先赴北門外火藥庫，得有子藥。後一標第二第三營進城，助城内各營攻擊。其第一營攻擊西門外之水師營，得收撫即收撫，否則攻潰其兵，收其軍械。二標第三營留守火藥庫。

四、二標第二營同工程隊先赴其營旁之軍械局得有子藥後，工程隊留守軍械局。二標第二營以兩隊攻破巡防營，以一隊先開西門。待馬營進城後再赴北門開城，留守北門，又一隊攻擊撫院。

五、砲營先徒手出營，至馬號舉火以作全軍出發之號令。舉火後，至北門外陸軍小學堂奪取步槍。得槍後旋至該小學後取子藥進城，以一隊守南門，兩隊巡街。

六、馬營由西門進城，直赴軍械局，得有子藥後以一隊守西門，一隊開東門後，留守東門，餘兩隊奪取電報局。

七、輜重隊直赴軍械局，得有子藥後，保護教堂及外國人。

八、講武堂各生充衛生隊之任，隨時搜尋城内外死傷兵士，歸入該堂調治。

九、各標營隊之出力人員次日午前論功封賞。

十、各標營隊之兵士及民人等如有乘機搶掠等事，由巡衛隊臨時照軍法從事。

十一、巡警兵如有願降者，砲營收納之，編入隊内巡街。

十二、各文衙門之官員不准任意殘殺。

十三、無論軍民人等不准出入藩司衙門。

隊官熊成基在城内軍械局。

變局　處置既定之後，於十點鐘砲營齊集站隊。陳昌鏞首先梗阻，不得已刃斃之。出營後至馬號舉火爲號，先至陸軍小學取得槍支，又至火藥庫取得子彈，率衆入城。不意薛澤失約，以致進城之目的未達。斯時馬營亦遵命而行，獨步營因無首領未及出發。砲營見步營未出，不得不以槍恐嚇步營。破後其兵有逃遁者，有跟隨者，復至火藥庫取其砲彈，在臨江寺附近高埠射擊城内撫院。斯時各營隊雖有攻城之心，而恨無内應，兼之一晝夜未得飲食，城既未能攻破，而兵船之砲彈又來。各兵平時雖深受教育，堅忍刻苦，奮勇無前，無如官長已歿。指揮攻城時亦無暇編制隊次，我令稍稍退却矣。且我之希望在收撫太湖之軍隊，既一晝夜不得皖城，秋操之兵必先得信。端方、蔭昌雖屬無能，彼必預備巡防營及衛隊與我抵禦，秋操兵必另調他處。我雖決志死戰，不能得秋操之軍隊。秋操之軍隊既不得，我僅有千餘人，能期成事耶？故次日午後設計保護各兵，向西北退走，並命各自回家再謀機會。過桐城時約有千餘人，至廬州仍有三百餘人，衆心依附不肯遽離。斯時姜桂題兵又追至，我反擊姜軍潰逃，更多方百計遣退衆人，間關跋涉由豫而魯，竟成一不可思議之變局矣。

是年東三省革命黨魁蔣大同亦爲國事被殺於黑河。蔣大同，字慕譚，亦名衛平，直隸永平府人。弱冠補博士弟子員，考入永平師範學校。恒讀文天祥、黄梨洲、王船山、顧亭林諸先生文籍，輒慷慨悲歌，興故國河山之感。戊戌政變後，見瀏陽譚嗣同所著《仁學》一書，因慕譚嗣同之爲人，改號慕譚。於是正覺頓悟，救世爲心，不忍危亡，力圖革命。遂嫌師範迂腐，轉入永平中學。適保定創立陸軍速成學校，即棄文就武，專習兵學，同校五百人無出其右。丁美人排斥華工，違反人道，海外同志悉寄虐待華工攝影以告國人。慕譚見之，悲傷過度，糾合校中同志提倡公言，以求援救，並抵制美貨、製油印器、發印刷品，現身説法，唤醒群迷。而《京話日報》主筆彭翼仲，浙江人，深表同情，聯合鼓吹，是以抵制美貨之人心，激動全國。不期爲駐京美使偵知，以共和民族行帝國外交。屢向清廷交涉，指名懲治，而清外務部固以順承外人意旨爲生活者，即電馮國璋捕之。時馮國璋爲保定軍校總辦，愛惜蔣大同之才，陰使脱險，答外部以先事逸去。會趙爾巽出任盛京將軍，馮暗中推薦之。彭翼仲與趙亦有交誼，更爲之游揚。值甲辰日俄戰後，關外猶未建行省，慕譚涖奉，趙極推重，乃爲之擘畫新政，培植教育，振興實業。與陳幹、商震、徐于等創辦遼陽陸軍小學，更辦瀋陽勸學公所、商業專門學校、官話字母總塾種種教育。關外地廣人稀，滿清入僭以來，其發祥之地禁止漢人移植。二百六十餘年中，而山東、直隸流民每每因乞食流亡，混入亦衆。但與土著雜處，語言亦異。自蔣大同之官話字母總塾成立，僅六閲月，即分設六十餘處，語言統一，成績極優，樹關外建設之基，開國民進化之路。趙爾巽愛其才，勸其入仕，爲設勸學所總辦，無如蔣大同志行高潔，祇求作事，不願作官，竟辭而去。遍歷關外及蒙古各地，藉販書爲業，輸入海内外關於革命救國之書報，實行内地之宣傳，旅行黑河，賣書於齊齊哈爾宋小濂。宋小濂聆其言論，觀其風采，知其非書報小販，留爲上賓，求其襄助，倡辦教育。蔣以不作官拒之，並謂凡作滿清之官者皆爲無恥之尤，宋小濂愈對之加敬禮。及東京同盟會成立，蔣大同與商震、徐于、劉乾一等俱一致加入。慕譚痛胡人之陰毒，奴我漢族並滅去蒙藏，僞爲信佛，獎勵蒙藏兒女爲僧，徵取太監，忍令蒙古嬰孩割腎，使數千萬强壯無倫之蒙藏民族不三百年而有絶種之憂。以致朔漠肥美之關河，自烏拉嶺以東迄濱海諸省，北抵北極，版圖數萬方里，三倍中國，悉被俄人侵佔。若不恢復故物，何以生存？競爭生存必出於戰，戰必熟悉敵情，知己知彼，然後乃有備而無患，於是隻身遠游，步行於西伯利亞一帶。蔣固精通俄語者，沿途觀察形勝，調查風土人情及俄帝國之侵略東方布置，將近俄境，俄吏偵之，見其形迹可疑，拘留於警所。檢其日記，繪有各處險要略圖，指爲國事秘密偵探，收之世界著名之西伯利亞大鐵獄。獄中萬餘人，非俄國虛無黨即中國紅鬍子，紅鬍子待新犯極凶刻，慕譚初入即以國語向數千老犯演説，紅鬍子皆奉之如神，日夜派人守衛，食必先進蔣先生。獄中禁閲書報，蔣即每日口講指劃教老犯讀《四書》、《禮記》，不一年而江湖大盜皆化爲孔門弟子矣。獄卒亦向蔣先生致敬，獄中俄犯亦延請蔣先生授課，蔣先生又以俄語法施。俄囚大半政治犯，尤易於感動，不半年皆感格，奉蔣先生爲東方聖人，功德所傳，俄人皆爲之崇拜，沿西伯利亞各城鎮紳商聯名向俄皇具保。諭令開釋之日，蔣先生將出獄，俄官吏宣告出獄狀，老犯萬余人同聲痛哭，如失慈父母，哭聲震鐵栅。俄官吏相戒失色，據實電奏俄皇。俄皇電諭曰，以後蔣大同再入俄境，特别注意。己酉釋歸，又創辦《長春日報》，旋因熊成基案黨禍株連，慕譚不得已又走黑河。是時宋小濂已遷黑河道尹，正與俄界起四十八旗屯交涉，束手無策。見慕譚至，驚喜若狂，以爲今得熟悉俄情之人爲之折衝其間，國界自可不受侵略。慕譚亦慨然以艱鉅自任，允與俄周旋。甫入俄境，俄吏見其名刺，即動目相顧曰，此曩年出西伯利亞大鐵獄，全獄號哭敬愛不忍其去之蔣先生也，亟捕之。經宋小濂交涉至再，俄官佯允送還。舟過黑河，俄派哥薩克騎兵一隊乘其半渡而要擊之。死時慕譚猶高呼殺我一人，毋累舟子，聲未歇而舟已沈。土人哀之，收其尸瘞於黑水之濱。張知本曰，近人侈言革命，然非具有不爲利誘不爲威脅之精神，烏足以言革命。慕譚見重於趙爾巽，在奉襄理新政，勤勞備至，而不願爲滿官吏。爲國奔走致被囚於俄監，猶默書以教獄人，至全監感化，震動俄廷，屢瀕於危，曾不稍懈。其矢志之堅、謀圖之忠、待友之誠、守身之嚴均足爲革命家之模範。卒因異族嫉視，沈溺以死，悲夫。

曹亞伯曰：蔣大同，中國軍人中之聖賢也。明乎國亡種辱之恥爲世界鄙棄，決志以革去僞朝，爲漢族争存人格。知烏拉嶺以東之數萬里錦繡河山被强鄰侵略以去，皮之不存，毛將焉附？毅然興恢復疆土之壯志，實行其是以救國人，尤足爲北方軍人之模範。且國家養兵，所以保國衛民，若自相殘殺以爲威武，外人視之，等於不開化之生番，即暗行操縱，以爲滅爾家國之妙法。分崩板蕩，種族流離，老弱轉溝壑，幼稚繼夭亡，所謂骨肉相殘，謂他人父，謂他人母，其昧良無恥孰甚。苟能澈底覺悟，效法蔣大同之爲人，則仁被天下，不難立致，否則利令智昏。蔣大同先生之英魂必化爲無量數厲鬼，附於無量數學生、軍士之良心，坑爾漢奸、割據販烟爲匪作亂之外人虎倀而不少愛惜也。己酉春，東京同盟會黨員因經濟困難自相離異，重要黨員非深入内地即避身歐美。《民報》宣傳機關亦不能按期出版。章太炎主《民報》筆政，與亡命南洋群島之陶成章、田桐輩皆以孫中山逍遥海外不接濟東京同盟會總部，憤而宣布孫中山罪狀，遍傳海内外。斯時予任倫敦中國留學生會館會長，傳單寄至，予皆毁之。石瑛與孫中山在倫敦發起抵制德貨、抵制德之助滿洲政府以行其侵略中國之謀，終亦失效。而滿洲政府之摧殘同盟會更急，派唐紹儀至歐美爲調查財政大使，特過日本，奉清旨與日本交涉。封禁《民報》，不許繼續發行。黨人之德智稍薄者多匿迹喪氣，惟黄興與趙聲則更勇猛精進，運動兩廣之新軍，至己酉之冬，而廣州常備新軍表同情於黄興、趙聲二人者已十居八九。

庚戌正月初一日，倪映典發難於廣州。先是黄興、趙聲二人約定於庚戌正月初二發動，不期己酉十二月三十夜，常備新軍第二第三兩標有兵士二人與巡警因細故口角，傷巡尉朱某於市。二兵被拘，各標營兵動公憤，派代表至巡警局詰問理由，巡警局深爲戒備。觀者千餘人，勢頗嚴重。而巡警道及廣州協副恐生事變，到局勸諭，立將二兵釋放。迨二兵回營後，極言警卒欺侮新軍太甚，激起新軍全體不平，即於初一日辰各執木器入城，毁警局、毆警士。一時風聲鶴唳，全城戒嚴。粤督袁樹勳傳令關閉大東門、小北門二處，派隊彈壓，事始安靖。但第一標統帶劉雨沛恐軍警再生衝突，密請統領張哲培將年假初二初三兩日改爲兵士運動會，不准出營。黨人倪映典暗爲指揮全體兵士向標統要求放假，劉雨沛執不可，兵士漸譁噪。十時許，有步兵約三百人蜂擁而出，長官不能遏止。忽多數鬨回，謂警兵派隊攻營，當準備防禦。不一時全營嚴裝出入軍械庫，劉雨沛大聲喝止，力説巡警無來襲之事，無效。張哲培聞變由後門遁，劉雨沛出而力阻，被目兵槍傷頭部倒地。斯時各兵已將庫械取出，但機柄均被長官收去。無槍可用，不得已又擁至砲工輜各營搶奪，然各營之槍支機柄亦被長官收去。正用馬車裝運入城，遂奪得。砲仍無彈，僅步槍千數百支起事，隨分一隊佔領北校場錢局後之小山及横枝岡各地，又分一隊占領東校場茶亭附近，再北一隊擬奪取講武堂槍械，其勢已不可侮。袁樹勳立派水提李準與張哲培親率大隊出東郊，勸各兵回營聽命。新軍不服，李準即入城調大軍備戰。袁樹勳又會商駐粵將軍，將各城門緊閉，又令旗兵運砲登城守禦，於是派都統守東門，將軍守歸德門，李準守小北門，各衙門皆放步哨嚴加護衛，一面電調虎門要塞防營及惠州陸提秦炳直火速調大隊來援。城内巡警皆荷槍實彈，如臨大敵，以十人或八人爲一隊防堵街市要口，防營則乘馬列隊，憲兵持令，日夜分巡街巷，省河各砲艦亦生火退去砲衣以待戰令。至午後一時，新軍入東隍陸軍講武堂卸下各槍機柄，復携至二三標營，配置於各槍之上，出發與防營作戰，而占領錢局後小山上之新軍於李準自東郊入城時即有撲城之勢，但頻以槍向東門城垣上亂射。流彈常掠過都統之頭，都統即命城上旗兵回擊，互戰數分鐘，新軍彈竭，向燕塘退去。初三日晨，水提李準及防營統領吴宗禹各率所部共約二千人，由大東門、大北門、小南門三路進攻，午後一時至東門茶亭前與新軍相遇。新軍全隊約千餘人，由倪映典指揮。吴宗禹至軍前命新軍棄械歸降，許貸其一死，倪映典馳馬摇手示不降，並鼓勵其衆，偕新軍首領王占魁等躍馬而出，痛數清政府之罪，並勸清兵歸順。清兵多動容，吴宗禹復派代表來勸降。倪映典亦派王占魁往勸清兵來歸，如是四次均無結果，清軍最後限半小時答復，不從即戰，倪映典竟不答，督隊向清兵猛擊。吴宗禹立命所部分佔牛王廟一帶四小山，以步隊前攻，以退管砲掩護於後，伏師山上，另派别動隊一支由楊箕村至黄岡抄新軍之後，新軍伏於牛王廟前之兩小山脚。倪映典親率一隊身先士卒，進至横枝岡，爲清軍所截。倪映典大呼衝鋒，爲敵彈所中，滿腔熱血爲漢家流，無數英魂向天哀泣而已。是時新軍因彈盡腹飢，已傷亡枕籍，萬不能支，故仍退至燕塘，回故壘者約二三百人。清兵追至沙河，是夜九時第一步隊營中有内奸縱火，新軍又出大隊向清軍猛撲。清軍頑强抵抗，新軍卒以彈絶不得志，清軍追至瘦狗嶺，新軍被殺者三十餘人，而首領王占魁於未開戰之先已易服至清軍内探敵情，並運動敵兵勿爲異族政府效死。不幸又被吴宗禹識破，被其所執。初四日新軍殘敗之餘，退守白雲山石牌東圃一帶。清軍分隊搜捕，並分電各路攔截。是日午吴宗禹命將一標内二營營房焚毁，以防新軍藏匿。又調防軍千人，以五百守流花橋，以五百守長堤，堵新軍西下之路，更調佛山安勇四百名至省城以爲後援，陸路提督秦炳直亦由惠州率大兵至，於是將新軍包圍，勒令繳械。新軍烈士被殺者甚多。當新軍敗退白雲山石牌東圃等處時，雖兩日未食，不入民家。子彈雖乏，猶極力抵抗，不爲所屈。附近鄉民對於此次敗殘之軍士多憫其寒而予以衣，憫其飢而予之食，且殷勤慰勉有加，並有給資斧者，軍士皆婉却之，其義勇實足以動天地泣鬼神矣。是役之敗，黄興、趙聲皆非常悲傷，更加憤激。汪精衛則憤東京《民報》之被封，黨人之意見紛歧，經濟之無由接濟，決志犧牲其生命。邀同志數人秘密入北京以謀暗殺，並致書其廣州之未婚妻，請其擇配，表示不復偷生於世，而埋没於亡國之奴。但書被其妻兄所得，亦未示知於其妹，故該女士至今亦不嫁。汪精衛雖文弱書生而心頗堅定，且能製造炸彈，與黄興、趙聲、楊篤生輩同爲革命之實行家，固不僅以文章見稱於世界也。

是年四月，汪精衛名兆銘與川人黄復生等入北京謀刺清攝政王載醇，不成被捕。據朱師晦所撰《清肅王墓誌銘》序文中關於汪兆銘等謀刺載醇一案，言之頗詳，今摘録之：

清宣統二年夏四月，汪兆銘、黄復生謀殺監國。伏炸彈於監國趨朝所經橋，橋在北京後門什刹海畔。其彈性烈，旦晚觸之即發矣，步軍統領獲焉。當時步軍與巡警廳不相容，統領烏珍兼民政部左侍郎，監國意以可調護。自兆銘案出，清肅王愠甚。日督兩廳清查户口，密探踪迹。未數日，捕得汪兆銘等。汪與其同志設一照相館於西華門大街，以作秘密機關。兆銘固文士，負時譽，清肅王親臨審訊，兆銘從容陳詞，無幾，微露乞恩意。肅王且憤且憐之曰，此書生不曉事，何庸殺也？飭内警廳看管汪兆銘，不交法部。法部尚書廷杰愠，訴諸奕劻。監國爲人亦不勇於殺，而章宗祥、顧鼇、朱還倡爲弭亂之策，日奔走公卿間。公言殺一汪兆銘何益，不如留爲將來周旋地（後果墜其計，武昌倡義，南京政府成立，汪出獄，與袁克定輩周旋，逼孫中山讓位於袁世凱。總統名位原由選舉，私相授受已違反民國，非倡改革而求救國保種者之初衷也）。京師輿論大贊其議，謂不殺國事犯爲東西各國通例。顧國度何如耳？肅王既取兆銘等供詞，將具奏。先一日見監國，首謝奉職無狀，請交部議處，且曰，汪兆銘文人不得意，欲殺身成名耳，庸詎知神聖不可侵犯哉。監國默然良久曰，已交法部未？曰，未也。監國曰，無庸，何必汪某，即如熊成基、陳昭常自不請旨殺之，非余意也。肅王乃盛言弭亂策，兆銘聲名籍甚，貸其一死必爲我用。翊日疏上，奉旨交法部永遠監禁。肅王黎明自内廷歸，至内警廳，啓密室，君兆銘分庭與抗禮。肅王曰，從此改矣乎？兆銘稱謝曰，不殺之恩不敢忘，若朝政清明自當效奔走，否則不能爲一身撓大計也。肅王心壯之，兆銘亦面赤有人色矣。頃之，派顧鼇送交法部。廷杰即命加桎梏，且欲置盜犯一室，賴許世英一言乃免。兆銘喟然嘆曰，朝爲坐上客，暮爲階下囚，人之度量相越，豈不遠哉。

自汪精衛被捕後，孫中山自美洲來書，請予籌欵援救汪精衛於北京，寄香港胡展堂。又托予爲孫科籌學費，斯時孫科已在美洲留學也。回憶己酉之夏，孫中山自倫敦赴美之時，請予籌旅費，予則函致石鴻翥，將留比法之公民黨員歷年所捐集之欵，已全數付與孫中山矣。當日孫中山曾百感交集，並言其高堂老母在香港病已垂危，無法侍疾，言時聲淚咽噎。予與石瑛皆以國事慰其心而行，至倪映典失敗、汪精衛被捕，又不知其若何不安也。

是年五月，湖南鬧米荒，富豪囤積居奇，貧者無從得食，長沙百姓群起暴動，而官場素與資本家狼狽爲奸，遂激起大變，搶米店，焚衙門。外國教士皆上各國兵船，巡撫以下皆走避。日知會會員本欲利用民氣起義師，奈與湖北黨人接洽未周，致爲停頓，後窮民被捕者極多，皆賴黄吉亭牧師一人之力，轉旋挽救，官民妥洽，中外相安。武漢報章多頌黄吉亭牧師功德，而倫敦社會黨機關報紙並著論説與長沙百姓表同情，謂黑鐵已傷中國黄漢之心，赤血將灑神州白日之下。自此世界耳目知中國滿漢之界已明，不復作助桀爲虐之言論矣。

辛亥三月初十，温生才槍殺駐防於廣州之將軍孚琦。是日有飛行家馮如在廣州東門外燕塘試演飛機。此發明未久之利器初次飛行於廣州，而飛行家又爲中國人，故居民皆争以先睹爲快，駐防廣州將軍孚琦携其子，盛儀衛，前往參觀。温生才亟欲手刃一旗人以報國仇，懷手槍俟之於諮議局前。俟孚琦返，行至彼處，温生才即近孚琦所乘輿，拔手槍擊之，即命中。孚琦倒斃輿中，輿夫護從聞槍聲已逃，無人抗拒，乘勢更發數響，從容而去。其子輿旋至，撫尸歸。温生才刺孚琦時爲巡警鄭某所窺見，及温生才向東校場厚新街行，鄭某跟蹤隨之，至永勝街並知會值岡巡警，方將温生才捕獲。孚琦被刺，旗人皆震驚，立即運砲登城，如臨大敵，至次日毫無變動始解嚴。粤吏既獲温生才，逼供同黨，便其按索，以圖升官發財，温生才既決一死，只供一人自動，如是者四日。粤督張鳴岐復會同文武諸吏在督署二堂親自嚴訊，問係何人主使。温生才指張鳴岐曰，是你教我的。各官聞之，相顧失色，懼其信口指攀，釀巨禍。張鳴岐亦暗驚，不敢復訊。故此案未牽累一人，遂於三月十七日被害於廣州東校場之孚琦受死處。

辛亥三月二十九，革命黨大流血於廣州。自黄興於庚戌十二月十八

温公生才遺像

温生才，粤之奇士也。作鑛工於馬來半島之大霹靂埠，鑛主梁姓，富於資，於鑛場内設一閲報室。温公常於公餘向同事演説。以百餘萬之華僑艱難辛苦開闢天南，而受制於極少數之英國居留政府，萬般束縛，不得自由，良由祖國沈淪，異族僭主，亡國奴隸，世界羞稱。故决志報國，冀殺一胡人以醒當世。適孚琦觀飛機，一擊命中而殉焉。

由星嘉坡籌欵至香港寓陳少白處，即與趙聲密謀取廣州爲革命根據地。南洋各埠所集之資由鄧恩（字澤如）數月奔走之勞，共得十四萬餘元。而芙蓉之同志甚至有毁家盡數資助黄興者。在南洋之大資本家大半受康有爲之騙，以圖異日得一虚銜，絶不助革命黨一文一粟。而熱心革命之同志，非經營小錫鑛與種植橡皮園之中等商紳，即勞動於錫鑛橡皮園之工人，若輩皆按月量力出欵，不圖酬報，並每於革命之役願捨其性命以報祖國。而留學東京之各省同志，學最優而心最熱者皆與黄興、趙聲等一致願爲國作最後之犧牲，可圖大舉。無如此次失敗，英賢死去過半，實爲中國極大之損失也。親與是役之莫紀彭著有《三月二十九之革命史》，記載甚詳確，尚未出版。予關於此事多方搜訪，有所記述，然不如鄒魯所記條暢詳實。玆采録之，以便留心史料者得其真相焉。

第十三章　廣州三月二十九日之役

當庚戌廣州新軍之失敗也，孫文在三藩市取道檀香山、日本而至庇能（即檳榔嶼），寓四間街。乃約趙聲、黄興、胡漢民來會，以商卷土重來之計畫。時各人以新敗之餘，破壞最良好之機關，失却最利便之地盤。加以新軍亡命南來者實繁有徒，招待安插，爲力已窮，而吾人食住行動之資將虞不繼。舉目前途，衆有憂色，詢及將來計畫莫不噫噓太息，相視無言。孫中山乃慰以一敗何足餒，吾曩之失敗幾爲舉世所棄，比之今日，其困難實百倍今日。吾輩雖窮，而革命之風潮則已甚盛，華僑之思想已開。從今以後，只慮吾人之無計畫無勇氣耳。如果衆志不衰，財用一層，吾當設法。趙聲以爲欲即再舉必當遣人携數千元回國接濟同志，免彼散去，然後圖集合而再設機關，以謀進行。吾等亦當繼續回香港與各方接洽，如是則日内須川資五千元，如事有可爲則非數十萬元不可。孫乃函約南洋各埠黨員於庇能開會。庚戌九月二十六日致鄧澤如書云：

> 貴伴李夢生並民鐸社員楊君惜吾到檳，接讀來示，並二君所言，得悉各節。足下關切大局之深，良足深感，弟今另有所見，必須足下犧牲數禮拜之時日親來商助，則事可望成。見信之日無論如何匆忙，必請早臨爲禱，至急至要，餘容面談。

各埠同志齊集後，十月十二日遂開秘密會議。與議者黄興、趙聲、胡漢民、孫眉及庇能黨員黄金慶、吴世榮、熊玉珊、林世安、怡保代表李孝章、芙蓉代表鄧澤如等。中山乃謂現在時機既迫，吾人當爲破釜沈舟之謀，欵項多一分則籌備足一分。吾黨不乏熱心之士，前此力分而薄，且未先事爲備，每有臨渴掘井之患。今舉全力以經營，鑒於前車，故爲

赵声先生遗像

趙聲，字伯先，江蘇鎮江人。由江南陸師學堂出身，奔走南北，實行革命。軍學兩界秘密與之結合者甚衆，爲同盟會健全分子，如章木良、林述慶、李懷誠、柏文蔚、王鑑、冷遹、洪承點輩，皆與之同氣。又與黄興爲莫逆交，歷充兩廣新軍要職，爲黄興屢次舉義之應援。卒因廣州三月二十九之役，國士損失太鉅，趙公憤極，暴卒於香港。悲夫！

充分欵項之籌集，事濟與否，實全繫之，擬發捐册，以中國教育義捐爲名，免居留政府之干涉。衆皆贊成，並決定在廣州舉義，先定欵項十萬元，英屬、荷屬各籌五萬元，暹羅、安南三萬元，美洲未計，即席捐得八千餘元，其餘由各黨員分頭捐集。至於此次大舉以新軍爲主幹，但鑒於從前運動軍隊或民軍難於擇一發難，乃決定擇同志五百人爲先鋒，任發難責，以領導軍隊及民軍，蓋將傾全黨人力、財力以赴之也。廣州一得，以黄興統一軍出湖南趨湖北，趙聲統一軍出江西趨南京。以黄於湖南曾辦華興會，黨羽甚多；趙曾任南京新軍統領，與新軍感情甚厚也。初，黄興於河口之役敗後，對雲南仍積極計畫。加以雲南地偏，清軍難於進攻，至是亦一致改在廣州舉義。

庇能會議既以籌欵爲要著，計畫已定，中山擬遍歷南洋各處，乃荷屬拒絶，不許前往。日本、安南、暹羅復有孫逸仙出境之令。英屬則因孫在庇能演説籌欵，丘哲卿將演説詞投登報紙並譯刊西報。復有林某報告當地政府，謂孫演説革命運動籌欵恐於地方治安有礙，當地政府乃限孫出境，孫乃委諸黄與胡漢民等，卒經艱難困苦，得各地華僑同志踴躍輸將，籌得之欵竟溢乎原定之額。

南洋華僑至多，同志等至其地，一方爲革命之鼓吹，一方爲機關之設定，以故加盟者日衆。支分部之設定者日多，籌欵人員遂因地分派。兹分述籌欵情形於左：

（甲）英屬

南洋英屬，地廣人多，同志之居其地者亦比較多數。鄧澤如任英屬籌欵之責，即以捐册分發各埠同志。同志領捐册者亦分任籌欵責，兹列舉於左：

地　名	領捐册者	捐册號數	日　期
太平	陸文輝	八號	一〇月一五日
太平	陳志安	九號	同上
怡保	鄭螺生、李源水、李孝章	一一號、一二號	一六日

續表

地　名	領捐册者	捐册號數	日　期
和豐埠（霹靂所屬，以下同）	劉植芝	一〇號	一七日
布先	蔡卓南、張錫銘	二一號	同上
波賴	王月洲、曾榮祥	二七號	同上
嗱乞埠	曾國梁、彭維綱、王書仰、鄧星南	二六號	同上
咖啡山	林金福、李佐漢	二〇號	同上
暗邦	葉競争、李耀南、李定山、羅劖胡	二五號	同上
萬里望	葉飛龍、黄梓堂、古植山	二三號	同上
德華	楊復漢、陳守一	二四號	同上
文明閣俱樂部	郭應章、胡榮寶	一九號	同上
金寶	楊朝棟、陸秋露	一八號	同上
吉隆坡	陳占梅	一五號	一九日
芙蓉	譚德棟、朱赤霓、黄心持	一六號	二二日
麻六甲	李月池	一七號	二八日

胡漢民在星嘉坡籌欵，華僑態度量力爲助，凡十餘日不及萬金。漢民急乃致書鄧澤如，約其赴星，共商進行，書曰：

弟入日里，以十月初四出送中山先生行後，適有香港友人來，有所商議。待之二日即赴太平，留一夜，出壗羅。諸同志攀留二日，秋露邀入金寶，因此地表同情者頗多。要請演説，與之聯合，一時果得二十餘人。今夜尚有數人，皆屬此地有力者，故明日始得他行。本擬往吉隆玻，入芙蓉晋謁。因有同志謝良牧兄自巴城至，聞渠運動頗得手，以初二到星嘉坡候弟商榷。以其延待過久，又深信先生於芙蓉壗羅庇能等處，熱力已足，勝於他埠，無待弟之贊助，是以即由金寶出星。俟到星後，再發電通知。秋露稍後出，亦擬得本電後赴星共商，屆時望先生撥冗一會。總計弟所經行各處籌定之欵尚不滿萬金，離中山先生等預算相去殊遠。蓋各同志於此次之舉措未嘗不傾動贊成，然皆量力爲助而止，破家爲國誠戛乎其難也。

漢民之信自十三日發，澤如十七日至星嘉坡與漢民會，李登同及星報各同志均在焉。漢民道籌欵之難，有素所屬望，詎往訪之，則畏避而不願見者，有贊成而力不足副者，故應者殊寡。澤如以星加坡同盟會雖始勤終懈，然同志中不乏熱心者，所以深閉固拒，或其中情有未解者耶，遂決議二十四日在晚晴園開會。是園張永福之別墅，胡漢民、周之貞等之所託寓者也。會李孝章、陸秋露至，挾鄭螺生與沈聯芳書。沈蓋星加坡巨商，故鄭以書勸其協助黨務進行。二十三日，胡鄧諸人持鄭書見沈，勉以大義，並以明日到會爲請，沈諾之。

二十四日開會，同志至者百餘人，會長張永福未到，副會長陸秋露代之，宣布開會理由竟，同志相繼演説。胡漢民以此次孫先生決定大舉計畫，實漢族存亡所關，現内地同志均竭力籌備，待機而動，尤望海外同志竭力資助，以底厥成。澤如報告數旬内遍歷十餘埠，同志甚爲踴躍，之貞繼謂星洲同志不可讓人專美。凡演説均由郭淵谷譯潮福語，於是沈聯芳首捐一千元，各同志亦量力認捐，得三千餘元。衆舉沈聯芳任財政事。翌日，胡鄧等向未與會之同志募捐，應者絶鮮，盧禮明號殷實者，與語歷二時，捐二十元。

十月三十日，鄧澤如至蔴坡，會同志於啓智書報社，報告籌欵事，衆推劉静山、湯壽山分任籌餉。十一月初三日至壩羅庇朥，沿門勸捐。初四日，約譚德棟、曾德水至麻六甲，運動譚佑初。譚，巨商也，語革命事極贊成，語籌餉，則以近狀窘不肯應，其他巨商多同。二十七日，澤如、崔文燦又自蔴坡至，見李日池、劉翼鵬，開會於楊振海山園，與會者五十餘人。二十九日，澤如返壩羅，三十日黄興亦至。初，黄興由仰光至星加坡會漢民，以所得欵距預算額遠甚，意沮喪。嗣知澤如在麻六甲，往訪之。至則澤如已回芙蓉，乃偕鄧壽如至芙蓉。至則澤如又回壩羅庇朥，黄等更至壩羅，至是會焉。適澤如舉一男，黄興爲之名曰光夏，並持胡漢民致鄧澤如書，詞曰：

昨日黃克强從仰光出，因弟與中山伯先之要求，欲其在兩粵共事。至雲南之經營雖有可爲，而不及粵之重要，且其臨時布置亦與粵相先後。克强兄亦聞謝良牧君籌得數萬盾之消息，以爲大欵易應，可不孟浪犧牲，是以復出。惟聞荷屬泗水之欵似不可靠，望梅止渴，無裨實際。統英屬州府合計除庇能之欵已收支外，不過萬一二千元。去題太遠，而事情又復極迫。中山在美洲，縱能籌得十萬之半數，然爲期必遲。大抵須南洋之欵先有把握，然後可着手行事。其中尚有許多軍事理由，克强兄當面爲兄述之。且南洋僅得此數，即有五萬左右，仍不足用，萬一再少不堪設想，而同事各人則勿論如何，只得勉强拚身一擲，言念及此，豈真如陸祐所云有天意耶。此間同志固無足語，即南洋各埠亦何不然。惟先生真知革命之理勢，復深察黨中之事實，而寢饋之，故克强兄特入埠相候，欲求設法解決此生死之問題。

黃興以庇能會議時，預算英屬五萬元，荷屬五萬元，惟荷屬之欵似不可靠，而英屬僅得一萬元。現在事勢已迫，如英屬不能籌足預定之額則全局瓦解，余亦不必返港，惟有决心行個人主義，步精衛後塵耳，言畢淚下。澤如以連月來遍歷十餘埠，與各機關辦事人討論，均極贊同，惟吾輩所求未能滿足。然各同志之熱心仍未稍懈，因勸黃興同至各處籌欵，黃諾。隨同朱赤霓等乘原電車出芙蓉，寓礦務會館，與譚德棟等商焉。

十二月初一日開會議於安泰店，到會者三十餘人，譚德棟、朱赤霓、黃心持、伍熹石、林作舟、蔡質三、黃堯、王鏡波、陳序機、李雄華、鄧培生、容祝三等與焉。黃興力言時機已逼，需欵孔急，苟非英屬各州府集得五萬元，則事不可行。同志聞之，極爲踴躍。初，譚德棟允助五百元，及鄧澤如由星加坡回芙蓉，與言籌欵困難。譚遂捐至一千元，至是又捐五千元貨物，餘各同志亦量力認捐。

初二日，鄧譚如等至吉隆坡與陸秋傑商。陸助二百元，其他有力者均藉詞推倭，無所得。午後，乘車至龍邦埠訪張碧天，認捐者量力而已。及晚，黄鄧諸人宿於塾中，蚊喧蝨擾不得眠，乃相與踞學童書案，作竟夕談。

翌日，往怡保，會鄭螺生於決醒園。螺生應李源水、李孝章、黄怡益、陳增坡、郭應章、陸秋露等宴叙，黄興以此次籌餉大舉。英屬各埠以五萬元爲預算額，現籌得之欵相差甚遠。我與趙聲等身命何足惜？爲大局計，不能不籌畫稍備，冀以不敗。方今瓜分之局將見實行，若冒險以爲，徒苦民耳，心何忍也？望各同志有以救之，於是鄭螺生、李源水、李貴子、黄怡益均認千元，黄妻柯氏認五百元。螺生並允變賣福建江蘇鐵路股票，源水亦允變賣打滿鑛股助餉。黄等以一席之間而認捐之數如此，感而且慰。

初四日至霹靂，集各埠分會辦事人開會於華成之樓，到會同志不下百人。黄興以近日各處同志認捐極爲踴躍，籌得之欵相差不遠，尚望會中同志竭力鼓吹，以符原算，均願任提倡之責。螺生、源水因語黄曰，英屬各州府務以籌足五萬元爲度，現計募得之數所差不遠，准年内悉數匯至香港，決不愆期。黄然而感之。

初五日，黄、鄧等至文明閣，會鄭應章、胡榮寶，適陸文耀自太平至商籌欵事，陸曰，礙於乃兄，不能多助，若一二百元可量力爲之。

初六日，黄、鄧等往金寶。鄭螺生、李源水、黄怡益、陸秋露偕行，將以運動巨商余某也。初，中山有函致余某求助欵事。黄、鄧等與會於中西別墅，交中山函，余某不應，且出惡語。

初七日，鄭、李、黄等回怡保，黄興、鄧澤如、譚德棟、朱赤霓等返吉隆坡，某俱樂部者，反對吾黨者也。譚德棟知之，故往求其助，卒無效。

初八日，黄、鄧等返芙蓉。

初九日，黄興乘車出星加坡，將回香港。

翌日，致澤如書曰：

握别後，車行至畢帝釘丁宜，而車頭損壞，急爲修復。至午十二點六分，始前抵星加坡廳律站，則已九時四十分矣。漢民兄於初一日赴西貢，留書云，誓死必有所得，返時再往星或更能相助，預備必可完善也。伯先兄有電來催欵，以前途太急之故，又另有一電乃言械事，由子瑜兄轉至尊處。其稿弟已閲悉，可無勞寄來矣。所懇者，各處寄來之欵今已略有數目，已由弟函請其趕速收齊，儘於年内匯寄香港（二十日以前單匯，二十日以後電匯）。再望加函督催，俾早收一日則早得一日之用。且臘底運動尤爲有效，所有緊急之處想各同志當能諒察也。此次鉅欵之集雖由譚、鄭、李、黄、朱諸君及各同志之熱心國事而來，實由吾兄一人之至誠所感。黄帝有靈，錫以哲嗣，其報不爽。弟雖不言因果，而天理自在，孰不信之。弟等惟有奮勵厥志，慎小其心，力求有成，勉盡公義，更有所以酬知己，則私心方安耳。弟擬不日返港，以後函件請由李以衡轉交克强親收爲荷（請用夾封外封不寫弟名），餘候抵港續上。

黄興既以籌欵事定回香港，胡漢民亦自暹羅返星加坡，擬回香港襄助，特於辛亥一月十一日午致芙蓉同志書曰：

芙蓉同志諸公鑒：

弟昨午始由暹羅返星，得誦黄克强留書，又晤夢生兄等，俱悉英屬各埠籌畫之大進步，凡此皆先生等之力也。《傳》曰："師克在和。""和"者全體共同協力以濟事之謂。今兹吾黨真能内外協力，光復之事業良有可期。如澤如兄之過門不入，國而忘家。德棟先生之積儉一生而爲國毁家，克强兄尤亟稱之。然先生等本爲弟素所崇仰之人，集義於平時而勇行於臨事。此在普通同志聞之尚當神往，況於弟輩乎？比到星加坡得見港函，催弟速返。而荷屬已有謝良牧君、曾伯諤君往，弟可不必行。籌欵之事大局略定，弟不敢久逃於外，令黄趙二兄獨任艱鉅，所以速返港也。

茲將英屬各機關籌欵表列於左：

地名	經手人	數額
芙蓉	滙港	一七五〇〇元
芙蓉	由星加坡交胡漢民	一一〇〇
庇能	黄金慶	一一五〇〇
怡保	鄭螺生、李源水	四〇四九・二九
怡保	文明閣	一〇八一・一六
怡保	黄怡益	一二七〇・八九
星加坡	沈聯芳	三五三〇
太平	陸文輝	一〇〇〇
暗邦	葉競争	九五〇・六五
金保	楊朝棟	八二六・七五
打壩	益群社	三〇一・二六
羔丕山	林金福	八七八・一
式叻港	李子英、徐漢生	六四〇
蔴坡	劉静山	七二九
務廷	鄭有方	三五五・四四
龍邦	張碧天	六〇〇
麻六甲	李月池	三三三
波賴	曾榮祥	一一六・一三

（乙）荷屬

自庇能會議決議南洋分英屬、荷屬籌欵，即通告荷屬辦理。當時八打威書報社鍾幼珊、古質山、李篤彬、吴偉康、陳伯鵬、陳句士、陳玉如、藍耀廣、藍銘三等均分頭募集。庚戌冬，謝良牧在泗水電稱籌得欵五萬元，既而姚雨平之友往泗水運動，謂此欵必交雨平。旋姚雨平由泗水來函云泗水已擔任六萬元。劉芷芬報告在八打威可另籌萬元，文島籌欵員報告可籌二萬元以上，其結果在統籌部，實收荷屬之欵共三萬二千五百五十元，其數於左：

地名或經手人	
泗水	二五〇〇〇元
劉芷芬	五〇〇〇元
梁紐若（劉芷芬經手）	五〇〇元
古亮初	二〇〇〇元
黄甲元	一四五〇元

（丙）暹羅安南

暹羅、安南二處籌欵數亦不少，特未得材料，莫知其詳。暹羅之籌欵主要人爲蕭佛成、朱廣利、何少禧、梁挺英等。除購軍械外尚存千餘元，由胡毅帶回香港。

美洲華僑多立洪門會。洪門會者以反清復明爲宗旨。明末遺老至康熙時見光復非一時可能，借此以保存民族精神，冀待後起者之用也。然傳之既久，真意浸失，僅備患難相助而已。及中山乙丑廣東舉義失敗赴美解釋宣傳，始復知其原來宗旨，乃聯成一氣，改洪門會爲致公堂，以努力於革命事業。當庇能會議决定籌欵計畫後，孫即通書美洲，其十一月之函於左（此函語氣是第二次函）：

前函所云需十萬元始能布置周到，實收成功之效者，非待十萬到齊後發動。刻下已開始陸續布置，在在需欵矣。此次之動乃因日俄協約，時勢甚急，汲汲不可終日。而内地革命風潮亦已普及，軍心民心皆同歸向，加以吾黨久困奇窮不能稍待。有此三者相迫而來，不得不發，故主動各人决意爲破釜沉舟之舉，誓不反顧，與虜一搏，有十萬元爲事前之布置固起，無之亦必冒險而起也。況精衛君已去，吾輩何忍徒生，若事不成則寧爲玉碎不爲瓦全也。弟亦决意到時潛入内地，親與其事，故今日若得十萬元則出以安全，不得十萬則必出以冒險耳。此十萬元不過一安全冒險之問題，非起不起之問題也。今內地同志已有決死之心，亦何暇計其安險？但念海外同志必不忍內地同志獨出冒險，而不一援手以拯之於安全之地位也，故欲各盡所能以相有濟。內地同志捨命，海外同志出財，庶免內地同志有輕擲寶貴性命如精衛君者，則誠莫大之幸矣。弟望美洲各埠同志各盡義務，惟力是視，能籌足十萬元固佳，否則多少亦望速速電匯，以應急需，是爲至禱。中國興亡在此一舉，革命軍盡此一役也。

十一月由南洋弟孫文謹啓

及孫不容於南洋之政府，始決定自歐赴美，促欵項籌集，遂於十一月六日由庇能出發，十日至高浪堡。未出發前致鄧澤如書曰：

弟近頃因有要務即須動程，遄赴歐美。此行至速尚可及期返東，南洋籌欵之事既有頭緒，且得各埠同志力任提倡，成效必大。日前弟電招漢民兄前來，茲已到庇能。此間各事即以付託，望兄鼎力與籌，務至完善爲禱。前因弟尚勾留庇能，故約請李登同兄等到敘商伊等之行動，茲則無暇及此，可止伊等不來，將來各事自可就近與香港辦事人磋商可也。

十月二十四日

至馬浪堡又致澤如書曰：

各同志大鑒：

弟以十二月六號發梧城，十號晚行抵高浪堡埠，寄泊數時即又動程西向。此後與南洋相隔以日而遠，中途未便致書，必俟抵美或回華後方能通音問也。弟之此行以有特別之外交問題須往英京，及預計南洋之欵恐難足十萬，有誤大舉之期。故順此趕速赴美，向華僑籌足此數以應要需，此行想可達目的，因近半年來，美之華僑開通頗衆，而所籌之欵爲數不多，當易集事也。此間之事，望兄等竭力圖之，以收分途並進之效。漢民兄此時想已會面，詳籌一切矣。

美洲華僑籌欵，中山未到前由陳耀垣、馮自由、黄芸蘇等辦理，本甚踴躍，加以中山親至，詳陳計畫，成績更爲可觀。域多利致公堂則竟變産以助，茲將美洲各埠助欵列表於左：

地　名	數　額
域多利致公堂	三四〇〇〇元
温哥華致公堂	一九〇〇〇元
滿得科	一一〇〇〇元
金山	一〇〇〇〇元
檀香山	二〇〇〇元
紐約	二〇〇〇元

欵項籌集，據黄興、胡漢民《海外報告書》（見下）預計之數，爲英屬南洋五萬元，美洲五萬元。謝良牧報告泗水五萬元，後雨平來函云已擔任六萬元。劉芷芬在巴城任籌萬元，文島報告可籌二萬元，香港曾伯諤兄弟允各出萬元。而實際收入，荷屬南洋共三萬二千五百五十元，二月間英屬南洋、西貢、暹羅五萬元，美洲方面域多利致公堂三萬三千元，温哥華致公堂一萬九千元，滿德科埠一萬一千元，金山一萬元，檀香山二千元，紐約二千元，總計爲十五萬九千五百五十元。然據有數可靠者，荷屬南洋三萬二千五百五十元，英屬南洋四萬七千六百六十三元有奇，美洲七萬七千元，共一十五萬七千二百一十三元餘。暹羅、安南等處因未得材料，無從知其數目，但暹羅之欵以之購械後尚有千餘元交回，數當不少。據黄、胡報告，列支出表共數一十八萬七千六百三十六元，除一十五萬七千二百一十三元餘有數可稽者外，其餘當出諸暹羅、安南。黄、胡之報告書收入數除美洲外未能確，而支出數則一一可據也，至善後各費則未在内。

黨人此次舉義傾全黨之人力財力而來，舉義雖定廣州，計畫則及於長江各省。庚戌十一月庇能會議之後，趙聲即返香港保存新軍舉義時機關。及十二月中旬，黃興自南洋歸。辛亥正月中旬，胡漢民亦至香港，其時長江各省及閩桂日本各同志多到，乃組織統籌部分職任事。衆舉黃興爲統籌部部長，趙聲爲副。内分課曰調度課，掌運動新舊軍人之事，舉姚雨平爲課長。曰交通課，掌江浙皖鄂湘桂閩滇各路交通之事，舉趙聲爲課長。曰儲備課，常購運器械之事，舉胡毅爲課長。曰編制課，常草定規則之事，舉陳炯明爲課長。曰秘書課，掌一切文件之事，舉胡漢民爲課長。曰出納課，掌出納財政之事，舉李海雲爲課長。曰調查課，掌伺察敵情之事，舉羅熾揚爲課長。曰總務課，掌其他一切雜務，舉洪承點爲課長。其餘各同志各以所能分屬於各課，共同努力，更爲表以明之。

統籌部	職　掌
總務課	掌其他一切雜務
調查課	掌伺察敵情之事
編制課	掌草定規則之事
交通課	掌江浙皖鄂湘桂閩滇各路交通之事
調度課	掌運動新舊軍人
儲備課	掌購運軍械之事
秘書課	掌一切文件之事
出納課	掌財政出納之事

統籌部設於香港砲馬地三十五號，各分機關分設各處，實行部設於擺花街，專以製造發難炸彈及準備暗殺之用者。並鑒於累次失敗皆一機關一部分被破，牽連全部，議定各事由主任人負責，各部之事不相問亦不相告，俾資慎重。

舉義總計畫既在會師長江，並專設交通課以主任其事，則第一着江浙皖湘鄂等處不可不籌設機關聯絡軍人，以備響應。辛亥年一月六日，譚人鳳至統籌部，亦以此意與趙、黃諸人言，曰，南京之事，向謀之矣，若兩湖居中原中樞，得之可以震動全國，控制虜廷，不得則廣東雖爲我有仍不能以有爲，願加以注意，俾收回應之效。黃、趙即詢以辦法，譚曰，今居正、孫武二人日夕爲武昌謀，惟缺於資，不能設立機關以張大其勢力。湖南同志甚多，以缺於資，不能爲進行之部署，誠能予金以分給於兩湖同志，則機關一立，勢力集中，廣東一動，彼即響應，中原計日而定也。黃、趙等諾之。七日，即以二千金予譚。譚乘輪北行，自上海而武昌而長沙，以六百金予居正，二百金予孫武，俾設機關於漢口租界地，竟爲九月武漢起義之導綫。湖南適謝价僧、劉承烈自日本歸，道其事於同志。同志聞之，極爲熱烈。譚即以餘欵交由曾伯興、謝价僧等部署一切。事畢至上海，二月中旬矣。至司江浙皖之交通者爲鄭贊臣，設辦事機關於上海。據其對譚言，謂下級軍官及各隊兵士均有接洽，苟時機一至即可發動，譚因南下告統籌部。鄭贊臣除由統籌部撥三千元外，用去趙聲選鋒費千餘元，並儲備課購械餘欵二千元。廣西方面則由方君瑛、曾醒、嚴驥、李恢往來於香港桂林間，持黃興、趙聲書與在桂軍官方聲濤、耿鶴生、何叙甫、劉建藩、趙正平、楊子明等商響應，以便聯成一氣。

當時廣東各大吏，張鳴岐爲兩廣總督，孚琦爲駐防將軍，李準爲水師提督。張鳴岐雖狡譎，實力不屬，孚琦庸劣無能，惟李準梟鷙狡詐。紀元前四年，既破巡防營之運動。紀元前二年，又破新軍之舉。我黨人之死於其手者實繁有徒，故同志僉以爲欲謀大舉必先殺李準，李準既殺則張鳴岐、孚琦無能爲役，遂議先刺殺之，而後舉義。庚戌十二月，適馮憶漢自庇能歸，願任其事，統籌部以其有熱誠，任之。教以布置之方，導以擲彈之法，並以得人相慶幸。詎馮色厲内荏，言大而誇，屢次推宕，不敢前往。至辛亥正月，黃興告以暗殺之行，不宜於發難時期過近，促之。馮諾而暗返鄉，二月中始出，自云墜水染病，還鄉調理。趙聲怒其游移，面責之，馮若發憤者，再給資予之，臨行復與約曰，最遠不能過廿。屆期卒不敢實行，以致李準不能去，爲此次進行之一大阻力。同時有温生才者自南洋歸，恨李準害黨人多，誓殺之，絶不謀之諸同志。三月初十，清大吏悉往燕塘視演飛機，温生才乃俟之於東門外諮議局對面之茶館。日將暮，見有呵道而來，前後夾以軍隊，氣甚盛，意爲李準，伺轎至，突出手槍攀轎，向内一擊，前後軍隊鳥獸散，轎夫亦委轎而去。温乃從容再向轎内連發三槍，始知死者爲將軍孚琦，乃向東校場口積厚街而去。守街巡警尾之，沿途並號集偵緝隊值段巡警數人將温逮捕。刑訊悉侃談主義，又斥諸吏不少餒。十七被斬於諮議局前殺孚琦處，以祭孚琦。此舉雖足以褫清吏之魄，同時亦促清吏注意，防範黨人進行。兹將關於此事張鳴岐之電奏、清廷之諭旨附録於左：

北京軍機處鈞鑒。午，兼署將軍滿洲副都統孚琦被匪槍傷出缺，獲犯温生才。供訊大概情形於初十日會同電奏，十三日欽奉電傳諭旨切實研究，務得實情，嚴行懲辦等因，欽此。遵即督飭緝捕總局司道提犯覆訊。據該犯温生才供，年四十二歲，實係嘉應州丙村人，素充長隨。因出洋學習工藝，投入孫文革命黨，回華後專持暗殺主義。本月初十日，在燕塘看演飛機，聞知將軍亦到觀看，獨自一人在東門外道旁拔槍向轎連擊四響，不知中傷何處，當即被獲，不諱，詰以革黨内容。據稱孫文革命如何布置，伊實茫無所知，惟自在南洋聞其演説革命宗旨，甚爲信服。情願犧牲性命，並非與將軍挾有私仇，亦非有人主使及另有知情同謀之人等語。鳴等提犯親訊無異，查現行律載部民謀殺本屬知府知州知縣，已殺者絞，其非本屬者依凡人謀殺論，又謀殺人造意者，絞監候等語，部民謀殺非所屬府州縣以上官，律無治罪明文。惟查同治十年，兩江總督馬新貽被漏網髪匪張文祥刺死。當將該犯張文祥比照大逆問擬凌遲處死，摘心致祭在案。該犯温生才身充革黨，戕殺現任將軍，與張文祥情罪相同，但現行刑律凌遲等刑業已删改，本案欽奉諭旨從嚴懲辦，相應請旨將該犯温生才即行正法，以昭炯戒。除將本案供招另行諮達查外，謹請代奏，鳴岐謹肅覆。宣統三年三月十六日，承准軍機大臣諫電開，奏旨。張鳴岐等電奏審明戕殺前將軍孚琦之凶犯温生才請旨即行正法，以昭炯戒，欽此。

黨人革命以主義爲號召，而主義之入民衆，端賴宣傳，此點固黨中隨時隨地注意。而於此次之舉則尤欲於普通宣傳之外，特別注意軍界。因而有《可報》之組織，主其事者爲鄒魯。“可報”之名，取義於諮議局反對廣東開賭投可票之持正派，以掩官吏耳目。時論亦多助之，故一出版即博各方之同情，宣傳至爲有力。而於軍界特減價號召，實則每日無價贈送，軍界靡然争閲。無何，清吏知之，大懼，又無法阻止。嗣因載温生才刺清將軍孚琦之事，巡警道乃勒令停版。茲録巡警道停版諭文於左，亦可見當時該報宣傳之一斑云。

爲嚴諭事，檢閱該報本月十二日雜著一欄，題爲“東門外之今昔觀”，有云温生才乎，你何愚不可及，乃在此多難發生之地，犧牲一生，作地理歷史上之紀念物。曾、左、胡、李何曾不是英雄，乃必步趨史、徐後塵，濺血東門，始爲英雄乎等語。夫温生才不過卑賤之一夫耳，以無意識之舉動而蹈大逆之罪名。考之於古，則《春秋》之義，亂賊爲人之所必誅。稽之於今，則暗殺之擾亂治安，不得儕於國事犯之列。生前既無足稱，身死亦不足惜，尚何英雄之可言？乃竟以曾、左、胡、李相況，既屬擬於不倫。即史、徐一流似亦不可同日而語，甚至比爲寧武子之愚不可及，尤爲紊亂邪正，顛倒是非。又十七日雜著爲温生才之短槍推高身分，直云其行事非常流所逮，末一段又云，嗟夫，天地荒晦，怨毒充盈，短槍之聲，劈空而起。察其語意，一若晦盲否塞中賴有轟烈之舉動也者。末又云，嗚呼，大陸沈沈，戾氣遍於六合，不圖白雲之陬、珠江之湄，竟有温生才之人與其人之短槍出。於是温生才之名以存，而短槍亦借其人以共垂不朽。似此凶人凶氣，該報長言之不足而詠歎之。表章揄揚，不遺餘力，是何居心？又同日新聞記載行刺將軍之凶犯正法有云，記者游東門，見各新軍過者無不向之聚觀。觀畢大有憑弔欷歔之概，甚至有流涕者，記者佇立而觀此情形，亦爲之惻然。獨不思該犯身伏國法，死有餘辜，何至如低徊易水，憑弔夷門，竟足令過客欷歔，途人感泣。諒人同此心，心同此理，我軍人必不出此，乃該記者自言對此情形爲之憫惻，豈傷心人别有懷抱耶，抑氣類相感，獨表同情乎？由前之説，不啻重蝉翼於千鈞，由後之説，直欲指鴟梟爲鸞鳳，真所謂大惑不解者也。又查本月十六日《國聞感言》欄内論賣國賊中有究其原因，則由萬世一系永永尊戴神聖尊嚴不可侵犯之大清皇帝先不自愛國始，寧贈朋友不予家奴之言，固流傳人口，不絶於耳等語，夫此等言論，豈臣人所宜出，且贈友不贈奴之語，出自何人？而據爲典要。該報口不擇言，一至於此，律以詆毀宫廷之罪，其將何辭？即使無檢，偶觸忌諱，而該報提倡不自愛國之説，並以聳人民憤激思亂之心而資亂黨之口實，其貽禍不可勝言，非僅議論分歧、宗旨不甚純正者比。核與連日所載温生才新聞雜著，鼓吹暗殺主義，推波助瀾，無所不至，均爲擾害之尤。本道於言論機關極力維持，藉以開通民智。原不忍過事吹求，惟念責在保衛治安，深恐片紙風傳，一唱百和，際兹事變之後，合官廳與各社會維持之而不足，祇一二人破壞之而有餘。惡莠言之亂政，禁邪説之惑人，法所不容，情非得已。亟宜查照報律，永遠停版，以示懲儆。除諭令該報停版，並飭由西四區遵照申報外，合就諭飭。諭到該公會即便轉知各報，一體遵照，毋違，特諭。

統籌部成立，各部分頭入省進行，如是在省不能不有機關之設立，其中固有辦事聯絡住人藏軍械制炸藥之不同，要亦不能截然分開，蓋幾無不兼之者，其時設立機關雖有先後不同，然最困難者有二點，即租屋必須擔保及有眷屬。如是在海旁西街及育賢坊先後專設二米店，以爲租屋擔保之用，同時即可將米包藏軍械以爲運械之資。至於眷屬，則除有姊妹妻女者外，即由女同志僞飾家屬以掩人耳目，即傭婦亦由女同志充之。然機關多而女同志少，則女同志多往來數處。機關多標公館名，尤多爲嫁娶等事，以便借肩禮物，轉運軍械。其時機關至多，各不相知，恐一洩漏累及他處也。故將搜集所得者列表於左，其搜集未得者正多。旗下街預備放火之機關九處，只知一處，其他可知。至於臨時寄居借用之店鋪旅館仍不在内。

地　點	門牌	性質	所寓之人
小東營	五號	黄興辦事之所	黄興及閩同志林時爽等寓之
大石街		花縣同志聚集所	徐維揚、莊漢翹等寓之
蓮塘街	十二號		何克夫、劉梅卿等寓之
二牌樓		趙聲之機關	宋玉琳等寓之
長提嘉屬會館		姚雨平所屬	
謝恩里		軍隊接洽之所	饒輔廷、吴雨蒼、廖叔唐等寓之
司後街陳公館		陳炯明辦事所	陳炯明等寓之
牛巷			陳鐵崖等寓之
大北直街			一軍醫學生寓之
仙湖街始平書院		藏軍械之用	鍾秀南等寓之
蓮塘街頭髮店			由港運械至此藏
小北仁安里粤成公司	頭髮店	由港運械至此藏派之機關	陳鏡波等寓之
粤秀里		藏軍械之處	胡寧媛等寓之
西湖街甘家巷	八號		李應生與弟妹寓之
萬福里	一七八號	由港運炸藥、軍械安置分派之機關	羅鐘及其妻女等寓之
河南溪峽		以外國顔料罐頭夾藏軍械運省藏此	徐宗漢等寓之
第七甫	可報	宣傳機關並藏械	鄒魯等寓之
廠後街	十一號	製硫黄硝黄烟彈等之機關	李應生等寓之
大馬站	六十五號		此處因收租者爲廣府，差役時來查問，故未住人

續表

地 點	門牌	性質	所寓之人
大東門	廿二號肉行會館同福堂	特設招待男女同志	謀炸李準之、馮憶漢亦寓此
小東門海旁西街	寶豐米店	以爲租機關擔保之用並借米包運軍械	黄中理等寓之
育賢坊	米店	以爲租機關擔保之用並借米包運軍械	梁起等寓之
高等街	瓷業公司	軍隊接洽機關	郭典三、郭冠雄等寓之
諮議局		藏炸彈等用	
天香街			周增輝等寓之
三眼井			
容福里	五號	廣西同志機關	劉古香等寓之
長興里	江家祠	接藏九江轉運到之軍械	
西關十六甫	麗真影相店	藏械之處	楊光漢往來之
九眼井		姚雨平之機關	王興中、葉挺芬等寓之
小南門	二十四號	姚雨平之機關	
仙羊街祥龍里		旗界放火機關	陳達生、郭蓮花寓之
河南	但公館	福建黨員機關	吴適、劉元棟等寓之
泰泉舊里			林樹巍等寓之
大塘街		軍隊接洽機關	姚右軍等寓之
炸粉街		軍隊接洽機關	羅俊等寓之
司後街		軍隊接洽機關	邱錦芳等寓之
觀音山脚	六十四號		

黨人革命初多注意民軍，進而防營，進而新軍，然大都運動一種即行舉義。戊申冬，清酋載湉母子死。廣州一役、庚戌新軍之役雖曾聯新軍防營民軍一致動作，然或未舉義而事洩，或未準備妥而事發，三者聯絡之效悉未著。此役則特設調度部，以專司軍隊之聯絡，雖加意注重新軍，而防營民軍等，實未曾稍忽，豫期三者成爲一氣，以奏大效，更於

新軍防營民軍之外加選選鋒以爲發難領導。此中計畫甚爲周詳，原冀一舉大定也。茲分述各部之準備於左：

（甲）新軍之準備

新軍之有革命思想由來舊矣。紀元前六年，岑春煊爲兩廣總督，忽將陸軍中學改爲速成學校，學生大譁，謂岑居心反覆，當籌對抗，並議電北京軍機處轉圜其事。時姚雨平肄業校中，獨持異議，謂陸軍中學之改爲速成非岑意，乃清廷排漢之所爲。電請之，匪惟無效，恐益招忌，不如勉就速成，徐圖他日根本解決。蓋藉是以進其革命詞説也，衆韙之。電請之議遂止，旋風潮亦息。紀元前五年，胡漢民、汪精衛因黄岡之役，自日本至香港設立機關、主持黨務，遣張谷山、胡毅等至廣州與姚雨平聯成一氣。未幾姚雨平、張淥村、劉古香等因倡革命觸當局之忌，被革退，乃在廣州暗集同志，與朱執信、張伯喬、鄒魯、姚璧樓、吴雨蒼等聯絡進行。各因所知，分途運動。而陸軍速成學校一二班、虎門講武堂一二班、學兵營一二班之革命分子均聯爲一氣。其後畢業於陸軍速成者充當新軍官長，畢業於講武堂者充當防營官長，畢業於學兵營者充當新軍頭目，加以丁未年清吏派黄士龍設模範學兵營，派人至惠州、嘉應州及北江徵兵，黨人尤多屈身應募。此學兵畢業後，皆充新軍棚長，新軍之中因而布滿革命種子。趙聲爲新軍標統，又從而提倡之，新軍之革命思想遂益蓬勃。戊申春，河口舉義。冬，清酋載湉母子死，均思發動，因或敗或洩而止。庚戌新正舉義失敗，散傷甚多。此次大舉已以新軍爲骨幹，乃定計劃分三期運動，即第一期檢核舊有同盟分子實數若干。各員性質若何，分别授以任務，而調查運動始焉。第二期調查該官弁中確有新思想及性質良好者，令其加入同盟會。第三期將目兵性質較好者亦令其加入同盟，並選其熱心勇敢者爲主動員，每隊至少二十人，發難時聽總司令官指揮，分佔要地。計畫既定，即爲運動之進行，主其事者爲姚雨平。當時姚及原來陸軍學生劉古香、張六村等皆被懸賞捕拿，不能露面與軍界接洽，避居於惠愛街古家祠及府學東街劉家祠等處。另設機關五處，由身非軍界而與軍界有關係者任之。一、高第街，郭典三主之。

二、大塘街，姚右軍主之。三、炸粉街，羅俊主之。四、司後街，邱錦芳主之。五、謝恩里，吴雨蒼、廖叔唐主之。時軍紀甚嚴，官長兵士非例假及差遣不能外出，故聯絡接洽以星期日爲最多，往往一日中一機關接洽者多至百數十人，勢不能全引至機關中，故大隊接洽之唯一地點爲各茶樓與城隍廟，其有較重要之人須引入機關者，亦必先易外衣以避耳目。入黨手續原只簽盟單，此次聯絡軍隊另每人給一元，令其影相存部，以堅其心，並云統將盟單相片寄存港中總部，實則恐防洩漏，隨收隨焚。其時軍隊中運動甚力者爲張念雄、何振、賴培基、蘇慎初、李濟民、巫紹光、張谷雲、羅造時、馬雄、張伯洲、吴鐵漢、巴澤憲、梁衛平等。其中李濟民尤爲大膽，時李爲排長，往往授課時借題發揮革命，毫無顧忌，察班中士兵呈激昂時，即出囊中盟單分發全班。若發講義者，有時則藉野操之名帶兵士至白雲山或幽避處，圍坐演講革命。故其班中兵士無一不加盟，即其同標之加盟者亦爲全軍冠。蓋李除自運動所部加盟外，更促標同志運動他人加盟也，此新軍之準備也。

（乙）防營之準備

防營之運動，如戊申黄興之入郭人漳軍隊已開其端。但當時特注重首領，及後黨人之畢業於陸軍講武堂者爲防營連排長。加以防營中多會黨，革命黨早於會黨有所聯絡，如是而巡防革命之空氣濃矣。戊申冬，清酋載湉母子死，謀舉義。趙聲以未復新軍標統職，朱執信以民軍一時未能集合，均衹可響應，不能發難，乃由鄒魯約譚馥以防營首義。届期之前，嚴國豐遺會黨票於燕塘營中，至謀洩。譚馥、葛謙、嚴國豐先後死之，曾傳范、羅樹滄、錢占榮、黎咢被捕，其聯絡最力者爲姚壁樓。當票洩後，李準欲窮治，一搜營中有票者十之七八，乃大懼，寢其事，而防營之革命思潮益爲增進。此次大舉運動加以慎重，其運動方法：

（一）選幹練人員運動其畢業於講武堂者；（二）運動其鄰里族戚促其傾心；（三）運動其失意將弁，動以利害。而主其事者爲姚雨平。方運動防營時其尤致意者，厥惟吴宗禹所統三營。吴蓋李準心腹也，故於三營之中運動其熱心者與新軍聯同舉義，次者俾作壁上觀，總期防營多一革命分子即於革命少一障礙。三月二十七日，李準因温生才之案發生，電調吴宗禹所統三營回省駐靖海門河沿一帶船上。姚雨平親與其哨官温帶雄、陳輔臣、范秀山、范錦堃，哨長羅燦等商舉義，又運動其營中丘錦芳、羅俊、郭冠雄、曾福山、温若儂，又因羅俊而運動羅紹雄、王濬匯。此防營之準備也。

（丙）民軍之準備

鎮南關之役，吾黨舉義失敗，遂決計運動民軍，謀佔廣州，主其事者爲朱執信、胡毅。當是時，民軍首領番禺有李福林、李雍、李湛、林駒、李田、李伍平，南海有陸領、陸常、陸錦、黎炳球、黎眷，三水有陸蘭清、陸福，順德有譚義、鄭江、張炳、黎義、陳林、劉世傑、梁進標、吴培、黎廣等。先是鎮南關失敗時，李福林適在海防，獻議於孫中山曰，省中軍隊只有新軍防營二種，新軍既有同志向之運動響應。防營素乏戰鬥力，苟與其官長有所聯絡，則發難時彼必中立不敢戰。誠能率民軍二三千人借械鬥爲名，集中於附城鄉間，則一鼓可襲下省城，既得省城，其聲勢與財源當較邊地爲愈。孫韙其議，命胡毅偕行，至是各縣民軍均各於其鄉設立興中會支分部，黨員日衆。紀元前四年，有響應防營之約，防營事洩，遂止。至是役，議決由各地挑選先鋒集於河南大塘附近，襲攻省城，嗣以種種困難，故定順德民軍集中於樂從圩，與省城同時並發，經佛山進攻省城。番禺民軍則集於大水圳附近，以爲響應。此民軍准備也。

（丁）選鋒之準備

此次大舉鑒於歷次軍隊民軍發難時生困難，苟非有一部義勇之士發難領導，實無以奏圓滿之效，此選鋒所由來也。初定五百人，繼以不足分配，增爲八百人。其選集悉由各主任人，大約黄興所部多閩蜀桂南洋同志，趙聲所部多蘇皖同志，徐維楊所部多北江同志，陳炯明所部多東江同志，黄俠毅所部多東莞同志。閩蘇皖蜀南洋同志先集香港，臨期進省，北江、東莞、河南、東江附省各同志多臨時由附近集中到省。此選鋒之準備也。

（戊）警察之準備

警察數不甚多，且分派各街，力分而勢薄。復少軍械，無多實力。惟巡警教練所有學生二百餘人集之一處，槍枝充足，且有智識爲所長者，復爲同志夏壽華所統率，故最注意聯絡，以爲發難之助。此巡警之準備也。

（庚）海軍之準備

當時各部均注意計畫，惟海軍遺焉。李海雲乃請命於黃興，任攻海軍，黃許之，給以四千元。因設法由督練公所將全省兵艦及各砲臺人員表悉數抄出，復由香港造船廠將各艦管帶砲手在艦住所調查清楚，以爲運動之着手。李海雲以事體大，乃物色同志爲助。初得陸覺生、李箕，繼得鍾某、袁玉雲，相與會商進行。李海雲擬自携炸彈冒稱督署委員往見四大兵艦之一管帶，威迫其反正。袁玉雲飾侍者，備槍同往一艦，覓砲手迫其發砲攻擊水師公所，另由陸覺生、李箕、鍾某等乘小艇於距兵船稍遠地備接應，如船員畏怖而鳬水逃則分任運用砲彈，爲陸路助。此海軍之準備也。

（辛）其他

旗界方面派人預備放火，共有九處，派鄧明德運動督署衛隊，派葉挺芬爲督署號房等。應有盡有，無不分頭准備也。

惠州密邇省城，兼有重兵在，朝夕可應省城之急。革命軍此次舉事，以形勢所在，特爲計畫。曾秀自南洋歸，本擬任之，以無軍事學識，不足以當一面，乃由黃興、趙聲委羅熾揚任其事。姚雨平亦力保之，以羅曾任新軍砲隊排長。庚戌新軍之役，犯難而出者，預算經費五千元，以爲運動會黨並補充槍械之用。羅使陳甫仁入惠聯絡嚴德明，而自帶欵項數百往汕購械。繼又電港請五百元，言已定購，需此數立付價，乃自汕歸，僅携回六響槍數枝。時羅仲霍、曾其光自南洋歸，擬加派至惠任事。羅熾揚不欲，謂二人係欲惠州人包辦惠州事之意，二人則調查羅熾揚有挾妓浪費等事。二月終，熾揚見陳甫仁、嚴德明出港，則謂運動已成，須身入惠，請補加槍枝，遂給以駁壳十八枝，無烟槍十七枝，九響槍九碼子配足，並支欵一千五百元，詎行至澳頭，爲清吏檢查行李搜出槍枝。陳甫仁、嚴德明等被捕，羅熾揚與謝某逃免，歸港報告，言同時失銀二千三百元。閲二日，嚴德明自虜手逃歸，言搜檢時並無銀兩，並知羅熾揚用去四千餘金，大驚，謂陳甫仁入惠只支去二百餘元。嗣羅熾揚匿迹不見，乃責嚴德明與鍾某任其事，另支欵二千五百。嚴、鍾若操必得之券，二十七鍾出港請加欵數百，謂可多得數百人並云槍已購定而未取得，若必二十九發難，惟有縱火憑城之一法。

此次發難之謀係以軍界爲主，調度處之設則專司新軍巡防警察之運動。但警察衹任保安，缺乏戰鬥力，防營自舉辦清鄉以來駐省不常，故仍以新軍爲主幹，然新軍自紀元前二年舉義失敗之後，清吏防範極嚴，所有子彈僅備操時數發之用，故在庇能會議則決定招集敢死之士五百人爲選鋒，發難於城内，破壞滿清在省之重要行政機關，佔領其軍械局以延新軍，然後可以完全佔領省會之計畫。嗣以各方應付，五百人不敷分配，加爲八百餘人，此八百餘人由各同志分頭約集可信者充之。各種統籌已有頭緒，遂於辛亥三月十日開發難會議於總機關部，列席者數十人，議決十路進攻，計畫於下：

一、黄興率南洋及閩省同志百人攻總督署；

二、趙聲率蘇皖同志百人攻水師行臺；

三、徐維揚、莫紀彭率北江同志百人攻督練公所；

四、陳炯明、胡毅率民軍及東江同志百餘人防截旗滿界，及佔領歸德、大北兩城樓；

五、黄俠毅、梁起率東莞同志百人攻警察署廣中協署兼守大南門；

六、姚雨平率所部百人佔領飛來廟攻小北門，延新軍入；

七、李文甫率五十人攻旗界石馬槽軍械局；

八、張六村率五十人佔龍王廟；

九、洪承點率五十人破西槐二巷砲營；

十、羅仲霍率五十人破壞電信局。

此外加設放火委員，入旗界租屋九處，以備臨時放火，擾其軍心。

其總司令則爲趙聲，副之者黄興。會議時，譚人鳳以爲凡此十路應有一人居中司指揮調度之責，不應同告奮勇。況八百敢死隊語言不通，街道不熟，將何從而衝鋒，且合則勢力大，分則力薄。將軍已死，其署與督練公所警察署無關緊要。往歲之敗由李準握有重兵，不如炸斃李準，合攻督署。趙聲由城外以新軍合攻爲佳，黄興挽譚入别室曰，此是久定之計畫，同志視吾等之勇怯爲勇怯，毋再持異議。議遂決。

革命軍此次圖粤，三月二十日在港統籌部決定發難計劃之後，加以外省之選鋒到港者已十得八九。黄興所部川省同志數人，閩省同志十餘人。閩省同志復招選鋒十餘人，南洋安南同志數十人，趙聲所部者悉蘇皖同志，皆已集港。衆議臨時恐不及照料，決定先期集省。二十四五，趙聲所部已半上省，趙聲以在省識之者多，衆泥其早行。港部恐省中無主，乃定黄興廿五日晚輪入省以主持一切，其時任統領之同志皆同上省。二十二日，何克夫使區河東至港，陸續率南洋同志來省，劉古香於三月中旬經陸續率桂省同志二十餘人由西江集省，分寓雙門底舊倉巷等處。陳炯明所部集省者亦云有六七十人，姚雨平所部分住九眼井小南門長堤嘉屬會館謝恩里等處，其餘附省如花縣、東莞、南海、順德及東門、河南之各部則令臨時集合省城，至新軍、防營、民軍、警察等則由主任人密爲調約。

革命軍向重精神，利用敵械爲多。此次大舉既集海内外同志作全國之計畫，事前並求必勝之道，而有選鋒之組織，暗殺之進行，則槍械炸彈實爲必要之物，如是預算亦列一大宗焉。原擬買槍六百，後由日本及西貢共購七百八十餘枝，在港購三十餘枝，三者共五萬一千餘元，另發欵使主任人自購槍枝者，其費七千餘元。新軍補充子彈費一千，買炸彈藥費至二千五百元，運送費、秘密保存費、打刀費在外，共用去六萬五千九百餘元。兹分述二者之購運及製造於下。

（甲）炸彈之製造及密運

此次舉事，在港時設一實行部於擺花街，專製造炸彈。李應生、李沛基即李援、莊六如、女同志徐宗漢、莊漢翹、卓國興、黄悲漢等任之，及發難期近，移機關於省城甘家巷，製炸彈者爲李應生，彈壳則羅錞購置之，其後喻雲紀、方聲洞二人自日本歸，助其製造。方本學醫，故僞爲在省設藥房，擬向其戚魏瀚商借小汽輪輸運藥品，以免搜查。魏不應，始由同志分運，與軍械同用顏料礶運至溪峽轉運省者爲多。三月初十，吴鏡偕同志五人帶炸彈乘河南輪由香港至省，抵岸即爲所捕，餘逃免，吴處監禁，至光復始出。初擬製成烟彈及爆發彈五百顆，後以期逼，僅製成三百顆，運於小東營等處爲發難用，運者劉濟川等，黄興更命東莞同志在鄉煉白刃三百，由黄俠毅運省，以爲發難之用。

（乙）槍械之購運及分派

此次槍械之購買，日本者，黎仲實司之，駁壳槍、五響手槍、曲尺槍、炸藥爲多。安南者，何吕俠、黄焕司之，駁壳槍、曲尺槍爲多。暹羅者，胡毅司之，駁壳槍、曲尺槍爲多。香港者，陳子岳、李紀堂司之，駁壳槍、曲尺槍至多，除在港者外，運輸至港仍不易易。自安南運至港者爲何紹俠、黄焕及法國人某，法國人某，所以送護出口及入港，由暹羅運至港者爲張梅生，將所帶槍械藏買辦房中，皆得無誤。由日本運港者，第一次共有七響無烟七十五支、金山大六響四十枝、碼子四千粒，件數最多，計期亦最早到。運之者爲學界同志，香港爲無税口岸，向無搜查行李，故軍械即謀飾行李帶港。一日洪承點見上海金山船到，忽有檢查行李之事，歸報黄興，黄因電日本，令來者注意。吴玉章正在日本發付此次軍械，遂告之帶槍械來之湖南學生周來蘇，並爲改搭頭等客位，周以爲專使其保衛也。船過門司，盡投之海，乃船到港一切無事，械已盡棄，不能不另行加購。運械進省之法初由胡毅預定飾頭髪轉運，於港在鵝鵛橋設頭髮公司一，在省設公司二，任轉運者常爲陳鏡波，而劉岐山、馬祺、劉濟川亦任其事，其始用小包飾爲頭髪運送子彈凡三次，由少續多，皆妥，頗恃此路。西貢所到之槍由周之貞、郭漢圖、女同志廣妹等納諸鐵床裝檯及盆花等，以次運至九江所僞設之醫院，由醫院轉運至省。楊光漢以個人自任運械，初裝巨商乘廣大輪船帶曲尺六枝，藏西關第十甫麗真映相店，繼乃用星州帶來之領事護照乘金山輪船運大幫進省。抵省時海關檢查員驗護照，因護照日久，折痕深，檢查員持閱即斷，因謂楊曰，此護照日久無效。楊窘極，即裝將毆檢查員者。關員西人某詢之，即誣檢查員毁其護照，乃不檢查而放行。楊乃先將行李寄中西旅店，入夜始運置麗真店，嗣於粵秀街軍械局附近賃一大屋，僞爲結婚，以其嫂吕氏飾主婦，周之貞、郭漢圖，女同志胡寧媛、陳淑子均聚焉，復將麗真之械飾婚具運至此。至三月二十四日，日本之械已陸續到，則由頭髮裝運至省。王鶴鳴、杜鳳書更發明飾顔料罐頭報關運省之法，將械裝好，三月二十六日付寄。廿七日西貢第二次械到，日本之械亦全到，則俱由顔料罐頭裝運。其時各人早已集省，期亦經定，械到即應分派，以便至時發難。顔料罐頭報關運者廿八晚起出，轉運至河南溪峽機關。黄鶴鳴、李應生、莊六如，女同志徐宗漢、卓覺華等澈夜開罐，復恐聲聞隣人，更以弦唱亂之，中有顔料則混濁水倒入小溪。溪峽機關亦飾婚事，故廿九日悉飾婚具，將軍械及大刀運至大石街，或由主任人憑黄興條到取，當日由大石街分派至小東營等處，則女同志莊漢翹、何少卿、宋銘黄、徐佩瑶及徐進坤之妻爲多，飾頭髮運至蓮塘街粵成公司者，臨時轉運至始平書院。梁衛平、林雲陔、林樹巍、陸維平、陸耀文等則以皮喼衣箱藏槍其中，由溪峽或第十甫督挑夫運至府學東街長興里江家祠，復轉運至始平書院，托憲兵同志梁繼贊、梁澄波爲之保護。由麗真運至粵秀街之械，廿九日由女同志胡寧媛飾賀喜者乘肩輿藏械其中，畢積等飾僕從數次分運至小東營及始平書院。吴鏡、鄧滔、劉濟、劉梅卿等所運之械藏於萬福里羅錞寓者，届時由羅錞之二小女阿練四妹僞爲送禮於戚友送至各機關。羅則或飾工人，或飾伙夫，納槍彈於菜蔬，或裝以餅食盒，飾餅食分送各處，惟陳鏡波所寓粵成公司頭髮店所藏之械，因陳有偵探嫌疑，是日未敢往取，其餘個人運械者尚有女同志梁綺川、梁梅玉等，由日本運回者爲林時爽、何天炯、黎仲實、吴玉章、林覺民、李恢等。當時廣州自温生才炸孚琦後，加以三月初十吴鏡運炸彈又被拿捕，清吏已加緊戒嚴，兵警日夕或列隊或站崗，嚴重檢查。及三月二十以後，黨人紛集益多，風聲益惡。三月二十四、五等日，清吏即已擬按户搜查。

及二十九日早，謝恩里二牌樓機關被破，事益昭著，軍警尤隨時隨地防察，如臨大敵，然男女黨人之運械派械者即在此最嚴緊期中爭先赴命，忙碌運派，與軍警搜巡之汲汲遑遑相等。而抑若行所無事者，其一種爲主義而革命之熱烈，實不知利害死生爲何事也。

革命軍自港設統籌部後，原議三月十五發難，其後因美洲之欵未能到齊，荷屬一萬五千元亦到於二十以後，所有各械購自日本、安南者，多數尚未能到，加以溫生才刺孚琦事件發生，清吏戒嚴特甚，欲俟其防備稍懈，俾易着手。然此次舉義以新軍爲骨幹，新軍有四月初旬二標退伍之確訊，則時期至遲亦衹能限於三月底，乃溫生才事發生後，防範嚴密，偵探四出，旗界尤甚。至按户查詰，所租旗界放火之屋，被迫遷出者已有四處。南洋因籌欵之故，風聲早露。效忠於清室之保皇黨已有報告到粤，清廷亦電令粤吏嚴防，黨人之進行固亦因此而遲滯。各事已妥，時期已迫，黄興於二十五日上省總持一切，其時省中同志已決定二十八日發難，及黄興入省乃改定二十九日。預計日本安南之械此日方能運到分配，不能不展緩一日，其次則各路選鋒齊集廣州，若過遲延，非特四月初有新軍二標退伍之訊，即機關秘密亦恐難保，經費支持亦恐不繼。此中既不能速，又不能遲之間，消息至微，所以決定三月廿九日也。黄興至省之後，尚留港之黨人原定二十六七兩日悉數上省。時黄以風聲過緊，乃電阻其來。何克夫亦派人至河南，囑李雁南暫行解散各人，以避耳目，並囑區河東等數人聽候調動，集省之同志亦有返港者。廿六夜，胡漢民得黄興電曰："省城疫發，兒女勿回家。"港中同志皆相顧失色，會議事機危迫，總宜孤注一擲。是夜有仍進省者，有暫留港者。二十七日，張鳴岐、李準調巡防二營回省，以三哨助守龍王廟高地。胡毅謂黄興曰，此必有奸細混迹黨中爲敵偵探。以余所聞，陳鏡波其一也。今敵已有備，應行改期。陳炯明及趙聲之代表宋玉琳和之，姚雨平反對之，仍持二十九日發難之議，但要求發槍五百爲選鋒及補助新軍用。此時接收之槍不過七十餘枝，顔料罐頭大幫槍尚未取出，未敢作爲必得之數。原定若發難時，槍枝有意外，則將原定分配之數分别酌減。即使顔料罐頭之大幫槍械全到，亦不過七百餘枝，何能給姚五百枝？及得報新軍二標兵士之槍被收，此標實新軍之中堅。姚聞之亦不敢固持其説，黄興見各部如此，所謂改期無異解散。乃至痛心，即决以一人死拼李準以謝海外同志，而令各部速予退散，免被搜捕。當與宋玉琳、洪承點商令趙聲部先返港，餘亦陸續退出，一面保全所有槍枝，留爲後起者之用。此議一出，各部合前後退去省者三百餘人，孰意各人散後，林時爽、喻紀雲到黄興處，謂河南巡官四川人向喻報告，四五日前已有搜索户口之札，旦夕必行。似此則不特不能改期，且須速發方可自救。黄以二人已决心，乃欲集三四十人攻督署以殺張鳴岐。議亦决，廿八日陳炯明、姚雨平偕到黄興處報告，謂調來順德三營内多同志，其哨官十人而八同志，餘二則一中立一反對，現泊天字碼頭，即欲乘機起事。姚、陳復親往商，未幾即還報謂各人已决心，當即密電港，仍定二十九日發難，促同志上省。蓋此防營三營若能反正，不患其餘防營不降，且有新軍之大力爲後盾，巡警教練所學生二百餘復决心相助。槍彈足用，有此數者，事盡可爲。二十八晚，胡漢民復得黄興電云："母病稍痊，須購通草來。"蓋即令黨員悉來之隱語。由港至省之夜輪已開，時在港尚有槍二百餘枝。趙聲主張率同志帶往上岸，若被檢查即開槍攻擊，胡漢民、譚人鳳等以爲與省部無接頭，恐誤事，阻之。但計在港尚有三百餘人，且多數無辮，省港早輪祇一艘來往，晚則有數艘來往，若悉在二十九日早船上省，恐不便登岸，故定以少數乘早輪上省，多數乘夜船上省，一面電省，請展緩一日，並推譚人鳳、林直勉等二十九早上省，向省部陳述。趙聲、胡漢民因識之者多，决定二十九夜輪上省，已定早輪上省之人，全體不眠以候，至天明到輪已無隙地。宋教仁、何天炯、吕天民、何克夫、黄一歐及福建安南與趙聲一部之同志均乘此船，舉目四顧悉是黨員，各皆默然會意而已。陳炯明因據港請緩之電，至昭平書院告胡毅，謂改期三十。二十九日並以趙聲未到，親請黄興如港電展緩一日，胡毅於二十九日下午三時許據人報告，謂黄興對於港中展緩之電，若官兵不入屋搜捕，彼當相機以待衆，因而阻選鋒進城，但譚人鳳由港至省見黄興述港中同志意請展緩一日之時，黄興已束裝待發矣，時辛亥三月二十九日午後四時也。

三月二十九日之舉義期決定，黄興一面電港促黨員進省，時以各部未能如計畫妥辦，敵情亦有變化，加以發難日期之更改，黨員退出省城者亦多，乃將初十決定十路進攻之計畫臨時爲之改變：（一）黄興攻兩廣總督署；（二）姚雨平攻小北門佔飛來廟並延防營及新軍進城；（三）陳炯明攻巡警教練所；（四）胡毅以二十餘人守大南門。趙聲所部則以二十九日早輪雖有數十人上省，但未至其代表宋健侯處，故未能獨當一面，並預定二十九日下午五時半一齊發動。是晨黄興致絶筆書於南洋同志，其致鄧澤如曰：

澤如先生大鑒：

事冗，未獲時通音問，罪甚罪甚。本日親赴陣地，誓身先士卒，努力殺賊，不敢有負諸賢之期望。所有此次出入欵項清册，雖細數亦有登記，當先寄呈公埠宣布，次荷屬，次南北美洲各埠。無論成敗，俾共曉然此次之欵涓滴歸公。弟等不才，預備或有未周，用途即因之不當，負咎殊深。所冀漢族有幸，一舉獲捷，否雖寸磔吾軀亦不足以蔽罪。惟此心公明，足以對諸公耳，絶筆。

弟黄興頓

其致培臣、源水、孝章、應章四人絶命書曰：

事冗，無暇通候，罪過罪過。本日馳赴陣地，誓身先士卒，努力殺賊。書此以當絶筆，即頌籌安。

弟黄興頓

發難之時間已定，並預派象牙印黑鐵夜光錶於選鋒隊，以爲信守及準時之用。選鋒黨員並每人派一元藏身應用，發難以白巾纏臂爲誌，吹螺角爲號，足着黑面樹膠鞋。黄興任攻督署，所部爲四川福建花縣華僑黨員，出發分二部，一部蓮塘街吴公館三十餘人，四川華僑各半，一部在小東營，約一百三十餘人。福建花縣華僑及其他黨員均屬之，分作二隊，一攻督署之衛隊，林時爽主之，一攻督署之正門，何克夫主之。在省黨員二十九日上午已集小東營黄興寓，二十九早輪到省之福建華僑黨員亦船到即集小東營。花縣黨員則二十九晨由徐維揚統率，携械到三華店前之搭脚，候車出發。九時餘，莫紀彭由省到，爲述省中戒備情形，乃卸械，徒手乘午車赴省，由熟路程者或三或五率入城隍廟，由徐進坤再率至小東營。四時餘，黄興即集衆激昂陳詞，衆益鼓舞，即給大餅一個，毛巾一方及槍械炸彈，立時裝束。羅仲霍本有十人任毁電信局，李文甫原任五十人攻石馬槽，因二十七日得令退出，至是隻身附入。朱執信本任他務，適到即剪去長衫下截加入，阻之不可。譚人鳳由港至，見黄興束裝已妥，正發子彈，請休息接談，不聽。再據香港各情告之，請緩一日。黄興頓足曰，老先生毋亂我軍心。譚乃整裝加入，向黄興索槍。黄婉言曰，先生年老，後事尚須人辦，此是决死隊，願毋往。譚怒曰，君等敢死，鳳獨怕死耶？黄不得已，乃以兩槍相授。譚誤觸槍機，砰然一聲，黄將槍奪去，曰，先生不行，先生不行。時譚已須髮蒼白矣，譚無奈還之。至五時三十分鐘，由黄興率隊向兩廣總督署進攻。

辛亥三月二十九日下午五時三十分鐘，黄興率革命軍舉義廣州，由小東營進攻清兩廣總督署。黨人皆臂纏白巾，足着黑面樹膠鞋，手執槍械炸彈。司號者手執螺角，爲林時爽、何克夫、劉梅卿及□□四人。一時嗚嗚聲動，風起雲湧，直撲而前。途遇警察，皆槍殺之。疾行入督署，見衛隊即曰，我輩爲中國人吐氣，汝等亦中國人，若贊成請舉手。衛隊不悟。革命軍槍彈並發，號角大鳴，殺其衛隊管帶金振邦。破入督署，直冲入二門，二門有兵八九，聞聲走避而退入。兩廡及大堂之衛隊則憑欄倚柱以狙擊。杜鳳書、黄鶴鳴爲大堂伏徂之衛兵所擊，死之。黄興由大柱後還槍傷其一，餘被截擊，入署不能出，棄槍請降，求爲引導，如是直入内進，黄興、林時爽、朱執信、李文甫、嚴驥等分頭親行遍索，渺無一人，惟見衣架長衣數件，茶碗數具，水烟筒猶熱。其時張鳴岐等會司道於署中，正議防範事，聞警，穿後壁入某押，轉入水師行台。黄興擬在督署舉火，號召各方，欲覓放火材料如書籍文件之類，悉不可得。蓋張早得探報有備也。黄興乃以火種置於床架上而後出，出後火光融融矣。其時死於署内者尚有徐廣滔、徐進炲、徐禮明、徐臨端，死於署外者有曾日全，及出至東轅門，遇李準調其衛隊親兵大隊迎頭衝來，林時爽尚聞趙聲言李部下有同志，遂突前招撫。高呼曰，我等皆漢人，當同心戮力，共除異族，恢復漢疆，不用打，不用打。言未畢，彈中腦，立仆。是日林身服黄斜衣服，右手持槍，左手執號筒。劉元棟彈中太陽穴，林尹民彈中胸部，均死焉。其餘死者尚有餘人，黄興亦中傷，右手斷兩指。時黄興就所部分爲三路，以徐維揚率花縣數十人出小北門，擬與新軍接應，以川閩及南洋同志往攻督練公所。黄興自率方聲洞、羅仲霍、朱執信、何克夫、李子奎、鄭坤等十人出大南門，擬與防營接應。黄興與方聲洞行最先，遇防營數百於雙門底。見其無相應之臂號，且舉槍相向，方乃發手槍，斃其哨官温帶雄。黄興且戰且前，四顧所部，不見一人，乃以肩撞破一洋貨店門板入之。從内出兩槍，左右射擊，中防營七八人，防營退却。聞彼營中傳語，往保護提署，實則此次雙門底黄興等所遇之防營，即順德調回之三營，約定接濟發難者。其先行之一營哨官爲温帶雄，哨長爲陳輔臣，實黨人之最熱心者，其哨中黨人尤多，約定城内起事。該哨即借拱衛之名，直至水師行台擒李準。因欲達此作用，決定未至水師行台前不挂白布，以免入城及進提署之礙。温陳得二十九日下午五時半發難之命，即於下午四時許同入城購白手巾三百方，分給各兵士，僞云賞賜。傳令晚餐提早半時，餐畢即聞警訊。温即下令整隊入城，並告陳以擒李計畫。陳乃以親信兵士十餘人衛温，適李準令該哨入城攻黨人。温聽悉，即令扣留傳命之人，並大呼天授機緣使吾黨成功。立命全隊整裝即入，温持刀在前，陳殿后，至雙門底，猝見短衣臂纏白巾者十餘人由此直趨而來，知爲黨人。温即口呼兄弟，隊中亦有十餘人呼兄弟勿走者，孰意方聲洞見無臂號，且認爲舉槍相向，發槍擊去。温爲首立倒，隊兵陸續死者十餘人。陳伏地匍逃於方言學堂，隊兵亦散，彼此誤會，遂至黨人自相殺傷，否則轉敗爲勝，亦左券可操者。蓋由此役爲嚴密計，各部之事不相問亦不相告所至，惜哉痛哉。何克夫、李子奎、鄭坤隨黄興出大南門，至衛邊街即已衝散。三人由觀蓮街出流水井，在觀蓮街遇中協何品璋，李子奎擊之，各分頭走，至寺前街遇防營約百人。三人與戰，未幾李中彈，猶鼓勇出大南門，至高第街而死。徐國泰、華金元、阮德三由攻督署後轉戰至雙門底，華金元、阮德三陣亡，徐國泰受傷被執。劉梅卿、馬侶及川閩同志由黄興攻督署後派往攻督練公所者，至蓮塘街遇黨員一隊與防軍正酣戰，遂加入共同作戰，蓋此隊爲蓮塘街吴公館出發之黨人，其任務係攻督練公所及蓮塘街口，堵截觀音山、龍王廟之防營救督署者。至五時三十分鐘，喻培倫、饒國梁、熊克武、余清堂、但懋辛、羅允等整隊而出，至蓮塘街口即與敵遇，奮戰，及劉梅卿等由攻督署殺出加入共戰。至夜九時，折至大石街又與敵戰，卒以衆寡懸絶，隨戰隨走。馬侶在小石街陣亡，饒國梁至大北門遇敵迷途，誤入敵營被執。餘出小北門與旗兵警察遇，又戰，時已深夜，遂各散失。羅允至虹橋又遇敵，相持二時，彈盡逃走。

由黄興攻督署，後派赴小北門接應新軍之徐維揚及花縣黨員。未幾見敵分頭來，徐維揚急遣徐滿凌等至洛城街以拒觀音山之敵，徐維揚則率黨員向司後街拒水師行台之敵，徐滿凌等至德宣街口與敵遇，乃巷戰於蓮塘街。江繼復當先衝敵不顧身，陣亡，時敵居高臨下，勢難仰攻。徐滿凌等乃入蓮塘街轉大石街之機關部，會同莫紀彭等攀登屋瓦向觀音山射擊，久而不克，擬退去。徐滿凌等初至省不辨路途，莫紀彭任先導。無何燈息相失，遇擊柝者，丐其引至小北門。擊柝者不北而南，反引至倉邊街，與防營遇。徐等且戰且走，李德山亦由攻督署戰退，合焉，及小北門高陽里口，復有大隊防營至，乃入源盛米店屯米囊作壘，與敵死拒，支持一日夜，彈垂罄，張鳴岐下令燒街，店前又爲敵燒，乃越後垣而出。是役也，徐熠成、徐培添、徐日培死焉，徐容九則受重傷至家而歿，李德山、徐滿凌被捕不屈死，餘人出險，不復成隊，後徐茂振、徐茂均、徐茂燎、徐金爐四人至二牌樓之華慶里復爲敵圍，一日夜不食，乃取人淅米之水以充腹。徐茂燎因中彈而死，餘越簷而走。徐維揚率黨員至司後街應敵，敵由新豐街正南街紛至，奮勇與戰。徐允潛、徐佩旒等在前，陳鎮廬、徐滿樞等在後，手槍炸彈齊發。徐允潛、陳鎮廬雖炸傷，弗顧。敵乃退保水師行台，徐等乃折入小東營，由都府街、錦榮街二牌樓環攻之，敵垂敗矣。而援軍至，乃突圍出。陳鎮廬、徐振益、陳洪基、徐紀垣、徐滿樞先後被執，後均保出，奇矣。徐維揚退後，遇李文甫等，乃謀會襲飛來廟，奪彈庫，不克。徐佩硫、徐廉輝傷焉，乃退。李文甫率數人由北校場向東南去，後李被執死之。徐維揚越山至三元里，僅余徐佩旒、徐廉輝、徐松根、徐保生、徐昭良、徐應安、徐懷波七人，乃囑徐佩旒六人扶傷歸里，而與徐懷波返城西。乃徐佩旒等六人至高唐火車站與清兵遇，此時彈盡人傷不能再戰，急將槍棄水中，已爲所覺，遂均被執，送至水師行台，後悉就義。此役之受傷者尚有朱執信、歐陽俊、王振國、嚴驥等，仙湖街始平書院炸彈轟發，軍警圍之，陳潮從内擲炸彈傷其數人，己亦殉焉。

當二十九日舉義時，將原定十路進攻計畫改爲四路，同時並由新軍、防營、民軍等接應，一面放火以亂敵人軍心，孰意自黄興所部按時間按計劃發難外，胡毅所部初本合東莞黨員有百五十人。因二十七有改期之議，遂遣之退。二十八晚由朱執信馳往某鄉測度其情，不及復來，乃由其擇陳炯明所部二十人守大南門。詎臨時胡毅謂與陳炯明所部言語不通，請陳炯明另行派人指揮，復誤信改期之報，親至大水圳阻部入城，及見火起，再集所得百數十人往助，得報東門已閉，已不及矣。因胡毅任守大南門之責，故派駁壳槍亦多，否則加入黄興所部亦可加增戰鬥力（黄興所部只駁壳槍三枝，馬侣、何克夫、劉梅卿各携其一）。陳炯明始任攻巡警教練所，其所屬爲馬育航、陳達生、鍾秀南、陳其尤、馬時輝等，已到選鋒有七八十人。及聞胡毅讓回其部下二十人，則謂以全衆守大南門，後則並大南門而未守。姚雨平領去三千五百元自購槍枝，當日復由女同志收到子彈三千餘。所部選鋒多已藏於小北門内附近織布房一帶，頭目則在嘉屬會館候槍彈。姚雨平二十九日上午疊遣吴雨蒼、郭典三持黄興條往始平書院領槍枝炸彈，不獲。姚雨平正在嘉屬會館調集新軍防營選鋒主要人授發難方略，見此乃急同郭典三、黄嵩南、邱錦芳進城晤黄興，由黄興令陳其尤偕往始平書院領取。姚等親裝夾内雇肩輿四乘，抬出至歸德門，則事發城閉，仍將槍彈置回始平書院。僅各取槍一枝，到雙門底，冀與所約防營接應，然已敗散。各選鋒在嘉屬會館者以姚雨平不回未發槍械，一無所動。至新軍自子彈刺刀被收後已無自動能力擔任發難者。原定到嘉屬會館領少數手槍炸彈，俾得奪軍械局取子彈應用。及姚雨平進城不獲出，遂束手作壁上觀。至防營方面，由順德調回之吴宗禹三營駐天字碼頭者。温帶雄率隊入應，及雙門底，温被擊斃，遂星散。各處放火機關，火亦不舉。只見黄興所率百餘健兒横直衝突，與督署之烈焰融融相應而已。設當時各部能如計而悉起，清吏實莫如何。新軍能由北入，防營不致誤會，則清兵孰能抵抗？蓋革命軍舉義風聲洩露之後，敵膽早寒，加以炸彈之烈、黨人之衆，尤爲清吏談之而色變。故平時已兢慄萬分，事起，旗兵皆棄城不守也。

黄興攻督署敗退後，是夜張鳴岐即電奏清廷云：

北京軍機處鈞鑒，粤省自孚琦被刺後，即聞香港亂黨有潛圖來省起事之説，當與水提李準及各文武會商，廣派偵探，酌調防營來省，密爲防範。近旬日來迭據水陸兵船營汛搜獲私運軍火數起，並由巡警道拿獲匪黨九名正在訊研。詎本日五點鐘，突有亂匪多人懷挾手槍，擁至督署，抛擲炸弹轟擊。岐督飭衛隊極力抵禦，一面飛調防營援救，無如衛隊人數寥寥。管帶金振邦中彈陣亡，各兵亦有死傷，且炸彈著處火即延燒。因移駐毗鄰之水師提督行署，會同李準督飭防營，分途扼守圍捕。旋據各營禀報，生擒及槍斃匪黨數十名，奪獲手槍炸彈多件。訊據匪黨供稱該股共二百餘人，本日在香港及省外分搭輪船火車，陸續來省取齊，直往督署轟擊等語。詰以此外有無黨羽，堅不供認。當轟擊督署時，另有一般往劫軍械庫。日前已派重兵駐守，匪往撲時當即擊退。此外各衙署局所大清交通銀行造幣分廠均經分派兵營守護，未被擾害。目下餘匪四處竄匿，已閉城嚴搜，俟天明後當不能漏網。新軍全駐城外，日前聞匪徒有煽惑勾串之謡，經飭該協官長等密爲防範。城中事起後，詢據該協統電覆尚無騷動，其餘城内外各處亦未見有另股起事。至匪徒前往督署轟擊，均係改服洋裝，乘坐肩輿。輿夫亦皆係匪徒，是以沿街巡警，均未覺察。此次衙署被匪轟燬，實係事出倉卒，調兵不及，並非各文武不力爲救護，情尚可原。惟鳴岐事前布置多疎，咎無可諉，應請旨嚴加議處。此外各文武現正踴躍用命，搜捕匪徒，擬懇大恩，概免置議，以策後效。除詳細情形續奏外，僅先電陳，再沙面領事洋商。早經派有專營及兵輪保護，幸未被擾。城内外商民亦尚無被匪搶掠之事，合併陳明，乞代奏。

三月二十九日廣州舉義決定後，即通令惠州及附省各隊伍三十日響應。届期惠州等處悉未發動，惟順德民軍集樂從圩者於三十日依期豎旗舉事，計數百人。佔樂從團練分局爲兵營，奪其槍彈，樂從巡警不敵，紛紛逃匿。四月初一日佔鰲溪公局，奪其槍械，聲威大震。是晚江固、江鞏兩艦自省河至，用探海燈照射，民軍漸退。初二日下午，由樂從圩河取道瀾石灣，進窺佛山。方半渡，江固、江鞏兩艦發砲轟擊，民軍被擊斃者百餘名，紛紛落水，傷海軍五名，折其無綫電天綫一條，卒以衆寡不敵，退淺水河滘。兵艦以水淺，不能前襲。我軍三百人遂直進佛山，分一隊攻入正埠，由碼頭撲攻，焚燬都司署並炸燬警卞，嗣因兵艦發砲，退出鎮外，至通濟橋遇防營。初，防營駐於蜘蛛山贊冀誠善堂。方用膳，我軍猝至，斃其管帶馬惠中及防勇二十七名，燬其善堂。防勇退縛犁嘴（即分署前），路單而險，民軍不能進，退守通濟橋對面山崗。適大雨，向各店購藤笠及床板，均償其原價，有店主某不取償，同志云，不取償不敢借用，遂冒雨去。軍紀之嚴、舉止文明，佛山之人至今猶樂道其事。初三日下午，李準大軍至，民軍不敵，遂退，分散各處。順屬之容奇、桂州、龍江、龍山、甘竹、馬寧、南海屬之九江等處亦紛起，均被即擊散。兹將李準通電録後：

> 省城亂平後，外匪知事洩，東竄順德樂從墟，竪旗起事，聚有千餘人。準聞報迅調營勇兵輪往剿，即日接仗，傷斃匪黨多名。匪黨竄佛山，經防營實力迎擊，管帶馬惠中陣亡，復擊斃匪黨多名，匪遂零星紛竄。同時順屬之容奇、桂州、龍江、龍山、甘竹、馬寧、南海屬之九江等處，有會匪揚榜招人起事，四處響應，勢甚危急，初二日即派吴宗禹帶隊星夜馳往剿辦。頃接禀報，各處響應匪徒聞省亂大定，已竄不能成股，不至釀成巨禍。惠潮雖有起事之謠，昨會粤督，請調軍艦來粤，巡惠潮洋面。海軍部已允派五艘，西軍日内亦可到數營，足資鎮懾。現尚分飭各營嚴密防剿，人心安定如常云云。

舉義既敗，清吏以黨人多伏民居，乃肆行搜索。李準且照會各國領事，得以所部水巡搜檢港澳各輪，令其叢泊白鵝潭，繞以兵艦，見穿短衣者均不予登岸。港澳各輪既不得依時行駛，三水廣九鐵路亦同時停車，並下令拿無辮者。沿江及永漢路一帶行人有爲西裝狀或無辮者即加逮捕，誤拿者多。而黨員之短裝無辮及已受傷者亦遂無幸，然皆爲主義犧牲，甘死如飴，無少屈者。兹並搜得清吏訊黨人之供詞記録於左，亦足見諸先烈之精神矣。

林覺民被執，張鳴岐、李準等親訊之。烈士侃侃而談，綜論世界大勢、各國情事，張、李爲之心折。烈士初坐地，至是張、李命去鐐扣，延坐堂上，假以筆墨。烈士縱筆一揮，立盡兩紙，洋洋數千言。書至激烈處，解衣磅礴，以手槌胸，若不復忍書者。書罷一紙，李持與張閲。更書第二紙，臨筆稍爲停頓，狀似欲嘔，猶恐污地。未遽吐，李親持唾盂近前，始吐。奉以茶烟，猶起鞠躬爲禮。供畢，又在堂上演説，至時局悲處，槌胸頓足，勸清吏洗心革面，獻身爲國，革除暴政，建立共和，始能使國家安强，漢族鞏結，則吾死瞑目矣。繫數日勺飲不入口，棄市之時俯仰自如，色不少變。

龐雄供詞云：

雄別字甦漢，年二十一歲，吴川縣人。前數年曾去香港，有友人介紹認識張國魂、陳國華、李漢英、王子材、陳雲仙等五人，時相往來。大家談起革命理由，都是志同道合，因此入黨。前曾回鄉運動多人附合，去年剪去辮髮。本年二月，我來省城住在海珠酒店，欲考入法政學堂，藉以聯絡同志，將來起事亦可幫手。月底時接得王子才等之信，説此二三月中即要起事。孫文已在外洋運有軍火炸彈，陸續分幫寄來。屆時黄興必來省城指揮各事，軍火亦由他給發。三月中旬，由張國魂帶我至小東營公館内見過同志諸人，尚有數處未曾到過。後因同黨敗類作官場偵探，其人即陳鏡波，衆人稱説，深恐敗露，故約於本月二十九日下午起事。小東營處一部擔任焚攻督署，並聞有夥黨等去佔龍王廟營盤。我路徑不甚熟識，李漢英繪一簡明小圖與我隨帶身上，以免走錯路徑。至二十九日午間復到小東營會齊。我帶的無烟手槍一支、碼子百顆、炸彈一個、纏帶白毛巾一條。隨到督署，一齊擁入。膽大體壯者先入三堂之内，我在二堂内攻打。後見官兵來到，各黨員始分投四散。我復到龍王廟幫打，隨又分散。次早到督署前看其昨夜焚燒情形，見打死同黨數人，歎惜之際，官兵見我無辮，即被拏獲。

陳可鈞被獲，清委員詰之曰："廣東本非重要之地，奚必在此紛擾！"烈士曰："舉事他省或爲流寇所乘，惟舉事廣東庶幾可免。"清委員譏其白面書生，何苦爲逆以自殘。烈士勃然怒，厲聲叱曰，爾以此舉爲壯士辱耶？事之不成，天也。然以喚醒同胞，繼志而起，願足矣。爾等利禄薰心，血液已冷，烏能知此。清委員以其倔强，不復問。赴市時，言笑自若，引頸就戮。

李德山臨刑，監斬吏語其輕生，則厲聲罵曰，大丈夫爲國捐軀，分内事也，我豈不能致富貴者，特不能如汝輩認賊作父，不知羞恥耳。

李雁南門官詢其顛末，則慷慨陳述，且歎曰：恨我身被二創，不復能戰。雖然，今以往，不數年必亡國，不百年必亡種，生亦奚益。問官駁之。烈士曰，爾輩甘爲奴隸言，詎足撓吾志。言畢求速死，清吏命警兵以槍擊之。烈士蹶然起，自赴營内空地告警兵曰，請彈從口下，即張口飲彈而死。

饒國梁初受訊時請速死。問官曰，使人知中國革命價值，不更勝一籌乎？乃慷慨陳詞，洋洋千言。詞曰：

> 饒國梁，號少峰，年三十二歲，四川大足縣人。在四川陸軍速成學堂畢業，宣統元年至雲南謀差，不遇。至奉天陳統制處求差，又不遇。回上海，任中國公學舍監，復回雲南，路經香港，與黄興相識。語及政治革命事，黄曰，中國積弱久矣，清廷曾宣布立憲而不能實行，時至今日，環伺四鄰之列强將實行瓜分中國，中國四萬萬同胞可不起而團結，以改良政治、洗除惡習、恢復漢族乎？余是其言，遂入黨，旋赴雲南。居數月，本年正月接黄興信，令同陳汝環等六人至香港。及二月至，與黄會，胡漢民、胡毅均在焉。黄曰，今時局危急，我輩所抱政治革命宗旨不能不速於實行，首領孫文已在外洋將槍碼炸彈運回香港，我輩又聯絡著名綠林豪客，進行甚速，故同志晋省者亦多。雖曾用去之欵已十數萬，而外洋及香港尚存基本金多萬，經濟一項可無問題。蓋黄爲總司令，財政軍火均其所管，趙聲係前新軍標統，胡漢民係廣東人，勢力亦與相等，至於人數，不知多寡。惟廣東、廣西、湖南、江西、江蘇、浙江、安徽、河南、四川、雲南、福建十一省均有之，黄隨發給軍火於我等潛帶至省，旋黄亦至。趙聲、胡漢民仍駐香港，司接應。我等初至省時，住城外名利棧，嗣租蓮塘街吴公館，即遷居之。前數日又有廣東人數名至，同居焉，黄興則居小東營朝議第。各黨人分住數處，不能盡知，亦多有不相識者，惟聞先後至者有六七百人之多。趙聲原擬三月三

十日及四月初一二日起事，後聞有人洩其事於清吏，清吏因是戒嚴。二十八日商議退回香港，黄興不肯，以辦事不成恐爲國人取笑，逼得於二十九早定議，即於下午起事。每人纏帶白毛巾一條以作暗記，用喇叭以作軍令。黄興帶七十餘人焚攻督署，我等二十餘人擔任在蓮塘街口堵截官兵，並約黄興等攻督署回時即同往攻龍王廟，佔據營盤。至五時，黄興等一股已往攻督署，我等二十餘人聞砲聲，遂在蓮塘口與官軍戰，以炸彈擊之，俾不能往救督署，相持許久，見官兵愈多，黨人始行敗散。我等退至大北門，擬出城，又遇官軍。因不知路徑，誤進營盤中。官軍以槍相向，我亦開槍，忽手受傷，遂被獲。烈士供畢，旋即遇害。

宋玉琳被嚴訊數次，供起事時。黄興主張即時進攻，提出三大理由：（甲）前次革黨屢經失敗，今既全力來。若心存畏葸，實無面目久羈省城；（乙）此次冒險運送軍械所費不資，若解散則難再運出，經濟部員必疑誑騙，斷送將來糧台；（丙）軍人性質有進無退，既奉命令來粤進攻，若不戰而退，則如軍令何，如鄰國訕笑何？當時問官及觀審者無不動容。又供革軍敗時，司令部即發緊急命令，不准多放火器，危害商民生命財産，自保救國吊民之名譽云。

羅仲霍將就刑，猶於南海縣署鼓吹革命，視死如歸，清吏驚歎。

喻培倫訊時自認爲王光明。王光明者，四川語無是公也。述其製炸彈之精及革命宗旨，對問官曰，學術是殺不了的，革命尤其殺不了。

饒輔廷研訊數次，施慘刑，不吐實，且責清吏以大義，四月八日被害。

陳更新，清吏見其少年貌美，謂之曰，子年尚少，何故倡亂，自貽伊戚。烈士厲聲叱曰，同胞夢夢，起義所以醒之也。奚謂倡亂，殺身成仁，古有明訓，爾曹鼠耳，奚知大義。今既見獲，請速死我。

程良受訊，李準誘其招供。烈士詈曰，余與滿奴，無可言者。問其事不答，問其姓氏里居亦不答。當日謂有啞黨人就義者，良也。

此外石經武、李文甫、陳與燊、周增、羅坤等均從容就義，另有陳甫仁在澳頭運槍爲大鵬都司所捕，嗣並連帶捕去同黨嚴確廷（據供名），由惠州提督秦炳直解省獄中。二十九晚聞事起，陳大呼同胞數聲，爲守者所聞，告知清吏，立被殺。

有黨員供韋雲卿者，不識其真姓名。其供詞至激昂，茲附録於左：

韋雲卿供，年三十八歲，廣西南寧人。向做生理度日，隨往暹羅。宣統元年，在安南聽孫文演説革命道理，我猶如大夢驚醒，頓悟人民責任是不可稍緩，遂投入革黨。由孫文給銀二百兩，囑回中國運動。前在外洋入會運動黨員主意，上等者主管文墨計畫各事，中等者有氣力擔認戰爭。本年三月，在安南書報社收到廣東省城夥黨來信，約期四月初一日在省會齊，攻毀制台衙門。信内即糾約同志十餘人，於三月初十日由安南内渡。二十七日在香港，聞同志劉梅卿云，恐事機洩漏，或早一二日亦未可定，遂於二十九日附輪回省，即到離督署相近的地方領取軍械。是日見身帶白布者，即知係會内同志，我以今日身既許國，精神更壯。起行時先鋒隊黄興領衆同志已攻入督署，聞身穿藍色衫的已在署内被槍轟斃。我係二隊，即入衙内接應，與頭門衛隊爭戰。攻入上房，抛擲炸彈，未幾火起，遂即逃出。同志多被官兵轟斃，眼見約有五六人。至督署右旁横街撞遇官兵，互相轟擊，且戰且退。沿途大夥見官兵追至，陸續衝散。走到狀元橋地方見官兵相迫太甚，即闖入米店抗拒。時約有二三十人，悉竭力放槍抛擲炸彈，官兵受傷多少不得而知。後見火起，知不能守，即撞牆逃鄰小屋，當被官兵拏獲。我前在河口鎮南關等處亦曾糾率黨人與官兵對敵。欽州一帶被我運動入黨者不少。

被執諸烈士就義後，張鳴岐即電奏清廷，其電文於左：

北京軍機處鈞鑒：洪豔電計已進呈，連日歧會同提督李準督率衛隊巡警分投搜捕。匪黨四散竄匿，負隅抗拒。經各兵警奮勇撲攻，殲滅數起，生擒匪黨六七十名，已訊據供認謀逆起事。抗拒官兵者四十三名，即於軍前正法。其當場擊斃匪黨，一時尚難查點確數，官軍弁勇傷亡亦數十人。此股亂匪殲滅殆盡，本日已飭開城。所有各衙門局所及城內外商店居民始終均未受擾，他處亦無另股起事，地方一律安謐。除仍督飭各營隊盡力搜捕，務清餘孽，並將善後事宜分别妥籌辦理外，乞代奏。

此次舉義被執就義之烈士，據查得者爲二十九人，加以澳頭運械被大鵬都司捕獲之陳甫仁，及連帶由秦炳直緝得之嚴確廷，亦不過三十一人。今張電謂據供認謀逆起事抗拒官兵者四十三名，即於軍前正法。與查得烈士之數相差至十餘名之多。烈士之調查固有遺漏，而清吏之誣殺實不少矣。

黄興攻督署後自避入小洋貨店，以身塞門擊敵。敵散後，喚店伴覓茶已無人，時指傷血積痛極，乃以凉水冲積血，血水流二三丈，冲後自縛之以止血。無何，有小伴十三四歲，衝板入，板開，黄興仍以身塞之，謂小伴曰，我爲人傷，急欲出長堤。小伴由長堤來，知城門仍開，乃取一窄黑長衫换血衣，帶一小草帽，即擬出城。但路途不悉，小伴送之至五仙門直街，喚艇過海，言明渡海幢寺，意欲至溪峽機關也。艇索重價，與之乃渡，至河南東頭促上岸。詢之，知距目的地尚遠。步行至漱珠橋雜貨店，詢溪峽，語言不通，乃詢警察，並在漱珠橋頂立觀對岸之火，良久始行。又不知何門牌，但知飾胡宅娶親者。黑夜中見有大紅對聯標門首者，即叩門，各黨員悉外出，只留僕婦，不與進，央久始許，時已夜九時餘矣。登樓舉目無人，惟見一人直立，疑勒死者，急前視之，方知係小婢瞌睡，無何。女同志徐宗漢歸，見狀大驚而指血猶流不止，乃爲另裹。次早莊六如出購止血藥，途遇趙聲，急率往。蓋趙二十九夜與胡漢民盡率港中黨員李恢、鄭烈等二百餘人來省。三十早到，分頭上岸，始知事敗，胡漢民及各黨員以城門嚴扃不得入，分别折回。趙聲迷路，渡至河南，故莊六如見而引晤黃興，黃、趙一見相抱而哭，黃暈，無藥以救，乃以葡萄酒飲之。及醒，欲裹手渡河與清吏拚，趙、徐等力阻始止。黨員來詢，以黃戰死對，欲以避人注意也。三十夜船，由莊六如送趙由澳門返港。四月初一，購灰長衫爲黃改裝，由徐宗漢送赴港乘哈德安輪，輪已無房，坐廳中梳化椅裝睡。徐坐以身障之，船中固多數黨人也。到港指傷不減其痛，且有一指將斷未斷，乃入雅麗氏醫院割治。照例割症須親族簽字，徐以妻名義簽字，而黃、徐之因緣即由是結。朱執信自雙門底冲散後，胸腿受傷，血透衣外，遇林樹巍等與回泰泉舊里。據云所傷係炸彈反撞，非敵傷，翌早變裝而出。姚雨平、李應生均以無辯被捕，同在一處。姚由吴雨蒼以平遠公會名義保出，李則以十元賄守者得逃。梁衛平則由賴培基送退伍新軍回高州時僞稱退伍軍出險，女黨員梁梅玉因被搜去相片拿捕甚急，蓬首赤足，乃能附船至港。劉梅卿敗後即至一店買繩，買後乞店主曰，我某店伴也，出購物，今軍警滿途，非假我燈籠，恐人疑，遭不測，店主與之，乃至小北門，繫繩於樹拋過城外，見守城兵吸烟相語，乃擲一炸彈，己亦沿繩而下。嚴驥敗後手足受傷，在街邊米店换去血衣，匿於烟館。越二日飾挑夫出險，鄭坤頭脅受傷，至一豆腐店乞破衣雨帽易服，至海珠戲院觀戲，次早乃逃。陳達生携妓郭蓮花飾眷屬租屋，放火事發，放火被捕，陳逃，郭被捕。陳作蓮花辭，央鄒魯爲拯，卒出之，但懋辛則伏厠所三日，自首得脱。當事敗時，人知巡警教練所多同志可靠，多逃匿之，湖南人尤多。該所所長夏壽華見狀，乃盡取教練所學生衣擲地曰，汝們還不穿衣出巡查。衆悟，易衣僞爲巡警教練所學生出巡，非特己可出險，並可暗護同黨出險。此舉救黨員最多，黃興之子黃一歐其一也。

廣州已敗，黨人精英損失至大。嗣趙聲復以病死於港，尤失一得力領袖。辛亥光復，黨人真勢力不能達於長江以北者，趙死之故也。因此不能不急謀善後辦法，遂定派人上省照料，其負傷歸者延醫給費治之，戰死之士則恤其家，其在内之軍械未發現者則設法保存之，遷易舊時之機關以掩人耳目。新軍及巡警教練所則留爲後圖，並將到港之人分别由庶務部酌送川資分散，而至南洋者多由劉芷芬照料，復以此舉用欵至多，悉由海外同志籌來，尤不可不有詳細報告，乃由黄興、胡漢民二人出名將詳細情形報告海外，其報告書云：

同志諸君公鑒：

自起事至今，始能執筆綜述報告。善後事繁，頭腦昏痛，未暇作詳細之書也，請將始末情狀一一叙之。自去冬克伯展三人到庇能與中山先生會，即提議籌欵大舉。於是伯先先歸港，顧存前此支部之機關，一面爲擴張進行計。十二月，克由仰光出，詣芙蓉壩羅，與諸同志熟商，知英屬籌欵有着即歸港。就港部辦事諸人草定章程，分科擔任。

（一）軍事部分科擔任之情形

設統籌部總攬一切計畫，選舉克爲部長，伯爲副長。次則有調度處，以運動新舊軍界，舉姚雨平爲長。有儲備課，以購器械及運送事，舉胡毅生爲長。有交通課，以交通江、浙、皖、鄂、湘、桂、閩、滇各處，舉伯先爲長。有秘書課，掌一切文件，舉展爲長。有編輯課，草定規制，舉陳炯明爲長。有出納課，司全部財政之出入，舉李海雲爲長。有調查課，以查敵之情實，舉羅熾揚爲長。有總務課，司其他一切之雜務，舉洪承點爲長。其餘同志各以其能力分屬於各課，共同致力，此分科辦事之情形也。

（二）破壞粤城之計畫

發動計策原以軍界爲主要，從前運動祇在新軍，此次調度處之設則兼及他巡防警察，惟警察無戰鬥力。防營自舉辦清鄉以來，駐省不常，故仍視新軍爲重。新軍有槍無彈，所有僅備操時數發之用，則必先有死士數百人發難於城内，破壞其重要行政機關。占有軍械，開城門以延新軍入，然後收占領省會之全功。此其在庇能時與中山先生議定者，初擬集死士五百人（名曰選鋒），後以方面多，而力量恐不足，則加爲八百餘人。一、攻殺張鳴岐，克任之；二、攻殺李準，伯任之；三、占領督練公所，莫紀彭、徐維揚任之；四、防截旗滿界，占領歸德、大北兩城樓，毅生、炯明分任之；五、攻破警署廣中協署，兼守大南門，黄俠毅、梁起任之；六、占領飛來廟，破小北門，延新軍入，姚雨平任之。以上各率百人，李文甫任五十人，攻石馬槽。羅則軍任五十人，破壞電信局（以上選鋒）。選鋒之外加設放火委員，入旗界租屋九處，皆在其要地。預備臨時放火以擾其軍心，此發難計策之大略也。

（三）預算並支出之大略

以有八百人之選鋒，則必有六百餘之槍械。故儲備預算四萬餘員，調度處預算二萬餘員，統籌部預算二萬餘員。交通課五千，選鋒八百餘人。召集布置種種，約人需三十餘元，故亦預算二萬餘元。惠州預算五千，今以總務雜費、放火委員等費，總共預算必要需十二萬餘元，另預籌預備費數萬。當克到壩羅時，承熱心數同志擔任英屬南洋，籌足五萬。因計中山到美至少可得五萬元，而謝良牧於冬間入泗水，電稱已籌得欵五萬。既而聞有雨平之友往泗水運動，言此欵必交雨平，雨平已共同辦事，本可無分畛域。旋據雨平由泗水來信，則云已擔任六萬。劉芷芬往巴城，自任當另籌欵萬元，文島籌欵員亦報告可籌二萬元以上。伯先回港時即與曾伯諤商欵事，又由雨平與之交涉，據其答應兄弟各出萬元，故大約定爲有六七萬元之收入，後泗水正月來五千，至三月始又來五千，三月二十日又來萬五千，共來二萬五千。劉芷芬籌得欵五千（除支伊經手公費千四百元，出納課實收三千六百元），又交來梁紐若兄欵五百，古亮初交來銀二千，謝魯倩交來黄甲元君之欵一千四百五十。統計荷屬之欵，出納課所收到者僅三萬二千五百五十元（良牧轉港無所交，曾伯諤兄弟未出一文）。二月間，英屬南洋連安南、暹羅之欵已達五萬，美洲則域多利致公堂變産電到三萬四千，温高華致公堂電到一萬九千，滿得科電到萬一千，金山一萬，檀香山二千，紐約二千餘（美洲及檀香山共七萬八千餘元）。弟等信海外同志，其熱度不分高下，惟荷屬籌欵者實不統一，紛言運動，經手又不一人，此所以情形稍異（按出納課組織完密，凡捐欵，以交到出納課取回收據爲憑，其未交到者即由其經手是問。凡支欵必由統籌部長認可簽字，交出納課長親手支付，事後當使出納課長將總數收支册寄南洋，以次轉各埠察核，俾堅信用。此係未發難前弟等公議如此辦法者）。

（四）事前殺李準之無成

初擬於去年十二月先殺李準以去一大阻力，適馮憶漢自庇能回，力任其事，已教以裝配擲發炸彈之法，且爲之佈置一切，而馮屢次推宕。至正月弟等以暗殺事不宜太近發難時期，乃與約不得過二月十五。馮匿迹十餘日始出，自云墜水染病返鄉，究之反覆游移，色厲内荏（前後支公欵數百元，炸藥等事又係另爲佈置者）。馮已大言誤事，而温生才之勇俠又未謀之黨人，一擊而殺孚琦，行事誠爲卓絶。然孚琦廢人，我等之大障礙物仍在，反使彼虜驚駭嚴防，真吾黨之大不幸也。

（五）惠州事件之失敗

軍事以省城爲主，同時着手惠州。因惠爲省屏藩，形勢所在。去冬，曾秀自南洋歸，即與切商，惟察其人，無軍事上知識，決不足以當一面，因與伯先共任羅熾揚主其事，姚雨平亦力保之。熾揚曾爲新軍砲營排長，去年正月犯難而出者，豫算經費需五千以運動會黨，補充槍彈。熾揚使陳甫仁入惠交通嚴德明，而自帶欵數百往汕頭購械，至則又電港請匯五百元，言已定購，需此數立付價，乃自汕歸，僅携回六響數枝。是時羅則軍、曾其光自南洋歸，展邀與熾揚共事，熾揚不欲，謂二人有攬歸惠州人自辦之意，而二人則調查得熾揚有挾妓浪費及種種不名譽事，克等猶未敢信。及二月下旬，熾揚見陳甫仁、嚴德明出，則謂運動已成，須身入惠，求補加槍枝，遂給以駁壳槍一，八響無烟一，七響無烟九，碼子配足，切囑其設法携帶（是晚又支千五百元，連前共支四千餘元）。詎行至澳頭，即被從行李搜出槍械。同行四人捕去陳甫仁、嚴德明。伊與謝姓幸走免，歸港報告，則言同時失去現銀二千三百。閱二日，嚴德明自虜手逃歸，則言當搜檢時一一點交物件，其中並無銀兩被搜，以質熾揚。熾揚惟矢天日而已，德明聞熾揚支過公欵四千則大驚奇，謂甫仁入惠只用過銀兩百餘，餘欵安在。熾揚嗣是亦匿迹不出，克等爽然嘆知人之不易，惟熾揚固僨事，而惠州又不能置之不理，乃以責之嚴德明與鍾君，另備欵二千五百元爲經費。嚴、鍾二人皆若操必得之券。二十七，鍾出港求加欵數百，謂可多得數百人（時克已入省，展爲之代理），叩其槍彈，則云已定購，未到手，若必二十九發，則惟有縱火憑城之一法。及二十八晚，省再定二十九，展因發密電，使於三十舉事，然至今尚無消息。惠之無效，不得其人以任事也。

（六）展緩時期之原因

原議三月十五爲發難期，繼而不能不緩者，一則美屬欵未到齊（荷屬欵萬五千元，亦到於二十以後）；二則温生才事件發生，省會戒嚴，欲待防稍弛；三則日本之械其大數尚未到（按此中尚有一悮事之人，則由日運送，係托學界同志用行李帶歸。香港無入口税，向無搜查。一日洪承點見上海金山船到，有檢查者歸報克，因電日本，令來者注意。是時吴君在東主任發付，遂告之帶槍械來之湖南學生周來蘇，並爲改搭頭等客位。周來蘇以專使伊注意自己防衛也。舟過門司，盡棄之海。凡七響無烟七十五，金山大六響四十，碼子四千，船到港則一切無事，許多利器徒付東流。此幫到最先，若無此謬舉則已接收得用矣），然早知四月初有二標退伍之確耗，則時期亦衹能盡三月底，乃粤吏自温生才事後，防日嚴密，偵探四出，旗界戒嚴，按户查詰，所租旗界備放火之屋受迫遷出四處，且風聲日露。南洋則有報告者，京則有電報，然同事者决不肯知難而退。

（七）選鋒之召集

是時外省之選鋒，到者十九。伯先所部悉江南安徽之人，克則有川省同志數人，閩省同志數人，閩省同志並招其鄉死士三十餘人來，南洋、安南歸來之同志悉願從克，已皆集居於港。衆議恐臨時不及照應，故共定先期須集合省城。至二十四五，伯先之人已半上，克所偕爲將領之同志亦先上，其餘各部亦陸續上。

（八）器械之運送接收

至於器械，則彈小包由頭髮運送上省，槍則僅到七十餘枝（係西貢所購，由周之貞、郭漢圖偕廣妹從他路運入）。毅生以中旬上省，儲備課事，由克展二人代理。頭髮及他路運入之策皆毅生所先定，其擔任頭髮轉運常爲陳鏡波，於港設頭髮公司一，省設公司二，其始運子彈凡三次，由少續多皆無失，乃頗恃此路，毅亦以此而愈信鏡波。至二十四，日本之械已陸續到。王鶴明與杜君（俱星洲同志業機器者）發明一法，用罐頭裝載，於二十六日始付寄。二十七西貢第二次械到，日本之械亦全到，則俱由頭髮裝運。是時港部恐省中無主，共請克於二十五晚入，克未入時省中已預定二十九舉事。

（九）克入省定期及二十八改期之事

及克入，爰定二十九，發電告港部，蓋預計西貢及日之械到此日方能接收分配也。詎二十七張鳴岐、李準調巡防二營回省，以三哨助守龍王廟高地。毅生即提議改緩時期，陳炯明和之，宋健侯（宋，伯先在省之代表也）亦以爲然，姚雨平則反對。惟姚亦要槍數在五百以上，此時接收之槍不過七十餘支，罐頭一幫尚未取出，不敢作必得之數。原公議到發動時若槍枝有意外，則不能照原數分配，今姚爲此要求，知必難辦到，及姚聞新軍二標收槍，姚亦不敢固持其説。克見各部如此，所謂改期，無異解散。克之痛心爲何如，故即決心以一人死拚李準，以謝海外之同胞，而令各部速即退散，免搜捕之禍。當與宋洪二君商，先令伯先所部返港，餘亦陸續退，一面保全所有之槍枝，留爲後起者之用，後林時爽、喻雲紀到克處，言不特不能改期且須速發，方可自救，以巡警早四五日已有搜索户口之札，旦夕必發也（河南巡官係四川同志報告喻君者），克以二兄之決心，則欲集三四十人攻督署以殺張鳴岐，議亦決。

（十）仍定期二十九之原因

二十八日，陳炯明、姚雨平偕到報告云，調來順德三營内多同志，其哨官十人中八爲同志，一爲中立，一反對耳。現泊天字碼頭，即又欲乘機起事，姚、陳遂往與其人商定。未幾，即還報，言其人已决心，當即密電港，仍定期二十九。克意此三營若能反正，不患餘營不降，況有新軍之大力爲後盾，又巡警教練所有學生二百餘人决心相助，其槍彈足用。有此數者，事盡可爲，即定計劃。

（十一）臨時改定任務

克仍攻督署，姚雨平任攻小北門占飛來廟，並迎巡防營及新軍，炯明攻巡警教練所，毅生以二十餘人守大南門，約定二十九午後五點半鐘同發。是早早船，克部閩省之人及安南同志俱上，俱到克處（伯先所部亦有數十人上省，惟俱未到伯先代表宋君處，致宋部無人，不敢獨當一面）。

（十二）克獨攻督署之情形

臨時克與所部由小東營出槍殺巡警於道，疾行而前，猛擊衛隊，殺其管帶，破入督署，守者皆逃。當有衛隊數人被截擊入署，不能出，棄槍降，求爲引導，於是直入内進。克與林時爽、朱執信、李文甫、嚴驥君等親行遍搜，無一要人，克欲覓放火材料，如書籍文件之類亦不可得。觀其情形，當係二三日前走避者。克乃以火種置床架上而後出（及克至大南門外往河南，火始發），張鳴岐知發動之期，知督署之必攻，此中當又有最密切之偵探報告，否則不能如是之靈活（二十六七，毅生已疑陳鏡波爲偵探，後益知其確，當再定二十九及克親攻督署，此等事陳尚不足以知之。雨平逢人運動，又力信巡防營爲可恃，安知不爲人賣，致滿虜知吾軍内容）。

（十三）以後巷戰之情形及黨人死事之勇烈

初入督署時僅死三人，已出。則林時爽於東轅門招撫李準之先鋒隊（以伯先部常言李準部下已運動多人），突致腦中槍而死，克中傷右手，斷兩指，他同志亦有數人死於衛隊門首者。時就所於部分爲三路，克與十人出大南門，欲與巡防營接應。徐維揚以花縣四十人欲出小北門與新軍接應，餘則川閩同志及安南、南洋同志往攻督練公所。福建人方聲洞與克出，行最先，遇巡防營於雙門底，見其並無相應之號，且舉槍相向，方乃發手槍，殺其哨弁一人，敵槍環攻，方死之。克且戰且前，然回顧部下不見一人，以肩撞破一小店門入之，從內發槍，中七八人，敵却退。聞彼營中傳語往保護提署，遂相率去，克乃易衣而出，入河南女同志家，初二始返港（後乃知同時朱執信、鄭坤、何克夫三人得生還，餘則死矣）。喻雲紀兄與衆攻督練公所，途遇防勇，繞路攻龍王廟。一人當先，抛擲炸彈，防勇爲之披靡，後失手遇害。李文甫攻督署時非常猛烈，已出，傷其右足，後爲虜獲，從容談笑而死，其餘殉國而死者，粵同志則有羅則軍、李子奎、李群、周華、王鶴明、杜君、馬昌、羅坤、韋雲卿，四川同志則有饒國梁、秦柄，閩同志則有林覺民、陳可欽、陳與新、劉六湖、劉元棟、陳更新、吴任之、馮郁庄、林尹民、郭炎利、郭鈿官、郭天財、翁長祥、陳孝文、陳大發、林茂增、王文達、曾顯、劉藩、虞全鼎、周團生、吴順利、吴炎妹、吴七妹，尚有不知姓名一人。徐維揚（花縣人）部下之衆，死者二十四人，被捉在監者六人，負傷生還者十六人。朱執信攻督署時奮勇争先，迥非平日文弱之態。在二門爲後列誤傷肩際，仍與克偕行至雙門底，遇敵相失，後入其門生家易服出險。何克夫與防營亦力戰負傷，出大南門遇至戚家，匿三日而後出。鄭坤負傷出大南門，入一店，爲所逐，且呼賊，坤憤殺之，奪衣而出。事由自衛，情尚可原。四川熊克武，福建王以通、嚴驥皆負重傷而出。克同攻督署者百三十人，内徐維揚四十人，劉古香十四人。此二部稍弱，餘則雖以朱執信、李文甫、陳與新之温文均敢先當敵，無絲毫怯懦之態。蓋義理之勇爲之也。林時爽本同林覺民、陳與新在東籌有的欵，將歸閩舉事，已來港，則同死於廣東。閩同志死者多畢業高等專門學生，年少才美，傷心俱燼（此次死者多英才，其價值愈高亦愈足動國民之觀感）。喻雲紀藥學畢業，能製炸彈炸藥。精衛北京事件，喻同謀，炸彈發見，再歸日本合藥，故未與精衛同捕。此次舉事，最先決心，蓋已置死生於度外，羅則軍本有十人任毀電信局，至二十七令其退返。李文甫任五十人攻石馬槽，亦於是日令其退返。而二人再知定期二十九，則隻身赴難，殉戰而死，俱爲難能。王鶴明、杜某某、李文楷事事勤慎，不辭勞瘁，倉猝戰死，可惜可哀。戰之翌日，海防同志李德山等數人走入米店，據米爲壘，拋擲炸彈，營勇不敢近，張鳴岐下令焚燒，惟羅穩一人走免。伯先之代表宋健侯亦輕裘緩帶之士，既已遣散其部下，獨與數人合克部攻督署，後不知如何被捉。各報登有宋玉琳供詞慷慨，可以見其平生矣。龐越爲高州吴川人，素運動廣州灣方面。此次亦遇害，石經武留宋健侯機關遇害，其餘江皖湘粵之士雖未與戰，而陷在城内，因無辮被害者不少。

（十四）失敗之原因與擔任務者之不力

事之敗也，以經營過久，人先械到，日露風聲（此着乃事勢使然，因先料可購械之地，後俱不如願也，而湖南周來蘇棄槍於海，致需重購重運，亦貽害不細），且知人不明，内藏偵探，使敵爲之備。加以温生才之暗殺、新軍之退伍皆促虜之提防而爲我之障礙，然使各任事之人俱能盡其義務，則虜雖日防，而我戰鬥力大增。如當時衹百餘人，而横直衝突，虜幾無如何，即晚克出大南門。徐維揚到小北門，見旗兵皆棄城不守，當時若新軍北入，巡防營從南入，孰能抵抗？張、李二賊爲空衙空城之計，若軍界有變，即不啻自貽伊戚，而孰知平日專任調度處之人，匿不敢出，僞云其衆有槍無彈（是時姚雨平所部在省，並未遣退。初雨平言毅生不肯發彈，克亦始信其言，後克查知雨平已由女同志某氏收槍彈三千餘，且二十九雨平到某某書院取槍彈。二三其説，後卒不取而去，惟已有彈三千，儘足以起。又伊前已另支欵三千五百元，爲自購槍械之用，此項又安在，以平日慣爲運動，至確信其可即時反正之軍隊，一與觸接，又復何難。倪映典隻身入軍，而三千人皆反，人之賢不肖相去遠矣)。二十八日再三言巡防三營必反必應，克等因此再定二十九之期。詎臨時並不一往（證以事實，則巡防營與我黨相遇，到處敵視），苟非作假欺人，即忍心作壁上觀也，此姚雨平誤事之罪也，毅生所部連東莞人爲百五十人，二十七因有改期之説，因遣退之。二十八晚，由朱執信馳往某鄉測度其情，不及復來，克乃聽其擇陳炯明二十人守大南門。詎二十九三點，陳炯明馳至某某書院告毅生，謂又改期三十（此議係港部二十八晚發電求緩者，因得電時已十點，而在港尚三百人，恐早船不及全上，故發電求緩一日），然克等在省議既決定，炯明初以爲言，克即拒之，再使其友馬氏來，則克衆既裝身備戰，不知炯明何據。硬謂克既允改期，偕同毅生仍將始平書院槍彈收藏，毅生既信其言，因謂與炯明部下言語不通，請炯明另派一人指揮，而身自去大南門會順德派來之人，後遂不及入城，毅生既承任務，初豈不知炯明所部爲海陸豐人，後至臨時方始悟及，其悮一。惟其任守大南門，故多分駁壳槍數枝，否則入克部，戰鬥力增，傷亡或少，其悮二。炯明本不知兵，然任指揮不辭，乃硬造爲克已允改三十之説，自悮以悮人，尤不可解者，始任攻巡警教練所，及聞毅讓還其部下二十人，則云如此。我並以全衆守大南門，斯已非矣，後則並大南門而不守，此皆炯明悮事之處也。二十六日，克與公衆定期二十九。倘始終不變議，不撤退各部，而仍陸續前進，則在省多三百人，虜不足懼。即敗，或能大隊衝出，而毅生、炯明等則以風聲之過露，以爲事必不成（以事勢論，巡防營、新軍不能反。雖有黨人數百，亦難望占領廣東，而如毅生所料，然究竟有進無退，方爲我輩之決心）。殊不知張、李二賊設網張羅，任我輩之投入，倘能盡數拼命，未必果全燼也。二十八晚港部得省電，以港尚有三百人，當時謡言既重，恐一船數百無辮之人不便登岸，故分小半上省，而大半入夜搭船，同時發電，請省緩一夜。展與伯先俱以嫌疑重而識面者多，故俱搭夜船上。至二十九事已失敗，城門重閉，不得入，乃相率歸港。

（十五）善後事宜

共議將外省外鄉之人分别遣散，一面派人上省招呼其負傷歸者，延醫給費治之，戰死之士則恤其家，其在内之軍器未發現者則設法保之，還易舊時所用之機關以遮港探之耳目。計巡防營不足信，而新軍與教練之衆則不能責以不來。幸事後無大牽涉，可留爲後圖。

（十六）預算不足之原因

至於此次辦事，由開始辦至發難之日共用欵十七萬餘，溢出原來預算四萬餘，統籌部溢出一萬餘，儲備課溢出二萬餘，選鋒課溢出一萬餘，統籌部之溢出，因經營既久，費自稍多，且内含有電報費三千餘。又去年各課未成立之時，一切費用俱屬於統籌部故也。儲備課之溢出，則原擬購槍六百，約價三萬八千，餘加入運送費四千，炸彈費一千及他種軍用品費，定預算爲四萬五千餘，後因選鋒加多人數三百，於是另發欵，由該主任人自購槍械，即如下開姚張黄莫鄭所支購槍費，又爲新軍補充子彈增購炸藥。在日本購槍六百二十八支，連子彈及運送費用銀三萬五千餘。由西貢購槍一百六十餘枝，用銀一萬二千九百餘。在港購得三十餘枝，用銀三千七百元，三共銀五萬一千餘，加入各主任人購槍費七千三百餘，打刀費七百二十，省港運送費、秘密保存費共三千餘元，總共用銀六萬五千九百餘。現尚欠日本槍價債銀一千元，附表如别紙另列。

又惠州一方面已被羅熾揚先後用去預算之欵，而其後再給費嚴德明謀之，此處去欵二千五百，交通課原定五千元，以三千運動江浙安徽，二千運動湘鄂。伯先所任爲交通委員鄭贊臣者運動交通江浙，既用去指定之欵，又攫伯選鋒千數百元用之，猶以爲未足。三月，儲備課使林直勉往滬購械，餘欵二千，鄭竟假造電報，將該欵騙去，其餘尚有瑣碎之費爲初算未及者。此番以黨之全力舉事，中外周知，而事機坐悮，不能有成，粤省一失，各處都不能發。雖虜以黨人敢死勇戰，至今猶草木皆兵，然費如許力量得此結果，豈初念所及耶？又況死我仁勇俱備之同志之多耶，謀之不臧，負黨負友，弟等之罪，實無可辭，惟此心益傷益憤，一息尚存，此仇必報，斷不容張、李二賊之安枕也。旬日之内，悼戰死之良友，哀方未艾而忽又有傷心之事，則伯先於初旬患腸病，加以抑鬱，不復調理。至劇病時，延西醫診視，乃知爲盲腸發炎，即催其入醫院割治。已又數日，則腸已灌膿，割處竟不知痛，飲食不進。延至中曆十九，竟長逝矣。以伯兄平日之氣概，不獲殺國仇而死，乃死於無常之劇病，彼蒼不仁，已殲我良士，又奪我大將。我同胞聞之，亦將悲慨不置，況於目擊傷心者乎。書至此，不能復紀，惟公等鑒之。

即頌

公安

弟黄興、胡展堂頓首

儲備課用欵略表

日本購槍六百二十八枝，連碼運送費四千餘元，又補銀水共用三萬五千二百二十六元四角。

西貢購槍一百六十餘支，連碼費一萬二千九百零九元五角九。

在香港購槍三十餘支，連碼三千七百元，補充新軍子彈一千元，炸藥費二千五百元，打刀費七百二元，省港運送費、保存費、軍用各品費共三千元。姚雨平支自購槍費三千五百元，莫紀彭支購槍費一千零八元，黄俠毅支購槍費八百元，張六村支購槍費五百元，鄭平坡支購槍費一千零五元。

共用六萬五千九百八十一元二毫三占，另欠日本槍價債銀一千元。此爲大略計算表，其詳細則俟一一清算後，奉呈察核。

選鋒課用欵略表

趙伯先選一百五十人八千四百元，

黄徐選一百二十人三千一百八十元。

陳炯明選一百人三千元，

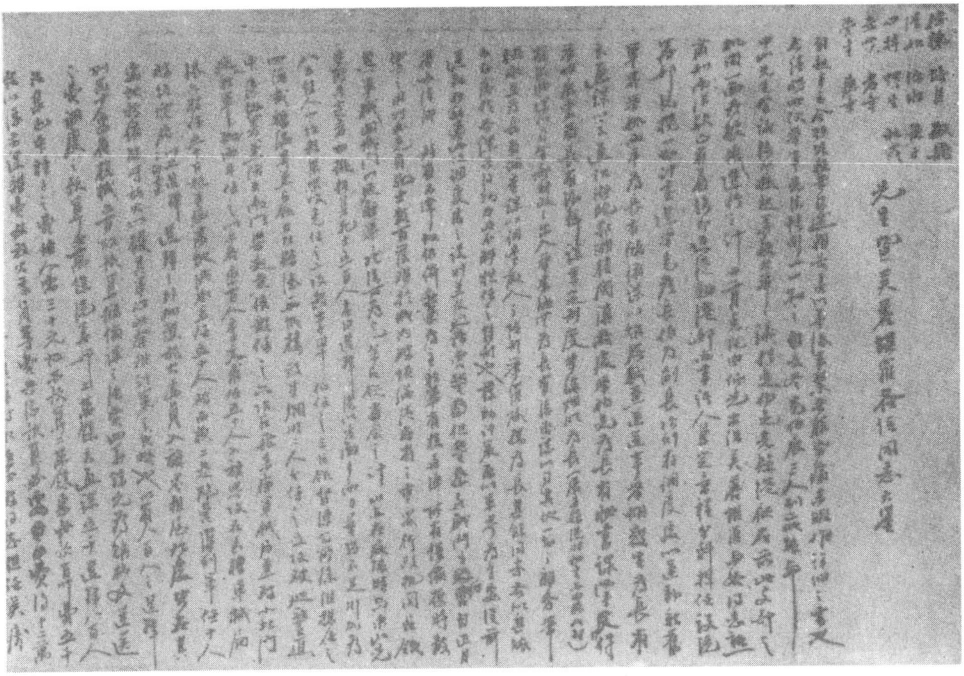

黄克强、胡展堂两先生对黄花冈一役报告书真迹（一）

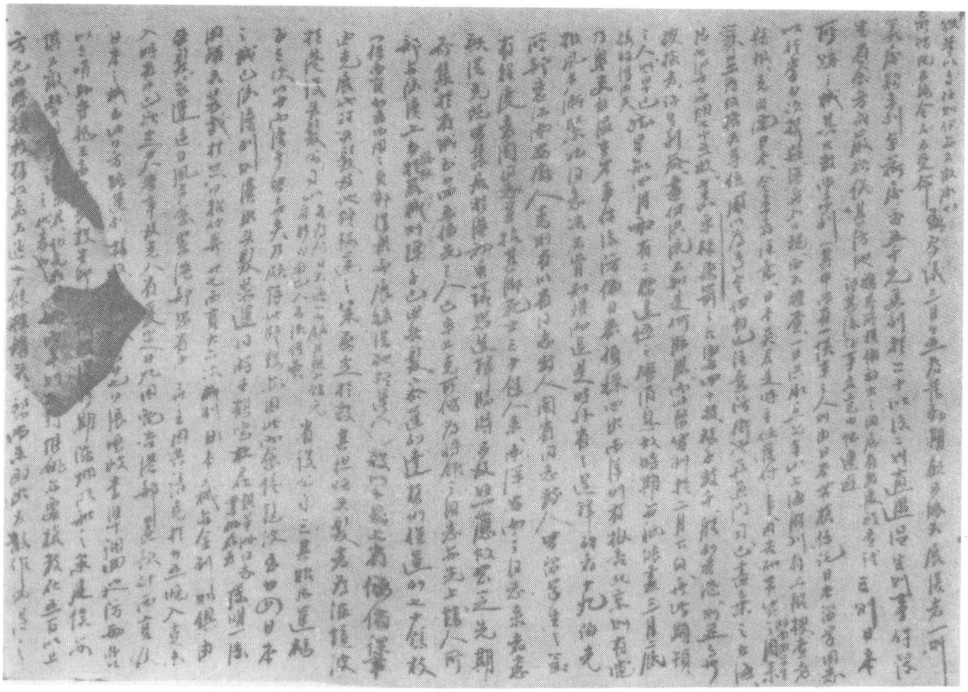

黄克强、胡展堂兩先生對黄花岡一役報告書真蹟（四）

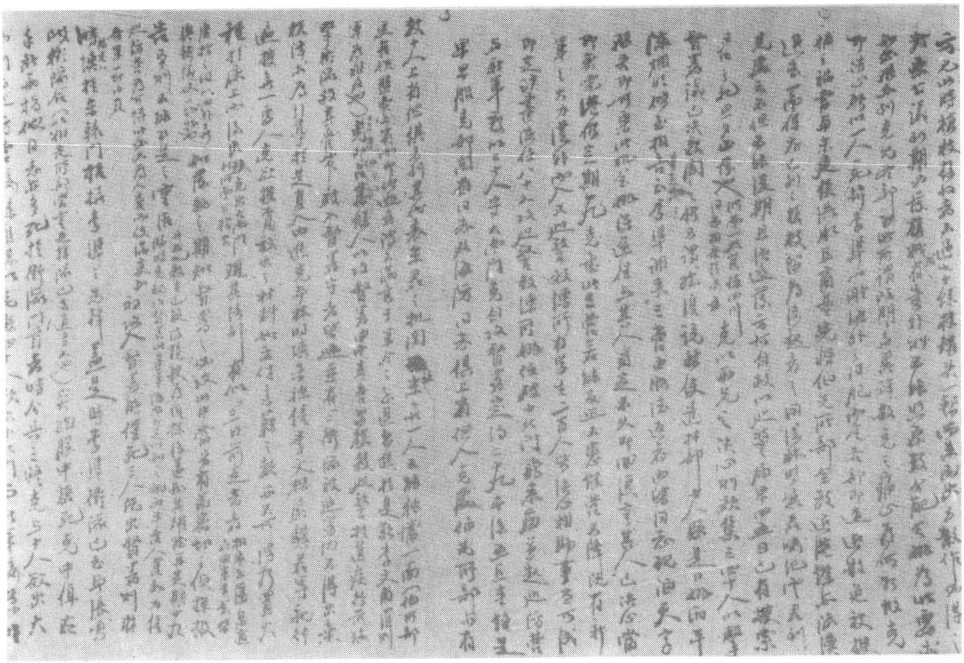

黄克强、胡展堂兩先生對黄花岡一役報告書真蹟（五）

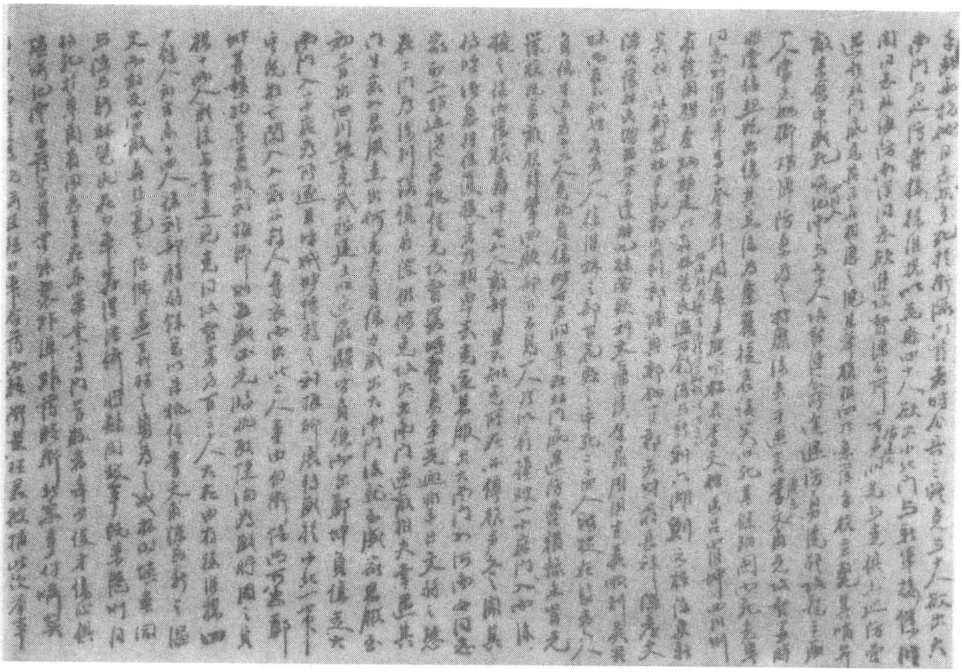

黄克强、胡展堂兩先生對黄花岡一役報告書真蹟（六）

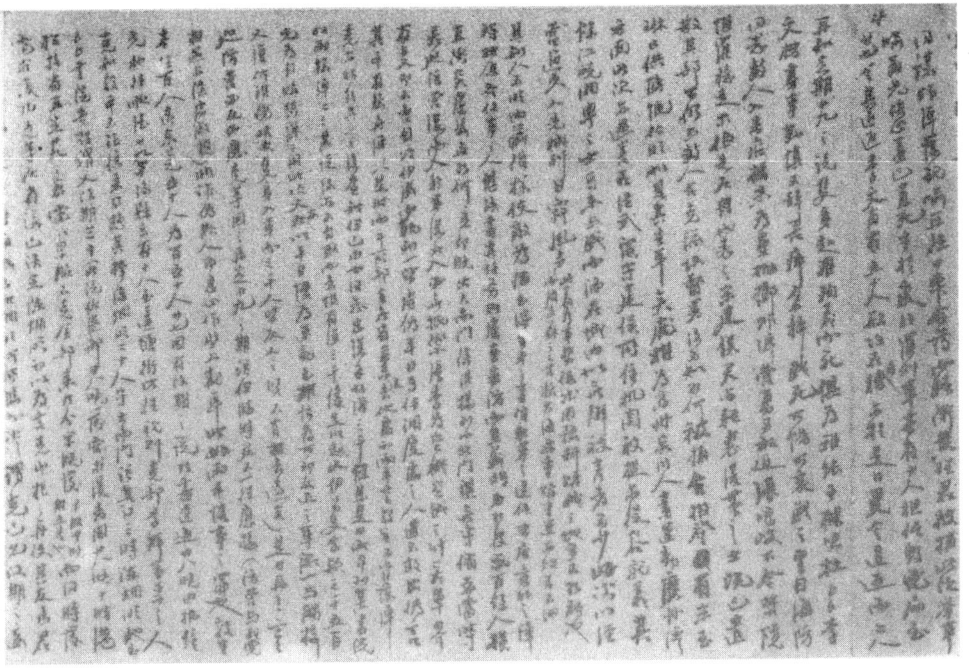

黄克强、胡展堂兩先生對黄花岡一役報告書真蹟（七）

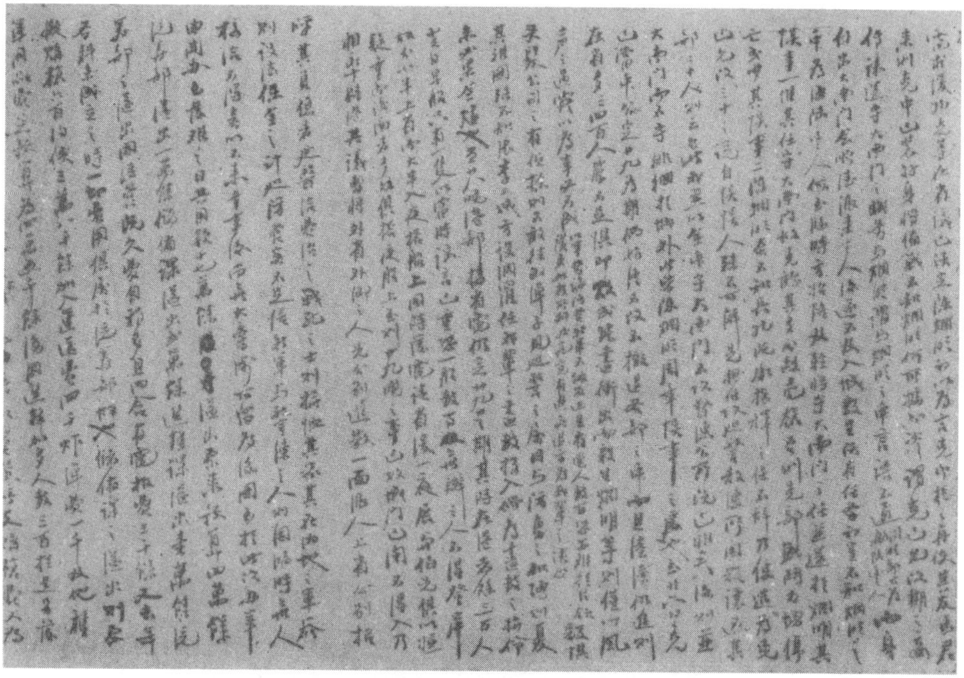

黄克强、胡展堂兩先生對黄花岡一役報告書真蹟（八）

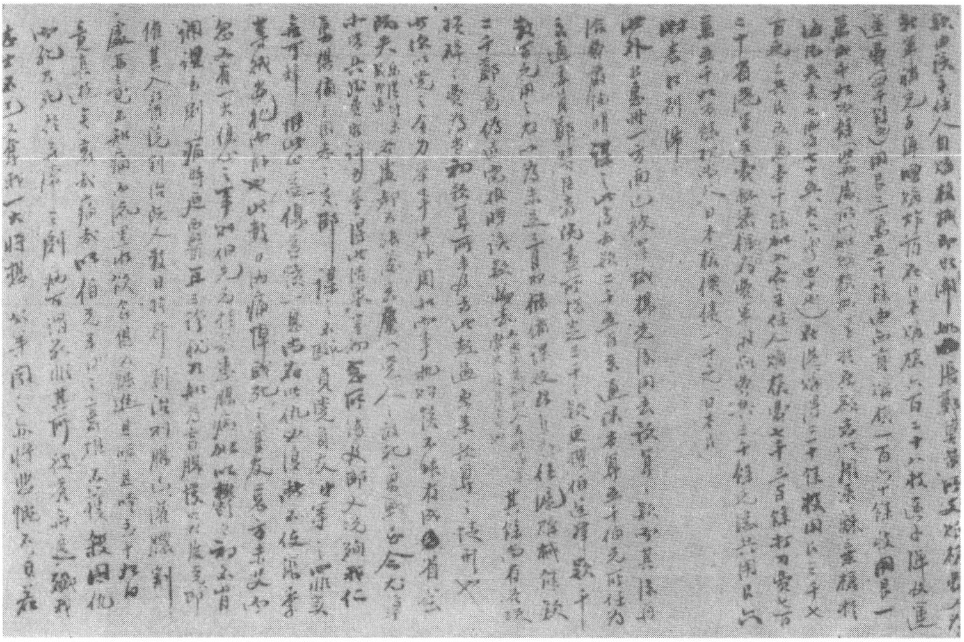

黄克强、胡展堂两先生对黄花冈一役报告书真迹（九）

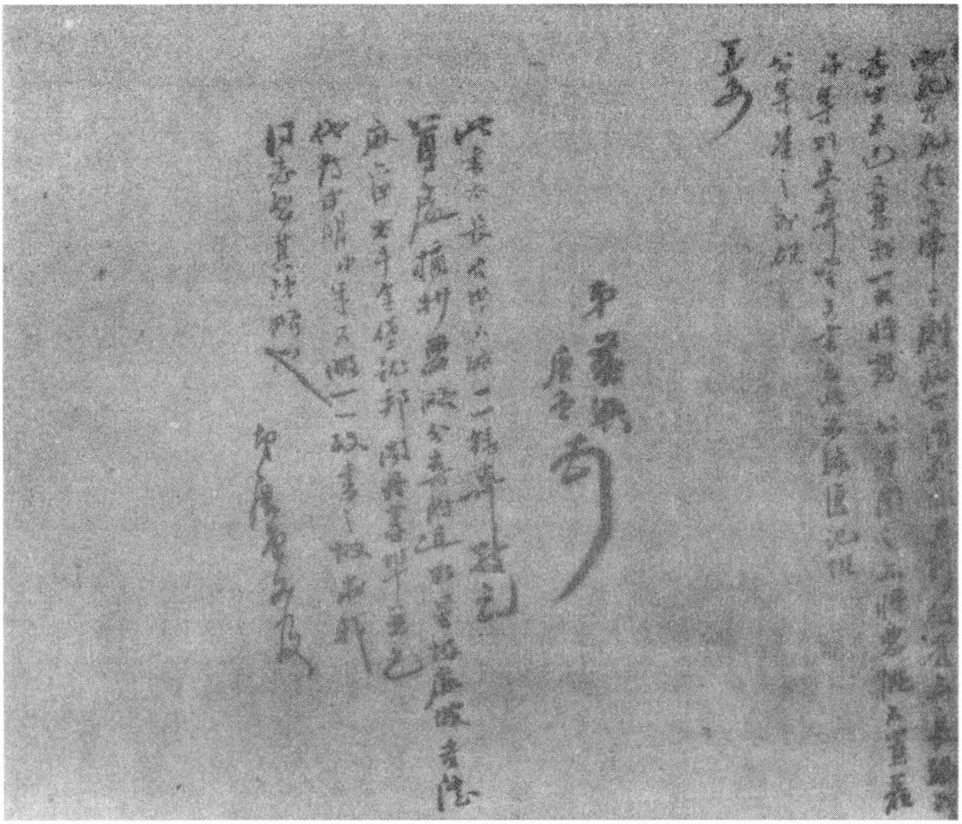

黃克强、胡展堂兩先生對黃花岡一役報告書真蹟（十）

莫梁選一百人三千三百元。

胡毅生選百五十人四千六百零五元，

張六村選五十人一千七百五十元。

克選二百人四千二百四十元，

鄭平坡選五十人一千七百五十元。

姚雨平選一百二十人四千二百元，

劉古香選二十人八百一十元。

共用銀三萬五千二百三十五元。

説明，人數加多，爲此課超出預算之總用。趙選費重者，因於正月時在省已有所組織，未幾破裂，即鄧德明事件，重復招士於江南也。克人最多而費省者，閩同志四十人，自備資斧來港，何曉柳數十人，李群數十人，皆臨時就近招集也。鄭平坡自稱已運動督署衛隊多人，硬欲獨當督署，故使自招五十人。此亦在於預算之外，乃臨事則不見其人，而衛隊亦非有聯絡。

姚、張、鄭、羅四人共支出公欵四萬二千七百一十元，姚雨平選鋒支四千二元。

調度處支二萬四千九百六十元，自買槍械支三千五元，共三萬二千六百六十元。

張六村選鋒一千七百五元，自買器械五百元，共二千二百五元。

鄭平坡選鋒支一千七百五十元，自購器械支一千零五十元，共二千八百元。

羅熾揚惠州運動經營費四千元，失敗後營救費三百元，自借一百元，失去槍費六百元，共五千元。姚雨平專任運動軍界兼選鋒，而臨時並不與軍界接洽，其選鋒則有槍有彈在省坐視。張六村念九下午到克强處，見克强發，即急走避。至於羅熾揚之僨事，鄭平坡之荒謬更不足論。然此數人則共支去公欵四萬餘元，尚有統籌部運動調度各費數萬元，容日詳細一一清算，奉呈察核。

此報告書發布後，姚雨平到星加坡得見，以爲不實。函黄、胡及函陳炯明、胡毅到南洋約集同志開大會評判，書函四出，卒由南洋同志勸告而中止其事。

是役，黨人死者因事前爲慎密計，各自部署不相告問。故事後莫知其確數，而檢收遺骸則得七十二焉。清吏之於革命黨，恨之澈骨，視諸烈士屍，不勝其蔑視，自諸烈士之死至四月初三日，始函知廣仁、愛育、方便、廣濟各善堂收拾遺骸。各善堂聽其言而檢收之，以次移置諮議局前曠地，分十數堆，折臂斷腦，血肉模糊，於是葬地之議起。初，南海番禺兩知事擬葬諸烈士骸於狗頭山，嗣擬葬之於東門外臭岡。臭岡者，刑人於市，叢葬於岡之巨穴中，掩以浮土，暴骨揚穢，過者掩鼻，故名。有外國教士某聞之，歎曰，諸烈士死義也，皓皓俠骨，使與犯人同葬一處。揆之於理，實不能平，乃自獻一地以葬。善董等以葬烈士而用外人所購地，爲國之羞，遂却之。徐樹堂亦曰，向日善堂收葬各骸自有地方，不能與犯人同葬一所。議未決，黨人有潘達微者，時以未名捕聞之，至廣仁善堂商葬事於善董。善董曰，唯官命。潘曰，諸義士爲國捐軀，純爲國民謀幸福。彼此均國民一分子，如是藁葬，心奚能安，且慈善事業不計誰是誰非，施棺施地應唯義之所安。各善董多動容，詢潘以辦法，潘謂官檢刑屍，指定地址，囑善堂殮埋，殆屬慣例，若營葬别地，官亦不事深究。潘又表示由其擇地葬埋之意，各善董有難色，蓋怵於淫威，恐事洩株累也。潘不得已，乃以電話達其意於江孔殷，求其助。江諾，轉電各善董，謂此事可力任，縱有不測可負全責，各善董得江電，乃允潘請。潘遂去，爲葬地謀。偶憶某西醫生新購一地於沙河，以此事請，或可慨讓，遂造醫生之廬而告之。醫生慨然許諾，且謂地價毋急償，區區數百金唯公便。潘德之謂七十二烈士英靈至是其可妥也，醫生將以地券相付，卒爲旁人所尼，遂中止。潘聞之，撫案大哭。醫生意不忍，乃謂潘曰，余可助君者，舍讓地外唯君欲。潘知此地不可得，不如别圖，遂貸數十金於醫生，復之廣仁善堂，將抵座，哭不成聲。善董見狀欲相慰，不知其由，潘痛少定，起告善董以潘父名，曰，座中多爲余父執，詎忍此不爲小子助？並告以頃求地不得事，淚涔涔下。善董徐樹棠語潘曰，本堂有地一段，位沙河馬路旁，名紅花崗，青草白地，可稱浄土。今獻此爲葬地，棺殮營葬諸事並由本堂任之，何如？潘感之，即赴岡視察，岡地勢雖非巍壯，然倉卒中得此亦甚難能，遂與徐約。星夜屬仵工，晨起集議局前，督葬事。明日四月初四日，潘至屍場見仵工畀棺至，均薄板製者，喟然歎曰，男兒死國事，今桐棺三寸乃不可得，死者已矣，生者何心，欲市棺以易。方便醫院善董某見狀，謂棺可由院另備，不必求諸市，遂易以院所備棺，以次成殮。諸烈士自死至葬，陳屍數日，繼以夜雨，屍體霉漲，有小蟲蠕蠕自髮孔出，體則鐵索相連，合二三人爲一束。屬仵工解縛分之，去其枷鎖，仵工故難之，予之錢而諾，旋殮旋舁諸葬所，仵約百人，絡繹於道，自午前十一時至午後四時，殮乃畢。中有一屍，衣藍布長衫，不類黨員，乃拖至他處，旋領去，知爲清吏李某隨僕。是日也，陰雲四布，微雨霏霏，路上行人惟殮屍之仵工耳。潘隨最後一棺步送至紅花崗，岡上壙分四積直列，蓋先一夕屬土工照式經營者，惟掘地不深，潘以所貸醫生金予土工，始深掘而後葬。初，潘欲隱其事，而國事報首先揭出，詞有不利於潘。潘乃宣佈之，並改紅花名爲黄花，以紅花二字不若黄花之優美也。各報沿用之，而黄花崗之名遂與民國歷史而並永矣。

三月二十九日以前，黨人即認李準爲進行障礙物，謀暗殺之，不達，三月二十九日復遭毒害。黨人咸欲得而甘心，因而有林冠慈、陳敬岳及李沛基之兩次暗殺。林、陳炸李，李傷而不死，李沛基欲炸李，反炸斃鳳山，其時其事，雖若與三月二十九日之舉義分而爲二，實則精神脈絡與三月二十九日舉義一氣相聯也。

辛亥閏六月十九日，林冠慈、陳敬岳炸李準於雙門底。李傷，林冠慈中彈斃，陳敬岳被捕，死焉。黨人三月二十九日敗後，集矢李準，謀殺之，李知之，出入戒備甚嚴。督練公所參議吴錫永足觸三月二十九日之炸藥，炸去一足，醫於韜美醫院。李常往視，施正父知之，乃商鄒魯，議乘機殺之。時四月下旬，梅縣人李某且願任其役，嗣李因事不果，陳炯明乃與鄒魯商此事，鄒籌費五百元與之。適陳敬岳自南洋霹靂埠歸，願殺李。陳乃屬馬育航引至廣州實行，住韜美醫院。施正父助其事，炸藥則由張倫等由港運至省。當是時吴足稍愈，李往詢亦寡，不得不改計進行。

惠州人林冠慈者亦以殺李爲己任，日與高劍父、李熙斌、梁綺神、朱述堂等爲殺李謀。施正父等以兩人事同、目的同，應即合併，以遂其志。嗣偵知李每日必於午後一時至二時由水師公所入城，相與議曰，城以内林冠慈任之，城以外陳敬岳任之。計定，六月十九日午後施正父、李少華等得電。李將出，即偕陳敬岳力疾驅車追李，李輿行速。陳敬岳等下車於天字碼頭，去李輿已三四十武。施正父急告陳曰，前乘呢輿者即是。陳向前直追，比入南門，未至李輿。林冠慈已在南門内，攔輿轟炸矣。初，林冠慈至雙門底，立怡興製衣店門前，僞爲製衣者，衛兵不之疑。既李準乘輿至，林即擲以炸彈，烟塵四起，昏不見人。李部亂，李傷腰，林中彈死。陳敬岳雖奮步至，已無及，遂逃至育賢坊。員警以其剪髮西裝，持吕宋烟箱，疑而執之，方詰問時，陳欲將烟箱擲地，警察掣之，不能動，遂被捕，烟箱之内蓋炸彈也。李準傷腰，横闊約二寸許，血流甚多，聘愛衆醫院達保羅西醫診視。翌日，提陳訊之，敬岳供曰：

陳敬岳年四十二歲，嘉應州人。自此次粤事失敗即有暗殺李準之心，得友人馮子明百金之助，即回粤實行暗殺。嗣以吴錫永傷足，就診韜美醫院，意李準必臨問，即詭名入韜美醫院，飾言養病。不圖李準卒未一至，又恐貽累醫院，釀成國際交涉，遂出院。後聞李準赴順德辦清鄉，以爲有隙可乘，僞爲流丐，沿途乞食，追蹤旬日。俟李準登岸，炸之。已而不果，志仍不得逞。厥後偵知李準每日必自水師公所至行署，潛爲窺伺。至是始得炸之，然一擊不中，愧對温生才云云。

言時顔色自若，訊畢，監於獄。至九月十七始爲李世桂殺害，距廣州光復二日耳。林、陳二烈士葬廣州東門外紅花岡，與温烈士生才及炸龍濟光之鍾烈士明光同葬，稱爲紅花岡四烈士墓焉。

辛亥九月初四日，李沛基（即李援）在倉前街九號炸斃鳳山。自三月二十九日敗後，黄興特在善後費内提三千元爲暗殺費，而特注重於李準，並電星加坡，促周之貞回粤助任其事。既周之貞至，黄謂之曰，今謀得一地可以炸李準，司執行者爲李應生，請若助其進行。明日周自香港至省城與李應生會，李曰，梁綺神賃一店於南關倉前街九號，街頭則水師公所，街尾則警察區署。横街則舊接官亭，李世桂大營之所在乃李準必經之地。居此，吾人之術必售，惟城中通例，凡賃店營業必交重金於舊鋪客。今定銀已交，而舊鋪客之欵尚未清楚，若與舊鋪客商並認爲店東，以爲之布置可也。周諾之，遂往商。詎商之日即李准被炸之時，故商議未定，蓋賃店所以謀殺李準。李準既被炸，則店之賃已失其用，周乃商諸李應生。李謂事勢如此，應問黄興。周即往香港。黄興曰，李準雖被炸，探悉未斃，我輩仍當積極進行以待之。周曰，若李準久不出，張鳴岐、龍濟光均可炸之歟。黄曰可。周返省以告李應生，並自易名陳八，與店之舊鋪客交易，即日修理，惟修理畢工，必須開市，開市非兩三人即足用者，又須具行店規模，免招人疑，遂函南洋同志李夢生、劉鏗二人回粤助一切。蓋李、劉均爲熱心革命同志，三月二十九之役，劉嘗與焉，且年逾不惑，辮髮長垂，久客南洋，人少認識，素營商業，嫻於所事，不特可以勝任，且免人疑。周又訪大塘李雍，囑覓小僮，以司執爨。李雍以其族昆子李援薦，未半月李夢生、劉鏗自南洋至。劉謂膽小，不勝任，恐敗事，願舉一人自代，遂函南中馮子雲。未半月，馮子雲亦至，願任其事。一日，黄興忽促周往港，告以駐粤將軍將來。此爲滿洲健將，將吾人謀李準者轉以謀鳳山可也。刻日將該店修理完竣開市，以待機緣，慎勿延誤。周返省，如言辦理。梁綺神於河南飭匠鑄炸彈壳三具，藏同志某菜園中，其一壳載藥十五磅，其二壳俱載藥七磅半，周之貞、李湛兩人運入店中，炸藥及各種物料則周之貞與李沛基以次運入，至炸彈之配製則爲李應生。初，周之貞以李應生剪髮易招人疑，而三月二十九之役，或謂其陣亡，或謂其被捕，今爲進行主要人物，行蹤居止，自不能使人有所疑，故店之前，李應生自不能司其事，僅可藏諸店中配製炸彈。詎配藥時，藥性發，李應生猝然暈倒，李沛基救之以藥，移時醒，因是以李沛基代之，李應生又以彈三具過重，當設一法以代人力。衆然之，乃製一木機，預代人力之用，布置既備，任事者均至，遂名店爲“成記號”，擇日開市焉。九月四日晨得黄興電，謂鳳山晋省云云。旋朱述堂僞到成記號購物，報鳳至天字碼頭，將次登岸，宜早爲預備，店中人得其報，非執行者逐漸離去，僅留李沛基一人司執行。既鳳山乘肩輿至店前，沛基即扳機，將三十磅之炸彈擲下，轟然一聲，鳳山斃矣，店被震塌，鄰右多兆焚如。李沛基由店後從容脱險，同志無一傷者。方謀暗殺時，别設一機關於昌華大街，助奔走辦事者有莊六如女士、徐宗漢、徐慕蘭、黄悲漢、卓國興（即卓文女士）等。

自辛亥三月二十九日舉義廣州後，事雖失敗而革命精神乃磅礴全國，其秋武漢一呼，不百日而清社屋。民國成，國民莫不歸功於七十二士。其時廣東當局復爲參與是役之胡漢民、陳炯明，乃議就黄花岡原葬處崇大其墓，俾資景仰。省議會通過經費十萬元，並公舉何克夫等主其事。二年，討袁失敗，其事遂寢。七年秋，方聲濤募修故墓，規模粗具。林森復募資於華僑，以建紀功坊墓亭並立碑石。紀功坊係將捐欵之黨部黨員一一列出，其坊墓有孫總理“浩氣長存”四大字鐫焉。當時已修墓立碑，則烈士姓名不能不求真確，乃由朱執信、鄒魯徵集此役各烈士事實，集得後悉行臚列。由林森約當日未死黨員之在粤者胡毅、何克夫、吴永珊、徐維揚等一一而爲之審查證實。八年時審查所得烈士姓名計五十六人，由汪兆銘書諸石，立碑其後，鄒魯爲文以紀其事。其文云：

廣州辛亥三月二十九日之役，黨人死事者其數不可稽。事後潘君達微收黨人屍得七十二，合葬之於黄花岡，由是有黄花岡七十二烈士之稱。潘君亦黨人，自以未名捕，乃於危疑震憾之際毅然出收死友之骨，可謂難矣。其明年爲中華民國元年，胡君漢民、陳君炯明相繼任廣東都督，議就當日合葬處修葺而整飾之，省議會通過經費十萬圓。二年亂作，遂不果。七年秋，滇軍師長方君聲濤始募修故墓，規模粗具。參議院議長林君森復募建碑亭及紀功坊，俾不致湮没於後世。然欲舉當日死事者姓名籍貫一一泐之於碑，事乃至難，蓋舉事之際務慎密，凡姓名籍貫，同事者非素識不能知，且亦不願知之，故今日同事之未死者，其所能舉亦惟素識者而已。夫死事者既不止七十二人，即此七十二人亦不能盡舉其姓名籍貫，可不痛歟！魯與朱君大符，皆同事之未死者也，相與徵集事實，臚所得死事者之姓名籍貫。林君森更約當日未死同事之在粤者胡君毅、何君克夫、吴君永珊、徐君維揚等以確爲之證，計得五十有六人，其中有姓名而無籍貫者尚有三人，先行泐之於碑，而留空白以俟續有所知，得以補泐焉。顏曰，黄花崗七十二烈士之碑，蓋埋骨者固七十二人，今日雖有所闕，固望他日能補而足之也。夫馬革裹屍，黨人之志，埋骨已非所期，遑論留名。今之爲此，徒以爲後人流連憑弔之資，於死事者固無與也。嗚呼，此役所喪失者不特吾黨之精鋭而已，蓋合國中之俊良以爲一炬。其物質之犧牲不可爲不大，然精神所激發，使天下皆了然於黨人之志節操行，與革命之不可以已。故不踰年而中華民國遂以告成，則其關係寧不重歟！然念國難之無窮，賢才之易盡，執筆作記又不勝後死之感也。

中華民國八年十二月十八日

民國十一年春，林森等復約集當日黨員未死者開審查會，續審查得烈士姓名十六人。其姓名亦由汪兆銘補書於石，並爲文記其後曰：

辛亥三月二十九曰之役，同事未死之在廣州者組織審查會，審查黄花崗七十二烈士姓名籍貫，審查結果得五十六人。民國八年冬泐之於石。鄒君魯作碑記，詳其所以。至十一年春，審查會續得十六人，補勒之。林森監修，汪兆銘書石。

民國十二年九月復於碑旁立石記其事，撰書悉爲胡漢民，其詞曰：

七十二烈士既葬黄花岡之八年，閩侯林森等修其墓，復與與於三月二十九日之後死者審求先烈之姓名里乘，得五十六人。番禺汪兆銘書而勒諸石，大埔鄒魯爲文紀其事。越三載，民國十一年春，續得十六人，補志之，於是而七十二人者以備。

民國十二年九月番禺胡漢民書

兹將黄花岡七十二烈士列碑姓名籍貫記於左：

方聲洞（福建閩侯）、林盛初（廣西平南）、徐佩旒（廣東花縣）、韋樹模（廣西平南）、徐禮明（廣東花縣）、徐日培（廣東花縣）、李炳輝（廣東肇慶）、李晚（廣東東安）、郭繼枚（廣東增城）、徐廣滔（廣東花縣）、游壽（廣東南海）、徐臨端（廣東花縣）、李文楷（廣東清遠）、周華（廣東南海）、陳春（廣東南海）、徐茂燎（廣東花縣）、徐松根（廣東花縣）、徐满凌（廣東花縣）、龐雄（廣東吴川）、馮超驤（福建南平）、韋榮初（廣西平南）、江繼復（廣東花縣）、徐昭良（廣東花縣）、徐培添（廣東花縣）、陳更新（福建閩侯）、秦炳（四川廣安）、徐應安（廣東花縣）、勞培（廣東開平）、曾日全（廣東花縣）、徐熠成（廣東花縣）、杜鳳書（廣東南海）、陈與燊（福建閩侯）、余東雄（廣東南海）、徐保生（廣東花縣）、徐廉輝（廣東花縣）、陈文褒（廣東大埔）、韋統鈴（廣西平南）、李文甫（廣東東莞）、韋统淮（廣西平南）、徐容九（廣東花縣）、徐進炤（廣東花縣）、程良（安徽懷遠）、林覺民（福建閩侯）、宋玉琳（安徽懷遠）、馬侶（廣東番禺）、陳潮（廣東海豐）、陳清疇（福建連江)、羅乃琳（福建連江)、李德山（廣西羅城)、喻培倫（四川内江)、羅仲霍（廣東惠州)、卓秋元（福建連江)、胡應昇（福建連江)、羅坤（廣東南海)、饒國梁（四川大足)、林尹民（福建閩侯)、黄鶴鳴（廣東南海)、黄忠炳（福建連江)、王燦登（福建連江)、林西惠（福建連江)、饒輔廷（廣東梅縣)、李雁南（廣東開平)、陳可鈞（福建閩侯)、石德寬（安徽壽縣)、陳發炎（福建連江)、周增廣（廣東梅縣)、林文（福建閩侯)、劉六符（福建連江)、劉元棟（福建閩侯)、林修明（廣東蕉嶺)、魏金龍（福建連江)、张學齡（廣東興寧)

附烈士就義表：

姓　名	別號	籍貫	年　歲	職　業	如何就義	地　點	時　日
喻培倫	雲紀	四川内江	二十六	日本千業醫學學生	與敵抗戰被執就義		
林　文	時爽、廣塵	福建侯官	二十五	日本大學學生	督署出時招撫防營被彈中腦	督署東轅門	二十九
宋玉琳	建侯、豫琳	安徽懷遠	三十二	軍官	攻督署後至華寧里與敵戰力盡被執就義		
方聲洞	子明	福建侯官	二十六	日本千業醫學學生	雙門底遇防營擊之被反擊而亡	雙門底	二十九
饒國梁	少峰	四川大足	二十三	四川陸軍速成畢業學生	攻督署後轉戰至大北門被執就義		
林覺民	意洞、抖飛	福建閩縣	二十五	日本慶應大學學生	攻督署受傷被執就義		
石德寬	景吾、經武	安徽壽縣	二十六	日本警監學校學生	守機關與敵搏戰而死		二十九
李文甫	熾	廣東東莞	二十餘	香港《中國日報》總理	攻督署傷足戰至北校場後被執就義		

續表

姓　名	别號	籍貫	年　歲	職　業	如何就義	地　點	時　日
林尹民	靖庵、無我	福建閩縣	二十五	日本陸軍士官畢業生	攻督署弹中胸死	督署	二十九
陳文褒		廣東大埔	三十餘	南洋商人	與清軍搏戰死		二十九
李德山	澤三	廣西羅城		龍岸民團管带	攻督署轉戰至次日高陽里米店後受傷被執就義		
陳與燊	痡心	福建閩縣	二十四	日本早稻田學生	攻督署後弹中目身受創被執就義		
羅仲霍	則軍	廣東惠州	三十	南洋教員	攻督署後被執就義		
龐雄	甦漢	廣東吴川	二十一		攻督署後至四月初一日被執就義		
陳可鈞	希吾、少若	福建侯官	二十四	日本正則學校學生	攻督署後受傷被執就義		四月初一
饒輔廷	可權、競夫	廣東嘉應	三十一	學校教員	二十九日機關破被執就義		四月初八
陳更新	鑄三、耿星	福建侯官	二十二	長門砲術學校畢業	攻督署後與敵抗三日夕被執就義		
程良		安徽懷遠	二十八	陸軍小學畢業任軍官	攻督署後轉戰至華寧里與敵戰力盡被執就義		
馮超驤	郁莊、敬	福建侯官	三十二	南洋水師學校學生	攻督署出東轅門與敵戰死	督署東轅門	二十九
李雁南	群	廣東開平		南洋華僑	攻督署在二門中彈，三十日在觀音山脚六十四號機關被執就義		
劉元棟	鍾群	福建閩縣	二十七	南台消防會會長	攻督署出太陽穴中弹死	督署東轅門	二十九

續表

姓　名	別號	籍貫	年　歲	職　業	如何就義	地　點	時　日
林修明	德昭	廣東焦嶺		學校校員	攻督署戰死		
劉六符	鋒、肩宇	福建連江	二十五	福建講武堂學生	攻督署後受創被執就義		
李炳煇	祖奎	廣東肇慶	二十餘	南洋教士	督署戰死	督署	二十九
李文楷	芬	廣東清遠	二十五	《星州晨報》印刷工人	與清軍巷戰死		二十九
李　晚	晚發、晚君	廣東雲浮	三十八	南洋華僑	與清軍戰死		二十九
周　增	能益	廣東嘉應	二十		二十九日三眼井機關部被破，抗敵爲執就義		
郭繼枚		廣東增城	十九	南洋華僑	攻督署後退至大南門與敵戰死	大南門	二十九
余東雄		廣東南海	十八	南洋華僑	攻督署出轅門陣亡	督署轅門	
羅　坤		廣東南海	二十八		攻督署被執就義		
陳　潮		廣東海豐	二十餘	業農	清兵圍搜始平書院擲彈擊敵，己亦死之	始平書院	
黄鶴鳴		廣東南海		南洋機器工人	攻督署戰死	督署大堂	二十九
杜鳳書				南洋機器工人	攻督署戰死	督署大堂	二十九
徐培添		廣東花縣			攻督署後轉戰至高陽里米店戰死	高陽里米店	

續表

姓　名	别號	籍貫	年　歲	職　業	如何就義	地　點	時　日
徐進炲	德熙	廣東花縣	三十四	業農	攻督署戰死	督署二堂	二十九
徐廣滔		廣東花縣			攻督署戰死	督署二堂	二十九
徐臨端		廣東花縣			攻督署戰死	督署甬道	二十九
徐禮明		廣東花縣			攻督署戰死	督署階前	二十九
曾日全		廣東花縣			攻督署戰死	督署照壁外	二十九
江繼復		廣東花縣			攻督署後轉戰至蓮塘街陣亡	蓮塘街	二十九
徐熠成		廣東花縣			攻督署後轉戰至高陽里源盛米店拒敵身亡	高陽里源盛米店	三十日
徐日培		廣東花縣			攻督署後轉戰至高陽里源盛米店拒敵身亡	高陽里源盛米店	三十日
徐容九		廣東花縣			攻督署轉戰至高陽里等處受重傷及家而歿	花縣家中	
徐滿凌		廣東花縣			攻督署轉戰高陽里中彈被執就義		
徐茂燎		廣東花縣			攻督署轉戰至莘慶里中彈陣亡	二牌樓莘慶里	二十九
徐佩旒		廣東花縣			攻督署後轉戰二牌樓等處扶傷至高塘車站被執就義		
徐廉輝		廣東花縣			在高塘車站被執就義		

續表

姓　名	別號	籍貫	年　歲	職　業	如何就義	地　點	時　日
徐松根		廣東花縣			在高塘車站被執就義		
徐保生		廣東花縣			在高塘車站被執就義		
徐昭良		廣東花縣			在高塘車站被執就義		
徐應安		廣東花縣			在高塘車站被執就義		
黄忠炳	赤中	福建連江	四十五	業農、技擊家	攻督署後翌晨被執就義		
王燦登		福建連江		技擊家	攻督署後翌晨被執就義		
卓秋元		福建連江	三十		攻督署後復攻軍械局腦中彈陣亡	軍械局	二十九
胡應昇		福建連江	四十		攻督署後翌晨被執就義		
魏金龍		福建連江			攻督署戰死	督署	二十九
陳清疇		福建連江		技擊家	攻督署後巷戰死		二十九
陳發炎		福建連江	三十一	業農	攻督署後巷戰死		二十九
羅乃琳	萬霖	福建連江	三十二		攻督署後巷戰死		二十九

續表

姓　名	别號	籍貫	年　歲	職　業	如何就義	地　點	時　日
林西惠		福建連江	二十七		攻督署後巷戰死		二十九
韋統鈐	香泉	廣西平南			攻督署戰死		二十九
韋樹模	焕初	廣西平南			攻督署戰死		二十九
韋榮初		廣西平南			攻督署戰死		二十九
林盛初		廣西平南			攻督署戰死		二十九
秦　炳		四川廣安					
周華		廣東南海					
陳春		廣東南海			攻督署肩中彈四月初五六在观音山脚工人館被執就義		
馬侶		廣東番禺			攻督署後轉戰至小石街陣亡		
勞培		廣東開平					
游壽		廣東南海					
张學齡		廣東興寧					

以上已審查列碑者。

姓　名	別號	籍貫	年　歲	職　業	如何就義	地　點	時　日
徐國泰	哂西	江蘇邳縣	二十二	軍官	督署後轉戰至雙門底受傷被執就義		
華金元					轉戰至雙門底陣亡		二十九
阮德三				日本大學學生	轉戰至雙門底陣		二十九
陳甫仁		廣東			運械至澳頭被執就義		
嚴確廷		廣東惠州			因澳頭運械事被執就義		

以上未審查列碑者。

民國十二年後，林森復陸續捐撥欵項，購地開路種樹及建築亭牌等等，現在廣州東方轟然偉大之紀念地，三月二十九日死事各烈士所葬之黃花岡也。

第十四章　楊篤生蹈海

廣州三月二十九之役，同志死者太多。清吏每每冒功行賞，多謂黄興等重要黨人皆死，中外各報記載亦多不實。而曾充歐洲留學生監督蒯光典之秘書長楊毓麟同志留學於英國蘇格蘭愛伯汀，聞三月二十九廣州之役死者皆知友，且皆爲國家精華，更以爲黄興亦死，於是憂傷過度，夜不成寐，頭痛浮腫，時哭時歌。予亦甚悲傷，曾通信於旅居加拿大之馮自由，得覆書謂黄興無恙。予以原書寄楊君，楊君來函謂數月以來精神痛苦，如火中燒，僅得此一書，稍爲之慰，然傷同志之遭害，漢族之無知，受制胡酋。不感亡國之痛，反自殺賢豪，以媚異族，五中皆爲之不寧，加以瓜分之論世界同無異詞，英報昌言長江、四川及西藏區域可與印度同歸統治，俄則管轄至長城以北，法則奄有兩廣，日本則並福建與東三省，德則全握山東，皆以借債修路爲題，實行解決遠東之策。清政府因用盛宣懷爲郵傳部尚書，以各省鐵路爲國有，恰如列强所劃之範圍。楊君見瓜分之禍迫，而頭腫更大，愈不成眠。又苦於遠隔重洋，未能返國而割漢奸之首，竟由愛伯汀埠買一三等火車票，將留英數年所積之一百三十鎊金錢换成匯票，至利佛坡車站下車，在車站用紅墨水寫兩書，挂號寄至倫敦，交石瑛收。其書係交石瑛、吴稚暉兩人者。書中大意即托石、吴兩君將其所積之一百鎊金錢轉寄黄興，以作運動革命之軍費。餘三十鎊托轉寄其老母，以報答其養育之恩，並囑其弟勿告其死信，只云行蹤無定，免老母哀憐。原書尚保存於黄興處，如覓得之，當印出也。石瑛、吴稚暉得此書，即由倫敦趕至利佛坡尋其蹤迹，並電予於英南悦德魯市鑛務學堂。予比由英南趕至利佛坡遇石、吴二人，知楊公毓麟由海濱漁人撈起尸體，已入棺矣。蓋楊公自抵利佛坡車站後，車行千餘里即從容發信，然後行至大街坐長途普通電車至離利佛坡十餘英里之

楊公毓麟遺像

楊毓麟，字篤生，長沙人。學有根柢，痛漢族之淪亡，願捨身以救世，至性至情。與陳天華、黃克强、徐錫鱗、蔣大同諸哲人相頡頏，苦心毅力，爲國盡瘁，死而後已。然其忠貞正氣，猶足今百世之下赴義不先、攘利恐後者愧死。

海口，即大西洋岸也，由是下電車至海畔，上下衣皆脱於岸上。衣中有金錶一、零錢數枚，意遺衣錶於路人，使拾之者尚可作一緣之用，並隨帶中國携去之一紙傘於衣旁，使見者知其爲中國人，僅服衛身衣一襲投入大海。不久尸浮海面，漁人撈起，報告地方巡警，轉瞬石瑛、吴稚暉亦尋至，灑淚天涯，攝其死後小照數枚而後入棺。嗚乎！愛國哲人又萎其一。次日旅居利佛坡華僑開會追悼，並厚葬之於利佛坡公共墳園，凡其知交多遠來送葬，惟其同居於愛伯汀埠之章士釗、吴弱男夫婦獨不至，其弟楊殿麟述其一生事略頗詳，亟録之以垂久遠：

楊公毓麟，字篤生，又名叔壬，復改名守仁，别號蠹盦。至其發表言論文章散見於報紙雜誌，多署名稚印寒灰。以清代同治壬申十月降生於長沙之高橋，父紹華，母蕭老，妻周氏。七歲能文，驚名宿。十五入邑庠，精研佛老及經史百家，手不釋卷。時學使張亨嘉江標特賞之。丙申得選拔，丁酉舉於鄉。戊戌一試春官，分發廣西知事，不至任，遂絶仕進。甲午之敗，清廷假意維新，詔興學以開民智。湘撫陳寶箴、學使徐仁鑄頗提倡，設時務學堂，聘梁啓超主講席，李維格爲提調，毓麟任教授。戊戌政變，新政推翻。袁世凱先同謀，後告密，致譚嗣同、劉光第、楊鋭、林旭、康廣仁等被殺於北京菜市口。陳、徐亦罷黜，學堂消滅，梁遁東洋。毓麟幾及於難，避鄉數月乃免。己亥應蘇學使瞿鴻機之聘，入幕襄校，所取皆宿學通儒，終以宦途污濁辭去。庚子、辛丑館龍湛霖家，極相得，但非所志，不久居也。壬寅春，絜龍氏學生紱原同渡日本。初入宏文學院，繼入早稻田大學，並勸龍氏出資興學。長沙胡子靖創辦明德經正兩校，龍氏竭資以助，毓麟實有力焉。留學四年，極力經營革命，屢歷艱險，百折不回。乙巳歸國，留滬運動，幾被捕。走北京，賴張百熙辯護，任譯學館教員，改名守仁，避政府忌。旋清廷派五大臣出洋考查憲政，毓麟厠入隨員，意有以行其所志，僅至日本而返。丙午夏，其姊壽玉死，歸慰先慈，家居七日即返滬，自此不復履三湘故土。丁未春，在滬組織《神州日報》，以言論鼓吹革命。出版未久，鄰居失火，報館灰燼。毓麟緣電杆而下，未葬火窟，竭蹶再振，幸再出版。時商務印書館聘任編輯，東三省清督徐世昌以緘電招致之幕府，均以宗旨不合謝之。戊申春，迎其慈母，並携其弟殿麟至滬，相依一月即至歐洲。時清廷派蒯光典爲留歐學生監督，聘毓麟長秘書，抵英數月，適留法學生李某因蒯絀其費而不能敷其奢，遂由三樓墜街自殺。留法學生等俱憤，而梁度等三人挾手槍來倫敦，先至曹亞伯寓。曹見其來勢憤激，引至吴稚暉處，吴再三婉勸，始將三人手槍取出，而三人卒以手擊蒯，蒯因辭職，委毓麟代理不就，因留學於蘇格蘭之愛伯汀埠二年，不幸感於廣州三月二十九之役及清廷賣國行爲，遂憤而投利佛坡大西洋。臨死遺書有“一緣既絶，萬念俱消，知我罪我，都所不計”之語，足見其未死前積慮之苦矣。民國元年梁度歸國，在京漢車次被袁世凱派人暗殺，未得其尸。袁固以殺國家人才爲事，亦所以爲其友蒯光典復仇也。

湘人作楊毓麟傳曰：

楊守仁，原名毓麟，字篤生，一號叔壬，湖南長沙人。清丁酉科拔貢孝廉，性篤厚聰穎，少好學問，能言典禮政治變遷沿革之故。及長，博學深思，諸凡先儒性理、經世論略、百家雜著，無所不窺，發爲文詞詩歌，皆臻妙勝，輒以文字提倡革命，鼓吹民族主義。顛撲不破，壬寅游學日本。留東同人編叢報一種，名《游學譯編》，專以輸注政治革命種族革命學説，大半出自守仁之作。是冬刊《新湖南》一卷。平素譯著已刊行者有《政治學大綱》二卷，未刊者有《哲學大觀》二卷。癸卯甲辰間，日俄搆遼，守仁憤清廷外交之失，瓜分禍迫，與留東同學組織義勇隊，將赴敵，格於勢，不果。守仁歸國，周流於揚子江流域游説達官幕客，使其中有所動。聯絡秘密社會，再渡日本，陽爲解散義軍，而陰與蘇鵬、周來蘇等結爲中國革命黨會，推守仁爲長。復與同志組織軍國民教育會，專主暗殺，研究爆發物十餘種。嘗就横濱梁某學製炸藥，因拂案觸藥屑失慎，一眼失明，黨人能自造炸彈自守仁始。甲辰夏，守仁偕周來蘇、蘇鵬等組織暗殺隊，由日携炸藥進發燕京，約張繼自湘至，何海樵自滬至，設機關於津門，圖炸内城宫殿及頤和園，以傾動天下之耳目。守仁潛住京師，周歷地形，相機待發，狙伺數月，無隙可乘，南旋至滬。八月，黄克强、宋教仁、劉揆一、陳天華謀起湘，電召守仁歸。守仁與蔡元培、杭辛齋、章士釗等在滬組織機關，一面接濟湖南，一面結合留日各省同志。會十月湘事敗，黄興由長沙聖公會黄吉亭牧師救出而會於滬，謀再舉，結爲愛國協會，設機關於上海之新閘路餘慶里，守仁爲會長。萬福華刺王之春案發，餘慶里機關破，檢去手槍、炸藥、名册、會章，按捕黄興等十餘人，而發現楊毓麟名片多張。毓麟亦僅以身免，因改名守仁，乃變計溷迹政界，以爲發難江海不如潰變中央之收效速也，並内以周知清廷之行動，外爲同志之聲援，入虎穴取虎子，其計乃得。會五大臣出洋，守仁謀充隨員以行事，吴樾之中國炸彈第一聲即守仁之密謀也。先是庚子亂後，直隸始立高等學校於保定，守仁同志金猷澍入校充學員，即與同志吴樾、馬鴻亮、趙聲等相結合。既而以學校公地不密，乃組織兩江公學爲機關。趙聲方以事避捕去粤，而寓書守仁，促赴保定，時守仁猶在張百熙幕也，守仁既至，即夜主盟立誓，公推吴樾、馬鴻亮、楊積厚、莊以臨、侯景飛及金猷澍爲職員。於是守仁居都下，而恒月至保定與黨人密會。明年乙巳，满人氣焰日盛，黨衆議急進，或曰大舉，或曰暗殺。守仁以各行其志勵之，復語吴樾與金猷澍曰，君二人主暗殺甚力，然事不密輒敗，好自爲之。逾日守仁問樾及猷澍以暗殺具，各示之手槍。守仁摩挲良久，乃笑曰，此東洋貨，擊狗且不中，况人乎？某有器利於此者百倍，已携之來，乃閉窗櫺，出革囊取一大紙包，東折而視之。一銅製圓罐可五寸許，直徑三寸，四周封固，如罐頭食品。樾等皆不識，守仁曰，此某手造炸彈，可試也。翌日相與出郭門數里，入山谷中，埋彈於岩石下，以長柳枝接香火燃之。霎時烟起，有聲如雷，迴視彈處，俱化碎石。試之果猛烈異常，樾喜，乃力任擊鐵良。乙巳七月至京師，計未發也。一日，守仁忽神氣沮喪，如陳死人然。少選言曰，清廷僞爲預備立憲，遣五大臣出洋考察政治，以愚吾民，恐中國永無再見天日之會矣。樾乃慨然曰，彼五大臣可擊而殺之也，並爲守仁謀入載澤幕焉。然守仁以所製炸彈無電氣機關，則施者終不免於難，乃大不忍樾爲之。時以日俄方戰於遼，或可購得之。金猷澍及馬鴻亮、楊積厚去奉天，無所得，轉至於滬。而五大臣行期提前，樾不可耐，遂於九月二十六日成仁於正陽門車站，然滿奴未疑守仁之所爲也，故守仁仍得同行。抵東京，與故人黄興、張繼、陳天華、宋教仁、柳聘農等再固革命團體，擴充同盟會促實行，再返上海約集同志，設正利厚成肆爲江海交通機關，守仁任《神州日報》記者。有諷之仍從政者，守仁曰，前在京師幸脱離，今人心未一，藉此以鼓吹排革，盡吾天職可也。時清政府已深有疑於守仁，守仁則益恣肆言論，直誅政府之專制，痛陳種族之滅亡，不啻暮鼓晨鐘，冀國魂有以復活也。丙午六七月間，有魏蕃實者與汪康年以全湘鑛產賣於德意志人，訂約數年，屢起轇葛，約不能廢。守仁憤甚，乃約留東同志易本義、唐支厦、王延祉等力主廢約，而在滬同志童堯山、陳家鼎、廖秉衡等則主追討魏汪，公推守仁抗議，魏强項。家鼎等乃思以計紿出草約，復推守仁往童堯山之嚮明公司說魏，魏不知，遽出約，守仁袖之走，魏鳴捕不獲。其約乃交由家鼎、延祉等送駐日清使楊樞報外務部，卒廢之。是年冬，武昌日知會案破，張之洞、馮啓鈞等捕黨人劉敬安、朱子龍、殷子衡、吴之銓、胡瑛、張難先、季雨霖、梁鍾漢、李亞東九人於獄，柳繼忠亦被囚於長沙。守仁籌資託王延祉回湘鄂間營救，延祉固與劉敬安謀在荆州起事以應萍醴者。初不欲應命，守仁再四請之。延祉乃曰，資無庸也，奔回兩湖，然於事卒無濟。丁未二月，守仁聞孫毓筠在江寧以黨事供延祉。守仁恐延祉不之知，密電來湘，尋端方已將延祉入奏購拿急。守仁使人漢上迎延祉，不遇，復電東京詢之。是年秋，復有最劇之某案破，誣引同志多人。時桂陽朱滋榮因常助同志多金，事發亦被嫌疑，案内重要數人均預在廣東惠州一帶進行，甘心受誣以掩其迹，不能辨也，衆皆主張滋榮逃，龍毓峻、王延祉乃以滋榮託守仁，守仁擁護之，耗金數百，滋榮得亡福建，充學生。武昌起義前，閩提督孫道仁爲滋榮姻婭，起義後，滋榮乃脅道仁書據擔任反正，光復全閩，未始非守仁保護同志之效也。戊申，守仁以事機未熟，終不可逞，隨蒯光典赴英，圖改革後之建設準備。庚戌二月，汪兆銘、黄樹中等在北京製巨彈，謀炸清攝政。事露，西人驗其藥出自蘇格蘭，蓋由守仁所購辦也。辛亥三月二十九，廣州復大挫，同志精華撕滅殆盡，守仁得耗，憤懣刺腦，復感於外人瓜分中國之激刺，竟於辛亥六月十三日投於英國利佛坡之大西洋。死年四十，子克念，女克恭適善化張堅。家故小康，以奔走國事中落，薄田四十畝與其兄楊德麟、其弟殿麟共焉。

楊德麟，字性恂，生於清同治庚午六月。勤學問，不屑屑於舉業。辛丑冬，援例納資以州吏目游皖，頗受知於大吏，終與性情不合，數月而返。壬寅冬，館豐城余氏，挈徒游京師，兼任瞿鴻機家教師，癸卯就長沙明德經正兩校教員。黄克强亦主兩校講席，常以種族思想灌輸青年。克强因謀革命失敗，亡命日本。德麟亦去職留學，與留東同志組織憲政會、政聞社及憲政公會，推黨員返國，上書政府要求立憲，並赴東南各省游説，促成健全輿論。於是熊范輿、雷光雨入京，德麟則偕方表、黄敦懌走江寧、安慶及湖南北，旋集合中央，創中央日報社，分任編輯，代表輿論，指摘當道得失。曾著《籌蒙芻議》一書，爲奉天民政使張元奇所嘉賞，委辦籌備地方自治事宜，復創辦《自治旬報》，親歷各縣，剴切指陳。辛亥廣州三月二十九之敗，守仁悲憤蹈海，德麟痛不欲生，力主種族革命以繼弟志。八月十九武昌首義，清廷欲調駐奉第二十鎮張紹曾南下，德麟聯合日知會同志藍天蔚、吴禄貞與張紹曾進謀。張固志士，師次灤州，密擬斷京津京張兩路。吴禄貞斷京漢，直搗清廷巢穴。不幸袁世凱不明大義，獨懷野心，命段祺瑞招致被吴禄貞所革出之第六鎮協統周符麟，授以機宜，利用吴禄貞所特别提拔之營長馬惠田，於夜半暗殺吴禄貞於石家莊車站。其參謀長張鵬飛及秘書長周幹丞亦同及於難，德麟僅以身免，後隨藍天蔚走滬，籌畫北伐事宜。和議成，任南京留守府秘書，復充國民黨湘支部長。癸丑春，譚延闓用長財政，整理度支，不苛取民間一文。清末，湘省水患頻仍，下游多成澤國，德麟至是注重堤工，春間貸欵修築，秋收取穀儲積，游民得以工作，淤土變爲膏腴，湘民至今稱頌。時袁世凱欲叛民國，帝制自爲，深忌民黨人才，暗殺宋教仁於上海，德麟曾預破其陰謀，袁氏愈放縱，釀成二次革命。及江西林虎發難，蘇粵浙皖繼之，蔡鍔令黄毓成統兵至重慶，預謀暗助，湘亦獨立。而黎元洪不忠民國，助袁平贛，逐李烈鈞，平湘，逐譚延闓，復勾蘇粵浙皖兵變，力保李純督贛，湯薌銘督汀。湯蒞湘，專以殺人媚袁，引用私人胡瑞霖長民政，先奪湖南財政權，捕德麟入獄。德麟事母孝，事嫂恭，養毓麟之子女慈，長財政極廉潔，越四日即被殺，死時僅以老母爲念。痛哉！楊公德麟在天之靈，當亦爲民國哀泣也。

楊公德麟遺像

楊德麟，字性恂。毓麟之長兄也。好學深思，篤信陽明知行合一之説。爲日知會會員。奔走國事，盡心教育。與毓麟可稱難兄難弟。且一生謹慎，耐艱苦，事親孝。作事則脚踏實地，不尚空談，寡言笑。死後家極蕭條。

第十五章　鐵路國有問題與武昌起義前之準備

清政府藉鐵道國有政策便於賣國自私，有寧將中國贈於朋友，不與家奴之説，如川漢鐵路之建築權，經英人之誘賄，行將分與矣。川人大憤，群以清廷賣國，與之誓不兩立，成都、重慶爲争此鐵路主權，犧牲身家性命者甚衆。各縣民衆一致力争，大有揭竿而起之勢。清政府專事壓抑，令四川總督趙爾豐竭力防範，一面調端方率大兵入川，强制四川愛國之民。湖北人民亦繼起反對清政府，不許鐵道國有，恐以川漢鐵路獻媚外人，到處開會演説，慷慨激昂，力主自辦，全省募資，不用外債，而東京留學鄂省同鄉亦派代表張伯烈、夏道南等回國運動，並演説鐵路主權，萬不可以送人。清政府賣國行爲，國人宜早覺悟，而演説場中且有軍士商人等斷指哀哭，大呼救國者，湖北社會團體且派張伯烈、劉心源、宓昌墀輩至北京郵傳部請願，哀求收回鐵道國有成命。張伯烈輩坐守郵傳部大門不飲不食三日三夜，而清政府並不介意也。斯時宋教仁主上海《民立報》筆政，曾函予於英國，謂同志屢遭失敗，已七零八落，但長江尚有動機，蓋當時武漢軍學兩界志士凡見陳天華之《猛回頭》、《警世鐘》諸書者皆有亡國之感。適黨人劉公字仲文，富於資，携欵數萬金入京買候補道頭銜，經漢口被武漢同志强留之，欲取其資以作革命之應酬費，劉公堅不與。一日數同志秘商强索之法，蔡濟民、徐達明等與劉高談革命之必要，一面使劉公抄寫陳天華主稿之《同盟會革命方略》，一面使彭楚藩穿憲兵制服入室捕之，以《革命方略》一書爲劉公革命之證據，揭其衣領，欲帶其入憲兵處。劉公懼，由在座諸人勸解，令劉公納欵二千元以求免，此即武昌起義前革命機關之基本金也。黄興亦派譚人鳳、居正秘居漢口，與同志聯絡，不甚得要領，斯時人心思漢，舉國同仇，而日知會變名之各機關及日知會會員散往各省運動之成熟，大有一觸即發之勢。然辛亥五月，黨人聶豫等在武昌黄土坡營房鬧事而逃，致武昌各兵士一律不准帶子彈，惟第八鎮三十標標統寶英係旗人（即滿洲胡人屬爲八旗）乃荆州駐防，其部下之兵皆旗籍，不過極少數下級軍官如吴醒漢等乃漢人耳，故三十標旗兵全體皆有子彈。黨人畏之，由劉仲文之資，孫堯卿經手，給咸寧十都人劉玉堂三百元，買卜朗林手槍及毒藥，欲有以對付三十標旗兵也。黨人所簽名册住址及臨時軍用票所擬外交告示、安民告示、軍用旗式一切文件及炸彈等類，先藏於長清里楊玉如家，其門上貼一彭壽松公館紅條，因彭壽松此時以黨人而充閩督松壽之偵探長也。七月，武昌風聲緊急，恐楊玉如家不慎，即托丁佛堂租俄租界寶善里十四號爲革命機關，黨人大半日知會老會員，取名共進會。劉公之如夫人住於樓上，一切秘密等件由楊玉如家遷入焉，又由潘善伯、鄧玉麟等與孫葆仁密商，請其改名孫武，冒稱孫文之弟。因當時日知會老人，如黄興、宋教仁、吴兆麟等皆擁護孫文，可大張聲勢，籠罩人心。上海宋教仁所辦之《民立報》及香港陳少白所辦之《中國報》，漢口胡石安投稿於各漢報。詹大悲所辦之《大江報》更盡力鼓吹，天聲所播，正義日昌。武漢同志每一演説即痛哭流涕，愛國救種之心溢於言表，凡有血氣，莫不感動，軍界志士每於回營時則密告以開會情形，更借題發揮，聞者泣數行下，暗中結合，一致以排滿革命爲標。一、起義前所取之戰略、主張雖稍有不同，而以取得北京爲一結束則不異也。甲、黄興以先占領廣東爲根據地，效洪楊辦法，經廣西、湖南、湖北、河南直取北京。乙、宋教仁則以中央革命爲減少流血之苦，效葡萄牙之舉動，由短少時間推翻政府，取得中央之權，號令各省。丙、孫文此時僑寓美國，主張各省連合，一致發動。但當日稍有聯絡者僅兩湖兩廣秦晋江浙八省而已。丁、湖北軍界吴兆麟等則主張占領湖北爲根據地，結合長江向北出動。一、起義前之政策。中國歷史習慣，四千年来皆苦於專制政體，國民程度不一。但知唐虞揖讓，天下爲公，與民有利，夷狄亂華，與民有害，故對於排滿，則人心憤發。如漢人有德，即存君主亦不甚拒絶，所以康梁妄言保皇，人人厭惡，言及開明專制尚得少數同情。及東京《民報》、上海《民立報》辭而辟之，其説乃破。故同志一致主張共和，合漢滿蒙回藏五族爲一家，以五色旗標識之。又規定軍旗爲十八星，紅者爲血，黑者爲鐵，中間大地爲中原（凡中國河山統稱中原，不拘拘於中州一隅也），意即連合十八省同胞之抱鐵血主義者恢復中原，更有十六字爲人人謹記之宗旨，即救我同胞，挽回民權，推倒滿清，五族共和。同志在軍隊聯絡之法，有入營當兵者，有久在軍隊當官者，有隨時入營交際者，有隨時於營外集合者，凡目兵服務軍中，年代既久，則知識漸高，器量亦大，於是運動革命之法亦愈妙。每營公舉一營代表，每隊公舉一隊代表，與軍官組織毫無差別，每代表用一簿記，如有加入革命者即寫某某借錢若干，所用暗號亦頗普通，凡局内人見面時如相對鞠躬，如右手握拳，謂之謹守秘密，如左手遮胸，謂之抱定宗旨，如手執領口，謂之恢復中原，習以爲常，局外人固不知也。一般代表終日勸導，成效極速，所有新兵多隨老兵爲轉移，間有不從者則群相恐嚇，對甲則指乙在内，對乙則説丙在内，又謂某長官某協統某標統某管帶均在内，又謂孫文比華盛頓尤慈愛，更謂黄興較諸葛亮爲神通，又謂孫文外交已辦妥，購有兵船數隻，槍砲數萬，華僑助欵無數云云。黨人苦心孤詣，只求兵士深信不疑，並謂此次革命務期根本澄清，已結合八省同時起事，倘有違者，一經發難則處以死刑，如有漢奸阻撓即令其全家誅戮，於是各代表皆揚眉吐氣，大有當今之世舍我其誰之概，甚至有未加入之新兵，託人介紹加入革命。

武昌革命前之兵力及所駐地，湖北自創練新軍以來成績頗著。至光緒三十二年，北京陸軍部則以各省歲入五分之一劃作軍費，遂規定全國編成常備新軍三十六鎮，近畿六鎮，大省二鎮，或一鎮及一混成協。中小省分編一鎮或一混成協，惟湖北則編定爲陸軍第八鎮及第二十一混成協，此新軍也。至於巡防營、水師營均分五路，每路設一統領，而統領之上提督轄焉（提督由張彪兼任），其舊軍也。茲將其編制及駐紮地點分列於左：

一、陸軍第八鎮，統制張彪，司令部設於武昌城内。

（甲）步兵第十五協，統領王得勝，司令部設於武昌城内。

步兵第二十九標，標統張景良，第一第二兩營駐武昌城内，第三營駐襄陽。

步兵第三十標，標統先爲實英（胡人，其兵皆八旗），後爲楊開甲，駐武昌城内。

（乙）步兵第十六協，統領鄧承拔，司令部隨端方赴四川。

步兵第三十一標，標統曾廣大，隨端方赴四川。

步兵第三十二標，標統孫國安，第一營隨端方赴四川，第二營駐武昌中和門外，第三營駐宜昌。

（丙）騎兵第八標，標統喻化龍，駐武昌中和門外。

（丁）砲兵第八標，標統龔光明，駐武昌中和門外。

（戊）工程第八營，駐武昌城内。

（己）輜重第八營，駐武昌平湖門外。

（庚）憲兵第八營（多旗人），駐武昌城内。

（辛）教練隊一營，駐武昌督署内。

二、陸軍第二十一混成協，協統黎元洪，司令部駐武昌城内。

（甲）步兵第四十一標，標統易甲鵬，第一營駐沙市，第二第三兩營駐武昌城内。

（乙）步兵第四十二標，標統張永漢，第一營駐漢陽槍砲廠，第二營駐漢口，第三營駐京漢鐵路（自漢口至黄河）。

（丙）騎兵第一營，駐武昌中和門外。

（丁）砲兵第一營，駐武昌武勝門外。

（戊）工程兵一隊，駐武昌武勝門外。

（己）輜重兵一隊，駐武昌武勝門外。

三、巡防兵分五路，每路五營，每營共三百餘名，每路設統領一人率之。

（甲）第一路，駐武漢。

（乙）第二路，駐黄州府。

（丙）第三路，駐襄陽府。

（丁）第四路，駐宜昌府。

（戊）第五路，駐德安府。

四、水師亦分五路，設水師統領一人率之，統領陳得龍，每路設幫統一人。

（甲）第一路，駐漢陽。

（乙）第二路，駐黄州。

（丙）第三路，駐宜昌。

（丁）第四路，駐襄陽。

（戊）第五路，駐安陸。

以上所列新舊軍外，另有警察兵在武昌城内者約二千名，在各府州縣者倍之。全省警察設一巡警道率之。當時在武漢附近之新軍，除開往各處不計外，合步、騎、砲、工、輜不過十八營，每營平均以五百人計算，尚不足萬人，而與革命黨有關係者僅十之三，觀望者十之三，被逼附和者十之四，而巡防水師警察均不在内，更有三十標及憲兵營，純屬旗兵一千數百名爲之牽制。兩兩比較，權其輕重，革命事業成功甚難，然而工程第八營首先發難，全軍響應，不三月各省一致興起，倒專制而立共和。非諸愛國先烈之無數犧牲喚起國魂，天下人心同赴大難，烏能如是之速乎？

又當日武昌各學校卒業學生，除文學堂約數千外，而武學堂卒業者亦約二千人，均爲旗人所排斥，滿漢界限愈易明了，於是附和革命，不約而同。辛亥六月，北京陸軍部特派沈郁文等至武昌檢閲陸軍，除考學術科及閲野操外，又閲實彈打靶於東湖門，一般目兵得此實彈，欲借以發動，而各營長官設法維持，未果。及三十一標隨端方入川，又約三十一標中同志合川軍倒戈，武昌即爲回應。八月初二，湖北第八標砲隊第三營管帶楊起鳳苛待兵士，因激生變，而同志之兵士數十名，遂拖出大砲即行發難，不幸各砲彈無引綫，未能施放，旋即潰逃，鳧水渡巡司河而散。該營長將此情形報告張彪，張彪轉呈瑞澂。瑞澂仗旗人威權，不事安撫，嚴令格殺勿論，又面責張彪不善訓練，致令兵士囂張。張彪自張之洞死後，内失奥援，外多仇怨，誠恐瑞澂參劾，利禄莫保，遂召各營長官好爲維持，並謂砲隊之舉係因激生變，非有革命行爲，密令各營長官日夜防範，時時勸勉，即有兵士形迹可疑亦只令其出營，不敢懲辦，又恐激變，蹈砲隊覆轍，無如兵士中革命黨甚多，何能一一開革。因恨瑞澂日甚，相約各營代表在黄土坡鄧玉麟茶館内及楊洪勝雜貨店内，並張廷輔家内以及各處機關密謀起義。而上海《民立報》又日日鼓吹歐美各國革命先例，更接東京同志寄來印刷品十餘種，歷數清廷罪惡。瑞澂、鐵忠，張惶失措，謡風警報，民心動摇，漢口報紙亦明目張膽大書革命黨聯絡營兵，約期八月十五起事。瑞澂得此消息，即召集張彪、鐵忠及藩司連甲等開緊急會議，大發牢騷並云不怕革命黨，然而兩手肉戰，面無人色，其氣已散，又令張彪等查有革黨即格殺勿論。而張彪仍是敷衍，暗囑各營長官妥爲預防，萬不可説營内有革命黨人云云，各營長官亦會其意。至八月十五雖節慶中秋，無心明月，預防徹夜，動静全無，以爲日期已過，可告無事，遂漸形疎忽。至八月十八，孫葆仁改名孫武，字堯卿，在漢口俄租界寶善里裝置炸彈，被劉公之六弟劉同旁立吸香烟，熱灰墜入於不甚猛烈之炸藥中，立時爆發。孫堯卿面部被焚，巡捕告警，而俄捕房及洋務局江漢關頃刻齊至，破獲黨人機關，如臨大敵。孫堯卿即以破衣蒙頭，自後門逃出，奔至德租界一碼頭同仁醫院。劉公之如夫人及孫堯卿之姐丈劉燮卿自外至，皆被捕，收押於夏口廳監獄，機關内之一切名册文告皆被搜去，一時風聲鶴唳，草木皆兵，武昌震驚，黨人皆瀕於危。日知會老同志劉玉堂正在東孚藥房買毒藥，藥房工人報告寶善里失火，劉暗驚，急至寶善里，由旁道探視十四號，果已破案。即歸新大方棧，適黨人彭壽松亦恰抵漢口，訪寶善里機關，亦折入新大方棧與劉玉堂遇，相對不言而泣。蓋彭壽松乃由宋教仁介紹於劉玉堂者，劉玉堂身爲清探長，心懷漢族，並暗散陳天華所著之《警世鐘》、《猛回頭》諸書及滿清僭主後之滅漢策，並開一新大方棧於招商局對面之河街，作各省革命黨之秘密交通招待所，食宿之費、舟車之資多所暗助，故彭壽松、譚人鳳輩多寄寓於此。適端方因四川鐵路風潮帶兵入川，閩督松壽將彭壽松薦之端方，所以借刀殺人也。端方逗留武漢時，親書扇面，采辦禮物，聯絡長江大吏，派彭壽松送往安慶清撫朱家寶、南京清督張人駿、蘇州清撫程德全。事畢返漢，適遭案破，旋與劉玉堂密謀營救之法，由劉玉堂暗派親信探聽各處機關有無牽累，而鄧玉麟在武昌黄土坡所開之同興館專爲聯絡軍人之所，尚未株連。重要黨人潘善伯、吴小韓等急與各營代表密商，謂事已至此，將有一網打盡之禍，爲自衛計，爲大局計，寧爲玉碎，不爲瓦全，急將消息遍傳軍中也。自寶善里破案，即由江漢關道尹齊耀珊電告瑞澂，又有在寶善里機關内相通之目兵楊某潛到張彪公館哀跪告密，謂革命黨已約期於八月十八夜十二時起事，以鳴砲爲號。孫武在寶善里十四號已將面孔炸傷，並將各處一切秘密機關及同志姓名、各營聯絡程度一一詳述。張彪囑其親信人員詳細記録，即令敢死者帶同衛隊分途按捕，又用電話通令各協標營嚴爲防範，倘有疎虞，該管長官當處以全家誅戮。少頃，各班親信人員果據楊某報告，在城内小朝街八十五號張廷輔家將彭楚藩、劉堯澂、牟鴻勳、蔣翊武、陳宏誥、龔俠初等拿去，又在工程第八營附近楊洪勝家將楊洪勝拿去，並抄出許多炸彈及違禁物品。同時永清棧及各機關都被破獲，又在小朝街拿去劉同、周鵬程及巡警學社七十餘人。瑞澂即派荆襄水師巡防隊及軍事参議鐵忠、巡警道王履康共同維持，將所拿革命黨人悉押於武昌模範監獄。是夜瑞澂又派藩司連甲及鐵忠等提審黨人嚴訊，是晚八時許，張彪又派親信人員分途往各協標營傳諭各處長官，務須嚴爲防禦，於是各營軍官分任維持，勸諭兵士等不要外出，均在兵棚内休息，各軍官又選親信頭目將營房各門堵塞，均上刺刀實彈，嚴行戒備，甚至兵士大小解亦不准如厠，各在棚内自便，而各長官又往各棚善爲勸導，謂革命危險，不可輕舉妄動，各省迭次起事，均歸失敗，爲首者性命莫保，況人心不一，不易成功。即如砲隊初二日之變，頃刻消滅，自行逃散，其前車也，又如今日各處機關破獲，豈不又遭劫數。各營兵士一面聽長官勸諭，一面候砲隊於半夜十二時放砲爲號。是晚九時許，城内工程營代表方興由測繪學堂潛回營内，報告各機關均破，捕去同志不少，我輩今晚急宜發動，一則救出同志，一則爲同胞雪恥，並帶有炸彈及子彈數十排分發各代表。少頃，有人報告該營督隊官阮榮發，謂方興歸營傳消息，當令方興出營。又有人報告方興密運實彈入隊，阮榮發即派值日官黄坤榮帶兵追趕。方興恐被獲，當擲一炸彈，將營外操場炸毀一方。衆兵士不敢復追，遂回營。同時左隊兵士馬榮聞營外有槍聲，隨即報告該隊隊官吴兆麟，謂已聞槍聲將如何，意促發難。吴兆麟曰，已聞之矣，是槍聲非砲聲也，爾等不要慌忙，仍在棚内休息，如有事變我自有辦法等語。馬榮遂唯唯而退，暗將槍彈刺刀裝好，枕戈以待，但工程營官兵程度最高，而左隊隊官吴兆麟係參謀學堂畢業，又係日知會幹事，全營兵士對之皆心悦誠服。只待砲聲，然後舉事。不意砲隊仍未準備整齊，又恐各營袖手旁觀，彼此顧慮，至夜半十二時竟未放砲，恐再蹈八月初二日之覆轍也，各營同志因待至十二時已過，未聞砲聲不便舉事，遂各就寢，無如十二時以後，鐵忠等在督練公所提訊彭楚藩、劉堯澂、楊洪勝等。該三人一到法堂俱慷慨激昂，執法官問爾等爲何謀反。彭楚藩先答曰，謀反救國，法官又曰，爾既是憲兵頭目，轉瞬就要升官，國家待爾不可謂不厚，爾爲何盲從聽人誘惑。彭楚藩答曰，滿清韃靼入主中夏，奴隸我漢人二百六十餘年，當此外患憑陵，列强侵略，清政府復爲虎作倀，賣我中國，一般異族親貴只知賣官鬻爵，魚肉百姓，僞稱立憲，愚弄漢人。庚子之役，仇教仇洋，引起戰禍。及至兵臨城下，又將漢族良善臣民任意殺戮，甚至瓜分倡議，不惟無以挽救。猶謂寧將中國送於外友，不可失之家奴。處此二十世紀競争舞臺，以數歲嬰兒君臨黄漢，以昏淫紈絝之貝勒盤踞高官，玩國家如兒戲，等漢人爲草菅。今瑞澂督鄂，專横放縱，對漢人則遇事壓抑，對滿族則一味徇私。滿人即蠢如鹿豕，能據高位；漢人即才邁蕭曹，不得一官。滿漢之界限既深，苛政尤猛於虎，僞言立憲，實欲中央集權，如有人民抗議，就嚴旨申斥，甚至格殺勿論。此漢人受亡國之痛已忍無可忍。所以我四萬萬同胞非推倒滿清政府不可，勿論如何流血，當百折不回，不達到目的不止。執法官又問，爾等革命黨有多少人。彭云，除數百萬滿人外，凡屬漢人都是革命黨。執法官曰，糊説，我也是革命黨麽？彭云，你是滿人奴隸，可云漢奸，不夠革命黨資格。藩司連甲云，不要糊説，你照直供來，則保全你之性命。彭云要殺便殺，何必保全，繼我而起者多矣，不必説也。執法官又問劉堯澂、楊洪勝二人，所供較彭楚藩尤爲激烈，在堂上大駡滿清政府不止，並云繩綁兩手太緊，不能受此重刑，要殺快殺，叫駡滿人尤甚。執法官又提牟鴻勳等來問，蓋因人數太多，天將報曉，瑞澂派人詢審判情形，而執法官等將所取供詞録呈瑞澂，瑞澂閲之，更爲憤恨，立命將彭楚藩、劉堯澂、楊洪勝三人梟首，遂將該三人綁於督署門前左首斬決，臨刑之時，三人神色益壯。劉堯澂更向大衆演説，謂我是爲四萬萬同胞受死，從此漢人獨立，都不畏死，則異族專制永不再見於中國。我是死得其所哉，死得其所哉，凡屬漢人皆當聽之，漢人萬歲，中國萬歲。今立有三烈士碑於該處，即當日彭、劉、楊就義之地也。八月十九黎明，瑞澂即命武昌省垣各城門一律緊閉，城内外百姓群起驚慌，不知何事，謡言益大。藩司連甲謂不該殺人，因恐激而生變。瑞澂、鐵忠意不然，謂非殺不可，並令執法官等復問其餘，又令張彪務將各營中之有革命黨嫌疑者一律搜捕拿問。張彪不得已，即傳諭各協標營長官嚴密搜查。於是各營中之同志群起恐怖，即互相密語，非趁今晚起事則皆有性命之憂。遂大衆決心，都沽酒豪飲，膽氣冲天，皆謂今晚起義，有不從者先槍斃之。於是不在革命黨團體之士亦不敢不附和，而各協標營長官明知有入革命黨者，因人數太多亦不敢拿，都恐激變。各長官中有人建議，謂軍隊中革命黨太衆，捕不勝捕，最好用甘言勸慰，除已拿者不計外，一概寬免，一面將各營藉操徒手旅行爲名暫調城外，然後將最著名之代表等一律解散，再將老兵退伍，則可消目前之禍，不然，恐難免蹈砲隊八月初二之覆轍。但商議既定，各長官又不敢報告張彪，而張彪因彭楚藩既屬部下正慮瑞澂責備，恐借此以撤其差，亦不敢過於拿辦，意以爲敷衍過去則得矣。孰知水師統領陳得龍與鐵忠等接其部下深知革命黨内容者報告，謂各營内革命黨雖有，爲數亦不多，最多者惟工程第八營及砲隊第八標，而每營真正革命黨亦不過二三十人，官長全不在內，只有步隊三十標排長張廷輔在內，昨日在小朝街所破之機關即張廷輔之家也。鐵忠等聞之，即報告瑞澂，瑞澂即命陳得龍、張彪派兵至三十標拿獲張廷輔，當即脚鐐手銬，用一小轎抬至督練公所，擬於正午十二時訊明正法。瑞澂復下手諭與鐵忠云，拿獲黨人不必細問，一律正法，勿庸優柔。張彪因拿獲張廷輔尤爲慌急，以爲必受處分，問其左右人員各營官長中還有革命黨否，其執法官陳雲岫即報告曰，工程第八營左隊隊官吴兆麟在內。張彪遂疑其親信參謀吴兆麟之兄吴兆麒亦必通氣，更覺同舟敵國，心魂不定，漸與其左右疎遠。同時又接二十九標隊官旗人德林來報，謂三十標排長徐維漢（即徐達明）與司書生王文錦及二十九標排長蔡國楨（即蔡濟民）等皆是革命黨。張彪聞人數太多，極爲躊躇。天將薄暮，正倉皇失措之頃，又接鐵忠來一通知令本晚各營務嚴爲戒備，如各營再有犯法之舉，該長官等不但身受極刑且滅其九族，懍之慎之，孰意各營因張廷輔既被捕，凡屬同志皆人人自危，遂相聚密謀，謂機關已破，其中秘密必俱洩漏，吾輩既以救國保種自任，萬不可束手待斃，當死裏求生，並救被捕同志，無論如何今晚非發難不可，固不必待砲隊放砲爲號也，天黑即動，有不動者即先槍斃之。於是各營分途密告，一經發動均先至城内楚王台軍械庫集合，然後進攻督署，如將瑞澂擒獲，斬首示衆，傳檄天下，以光復武昌爲始，則我輩之宏願可償，而大事成矣。衆皆贊同，遂在各營准備當夜起義，而中國空前絶後之大革命果由此而告成矣。

正　　编

一、辛亥（一九一一年即宣統三年）八月十九日（十月十日）武昌起義

辛亥八月十九日（即西曆一千九百十一年十月十日）天曙，瑞澂命將革命黨彭楚藩、劉堯澂、楊洪勝三人斬決後，又令各城門一律緊閉，不許開城，致人心恐怖，謡言蠭起。城外百姓，聞城内大殺黨人，莫不心驚膽顫。又謂此次革命黨甚多，學生新軍均在其内。瑞澂欲斬草除根，令人聞之悲痛。蓋學生與新軍皆屬漢人，且俱係本省子弟。各家父老親戚皆爲之憂心如擣。至正午，瑞澂又召集軍警巡防水師及各機關長官會議，謂革命黨謀反叛逆，反對我朝，非搜殺盡浄不無後患。特責成部屬嚴爲防備，盡力搜捕，以絶其根株爲要。但黨人自十八日各機關破案後，被捕者既數十人，文弱者皆避匿遠颺。營内同志，外斷消息，又禁止兵士出入，極抱不安。灰心者則曰，革命事業真難成功，屢起屢蹶，損失太大；此次破案，又不知流血多少，徒遭大劫，殊屬無謂。膽怯者聞之即徘徊觀望，不能勇猛直前，如果瑞澂假仁假義，示以寬大，速出佈告，不究既往，自認過失，早開城門，從此開誠布公，不用宵小，各方勸慰，使兵士安心，革命大事，或無形暫息，亦意中事。孰知益肆凶横，毫無忌憚，嚴令各機關長官，不得稍存姑息，務按所獲名册，一一搜捕。而一般寡廉鮮恥之小人復借此逢迎，揑造是非，謂革命黨如何如何可惡，人數如何如何衆多，並有至鐵忠處投效討差，以能搜捕革命黨自任，借此升官發財。如瑞澂、鐵忠稍明事理，決不能用此人群敗類，到處招摇撞騙，陷害善良，無如滿人素無知識，愛人逢迎，遂特别嘉獎，令若輩竭力搜查，事後當頒重賞。一般小人奉命之後，即四處恐嚇，揚言革命

黨名册在其手中，必須一一拿辦，逢人便問，意在使革命黨聞之納賄除名也。不意有挂名於革命黨中，粗知革命黨内容者，竟向清吏告密，謂某處革命黨有幾許人，某學堂某軍營共有幾許人。此風一播，聞者皆驚。營内同志以爲名册抄去，按名拿捕，萬難倖免。又聞瑞澂確已派巡防營至各處圍搜，謂某也難逃，某也不免。同志聞之，心爲之裂，甚至與革命黨有杯酒之歡、一面之緣者，亦呈不安之色。大衆既禁止出營，又不能與營外同志通聲氣。且均係本省土著，年貌籍貫，保人底册，一一有案可稽，亦無可潛逃。正值危疑震撼之秋，而鐵忠得意揚揚，以爲得此一般爪牙，爲其效力，革命黨决難漏網，於是命一般小人分途向各營傳諭，令各營長官認真搜捕，不得陽奉陰違，致干重究。同志聞之，與其待縛，不如奮鬥，死裏求生，莫若早爲起義。有謂發難之後，或無人附和，或各營不響應，又將奈何。於是又暗中秘議，設法派人至各營遞信，約定今晚起事，並言有不從者，即令失敗，被其拿獲，亦當一律供出。正在密議之中，忽瑞澂派巡防營到步隊第十五協營内將排長張廷輔拿去，該協中之同志都起恐怖。拿解張廷輔時，又路經工程第八營，該營同志即證實瑞澂派巡防隊至各營按册捕人，而發難救人之心更堅决。於是飲酒誓盟，準備槍枝，天黑即發。時武昌城内新軍不多，步隊第十五協二十九標僅一二兩營，三十標皆係旗兵，較步兵多一營。步隊第十六協三十一標開往四川，三十二標只一營在城外，步隊四十一標僅第三營在城内，其餘均已開往他處，合計城内步隊共三營，工程一營，而旗兵三營，督署教練隊一營及巡防數營。兩相比較，革命軍决無勝算可言。溯自八月初二砲隊第三營因激生變後，砲無引綫，不能施放，旋即潰逃。同志有鑒於此，遂分途運動各營經管軍械之人，適天心佑漢，胡運將終，各該管理軍械人員均願贊助。於是密運子彈分發各營同志。同志得此寶彈，即脅各新兵及一班觀望不前之士，謂不贊同，即槍斃之，該新兵等不敢不附。同志中並有運動第八鎮司令部之管軍械者，暗將機關槍内之小零件撤去，使其臨時不能施放。當時機關槍僅督署及第八鎮司令部有之。

城内楚王台設有軍械局，漢陽槍砲廠二十餘年所製造之槍砲子彈，及歷年所置之外國槍枝，皆儲藏其内，防守該局乃工程第八營，是夜防守又係工程營左隊隊官吴兆麟。吴兆麟湖北參謀學校卒業，乃日知會幹事，深謀遠慮，素懷大志，遂因時乘勢，早將該局防禦嚴密。旋瑞澂倉皇出走。即聞楚王台爲革命當所有，不得不爾也。

是晚七時，工程營後隊排長陶啓勝查有該排兵士程正瀛槍内裝有子彈，又查有該排副目金兆龍亦擦槍裝彈，遂傳諭金兆龍爲何如此。金兆龍曰，準備不測。陶啓勝大怒，謂爾輩豈有此理，預備謀反，這還了得，立命左右與我綁之。金兆龍云，今日之事乃我爲政，今日之人俱我同胞，誰也不能綁我。而程正瀛在後即用槍柄向陶啓勝頭腦猛力一擊，腦即擊破，立時倒地。同時該營左隊兵士方興潛在營外向營房擲一炸彈，響聲大震，營房玻窗多爲之碎。後隊正目熊炳坤借此一轟，群起譁變。該營督隊官阮榮發及右隊隊官黄坤榮、司務長張文濤拔刀阻止，均爲兵士所殺，於是一般軍官見此情形，不敢攔阻，紛紛逃避。衆兵士即將營内子彈搬取一空，但均不敢出營。時有左隊司書生周定原謂，爾輩既已發難，即不應仍守營内，當速到楚王台集合。衆兵士聞之，齊喝一聲，響如雷應，一鬨而出，向楚王台而去。少頃即至，他營尚無動静。大衆恐無響應，頓現恐慌。而膽小者當即散匿，共計工程第八營不到三百人，又慮瑞澂來襲，危險萬狀。衆兵士平時皆依賴長官指揮，此時秩序忽亂，見無長官，皇皇無主，難有代表。而兵士仍不信仰，故隊伍不能整齊，於是衆兵士公舉左隊隊官吴兆麟爲總指揮，並懇求爲大衆作主。吴兆麟不肯受總指揮之職，衆兵士涕泣哀求，謂：“隊官道德學問，皆擅優長，不獨本營同志敬仰，即全軍亦素所推尊。我輩今日之舉，實出於萬不得已，蓋因清廷無道，滅我國土，殺我人民。今瑞澂來鄂又遇事壓迫，任用私人奴我漢族。久仰隊官是日知會幹事，夙懷革命。今日倡義，即隊官立功報國，光復皇漢艱難締造之河山，挽救同志，此其時也。”吴兆麟曰：“爾等既有大志，今日之舉是我本願。但爾等自首難後，頗形紊亂，非常喧囂，最犯兵家之忌。況夜戰以肅静爲主，否則不可指揮。既云革命，對於軍事須嚴守軍紀，絶對服從命令，方操勝算。瑞澂之凶殘，滿清之不道，我甚恨之。今既發難，我有守軍械之責，各處均無響應，爾等務速自衛，不然，惟有同歸於盡而已，我萬不能受總指揮之任，爾輩另請高明可也。”衆兵士執不可，非公舉吴兆麟爲總指揮不行。衆兵士曰：“隊官既云軍隊要服從，此是一定之理。如有不服從命令，或有臨陣脱逃者，即請總指揮以軍法從事。我等在此之人，均願遵守命令，即赴湯蹈火，皆所不辭。”於是吴兆麟即令各隊重整隊伍，到楚王台西南凹地集合，先説明當時處置情形如左：

一、目下我工程營舉動，約一時許，各處尚未響應，其危險萬狀。北有三十標，西有憲兵營，均是旗人，近在咫尺。我須先發制人，以猛烈火力擊散之。

二、本軍械局乃我根據地，須竭力保守之。

三、砲隊内同志極多，現在城外，夜間如無步隊掩護，行動危險。我應派隊促其響應，掩護入城，以壯聲威。

四、所有附近電綫一律割斷。

五、今晚口號興漢。

六、各營同志均派二人，分途遞信，促其響應。

七、一俟砲隊入城及各營同志響應後，然後一齊進攻督署。

吴兆麟將以上處置説畢，衆兵士均極贊成，當下口演命令如后：

命　令

（八月十九日午後八時三十分）

一、步隊三十標旗人及憲兵營旗人，與本軍相距咫尺，據報目下尚未舉動。

二、□□擬固守軍械局，以先撲滅憲兵營之旗人，並以猛烈火力擊散三十標之旗人。

三、派馬榮、金兆龍二人各帶兵一排，由本地即時出發。馬榮向憲兵營東面前進，金兆龍向憲兵營西南面前進，即撲滅之。

四、曹飛龍帶兵一排防禦本軍械局西北端，黄楚楠帶兵一排防禦本軍械局東北端，均向三十標猛烈射擊。

五、熊炳坤率楊金龍、徐兆斌、汪長林帶兵一隊，即時出發，出中和門，促砲隊響應並掩護進城，先到本軍械局集合。

六、程正瀛、楊雲開、孫元勝、羅炳順各帶兵六名，將附近所有電綫一律割斷。

七、陳有耀帶兵三名，到通湘門附近偵探情形，唐榮斌帶兵三名到中和門街附近偵探情形。

八、其餘一隊爲預備隊，在本軍械局西端集合待命。

九、本總指揮在軍械局南端。

總指揮吴兆麟

以上命令發下後，各照命令出發。約半點鐘，馬榮來報告，已同金兆龍將憲兵營内旗兵十餘名斬决，當佔領該營。吴兆麟又命馬榮出中和門接濟砲隊之掩護隊，又命金兆龍防禦中和門。

少頃，第八鎮與督練公所派參謀吴兆祺，軍務幫辦李克果，科員劉繩武、馬祖全來軍械局查問情形。李克果聞警，當已潛逃，劉、馬二員已爲革命軍拿獲看管，吴兆祺乃吴兆麟之兄，當留贊助，四員無一回報，是以第八鎮與督練公所皆無由得知革命軍之情形。是晚天將黑，武勝門外第二十一混成協輜重隊與工程隊亦首先發難，並將營房燒毁。而在其附近駐紮之砲隊第二十一營營長張正基，用電話報告第二十一混成協協統黎元洪。黎元洪即用電話通知鐵忠，鐵忠即電飭該砲隊營長張正基勦滅，並令好爲維持該營，否則以誅滅九族脅之，蓋此時電話電報綫尚未剪斷也。但輜重、工程兩隊首難後，即攻擊武勝門。守該城門警兵奉巡警道命令不准開城，該輜重、工程二隊無法入城，折回營内，促砲隊響應，而砲隊又無動静，不得已復沿城外經小東門、賓陽門到通湘門，始聞楚王台槍聲，遂在該城門外叫城，城内偵探問是何處隊伍。該輜重營代表李鵬升説明原由，即開城迎入，共約七十餘人，均到楚王台集合，領彈待命。但吴兆麟所派熊炳坤等出中和門迎接第八標砲隊時，一到砲隊營房，即向空中施放排槍。該砲隊代表程國貞即派同志問明原由，始知城内工程第八營已首義，並已佔領楚王台軍械局，極爲歡悦，遂密囑衆同志齊到操場整隊，將大砲拖出，並裝砲彈，向空中施放一砲示威。所有長官均行逃避，不敢阻止。衆砲隊兵士整齊出隊，由工程營派去同志掩護進城。惟馬隊第八標與步隊第三十二標均在砲隊第八標附近，聞砲隊全體兵變，遂各飛報鐵忠。鐵忠嚴令追剿，不期馬步兩標，雖未響應，亦慮不穩，不敢派兵追擊，僅各維持本標秩序而已。又鐵忠電催步隊三十二標統帶孫國安，急派步隊追剿，謂貴標統若能從速將土匪撲滅，我當稟明大帥重賞，如觀望不前，即行問罪。孫國安不得已，即派隊官楚英（旗人）帶兵一隊追擊砲隊。楚英帶隊行至中和門外武泰閘，即不敢前進，只令兵士在該處放槍。當爲馬榮所知，馬榮即帶兵一排，奮勇接戰，楚英大懼，仍退回三十二標營内矣，於是砲隊第八標遂由工程營掩護安全入城，先到楚王台附近集合。該砲隊代表程國貞係一司書生，與吴兆麟同鄉，見吴在楚王台，極爲愉快，旋方興帶測繪學生持槍約八十人亦到楚王台，同時步隊二十九標二營排長蔡濟民帶兵二十餘名亦來楚王台。各隊代表等均齊集軍械局門外，彼此接洽，即由程國貞、蔡濟民等向大衆宣布，公舉吴兆麟爲革命軍總指揮，衆鼓掌贊同。吴兆麟辭不獲，於是向大衆演説曰，諸君同志不棄，公舉兄弟爲革命軍總指揮，兄弟與諸君當此起義之衝，均處危險地位，爲民請命亦屬義不容辭。自滿清揉躪我同胞已二百六十餘年，近又派瑞澂督鄂，無知無識，驕横已極。殘殺我愛國同志，實爲人神共憤。今晚首義，雖屬瑞澂激成，實爲清罪貫盈，天佑漢族，自此以後即與滿清勢不兩立。倘諸君不齊力奮鬥，一旦失敗，我輩皆同歸於盡。但是天下事有志者事竟成，是在諸君之一德一心耳。昔武王伐紂，數千人一德一心，卒誅無道。同志今日與武王伐紂正同，但宗旨抱定，舉動更要文明，使中外人民共仰，知革命軍爲仁義之師，則外人必表同情。即瑞澂亦無所藉口，以派兵抗順，我輩只求成功，不要權利。革命大義即革去惡劣强權，順天之命，以救國救民，處處從大者遠者做去，未有不成功者。方今世界文明，各國都稱軍人爲頭等國民。既是頭等國民，吾輩當爲中國一切軍人之模範。諸君素有大志，當深明革命宗旨。今爲時倉卒，戰機緊急，無庸兄弟多談。既承諸君公舉兄弟爲總指揮，關於軍事動作，不能不與諸君先約。諸君能服從命令，兄弟即犧牲一切，與諸君相終始，否則仍另請高明。兹將與諸君共守約章如下：

一、各隊受命後，彼此嚴密監視，不准有一人擅離隊伍。

一、各隊受命後，必須照命令實行，如有不照命令而自由行動者，共處死刑。

一、不准侵害中外人民。

一、各財政機關不准破壞。

一、與我表同情之軍隊即歡迎之，否則奮力擊滅之。

以上所約各條，諸君如表贊同，兄弟即下命令施行，共同殺賊。如將瑞澂等拿獲，佔領督署，我輩大事成矣，云云。大衆聞之，僉表同意。於是吴兆麟當下如左之命令：

革命軍總指揮命令

（八月十九日午後十時三十分）

一、據蔡君濟民報稱步隊三十標旗兵均已逃避，憲兵營已爲我同志撲滅。又據第八鎮參謀官吴兆祺來軍械局通知，督署並未出兵，仍以教練隊一營及馬隊一隊、巡防一營防禦之。但督署有機關槍六桿，由李襄林指揮，因内部機件損壞，已不能施放。

二、本軍擬進攻督署，以佔領該署及武昌城爲目的。

三、鄺傑爲第一路隊長，率工兵一隊即時出發，經王府口向督署進攻。

四、馬榮爲第二路隊長，率工兵一隊即時出發，經水陸街向督署進攻。

五、熊炳坤爲第三路隊長，率工兵一隊即時出發，經保安門正街向督署進攻。

六、砲隊第八標歸程國貞指揮，即時在中和門城樓及蛇山兩處佈置放列，向督署開始射擊。

七、蔡濟民率步隊二十九標已響應之一隊掩護砲隊在蛇山放列後，即將電報電話兩局電綫割斷之。

八、方興、任正亮率測繪學生一隊防禦中和門正街及通湘門。

九、其餘二十一混成協輜重隊及工程隊爲預備隊，歸李鵬升指揮，在楚王台兩端空地待命。

十、總指揮在楚王台。

總指揮吴兆麟

以上命令發出後，各隊均照命令所指定地點同時分途出發。但砲隊程國貞已派一營先在中和門城樓放列，即向督署射擊。時當深夜，砲彈響聲極爲猛烈，瑞澂聞之甚爲惶恐，心驚膽落，不能自主。統領陳得龍在旁曰："卑職保護大帥。"瑞澂云："砲彈厲害得很，設使落一顆下來，可不得了。"於是左右均無言可答。少頃果有砲彈落在督署，瑞澂云："往那裏避?"陳得龍云："往城外兵船上去。"瑞澂不敢往督署大門出，遂命差役等將督署後圍牆打穿一洞，帶巡防内守衛兵一排潛逃，出文昌門上楚豫兵船，一面傳諭守文昌門兵士不要説出，惟鐵忠及連甲等見瑞澂出城，亦跟隨而出，同到楚豫兵船。當命陳得龍派巡防營與革命軍抵抗，陳雖應命照辦，無如巡防營暮氣已深，兵皆殘破，又聞砲隊已變，故不敢冒昧遵行。統制張彪在文昌門内公館，始聞城外工輜兩隊兵變，以爲無關重要。繼聞城内工程第八營發難，憂心如焚。當用電話傳諭各營竭力維持，終聞砲隊全體響應，頓起恐慌，不知所措。加以身旁馬弁及其四姨夫人，又謂各營均有革命黨，一經動手無可挽回，哀求張彪暫避，甚至有第八鎮司令部親信職員來張彪公館請見，亦疑其與革命黨相通，令門役、馬弁拒絶。少時電話均不通，張彪一人坐守愁城，束手無策，亦不知何營未變。而馬弁等報告全體皆響應革命軍，於是張彪不能安枕，又不敢出，惟緊閉大門以待末路而已。而第二十一協協統黎元洪聞該協輜工兩隊之變，恐慌異常。該協之兵皆駐紮在外，城内僅有步隊四十一標第三營，當囑該營管帶謝國超嚴爲防備。無奈四十一標原與步隊三十標留守兵同住一兵房，三十標留守兵亦變。黎元洪極恐四十一標第三營附和，親鎮營内。適吴兆麟派往三十標及四十一標傳信之同志周榮棠越牆而入，爲黎元洪所見，問明是革命黨，即拔刀親手將周榮棠斫死，其刀尚染血痕，後爲其衛侍所佩，曹亞伯曾親見之。然三十標留守兵既變，而蛇山砲聲又震動如雷，黎元洪焦灼萬分，其左右護兵馬弁見勢危急，即請黎元洪潛走，以避營中革命黨爲周榮棠復仇。黎遂偕其參謀劉文吉竄至黄土坡劉文吉家，閉門而匿，旋謂劉曰，汝乃我親信參謀，人又誠實。我身居協統，部下兵變，如革命黨失敗，我必受處分。若革命黨成功，我能否逃命，不得而知。我有金錢幾許，存於某處，田地若干，均有契據，更有金錶一隻，現欵幾何，暫爲拜託。我若不幸，我之家屬兒女煩君照料。劉文吉聞之，即請黎元洪安心，謂方今大局，變遷無定，每每出乎意料，萬一不測，決不敢負統領付託之重。時有執事官王安瀾在側，亦請黎元洪放心，謂執事官與劉參謀二人總可替統領效力，隱避在此，可無意外，請黎元洪暫爲休息。於是又派護兵等换穿便衣，出外偵察究竟，俟天明再爲詳報。而黎元洪即以劉宅爲逋逃藪矣。

是晚城内工程第八營起義後，響應者僅砲隊第八標。城外輜重工程兩隊、測繪學堂學生及步隊二十九標約一排，共約二千餘人耳，其餘馬隊第八標、步隊三十二標及二十一混成協之砲隊營、步隊四十一標，均未響應，秩序如常。如瑞澂、張彪、黎元洪、王得勝等持以鎮静，死守不逃。待至天明集合未響應之各營與革命軍決一雌雄，勝敗之數尚不可知，無如瑞澂等皆逃避一空。全城無主，群相猜忌，各以部下不穩爲疑。故革命軍得以從容布置，推倒滿清亦天數也。

是晚七八時許工程第八營槍響時，測繪學校學生八十餘人皆十四五歲青年，恐慌異常，哭泣呼喊之聲不絶。李翊東正在自習室，即傳言曰："此乃革命黨起事，予即革命黨人。今日聽吾言者請站隊，吾當保全汝等性命。"於是全校肅然，一律聽命。李翊東即偕方興甘績熙，三人率全體學生往楚王台，聽吴兆麟總指揮官支配，並助攻督署及防禦通湘門一帶。

是晚十二時天微雨，各處電綫均已割斷，黑雲密罩，全城無光，北風漸起，慘聲刮耳。革命軍之砲隊迷於方向，碍難瞄準。各路進攻督署之隊伍，亦因督署教練隊在牆内鑿有槍眼，防禦極嚴，甚難前進。而第一路之鄺傑帶兵一隊逗留不前，旋退歸楚王台，其餘各路亦停止進攻，槍聲漸息。總指揮吴兆鱗因無報告，特派兵赴各路偵察。據回報云，各隊伍因天黑不能展開，前進射擊亦失效力，大衆束手無策。吴兆麟大怒，令將鄺傑槍斃以示警戒，衆同志懇求寬免，吴兆麟允之。復傳令各隊伍均在原地準備進攻，一面將在楚王台之預備隊挑選勇敢者百人，派周定原、曹飛龍、黄楚楠各帶兵一排，親自督率前進。楚王台之軍械局暫令方興、李鵬升嚴守。吴兆麟行至工程營後街，即令兵士將該處之雜貨店内煤油買取數罐，又取引火物多件，經王府口到督署後側，即命衆兵士縱火，俄頃火光燭天。吴兆麟令兵士猛烈射擊，又派兵分途送信，令砲隊向火光附近射擊。各路隊伍見火光忽起，士氣大振，喊聲齊進。而督署守兵見督署後面起火，頓起恐慌，即派員至瑞澂處請示。不知瑞澂早已遠揚，不明下落，一般差役人等紛紛越牆而遁，因墜落受傷者不少。獨教練隊兵士仍固守牆垣，致令革命軍前進困難。吴兆麟因巷戰傷人太多，復轉回楚王台，專令砲隊猛烈向督署火光施放。又命砲隊分班向未響應之各營射擊。少頃，風益猛，火益烈，革命軍士氣愈久愈振。第三路隊伍又捕獲督署摺差馬某一人，送至楚王台。據稱瑞制台一聞砲隊全體變了，即由督署後牆穿洞逃走，説是出文昌門到兵船上躲避是實等語。吴兆麟聞之大喜，即將瑞澂潛逃出城之事傳知各隊，一面仍令各隊前進，將督署佔領。各隊知瑞澂已走，恨不能將瑞澂擒獲，首立大功，然更精神百倍，勇猛向督署攻擊。但是晚未響應各營在城外者尚多。見城内火光融融，又聞砲聲隆隆，均膽驚心悸，而電話又斷，不知如何處置。馬隊第八標喻化龍派人徵求步隊三十二標孫國安同意，彼此往返磋商。遂帶其馬步各隊退往李家橋集合，再偵察城内動静。而混成協之砲隊營張正基，亦帶其隊伍退往青山集合，但未響應各營既退。革命軍已無敵人，雖城内有步隊十五協，然三十標旗兵早已擊散，逃避無餘，只有二十九標第一營管帶何錫蕃，將該營帶至賓陽門内之一菜園，既不響應，又不敢與革命軍爲敵。至於步隊四十一標第三營，因協統黎元洪潛走，該營亦乘機響應。該營管帶謝國超亦聞風潛逃，隊官胡廷佐遂集合該營，亦帶至楚王台，聽總指揮吴兆麟調遣。吴兆麟即命胡廷佐帶隊經城内各街道搜索擊散之旗人，如有俘虜，則均解至中和門内孤兒院看管。夜五時許，督署火熄，各路進攻督署之隊伍包圍更緊，天將放曉，遂將督署佔領，該署守兵皆棄槍逃竄。時守督署之騎兵隊長朱明超帶馬兵二十騎，逃至文昌門内張彪公館報告云，督署已被革命軍佔領，砲火又猛，請統制暫避等語。差役轉報張彪，張彪知大事已去，又不能决，即與其四姨夫人磋商，急將細軟首飾及存欵底摺帶着出城，到漢口日本租界覓大倉經理菊三郎設法避匿。正準備時，又有平湖門外輜重第八營督隊官安禄華亦到張彪公館報告，謂輜重營内無一革命黨，極爲安穩，請統制先到輜重營再想辦法云云。張彪聞之甚喜，遂命安禄華、朱明超二人帶馬隊全體兵士護送張彪及其家眷出城，當派船將其家眷送往漢口。張彪本人即到輜重第八營，該營管帶蕭安國即請示辦理。張彪不能决，於是蕭安國、朱明超、安禄華三人進言，謂目下瑞制台已走，聽説到了楚豫兵船，現在楚豫又不知開往何處，全城失主，城内已被革命軍佔領，革命黨勢甚盛，預料輜重一營亦非其敵，且人心難測。設此營兵士受革命軍波及，反受危險，不若將輜重營全體帶至漢口清静地方集合，再從長計議。張彪頗以爲然，即命輜重營整隊開至漢口劉家廟集合，一面派人往各處探聽情形，此張彪出走之現狀也。張彪、瑞澂既棄城遁走，黎元洪等又皆已潛匿。而未響應之各營又因電話不通，内外隔絶，均按兵不動，勉維秩序。更因革命軍砲火猛烈，楚王台軍械局之彈藥儲積如山，隆隆之聲震動四野，若輩不肯響應，又怕砲彈危險。且所帶兵士均屬漢家子弟，究竟能否可靠不得而知，只有暫將隊伍帶至後方野外曠地集合，再派人覓張彪請示，孰知張彪早已出走。請示無由，惟有集合待命而已。革命軍自佔領督署後無兵爲敵，聲威漸大。天既明，即用白布爲旗，白布爲記，遍插城上，又趕造軍旗，滿城樹立。吴兆麟即派隊將各城門防守，仍令砲隊威嚇各處。又一面派人到各行政機關及各學校並各營速急響應，否則以砲火擊之。除未響應各營被各長官帶走外，其餘城内外各學校及各營留守兵士均紛紛向順，各手纏白布，齊集楚王台待命。茲將辛亥八月十九終夜武昌城内外駐紮新軍人數及革命軍首義數目揭示如左，以徵滿清滅亡之氣數。

武昌起義時湖北之兵力：

第八鎮　統制張彪　司令部在大都司巷

步兵第十五協協統　王得勝

步兵第二十九標標統　張景良

步兵二十九標第一營管帶　何錫藩

前隊隊官　吴長懷

左隊隊官　胡家賓

右隊隊官　張文著

後隊隊官　徐國瑞

駐武昌中和門内

步兵二十九標第二營管帶　戴鈞南

前隊隊官　景福祥

左隊隊官　劉炳福

右隊隊官　李廷福

後隊隊官　賓士禮

駐武昌中和門内

步兵二十九標第三營管帶　張楚材

前隊隊官　龐成功

左隊隊官　劉風同

右隊隊官　張勝祥
後隊隊官　胡效騫
開往襄鄖
步兵第三十標標統　楊開甲
步兵三十標第一營管帶　郜翔震
前隊隊官　重光
左隊隊官　張正祥
右隊隊官　德煊
後隊隊官　羅家炎
駐武昌中和門内
步兵三十標第二營管帶　任光耀
前隊隊官　杜錫魁
左隊隊官　殷增勝
右隊隊官　金善
後隊隊官　楊子文
駐漢口
步兵三十標第三營管帶　杜錫鈞
前隊隊官　德培
左隊隊官　謝元愷
右隊隊官　王少甫
後隊隊官　薩炳圖
駐武昌中和門内
步兵第十六協協統　鄧承拔
步兵第二十一標標統　曾廣大
步兵三十一標第一營管帶　陳漢鐘
前隊隊官　曹德全
左隊隊官　楊永斌
右隊隊官　李洪陞

後隊隊官　羅錫炎

開往四川

步兵三十一標第二營管帶　李錦標

前隊隊官

左隊隊官

右隊隊官

後隊隊官

開往四川

步兵三十一標第三營管帶　蕭國斌

前隊隊官　安永年

左隊隊官

右隊隊官

後隊隊官

開往四川

步兵第三十二標標統　孫國安

步兵三十二標第一營管帶　黄鸞鳴

前隊隊官

左隊隊官

右隊隊官

後隊隊官

開往四川

步兵三十二標第二營管帶　楊正坤

前隊隊官

左隊隊官

右隊隊官

後隊隊官

開往四川

步兵三十二標第三營管帶　李玉魁

前隊隊官
左隊隊官
右隊隊官
後隊隊官
開往宜昌
馬隊第八標標統　喻化龍
第一營管帶　吴連慶　駐南湖
第二營管帶　馬德才　開往襄陽
第三營管帶　孫長林　駐南湖
砲隊第八標標統　龔光明
第一營管帶　卓占標　駐南湖
第二營管帶　姜明經　駐南湖
第三營管帶　楊起鳳　駐南湖

工程第八營管帶　王永泉　（時赴永平秋操）
前隊隊官　李占魁　革命黨目兵代表　徐兆斌、容景芳、管心源
左隊隊官　吴兆麟　革命黨目兵代表　馬榮、方興、任正亮、張玉山、羅炳順、孫元勝、汪長林
右隊隊官　黄坤榮　革命黨目兵代表　楊金龍
後隊隊官　羅子清　革命黨目兵代表　熊秉坤、金兆龍、程正瀛
駐武昌城内黄土坡
輜重第八營管帶　蕭安國
駐武昌平湖門外輜重營
憲兵第八營（旗人）　駐武昌楚王台附近中和門内
第二十一混成協協統　黎元洪　協司命部賓陽門内
第四十一標標統　易甲鵬

第一營管帶　戴壽山　開往宜昌
第二營管帶　羅洪陞　開往岳州
第三營管帶　謝國超　駐武昌賓陽門内
第四十二標標統　張永漢
第一營管帶　陳鍾林　駐漢口居仁門
第二營管帶　樊毓英　駐京漢鐵路
第三營管帶　汪炳山　駐漢陽兵工廠

馬隊第二十一營管帶　王祥發　駐南湖
砲隊第二十一營管帶　張正基　駐武勝門外塘角
工程第二十一隊隊官　劉佐龍　駐武勝門外凱字營
輜重第二十一隊隊官　張子襄　駐武勝門外凱字營

當時武昌城内之兵力：
步兵第二十九標
第一營
第二營
步兵第三十標（旗人）
工程第八營
憲兵第八營（旗人）
測繪學堂學生八十名　通湘門内
步兵第四十一標
第三營　賓陽門内
瑞澂衛隊駐督署　望山門内
教練隊一營　望山門内
巡防隊内衛一營　望山門内
馬隊一隊
機關槍一隊　望山門内
望山門内

武昌城外之兵力：

步兵第三十二標　第二營（將開四川）

馬隊第八標

砲隊第八標

輜重第八營

馬隊第二十一營

砲隊第二十一營

工程第二十一隊

輜重第二十一隊

武昌城内之兵力，十九夜首義與響應者：

步隊第十五協司令部統領　王得勝

步隊二十九標第一、第二兩營，除第二營蔡濟民一排響應外（餘未回應）

步隊三十標（旗兵）

步隊四十一標第三營（天明響應）

工程第八營（首義）

督署教練隊一營（與革命軍對敵）

測繪學生八十名（夜間約十二時後響應）

以上武昌城内革命軍首義之兵力，僅工程第八營，合計響應者亦不過步兵一營及一排，並測繪學生八十名耳，與旗兵三十標及憲兵旗兵一營比較衆寡懸殊。

武昌城外之兵力，十九夜首義與響應者：

步隊三十二標第二營（未響應）

馬隊第八標（未響應）

混成協馬隊第一營（未響應）

砲隊第八標（已響應）

混成協砲隊第一營（未響應）

混成協工程一隊（首義）

混成協輜重一隊（首義）

輜重第八營（未響應）

以上城外革命軍兵力，不過砲隊第八標及混成協工、輜二隊，其餘全未響應。

綜上以觀，辛亥八月十九夜革命軍在武昌之倡義，人數可謂極少。自天黑至天明佔領督署時，合計步、砲、工輜、測繪各同志不過二千餘人。況砲隊夜間行動困難，瞄準又不易，若革命軍不先佔領楚王台軍械局爲根據地，不先擊散步隊三十標之旗兵及憲兵營，則僅此一標之步兵，足爲革命軍之勁敵，而作心腹之患。瑞澂、鐵忠必有所恃而不恐，何肯棄城逃走？瑞澂若不走，督署之教練隊必不退，而未響應之各部隊既無宗旨，又成觀望，必與革命軍爲敵。而手無寸鐵之營外同志及倡義袍澤，又不知流血幾許。戰場鬼哭，思之悚然，異族凶暴，永作列强虎倀，漢族滅種之禍，不知何法挽救。然卒能振臂一呼，四方皆應，人心思漢，國魂歸來，則滿清之亡，可永作千秋鑒戒矣。

八月二十日午前九時，中和門外陸軍中學堂計學生約千名，整隊荷槍入城，到楚王台集合。城内外各協標營留守兵亦齊集楚王台，又步隊二十九標第一、第二兩營亦至，所到隊伍均無官長，均由目兵帶領集合楚王台聽總指揮編制。吴兆麟立將城垣各門劃定區域，布置如下：

一、命各部隊分守各區，即將各城門開放，免礙交通。

二、命砲隊另行配置各城門，協同各步隊防禦。

三、派陸軍中學堂學生編爲數隊，防守藩庫、官錢局、造幣廠、各財政機關。

四、命工程第八營仍回軍械局防禦。

布置既定，而步隊三十標之旗兵雖於十九夜被革命軍擊散，其殘部尚潛在賓陽門内附近及蛇山東部各處，又派革命軍圍擊，擊死旗兵四百余名，其餘均逃出賓陽門外。又俘虜旗籍人員約三百餘名，均收押於武昌模範監獄。此滿清入主二百六十餘年來，凡屬旗籍，只知虐殺漢人，旗人殺人亦無官府敢究，今始知天道之好還也。自十九天黑首義至二十日正午，即將武昌全城完全光復。是役也，革命軍共死傷二十餘人，督署守兵死四十餘人，傷三十餘人，旗兵共死五百餘名，俘虜三百餘名。

吴兆麟復派人分途敦請各機關之熱心革命同志及城中之紳耆父老，齊集諮議局開會，討論進行一切緊急應辦各事宜。少頃，馬榮、程正瀛二人報告，謂第二十一混成協協統黎元洪尚在武昌城内，現拿有黎元洪之護兵前來爲證等情。吴兆麟當命馬榮、程正瀛等帶兵一排，由所獲之黎元洪護兵作嚮導，引至黄土坡劉文吉家中搜索，將黎元洪挾至楚王台軍械局。革命軍自十九天黑首義至二十日正午全城光復時，大衆皆枵腹奮鬥，疲困已極，嚴守紀律，無一兵入民家之房，無一人奪民家之食，戎馬倉皇又無法歸營用膳。吴兆麟即命工程營伙夫陸續做飯送至各隊伍接濟，以慰疲勞，而伙夫等亦努力急公，忙送茶飯，不覺其苦，全軍感激，引起相親相愛之情感，士氣益爲之興奮。

馬榮、程正瀛等帶隊至黄土坡劉文吉家，先將其家前後包圍，然後闖門而入，其勢洶洶。劉之護兵問來此何爲，大衆謂來請黎協統。護兵不敢指示，又不回答，於是大衆直至卧室搜查。斯時黎元洪心已失主，焦灼之狀露於顔色。黎問何事，馬榮曰，特請統領到楚王台，奉總指揮吴兆麟命令，即有要事相商。黎無可如何，隨帶其執事官王安瀾同馬榮等向楚王台而去。抵楚王台時，革命軍總指揮吴兆麟即命在該處所有隊伍舉槍吹號爲禮。黎此時穿一灰呢長夾袍，面帶愁容，極形煩惱，與吴兆麟晤面時，即謂吴兆麟曰，你爲甚麽要革命，這是要全家誅戮的事。你學問很好，資格很深，你萬不該與革命黨共同革命，你若不革命，你在軍隊進級很易，請你快叫大衆各回各營，事情太鬧大了，更不得了。馬榮在旁聞黎元洪出言如此，遂大怒曰，我們同志很抬舉你，你反不受抬舉，叫我們回營，待瑞澂派人來殺。你昨夜親手殺了我們傳信的同志周榮棠，我們尚未問你的罪。今請你來，仍是反對我們，你就是一個漢奸，我們就要殺你，即拔刀向黎元洪來斫，吴兆麟喝止之。王安瀾又從旁謂馬榮不應如此野蠻，馬榮又拔刀斫王安瀾，吴兆麟又攔阻之。吴當向馬榮等解釋云，黎統領素來是很愛我們的，剛才所説的話是關照我們，看我們同志太辛苦了，暫請回營休息，黎統領自有維持之法。一面吴又低聲向黎云，請統領暫且容忍。因昨晚殺人太多，此時都是一鼓奮勇之氣，稍不如意即動起手來，反於統領面子不好，黎從此不再發言。吴又謂黎曰，瑞澂自督鄂以來，措置乖方，激起湖北軍隊全體革命，足證清廷無道。今聞瑞澂與張統制等均已出走，僅統領一人在武昌城内，統領素愛軍人，甚得軍心，事已至此，實屬天意，只好請統領出來維持大計云云，黎亦無語。先是吴兆麟在參謀學堂肄業時，黎元洪亦在該校附學，與吴同學有四年之久。黎平時極欽佩吴之學問，所以與吴晤面時即責其不應革命，以爲吴不革命，即易進級。且黎實無革命思想，料革命事業萬難成功，故不贊成。少頃，吴兆麟即請黎元洪到諮議局會議，討論辦法，黎亦無可如何。吴命備馬數匹，仍派馬榮帶兵一排護送。午後一時四十分，吴與黎同至諮議局時，吴所派人敦請之同志父老等已至局内，有湯化龍、胡瑞霖、張振武、李作棟、陳磊、陳宏誥、邢伯謙、李翊東、趙學魁、楊玉如、蘇成章、畢鐘、向訏謨、劉公、蔡濟民、徐達明、王文錦、吴醒漢、鄧玉麟、高尚志、周定原、高振霄、方定國、李國榮等，齊到諮議局會議廳，公推湯化龍主席。

湯化龍發言曰，革命事業，鄙人素表贊成。但是此時武昌發難，各省均不曉得，須先通電各省，請一致響應，以助大功告成。況瑞澂自遁走後，必有電報到京，清廷聞信，必派兵來鄂與我們爲難，此時正是軍事時代，兄弟非軍人，不知用兵。關於軍事，請諸位籌畫，兄弟無不盡力幫忙云云。吴兆麟發言，謂湯濟武先生所説極是，武昌既已首義，瑞澂棄城而逃，必圖報復，此必然之勢。然武昌業已光復，軍政學商各界均表同情。即以軍事而言，湖北兵力雖不甚大，而在中國已爲先進，聲威所至，清廷必聞而破膽。只要能持久時日，天下必聞風興起，我們財政充裕，武器甚足，從速擴充兵力，以武漢軍資豐足之地，努力整備，即清廷派兵來與我爲難，比較上我勝算亦多，請諸君不要畏懼。此次革命，非從前之無根據地可比。我們既據武昌形勝，爲天下中心，具有獨立資格，不患不能達到目的。但起義後軍民兩政實繁，兄弟擬在座諸位

黎元洪先生遺像

武昌諮議局（起義時之都督府）

同志先生公舉黎元洪統領爲湖北都督，湯化龍先生爲湖北民政總長。兩公係湖北人望，如出來主持大計，號召天下，則各省必易響應云云。衆皆贊成，拍掌之聲洋溢滿座。黎元洪答謂此事體太大，務要慎重，我不能勝都督之任，請你們另舉賢能。我家中聞此事變，不知如何，我暫回家一視。衆不可，謂統領家中無事，有兵保護，請放心可也。黎再三要回家一走，大衆只好遷就，遂由吴兆麟派兵一排護送黎元洪到其公館，暗囑程正瀛等務嚴爲防備，不可令其出城（一説，黎元洪既被擁入諮議局，即開衆義，推爲都督。黎曰勿害我、勿害我，固執不允。李翊東即持長槍指黎曰，汝作滿奴，當殺。今不殺汝，反舉汝爲都督，而汝猶不允。汝甘心爲滿奴耶，予當殺汝，另舉吴兆麟爲都督。黎大駭，陳磊、蔡濟民即將李翊東阻止之。於是衆議禁黎於一室，仍用黎名義出示），於是大衆在諮議局商議進行各事宜。玆將是日進行之事揭示如左：

一、以諮議局爲軍政府。

二、稱中國爲中華民國。

三、改政體爲五族共和。

四、規定國旗爲五色，以紅黄藍白黑代表漢滿蒙回藏爲一家。

五、稱中華年號爲黄帝紀元四千六百零九年。

六、當以黎元洪爲都督，佈告地方。

七、移檄各省，並照會各國領事，宣布滿清罪狀。

八、佈告全國國民並軍民長官。

九、佈告湖北各府州縣。

十、軍政府緊要諭令。

十一、致書滿清政府。

十二、布告漢族同胞之爲滿州將士者，促其覺悟。

十三、軍政府暫設機關四部：（甲）參謀部，（乙）軍務部，（丙）政務部，（丁）外交部。

十四、設立招賢館。

以上各事議定後，即分途託人辦理。是晚得各方報告，謂陳得龍之水師巡防營在襄河者，均集合漢陽小河口附近待命。鐵忠囑陳襲擊，陳懼，不登岸指揮。

是日午後五時因各事皆準備不及，暫維秩序。大衆商議先在藩庫取銀十萬兩到諮議局，派向一清爲軍需，分發各軍隊以便購買糧秣。一面仍以革命軍總指揮名義命令各軍隊防禦武昌城，並先傳諭各城門，晚間一律關閉，無論何人不得准其出入。兹將是晚所下命令列左：

革命軍總指揮命令

（八月二十日午後六時於諮議局發）

一、據報聞瑞澂欲派兵襲武昌城。

二、本軍今晚以戰鬥隊形澈夜固守武昌城。

三、步隊二十九標第一、第二兩營附砲六門，歸姚金鏞指揮，防禦賓陽門、通湘門、小東門一帶。

四、步隊四十一標第三營及第一、第二兩營留守兵並步隊三十標留守兵附砲六門，歸胡廷佐指揮，防禦漢陽門、平湖門、文昌門一帶。

五、混成二十一協工程輜重二隊附砲二門，歸李鵬升指揮，防禦武勝門一帶。

六、工程第八營附砲四門，歸李占魁指揮，防禦望山門、中和門一帶及楚王台軍械局。

七、砲隊第八標歸程國貞指揮，除派附屬各部隊外，其餘在蛇山黃鶴樓楚王台布置放列。

八、馬榮帶兵一隊防禦諮議局。

九、總指揮在諮議局。

總指揮吴兆麟

注意本晚口號：義軍、獨立

是晚命令發出後，吴兆麟即偕蔡濟民、徐達明、吴醒漢等到各城門查視防禦情形，並勸諭各兵士務宜堅苦忍耐，嚴守軍紀，夜間不可懈怠，尤須切實保護百姓，以不負革命初志爲要。吴兆麟查畢，先返諮議局，蔡濟民等即往各監獄，釋放瑞澂所拿之革命同志及從前日知會破案後被禁之一班同志。可憐辛苦經營武昌革命之惟一先哲劉敬安先生，已於辛亥五月十六日瘐死於武昌模範監獄，不克親見此壯烈之舉，爲之主持大局，悲哉。李亞東已於是日克復漢陽時放出，並掾漢陽府事。胡瑛放出時，將獄中所有犯人一律帶至諮議局集合，並云都是同志，很可利用，當編成間諜隊，由胡瑛、陳宏誥帶領作巡查街道之服務。

是晚十時接得程正瀛報告，謂黎元洪又由其公館轉回協司令部。聞黎元洪已安排家眷往上海，其自己因被監視，亦未説如何。但對於革命似不贊同，目下跟隨保護兵士，除派六名保護黎之家眷外，餘均跟至協司令部，誠恐兵力單薄，致有不測，究竟如何辦理，請示決定等語。吴兆麟即與張振武等商議，無論如何，決不許黎元洪逃遁。張振武曰，此次革命，雖將武昌全城佔領，而文武大員均已潛逃一空，未殺一個，以壯聲威。革命軍對於清臣未免寬容過度，但革命非澈底將清廷餘孽大殺一次，將來必爲國家之禍，革命仍是有名無實，依我愚見，黎元洪既不贊成革命，又不受同志抬舉，放其出去，恐其害人。好在我們用黎元洪之名所擬通電尚未發出，不如先將黎元洪斬首示衆，以揚革命軍神威，使一班忠於異族清臣皆爲膽落，實爲直截了當。且昨晚首義，總指揮既是吴先生，就以吴先生爲湖北都督，可以貫澈到底，早爲成功，豈不妙甚。吴兆麟曰，此事萬不能行。兄弟資望太淺，即以湖北軍隊而論，多數尚未響應，而帶兵官位居我上者，必不肯服從，即與我同級者，亦未必悦服，欲收新軍全體來歸之效，非借黎元洪資望不可，至於各省若聞革命軍領袖係一小官，必少附和。吾輩欲革命速成，借黎元洪之名以號召天下，一則使各省可表同情，二則使外人不敢輕視，望諸位同志勿懷二心可也云云。張振武又曰，吴先生主張未必盡然，即以外國而論，拿破崙以一中尉而爲歐洲盟主，只求才略，不在資格，中外皆然。於是陳磊、李作棟等皆以張振武之主張爲是，並謂黎元洪素非同志，必不能爲國出力，用之何益。吴先生乃日知會老同志，出爲首領，名實相符，計甚得也。吴兆麟執不可，答曰，中國歷史習慣，向以成敗論人，最講資格，而本省人又最不欽仰本省人。所以滿清成例，不用本省人在本省作官，兄弟官卑職小，決不能負此重任，如諸同志强我所難，只有一走而已，大衆恐吴兆麟過於謙讓，群相感泣，又秘商一法，仍以黎元洪居都督名義，如黎元洪不幹，即派兵看守起來，公舉吴兆麟爲湖北軍政府總理，代行都督職權。吴更不可，謂軍事緊急，可以幫忙。他事非其所長，萬難負責，望諸同志不要多費研究，仍以黎元洪爲都督，明日即請其到諮議局，派兵看守可耳。即彼不作一事，亦無妨礙，大衆均不得已，勉强贊成，於是吴兆麟即命程正瀛等俟天明即請黎元洪到諮議局深居，不得再出。

先是瑞澂逃至楚豫兵船，即開泊劉家廟，旋復泊至德租界碼頭，欲圖報復，苦於無兵可調，遂與其左右計議。張大其詞，奏電清廷，謂湖北新軍結合革命黨全體叛變，懇乞即派重兵來鄂，平此大亂，一面又派人分途散播謡言，謂清廷已派大兵南下，革命黨不日即可消滅云云。瑞澂又移過張彪，謂其維持不力，請旨將張彪正法。

張彪自到漢口劉家廟後，即與四十二標統帶張永漢、輜重營管帶蕭安國商議，均無辦法，於是派張永漢到日本租界請日人寺西秀武（寺西秀武是湖北軍事顧問）往劉家廟代爲計畫。寺西云，爲張統制計，惟有兩策：一、請張統制集合現有兩營多兵力，即輜重一營及四十二標第三營、馬隊一隊，許以重賞，親自帶領，由劉家廟渡江到青山，繞至洪山，乘夜至賓陽門，詐稱響應。革命軍必歡迎入城，然後襲取諮議局，勝則奏請皇上，自請處分，皇上必將功抵過，所有失職之罪全加於黎元洪身上，敗則一死而已。二、不能行上述策略，即改名换姓潛往日本，一面派人登報，詐稱張彪已死。以上二策，張彪似以前策爲然，然終不敢行，即令成功，功亦歸於瑞澂，於張彪終無所利，況人心已去，無可如何，計遂中止。旋聞清廷派陸軍大臣蔭昌統大兵南下，張彪即囑蕭安國飛報蔭昌，謂張統制現帶有可靠軍隊數營，在漢口劉家廟枕戈待命。一俟大臣大兵南下，即合力進攻武昌，勦滅土匪（蕭安國乃漢陽人，德國留學生，早拜蔭昌稱門生，故張彪用之向蔭昌報告）。又有未響應之步隊第三十二標統帶孫國安、馬隊統帶喻化龍，早將軍隊帶至李家橋，距中和門外三十里，各命其執事官將關防標旗藏入身内，以待張彪之命。不料待至二十日深夜，杳無音信，又不敢回營，衆兵士在李家橋給養起居，均不方便，馬匹亦無草料，於是群有怨言。該標統等誠恐兵士生變，發生危險，孤軍野外亦非長久之計，進退維谷，遂集合兵士會議，先説明困難情形，然後問兵士如何。衆兵士答曰，長官説如何就如何。該標統等云，目下瑞制台、張統制均已出走，我們亦不知其到那裏去了，武昌城又爲革命軍佔領，砲彈更直接射擊我們營内，回營其勢不能，不回營在此。又令衆弟兄吃苦，我們不便勉强。衆弟兄願意在此吃苦亦可，願回營回家亦可。衆兵士聞之即曰，在此無宿營處，我們暫且回營，俟天明回家再説，説畢相哭而散。於是各回營中，商量决定天明響應革命軍，全體入城。

至於混成協砲隊一營退至青山時，其困苦亦然，故於二十一日仍帶回本營，亦入城響應革命軍，其管帶張正基走。

二十日晚各同志在諮議局計畫各事宜及擬各種通電，異常忙碌，直至天明，即派人將電綫恢復，所有各部辦事人員，均未規定，且亦寥寥無幾。幸皆齊心協力，各盡所能，誠恐重要事務太繁，進行困難，遂擬電請上海黄興、宋教仁等從速來鄂，並請轉電孫文，早回中國主持大計。

李翊東素剛直，當推爲湖北都督府銓叙長以司賞罰。是晚有部管帶某率兵百餘人，攻都督府，黎元洪同李作棟匿於蛇山后之山脚，張振武更衣出走，李翊東見而叱之曰，汝更衣何往，欲逃乎？張駭而返。幸當時都督府守衛者，有陸軍測量局學生數十人，李翊東遂指揮之，擊退部兵，否則不堪設想矣。

廿一早六時，吴兆麟等即派人至電報局將所擬檄文佈告，皆借黎元洪名義拍出如下。

佈告全國電

粤維我祖軒轅，肇開疆土，奄有中夏，經歷代聖哲賢豪之締造，成玆文明古國。凡吾族今日所依止之河山，所被之禮教，所享受之文物，何一非我先人心血頸血之所留遺。故睹城邑宫室，則思古人開土殖民之惠，睹干戈戎馬，則思古人保種敵愾之勤。睹典章法制，則思古人貽謀教誡之殷，駿譽華聲，世世相承，如一家然，父傳之子，祖衍之孫，斷不容他族干其職姓。何物胡清，敢亂天紀，挽弓介馬，竟履神皋。夫胡清者非他，黑水之舊部，女真之韃種，犬羊成性，罔通人理，始則寇邊抄虜，盜我財物，繼則羡我膏腴，耽我文繡，利我國土，遂窺神器，惟野蠻之不能統文明，戎狄之不能統華夏，少數之不能統多數。故入關之初，極肆凶威，以爲恐嚇之計。我十八省之父老兄弟諸姑姊妹，莫不遭逢淫殺，靡有孑遺，若揚州，若江陰，若嘉定，屠戮之慘，記載可稽。又復變法易服，使神明衣冠，淪於禽獸，而歷代相傳之文教禮俗，掃地盡矣。乃又焚毁書籍，改竄典册，興文字獄，羅致無辜，穢詞妖言，尊曰聖諭，戴仇養賊，謬曰正經，務使人人數典而忘其祖，是其害乃中於人心風俗，不但誅殺已也。嗚呼同胞，誰無心肝，即不憶父老之遺聞，且請觀夫各省駐防之誰屬，重要職權之誰掌，其用意可揣知矣。二百六十年好淫苛忍之術，言之已不勝言，至今日則發之愈遲，而出之愈刻也。今日者海陸交通，外侮日急，我有家室，無不圖存，彼以利害相反，不惜倒行逆施，故開智識，則爲①破其法律；尚術技，則謂擾其治安。於是百術欺愚，一意壓制，假立憲之美名，行中央集權之勢，借舉行新政之虚説，以爲搜刮聚斂之端。而乃日修園陵，治宫寢，賚嬖佞，賞民賊，何一非吾民之膏血？飢民遍野，呼籲不靈，哀鴻嗷嗷，是誰奪其生産而置之死地？且矜其寧送友邦弗與漢族之謬見，

---

① 爲，疑應爲“謂”。

今日獻一地，明日割一城；今日賣鑛，明日賣路。吾民或争持，則曰干與政權，曰格殺勿論，甚且將吾民自辦之路、自集之欵，一網而歸之官。嗚呼，誰無生命，誰無財産，而日託諸危疑之地，其誰堪之？夫政府本以保民，而反得其害，則奚用此政府爲？況乃淫德醜類，有玷聲華者耶？本軍政府用是首舉義旗，萬衆一心，天人共憤，白麾所指，瓦裂山頹。故一二日間湘、鄂、贛、粤同時並舉，皖、寧、豫、陝亦一律響應，而西則巴蜀已先克復，東南半壁指顧告成。是所深望於十八省父老兄弟，戮力共進，相與同仇，還我邦基，雪我國恥，永久建立共和政體，與世界列强並峙於太平洋之上，而共用萬國和平之福，又非但宏我漢京而已，將推此赤心，振扶同病，凡文明之族，降在水火，皆爲我同胞之所必憐而救之者。嗚呼，機不可失，時不再來，想我神明貴族，不乏英傑挺生之士，曷勿執竿起義，共建鴻勛，期於直抵黄龍，叙勛痛飲，則我漢族萬萬世世之榮光矣。我十八省父老兄弟其共勉之。

布告海内人士電

今日是我漢人脱離地獄更生之秋，滿奴惡孽貫盈之日矣，今元洪用十八年之心力，爲十八省親愛父老兄弟諸姑姊妹報二百六十年之仇，雪二百六十年之恥。想我同胞憶昔我祖宗被其淫殺，遭其苛虐，盗我財物，啜我心血。種種被害之情形，能勿切齒。想我漢人，在漢唐時代，若何榮譽，奈何爲奴二百六十年，奇哉奇哉。豈吾漢人都不復有羞恥之天良耶？雖然，元洪起事之日，觀民心之樂從，兵心之附合，可見當時之甘心爲牛馬者亦出於不得已耳。英雄英雄，此時不挺身而起，尚待何日？念元洪一片之苦心，我漢人四萬萬之生命，死活在此一舉。成則與十八省親愛父老兄弟諸姑姊妹再享萬萬世世之福，否則墮於地獄中永無超生之日矣。英雄英雄，迅速奮興，萬不可失此機會也。雖然還有吾半反對之當道的英雄，諒爲富貴利禄所牽累，有騎虎難下之勢，黎元洪畫虎不成反類狗耳，此則大謬之見也。蓋元洪今日之舉，是合十八行省諸英雄倡此義舉，與同胞復仇，天下先得我心之同者，非止鄂省一處也。十餘年卧薪嚐膽，今日始舉，豈可等於草莽寇盜輩，徒逞一己之私同日而語哉，嗚呼，吾海内諸英雄，其速起哉。何尚戀戀不捨，或且殉滿人之節乎。元洪今日所痛告者，念諸英雄皆懷經世之才，此時正可同扶漢族以救同胞，何尚觀望如此。若慮元洪之無成，財命之難保，此則非識時務者耳。吾海内諸英雄，其勿以吾言爲河漢。

諭湖北各府州縣政務及自治公所電

諭飭遵辦事。照得軍政府憤滿清政府佔據中華，政治昏亂，喪失主權，暴斂横征，朘削脂膏，强奪吾民已成之公共財産，箝吾民之熱心義舉，斥志士爲亂黨，目公論爲囂張，逮捕株連，殺人無算。本軍奉軍政府命，特於八月十九日倡義，征討民賊，驅逐滿清貪污殘酷官吏瑞澂、連甲等，克復武昌漢陽等處地方。元洪不德，謬膺推舉爲中華民國軍政府鄂軍都督，勉圖報稱，光復舊物。查舊日滿清流毒之由，在於政體專制太甚，民氣不揚，以致利無由興，弊無自除，亟應將全鄂地方改爲共和政體。所有各府州縣政務及自治公所妥籌辦法，移請各該地方官施行，各該地方舊治官吏，應一律呈繳僞印，聽候支配録用，不願者，繳印後聽其所之。如官吏有人地相宜、民間倚重者，准該自治公所具稟詳叙情由，連同僞印賫送來轅。經本都督核奪，頒給民國新印，即留原任，以從民望。各該公所應辦事務以警政民團爲第一要着，應即日興辦警察，以維持秩序，清查奸宄，懲治痞匪，保衛閭里爲主。團練以驅逐亂民抵禦外侮爲主，均不准藉端訛詐，擾累無辜，並於外人生命財産切實保護，以酬其嚴守中立之誼。爲此諭仰該自治公所各員知悉，迅將警察團練二項開辦方法及舊日官吏僞印並願否投效情形，刻日稟復，勿得遲延貽誤。有敢與舊吏結黨、勾通滿清政府、反抗義師、違誤新政，或乘機擾害良民、擅作威福，或官吏有志投誠、而該公所各員阻撓挾持者，大兵一到，必以軍法懲辦。該員等爲桑梓造福造禍，皆在今日，幸勿觀望徘徊，坐失機會也，切切此諭。

通告城鎮鄉自治職員電

爲通告事，鄂軍告捷，中原回應，人心如此，天意可知。本軍政府負光復之重任，爲祖宗雪大仇，且爲吾同胞子孫立萬年永固之基，理當傳檄海内，尅期大舉，唯念東南各省疊遭水旱之災，吾同胞流離顛沛，猶未能自復其生機。若義旗一舉，則飢寒無告之民，必有乘機竊發，一施其搶劫之技者。而本軍政府當軍事旁午之際，勢不能並謀兼顧，爲吾鄉僻同胞盡完全保護之責。若因其勢所必至而付之無可如何，坐視吾同胞受擄掠之害，則又負本軍政府弔民伐罪之初心，因未得萬全之策，致暫緩撻伐之師，而兵心抱憤，躍躍欲試，勢又不能復緩時日。再四思之，惟有通告各城鎮鄉自治團體，速籌自保之計，趕辦團練，守衛鄉里，貧者效力，富者輸財，既使游手無事之民有謀食用武之地，而富足之家得因此保全，計之至善，無逾於此。若慮發起之資無所自出，現今滿政府之顛覆，計日可待，不妨將應納錢糧即日停解，即以此欵爲開辦團練之需，唯滿清官吏，徒知賊民，斷不能復假槍械以助吾同胞，只得暫用别種器械先行操練，待義師收復各縣城時，即當按照各縣城所附屬城鎮鄉之已經辦有團練者，給與相當之槍枝。本軍政府爲不忍吾同胞受累起見，舍此别無良策。唯各城鎮鄉區域名稱調查難周，恐未能遍行通告，祇得請貴城自治公所代爲遞發，俾咸聞知。各城鎮鄉不乏熱心公益之士，必能納此忠告，尅日興辦，本軍政府亦當慰撫士卒，暫展起事之期數日，爲各城鎮鄉預備之地，唯大勢所迫，萬難久延，此當爲吾親愛同胞所能共諒者也。特此通告，即維施行。

檄各府州縣電

昊天不弔，漢祚中衰，山鬼潛號，中華讓渡，從此胡清竊據，逾二百六十餘年，統系相傳，幾十餘世。竊竊我神器，誅鋤我人民，奸擄我婦女，攬攝我政權，變亂我禮俗，侵奪我膏腴，直使神聖冠裳，淪於牛馬，馨香俎豆，汙於腥膻。滿漢之界限於以分，狠毒之行爲逐日熾，獄成文字，累及無辜；鋤絶根株，不留餘種，故揚州之殺，江陰之屠，嘉定之傷，嘉興之慘，金華之變，廣州之危，此皆天地所不容，人神所共憤。現今時局艱難，而彼則深宫晏樂，强鄰逼迫，而彼則高處嬉娛，名藉改良，假稱變法，政雖立憲，實欲集權，不急新政之振興，惟事寢園之修補；不問民間之疾苦，惟思財政之搜尋；不畏外侮之頻陵，恒恐内亂之奮起，所以各處駐防也，以清賊守之，内外重權也，以清賊握之。男不耕而食，女不織而衣，直以國家爲其私産，以人民爲其奴隸。鐵路經營，統歸國有，河山錦繡，認作家私。四萬萬罹於强迫手段之中，數百年伏於專制政體之下，嗚呼同胞，能不撫心蹌地，疾首呼天哉? 本軍政府痛彼酋之無狀，哀漢冑之式微，特舉義旗，振此困厄，白麾指去，群醜倒戈，黄鉞揮來，罪魁遠竄，一鳴驚人，四方響應，湘鄂皖豫，不約而同，粤贛陝黔，不謀而合，其餘諸省均有同心。此誠天亡清賊之關頭，使漢族吐氣之機會也。爾府廳州縣，各盡其職，無事倉皇。士農工商，各守其常，無容驚畏；其餘軍學農工各界，應知敵愾，雪恥復仇，共播神威，洗冤雪恨。已尅者竭力守成，未尅者竭力進取，告宗敬祖，爲我漢族增輝；建業立功，爲我河山生色。時不可失，一刻千金，願我族協力同心，復黄帝衣冠之舊，執戈起義，啓中華禮教之源。我同胞其勉旃。

檄各督撫電

黄漢與清賊不兩立，吾不殺彼，彼必殺吾。本軍政府爰舉義旗，勦除胡賊，軍興以來，義聲所播，萬姓歡迎。貴大臣亦黄帝子孫，雖暫任封疆，未必不見疑於韃靼。觀岑袁已事，可以明矣。而岑之此次赴川，主和平辦理，已不容於清賊，故今日派袁，無非使吾自戕同類，而清賊坐享其成耳，貴大臣深明大義，洞燭奸謀，此中利害，當已盡知，即不爲一身計，何獨不爲子孫一計之乎。漢族興亡，在此一舉，幸貴大臣勿拘君臣小節，而貽萬世殷憂。盍歸乎來，共襄民國，拯同胞於水火，復大漢之山河。爲此檄告。

通告各省城鎮鄉地方巡警電

爲通告事，武昌起義，各省響應，雪仇之心，不約而同，人心如此，天意可知。本軍政府擔光復之重任，指日即率師大舉，深恐飢寒無告之民，乘間竊發，施其搶劫之手段，而本軍政府軍事旁午之際，勢難兼謀並顧，所有保護人民之生命財產，維持地方之安寧秩序，皆惟我同胞巡警是賴。理應通告各省巡警父老兄弟共謀同胞之幸福，方不負本軍政府弔民伐罪之本意。凡我義師所到之處，爲地方巡警者，上至長官，下至巡警，左手均纏以白布，局中高懸白旗，曉諭安民，以示誠意。其守巡邏之規則，官弁長警之薪餉，概照向章辦理，至義旗將到，切勿自相驚恐，畏縮不前，是爲切要。倘臨事之時，官警棄局先逃，置人民於不顧，致使同胞受擄掠之害，本軍政府惟有派探拿獲，從重治罪。深望親愛同胞巡警所鑒諒者也。特此通告，即維施行。

以右通告各省、城鎮鄉地方巡警公鑒

黄帝四千六百零九年八月二十一日

電告漢族同胞之爲滿洲將士者

天運辛亥年中華國民軍南軍督奉軍政府命，布告於我國民之爲滿清政府逼迫，以爲其軍之將校及兵士者。我輩皆中國人也，今則一爲中華國民軍之將士，一爲滿洲政府之將士，論情誼則爲兄弟，論地位則爲仇讎，論心事則是同受滿洲政府之壓制，特是一則奮激而起，一則隱忍未發。是我輩雖立於反對地位，然情誼俱在，心事又未嘗不合也。然則今日以後，或斷兄弟之情誼，而變爲仇讎，或離仇讎之地位，而復爲兄弟，亦惟我國民之爲滿洲將士者已自擇之，而自國民軍起，移檄天下，國民主義，炳如日月。凡爲國民，無不激昂慷慨，敵愾同仇，誠以國民軍者，以國民組織而成，發表國民之心理，肩荷國民之責任，以主義集合，非以私人號召，故民歸之，如水就下。我國民之爲滿洲將士者，非其本欲，特爲滿洲所迫，不得已而爲之。此時滿洲政府，方又出其以漢人殺漢人之手段，驅之與國民軍爲敵，願我國民深思之。本中國人而當滿清兵，以殺同胞爲職，撫心自問，寧能不愧乎，我國民勿謂爲滿洲盡力，乃所以報國也。中國亡於滿洲已二百六十餘年，我國民而有愛國心者，必當撲滅滿清以恢復祖國。倘反爲滿洲盡力，是甘爲仇讎而與祖國爲敵也，其身分爲奴隸，其用心爲梟獍，豈有人心者所忍爲乎？我國民又勿謂既食滿清之禄，當忠於所事也。須知中國者，中國人之中國，及爲滿洲所奪，收中國人之財賦，以買中國人之死力。中國效力滿洲而食其禄者，譬如家財既爲强盜所奪，復爲强盜服役以求得傭值，境遇既慘，行爲又賤矣，是故我國民爲清政府將士者，須以大義自持。知託身滿洲政府之下，乃由一時之束縛，當懷脱離獨立之志。際此國民軍大起之日，正宜倒戈以向滿洲，而與我國民軍合爲一體，方不失國民之本分也。彼滿洲以五百萬民族，陵制我四萬萬漢人，而能安坐至二百六十餘年者，豈彼之能力足以致之，徒以中國人不知大義，爲之效力，自殘同種，彼滿人得以肆志耳。試觀滿洲入關以來，每遇漢人起義，輒用漢人勦平，殺人盈野，流血成河，皆漢人自相屠戮，而於滿人無所損。舉其大者如嘉慶年間，漢人王三槐等舉義四川，湖南、湖北、陝西諸省相繼響應，滿清政府勢垂危矣。八旗之兵，望風奔潰，禁旅駐防，皆不可用，乃重用绿營，招募兵勇，於是漢人楊遇春、楊芳等爲之效力，屠戳同胞，死者億萬，川湖陝諸省，遂復歸於滿洲主權之下。又如咸豐年間，太平天國起義廣西，東南諸省指日而定，西北則張樂行等，風馳雲卷，天下已非滿清所有，其督師大臣賽尚阿、和春，一敗塗地，事無可爲，及漢人曾國藩、左宗棠、胡林翼、李鴻章等練湘軍、淮軍，以與太平天國相殺，前後十二年，漢人相屠殆盡，滿人復安坐以有中國。凡此皆百年來事，我父老兄弟想皆熟知者也，漢人不起義則已，苟其起義，必非滿人所能敵，亦至明矣。所最可恨者，同是漢人，同處韃虜政府之下，同爲亡國之民，乃不念國恥，爲人爪牙，自殘骨肉，彼楊、曾、胡、李、左諸人，是何心肝，必欲使其祖國既將存而覆亡，使其同胞以將自由而復奴隸乎。自經諸役以後，滿人習知以漢人殺漢人爲上策，故近來怵於革命之禍，日謀收天下之兵權，以滿人任統御，以漢人供驅役。一旦有事，則披堅執鋭，冒矢石，當前敵，斷頭流血者皆漢人，而策殊勳，受上賞者，則滿人也。我國民之爲滿人將士者，苟一念及身爲中國之人，當知助滿洲殺同胞爲天下所不容，可無待躊躕而斷然決心者。且我國民苟助滿洲，豈止國家之罪人而已，即爲一身計，亦無所利。蓋滿洲之待漢人，不過視同奴隸，即爲盡力，亦毫不愛惜。嘉慶年間川湖之役，緑營鄉勇立功最多，事後八旗受上賞，緑營諸將僅沾餘唾。至於鄉勇解散之後，窮困無聊，半世當兵，戰功盡爲八旗所冒，口糧復爲上官尅扣，出營之後，工商諸業，久已荒疎，無以謀衣食。窮而爲盜則被殺戮，於是蒲大芳怨望作亂，楊芳、楊遇春念其戰功，誘以甘言，使之降服，而滿洲政府震怒，黜楊芳，使率蒲大芳等遠戍伊犁，其後密使人盡殺蒲大芳等數百人，無一留者。咸豐同治間，湘軍遍於十八行省，所至努力破敵，敵軍既盡，湘軍解散，尅扣糧餉，飢寒不免，其至豐者不過給三月口糧，不敷歸家盤費，因此流離者，父母妻子終身不得相見。而他省之人，以其當兵殺人，畏之如蛇蝎，視之若寇仇，見其落魄，反斥爲流氓，窮無所歸，則相聚結會以相依賴。而滿洲政府惡其結黨，捕拿殺戮，不可數計，是故川湖陝之氛告盡，而鄉勇失所。太平天國既覆，而湘軍無歸，乃知滿洲政府之用漢人也，猶農夫之用牛也，既盡其力，則殺而烹之，無一毫人心相待。此其故何也？蓋以同胞殺同胞，實爲天下至賤之事，不惟爲萬國所鄙棄，同胞所切齒，即滿人亦未嘗不輕賤之，以爲漢人相殺，乃其種性若此，宜其甘爲奴隸，萬劫不復，既存輕賤之心，故對待之手段刻薄如此。即使身居重鎮，屢立戰功，而偶迕廷旨，緹騎立至，其他將校，受文官呵叱驅使，甚於僕隸，而於兵士所發口糧，尤朝不保夕，而一有戰事，即責其死敵，直視之如虫蟻耳。世人見清廷刻薄寡恩，不重軍人，皆知歎恨痛息。豈知歐美日本各國，所以尊重軍人者，以其爲國努力，倚若長城，故軍人之名譽，軍人之身分，皆爲社會所矜式。至於滿人使漢人當兵，非以爲國家之干城，不過專防家賊，故其軍人以擁護國仇爲天職，以誅戮同種立功，禽獸之行，宜爲世界所不齒。

我國民之爲滿洲將士者，若猶有人心，當不待勸告，而決然反戈歸順，惟恐不速也，何用遲徊審顧爲。意者或誤會國民軍之旨，以爲國民軍既與滿洲政府爲仇，則凡爲滿洲政府之將士者，皆所不容。雖欲反正，而無路可投乎？然同是漢人，地位雖殊，情誼固在。且國民軍當未起義以前，處於滿洲政府之下，與我國民之爲滿洲將士者，固無所差別也。嗟乎，宗國之亡久矣。舉我同胞悉隸於滿洲之下，不能互相庇翼，而使寄食於仇㬷，又不能速拯之出於水火，斯已大負國民矣。何忍復較量前眚，自相携貳乎？爲此布告天下，凡我國民之爲滿洲將士者，若能顧念大義，翻然來歸，軍政府必推誠相與，視爲一體。其以城鎮鄉村或軍旅反正者，及剪除敵軍心腹將校來歸者，暨以器械糧食來歸者，皆爲國立功之人，當受上賞，其軍至即降者，亦予優待，此皆償典恤典略地規則等所一一規定者。其各激發忠義，以滌舊污，以建新猷。若猶有包藏禍心，怙惡不悛，甘爲國民軍之蟊賊者，則是自絶於中國，其罪不赦。方今民族主義、國民主義磅礴人心，舉國之人，皆知明理仗義，固非若昔日人心否塞之時。軍政府提携義師，肅將天討，期與四百兆人平等以盡國民之責，亦與昔之英雄割據有別。固將使禹域之内，無復漢奸之迹，其滿洲將士有敢奮其螳臂以相抵抗者，必盡剪除，毋俾漏網。特慮其中容有心懷反正而遲疑未决者，亦有身擁兵權，心懷助順，而觀望取巧，思徐覘國民軍之强弱以爲進退者，凡此皆不勝其禍福之見，故就義不勇。今開誠布公，明示是非順逆之辨，其各自擇，毋得徘徊。如律令布。

黄帝四千六百零九年八月二十一日

宣布滿清罪狀檄

爲弔民伐罪，誓衆出師，昭告於天下曰。嗚呼，皇天不造，降亂中邦，滿清以塞外胡種，溷據神皋，越二百六十有七年。覆我宗社，亂我陵寢，殺戮我父母，臣妾我兄妹。喪昧人道，罔有天日。九萬里宗邦，久淪傷心慘目之境，五百兆臣庶，不共戴天履地之仇。閲及近茲，益逞凶悍，毒屠誅殺，不遺餘力。舉天下之膏血，盡贶四鄰，剖神州之要區，歸之萬國。淫凶酷虐，熾於其前，刀鋸鼎鑊，隨於其後。立足無地，偷生何從，罪惡滔天，奇仇不赦。普天同憤，草木皆興問罪之師，動地興悲，魚龍亦感風雲之會。况復黄炎神胄，忍墮獄城，爰舉國民義兵，殲除大盜。擇日出師，當天誓衆，鐃歌初唱，漢幟齊張。河南既克，兩粤旋恢，義師已據武昌，南軍直來湖上。戈矛十萬，同揮韃虜之頭，子弟八千，共啖胡王之血。山河依舊，先人之廬墓可親，冠帶奚存，九世之仇雠宜復。凡我同志，努力前驅，揮日揚鞭，一蕩中原之腥穢，擒王克敵，重瞻上國之衣冠。驅胡群於關外，定霸圖於亞洲，内洗三百年滅國之辱，外當六十國逐鹿之衝。義戈所指，天地廓清，民命堪憐，秋毫無犯。須知爲國復仇，並非許民作亂，守萬國公同之約，勿害邦交。值六雄並峙之秋，各盡天職。嗚呼！黄冠草履之民，誰無尊親之血氣，四海九州之内，何非故國之山河。秉爾白矛，報爾先德，重新九鼎，再奠神京。滅此朝食，與諸君同爲黄龍之飲，建茲民國，俾萬邦共睹赤日之光。一念血誠，千秋偉業，傳檄天下，用布皇言。

昔拓跋氏竊號於洛，代北群胡，猶不敢陵轢漢族，滿清入關以來，恐吾漢人心存光復也。凡屬要害，悉置駐防，監視我漢人之耳目，使漢人永遠降爲滿清之奴隸而後快。心如蛇蝎，行同虎狼。其罪一。

清廷昔創一條鞭之法，謂以後永不加賦，乃未幾而厘金之制起，雜税之制興。近更變本加厲，割吾民之膏，吮吾民之血，使吾民死於囹圄、葬於溝壑者，蓋不知幾千萬。外竊仁聲，内存饕餮。其罪二。

流寇肆虐，遺黎凋喪。東南一隅，猶自完具。清廷謂漢人死不盡，滿人不得安，於是下江南。所過城邑，肆意屠殺。讀揚州十日記、嘉定三屠録，凡屬漢人，當無不沈沈淚下也。漢人無罪，盡膏清兵之刃。其罪三。

前世史書之毀，多由直筆書其虐政，苦在舊朝一無所聞。清廷恐人心思漢，焚毀書籍八千餘通。自明季諸臣奏議外，上及宋末之遺書，靡不焚燒，令漢人忘祖，永習爲奴。其罪四。

世奴之制，普天所無。胡清竊據中國，視漢人如豬羊，漢小有過失，即發八旗，永與滿人爲奴。有潛逃者，罪及九族。雍乾時東南名士，如莊廷鑨、戴名世、吕留良、查嗣庭、陸生楠、汪景祺之家族，發往胡域者幾千萬家。背逆人道，苛暴齊民。其罪五。

滿清爲滅絶漢人計，嚴其刑罰，苛其條例。吾民一觸其網羅，則有死無生。歷觀數年來尋常私罪，多不覆按。府電朝下，囚人夕誅。好惡因於郡縣，生殺成於墨吏。私刑毒殺，暗無天日。刑部不知，按察不問。遂令刑章罔撓，呼天無所。其罪六。

犬羊之性，父子無别。胡酋以盜嫂爲美談，以淫妹爲法制，其他淫烝，史不絶書，使華夏清嚴之地，一變而爲狐狸之鄉，遺臭中原，傳笑萬國。其罪七。

垂狗尾以爲飾，穿馬蹄以爲服，衣冠禽獸。其滿清之謂。入關之初，强漢族蓄尾，不從死者徧天下，至今受其束縛。貽九洲萬國羞，使吾衣冠禮樂，夷爲牛馬。其罪八。

致滿清政府電

滿政府諸執事公鑒。邇來軍務倥傯，未遑肅啓候祉，臨風懷想，惶愧莫名。特褚執事視明聽聰，諒必洞悉本都督起義之苦衷，不我峻責也。夫兵凶戰危，古訓昭昭，本都督才雖不敏，曷嘗罔知。然所以如此披甲厲兵枕戈飲血者，非好爲首先發難，徒負光復漢家之虚譽，實以祖仇所在，人心所趨，事勢有不得不然耳。夫中原之土地，皆我漢族祖若宗暴霜露斬荆棘以有此神州大陸也，中原之人民，皆我黄帝之苗裔，萬世一系之血統也。中原之政教禮俗、衣冠文物制度，皆我聖哲賢豪之腦力之心血所組織之而莊嚴之者也，歷代相承，未之或易。雖中間蒙古以夷猾夏，不百年而朱明即起而攘復之。降及末葉，闖賊篡竊，僞朝假應援之美名，標討賊之大義，破走闖賊，遂據燕都。於是衣冠文物之邦，淪於胡虜，華夏神明之胄，陷於腥羶矣。本都督每讀史至此，未嘗不掩卷太息椎心泣血也，及觀多爾袞與史可法一書，猶云我朝撫有燕京，得之於闖賊，非取之於明朝。噫，斯言也，將誰欺，欺天乎？譬之一室之内，有家賊盜竊，主人不能箝制之，同里之人起而援助。未始非爲義勇，及入其室，家賊甫除，旋乘其隙而驅逐其主人，盤據其家室，攘奪其財産，其爲害也較家賊有什百千萬者，而猶曰我得之於盜賊，非取之於汝家，有是説乎？僞朝之盜竊中原，得毋類是也耶？嗚呼，殺父之仇，不共戴天，春秋之義，有死無二。我漢族痛念祖國淪亡，欲光復舊物，無奈天不祚漢，卒致許多忠臣烈士流涕頓足，一死以報國，若文天祥、史可法、黄道周輩，不亦大可哀乎。他若顧亭林、黄黎洲、王夫之三先生，皆以明末大儒，懷復仇之大義，轉徙流離，一不得遂，卒竄於窮山荒谷間，著書立説，以終其生，蓋亦足悲矣。夫《春秋》一書，内中國而外夷狄，所以嚴夷夏之防也。僞朝以夷亂華，盜竊神器，縱能一視同仁，勿分畛域。而我炎黄帝胄，尚欲復仇雪恥，殄彼胡虜，況乃假襲其政教，更易其衣冠，變亂其禮俗文物制度。各省要隘，遍設駐防，文字興獄，株連無罪。其任官也，内而閣部，滿奴十居八九，外而督撫，漢族十僅二三。其收賦也，漢族抽捐納糧，取盡錙銖，滿奴坐食公餉，用如泥沙。其定制也，滿漢顯分畛域，無通婚之典。其頒律也，滿殺漢族，罰金二十四兩，漢傷滿奴，賠抵殃及妻孥，諸如此類之不平等，屈指而計，不可勝數，此仁人志士所以益憤惋而不平者也。猶幸洪楊起義，志在恢復，東南半壁，無復賊有，漢家山河，將復我舊。詎料曾左李駱諸巨奸，不辨救民愛國之義，誤解食毛踐土之言，群爲僞朝效走狗兢先驅，出死力以戰勝疆場，自殘種族，大江南北，蹂躪何堪設想，湘楚軍弁，死亡不勝枚計，血流漂杵，肝腦塗地。戕同胞以媚異族，久爲天下譏訕。此凡有血氣之倫，每一念及，莫不髮指眥裂，引爲深恨者也。厥後胡后垂簾，穢亂宫禁，奕劻專權，鬻賣爵位，英明賢哲之士黨錮海外，卑污惡劣之徒彈冠朝中，猶復標榜維新，大肆搜刮，斂民膏而侈修宫苑，借外債而抵賣路鑛。虐政密如蛛網，生民墜於塗炭，人神同嫉，天地不容，以致水旱迭臻，彗星示警，禍亂無已，盜賊縱横，天人之向背，不待智者而後辨也。是故慷慨激昂之士，仰觀天象，俯察人事，咸欲殄滅滿族，以雪乃祖乃宗之恥辱，誅戮漢奸，以登億萬生靈於衽席。吴樾、徐錫麟、史堅如、温生才、汪兆銘之暗殺尚已，廣州今年三月二十九日，我同胞志士爰舉義旗，轟擊奴署。事雖未成，其精忠義氣，震爍乎天地，昭耀乎日月。未幾川人反對路歸國有，乃愛國之愚衷，諸執事茫焉不察，一則曰格殺勿論，再則曰民氣囂張。其尤奇者，昏庸貪狠之瑞澂，竟聲言鄂軍悉不足恃，勒繳槍彈，轉給旗兵，晝夜防禁，如臨大敵，本無事也，而彼故爲驚張以震駭耳目。人心爲之大憤，加以網羅無辜，立予極刑。我同胞素懷光復之志，值此殘惡不仁之秋，振臂一呼，彈如雨注，義旗以立，而滿奴以竄，而漢奸渠魁以潛逃，時八月十九日事也。此固我漢族之義勇奮發有以致之，要亦見僞朝命運之已盡也。當此之時，天地爲之開顔，山河爲之含笑，野叟老嫗、庸人孺子，爲之踴躍歡呼，聲聞數十里。天心與人事相倚伏，人事與天心相感召，天與人歸，千載一時。我祖若宗含垢忍辱屢欲報復之而不遂者，今乃始得見之矣。本都督既承同胞推舉，不能不和衷體國，以堅同仇之志，伸討賊之義，顛覆惡劣政府，建立共和國家，上爲祖宗雪恥，下爲生民請命。各省檄文未傳，而群率響應，列强通告甫至，即默認戰團，我軍士氣憤風雲，勇撼山岳，天塹不難飛渡，投鞭足以斷流，驅逐小醜，人自爲戰，逐北軍前，所向無敵。現在軍氣憤勇，竭力備戰，迭請北渡黄河，直擣燕京。本都督默念僞朝，亦屬人類，豈忍大加誅戮。無奈衆軍士深恨胡虜，非我族類，勢必殄滅無遺。且已竊據中原幾三百年，坐享福禄已十一世，諸執事倘篤念種族，厚愛逆豎，宜勸令削號歸藩，稱臣納幣，則滿洲之老巢猶存，附庸之保護仍舊，諸執事庶可免滅族之慘，本都督亦不居屠殺之名。若其眷戀窮城，徘徊棧豆，汽笛一聲，大軍瞬息雲集。天戈所指，醜族必無噍類，勝負之數，無待蓍龜，惟諸執事實利圖之。諸執事服政有年，主持至計，必能深維利害，寧忍隨俗浮沈，去就從違，應早審定，種族存亡，在此一舉。本都督誓師宣志，有進無退，衆軍士破釜沉舟，前仆後繼。願諸執事急以保種爲心，毋貪個人富貴之利，而重種族絶滅之禍，本都督有厚望焉。雲天寫闊，延企爲勞，書不宣意。

黄帝四千六百零九年八月二十一日

又公請胡瑛携帶照會渡江，送至漢口各國領事館。

照會各國領事

中華國民軍政府、鄂省都督爲照會事。我軍政府自廣東之役，團體潰後乃轉而向西，遂得志於四川。在昔各友邦未遽認我爲與國者，以惟有人民主權而無土地故耳，今既取得四川屬之土地，國家之三要於是乎備矣。軍政府復祖國之情切，憤滿清之無狀，復命本都督起兵武昌，共圖討賊，推倒專制政府，建立民國。同時對於各友邦益敦睦誼，以期維持世界之和平，增進人類之幸福。所有國民軍對外之行動特先知照，免致誤會。

一、所有清國前此與各國締結之條約，皆繼續有效。

一、賠欵外債照舊擔任，仍由各省按期如數攤還。

一、居留軍政府占領地域内之各國人民財産，均一律保護。

一、所有各國之既得權利亦一體保護。

一、清政府與各國所立條約所許之權利，所供之國債，其事件成立於此次知照後者，軍政府概不承認。

一、各國如有助清政府以妨害軍政府者，概以敵人視之。

一、各國如有接濟清政府以可爲戰事用之物品者，搜獲一概没收。

以上七條特行通告各友邦，俾知師以義動，並無絲毫排外之性質參雜其間也。相應照會貴領事轉呈貴國政府查照，須知照會者。

黄帝四千六百零九年八月二十一日，即一千九百一十一年十月十二日

二十一晨，各同志所擬之電拍出後，午前八時，吴兆麟即命馬榮、程正瀛等請黎元洪到諮議局，但黎元洪來諮議局時極不願意，於是大衆議定，以黎元洪在前樓東端房間安居，派兵監視。同時吴兆麟又商議黎之執事官王安瀾，多方勸請黎元洪歸順民軍，蓋所勸之人甚多，而黎元洪終不回答，飲食亦不進，其心殆憂如焚也。少頃，步隊三十二標第二營、馬隊第八標均進城，混成協馬隊之一營亦響應。吴兆麟當派張福麟照料馬隊，派胡效騫照料步隊，同時混成協砲隊亦響應，當以段天一照料之。

是日正午，而六年前日知會破案後被禁於漢口禮智司監獄之同志殷子衡自行出獄，並將獄中一切被禁者放出，而新入獄之詹大悲、何海鳴等皆同時得自由矣。

是日因往來諮議局人員極雜，軍政府特設軍法、偵探、稽查、間諜各處，規定徽章，以便出入易於分别。又派同志王憲章等渡江至漢陽兵工廠，勸其響應。守該廠者乃步隊四十二標第三營，該營隊官宋錫全即

集合隊伍，説明歸順軍政府。衆兵士一致贊同，當舉宋錫全爲全營代表，仍保守兵工廠，該營管帶汪炳山走。

步隊四十二標第一營在漢口居仁門，亦於是日歸順軍政府，該營管帶陳鍾麟走。衆兵士以排長吴勝元爲代表，仍在漢口防禦。

是日所有在武漢之新軍，除步隊四十二標第二營及輜重第八營外，均已爲軍政府所有，聲勢更爲浩大，於是吴兆麟於午後二時即用黎元洪爲湖北軍政府都督名義，先通知武漢各軍隊，自行解除總指揮之職，以後命令各軍隊俱用都督名義直接命令之。兹將所發命令列左。

湖北軍政府都督命令

（八月二十一日午後二時於諮議局發）

一、據各方面偵探報告，瑞澂在楚豫兵輪率楚材、江清二兵輪，在日本租界下面停泊，張彪率輜重第八營在劉家廟，似欲圖襲武昌之勢。

二、本軍政府自本日起，擬防禦武昌省城漢口及漢陽兵工廠，一俟軍隊組織就緒即向京漢鐵路前進，占領武勝關。

三、胡效騫率步隊二十九標第二營即赴漢口防禦大智門一帶。

四、吴勝元率步隊四十二標第一營防禦漢口各街市，但派一隊沿街游擊。

五、宋錫全率步隊四十二標第三營固守漢陽兵工廠。

六、姚金鏞率步隊二十九標第一營、砲六門仍防禦通湘門、賓陽門、小東門一帶。

七、胡廷佐率步隊四十一標第二營、砲六門防禦漢陽門、平湖門、文昌門一帶。

八、李鵬升率混成協工輜二隊、砲二門防禦武勝門一帶。

九、謝元愷率步隊三十標第三營、砲四門防禦望山門、中和門一帶。

十、程國貞率砲隊續行前任務。

十一、段天一率混成協砲隊一營防禦鳳凰山。

十二、李占魁率工程第八營防禦楚王台軍械局。

十三、張福麟率馬隊第八標在混成協營房内待命。

十四、王祥發率混成協馬隊一營在諮議局待命。

十五、本都督在諮議局。

都督黎元洪

注意本晚口號：四方響應

以上命令發下後，各隊伍均赴防地嚴爲防禦，武漢秩序如常，秋毫無犯，武漢百姓極爲歡悦，謂革命軍真是仁義之師，衆兵士真是愛國軍人，於是一人傳十，十人傳百，無論老幼男女俱表歡迎，即外國人亦甚欽佩，而一種莊嚴悲壯之氣，有非筆墨所能形容者。

是日午後六時，各同志集合諮議局再開會議，因各部人員均未規定，辦事殊多紊亂。擬暫增加兵力四協，每協成立後各招補充兵一團。先將參謀軍務、外交、政務各部人員及協統四員舉定。當此軍書旁午，宜速規定以利進行。兹將所舉各部人員及四協統之姓名列左：

一、參謀部正部長　楊開甲

副部長　吴兆麟兼楊璽章

二、軍務部正部長　孫武（八月十八焚傷後尚避匿長清里劉燮卿家）

副部長　蔣翊武（十九被捕後逃脱潛往京山劉英處）

蔡紹忠辦事，張振武兼蔣職。

三、政務部正部長　湯化龍（不到）

副部長　張知本

四、外交部正部長　胡瑛

副部長　王正廷（尚在上海，由胡瑛派梁炳農至滬請翻譯，李登輝所薦，故虚左以待）

又將協統姓名列左：

一、步隊第一協統領　吴兆麟

二、步隊第二協統領　何錫藩

三、步隊第三協統領　陳炳榮

四、步隊第四協統領　張廷輔

以上人員舉定後，各部即按當時情形組織之，至於軍隊組織仍照前清新軍制度。

諸同志都抱定愛國熱忱，議定軍官及各部一切辦事人員，一律對於軍政府盡義務。每月各職員僅支夫馬費二十元，兵士每月支十元，頭目十二元。

以上所擬規定後，又用都督名義當出布告施行。

是日吴兆麟、李作棟、蔡濟民、徐達明四人同往藩庫、銅幣局、官錢局、點驗儲欵數目。計藩庫實存現銀一百二十余萬兩，銅幣局實存現洋七十萬元、銀八十萬兩、銅元四十萬串，官錢局實存銅元二百萬串、官票八百萬張。未蓋印官票二千萬張，洋元票二百四十萬張，庫銀二十萬兩，現洋三十萬元。

以上總計湖北財政存欵約四千萬元，可謂充裕，一面點清，一面令胡廷佐擔任藩庫責任，令劉繩武擔任官錢局責任，令夏維善擔任銅幣局責任，又招賢館派劉度成照料。是時熱心之士聞黎元洪舉爲都督，來招賢館報名者門庭若市，而饒漢祥及皖撫朱家寶派來之秘探孫發緒亦初至，而入招賢館。凡與黎元洪有因緣者，如吕逵先、李國鏞輩亦絡繹不絶，但黎被監視，又甚憂悶。若輩皆躍躍欲試焉。自此以後，軍政府人品漸雜，而事務益繁。所有軍政府電文布告及來往信件，每多發交招賢館人員辦理，擬妥後再由諸同志選擇之而後行，不久軍政府復組織秘書廳，即以楊玉如爲秘書正主任，饒漢祥爲秘書副主任。

是晚彙集各方面送到軍政府報告，有謂瑞澂率同海軍及陳得龍所帶之巡防營協攻武昌城者，有謂張彪帶領隊伍由青山、洪山二方面襲擊武昌者，又有謂城内藏有旗人甚多、聯絡奸細作内應者，更有謂清廷已派兵南下來攻民軍者。一時滿城風雨，一夕數驚。軍政府内辦事人員至晚多已潛出，其中不過吴兆麟、李作棟、張振武、胡瑛、牟鴻勳、陳磊、蔡濟民、徐達明、吴醒漢、蔡漢卿、向一清、楊璽章、黄元吉數人而已。當晚大衆會議議定即出佈告，曉諭人民，使之安心樂業，不得妄聽謡言，又不許妄殺旗人，遇事皆要遵守法律辦理。即或拿獲旗人奸細，須禀明都督，然後由都督轉交軍法處依法究辦，又一面傳知各機關及各軍隊，凡外來文武官紳以及各界熱心志士，均須敬禮接待，以期廣攬人才，幫助民國。是晚軍政府又趕辦公文，急派人分送各府州縣接洽及各駐紥在外之新軍與水師巡防各種隊伍，勸其一律響應，倘有遲疑觀望者，一經查出，定以漢奸究辦。

是晚軍政府派蕭國寶、姚斌、熊世藩、李國梁四人，着便衣到漢口偵察張彪情形，並勸導輜重營反正，又派人持黎元洪公函送四十二標統帶張永漢及該標第三營管帶樊毓英，勸其從速來歸。占領京漢鐵路、防禦黄河橋，一俟軍隊組織就緒，陸續增援，乘機進攻北京。將來大功告成，本軍政府論功行賞，定以該標統與該管帶爲首功云云。

二十二日黎明，吴兆麟派蔡德懋率砲隊一營及胡廷翼步隊一隊到武勝門外兩望佔領陣地，向楚豫、楚材、江清各兵輪射擊。午前八時已到該處沿堤布置放列。蔡德懋命各砲兵向各兵輪測准開始射擊，各兵輪即向兩望還擊，砲戰約兩時之久，射擊極形猛烈，中外觀者如堵，見革命軍砲戰精神，將楚豫、江清擊傷，向揚子江下游敗走，皆爲鼓掌稱贊。

軍政府既因瑞澂兵輪我砲隊擊敗，急欲招降京漢鐵路之湖北軍隊，以期早竟北伐之功。然而張彪頑抗數日，均未得手，又時接報告謂張彪急圖反攻，於是大衆計議派齊寶堂渡江勸誘，因齊寶堂曾作張彪親信，前係輜重八營管帶，並代黎元洪寫一公函再三致意如下：

虎臣仁兄如握：

同寅有年，相知以心，相知既久而忽相仇，余心甚爲歉然。惟是種族之界嚴於君臣，大義之行可滅親友。弟秉大義，别種界，萬衆一心，軍民同憤。滿奴氣盡，昭然人目，近日之戰可概見矣。仁兄素明事體，順逆之理，勝敗之數，諒計之已熟。何事以虎口餘生，

蔡济民先生遗像

蔡公濟民，字幼襄，湖北黄陂人。爲日知會重要會員。武昌倡義，率步兵首攻總督衙門，瑞澂潛逃，督戰陽夏，日夜操勞，聲嘶心瘁，不犯秋毫。二次革命，起兵鄂西，被新川軍方化南及鄂人唐克明謀殺。死後家境蕭條，僅遺一女。

東逃西竄，輔不足以有爲之满奴，以殘我同胞。仁兄猶是黄帝之子孫，獨不欲雪祖宗二百六十餘年亡國之恥乎？清夜以思，當亦廢然自返矣。用敢遣貴親信齊君寶堂邀迎仁兄，助我同胞救出水火，大業告成，虚位以待，銘勛於册，鑄像於銅。將見地球各國呼仁兄爲黄帝之肖子，復漢之偉人，與法拿破崙、美華盛頓争烈矣。如欲以逃竄小醜，烏合流氓，與大漢百戰百勝之雄師相見以戎衣，是以卵投石也。生爲鼠子，死作妖魔，不亦悲乎。弟赤心待人，決不妄言，謹率同胞歡迎江上。仁兄當有以教我也。軍事匆匆，不盡欲言，草此敬請公安。黎元洪頓首。

黄帝四千六百零九年八月二十二日

齊寶堂携函渡江，面陳張彪。張彪見之大怒，遂面令齊寶堂轉達黎元洪云，我輩爲高級長官，食皇上俸禄，理應盡忠朝廷，萬不可造反。不日北京有大兵南下，將武昌革命撲滅，叫黎元洪小心小心。我提拔他到這個地步，他還不知恩，反致造反，真不是一個東西。望你渡江説與黎元洪一聽，你可再來漢口替我幫忙云云。

是日蕭國寶等到輜重營運動該營兵士時，又被蕭安國查覺，已將該四人拿獲，問明來由，知爲軍政府所派。彼見李國梁尚有辮尾，當令開釋，遂將蕭國寶、姚斌、熊世藩三人押至劉家廟江岸槍斃。蕭國寶身受三槍尚未斃命，隨即倒地，至夜深潛回武昌醫院，李國梁回軍政府報告輜重營頗難令其反正云。

同日接得報告，謂清廷已派河南軍隊三營到漢口劉家廟與張彪會合，但河南巡撫寶芬因有巡防保護，已將協統應龍翔看守，特派標統張錫元帶新軍二營、巡防一營於本日早八時抵漢口下車。

同時又接得報告，謂滿清政府已下上諭命陸軍大臣蔭昌帶兵南下，其前敵總指揮是馮國璋，已率北洋陸軍第二鎮擬先到信陽集合。今信陽城内設有糧台，其司令部擬設彭家灣，但第二鎮統制是馬龍標，協統即王占元、鮑貴卿云云。

軍政府接得以上報告，而一般不知兵者即群相叫囂，謂參謀部不善計畫，坐誤戎機，應早日派兵先占領武勝關或黄河橋，再向北京進兵者，紙上談兵，言之成理，全不知己知彼也，甚至有熱心過度者痛哭流涕，幾欲於頃刻之間即將黄河橋炸毁，阻止蔭昌南下。殊不知湖北新軍共計步馬砲工輜各隊約有四千人，而在漢口漢陽者兵力尤爲單弱，脚步尚未站定，維持漢武市面秩序已非易事，且各軍隊自起義以來日夜疲勞，無片刻休息，區區數千人，即人人鐵石，防禦武漢猶虞不足，焉有餘力分出黄河橋，況張彪所帶隊伍防守京漢鐵路，内患未清，進攻不易。加以軍隊動作、一切補充接濟都要準備，稍有缺乏，即難維持，且瑞澂、張彪急圖報復，派漢奸煽惑謡言，一夕數驚。設軍隊皆開往前方，武昌不保，自失根據，越即沼吴，故革命軍興，對於軍事計畫困難萬狀，天下事言之匪艱，行之爲艱，徒以空談無補，謡惑衆心，致掌軍事者方方顧慮，甚難周到也。

又各軍隊自首義後，所有軍官均逃避一空，除中上級軍官無一人外，下級軍官，八月十九夜隊官僅吴兆麟一人，排長僅蔡濟民、吴醒漢、黄楚楠、曹飛龍四人，司書生僅周定原、程國貞二人。即二十、二十一兩日，陸續到軍政府者，下級官亦不過胡廷佐、徐達明、王文錦、姚金鏞、宋錫全、吴勝元、李占魁、伍正林、方定國、李忠孝、胡效騫、蔡德懋、劉廷壁、胡廷翼、謝元愷、楊璽章、張福麟十餘人而已，軍隊内缺乏指揮力可想而知。設非各軍士熱心愛國，秋毫無犯，甚得民心相助，則戰争時無勝算可言。所以滿清之亡，非徒亡於湖北軍隊，實亡於中國總民意也，武昌起義不過開其端耳。

是日河南軍隊到漢時，張錫元初奉河南清撫寶芬命令，誣武昌中華革命軍爲少數土匪，囑與張彪會師即日剿滅。迨至漢口，見革命軍聲勢浩大，沿途百姓又稱讚革命軍舉動文明，人數極衆，已由一鎮一混成協兵力擴充至四協，瑞澂兵船又被擊敗，民軍砲無虚發，外國人都爲佩服云云。張錫元聞之不敢進攻，又怕革命軍向其攻擊，於是派人向革命軍講和，謂同是漢人，自當贊成革命，擬歸順民軍云云。軍政府聞之極爲歡迎，遂派李國榮、畢鐘等携洋數千元到河南軍隊犒賞，彼此接洽，亦甚相安。張錫元云河南軍隊，決不到漢口内地，就在大智門與劉家廟之間休息。如黎都督有所指示，河南軍隊惟有服從命令而已。該軍隊巡防一營，兵士多係湘軍，聞歸順民軍，即各自來降，一鬨而散，張錫元有鑒於此更不敢動，只好詐稱投降，與民軍虚與委蛇，一面秘電寶芬静待後命。

是日王安瀾秘向同志等報稱，謂黎元洪自到諮議局，兩日不進飲食，亦不與何人説話，好似作新姑娘態度，若竟餓死又將如何。於是大衆協議，謂黎元洪如此反對革命，終日憂悶，飲食不進，若真餓死豈不麻煩。陳磊在座曰，我想黎元洪是故意作模做樣，彼以爲革命難以成功，一旦失敗，彼則求清政府原諒，或者再謀官做。如革命成功，彼則享受元勛，此時假裝愁悶，其心正在計算。不然彼果忠於滿清，何以十九晚間不死。時座中甘績熙亦以陳磊之言爲然，遂云黎元洪這個態度甚是可惱，我們真看不來，依我愚見，不如用手槍扣了完事。於是陳、甘二君持手槍向黎元洪之房間而去，而大衆勸阻，請其不可如此激烈，致外間有所藉口。甘績熙云，我縱不扣死他，亦要他決心。仍跑到黎處曰，黎宋卿先生，我們漢人同志流血不少，以無數頭顱换得今日成績，抬舉你爲都督，你數日以來太對我們同志不起。我對你説，事不成你可做個拿破侖，事若成你可做個華盛頓，你很討便宜的。你再不決心，我們就以手槍對待云云。黎元洪答曰，你年輕人不要説激烈話。我已在此兩日，並未有甚麽事對你們不起。陳磊云，黎都督很對得我們起的，但是你辮子尚未去。你既爲都督，該做一個模範，先去辮子以表示決心。聽説你自到了諮議局，茶飯不進，你未免太着急了。但你今已進了火坑，不幹也要你幹，連日以來我輩同志勸你很多好言，均不蒙你采納，我們真愧極了。我今有一言奉問，現在是民國了，你若盡忠民國，你就是開國元勛；你若盡忠滿清，你就是該早天盡節，二者必居其一，何以如此裝模作樣，我們實在不解，進而言之，你不過在滿清做個協統。現在得此機會，你非才智勝人，即你不幹，以中國之大，漢人之多，豈無做都督之人耶？望你三思。不然，恐同志等不汝容也云云。黎元洪又答曰，你們再不要如此激烈，我決心與你們幫忙就是。你們説要去辮子，我早就贊成。我前在營内並下過傳知，謂願剪髮者則聽其便。你們明日叫個理髮匠來將我的辮子剃去就是。於是大衆豁然一笑，都拍掌稱好。黎元洪遂不得已勉强承認都督。

是晚軍政府又召集會議，研究收降河南隊伍之辦法。有謂張錫元是不明大義之官僚，必係詐降，有謂真降，有謂乘我不備，欲圖襲擊，有謂降後欲作清兵内應。衆論紛紜，各有見地。最後決定收降條件，仍請李國榮等送於張錫元以探其真相。兹將條件列左。

一、貴河南軍響應民軍，甚爲感激。擬請先通電全國，並出佈告。

二、貴軍速開至武勝關防禦。

三、貴軍一切糧餉接濟都歸軍政府擔任。

四、貴軍響應後，即擴充成步隊一協，槍支亦由軍政府補充。

以上四條規定後，次日即送至張錫元。孰意張錫元表面都已認可，當云須要準備妥當再行舉動云云。

軍政府已窺其破綻，明知是詐，一面派軍隊防禦，一面仍與之表示好感。

是日軍政府所擴充之四協軍隊，其幹部均已組織就緒。一面在武漢就近招募兵士，從軍者極形踴躍。軍政府即劃定四區，各任防禦責任。兹將四區列左。

一、步隊第一協爲第一區　防禦漢陽

二、步隊第二協爲第二區　防禦漢口

三、步隊第三協爲第三區　防禦武勝門外兩望至青山附近

四、步隊第四協爲第四區　防禦武昌省城

以上四區劃定外，又擴充砲隊爲兩標，以蔡德懋、尚安邦爲標統，更擴充馬隊爲兩標，以劉國佐、周福堂爲標統。是時湖北不僅財政充裕，同志皆潔己從公，而軍械子彈被服亦甚充足。所有四協槍枝、野砲、山砲、要塞砲甚多，馬匹亦不少，軍裝被服隨時趕做，亦能源源接濟。

湖北創辦新軍爲全國先，初在德國購買七米粒九毛瑟雙筒槍一萬餘枝，繼又在日本購六米粒五單筒槍一萬五千枝，終又由漢陽兵工廠自造單筒六米粒五槍數萬枝，除軍隊自用外，楚王台軍械局儲存最多，所以擴充軍隊極形容易。

又湖北自創練新軍以迄辛亥已二十餘年，陸續退伍散在田間者不少，聞革命軍起都熱心從戎，故招募軍隊亦極迅速，計此四協軍隊約五日均已足額。

是晚接黄州來電，謂長江提督程文炳聞武漢光復，即在田家鎮取新式砲之機關以去，黄州巡防營亦反正，軍政府即派張濟安、黄楚楠二人往黄州安慰。是日長江水師巡防奉陳得龍命，欲至武昌附近集合，約有千餘人，已而知陳得龍偕瑞澂逃走，即派王朝銀、馬祖藩到軍政府報告歸順。

二十二日晚，都督府司令官方定國與滿人通聲氣，被李翊東發覺。蓋當時武昌城内敵兵未靖，晚間時有敵人放槍，各處請兵彈壓。而方定國每故意顛倒，李翊東對之極懷疑。忽見一大漢手提燈籠遞報告於方定國之案上，即馳身而出。李翊東見其形迹有異，即喊捉漢奸，當即拿獲，回顧報告，見方定國碎而吞之，後審大漢，果係滿人。同時並舉發張彪之馬弁江振彪、蔡登高等數人爲張彪作偵探，李翊東同陳磊即將方定國等處以死刑。二十三日，軍政府接得胡鄂公由保定回鄂報告云，滿清政府聞湖北起義，非常惶恐，雖派蔭昌南下，現由京漢鐵路運來兵士不多，在火車上沿途觀望，只見武勝關向南架有大砲，此次運來之兵，聞即永平秋操之軍隊。

同日又接報告，謂王遇甲已先來鄂，軍隊未至。又聞河南軍決不歸降，殆欲掩護後方軍隊開來，同時向民軍攻擊。

軍政府接得以上報告，即令第二協統領何錫藩在漢口嚴爲防禦，又派蔡德懋率砲隊一標至漢口受何錫藩指揮，在漢布防，又派黄冠群帶馬隊一營、李忠孝帶工程一隊同赴漢口，亦附屬第二協。但該協軍隊尚未招募完全，一面補充，一面布防。

漢口據長江中心，商務繁盛，關係甚大，所有糧秣接濟非漢口不行，雖與武昌一江之隔，亦難遥制。是日即派詹大悲、何海鳴等在漢口設軍政分府，以詹大悲爲正主任，何海鳴副，吕丹書爲參謀，胡瑛任外交，馬少卿、温楚衡、李文輔、王乃畲等分途任事，以便照料武昌赴戰之後防接濟等事。

又派張福麟爲船政監督，以便武漢軍隊之運輸。是日正午，蔣翊武自京山來，先到武昌諮議局。蔣自十八日被捕時即逃脱，潛往京山劉英家，彼乃四十一標兵士，亦日知會會員而結文學社者，聞武昌已爲革命軍佔領，復回武昌。即將私擬孫文所派劉公爲正都督、劉英爲副都督之委任狀交與黎元洪閲看，蓋當時孫文寄寓美洲，黨事純係黄興主持。各省運動之人皆稱爲主盟人，並無委任狀之發行，若以權利許人，誘人革命，則主義皆爲騙人之術。武昌倡義同志皆以謙讓爲心，只求推倒專制，光復漢家，身家性命皆置之度外，忽來孫文之委任狀，未免太殺風景。蔣翊武之用意，係請黎元洪讓出都督，黎元洪亦信以爲真，遂云既是孫文所派，就請他們來幹。蔣云不是這個意思，是請都督明白革命以前之辦法。大衆又怕黎元洪不安心，於是設法替劉公另置一機關，俾免閒散，致鬧意見，因各部位置均不相宜，遂設一總監察部，以劉公爲正部長，曾尚武爲副部長。蔣翊武又云，劉英現有打手萬人，刻正集合，不日帶來武漢援應。蔣翊武又與大衆商量，謂湖北軍隊此時愈多愈好，以便北伐。第一協統吴兆麟曰，軍隊愈多固好，但是未有時間訓練，以未訓練之兵使之北伐，所謂不教民戰，是謂棄之，古人謂兵在精，不在多。湖北現擴充四協及馬砲工輜並輸送等標營，軍官約需三千員，其原有四千兵士，均使充軍官，所有軍隊概係新兵，焉知戰鬥。若再擴充，則兵士招募容易，而軍官訓練實難。況目下軍官都係目兵充數，指揮力薄，不言而知，兵士初次入營，名爲軍隊，無異烏合，既不明軍隊秩序，又不知射擊方法。一旦在戰地紊亂，一髮全身，其危害何堪設想。連日以來武漢秩序全仗數千有訓練之軍人熱心維持，自擴充軍隊之令下，改頭换面，反不及從前順利，可見軍隊之精，全在有訓練及軍紀也。目下擴充四協，以實在情形觀察，似乎逾量，各協標營極感困苦。兄弟近日編組軍隊所遴選之軍官，熱心有餘而能力不足，前之活潑精神轉成遲鈍之象，蓋因其逾量之故也。再查武漢地形崎嶇，不便運用大兵，即以四協之衆，同心合力，足資防禦，且明瞭簡單，指揮亦可如意。又若軍隊加多，則需用軍餉浩大，設戰事延長，無餉接濟，則危害更大。總之，軍隊非不想加多，但情形有所不許耳。蔣翊武云，不然，天下事做得那裏算得那裏，不能過於拘謹，我意總以擴充爲是。衆知其意，又不好拂逆，於是大衆協議，再增加一協兵力。當薦熊炳坤爲協統，伍正林、杜武庫爲標統。

自蔣翊武一到武昌，即將文學會一般同志隨便委派，所有各軍隊内中下級軍官均參入有人，又其他各機關亦參入之，專以膨脹勢力爲主，而張振武亦然。幸孫武尚未至，但自起義後，湯化龍不願就政務部長，頗形冷淡，因革命黨疑其保皇也。唯此時革命同志猜疑甚深，有説參謀部長楊開甲是陳得龍親戚，恐有詭謀，致令楊開甲不敢作事，形同虚設。又説張景良之妹嫁與旗人果清阿，恐其作漢奸，特將張景良拿獲看管，實則張景良乃日知會會員也。又有蔡登高、姜金標、鄧矮子在一處談話，蔣翊武、張振武等疑是密謀，當令斬首。又方定國領取軍餉，内匿洋數十元，亦令斬決，種種疑忌，監視極嚴，由是大衆辦事都不敢露頭角。此風一播，一般在前清作官者均已遠揚，蓋民黨年輕氣盛，經驗太差，大有既不能令又不受命之弊，是其短也。可喜者熱心有餘，都有一成功思想，對於百姓外人極力保護，秋毫無犯，甚得民心，是其長也。

是晚十時，居正、譚人鳳同到武昌，據云係黄興所派，請召集各機關人員開會，報告上海情形，於是李作棟即通知各機關人員，齊到農務學堂集合，聽居正報告情形。至十一時，大衆齊到農務學堂，居正云，我們同志等此次在上海接得英文報告，謂湖北已獨立，我們聞之皆喜出望外，當與宋教仁等商量，一般同志特推兄弟與譚君人鳳回來看看，並與諸君晤教後再回上海協商進行。我們同志未起義前，總機關設在上海，民立報館即爲通訊處，自四川鐵路風潮發生，即擬借四川爲根據地，連合湖北、湖南、山、陝、江蘇、江西、安徽八省同時響應。不料湖北軍隊同志反較他省運動迅速，現在已達到獨立目的，我們同人極爲欽佩。但是滿清尚未倒，各省尚未響應，我們革命不能算是成功，望諸君努力進行。兄弟明日即往上海，請黄興、宋教仁等來鄂，與諸君幫忙，一面促各省響應云。大衆聞黄興、宋教仁之名，極爲仰慕，又聽説促各省響應，更爲歡悦。即請居正、譚人鳳二人速回上海設法進行，並請黄興、宋教仁等尅日來鄂。

革命軍自擴充軍隊之令下，各協標營組織需軍官不少，而首義後之四千兵士皆變而爲軍官。當此軍事緊急之時，何有時間訓練？以故名雖兵力增加，實則骨幹已撤，力量遠不及未擴充之時也。一般新兵不知射擊，焉能戰鬥，不得已於無法之中設法酌留基本隊伍，以便戰鬥時指導新軍。遂規定每協調選老兵一營，其編制縮小，以便指揮。每營共二百四十人，每隊六十人，每排二十人，以爲各協指導新軍督戰之用。

又吴兆麟、蔡濟民二人將工程第八營及步隊二十九標老兵組織敢死隊四大隊，令方興、馬榮、金兆龍、徐少斌四人爲隊長，每兵月給軍餉洋二十元，以爲必需時之用。

但各軍隊因時機急迫，一面編制，一面準備作戰，極形忙碌，又因滿清政府派兵南下，每日各處所來軍政府情報如雪片飛來，晝夜趕辦，稍具雛形，其實力量有限，純恃民氣爲之後盾。故滿清亦不知民軍之内容虚實，束手無策，一再延緩，民軍得以卧薪嘗膽，聲勢日益浩大。加以上海、北京、天津各處報紙之輿論皆以民意爲歸，一致鼓吹稱贊革命軍之文明，群衆皆感覺亡國之痛。此滿清滅亡之兆也。

二、八月二十四日　武漢之戰守

二十四日接各方報告，謂蔭昌確已南下，帶兵兩鎮，即近畿第六鎮與第二鎮是也。軍政府即準備作戰，擬先出其不意，驅逐在漢口詐降軍政府之河南隊伍。

同日又有海軍幫帶朱孝先來諮議局謁黎都督云，革命軍舉動文明，情願援助，黎頗喜，即招待一切，又派徐達明、王文錦、李國鏞携帶洋元二千，與朱孝先同赴陽邏，到海軍各船犒賞，並與各司令接洽，多方獎勵。詎料海軍表面雖云贊成，但決計不受犒賞。

同日又接各方報告，謂蔭昌所帶隊伍先鋒已抵武勝關，有一標之衆，標統馬繼貞，有一標已抵信陽，標統賈德耀。又得報告謂統制吴禄貞、王遇甲及協統李純、鮑貴卿、王占元、陳光遠陸續由京漢鐵路南下，以馮國璋爲軍統，自彭家灣以下各站均貼有布告及司令部紙條，信陽城内爲總糧台，所存糧秣極多云云。

黎都督以爲北洋軍隊久經訓練，若都不知種族大義，骨肉相殘，爲異族效力，則大軍雲集，湖北新軍非其敵也，恐慌殊甚。而軍政府中又少知兵之人，每接報告皆多束手。於是黎即召集大衆會議，謂第一協協統吴兆麟自到漢陽防禦而後，參謀部每接報告不能應付，而辦事諸員又分途極忙，對於軍事計畫極形困難。仍請吴兆麟回軍政府專爲主持，庶於軍事各種計畫不致手忙脚亂，其協統一席另覓替人，因此提議，衆以爲然，於是派李作棟、蔡濟民二人渡漢陽徵求吴之同意。李作棟向吴曰，今軍事範圍太廣，軍政府當軍事要衝，每日所接報告堆積如山，無人取決。黎都督因北洋清兵南下，戰事緊急，對於軍事一切計畫，非先生不行，仍請回軍政府總其大成，特派我與蔡君濟民前來徵求同意云云。吴兆麟云，軍政府正在草創，只求於事有濟，不在位置，請都督作主可也。

於是蔡、李二人回報黎都督，當請吳兆麟回軍政府主持參謀部，以第一標統宋錫全爲第一協統。

是時民氣之盛爲古今所未有，雖屢接清兵南下之報，一般軍民均不畏死，並存輕視之心，以爲漢人而作漢奸，來此抗順。如此賤種即爲全國唾棄，故大有滅此朝食之概。

是晚黎都督即召集會議，討論對於清兵作戰之一切準備及計畫。經衆決定，擬明日先驅逐在漢口之敵，逐次向北策動以阻敵兵南下，一面向漢口方面增加軍隊，是晚軍政府對於各協發下如左之命令：

湖北軍政府都督命令

（八月二十四日午後八時於武昌諮議局發）

一、綜合各方面情報，滿清政府派陸軍部大臣蔭昌率兵由京漢鐵路南下，其先頭步隊約一標，今日約抵武勝關附近。張彪所率馬隊一隊、輜重第八營仍在漢口劉家廟附近。但河南軍之兩營自到漢口佔領大智門附近，對於軍政府非誠意歸順，似欲掩護蔭昌之軍隊南下。

二、本軍政府擬先擊攘漢口之敵，逐次向北進攻，以阻止清軍南下。

三、步隊第二協統領何錫藩率該協馬隊一營、砲隊第一標（欠一營）、工程一隊、敢死隊兩大隊，於明二十五日在漢準備擊攘劉家廟大智門附近之敵，逐次向北進攻。

四、步隊第一協統領宋錫全率該協及馬隊一隊、砲隊第一標之一營，明日防禦漢陽兵工廠及漢陽各要地，並派一部保護漢口市面，且須接濟漢口戰鬥部隊之彈藥。

五、步隊第三協統領陳炳榮率該協及馬隊一隊、砲隊第二標之一營、工程一隊，明日防禦青山至兩望一帶，但須廣遠搜索武昌省城下游一帶之敵情，以防敵兵渡江。

六、步隊第四協統張延輔率該協及馬隊之一營（欠一隊）、砲隊一營明日防禦武昌省城。

七、步隊第五協統領熊炳坤迅速整頓該協爲預備隊，準備赴漢口增援。

八、其餘防禦武昌各機關之部隊明日仍續行前任務。

九、各部隊糧秣給養均由各部隊自招輸送隊辦理。

十、本都督在武昌諮議局。

都督黎元洪

以上命令發下後，各部隊均按照命令各自準備。

但此命令未發以前，步隊第二協先佔領漢口，其司令部設在漢口鐵路外劉家花園，所派馬砲工敢死各隊已先分途派往漢口聽何錫藩指揮。該協是日所發宿營命令列左。

軍政府第二協命令

（八月二十四日午後四時於漢口劉家花園發）

一、在大智門劉家廟一帶之敵約共一標兵力，着灰色服裝，似在該處佔領鐵路，掩護清軍南下之勢。

二、本協今晚擬在漢口新停車場附近宿營。

三、步隊第三標統帶姚金鏞率該標在劉家花園附近宿營，派前哨警戒右翼自法國租界車場，左翼至劉氏堤防西端一帶，但須派一部佔領漢水故道。

四、其餘各隊之宿營地如左：

協司令部	在劉家花園
步隊第四標	歆生路西北端
馬隊一營	支那競馬廠
砲隊第一標（欠一營）	支那競馬廠東端附近
工程一隊	新停車場南端
敢死隊二隊	支那競馬廠南端

宿營司令官、步隊第四標統帶謝元愷警戒集合場各宿營地前端。

五、今晚糧食由各部隊派員在漢口市街補充。

六、本協統在劉家花園，今晚九時各隊須派員來領命令。

統領何錫藩

以上該協宿營命令發下時，各部隊因新募兵士過多，頗難指揮，加以被服材料武器彈藥接濟等事皆不完全，一切動作極感困難，幸各新兵皆勇於殺敵，毫無畏心，雖軍紀風紀之不能滿人意亦不能怪。至於各級軍官亦多目兵升充，雖不善指揮，而對於兵士之維持甚爲熱心，夜間亦分途訓導，形勢上亦可勉强對付。是晚何錫藩奉都督命令後，心中毫無把握，誠恐以烏合新軍在戰場不能調動，致生危險，不敢冒昧向敵攻擊，又苦無訓練時間，如不進攻，又恐軍政府責備，遂向黎都督呈請辭職，另簡賢能。黎執不可，無論如何須勉爲其難，而一般不知兵者，群不以何錫藩爲然，謂其膽小畏戰，又謂其臨戰先怯。但臨敵易將最犯兵家之忌，又有謂何錫藩是張彪私人，恐其與張彪聯絡致敗大事者，又有謂不應派何錫藩擔任漢口責任者。衆口嘵嘵，又令大衆猜疑不定。黎都督亦無可如何，謂命令已發，萬難收回。幸吴兆麟向黎都督及大衆解釋云，命令已發，不能收回成命。但此次革命，清廷派兵南下，他來犯順，我自不能不與之對敵，只要大衆一德一心，齊心努力，成敗在所不計。唯何統領所報困難亦是實情，其意在恐新兵不知戰鬥，若因而失利，又難逃大衆責備。所以事前報告都督者，是欲請都督與大衆知其軍隊之内容耳。我非有所袒於何錫藩，恐大衆猜疑，致令其不能專一負責，倘諸君仍懷疑團，不妨公推數人到漢監視，並在協司令部幫忙指揮，如此則可放膽做去。於是黎都督與大衆均以爲然，遂公推吴兆麟、徐達明、蔡濟民、吴醒漢、甘績熙、陳偉、耿丹、高尚志八人，携黎都督公函到漢口挽留何錫藩，請其不要辭職，一面與何協商進攻在漢之敵。兹將第二協是晚所發命令列左：

軍政府第二協命令

（八月二十四夜十二時四十分於劉家花園發）

一、軍政府綜合各方情報。滿清政府派陸軍大臣蔭昌率兵由京漢鐵路南下，其先頭步隊約一標今日抵武勝關附近，但在漢口之敵情同前宿營命令。

二、本協明二十五日擬先攻擊在漢口之敵。

三、黄冠群率馬隊一營，明早九時以前由宿營地出發，搜索劉家廟大智門附近一帶之敵情。

四、步隊第四標統帶謝元愷率該標明早九時以前在新停車場附近集合，且向北警戒。

五、步隊第三標統帶姚金鏞率該標（欠一營）明早九時以前在農務試驗場集合，且向北警戒。

六、砲隊第一標統帶蔡德懋率該標明早九時以前在跑馬廠東端森林附近選擇陣地，以能射擊劉家廟大智門附近爲要。

七、李忠孝率工程一隊附屬砲隊。

八、其餘諸隊爲預備隊明早九時以前在跑馬廠集合。

九、本協統明早九時在跑馬廠東端。

協統何錫藩

以上命令發出後，關於明日進攻一切準備，各部隊趕緊籌備完好。各兵士均帶子彈六十發，又派人在漢口市面定做饅頭二萬件，擬明早九時以後實行進攻。

是晚漢口各國領事各國外人皆知軍政府明日實行攻擊清兵之消息，因外人所雇役工皆屬本地土著，時至各方探聽情形，是以消息靈通。

張彪與張錫元亦時派人至民軍各方面探聽，亦知軍政府要對彼軍攻擊，故張錫元一面報告後方馮國璋，請其速派隊伍到漢援助，一面與張彪所率之殘部協力在劉家廟以南佔領陣地，防禦民軍，並挖有散兵壕。是晚軍政府宣布告示數則，遍貼武漢街衢如下：

中華民國軍政府鄂軍都督黎佈告

今奉軍政府命，告我國民知之。凡我義軍到處，爾等勿用猜疑。我爲救民而起，並非貪功自私。救爾等於水火，拯爾等之瘡痍。爾等前受此虐，甚於苦海沈迷。只因異族專制，故此棄爾如遺。須知今滿政府，並非我漢家兒。縱有銜天義憤，報復竟無所施。我今爲此不忍，赫然首舉義旗。第一爲民除害，與我戮力馳驅。所有漢奸民賊，不許殘息久支。賊昔食我之肉，我今寢賊之皮。有人急於大義，立速執鞭來歸。共圖光復事業，漢家中興立期。建立中華民國，同胞其毋差池。士農工商爾衆，定必同逐胡兒。軍行素有紀律，公然相待不欺。願我親愛同胞，一例敬聽此言。

黄帝四千六百零九年八月二十四日

又宣布豁免惡税之告示。

中華民國鄂軍都督黎佈告

父老苦清苛政久矣。元洪倡義武昌，天下響應，亟應將湖北境内一切惡税先行豁免，以安我父老而爲天下倡。謹開列於左：

一、除鹽烟酒糖土膏各税捐外，所有統捐局卡一律永遠裁撤。

二、除海關外，所有税關一律永遠裁撤。

三、本年下忙丁漕概行蠲免。

四、本年以前積欠丁漕概行豁免。

五、各屬雜捐，除爲地方所用者外概行豁免。

黄帝四千六百零九年八月二十四日

中華民國軍政府鄂軍都督黎告示

都督爲民請命，不犯秋毫。我民人皆宜恪守勿違：

一、不聽命者斬。

二、洩漏軍機者斬。

三、藏匿滿人者斬。

四、爲清偵探者斬。

五、邀約罷市者斬。

六、賣買不公者斬。

七、捉獲敵人者賞。

八、樂輸糧餉者賞。

九、維持商務者賞。

十、保護外人者賞。

十一、報告敵情者賞。

黄帝四千六百零九年八月二十四日示

漢口軍政府分府告示

照得商團保安，原爲保護地方治安而設，且當軍事倥促之時，宵小乘機，肆行槍劫。若無商團保衛，爾居民其有噍類乎？但商團之責任在保安，一切經費除提撥公項外，自應由居民擔任。爲此出示曉諭爾商民人等一體知悉，自後商團籌辦經費，必須各盡天職，踴躍輸將，勿得故意阻撓，致礙大局。毁家紓難，千古美談，本分府不能不於爾等商民有厚望也。切切特示。

黄帝四千六百零九年八月二十四日

二十五日午前九時，軍政府第二協所有隊伍各到命令所指定地點集合，向北警戒。一面派偵探詳細搜索，且何錫藩與謝元愷、姚金鏞、蔡德懋、吴兆麟等都係同學，軍事素有研究。此次進攻步隊，因新兵太多，誠恐展開之後不易指揮，故未開始進攻以前極爲慎重，先同在實地察看敵情及地形，當在實地研究協商後，至午前十一時乃命令各部隊前進。茲將該協攻擊命令列左：

軍政府第二協命令

（八月二十五日午前十一時於法界西端停車場發）

一、前面之敵步隊共約一標，在劉家廟以南鐵路佔領陣地，其後方之敵尚未見來到。

二、我馬隊一營經漢水故道前進，搜索劉家廟之敵情。本協擬即時進攻前面劉家廟以南之敵。

三、步隊第四標統帶謝元愷率該標即時出發，沿京漢鐵路向劉家廟以南之敵前進攻擊。

四、步隊第三標統帶姚金鏞率該標（欠一營）即時出發，與步隊第四標左翼聯絡，前進攻擊劉家廟以南之敵。

五、砲隊統帶蔡德懋率該標及工程隊即時在競馬廠附近布置放列，以能射擊劉家廟附近爲要，援助我步隊進攻。

六、其餘諸隊爲預備隊，歸胡效騫指揮。隨步第四標後行進。

七、本統領在法界西端車場。

統領何錫藩

上午逾十一時，民軍各部隊受命令後即令隊伍先在原地展開，按照指定進攻地段佔領完好，然後指揮前進。第一次行至競馬廠以北，劉家廟之敵，步兵即開始射擊，民軍步砲隊齊向敵還擊。

同日正午，民軍馬隊探得清軍步兵約二百餘名，由丹水池向劉家廟之敵右翼增加，佔領陣地。民軍接此報告，料是清軍後方援應隊伍趕到，意欲從速驅逐前面之敵，否則敵之隊伍陸續增援，又係久練之師，我軍恐難收效也，於是命敢死隊二大隊，一在步隊第四標後面展開，一在第三標後面展開，督同步隊前進。午後一時餘，民軍第一綫漸次前進，佔領農務試驗場以北一帶，彼此以猛烈射擊，民軍新兵不善利用地形，行進遲緩，死傷甚衆，一般新兵見死傷之慘，心生畏縮，忽呈動摇之象，唯敢死隊在後，俱係老兵，知識甚高，各在後面鼓勵指導，向敵射擊。至午後三時許，民軍復前進約五六百米達，兩軍相距漸近，射擊亦猛。

清軍利用散民壕不退，民軍敢死隊兵士均增加火綫。何統領又命砲隊派一部前進佔領陣地，向敵右側施行猛烈射擊。

是日天氣陰暗，彼此對峙射擊，戰至午後四時餘，清軍派火車一列、步兵約一標、砲隊一營南下，向劉家廟前綫增加，正行至劉家廟附近預備停車時，民軍砲隊對火車瞄準，各砲齊發，即將清軍一列車擊翻，轟然一聲，俱倒於車軌之外。時民軍與附近參觀百姓見火車擊倒，齊聲喊殺，而火車内清兵向窗外逃命，死傷枕藉，民軍砲火益烈，於是何統領又令預備隊向前增加，一面命號兵吹衝鋒前進號音。民軍復齊聲殺敵，聲如雷震，清軍自火車逃命之兵即向後潰，而清軍之在散兵壕者見後面潰逃，亦向後退却。民軍追殺益猛，附近參觀百姓各持扁擔器具同來助戰，於是清軍大敗，不可收拾，民軍節節追躡，直至京漢鐵路三道橋方止。清軍退至灄口時天已黑，兩軍各在三道橋之兩端對峙宿營。是役也，民軍死傷共約三百五十餘人，清軍死四百餘人，傷數不知。清軍敗潰時，一列火車物品全棄於劉家廟，民軍獲得武器被服糧食甚多，約在一標軍需以上，唯子彈頗少。軍政府得此捷報，遂令所獲軍需物品盡賞於戰鬥各部隊，以示鼓勵。

是日午後六時半，第二協統領一面命各部隊宿營，一面將本日陣中日記呈報都督，唯各部隊盡全日之戰鬥，尚未晚餐，而漢上市面商民見民軍戰勝，人人歡欣鼓舞，共相慶祝。商會即購買饅頭罐頭酒肉等項送至戰綫犒賞，又備紅彩布多件，送於各部隊兵士以祝戰勝紀念，旋漢口軍政分府大放鞭砲慶賀，市面亦然，而武昌漢陽各處，莫不額手稱慶，懸旗挂彩表示光榮。武漢各報當發號外，遍傳是日革命軍之大勝情形，而胡石安更逾格讚揚於《大漢報》，轉瞬武漢三鎮附近之居民都知民軍善戰，爲國前驅，對於民間又秋毫無犯，無論老幼男女皆與革命軍一致，簞食壺漿以迎之。而對於抗順之清軍，實欲投之四夷，不與同中國，於是民軍之精神爲之大振。

是晚軍政府即將本日戰勝情形特電漢口各國領事，並電全國，促各省響應。又電各府州縣從速歸順，具報前來，若再徘徊觀望，本軍政府即派兵勦滅，勿謂言之不預也云云。是日民軍大捷，民心助順，漢口各國外人皆所親見，群謂清軍之兒戲，民軍之奮發，皆飛電各國，一致讚美。各國領事亦於是晚特開會議，討論嚴守中立，決定次日備文送武昌軍政府，承認革命軍爲交戰團。

是晚民軍第二協追至三道橋南端，特發如下之宿營命令：

軍政府第二協命令

（八月二十五日午後八時於造紙廠發）

一、據偵探報告，滿軍敗退於三道橋以北灄口附近。

二、本協今晚在造紙廠附近宿營。

三、步隊第四標謝統帶率該標在第一道鐵橋以戰鬥隊形徹夜，但派一部於第二道鐵橋爲前進哨。

四、其餘各隊之宿營地如左：

協司令部	在造紙廠西南端
步隊第三標	在造紙廠北端
馬隊一營	在造紙廠南端
砲隊第一標及工程一隊	在造紙廠西端堤防附近
敢死隊兩大隊	在造紙廠南端附近

五、宿營司令官步第三標統帶姚金鏞。

六、各部隊給養以漢口商會與軍政分府所辦之糧秣，在劉家廟車站領取。

七、本協統在造紙廠西南端房屋内，今晚十時以前各派隊員來領命令。

協統何錫藩

是晚軍政府因第二協戰鬥各部隊極爲勞苦，當命何錫藩明日在三道橋附近整頓隊伍，準備進攻。又擬令步隊第三協派一部由青山附近渡江，攻擊滿軍左側。擬令第一協派一部攻擊滿軍右側以收三面合攻之效，又派李作棟携洋一千元賞於第二協戰鬥各部隊，借資鼓勵。蓋是日之勝固係新兵，實得力於何錫藩等先在實地研究，故能從容指揮於部隊展開之後，維持一切秩序，致收良好結果，不然，以數日之新兵驅之戰場，未免於心不忍。老子曰，兩軍相遇，哀者必勝，徽之此次戰争，信之矣。唯軍政府一般人員因今日之勝，能將滿軍擊退三道橋以北，又奪獲軍需物品甚多，遂生輕敵之念，驕氣逼人，大有指日收復北京，將滿清俄頃撲滅之概，於是人人奮勇，自以爲個個知兵，議論風生，謂今而後應如何籌畫，應派兵一支往何處及何處，何處用正兵，何處用奇兵，何處設伏兵，總不外妄語空談，開講三國演義。最可笑者，若輩熱心過度，神筋太敏，理想一動，即迫參謀部依樣施行，稍拂其意即咆哮痛哭，一種狂潮熱度，真有不堪言狀者，不知兵學爲儒學之至精，决非空談家所能濟事，更非門外漢所得而知。况近世武器發明，日新月異，欲决勝疆場，非平時研精實習，斷難應付。且軍隊動作，尤非久經訓練之師，不能指揮如意，縱令長官多才，計畫良善，每每願與心違。所以孫子曰，多算勝，少算不勝，況無算乎。即謂軍隊之訓練及一切之計畫準備，兩相比較，知己知彼，權其强弱，運用神速，方得勝算。以上所言，因關於當時軍隊進行，極爲重大，若輩妨害軍事行動，故略言之，以爲後之妄談軍事者戒。

按武昌倡義，革命軍兵力甚微，假使瑞澂稍有知識，處置適當，則民國能否產生，尚屬疑問。稽之事實，八月十八黨人機關破案，瑞澂如大度寬容，則十九日不致速變，即十九日城外輜重工程兩隊生變，亦旋變旋散。設非城内舉動，即無事矣，又城内工程第八營雖動，若非左隊隊官吴兆麟先據楚王台以作根據，爲之集合指揮，亦必無援而散，且斯時吴能指揮之兵力亦不過砲工兩大部分耳，其餘未回應之新軍正多，加以巡防水師明與黨人爲敵，設瑞澂不逃，集合張彪、陳得龍、鐵忠等用迅雷不及掩耳之法，圍攻楚王台，則數百健兒不知慘傷奚若。是知滿清之亡，以其無人才也。迨後清廷聞電，束手無策，而革命軍得以從容布置，豈非徼幸乎。

再者，革命同志激烈份子甚多，起義之日幸孫武、蔣翊武或病或逃，均不在場，設孫、蔣在場，一涉權利之私，則黨内交鬨，根本動摇，安能成事，當時擁黎登場，亦不得已之方便也。

三、八月二十六日 各國宣告中立

二十六日（即西曆一千九百十一年十月十七號）午前十時，駐漢英、俄、法、德、日領事公派英人盤恩持一公函送至武昌軍政府，面晤黎都督，説明各國甚歡迎中國國民軍之勇武文明。在武漢之外僑又承軍政府之保護，極爲感激，故特承認民軍爲交戰團，各國嚴守中立云云。黎都督答曰，此次武昌首義，對於本地方之外人百姓自當盡保護之責，但湖北軍隊之革命亦屬出於萬不得已。庚子之役，滿清政府太無知識，很對各國不起，近來對於國内人民甚爲猜忌，今年又派瑞澂來鄂，遇事壓迫，所以人民都不願意，力謀自立，故有今日之舉。既勞閣下之駕，又承各國領事嚴守中立，甚爲感激，請閣下回漢口代爲致謝云云。當時軍政府招待盤恩去後，即由軍政府備答謝文五份，派湯化龍、胡瑛、夏維松等送至漢口交各國領事，於是各國領事會銜即於次日發出佈告。兹將佈告抄録於后：

駐漢英、俄、法、德、日領事爲佈告嚴守中立事

現值中國政府與中國民軍互起戰事，查國際公法，勿論何國政府與其國民開釁，該國國内法管轄之事，其駐在該國之外國人無干涉權，並應嚴守中立，不得藏匿兩有關係之職守者，亦不得輔助何方面之狀態。據此，領事等自嚴守中立，並照租界規則，不准携帶軍械之武裝人在租界内發現，及在租界内儲匿各式軍械及炸藥等事。此係本領事等遵守公法、敦結交誼上應盡之天職。爲此闔切佈告，希望中國無論何項官民輔助本領事等遵守達其目的，則本領事等幸甚，中國幸甚。謹此佈告。

西曆一千九百十一年十月十八號白

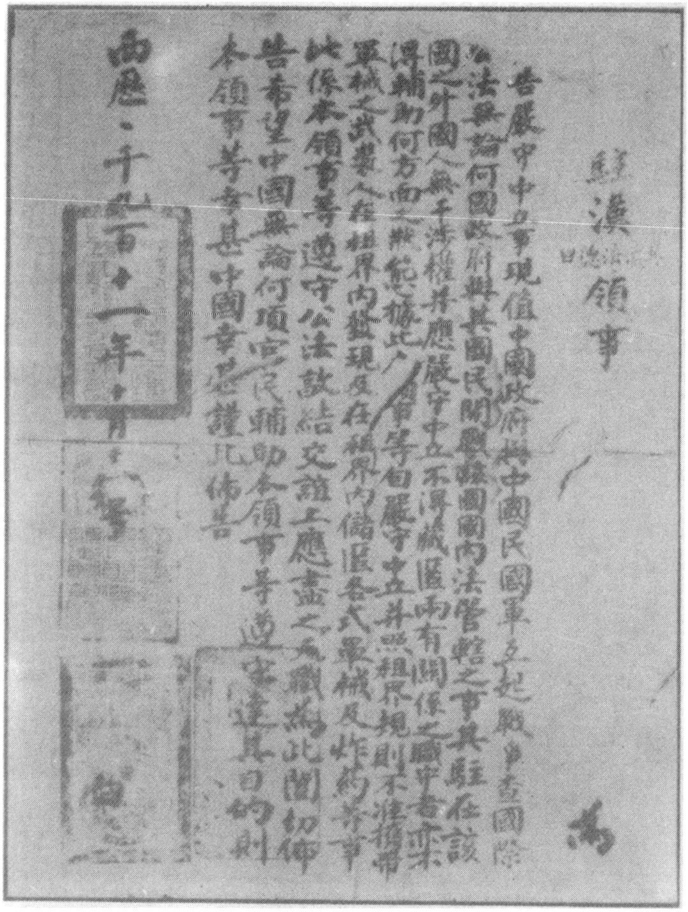

駐漢領事　為

告嚴守中立事現值中國政府與中國民國軍交戰查國際
公法無論何國政府與其國民開戰係屬國內法管轄之事其駐在該
國之外國人無干涉權并應嚴守中立不得藏匿兩有關係之職守者亦不
得輔助何方面又嚴範據此本領事等自應嚴守中立并照租界規則不准攜帶
軍械之武裝人在租界內發現及在租界內儲匿各式軍械及炸藥等事
此係本領事等遵守公法敦結交誼上應盡之天職為此剴切佈
告希望中國無論何項官民輔助本領事等遵守達其目的則
本領事等幸甚中國幸甚謹此佈告

西歷一千九百十一年　月　日

駐漢各國領事佈告中立

武昌倡義，天下臚歡。雖漢口租界外人，素以奴隸輕視我者，見我漢人一旦覺悟，力争自由，興師獨立，莫不額手致敬。故於起義後第八日，即一致嚴守中立，承認民國軍與異族軍交戰，已知有新陳代謝之勢矣。前照即漢口五國領事嚴守中立之告示也。

是日各國領事既承認民軍爲交戰團，宣布嚴守中立，軍政府即將領事公函原文，由都督遍出佈告，一面通電上海及各省，唯民軍兩日以來，既在漢口戰勝，又因外人承認，精神更爲之一振，以爲成功不遠，無不喜形於色。於是反對革命之黎元洪，至此亦轉憂爲喜，笑容可掬，對於一般同志熱心周旋。大衆即請黎都督祭告天地，並備祭天地文及三牲鞭砲等件搭臺於諮議局前，請黎都督登臺親讀祭文如下：

黄帝四千六百零九年，仲秋下浣之六日，曾孫黎率國民軍用牲潔酒，敢昭告於天地山川河海與我漢族祖宗之前曰：惟我漢族，神明之裔，淪於胡羯，二百餘年。漢人實耕，滿奴食之，漢人實織，滿奴衣之，以四百萬犬羊之種，淩駕於四百兆主人之上，縛我手足，服以胡服。而令我跪拜俯伏以供犬馬奴隸之役，吸我膏血，藏之私庫，而縱其驕淫嗜欲，以築宫室池臺之游。私河山爲自有，取財賦若家珍，罪大惡極，擢髮難數。緬維我祖，或教稼穡，或製衣裳，或平水土，或定禮樂，艱難締造，四千餘年。彼沙漠小丑，飲酪卧氈，乃敢盗竊神器，肆虐滔天。此天地山川河海與我祖宗之靈所共照也。自庚子以來，天誘民衷，祖宗來格，義旗屢舉，未奏膚功。蓋其積惡未稔，則删除難盡也。兹湖北僞督瑞澂，收我漢族軍械，欲以滿奴之百人，殲我國民全軍。義聲一動，萬衆同心，兵不血刃，克復武昌。我天地山川河海祖宗之靈實憑臨之。元洪投袂而起，以承天庥，以數十年群策群力呼號流血所不得者，得於一旦，此豈人力所能及哉。日來蒐集整備，即當傳檄四方。長驅漠北，弔我漢族，殲彼滿夷，以與五洲各國立於同等，用順天心，建設共和大業。凡我漢族，一德一心，今當誓師命衆，日朗雲空，天容如笑，江清波静，山川有光，伏維歆享，不盡血誠，謹告。

又祭告黄帝文曰：

維我黄帝紀元四千六百零九年八月二十有六日，代表鄂軍都督黎元洪，率同全軍人謹以太牢玄酒之儀，恭奠於先黄帝在天之靈。伏以黄帝接中華文明之國，演神明奕禩之祚，緜衍至今，越四千餘載，達四百兆子孫，聖神功德，不著寰宇。崇報盼饗，自表同情。惟是滿奴入關，横侵政權。二百年來，我族痛心疾首，久思光復故物，克纘先烈，卧薪嘗膽，匪伊朝夕，兹幸義旗一舉，不崇朝而克復全鄂，鄰疆響應，不旬日而抵定東南。衆志一心，務以殲除滿酋、恢復神州爲目的。元洪德薄智淺，仰托先皇靈爽之憑依，賴同志進行之鋭，誓必達到目的而後已。循序布憲，足與寰球各國並駕齊驅，使我五千年文明古國歷史上發異常光彩，子子孫孫永保幸福。惟我先黄帝實式鑒之。尚饗。

附録禮單：

築壇（壇前設燎火，壇上設香案，陳玄酒太牢，用小黄牛）贊禮官（立壇上香案左），讀祝官（立壇上香案右），全軍站隊。軍樂隊奏軍樂之首章。都督率各上級將校升壇南面（都督中立，將校旁立），都督就香案位親上香獻牲酌酒，都督就位跪，將校同跪，全軍立正舉槍，都督及將校俯伏，祝官興。都督及將校免冠行四叩禮，讀祝官跪就香案右，讀祝文，讀畢，祝官授爵於都督，奠酒。都督率將校整冠興。全軍槍放下，都督立壇前發誓詞，畢，全軍舉槍三呼中華民國萬歲，四萬萬同胞萬歲，黎都督萬歲。軍樂隊奏軍樂之次章，禮畢，都督率將校下壇，回諮議局。全軍整隊歸伍。

附録誓詞如下：

維黄帝紀元四千六百零九年八月二十六日，鄂軍都督黎謹以犧牛醇酒昭告皇天后土而誓於師曰，我祖黄帝建邦於中土，世世先哲明王，纘衍厥緒，爰迄有明，不康於政，遂喪厥宗主。虺彼滿清，辱我二百餘年，先祖先宗，禮樂文教，靡有遺存。欽爾有衆，克振義軍，丕揚我大漢之天聲，光復土宇。予小子實有慚德，辱在推戴，敢用玄牡，昭告於皇天后土。與爾軍士庶民，戮力協心，殄此寇仇，建立共和政體。爾惟克奮英烈，實乃無疆之休，予亦報於汝功，其或不違，而有後至，予亦汝罰。嗟爾有衆，尚欽念哉，決不食言。

黎返諮議局時，即召集各機關人員會議，一面準備進行各事宜，一面計畫戰事，令各部隊續行進攻。

清廷至此已無法可施，既無知兵人才，又無可靠軍隊。雖派蔭昌南下，仍欲起用袁世凱，號召近畿六鎮以作第二曾國藩。但袁世凱故意作態，稱病不應，不得已仍促蔭昌起程，蔭昌惶惶無主，極爲恐慌，日盼袁世凱出山，以圖卸責。蓋清廷慣技以漢人殺漢人，故先命馮國璋帶兵在京漢鐵路防備完善，然後蔭昌方肯出京，所以河南軍到漢一星期，後方仍無增援。張錫元遂與民軍虛與委蛇，及至民軍迎頭痛擊，即致大敗，狼奔灄口。蔭昌聞之更爲膽寒，是日行至信陽即不敢前進。加以鐵忠逃至信陽，向蔭昌號啕大哭，謂武昌大殺旗人，凡我旗人死期不遠了。哭得蔭昌坐卧不安，慮將及己，對於軍事一概置之不問，專欲起用袁世凱以作替身。平時滿人宰制漢族，飛揚跋扈，徒與漢人生惡感，雖良弼、鐵忠輩留學日本士官畢業，對於軍事經驗毫無，一聞漢人革命，即已魂飛魄散，使袁世凱不出，清廷早已逃空矣。

先是馮國璋在京漢路逐段檢查，到黄河橋以南檢查更嚴密，因黄河以南是湖北四十二標第三營防守，馮國璋不甚放心，遂召該營管帶樊毓英將軍隊調開，統換馮之隊伍。馮到信陽即派兵防禦武勝關，安置大砲，該關天險，防禦民軍前進。一面準備將軍隊在信陽集中，一俟集中完竣，子彈運到，然後計畫前進攻擊武漢。

清廷又因近畿需兵防禦，所有隊伍均不敢調遣。其餘軍隊均在永平秋操，即以秋操軍隊第二鎮第六鎮調往南下。但一鎮之軍由京漢單軌鐵路輸送，至少需時一星期，且永平秋操之兵均無子彈，即令集中信陽，須待子彈運到方能作戰，往返運輸途中極形擁擠。直至八月二十五日始運到步隊兩標，以一標駐武勝關，以一標駐信陽，以致河南軍到漢多日，既不敢進，又不敢退。雖張錫元日日秘電請援，終無以應，迨至二十四日探得軍政府對河南軍已下攻擊令，甚爲恐慌，連夜向蔭昌告急，萬急秘電發如串珠，謂軍政府已派兩混成協準於明早向我軍攻擊。我軍步兵兩營與張彪統制所帶之輜重第八營及步兵四十二標之一隊並馬隊一隊，已佔領劉家廟以南固守，敬乞馮軍統速派步砲各隊，準明日午前到劉家廟援應云云。馮國璋接此急電，即命馬繼貞帶兵一標及砲兵一營，準明日午前趕到漢口劉家廟，與河南軍協力防禦掩護大隊集中云云。

馬繼貞奉令後即令該標隊伍準備二十五日天曙上車，不期各軍隊天曙準備不及，手忙脚亂，延至午前十一時始開火車，至午後四時方抵劉家廟，突遇民軍砲擊，全車傾覆。加以民軍砲火猛烈，步隊與四圍百姓齊聲喝殺，聲震天地。馬繼貞不知真相，以爲中計，死傷狼藉，各自潰逃，逭至灄口方止。時已天黑，民軍不及窮追，否則滿軍即全軍覆没也。馬繼貞遭此大敗，不責自己疎忽，反罵張錫元、張彪等不應請其在劉家廟下車，即將大敗情形急電馮國璋轉報蔭昌，於是蔭昌、馮國璋及其隨員並所帶軍隊皆相驚失色，士氣沮喪，不但不敢進攻，並時時防禦民軍前進。馬繼貞急欲退回武勝關，而張彪與張錫元執不可，謂灄口險要，前有三道橋，長逾一里，一夫當關，民軍萬難前進。況左有大江，右有大湖，宜固守此處以待大軍來援，再圖恢復。張錫元更電馮國璋即派大軍前來。

但張彪此時在灄口進退維谷，民軍恨其做漢奸，清廷又不重用，手中又無兵力，且民軍聲勢益大，外人又承認爲交戰團體，亦覺得清廷無人，遲遲不派兵南來，愈久愈壞，心中懊悔，復暗命左右覓齊寶堂再往灄口與齊秘議，謂民軍派你請我到武昌，是真是假。齊答曰，是真。張彪云，既言是真，何以不派何錫藩來。意以爲何錫藩是協統，在民軍中必有勢力，若何錫藩至，即可同到武昌，於是齊寶堂又到武昌與黎商量，黎即與大衆會議。僉云請張彪至武昌，待以客卿之位。齊寶堂又請何錫藩同往勸駕，何云昨日與之血戰，今日到其營門。若給我以不利，當如之何，不肯往。齊轉告張彪，張彪因何不來，遂作罷論。

是日午前民軍第二協在造紙廠一帶整頓隊伍，又派間諜赴灄口左右翼偵察敵情及進行各道路。

午前十時，據正面偵探報告，三道橋北端清軍設有機關槍，其左右翼已挖有堡壘，均有散兵防禦。

又接報告，謂清軍自敗退後對於黄陂、孝感及灄口等處連夜陸續增加隊伍。

又據由陽邏來漢同志多人報告，該處已停泊兵船五隻。民軍第二協何統領因正面三道橋有一里餘長，是一極險之隘路。右翼是湖，左翼是揚子江，海軍又在陽邏，照地形觀察，不易進攻，若由敵之右翼進攻，非行大迂回法不可。現在所轄隊伍俱是新兵，其一切後方接濟都不完備，困難殊多，能否照命令動作不可知也，遂命各隊暫在造紙廠防禦，一面將以上困難情形報告黎都督。黎閲報告即開軍事會議，當決定令該協在三道橋南端一帶作防禦準備，再圖攻擊。

是時一般不知兵者又謂不應取守勢防禦，未免示弱，當乘敵新敗之餘向前進攻，以便佔領武勝關。又有謂何錫藩膽小，始終靠不住者，於是若輩同至漢口造紙廠參觀，一面要何統領下令向敵攻擊，又一面在部隊鼓吹，大説何藩錫無用，謂區區滿軍兒戲之衆，不難一鼓蕩平，説得極爲容易。時有敢死隊隊長徐少斌願告奮勇，進擊灄口之敵，何統領許之，旋挑選各部隊隨同敢死隊進攻。兹將所派進攻隊伍揭示如左：

一、敢死隊二大隊。

二、步隊一營。

三、砲隊一營。

以上各隊挑選組織後，即以謝元愷爲司令，以徐少斌爲前衛司令，其餘第二協所轄各部均在造紙廠準備，如進攻灄口之隊伍得手，即跟隨前進。

同日午後一時，謝元愷命徐少斌帶第一敢死隊爲前衛，馬榮帶第二敢死隊爲援隊，步隊一營爲預備隊，砲隊一營在第二道鐵橋沿堤附近布置放列，以援助敢死隊前進。

少頃，徐少斌帶隊前進，行至第二橋以北，即命隊伍開始射擊，而灄口滿軍亦不還擊。徐少斌以爲無敵人在此，遂率敢死隊猛進。進至第三橋中間，滿軍即用機關槍堵塞隘路口，向敢死隊猛烈射擊，徐少斌當即陣亡，屍落水中，同時陣亡兵士十餘人，傷二十餘人，旋即退却。但砲隊係山砲，雖向滿軍射擊，亦少命中，至午後四時各隊仍退回造紙廠。

是晚第二協各部隊仍在原陣地防禦，並將本日派隊進攻情形及徐少斌等陣亡情況報告黎都督，唯一般熱心過度之門外漢仍謂何錫藩怕死，遲遲不進，應乘敵敗退之時直追至三道橋以北，免我軍進攻隘路發生危險。又謂爲指揮官者當身先士卒，奮勇先登，衆喙紛紜，群責何錫藩貽誤戎機，不能當此重任。同時張景良謂何錫藩是彼部下（張係二十九標統帶、何係二十九標第一營管帶），願到漢口殺敵，爲民國立功云云。而一般神筋過敏之人因張景良既被看管，然究係漢人，資格較何錫藩尤深，如能將灄口之敵攻退，即不咎前嫌，並論功行賞。大衆遂在黎都督前要求委張景良爲漢口指揮官，所有在漢軍隊悉歸節制。二十七日張景良奉命爲漢口指揮，即到漢口組織司令部，以蕭開桂爲參謀。其司命部設在劉家廟車站，當通知第二協各部隊及軍政分府並在漢各機關，一面計畫攻擊灄口之敵。

是日軍政府接得各處情報如左：

一、安陸府、宜昌府均已來電反正。

二、劉英已率同志數千人由京山出發，不日可到武昌。

三、唐犧之率步隊四十一標第一營在沙市獨立響應武昌。

四、清廷已令袁世凱爲湖廣總督，督師南下，陸海軍統歸節制。

五、海軍仍在陽邏停泊。

六、滿軍由京漢路南下，陸續向祁家灣灄口附近集中。但黃孝均派有重兵防守。

七、滿軍總糧台仍設在信陽，該處城内儲糧秣極多，亦派有重兵防守。

八、馮國璋司令部在彭家灣。

以上所得各情報軍政府即時通知各軍隊及各機關，一面電各省促其響應。

斯時全國陸軍共三十六鎮、近畿六鎮，只能抽兩鎮南下，如武昌軍政府專事練兵，先於青山要隘擊沉海軍各艦，在三道橋南端鞏固防禦，以待清軍解體，則清廷不難掃除矣。茲將當日袁世凱抗順之兵力列左：

北洋六鎮

第一鎮	統制趙國賢	駐南苑
第二鎮	統制馬龍標	駐保定府
	協統王占元	
	協統鮑貴卿	
	標統馬繼貞	
第三鎮	統制曹錕	駐長春
第四鎮	統制王思澄	駐馬廠
	協統陳光遠	
	協統何豐林	
	標統蔣廷樟（砲隊）	
	標統張九卿（馬隊）	
	標統劉起垣（步隊）	
	標統李厚基	
	標統吴長植	
	標統臧致平	
第五鎮	統制張懷芝	駐山東
	協統賈賓卿	
	協統張樹元	
第六鎮	統制吴禄貞	

協統李純

協統周符麟

第二十鎮　統制張紹曾　駐灤州

當日到漢反抗革命軍之隊伍僅可爲袁世凱所抽調者，其主力軍甚少，且其中之懷種族大義素抱革命思想者亦大有人。吴禄貞與張紹曾已聯絡，密謀斷京津、京綏、京漢各路交通，直取北京以作根本澄清之計。藍天蔚在奉天亦與同謀，而下級軍官之欲響應武昌者尤衆，如馮玉祥、王金銘（字子箴）、施從雲（字燮卿）三營長欲在灤州舉動，被王懷慶發覺，立將王金銘、施從雲槍斃，馮玉祥與劉驥俱逃。若袁世凱稍知愛國，不出而助清廷，則北洋各鎮未必能與革命軍抗。後來袁派馮國璋焚燒漢口，真漢族之大不幸也。再將當日袁世凱進攻漢口之主力軍列左：

第四鎮一部分（九月初六日開始攻擊）。

第二鎮一混成旅，王占元指揮，步隊標統馬繼貞。

第六鎮一混成旅，李純指揮，馬隊標統賈德耀，步隊標統吴鴻昌。

軍統每每變易，先蔭昌，繼馮國璋，後段祺瑞。

河南步隊約二營，張錫元指揮，管帶朱鳳藻。

總司令部先信陽州，次孝感縣（稱湖廣總督駐），再駐灄口，後移漢口劉家廟大智門。

其後攻漢陽之一小部分約一團，由蔡甸攻（王占元帶）。

一大部分約一混成協，由沱落口攻（李純帶）。

一部敢死隊約千人，由正面渡河（何豐林帶），繞道仙女山攻入。

以上表觀之，袁世凱以有限之兵力作滿清抗順之中堅，即得武漢亦無能爲力，全國皆起而鋤之，雖千百袁世凱亦可拔其禍根也，所以袁世凱只利用一勝之威，反逼清廷，以奪中華民國之政權。一念之私，禍及國家無窮也。

是晚軍政府又派步隊第四協到漢增加，武昌防務以第五協擔任之。

同時軍政府召集軍事會議，由參謀部提出研究之事如下：

一、滿軍在漢敗退後固守三道橋北端，陸續向祁家灣、灄口等處增加隊伍，欲圖恢復，此必然之勢。但海軍現在陽邏，如不響應，頗爲我害。唯三道橋隘路，我既進攻不易，敵人向我進攻亦難。按以上情形，我軍或攻或守，此應研究者一也。

二、滿軍兵力集中之後聯合海軍向我進攻，此意中事。但是彼之目標，或攻武昌，或攻漢口，均未可知。此應研究者二也。

三、如滿軍向漢口進攻必利用海軍協助，但是正面隘路，彼難前進。如由孝感經新溝繞攻，則我背後雖危險，而彼行動亦困難。我應如何防禦，此應研究者三也。

四、如滿軍向武昌進攻，用海軍掩護，由何處渡江。我應如何阻止而防禦之，此應研究者四也。

五、如滿軍此時無力攻我，或暫時防禦，或我先向彼進攻，以擊退灄口之敵。此應研究者五也。

以上五端，望大衆先判斷敵情，比較我軍勝算而決定之，於是大衆逐一討論。與其防禦待敵攻我，不如乘敵未集中完備，先行進攻。倘能將灄口之敵軍擊退，則我前進一步有一步之好處，藉以壯我聲威云云。

軍政府因此議決對滿軍進攻，遂由都督發如左命令：

軍政府部督命令

（八月二十七午後十一時半於諮議局發）

一、在漢口敗退之滿軍，其步兵約兩標，附有機關槍，已佔領三道橋北端灄口附近一帶。又據偵探報告，黄陂、孝感、祁家灣各車站，滿軍亦陸續派兵南下增加。但海軍共計在陽邏有五隻，司命官係薩鎮冰，連日派員疎通，尚未妥協，聞滿清有令海軍協攻我軍之舉。

二、本軍政府擬乘滿軍集中未完備以前，先攻擊灄口附近之敵。

三、張景良爲漢口指揮官，率在漢所有各部隊明日準備進攻灄口之敵。但攻擊計畫及命令須先呈報軍政府。

四、步隊第一協統宋錫全率所屬隊伍防禦漢陽，但須設法接濟我軍漢口進攻軍隊之彈藥。

五、步隊第三協統陳炳榮率所屬隊伍防禦兩望至青山一帶。但須派砲隊在青山附近佔領陣地，阻止海軍前進。

六、步隊第五協統熊炳坤率該協防禦武昌省城。

七、本都督在諮議局。

都督黎元洪

以上命令發下後，各協應照命令内所指示任務，各自籌備實行，以期協力動作，方可達到進攻目的。唯張景良（在前清由日本士官畢業回國後，在軍隊日期甚少，平日專事應酬，對於軍事素無研究。且情形疎忽，大衆都以忠厚目之，俗云忠厚乃無用之別名，觀於張景良益信）自受命令後毫無把握，茫無頭緒，竟將都督命令全文抄轉各隊伍，而各部隊以爲先將都督命令抄給我們一看，使我們知道全般意思，然後指揮官再給命令使我們進攻，大約指揮官是這種用意。孰知張景良亦不另下命令，自己乘馬親往各部隊與各帶兵官商量，就説照都督命令向前進攻，各帶兵官云，都督命令是給指揮官，不是給我們者，如何能照都督命令進攻？應由指揮官準都督命令，另下一進攻命令與各部隊，方知指揮官意旨，然後各自照命令内指示任務施行。張景良因各部隊如此回答，旋返劉家廟與司令部人員商議，另擬命令，遲至次日正午命令尚未發下，各部隊竟在漢各原地待命。

當時有人謂張景良被看管後已嚇成神筋病，又謂因其妹嫁與果清阿，慚愧不能自主，以致臨事倉皇，措置乖方，未知確否。實則早爲日知會會員革命老同志也。

二十八日軍政府傳知各協，將輸送接濟等事好爲預備，又令軍政分府在漢組織糧台。詹大悲、何海鳴等派參謀吕丹書偕同葉達三、黄之根三人，在劉家廟設第一糧台，在大智門設第二糧台，存儲糧秣子彈以便接濟各戰鬥部隊。又派羅錫嚴爲運輸子彈隊長，各事皆準備完全。至下午十一時尚未見張景良報告，軍政府不知張景良是如何佈置，特派楊璽章、蔡國光、蔡濟民、徐達明四人到漢調查，詢指揮官究竟如何佈置。楊璽章等到劉家廟時與張景良晤談，知其毫無計畫，狀甚驚慌，楊等即知其全無把握，誠恐僨事，遂與張景良商量云，都督給有命令，何以指揮官不命令各部隊準備進攻。時張景良亦無回答，吕丹書在旁云，請楊君代指揮官下一命令，以便各部隊預爲準備，於是楊璽章即代張景良擬以如左之命令：

指揮官命令

（八月二十八日午後三時於劉家廟發）

一、在漢口敗退之滿軍，其步兵約兩標，附有機關槍。已佔領灄口附近一帶。但黄陂、孝感、祁家灣等處，滿軍亦陸續增加隊伍防禦，海軍計兵輪五隻，在陽邏停泊，似有與滿軍協攻我軍之勢。

二、本軍擬於明二十九日進攻灄口附近之敵。

三、步隊第二協何統領率該協於明二十九日拂曉，先派一部步隊潛進，佔領三道橋以北，掩護其餘隊伍陸續前進，向敵之正面攻擊。

四、步隊第四協張統領率該協（欠第七標）於明二十九日拂曉出發，由藤子崗前進，向灄口之敵右翼攻擊。

五、砲隊第一標蔡統帶率該標於明二十九日拂曉佔領第一道鐵橋堤防，布置放列，以能射擊三道橋以北，援助我軍前進爲要。但須派一部於第二道橋堤防佔領陣地。亦向三道橋附近射擊，工程一隊、附屬砲隊。

六、其餘步隊第七標及敢死隊爲預備隊，在造紙廠西南端集合待命

七、我明日拂曉在丹水磯。

指揮官張景良

以上命令擬就後，一面呈報都督，並請都督轉各協協力助攻，一面

發於各部隊。但各部隊帶兵官對於張景良殊多怨言，謂彼不早通知各部隊準備，倉猝之間焉能實行。大衆不得已只有依照命令，即時察看進攻道路，並準備一切，以期明日拂曉開始動作。但軍隊新兵太多，熱心有餘，指揮實難如意。各部隊權且預備乾糧，一面封定民船多隻，又通知船政局派小火輪數艘到劉家廟江岸停泊，擬明日拂曉輕裝行進，一俟前方隊伍潛行接近敵人，達到掩護目的，其餘跟隨猛進。

或乘小火輪與民船渡過彼岸，向敵左右翼攻擊。是晚都督又通令各協一律準備，以便協助漢口部隊進攻，又專令第三協在青山砲隊阻止海軍上駛，如漢口隊伍攻過三道橋以北，即命第三協派一小部隊由青山渡江，擾害敵之背後。是晚各部隊擬定輕裝前進，大致均準備就緒，直待拂曉動作。

二十九日拂曉，第二協令謝元愷之一標潛行由三道橋陸續赴灄口，滿軍步哨已經發覺鳴槍。該標隊伍猛進，業將敵之步哨刺死數人，旋進至三道橋北端。敵用機關槍掃射，謝標死傷甚衆，復用衝鋒喝進，敵仍不退。唯所有隊伍均在橋上成縱隊形，既不能展開，又不能前進，被擊死於水中者不少，於是即退回二道橋堤防佔領。

少頃天明，敵用砲隊與機關槍向我堤防隊伍猛擊，謝標遂仍退回原地。兩軍各在三道橋兩端用砲射擊，至於第四協隊伍由藤子崗附近用船渡至灄口右岸，亦因地勢低窪崎嶇，礙難前進。且因滿軍防禦嚴密，當在該處停止，旋因正面步隊退却，遂亦退回原防。張景良因各隊不能進攻，都退回原地，一面令砲隊向三道橋北端敵人射＝擊，一面令在造紙廠一帶防禦，並將不能進攻情形報告都督。茲將發下防禦命令列後。

指揮官命令

（八月二十九日午前十一時於造紙廠發）

一、敵人在灄口一帶陸續增加軍隊，現用機關槍砲隊堵塞三道橋北端隘路口。

二、本軍本日擬於造紙廠一帶防禦。

三、步隊第二協佔領造紙廠附近，右翼由造紙廠東端，左翼至三道橋南端。

四、步隊第四協（欠第八標之一營）佔領陣地，右翼與步隊第二協聯絡，左翼至藤子崗附近。

五、砲隊第一標佔領第一道橋堤防附近，但派一部佔領戴家山，以能射擊三道橋北端一帶爲要。

六、工程隊附屬砲隊。

七、馬隊警戒我軍左翼。

八、步第八標之一營及敢死隊爲預備隊，在造紙廠西南端集合。

九、本指揮在造紙廠。

指揮官張景良

因是日拂曉謝元愷率該標進攻，潛行至三道橋北端附近，即發現滿軍步哨鳴槍示警，可見滿軍防禦甚爲嚴密，據險以守，而進攻之謝標隊伍在橋上成縱隊形，不能展開，目標又甚顯，故滿軍用機關槍掃射。謝標死傷甚衆，其第一營幾乎全軍覆没，旋退回造紙廠，檢查人數，共死二百餘人，傷七十餘人，於是滿軍與我軍步隊射擊失效，純用砲戰，均於三道橋兩端彼此對峙，至夜間以戰鬥隊形徹夜。

是晚軍政府接漢口報告，知進攻各部隊失利，折回原地防禦。大衆極爲憂慮，謂滿軍陸續南下增加，復多機關槍管退砲，又係久練之師，我軍新兵太多，專恃力攻，恐難收效，況敵占領三道橋北端，隘路甚險，由正面攻擊實非易易。如欲繞攻行大迂回法，則不但新兵難以指揮，且後方運輸接濟等事亦極困難。於是黎都督又令參謀部即召集軍事會議，先由參謀部提出進攻困難種種理由。與其進攻徒遭損失，不如暫在三道橋南端據險以守，將一切事整頓完好再籌畫前進。而一般熱心過度同志不能忍耐，仍促更換部隊進攻。大衆討論良久，仍決定暫取守勢，由都督傳知武漢各部隊趕緊施行堅固防禦工事，嚴密防禦云云。

是晚軍政府再電促各省響應，又促劉英所帶數千人，望速來援，又由黎都督致書薩鎮冰及各兵船司令，速與革命軍一致。黎元洪曾肄業於天津水師學堂機械科，薩鎮冰教授該校六月，頗有師生之誼，故以師生名義通函。兹將致薩之函抄如下。

致薩鎮冰書

夫子大人函丈：

前肅一函，早邀鈞鑒，然至今未奉訓諭，中心惕悚莫安。洪此次所以出督諸軍之由，實非由於得已，敢敬再上告於軍門之前。洪當武昌變起之時，所部各軍均已出防，空營獨守，束手無策。黨軍驅逐瑞督出城後，即率隊來洪營合圍搜索。洪换便衣避匿室後，當被索執，責以大義。其時槍砲環列，萬一不從，立即身首異處，洪只得權爲應允。吾師素知洪最謹厚，何敢倉猝出此。雖視事數日，未敢輕動，蓋不知究竟同志若何，團體若何，事機若何。如輕易着手，恐至不可收拾，不能爲漢族雪恥，轉增危害。今已誓師八日，萬衆一心，同仇敵愾。昔武王云，紂有臣億萬，惟億萬心，予有臣三千，惟一心。今則一心之人何止三萬。而連日各省紛紛之士，大多留學東西各國各種專門學校。及世代簪纓，各有專長，閱歷極富，並本省官紳人等。故外交著手，各國已認爲交戰團體，確守中立。黨軍亦並無侵外人及一私人財産之事，不但在中國歷史上視爲創見，即各國革命史亦難有文明若此，可知滿清氣運既衰，不能任用賢俊，致使聰明才智之士，四方畢集，此又豈洪一人之力所能致哉。即就昨日陸戰而論，兵丁各自爲戰，雖無指揮，亦各奮力突進，漢族同胞徒手助戰，持刀協擊，毁損鐵軌者指不勝屈，甚有婦孺饋送麪包茶水入陣。此情此景，言之令人奮武。誰無肝膽，誰無熱誠，誰非黄帝子孫，豈肯甘爲滿族作奴隸而殘害同胞耶！洪有鑒於此，識事機之大有可爲，乃誓師宣言，矢志恢復漢土，改革專制政體，建立中華共和民國，維持世界和平。是以連日通告各國政府，遍檄各省同胞，勸其各自獨立，以備聯合。擇定地點，公舉大統領攝治，同胞歡迎此言，聲震天地，故一戰而殲敵數百。現今滿漢興亡之機，兆端已久，不待智者而已明。洪之所以能明此大義者，一係吾師平日訓誨之功。此次武昌之舉，洪已審定確實，非如他項革命可比。以數小時之間居然恢復武漢三鎮，其地有兵工廠、鐵廠、織布局、紡紗局、麻布局、繅絲局，爲全國商務上、政治上之中心。今值交通之世，國都合建於此，始能與倫敦、柏林、巴黎、聖彼得堡、華盛頓相頡頏。刻下又風聞永平秋操，滿漢各兵亦交相鬩鬥，果如所云，則天數已定，豈人力所能爲。洪受業於師，學識淺陋，不能擔負重任，已向同志宣告，將以黨軍之所要挾者。倩諸先生登輪，要求師憲。昔人謂謝安云，斯人不出，如蒼生何。

同胞萬聲一氣，謂吾師不出，如四萬萬同胞何。刻下局勢，只要吾師肯出，拯救四萬萬同胞，則義旗所至，山色改觀。以四萬萬同胞與數千滿族競争，以方興之民國國民，與運盡之清廷抵抗。華盛頓興美，八年血戰。吾師若出，收見不八月而亞洲地圖之上，必有中華民國國旗飄揚也。知弟莫若師，知師亦莫若弟。洪雖不肖，不爲旗人之奴，獨不爲大匠之弟乎？時乎時乎。師一出，不但名正言順，而實較勝於湯武。何也？蓋湯武救民，猶自爲帝。吾師救民，必不讓華盛頓專美於前也。洪非爲私事干求函丈，實爲四萬萬同胞請命。滿漢存亡，繫於師之一身，齊王反手，洪計之已熟。否則各同胞視爲反對此志之人，即以滿奴相待。雖洪亦不能禁止其不要擊也，倘不以爲妄，尚希訓示祇遵，當即率漢族同胞出郭歡迎。臨穎不勝迫切待命之至。肅此即請鈞安。

黄帝四千六百零九年八月二十九日受業黎元洪上

又致楚有、楚同、楚泰、建威、建安、江利各船主書。

諸位船主大鑒：

本軍政府起義，爲漢族復仇，光復我舊日河山。前已函薩軍門詳陳一切，已邀默許，今日本軍政府作戰計畫，意在撲滅滿奴，故砲彈攻擊，專注楚豫，藉表本軍政府對諸船主之微忱，而諸船主並未還擊一彈，具見諸船主深明大義，共表同情。本軍政府暨我漢族同胞，罔不額手遥對稱謝。但貴輪何不開往鮎魚套，而仍在下游，想諸船主别有深意，果如所云，漢族存亡之機，在諸船主一臂之助。孰無心肝，孰無血誠，孰非黄帝子孫，豈肯甘爲滿族奴隸殘害同胞。請勿猶豫。漢口陸戰，昨日劉家廟已爲我軍佔領，足見祖宗默佑，滿人氣運，合該盡絶，此已見端。請諸船主下一決心，誅鋤船内滿賊，共成義舉，則將來漢族復仇史，諸船主必大有光榮。巍巍銅像，只在一反手間即可取得。倘不河漢斯言，敢乞即日實行。臨穎不勝迫切待命之至。此請決安。

八月二十九黎元洪上

是晚軍政府接得清廷下詔罪己，袁世凱已就湖廣總督。由項城縣起程到彭家灣换蔭昌督師，並奏保姜桂題、段祺瑞、馮國璋三人爲統兵大員。軍政府因聞袁世凱不甘寂寞，爲異族用，以作漢奸，大衆亦頗注意。同志中有謂袁世凱此次出山，無甚關係，彼既是漢人，如有一綫天良，決不能爲滿奴出力。若能奪得蔭昌兵柄，與民軍一致，我輩亦可利用。唯黎都督云，袁世凱是個野心梟雄，自小站練兵即得兵心。北方人只知有袁宫保，不知其他，彼之魔力，非蔭昌可比，説話之間已露恐懼之色。同志中又有謂吴禄貞是第六鎮統制，此次南下抗順之師，有一部分係第六鎮隊伍，彼乃日知會革命同志，可電其響應。大衆極表贊同，即以都督名義擬電通知。

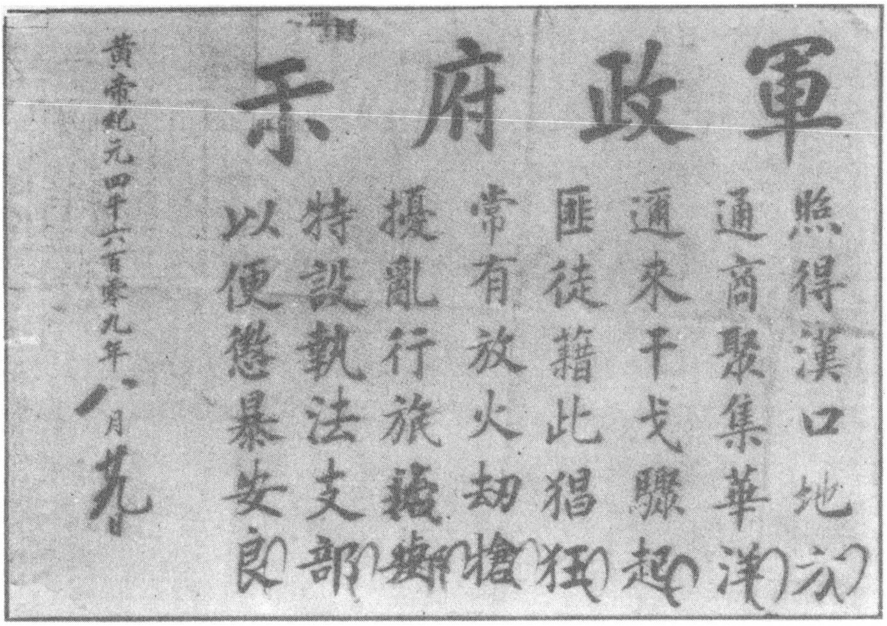
軍政府示

照得漢口地方
通商聚集華洋
通來干戈驟起
匪徒藉此猖狂
常有放火劫搶
擾亂行旅難安
特設執法支部
以便懲暴安良

黃帝紀元四千六百零九年八月　日

武昌執法支部告示

四、九月初一日　湖南光復

九月初一日，軍政府接得湖南來電云，黄帝四千六百零九年九月初一日，湖南全省人民宣告獨立，公推焦達峯、陳作新爲正副都督，特此電聞。湘軍政府全體叩。

焦達峯事略

焦達峯，字鞠森，湖南瀏陽人。性豪邁。年十八之長沙，入高等普通學堂之游學預備科，與日知會先進禹之謨深結納。丙午年夏，禹之謨被捕，焦潛遁日本，與余健齊、許緯等謀舉義於萍醴。焦自擔任狙擊端方，不成，萍醴事亦敗。復渡日本，擬學陸軍，以竟志，格於例，改學鐵道，非其願也。丁未五月入中國同盟會，又與彭邦棟、楊任回湘，密謀起事，分三路佈置，亦不成。戊申年十月，同盟會議大舉。各省同志分途猛進，焦任湘事，遂於十二月至漢口，就商於劉玉堂、孫葆仁等，並設兩湖革命聯合會以通聲氣。己酉年四月復立幹部於漢口，惟武昌同志日衆，貲無從出，焦説瀏陽布商周海文、劉肯堂入會以濟之。七月歸湘，改名左耀國，廣結瀏陽、醴陵、萍鄉會黨，與余昭常、楊任、周果一、謝伯圭等在湘立幹部，請楊任、余昭常之常德辰沅永靖。彭邦棟、周果一、吴燮、鄭人康、柳鶉火、劉重、李國柱等之衡永郴桂，黄菊初、李琦、周羅等之岳州。謝伯圭、鄒永成、周文斌、禹剛骨等之寶慶，分道運動。庚戌年三月，焦更至萍鄉醴陵，編制黨衆，得敢死之士千人。辛亥年二月，與曾傑、洪榮昕、文經緯、易宗義、吴作霖、吴超群、龍養源、龍毓俊、陳作新、洪木枬、龍璋、譚人鳳、蕭翼鯤、趙𦈌等百餘人，密會於龍璋邸舍，計響應粤事。三月，黄興集合同志百余人至廣州攻督署，武漢同志亦謀起事，粵事敗，未及發。夏五月，與楊時霖、楊任、胡典武、劉重、成邦傑、洪木枏等於長沙又一村、馬伏波堂、定忠客舍、賈公祠、體育會各處密商大計，又與陳作新聯合新軍及巡防營，會劉文錦兄弟及各軍代表密會於天心閣，焦與之接洽甚歡。八月十九武昌倡義，二十八日李金三等舉火城外，砲隊營以圖襲長沙城，清撫余誠格與防軍統領黄忠浩力持鎮静，遂無黨人敢暴發。清廷命蔭昌率大軍南下，薩鎮冰以兵艦薄武漢，勢甚危。黄忠浩擬發省外防軍浮小艇襲武昌，焦謂衆曰，中國存亡在此一舉，當死生以之。斯時湖南人心厭惡清廷，志士群以響應武昌爲急。雅禮書院學子陳憲亦忠告余誠格，促其速去，以湘政交之湘人，否則當以漢奸待之云云。九月初一，焦達峯領革命軍撲小吴門，陳作新撲北門，門者啓關納焉，乃合趨撫署。署衛士數百人初欲抗順，荷槍引機欲發。焦陳睁目直入，遂皆舉槍爲禮，余誠格正與黄忠浩議鎮禦策，聞警穿後垣逸，獲黄忠浩，立誅之於轅門。營務處總辦王毓江、長沙縣知事沈瀛等皆伏誅，遂大會於諮議局。焦達峯以殊功被舉爲正都督，不獲辭，商民聞變皆紛紛走，焦從二騎免冠脱劍巡行市中，且曰，清吏犯順已伏辜矣，大衆其毋恐。市民皆呼萬歲，安堵如常。聞清軍已過武勝關，進逼漢口，遂急派王隆中率四十九標赴援，並擬續發五十標及巡防軍親領應敵，因市民堅留，乃止。即廣募新兵援漢，初十，城外兵變，陳作新往撫，被戕。焦繼出，亦遇害，死年二十有六，湘人至今哀之。

軍政府接湘獨立電後，共和之基礎以固，即轉傳各軍砲及各機關並各府州縣，一面電告上海及各省。同志莫不雀躍歡呼，掌聲雷鳴，均謂大事必成，湖北無後顧憂矣。同日接得偵探報告，謂滿軍由信陽以南各要站，陸續增加軍隊。駐屯約兩鎮以上之兵力。但管退砲、機關槍運至前綫者亦甚衆云云。

是日民軍與滿軍在三道橋兩端皆取守勢，自早至晚砲戰不斷，惟無

焦達峯先生遺像

焦達峯，湖南瀏陽人。與陳作新同爲日知會中秘謀革命者。武昌起義，焦、陳首響應於長沙，湘撫遁，殺黃忠浩於轅門，光復湖南，充正副都督。旋被梅聲所殺，譚延闓方得繼其任。

大損傷。但民軍各部隊均沿造紙廠防禦地築設盖溝及堅固散兵壕。

同日軍政府對於灄口之滿軍仍欲進攻，擬先派別動隊繞襲敵之後路，使敵分散兵力，又一面多派間諜到京漢路附近散布謠言，謂湖南業已響應，即日派湘軍大隊來援武漢，又謂湘軍爲中國最精鋭之師，又言民軍已組織北伐隊，業已向黄河橋前進，聯絡原駐京漢鐵路之湖北四十二標兵士，即將黄河橋破壞，截斷黄河以南之滿軍，使其進退失據。又言各省革命黨甚多，凡漢人四萬萬同胞，無一不表同情民軍。此次獨立，不僅湖北一省，指日十八省同胞將同時並舉，即外人亦贊助民國，希望民軍早攻北京。又派間諜携帶白話印刷品沿京漢鐵路分發，以開導滿軍中之漢人，又武漢各報紙亦將以上諸説登載宣傳，並印送單張派人到各碼頭散播。

同日軍政府又派人分途往上海及揚子江各省聯絡，請其從速取一致行動，以達漢人同胞自主之目的。

軍政府派往京漢路附近宣傳之間諜極有效力，聞當時滿軍官兵頗形惶恐，一夕數驚，大有人人自危疑神疑鬼之狀。

同日軍政府開軍事會議，擬定各協增加補充隊一營、輜重一營，以便補充戰鬥時缺額及保護輸送隊。又令漢陽兵工廠趕造子彈及槍枝。

同日軍政府電賀湖南光復，並請即派精鋭來援，以期犁庭掃穴，早清漢奸餘孽，穩建共和。

是晚軍政府接上海、江西、山西、陝西各省同志來電，謂對於武昌起義共表歡迎，敝處現正籌備進行，不日即宣布獨立云云。

五、九月初二日　九江光復、陜西光復

九月初二日，軍政府派工程營李占魁率該營到漢口附屬砲隊，築設防禦工事，又派敢死隊全體到漢增加，又在武昌武勝門外鳳凰山將砲臺設置完好，並將要塞砲安置於三道橋江岸，用測量鏡測準距離，以便向滿軍射擊。又派人往黄州接洽，使派隊由麻城前進，擾京漢路。是日接得京漢路偵探報告，謂馮國璋已將駐馬店信陽附近各車站防禦軍隊一律解散，並殺下級軍官數人，大約是四十二標之湖北軍隊欲謀破壞鐵路云云。

同日接得九江來電，已於是日宣告獨立，先推吴介璋爲都督，旋以彭程萬代之，繼又推馬毓寶爲都督。

先是九江新軍，自得武漢警報，早有欲動之象，謡言紛起，日必數驚。至九月初二日午間一句鐘，五十三標軍士乃迫令標統馬毓寶起義。馬極贊成，乃出令三條：

一、不許擾害租界教堂；

二、不許擾害人民；

三、滿人非對敵者不得加害。

衆軍士均各遵令，隨即傳令，定於本日夜間十點鐘起義，届時由金鷄坡砲臺放砲三響爲號，各營發槍三響以應，旋見道署火起。九江道保恒不知下落，旋由義兵將火撲滅，僅燒去廚房一間。隨即分兵沿途巡邏，所過秋毫無犯，不特人民無恙，即外人亦莫不稱贊其文明，爲各國歷史之所未見者也。

九江府漢良一聞砲響，即已潛逃，迨陸軍往攻時，上下人等均已不知去向，所有道府兩署遂唾手而得矣。當起義之時馬統領恐居民驚慌，乃沿途派兵安民，諭令歸寢。居民亦知其不擾民也，遂各閉户就寢，視若無事，至次早仍照常貿易，人民皆交口稱頌不絶。

江西提法使張檢，前奉贛撫奏派來潯籌辦軍務，帶有衛隊四十名，駐鐵路公司。城内火起，該衛隊亦同聲相應，張法使知勢不妙，隨即由後門甘棠湖乘坐小划逃至馬路上岸，由陸路逃回省城矣。

五十五標第一營向駐省城，自武漢事起，贛撫特派莊守忠督帶來潯防堵，駐紥南門外洋火廠。城内事起，惟該營不附和，莊標統並擬入城對敵，詎馬標統早已預爲防備，在南門城上設野戰砲二尊正向該營，遂不敢動，相率往省逃去。馬標統隨即派兵追襲，該兵紛紛投降，其未降者則隨莊標統逃往省城矣。此次事起，馬標統初尚不知，其一切布置皆砲臺營台官徐世法預爲籌備。徐本係學生出身，辦事明幹。瑞徵権潯時，即拔充北路總台官，已歷十餘載，頗得軍心，久抱革命思想，故此次尤爲踴躍。

初三日馬標統即將本部移駐道署，將撫建廣饒九南兵備道匾額撤去，改名曰中華民國駐潯軍政分府，一面豎旗招兵。旗書大漢招募新兵六字，一時投兵者異常踴躍。

九江即委各官，自得武漢警報，即將眷屬紛紛遷移出境，惟九江府漢良之眷屬未去。初二晚事起時，即由後園逃出，逃避民家，初三日下午被陸軍搜獲，大小男女共計七口解送軍政府，發交警務部看管，一夜後由商會總理鄭官桂保釋，得以無恙。

軍政分府内分軍務政務二大部，軍務部即由馬標統主之，政務部由馬標統照會地方商學各界，公舉羅大佺主之，其内容之組織均照湖北辦理。

馬毓寶已被舉爲駐潯軍政府都督，並派丁人傑赴鄂接洽。鄂都督黎元洪已允接濟軍火，昨日已運來子彈一萬顆云。軍政分府日來清查道庫，計得銀十七萬兩，又九江大清分行有銀二十餘萬，又裕寧官銀號九江官銀號兩處，有銀十萬，合計不下五十萬兩。日前又有瑞澂所派糧台委員徐某由燕辦來軍米一千五百餘擔，情願報效。湖北尚允接濟糧餉，故九江新軍糧餉可無慮也。

九江新軍舉動極爲文明，地方人民幾如有口皆碑。初四日商會宰豬二十餘頭，酒十六擔，並洋三千元，詣軍政府犒師。初九日紳學兩界亦宰猪十頭，酒五百斤送軍前，聊表敬意，故軍士對於地方尤加保護也。

九江北路砲臺計分四路，（一）岳師門，（二）金鷄坡，（三）湖口，（四）馬步營均歸徐世法統轄，已一律響應，惟江西省城尚無消息。馬都督傳已令各砲臺，遇有敵船進口，無論其降與否，均開砲轟擊。如係商船，亦須鳴砲勒令停輪，派人前往檢查，如無違禁之物，隨時放行，否則即行扣留，並派兵分駐建昌德安以防清軍來攻，並派邱子季、林屏南、林壁予、吴鐵城、容某等八人往南昌運動。

軍政府接得偵探報告，上海招商局派廣濟輪船裝載軍火，接濟北軍。因聞九江失守，改裝駁船，上面敷設煤炭，下藏軍火。準日内過潯等情。馬都督當即傳令各砲臺嚴加防堵。今早果有小輪拖帶駁船二隻上駛，經砲臺堵住。馬都督隨派兵士上輪搜查，於煤炭之内搜出米糧無算。當問該船主運往何處，答云不知，殊屬可疑。惟該船係挂英國商旗，馬都督遂派人與駐潯英領事交涉。英領事亦不知其所由來，但云本領事始終嚴守中立，如該輪果載有軍火，請即按公法辦理等語。馬都督遂即派兵澈底搜查，已查獲軍火甚多，未知如何辦理，容後補述。

夜間八點鐘時，突有兵船二隻鼓輪上駛，其船身一白一黑，沿途砲臺鳴砲阻止。其白者一聞砲聲隨時停輪，聞係英國兵輪，其黑者則滿開汽機如飛而去。砲臺即上子彈轟擊，已將船尾擊傷，卒被逃脱，然究不知其船名。至十點鐘，又有一黑色兵船意圖衝過，砲臺極力攻擊。該船遂開赴北岸，隱約莫辨，砲臺遂止砲，該輪隨即鼓輪駛回矣。

督修九江營房委員分省補用道馬獻廷，日前詣軍政府投效，馬都督予以九江關税務之任。馬不悦，口稱招兵投效麾下，馬都督恐其爲漢奸也，不許，馬道大肆咆哮，遂送交執法部看管，一面派人搜查該道公館，當搜出槍數十枝，招兵名册一本，已交執法處研訊。説者謂馬獻廷擬作北軍内應，未知確否。

十一午前十二句鐘，接南昌電，稱南昌於初十夜九點鐘光復。午後四句鐘，即有兵自吴城來，携帶快砲四尊、子彈數箱前來投降。馬都督即派招待員赴江干迎迓，並備鞭砲數萬，自城外迎接入城，沿途燃放，觀者塞途，鼓掌歡迎，聲如雷動。

九江各學堂學生初三日業已放假，近組織義勇隊，應募者已達三百餘人，由軍政府一律發給槍械，學習兵式體操，以備將來補軍力之不足。

有客近由漢口來者，言九江搜查輪船極嚴，無論何國商船，晚間自六點至翌晨六點皆不得行駛，否則砲擊，故日來搜獲接濟薩軍之煤炭軍火甚多，禮拜三下午，薩海軍意欲逃過九江砲臺，共五艘，魚雷艇一艘，爲砲臺上所覺，擊沉魚雷艇一艘，兵輪兩艘。

贛省初十晚二句鐘新軍起義。兹將連日大事滙記於左：

十一日各新軍起義後，城守巡防水師各軍概懸白旗，手札白布，各巡警先均逃匿，旋由軍官通告各警區，並不相仇，勉以大義。各巡警漸次陸續荷槍上街梭巡，各軍隊仍由軍官督率晝夜在街輪巡，秩序毫不紊亂。各大商店皆閉門不敢開市，惟小買食物仍照常交易，並經軍隊格殺搶劫者數人，人心稍安。各官吏均避匿無蹤，協統吴介璋亦避而不出。是日下午三句鐘在商務總會大會議，紳學商各界到者甚多，公議舉馮撫爲大都督，如不願充，次則舉吴介璋爲都督。衆皆認可，又公推諮議局副議長葉紳先圻充民政部長，管理民事商事，葉力辭不就。又改推劉太史鳳起充任，並議定先調查官公欵項，以爲餉糈，議決散會。

十二日各軍隊仍照舊巡查街段，人心較昨日尤爲鎮静。各官吏避匿地方，均經軍隊覓獲。馮撫以次各司道仍到撫院齊集（撫院止焚去頭門，儀門以内概未動），各官由瓦礫場而入，莫不淒然失色。九江軍政分府馬都督因接省垣起義電報，恐有戰争，乃親率義勇四百名來省，各界又在教育會公舉軍政部内部各部部長十四員，並決議暫以高等學堂爲軍政府。該堂係西式樓房，辦公甚爲便利，旋在該堂公舉大都督，馮撫司道紳學軍商各界到者千餘員，馮撫仍穿滿洲公服，司道以次均係便裝，衆人先舉馮撫充大都督，以死辭，又改舉吴介璋任大都督，劉鳳起任民政部長，始均力辭，經衆迫以大義，始允就職，大都督既定。人心有主，尤爲相安。各界以馮撫不擔任職事，爰求交出印信，馮撫以城池已失，留印無用，允即交出，各界咸歡然而散（並聞馮撫在會場勸衆人反正，由渠電奏，由渠一人擔處分，衆咸嗤之以鼻）。是日商店仍未開市。

十三日馮撫交來印信後，乃赴各公團親拜辭行，各紳士軍隊均護送出城，馮撫乃携眷乘輪往潯，擬往上海暫寓，此後將隱姓埋名，求避世之桃源，以了此餘生。洵專制國宦途之末路，是亦不幸之幸耳。九江馬都督與吴大都督磋商軍事上一切緊要事件，均已就緒，爰督隊馳返潯陽以重防務。聞潯軍並獲漢奸李敬曾一名（即前九江警務長），帶往九江訊辦，恐不免有性命之憂也。並聞江西候補道馬獻廷因監修營房在九江，義軍起時，以該道尅扣營房工程甚巨，當即殺死，洵足云天網恢恢，疎而不漏也。省城是日搜獲旗人男婦五名，當送軍政府，當暫行拘留，擬即驅逐出境，是真不愧爲人道主義。江西此次獨立並未妄殺一人，居民咸慶安枕，較之前數月之風聲鶴唳又是一番氣象，無怪各省聞風而起也。是日仍未開市。

十四日軍政府内部已組織就緒，較之前數日更有秩序。軍隊已調回營中操防，警察照舊上崗，各外府巡防隊前經馮撫密電調集來省，如吉安、袁州、廣信、建昌各府巡防軍，均陸續到省。聞新軍起義，均左袖挂白布以表贊成。聞各軍餉項均議定加倍發給，並出示添募新兵三千名，在百花洲滕王閣工業學堂三處報名，十五日在大校廠考驗，應募者極爲踴躍。又洪江會頭目彭木香率領部下健兒不下三千名投效，已得軍政府允許。聞有編成隊伍，稍加訓練即派往武昌，以備隨同北上，共襄大義。是日，商會已議定辦法十二條，呈請軍政府批准，所有各鋪均於十六日開市，以前官商紙幣概行通用，並由軍政府出示。以本日起，各户門首均須日懸白旗，夜挂紅燈三日，以爲慶祝光復之紀念。以上乃江西響應之經過情形也。

軍政府聞之極爲欣慰，即用黎都督名義電賀，並通知全體軍隊，各軍隊聞之皆勇氣百倍，人人心安，以爲不但後路安全，而且隣近兩省即可派兵來武漢援助。

同日又接陜西民軍來電，推舉張鳳翽爲陜西都督。蓋當日陜西同志如徐朗西、康寶忠、井勿幕、張益謙輩，早由東京派人聯絡西安所練之新軍王毓江，主張澈底復滿清竊國殘殺之仇，故宣告獨立日，陜撫錢能訓逃，而駐防旗人無論老幼無一漏網者，毋乃揚州十日、嘉定三屠之果報乎？然而慘矣！旋潼商道瑞清由潼關勾河南軍入寇，亦被殺，自此陜西大練民軍，準備出潼關以截滿軍南下之後路。黎都督當擬電歡迎。

附：陜西辛亥響應武昌事略

滿清入主中國，因種族關係，凡有血氣無不憤慨。屢謀驅逐，收回政權，迄未成功。迨辛亥秋，川省路潮急，武昌隨起義，故陜西於九月初三即反正。但其先所組織者，即由留東學生徐朗西、康寶忠、井勿幕等聯絡本地會黨，籌備完善，屆時響應，立即成功，當公推留東士官學生張鳳翽爲正都督。張氏咸寧人，曾隸武昌日知會會員，帶陜西新軍，復公舉張雲山爲副都督。是日由西關外營中率兵入城，皆以軍帽抛擲於地，以白布繫於手臂，整隊而行。是時巡撫恩銘已請假入京，由藩司錢能訓護院。若輩見義師入城，又無他兵可調，即將政權讓出，而全城文武各官均紛紛逃避，乃即設都督府於城東機械局。時政府初立，部署未完，致有防軍乘亂騷擾，凡僑寓紳商損失甚鉅，而滿城駐防初頑抗，繼投降，詎意人心憤恨。軍民齊進滿城，乘勢將滿人老幼男女概行殺之。對於人道，殊近殘酷，嗣因機械局地狹，即將都督府遷於高等學堂内辦公，幸長安道尹張衡玉出而維持，代爲計畫一切，秩序漸復，隨派兵四路防禦，並派員到川聯絡，互相援助。局勢粗安，殊未及兩旬，前陜甘總督升允即由隴率領甘肅回回軍三十餘營分途進攻，兵達咸陽，與陜軍激戰三晝夜，陜軍勢將敗。忽得清帝遜位諭旨，雙方即停戰。而升允見大勢已去，乃率甘軍返隴，仍由張鳳翽督陜。旋因省防未固，致鄂豫土匪侵入陜境，搶城奪縣，時有所聞，遣將勦擊，殆無虚日，延及民三、豫匪白狼竄入陜甘，其勢凶悍。陜軍無力抵禦，乃請兵中央。袁世凱乘機收拾陝局，遂令陸建章帶領直軍八混成旅赴陝肅清，隨調張督鳳翔晋京覲見，而陝督即以陸建章任之。此大概情形也。川人與此役者有馬治安、牛範九、孫德操、王學姜、魏楚華、黄逸民、曾南夫、王惠安、廖泰初、陳卓夫、楊友和、陳子冰、劉少甫等。而他省僑寓紳商參與此役者尚多云。

軍政府於初一、初二兩日連接湖南、江西、陝西來電，都已宣告獨立，響應民軍，遂多出佈告遍貼武漢街衢，使軍民一致歡喜，並轉電各省及湖北各府州縣，聲勢更爲浩大，於是大衆咸抱樂觀，以爲大事已成，漸露驕矜之氣。對於漢口前敵視爲無關輕重，較前疎忽，同日兩軍仍在三道橋對峙，彼此均用砲戰。但滿軍之管退砲較民軍之山砲，其射擊距離較遠，效力亦較大。幸民軍作有防禦工事，無甚損傷。

是晚軍政府又召集軍事會議，大衆以爲各省相繼響應，天下人心思漢，滿夷之孽運已終。即袁世凱甘作漢奸，引兵與我軍政府對抗，亦必多顧慮。若陝西民軍能速出潼關由側面攻滿軍後路，則滿軍決不敢再向漢口攻擊，或在灄口死守，或退至黄河以北防禦，亦未可知。我若向灄口出擊，彼必退却云云，遂決定令各部隊仍準備進攻，一俟准備齊全，再行同時並舉。

初三、初四兩日，民軍與滿軍一面在三道橋對峙，一面準備進攻。

初五日拂曉以前，天極黑，在陽邏之海軍偷入諶家磯，青山砲隊瞭望疎忽，第三協統陳炳榮終日沈湎於酒，到差以來從未赴實地作戰，亦不整頓隊伍，大有樂以忘憂之態。協統如此，其餘責任較輕，以爲長官未有吩咐，又連曰所得者俱是好消息，大概可以無事，亦均疎忽，所以不知大義死心利禄之海軍得以安全潛至諶家磯。假使青山砲隊刻刻警戒，海軍萬難飛渡，加以秋冬之交，江水退落，江面甚隘，海軍目標甚大，青山大砲對之射擊，勢必沉没無疑。

是日天曙，海軍各艦復由諶家磯開至造紙廠江岸向民軍防禦陣地側面猛擊，其效力頗大，遂將我散兵壕内及其附近之兵擊死五百餘名。民軍在此，危險萬分，旋即後退，而在灄口之滿軍機關槍隊當由隘路前進，至第一道橋，見民軍退却，復用機關槍掃射，水陸夾攻，民軍不能抵禦，滿軍即佔造紙廠，並掩護在後之滿軍陸續前進。民軍不得已節節退後，遂退至大智門附近始佔領陣地，海軍見滿軍通過三道橋隘路，其掩護任務已達，旋即向陽邏停泊，而民軍青山之砲隊仍不知也。

是晨滿軍因海軍掩護得以通過三道橋，第一步即佔領造紙廠南端，以掩護其砲隊過橋，至造紙廠西端附近布置放列，即向民軍射擊，一面掩護其步隊前進直至佔領劉家廟始止。

是日午前十時，民軍自造紙廠退至大智門附近方佔領陣地，各部隊即在此整頓隊伍。大衆憤恨已極，除死傷官兵六七百不計外，遺失子彈糧秣以及軍需物品無算，各部隊長官偵察海軍已退，都要誓圖恢復。

是日正午，民軍擬定進攻，即在大智門早餐後努力准備，但不知指揮官張景良退至何處，於是謝元愷云，指揮官是不中用的東西，我願告奮勇打前驅，大衆均跟我前進。於是各部隊長官先自行集合，共同擬定於午後一時開始進攻。謝元愷打前驅，步隊第二協在右，步隊第四協在左，齊向劉家廟攻擊，士氣極盛，進行亦速，銳不可當。滿軍在劉家廟用機關槍及步砲隊頑强抵抗，彈如雨注。民軍仍節節猛進，勇往直前，將近劉家廟五六百米達，各部隊均上刺刀，由謝元愷先令號兵吹衝鋒號音，大衆鼓起精神，齊聲喝殺，直衝至劉家廟與滿軍肉薄。滿軍不支，旋即後退，民軍遂將劉家廟恢復。民軍佔領劉家廟後，復擬向造紙廠追擊。滿軍即利用造紙廠掩護，用機關槍、管退砲猛擊民軍，民軍亦因此日苦戰太疲，如再窮追，恐死傷過重，且天將昏黑，挽日無戈，遂決定在劉家廟佔領陣地防禦。是晚各隊在劉家廟以戰鬥隊形澈夜，終夜兩軍槍火未息。是晚滿軍惶恐異常，惟恐民軍撲營，自由向三道橋潛逃者甚衆。滿軍將領王占元、鮑貴卿、賈德耀等特令衛隊機關槍在三道橋隘路口阻止之，並云好不容易通過此隘路口，若無海軍夾攻之力，即費極大犧牲，亦難得民軍尺寸土。如再退後，則永無前進之日矣，無論如何，大衆寧死亦死在此處。又聞馮國璋特命通過三道橋之滿軍務要忍耐堅守，效韓信之背水陣只有前進、未有後退之理，如再有後退者，即以軍法從事云云。

是晚接得在造紙廠附近人民報告，謂滿軍甚怕民軍喝殺，民軍一喝，滿軍均惶，不知如何應付，又怕民軍衝鋒，白刃相接，謂民軍靈敏、滿軍笨拙等語。

是晚民軍本擬向滿軍撲營，無奈疲勞過度乃止。

同時各部隊皆將經過戰況報告軍政府。茲將是日死傷之數列左：

一、步隊第二協謝元愷標，官兵死五百餘人，傷一百八十餘人。

二、步隊姚金鏞標，死一百餘人，傷七十餘人。

三、步隊第四協楊傳連標並吴勝元之一營，共死一百四十餘人，傷九十人。

四、砲隊蔡德懋標，死五十餘人，傷七十餘人。

五、其餘敢死隊、工程隊、輸送隊等死一百餘人，傷五十餘人。是日激戰共計死傷一千餘人，聞滿軍亦死傷相等。

是役民軍在造紙廠遺失軍需物品甚多，幸在劉家廟之列車車頭均未遺失。

是晚軍政府召集軍事會議，大衆謂海軍甚爲可惡，衆議決先解決在陽邏之海軍，擬運大砲至陽邏附近將海軍轟沉，旋有人倡議，謂海軍仍是中國武裝，如盡擊沉，未免可惜，不如仍由黎都督名義向薩鎮冰下一警告，一面通知各處不給煤糧。海軍不得已遂開往下游，行至九江，即爲湖口馬當各砲臺阻止，遂投降。

是日岳州、襄陽均響應。

是日民軍失敗原因，陳炳榮不能辭其咎，青山砲隊瞭望疎忽，不阻止海軍出入，致海軍爲害於民軍防禦之地。大衆均要將陳炳榮以軍法從事，旋有彼之同學數人在黎都督前再三懇求，黎遂轉商大衆不必取嚴厲手段，於是擬記兩大過，令陳炳榮帶罪立功。

是晚大衆因漢口戰鬥各部死傷太衆，軍政府特派步隊第五協往漢增援，又派敢死隊隊長方興、楊雲開兩隊亦往漢督隊。又因張景良無能，特派姜明經往漢協助張景良辦事。黎都督又與大衆商議，復增兵一協，以楊載雄爲協統擔任武昌城防務，是晚發於各部隊之命令如左。

軍政府都督命令

（初五日午後十一時於諮議局發）

一、滿軍約一混成協今日由劉家廟退，佔造紙廠附近，其灄口及武勝關以南各車站仍陸續增加軍隊，但海軍仍到陽邏停泊，我軍政府擬派砲隊驅逐，一面通知各處不接濟海軍糧煤。

二、本軍政府擬明日擊攘造紙廠之滿軍於三道橋以北。

三、漢口指揮官張景良統率在漢各部隊明日攻擊在造紙廠之敵。

四、步隊第一協協統宋錫全明日須派一部援助漢口進攻，其餘所率各隊仍固守漢陽。

五、步隊第三協協統陳炳榮明日率所屬各部隊仍防禦青山至兩望一帶，但須派砲隊刻刻防禦海軍上駛。

六、步隊第六協協統楊載雄率武昌所有部隊防禦武昌城。

七、各部隊給養仍由自行就近籌備。

八、本都督在該議局。

都督黎元洪

以上都督命令發出後，軍政府又派員與張景良接洽，請其謹慎從公，與各部隊務好爲會商，一致行動，目下大敵在前，萬不可再事疎忽，自取罪咎。張景良唯唯。是晚由張景良發下進攻命令如左。

指揮官命令

（九月初六日午前二時於大智門發）

一、敵人兵力約一混成協已佔領造紙廠附近，其灄口及武勝關以南仍陸續增加軍隊。但海軍仍在陽邏停泊，已由都督擬派砲隊驅逐，並通知各處不接濟海軍糧煤。

二、本軍擬於本日拂曉攻擊前面造紙廠之敵。

三、步隊第二協何統領於本日拂曉率貴協由劉家廟出發，其進攻區域，右翼自江岸起，左翼至劉家廟車站西端一帶。

四、步隊第四協張統領率貴協於本日拂曉出發，其進攻區域，右翼與步第二協連絡，左翼至戴家山附近一帶。

五、步隊第五協熊統領率貴協於本日拂曉在劉家廟南端集合爲預備隊。

六、砲隊第一標蔡統帶率貴標及工程隊於本日拂曉在劉家廟以北附近佔領陣地，援助我步隊進攻。

七、馬隊黃管帶於本日拂曉率貴營警戒我軍左側。

八、敢死隊第一、第二兩隊於本日拂曉在步隊第二協後面協助進攻，第三、第四兩隊在步隊第四協後面協助進攻。

九、本指揮官本日拂曉在劉家廟。

指揮官張景良

初六日拂曉，滿軍乘我軍未前進時，一由造紙廠、一由姑嫂樹分兩路附機關槍多桿亦向民軍攻擊，民軍各部隊已在劉家廟一帶佔領陣地，兩軍以火力相持，射擊極爲猛烈。民軍謝元愷令該標前進，其餘亦隨之前進，民軍新兵不善利用地形，被滿軍機關槍掃射，死傷頗衆，至午前十時火力益形猛烈，空中子彈飛過之聲如風卷木葉。民軍無機關槍，又無管退砲，民軍所用之山砲子彈效力不大，滿軍管退砲效力甚著，兩軍在劉家廟與造紙廠相持。滿軍由灄口陸續向前增加兵力約一鎮以上，火器又較民軍精鋭，人數又相等，滿軍又係久練步隊，善利用地形，秩序較民軍整肅，而第一火綫布滿機關槍。民軍迭次前進，均受傷過重。是日兩軍相持一日，戰鬥最烈，但劉家廟附近地勢平坦，民軍傷亡極多。是日午後五時，滿軍用砲隊援助機關槍由姑嫂樹向戴家山方面前進，向民軍側擊，民軍步隊第四協協統張廷輔受傷，該協左翼傷亡太多，遂往後退，而與左翼接近之隊伍見其後退，亦隨之後退，唯敢死隊在後督隊，不准退後。無如新兵過多，既退之後，秩序漸亂，不易指揮，在戰綫上極爲散漫，且協統受傷，其部下各級軍官亦難負責維持。戰至天晚，火力漸息，民軍各部隊陸續向大智門新停車場附近退却，佔領陣地宿營，滿軍即前進占領劉家廟附近一帶。

是晚各部隊將戰鬥情形報告軍政府，黎都督聞劉家廟復失，滿軍兵力逐次增加，民軍受此挫折，則士氣未免沮喪，加以張廷輔受傷，更受打擊。於是軍政府即召集會議，茲將議決之事列左。

一、步隊第四協協統張廷輔受傷，以謝元愷代之。謝元愷之標統以胡效騫代之。

二、派尚安邦率砲隊兩營往漢增援。

三、通電湖南江西兩省速急派精鋭隊伍來鄂援應。

四、派工程營與敢死隊多携帶工作器具到漢，幫同各部隊築設堅固保壘。

五、派游擊隊往黄孝擾敵後路，牽制其南下兵力。

六、電知上海《民立報》，速請黄興來鄂以資鎮攝。

七、漢口所有部隊迅速整頓，明日必須固守原陣地，如有機可乘則向敵前進逆襲。

八、多印白話數滿清罪惡，派間諜到滿軍中散發，以啓惕其軍心。

九、電請陝西出兵襲滿軍側面。

十、通電各省促其響應。

以上議決事件，同晚積極辦理，一面軍政府多派員往漢與各部接洽，務要協力固守，抵禦敵人，並云湖南、江西不日派兵來援，一面軍政府又令漢口軍政分府購辦酒肉犒賞各部隊，又由都督傳知各部隊能戰耐勞。種種維持不一而足。

是晚軍政府又以都督及大衆同志名義函達吴禄貞、王遇甲兩統制，謂漢人都是同胞，不宜自相殘殺，况兩君都是湖北人，以桑梓關係，更不可以同鄉父老之血换一己富貴云云。後來吴禄貞被刺，王遇甲被黜，亦與此函有關。軍政府又以同志名義函知保定入伍生隊隊長蕭展舒，囑其以入伍生約二千名擾害滿軍後路云云。

六、九月初七日　貴州光復

初七日午前七時，民軍在大智門新停車場一帶防禦，滿軍即由劉家廟進攻，民軍極力抵禦。當時謝元愷即通知各軍好爲掩護，一俟滿軍接近至二三百米達時一齊沖出，協同以白刃相戰。至正午滿軍果漸漸與民軍接近，民軍亦不還擊，均在掩堡内藏匿，俟滿軍進至三百米達之地。大衆摩拳擦掌，齊以刺刀準備。而砲隊標統蔡德懋令各砲測准距離，連發排砲射擊，將滿軍擊死甚衆，旋謝元愷令吹衝鋒號，號音齊奏，民軍同時齊出，一陣喝殺，聲振全鎮。於是兩軍接近肉搏，滿軍不支，即向後退。民軍跟進追殺，奪獲滿軍機關槍、步槍甚多，滿軍死傷甚衆。民軍追至劉家廟附近，滿軍後方預備隊又用機關槍猛擊，民軍死傷更多，遂又在劉家廟以南停止，民軍因所占地勢不佳，又節節退至原陣地防禦。蓋初六初七兩日，民軍死傷約二千餘人，唯新兵及勇猛者居十之八九。當時旅漢各國僑商亦甚敬佩民軍之勇敢善戰，故中外合作組織紅十字會到戰地收屍。今漢口德國球場附近各烈士之坟，即是役在此陣亡之官兵也。

是晚滿軍仍在劉家廟，民軍仍在大智門新停車場。各在原陣地宿營。

同時民軍在漢各部，各將戰時情形報告都督，都督復傳令嘉獎，又賞酒肉罐頭多件。

是日軍政府接得廣東胡漢民來電，謂同志等已於昨日將旗人鳳山炸死，全省光復云云。蓋自武昌起義後，廣東黨人進行極急，陳炯明即在惠州起兵，收復陸路提督秦秉直之兵洪兆麟等，更聯合新軍及地方民團直取廣州。不旋踵而七十二行商所推舉之清督張鳴岐、龍濟光、李準等，遂無所用其伎倆，漸次潛逃，廣東全省遂爲革命軍所有矣。

同日又接得貴州來電，謂貴州全省業已光復，公舉楊柏舟、趙德全爲正副都督云云。當日楊柏舟爲貴州新軍教練官，趙德全爲新軍隊長，全省光復。清撫沈瑜慶逃，遂改諮議局爲軍政府，並組樞密部，舉郭子華、蔡衡武、任志清、張石麒、雷少峰、樂采臣、楊伯釗、周澍元、平少黄、陳柱臣等十人，公同辦事，並出示曉諭貴州全省。文曰，爲曉諭事，照得中國各省，近月以來人民奮興，已次第宣告獨立，義師所至，秋毫無犯，保護公安，紳民歡迎。本省處西南之中心，自當應時而起，以增我漢族之光榮。合將宗旨禁令宣告如下：

一、宗旨　本省與各省人民同意，組成大漢聯邦民國，以達共和立憲之希望。

二、禁令　（甲）保護官紳，不許傷害。（乙）保護教堂教士及游歷旅居外國人等，以慎重邦交。（丙）保護人民，不分黨派。（丁）保護衙署局所、學堂廟宇及一切公地。（戊）不准奸淫賭博、燒殺搶擄及强買强賣。（己）不准擅入民家。凡違犯以上各條禁令者斬。

黎都督特將以上兩省光復電文布告武漢地方，並傳知各部隊，一面轉告各省同志，又迭電南京、安徽迅即回應，出兵北伐，以挽狂瀾云云。

是日劉英帶京山團防民軍約二千人來省，軍政府當發槍支，令季雨霖爲標統，劉英爲顧問，將團防民衆組織一標爲援助隊，令季雨霖尅日編練完善，到漢應援。是日孫武面上之炸藥傷痕將愈，由張振武等至長清里劉樊卿家，促其至武昌軍政府，到軍務部長差，並與黎都督及一般同志接洽，談擴充兵力恢復漢口事。

是晚又接宋教仁由上海來電，謂不日偕黄興來鄂，乞諸位同志努力前途云云。

是日清廷革郵傳部盛宣懷職，以唐紹儀任之。

初八日午前六時，滿軍又用砲隊向民軍射擊，旋用機關槍步隊節節進攻。兩軍在相距千米達之處彼此以步砲火力射擊。民軍仍欲滿軍接近，由衝鋒法撲滅之，唯滿軍終不敢接近，民軍武器不及滿軍精利，死傷較滿軍爲多。

旋滿軍用重砲運至戰地向民軍砲隊猛射，民軍砲隊不能應射，蔡德懋即派人與謝元愷商量，轉守爲攻。其意以爲與其徒令敵人以火力擊死，不如轉守爲攻，將敵人驅逐於三道橋以北之爲愈也。於是彼此與各部隊會商，決心進攻，成敗在此一舉。大衆亦表贊同，遂各準備，特派敢死隊持大令在後督率，如有退後者斬。各部隊準備完好後，仍由謝元愷開始前進，蔡德懋亦預備前進，變換陣地，令砲隊援助步隊進攻。

是日午前十一時各部隊約定前進，先由謝元愷督隊進攻，各部隊亦同時動作。滿軍已知民軍前進，遂密布機關槍，並將後面預備隊齊向前綫增加，向民軍猛擊。但民軍勇氣百倍，一往直前。進至與滿軍距離約五六百米達之地，滿軍畏謝元愷之忠勇無敵，擬向後退，滿軍之長官王占元、陳光遠、鮑貴卿等在後督率，不准退後，滿軍遂不敢退，即以機關槍與重砲向民軍猛擊。

少頃，蔡德懋令砲隊前進，變換陣地，目標顯明，滿軍用砲隊向蔡德懋砲隊注射。蔡德懋正令停止布置放列，滿軍砲火齊射，砲彈如雨。民軍砲隊死傷太重，蔡德懋陣亡。

謝元愷攻至距敵甚近，已在敵火之下，礙難停止，於是命隊伍前進。各部隊見敵火猛烈，欲設計避之，而謝元愷每每奮不顧身，命號兵吹衝鋒號。謝元愷拔指揮刀向前躍進，滿軍即以機關槍向謝元愷注射，謝元愷亦陣亡。大衆見謝元愷陣亡，即不敢前進，遂停止。而滿軍以機關槍向民軍掃射，距離甚近，射擊有效。少頃，何錫藩受傷。敢死隊長馬榮及工程隊長李忠孝等亦均同時陣亡，大衆見開國名將多數陣亡，士氣未免沮喪，遂含哀向後退却。退至歆生路劉家花園一帶停止，滿軍跟隨前進到大智門附近佔領陣地。是時已午後五時也，民軍即在歆生路一帶重整隊伍，是晚即在該處一帶利用堤防，以戰鬥隊形徹夜。

是晚甘績熙即回軍政府報告戰鬥情形，謂謝元愷、蔡德懋、李忠孝、馬榮諸將校同時陣亡，何錫藩受傷以及軍隊退至歆生路各種情況。軍政府一般同志，聞之不覺淚下，極爲憤激。黎都督則甚爲惶恐，謂此日之戰何至死傷許多將校，漢口無人維持，恐難保守，遂召集軍事緊急會議。一面令張景良維持各部隊秩序，無如張景良素性疎忽，更因敗退，心氣俱灰，不知隱於何所。復由軍政分府派人在後城馬路將張景良尋着，又見第八鎮正參謀官劉錫祺在場，同志甚爲疑惑，於是即請張景良、劉錫祺二人到軍政分府，劉錫祺不肯行，大衆强制執之，張景良與劉錫祺遂至軍政分府。詹大悲問劉錫祺曰，你由何處來？劉答曰，由湖南來。詹又問曰，往湖南何爲？劉答曰，往湖南辦公事。詹云，今既回鄂。爲何不到軍政府投到？劉曰，我是滿清官員，如何要在軍政府投到？詹云，你現在還不投降麼？劉云，萬不能投降。詹云，你既不歸順，你就是漢奸。劉云，我是漢奸，你們還是土匪呢。於是詹大悲飭人將劉錫祺監禁後，又問張景良曰，你既是漢口民軍指揮官，爲何不照料隊伍？張景良答曰，各部隊不受指揮，我亦無法照料。詹云，你既無法照料，就應向軍政府辭職。張云，我從此不幹。又云，各部隊如聽我指揮，我真要切實辦理，早已攻過武勝關了。詹云，既如你説，豈不是故意爲壞？亦將張景良看管，一面將劉錫祺、張景良二人所説之詞報告都督，黎亦未置可否。後來漢口同志節節敗退，詹即將該二人正法。

是晚軍政府因張景良既被看管，遂命姜明經照料漢口軍隊，姜稱病不敢去，於是漢口防務暫令各部隊自行維持現狀，同時軍政府召集會議之中。大衆知民軍武器不及滿軍，既無機關槍，又無管退砲，雖受挫折，非戰之罪。但此時無人維持，恐無以復振，頗爲束手。於是有主張到日本購辦軍火者，謂工欲善其事，必先利其器，有主張請援者，又有主張擴充軍隊者，衆論紛紜，都非救急之法，不得已暫定維持現狀，一面電知湖南、江西從速派兵來援。

清廷此時大事已去，然猶操縱漢人作奸自殺，授袁世凱湖廣總督爲欽差大臣，以馮國璋總統第一軍，段祺瑞總統第二軍，均歸袁世凱節制調遣，召蔭昌回北京。

初九日晨，黎都督派吴兆麟、蔡濟民渡江視察情形，指導防禦事宜，並囑吴曰，現在軍政府乏人辦事，千萬不可向前，致受危險等語。吴蔡二人即帶同軍務部參謀部職員數人，同往漢口到歆生路察視地形，即將各部隊防禦陣地分爲五區，以熊秉坤、胡效騫、甘績熙、楊傳連、伍正林五員爲各陣地防禦區長，又令尚安邦將砲隊編成。在歆生路堤防後布置放列，又令敢死隊分爲五隊在各防禦區後面督率，又令工程營附屬砲隊趕築掩堡，又令林翼之一標爲預備隊。吴兆麟將以上各部隊指示後，即囑蔡濟民、楊璽章、王安瀾、周定原數人，分途在各地段監督防禦。但歆生路一帶前面房屋樹林最多，滿軍恐有埋伏，不敢前進，於是派偵探嚴密搜索。民軍則在民房後派兵藏匿，一俟滿軍接近即用槍擊之，或俘虜，以致敵軍搜索困難。

是日正午，滿軍以威力搜索向歆生路一帶沿樹林房屋射擊，民軍均不還擊，滿軍遂漸漸前進。午後約二時，滿軍行至堤防前面，在民軍防禦有效力界内，民軍步砲隊猛力齊發，滿軍因無遮蔽，旋向後退，民軍右翼防禦隊伍由房屋内喝殺，滿軍不明真相，旋即退却到原地停止。

是日兩軍戰鬥不甚猛烈，各在原占陣地宿營。是晚吴兆麟即將視察後處置情形報告都督，並請速派指揮官負漢口防禦責任，當召集會議，頗難得人，於是暫以宋錫全往漢口照料、維持現狀。

同日南京學生隊八十餘人由南京同志介紹抵漢，寓於武漢陸路稽查長劉玉堂所開之新大方棧，隨船來者有南京派來之四偵探，一係張人俊所派，一係鐵良所派，一係張勳所派，一係樂德安所派。學生隊全體對該四偵探特别注意。該四人亦住新大方棧，於是學生隊全體要求劉玉堂辦此四人。適内中張勳所派之一探在大方棧門前遇黨人吴小韓，吴小韓於武昌起義前曾投入南京張勳部下，與該偵探熟識，該探亦不知吴小韓係黨人，遂告以張勳派其來漢之任務。吴小韓更向劉玉堂證明該同來之四人實爲漢奸，劉玉堂決意捕之，即商之吴醒漢。由四官殿派兵二十人，合劉部百餘人以警局稽查旅館爲名，先埋伏便衣兵士於前後左右，請四探至客廳盤問，因該四人各帶手槍，恐其拒捕傷人，故用誘捕之法。由劉玉堂吹口笛爲號，伏兵齊出，遂將四偵探擒獲，比解至江漢關軍政分府詳爲審訊。有人主張將此四人押解武昌軍政府訊辦者，但漢口總商會

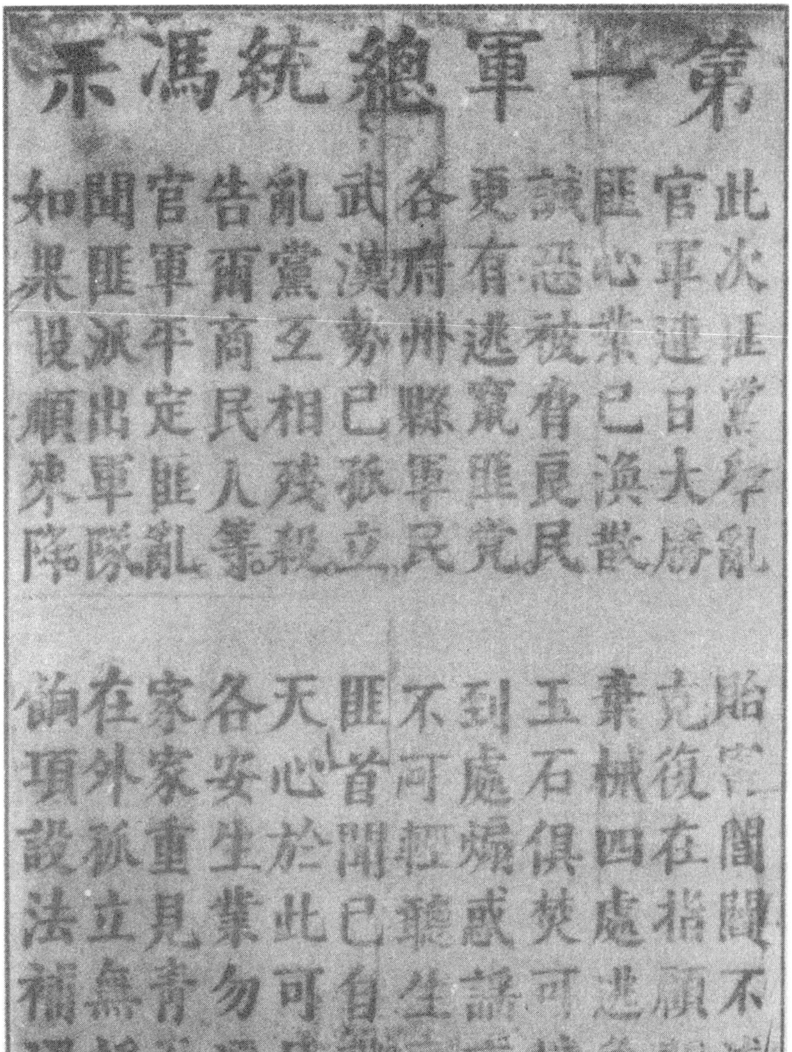

第一軍總統馮示

此次匪黨倡亂
官軍連日大勝
匪心業已渙散
誠恐被脅良民
更有逃竄匪黨
各府州縣軍民
武漢勢已孤立
亂黨互相殘殺
告爾商民人等
官軍平定匪亂
聞匪派出軍隊
如果設願來降

貽害閭閻不淺
克復在指顧間
棄械四處逃免
玉石俱焚可憐
到處煽惑謠言
不可輕聽生變
匪首聞已自斃
天心於此可見
各安生業勿遷
家家重見青天
在外孤立無援
餉項設法補還

此馮國璋統兵攻漢口之告示。漢兒盡作胡兒語，争向城頭駡漢人。

會長王琴甫極熱心贊助革命，最恨爲滿清出力之漢奸，跪請劉玉堂迅辦，是晚即由劉玉堂監斬，將南京派來之四偵探正法，而南京清吏之耳目因而不靈。

是日接蔡鍔自雲南來電，謂該省騰越廳已爲張文光光復。

同晚又接上海《民立報》來電，謂黄興、宋教仁準於初十日到鄂。

軍政府接得以上電報，一般同志極爲歡喜，謂黄興一來，必有一番振作之策。

是晚又接湖南來電，云已派王隆中、甘興典各率步兵一協來鄂援應，軍政府甚表歡迎，即去電催促，問起程與否。如未起程，請速開拔，湖北子彈槍枝極爲充足，即徒手兵來亦無妨也。

同時黎都督即傳知各部隊，務耐苦堅守。又云湖南援軍不日來漢，黄興亦準於明日蒞止，漢口一隅，不難指日恢復。

七、九月初十日　黄興、宋教仁等抵鄂

初十日午前九時，黄興、宋教仁、田桐、李書城等自滬來武昌，軍政府派軍樂隊及一般同志到漢陽門江岸歡迎，即至軍政府，經過武昌城内，沿街市面百姓均放鞭爲禮，旋武漢三鎮都已知之，以爲黄興是革命首領，必是非常之人，料漢口稍失之地不難奪回，勿論老幼男女對於黄興之希望，莫不額手致敬。

黄興到都督府與黎元洪相見時，黎極歡迎，二人握手後旋即談漢口日來戰争情形。黎請黄興主持，黄亦不辭，以天下爲己任。黄興即欲往漢口一視，於是黎都督即派吴兆麟、楊璽章、蔡濟民、徐達明四員偕黄興赴漢口，抵漢時即視察戰綫情形。滿軍仍與民軍在歆生路附近以砲火戰鬥，彼此皆未前進，各在原佔陣地相持。黄興見各部隊按段防禦，復返武昌與黎都督商議妥當，再行來漢設法進行。

午後三時許，黄興轉回武昌與黎議事，大衆均向黎都督云，黄興素來好戰且善戰，請軍政府任以全軍總司令。

黎極贊成，即由大衆開會公推黄興爲總司令，所有湖北軍隊及各省援軍均歸其節制調遣，又謂漢口危急，仍請黄興於本晚往漢督率。

是日軍政府接得袁世凱屬下劉承恩來函云，袁世凱經已出山，請民軍和平了結云云。（案，袁世凱等甘心作賊，擁戴異族，不自知其無恥至此極也）。原函如下：

劉承恩來函

宋卿仁兄大人麾下：

疊寄兩函，未邀示覆，不識可達典籤否。頃奉項城宫保諭開，刻下朝廷有旨：（一）下罪己之詔，（二）實行立憲，（三）赦開黨禁，（四）皇族不問國政等因，似此則國政尚可有挽回振興之期也。遵即轉達台端，務宜設法和平了結，早息一日兵事，地方百姓早安静一日，否則勢必兵連禍結，勝負未見，則不但塗毒生靈，糜費巨欵。迨至日久息事，則我國已成不可收拾之國矣。況兵者漢人，受蹂躏者亦漢人，反正均我漢人吃苦也。弟早見政治日非，遂有終老林下之想。今因項城出山，以勸撫爲然，政府亦有悔禍之意，即此情理亦未嘗非閣下及諸英雄能出此種善道之功也。依弟愚見，不如趁此機會暫且和平了結，且看政府行爲如何，可則竭力整頓，否則再行設策以謀之，未爲不可。果以弟見爲是，或另有要求之處，弟即行轉達項城宫保，再上達辦理。至諸公皆大才榱槃，不獨不咎既往，尚可重用相助辦理朝政也。且項城之爲人誠信，閣下亦必素所深知，此次更不至失信於諸公也。並聞朝廷有旨，諒日内即行送到麾下，弟有關桑梓，又素承不棄，用敢不揣冒昧，進言請教，務乞示覆，即交原人携下爲禱。敬請勳安，諸希愛照不具。

九月初八日

上函純屬漢奸認賊作父之詞。黎都督問大衆應如何答覆，一般同志均主張置之不理。

是晚江西來電，謂海軍業已歸順，現皆集合九江，不日派兵一協，由馮嗣鴻帶領，用海軍運鄂援應。軍政府軍接得湖南、江西派兵援助之電，聲勢復大振，大衆更爲欣慰，謂不日有海陸軍來援，漢口不難恢復。

同時一般同志復將以上情形分途向各處宣傳，又謂黄興善戟，在廣東革命時，每於槍林彈雨中履險如夷，真是諸葛亮復生云云。

是晚黎都督一面將以上各情通電各省，一面發出佈告，並通令各軍隊咸知，一時武漢軍民群相慶賀。是晚滿軍在漢口偵察民軍陣地，並知謝元愷、蔡德懋等陣亡消息，因滿軍自入寇漢口以來，最畏謝元愷、蔡德懋、馬榮、方興、徐少斌等，既知民軍良將陣亡，自不及以前之整肅勇敢，故趁民軍援應未到之時繼續進攻，將漢口完全佔領，再謀攻武昌。一面滿軍照會駐漢各外國領事，謂漢口障礙甚多，進攻困難，擬將全鎮房屋燒毁以便施行攻擊，倘有侵害外人財産之處，清國政府願賠償損失等語。各領事接得照會，極爲反對，輿論大譁，謂各國已嚴守中立，關於租界附近不得侵犯，並云民軍起義後始終保護中外人民之生命財産，真是文明仁義之師。惟滿政府至今仍是野蠻，不顧輿論，無怪中國各省皆與之反對。

是晚黄興偕楊璽章、查光佛、蔡濟民、徐達明等渡江，在漢口滿春茶園設總司令部辦公處，即檢查在漢口所有隊伍。茲將所檢查之軍隊開列於後。

一、步隊第二協，兵額約兩千人。

標統胡效騫

標統劉廷福

協統何錫藩。傷，以羅洪升代。

標統姚金鏞。病，以劉廷福代。

二、步隊第四協第七標，兵額約一千人。

協統張廷輔，傷。

標統胡廷佐

三、步隊第五協，兵額約兩千餘人。

協統熊秉坤

標統杜武庫

標統伍正林，督隊官方漢農。

四、步隊第一協林翼之之一標

五、馬隊一營，管帶黄冠群

六、砲隊約一標

標統尚安邦

七、工程隊一營，管帶李占魁

八、敢死隊約二大隊

隊長方興

隊長楊金龍

九、季雨霖之團防兵一千餘名。

據檢查以上各隊人數，第四協欠第八標，林翼之一標只有百餘人。一面黄興通知黎都督，一面問林翼之。林云，兵士係在漢口附近招募，夜間各潛歸家，此係最危險之事。黄興問曰，何不嚴辦？林無言可答。

又黎都督接得黄興通知，即派人問第八標，無如該標統楊某未奉命令，擅將隊伍帶回武昌，自己在家辦理喜事。於是孫武、張振武等派人將楊標統請至都督府開軍法會議，即將楊某斬首示衆，並傳知各部隊。

是晚黄興在漢口檢查軍隊完畢，即發如下之命令：

總司令命令

（九月初十日午後九時於漢口滿春茶園發）

一、滿軍仍佔領大智門新停車場附近。

我湘軍已有步兵兩協業已出發，不日來鄂援助。

二、本軍今晚擬在原佔領陣地以戰鬥隊形過夜。

三、步隊第二協警戒綫，右翼由歆生路後城馬路起，左翼至查家墩以東火車站之堤防一帶。

四、步隊第五協警戒綫，右翼與步第二協連絡，左翼至玉帶門一帶。

五、其餘各隊之集合地如左。

步第七標在滿春以北空地。

馬隊一營在滿春西端。

砲隊一標在滿春西北端附近。

工程一營在滿春北端附近。

敢死隊二隊防禦滿春本司令部。

六、步隊第一標及季雨霖標警戒漢口市街各要地。

七、各隊給養，用軍政分府預備之糧秣。

八、本總司令在滿春茶園。

總司令黃興

注意今夜口號：復漢

是日黄興匆匆到武昌，旋即視察漢口，復轉武昌，又往漢口檢查軍隊。各部隊皆已知黄總司令矣，如果以現狀設法整頓，利用堤防，依託市街，專事防禦，以待湘軍來援，則漢口或不至於即失。無如其性情過急，不知敵情，欲取攻勢，致令當時各隊互有責言，謂黄興虛有其名，對於軍事是門外漢，太不謹慎，恐不利於民軍。大衆又不敢明言，只有對付而已。

是日山西太原被革命軍所得。

荊楚文庫

曹亞伯集（中）

曹亞伯 著
周月峰 張陽 郭靖 編

荊楚文庫編纂出版委員會
華中師範大學出版社

八、九月十一日　山西、雲南光復

十一日晨，黄興即往前綫察看情形，擬向滿軍施行攻擊，正與楊璽章等商議選定進攻地點，準備下攻擊命令。而滿軍已於午前六時由王家墩向民軍攻擊，砲火機關槍均極猛烈。民軍利用堤防固守，滿軍漸漸接近，火力愈猛，民軍亦令預備隊向第一綫增加。黄興率敢死隊督陣，不准後退，有退者即用刀斬決，民軍即利用堤防竭力抵禦，滿軍不敢接近，恐與民軍衝突。

午前十時許，滿軍借歆生路附近房屋掩護，多用機關槍，漸漸與民軍右翼接近，用機關槍猛射，民軍受傷過重，即向後退却。滿軍即乘機前進，放火將歆生路房屋焚燒，加以砲火亂射，使民軍不能依託房屋掩護，於是民軍右翼隊伍節節後退。而民軍正面及左翼隊伍見右翼火起，友軍退却，亦藉抬傷兵往後陸續退却。黄興在後阻止並手刃數人，於是兵士等即往兩翼潛退，俾免黄興阻之。

至午後二時，民軍前綫隊伍人數漸漸減少，黄興無法維持，遂下命令使各部隊退却至玉帶門一帶防禦。滿軍則節節縱火燒民間房屋，燒一段則進一段。

午後五時許，民軍漸漸後退，抵玉帶門一帶，利用後堤停止佔領陣地防禦，黄興即氣不能平，遂云漢口各部隊均已打散，士氣沮喪，萬難復用。且各部隊軍官亦無指揮能力，漢口似不能保，擬固守漢陽，速請湘軍來援，再圖恢復。主意已定，一面令各隊在玉帶門一帶防禦，一面通知黎都督火速催湘軍應援。黎都督又聞漢口軍隊後退，滿軍縱火燒屋，甚形惶恐，以爲漢口不幾日即成焦土，乃一面照會各領事警告滿軍，止其縱火，致令百姓遭劫，復一面飭船政局準備小火輪多隻開往上游，迅速接湘軍來鄂援助。

是晚又接黃興通知，謂漢口各戰鬥部隊除傷亡外，查現有人數共計不及五千名，實無戰鬥力也，暫維現狀。擬固守漢陽待援等情。

軍政府接得以上情形即召集軍事緊急會議，茲將是晚議決之事如下。

一、除派輪船迎接湘軍外，再電江西派兵偕同海軍來鄂援助。

二、漢口各隊仍竭力固守，使敵遲滯前進，以待援軍之來。

三、武昌、漢陽宜嚴密警戒，不可稍事疎忽，倘有疎虞，決以軍法從事。

四、所有戰鬥隊伍，損傷缺額一律補足，唯受傷長官或派人代理，或另委人，看情形酌定。

五、湖北軍隊以五協之衆加以特種軍隊防禦武漢，其兵力亦不爲少，各協宜趕練補充兵一團，以資補充。

六、通電各省，數清軍在漢口縱火延燒市街民房之罪惡。

七、漢陽、武昌附近加築極堅固之防禦工事。

八、仍電請響應各省迅速出兵，合攻清軍，使其各方不能兼顧。

以上會議規定之件當即分途進行，一面派輪船到襄河内一帶停泊，以便接濟漢口部隊，一面通知黃興，令漢口部隊固守原地以待援軍。

是日孫武、張振武、蔣翊武等因黃興既來，而湘軍又來援，以爲大事成功，各欲擴充實力，於是又擴充步兵兩協及先鋒隊一協，以鄧玉麟、羅洪升、王國棟爲協統，又設一軍令部，以杜錫鈞爲長。更設特種隊伍，各人暗中膨脹勢力，名目繁多，不必贅述，免眩人耳目，實於戰事無關也。

總之，湖北當時大敵在前，理應擴充軍隊以應戰鬥，無如未有軍官，徒以新兵應戰，形同烏合，愈多愈難指揮。且急時所招良莠不齊，殊多危害。遇敵則潰敗，遇民則騷擾，見長官則表功，種種怪像，不一而足。設非當時軍政府一般純潔愛國同志竭力維持，恐早已瓦解也。争權奪利，同室操戈，最犯兵家之忌。特略述之以爲殷鑒（後來孫武、蔣翊武屢起争端，各人部下皆以争奪爲事，大事幾敗於垂成也）。

是晚漢口民軍右翼是市街，正面與左翼前面都係開豁地，清軍在市街縱火，共計火頭六處，人民呼救之聲慘不忍聞。當時漢口商家紛紛雇船搬遷，或往租界移動，滿軍藉縱火之際到街市搶掠，被民軍巡查街市軍隊及百姓相助，捕殺甚衆。

是晚軍政府下令飭漢口軍政分府，將一切子彈糧秣派輸送隊搬至漢陽，以免燒毀或資敵用，而軍政分府無人負責，遂將該分府存儲軍需物品亦焚燒殆盡，其損失甚鉅。

是晚民軍與清軍在漢口因火頭相隔，彼此對峙，距離頗遠。清軍時以砲火向武昌、漢陽兩處射擊。該兩處各機關人員惶恐異常，到處躲避。而清軍復利用間諜揚言是晚襲擊武昌、漢陽，於是民軍竭力設法警戒。

是晚又接山西太原來電，謂該省巡撫陸鍾琦父子被革命軍擊死，協統姚宏發逃，公推協統閻錫山爲都督云云。

軍政府接得此電極爲欣慰，即復賀電，並請與陝西同時出兵，截斷清軍後路，使其首尾不能相顧。一面又以山、陝獨立並出兵襲京漢路之情況多印白話傳單，派間諜赴京漢路各站散發。

是日雲南省城爲革命軍所得，公推新軍協統蔡鍔爲都督，清總督李經羲逃。茲將孫種因所録之《重九戰記》、曹之麟所述之《騰越光復紀》略附之。

重九戰記

辛亥六七月之交，蜀路風潮作，滇中軍界躍然欲試。

八月十九日，武昌義軍起，陸軍各高級幹部或在羅佩金家，或在唐繼堯宅群聚密議，風聲日緊。消息外傳，清總督李經羲秘商靳雲鵬、鍾麟同、王振畿、唐爾錕等，欲出羅佩金、李根源於外（命羅赴安南接運軍械，李赴迤西平張文光。先是四五月間，七府鑛產及英兵入片馬事，陸軍小學堂總辦李烈鈞暗鼓風潮，設體育總校。李督知之，委烈鈞北洋觀操員，令即日去滇），並擬懲辦李鴻祥、謝汝翼（令鴻祥所帶之兵歸併他營，出防昭通，使鴻祥爲光頭管帶，限期十一日照辦，汝翼則爲鍾麟同呈請撤差），又命唐爾錕、劉顯治由黔募兵。未及實行，而重陽之獨立旗竟高插於五華山頂，猗歟盛哉。

是役也，定議分爲兩路，蔡鍔率步隊第七十四標、砲隊第十九標、機關槍第十九營，其幹部軍官，步隊第七十四標統帶羅佩金，管帶唐繼堯、劉存厚、雷飈，砲隊第十九標統帶韓建鐸，管帶謝汝翼、庾恩暘、劉雲峰，機關槍營管帶李鳳樓等。李根源率步隊第七十三標，其幹部軍官李鴻祥、劉祖武、張開儒等分定任務。根源之軍占領軍械局、五華山、圓通山、藩使署、鹽道署、財政局、提學司署、機器局、龍元局、電報局、大清銀行等。鍔所率之佩金軍、占領總督署、交涉司署、臬司署、糧道署、糧餉局等。砲隊之謝汝翼占領南門大東門，庾恩暘占領大小西門、劉雲峰占領小東門。講武堂監督沈汪度與教官顧品珍、張子貞等率領該堂學生及陸軍小學生、測繪學生並體育校生開各城門，居間援助，約定初九日夜間三時起兵，乃北較場之步隊第七十三標第三營管帶李鴻祥。是晚八時分發子彈，爲反對隊官唐元良所覺，該營排長黃毓英等，開槍擊斃之，槍聲隆隆，事遂不可遏止。適李根源已到，吹集合號，第三營全部出，第二營管帶齊世傑逃，隊官馬爲麟率其營兵出，俱集合於練兵場。該標統帶丁錦（靳雲鵬私人）率標部衛兵開槍轟擊，第一營附之（管帶成維錚、靳雲鵬私人）。第三營兵傷二十餘人、死二人，排長劉增祜受重創。根源命王秉鈞撲標本部，丁錦逃。第一營槍聲尚不絶，兵有懼心，避走壕塹中。根源命焚標本部以絶其望，誓必死，率全軍出。至蓮花池宣示宗旨，時九時半，約期未至，講武堂生未來開城。黃毓英、蔣光亮、楊秀林、董鴻勳、盧燾等率五十餘人搭人梯越城，擊散守城兵，開門，兵遂入。根源聚隊分派占領各處兵員，自與鴻祥、祖武率隊攻軍械局，至八省會館，收降巡防隊第四營，抵軍械局，説守軍使降。内佯諾，暗置機關槍，出根源軍不意開槍猛擊，死十餘人。根源下令猛攻，焚局門，穿地道，是時提學司署及虹溪試館火起，蓋借是爲號，使烏家壩各軍知之，速拔隊入城也。根源軍方至軍械局，統制鍾麟同、總參議靳雲鵬、協統王振畿等率輜重營、陸軍員警隊、機關槍一隊占領五華山之武侯祠、勞公祠，以機關槍由後夾擊。李軍死數十人，覆屍枕藉。排長文鴻揆登梯，彈貫腦死，勢極危殆。幸兩級師範學堂有董鴻勳、馬爲麟死守，射擊鍾軍側面，李軍終得不放棄軍械局，時已夜十二時矣。先是九時，蔡鍔等集於烏家壩，尚從容計畫攻擊方略，忽接督署及鎮司令部電話，謂北較場兵變火起，速率隊入援云云。鍔等知北較場已開始動作，遂由佩金集合步隊、汝翼集合砲隊，宣布反正大義，整隊入城。途中又見學署火起，並接報告，謂李軍入城，軍械局未下，蔡軍急趨入，就原議計畫布署定，時已夜二時。佩金以李軍兵單，派雷飈一營往助，命唐繼堯率該營猛撲督署。署內有機關槍八挺、衛隊五六百人，力戰二時許，死傷三十餘人，不能前進。時雷飈占領江南會館一帶，砲標占領各城已畢，天將曙，砲隊開始射擊，彈中督轅圍竿，斷兩截，又中李經羲卧室，梁折屋傾。經義已先逃匿於蕭巡捕家（李之眷屬夜間十時出，匿於幕僚陸邦純家，楊福璋云，是晚福璋在經義側，當北較場火起時，報稱爲首起事係李根源。經義云，李根源我待他不薄，想不至如此，且他剛纔見了我下去，移時又接告云，蔡鍔、羅佩金率兵入城，與李根源合。經義曰，蔡鍔我曾以心腹寄之。決不至此。夜深，經義連次命人請靳參議，回報云已不知下落。經義倚椅長歎，謂福璋曰，再研究，再研究，即是李根源、蔡鍔、羅佩金等造反，必不害我。夜三時槍聲愈急，署內秩序大亂，人聲鼎沸。經義命福璋出，福璋遂出，未幾，經義亦由後門出，云云。此福璋在軍政部談者）。是時巡防隊第二營據守圓通山，雷飈、何鵬翔與之鏖戰數時，死傷甚衆，敵軍不支，敗降。飈集全力助攻軍械局，鍔命謝汝翼率砲隊至，轟牆垣多處，終無效，用地雷爆炸之破牆一口，汝翼率士卒舞刀由缺口入，殺守軍三十餘人，李、謝、雷軍死傷廿餘人，軍械局遂得手，時十一時也。移攻鍾麟同軍，鍾頑强抵抗，兩軍死亡甚多，李鳳樓率機關槍六挺來援，火力增猛，鍾負傷，軍醫局兵負之走，武侯祠破，五華山遂下。鍾至南城被擒，磔死。人謂麟同有丈夫氣概，可敬也。靳雲鵬於夜間三時左手負傷，去鍾潛逃，僞爲輿夫，肩空轎出城。十一日晨，乘滇越火車走越南。王振畿左腿受創逃，爲張開儒擒獲，解司令部。時楊集祥亦誘至，講武堂生彭肇康、范石生叢槍擊殺之。愚與郭燦、黄彝在座，見殺人血光此爲第一次。王朋比枉利，傾軋善類（死時太無氣骨，抱郭燦兩腿跪哭，求活命）。楊居心險狠，貪詐之尤，素爲良弼密探，均以反對革命爲能事。今正刑誅，人心稱快。靳窮凶極惡，較王尤甚，致稽顯戮，不能不歸咎於當事之疎於盤查也（靳至海防來書致孫少元，託看顧其愛妾，請資送北還，於彼之恩憲李經羲、業師鍾麟同、至友王振畿及其部下健兒，均無一語道及。愛妾北京名妓，王振畿買贈靳者，在滇受書於孫妻清如之門，故與之相託）。

佩金率唐繼堯、劉存厚、庚恩賜、劉雲峰軍圍攻總督署，自九日夜至十日正午，猶未下。子彈將罄，軍械局破，得補充彈藥，督隊猛擊，於午後一時半攻破入之。經義衛隊降，全城大定。設司令部於江南會館，蔡、李在焉（下令整理軍隊，清查傷亡官兵。七十四標仍由佩金管理，擔任全城警備，砲隊由建鐸管理，七十三標由李鴻祥管理，該標一營管帶任張開儒、二營管帶任馬爲麟、三營管帶任劉祖武，軍城局由謝汝翼、沈汪度守管，糧餉局委黄彝經理）。出示安民，宣布獨立（各種告示皆孫種因一人所擬，殊嫌草率），照會英法駐滇外交官，招安輜重、陸軍警察、巡防隊並各標等逃散之兵卒，分派保管各衙署公欵案件，邀政商界要人及地方重紳會議。

午後七時突有軍隊譁變，滿城槍聲徹夜不息，十一日午前八時方止。是時鍔在總督署懸大旗，稱正司令部，根源在五華山、兩級師範學堂稱軍司令部。午後一時，根源尋獲鍔，請鍔往五華山，取消督署之正司令部，設大漢軍政府於兩級師範學堂（初十日晨七時，戰鬥正酣，根源招孫種因與黄彝至戰綫，草擬告示，竟日在江南會館，筆不停揮。天將暮，忽警報云巡防營兵變，張毅勾結七十三標第一營爲亂。此事確否，今尚未得真像。少頃，根源率數軍官倉皇出，未片刻鍔與殷承瓛、唐繼堯亦乘馬出，留劉祖武守之。未幾，四圍槍聲大作，砲聲機關槍聲亦起，孫不得已避去，僅有機關槍排長華封歌率兵士數十人、機關槍四挺固守館門，孫在寓終夜繞屋，彷徨未寢，不知蔡、李、羅等究在何處，兵變情形如何。十一日午前十二時，乃悉鍔在總督署，根源與汝翼守軍械局、五華山，佩金守東南城。未幾，又知司令部設於兩級師範學堂，孫往，仍執筆政。時辦筆墨者鄭溱，李恩換亦來)。

是日，馬標統帶田書年（靳雲鵬私人），尚未反正，該標教練官黄毓成與其部下軍官趙寶賢、尹盛德等結合逐走之，令率隊入城，工程營管帶韓鳳樓亦率隊自乾海子來。晚間九時槍聲又起，軍政府彈落如雨，窗櫺俱碎，延數時之久（藩司世增是日午間被獲，伏地哀求，當事憐之，送講武堂暫行看管。夜間兵變，謡傳關係李經羲，講武堂生恐世爲患，槍殺之，世滿洲人，庸懦無能)。

十二日，正法叛兵及搶劫民財之亂兵十餘人，收繳槍彈，開拔各隊出城歸營，議出兵西南兩路（又議準備出師四川兩粤)，於是城中始得寧静。

十三日，組織各機關成，辦理軍民各政漸有頭緒（開放城門，任人自由出入，令各學堂一律尅期開課，禁止各處招募兵勇。是日午間，紛傳蒙自道龔心湛兵抵宜良，前隊已至烏家壩，各高級軍官悉出城布署。未幾，察悉係鐵路巡防隊來歸，非南防兵。出示赦宥官吏，願回籍者，准其領護照回籍，免滇蜀騰越鐵路之隨糧認股。雲南革命群歸功於楊振鴻倡始之力。本日發布布告，旌表振鴻功烈。誄曰忠毅，家族恤金三千元，並發布告旌恤陣亡各將士)。先是騰越有商人張文光，陸防軍官彭蓂、陳雲龍、李學詩等於九月初六日起義騰越，兵徇永昌龍陵等郡，電至省，復電任文光騰越鎮，兼統領騰永各軍，彭蓂爲永昌督帶。臨安則於十一日有步隊第七十五標教練官趙復祥聯合臨紳朱朝瑛逐其標統，舉兵響應。蒙自關道龔心湛令南防督帶孔繁琴與趙戰，復祥禦之，血戰一日，擊走其衆，生斬繁琴，龔懼，與臨沅鎮孔慶塘逃（是時雲南鐵路公司股欵由湖北運至蒙自，龔竊用十餘萬，分散地方兵匪。臨逃時，令其部下員司、兵丁、衙役意取携，銀係元寶五十兩一錠，一人拿二錠或三錠，重量已不可支。軍裝局之槍彈亦自由分散，有人領取者。無論人民或土匪，盡數發給，又募回勇數營，故蒙自喪失公欵槍械爲數至夥），蒙自遂爲復祥占領。省電任復祥南防陸軍統領，朱朝瑛爲臨沅鎮總兵，李曰垓爲蒙自關道。大理步隊第三十八協統領曲同豐接省電，與大理提督李福興、鄉紳前四川臬司趙藩議決反正，電省響應，覆電，任同豐迤西統領，准添募一標，同榆標成一協，任藩迤西安撫使兼騰越關道，致藩電，極謙恭，鍔、承瓛等稱學生，根源稱受業。開化接省電，各界均表歡迎，總兵夏文炳、知府石鼎熙意存觀望，以龔心湛行動爲進退，巡防管帶余樹松、哨官吴鎮南等，以夏久不樹旗，遂起兵逐夏，圍攻鎮府兩署。石自縊死，夏恃同鄉兵勇，力戰一日夜，余樹松敗走，吴鎮南死之，兵士死傷二百餘人，居民死傷無算。逾二日，龔逃，夏插旗，電省反正。當事不究既往，仍任爲開化鎮。鶴麗鎮張繼良（張安徽人，粗鄙穢惡，招權納賄。前在四川劣迹極多），李經羲表弟，靳雲鵬私黨，在鶴麗劍招兵，由省領獲新式槍二千支，運至禄豐。光復次日派劉法坤率兵一隊，往途中截回，電撤張繼良，委新卸總兵周彪署理。昭通鎮蘇掄元、普洱鎮馬文仲、迤南道方宏綸（方浙江人，貪汙險詐，宦囊最富）及各府廳州縣暨各屬自治公所，均紛紛來電反正（富民縣知縣竟以黄箋紙繕成表文，勸進大位，又有作奏摺體者（稱大漢軍政府陛下）投降表者，形形色色，無奇不有。投效文及條陳，三四日間計收三百餘件）。

初十二三日，西南兩防情形未悉，命張開儒率一軍急趨楚雄，聽後命，開儒兵行二日，曲同豐、趙藩等電來，開儒住禄豐數日回省，羅佩金爲南征總統官，率一混成旅討龔心湛，至通海。龔逃，巡閱蒙自、個舊等處，未幾旋師。城中官吏首先歸誠者巡警道郭燦(郭來時大聲曰，我自四川鐵路風潮起時已主張革命云云，郭四川人)，次臬司楊福璋（於大東門外臬署書吏家搜獲，解至軍政府。根源以福璋尚不失爲前清好官，禮遇之，並畀以民政司事)、勸業道袁玉錫、鹽法道毛玉麟（玉麟江西人，居官廉正，兵入鹽署，墜井求死，爲軍官鄧泰中救免)、雲南府周沆（光復之夜兵入府署，沆越牆逃，跌入糞厠，幾淹死)、審判廳丞王耒（王浙江人，官氣極重，聲名亦劣，人多欲殺之，次日逃去)、檢察廳長張一鵬、實任大理提督劉鋭恒等數十人（楚雄府崇謙、廣南府桂馥、順寧府琦璘等皆滿洲人。當事特電保護，照舊任職)，迤東道魏家驊，蔡、李、深佩其學行，强之出，不應。護送之回籍（有工程營正目李維藩等，劫家驊寓所，當事知之，置該正目等於法)。交涉司夏偕復、糧道曾廣銓，匿法領事署，借其力逃安南，提學司葉爾愷，媚上淩下，摧殘學界，與地方結怨最深，爲講武堂生捕獲，群欲致之死，李根源終保全之，人多謂其過於姑息云（又唐爾錕、張毅、周沆、劉顯治、熊范輿、耿葆奎，咸擬殺之，以快人心，乃張、劉、熊則爲鍔保護，唐、周、耿則爲根源保護，且俱擢任要職，殊未解也。鄒馨德、葉如桐、江藴琛、李训鋐、謝宇俊等皆滇吏中貪酷之尤，當事均保護不殺，尤所不解)，經義長子李國筠（人稱小總督，機詐異常）並熊範輿同爲巡察者於陸宅床下搜獲，解至軍政府。次日經義由諮議局來書致蔡、李，以三事相約。一、可殺不可辱。二、保護其眷口回籍。三、亦願爲之盡力辦事。次日蔡鍔、李根源、與諮議局議長張惟聰、段宇清等往見之。時三人跪地抱頭大哭，乃入居諮議局，步行過市。鍔參左手，根源參右手，經義面上淚痕未乾，人民觀者如堵。居數日，請去滇赴滬養病。蔡、李等以舊屬之故，始終禮遇未衰，送之出滇。經義在滇二載，人多稱其賢能，孫獨不敢苟同，終以其爲滑官吏，僞名士。除做官要錢外，別無所爲，即有幾篇奏章文告爲時流傳誦，亦不過其幕僚中幾輩文人爲之點綴門面，假裝好官而已。餘事不暇舉，僅就今日人人所聞見者略述一二，以實此説。羅軍攻入督署，經義卧室有鴉片烟油數十缸，箱内有黄金四條，上有同知胡思義謹呈字樣（此爲胡思義由蒙自縣升署個舊廳之賄賂，個舊爲漢中第一肥缺），賢者固如是乎？贓證確鑿，醜態畢呈，經義究有何面目以見人，又有何説以自解免。經義存同慶豐銀四萬餘兩（滇民脂膏），臨行，政府批准交經義帶回作養老資，政府另送銀五千元，全眷車費均由公備。乃至河口，不經政府允許，又由副督辦許九畹處携取公欵三千元。經義出身世族，官至封疆，丁此時勢，應毅然引決（或者先宣布反正），以一死存氣節（滇中官吏死者無一人，惟女子師範學堂監督雲南府學教諭張舜琴於初十日服毒死。李經義竟一教官之不如也），乃至於逃，至於降，已一錢不值，而猶貪此多金，不知人間尚有羞恥事否。一般之信仰經義者可以知所返矣（經義行時將雲貴總督印帶走，鍔向之索取，云我至香港尚有奏摺呈攝政王，以了我之責任。又其愛妾託人求當事，代尋覓其珍珠手鐲，云此鐲係經義納彼時之定情物，買價六萬元云）。此次戰役最足令人感歎者，劉雲峰方患熱病，卧床旬日將不起，是夜竟立疾參與戰事，總督署即爲其砲所擊毁。李根源率隊入城，跳城壕毁足，以兩兵參扶之，指揮戰事不少輟。顧品珍率講武堂馬科生與馬標兵激戰於南城外，頭部負重傷，又下級軍官董鴻勳、徐時雲、包順健、何國梁、姚小由、張權等均受重創，猶負傷力戰，卒完職務。文鴻揆死極慘烈，次日收屍，周身如蜂巢狀。計其所受槍彈在萬餘粒以上。軍士戰死百五十餘人，負傷三百餘人（鍾軍、巡防軍、督署衛隊死者二百餘人，傷者百餘人）。負傷者感法領事之惠，由法國醫院爲之治療，醫士不足，又電安南總督派來四人補充，戰死忠骸均營葬於五華山頂萬壽亭（當攻軍械局，戰事吃緊，李根源宣言今夜戰死者得葬於五華山頂萬壽亭。一時士氣大振，死者相繼，不少退，今踐其言云），發喪之日靈櫬之多，爲世所罕覯，延長六七里，送葬者數十萬人，祝賀軍政府、敬弔戰死者之旗幟輝煌金碧，掩映昆華。嗚呼！壯矣烈矣。

蔡鍔先生遺像

蔡鍔，字松坡，湖南寶慶人。戊戌政變，由長沙時務學堂逃往日本，入東京士官學校，畢業歸國。謀攬兵權於長沙、桂林、雲南各處，并爲長沙日知會會員，陰圖革命。武昌起義之後，在雲南響應，被舉爲雲南都督，李根源副之。二次革命，派黄毓成率兵入川，暗爲黄興之助。黄興失敗渡日，袁世凱忌之，遂請蔡鍔入京，以唐繼堯督滇。袁氏叛國稱帝，蔡鍔秘遁雲南舉護國軍入川，與叛國之師曹錕、張敬堯輩血戰於成都敘府間，北軍大敗，而主謀帝制之川督陳宧亦不得不反對洪憲，袁氏遂憤極而死。蔡鍔亦因勞成疾，渡日養病於醫院，因亦不起。然蔡公擁護共和之功，與日月争光矣。

男兒生世上，不當如是耶。

雲南首義諸人革命以前略歷

蔡鍔，字松坡。湖南邵陽人。留學日本士官學校畢業，歷充廣西步隊標統，兵備處、教練處、講武堂總辦，雲南陸軍步隊第三十七協統領。

李根源，字印泉。雲南騰越人。留學日本士官學校畢業，歷充雲南講武堂監督、講武堂總辦，督練處參議官。

羅佩金，字鎔先。雲南河陽人。留學日本士官學校畢業，歷充廣西隨營學堂總辦，雲南隨營學堂監督，講武堂教官，督練處參議官，陸軍小學堂總辦，步隊第七十四標統帶。

殷承瓛，字叔桓。雲南陸涼人。留學日本士官學校畢業，歷充雲南陸軍第十九鎮正參議官，參謀處總辦。

韓建鐸，字紉泉。河南人。留學日本士官學校畢業，歷充保定陸軍學堂教習，雲南陸軍第十九鎮正參謀官，教練處總辦，砲隊第十九標統帶。

謝汝翼，字幼臣。雲南新興人。留學日本士官學校畢業，歷充雲南講武堂教官，砲隊第十九標第三營管帶。

李鴻祥，字翼廷。雲南新興人。留學日本士官學校畢業。歷充雲南講武堂官。教練處提調，步隊第七十三標教練官，步隊第七十三標第三營管帶。

唐繼堯，字蓂賡。雲南會澤人。留學日本士官學校畢業，歷充雲南講武堂教官，參謀處提調，步隊第七十四標第一營管帶，講武堂監督。

沈汪度，字石荃。湖南長沙人。留學曰本士官學校畢業，歷充雲南講武堂教官，講武堂監督。

李鳳樓，字修五。直隸人。保定陸軍學堂畢業，雲南陸軍機關槍隊第十九營管帶。

張開儒，字藻林。雲南巧家人。留學日本士官學校畢業，歷充雲南講武堂教官，講武堂提調。

劉存厚，字積之。四川人。留學日本士官學校畢業，歷充雲南教練處提調，步隊第七十四標第二營管帶。

雷飈，字時若。湖南寶慶人。湖南武備學堂畢業，歷充廣西陸軍小學堂監督，雲南步隊第七十四標第三營管帶。

庾恩賜，字澤普。雲南他郎人。留學日本士官學校畢業，歷充雲南講武堂教官，砲隊第十九標教官，砲隊第十九標第一營管帶。

劉雲峰，字曉嵐。直隸人。保定陸軍學堂畢業，雲南砲隊第十九標第二營管帶。

黃毓成，字斐章。雲南鎮沅人。留學日本士官學校畢業，歷充雲南講武堂教官，馬隊第十九標教練官。

劉祖武，字繼之。雲南昆明人。留學日本士官學校畢業，雲南講武堂教官。

顧品珍，字筱齋。雲南昆明人。留學日本士官學校畢業，雲南講武堂教官。

張子貞，字青圃。雲南太和人。留學日本士官學校畢業，雲南講武堂教官。

黃毓英，字子和。雲南會澤人。留學日本東斌學校畢業，雲南步隊第七十三標排長，河口之役隨楊振鴻歸，振鴻死，往來滇緬間，經營革命最力。

杜韓甫，名鍾琦，字以行。雲南嶍峨人。留學日本東斌學校畢業，河口之役隨楊振鴻歸，振鴻死，往來滇緬間，經營革命最力。

（以上省城）

趙復祥，字鳳階。雲南順寧人。留學日本士官學校畢業，雲南臨安步隊第七十五標教練官。

朱朝瑛，字渭卿。雲南臨安人。富商。

李曰垓，字梓暢。雲南騰越人。北京大學畢業，歷充雲南沿邊

張君文光遺像

一稔以來，國中殆無寗日，雖滇省遠在南服，而騷然無一日安。視贛皖湘粵之間，又有甚焉。政府猶不自省，一切附之亂黨之煽動。所以然者，幸得借是以屠戮辛亥之首義者也。若大理之事。主名爲楊春魁，其人非獨在遠無所知名，彼中人亦罕知者，而政府遂得假手以殺義士。張文光之被戮，遠近冤之。傳聞被戮之日，文光方浴於騰越城南硫黄塘中，一軍官奉唐繼堯、謝汝翼命，率兵士二十餘人就而斃之，並及同浴者前騰越保商營管帶黄安和。使文光果聞其事，豈有大理事已覆敗？猶從容與人同浴，遂屍於是，至死不明其故者耶？文光死，有妾范氏倉卒聞變，亦自縊死。范有娠四五月矣。覆巢毁卵，其痛至酷！按文光，字紹三，騰越董庫村人。任俠尚義，商於緬甸，爲楊振鴻介紹之入同盟會。嘗於騰越、永昌各地創自治同志會，得數千人。辛亥八月，武昌革命軍起，文光自緬返騰，糾合陸防各軍。刻期九月初六夜起兵，擊殺騰越鎮總兵張嘉鈺，管带曹福祥、張桐等。相繼光復永昌、永平、龍陵、永康、順寗、緬寗、雲州、雲龍等十餘府縣，及沿邊各土司地，稱滇西都督。軍東下，徇大理，與榆軍衝突。李根源爲之雙方解释，得以無事。省騰合併，文光任協都督，兼大理提督，時民國元年四月也。繼李根源解職去，大理團長李伯庚暗譖文光於省中當事。時滇督蔡鍔形同傀儡，而當權者爲李鴻祥、謝汝翼，李、謝隨事疑忌而抑制之。文光慨然曰：“今之時势，尚可供汝輩争權奪利耶？此等鬼蜮世界，吾不欲與居。”乃於民國二年五月請解職，留日本，得准。瓜代事畢，返騰省親，遂厲是禍。又或傳大理亂起，楊春魁假文光及李根源名出示號召，趙州、雲縣等處據之電省，唐繼堯、謝汝翼不察，逕電中央。故袁世凱有十二月八日通緝李根源、張文光之通令。繼唐、謝雖察知張之未與其事，而爲貪功冒獎之心所中，且又深忌文光滇西之潛势力尚在也，故必致之於死而甘心焉。嗚呼慘矣！余之記此，非以傳張君，亦以存是非之真於不泯云爾。

杨君振鸿遺像

右爲楊君任西防巡防軍管帶時影於騰越西城外川王宫。

學務局總理，蒙自第二模範中學監督。

（以上臨蒙）

曲同半豐，字偉卿。山東人。留學日本士官學校畢業，歷充保定陸軍學堂監督，雲南步隊第七十四標統帶，大理步隊第三十八協統領。

趙藩，字樾村。雲南劍川人。文章德望全滇宗仰，歷任四川永寧道，按察使。告終養在籍。

張文光，字紹三。雲南騰越人，富商，楊振鴻黨，同盟會會員。

（以上榆騰）

追録：

楊振鴻，字秋帆。雲南昆明人。留學日本振武學校，陸軍測量部畢業。歷充雲南體操專修學堂監督，騰越巡防軍管帶，革命事洩，走日本，河口之役歸至緬甸，創仰光《光華日報》。光緒己酉舉義永昌，不克，死之。蒿葬蒲縹。

秦力山，湖南人。革命先達，美文學，入滇運動，居干崖，遇害。

張成清，字石泉。雲南騰越人。能文章，精英、緬文，撰著頗富（《緬甸亡國史》載《雲南雜誌》，秦力山序文）。久居緬甸，經營革命最力，黨人旅緬者多依之。光緒丁未發起死絶會，爲英人所忌。暗殺死。

王養石，四川人。留學日本東斌學校畢業，河口之役隨楊振鴻至緬，又隨之入滇，死於干崖。

劉九疇，字範卿。雲南太和人。留學日本明治大學，《雲南雜誌》發行員，經營革命嘔血死。

李烈鈞，字協和。江西武寧人。留學日本士官學校畢業，歷充江西陸軍管帶，雲南講武堂教官，兵備處提調，陸軍小學堂總辦。

主張革命最力，李經義知之，斥之去滇。

方聲濤，字韻松。福建侯官人。留學日本士官學校畢業，雲南講武堂教官。主張革命最力，因聯絡桂蜀，去滇。

趙康時，字濟侯。湖北鄖陽人。留學日本士官學校畢業，雲南講武堂教官。主張革命最力，因川調，去滇。

吕志伊，字天民。雲南思茅人。留學日本弘文師範、早稻田大學政治科，同盟會發起人。

趙伸，字直齋。雲南嵩明人。留學日本成城學校畢業，《雲南雜誌》主幹，同盟會發起人。

席聘臣，字上珍。雲南昆明人。留學日本京都大學法科畢業，《雲南雜誌》總編輯。

張耀曾，字鎔西。雲南太和人。留學日本東京帝國大學政治科畢業，《雲南雜誌》總編輯。

姜梅齡，字鼎和。雲南廣西州人。留學日本士官學校畢業，《雲南雜誌》總編輯。

騰越光復紀略

雲南光復之役，發難之地一爲省會，一爲騰越，而騰越爲先。騰越建義以辛亥九月六日，省中以辛亥九月九日，實後騰越三日。省中首義，以統兵之將、節制之師，義聲所倡，人心先附，其事易。騰越以市井之人、糾合之衆，異軍特起，竟集大勳，其事難。省會光復，中外傳檄，本末具在，人皆知之。騰則僻在邊徼，交通梗塞，海内之人知者蓋鮮，且恐因陳雲龍、黄鑒鋒之亂，使騰越光復之事遂湮没不傳，他日庇史，何所徵信，更懼傳聞異辭，或乖事實。此亦邦人士之責也。故就耳目之地，存是非之真，本我良心，以存實録。亦如昔人所云，秦人不死，蜀老猶存，一字之誣，十手所指，庶幾直筆，以謝鋪陳云爾。

騰越革命之業蓋肇端於楊振鴻，而成功於張文光。振鴻在滇中

雲南軍政府組織系統及人名表　辛亥九月孫種因製

雲南

- 省議會
  - 議長　張惟聰（慧鄉通海）
  - 副　段宇清（漱泉保山）
  - 副　張世勳（湘庵石屏）
- 軍都督蔡鍔（松坡湖南邵陽）
  - [参議院長]李根源(兼)（参議定額三十人乃至五十人）参議
    - 陳　价（兼）　李　華（兼）　華封祝（晋三呈貢）　陳文翰（兼）
    - 劉　鈞（鴻安江西）　袁玉錫（季九湖北）　孫光庭（兼）　郭燮熙（鎮南）
    - 李文治（南彬太和）　馬　柱（石臣新興）　席聘臣（上珍昆明）　游萬崑（四川）
    - 吕志和（天民思茅）　何秀楨（宜良）　蔣　谷（兼）　李燮義（開一太和）
    - 郭　燦（子南四川）　劉鋭恒（兼）　吴　琨（兼）　孫仲瑛（廣東）
    - 劉顯治（西陶貴州）　耿葆奎（公達江蘇）　馬觀政（昆明）
  - 軍政部總長李根源（印泉騰越）；次長李曰垓（梓暢騰越）、唐繼堯（兼）；参事周鍾嶽（兼）、鄭　溱（荻州浙江）、李　沛（潤泉昆明）、孫志會（敏齋曲靖）
    - 各提鎮標營協
      - 大理提督李福興（慶堂巧家）
      - 騰越鎮　張文光（紹三騰越）
        - 永昌督帶彭　蓂（堯階保山）
        - 順雲協馬長安（安　徽）
      - 臨沅鎮　朱朝瑛（渭鄉臨安）
      - 開化鎮　夏文炳（豹伯廣西）
      - 鶴麗鎮　周　彪（虎臣昆明）— 維西協姜德興（克修麗江）
      - 昭通鎮　蘇掄元（耀山江蘇）
      - 普洱鎮　馬文仲（陸　凉）— 鎮邊参將馬廷芳（舜鄉永平）
    - 民團局　長　蔣　谷（懷若昆明）；副　林開武（建侯文山）
    - 民政司　長　楊福璋（靄生浙江）；副　孫光庭（少元曲靖）
      - 審判局長　楊福璋（兼）
      - 自治局長　秦康齡（呈貢）
      - 警察局長　吴　垚（梓喬湖北）
      - 巡警學校長　李文蔚（新興）
    - 學政司　長　李　華（實生昆明）；副　陳文翰（墨軒太和）
      - 兩極師范學校長　陳興廉（漱泉昆明）
      - 高等學校長　張鴻翼（君翔保山）
      - 法政學校長　郭椿森（松年廣西）
      - 工礦學校長　劉鍾華（仲升思茅）
      - 農業學校長　李文治（南彬太和）
      - 圖書館長　施汝欽（少雲昆明）
      - 女子師範　女子職業學校
      - 省城第一中學　大理第二中學
      - 蒙自第三中學
    - 實業司　長　吴　琨（石生昆明）；副　丁　彦（碩甫鶴慶）
    - 財政司　長　陳　价（信甫文山）；副　席聘臣（上珍昆明）
    - 外交局　長　周　沆（繼會貴州）；副　陳　度（兼）
      - 郵政局
      - 各邊界交涉員
    - 甄録處　長　劉鋭恒（春霆四川）；副　袁玉錫（季九湖北）
    - 造幣處　長　陳　度（古抑廣西州）；副　李佛肩（湖北）
    - 雲南銀行　長　施有奎（聚五昆明）；副　劉輝祖（西園江西）
    - 鐵路局長　吴　琨——鐵路銀行
    - 電政局長　夏紹曾（伯晋昆明）
    - 地方官廳（→各府廳州縣）
      - 迤西道（兼）趙　藩（樾村劍川）
      - 迤南道　鄭宏綸（美旃浙江）
      - 迤東道　王玉麟（仲瑜昆明）
      - 臨開廣道　李曰垓（未到任臨安統領趙復祥兼理）
  - 参謀部總長殷承瓛（叔桓陸凉）；次長謝汝翼（幼丞新興）、唐繼堯（蓂賡會澤）
    - 第一部　劉存厚（積之四川）
    - 第二部　韓鳳樓（五峯河南）
    - 第三部　顧品珍（筱齋昆明）
    - 第四部　庾恩暘（澤普他郎）
    - 第五部　李鳳樓（修五直隸）
    - 第六部　劉祖武（繼之昆明）
    - 第七部　唐爾錕（省吾貴州）
    - 第八部　李鍾本（毓初太和）—測繪學校
  - 軍務部總長韓建鐸（幼泉河南）；次長沈汪度（石荃湖南）
    - 糧餉局長　黄　彝（彝叔廣東）—製革廠
    - 軍醫局長（代）吴有義（輔成保山）—
    - 軍械局長　沈汪度（兼）
    - 機器局長（兼）張開儒（藻林巧家）
  - 秘書處　長　周鍾嶽（惺甫劍川）；秘書吕志伊（兼）、張一鵬（雲搏江蘇）、熊範輿（鐵崖貴州）、李曰垓（兼）

> 十月初五日，韓建鐸改任陸軍第一師師長，繼任軍務部者，大理統領曲同豐。十月初十日，李根源改任陸軍第二師師長，兼迤西國民軍總統，繼長軍政部者南征總統羅佩金。又謝汝翼改任援川第一梯團長，顧品珍改任援川梯團参謀長，吕志伊任赴鄂組織中央政府代表，段宇清任赴鄂副代表，張一鶴任赴鄂代表秘書，劉祖武改任步兵第八聯隊長，張世勳任開化府知府，黄彝改任楚雄府知府，紹夏曾改任駐安南特派員。迤東道缺裁撤，並裁各府首縣，以知府典攝首縣事。
>
> 十月十五日補記

倡革命最先，經營騰永間最久，事不成而死於蒲縹者也。文光騰越人，少讀書不成，棄去經商，往來緬甸間。乃得稍稍睹世變，聞革命之説而心好之，又交振鴻餘黨黄毓英、杜鍾琦、馬幼伯輩，爲介紹入同盟會。蓋當清光緒末戊申之間。手散私財，陰結死士，嘗於騰永諸地創自治同志會以蓄其勢。辛亥三月二十九日廣州事起，風聲所播，文光怦然欲試，謀遂舉事騰中，事猶未成，機械先洩，騰越關道耿葆奎、總兵張嘉鈺將捕文光，並及文光之黨張鑒安、李治等。騰越廳同知温良彝與鑒安等善，力爲之解，文光逃而免。鑒安、治等以温之力，繳銷自治同志會證，其事遂寢。

八月十九日武昌義軍起，文光於是潛歸騰越，召集同志會於寶峰山之寶峰寺，糾合戍騰陸軍第七十六標第三營及西防防軍第四、五兩營，刻期九月六日舉兵，遂於是日午後七時，文光入南校場巡防第四營部擊殺管帶曹福祥、陸軍第三營排長陳雲龍，槍斃該營管帶張桐，合兵入城，圍攻鎮署及軍械局。彭蓂、方涵、李學詩、和朝選等皆以兵來會。彭、方、李、和，皆雲南講武堂畢業生，巡防營哨官長也，總兵張嘉鈺指揮兵士拒戰，不支，吞金自斃。文光率兵轉攻道廳署，護西道宋聯奎請降，廳丞温良彝逃匿民間，城中遂定。良彝廣東鶴山人，聯奎陜西長安人，文光以其在官有循吏名，留之不得，資送之出緬甸。

始事之初，文光與各軍約，申紀律，禁剽奪，違者以軍法從事，故軍興之際，城中安堵如故，其軍中約曰，民軍擄入人家者殺毋赦，民軍搶奪人民財物者殺毋赦，民軍奸淫民間婦女者殺毋赦，妨害外國人生命財産者殺毋赦。光復之夜有所布告，皆自署發起人張文光云，初八日始稱滇西軍都督，以九星爲旗幟，以黄帝紀元，致書英領事館、税務司、耶穌教堂，勿驚恐，任保護，並約税務司照常辦公。英領先以事至密止那，未在騰。税司終懷疑懼，請派兵護送回緬，至弄璋街，駐數日，見騰中秩序尚整，仍返騰城，並得緬政府不干涉民軍之約。

民事機關設財政局，張映寶、張鑒安筦之。裁判局，寸開泰、趙勳太筦之。警務局，李治、陳廷楷筦之，參議處。團練處則任鍾春芳、寸尊福、張文運、林春華、盧占魁、張德洋、楊連錦、曹琨、寸品昇、金殿書、王百雍、張映芳、蔡盛昌、楊炳興、李時純、陳廷標等。銀行税關則任明瑞元、許佩、董友芳、楊大炳等。秘書則唐璆、黄國治、張洪綱、陳鑒明、章純學及之騏等。參謀處則馬登瀛、和朝選、郎保泰、陳廷員、任宗熙、楊大森、祝宗雲等。大率皆地方士紳，或負時望者也。軍隊除原有之各營外添募六營，及士林隊一營，鑾允之第六營、古永之第十一營及隴川之綏邊營，野人山之保商營並緝私營，均先後來歸。

初十日，龍陵軍哨官長張定甲、李槐、殺其管帶，降其廳丞，以兵響應，願受節制，時省城尚未光復也，乃於初八日分兵爲三路，彭蓂率方涵等營出永昌，李學詩率李干櫓、宋寶奎、李光斗等五營出順寧，劉得勝率一營出雲龍州，期會於大理。十六日彭蓂入永昌，管帶羅長庚抗拒，該軍槍殺之，保山縣知縣毛汝霖亦自殺。二十二日李學詩入順寧，劉得勝經高黎貢山、上江收撫六庫、老窩、等梗、魯掌、卯照、練地各土司。二十四日入雲龍州，是時騰軍所占有者爲騰越、龍陵、永康、永昌、順寧、雲州、緬寧、雲龍、諸郡縣及沿邊各土司也。

永昌爲騰榆間一重鎮，城中雖定，四境盜賊蠭起，不可無人鎮攝，始以彭蓂爲永昌軍統領，兼筦民政，出大理之軍，以陳雲龍爲都指揮，雲龍庸妄驕張，治軍無紀，又信任錢泰豐、劉竹雲、張文煥、杜文里等，增兵至二十餘營，錢起兵卒，劉、張、杜則出哥匪，一時雜沓並進，兵即匪，匪即兵，各自號一軍，無所統紀。後之糜餉擾民，阻兵肇亂，幾幾不可收拾，實基於此。

九月初九日陸軍第三十七協統領蔡鍔、講武堂總辦李根源等舉兵省會，總督李經羲逃，清統鍾麟同伏誅。蔡鍔爲正司令，李根源爲副司令。十二日電至永昌，戍永陸軍教練官郭齡昌匿不發表，且與羅長庚積不相能，徑率所部返榆，渡瀾滄江，毀橋梁，斷電綫。故彭蓂軍入永，第知省垣光復，而榆永之間交通中斷，反正與否，未得其實。陳雲龍率兵東下，至瀾滄江修橋既成，兵始得渡，時已九月廿六日。廿九日抵曲洞，永平縣知縣蔣樹本乞降，雲龍任之爲總參謀，兵事愈壞。是時迤西巡按使趙藩、大理陸軍協統曲同豐聞報乃電來告以大理反正，無啓兵端。而省中亦連電來，謂大理已定，省中兵力甚厚，騰軍勿庸東出，宜速率返永昌，以守騰永諸郡，一切餉需，省中願爲擔任。文光得電，亦命雲龍駐師永平，聽候與省協議，不可冒昧前進。而雲龍專信蔣樹本之言，必欲入榆，遂不受命。雲龍所部亦不聽雲龍令，紛紛東下。樹本復請自效，率永平無賴千人徑取蒙化。雲龍至漾濞，先鋒隊劉竹雲已抵平坡，所至驛騷，十室九空。大理始舉代表周霞、馬驤至合江會雲龍軍，謂必欲入榆，請單騎以進。復邀騰軍以代表數人入榆協商，而騰代表至榆之日，蒙化已爲蔣樹本奪取，大肆燒殺，榆軍聞警，遂以兵出合江迎戰。至四十里橋與陳雲龍軍遇，戰於合江、平坡、漾濞間者三日，陳軍死三百餘人，大敗而奔，始收軍於太平鋪，蔣樹本亦爲蒙化鄉兵所敗。戰釁既啓，騰永皇皇，榆軍是時又會有軍官相殺，協統曲同豐出走事，兵心驕恣，城中亦騷然不靖矣。

先是省中得報，乃推軍政部總長李根源爲陸軍第二師師長兼迤西國民軍總司令，節制文武官吏，專任西事。根源首電文光，激以大義，亟弭兵争，文光及諸路軍隊、各地方紳民復電極表歡迎。根源騰越人，素負鄉邦之望，文光亦敬慕之，彭蓂、李學詩、劉得勝等又皆其門人，故聞其來，群知西事易於和解也。途次，電文光亟將陳雲龍撤回，文光乃命馬登瀛、和朝選、星夜至陳軍，説雲龍退師永昌，於是永平以東無騰軍矣。根源既任西事，民心漸安，惟抵騰猶未有期。陳雲龍、劉竹雲等旋軍騰永，驕蹇自恣，兵衆至二三萬人，民間一日數驚。文光心憂之而不能制裁，幸得永昌彭蓂、方涵，騰越杜雲山、郎保泰及士林隊各營陰爲維持，得不譁變。然餉糈已不濟，不得不本革命方略，按户籍捐派。自舉兵至終事，民間輸助蓋數十萬，財用不足，又發紙票，名軍用票者是也。

十月廿七日根源至榆，文光派代表張文運（文光胞兄）、張鑒安、林春華、李治、楊毓銑、和朝選、楊發鋭、劉品三及之騏等九人赴榆歡迎，並議善後事宜。根源提出九事。（一）裁汰兵勇，除順寧李學詩、雲龍州劉得勝兩軍另行辦理外，騰永只留七營，其被裁之軍餉及恩餉均由省城擔任。（二）停止捐派。（三）設官置吏。軍隊不准干預地方政治。（四）所有騰軍收入用出之欵須逐欵臚列，通告全省父老子弟周知。（五）軍用票即日停發，其已發出者限期收回，收回之欵由省城擔任。（六）禁運海鹽入境。（七）將劉竹雲、張文煥、杜文里、王元等交案審訊酌辦。（八）除留七營外，所有裁撤各員弁，飭其到省聽候委用，或隨師司令部差遣。（九）騰永人士公推多人到省城都督府各部各司等處共同辦理一切庶政。（附件）除會議專條外，該裁留七營之餉糈並獎賞費，與懋賞在事出力人員均由省城擔任云云，代表電騰，文光覆電，一一承諾，並電榆堅請根源到騰，一切受約束惟謹。根源電省請授文光協都督，騰永順各軍歸其統轄，並委彭莫、李學詩等爲諸路統領，又任張鑒安、李治、林春華、張文運、張映實等以府縣知事。事粗定，乃以十一月廿八日自榆出發，時南京政府已成立，臨時大總統孫文已就職，宣布改用陽曆。騰軍行慶祝式，四境歡呼，有除舊布新之象焉。中華民國元年二月一日，根源至騰越，首下令停捐派，裁兵三十餘營，改騰越廳爲騰衝府，簡任官吏，整飭自治，收軍用票，清財政，置張文煥等於法，升獎軍官之光復出力及能保安地方者。

騰軍以駐騰越者爲最多，永昌次之。根源與文光初定議，先裁騰兵，乃調永昌兵入騰以次裁之，先根源過永之日已留彭莫守永昌，監其軍，會彭莫遘錢泰豐難死，城中軍最强者爲黃鑒鋒。鑒鋒與城中匪通，於二月十一夜焚數百家，大出劫掠。大理陸軍駐城中者亦陰與通，故難作，騰中皆爲震動，根源、文光始佯慰其衆，給恩餉解散之，仍誘黄鑒鋒，戮之騰越，並逮大理軍大隊長王太潛等，按其罪於法，撫恤永民之被禍者，復以嚴法治匪勇百餘人。自是兵患以息，匪風以潛，而人民得安枕矣。

騰越干厓土司刁安仁①，平日頗懷異志，未發，聞文光起事，則揚言騰有匪亂，將率土人出，後見事已定，又號都督公，轉而索文光餉械，且强發紙幣，得資無算。又據迤西道署，焚毁案牘一空，更藏禍心，煽惑西南諸土司叛漢自王，嗾使刁上達據永康州，殺官吏，引外夷兵爲亂。永康界緬甸，且啓邊疆禍，文光乃使永昌軍彭蓂平之，後刁上達敗逃耿馬。根源密檄順寧府張漢皋捕得之，戮於永昌。刁安仁自永康亂平，遂内自恐，亟出緬甸南去，爲南京司法部逮囚獄中，故邊境幸得無事云。

騰榆軍鬨之際，又有杜文里，爲哥老會人，合群不逞之徒千餘人，假號騰軍，自永平，掠曹澗，據嗽雞鳴井數日。巡按趙藩遣兵擊走之，然俱不詳文里何人。亦有以爲騰軍口實者，會文里適回永昌。文光誘至橄欖跕格殺，其事始明。紛擾之際，假竊名號者往往而有，倉卒不察，遂啓嫌猜，亦當事者所宜鑒也。

騰軍三道之師，陳雲龍既違節制，啓兵禍，幾使騰軍胥受惡名，誠無可逭。故當其旋軍至騰，嘗畏罪不自安，聞根源抵永昌，遂隻身出緬甸去，後至北京，爲陸軍總長段祺瑞逮捕殺之。然聞其罪狀，乃以殺張桐故。桐，祺瑞門生，而舉義之夕以梗命被殺者也，則亦無以當其罪，厭其心矣。順雲兩道李學詩、劉得勝主之，得勝保安地方，頗得民心。而學詩力平譚匪洪鑫之亂，民賴以安。又能協和守吏，裁遣兵勇，始終無事，亦有足多者云（後學詩以順雲協副將調補維西協副將，出征巴裏塘，屢著戰功）。西事大定，文光以協都督調任雲南提督，移駐大理。後中央録光復功，授中將銜，陸軍少

① 刁安仁，即刀安仁（1872—1913），1906年加入同盟會，中國近代民主革命家。1912年遭袁世凱陷害被捕，後經孫中山、黄興全力營救獲釋。1913年在北京病逝，孫中山挽聯中贊其爲“邊塞偉男”、“中華精英”。此處對刁安仁的記述有誤。

將，並給予二等嘉禾章。騏又按辛亥之秋，義師飆發，豪傑之士乘時蜂起，提一族即號將軍，略一城即開幕府，後雖稍稍削迹，計一省之地、都督之外，號稱軍政分府者所在皆是。及大勢粗定，乃議合併，而締約遣使，隱若敵國，甚或怙勢不下，日尋干戈，久而後定，若此之難也，騰越發難最先，而合併獨早，當事未定，亦有建軍政分府之説者，卒屏不用，以去畛封，雖還定安輯者，根源之功。而文光激於公義，不怙權勢，降心相從，終始無間，亦當世之所難，而不可没者乎。中間以陳雲龍之故，啓騰榆兩軍之鬩，良足深惜，然以是之故，得所藉手，逐能蕭勺群慝，澄霽大棼，根本之計，實開於此，小懲大戒，其在是乎，其在是乎，此亦求治者之所徵也，故又表而出之。中華民國二年癸丑夏四月求牟山民曹之騏述。

清廷又下詔罪己，諭資政院議憲法，並諭取消黨禁。

九、九月十二日　漢口失守　湖南兵變殺焦陳　舉譚延闓爲都督湘軍援鄂

十二日晨，黄興即命漢口各隊仍在後堤至玉帶門一帶防禦，又派查光佛通知甘績熙、楊傳連、伍正林防禦張美之巷附近。

是日午前七時，清軍在歆生路劉家花園一帶專用砲隊射擊，並以砲隊向漢陽兵工廠及武昌都督府射擊，故意擾亂，一面仍在漢口市街節節縱火延燒。是日午後一時，清軍派一部步隊與機關槍由王家墩附近繞至玉帶門以北向民軍左翼攻擊，行至距玉帶門六七百米達之地，民軍預備隊及敢死隊潛繞清軍右側散開，向清軍側擊，旋吹衝鋒號，於是黄興命各隊齊出向敵衝鋒。清軍係一小部隊，即往後速退，民軍向之追擊，清軍復以砲火向民軍追擊隊猛射，民軍仍退回原陣地防禦。

是日漢口市民陸續搬遷，民船僱盡，唯火頭隨風所扇，愈焚益烈，至晚間市民漸漸遷盡，於是民軍與清軍彼此均以火爲界，各守防禦綫，專用砲戰。

是日午後六時，黄興即命各隊仍佔領原陣地防禦待援，如萬不獲已，即漸漸退至漢陽，沿襄河一帶防禦。黄興吩咐後，即令宋錫全到漢維持，黄興即返武昌與黎都督會商以後湘軍來時應敵之策。於是軍政府即召集緊急會議，大衆集合時黄興即主席宣言，特略述之於左：

一、兄弟前日來鄂，即往漢口督隊，意欲反攻，恢復漢口，不料各隊新兵最多，秩序不整，頗難指揮。

二、軍官程度太低，均不上前指揮。至戰時因與兵士穿一樣服

裝，辨別不清，亦極復雜。

三、各隊戰鬥日久，傷亡過多，官與兵均已疲勞太甚，毫無勇氣，且一聞機關槍聲即往後退。

四、兵士中在武漢附近所招者甚多，一到夜間即潛回其家，以致戰鬥員減少，各軍官因倉卒招募，亦無從查實。

五、民軍軍火全在步槍，無機關槍，一與敵接近，即較敵人損傷較重。民軍砲隊又係山砲，子彈射出又不開花，且射出距離太近，不及滿軍管退砲效力之遠。

六、查滿軍俱係北洋久經訓練之兵，秩序可觀，亦善射擊，唯衝鋒時不及民軍靈敏。故每聞民軍衝鋒喝殺聲即往後退，此民氣之盛，可恃者僅此耳。

由此以觀，漢口若無湘軍來援，恐難保守，依兄弟之意，俟湘軍到後再圖恢復可也。

是時大衆聞黄興之言，頗以爲然，於是大衆望湘軍之來甚急，一面準備固守漢陽及武昌根本，同時大衆又商議分電各省已響應者，均派兵來鄂援應，未響應者仍促其響應。少頃，居正、田桐即邀請一般同志復開秘密會議，由居正提議，擬公推黄興爲湖北、湖南大都督，其中有一般同盟會同志極力附和，其時吴兆麟即説明當時情形，萬不可發表，以啓紛争。又云黎元洪雖非同志，但在湖北軍界資深望重，此次大衆公舉其爲都督，並非黎之本願，且起義時大衆説他渾厚，外人均依其名義認民軍爲交戰團，各自陸續響應，群來電推崇，頗表敬仰。若一旦將其推倒，中外必生疑團，視我輩有争權利之嫌，不顧大局。此不可者一也。黄廑午（黄興舊號）爲革命巨子，海内皆知。此次來鄂，大衆皆爲愛戴，如趁此在湖北立功，將來達到革命成功目的，再由同志公舉爲全國首領，前途遠大，天下歸心，區區都督虚名，又何足計較。此不可者二也。前日黄廑午抵鄂時，已由大衆公推爲總司令，由黎都督命令發表，是黄已在黎下，忽以大都督名義節制黎都督，在黎原無可如何，如有人代鳴不平，豈不立起内争。此不可者三也。若黄之大都督發表後，黎如辭職，届時各省及外國人群來質問，我輩如何答復。即云我輩公意，當此軍書旁午之際，致令主將辭職，授敵以隙，各方必疑我輩不能容物，好惡偏狹。此不可者四也。進而言之，湖北軍人中同志此次倡義，自擁黎登場後，對黎絶對服從，以表示一德一心，只知殺敵，不問權利，因與黎發生好感。若一旦更换都督，大衆頓生疑慮，必不安心，且與黎接近之人藉此挑撥惡感，頃刻即發生危害，反令黄廑午面子不好。此不可者五也。目下大敵在前，清軍時派間諜偵察民軍缺點，並圖煽惑軍心，因民軍舉動文明，民心又協力一致，清軍無隙可乘。如民軍内部發生變化，是與敵以隙，自取敗亡。回憶洪楊之在南京，奄有天下，僅北京一隅，爲滿清所據。當時洪楊勢力不可謂不雄厚，人才亦不可謂不衆多，卒因權利之私，自相殘害，以致功敗垂成。清廷喜之，遂云要知清朝江山穩，除非賊殺賊，此語成爲漢族遺恨，我輩同志此時應以洪楊之敗爲戒。此不可者六也。總之，此時急宜團結軍心，維持現狀，不可更張以生内亂。我非反對黄廑午之爲大都督，實情勢有所不許也，望大家同志務以大局爲重，謹慎從事爲幸云云。吴兆麟將以上情形解釋後，其中有與黄接近之激烈分子楊王鵬等不以爲然，謂江西革命軍始以吴介璋爲都督，繼以馬毓寶，亦未見中外人質問，與其内部反對，且湖北反去電歡迎，況我輩公舉黄廑午爲大都督，於黎之位置原無妨礙，試問將來推倒滿清後，中國不舉大總統乎？豈以各省之有都督即算完事耶云云。吴兆麟曰，各有情形不同。湖北是首義之區，關係全局，所以各省皆以湖北爲重心，外人僅照會湖北爲交戰團，與他省之大小輕重有不同耳。吴、楊辯論未終，而宋教仁即云，此事不過徵求大衆同意，原無成見，蓋因黄廑午實行革命多年，聲望甚好，諸同志擬推其爲首領，藉以號召以達迅速成功之目的，並無他意。我們初來湖北，對於湖北軍隊情形不熟，既有利害衝突，即作罷論可也。於是大衆復擬舉黄興爲戰時總司令，所有各省軍隊均聽其節制調遣，並效漢劉邦聘韓信爲大將故事。請黎都督聘董興爲總司令，登壇拜將，以鄭重其事，使各省來鄂軍隊均聽指揮，以便作戰。

大衆均以爲然，遂將此舉請黎都督照辦，黎頗表贊同，遂擇定九月十三日吉期，行拜總司令禮。

是日湖南兵變，殺正副都督焦達峯、陳作新，即公推譚延闓爲都督。先是湘撫余誠格聞武昌起義後，即將長沙新軍盡調駐外縣以防其變。又與黄忠浩秘商，將巡防兵調入長沙省會。自焦達峯占長沙、余誠格逃、斬黄忠浩，而分駐各縣之新軍於是又調返長沙。初梅馨之歸自益陽也，焦達峯令率其衆由株萍鐵道攻贛，因斯時南昌尚未響應故也，馨言須休息半月，然後出師，達峰不可，又言至少須八日，亦不從，且曰，不從令者死，於是梅馨只得應之。及歸營，乃集將士言其事，因激怒之曰，今滿清之運命不可知，而達峰起於會匪，不諳兵事，吾曹至省，喘息未定，即令出攻江西，吾要求半月成行，不可，乃欲治吾以軍法，吾非畏死不能革命。第憫吾士卒之勞，且羞爲之下，彼必迫吾行者，吾當手刃之以救湘人，如何，皆不應。馨恐其士卒離心，或已附焦也，因内悔，遽嚙舌而吐曰，予病，衛士扶以入，諸將亦散，會達峰以讒言遽撤梅標統。其三營十二隊之長悉更以己所親信，於是衆乃大譁，相率來見統領，而梅皆不見，曰病甚，不可以風，從醫令拒客，祈諸君勿怪。衆益恐，有楊子玉者獨披帷入見，曰，前統領有命，而吾輩勿行者，未知決心如何耳，今事急，當唯命。馨聞，蹶然起曰，汝曹能從老子令乎，必從吾令，可即發。子玉即當携一隊往和豐公司門外挑釁，陳作新淺人，必自來彈壓，即誅之，並携其首入北門。吾自携餘衆由小吴門又一村而衝都督府，則達峰首級可得。從之，楊子玉以衆至和豐公司門外小有劫掠，作新往諭以軍法，子玉誅之。達峰都督府無守衛，梅馨兵至時，有陳副都督於北門外落馬者，達峰方握劍乘馬以出，梅馨遇之於門，即揮衆斷其首，而陳作新之首亦至。譚人鳳、譚心休、閻鴻飛、曾傑、陳樹人輩皆逃。於是衆議舉梅馨爲都督，馨固辭不肯，余欽冀獻策曰，今舉都督，非資望不能服衆，梅馨既不爲都督，則吾輩軍人皆無一可者。如吾意，則莫若選文治派中如諮議院院長譚延闓輩爲之，諸君以爲何如？皆曰善。梅馨曰，誰可使者。余欽翼曰，某能。於是往迎延闓，延闓拒弗納，前鋒將火其門，譚氏懼，啓而納之。時延闓猶匿不見，其母出，頓首於諸將之前曰，吾子與諸君非有宿惡，何忍見害。衆告其謀，弗解，惟涕泣叩頭如故。余欽翼百般安慰之，延闓尋出，亦痛哭不已。余告以推爲都督之意，不允，乃强之同入教育會。衆軍望見大喜，拍掌如雷，議投票選舉，既而譚延闓得多數，於是乃强之就職。譚亦無可如何，人府門，涕猶潺湲不止云。

是晚宋錫全與林翼之及漢口劉英帶至之團防兵士皆潛逃，即由甘績熙、查光佛等到武昌報告黎都督，謂宋錫全在漢陽封民船多隻，搜索洋元二十餘萬，林翼之亦在漢口搜索欵項不少，均已遠颺。漢陽空虚，而在漢口各隊兵士亦潛逃不少，恐漢口、漢陽頃刻莫保，幸清軍爲火所阻不能進攻，漢口尚有一綫生機等語。軍政府得此報告，極爲恐慌，於是復召集緊急會議，遂決定以蔣肇鑒爲第一協協統，即令其到漢陽集合所有隊伍，暫時防禦，一面招募新兵補充足額，又一面令胡效騫之一標趕赴漢陽警戒，並保護兵工廠，但漢口各部隊暫令熊炳坤維持。以上處置規定後，大衆有主張放棄漢口、漢陽者，又謂決不可棄漢陽以免漢陽兵工廠資敵軍者，又有謂不可速棄漢口免湘軍來鄂進攻不便者，一時議論風生，各陳利害。唯黎都督對於一切大事向無主張。是時吴兆麟、楊壐章及參謀部全體人員力争，主張以全力固守漢陽，並謂戰事緊急，設無兵工廠，子彈槍枝均無來源，縱有援兵，徒手無益。且漢陽大别山能瞰制武昌，若滿軍佔領大别山以砲隊轟擊武昌，豈不束手待斃，請都督立將軍政府遷至漢陽，藉以鎮攝大局。該處依山帶河，衆志以爲城，襄水以爲池，萬一不幸與漢陽偕亡，亦天之厄漢族也云云。大衆遂決定固守漢陽待援，都督亦不遷移，當派吴兆麟率參謀數人到漢陽指示各部隊，布置防務。是晚軍政府諸同志對於宋錫全、林翼之潛逃極爲憤懣，勿論如何，非捕獲處以死刑以警其餘不可，旋得偵探報告，謂宋錫全逃往湖南，林翼之逃入襄河等情。當由黎都督致電長沙，請譚延闓都督設法將宋錫全捕獲，後果在岳州被譚延闓派兵拿獲，並將其子彈、武器、金錢一律没收，電知武昌軍政府，黎即去電將宋錫全正法。林翼之隱匿襄陽，及共和成立後託人求情免咎既往，然後安居隨州故鄉，欲有所謀，反民國軍孫建業駐紮該處，誣其通匪，遂被槍斃，亦可爲不忠於民國者戒。

是日湖南衡州府爲革命軍光復。

同日江西南昌省城新軍響應，城守巡防水師各軍概懸白旗，手紮白布，並公推清撫馮汝騤爲大都督。如馮不就，即舉協統吳介璋，又公推諮議局副議長葉先圻爲民政部長，如葉不就，則舉劉起鳳充任。旋九江軍政分府馬毓寶帶兵入南昌，馮即辭去。

是日，黃興見漢口已有十餘處起火，風猛火烈，極爲愁慘，遂亦不便往漢口，仍囑在漢口軍隊忍耐支持，然清軍兵力究亦有限，亦未進攻，徒以砲隊向武昌漢陽威嚇。但自倡義以來，大戰已經兩旬之久，民軍與武漢市民見砲火射擊，已屬司空見慣，不甚恐怖。軍政府仍令漢陽兵工廠開工，各機關照常辦事，藉資鎮静，一面在漢陽趕做堅固防禦工事。是日民軍在漢口各部隊見滿軍縱火延燒已成燎原之勢，市民俱已遷徙淨盡，一切糧秣給養極爲困難，陸續向漢陽退却，利用襄河一帶天險以爲防禦。茲將是日退至漢陽軍隊揭示如左：

一、步隊第一協，協統蔣肇鑒，其兵力約一千餘人，防禦兵工廠。

二、步隊第四標，統帶胡效騫，其兵力約三營，共一千二百人，防禦漢陽黑山割絲口一帶。

三、步隊第四協，協統張廷輔，其兵力約兩標，共兩千人，防禦漢陽南岸嘴至兵工廠一帶。

四、步隊第五協，協統熊炳坤，其兵力兩標，約兩千六百餘人。防禦漢陽十里鋪鍋底山一帶。但派有一部警戒琴斷口三眼橋。

五、砲隊約山砲兩營，以一營在大别山（即龜山），以一營在黑山，歸曾繼梧指揮。

六、工程一營，管帶李占魁，分配步砲隊構築防禦工事。

以上各隊既退至漢陽，歸黎都督特派吳兆麟到漢陽指示防禦區域，令各隊分段守之，一面構築工事，一面整頓隊伍，一俟湘軍開到即行換防，雖各隊疲困萬分，然對於防務仍熱心盡職。吳兆麟即將以上防禦配備情形繪圖説明，報告黎都督。黎都督立即傳知各隊，務嚴行防禦待援云云。

所有各隊除第三協仍在原地防禦外，其餘均在武昌補充編練。

是晚接嘉魚縣來電，謂湘軍第一協已抵嘉魚，明日可抵武昌，其第二協亦可續到云云。同時又接偵探報告，謂清軍均集中漢口劉家廟至橋口一帶。

又接報告，謂袁世凱已抵孝感，在各車站遍貼安民告示，並運有重砲數門至漢口，及架橋材料等件。

同日袁世凱又令劉承恩函知黎都督，言和平辦法，大衆主張仍不答復，俾免中漢奸之計。

是日民軍與滿軍在漢口各隊伍爲滿軍縱火後之大火所阻，未有戰鬥，黄興亦未往漢口，即在武昌與宋教仁等磋商組織司令部事。

是日接山西來電，謂清廷業派吴禄貞爲山西巡撫，吴禄貞已駐石家莊，黎都督當覆電請其阻止，並速出兵以斷清軍後路，又電吴禄貞請其爲漢族四萬萬同胞盡力。吴禄貞乃日知會會員，實行革命者，當覆黎一電以表同情。大衆聞之甚喜，故漢口雖受清軍之焚，而各方革命消息極佳，軍政府頗抱樂觀。

按漢口之戰，民軍雖受挫折，而戰略上已獲莫大之勝利，所以者何？蓋民軍當日所慮者，誠恐清軍以海軍掩護由青山以下渡江進攻武昌，若武昌不守，則民軍失根據地，漢口、漢陽自不戰而亡。無如清軍暮氣甚深，漢奸行動早爲全國人心所不容，即抗順之袁世凱亦毫無把握。自儈以下不問而知，其不暗渡武昌專攻漢口者，乃天奪漢奸之魄，使之昏迷。民軍雖失漢口，即令繼失漢陽，原無損乎毫末。且民軍作戰利在持久，一可以作各省同志籌備光復之氣，一可以待鄰封同志精鋭之來援。況漢口有極大市街，依托掩護，逸以待勞，持久之力明如指掌，加以劉家廟初次開戰之役，民軍大捷，士氣極旺，全國人心爲之大快。清軍敗退極形恐慌，後雖來襲，不敢猛進，其膽既怯，其心已寒。設當時民軍以守爲攻，不圖急進，抱定持久戰之計劃。漢口穩如金湯，即漢奸袁世凱亦不敢出山，天下傳檄可定亦未可知。但民軍失敗原因不可不細爲推究。一、爲姑息養奸，不肯將抗順之海軍擊沉，致於大捷之後三道橋以南之堅固防禦綫受海軍側擊，壯敵之氣。二、民軍雖勇鋭無匹，而戰器不及滿軍之利。因缺乏機關槍，又無管退砲，棄險攻人，徒招損失。三、民軍大將謝元愷、蔡德懋等攻敵陣亡，以致各隊軍官寒膽，新軍無人維持。四、自驕輕敵，取敗之由。民軍初勝，一鼓作氣，新集之兵，不教而戰，專取攻勢，不顧防禦。而不知兵之同志從中鼓噪，不知危急存亡，徒死無益，新兵又無秩序，何以勝久練之師。五、蔣翊武等任意擴充勢力，求遂其私，以致軍中日益紊亂，老兵分散，軍隊愈多，則指揮力愈薄，甚至擴充軍隊毫無限制，以新兵充軍官者有之。種種缺點不勝枚舉，設非各省響應，派兵援助，僅湖北一省之力，滿清孽數尚不知何日能終也。

是日，黄興即在武昌組織戰時司令部，其部内設參謀、副官、秘書三處，設偵探、間諜兩科，以李書城爲參謀長，以曾昭文爲副官長，耿覲文、何成濬等爲副官，以田桐爲秘書主任，總計該部有職員百餘人，一俟登壇拜將，即往漢陽指揮作戰。

同日午前十時，湘軍援鄂第一協統領王隆中及第二協統領甘興典，各率步兵一協抵武昌，黎都督派員率軍樂隊到文昌門外江干迎接，王隆中協暫駐城内兩湖書院，甘興典暫駐城外平湖門乙棧及附近各營房。當時湖北人民對於湘軍特别歡迎，格外優待，城内外百姓均放鞭砲迎之。黎都督犒賞軍需物品及酒肉等類甚多，少頃，王隆中、甘興典二協統至軍政府謁黎都督、黄總司令，及一般倡義同志，歡聚一堂，精神奮發。黎都督向王、甘二人曰，貴湘軍在國内素有威名，百戰百勝，此來鄂作戰，軍政府極表歡迎。先請固守漢陽，則漢口不難恢復，指日大功告成，滿清消滅，論功行賞，貴統領必得千秋萬世之光榮。此次武昌倡義，軍隊不多，不得已擴充數協，但時間急迫，不及訓練，驅之作戰形同烏合，軍容不整，指揮困難，加以戰鬥太久，極爲疲勞，死傷頗衆。目下兵數缺額太多，擬請貴軍明日赴漢陽接防，以便將久戰之軍另行補充編練，再圖合攻漢口之敵，望貴統領等轉告各部屬，務齊心努力，奮勇立功，

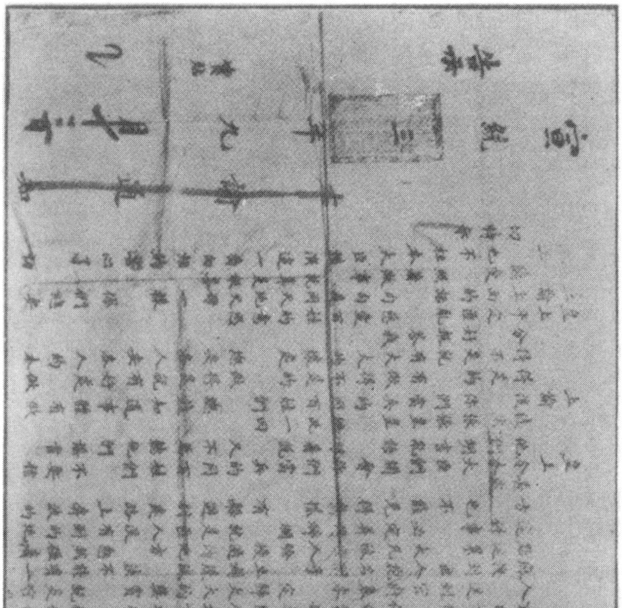

袁世凱攻漢口時之告示

無任盼禱云云。王隆中、甘興典等極謙恭答謝，並與諸同志一一周旋即回營，具領子彈及軍需物品，準備出發作戰。

湘軍既至，黄興喜形於色，以爲恢復漢口、擊滅漢奸，可以犁廷掃穴，立功竟志，而一般同志精神更爲之一振，亦謂湘軍有勇知方，雖洪楊時代不明種族大義，代滿清成中興之業，今既覺悟，區區清軍何難撲滅，故一時武漢人心皆爲之安。

入寇漢口之滿軍聞湘軍既抵武昌，加以黄興威望中外咸知，甚畏懼之，清軍遂皆不敢輕於進攻，僅於黄孝以南至漢口一帶各車站增加隊伍，在漢口構築防禦工事，以防湘軍之進攻。若湘軍固守漢陽，以守爲攻，而吴禄貞嚴於自衛，不被袁世凱暗殺，以斷清軍後路，則斬漢奸袁世凱之頭以定天下不難也。

是日袁世凱又命劉承恩函達黎都督，謂項城宫保願和平了結，不欲再戰，徒使漢人吃苦，重受蹂躪。如表同情，宫保即上達辦理，不咎既往，並重用諸公助理朝政。且項城爲人誠信，決不至失信於諸公也，云云。大衆接閲此函，互相磋商，主張利用袁世凱反戈，只要袁世凱不抗漢人革命，即推戴袁世凱爲大總統，亦可爲權宜一時之計，遂以此意答復劉承恩。

清廷仍仗袁世凱之勢，命資政院草憲法以欺漢人，又以段祺瑞署湖廣總督。

十、九月十三日　黄興任戰時總司令
上海光復

九月十三日，午前八時，都督府前面建一將壇，黎都督即傳知各機關人員及武昌軍隊長官，並派軍隊一標準於正午齊集軍政府，請黄興登壇拜將，於壇之四角樹立軍旗，中立一“戰時總司令黄”六字大旗，威武森嚴，天地生色，届時軍隊軍樂隊畢至，文武咸集。黎都督偕各機關人員先登壇發表大意曰，本都督代表中華民國四萬萬同胞及全國軍界同袍，特拜黄君興爲戰時總司令，於本日此時就職，率我軍隊，推倒滿清惡劣專制政府，光復漢族，建立良善真正共和，共謀人民福利。我將士皆須誠心悦服，聽其指揮，群策群力，驅除韃虜，以衛國家，中華民國幸甚，同胞幸甚云云。説畢，即請黄興登壇受職，並由都督將關防聘狀令箭等項親交黄總司令。當時黄興在將壇上向大衆演説云，此次革命是光復漢族，建立共和政府，斯時清廷仍未覺悟，派兵來鄂與民軍爲敵。我輩宜先驅逐在漢口之清軍，然後進攻，收復北京，以完成革命之志。今日既承黎都督與諸同志舉兄弟爲戰時總司令，爲國盡瘁，亦屬義不容辭。但是軍人打仗，第一要服從命令，第二要同心協力，自今而後對於作戰，倘有不服從命令及臨陣怯敵者即以軍法從事，尚望大衆努力前途爲要云云。旋大衆拍掌，齊呼中華民國四萬萬同胞、黎都督、黄總司令萬歲，互相致敬，禮畢退班。

是日黄興即派參謀副官往漢陽選定昭忠祠爲總司令部，當遷移漢陽，一面傳知湘軍兩協準於明早同到漢陽接防備戰。

是日接吴禄貞擁兵石家莊，截留清軍子彈，響應民軍消息，大衆極喜，以爲轉瞬可攻北京。

陳其美先生遺像

陳其美，字英士，浙之湖州人。留學東京警監學校。丙午冬，加入同盟會，謀革命。歸國後奔走滬杭間，出力最多。武昌起義後，光復上海，由李徵五邀同孫泉標、虞洽卿、陳韻泉、李屑卿、陳伯剛等，商借寗波同鄉會所存湖州水災捐欵四千元。又由李薇莊、陳根香、孫泉標等，在成都路貞潔里江南製造局總辦張葆初家，取獲公欵十萬兩，交李平書，付之陳英士爲發難之費。事成，爲上海都督。二次革命失敗，往東京。袁世凱叛國稱帝，主持殺鄭汝成於滬。旋於民國五年五月十八下午被袁氏暗殺機關鴻豐公司之張宗昌、許國霖、程子安（即程國瑞）等暗殺於上海之薩坡賽路十四號。

是晚又聞清廷下罪己詔，取消皇族内閣，命袁世凱組織責任内閣，頒布憲法信條等事。是日上海被革命軍陳其美、潘月樵等佔領，李澂五組織光復軍。革命軍先佔領閘北警察局，即舉陳漢欽爲臨時領袖。浦東警察局以陳天民、沈俠民爲領袖，一面出示安民，一面派騎巡巡視各區，觀者如堵，歡聲雷動。城内遍貼四言告示，城門大開，四民安堵。

黄帝四千六百零九年九月十三日上海革命軍示曰：

上海巨埠，保護華洋。免受兵火，獨立主張。凡我商民，切勿恐慌。

照常營業，痞棍宜防。如有鬧事，軍法照行。右軍府示，各各傳揚。

不久光復江南製造局及吴淞砲臺，湘人李燮和在吴淞自稱都督，上海公舉陳其美爲滬軍都督。李平書長民政。

一一、九月十四日　湘軍抵鄂　浙江光復

九月十四日，湘軍王隆中、甘興典兩協全部開往漢陽接防。

先是十一日軍政府接湖南來電，謂都督另舉譚延闓，援軍即發。當是時軍政府正開軍事會議，黃興、宋教仁、湯化龍均不以湖南另舉都督爲然，黃興等並不知焦達峯、陳作新兩都督已被梅馨所殺，遂云焦達峯乃日知會老同志，熱心救國，自是好人，何得改易。宋教仁謂焦達峯乃光復湖南之立大功者，不宜另舉他人。湯化龍亦云軍事緊急之秋，一省都督不宜文士，當用武人。適錢維驥自北京清政府陸軍部來投，錢維驥與孔庚皆在北京陸軍部辦事，聞武昌起義，錢、孔皆潛歸武昌，聞此不贊成湖南易督之會議，即向大衆發言曰，湖南人素講門第，焦達峯之名，湘人不皆知。雖屬同志，恐爲湘人所不服，且素非軍人，而軍人亦未必擁戴。今漢口清軍猖獗，急盼湘援，湘人另舉都督，而武昌軍政府反對，援兵因而不出，後患何堪設想。於是黎都督感動，即云吾輩但賀新都督，不問舊都督，催援兵速出如何。錢維驥贊成之，黃興、宋教仁、湯化龍等相率起而去，無人覆湖南之電。錢維驥即草覆電曰："聞公被舉爲都督，萬衆皆喜，援兵祈速發。"譚延闓接電乃安，當覆電云，令王隆中率四十九標先至，餘並集中即發，但湖南雖有來電，而援兵遲遲不至，戰頗不利。錢維驥又向黎都督云，事急矣，某請一行，然有要求者數事，允某即去，所有湖北公私小火輪除預備濟江外，通往湖南運兵及糧食。湖南缺金錢而足米糧，自後湖南出兵及米糧以助鄂，湖北則資軍械、子彈以助湘。黎都督問教於吴兆麟，而後慨然曰，如湖南出救兵，則軍械、服裝皆由湖北供給。而在湖南所有之軍械留作湘省鎮壓盜匪之用可也。錢維驥遂還湘，臨行告黃興曰，蔡甸重要，防敵人偷渡襄河襲民軍後路，黃興等唯唯。錢維驥至湘，湘人殊觀望，王隆中在岳州，錢促之，不得

已乃行。先由閻鴻飛向海潛促之不動也，又爲黎都督捕獲棄漢陽而走之第一協統領宋錫全，解其首級以警餘衆，蓋兩湖合作，則不畏漢奸作亂，後漢陽之失，果如錢説。陳登山並陳手摺與黎都督，説明蔡甸爲軍事上必守之點。

湘王正雅之取荆州也，其可用之槍僅四百支，餘多廢物。聞端方所寄存之槍砲甚多，恐難攻下，故欲決大城隄以灌之。遣參謀至岳州詢錢維驥方略，錢怒曰，有人決大城堤以灌荆州者，予必斬之，因決隄則所淹州縣不止一處，非伐暴救民之意。今爲王正雅計，可爲疑兵，多出告示，言湘軍數鎮不日四面攻擊，並多派洋鼓號筒伏於城外及沙市大城隄等百姓之家。及晚則四出吹之，使百姓疑惑，兵則徐徐以一營爲一路，選據形勢各地，更請城外傳教士介紹派人入城游説，俾遵命而行，荆州遂不戰而降。王正雅獲新槍四千支，砲十餘門，子彈甚多，而長沙籌餉局周震鱗復勸捐曾國藩、左宗棠各富豪之儲蓄以濟軍費。是役之成，實各省同志之各盡所能以順天應人也。

是日黄興命王安瀾爲兵站司令，在漢陽歸元寺設糧台，又派胡祖舜爲輜重營長，以輸送軍需接濟。又令李書城在漢陽計畫軍事，布置防務。

是晚軍政府接浙江來電，謂民軍率敢死隊佔領保國寺軍械局，焚撫署，浙撫增韞逃，舉湯壽潛爲都督。

是日下午杭州各官紳齊集撫署要求宣布獨立，至晚八時增韞仍不允，至夜半有南星橋專車一列至杭站，載新軍八十二標及敢死隊，先攻撫署，增韞逃於署内馬房，旋捕獲，押禁於福建會館。撫署被焚，閲一時，八十二標統帶周承業遂佔領撫署，而代理八十一標管帶朱瑞佔領軍械局。顧子材、白釗兩管帶維持全城秩序，惟駐防旗營不降，仇殺漢人甚多，旋被民軍包圍，民軍大勝。市民數千在清泰車站觀戰，歡呼民軍大捷，於是以諮議局爲軍政府，以鐵路總理湯壽潛爲都督，以周承業爲副，又諮議局議員褚輔成襄理民政，並出六言告示曰：

滿人竊踞中國，二百六十餘年，漢族降爲奴隸，河山久被腥膻。

同胞憔悴虐政，備嘗困苦顛連，近且名爲立憲，專制實甚於前。都督弔民伐罪，保護所在必先，地方務守秩序，切勿聽信謠傳。若有匪徒搶掠，政府禁令森嚴，須知此次起義，實爲共保安全。

黄帝四千六百零九年九月十四日浙江都督湯示

是晚接得偵探報告，謂清軍在漢口橋口、玉帶門、觀音閣一帶防禦，又劉家廟至橋口一帶均有清軍節節駐紮，又謂孝感至新溝方面亦有清軍小部隊出没，似有繞攻漢陽之勢。

黄興接得以上報告，當商之李書城，李書城初至漢陽，不知情勢，對於各軍隊又不熟，殊多束手。當向黄總司令報告，謂非請一熟於軍隊情形及優於軍事學者到司令部幫助不可，黄興即函知黎都督。黎派楊璽章到漢陽與李書城幫忙，楊璽章到漢陽時即按當時軍情配備防務，不願李書城參與意見，旋與李意見不合。時黄興、田桐、居正等極爲驚慌，謂參謀不得其人，軍事難望進步，復托居正、田桐等到武昌商之黎都督，黎仍以楊璽章爲宜。居正、田桐謂與李書城不合，頗難相安，黄總司令以爲無參謀人才，一切皆不能行，意欲借重吴兆麟。黎都督云，武昌軍政府須仗吴兆麟辦事，且李書城已爲參謀長，又無位置可以相宜。居正、田桐云，現漢陽軍事緊急，如都督許可，我輩即與吴面商。黎云，漢陽與武昌一江之隔，即請吴兩邊照料可耳，於是居正、田桐等即請吴往漢陽，吴不願往。居正云，今事急，李、楊意見不合，設軍事無人計畫，豈不遺誤大事。且黄興非真軍事人才，我輩推爲總司令者，不過借重其聲望耳。李書城又係生手，實難辦理，非請渡江幫忙不可云云。吴兆麟遂許之，謂漢陽緊急時以電話通知之即來，於是仍請楊璽章回都督府。

是晚吴兆麟即派參謀姚金鏞、賓士禮、蔡濟民、徐達明、吴醒漢、夏維善等同往漢陽總司令部幫同辦理軍中一切事。

一二、九月十五日　蘇州光復

十五日，黃興令湘軍第一協準備開赴漢陽集合，是日黃興即偕李書城、吴兆麟等巡視防禦陣地，先至大别山，然後由右翼南岸嘴起經十里鋪至左翼三眼橋止，旋回總司令部，遂命偵探科長胡鄂公多派偵探間諜赴漢口方面偵察敵情，並派偵探赴新溝、蔡甸方面廣遠搜索，是晚接得各方報告如左：

一、滿軍仍沿京漢鐵路自劉家廟至玉帶門一帶備戰。

二、孝感至新溝方面亦發現滿兵偵探。

三、滿軍利用湖北舊日軍官充其間諜，偵察民軍情形，一面散布謡言，一面派人投毒藥於水井，以圖殘害民軍。

黃興接以上報告後，即傳知各部隊嚴爲防禦，又派人捕形迹可疑之人。

是晚得上海來電，謂程德全宣布獨立於蘇州，先是上海獨立後，黨人即由滬赴蘇，計五十餘人，以章梓爲首，初至新軍標營，宣告一切，並邀集紳商謁清撫程德全，請其宣布獨立。程德全深明大義，慨然允諾，而蘇州新軍皆表同情，即袖紮白布於十五日晨下令，城内外一律懸挂白旗，公推蘇撫程德全爲大都督，撫署已懸中華民國大都督程旗號，並推協統艾忠琦爲軍事司令長，防營亦歸順，當派守城門。當事起時，藩司左孝同（左宗棠第四子）、右營參將曾道亨（曾國藩之孫）極端反對，後見衆寡不敵，即潛逃，聞赴鎮江，乞錢寶臣派旗兵决一死戰，當日城内照常交易，較未光復時爲安堵。

十四日傍晚，有三人至撫署請見，程立刻請見，謂諸君來意，本撫院早已知悉，極願共表同情，三人歡呼而出，旋至督練公所，即商議宣布獨立。

是夜占領時居民皆未得知，迨晨起起視，則已白旗高懸，滿城皆新氣象矣。

新軍憲兵巡警巡防營，均已手纏白布。

各店鋪皆照常交易，即小販亦皆照常負販，絶無驚惶之色，一若不知有此事者。各門頭城上皆已架置大砲。

軍政府發出臨時命令九條如下：

> 臨陣退縮者斬，奸淫婦女者斬，造謡惑衆者斬，縱火殃民者斬，漏洩軍情者斬，傷及外人者斬，騷擾百姓者斬，劫奪財物者斬，傷及婦稚者斬。

當時江防營尚未允許。

是夜並未放一槍，連次日子午砲亦未放，以是居民頗安然。

軍政府有臨時命令，如滿人不抵抗，皆不殺戮。

旅蘇外人均懸旗致賀。

城内養育巷有日本人開設之回春藥房，已設有臨時赤十字會。

城内居民不准携帶物件出城，各城門口均有民軍防守，狀至嚴肅。

有敢死隊二百餘人乘滬寧末班車至蘇。

八旗會館内之旗人已逃無一人。

都督府門前懸有紅字白旗一面，上書中華民國軍，江蘇都督府傍有“興漢安民”四字。

各學堂聞信後皆拍手唱歌，停課三天。

各街巷有馬隊來往梭巡。

滬寧蘇車站亦派有民軍防守。

新軍子彈次日均同督練公所發出，各居民以民國軍如此文明，不傷一人，皆極滿意。

程雪樓次日薙髮後，特出游大小各街，又入各學堂與之唱歌。

藩庫内現銀軍政府欲令該庫管庫人照賬交出。

一三、九月十六日　民軍固守漢陽　吴禄貞被刺　松江清江光復　汪兆銘等出獄

十六日，湘軍第一協已完全開至漢陽，黄總司令命該協統王隆中赴十里鋪附近防禦，王協統云，到十里鋪可也，如令我協在該處防禦，未免阻喪士氣，我協願休息數日，聽總司令之命，攻漢口之敵。黄興悦之，遂優待王隆中，即令其軍隊在十里鋪附近集合待命，一面派夏維善、賓士禮二員購買酒肉犒賞湘軍。是晚黄興即召集司令部人員商議軍事進行策略，並稱贊王隆中頗有膽量，願告奮勇攻擊漢口敵人云云。時賓士禮云，今日奉總司令命令犒賞湘軍，見有一頭目與該棚兵士集賭。該目兵之隊官司見吾輩至，即警戒該賭者立止，無如目兵抗命，集賭依然，該隊官即將賭具拿去，孰知該頭目因輸致怒，即持槍將隊官擊斃，似此軍紀風紀毫不嚴明，且兵不畏官，而又將官擊斃，更屬可危。請總司令傳知該協統，務要整飭軍紀，服從命令，不然難操勝算。《孫子兵法》有云，愛而不能令，厚而不能使，亂而不能治，譬如驕子不可用也。望總司令留意及之云云。黄興聞以上所言，深滋不悦，並云湘軍在洪楊時代百戰百勝，現當行軍之際，目兵稍有不法行爲，毋庸計較。況軍人在戰綫上，今天不知明天事，只要打仗勇猛則得之矣。昔鮑超帶兵屢戰必勝，每光復一地，必令兵士安樂數日，所以兵士無不效命。賓士禮又云，鮑超之兵雖軍紀不嚴，然對於鮑超極端服從，但曾國藩初用兵時不重訓練，遇戰失敗，旋即講求訓練而收大效，請總司令以曾國藩爲法，以鮑超爲戒，則庶有希望。黄興不聽，並飭賓士禮不必多言。

是晚吴禄貞被刺於石家莊，其秘書長周幹臣、參謀長張世膺同及於

難，劉百剛、孔庚、副官曹進等皆痛哭。吴禄貞乃日知會幹員，素懷大志，自武昌倡義即聯絡張敬輿、藍天蔚等爲收京之謀，京張、京奉、京漢鐵路布置重兵，將一舉而擒異族之君臣，不使漏網。不期漢奸袁世凱乘時出山，先奪吴禄貞駐保定第六鎮之兵柄，使之巡撫山西，及抵石家莊，良弼、段祺瑞等即秘令周符麟往刺之。周符麟本第六鎮第十二協統領，早被吴禄貞所革，吴禄貞所提拔之一營長馬惠田即周符麟之衛兵，吴禄貞極信任之，夜半馬惠田求見，親上手摺行跪賀禮時即出手槍向吴禄貞一擊，吴尚繞案避之，並諭以大義。馬惠田追擊不已，吴禄貞即開後門而出，甫開門，而馬惠田之伏兵即將吴禄貞之好頭顱砍去矣。自後周符麟、馬惠田二漢奸永爲段祺瑞供養焉，所以遵袁世凱之秘命也。周幹臣、張世膺同時被暗殺。

蓋吴禄貞以英雄本色，愛國至誠，生平功德散見於社會者頗多，若不遭袁世凱之暗殺，其事業必大有造於中國並影響及於世界無疑。今特就錢維驥所跋於吴禄貞延吉廳邊務報告書三卷一文，即可征吴禄貞之一生真相焉。跋曰：

右延吉廳邊務報告書三本，計九章三十八節，吾亡友吴禄貞綬卿所著，而親贈於吾以爲考案者也。初吾國東三省與朝鮮接疆之地，以滿人封禁故不詳，及康熙五十三年設琿春協領，隸於寧古塔副都統，於是方有建設。而漢人、朝鮮人無産業者，漸以爲尾閭。清政不綱，有漢人爲馬賊之韓登舉者，據夾皮溝光齊谷等爲巢穴，地本沃壤，富森林及野獸。日本游歷者涎之，及併吞朝鮮，遂欲越圖們江而霸其地。有日人守田利遠者，著《滿洲地誌》，稱圖們江曰豆滿，而言其北岸向來所屬於延吉廳臨江一帶之地以爲間島，且指爲朝鮮屬地。於是日本駐韓統監伊藤博文遂令其中佐齋藤季治郎率兵一營，至於延屬之六道溝，將遂占領之，賴綬卿據歷史而争，遂保有其地。綬卿之學博而功亦巨矣。嗚呼，以綬卿之才，使得行其志，則吾國之所保，寧止於一延吉廳而遂已乎。雖然，綬卿固偉男子，

吴禄貞先生遺像

吴禄貞，字綬卿，湖北雲夢人。母賢，常勗以大志。留學日本士官學校，昌言革命。庚子秋，曾與秦立三、唐才常等潛行歸國。唐才常謀革命於武漢敗，吴禄貞乃至大通運動防營與清兵戰亦敗，復渡日本返學校。畢業歸武昌，張之洞委築武普通學校。助劉敬安擴充日知會於武昌高家巷，秘謀革命甚急，爲秘密社會首領，别名梦澤雄。旋調陸軍部，又被徐世昌引爲奉天練兵大員。更充延吉邊務大臣，與日人争間島，能不辱使命。著有《調查延吉邊防報告書》三卷。職膺都統。武昌起義時爲保定第六鎮統制，謀助武昌。清廷使撫山西，途次石家莊，袁世凱、段祺瑞、良弼等派周符麟用馬惠田刺殺於石家莊。同志周幹臣、張世膺同及於難。出師未捷身先死，悲夫！

而亦多情人也。初，綬卿既畢業於日本，在湖北不能行其志，乃至北京投練兵處，爲騎兵監督。監督者無兵，而但令閱操及編操典各事，所言當改革者俱不行。綬卿不樂閒曹，乃自陳於軍機大臣鐵良，願獨身而往陝西、甘肅、新疆三省調查一切，與之數千金爲旅費，不受，曰，但求軍機處一紙條，令得在沿途藩庫領銀爲盤費足矣。鐵良許之，及至甘肅會樊增祥，言詞慷慨，意頗輕其老朽。樊固以守舊反對戊戌維新，且贊成庚子義和拳而漏網者，聞綬卿所言，疑爲康黨。故事，軍機處大臣從無有以紙條而索銀於外省之藩庫者，因是益疑其妄，乃白升允，擬就地而誅之。升允曰，彼言自軍機處，何不奏聞而後處置，於是遂電京城，會鐵良已出軍機，諸大臣皆不曉本末，以聞西后。西后曰，今天豈不是陸軍部尚書鐵良值日麽?對曰，然。於是鐵良叫起，西后問故，曰，吴禄貞是奴才在軍機時派去調查邊務者。西后曰，然則你去回他們的電罷。鐵良叩首趨出，電甘。升允、樊增祥益忌之，曰吴某雖是奉命而行，然沿途不應滋擾，以此調查邊務，不稱，遂押解回京。綬卿益無聊，間以詩酒及女閭爲樂，會徐世昌督東三省，調之行，綬卿以爲可行吾志。及至東，世昌宧習甚深，綬卿與言，多不省。會有言韓登舉在夾皮溝，日本將認爲獨立國者，綬卿擬私往偵之。而綬卿所結交之胡匪如張作霖、馮麟閣、湯玉麟等，聞綬卿將往會韓並爲書介紹，綬卿齎數千金請假而行，周維楨（字幹臣）、李恩榮及測繪生等十數人從焉。既抵皮子溝，出介紹書投群匪，匪争延酒食，日或數起，綬卿詢一切，諸匪言詞誇大。綬卿故紿之曰，我固南方盜首也，有衆三五萬人，快槍等是，然有山寨聚處不似汝曹散漫，且多徒手，不足有爲也。於是諸匪乃言，吾輩亦可招其部屬，請吴大哥觀之如何?綬卿曰，善。既聚，可三千四百餘人，馬近一千，槍不一式，然其數與人相等，於是綬卿乃出千金犒之，並購牛羊數十頭，宰而大嚼，且曰，吾南方義士，其會飲咸如是，不似北方人鄙吝也。諸匪既大慚，且心服焉。會齋藤至於六道溝貼倭人告示，有起之送於綬卿者，綬卿乃勃然怒曰，吾曹爲匪，亦宜愛國。今日本人强占我疆土，吾曹何不同心竭力以拒之，而待國家官吏爲之保護哉？匪曰，吴大哥不畏日本，我曹亦不畏，但我曹决戰，而徐總督將來要殺我曹以謝日本，則如之何？綬卿曰，不然，此事由我擔任，我雖匪，與徐總督亦故交，奈何畏其殺我哉？諸匪猶不信，於是綬卿乃解其包袱，出其在練兵處所穿之軍帽、軍衣、佩刀、皮靴、龍旗等，光彩奪目，從官亦咸衣其軍服，威儀濟濟。至是群匪咸拜伏於地曰，吾今日乃知吴大哥不但南方豪傑，又徐總督故人也，歡欣不已者久之。綬卿部署既定，通牒敵人，限其即日出境，齋藤聞之大駭，曰，此舊屬朝鮮，無清官署，更何有兵駐守，必詐也。綬卿又通牒請之，齋藤隨使者而來，見綬卿立於廟外，其上龍旗招展，軍服皇皇，兵士不下數千人，雖制服不全，而糾糾之狀，已爲心折，乃進前與綬卿握手。綬卿操日語與之爲禮，且延入，詰難何以至此。齋藤言，此地本屬朝鮮，今朝鮮合併於敝國，故此來鎮守。君何故來此挑釁。綬卿曰，我中國官，守中國地，且一向居此。汝今日方來，乃言吾挑釁貴國哉。吴某性直，不願多言，貴官能速退出境則善，不然，惟决戰而已。齋藤言，汝要吾退出，可速送文書於朝鮮統監，俟其答覆，允吾讓出，即退，否則不能。綬卿曰，吾不能與貴國講外交，惟知守土，若外交則有吾國外交部與貴國外務省在，齋藤知不可勝，即曰，吾回營將致電敝國去矣，即分散。明日，日本人插標木於地，云日本界。綬卿遣人拔去之，綬卿於是一面致電北京軍機處、外交部，一面送文書與徐世昌及陳昭常輩，幾處聞此，不知所措。時張之洞在軍機，退朝，傳劉道仁、哈漢章、良弼等問之，諸人皆以綬卿所辦爲然，且與吴同學，稱其膽不置。張之洞尤激賞之，於是令綬卿暫署吉林副都統，且調回京詳詢一切，此書其在京時所作也。吾國外交部於吉林邊界無詳細之圖，又無可征之歷史，綬卿在日本，於朝鮮頗有研究，又新得宋教仁所著《間島問題》一書，故能源源本本詳言其故，卒之折衝樽俎，使日人退讓，而延吉廳約數縣之疆土得以保存，非偉男子而能若是乎。又綬卿初至奉天，狎一女優，爲徐世昌指摘，以爲職官無品，及綬卿署吉林副都統，世昌俟其入見，以張之洞門生郭宗熙代之，恐其復任。張之洞喜其愛國，且能讀書，遂以延吉邊防大臣畀之，綬卿往延吉開府，過奉天，徐世昌訪之，不答，請宴，不赴。徐世昌初擬釋怨，召綬卿前所狎女優演戲，及綬卿不至，甚慚，曲將終，綬卿則衣夏布長衫，持大蒲扇，摇摇至於臺下，世昌望見趨揖之，綬卿不顧，觀看良久。俟女優下臺，携與共車而去，是夜納之矣。則其有情又當何如也。予至昆山，訪老友曹亞伯，曹與予皆與綬卿爲至交，聞曹欲刻吴禄貞之調查延吉邊務報告書三卷，以公同好，故跋其行事如此，補國史所未及云。

周幹臣、張世膺皆救世之才，文章道德冠乎當世，惜與吴禄貞同遭馬惠田暗殺，人之云亡。邦國殄瘁，誠中國之大不幸事。

張世膺，字育和，一字華飛，江西德化人。少孤貧，事母極孝，母故世家女，矜禮節。世膺恐娶婦不合母意，終不娶。夙抱光復神州大志，藉譯述以畢業於日本士官，後爲吴禄貞邀赴奉天充教練處提調，兼總辦陸軍小學，每勵學生以文事，旋充北京陸軍部馬兵科科長。武昌倡義，清廷震驚，世膺時與吴禄貞密謀以滯清軍之行，清軍購德械數十萬，世膺赴灤州强張紹曾截之，及吴將巡撫山西，周幹臣襄辦軍務，世膺聞滿人將害吴，急往石家莊，故被難。著有《鬼士官》一書，商務印書館出版。

是日松江亦宣布獨立。

民軍於十六晨派數人來松，探察進止。時松人士已得蘇垣獨立之宣告，乃急招集紳商軍學警各界至城自治所議事，公推鈕鐵生君爲臨時會長。鈕君稱離鄉日久，未嫻近今風尚，隨由楊蔭安君宣言，時局艱危，土匪最宜注重。惟邇日留防兵隊有至典鋪恃衆强質者，非設統一機關，擔任防遏，最易惹禍，遂公舉鈕君爲軍政司長。鈕君言，鄙人學殖蕪淺，惟對於父老昆弟極應稍盡義務。復舉民政部長，有與官府有感情者，頗屬意戚守。及大衆譁然，不肯承認，乃舉定謝宰平君，並舉錢選青君爲財政部長，沈思齊君爲執法部長（沈本裁缺仁和縣）。沈君起言，鄙人自杭歸，見杭垣獨立，官長照常借重，今吾鄉似欲併去府縣，人民習慣已久。恐駭耳目，且執法一席於舊律不適用，新律未有依據，並審判乏人，恐不便率爾從事，請俟三日後報命。時謝君亦起辭，鈕君曰，吾民生死關係争於今日，深望諸君共肩巨責，力圖進行云云。旋議決，請華婁兩縣照常辦事，即召兩縣漕總至，令將已未徵解銀欵，刻日全數繳報，並查得强當衣物者爲第二留防隊兵，乃請張壽椿、奚叔平二君馳入該軍慰導，隨集現欵預備給餉，第一、第三兩營仍請余、劉二參戎營帶巡緝，以提轅爲軍政府即出安民示云：松江軍政分府示，照得武昌起義，同胞萬衆一心。凡我義旗所指，罔不鼓舞歡迎，各省各城恢復，從未妨害安寧。松江毗連上海，鐵路交通著名，一經大兵雲集，損害自必非輕，今奉軍政府命，但令各界輸誠。茲已紛紛歸順，具見敵愾同情。惟願親愛同胞，仍各安分營生，洋人生命財産，切勿乘此相侵，轉瞬民國成立，人人共享太平。所用係松江府印信，惟劃去滿文。華婁沈李兩大令亦同出安民告示，署銜爲中華民國華婁民政長。戚守自交印信後，本限三日内不得離署，當晚忽謡傳穴壁圖逸，飭騎追回。同時中營余參戎因發餉事，由第三營兵誤會，與之齟齬，竟被恃蠻毆傷。夜間講武會警察隊巡防隊，澈夜梭巡，城内士紳議立保安會，凡簽名入會者皆給械輪巡，此係自衛身家，概不發給餉項。茲將松城光復通告書録下：

松城自十六日得蘇撫電後，城自治公所即發傳單開會，當場宣布獨立，衆皆贊成。松府戚揚派代表莅會，當即推定鈕愓生君爲軍政部長，謝宰平君爲民政長，沈思齊君爲執法部長，錢選青君爲財政部長，另專設參謀部，爲四部之總機關，以提署爲松江軍政分府司令處，衆議僉同。當時因松府不親自莅會，故即派人至府署陳述衆意，而松府自將印信交出，並約三日内交代地方公欵及一併未了事宜，大局遂定。舊有之防營騷擾無序，責成防營管帶余志斌、三營管帶劉世奎分投彈壓，擔任保護治安，並請奚叔平君、張壽椿君至各防營宣布軍政府德意。飛划營沈管帶請其分撥軍隊任巡邏彈壓之責，各段均設立自衛團，當由參謀部發出六言韻示一道，遍貼通衢，城廂内外均一律懸挂白旗，市面安堵如常，人民皆欣欣有喜色，口呼光復大漢、中華民國軍萬歲不絶。松江軍政分府佈告。

是日清江浦宣布獨立，先是十四晚清江十三協輜重營前隊隊官趙雲亭、二十五標掌旗官龔振鵬起義，率領輜重營前隊目兵由小水門入城，進攻道署。斯時淮揚海道奭良兼護江北提督，命其參議蔣雁行、十三協統領魏宗瀚派兵追勦，而馬隊管帶吴士芬富於革命思想，因而抗命。十五晚輜重營前隊聯合左右兩隊佔守西壩王家營二鎮，要求各營同時光復，於是十三協目兵步六營、馬一營、砲二營，工程一營全體贊成，進攻清江，十六日晨，由魏宗瀚率領全協進攻清江，秩序整齊，清江四城緊閉，巡防官兵登城開槍抵抗。約戰半日之久，砲兵始開砲轟城，巡防兵不支。奭良乘二人肩輿逃出南門，顧一民船而走，蔣雁行不知下落。軍械局局長張復太尚不明大義，命軍裝庫科員管金聚架砲城上還擊，革命軍當時由軍械科科員周詩説以利害，邀同警務公所科長梁星五、區長胡仲芳、商會會長各人員，合請清河邵令靖江投降，各商民均懸白旗。周詩登城演説革命宗旨，各商民歡呼革命軍萬歲，開城歡迎，由石碼頭繞至鐵路口，即請砲隊管帶費國祥下令停戰，並演説武昌起義宗旨。各省響應理由，各官長及目兵均拍掌贊成，隨即入東門，並囑輜重營管帶夏鴻鈞、砲兵管帶費國祥維持軍隊秩序。商會總理與清河邵令維持商務，步兵管帶車慶雲收復殘兵，而清江遂安堵如常，旋舉蔣雁行爲清江浦軍政分府都督。

是日北京清監國赦汪兆銘、黄復生等三人。自八月十九武昌革命軍起，清廷大懼，監國不得已，欲赦黨人以期解救。先是去歲四月，汪受黨内外各方譏刺，遂萌犧牲之志，欲與清政府拚一死，因偕黄復生入北京，設守真影相館爲暗殺機關，製造炸彈以謀炸攝政，並致書其未婚妻劉氏，請其另行擇配，以示决絶。案破，因政客多方營救，故舍死刑而處以終身監禁，至是交旨赦汪等三人，交張鳴岐差委。汪出獄後，有人叩其行狀，汪病甚，且沈默久之，乃歷述在獄時之情況，謂入獄後項上即荷鐵械，量甚重，非書生所能耐。每日僅食粥一盂及粗面一撮，且不能以手取之，惟以口就食於架上而已。前日忽有禁子入，余昏瞶間，彼竟折吾刑具，擁之出。吾眼花不知何往，以爲必殺我也，旋擁至騾馬市大街泰安棧，予意豈以棧房爲房殺場耶，禁子又交我行李及銀百兩，並向予討喜錢，謂吾已遇赦。

一四、九月十七日　廣西光復　鎮江光復

十七日，接廣西桂林來電，謂已宣布獨立，舉沈秉堃爲都督。先是周震鱗由長沙假劉人熙名義致電王芝祥，促其響應武昌，因王以藩台而握廣西全省兵權，與劉人熙爲姻婭，章陶嚴、陳元伯輩又與新軍警察聯絡，故獨立時秩序如恒，並以王芝祥、陸榮廷任副都督。

是日接得各方面偵探報告如左：

一、袁世凱、馮國璋命南下之清軍於黄河以南所有鐵道、鐵橋、車站及電局均派重兵保守，但袁世凱之大本營在孝感，馮國璋之司令部在漢口大智門，其所到地方遍貼布告。

二、清軍現由北運來重砲數門並架橋材料，均已到漢，但架橋材料似欲在襄河架設橋梁，有準備攻我漢陽之舉。

三、清軍在大智門及招商局附近設有管退砲位，專向我武昌、漢陽射擊。

黎都督即將以上報告及武昌防禦情形通知黄興總司令。黄總司令亦將漢陽準備情形報告黎都督，除以步隊第二協防禦武昌城附近，以步隊第三協仍防禦青山一帶，武昌鳳凰山設有重砲外，兹將漢陽防禦部隊列於左：

鄂軍步隊第一協協統蔣肇鑒；

鄂軍步隊第四協協統張廷輔；

鄂軍步隊第五協協統熊秉坤；

鄂軍步隊第四標統帶胡效騫；

湘軍步隊第一協協統王隆中；

鄂軍砲隊團團長曾繼梧（由黄興帶來）；

鄂軍工程第一營（附架橋材料）管帶李占魁。

以上各部隊員額槍枝、被服、彈藥等項均補充完足。

是晚林述慶獨立於鎮江，特將當日許崇灝所記之鎮江獨立及克復南京之事實，以明真相。

鎮江扼長江之咽喉，撫徐淮之肩背。象山、北固、金焦、峴涼諸險要環列左右，形勢雄偉，自古視爲重鎮，滿清於此亦駐重兵。除駐防旗兵之外，另有巡防隊、水師共合萬餘人，嗣後添練新軍又將新軍第九鎮步隊第十八協移駐於此，其重視此地，可以想見矣。

新軍第九鎮軍官全由江南陸師及將備學堂畢業學生充任，盡屬青年學子，富有新智識，士兵均用實行徵兵制度，由鄉閭徵募而來，其中秀才學子、中學高小學生甚多，無不識字者，且均有愛國思想，故對於啓發訓練種種工作均極容易，革命主義之精義一經宣傳，莫不深入腦際，其精神每每流露於不知不覺之間，因此頗爲滿清官僚及駐防旗兵所睽視，目爲革命黨，至趙聲、熊成基（均第九鎮軍官）在粵皖先後起事失敗後，防備更爲嚴密。第九鎮之官兵每日不在被監視中，行動言語均失其自由。

林君述慶，閩侯人，第十八協第卅六標第一營營官也。性沉毅，好讀書，軍事訓練餘暇，手執一卷，每至忘倦，所有新出版之軍事、政治、學術諸書，無不盡量收集，從事研究。暇時與同袍將領談論辯難，滔滔不絶，與談者幾忘其爲軍人，而都目爲學者也。其時與崇灝共事一標，性質相同，故相友愛，既屬同袍又爲至友矣。庚戌年秋，至友宋遯初、黄克强、歐陽振聲先後致書與崇灝，略謂現已組織中部同盟設機關於上海，囑崇灝物色軍中人材加入本會。崇灝接信後微露意義於林君之前，林君素富於愛國思想、民族精神，一經道及，慨然贊許，同時加入者劉君成、盧君祥麟、沈君家煒、陳君鳳文、臧君在新、易君纘仁、楊君韻珂、黄君祖澄，嗣後分頭接洽，暗中宣傳。軍官士兵陸續加入者不計其數。辛亥武昌起義，第九鎮準備響應，風聲傳播，政府震驚。其時兩江總督張人俊、江寧

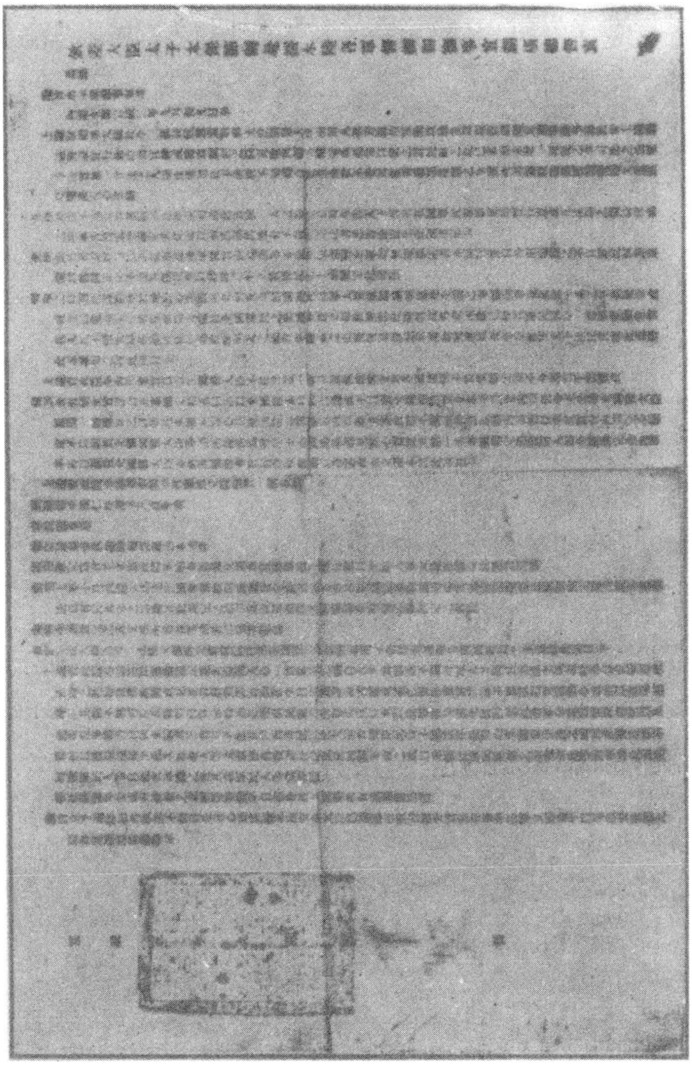

袁世凯反對革命之布告

林述慶先生遺像

林述慶，字頌亭，福建人。素富種族革命思想，與趙聲、柏文蔚輩爲秘密團體，充江南第九鎮之營官，駐鎮江。武昌起義後，於九月十七夜在鎮江獨立，稱都督，設鎮江軍政分府。與同志林知淵收復海軍，時南京尚未光復。徐固卿謀佔南京，爲張勳所敗，林述慶乃合浙滬聯軍三面攻之，首入天保城，并口占七絶一章云："降旛高拂石頭城，日照雄關萬角聲。如此江山收一戰，依然還我漢家營。"斯時革命軍失去漢陽，奪得南京民國前途關係極巨。林公之功大矣。及南北和議成，林公即解甲歸田。嗣應袁世凱之電召，游北京，居孫少侯宅。於民國二年宋教仁被刺之先五六日，林公爲袁氏所忌，暴卒於京。

將軍鐵良疑九鎮甚，嚴令統制徐紹楨，將駐寧之步隊第十七協及馬砲工輜各種兵，一律移駐南京城外之秣陵關，收繳子彈，並調江防軍張勳、防營王有宏、胡令宣等軍入城防守。全鎮官兵非常憤激，而代理第十七協協統沈同午、正參謀史久光憤激尤甚。林君述慶以時機已至，約崇灝與劉、盧、沈、臧、楊、陳等密商，公推林君赴滬接洽，決定起義日期。其時鎮江旗兵防營防備甚嚴，偵探步哨滿佈營房四週，協統標統畏懼，稱疾隱匿，在軍中主持者惟營長與隊長官耳。決定日期後遂招集軍官會議，各營營長章祖衡、明羽林、劉成、端木璜生等一致贊同，當即派出湘籍軍官葛應龍、葉開鑫、吴金彪、劉得標等游説各防營及砲臺水師，並派黄祖澂赴滬領取子彈，楊韻珂、李文匯、程鳳璋奔走鎮寧之間，以通聲氣。布置既妥，遂於九月十七日夜集合全協軍隊於峴凉山宣佈起義，援應武昌。公推林述慶爲鎮軍都督、崇灝爲參謀長，圍攻鎮江城，威脅旗兵繳械。駐防都統服毒自盡，道府縣官吏相繼潛逃。十八日午後，旗兵全體屈服，投降繳械，巡防、水師、砲隊同時響應，於是鎮江要地完全光復矣。翌日聞第十七協及馬、砲、工、輜各標營由秣陵關進攻雨花臺，因子彈缺乏失利向鎮江方面退却，遂分兵佔領龍潭、傈陽等要地，掩護收容。其時柏君文蔚率領炸彈隊由申來投，即委柏君爲收容處主任，黄祖澄爲副主任，收容潰退來鎮之軍隊，編爲鎮軍第一師。是時南洋海軍軍艦共十二艘由上游開駛來鎮，林都督電令象山砲臺發砲阻止，海軍各艦遂停碇於鎮江上游，海軍將領多粤閩籍，宋統領文翽香山人，與崇灝有戚誼。灝親自登艦，曉以利害，勉以大義，宋君首先表示服從，吴君振南同時表示，其餘閩籍將領因與林都督爲同鄉關係，且多林姓，故亦一致贊同。於是同樹革命之旗幟，遂以宋文翽爲海軍司令，吴振南爲都督府海軍處長，未折一彈，而十餘艘軍艦收集於指揮之下矣。

楊州徐寶珊，監務緝私統領也，爲鹽梟出身，性質强悍，素有徐老虎之徽號，負固揚城，擁兵自衛，尚未收服，頗爲隱憂。遂派李君竟成會同水師統領趙鴻禧，率領水師，前往收撫，徐寶珊雖然梟悍性成，而富於民族思想。一經游説，欣然來投，遂收其部伍編爲鎮軍第二師，並令其兼揚州軍政分府，防守揚州各屬。於是揚州數縣亦歸鎮軍都督所屬之範圍矣。

淮安爲鎮揚屏障，由鎮北伐必經之路也。臧君在新爲淮安人，熟悉該地之形勢，其時淮安尚在清軍範圍，遂派臧君在新統領所屬部伍一支隊，附以炸彈一排，以韓恢爲排長，前往光復。軍威所及，駐淮清兵望風投降。臧君收編部衆爲一混成旅，淮揚光復以後準備進攻金陵，鎮軍所屬分爲三支隊，崇灝及柏君文蔚、劉君成各統一支隊。當鎮江光復以後，駐蘇新軍混成協與浙江新軍同時發難響應，各發難軍隊均分派軍隊一部來鎮，會攻南京。到鎮軍隊有蘇軍劉之潔所部一支隊，浙軍朱瑞所部一支隊，滬軍黎天才所部兩營，滬軍光復軍洪承典所部六隊。以上部隊先後來鎮集中，上海總機關已推前第九鎮統制徐紹楨爲總指揮，到鎮後與林都督會商攻寧計畫及後方諸問題，並要求將海軍各艦隊歸其指揮之下，以期動作一致，林都督均慨然許之。於是聯合各軍，分期出動，林都督以浦口爲津浦路之起點，北伐軍必經之要路，清軍退潰必經於此，遂派柏文蔚、李竟成爲正副司令，率領鎮軍一支隊及水師全部，由十二圩渡江佔領儀徵六合，攻擊浦口，扼清兵之退路，復派吴忠信爲兵站司令，辦理兵站業務。部置既妥，崇顥隨林都督率同兩支隊向南京進發，軍次堯化門，復派官成鯤、李祝陶携欵五萬，運動烏龍幕府山諸砲臺。砲臺官兵因金陵未克，未敢舉事，要求派兵駐臺掩護，方敢改豎革命旗，林都督遂令滬軍黎天才所部擔任掩護，滬軍一到，而臺上白旗隨風招展，上海各報遂載黎天才克復幕府砲臺之專電矣。

聯軍攻寧城，改變攻城計畫，凡三次均未攻克，以其攻擊點選定錯誤之故也。南京城池堅固，形勢雄偉，龍蟠虎踞，自古視爲金湯。而紫金山天堡城尤爲險要，實爲金陵存亡之要點，戰術學所謂陣地鎖匙也。天堡城若能得手，俯瞰全城，垂手可得。崇灝因此在參謀團會議席上力主先佔天堡城，浙軍參謀呂公望贊成崇灝之提議，因此遂決分兵四路，蘇軍仍任左翼攻雨花臺，鎮軍、浙軍及滬軍擔任攻天堡城。十月初十日夜開始運動，三面圍攻，浙軍由左路孝陵衛方面，鎮軍由中路馬群方面，滬軍由右路籐子樹方面三面夾擊。翌日拂曉，遂將號稱天險之天堡城佔領矣。是役也，鎮軍營長楊韻珂陣亡，排長同時陣亡者三，司務長一，士兵數十人，其最勇敢者爲連長季遇春。天堡城之佔領，季君之功也。

天堡城佔領後，清軍仍負固死守，城堅不易攻破。初十日午夜，由滬運到二十四生的口徑攻城砲兩門，到堯化門車站，林都督令崇灝爲攻城砲指揮官，連夜運砲進入籐子樹附近高地，黎明發砲攻城。第一發中富貴山砲臺，張勳所在地也，第二發中北極閣，張人俊、鐵良之大本營也，第三發中太平門城樓，三砲皆中，敵將膽寒。張人俊、鐵良、張勳率其殘部三千餘人，出漢西門繞八卦洲向浦口方面逃竄，巡防營張聯陞、趙榮華率所部三千餘人由英國教士馬林接洽，開太平門投降，於是鎮軍全部進城，其時在十月十二日也。

鎮軍進城之後，通知城外各軍停止攻擊，並下令開放南門朝陽門，請各軍進城，是時軍隊複雜，軍紀廢弛。蘇良弼部衆自號蘇軍，在城内旗營，焚殺搶劫，秩序混亂。鎮軍會同各軍編成臨時憲兵，馳往彈壓，拘捕蘇良弼，解散其部衆，秩序始復。而旗營一帶已化爲焦土矣，旗民老弱男女死於水火者不計其數，殘餘旗民數千人由鎮軍保護，收容於都統衙署，令糧食處處長陳鳳文分配糧食周濟之。是時武漢與清兵激戰失利，黎元洪退守洪山，知南京克復，飛電請援。聯軍會議，共推黎天才統其所部，馳往援應。黎天才以兵力不足，要求將鎮軍所收編之張聯陞、趙榮華所部，撥歸指揮，始肯前去，以該兩部之槍械新利故也。林都督以武漢爲首義之區，若稍有失，長江一帶必爲動摇，不欲因個人實力之故而誤援鄂時機，遂允將收編全部防營四千人，完全撥歸黎天才統率，並委之爲鎮軍第三師師長名義，黎天才之入鎮軍者自此始也。

柏文蔚所部既達浦口，適與張勳退兵遭遇，迎頭痛擊，繳械甚多，並截獲輜重無數及現欵十餘萬元。張勳率殘兵二千向北逃竄，柏文蔚指揮所部星夜追擊，至臨淮關止。於是浦口以北、臨淮以南亦爲鎮軍佔領矣。

臨淮既得，南京穩固，林都督遂與各軍將領會議，歡迎孫總理中山先生來寧就大總統職，並派參謀黄家濂爲代表，會同各軍代表至滬歡迎南京政府成立。任林都督爲北伐臨淮軍總司令，以崇灝爲參謀長兼兵站總監及第三獨立混成旅旅長，以柏文蔚爲鎮軍第一軍軍長，徐寶珊爲鎮軍第二軍軍長。未幾南北議和，中止北伐，林都督因不贊成議和，辭職下野，崇灝亦去職。柏文蔚由皖人電舉爲皖軍都督，率其所部赴皖就職。而鎮軍名義遂從此消滅，成爲歷史上之名詞而已。而當時滬軍都督陳其美，極忌林述慶之功，屢欲害之，並殺陶金保，以其爲鎮軍要人也。林知淵、鄭權收降海軍亦有功，林復參加漢陽之戰，胸中二槍，至今並無恙。

一五、九月十八日　安慶光復　福州光復

十八日接九江轉來電報，謂安慶業已光復，並舉朱家寶爲都督，王天培爲副都督。先數日皖志士吴春陽謀光復安慶，被朱家寶、王天培所殺，至是亦隨風氣轉移而歸順矣。

詎十八日朱撫受印後，以爲各省均無副都督之設，因即函致諮議局，商請改爲軍事總監，而王不允，立至諮議局要挾各紳，將印取回，並限二小時回信，否則鐵血相見。衆紳無法，即往朱撫處將印取交王天培收執。十九日，王即不待公舉，自爲都督，於是各界中人已爲不服，而王天培辦事又涉强權，不能兼顧民隱，因此軍警各界怨聲嘖嘖。又聞知朱撫定於二十起節離皖，挽留無術，夜間一句鐘時，遂有衛隊巡防兩營兵士約數百人突向司令部放槍數排，奪城而出。聲言王都督威凌兵士，且到此兩日並不放餉，若朱大帥一去，我等必要餓死殺死，不如逃命等語，居民於睡夢中驚覺，擾亂萬狀。次日天明，商民齊至諮議局商會會議，八句鐘一律閉市，商民均頂香擁至撫署，闖入二堂，哭跪朱撫前痛不能聲，惟有牽衣扯袖以表挽留之意，一時麇集約十數萬人，四牌樓横直兩街及撫署左右，均被填塞擁擠不動。朱撫見民心堅固，只得權允暫留，再議辦法。商民等遂又擁至督練公所司令部索取都督印信，彈壓各員，皆被毆擊。王天培亦知民氣激烈，萬衆一心，先期藏避，一面電致砲營管帶某將營内退山快砲，率兵拉出六尊，騎馬冲至，意將開放，並手持大刀，逢人便砍。各商民見之憤怒，一擁而前，將該管帶徒手攢毆，登時斃命，復將大砲拉進撫署，以防暗中轟擊。嗣經各界代表竇以鈺、蔡正、趙曾重、洪思亮等進内將都督印信取出，送至撫署，一面分人再至商會開議，未幾朱撫亦派左右翼統領劉曹二君到會商布，決意留皖，維持治安，寧可犧牲一命，斷不有負皖民云云。於是全體公電鄂軍黎都督

申明此意，並派代表分赴鄂贛等省面陳詳情，直至三點鐘後，司令部各員聚而不散，竟開放手槍亂擊，飛彈如雨，有十歲之小童被彈傷及左肩，幸未斃命，當時朱撫即派巡查員用手招降，亦被槍彈洞穿手掌。朱撫見此情形即將城外水師調入城内，圍繞司令部，一面派員會同紳商各代表妥爲開導，隨將開槍之民軍各執事員設法誘出，護送諮議局，大衆始散。惟時已五點鐘，市面稍行安静，城上興漢保民旗及各鋪户居民之歡迎旗幟亦均照常懸挂。朱撫即發電鄂潯兩軍政府，請其派兵來皖鎮壓，旋潯陽軍政府已派混成一協，分乘小輪八艘來皖，於二十一日下午二點鐘到皖陸續登岸，分駐城内以資防禦。

但黨人鑒於吴春陽之被殺及朱家寶之蓄謀攻武昌，終恨官僚之狡詐，旋王慶雲、袁家聲等起兵壽州，推王慶雲爲淮上軍都督。不數日皖北各州縣相繼響應，聲勢浩大，將進攻省會，朱家寶等乃離皖，後孫毓筠、柏文蔚相繼任安徽都督。

又接得偵探報告，滿軍於漢口上關及花樓一帶，並在黑山對岸構築掩堡，沿江岸均設有砲位。

又據諜報，謂滿軍兵力除連日戰鬥死傷外，尚有一萬餘人，本日下午一時其後方續到增援隊約五千人，已抵祁家灣，又有步隊約一標由信陽蕭家港南下，今晚可達漢口。是日黄總司令乃發下如下之命令：

民軍總司令官命令

（九月十八日午後三時於漢陽昭忠祠）

一、滿軍在漢口兵力約一萬餘人，在漢口劉家廟至橋口附近，又於上關及花樓一帶並黑山對岸，均構築掩堡。沿江岸設有砲位，又由孝感至新溝方面有滿軍出没，清廷派袁世凱南下，現已抵孝感。馮國璋在大智門。

又迭接上海、浙江、江蘇、廣西、安慶來電，均已宣布獨立，擬派兵應援武昌。

二、本軍擬在漢陽南岸嘴至三眼橋附近一帶防禦。

三、步隊第四協統領張廷輔率該協於南岸嘴至兵工廠附近佔領陣地，且派一部掩護我右側。

四、步隊第一協統領蔣肇鑒率該協占領陣地，右翼與第四協聯絡，左翼至鋼藥廠西端附近。

五、步隊第四標統帶胡效騫率該標與步隊第一協聯絡，須於黑山至割絲口附近佔領陣地。

以上各隊須利用時間構築强固防禦工事。

六、湘軍第一協統領王隆中率該協及工程第一營在十里鋪鍋底山附近佔領陣地，但須構築强固防禦工事，且派一部警戒琴斷口三眼橋附近。

七、砲隊團統帶曾繼梧率該團須於大别山、黑山、仙女山、扁擔山附近選佔陣地，以能射擊漢口龍王廟至玉帶門及琴斷口三眼橋附近爲要。

八、步隊第五協統領熊秉坤率該協在七里鋪爲預備隊。

九、各部隊給養派員在歸元寺糧台領取糧秣。

十、予在漢陽昭忠祠。

總司令官黄興

同時又給糧台司令及輜重第一營訓令如左：

給糧台司令官及輜重第一營訓令

（十八日午後三時於漢陽昭忠祠）

一、本軍擬在漢陽南岸嘴至三眼橋附近防禦。

二、該糧台司令官王安瀾，輜重第一營胡恢漢，須按照在漢陽本軍所轄各部隊準備糧秣，以便各部隊派員領取，並須先在本司令部計算各部隊報來人數，妥籌辦理。

三、予在漢陽昭忠祠。

總司令官黄興

是晚福建省城福州被革命軍佔領，先是彭壽松與馬景融等運動警察與常備新軍將成熟，而福州將軍樸壽自湖北起義後，對於該省新軍即加意防範，藥庫子彈，悉行搬入旗界，凡旗人十三歲以上男子均發給洋槍一桿、子彈三百顆，婦女則發給小刀一柄，以備與漢人決戰，且於旗界內安放大砲，埋伏地雷，宣言必使全城漢民同歸於盡。又有文楷等組織殺漢黨，居民聞之，無不惶惶，由是均遷徙城外。十七日復喧傳旗兵議將圍攻第十鎮統制孫道仁公館，搶奪陸軍小學堂軍械，焚燒各處民居，爲先發制人之舉。至十八晚，果有旗兵數百名擁入漢界放火，其放火方法係用水龍灌以煤油，散潑屋頂，故火勢甚烈，因此軍民愈憤，即推舉二十協統領許崇智爲總司令官。督師與旗營宣戰，勢若拉枯，旗兵知勢不敵，十九晚遂高挂白旗乞和，總督松壽自盡。詎二十日早，又有旗兵百餘名向漢界攻擊，幸經民軍擊退，該旗兵始相率來降，將軍樸壽、都統勝恩亦均先後被擒。旗兵一切軍械悉數繳出，所有俘虜拘留數點鐘即放令回家，每人給以銀一元、米一斗，以爲安家之用，又許以每日酌給糧食，至負傷各旗兵概由赤十字會畀入醫院療治，其死亡者亦復分別掩埋。都統勝恩及藩司尚其亨亦經派人護送出境，將軍樸壽以其既降復叛即予誅戮。由是人心始安，遂公舉孫道仁爲大都督，於二十二日入署視事，沿途均懸挂白旗，而大局遂定矣。厦門商會洪總理、陳協理、施坐辦等二十二日接孫都督宣告獨立電後，新厦道章拱北及厦廳王子章均逃匿無蹤，乃由商會自治會各紳公議，設立保安會，公舉六人，分部辦事，地方頗安靖。二十日晨，新加坡輪到埠，來革命黨四十餘人，舉楊、王、黃三君爲代表，與厦門紳商學界聯絡運動，即將砲臺營警名册送與楊代表點驗。楊君允即發餉，一面樹旗招兵，一面組織敢死隊數十人，每名月餉六十元，每兵月餉八兩。三日内即已招足民兵三千餘人，是日即佔領漳州府城，二十三日又佔領泉州府城，即請該府管太守任事。管以年老力辭，乃讓晋江縣黄韻生照舊辦事，所有地方鹹厘各捐，一律裁撤，海關另舉黄仲訓君掌管。二十四日下午，厦門各商界以布置已妥，遂一律懸樹白旗，大書漢旗萬歲，燃砲慶祝，頗極一時之盛。人民無不鼓掌歡呼也。

十九日都督府接得情報，聞袁世凱向清政府要求特權。

是日又據各偵探報告，滿軍第四鎮全部兵力駐紮漢口各要地及第十混成協全部駐孝感，第五鎮之一協於今早八時已抵孝感。

又據土人云，滿軍一支隊似由新溝向蔡甸前進。

是日民軍接得以上報告，即派祁國鈞率馬隊一營、步隊一營赴蔡甸附近，防止滿軍渡河。

是日湘軍第二協統領甘興典率該協已抵漢陽，受黃總司令官指揮。

同日江陰要塞宣布獨立，先是上海獨立後，江蘇黨人分途運動，李懷誠、葉正叔等即至江陰，而江新軍管帶王鑒會同砲隊營營長劉筱如，宣布獨立，將江陰要塞及防營七千餘人同時收復。王遂誠亦獨立於宜興，揚州亦懸獨立旗。

一六、九月二十日　黎元洪通電請組臨時政府　袁世凱遣使議和

二十日，武昌黎都督發出通電，請獨立各省組織臨時中央政府以一軍權，致各省都督電如下：

大局粗定，非組織臨時政府，内政外交均無主體，極爲可危。前電請速派妥員會議組織，諒達尊鑒，惟各省全權委員一時未能全到，擬變通辦法，先由各省電舉各部政務長，擇其得多數票者來鄂，以政府成立，照會各國領事轉各公使，請各本國承認，庶國基可以粗定。敝省擬中央臨時政府暫分七部。一、内務，二、外交，三、教育，四、財政，五、交通，六、軍政，七、司法。其首長之條件以聲望素著，中外咸知，並能出而任務爲必要，蓋非此不足以昭各國之信用也。現除外交首長，多數省份已舉伍廷芳、温宗堯二君外，其餘各首長應請協舉電知敝省，俟彙齊後，其得多數當選者，一面電聘，一面通告。時事迫急，希即會議舉定。再財政首長，敝省擬舉張謇，並聞。萬祈速覆。

旋各省都督皆復電贊成。是日袁世凱派蔡廷幹、劉承恩來武昌都督府與民軍搆和。並携有袁之手書，據稱如能承認君主立憲，兩軍即息戰，否則仍以武力解決云云。當時黎都督召集湯化龍、孫發緒、胡瑛等商議，一面招待蔡、劉二使，一面通知各機關人員齊集都督府（諮議局），先歡迎蔡、劉二使，並請宣布來意。其時劉承恩登臺説明，謂鄙人係漢人，湖北襄陽籍，前充湖北武建營督帶，旋奉命調赴廣西，在廣西解職後即

到北京。此次武昌起義，袁項城奉命出山，即調鄙人隨營辦事，但項城此次派蔡君與鄙人前來與黎都督接洽和議，免得同胞相殘。按中國國情，是要順從人民之意，實行君主立憲，如大家同胞贊成，兩軍即可息戰，俾免生靈塗炭云云。旋蔡廷幹登臺，亦云袁項城頗不願以武力解決，同胞相殘，按照政治原理、中國人民程度，第一步實行君主立憲云云。蔡、劉二使演説畢，湯化龍即登臺演説，謂今日蔡、劉二君來到武昌，我輩同胞極爲歡迎，但是我們武昌此次首義，並非專行種族革命，實政治革命。我中華民國據有二十二行省，内有漢、滿、蒙、回、藏五大族，求五族平等，所以必須改建五族共和，處現在二十世紀時代，君主國逐漸減少，民主國日益增多，如能按照共和制度，實事求是，則滿清永久立於優待地位，享共和幸福。較之君主時代之危險，至有世世子孫莫生帝王家之慘勝百倍矣。我想清廷真有覺悟，順應潮流，必以吾言爲然，請蔡、劉二君轉達袁項城不必固執可也云云。旋孫發緒登臺演説云：我們武昌此次首義，各省聞風響應，即北五省秦晋及山東已宣告獨立矣。想再過幾日，全國無一省不響應矣，是民心之趨向如此。袁項城乃中國當代人傑，前日之忠於滿清者，其過去成績，項城乃身歷其境，不待言也。是滿清對於漢人，勿論何時不在猜疑之中，試問上下既有猜疑，能辦事乎，如稍有不遂意，能免危險乎。此吾人望於項城反省者一也。項城謂君主立憲，試問仍以滿人爲君主乎，抑以漢人爲君主乎？若仍以滿人爲君主，我同胞又何必多此一舉，而各省又何必響應，此吾人望於項城反省者二也。袁項城此次出山，我漢族同胞無一人不歡忻鼓舞，意謂項城飽經憂患，外察大勢，内審國情，必不能再以滿清之立憲來欺人而自欺，並爲天下笑，此吾人望於項城反省者三也。如項城堅執己見，效忠滿清，仍以武力解決，是響應各省已佔中國三分有其二矣。試問項城有若干兵力，豈能以六鎮兵力壓迫全國乎，想項城自思亦不能也，此吾人望於項城反省者四也。總之項城乃漢族同胞，吾人愛之敬之，其所處地位，如順從民意，則達目的易於反掌，不然，同胞雖受塗炭之禍，則鳥盡弓藏，復爲項城危。此不過大概言之，不盡之意，望蔡、劉二公代爲轉達是幸云云。

接連胡瑛、胡瑞霖等均有演説，無非是勸蔡、劉二使轉達項城息戰，犧牲君主立憲，贊助共和耳。蔡、劉二使聞得以上所言，雖是揄揚袁世凱，然觀察實情，非改建共和不可。當答云，諸君之意我二人已領教矣，一俟返漢，即將尊意轉達，能否收效，尚不敢必。因爲我們所受意旨，是君主立憲，如項城能犧牲己見，免除戰禍，亦屬幸事云云。於是蔡、劉二人在都督府餐畢，即携帶黎元洪致袁世凱之書，返漢口報告袁氏矣。兹録黎氏當日所公布致袁世凱之書如下：

頃復袁慰帥書如下。蔡、劉兩君來，備述德意，具見執事俯念漢族同胞，不忍自相殘害，令我佩荷。開示四條，果能如約照辦，則是滿清幸福。特漢族之受專制已二百六十餘年，自戊戌政變以還，曰改革專制，曰預備立憲，曰縮短國會期限，何一非國民之鐵血憤争而來。徐錫麟之刺皖撫，安慶之召兵變，孚琦之被炸彈，廣州督署之被轟毁，滿清之膽早經破裂，然逐次之廷諭，純係牢籠漢人之詐術，並無改革政體之決心。故内而各部長官，外而各省督撫，滿漢比較，滿人之掌握政權者幾何人，兵權、財權爲立國之命脈，非毫無智識之奴隸，即乳臭未乾之親貴，四萬萬之漢人之財産生命皆斷送於少數滿人之手，是而可忍，孰不可忍。即如執事，豈非我漢族中之最有聲望最有能力之人乎，一削兵權於北洋，再奪政柄於樞府，若非稍有忌憚漢族之心，己酉革職之後，險有性命之虞，他人或有不知，執事豈竟忘之。自鄂軍倡義，四方響應，舉朝震恐，無法支持。始出其咸同故技，以漢人殺漢人之政策。執事果爲此而出，可謂忍矣。嗣又讀奉條件，諄諄以立憲爲言，時至二十世紀，無論君主國、民主國、君民共主國，皆莫不有憲法，特其性質稍有差異，然均謂之立憲，將來各省派員會議，視其程度如何，當采擇何等政體，其結果自不外立憲二字。特證諸輿論，滿清恐難參與其間耳。鄂軍起義只匝月，而響應宣告獨立者，有滇、蜀、贛、皖、蘇、杭、粤、桂、秦、晋等省，滬上反正之兵輪及魚雷艇共有八艘，其所以光復之速而廣者，實非人力之所能爲也。我軍進攻，竊料滿清實無抵抗之能力，其稍能抵拒者，惟有執事。然則執事一身，繫漢族及中國之存亡，不綦重哉。執事之於滿清，其感情之爲何如，執事當自知之，不必局外人爲之代謀。同志人等，皆能自樹勳業，不願再受滿人羈絆，勿勞錦注。至擬鷸蚌一層，讀各國報紙，自知鄂軍舉義價值，比擬似覺不倫，頃由某處得無綫電，知北京正危，有愛新氏去國逃走之説，果如是，則法人資格喪失。雖欲贈送友邦而已無其權矣，執事又何疑焉。比聞清廷有召還執事之説，竊爲執事分二策以研究之：（一）清廷之召執事回京也，恐係疑執事心懷不臣，藉此以釋兵權，則宜援在外君命有所不受之例以拒之。（二）清廷果危急而召執事乎？庚子之役，各國聯軍入都，始召合肥入定大亂，合肥留滬不前，沈幾觀變。前事可師，所惜者合肥牽於舊義，僅得以文忠結局，了此一生歷史，在今日豈能終無餘憾？昔孟子數言保民，元洪本一武夫，罔識大義，惟常奉教於孟軻，其心得除保民外無第二思想，況執事歷世太深，觀望過久，不能自決。須知當仁不讓，見義勇爲，無待游移。孟子云，雖有智慧，不如乘勢，雖有鎡基，不如待時。全國同胞仰望執事者久矣，請勿再遲疑三思，有失本來面目，則元洪等所忠告於執事者也。餘詳蔡、劉兩君口述等語，除函復外，特聞。

一七、九月二十一日　黄興在漢陽籌攻守　山東獨立旋即取消

二十一日，接得偵探陳愛濤報稱，滿軍有騎兵數百騎，步兵約三千人，欲於毛陳渡架橋佔領蔡甸之金牛山，爲進攻漢陽之計，又於漢口橋口鐵路南端及歆生路附近，均築設砲壘，且滿軍由北運來野砲甚多，陸續增加戰綫。

同日接九江來電，海軍俱已反正，擬不日來漢協攻滿軍，同日又接得各偵探報告之敵情如左。

一、滿軍在南岸嘴及高公橋對岸均設有擊關槍數尊，又鐵廠對岸有敵砲兵陣地。

二、漢口水電公司至橋口一帶均有滿軍步兵駐紮，戴家山有滿軍步兵約一營，又姑嫂樹附近有滿軍騎兵約一營。

三、聞滿軍現由國外購來野戰砲十二門。

四、滿軍步兵約千餘人由新溝南下，於本日午後一時其隊頭已抵油榨坊附近。

是日黄總司令因步第一協防禦不密，令赴武昌换第六協到漢陽接防。

黄總司令接得以上報告，即召集各部隊長官開軍事會議，規定各部隊防禦地區並繪略圖，乃發下如左之命令：

民軍總司令官命令

（九月二十一日午後四時於漢陽昭忠祠）

一、綜合各種情報，滿軍主力仍在漢口至孝感附近一帶。另有一部似由新溝方面南下，又接九江來電，海軍俱已反正，擬不日來

鄂協攻滿軍。

二、本軍擬仍在南岸嘴至三眼橋附近一帶防禦。

三、步隊第四協統領張廷輔，率該協仍在原陣地防禦，並須利用時間加築防禦工事。

四、步隊第五協統領熊秉坤率該協（欠第十標）右翼與步第四協聯絡，須於兵工廠至鋼藥廠之間佔領陣地。

五、步隊第四標統帶胡效騫率該標於鋼藥廠及黑山西麓佔領陣地，須與步第五協連絡。

六、湘軍第一協統領王隆中率該協及工程第一營（欠二隊）右翼與步第四標連絡，須於割絲口至琴斷口附近佔領陣地。

七、湘軍第二協統領甘興典率該協及工程第一營之兩隊，於美娘山、三眼橋至扁擔山附近佔領陣地，並與湘軍第一協連絡，但須派偵探搜索蔡甸方面之敵情。

八、砲兵團仍佔領原陣地，以能射擊漢口新停車場至東亞製粉工場一帶並三眼橋附近爲要。

九、步第六協在七里鋪同第十標在歸元寺附近爲預備隊。

十、各部給養仍派員到歸元寺領取糧秣。

十一、予在昭忠祠。

注意：各部隊須按規定防禦配備略圖構築工事。

總司令官黃興

以上命令發下後，黃興派參謀副官司到各部隊幫同指示防禦工事，然後自己赴各部隊視察防禦陣地。

連日以來，滿軍在漢口砲隊晝夜向漢陽兵工廠及歸元寺射擊，然無大損傷，惟兵工廠内仍照常興工，又滿軍每到夜深之際，用民船在襄河黑山附近一帶作渡河之勢，俱被民軍守兵擊沉水中，但兵工廠日夜興工，所製造槍支、彈藥極形充足。

又自黃興爲總司令以來，湘軍又到漢陽援助，民軍士氣爲之一振，人民喜悦，加以漢陽有襄河之險，武昌又有揚子江天塹，海軍既全爲我有，兵力漸次擴充，是防禦之力有餘。但漢口滿軍爲顧慮京漢路起見，在漢兵力不及二萬，且人民絶不幫助，又無海軍，於是袁世凱以下均爲惶惑，不但不欲進攻，似有復求講和之意。其時有日人大元，帶日本浪人多人來漢，見民軍勢力日益增大，滿軍漸至窮蹙，特到漢陽投效於黄總司令，謂漢口之滿軍兵力較民軍薄弱，中外人民又不幫助，不難擊滅云云。又擬代民軍偵探敵情及幫同計畫軍事，黄興聞之甚喜，立聘大元爲客卿，在黄興之意，是欲借湘軍之力向漢口進攻，驅逐滿軍，藉以立功，以達革命成功目的。此時日人大元前來投效，大元又係日本陸軍大佐，黄興又通日語，以爲軍事從此不依賴他人，即得便利，不覺喜出望外，適湘軍第一協協統王隆中亦非常氣盛，謂由湘至鄂，是在助戰。孰知到漢陽多日，未受命進攻，僅在防禦，心滋不悦，遂與參謀賓士禮云，黄興既非軍人，如何能充總司令。現在滿軍在漢口與我僅一河之隔，其兵力實較我少，據報對於我湘軍來鄂，自袁世凱以下均甚懼怯，理應趁此滿軍兵力未充之際，迅速進攻，望閣下（指賓士禮）報告總司令，若再不轉取攻勢，我即不願盡防禦之責，我即報告黎都督回湖南矣云云。賓士禮即將王隆中之意報告黄總司令，黄甚表同意，當請王統領來司令部，極爲稱贊，並令王妥爲準備，一俟攻擊計畫規定，即行進攻。惟湘軍第二協協統甘興典，又不以王隆中爲然，謂王先到鄂，已休養多日，我第二協尚未休息，須從容辦理，以便計畫周到，免致失敗。王隆中云，你（指甘）是巡防軍，只能守城，不能打仗。甘云，我是見過仗的，你是新軍，尚未見仗，能否打仗，不得而知，請你不必趾高氣揚，到時再見高低云云。湘軍來鄂援軍只兩協，而協統彼此即鬧意見，甚至在總司令部彼此争論，大鬧特鬧，黄興亦莫可如何。是時黄興即與李書城商量，謂湘軍第一協既欲進攻，我則利用其士氣，如能將漢口之敵驅逐，將來一切事進行必能順利云云。黄、李商量已定，即派李書城赴武昌面報黎都督，不日計畫準備進攻，黎聞黄興意決，亦無可無不可，於是李書城復回漢陽，與黄密議，並請大元計畫攻擊事宜，又派日本浪人多名往漢口偵察敵情。

是日山東濟南宣布獨立，推孫寶琦爲都督。孫寶琦以獨立請命清廷，先是山東紳商聞武昌起義後躍躍欲動，又聞清廷向德國借欵三百萬，以買軍火，以山東全省土地爲抵押品，民氣極憤激，遂於九月十五日在諮議局開會，以八事要求清廷，限三日答復，如三日不答復即宣布獨立，請清撫孫寶琦報達清廷，其所要求八事實於獨立無異，清廷未能盡允，二十日乃改組保安會，二十一日公舉孫寶琦爲臨時都督，宣告獨立。孫寶琦暗中密奏清廷，謂爲不得已，後袁世凱致電詰責，孫寶琦竟取消獨立以媚之。

是晚聞上海軍政府以徐紹楨爲聯軍總司令，將會攻南京。

又聞奉天設立保安會，以東三省清督趙爾巽爲正會長。

一八、九月二十二日　廣東光復
廣西改舉陸榮廷爲都督　煙臺光復

二十二日，接廣東來電，謂該省業已光復，公舉胡漢民爲都督。

先是九月十八日省中各善團行商在總商會集議後，即刊傳單，聯合各界，舉派代表，再赴諮議局議事，軍商工學各界到者凡千餘人，胡銘盤代表張鳴岐、祥康等八人代表滿漢八旗赴會，兩點鐘開議，衆舉主席，愛育代表黄雲軒，八旗代表余順卿，宣布莫任衡，書記羅少翺。淩子雲先宣佈開會理由，大意謂現在大局危急，各團體以諮議局爲全省言論機關，在此集議，政治革命實中外所同認，廣東全省人民極表同情。今第一次集議組織新政府，有兩問題，一爲議事機關，（甲）指定諮議局爲辦事所。（乙）舉人擔任作爲臨時辦事人，先由省城及港澳各團體舉出，至少每團五人，一面通函各府州縣趕緊舉人來省。凡被舉代表每日均須到辦事所，不得放棄，將來開辦正式選舉，即退居選民，未舉定以前，由議局議長議員擔任。衆贊成。二爲行政機關，經衆舉定張鳴岐爲隣臨時都督，龍濟光爲副都督，用正式呈文，俟接收後由都督分别諮移各省都督。其餘行政官廳及軍隊防營，暫由臨時都督主持再宣佈。是早總商會議案提出三問題：（一）新軍防營暫由臨時都督負完全管轄責任，衆贊成。（二）旗滿軍民先請旗滿代表陳述意見，主張人道主義，不分滿漢，一律看待，衆贊成。（三）土匪經衆再三討論，未經表決，下次再議。隨決定十九日八點鐘在議局大會議，宣佈呈文，表決後連同關防送呈軍政府，臨時都督開用，請即正式公布，一律懸豎獨立旗以定衆志，遂摇鈴散會。昨九善總商會以地方危迫，決議立派代表聯謁張督、龍李兩提請示，惟維持方法。本日早再集總商會，適張督先派胡君銘盤偕江君少泉

蒞會陳述意見，由胡君提出三問題：（一）軍隊防營，（二）旗滿軍民，（三）土匪請速解決後，然後進行，免陷危險。經衆再三討論，軍隊防營，於未舉定民政府都督以前仍須由張督、龍李兩提負完全彈壓責任，通知旗滿速派代表，即日與議，共保和平。土匪與革黨性質不同，俟廣東政府機關成立，速議條件，分別解散，制止懲辦，表決如下：

一、定諮議局爲全省議事總機關，所有各團均舉代表與議；

一、准期即日兩點鐘在諮議局開議，一面通知議局辦事處準備，一面請各報刊發傳單；

一、函達滿漢八旗，舉代表與議；

一、電告港澳團體；

一、目下進行方針已定，應由各界聯同保守秩序，實行維持治安，茲事體大，人民各宜存敬畏，勿涉輕妄；

六、機關部成立，議定條件，送呈張督執行。各界見有總機關部傳單，方可一律豎旗、鳴砲以維秩序，廣東七十二行總商會、九善堂暨各界團體公布。

兩廣督院示：

> 國勢日危，大局岌岌，多數人民，主張獨立，現正籌議，完全組織。官紳商民，同心協力，不日議妥，宣布在即。定期豎旗，以昭正式。凡我軍民，同心愛國，切勿暴動，共保大局。特示。

各處革命軍本約定昨日到省，居民異常驚疑，共企望獨立，真有遲一刻似一夏之勢，及見議案及張督示，全省欣然，各鋪即時開門貿易者不計其數。初時各人尚歡呼喧嚷，及憂心已息，全省肅然。自三月二十九至今，無有如此日之怡然者，蓋如釋重負也。

廣東既決定獨立，所有砲樓營盤城樓各處已一律撤去防備，原有大砲俱即日取下，並下令各警局各營隊遇有真正革黨，如非擾民，不許妄拿。其桂軍各營擬要求新政府發恩餉三月，派員送令回籍，防緑旗滿各營暫仍其舊，即此數端，三數月後已可回復和平幸福也。

各國革命後必將監獄人犯一律釋放，以示咸與維新之意，昨日粵人既決定獨立，所有南番兩縣廣府及各審判廳犯人一聞消息，紛紛要求，已即日將輕罪囚徒省釋，其重罪者現仍暫留，以待新政府之命令。

粵人既決定宣佈獨立，政界即日在各車衣店定製民國新旗三千六百面，預備今日懸挂。李水提且於昨早已飭寶和製定新旗七十面，其餘公地及各鋪户自行製造者不計其數，粵漢各車站及離省稍遠之村落，未知樹旗時日，迫不及待，昨已紛懸新旗，可見人心之趨向矣。

是日諮議局集議，雜聞頗多，兹酌録下。會議以七十二行代表爲最多，各人對於張督示文“不日宣佈”四字，反駁最力，謂恐鬆懈初議。本日十一點鐘送都督印，辯論許久，卒定十九日早八點鐘，又初集議時，有行商代表招某，痛責諮議局腐敗，謂新政府成立後應重新改選，八旗代表蔡某演説，謂舊政府於彼等本無甚裨益，此番組織共和，各人無不歡悦，張督代表胡銘盤代張督辭臨時都督頗力，陳援庵痛切駁之，卒又舉龍濟光爲臨時副都督，又因粵省政府應與湖北政府血脈相接，遂又舉定汪精衛、胡漢民、陳景華等在粵辦事，由臨時都督以禮延聘，其臨時都督印及文書公推報界製辦，文曰中華民國軍政府粵省大都督之印。丁方約四寸，昨晚漏夜刊刻備齊，十九日早送去。是日争論雖多，然無不各守秩序，誠幸事也。

時陳炯明、王和順等之革命軍亦將抵廣州，南海、順德、三水、番禺各縣之黨人亦乘機發動附郭之新軍，預備響應。而張鳴岐、李準輩平日仇殺黨人太多，至此實形危懼，適藩司陳夔麟派其戈什吴樹梅、曹福亭（皆湖北黄岡人）二人巡邏街市，二人放槍，詐稱革命軍，於是全城大譁，官民四竄。張鳴岐等即於是夜挾庫帑遁香港，諮議局乃再舉胡漢民爲都督，未到以前由蔣尊簋代之。

是日廣西又以陸榮廷爲都督。

廣西於九月十七日宣布獨立，即公舉沈秉堃爲都督，民心本極安靖，不意二十一日晚間，巡防營十四、十五兩隊忽然兵變，搶劫藩庫不成，即轉攻諮議局及電報局，機器各件全行毀壞，一時變起倉促，沈都督不知所爲，避匿無蹤。各客亦大半逃避，不得已由龍州李道標統陳元伯於二十日公舉廣西提督陸榮廷为都督。現下變兵已經擊散，地方安謐，電綫亦已修通，兹將陸都督致各省都督電録下：

各省軍政府鑒：現承桂省人民公舉榮廷爲全省都督，自慚德薄能鮮，惟顧念大局，保持治安，不得不勉肩其責。務望聯絡匡助，共興我漢族以光歷史，以後彼此應商之事甚多，望隨時以文電相告，榮廷叩養印。

是日山東煙臺商埠宣布獨立以回應武昌。

自濟南省城宣布獨立後，即有軍政府特派員來烟，聯絡海防營兵及警衛隊，誓以大義，同謀獨立，即於二十二日晚九鐘後先至海防營，董游戎首表同情，復問三區區官祖殿臣，亦表同情，遂由衆議定，遣分三隊，一襲電報局，一襲大清銀行，一襲東海關道署。出發後審判廳官員，各纏白布於臂，並懸樹白旗以示歸順民軍，至電報局及大清銀行時，不過略告大意，機器銀錢毫無損失，且留兵爲之看守，當赴道署時徐道早已遠避，巡警總局亦無人。該兵隊乃直入道署駐紮，前後三點鐘之久，不血一刃而大事已成，惟兵隊從海防營初出時，因舉號火，延燒街面小本經營之常棚二座，次日立由軍隊中照值賠洋二百元，遣人送給兩棚主，迨二十三日早，即出安民告示，並得東山海軍警衛隊均表同情，道署巡警總局及各商號一律懸挂白旗，又有舞鳳砲艦管帶王傳炯及各區官警，亦均投順，並由軍隊支出餉銀若干。又有各國領事均親至國民軍隊慰問，復由軍隊發給照會，擔任保護，並要求嚴守中立，並照會大清銀行照常貿易。延及十一點鐘，乃由商董數十人赴道署開議，並推舉臨時各職事，議定以道署爲行政部，所有行政民事等均歸衆商董擔任，以海防營爲兵隊根據地，所有兵事仍歸起義諸軍擔任，一面電告軍政府，請爲協助，並通告附近各同志同聚烟埠，協議善後之策。

是日有漢口法租界商人來總司令部報告，謂有滿軍約二百人。今早搬運劉氏機器廠之材料，在後湖堤築設砲臺。又據偵探報告，謂滿軍在漢口兵力約有二鎮，其主力在大智門附近，其第一綫在橋口及龍王廟一帶，但橋口附近設置砲兵陣地，共計有野砲十六門。

是晚又接得報告，謂滿軍擬對於漢陽取夾擊之勢，已派遣一支隊出新溝，經蔡甸渡襄河向我左側背攻擊，另以一支隊繞黄陂經陽邏，擬進攻武昌。

黄總司令接得以上報告，一面轉報黎都督，一面下命令於各部隊，仍續行前任務。

黎都督接報後，即通知薩海軍司令，須率各艦隊停泊於陽邏附近，以防滿軍渡江進攻武昌。

是日有一般同志陳報黎都督云，襄鄖尚未全行反正，而滿軍又派隊在襄河上游繞攻漢陽，如派一人前往襄鄖一帶招討，藉以擾害京漢鐵路，則漢口之敵不攻自退，黎都督即以爲然，於是派季雨霖爲襄鄖招討使，並率兵一標沿襄河向襄陽前進。

一九、九月二十三日　民清兩軍在武漢相持

二十三日，黄總司令接得日人偵探報告，並繪一略圖，將漢口滿軍兵力配備一一注明，兹將其報告列後：

一、在漢口滿軍之兵力約一鎮以上。

二、其主要砲兵陣地在水電廠、滿春茶園及劉氏堤防附近。

三、其步兵陣地在龍王廟至玉帶門一帶。

四、劉家廟及大智門均有步砲兵佔領。

是日黄總司令特將以上情形轉報黎都督，爲求我軍在揚子江上下游安全計，須組織別動隊，一則掩護上下游，一則擾害敵之後側，以牽制敵之兵力。黎都督亦以爲然，即編成游擊隊二營，一派赴黄陂方面，擾害敵之後側，一派赴京口及大軍山附近，防禦武昌上游。是日黎都督爲防禦武昌嚴密計，特發如左命令：

中華民國中央軍政府大都督命令

（九月二十三日午後四時於諮議局）

一、滿軍在漢口兵力約一鎮以上，其第一綫仍在龍王廟至玉帶門一帶，但派一支隊出新溝經蔡甸南下，另以一支隊由黄陂向陽邏進，我漢陽各部隊仍沿襄河一帶由南岸嘴至三眼橋附近防禦。

二、本軍擬防禦武昌省城。

三、步兵第二協協統何錫藩率該協防禦武昌城，但派一部附砲兵一隊騎兵一排防禦東湖門附近。

四、步兵第三協協統陳炳榮率該協仍防禦兩望至青山一帶。

五、步隊第一協及其餘各部隊仍在武昌城內待命。

六、余在諮議局。

都督黎元洪

是晚接得偵探報告，滿軍有步兵約兩營在漢川、安陸連界之蝦蟆潭，擄掠民船四百餘隻向蔡甸方面下駛。

又據由北方潛回之各將校報稱，滿軍原擬在漢口龍王廟、玉帶門一帶防禦，夜間即在該處用民船施行佯渡之法，並用砲向漢陽武昌射擊，以牽制民軍在漢陽及武昌之兵力。另派一支隊繞攻漢陽，嗣後察得湘軍來援，極爲謹慎，刻下正在準備中，能否施行攻擊不得知也。但滿軍中有種族思想者均不願戰，或潛逃，或觀變，均不乏人，惟有一般漢奸仍諂媚當道及滿人，慫恿主戰。又云民軍之砲射擊效力不大，想係山砲，其砲彈均不開花，即能命中，亦不過損傷一二人耳，又缺乏機關槍，是其短也云云。

又據入伍學生隊回鄂學生多人云，北京極形恐怖，滿清誠恐入伍學生隊在保定爲害，特囑隊長蕭展舒一律遣散。我輩抵上海時民心甚爲歡悦，船經揚子江時，沿途遍插白旗，聲勢浩大，無一人不歡迎云云。

二十四日午前九時，黄總司令集合各部隊長官在司令部開軍事會議，規定攻擊計畫，指示各隊應準備之事件如後：

一、工程第一營管帶李占魁赴東亞製粉工廠附近，偵察渡河點，準備架橋材料，架設橋梁。

二、砲隊團統帶曾繼梧派砲隊兩營準備渡河，其餘仍在原陣地援助進攻步隊。

三、步隊第四協協統張廷輔準備船隻及小火輪，即由原陣地準備渡河，向漢口市街攻擊。

四、步隊第六協協統楊載雄準備小火輪及民船，由漢陽東北岸前進，向漢口龍王廟登陸，攻擊敵人左翼。

五、湘軍第一協同第二協及步隊第五協、馬隊一隊、砲隊兩營、敢死隊一營均準備渡橋攻擊。

六、步隊第四標防禦兵工廠及鋼藥廠。

七、各兵須携帶子彈百粒、乾糧一日份，先派員至歸元寺領取。

八、戰鬥時各部隊應需糧食，由糧台司令王安瀾派員補充，應需彈藥由輜重營管帶胡恢漢補充之。

以上各件，各部隊須限於明二十五日準備齊全，以便施行攻擊。

黄總司令於攻擊計畫指示後，除湘軍第一協統領王隆中贊同外，其餘各部隊長官咸因所率皆係新兵，一旦進攻，指揮恐難如意，不能期得良好結果，似有難色。當時第二協協統甘興典云，本協兵士俱係倉卒之間招募而來者，槍之使用法尚且不知，使之攻擊，恐難收效。但由湖南至漢陽雖有十餘日時間，並未受有一日訓練，以如此新兵，形同烏合，至攻擊時能否聽其指揮，實無把握。但是總司令命令本協不敢違抗，然兵士之程度及一切實情，不能不先陳明，俾免貽誤戎機云云。黄興云，我軍兵力較滿軍爲優，加以湘軍第一協皆經訓練，而爲有節制之師，爾第二協至攻擊時不過援助他隊而已，不必過慮。况在漢口之滿軍若不即時驅逐，何能達到革命之目的乎。王隆中云，總司令既規定攻擊，我軍惟有遵命而已，大家好爲準備，爲軍人者不可臨敵畏死。甘興典又云，既是軍人，誰敢畏死，不過所慮者新軍不能受指揮耳，假使爾協兵士未經訓練，爾一人又有何能力。二人相争，幾至用武，經黄興勸解，務要顧全大局，該二人方始回隊。各部隊長官散會後，吴兆麟見此情形，誠恐進攻時遭失敗，乃謂黄興曰，滿軍與我軍相持於襄河兩岸已旬餘日矣，彼此進攻，皆有困難，我欲達革命目的，非首先擊攘漢口之敵不可，但是我軍經漢口挫折後，元氣尚未恢復。兵力亦未整頓完好，此時各部隊其所以能在漢陽堅持防禦者，一則恃有襄河之險，足以壯兵士之膽，二則因海軍及各省相繼響應，擬派兵來援，以振士氣，三則有湘軍來到以振軍威，所以滿軍不敢輕向我攻擊。因有以上三件，我軍即可利用時機整頓，一面通電各省響應，如能不戰而屈人之兵，是上策也。爲今之計，我軍仍利用襄河嚴爲防禦，以老其師，想滿軍即向我攻擊，亦不過徒盡犧牲而已，倘能持久，則我利而彼害。若我向彼進攻，勝則固然有利，萬一不勝，其患不堪設想。且我軍兵力雖大，而新兵占十之八九，指揮上殊多困難，今日開會觀察，各部隊長官均有難色，似有苦説不出口之意。至於湘軍第一協固係訓練之師，並未經過戰事，而驕氣極盛，日前目兵擊斃隊官，足見無服從之心，況驕兵頗犯兵家之忌，不可不慎也。又我軍火器遠不如滿軍，前在漢口挫敗，火器爲一大原因。麟意我軍專事防禦，亦非善策，何則？滿軍現在正偵察我之虚實，我不攻彼，彼必來攻我，此必然之勢也。我軍宜乘此時機，挑選敢死部隊一標或一營渡河夜襲，其餘各部隊準備渡河，如夜襲有效，我之准備各部隊旋即渡河，一齊進攻，則敵不難驅逐矣。萬一夜襲部隊無效，則繞道退却，是敵已被我擾害，必刻刻以備我，而我亦不傷元氣也，否則我以全軍進攻，設有不測，則一敗塗地，敵必乘我之虚而施行追擊，欲求挽救難矣哉。再進而言之，漢陽乃武昌之保障，漢陽不保，則武昌受大别山之瞰制，亦不能保。武昌一失，則滿軍之氣振，而各省必多觀望，不我援矣，倘不幸而至功敗垂成，則總司令之失計，豈不爲天下笑乎？以上所言，不過麟一人意見，未識總司令以爲何如？

黄興云，兵貴神速，我已準備進攻，望不要議論，徒亂人之心志可耳。吴兆麟云，當今戰事，必須判斷敵我之情形，審度彼此之優劣，多算則勝，不宜以人議論爲非，總以詳細研究爲是。黄興云，我總司令官也，決心在我。無論何人，不得干涉。吴兆麟見黄興性急貪功，遂不復言，旋吴兆麟將以上情形面報黎都督，謂漢陽關係武昌存亡，不可不慎。黎云，據黄興派李書城來言，現在攻擊計畫已定，頗有把握，我亦不便阻止云云。吴兆麟因黎言如此，亦不便再説，於是仍返漢陽司令部，其時有日人數名與黄興秘商，謂漢口滿軍之配備是如何不好，中外人民是如何反對，民軍兵力是如何充足，如行攻擊，必能收良好結果云云。黄興深以爲然，於是黄興、李書城及日人某某據圖研究計畫，準備攻擊矣。

二十五日，江蘇、浙江、上海各處來電請組織臨時政府，並設臨時國會於上海以利進行，同日又接福州來電，謂福建業已光復，已舉孫道仁爲都督。

是日安慶兵變，朱家寶逃。

連日以來，漢陽、武昌防禦極形穩固，袁世凱又派人來武昌搆和，人心頗爲安定，加以響應省份無日不有消息傳播，人人雀躍，招賢館之人日多，各機關來投效者亦不少。派别復雜，各懷猜忌，因猜忌而生排擠，於是革命黨人個個争雄，各自擴充勢力（即軍務部孫武、蔣翊武、張振武三人，如委一軍官，三人都要委派，平均勢力），兼之是日各省來電請組織臨時政府，悉表贊同，以爲政府成立，可謀捷足先登之大權，惟有一般狡猾之徒在旁觀察各方勢力之大小，到處逢迎，一旦與革命黨接近，即施其挑撥手段，而革命黨不察，以爲逢迎我者皆心腹也，既不追念從前患難與共之苦，又不計建設而立求賢才之謀，驕縱自傲，盛氣逼人，辦事不問人之賢不肖，惟多是務，不數之日之間，非但甲與乙争，彼此傾軋已也，即一個團體之下，亦生傾軋相争之怪相。不獨此也，如從前帶有色彩之民主黨及官僚派之能作事者，不來逢迎我，則排斥之，不能作事者，來逢迎我，則袒護之，以致謡言繁興，互相暗鬥，視黎都督如傀儡，跋扈自恣，各自爲政，任意添募軍隊，擅立名目，曰援助隊，曰先鋒隊，曰奮勇隊，以致軍名凡十餘種，月餉須二百萬。此大不幸事也。

是日黄興同李書城、日人等往大别山及各防禦區域視察情形，一面問各部隊準備完好否。

是日午後八時，黄總司令召集各部隊會議並將各省響應情形通傳各隊，但各部隊已當面報告，將攻擊之事皆準備完好矣，於是黄總司令開會規定如左事項。

一、通知武昌鳳凰山砲隊，當我軍施行攻擊之際，即向漢口射擊，以援助我軍。

二、通知海軍，於我軍攻擊時即向漢口滿軍射擊。

三、設信號於武昌黄鶴樓、鳳凰山及漢陽大别山等處，以資連絡而期迅速。

四、派吴兆麟、王安瀾專辦攻擊部隊補充彈藥糧秣及收集情報等事。

五、各部隊即按照如左命令施行。

民軍戰時總司令官命令

（九月二十五日午後九時三十分於漢陽總司令部）

一、滿軍在漢口龍王廟至玉帶門一帶佔領陣地，其砲兵陣地在劉氏堤防水電廠及滿春菜園附近。

我游擊隊已向黄陂方面進發，擾滿軍之側背。

二、本軍擬於明二十六日渡襄河前進，出其左岸攻擊漢口滿軍。

三、工程第一營明日午後三時用鐵舶及民船將湘軍步隊第一標（欠一營）輸送於東亞製粉工廠，同時架設軍橋。

四、左之諸隊掩護架橋。

湘軍第一協［欠第一標（欠一營）］明日午後三時佔領趙家湖西北附近。

步隊第五協（欠第十標）明日午後三時占領琴斷口東端附近。

砲隊第一標（欠一營）明日午後三時於黄家灣大吴灣附近布置放列，以能射擊博學書院及東亞製粉工場北方之無名獨立家屋方向爲要。

五、步隊第四協明日由原地準備渡河，俟我左翼部隊出襄河左岸施行攻擊時即開始動作，向漢口中國街市攻擊。

六、步隊第六協明日準備由漢陽東北岸航進，與步隊第四協協同動作至龍王廟登岸，向漢口滿軍左翼攻擊。

七、砲隊團［欠第一標（欠一營）］仍佔領原陣地，須限於明日午後三時三十分向漢口龍王廟至玉帶門一帶及劉氏堤防附近開始射擊，援助我攻擊部隊。

八、步隊第四標明日防禦兵工廠及鋼藥廠，於明日午後三時向襄河對岸開始射擊，援助我部隊進攻。

九、其餘諸隊須限於明日午後三時在花園附近集合待命。

十、予明日午後三時在花園。

總司令官黄興

二〇、九月二十六日　清廷命袁世凱組閣

二十六日，上海都督陳其美來電，請以伍廷芳爲外交總長。

是日午前七時，黃總司令派騎兵隊長王作賓率騎兵一排搜索敵情，又派朱樹烈率便衣軍士數人並間諜數人赴漢口，由租界登岸搜索漢口之敵情，又派敢死隊長方興率兵一隊，各帶手槍潛至漢口日租界登岸，於本晚到車場附近擾害漢口滿軍。

是日午後二時，接得各偵探間諜報告，漢口滿軍在劉氏堤防及水塔附近之砲隊均已布置放列，時向漢陽兵工廠、大别山及黑山等處射擊，其步隊仍在龍王廟至玉帶門一帶占領，尚未見有若何動作，至於大智門、劉家廟及各主要地點均有滿軍占領，劉家廟以南至日租界止，沿江岸滿軍設有砲位，又劉家廟、大智門兩處車站滿軍設有糧台，司令部亦在該兩處。

是日午後三時，黃總司令率總司令部人員赴花園，同時工程營正在架設橋梁，掩護隊均已佔領陣地，其餘各隊均在花園集合。

午後四時，我砲隊及兵工廠附近一帶之步兵並武昌鳳凰山砲隊俱開始射擊，漢口滿軍砲隊亦向我砲隊還擊。

午後五時，我軍架設橋梁業已完竣，黃總司令即於漢陽花園發下命令如左：

民軍戰時總司令官命令

（二十六日午後五時二十分於花園發）

一、滿軍仍佔領漢口龍王廟、玉帶門及劉家廟、大智門、劉氏堤防並水塔附近。

二、本軍擬於本晚向玉帶門一帶攻擊，先展開兵力於博學書院

附近堤防一帶之綫。

三、湘軍第一協統領王隆中率該協爲右翼進攻隊，即時由軍橋渡河前進，展開於博學書院北端至襄河左岸之間，須與湘軍第二協連絡。

四、湘軍第二協統領甘興典率該協爲中央進攻隊，俟湘軍第一協渡河畢，即由軍橋渡河前進，與右翼進攻隊連絡，展開於博學書院以北堤防之綫。

五、步隊第五協統領熊秉坤率該協（欠第十標）爲左翼進攻隊，俟湘軍第二協渡河畢，即陸續渡河前進，右翼與中央進攻隊連絡，向北展開。

六、砲隊第一標統帶尚安邦率該標（欠一營）及工程一隊即時準備渡河，須於博學書院西南端附近布置放列，以能射擊玉帶門一帶爲要。

七、工程第一營管帶李占魁率該營（欠一隊）保護橋梁。

八、步隊第十標及其餘各隊爲預備隊，赴博學書院西端家屋附近集合待命。

九、予午後六時以後在博學書院。

總司令官黃興

以上各部隊接得命令後，一面偵察地形，一面按命令順序渡河前進，至指定地點展開，至午後十時，各部隊陸續前進，始達預定展開地點。是時天氣黑暗，方向不明，彼此詢問，極形喧譁。滿軍已偵知我軍渡河，嚴行防禦，惟我軍新兵過多，不知夜戰原則，非但不能静肅，且内部殊多紊亂，幸滿軍尚未派隊襲擊，我軍始從容佔領陣地。

當我軍渡河之際，我大别山及武昌鳳凰山砲隊已向漢口猛烈射擊，我兵工廠至黑山一帶之步兵亦向對岸滿軍猛烈射擊。

少頃，我進攻部隊均已沿堤防展開，均向玉帶門一帶射擊，滿軍是晚聞我軍渡河，步砲射擊熾盛，已覺我軍進攻，極爲鎮静，專依託掩堡防禦。滿軍步砲隊亦向我之槍砲聲處還擊。

午後十一時，我步兵第四協由南岸嘴至高公橋一帶向對岸施行猛烈射擊，業將滿軍火力壓倒，即派教練官馬得勝及第七標第一營管帶李國棟率該營由南岸嘴渡河，我軍行將登岸，滿軍用機關槍射擊。我軍死傷百數十人，仍退回南岸嘴。

是時滿軍見我軍步砲射擊猛烈，各方面已實行進攻，滿軍甚爲恐慌，業將火車準備齊全，萬一不利即向北退却。

黄總司令是時已達漢口，見滿軍守於防禦地位，不敢越雷池一步。我軍進攻部隊悉數達至彼岸，逐次向玉帶門方面前進，心中極爲喜悦，特令各部隊聯絡前進，向敵射擊。俄頃敵我兩軍漸次接近，火力極猛，我軍各部隊死傷雖衆，仍勇往直前。

午後約十二時，黄興派人到十里鋪，用電話通知步兵第四協同第六協迅速渡河，向滿軍左翼攻擊，又通知吴兆麟、王安瀾、胡恢漢等對於各部隊之糧秣彈藥，務要陸續接濟，不得貽誤，否則即以軍法云云。但黄興此時異常嚴厲，不知是何用意。查是時各部隊糧秣彈藥均甚充足，惟後方之補充均由吴兆麟、王安瀾等按戰鬥員需要一一計算，陸續加倍轉運前方，由王安瀾、胡恢漢親爲督運戰綫，頗有餘裕。

是晚敵我兩軍相持於玉帶門一帶，射擊猛烈，無一刻間斷。

是晚聞吉林設立保安會，以吉林巡撫陳昭常爲會長。

又聞清廷以袁世凱爲國務總理，即日入閣辦事，袁世凱面奏組織内閣，推舉國務大臣。

任梁敦彦爲外務大臣，趙秉鈞爲民政大臣，嚴修爲度支大臣，唐景崇爲學務大臣，王士珍爲陸軍大臣，薩鎮冰爲海軍大臣，沈家本爲司法大臣，張謇爲農工商大臣，楊士琦爲郵傳大臣，達壽爲理藩大臣。

梁敦彦、嚴修、王士珍、薩鎮冰、張謇未到以前，外務大臣着胡惟德暫行署理，度支大臣着紹英暫行署理，陸軍大臣着壽勳暫行署理，海軍大臣着譚學衡暫行署理，農工商大臣着熙彦暫行署理。

又，袁世凱面奏請簡各部次官，胡惟德着補授外務副大臣，烏珍着補授民政副大臣，陳錦濤着補授度支副大臣，楊度着補授學務副大臣，田文烈着補授陸軍副大臣，譚學衡着補授海軍副大臣，梁啓超着補授司法副大臣，梁如浩着補授郵傳副大臣，榮勳着補授理藩副大臣，胡惟德、熙彦現署國務大臣。

外務副大臣著曹汝霖暫行署理，農工商副大臣着祝瀛元暫行署理。梁啓超、梁如浩未到任以前，司法副大臣着定成暫行署理，郵傳副大臣着梁士詒暫行署理。但袁世凱跪奏清廷，所簡各員除向在清廷任職者外，均辭不就職。

二十七日午前三時，玉帶門附近之滿軍向東北退却，我軍前進佔領玉帶門一帶，黄興復派員用電話通知各部隊，謂漢口玉帶門之敵業已被我軍擊退，望步隊第四協同第六協必須奮勇渡河協攻，以收夾擊之效。但第四協統領張廷輔派第七標統帶胡廷佐率該標由南岸嘴至高公橋附近渡河數次，皆被滿軍用機關槍擊回，死傷亦重。步隊第六協楊載雄見第四協渡河不能登岸，亦不敢徒供犧牲，遂將危險情形與張廷輔報告黄總司令矣。

是日午前九時，我湘軍一、二兩協第一綫已進攻占領居仁門之綫，我第五協之第九標並敢死隊兩隊已占領王家墩之綫，此時兩軍相距約千餘密達（一密達合華尺三尺一寸五分），滿軍用排砲向我軍射擊，我軍雖死傷甚多，猶沉着射擊，滿軍步兵火力漸衰。至正午，滿軍漸次向北退却，我軍尚未前進，仍在原陣地射擊。

是日午後二時，我軍因戰鬥一晝夜極爲疲勞，黄總司令特令各部隊食飯，各新兵不知戰鬥利害，一聞食飯，群往後争食。湘軍第一協見他部隊動摇，忽向後退，滿軍斯時察知我軍後退，隊伍紊亂，即前進用機關槍猛擊，我軍即時慌亂，紛紛後退。黄總司令命令停止，皆不聽命，一時極爲紊亂，滿軍乘機前進向我軍追擊，於是我各部隊因以瓦解，勢如山崩，滿軍節節追擊，復佔領玉帶門一帶，向我軍行射擊追擊，我軍死傷頗重，旋渡橋回漢陽。時極擁擠，已將橋梁擠壞，當時躍水渡河因而溺斃者有五百餘名。在漢砲隊兩營全失，軍械子彈損失無算，共計傷亡約千人，元氣大傷，軍心不固，甚形危險。黄總司令垂頭喪氣，幾不欲生，田桐等在旁勸解，謂勝敗乃兵家之常事，另行整頓，再圖恢復可也。於是黄興請吴兆麟速急計畫布置防禦，吴兆麟即令工程營先將橋梁折毁，一面代黄總司令下命令，仍固守漢陽。茲將是晚發下命令如左：

民軍總司令官命令

（二十七日午後七時三十分於昭忠祠總司令部）

一、滿軍仍佔領漢口龍王廟至玉帶門一帶。

二、本軍今夜擬仍防禦漢陽，以戰鬥隊形準備徹夜。

三、步兵第四協仍佔領南岸嘴至兵工廠東端附近。

四、步兵第四標防禦兵工廠。

五、步兵第五協在兵工廠與銅藥廠之間佔領陣地。

六、步兵第六協佔領梅子山及割絲口一帶。

七、湘軍第一協在割絲口至琴斷口之間佔領陣地。

八、湘軍第二協在美娘山、三眼橋、扁擔山附近佔領。

九、砲隊團仍佔領原陣地。

十、工程第一營將橋梁撤收後，在十里鋪集合。

十一、各部隊給養用歸元寺糧秣。

十二、予在昭忠祠。

總司令官黄興

是日各部隊在漢口與滿軍戰鬥，始極奮勇，已將玉帶門一帶之滿軍擊退，向北退却時，滿軍總司令馮國璋以下均甚惶恐，準備車輛以備逃竄，倘民軍於斯時處置得當，忍耐須臾，則漢口恢復指顧間耳。詎料黄興不明當時軍隊内之性質，以爲滿軍既退，不足爲慮，迨我軍佔領玉帶門時，見兵士疲勞過甚，即令後方送飯，令兵士中餐，此戰綫上最危險事也，加以新兵太多，疲餓之餘，一聞食飯，群相争食，以數協之衆，戰綫過寬，一部動摇，則他部自然牽動，以致頃刻瓦解，自由退却，可惜亦復可危。幸滿軍敗退之後不敢輕動，所以各部隊仍得以退回漢陽防禦，若漢陽無襄河之險，則兵士亦無膽防禦矣。

是晚黄興即派李書城赴武昌報告黎都督，黎恐漢陽有失，又慮黄興灰心，不願負責。當派蔣翊武到漢陽慰勉黄興，謂漢陽有襄河之險，且係武昌保障，仍要固守，此時之敗不足慮也。一俟各省援軍齊到，再圖恢復可耳云云。

是晚午後八時，各部隊已按命令佔領陣地，以戰鬥隊形徹夜。但由南岸嘴至黑山沿襄河一帶兩軍槍聲不息，黄興請吴兆麟帶參謀副官十餘人分途往各部隊察視戰綫，並安慰各軍隊。

是晚午後十二時，總司令部收集各部隊戰後報告，知此次戰鬥軍官死傷共五十七員，兵士死傷共七百九十二名，失去山砲十八尊，步槍六百餘支，子彈約二千三百餘箱（每箱一千粒）。

少頃，接得敢死隊長方興報告云，該隊於昨晚九時到漢口，由日人指導前進，經華景街附近向大智門襲擊時被敵機關槍猛烈射擊，我隊死傷二十餘人，該指導日人亦同時陣亡，其餘兵士現已退回漢陽矣。

是晚聞黑龍江設立保安會，以黑撫周樹模爲會長。

二十八日，桂林都督來電，請推鄂軍政府爲臨時中央政府，以伍廷芳爲外交總長，駐滬辦理一切交涉。

是日接偵探報告，謂滿軍司令官馮國璋，其司令部仍在大智門車站，馮國璋駐該處第一賓館。本日聞其派人在漢口美最時洋行購琵琶桶七百個，又在祥太洋行購松木數百株，以爲架橋材料之用。

是日黄興請吴兆麟視察漢陽防綫，凡關於最緊要之處即派工兵搆築防禦工事，以防滿軍攻擊。

是日漢口滿軍砲隊向漢陽兵工廠、黑山、大别山射擊，我大别山砲隊亦向漢口滿軍還射，砲聲不息。

是日午後三時又接偵探報告。滿軍由枯桐樹至汉口向三眼橋附近之湖水内搬運架橋材料，似欲架設浮橋。

司令處
九月十九日
封

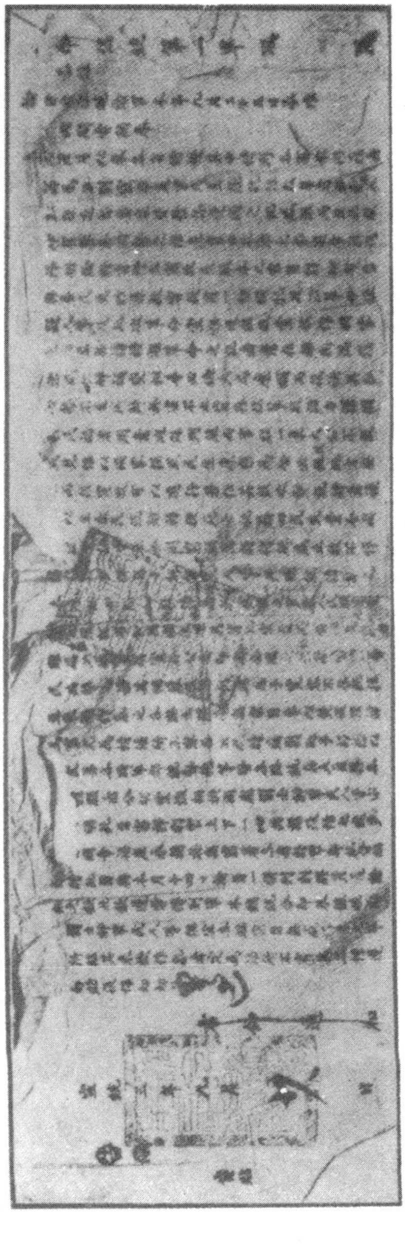

右照即馮國璋擁戴異族貪圖富貴抗順民國之文告

是日黃興即傳知各部隊速爲整頓，並須將缺額設法補充。

同日午後四時，黃總司令發給各部隊命令，仍佔領原陣地，以戰鬥隊形準備徹夜。

是晚接得漢口商紳宋偉臣報稱，滿軍於昨日視民軍進攻極爲勇敢，惶恐異常，業已預備火車施行退却，忽見民軍自亂，向漢陽退，滿軍亦不敢前進追擊，誠恐民軍行誘敵之法，後見民軍渡橋擁擠並浮水而過，仍莫明其妙，於是逐漸前進，復佔領玉帶門，刻據滿軍所言，前多日對於漢陽不取攻勢者。一則因湘軍來援，增加兩協之衆，且因湘軍從前在國内頗有威名，故不敢攻擊，二則因黃興係革命首領，又係湖南人，海内馳名，加以各省陸續響應，若攻擊失敗，則危險曷堪言狀，故亦不敢攻擊。現在湘軍一退，滿軍之士氣又振，預備挑選敢死隊向漢陽進攻，望民軍好爲防備云云。

二十九日接各方面間諜報告，謂滿軍派兵由京漢路南下增援，自黃河以南約有兵力三鎮之譜。

同日接上海來電，謂江蘇聯軍總司令徐紹楨率第九鎮進攻南京失利。

是日午後三時又接報告，謂滿軍有步兵約千餘人，騎兵一隊，砲兵一營，已占領油榨坊附近，並在新溝架設橋梁。

是日湯薌銘、杜錫珪率海軍兵艦三隻開至青山附近，黎都督命向劉家廟之滿軍射擊，滿軍在劉家廟之砲隊即向海軍還擊，彼此交射約三十分鐘，滿軍砲隊旋沉默無聲。我艦隊戰至日没，即奉黎都督命令開赴陽邏附近停泊，掩護武昌下游。

同日又接報告，謂滿軍約千餘人集合民船百餘隻，占領新溝，以一部經蔡甸占據城頭山，其本隊隊頭抵馬家湖，漸向我漢陽左側背繞進，似有圖攻漢陽之舉。

是日午後五時，黃總司令發下各部隊命令，仍續行前任務，但命湘軍第二協派一部赴蔡甸方面偵察敵情，並妨害滿軍渡河。又命工程第一營在三眼橋仙女山附近設置附防禦，以堅固我軍陣地，是夜仍命各部隊以戰鬥隊形準備徹夜。

是晚，黄總司令將海軍兵艦在青山攻擊漢口劉家廟滿軍之情形通知各部隊，又請黎都督派兵到漢陽增援，黎都督即派第七協統領鄧玉麟到漢陽援助，第七協即先派標統黄申薌率該標開赴漢陽。

三十日，蘇州都督程德全來電，請公推孫中山組織臨時中央政府。

同日午前八時接得報告，謂諸兵混合之滿軍約二千餘人自孝感南下，由新溝渡河至蔡甸，設司令部於該處樂善堂，並在城頭山搆築砲壘，另以民船載機關槍四桿在該處登陸。又以一部佔領沱落口，與下游漢口之滿軍相連絡。而漢口之滿軍已備就番布舟數十隻，似準備架橋，又劉家廟江岸布置野砲十數尊，似防我海軍攻擊。

黄興接得以上報告，判斷滿軍似已準備向漢陽進攻。是時一般日本浪人均已束手無策，黄興亦不似前此之高興，雖計畫防禦之法，而各部隊新敗之餘，士氣沮喪，能否盡力抵禦未可逆料，惟有請李書城、吴兆麟等視察防綫，鼓勵軍心以盡人事耳。

是晚黄興召集各部隊長官到總司令部會議，討論對付滿軍策略。黄興云，現在各省響應，民心歸向，全國已十之七八爲我有，僅京漢鐵路滿軍與我爲敵。我若將漢陽、武昌嚴密防禦，使滿軍不能得志，再經幾日則滿軍必漸窮蹙，望大家各督率所部，好爲防禦，如各位有好辦法，請發表意見以便討論云云。其時吴兆麟云，漢陽、武昌有襄河、揚子江之險，是一天然好防禦陣地，如各部隊防禦不懈怠，滿軍無論從何方進攻皆難收效，徒盡犧牲而已。查現在漢口滿軍，兵力不及兩鎮，尤須顧慮後方，是其力量有限。我若持久多日，則響應各省陸續派兵來援，而漢口滿軍不難撲滅，望各部隊盡力固守各佔領陣地爲要。夫戰争之道，不在計巧，而在齊心，如各部隊長官協力督率，一致忍耐死守，未有不優勝者也。更有一法，現在揚子江惟我有海軍，我軍在漢陽者取守勢，在武昌者連合海軍向漢口取攻勢，使滿軍腹背受敵，分兵備我，且對我時立於防禦地位，而未能分兵攻擊漢陽，則漢陽之危解矣，未審總司令及各部隊長官以爲何如。黄興與大衆均以爲然，於是吴兆麟即商量黄興，派參謀姚金鏞、賓士禮准於明晨出發，偵探武昌漢口情形，繪具略圖，以便計畫向漢口進攻，並將是晚開會討論之事報告黎都督指示施行。

是晚接雲南蔡都督來電：

兩咸及筱讀悉，效日通電計達，盼示。海外郵電已可由越南接通，惟廣州尚阻，昨聞法領言，廣州復挂龍旗，未知究竟，俟探實再聞。現擬電告張堅白、沈幼嵐、龍稚丞，愷切勸導。現上海已復，製造局想歸我有，請電滬加工趕造，漢陽戰情請隨時賜示。敵帥北歸，軍心必渙，似宜乘機招撫，俾歸我用。滇居邊遠，分兵助戰，緩不濟急，至深愧憤，惟有以蜀事自任。現正準備入川，川定東下，會師長江，共圖北進。師期既定，即當電告。

又接九江馬都督來電：

敝處事多人少，請飭許君匯東速回，鍾君子瑜，頃已到潯，即日隨贛軍來鄂，遇有詢問南昌事件，請與鍾君接洽。前蒙電允撥銀二十萬兩以資接濟，諒已撥定。現在需餉孔亟，擬請尊處撥欵飭交許君匯東帶回，無任企盼，敬乞電復。

十月初一日午前七時，接湘軍第二協報告，謂滿軍兵力約一混成協已由蔡甸渡河，向漢陽攻入。當渡河時，我軍派往蔡甸方面部隊努力防止之，惟敵人砲隊威力甚大，弗克抵禦，是以退回三眼橋附近防禦。

黄興接報告後，仍令十里鋪至三眼橋之部隊嚴行防禦。

連日以來，黄興極爲憤怒，如有形迹可疑之人或被控告，或拿獲敵方土人，俱以奸細目之，繩以軍法。

是日參謀賓士禮、姚金鏞將漢口敵情及地形偵察畢，即繪以略圖，報告黎都督與黄總司令，黎都督閱畢，即發下如左之命令：

中華民國軍政府湖北都督命令

（十月初一日午後八時於都督府）

一、滿軍之主力仍在漢口劉家廟至玉帶門一帶，另有一部由新溝經蔡甸向漢陽北進。

我漢陽各部隊在南岸嘴琴斷口至三眼橋附近防禦。

我游擊隊在黄陂方面騷擾滿軍之側背。

二、我軍擬陸海軍並進，由青山附近渡江，先佔領漢口諶家磯，然後向劉家廟滿軍施行攻擊。

三、步兵第三協統領成炳榮率該協及工兵一隊於明日由青山附近渡江，由諶家磯登陸，向劉家廟進攻。

四、海軍司令官湯薌銘率陽邏各艦隊於明日會同步兵第三協統領成炳榮掩護該協渡江，協同攻擊劉家廟之滿軍。

五、鳳凰山及青山要塞砲隊於明日步兵第三協與海軍進攻時，即向劉家廟附近射擊，援助我軍進攻。

六、予在武昌諮議局。

都督黎元洪

黎都督發下命令後，又派參謀楊璽章、姚金鏞、賓士禮幫同成炳榮計畫，又派參謀徐達明、王文錦、吴兆鯉幫同海軍計畫，惟成炳榮極爲昏庸，終日飲酒，一旦受命，手忙脚亂，恐怖萬分。楊璽章等見成如此糊塗，即代爲計畫，並與該協之兩標統帶劉廷璧、胡廷翼會商，準備船隻火輪，由海軍掩護在青山下游渡江。該協統成炳榮聞之即投江，當被船夫救起，官兵等見協統投江，極爲喧譁，惟成炳榮似有神經病者，誠可笑也。

楊璽章等回報黎都督，即將成炳榮撤差，遺缺以劉廷璧升補，仍繼續前任務。

是日午後二時，由蔡甸北進之滿軍已達三眼橋南方約三千密達之地，黄興命管帶祁國鈞赴三眼橋增援，與湘軍第二協協同防禦，彼此砲火交擊，未曾稍息。是日天氣黑暗，該處地形狹隘，我軍防禦嚴密，滿軍亦難前進。至晚兩軍在三眼橋附近以戰鬥隊形徹夜。

是晚覆雲南蔡都督電：

哿電悉。貴都督以川事自任，碩畫極佩。川事定，湘鄂可免西顧之憂矣。敵帥北歸，敵軍仍與我相持於漢口，前後大小數十戰，勝負未分。現長江兵艦均爲我有，擬候湘贛皖各省兵到，水陸會合，再斟酌情形辦理。此時招撫恐不易言也。謹復。

又覆雲南蔡都督電：

個電悉。敝軍政府成立之初，諸事草創，權設軍令、參謀、軍務、内務、理財、外交、交通、司法、編制九部，軍官仍依鎮協標營之法，現擬改定組織，都督之下設政務省、軍謀府、參議府、政務省，設政務長，統一軍務、財務、外務、内務、交教、虞衡、交通、司法各部。地方官制，存縣去各府道，惟首都訂縣爲府，尚未開會定議，各省官制與中央官制相關，聯現各省擬共同組織臨時政府，其劃一辦法，似當俟各全權委員會議定奪，較有效力。此覆。

二一、十月初二日　蘇滬聯軍開始合攻南京　重慶光復

初二日上海來電，謂蘇滬聯軍向南京進發，合攻南京。

又接重慶來電，宣布獨立，響應武昌。

先是九月下旬，端午橋部下排官夏之實自永川退歸重慶，該處學界朱叔癡、楊滄白、朱必謙、江岳生數人開秘密會歡迎，决議獨立，遂於本月初二日邀請川東道朱某、知府鈕某及知縣等到會，勒令交印。道府知難抗拒，遂皆交印出城。公舉中學校監學張烈五君爲正都督，夏之實君爲副都督，朱楊江等君爲各部長官，梅亦愚君爲行政長官，又派學生數人分道帶兵往各縣逐官收地，涪州官印爲冉光泰所得，豐都官印爲郎爾宜所得，故川東一帶不數日間均皆光復矣。

是日午前七時，滿軍在漢陽三眼橋附近與我軍戰鬥甚烈，滿軍在漢口砲隊向仙女山、鍋底山附近行猛烈射擊，援助其在漢陽進攻部隊。我湘軍第二協在仙女山、鍋底山守兵，死傷極重，俱退至山麓。

是日兩軍戰至正午，滿軍正面與我三眼橋之部隊相持，另以一部携帶機關槍多桿由彭家嘴兩端徒涉，潛佔美娘山，向我三眼橋之守兵側擊，管帶祁國鈞受傷，其餘官兵亦受傷甚重。我三眼橋之隊伍及湘軍第二協即退佔鍋底山與花園之綫，是時黄興接得以上情報，即命步隊第四協抽派一標趕赴花園增援，進攻美娘山。午後三時，步隊第七標統帶胡廷佐率該標已由南岸嘴出發，午後五時半行抵花園，向美娘山滿軍攻擊。黄興斯時見漢陽緊急，即電請黎都督派兵增援。黎都督即派步隊第十四標及步隊第三標到漢陽激戰，少頃，黄興即偕同吴兆麟、賓士禮、曾昭文等赴十里鋪花園等處察看敵情。

午後六時，滿軍漸向美娘山增加，携帶機關槍極多，火力頗形猛烈，我軍傷亡亦重。惟仙女山與美娘山距離較近，我湘軍第二協復由仙女山退佔鍋底山、扁擔山附近，滿軍已進據仙女山矣。

是日兩軍戰至午後七時始停止射擊，兩軍皆以戰鬥隊形徹夜。

是晚黄總司令即發下如左命令：

民軍總司令官命令

（十月初二日午後七時於花園發）

一、美娘山、仙女山、三眼橋等處之敵，其步兵約兩千人，漢口之敵，其兵力約一鎮，仍在龍王廟、玉帶門一帶。

我海軍現在陽邏附近掩護武昌下游。

二、本軍今晚以戰鬥隊形徹夜。

三、各部隊今晚佔領陣地如左。

湘軍第一協在琴斷口至郭家灣一帶。

湘軍第二協在鍋底山及扁擔山附近。

步隊第七標與湘軍第二協連絡在花園附近，但派一部夜襲仙女山及美娘山之敵。

敢死隊一營在湯家山附近，掩護該山砲隊。

步隊第四協（欠第七標）在南岸嘴至兵工廠東端。

步隊第四標在兵工廠。

步隊第五協在兵工廠與鋼藥廠之間。

步隊第六協在梅子山、黑山及割絲口一帶。

砲隊團仍在大别山、湯家山原陣地。

工程第一營在十里鋪。

四、各部隊接濟仍用歸元寺糧秣。

五、予今晚九時以後在十里鋪，各隊於十時派員來領命令。

總司令官黄興

以上命令發下後，各部隊均嚴爲防禦，以防敵人夜襲。步隊第七標統帶胡廷佐即命第一營襲擊仙女山。

午後八時，步隊第七標第一營管帶左國棟率該營由花園向仙女山襲擊，滿軍防禦極嚴，及至該山東麓，滿軍步哨即開槍射擊，山上機關槍亦猛烈射擊，我襲擊隊即在山麓附近還擊，旋派一排由山麓向南繞進向山上仰攻。滿軍在山之週圍布滿機關槍，射擊不息。我襲擊隊前進襲擊數次，均因滿軍警戒嚴密，弗克前進，遂仍退回花園，共死傷官兵十餘人。

是晚兩軍均以戰鬥隊形相持於鍋底山、仙女山附近。

是晚偵察滿軍進攻仙女山、美娘山附近之兵力不過一標，隊機關槍十餘桿，其所以敢於佔領仙女山者，恃有機關槍耳。我軍缺乏機關槍，故戰鬥時較輸一籌。

是晚黄總司令在十里鋪見滿軍占領仙女山，一可瞰制漢陽，一能側擊大别山，漢陽極形危險，非速驅逐之漢陽不能保也，於是決心拂曉向敵攻擊，乃發下如左之命令：

民軍總司令官命令

（初二日午後十時於十里鋪發）

一、據偵探報告，滿軍抵三眼橋附近之兵不過一標，佔領仙女山、美娘山者，步兵約一營，機關槍十餘桿。

二、本軍擬明日拂曉擊攘仙女山、美娘山之敵。

三、步隊第七標（欠第一營）明早五時以前由花園之綫向仙女山開始進攻。

四、湘軍第一協派一標（欠一營）明早五時以前佔領郭家灣之綫，同時向美娘山開始進攻。

五、湘軍第二協派一標（欠一營）明早五時以前與步隊第七標連絡，同時由鍋底山向仙女山開始進攻。

六、在扁擔山及湯家山砲隊明早天明即向仙女山及美娘山開始射擊，援助我步隊進攻。

七、步隊第七標第一營及湘軍第二協［欠一標（欠一營）］爲預備隊，明早五時以前在花園集合持命。

八、其餘各部隊仍佔領原陣地。

九、予明早五時在十里鋪。

總司令官黄興

是日黎致長沙譚都督電：

童舜琴來湘辦麵米冰鹼。請將宋錫全繳欵撥給二萬兩正，並請派員會同辦理。

附覆電：

童舜琴運灰麵一千五百包，洋鹼一千罎，由楚滄裝載，明晨開。

又致九江馬都督電：

海容海琛藥彈存通濟兵輪，如通濟在潯，請即轉運來鄂。

附覆電：

頃電敬悉。海容海琛缺乏彈藥甚急，敝處業已電滬海軍司令部，通飭通濟兵艦，迅速運彈赴鄂。

又覆廣西沈、陸、王三都督電（沈秉堃、陸榮廷、王芝祥三人）：

鑒電敬悉。大舉援鄂，沈都督躬親督師，具仰義憤，軍民聞之，同聲鼓舞，漢口日内無大戰事，並聞。

二二、十月初三日　民軍仍堅漢陽

初三日午前五時，我步隊第七標由花園開始進攻，至午前七時已佔領仙女山東北部，我湯家山砲隊亦向仙女山、美娘山注射，滿軍損傷甚重，似有動摇之勢。惟滿軍陸續派兵增加，其後面已派隊督陣，勿論如何犧牲，不准後退。我第七標亦耐苦抵抗，惟湘軍第一協統領王隆中恐怖非常，個人潛至民房隱匿，統領如此，其部下軍官亦不願身先士卒，見前面射繫猛烈，該協所派隊伍，逗留不進。湘軍第二協見第一協不向前攻，遂亦停止不進，各軍官見統領隱匿，因亦聞風效尤，潛向後退，以致兵士自由行動，實屬不成事體。午前八時，步隊第七標已進至仙女山東南部，成爲孤立之勢，滿軍用機關槍掃射，傷亡頗重，且滿軍陸續向火綫增加，我軍則無一增加者。是時黄興由十里鋪到花園，見湘軍不進，派員催令前進，孰知其王、甘二統領俱尋不着，在隊軍官，皆不負責。黄興即親往指揮，該湘軍置若罔聞，各兵亦自由後退，所有在戰綫者無幾。黄興不得已即令預備隊一營向前增加，旋又派敢死隊一營向前增援。

午前十一時，步隊第七標統帶胡廷佐左膀受傷，第一營管帶左國棟亦受重傷，該標在戰綫傷亡極重。黄興一面派該標第二營管帶楊澤鴻代理統帶，並派參謀副官幫同戰綫指揮。

是日午後二時，滿軍逐漸增加，火力益猛，並派一部繞攻我右側，由仙女山出擊，我軍因火力不支即退佔大吴灣西北高地及扁擔山、湯家山之綫，滿軍遂前進佔領鍋底山。同時黎都督所派步兵第三標及第十四標均赴漢陽援應，黄興乃抽調步兵第四協即到火綫增援，並派第三標在南岸嘴防禦，派第十四標到梅子山防禦，是時湘軍第一協尚有一大部在花園以北陣地佔領，其第二協似已瓦解。王隆中隨帶從卒二人匿於十里鋪民房内，有戰傷兵士到該房稍息，遇之問曰，王統領何故不到戰綫指揮。王隆中云，我在此替兵士照拂補充糧秣，以免兵士飢餓云云。該傷兵曰，貴協有軍需官否。王隆中不答，旋出外潛往割絲口去矣。

是日我步隊第三協由青山渡江，已抵諶家磯，與海軍協攻劉家廟，海軍射擊時已將丹水池洋油棧附近俱毁壞，滿軍在漢口第一道橋梁防禦，我軍爲河所阻不能前進，兩軍相持約數時之久。至晚我步隊第三協仍退回青山，海軍復往陽邏停泊。

是日黄興在十里鋪接得武昌電話，謂我步兵第三協已渡江佔領諶家磯，與海軍協攻劉家廟，遂將此情形通知漢陽戰鬥各部隊，並鼓勵各隊迅急前進攻擊鍋底山、仙女山之敵，以收夾擊之效。倘能恢復所失各地，將敵人驅逐於襄河北岸，皆有重賞。於是各部隊有勇敢熱心之士率隊前進攻擊鍋底山、仙女山之敵，不期各隊進至山腰，滿軍用機關槍掃射，我軍衝鋒數次均被擊退，一般熱心之士在前奮勇登先，俱已陣亡，死傷四百餘人，其餘兵士皆已膽怯，仍退回原陣地。

是晚兩軍在花園扁擔山之綫相對徹夜，黄興見我戰鬥部隊損傷極重，而湘軍又不受調遣，自由退却，其他各隊又已膽怯，皆無鬥志，預料漢陽恐不能保，特派李書城往武昌報告黎都督，謂漢陽恐難支持，萬一不守則武昌危，須速設法挽救云云。黎都督聞報殊爲着急，於是當夜召集各機關人員討論挽救漢陽之法。

是晚十時各機關人員齊集都督府，由黎都督將漢陽情形説明，究應如何，於是大衆聞我軍在漢陽失利並滿軍進佔鍋底山之情形，極爲憤慨，有謂另派隊援助者，有謂必須死守幾日，電催響應各省迅派兵來援者，又有謂須大家齊心努力，均到漢陽計畫抵禦者。衆議辦法都表贊同，遂一面電催響應各省，或迅派兵來援，或直接出兵向京漢路進攻。又軍務部副部長張振武頗爲憤懣，當組織學生軍赴漢陽助戰，派甘績熙、劉雄飛、吴兆鯉、佘鴻勳、高建翎（字辛吾）爲學生隊隊長，是晚約一時許，張振武等組織學生軍二百餘人旋即渡江往漢陽十里鋪集合，準備作戰。

是日黎致上海陳都督轉徐統制電：

鄂戰甚烈，援寧軍隊如已得手，速來鄂援助，並煩轉大小各兵艦酌留船隻防守長江口岸外，其餘一併飭令來鄂，盼切。

又致九江馬都督電：

冬電悉。已籌撥銀六萬元，官票六萬張，明日由許君瑞解來，餘欵及槍械當竭力設法代辦。

又致鎮江林都督電：

通濟運船，請令開赴漢，並請專員赴寧，速令潯軍司令部部長海籌軍艦黃鍾瑛君即率楚謙、楚觀、江貞刻日到漢，頃預備鏖戰，非全力不足制勝，即盼施行。

又致蘇州程都督電：

聞上海製造廠有機關槍十二尊，敝處戰事需此物甚急，祈全數連子彈借用，速派兵輪運鄂爲盼。

附覆電：

絳電悉。聯軍攻寧，蘇防緊急，淺水兵輪及各砲正資扼要駐守，一俟寧下即遵運鄂助勦。特覆。

又致各省都督電：

據駐漢俄領袖領事敖康夫君照會敝軍政府，報告北京外交團來電。其文曰，漢口領袖領事敖康夫鑒。各國外交團代表對於清國政府感情頗惡，因其殘殺無辜，致令各國憤怒。現各國代表擬請鄂軍政府擔負漢口交涉全權，並將與中國政府要求重大賠償云云。特此奉聞。

附長沙譚都督覆電：

江電悉。各國外交團已不承認清政府，急應趕派全權大使致聘各國，宣布宗旨，聯絡感情，伍温任外交部長，不能遠出，道遠尤稽時日。擬由貴處電商各省都督，公推孫文君爲全權大使，就近赴各國交涉，俾其承認爲獨立國。孫文君在外有年，必勝此任。乞核奪通電各省爲盼。

附上海陳都督來電：

頃接閩都督孫江電，稱各省公推武昌都督府主行中央軍政府所轄一切事件，伍廷芳、温宗堯二君爲全國外交總副長，駐滬辦理全國外交事件。閩代表潘祖弈、林長民不日即可到鄂等因，合亟轉呈，希即查照。

又致上海居、陶二委員電：

會議期定十月初十日，已通電各省，想均悉。除秦晋尚不通電，湘粵代表業已抵鄂外，現桂贛潯均已覆電，全權委員擬不日來鄂，君等與滬接洽如何，伍温張三公暨蘇浙代表何日首途來鄂，盼電告，以便歡迎。

又覆九江馬都督電：

冬電悉，不以禄位縈懷，高誼熱忱，極堪欽佩，潯江重鎮，有我公在，可免他慮，尤爲欣慰。謹復。

附來電：

前奉鑒電後，詳述赴皖救濟情形，諒已邀覽。頃江貞兵艦報告，皖省仍分四黨，各懷私意推舉，以故不出數日，連將新舉兩都督槍斃，又有前皖協統趙理泰起義時隱避，刻又出頭干涉，與李司令官烈鈞勢不相下，彼處紳商，屢次函請，非毓寶親往，不得平和，故毓寶前電暫兼皖潯都督，無非爲大局起見，實非以名義競争，惟九江重要，地方堅留，即欲赴皖一行。非公同會議不決，目下皖省餉械兩項搶劫一空，即煤米等項亦異常缺乏，此次江貞回潯，專爲籌備接濟，似此善後，直無從着手。尊處遴派陳君樹屏督皖，惟有請都督寬濟餉需，並給兵力，威撫兼用，事庶可調。毓寶當待命奉交，湖鶚魚雷現須赴滬修理，陳君督皖事定，即將陸軍調回駐潯，海籌一艦擬駛赴麾下助戰，以期早奏大功。諒都督所深許也。

又致各省都督電：

頃接濟南孫君寶琦來電云，清廷二十五日上諭，各省應舉代表赴京公同會議國事等語，寶琦前經電奏，確定共和政體。現在全國軍民意見相同，萬無更變，擬請由程都督聯名電致清廷，如承認不私君位，宣布共和，仍當承認北京爲中央政府，各派員赴京會議，優禮皇室，制定國法等事。否則談判無可開端，惟有另行組織臨時政府以維大局，乞即酌核電復等語，當即電復。其文曰，確定共和政體，優待清皇室，可謂識時之論，極佩。惟國體既變，形勢亦遷，何以仍當承認北京爲中央政府，雪樓既經江蘇公舉爲民國都督，已與清廷斷絶關係，何獨請其聯名，均所未解，尚乞明白賜教。再，山東於何時宣布獨立，公在民国軍政府被舉何職，深切瞻念，並望電復等語。特此奉聞。

附蘇州程都督通電：

孫都督電敬悉，敝處前日通電，請孫文君回國組織臨時政府，計邀明察。惟事機急迫，未能久待，孫君未回以前，臨時政府事務仍由黎都督暫攝，至孫都督所稱，敝意宜聲明，如清廷不私君位，宣布共和，可派員赴鄂會議，即請黎都督主稿挈銜電告各省。如表同意，乞逕電武昌爲感。

附濟南孫撫台來電：

建設共和政體，原爲國民要求幸福，同類相殘，大非初志。近者南北意見尚無歸宿，停滯日久，戰源方長，萬一牽及外交爲患更鉅。前因清廷召集各省代表曾經電達鄙意，請聯各省公電袁内閣。首先提議共和，不知此電已否照發，有無覆電，頃順直諮議局來電，欲另擇地點速開臨時議會解決危局，此爲最良而組織議會最簡便之方法，莫如仿德國聯邦參事之制，先立上院以爲國政基礎，其會員由各都督府派代表人充當，若未經獨立省分，則招令各諮議局派員與會，其會地即宜於京津酌定一處，使北方易於加入。凡國體政體問題皆可於此議決，如此則議會兼有臨時政府之作用，外交易於締造，而會員兼收未獨立各省在内，異日以全國意見要求遜位，可無兵戈而收勝利，較之武力從事，保全實多，且亦須帶榮譽巽懦之談，或不能儘快人意。惟義軍之起爲真理，非爲血氣，謹效忠告。倘蒙采納，請商實行，中國幸甚。

附長沙譚都督來電：

頃致孫撫台電，其文曰，兩電均悉，維持平和，甚佩苦心。漢苦滿虐，普天同憤，故起義未五旬而全國響應，人心如此，豈公婉言調解所能挽回。聞魯已舉公督師，即當奮然改圖，直搗幽燕，共成大業。顧乃依違不決，貽誤事機，明達如公，甚所不取。會議地點已確定在滬，不能移我就彼，清廷如肯遜位，當即停戰，宣告中外，派員赴鄂定議，否則征北之師已編成，不日出發，乞即將此意電達清廷爲盼云云。謹此録聞。

初四日蘇州來電，謂所有海軍全體反正，亟應統一，請以吴應科爲海軍司令官。

同日上海章太炎來電，謂須发起全國聯合會，以促共和政體之完全成立。

是日午前四時，黄興在十里鋪發下如左命令：

民軍總司令官命令

（十月初四日午前四時於漢陽十里鋪）

一、漢陽之滿軍現占領鍋底山、仙女山及美娘山附近，漢口之滿軍仍在龍王廟至玉帶門一帶。

二、我軍擬以一部迎擊漢陽之敵，以一部防禦南岸嘴至黑山附近。

三、步隊第四協統領張廷輔率該協本日午前四時須占領花園至扁擔山之綫，迎擊前面之敵。

四、湘軍第一協統領王隆中率該協本日午前四時須占領琴斷口、郭家灣之綫，與步隊第四協連絡，迎擊前面之敵。

五、步隊第三標統帶劉廷福，該率標本日午前四時在南岸嘴至鐵廠一帶防禦。

六、步隊第五協統領熊秉坤率該協本日午前四時，右翼與第三標連絡，左翼至西月湖北端一帶防禦。

七、步隊第四標統帶胡效騫率該標本日午前四時在鋼藥廠一帶防禦，但須與步隊第五協連絡。

八、步隊第十四標統帶黄申薌率該標本日午前四時佔領鋼藥廠以北防禦，須與步隊第四標連絡。

九、步隊第六協統領楊載雄率該協本日午前四時，右翼與步第十四標連絡，在黑山至割絲口之綫防禦。

十、砲隊團長曾繼梧率該團砲隊本日午前四時仍佔領原陣地，但扁擔山、湯家山砲隊須射擊鍋底山及美娘山附近爲要。

十一、敢死隊隊長方興率該隊在湯家山附近掩護砲隊。

十二、湘軍第二協統領甘興典率該協並其餘各隊爲預備隊，在金龍嶺附近集合待命。

十三、學生軍本日午前四時在扁擔山、花園、琴斷口、郭家灣之綫督隊，迎擊前面之敵。

十四、予本日午前四時以後在十里鋪。

總司令黄興

是日，黄興因各部隊長官多有臨戰膽怯者，且不在戰綫督率而自由避匿，實屬不成事體，特傳知各部，如再有畏縮不前貪生避匿者，一經查覺，無論何人即以軍法從事，更令學生軍在各隊後方分班督陣，如查有藉故退却者，即拿交總司令官繩以軍法云云。

是日午前六時三十分，滿軍機關槍開始向我軍射擊，同時接得報告，謂滿軍有步兵一營、附屬機關槍多尊、騎兵二隊，由徐家灣至三眼橋附近增加，又琴斷口附近亦有滿軍佔領。我步隊第四協及湘軍第一協迎戰良久，兩軍戰鬥極形猛烈。午前十時，黄興命預備隊陸續增加火綫，但我軍前進，滿軍不退，專以機關槍掃射，兩軍傷亡俱重。至正午，戰綫上兵士有自由退却者，黄總司令在十里鋪道路上正法數人，於是兵士不敢後退，即在戰綫停止抵抗。

是日湖南復派湘軍協統劉玉堂率步兵一標到武昌應援，黎都督即命赴漢陽援助，受黄總司令節制。午後三時半，劉玉堂率隊已抵十里鋪與黄興接洽，黄興當命赴花園附近增援，攻擊仙女山之敵。該湘軍到火綫時，劇戰良久，前進攻擊數次，滿軍用機關槍掃射毫無動摇，劉玉堂極爲奮勇，身先士卒，衝鋒數次。午後五時半，劉統領玉堂身中數槍陣亡，官兵亦死傷甚衆，至午後七時，兩軍始停止射擊，我軍仍佔領扁擔山花園之綫。是晚黄總司令發下命令，各隊仍以戰鬥隊形徹夜。

是夜接得戰綫報告，謂花園及扁擔山一帶之守兵皆潛行退却，滿軍已前進佔據扁擔山、花園之綫。黄總司令得此報告甚爲焦急，當傳知各部隊長官嚴密警戒，倘有疎虞即於各長官是問云云。是夜黄興仍在十里鋪宿營。

是日黎致九江馬都督電：

江電悉。皖中因無都督，致變出多端。此次我公被舉，不獨皖省之幸，鄂中從此無東顧之憂矣。前薦陳公一節，係允在鄂皖紳之請，嗣與皖紳重行商議。即將前電取銷。元洪此舉絶無成見，事機危迫，望公仍力任艱難。不勝拜禱。

附覆電：

陳君督皖，敝處本極贊成，嗣因皖中事機危迫，故有催陳君並派兵速往之請，原爲大局所關，非有成見，頃奉支電，囑以力任艱難，不禁輾轉至再。但近來贛省内容極爲糜爛，彭都督屢有退志，日來各界代表紛紛來潯環懇。而潯中父老又堅阻不允實行，似此情形，已難兼顧，若再去皖，則不惟失衆望，亦恐摇動地方，倘或事出意外，何堪設想。如都督能如前電所請，仍飭陳君前往，尤爲美舉。否則擬請仍留敝處派往之李君烈鈞，在皖暫攝，俟其報告辦理能否得手，再行電稟核奪。抑或請該省各界另行公舉。如何之處，乞鈞裁爲叩。

又覆長沙譚都督電：

江電悉。岳州設兵站，將兩湖交通支部歸併，辦法極妥。胡部長已赴岳，請由尊處飭知可也。

又覆貴陽楊都督電：

宥電悉。貴省財政支絀，至以爲念。惟鄂方軍事緊急，經費浩繁，亦苦於應付。現正設法籌借，如籌借就緒，即當酌撥相助，以共濟艱難。鄙意貴省目前急務在保持本省治安，如不分兵他出，財力可稍免困難矣。尊意以爲何如？

初五日午前六時，滿軍由扁擔山、花園之綫專用機關槍向我軍猛烈射擊，我軍在十里鋪一帶防禦。黄興命沿襄河防禦各隊各抽派四分之一兵力赴十里鋪增加，同時滿軍在漢口砲隊亦向十里鋪注射，我軍傷亡甚重。

少頃，黄興與李書城等會商，謂漢陽益趨危急，我軍缺乏機關槍，能戰之兵、勇敢之士俱已損傷殆盡，目下軍無鬥志，一聞機關槍聲，殊多恐怖。此時既無生力軍增援，又無精良武器，如再退後，漢陽更形危迫。設漢陽失，則兵工廠爲敵所有，滿軍豈不更梟張乎，於是大家議決，暗將兵工廠一切緊要機件及所餘槍枝子彈搬運武昌存儲，以免資敵之用，並將以上情形派李書城至武昌報告黎都督。

是日正午，沿襄河防禦各部隊均已抽派援兵向十里鋪增加，兩軍即在十里鋪之綫相持，戰鬥極猛。我軍利用十里鋪戰壕堅守，滿軍亦未前進，彼此均以火力相持。

同時黎都督聞漢陽情形急迫，即召集各機關要人磋商挽救之法，並設法將漢陽兵工廠機件彈藥暗運武昌，大家均表贊同，惟楊璽章不可，謂漢陽乃武昌保障，萬不可棄，如漢陽失，則大别山能瞰制武昌省城，敵若在大别山用砲隊向武昌注射，其危險曷堪設想，仍要鼓勵軍心，死守待援。至於兵工廠機件，亦不可搬運，如一經搬運，則工人必致驚慌，謠啄繁興，勢必摇動軍心，沮喪士氣，而促其速失也。爲今之計，我應深溝高壘，利用堅固防禦陣地竭力抵抗，一俟江西援兵趕到再圖恢復可耳云云。以上所言，李書城謂辦不到，於是楊、李二人争執良久，不能表決，旋李書城用電話報告黄興，黄興復派吴兆麟到武昌再詳述經過情形。

吴兆麟到武昌時面報黎都督云，漢陽連日戰鬥，夜間均以戰鬥隊形徹夜，兵士極形疲苦，迭次猛戰，精鋭損失殆盡，元氣大傷，軍無鬥志。目下各部隊缺額頗多，均不完整，幸防禦工事堅固，白晝尚能支持，一到夜間，兵士即乘機潛逃，即處以軍法亦不能維持，此皆新兵未受教訓之故也。况十里鋪距兵工廠不過十里路耳，如再後退，實無法維持。明知漢陽地方重要，理應固守待援，無如滿軍已經渡河，彼有機關槍、管退砲，我皆無之，兵士一聞機關槍聲，都甚驚慌，無論如何鼓勵，或嚴爲懲罰，皆不能收效。此無可如何者也。爲今之計，一面催江西等省迅派兵來援，一面在漢陽竭力抵禦，但兵工廠之緊要機件及所餘彈藥，須利用時間搬運武昌，以防不測云云。黎都督及大家均以吴兆麟之主張爲然，遂擬電江西等省速派兵來援，並飭船政局輸送隊到漢陽兵工與廠長蕭佐漢接洽，將彈藥機件運至武昌，惟楊璽章主張死守漢陽，即戰至一兵一卒亦不可棄云云。於是楊璽章即組織參謀十餘人，即時隨吴兆麟往漢陽幫同維持。

是日兩軍在十里鋪相持，彼此無進展，至夜間我軍仍在十里鋪一帶陣地以戰鬥隊形徹夜。是晚黄總司令誠恐戰綫守兵復行潛逃，特派賓士禮、余鴻勛、甘績熙、高建翎、吴兆鯉、胡東平、夏維善等各往戰綫督率，又戰綫後方各要道俱派兵嚴守，並傳知各部，如再有自由後退潛逃者即就地處決，如奮勇敢戰者即加重賞云云。是夜黎都督亦有傳知到各部隊鼓勵軍心云云。

是日黎致九江馬都督電：

昨准江電開，有海籌一艦擬駛赴鄂助戰等因，此間與北兵水陸鏖戰數日夜，現仍猛烈。懇速令海籌星夜駛來鄂接應，海容、海琛兩艦，望通濟兵輪轉運甚切。該輪及楚謙、楚觀、江貞三艦頃究在何處，如均在潯，請並飭隨同海籌刻即來鄂爲荷，再由潯至蕪，電綫通否。諸希示覆。

附覆電一：

歌電敬悉，海籌在皖，業已派員赴皖趕催該艦星夜駛鄂助戰，彈藥一節早已電滬，飭通濟速運往鄂接濟。江貞已載軍米赴皖，事畢即遵遣該兵艦一同前往，惟楚謙、楚觀兩兵艦刻下不知停泊何處，俟偵確悉再轉飭該兩兵艦亦速來鄂。潯至蕪，電不通。

附覆電二：

奉鈞電，催派海籌赴鄂助戰，均經轉催安慶，頃准皖都督李咨稱，上游水淺，海籌不能上駛，已轉電駐滬徐總司令官，速派江楚兵輪兼程赴鄂助戰等語，用特電聞，以抒廑念。

又覆九江馬都督電：

鑒電悉，先撥十萬元交許君匯東帶轉。

附覆電一：

承助餉項，頃由許君押運抵潯，感荷實深，特先電聞，並請知照許家屬勿念。

附覆電二：

蒙派許君瑞解到銀六萬元，票六萬貫，如數拜領，不勝感激。接滬都督陳電，屬海軍刻日赴鄂助戰，使敝處籌備米煤源源接濟，事關大局，理應極力維持。目下已稍購備，又分員四處趕辦以應要需，俟該兵艦過潯時竭力接濟，現在敝處之存欵，除十月分糧餉及軍政要費外所餘無幾，今又購辦煤米接濟海軍，此欵無着，仍請竭力從速代爲設法源源接濟。

又寄金口防營電：

如遇有逃兵過金口者，務將槍彈截留，以免遺害地方爲要。

因日來湘軍挾械潛逃者不少也。

二三、十月初六日　奉天獨立

初六日午前六時，滿軍在漢陽之兵力逐漸增加，由花園以北向我十里鋪繞攻，火綫上密佈機關槍，向我右翼施行猛烈射擊，其砲隊亦向十里鋪注射，彈如雨注。至午前八時我右翼部隊漸向後退。

同時接得報告云，滿軍派有奸細在漢陽散布謡言，又有張朝禧者在漢陽暗中運動，私用紅旗作爲内應，有將我軍防禦陣地配置報告滿軍，謂某處有地雷，某處有副防禦等等，自作戰以來，專與漢奸連絡，刻見我軍在漢陽受挫，該奸細更得意揚揚，捏造謡言，恐嚇兵士，以故各部隊殊多疑團，軍心涣散。

午前十一時滿軍漸漸前進，與我軍相距約六七百密達，火力益猛，我軍傷亡甚重，步隊第三標第二營管帶王殿甲陣亡，下級軍官亦陣亡多員。是時尚定邦、甘興典之部隊皆先退却，其餘各部亦陸續後退，惟王隆中不知去向，其軍隊全退。但王隆中連日在漢陽戰鬥，極萎靡不振，身爲將領，常匿民房不出，又不敢見黄興之面，是日竟膽敢不遵命，先自退却到武昌城内兩湖書院集合，湘軍第二協見第一協全行退却，亦陸續向漢陽鸚鵡洲退去，雇用民船退回湖南。是時黄興見湘軍全行退却，殊形焦急，少頃即得報告，謂湘軍第一協已退到武昌矣。黄興用電話報告黎都督，仍令第一協來漢陽作戰，黎都督即派蔣翊武、李作棟至兩湖書院與王隆中接洽，並賞給該協酒肉，仍請其往漢陽參與戰鬥。王隆中面如土色，不肯前往。該二人回報黎都督云，湘軍誓不再往漢陽，要退回湖南。黎都督恐湘軍退牽動全域，復親赴兩湖書院令王隆中帶隊到漢陽加入戰鬥，再三勸勉，並許以特别酬勞，王隆中卒不肯往。黎云，你既不往漢陽，請在武昌休息候命，黎即返都督府，旋王隆中暗中擄民船甚多，亦潛回湖南。是晚大家因湘軍不辭而去，實屬有危大局，均爲憤恨，特電湖南譚都督嚴加懲戒以肅軍紀，惟甘興典先到岳州，譚都督已派隊將其拘拿正法。王隆中聞知潛逃矣。

黄總司令又傳命令不准後退，並將後退者斬二十餘人，猶不能止，各部隊兵士即避開正面往兩翼退走。黄興當派孫繩武、李翊東、吴兆鯉、趙學魁等到兩翼督率，不許後退。各兵士不從，黄興又將不用命者斬數人，同時滿軍見我戰綫動摇，即乘機前進，已佔領十里鋪。我兩翼陣地遂向十里鋪注擊。

午後一時，參謀部副部長楊璽章在十里鋪督戰陣亡，由吴兆鯉派兵將楊屍身舁至漢陽東門，旋運武昌平湖門外收殮。

午後四時，我軍在十里鋪逐漸退却，滿軍已佔領十里鋪，向我軍行射擊追擊。是時睹此情形不可收拾，漢陽頃刻難保，一面派員分傳各隊，利用地形抵抗，一面派涂金炳、羅子清到兵工廠急將槍彈搬運武昌，又命王安瀾將歸元寺所餘子彈悉搬運漢陽東門外船内運送武昌。

午後五時，滿軍已過十里鋪，進佔梅子山、黑山等處，向我軍追擊，漢口橋口一帶之滿軍亦同時用砲火向我軍集團射擊。

少頃，滿軍由漢口用民船輸運步兵自橋口附近渡河增加助戰，我第六協及步隊第十四標亦漸向後退却。是時黄興見情形危迫，即派第三標第一營管帶郭炳坤率該營在歸元寺以北掩護。

午後六時，黄總司令即退回昭忠祠司令部，向大衆哭曰，戰事一敗至此，官兵無一人用命，眼見漢陽已失，我亦無面目見一般同志，惟有一死以謝同胞云云。時田桐在旁哭勸，謂黄興一身關大局安危，死不得，死不得。況勝負是兵家常事，請速急收容各隊至漢陽城内防守，背城一戰。

是時黄興欲破壞漢陽兵工廠，焚燒歸元寺糧台，勿使資敵。其時吴兆麟阻止之，遂云，兵工廠建造殊非易易，目下已將緊要機件及槍支子彈搬運武昌矣，即令爲敵所有，一時亦不能開工。查現在全國響應省份，我已佔五分之四，揚子江已全爲我有，我若在武昌劃江固守，支持半月，則各省援兵必到，再圖恢復。若我將漢陽失而復得，是兵工廠又爲我用。

藍天蔚先生遺像

藍天蔚，字秀豪，湖北黄陂人。日俄之役，中國危急，愛國之士吴稚暉、鈕永建、秦立三等倡義勇隊於東京，舉藍天蔚充隊長。士官畢業後歸國，歷充南京武昌新軍要職，爲日知會重要會員。旋至奉天充協統，武昌起義後謀響應，被同志徐于、商震、方剛、柏烈武、徐鏡心、劉乾一、左雨龍、祁晃寰、徐竹平、吴景濂等舉爲關外都督。適清廷派趙爾巽至奉天爲將軍，趙與張錫鑾秘商，遣前收撫之鬍匪張作霖謀兵變，將不利於藍天蔚等，遂相串回南。四次革命，在鄂西與吴佩孚戰，敗退重慶，遂殉國。

至於歸元寺糧台，刻正搬運，如能搬盡則無庸焚燒，萬一不能搬盡再焚燒之，未爲晚也。黄興遂止。

是夜我軍各隊俱已散漫於漢陽城及江岸附近，黄興乃傳令各部在漢陽城附近整頓，午後九時，黄興仍命將歸元寺糧台縱火焚燒，一時火光燭天，子彈炸烈之聲震動武漢，是晚滿軍亦未前進，仍佔領黑山附近之綫。

是晚黎都督聞黄興憤不欲生，特派人至漢陽勸勉，請黄興到武昌休息。於是黄興即於是晚十一時至武昌都督府矣。

是晚在漢陽各部隊均退至漢陽東門外整頓，皆無鬥志，即由船政局監督張福麟同李翊東派火輪砲船輸送至武昌。吴兆麟誠恐滿軍來襲，特派步隊第四標第一營管帶黄經猷率該營及輜重第一營隊官黄甲率該隊在漢陽城掩護。

是晚黎都督聞漢陽危迫，即擬電各省乞師。

本晚聞奉天革命軍起事，公推藍天蔚爲關東都督，先是學界聯合人民發起聯合保安會時已舉清督爲會長，因奉天滿漢雜處，强鄰環伺，以對外之關係，不敢用獨立之名，清民政司張元奇曾擬仿山東辦法布告獨立，而司道以下均不贊成，吴景濂時爲諮議局議長，雖欲革命，苦無兵力，至是以新軍協統藍天尉爲都督，奉天遂懸獨立之旗。

二四、十月初七日　漢陽失守　成都光復

初七日午前三時，黎都督即將求援之電發出。

致各省都督電：

敝處血戰六晝夜，敵兵恃火器較利，抵死進攻，漢陽城恐不能守。我軍擬堅守武昌城中待援，事關大局，危急異常，懇刻即分別遣派海陸軍隊星夜兼程來援。盼切。

附長沙譚都督覆電：

漢陽不利，當調集兵艦力扼長江上下，武昌乃可固守，湘當與桂粤合謀進援，已電商胡、沈兩都督矣。

又覆鎮江林都督電：

鏡清等兵艦俱表同情，甚慰。現武昌防守喫緊，祈撥半數來鄂相助爲盼。

附來電：

鏡清、保民、聯鯨、楚觀、江元、江亨、建威、通濟、楚同、楚泰、飛鷹、楚謙、張艇、虎威、江平各艦艇，於二十二日由敝處聯絡，一律歸漢，今日下午二時在軍政府開陸海聯軍聯合大會，誓志合攻金陵，並於軍政府添設海軍處，各艦艇公舉司令長，組織完

備，一致進行。

是日午前六時，我兵工廠及在江岸各部隊猶未退畢，滿軍即由黑山之綫向漢陽城進攻，我掩護隊即在城垣開槍射擊，旋亦退却。

午前十時，滿軍節節搜索前進，佔領漢陽城，我軍未渡江部隊皆由城外向漢陽鸚鵡洲退却，漢陽不幸入滿軍手矣。

斯時有留日士官學校畢業志士蕭鐘英，湖北興國州人，不忍見漢陽之失危及武昌根本之地，奮不顧身組織一班敢死之士自武昌渡漢陽，龔國煌等阻之，不聽，逕至漢陽鐵廠碼頭登岸，慨慷激昂，持槍向滿軍猛射，滿軍用機關槍掃射，蕭鐘英及一班敢死之士皆陣亡。

是日正午黎都督召集各機關人員及各部隊長官齊集諮議局開會，討論戰略及防守武昌事宜，並請黄興述明漢陽戰爭經過情形，旋黄興登臺演説，謂此次漢陽之役非軍隊不多，非防禦陣地不固，又非彈藥糧秣不充足，其所以致敗之原因，第一係官長不用命，第二軍隊無教育，第三缺乏機關槍，有此三缺點，故每戰失利。自第一次敗退後，各兵士一聞機關槍聲，極爲驚慌，各官長亦畏避不前，屢次鼓勵皆不收效。最可惜者，鼓勵一次即多熱心勇敢之士告奮勇前進，敵人用機關槍掃射，前者死，後者退，所以敗也，若前者仆，後者繼，未有不勝者。現在武昌均係戰敗部隊，不宜再用，用則仍敗。爲今之計只有棄武昌而援南京，若得南京，然後組織北伐精鋭軍隊，再圖恢復可也云云。

其時範騰霄登臺云，武昌爲首義之區，長江上游，南北關鍵，爲天下環視。武昌若失，各省震動，土崩瓦解，即在目前，雖欲卷土重來，誰與共事。且事已至此，吾輩誓與武昌城共存亡。況劃江而守，未易旦夕下，以武昌一隅，牽制滿清全力，彼師老餉竭，而我各省義軍隨時援鄂，分道北攻，虜不足平也。此次戰争以漢陽、襄河之險，如防禦嚴密，決不能失，查前次由漢陽渡河進攻漢口，以全軍兵力夜間攻擊，即是用不得法，以致敗退。但敗至漢陽以後應格外謹慎，不使敵人渡河，敵若在襄河以北，無論如何漢陽不發生危險，現在木已成舟，我軍應計畫死守武昌待援，既有揚子江之險，又有海軍掩護，則武昌可望安全。如棄武昌而援南京，此計又左也，絶對不表同情云云。旋張振武因黄興欲棄武昌，極爲憤怒，遂大聲喝曰，武昌是我們首義之地，我輩當與城俱亡，無論如何不能言退，倘再有言退者即殺之。大家均拍掌表同情，黄興見大家反對，即到黎都督室内，面向黎都督云，既大家不贊成棄武昌，我一人先往上海，如將南京克復，我即帶兩萬精兵來援武昌云。原黄興於兩日前在漢陽與李書城、田桐、曾昭文等會商，即准備退南京。於是在武昌領取現洋二十萬元，乘輪東下矣。

是日黎都督復召集各機關人員開會討論武昌防禦事宜，吴兆麟云，刻黄興已去，總司令一職必須派員代理，查蔣君翊武甚得人和，即請都督委蔣君護理，黎都督與大家均以爲然。吴兆麟又云，現在武昌所有軍隊極爲復雜，即請都督傳知各部隊呈報都督府，以便分配防禦地區而專責成，再武昌爲首義之區，各省均以武昌爲重心，故稱中央軍政府，如武昌危，各省震動，關係民國存亡，不可不慎也。請都督傳知各軍隊，曉以利害，協力共守，又各部隊所缺兵額須一律補足，大家均以爲然。是日參謀部正部長楊開甲辭職，黎都督即調充顧問，以吴兆麟爲參謀總長，以姚金鏞爲次長，又步隊第三協統領已更换竇秉鈞。

是日集合各部隊戰報，自九月二十八日至十月初六日，在漢陽戰鬥，我軍共死軍官一百三十七名，傷八十五名，目兵計死二千六百九十三名，傷四百餘人，遺失槍砲彈藥甚夥。是晚即以代理總司令名義命令各部防禦武昌城。

又是日黎致各省都督電：

連日漢陽劇戰，因我軍力單薄，半係新募之兵，不能支持，只得退保武昌，竊思武漢關係中國全局，武漢危即全局難保。元洪當督率將士誓以死守，以維大局，惟敵人以全力争武漢，同胞必以全力援助方能取勝。務懇諸大都督，迅速調撥老練之兵携帶槍彈並機關槍新式快砲，星夜來鄂援助，或另分兵他出以牽敵勢，統希裁奪施行。並祈示覆。

附上海陳都督覆電：

陽電悉。武漢垂危，自應赴援，除由敝處飭南琛准明日上駛，並向安慶代爲乞師外，已電商潯分府，立派海籌、海容、江貞三艦前來濟助矣。

附鎮江林都督覆電：

陽電悉。兵艦漸歸，已令悉數上駛，並速電催滬上三海軍艦，又電閩粵運兵北上以爲牽制，刻南京城外砲臺均下，尅日可破，即移水陸師向武昌。望堅守以待。

附長沙譚都督通電：

漢陽軍情緊急，請潯都督派精兵一二千由黄州登陸，直出黄陂、孝感，以斷北軍鐵道，並派兵輪保護上岸，並請粵都督迅派精兵，帶足餉械，由海道赴鄂助戰。敵情如何，並望示復。

附杭州湯都督覆電：

各省已水陸赴援，浙於兩三日内亦勉備一協上駛，南京昨已下。請公力障東南，維持全國。

附全州趙統領等覆電（即趙恒惕）：

陽電敬悉。馬隊及步隊一營已於江日由全開拔，餘亦陸續前進，本部今日抵全，擬蒸日出發，迅赴前敵，惟彈藥隊自桂由河道輸運，較軍隊頗遲滯，沈都督於明日抵全，並聞。

附清江浦蔣都督覆電：

虞陽兩電均悉，前據歌電，即復徵調隊伍，厚集砲兵往援，諒邀明察。現敵軍兵將北竄，勢甚可慮，擬一面截堵竄兵，以牽敵勢，一面趕集隊伍並共聯軍協同援鄂。

附九江馬都督覆電：

連接漢陽警電，焦急萬分，現已招集各處原有老練之兵約二千人，惟缺少大小輪拖送。乞貴處速撥大小輪或小兵輪或商輪來潯拖運，並請多備五生七砲彈及其底火，又毛瑟槍德國八十八年式、日本三十年式三種子彈，以便應用。再海籌兵艦，因水淺不能上駛，並聞。

附蒙自趙統領復祥覆電：

陽電敬悉。擬即遣先一混成協由黔入湘，會合荊襄兵隊，並電達蔡都督隨遣大兵由川東下，兼電兩粵聯合南邊諸省星夜赴援，並祈堅守，固我根本。

又覆長沙譚都督電：

陽電悉。碩畫極佩，仍望電催各軍火速分途進行。

附來電：

迭電均悉。鄂湘一家，安危同繫。現在桂軍已於初七日在永州出發，兼程赴敵，敝處已電請廣州胡都督、福州孫都督整頓海軍，連合吴淞軍艦直攻天津，以擊敵兵之尾，並請孫都督揀派精兵由海道來援，又電請貴州楊都督出兵銅仁與我軍會合，取荆襄，出沙洋，以擊敵兵之腰。更電請桂林沈王都督、南寧陸都督加派老練之兵，與敝省會師，尅期赴援，尚望堅守武昌，以圖合勦，決不稍存畛域，貽誤中華大局。

是日軍務部孫武張振武等亦電各省乞援云，各省軍政府鑒，鄂事萬分緊急，老兵已盡，新兵無用，漢陽危，有彈乏槍，有五生七砲乏彈，請貴都督火速調精兵援救，以免武昌有礙。鄂軍務部叩。

又接四川成都來電，謂已宣布獨立，響應武昌。

先是是年夏，盛宣懷建議以鐵路歸國有，民意抗之，争且急。川漢路多川人資，清政府償湘粵而獨靳川，故川人尤忿。蒲殿俊、羅倫以諮議局長誓死抗，昌爾大等鼓動於下，時顔楷歸自粵西，衆欽其望，舉爲魁，越數月愈激愈厲。趙爾豐督川有功德，惟對於鐵路風潮特剛愎，詐蒲殿俊等十九人入署議，皆捕之，四民號泣，哀聲動天地。爾豐怒，發巨砲擊之，洞胸折股者數十百人，屍於市。民益洶洶，郊野皆起，爾豐誣爲叛，縱兵屠之，民痛乃極，遍蜀中無不叛者。州郡告急，爾豐易之，遣兵四出，有勦無撫。蜀民憤甚，誓與偕亡，及武昌義軍起，趙爾豐遂於十月初一釋蒲殿俊諸人。十月初七成都即宣布獨立，推蒲殿俊爲都督，統制朱慶瀾副之。兩人既就任，令諸軍不從，召諸將不至，時川軍有新舊之别，新軍早受梁瀛洲、向巖等之運動，極文明，朱慶瀾統之，其將佐皆尹昌衡弟子，舊軍獷猂，田徵葵統之，素忌尹昌衡。十月初八，鄂軍入川之曾廣大三十一標，殺端方於資州。成都既獨立，十月十七大閲兵，舊軍先集衆數千，田徵葵陰與王琰謀，復擁趙爾豐爲帥，擊蒲殿俊、朱慶瀾，蒲、朱倉卒逸，僅以身免，軍大亂。田徵葵弗能戢，俱遁去，頃間殺掠遍成都，人民痛哭震天地。尹昌衡遂馳馬至成都城外二十里鳳凰山周駿軍中，借兵三百人，拔兵至北門以平亂，軍民皆强尹昌衡爲都督，羅綸爲副。尹固辭，則大譁，於是尹昌衡分三百人爲三隊，命向樹榮率一隊守藩庫，命馬傳楷率一隊守王城（即都督府），尹自統一隊以爲兩隊之策應。又命陶澤琨宣軍法，即入王城，帥府虛無人，於破榻中見一人抱國旗哭，視之即羅綸也。斯時趙爾豐尚居督署，猶擁精兵三千，成都而外張培爵稱都督於川東，夏之時副之，周鴻鈞稱都督於自貢，劉朝望稱都督於川南，李紹伊稱都督於川北，皆擁衆萬餘，萑苻競發。

川邊大臣傅華豐將精兵五千東犯，蔡鍔遣謝汝翼、黄毓成將精兵一萬五千人欲取成都，而亂兵又乘機騷擾，尹昌衡乃約法五章，令於市曰，殺傷人、破燬物、污婦女、入人室取非己有及濫發槍者，皆死刑。衆玩之。尹昌衡乃衣褊衣，持利劍，率勇士雜傖儈中，見犯令者立斬，尸於市，加木焉，凡四徹夜，殺三百數十人，群暴膽裂，民乃得安。

當尹昌衡未出之時，蒲殿俊匿於張瀾處，以緘告尹曰，我不復爲都督，子速代我以救川人，使老母得生全足矣。尹得書，求見蒲不可得，既定亂，復求之，泣告張瀾，瀾視尹之誠意，導之見，請其復位，不許，請總政，許之，至是事急。士民迫蒲殿俊、張瀾、羅綸，皆曰不殺趙爾豐，軍民無噍類矣。於是蒲殿俊、張瀾、羅綸率諸耆老迫尹昌衡行事，又以周駿長軍務，宋學臯統一師，彭光烈統二師，孫兆鸞統三師，皆率其屬迫尹益急。尹不忍，卒以二十騎往説趙爾豐，留置所從於門外，自釋兵而後入，見爾豐，環室皆兵。尹曰，我無寸鐵，言而可，公從之，不可，公殺我，請退左右。爾豐慚，使退，尹因説爾豐宜速去，爾豐曰，兵寡不出境奈何？又説曰，毁家紓難以息民怒。爾豐曰，財寡不貫罪奈何。尹曰，衆怒難犯，公將奚爲？爾豐曰，悉衆以鬥，死之而已。尹曰，公安得有衆？爾豐曰，堦下桓桓，皆從我百戰，寧不足背城借一耶？尹曰，公至今猶未悟。公果田横，死且壯，顧公昔以富貴使人，今富貴俱失，誰復爲公？且公以搏牛之蝱，不能破蟣蝨，今聳螳臂於環轅之下，其何以濟？若死清，當早决，遲無復謂矣。爾豐色變曰，我寧不知，不得已也。尹曰，公所謂不得已者，皆自陷耳，請爲公策，可乎？爾豐曰，何策？尹曰，公陽以兵授衡，衡受已，即令屬之公，是公無阻兵之名，而有擁兵之實，衡則假富貴以資公也。爾豐大悦，列衆授尹。尹呼陶澤琨、朱壁彩入，宣軍法，既而訓衆曰，衡此來，拯汝曹也。汝曹捍怨府無生理，然忠固可愍也，出萬金賞之，如約，反授爾豐。令曰，仍保趙公終其志，然我帥也，名當正。衆皆歡躍。尹亦辭出，令於門曰，趙軍已就撫，是軍即尹軍，不可攻也，於是諸軍皆不攻趙。然趙爾豐若肯隨尹至都督府，尹必保其出境，如李經羲之安離雲南無異也。至十一月初二夜，蒲殿俊、羅綸、張瀾、師長周駿、宋學臯、旅長唐廷牧、黄澤溥、趙南森、龍紹伯、王褀昌等畢至，堅請殺趙爾豐，且曰不攻趙，民且變。尹反復無可奈何，乃令朱壁彩守府門，嚴出入，因相與謀曰，死生存亡，決於今日，出圖十，令兵按圖環趙署而陣，設兵衢道，左右户皆伏焉，絶趙去路，令固守勿動，惟下蓮池一路。兵伏左右户。不當衢，而置鋭卒於半邊街，以陶澤琨將之。蒲殿俊、羅綸、周駿率砲兵陣東城，約黎明舉砲，宋學臯、王褀昌率步兵陣於西，爲夾攻勢。令畢，各就守地，衆約二千人，堅衢道不使通。尹乃令諸軍曰，今夜大閲，城中軍各守其屯，違者按軍法，諸軍不知所爲，悉嚴守。夜静，四圍寂然。陶澤琨方病，强起趨總督西轅門，昧爽，與趙軍書曰，今精兵數萬圍督署，雖不能出，所仇惟趙一人，無與諸君事，諸君已歸漢，我必保諸君，敢告。若能生擒趙，將以金二萬壽諸君，且加爵，否則率所部出下蓮池，不相害也。諸將士得函，不知所爲，而東隅砲聲震如雷。方踟躕間，陶澤琨已率所部數十人逾牆入，署兵悉引去，爾豐拔劍阻軍，軍不聽，太息返特室，遂獲爾豐，兵不血刃。爾豐至堦下曰，能相活乎？尹曰，即此非我意，當語衆紳入室。趙曰，君前勸我納鍰，可續議乎？尹曰，亦惟衆紳意。出語衆，衆皆曰，爾豐覆清祚，屠川人，因群呼曰，烹之，或曰磔，或曰族厥家。尹凜然曰，無此暴。爾豐聞之，前請曰，室人無罪。尹曰，經訓不孥，且尊兄優容我，無以報，必爲公保之。殺爾豐，而以兵護其室，得其小孫於隣宅，求其親故養之，皆不納。尹慘然曰，勢利之交乃至此乎？藏之家七日，爾豐家知其無他，而後取之。爾豐既死，其衛士張得奎勇而忠，發石擊飛鳥無不中，聞難慨然曰，我豫讓也。狙擊尹，洞冠，殪一卒一馬，獲之，承之以劍，不懼。尹曰，壯士也，立之庭前，堂上右設享，左列刃，召軍民入視讞，觀者甚衆。尹與張得奎立庭前，語衆曰，丈夫循天道，今張得奎刺我，謂我可殺，我獲張得奎，謂張得奎可誅，此皆私意，非天道也。張得奎有善，我弗敢蔽，享於庭右，罪當我躬，弗敢自赦，死於庭左，天視天聽，悉在元元。惟諸君辱裁之，顧謂得奎，盡汝所言。張得奎曰，殺予主不義，予且爲吞炭之謀也。尹曰，止。爾主無罪，民欲殺而我從之，不阻，是我溺公職也。爾主有罪，我欲救而民怨之，不救，是我忘私情也，斯二者盡矣。我何與焉？且爾主無智伯之賢，視爾無國士之目，自死於法，法可讐乎。張得奎語塞，衆皆曰，都督直，殺爾豐者吾輩也，何與都督事？尹命衛士率張得奎下斬之，張無懼色。尹乃止衛士曰，此義士也，殺則傷天和，舍則導民善，命之還曰，我釋汝，汝欲斬衣三躍乎？張得奎泣曰，都督公明仁厚，下士不敢復犯矣。乃享之，得奎不去，辟爲尉。命往説趙爾豐舊卒，降之，皆以爲衛。

初陶澤琨之擒趙爾豐也，侍婢慧姑獨死之，及獲張得奎，時人謂之雙義，張得奎後從尹戰，竟以驍健聞。清祚既改，漢人多思復仇，滿人益懼，蜀人痛趙爾豐之暴，仇滿益深，爾豐既誅，城中無他寇，滿城在附郭西南隅，小而固，軍民欲屠之。十一月初四諸軍薄滿城，止之不可，尹乃單騎詣其門，命之啓，不啓，揮軍退。啓之，入而慰之曰，五族猶兄弟也，且清朝待我厚，我無報，安忍滅諸君乎？遂泣。衆皆泣曰，都督來，見生佛矣。尹曰，毋執兵，馴則福，皆下堞投兵，尹登戍樓，見諸軍揮淚示不忍，諸軍士曰，都督在，不可攻也，憫然而返。尹問滿人有食乎？曰，窶甚。尹泣然慰之曰，何以爲生？衆皆哭，尹曰，勿慮，我當爲諸君圖之。皆大感，争以酒漿進，尹爲進數觥，城中八旗各以絳縐纏尹馬，明日以五萬金輸之。又命漢將與滿將交歡，尹更與將軍裕琨迭賓主，羅綸復移居滿城，漢滿咸睦。方趙爾豐之踞成都也，民軍皆來會，吴慶熙、孫澤沛、羅子舟、劉麗生、侯國治、彭澤、彭大均、陳和尚與焉，周鴻鈞、李紹伊亦遣其將謀裂土，皆欲得官爵，成軍，告以無糧，則皆怒，凌尹以威，尹談笑請緩之，日置酒高會，隆禮卑辭，時或使酒悲號，感動時局，或相與嘲笑，動以摯情，皆歡娱。得徐議，及約法既行，民乃知信，首罪既誅，民乃知威，刺客既釋，民乃知義。滿族既知，民乃知仁，威信仁義入於民心，而又不貪公家一錢，遠近大服。乃令彭光烈料民軍日，收馴而健者萬人，餘給資罷去。民軍部轄固争之，尹曰，斗糧杯水，能盡養不耕之氓哉。留與遣，應悉聽部署，違者斬其魁，反覆宴談十餘曰，譬曉畢至。吴慶熙、孫澤沛、羅子舟、劉麗生、侯國治、彭澤素明良，願自效，皆辟爲校尉，令各統千五百人，或二千人，分巡州邑，使彭光烈統之。彭大均、李紹伊、陳和尚梟桀不受命，擊斬之。劉朝望既去瀘洲，滇軍殺周鴻鈞，散其黨，乃命張瀾宣慰川北，邵從恩宣慰川南，顔緝祜宣慰川西，民略定。但熊克武駐軍渝城（重慶），擁兵逾萬，合張培爵軍，勢大振。滇軍入境，傅華豐復東下，取清溪，川人復懼。尹太息曰，兄弟手足，忍相害耶？遣使三出，滇軍殺使者黄方，剖其心，食之。張培爵、傅華豐皆投書拒使，謂師萃，成都且旦夕下。尹乃命周駿以兵萬余抗嘉陵，據隆昌之險，曰，毋與戰，俟擒傅而後圖之。命彭光烈、趙南森以兵五千拒華豐曰，兩師相遇必於雅，雅有三水焉。彼乘我虚，師必速，待其争渡而側攻之，必克。師行八日方至雅，獲華豐，及華豐至，尹釋其縛，飲之酒，而以其軍爲衛。滇渝聞之皆曰，傅華豐兵出西康，轉戰四千里，兩年之間未嘗敗北，今尹縛之如反掌，成都未可輕也。夏之時軍西及隆昌，見整而還，滇軍雖入，久之，渡嘉陵不得。尹與書蔡鍔曰，川滇唇齒，可相助勿侵。書凡十數達，蔡鍔然之，陰令其軍曰，尹督與我善，我知之深，其用兵不易犯，謝汝翼於是有戒心，會劉存厚自滇歸，盡以虚實告。尹乃命張鵬舞率死士五百人與滇軍戲，滇軍輕之，倍衆逐焉，相遇輒北，乃曰，川軍不可與戰也，請和。許之，命胡景伊入犒其軍，贐金五十萬，滇師乃還。劉存厚因有功，尹悉以衛軍與之，號爲四師，乃與張塔爵書曰：

睽隔千里，聞與實違，中情未通，禍機隱伏，危哉。滇諜頻窺，藏警日急，既不能絶萑苻以靖民，又不能竭羅掘以備用，蒿目全局，此何時耶？同力合作，猶恐不支，分黨異謀，勢成兩敗。衡心酸痛，莫可言狀。以衡受任危難，兵不滿三百，財不滿十萬，區區之心，微特忘利，固已誓不欲生矣。是以招叛合離，單騎直赴，斬逆誅亂，自分身殉。稍見一隙轉機，業經數次辭職，邦人堅不我許，而扶病强支，任怨力行，何嘗須臾忘大局哉。於惡則力誅之，於傅則力擒之，於滇則以百忍圖兩全，於渝則以一介合四督。當撫當戰，盡出公仁，一行一言，悉昭大義，衡雖不才，心固同於皎日矣，而惡耗頻來，謂渝中衆矢日集於衡，樹黨組兵，勢在必舉。噫，其果然歟，其果然歟。夫渝兵强不及傅趙，而衡衆已踰於曩時。武力相對，我備必勝，然衡非犬豕，寧忍以兵亂擾桑梓哉。一兵來，衡以單騎迎，千軍來，衡亦以單騎迎，兩川之利是圖，七尺之軀何惜。有能馭衆安民，衡必推權遜位，此亦賢者取之耳，樹黨組兵胡爲者，果其關懷大局，請即聯袂而來。聞衡之言，考衡之行，鑒衡之心迹，允定功罪，而議去留，何遲之有？若夫外縱謗讒之口，内懷不測之謀，開揖盜之門，分禦外之力，一朝之禍偶成，千古之羞誰洗。風雨漂摇，鬩牆自鬨，自非喪心，寧忍誤國，豈可以全川之元元，供私心一賭哉？成渝不可以分立，雖婦人孺子，苟具有良心者無不知之，衡豈忍擁權挾私，以壞大局，踐約圖名，以顧小信，故自願聞命而退。至若不聞衡之言，不考衡之行，不察衡之心迹，必使于謙含冤於九原，張巡受謗於身後。衡雖有勇，不敢與渝戰，衡雖有智，不忍爲己謀。岳忠武無跋扈之心，檀道濟有長城之歎，固所不惜。至於兵亂政紛，敵入民死，赤地焦土，敗國亡家，非衡之仁所能愛護也。臨書涕零，不知所云。

渝軍行成，亦許之，命胡景伊鎮渝，熊克武將五師屬焉，張培爵至成都，羅綸以位讓之，川境遂定。自胡景伊自滇返，劉存厚亟稱之，和滇鎮渝，舉無不當，尹益賢之，旋予以軍長，藉以代勞。尹因疾遂不問事，而黎元洪委李其相等回川以解紛亦中止。

是晚武昌省城謡啄蓬興，謂滿軍要襲武昌城，黎都督傳知各城門嚴行警戒，城内特别戒嚴。

但是日漢陽既失，武漢人心悲痛異常，甚至車夫舟子皆相視對泣，自此武漢三鎮無一人力車上街，而襄河及大江兩岸上自金口，下至陽邏，帆船遂至絶迹，滿軍至此亦知人心之不可侮，雖咫尺武昌不能飛渡，滿軍勢力亦於是乎窮。

是晚接得報告，謂滿軍已派漢奸多人混入武昌城内，在各機關投效，以便乘機内應。是晚滿軍漢口砲隊時向武昌城内射擊，城内百姓驚慌，各機關人員膽小者均逃。

是晚又接報告，謂黎都督身旁有漢奸欲割黎之頭，奉至滿軍邀功者，黎不之知，反以若輩爲心腹，蓋若輩對於黎貌極恭順，不似革命黨之跋扈，所以黎亦言聽計從。

軍務部副部長張振武、總監察劉公聞以上報告極爲憤怒，即派員到都督府及各機關調查，如有形迹可疑者即處以軍法，於是一般作漢奸者非常恐怖，舉動格外謹慎。

初八日午前十時，黎都督派參謀總長吴兆麟傳知各部隊長官齊集都督府會商武昌防禦計畫。茲將是日議決之事條列於左：

一、設戰時總司令部於洪山寶通寺。

二、規定沿江防禦區域，以專責成。

甲、由青山至大堤口爲第一區。

乙、由大堤口至鮎魚套爲第二區。

丙、由鮎魚套至金口爲第三區。

三、黄州、鄂城兩處爲武昌省下游重鎮，派黄楚楠、張濟安率兵一標據守黄州，派張其亞、陳偉率兵一營據守鄂城縣。

四、設兵站於防禦綫後方各處，派康濟民爲第一區兵站，徐壽林爲第二兵站，何瓛爲第三區兵站。

五、海軍須在陽邏附近游弋，掩護武昌。

以上各件規定後，黎都督即囑各部隊務要協力同心，嚴爲防禦，以待各省援兵指日到齊，再圖進展。

是日黎都督又電各省乞援，文曰：

各省都督鑒：

鄂事緊急，因老兵多陣亡，新兵不足用，故屢戰不勝，漢陽已失，槍砲子彈又將告罄，應如何救武昌，定天下，惟貴都督藎籌，如何布置，祈速覆。

是日正午，江西派協統馮嗣鴻率兵一混成協已抵陽邏援應武昌，馮協統到武昌面謁黎都督，請示機宜，黎當令在陽邏候命。

是日接得偵探報告，謂滿軍已在陽夏滿布兵力，並在大别山設置砲隊。

是日各部隊各自整頓，所有缺額均設法招募補充，一面在沿江岸構築防禦工事，至午後六時，武昌城即關閉，極爲嚴備。

是晚接四川來電，謂鄂軍派往四川之步隊第十六協業已反正，端方被殺，該協統鄧承拔及三十一標標統曾廣大均在軍中，不日率隊回鄂援助作戰云云。

是晚致贛州劉分都督電：

倡義興漢，極表歡迎，惟各省均承認在鄂建設臨時中央政府，請率貴處原有精兵五營，盡携所有機關槍蒞鄂，會議進攻事宜。定於何日出師，由何道來鄂，祈示覆以便歡迎。

附復電：

庚電悉，囑率兵來鄂助戰，甚快。奈地方善後事宜尚須籌畫，此地毗連閩粤，爲各省通衢，且素爲匪穴，大兵若去必起叛亂，仍不免牽動全域，故不克即日首途。

是日又聞寧波宣布獨立，以盧成章任寧波軍政分府外交員。

初九日，各省軍政府來電，公舉伍廷芳爲外交總長，温宗堯爲次長。

是日午前八時，滿軍在大别山砲隊向武昌省城開始射擊，城内房屋略被毁壞，百姓傷亡者亦衆，城内極爲驚慌。我凰凰山、蛇山、黄鶴樓等處砲隊亦向漢陽大别山還擊，同日揚子江已斷絶交通，彼此戒備甚嚴。

是日蔣翊武已在洪山成立司令部，並傳知各部隊即將所佔領地點及隊號兵數統報於司令部，以資統一而便指揮。

是日又接得廣東、廣西兩省來電，謂均已派隊來援武昌，業已出發。

是晚午後九時，護理總司令蔣翊武發下如左之防禦命令：

民軍總司令官命令

（十月初九日午後九時於洪山寶通寺）

一、清軍在漢口、漢陽沿江一帶佔領陣地，其砲隊在大别山。

我海軍艦隊現游弋陽邏、木鵝港、黄州一帶，掩護武昌下游。

我江西軍第一混成協現已到陽邏，佔領待命，援應武昌。

我廣東、廣西兩省援軍今日來電，經已出發，向武昌增援。

二、本軍擬以主力防禦武昌城附近沿江一帶，以一部防禦金口附近。

三、步隊第三協統領竇秉鈞率該協防禦青山東北鳳凰山經青山至兩望北端一帶，特須搜索鳳風山下游各要地。

四、步隊第五協統領熊秉坤率該協防禦兩望至磚瓦廠一帶，須與步隊第三協連絡。

五、步隊第六協統領楊載雄率該協防禦左翼，與步隊第五協連絡，左翼至大堤口附近。

六、步隊第七協統領鄧玉麟率該（欠第十四標）防禦武昌城沿江一帶，須與步隊第六協連絡。

七、工程第一營管帶李占魁率該營防禦鮎魚套，同第二營楊金龍率該營防禦造紙廠附近，須與步隊第七協連絡。

八、步隊第四協統領張廷輔率該協防禦右翼，與工程營連絡，左翼至祁陽會館附近。

九、步隊第一協統領蔣肇鑒率該協防禦右翼，與步隊第四協連絡，左翼至吉祥賓館附近，特須搜索中新洲上游各要地。

十、步隊第二協統領何錫藩率該協（欠兩營）防禦武昌省城，但由武勝門經平湖門至望山門一帶，須多派兵力防禦。

十一、步隊第八協統領羅洪升率該協防禦金口附近，並須與步隊第一協連絡。

十二、步隊第十四標統帶黄申薌率該標防禦東湖門及沙子嶺附近，特須搜索該地以東各要地。

十三、砲隊統領姜明經指揮所屬砲隊，佔領鳳凰山、黄鶴樓及沿江一帶，須能射擊漢口劉家廟及漢陽鸚鵡洲沿江一帶爲要。

十四、馬隊第一標統帶王祥發率該標在洪山寶通寺附近，集合候命，同馬隊第二標統帶劉國佐率該標在鮎魚套附近集合候命。

十五、其餘各隊爲總預備隊在洪山南麓附近，集合待命。

十六、衛生隊在武昌城内準備。

十七、各隊大接濟均在各隊陣地後方集合，但糧秣之補充暫按平日方法自行辦理。

十八、予在洪山寶通寺。

護理總司令官蔣翊武

注意：

一、各部隊按佔領區域雇用民人，協同築設防禦工事。

二、右命令如不轉取攻勢，務須常川嚴密防禦。

三、各步隊對於來襲之敵，不到我有效射擊距離界内，不論晝夜，不得射擊，總以節省子彈爲要。

四、砲隊如未見敵人渡江施行襲擊，勿庸砲擊，總以常川監視敵人爲要。

五、各部隊除監視哨外，總須集團兵力以便指揮。

是日致蘇贛浙等省都督電：

漢陽一變，武昌戒嚴，然已防守慎密，請勿念。刻有駐京英公使電漢領事，提議停戰議和之舉，南京之役未識如何，請告徐統制，如此間議決停戰，則取寧之師，本當同時停戰，事機如何，手腕須靈活，特先電聞。餘俟議決再告。

附南昌彭都督來電：

敝處現派劉懋政統領步隊一標，准十一日乘輪赴鄂助戰，惟該師或由水路運抵漢口，或繞道黄州抄敵左側，以何處爲集合點，均須先期知會，以便接洽。漢口日内戰狀何如，仍乞隨時電告。盼切。

附九江馬都督來電：

准南昌電，已續派步隊一標赴鄂，陽日出發。寶又電調萍鄉袁贛二州軍隊自湘至鄂助戰，特聞。

附林都督自南京覆電：

南京内容已有頭緒，茲同黄之根與大家議決，不日即派大隊水陸並進，援助湖北，請堅守勿懈，並請將湖北戰用地圖專送數份來寧，盼覆。

又致長沙譚都督電：

現需用小火輪在急，凡由鄂送兵之火輪到湘後，即速令回鄂。

二五、十月初十日　各省推湖北軍政府爲中央軍政府

初十日，各省軍政府來電，公舉湖北軍政府爲中央軍政府。

同日又接山東來電，孫寶琦取消獨立。

是日各部隊按照護理總司令官命令佔領陣地，搆築防禦工事。滿軍在大别山砲隊仍繼續向武昌省城内射擊，黎都督極爲惶恐，心内不安。其時有身旁僉壬與黎密謀，欲將都督府遷移葛店，並將現銀搬運六十萬到陽邏兵艦上，萬一不利即乘兵艦往上海。黎元洪深以爲然，暗派鄺杰先至葛店準備房屋，並囑艦隊派兵船一隻停泊葛店木鵝港附近準備，暗囑左右嚴守秘密，不要洩露。又暗囑衛隊兩連將槍枝、子彈準備齊全，以便保護都督出走。

是日午前十一時接偵探報告，謂滿軍約一營已向大軍山方面前進，又下游倉子埠亦有滿軍偵探發現。

是日武昌城内外謡諑繁興，百姓愈形恐慌，但清軍已派有漢奸多人混入城内，欲運動軍隊作内應，一日數驚，百姓紛紛搬遷。時軍務部副部長張振武等一聞有漢奸作亂，遂派稽查隊到處調查，遇有形迹可疑之人，當即拿獲就地正法，並在都督身旁拿得龔光明、萬廷獻，查知由北方來鄂，聞報在武昌擔任運動舊部以作内應，後垂長辮，其形迹可疑，亦要綁至軍務部處決，經黎保釋。自捕殺城内奸細後，城内風潮漸息，人心亦稍定。

是晚參謀部吴兆麟、蔡濟民、吴醒漢，軍務部孫武、張振武，總監察劉公等在城内各城門分途巡視，並囑第二協統領何錫藩嚴密防禦，無論何人不得准其由城門出入。又請黎都督傳知各部隊，如有疎虞即以軍

法從事，倘防禦得力即論功重賞，又對於每兵犒賞酒肉多件。

是晚黎致長沙譚都督電：

鸚鵡洲、沌口、金口等處，我軍駐有重兵，惟湘潰兵沿途騷擾，殊爲可慮，請速飭岳守，設法招撫是要。

又致上海陳都督電：

山東代表雷光宇、謝鴻燾，福建代表潘祖彝，今午已到鄂，請轉電山東、福建都督是盼。

又覆岳州司令任震電：

青電悉。胡孔昌既經撤銷，何以持關防不交，殊屬非是。敝處既未派胡駐岳招兵，楚材砲彈，已電飭胡孔昌裝運來鄂。

附來電：

敝都督前委充兩湖通信司胡孔昌已經撤銷，詎胡頓生惡感，持關防不交，並稱奉鈞命招兵駐岳。楚材經敝都督派震照管，胡往派人强卸，均未卜是否鈞命，應如何處置。乞示遵。

二六、十月十一日　民清兩軍停戰

十一日午前七時，參謀總長吴兆麟同護理總司令蔣翊武赴青山至兩望巡視防綫，至正午行抵大堤口時，遥見城内火起，旋有由武勝門出城百姓云，都督府起火。吴、蔣二人即乘馬趕至城内，見都督府正在焚燒，不知黎都督如何，旋往軍務部探聽。孫武云："黎都督出賓陽門往洪山矣。"吴、蔣二人以爲黎都督到洪山總司令部，復由軍務部趕至洪山，路經賓陽門時，城内百姓在城門擁擠不堪，婦女小孩擠死甚多，哀哭之聲不忍見聞。問其故，群謂："黎都督已走，我輩在城内恐受危險耳。"吴、蔣二人一面令守城門軍隊好爲維持，一面繞通湘門到洪山時，又見城外有許多兵士紛紛竄走，吴、蔣二人當即阻止之。各兵士云："都督已走，我們爲何不走?"蔣翊武云："都督在洪山，你們速急各回防地，否則即以軍法從事!"遂派隨從兵士傳知各兵仍回原防。

午後二時，吴、蔣二人抵洪山時，據顧問吴兆祺、參謀鄒燮斌云："黎都督已往葛店去矣。"蔣翊武問何以不阻止之，該二人答云阻止不住，蔣又問隨從是何許人，答云有杜錫鈞、龔光明、蕭慕何、唐仲寅等並衛兵兩隊，但黎都督係乘肩輿云云。

少頃，吴兆麟、蔣翊武到司令部内，派參謀甘績熙、吴兆鯉、謝鴻濤三員乘馬携帶護理總司令蔣翊武手書，速往葛店，請黎都督轉回洪山，以資鎮攝而維軍心。該三員趕至葛店以北二十里之王家店，天已黑，黎都督已在該店休息。該三員即陳明武昌軍民出城情形並蔣翊武手書，請黎都督回洪山。黎不可，再三請求仍不可，甘績熙問都督究竟何往。都督云："到葛店。"甘云："都督有守城之責，應與城俱亡，不可蹈瑞澂之故事，而爲天下後世笑。"黎云："爾小孩子不要糊説亂講! 城内有砲彈，且都督府已燒，何能辦事?"甘云："在洪山或劉氏祠均可辦事，又何必到葛店耶？都督不要説我是小孩子，我是愛都督，怕都督誤聽人言而失計耳。”黎卒不聽，於是該三人計議，以甘績熙、謝洪濤二人在王家店監視，以吴兆鯉即回洪山報告。

是日午後六時，正在驚慌之際，有英人盤恩偕顧問孫發緒到洪山總司令部，與參謀總長吴兆麟接洽，該英人云：“民軍自起義以來極爲文明，秋毫無犯，我輩英國人頗表同情，雖漢口、漢陽之敗，非戰之過，我們曉得民軍新兵太多，未經訓練，所以戰敗，然而亦打勝仗，非常勇敢，如加以訓練，一定是很好的軍隊。現在我們英國領事見武昌省城天天受砲擊，城内百姓甚爲悽慘，故此連合各國領事與清兵商議，暫且停戰三日。現在清兵已表同情，我特來武昌面謁黎都督，請都督認可，將我帶來公文蓋印，然後送至清軍蓋印，即可停戰。”云云。吴兆麟云：“此次武昌首義，承貴國領事與各國領事承認爲交戰團，我們民國甚爲感激。今日閣下不辭勞苦，對於武昌百姓發博愛心，要兩軍停戰，我們尤爲感激。閣下謂要見黎都督，現在都督因城内火災已遷移劉氏祠辦事，劉氏祠距此還有十里路（其實只有一里），今已天晚亦無庸閣下再勞步，請閣下暫在此休息，我們派人取印來蓋可也。我們在此地没有好飯好菜，即請閣下吃點粗飯聊以充飢耳，閣下云蓋印，但不知總司令官之印可蓋否？”盤恩云：“我在漢口已言定用都督之印，仍以都督之印爲是。”於是吴兆麟一面囑辦飯欵盤恩，並請總司令蔣翊武奉陪，暗與孫發緒商議，謂都督已往葛店，印已帶去。葛店距此九十里，一時亦來不及，不如照樣刻一個印蓋了完事。孫發緒深以爲然，於是吴兆麟即電話軍務部孫武，請速令刻字工人照樣刻之，愈速愈妙，一俟盤恩飯畢，即來軍務部蓋印。孫武聞停戰三日，欣慰之至，當派高楚觀督令城内刻字工人照都督印樣速刻，約一時許電告已刻完好，盤恩在洪山飯畢，吴兆麟即備肩輿數乘，遂謂盤恩曰：“都督之印在城内軍務部，請乘轎齊至軍務部蓋印可也。”盤恩見招待甚殷，頗受商量，遂與吴兆麟、孫發緒同到軍務部。兹將是日停戰三日公文條件抄録如左：

一、範圍：武漢兩軍所占之地不得變換。

二、日期：自十月十二日上午八時起，至十五日上午八時止，停戰三日。

三、民軍應守之條欵。

甲、民軍於停戰範圍日期内，一律按兵不動。

乙、民軍之兵船於停戰範圍日期内不得行駛，並將機關下交駐漢英水師官收存，須於十五日上午六時轉交該船收回。

四、北軍應守之條欵。

甲、北軍於停戰範圍日期内，一律按兵不動。

乙、北軍之火車於停戰範圍日期内，不得往來作軍事上之運動，由駐漢英水師官監視。

是晚英人盤恩將停戰公文蓋印後，略與同旋，復乘肩輿偕孫發緒到兩望（與漢口租界對岸）乘船往漢矣。

是晚吴兆鯉復由王家店回到洪山，謂黎都督要往葛店，決計不回武昌，再三請求皆不允可，現甘績熙、謝鴻濤尚在王家店監視黎之動作，特囑我一人回洪山報告，究竟如何辦法云云。

其時蔣翊武、吴兆麟因兩軍業已停戰，一切事必須黎都督接頭，非請黎都督回武昌不可，復派吴兆鯉、湯顯雋、鄒樊斌三員乘馬携蔣翊武、吴兆麟二人之手書，並抄停戰條件，謂已由英領事派盤恩偕孫發緒來洪山，因都督印不在此，從權照樣刻之，現已蓋印，仍由盤、孫二人携往漢口矣。但停戰後武昌即轉危爲安，一切交涉非都督接洽辦理不可，仍乞俯如所請，准於明早轉回劉氏祠爲禱云云。

是晚吴兆鯉等二次携停戰條件並吴、蔣之手書到王家店見黎都督，而都督已睡，吴兆鯉等即請蕭慕何報告，黎都督聞已停戰，喜出望外，將條件閲後，當命吴兆鯉等在王家店休息，明早同回劉氏祠可也。

是日黎都督出走之時，武昌百姓甚形驚慌，旋即擁擠出城，擠死婦孺甚多，慘不堪言，而兵士等見黎出走，亦相率逃竄，大有瓦解之勢。

將見武昌旦夕不保，適英人盤恩來言停戰，如惡風猛雨之中忽現青天明月，所謂滿清之亡，實非革命軍之力，乃天心民心所趨向耳。蓋天道莫或使之，若或使之，觀於此次之停戰時機益信而有徵。

原黎元洪出走之計不在今日，前數日已與身旁僉任秘商規定，故派鄺杰先到葛店準備，又搬運現銀至兵艦，各機關人員皆未之知，是以用此下策。查黎之生平，專聽左右無知無識之宵小所弄，故每每作事無結果。齊桓公一霸諸侯，自管仲死而用易牙一流，以致暴屍多日，爲後世笑，觀乎此，而於黎元洪又何責焉。

是日黎元洪出走之際，謠諑蠭起，有謂滿軍已由青山方面渡江者，有謂都督府係滿軍派人放火焚燒者，有謂都督府係滿軍砲彈命中焚燒者，又有謂都督府係黎元洪自己派人縱火焚燒藉故出走者，衆論紛紛，莫明真相。

是日又接黎元洪身旁衛兵報告，謂有北方派之漢奸連絡黎之左右群小，獻黎出走之計，俟到葛店先將黎毒死，割其首級到北方奉獻滿軍以圖升官發財，此種北方慣技，但黎不自知之。

是日黎元洪出城時，有黎之書記劉春甲者，堅請黎暫避火災，移於城内安穩之處，切勿出城以失民望，黎不可，竟率衛隊而去，隨從者僅三四人耳，其餘都督府人員或暫避他處，或到洪山總司令部幫同辦事。

是晚護理總司令蔣翊武爲安軍民之心及守停戰條約起見，一面將停戰條件布告地方，一面發下如左之命令：

民軍戰時總司令官命令

（十月十一日午後十二時於洪山總司令部）

一、同前停戰條件。

二、自明十二日午前八時一律實行停戰。

三、各部隊自接到命令時起至明十二日午前八時止，爲準備停戰之期限，滿軍如不開槍砲射擊及渡江情形，我軍不得無故發射。

四、予在洪山寶通寺。

護理總司令官蔣翊武

以上命令發下後，各部隊軍心已安，士氣爲之一振。惟總監察劉公及張振武因黎都督不與各機關人員開會磋商，藉故棄城出走葛店，以致人心動摇，設非停戰三日，轉瞬武昌自棄，即爲滿軍有矣。我輩革命事業又成功虧一簣，而一般同志所流之血埋冤長刼矣，要擬通電彈劾之，旋因吴兆麟、蔡濟民二人勸阻，務要顧全大局，俾免發生意見，俟大功告成後再評論是非，未爲晚也，遂止。

二七、十月十二日　南京光復

十二日南京來電，謂南京業已克復。先是日知會黨員文晋介及柳世裕等在南京運動新軍及學生等響應武昌，被張勳、鐵良輩所知，嚴行捕殺，軍士與學生遭難者不少。文晋介、金雅丞輩遂率一班敢死學生加入武漢之戰，徒手以奪滿軍機關槍，死者甚衆。至上海、杭州、蘇州次第光復後，而吴淞軍政府派出會攻南京之光復軍三千人，昨已佔領烏龍山，近逼南京城。捷報至滬，李燮和總司令決計親往南京督戰，以振軍聲，又派人即日至湘、鄂兩軍政府催借餉銀二百萬来滬。俟南京攻下，即将吴淞軍政府移至南京招募新兵，湊足二萬人，訓練精熟，與各省會師北伐。

蘇軍程都督親征張逆，帶馬砲兵兩大隊，憲兵一隊，大砲四尊，軍紀森嚴，沿途見者莫不歡躍迎之。蘇軍全隊已抵句容，現擬於大軍進取南京之時，由三汊鎮過湖熟鎮（三汊距南京城九十里、湖熟五十里），順流循秦淮（秦淮係西流故西向寧垣爲順水）而下，直進高橋門，攻取金陵之通濟門南門洪武門。

徐寶山軍原爲攻取浦口之用，現徐尚按兵未動，擬俟大軍開戰期間察看時機，不難一鼓下之。徐寶山以十二圩鹽販皆爲壽州幫，壽人勇悍無匹，並熟悉皖北形勢（過浦口即入滁泗鳳三州地），欲斷張勳浦口一路，非用壽州兵不可，刻已親赴清江招募壽州軍隊。夫張勳兵士舉動皆極野蠻，以蠻敵蠻，亦行軍之善策也。聞皖省已派兵一標由蕪湖進攻南京下關一方面，贛省亦派兵一千人由廣德進攻南京秣陵關，再進據雨花臺，兩省軍隊業於初二日開拔前進，並發電報告聯軍司令部接洽。

初二夜有廣西民軍由滬開至高資，統帶黎天才禀奉總司令命令，於當夜二時由高資直赴龍潭，軍容整肅，共有一千五百名，初四日佔領烏龍山者即此軍也。湖北所派黄陂民軍一萬已抵南京交界之太平府，前日特派代表到鎮籌商會師進攻之策。滬寧火車昨日又運浙江敢死隊四百名行抵鎮江，領袖者係一女國民軍，聞即前時率敢死隊一千人規取杭城者，滬軍亦派女敢死隊五十人親往前敵，與張軍一決生死。該隊一洗柔弱之氣，大有奮勇之觀，人心如此，不易得也。徐總司令因杭州兵一千二百名，廣西兵三千，堅欲開赴前敵，故已向龍潭進發。第九鎮之三十三四標兵留在高資護衛大營者，亦争赴前敵，並稱十八日一役槍無子彈，尚且奮不顧身，由秣陵關前進，此次子彈已充，誓必争先與張勳決一死戰，即此可見民軍踴躍之一斑。民軍前鋒隊已抵棲霞山（係上元地界，即孤樹村站附近之山），携帶槍砲軍火甚多，軍容亦異常整肅。

張勳刻已移駐勸業會場指揮軍隊，其城北一枝園寓内係屬疑兵之計，並聞張勳已約鐵良守城，而張則專管戰事，據此以觀，張或出城一決勝負未可知也，鎮江現有砲艇八艘，魚雷兩艘，滅魚雷艇一艘，運送艇一艘，游弋江面。

初四日，聯軍大隊聚集於朝陽門之外，分作兩翼，以左翼攻南門（即聚寶門），以右翼攻太平門。初五日浙軍攻佔麒麟門時，有敵軍一千人被民軍擊退，翌日張勳復派軍出攻，鏖戰三小時之久。因張兵進攻頗猛，民軍失砲兩尊，民軍繼復死戰，卒將失砲奪回。

當時張兵雖携有大砲四尊，然卒爲民軍擊退，民軍開砲轟擊，直至夜深始已。民軍左翼以蘇軍居多，攻得雨花臺後即開砲轟擊洪武門，清兵回砲擊之，民軍約死一百人，清軍死數未詳。至初七日晨，見清兵放棄洪武門而走，民軍右翼以吴淞軍居多，聚於幕府山之後，由該山轟擊北極閣砲臺，制台衙門、將軍衙門及明故宫等處。是役係用二十四生的米達大砲轟擊，其勢極猛，故城内損失必甚巨也。初六日民軍艦隊駛至烏龍山砲臺之下椗泊，即豫備開砲協助陸軍轟城，下午有日清輪船公司之小輪一艘爲砲艇流彈所中，頗受損傷。幕府山砲臺在長江南京下游六里之遥，初五日即爲民軍所得，聞事前已先佈置妥帖，故臨戰時並未抵抗，民軍一鼓下之。初七日民軍復得紫金山，至此城外全境已盡入民軍之手。初五日城外開戰時清兵死傷甚衆，聞清兵臨戰毫無鬥志，一聞砲聲大半棄械而逃，而死者已千餘人矣。初六日自上午八時起至十二時止，兩軍在幕府山與獅子山之間互相轟擊，卒被民軍將清兵擊退，浙軍進攻麒麟門均由龍潭東流而進，蘇軍則沿秦淮進高橋，復由外城根聯合浙軍滬軍攻克孝陵衛，直入朝陽門，計共殲賊二千餘人。民軍於初六日黎明攻克雨花臺砲臺後即分派精鋭攻城，因南城過堅，且民居過稠，誠恐玉石不分，遂抄至下關攻克威鳳門，是役均用野山砲轟擊，其勢甚猛。廣西濟軍初七日由龍潭奮勇前進，皆赤足草履，精鋭異常。鎮軍林都督初七日督率鎮軍由鎮江出發，開赴龍潭前敵。長江水師砲船共二十二營已均歸順民軍，惟金陵營未降。初六日該營參將入城請領軍餉及軍裝，張勳指爲騙取軍裝，喝令逐出，於是金陵營亦全隊開至鎮江，與民軍聯合矣。民軍既得幕府山獅子山後，查得山上尚有大砲數尊，但皆係十年前之舊物，已不可用，張勳部下無能開砲之人，故懸重賞招外國砲手助之。民軍此次往寧，携有新式大砲甚多，擬分置於城内外已得手之各要地，以爲防衛。初五日黎天才率濟軍攻烏龍山幕府山砲臺，該兩砲臺已爲前砲臺官宮君承焜運動成熟，乃事爲張勳所聞，擬即日派兵前往更換臺官。我軍聞信，遂立由黎率兵前往奪取，擊殺張兵甚多，當奪砲臺時，並有兵輪掩護前進，此爲沿江進兵之一路。浙軍朱指揮官奉總司令命令，由麒麟門前進，聞有大隊敵兵埋伏，乃直前攻擊，敵軍編制本係混合成軍，以胡麟宣所統徐州防營爲第一綫，王有宏所統新軍防營爲第二綫，趙會鵬所統寧防營爲第三綫，而張勳則自率江防營爲第四綫，約共七八千人，於午前十一句鐘開戰。浙軍奮勇異常，其時西北風大熾，我軍皆逆風而進，戰至五六句鐘之久，敵軍大潰，我軍分路追擊至夜半始休息。敵軍共死二千餘人，其餘四散奔走，逃回城中者甚少，此爲中路進兵。蘇軍由句容奉總司令處命令向淳化鎮前進，分二百人佯攻雨花臺，忽進忽退，以分賊勢，此爲南路進兵。此乃初五日之戰情也。

初六日破曉，張賊率奮勇隊四千人，旗兵亦出奮勇隊一千餘人襲攻浙軍，浙軍防禦甚嚴，聞警即起而迎戰，先取守勢，既而變守爲攻，砲兵發彈尤准，每彈發出，敵兵必死數十人。戰至日中，賊始不支，四散而潰。浙軍急進午飯，其時有敵兵敢死隊約二百人，見浙軍休息，乘勢襲至砲兵陣地，奪取散砲，勢甚猛厲，已有砲數尊被敵兵拽繩而奔，我軍砲兵只有數人，立開數砲，步兵聞砲聲知有變，即前往救援，奮力將砲奪回。午後又復激戰，至下午五時，敵兵退至孝陵衛，我軍一面往攻，一面分兵奪取紫金山砲臺。敵兵在孝陵衛者見勢不敵，即縱火焚燒民房，火光燭天。我軍奮力追攻，直至朝陽門下，攻紫金山之兵隊亦激戰多時，奪取敵之山腰大砲三尊，時本擬攻入城中，繼因大戰兩日一夜，兵士疲倦不堪，乃暫退至馬群屯紮，當日並有鎮軍一營隨同浙軍助戰。當我軍奮攻孝陵衛時，有旗兵千餘人服蘇軍軍衣，由側面向浙軍攻擊，浙軍因其服裝與蘇軍相似，不肯還槍，先用白旗招展，令停止放槍，繼吹停戰號，而旗兵不應，放槍如故，浙軍心始疑之，然死者已有排長二、管帶一、兵士三百餘人，遂一面派人至總司令部報信，一面挂紅旗宣戰。敵兵見宣戰相率遁去，而總司令處聞信，即派參謀史久光君率憲兵數人前往戰綫偵察情形，乃至半路爲張勳敗兵排槍所擊，史君及憲兵排長某均中槍陣亡。是日蘇軍至淳化鎮，遇張兵五百餘人，擊退之，即進屯上方門，聞滬浙軍皆獲勝，對於雨花臺乃改佯攻爲正攻，唾手而得此險要。幕府山砲臺既恢復，即由山上用巨砲轟擊北極閣、富貴山、儀鳳門、太平門等處，艦隊佐之，北極閣砲臺初亦還砲相擊，繼而大受夷傷，太平門城樓被毀。其時民軍所以未攻獅子山者，以該山砲臺兵士已受我軍運動故也。

是日濟軍原擬急攻儀鳳門，並奪獅子山砲臺，因兵力不富，因而未果，總司令處已加派鎮軍兩營前往協助，該兵已連夜前往，俾一到即可進攻。鎮軍本有兩標在前敵，以騎、砲兵組織未完，未能獨力作戰，本日由劉協統自帶機關砲、野砲多尊及馬隊兩隊，由火車運至龍潭，已奉總司令部命令，率同明羽麟所帶鎮軍一標於初七早會攻朝陽門。該軍見滬浙蘇諸軍如此奮勇，深以遲到爲憾，赴戰情形異常踴躍。初七日聯軍總司令徐紹楨親率浙濟兩軍由麒麟門攻入太平門，張勳兵死二千餘人，統領王有宏、徐州鎮胡令宣均被轟斃，民軍死傷六百餘人，内濟軍二三百人，聞紅十字會員亦死多人。

張勳已由南門逃出，張人駿、鐵良聞皆避匿德國領事署内。初十日晨，外間所聞之炸烈聲乃係城中民軍將獅子山軍裝庫炸毁，俾清軍無軍火可用，不能開砲轟擊城外之幕府山，或謂此事即决死隊所爲。十二日晨十時，有清兵千名出太平門歡迎民軍，甚形誠摯，民軍亦以禮答之，繼有民軍三千名入太平門而至威鳳門，此乃經一星期之戰争南京光復之結果也。是夜有專車載來受傷民軍九人，内重傷者祇一人，總計自上星期日南京開戰以後，受傷軍士抵滬者共六十一人。此次抵滬傷兵死者僅有兩人，一人之胃被彈擊穿即死於車上，一人被彈洞穿其肺，舁至醫院十分鐘後亦斃。目下在紅十字會醫院之傷兵五十八人内，重傷者僅五六人而已，且已漸次復原，内有一人身受三槍，一槍自額前擊入，幾貫其腦，幸未穿過頭骨，一槍擊穿大腿，一槍則擊入腹部，幸胃未傷，故得不死。嗚呼，此皆爲我同胞購求自由而流血者也，我同胞得勿念之。

十一日之戰，兩軍轟戰頗烈，有重要二砲臺同竪白旗。當時民軍以大砲轟擊太平門沿江一帶，獅子山砲臺與民軍砲艇互相轟擊，民軍即於此時完全佔據紫金山。迨十二日早，兩軍議和未成，民軍隨即佔領全城。午時，獅子山砲臺高懸白旗，外間謂張勳已自南門逃出，且信張必逃至浦口，要求該處鐵路人員開火車載之赴北。民軍聲稱彼等無殺張勳之心，但急須阻其逃往北京。鎮軍林都督於十二日晨十時率兵數千由太平門入城，餘軍由儀鳳門入城，全城居民皆懸白旗以表歡迎，張軍大半已於前晚逃往浦口，餘均投順。當光復南京時，民軍被害者僅有數人，因清軍見民軍，早已望風而靡，故死傷之數甚少。此次南京之戰流血甚慘，民軍心甚堅毅，當攻城之前已佔據各山。昨日下午由寧乘火車抵滬之人甚多，皆謂此次争戰甚爲劇烈，南京之克，係由四面圍困及江中攻擊所致，蓋未克之前已有民軍砲艇四艘泊於南京下游六英里聽候號令，届期砲艇果助民軍轟擊，成此大功。初十日紫金山之戰異常激烈，卒由民軍奮勇力戰，佔領該山，清兵大敗而逃。十一夜清軍均退入城内，是日正午，張勳出城察看紫金山地勢及民軍圍攻情形，清兵退入城中時，張勳爲之大哭，下午乃偕張人駿由汶西門遁走，鐵良聞亦同行，均逃往浦口。張勳手下尚有殘軍一千人，其所招之匪兵則悉留城中。十三日城内斬決搶匪多名，聞連日由張勳之兵身上搜出銀錢飾物甚多，將軍衙門已爲地雷炸毁，其聲甚猛。十二日下午，林都督率領得勝軍入城，張兵投降，皆匐伏於地，倒執槍械，其窘態頗有可觀，既而悉編入民軍中。

浙軍自杭州光復後，統領朱瑞奉湯都督命令率領步隊兩標，游擊隊兩營，馬隊一隊，砲隊一營，工程營一營（欠兩隊），輜重營一營（欠兩隊），敢死隊一營，陸軍警察一隊於上月二十三日由杭赴滬，二十五日由滬乘滬寧鐵路車至鎮江。時鎮軍因準備未周，張寇聞風，派兵四出防守迎敵，浙軍行至高資暫行駐屯，初一日拔隊越過龍潭至東洋鎮宿營，初三日黎軍亦至龍潭云。

烏龍山之戰。十月初三日午後八時，得探報張寇聞聯軍次第攻寧，有派兵三營據守烏龍山幕府山各砲臺防守聯軍前進之説，浙軍支隊長朱君遂特派獨立馬隊隨同黎軍及游擊一營前往驅敵。初四日午前十一時，馬隊先鋒至烏龍山，旋即佔領該砲臺。此役僅放數槍，該臺官亦明大義，當即反正，兩邊均無損傷。

幕府山之戰。張寇聞烏龍山入民軍手，初四日即派馬步兵各若干，出儀鳳門防守幕府山，以爲亡羊補牢之計，詎淞浙兩軍統領暨參謀官自佔領烏龍山后，僅留一小部於該處，乘夜拔隊攻取幕府山砲臺。至天明，民軍均齊集該砲臺附近。時有張寇馬兵百數十名，敵步兵先頭亦抵該砲臺附近，淞浙合軍擊潰敵騎，爰編兩梯隊，在前梯隊佔領幕府山砲臺，以砲火行追擊事，在後梯隊任戰場外追擊，格鬥數小時之久，敵即敗逃入城。

馬群之戰。浙軍自初四日派一部隊連合黎軍攻取烏龍、幕府兩山各砲臺以後，朱支隊長當夜派游擊營乘夜佔據馬群附近要隘，掩護本隊開進。翌日大部隊自東陽鎮向馬群前進，事被張寇偵知，派有步隊五營中途邀擊，至午後一時，浙軍先頭部隊已與敵人接戰。朱支隊長即於馬群後由本隊中派步隊兩營向左右翼展開（因中有游擊營佔領），砲隊於馬群前方高地佈置放列，猛烈射擊，步隊漸次前進，迨至距敵五百米達許之處，步隊行躍進法，散兵漸漸近敵，將校指揮得宜，目兵槍法精確，敵軍損傷甚鉅，力不能支，即向孝陵衛退却。浙軍隨追隨擊，轟敵而進，擊斃僞統領一名，敵兵三千餘人，捕獲俘虜數百名。至午後二時，孝陵衛即爲浙軍所佔。是夜各部隊均在原地露營，佈置戰鬥前哨，以備警戒。

孝陵衛之戰。初六日午前五時，敵步兵五營、砲兵一營拂曉向我軍攻擊，幸我軍防備甚周，隨即向之返擊。迨至日中，戰綫擴張至四千米達之廣，自晨至夕槍砲聲未嘗稍間，至午後六時戰局尚未收結。浙軍朱支隊長與參謀參軍率同義勇隊親臨火綫，發衝鋒口令，人如潮湧，馬似山崩，敵兵自相踐踏者不計其數，被浙軍生擒者，傷統領一名，兵約二百餘人，一鼓而前，追敵約七里許。迨至城下，城門閉鎖，恐其間埋有地雷炸藥等物，未即逕入，爰於朝陽門千米達處高地佈置前哨，砲隊在陶成小學附近露營，朝陽門外絶無敵人蹤迹。初八日總司令官命淞浙各軍於晚間圍攻堅城，器具未盡完備，是夕之攻仍未克。

天保城之命名，係清臣曾國藩侵略南京時於紫金山頂築以堅固陣地，事後以天保二字名焉。該陣地爲攻取南京必要之點，敵兵在此防守者有江防兵一營，旗兵四百，砲十餘門，機關槍四尊，浙軍血戰三晝夜未下。朱統領挑選各營自告奮勇各義士編成兩隊，一隊由張兆辰君率領，走紫金山背後擊其側方，一隊由葉仰高君率領，走紫金山峰擊其東端，格鬥十二時之久。至天明以肉搏相見，敵軍全數殲滅，大功告成，葉仰高中彈陣亡。翌日浙軍以砲隊擊駐城上之敵，張寇聞風恐懼，至午後七時，帶同逆兵五百名出南門向大勝關逃走，十三日午前七時，浙軍游擊黎軍擊破儀鳳門，分段搜索，佔領各要點，由是各軍亦陸續入城云。

蓋漢陽雖失，而南京已得，抗民國者僅袁世凱、張勳二人，至是皆成强弩之末，故袁世凱藉漢陽一勝之威强民軍以議和，逼清廷以退位，玩弄民國，屠殺人才，民軍日裁，而張勳與反抗民國之北軍日增，致天下紛争無已時，其害可勝言哉。

是日午前九時，總司令部接張廷輔報告云，漢陽清軍今早猶向我武昌射擊，恐停戰是詐，恐各部隊因停戰而防禦懈怠也云云。蔣翊武得報後，旋即傳令各部隊，仍須在原地嚴密防禦，俾免疎虞，惟停戰果否實行，緩即知之，如清軍在彼岸射擊，切勿還擊，若清軍確係渡江來襲，我軍即猛烈射擊以驅逐之。

午前十時，孫發緒由漢口來電，云停戰條件，彼方業蓋印，各國領事已發出通告，實行停戰三日云云。

蔣翊武即將以上電報轉知各部隊，並令各部隊務要遵守停戰條約，免外人藉口，惟對於防禦事宜仍不可疎忽，同時參謀總長吴兆麟復派馬隊標統王祥發率馬隊一隊到王家店迎黎都督回武昌城外劉氏祠，或到武昌城内辦事。

是日城内百姓與各機關人員自黎元洪出走後幾至空城，惟城内治安僅步隊第二協統領何錫藩，軍務部長孫武、張振武，總監察劉公及城内商民保安隊數部維持之耳。是日午後二時復接得張廷輔報告，謂清兵步隊約一標向金口鐘山方面行進，護理總司令官蔣翊武即抽派步隊第七協統領鄧玉麟，率該協亦向鐘山進發，與駐紮金口之隊伍互相連絡，防禦清軍渡江，又令步隊第二協統領何錫藩派該協步隊第四標警戒江岸，接換第七協防禦陣地，其餘步隊第三標仍嚴守各城門。

是日午後九時，黎元洪已轉回洪山附近之劉氏祠堂，參謀總長吴兆麟偕顧問楊開甲、吴兆祺等到劉氏祠往晤之。吴兆麟問黎都督遷至葛店是何人主張，黎云在城内被清軍砲擊，不便辦事，故與大家商量遷至葛店。吴兆麟云，城内受滿軍砲火轟擊，固不便辦事，如都督出城之時，須先集合各機關人員會商決定，然後曉諭人民，暫於城外擇一清軍火力不能及之處辦事，以免城内百姓驚慌，軍心動摇可耳。況葛店距省城過遠，交通不便，而又無電報局，何能辦事？昨晚英人盤恩來言停戰條件，要都督蓋印，一時無法，遂與孫發緒商議，從權照樣刻印一顆以救危急。自今而後，請都督不必輕聽人言，隨便他往，與其屈志而寄託他省，無寧死守武昌以留名後世。查武昌現已由各省公舉爲中華民國臨時中央政府，存亡所繫，中外觀瞻，威信不可不保，將來大功告成，是都督即爲千秋萬世共和民國第一偉人，望都督深思之云云。其時甘績熙在坐，繼云請都督再不要貪生怕死，現在中華民國行將成功，即不幸而死，都督亦可以在歷史上做拿破崙第二。當時黎元洪怒曰，爾青年人屢次説激烈話，實屬不成事體，大家既舉我爲都督，就要服從，勿得任意説不道德之言。是時楊開甲見黎元洪發怒，遂請都督不要生氣，並將甘績熙扯出門外去矣。

少頃，吴兆麟請黎都督仍準備遷至武昌城内辦事，以資便利而安大局，黎已允可，遂派人到城内選定城内山后曇華林高等小學堂舊址爲都督府，並擬布告曉諭人民。

十三日接南京來電，程德全改稱江蘇都督。

是日上午黎元洪已遷入武昌城内曇華林。

午前十時，護理總司令蔣翊武派參謀副官十餘人，並按照命令繪具防禦配置簡略圖表，油印多份，分交各員，前往各隊幫同計畫，當此停戰期間，各部隊須利用時機加築防禦工事。

是日我江西援軍，其主力仍在陽邏，以一部佔領倉子埠附近。

是日李烈鈞由安慶到武昌面謁黎都督，並述下游經過情形，黎都督即請李烈鈞在武昌幫忙。

是日各部隊即在武昌附近遍貼招募布告，擬利用停戰之期將各部隊補充足額。

是日各機關人員散而復聚，百姓亦漸次入城，城内氣象又焕然一新。

是日漢口各國領事聯銜布告，民心極爲歡悦，街談巷議，人人都願兩軍從此停戰議和，改建共和政體。各報館復加宣傳，激刺清軍，頌揚民國，理應順應輿情，同歸於好，不宜同胞相殘，以快異族。惟清軍各官兵此時對於民國表同情者多，亦在漢口與商界接近，不願再戰。

自停戰條件宣布後，在黎元洪身旁之一般奸細皆心灰意冷，大失所望。

二八、十月十四日　舉黄興爲大元帥黎副之

十四日接上海來電，舉黄興爲大帥，黎元洪爲副元帥。

是日午前十時接偵探報告，謂清軍自占領漢陽後，已抽派一大部隊赴黄陂方面增加，現在滿軍在漢口之兵力約一混成協，在漢陽之兵力約一混成協以下，其漢陽步兵陣地第一綫在南岸嘴至鸚鵡洲之財神廟附近一帶。

是日正午，譚人鳳已到武昌，大説惡言，謂民軍一切事均辦理不善，防禦亦不嚴密，並派人到處挑剔，意欲在武昌繼黄興之職。

是日接漢口英領事電稱，清政府擬派郵傳部尚書唐紹儀南下，赴滬與民軍復接洽和議，但停戰日期可望繼續。

是日護理總司令官蔣翊武特派何瓛到葛店設兵站，以便運輸下游援軍糧秣。

十五日接南京來電，謂擬派兵來援武昌，現已準備出發中。

同日又接廣西都督沈秉堃由湖南來電，謂廣西援軍已抵湖南，不日來鄂。

是日綜合各方面情報，滿軍兵力自保定以南至信陽州，共約一鎮，又自信陽至陽夏，亦約一鎮以上，各車站均派有重兵防禦，其軍隊雖屬滿軍，但均係漢人，有一般覺悟者不願同胞相殺，大有欲響應民軍之勢。

是日接江西贛州來電，謂已派援軍於本月十三日向武昌進發。

同日復接湘南來電，謂已派趙恒惕率援軍隨同廣西軍來鄂。

是日護理總司令蔣翊武因停戰日期屆滿，清軍又抽派軍隊向黄陂方面增援，特給江西軍之訓令如左：

民軍總司令官訓令

（十月十五日午後四時於洪山總司令部）

一、綜合各種情報，清軍兵力由信陽州至陽夏約兩鎮以上，但陽夏兵力共約一鎮，黄陂方面似已派兵增援。

我艦隊現停泊於陽邏附近。

我廣西、湖南、兩軍已派援軍由湘南出發，不日來鄂。

我江西贛州援軍今日來電，已於本月十三日起程向武昌進發。

我南京援軍今日來電，正準備向武昌出發中。

二、本軍擬仍防禦武昌省城沿江一帶，俟各省援軍齊到，轉取攻勢。

三、貴江西軍統領馮嗣鴻率該協向黄陂方面進展，俟停戰期滿，則派隊威脅京漢鐵路，且須掩護我軍之右側。

四、貴江西軍後方連絡綫即爲葛店通陽邏至黄陂之道路，並須派員與葛店陽邏兵站接洽，以便補充糧秣彈藥。

五、予在武昌賓陽門外洪山寶通寺。

護理總司令官蔣翊武

是日黎致安徽孫都督電：

據大通税務司兩次來電，有黎宗嶽在大通徵收鹽厘，是否爲鄂省所派，並云查此項鹽厘爲清政府撥抵外債之欵，如作爲軍用，是有意破壞外交等語，查敝處並未派黎，請就近查明核辦，示覆。

又覆長沙譚都督電：

停戰期至十九日上午八時止，鄂省槍械缺乏，萬難分給。請將前日貴省帶回槍支收用，近日對江相持，兵艦不能上駛，祈貴軍速來金口集合，並懇轉達桂軍，蘇浙援軍未到，江西兵已向黄陂行進，張其鍠尚在鄂。

附來電：

南武軍總統張其鍠，桂都督派爲廣西代表，到鄂會議，並有湘省軍事機密面陳，由武陵船來，祈飭招待保護，除另具公文外，先電聞。

二九、十月十六日　清攝政王辭職

十六日午前八時以前，由駐漢英領事發來通知，民軍與清軍再停戰三日，護理蔣總司令即轉知各部隊繼續停戰三日。

是日接山西民軍來電，謂已派重兵進據井陘口，擬襲擊清軍右側，並圖截斷京漢綫。

同日又接陝西來電，謂已派兵進據潼關，亦擬襲擊清軍右側。

同日又接得北京來電，謂監國攝政王辭職，清内閣總理袁世凱奏稱民心已去，擬停戰與民國軍議和。

是日將以上各電通知各部隊及各報館，並佈告地方，軍民歡悦，士氣復振，惟一般趨炎附勢之徒乘機而起，漸向武昌集合，力謀活動，分子複雜，意見叢生，彼此傾軋，猜忌横溢，於是各派復自擴充勢力，以爲附我者愈多愈好，殊不知愈多而愈難敷衍。當時革命黨人大半年少氣盛，性情暴烈，既不能容人，又不爲人所容，而又無觀察力，能切實作事脚踏實地者，即以爲迂闊，專尚虚華言巧心詐者，即以爲奇才，所以每每辦事，糾紛多而成績少，加以驕氣淩人，賢者不出，而投機攀緣之士只知因緣時會，名利是圖，若當危急存亡之秋，即風流雲散，既見時局日趨安定，即趨之恐後。此當時之現象也，亦革命之大不幸事。

是晚譚人鳳在武昌城内大朝街卞宅集合楊玉如、李作棟、孫武少數人開會。楊玉如云，今日上海來電，已舉黄興爲大元帥，黎元洪爲副元帥，想黄興此時不能來鄂，總司令官一職，蔣翊武不過暫時護理而已，應另行舉人爲總司令官，以便計畫作戰事宜。譚人鳳先生係革命鉅子，老成練達，素孚人望，當以譚先生繼黄興之職，在坐人員皆表贊成。旋譚人鳳云，各位同志既舉兄弟繼黄興之職，但是此時武昌情形與在漢陽打仗不同，現在武昌係防禦，將來必須北伐，人鳳之意將總司令官名義取消，應改爲武昌防禦使兼北伐招討使。蓋防禦者，防内奸而禦外敵也，招討者，討不廷而招之從我也，事切名實，各位同志以爲何如？於是在坐者亦表贊同，遂備文請黎都督任命。黎元洪即委譚人鳳爲武昌防禦使兼北伐招討使，節制武昌各軍並各省援軍，調蔣翊武爲都督府顧問。蔣翊武因軍事甚忙，事前毫無聞知，迨發表渠爲顧問時，極爲憤恨不平，後經大家勸解顧全大局，始辦交代。

是日黎覆湘都督並致各省都督電：

頃准湘都督電稱，各省擬公推鎮江都督林述慶爲援鄂軍總司令官，各軍到後均聽調遣，甚妥。除復湘都督外，已電請林都督向鄂進發矣。

附來電：

連接各省來電，援軍雲集，無總司令，必致潰亂，寧軍新著戰功，擬公推鎮江都督林爲援鄂軍總司令官。各軍到後均聽節制，是否妥協，乞電商各省，即速定局爲要。

又致南京徐總司令電：

敵所恃者器械精足，尤以管退砲、機關槍爲制勝之具，請貴軍西上時設法多帶爲盼。

附覆電：

現擬先解七生的五開花砲彈三百顆，子母彈五百顆，應由何道運入武昌，交何人收，祈電復遵辦。

又覆上海陳都督電：

刪電悉，感甚。請將滬局所造之野砲六尊或四尊，與開花彈一併運鄂。

附來電：

寒電悉，製造局子彈爲聯軍用去頗多，子母彈已無存積，惟開花彈尚有一千顆，當設法運來。此復。

十七日午前九時，譚人鳳帶隨員多人，即親往洪山總司令部接事，仍設防禦使兼招討使署於洪山寶通寺，並備文通傳各部隊仍續行前任務，在各佔領陣地防禦。

是日午後六時，譚人鳳即面謁黎都督，請黎傳知各機關重要人員齊集大朝街卞宅開會，劃分權限，並討論進行各事宜。

午後八時各機關人員齊集卞宅開會。時譚人鳳云，凡辦事，權限務要劃清，進行方可順利。自今以後，各部隊遇有軍官遺缺，俱要由防禦使委任以資統一而便節制，此其一。武昌現在所儲子彈、槍枝均要報於防禦使備查，以便計算分配需用，此其二。防禦使署及所屬各軍隊餉項，每月財政部須先籌撥以濟要需，此其三。以上三件請大家表決，以期施行云云。

其時軍務部孫武云，任命軍官原係軍務部權限，防禦使只有節制指揮之權而無直接任命之權，如有良好軍官，保送軍務部或都督任命可也，此第一條我輩不能贊同。至於槍枝、彈藥，防禦使至戰鬥時，可備文領取需用，亦無須兼管，此第二條亦不能贊同，再各部隊及防禦使餉項，按日當由財政部籌撥，勿庸過慮，亦不必研究云云。

於是譚人鳳即與孫武反復辯論，孫武云，既如所云，要軍務部何用？請不必苛求，即照總司令部辦法施行，俟大功告成再行規定可耳，於是大家隨聲附和而散會矣。

是日黎覆南京徐總司令電：

諫電悉，甚感。砲彈如係日本速射砲所用者，即運來，否則懇備砲數尊一併運交江夏縣北陽邏對岸之青山兵站糧台查收。

又致葛店電政局轉艦隊司令官電：

據滬海軍處來電，飭各艦將所缺各項藥彈詳細開單，尅日專差送滬，以便購辦。

附上海海軍處來電：

請轉飭各艦將所缺各項藥彈詳細開單，尅日專差送滬，以便購辦。

又致九江馬都督電：

頃聞九江砲臺於十三日晨六鐘砲擊美國海軍運船，致起交涉，是否屬實，祈查明速復。又六楚兵輪如已到潯，飭速來鄂。

附海軍湯司令來電：

據海籌巡艦黄司令連長稱，九江砲臺於十三日晨六鐘誤擊美國海軍運船，致起交涉。請詢馬都督此事是否了結。

又覆長沙譚都督電：

删電悉，敝處暫移第二中學堂，另於洪山設立行台，贛軍已赴黄陂，寧軍早晚可到，聞敵擬由新堤進攻武昌，請速催桂軍快趨新堤，相機迎擊。張統領其鍠已見矣。

附來電：

迭電均悉，米已辦五千石，當附桂軍大隊運濟。岳州已駐重兵嚴防，重慶、瀘州來電已宣布獨立，聞貴處諮議局被焚，都督府移設何處，近日漢陽敵情如何，贛粵及蘇浙聯軍到否？桂軍明日可到長沙，當催令尅期前進，至如何進兵之法，並希詳示。張統領其鍠已見否，乞覆。

又致各省都督電：

停戰十五日，由英領遞來北軍條件。第二條，北軍不遣兵向南，南軍亦不遣兵向北，以上所言南軍，秦晋及北方土匪均不在内。代表團議決停戰期内，清軍不攻民軍，民軍亦不攻清軍，所言民軍，秦晋及北方義軍均在其内。揣敵意利用停戰，先下秦晋，再圖南犯，代表決議，一面援鄂，一面專力北伐，水陸並進，速設臨時政府於寧以爲根本，請貴都督速派勁旅直搗幽燕。盼切。

又致九江馬都督電：

頃據德領事照會，有運送船梯吞利亞被尊處扣留，請電貴都督放行等語，即請尊處查明。如果該船係裝德巡船所用二十一生啓米達之子彈，請即令其下行，不准上駛。

又致貴州楊都督電：

民國對内對外亟應組織統一機關，各省代表均已到鄂，貴省路途遥遠，擬公推在鄂之周君仲良代表貴省，可否，乞速電覆。

伍廷芳、唐紹儀二先生合影

伍廷芳，字秩庸，廣東新會人。唐紹儀，字少川，廣東香山人。二老者皆中華民國之大老。武昌起義之後，伍廷芳與温宗堯辦民國之外交，在上海萬國交通之場，折衝樽俎，博得列强尊重民國之同情。其功偉矣。唐紹儀爲袁世凱請與南方議和全權代表，官於清廷，心在漢族，張革命軍之聲勢，促異姓之早亡。其蓄心革命，固不在孫中山之後也。

三〇、十月十八日　伍廷芳、唐紹儀奉命議和

十八日，北京清内閣總理袁世凱派唐紹儀爲全權代表來武昌與民軍議和，黎都督即親往接洽後，電伍廷芳來武昌，旋得復電未能來，唐代表即乘輪赴滬。

民軍各省即通電公推伍廷芳爲全權代表，與清之全權代表唐紹儀議和。

是日江西改舉馬毓寶爲江西都督。

是日民軍與清軍續議停戰十五日。

是日一般輿論皆謂譚人鳳不知軍事，徒攬大權，且其年已衰老，一旦作戰恐於大局無益，而又害之。各機關重要人員及各部隊長官咸往都督府向黎都督陳述，並請黎都督遴選素孚衆望並精通軍事學者爲總司令官以便指揮而利進行等語，黎都督聞之極爲躊躕。時孫武云，此事不宜猶豫，此於大局攸關，不可不下決心，況譚人鳳之防禦使非經大衆開會公舉者，是其連合三五人所串成者。彼既得名義，又非常攬權，渠又不自量，既非軍人，能指揮軍隊乎？黎都督然之，遂與大家商定，派譚人鳳赴上海爲議和代表。

是晚午後十一時，黎都督即傳知各機關及各部隊於明十九日起繼續與清軍停戰十五日。

是日黎覆雲南蔡都督電：

議決鄂爲中央政府，所有外交暫由鄂擔任，俟南京臨時政府成立即由南京主持，祈釋廑念。

附來電：

連得各省電，公認鄂爲臨時政府，專任外交代表，請尊處查各省公認之電，如已得多數，即由滇省急電知會各省，就近照會領事，並由尊處先照會外交團，電達各該國家承認，以便切實辦理外交，至要至盼。除通電外，專電奉懇。

又致葛店電政局轉復海軍司令黄君鍾瑛電：

筱電悉，海籌、湖鷹可東下，嗣後餉由滬鎮發給，祈照辦。如有急需，再由鄂酌撥。

附海軍黄司令鍾琪來電：

昨日奉上一電，想已登鑒。泰、同兩艦已遵令開上陽邏，裝配彈藥，江貞隨駛上以觀動静，尚有謙、觀兩艦到時，即令上駛，協同陸軍動作掩護江岸。此間布置各事已與楚泰管帶馬交接清楚，若有調動之處可由其指揮。江水已涸，海籌運動不便，湖鷹機器極損擬先下，籌備北伐，再調他艦及雷艇湖鵬來鄂。本早已領到洋二萬元、紙幣五千元、銅元一千串，餘即照補。第一艦隊九月雙餉，另造報銷册呈核，查滬鎮各艦艇九月餉已領，嗣後最便由滬鎮發給，但在鄂若有意外急需，乞就近酌撥。如何之處，尚請裁奪。

又致葛店鄧、梁兩管帶電：

查葛店廟宇祠堂，頗敷辦公，仰飭所部勿擾民房爲要。

程璧光先生遗像（年长者即是）

又覆上海陳都督電：

銑電悉，公舉海軍諸官長，誠如來電所云，威望素著，敝處極表同情。特覆。

附來電：

海軍全權亟應統一，現由海軍各處代表公舉程君璧光爲總司令，黃君鍾瑛爲副司令，黃君裳治爲參謀長，毛君仲方爲參謀次長，總副司令未到以前暫由參謀長代理一切，查所舉諸人均威望素著，敝處甚表同情。謹以電聞。

又致各省都督電：

各省代表均到鄂，議定臨時政府組織大綱並訂期在南京公舉臨時大總統組織臨時政府，經敝處通電各省，諒已達覽。現忽據來電稱，滬上有十四省代表推舉黃興爲大元帥，元洪爲副元帥之説，情節甚爲支離，如實有其事，請設法聲明取消，以免淆亂耳目。

附上海陳都督通電：

南京底定，屢電通知，浦口已由柏烈五統制率兵血戰三日夜，於十二日午刻光復，林都督已承認爲臨淮總司令，此間北伐隊確有端緒，務祈尊處早日綢繆，以資聯絡。本日程雪老、湯壽老暨留滬各省代表，公議暫定南京爲臨時政府所在地點，公舉黃興爲假定大元帥，黎元洪爲假定副元帥兼任鄂軍都督，俟赴鄂代表返滬同到南京，再行正式發表。特此通告。

附九江馬都督來電：

頃接留滬各省代表寒電内開，臨時政府前經議定武昌，現在南京光復，鄂軍務適緊，援鄂之師、北伐之師待發，急需統一之令。同人公議，不如暫定南京爲臨時政府所在地，舉黄君興爲暫定大元帥，黎君元洪爲暫定副元帥兼任鄂軍都督，藉免動摇而牽大局。俟赴鄂代表返滬同到南京再行發表，所有編制日内併力準備，俾得進行無滯，事機緊急，不得不從權議決，務乞鑒原，並懇轉達到鄂各省代表請即日來滬會議，盼切等因，合亟轉電，統希從速赴寧開會爲禱。

附桂林陸王兩都督來電：

留鄂代表會寒電陳湯程三都督暨留滬代表，寒電均奉悉，臨時政府地點設於南京，未舉臨時總統以前仍認鄂都督爲中央軍政府，敝省均極贊成。臨時政府限七日成立，尤爲歡迎。惟選舉臨時大總統，前月有日，程都督通電，擬舉孫文君，已有多省贊同。此次選舉仍宜由各軍政府電達南京，以多數取決而昭鄭重，至公舉大元帥一節，查總統有統率海陸軍之權，大元帥名目似應歸諸總統，所陳當否，仍候各都督及代表諸君卓裁。

又覆杭州湯都督電：

佳電悉，所舉諸君皆素負重望，所擬名稱亦簡單便民，敝處極表同情。

附來電：

迭荷電促協舉臨時政府，各部首長並示所舉，頗不乏人。特就聞見較確者，謹附舉爾所知之義以備公決，除外交已各推定伍、温二君外，内務程德全、教育章炳麟、財政張謇、交通詹天佑、軍政黄興、司法汪兆銘。抑又有説，新邦肇建，首取便民，無論名稱程度愈簡單愈省便，各部如内務爲内部，外交爲外部，教育爲學部，財政爲財部或户部，交通爲郵部，軍政爲軍部，司法爲法部，事有似緩而實急者類是也。諸求名教。

又致九江馬都督電：

蜀軍籌辦處在滬購有機關槍二尊，步槍二千枝，子彈三百萬，六寸山砲六門，並砲彈、洋軍刀、軍裝各物過潯時，祈查驗放行。

三一、十九日　袁調馮國璋赴京以段祺瑞爲清軍總司令官

十九日，武昌秩序漸恢復，各報館及一般人民皆痛言滿清弊政，苛待漢人爲家奴，專媚外人爲天帝，是滿清爲外人之奴隸，漢人又爲滿清之奴隸，故漢人在滿清專制之下實爲奴隸之奴隸，比印度亡國於英國尤苦。言之沈痛異常，民心益動，復印刷宣言多件散發於清軍之内，但清軍見所到之地，無論城市鄉鎮婦孺皆言滿人不好，又深恨清軍焚燒漢口之殘暴，以故漢口、漢陽凡清軍所占之地，人民皆逃避一空，除極少數漢奸外，無論何人不助清軍。人非木石，孰能無情，因而清軍中之稍有知識者，漸多與革命軍表同情，甚有欲借戰事重開之日響應民軍，促成共和，且屢有清軍中壯士秘到民軍接洽，一俟再戰即反戈相向。得此種種情報，故擬派人在漢口設機關招降，於是黎都督即派蔣翊武携帶巨欵在漢口設立招降機關，就近便宜行事。

是日接北京電，謂清内閣總理袁世凱調馮國璋往京，特派江北提督段祺瑞爲清軍總司令官，尅日赴漢云云。

是日民軍各隊派人往四鄉招募以補充軍額，各處應募者極爲躍踴，惟四鄉男女老幼咸向招募人員問訊，聞民軍勝則歡喜逾恒，言清軍勝則憤恨刺骨。

是晚江西援軍協統馮嗣鴻來武昌報告，其狀態極爲狼狽不堪。據云我軍於昨十八日早尚未奉到繼續停戰之令，故於是日向黄陂縣前進，因地形崎嶇，特雇地方土人嚮導前進，不料該土人即係清軍所收買之偵探，故將我軍引至於黄陂附近約二十里之地，方集合時，該偵探等潛報清軍，倏忽來襲，向我軍側擊，我軍傷亡二百餘人，旋即後退。正擬反攻之時，

即接都督傳知，繼續停戰，於是我軍仍到倉子埠附近防禦云云。

是晚黎都督發出傳知，令各機關及各部隊長官準於明二十日午後八時齊集武昌城内教育總會，開軍事會議。

是晚黎都督請防禦使譚人鳳面商云，現在民軍與清軍在上海議和，除全權代表外，兩軍須各派三員加入，爲議和代表員。閣下爲革命巨子，老成持重，特請尅日往滬加入議和。譚人鳳因武昌空氣不佳，大家均反對渠之防禦使，且各部隊又不服從，而步隊第四協統領張廷輔且不接受譚人鳳之公文，大有下逐客令之勢，於是譚人鳳亦見風轉舵，對於赴滬議和代表一席立即承認，並力辭防禦招討使一職，於是黎都督即備文派譚往滬矣。

是日黎致上海伍代表電：

清派代表來鄂討論大局，十一省公推先生爲民軍代表與之談判，此舉關繫甚鉅。元洪已專托蘇代表雷君奮前往迎迓，務望辱臨，至爲盼禱。

附覆電一：

十九電悉，辱承十一省公推廷芳爲民國代表，誼不敢辭，惟此臨時組織政府，各省留滬代表，未許廷芳一日遠離，又交涉甚繁，實難遵召，歉甚。懇即轉致唐公速來滬上，公同談判，由尊處派專輪護送尤要，立盼電覆。

附覆電二：

號電敬悉，代表民國赴鄂談判一節，誼不敢辭，抑亦弟所深願，唯各省在滬代表挽留甚力，難拂衆情，已詳皓電，諒已登鑒。聞駐滬各國領事極望在滬談判，頃英領事電京英使轉商袁内閣，飭唐來滬，雷君奮來談，亦極贊成，想公當表同情，懇即轉致唐公，速來滬上。至禱，並乞電復。

又致各省都督電：

現經代表會議決，各省停戰條件如下：（一）停戰十五日，由西曆十二月初九日早八點鐘起，至二十四日早八點鐘止，期内除秦晋蜀三省另有專條外，兩軍於各省現在駐兵地方一律按兵不動。（二）袁總理大臣派唐紹儀尚書與黎大都督或其代表人討論大局。（三）因秦晋蜀三省電報不通，恐難即日停戰，是以所有以上停戰條件與該三省無涉。惟停戰期内兩軍於該三省各不增加兵力或軍火，如有一軍在停戰期内違犯按兵不動，或在秦晋蜀三省增加兵力之條欵，則彼一軍有立即開戰之權，等因，貴省於此電到時實行停戰，第軍情瞬息萬變，所有軍事上一切籌備仍須嚴密施行，恐一旦和議不成，難於措手。

附杭州湯都督覆電：

電祇悉，和欵剔出秦晋，明欲摶以全力傾注於南。惟以唐爲代表，係滬地先曾通氣。特聞。

附桂林軍政府覆電：

銑霰電，均奉悉。停戰條欵改正處，極佩卓見，敵意不可測，即能就我範圍，非以兵力爲後盾，不足以達完全目的。水陸並進，誠不可緩，進行綫如何規定，既舉我公節制援軍，亟宜發抒意見，俾各軍得利進行，敝省援軍第一協，日内計可到鄂，續編邕龍援軍千人，咸日已行出發。並聞。

又致南京徐總司令電：

巧電悉。敝處有日本三十一年式速射野砲三十六尊，並無子彈，未審尊處有無此項砲彈，請速復。

附覆電：

現派定浙軍參謀吴元鈞運送日本山砲硫彈三百發，開花彈四百發，鋼子每彈七百發，分圈開花彈七百發，德國陸路快砲六尊，並配開花彈一百七十發，子母彈九百四十五發，並派用兵輪運至葛店第三兵站。特聞。

又覆上海英商李德立電：

皓電悉，具諗厚意，感甚，議和地點現雙方決定漢口，唐使早晚可到。知念特復。

附來電：

戰延不和，中國前途不堪設想。德立僑華已三十年，曾歷二十二省，故不忍坐視糜爛。因特屢電商准袁内閣派員議和，民政府亦已允可，屆期有代表磋商，滬上爲公共保護中立地，於議和最屬相宜，盼都督深然德立所爲，而助和局，請速電復，以明願和之忱爲荷。

又覆浙江湯都督電：

效電悉，所云事權不一，大局堪危，誠是，但敵軍在前，正宜融和内容，俾待協衷共濟，民國幸甚。總乞從中調和各界爲禱。

附來電：

准湘督稱，各省擬推林督爲援鄂聯軍總司令，已請向鄂進發，弟恰未與滬會先散，但知推林公駐臨淮關，幸一察其實，敵方幸我之不統一，而我近亦漸呈紛亂，雖北京變，南京下，大局正足危也。

三二、十月二十日　臨時政府組織之進行　蒙古獨立　鄂方吴兆麟任總司令官

二十日接上海來電，謂公舉黎元洪爲中華民國臨時中央政府大元帥，黄興改爲副元帥，先是江蘇都督程德全、浙江都督湯壽潛聯合滬軍都督陳其美，倡議由各省公舉代表集議於上海，於上海設立臨時會議機關，仿美洲獨立時十三州會議辦法，磋商對内對外之妥善方略，同時以許繼祥爲上海交涉員，結合上海外僑，一致要求各駐在領事贊成革命軍之行動，並附提議大綱三條。

一、公認外交代表。

二、對於軍事進行之聯絡方法。

三、對於廢清皇室之處置。

遂以江蘇都督府代表雷奮、沈恩孚，浙江都督府代表姚桐預、高爾登名義通電各省，派代表來滬，定名爲各省都督府代表聯合會。適黎元洪亦有通電請各省派代表赴武昌組織臨時政府，於是上海各省都督府代表聯合會議，决承認武昌爲中華民國中央軍政府，各代表應前赴武昌，惟各省仍留一人在上海組織通訊機關，以便接洽機要。當時同赴武昌之各省代表，計江蘇、浙江、福建、山東、安徽、湖南、廣西、四川都督府代表及直隸、河南等省諮議局代表，共十省。假漢口英租界順昌洋行爲會議之所，議定臨時政府組織大綱二十一條如下：

第一章　臨時大總統

第一條、臨時大總統由各省都督府代表選舉之，以得票滿投票總數三分之二以上者爲當選。

代表投票權，每省以一票爲限。

第二條、臨時大總統有統治全國之權。

第三條、臨時大總統有統率海陸軍之權。

第四條、臨時大總統得參議院之同意，有宣戰媾和及締結條約之權。

第五條、臨時大總統得參議院之同意，有任用各部部長及派遣外交專使之權。

第六條、臨時大總統得參議院之同意，有設立臨時中央審判之權。

第二章　參議院

第七條、參議院以各省都督府所派之參議員組織之。

第八條、參議院每省以三人爲限，其派遣之方法由各省都督府選定之。

第九條、參議院會議時，每參議員有一表決權。

第十條、參議院之職權如左。

一、議決第四條及第六條事件。

二、承諾第五條事件。

三、議決臨時政府之預算。

四、檢查臨時政府之出納。

五、議決全國統一之稅法幣制及發行公債事件。

六、議決暫行法律。

七、議決臨時大總統交議事件。

八、答覆臨時大總統諮詢事件。

第十一條、參議院會議時，以到會參議員過半數之可決爲準，但關於第四條事件，非有到會參議員三分之二之同意，不得決議。

第十二條、參議院議決事件由議長具報，經臨時大總統蓋印，發交行政各部執行之。

第十三條、臨時大總統對於參議院議決事件，如不以爲然，得

南京臨時政府（即清江蘇諮議局）

於具報後十日内聲明理由，交令覆議。

参議院對於覆議事件，如有到會参議員三分之二以上之同意，仍執前議時，應仍照前條辦理。

第十四條、参議院議長由参議員用記名投票法互選之，以得票滿投票總數之半者爲當選。

第十五條、参議院辦事規則由参議院議訂之。

第十六條、参議院未成立以前，暫由各省都督府代表會代行其職權，但表決權每省以一票爲限。

第三章　行政各部

第十七條、行政各部如左。

一、外交部。

二、内務部。

三、財政部。

四、軍務部。

五、交通部。

第十八條、各部設部長一人，總理本部事務。

第十九條、各部所屬職員之編制及其權限，由部長規定，經臨時大總統批准施行。

第四章　附則

第二十條、臨時政府成立後，六個月以内由臨時大總統召集國民會議，其召集方法由参議院議決之。

第二十一條、臨時政府組織大綱施行期限，以中華民國憲法成立之日爲止。

以上二十一條擬定時，正值漢陽失守，幸南京旋克復，不得不將臨時政府地點稍事變易。於是江蘇程德全、浙江湯壽潛、滬軍陳其美復與駐滬通訊處各代表磋商，將臨時政府改設南京，投票公舉黃興爲大元帥，黎元洪爲副元帥，指揮援鄂及北伐之師，使號令有所統一，並電在鄂代表齊到南京舉行正式會議。故在鄂之十省代表又公決臨時政府設於南京，但公決未舉臨時總統以前仍以鄂軍都督府爲中央軍政府，惟大元帥一職黄興一再謙讓，故改由黎元洪任之。

是日又接外蒙古首都庫倫來電，謂已宣布獨立，響應武昌。

是日接季雨霖來電，謂襄陽、鍾祥俱已光復，擬派兵出隨棗，向京漢路出擊。

同日又接黄州黄楚楠來電，謂現在黄州鄂城安謐，擬派兵一部進出麻城。

是日午後二時接偵探報告，謂清軍馬隊約一營已向上游簰洲方面搜索前進。

同日接江西來電，謂已續派第二協劉統領由九江出發，向陽邏行進。

同日接唐犧支來電，謂宜昌、沙市業經光復，現率兵合攻荆州城。

是日接鄧承拔由重慶來電，謂在四川鄂軍步隊第十六協，現已抵重慶東下，援助北伐。

黎都督接以上各電後，每日照例轉傳武昌各機關及軍民知之。民軍日有起色，各省援軍陸續將齊集武昌城，加以繼續停戰半月，頗有整頓部隊餘地，預料滿清必倒，共和可望成功，精神又爲之一振。

午後八時，各機關及各部隊長官齊集武昌城内教育總會，開全體軍事會議。其時黎都督登臺發言，謂現在黄興已被舉爲臨時政府副元帥，武昌防禦使譚人鳳已派往上海充代表議和，此間軍事應另舉一聲威素著、深明戰略之人負責，以資統率而利進行，請諸公舉之，以便節制指揮云云。旋大家會商，劉公、高尚志、孫武、趙鵬飛等面陳黎都督云，參謀總長吴兆麟精通軍學，自首義以來，軍事上一切規劃皆出其手，胸懷恬澹，辦事謹慎，全軍共仰，應舉爲總司令官以一軍權。黎都督深以爲然，並云現在統一軍事，微吴兆麟亦無人擔任，於是黎都督命孫武登臺發表，大家一致贊同。少頃，吴兆麟云，兄弟今日奉都督令，到此開會，承諸君不棄，公舉爲總司令官，但才銓任重，實不敢負責，仍請另舉賢能爲幸。大衆謂，既由全體公舉，不可推却，刻當軍事旁午之際，應勉爲其難，以安危局。吴兆麟遂就總司令官之職，旋散會。

是日黎覆重慶張，夏兩都督電：

> 效電悉，聞官民一體投誠，市面安靖，實係擘畫有方，不勝欣賀，仍乞光復全蜀爲禱。

附來電：

> 蜀軍於本日午後三時由重慶舉義，道府縣及印委各官一體投誠，市面平靖，外人安堵，但茲事體大，以後尚望互相匡助，時通消息，同人公感。

又覆瀘州劉都督電：

> 歌電悉，川南獨立，官紳商學民各界一體贊成，市面安靖，此係公等大功，不勝欣賀。但湖北敵軍壓境，戰機可危。現雖有停戰十五日議和之約，然敵人以全力攻鄂，焦急萬分，茲將停戰條約抄呈。（一）停戰十五日，由西曆十二月初九日早八點鐘起，至二十四日早八點鐘止。期内除秦晋蜀三省另有專條外，兩軍於現在駐兵地方一律按兵不動。（二）袁總理大臣派唐紹儀尚書爲代表，與黎都督或其代表討論大局。（三）因秦晋蜀三省電報不通，恐難即日停戰，是以所有以上停戰條件與該三省無涉，惟停戰期内兩軍於該三省各不增加兵力或軍火，如有一軍在停戰期内違犯按兵不動，或在秦晋蜀三省增加兵力之條欵，則彼一軍有立即開戰之權，等因，貴省於此電到時，祈斟酌是荷，並乞轉重慶爲禱。

附來電：

川南於十月初五日在瀘州宣布獨立，官紳商學民全體贊成，市面安靖，事關大局，尚祈各軍政府隨時賜教，協同進行，並懇將各情形電示爲感。

附瀘州各界來電：

川南全體官紳商學民已於十月初五日在瀘州宣布獨立，協同共和政府之進行，公舉劉朝望任軍政府正都督，温翰楨爲副都督。

又致長沙譚都督電：

據全州梁隊長皓電，廣西敢死隊已抵全，乞備快船來迎等因，請貴處就近酌辦。

又致葛店馬管帶電：

六楚兵輪、煤米餉械彈藥均需接濟，到否，查明速復。

附覆電：

六楚火藥均到，但楚謙在潯，已飭小火輪運去。楚有楚豫，不知駐泊何處，其火藥暫存敝船，現觀貞同三艘駐陽邏，泰駐葛店，此間與陽邏必需小火輪傳遞電狀命令，並查驗船隻，指定兩艘在此差遣爲懇。

二十一日，吴兆麟即將總司令部改組，分爲四處：
一、參謀處　　以吴元澤爲參謀長。
二、副官處　　以周定原爲副官長。

三、秘書處　　以李明爲秘書主任。

四、軍法處　　以陶俊爲軍法處長。

又將武昌防禦地段劃分爲三大區，再編二支隊。

第一區司令官竇秉鈞。

第二區司令官何錫藩。

第三區司令官張廷輔。

第一支隊司令官羅洪昇。

第二支隊司令官鄧玉麟。

吴兆麟將以上司令部改組及防禦區分規定後即報告黎都督。

是日復接湖南來電，謂廣西湖南兩省援軍，在長沙集中完畢，本日已由長沙出發向武昌進行中。

同日又接海軍來電，謂已編成二艦隊。第一艦隊現停泊於陽邏附近，第二艦隊現停泊於三江口附近。

是日黎致南京林都督電：

飛艇等項囑運武昌縣所屬葛店地方卸存。

又致上海陳都督電：

安徽孫都督通電及大通軍政分府黎宗嶽通電，想均達覽。大局未定，同室操戈，大非民國前途之福。是非曲直，鄙處無從而知，望尊處速賜調停，釋紛解難，以免見輕北敵，騰笑外人。幸甚。

附覆電：

個電敬悉。孫黎交涉情節昨由敝處分電二君，顧全大局，消融意見，今又請徐總司令派隊前往，妥爲調停，當可和平解決。知關廑念，特此電復。

又覆黄州參議官黄楚楠電：

嘯電悉。馮金兩軍既小有齟齬，請速從中調和，以維大局，至要。

附來電：

昨抵陽邏，探知馮金兩軍小有齟齬，然兩軍均得力，惟未接洽耳。請速諭令兩軍和衷共濟，今晨晤馮協統，知伊昨已晋省將細情面禀矣，謹詢其防禦綫，一在倉子埠，一在甘露鋪，一在陽邏，布置尚妥，再報。

二十二日午前八時黎都督即將總司令官吴兆麟委札並關防，派員送至洪山司令部。吴兆麟即備文通知各部隊及各機關，並陳報黎都督即日就職任事，並派參謀副官往各部隊察視防綫，繪具略圖報告以憑規定。

是日午後九時，戰時總司令官吴兆麟即發下各部隊之防禦區分及命令如左：

軍隊區分
第一區之編成
區司令官竇秉鈞
步隊第三協
步隊第五協
步隊第六協
馬隊一隊
砲隊（由青山至大堤口各砲隊）
第二區之編成
區司令官何錫藩

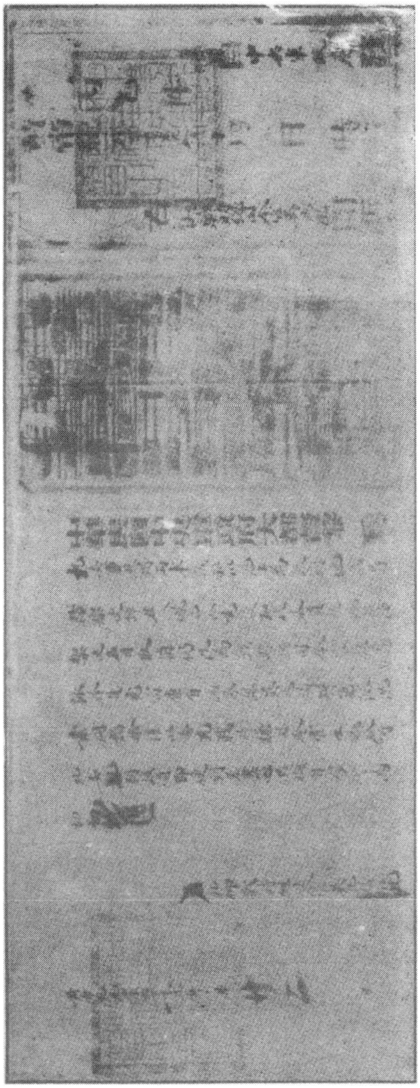

黎委吳兆麟爲參謀總長之委札

步隊第二協
近衛軍第一協
馬隊一隊
砲隊（鳳凰山、蛇山、黄鶴樓各處砲隊）
第三區之編成
區司令官張廷輔
步隊第四協
步隊第一協
馬隊一隊
砲隊（由鯰皇套至石嘴各砲隊）
工程第一營
第一支隊之編成
第一支隊司令官羅洪升
步隊第八協
馬隊一隊
砲隊（由石嘴至金口各砲隊）
工程第二營
第二支隊之編成
第二支隊司令官鄧玉麟
步隊第七協
馬隊一隊
敢死隊第一營
總預備隊之編成
總預備隊司令官王安瀾
先鋒軍第一混成協
先鋒軍步隊第二協
馬隊一隊

民軍戰時總司令官命令

（十月二十二日午後九時於洪山總司令部）

一、綜合各種報告，清軍主力仍在漢口、漢陽一帶，由信陽以南沿京漢鐵路各要地皆派有軍隊防禦，又簰洲方面有其馬隊出没。

我步隊一營、砲隊一營已占領葛店附近之白滸山。

我馬隊第一標（欠一營）在長春觀及城内集合。

我江西軍第一混成協現在陽邏及倉子埠附近占領陣地，但續派之第二協已由九江出發向陽邏行進。

我廣西、湖南兩省援軍已由長沙起程向武昌行進。

我第一艦隊停泊陽邏附近同第二艦隊停泊於三江口附近。

我山西、陝西兩省軍隊已各向京漢鐵路策動。

二、本軍擬防禦武昌省城並沿江一帶。

三、第一區賓司令官率所屬軍隊占領青山至大堤口一帶，並須利用時間修築防禦工事。

四、第二區何司令官率所屬軍隊占領陣地，右翼與第一區連絡，左翼至鮎魚套沿江一帶，並防禦武昌城。

五、第三區張司令官率所屬軍隊占領陣地，右翼與第二區連絡，左翼至石嘴附近，並須利用時間加築防禦工事。

六、第一支隊羅司令官率所屬軍隊占領金口附近，須與第三區連絡，但派一部占領大小軍山。

七、第二支隊鄧司令官在簰洲附近選占陣地防禦，掩護我軍之左側，並須與第一支隊連絡。

八、總預備隊王司令官率所屬軍隊在賓陽門内左旗營房集合候命。

九、予在洪山寶通寺。

總司令官吴兆麟

注意

各部隊仍須遵守停戰條件，勿得擅自射擊。

以上命令頒發後，吳總司令官又令揚子江水師統領趙鈞騰派水師一營占領煤炭港至東江堖，防禦由漢沔内湖北來之路，派一營防禦坪坊峰至柳關附近，派兩營防禦新堤及沔陽香爐山迄黄陵磯一帶，派一營防禦鄧家口及簰洲對面之青灘附近。

是日吳總司令官又給江西軍如左之訓令：

民軍戰時總司令官訓令

（十月二十二日午日午後九時於洪山總司令部）

一、清軍主力仍在漢口、漢陽一帶，由信陽以南沿京漢路各要地，皆派有軍隊防禦，又簰洲方面有其馬隊出没。

我步隊一營、砲隊一隊在葛店白滸山占領陣地，該步隊營長係梁復昌。

江西軍第二協已由九江起程，向陽邏行進。

我廣西、湖南兩省援軍由長沙向武昌行進中。

我第一艦隊停泊陽邏附近，同第二艦隊停泊於三江口附近。

我山西、陝西兩省軍隊各向京漢路策動。

二、本軍擬仍防禦武昌省城並沿江一帶。

三、貴江西軍統領馮嗣鴻率該協占領陽邏倉子埠附近，掩護我軍右側，但須遵守停戰條件。

四、余在洪山寶通寺。

總司令官吳兆麟

是日黎致上海陳都督電：

頃接贛軍政府來電云，我軍起義，保護商民，不遺餘力，現長江一帶次第光復，而招商局輪船停駛，不獨阻滯交通，於商業前途亦損失甚鉅，擬飭招商局所有輪船按班上駛，行抵九江，藉保權利，兼利交通等因，敝處深表同情，查黄州青山亦無阻礙，請尊處在滬，與該局妥爲籌商，即日開駛至盼。

二十三日接南京來電，謂前日擬運砲彈接濟武昌，係滬局所造。現擬改運日本山砲搯彈三百、開花彈四百、鋼子母彈七百，由兵輪輸送武昌。

民軍自漢陽退後，現在武昌各協分配每支槍子彈只有二百餘粒，武昌已無補充，砲隊俱係舊式山砲，每砲子彈不過二百發，故迭電南京設法補充。

是日軍務部張振武面陳黎都督云，現在武昌軍火缺乏，設停戰期滿再行續戰，即無補充，深爲可虞。請都督飭財政部撥銀四十萬，赴日本購買軍火以備作戰，都督已允照辦，當派張振武往日本接洽（迨後張振武在日本所購武器到武昌時，其槍支概係日俄戰争所獲之俄國式舊槍，機關槍係日本式廢槍，多不合用），將銀四十萬均購軍火矣（張振武由日本回武昌時，即與方維等組織將校團、學生軍，其性情暴烈，每好面折人過，放縱財色，不自檢點，又時予黎元洪以難堪，所以後來至北京，遂爲袁世凱槍斃）。

是日江西彭程萬及桂林陸榮廷來電，請各省援鄂軍隊均歸鄂省節制，以一軍權。桂省前派援鄂統領趙恒惕，日前電告抵湘之永州時，挑選民兵，另派馮紳統率援武昌。

是日江西都督馬毓寶電稱，昨續派劉統領率兵援鄂，惟步槍口徑不齊，補充彈藥不易，須一律改换新槍爲妙。

是日煙臺軍政分府王傳炯來電，請大軍速行北伐，以奠危局。

又湖南參謀部次長錢維驥電陳軍略，謂江蘇兵宜由淮北徐州北伐，安徽兵宜出鳳陽，贛潯之兵可悉令由黄州向黄安前進，如此則敵人備多力分，自顧不暇，若援兵概集武昌，習慣不同，恐相擾亂，誠何益也？况我軍前在漢陽取内綫作戰，而不取外綫作戰，所以致敗，今宜對敵人以攻勢進用之，維驥今與唐蟒進據岳州，練兵集械，以圖北伐，敵前消息時以奉聞。

是日據偵探報告，清軍在陽夏沿江一帶搆築防禦工事。

同日廣東來電，謂已發步兵一標、砲隊一營、機關槍三隊前往上海，又擬編成一協，會合廣西援軍一標從海道北伐。

又本日雲南蒙自統領趙復祥來電，謂擬先遣一混成協由黔包湘，會合荆襄兵力攻滿軍右側，並電達蔡都督鍔。隨遣北伐大軍由川東下，兼電兩粤，連合南方諸省星夜赴援，協力殲賊，速定大局。

同日黎覆九江馬都督電：

> 養電悉，深佩碩畫，已電請滬都督組織成立，想國人素明大義，必能慷慨輸助以裕餉源。

附來電：

> 民國成立，籌畫餉源爲首先要點，敝處除設法籌辦以備應用外，擬請各省軍政府在上海設一籌餉機關，廣爲勸募，無論何省缺乏餉項，准其撥用，如果不需此項，留爲民國中央政府成立布置一切經費。區區之見，未雨綢繆，如蒙贊成，即請電滬軍政府，趕速組織成立，是所至叩，並祈電示。

又覆上海陳都督電：

> 九江馬都督養電，計達。戰焰一日不息，籌餉備械在在需欵，將來天下大定，建設一切，費用亦夥，亟宜未雨綢繆，免興仰屋之嗟，所議於上海設一籌餉總機關，廣爲勸募。敝處深表同情，即請尊處組織成立，以裕度支。

附來電：

金陵既下，不日會師北伐，所有軍需亟宜預爲籌撥。現浙省已首先承認百萬金，貴省誼切輔車，諒必表同情也。此間有姚君勇忱、鄔君俊卿等發起中華民國協濟會，專爲籌助軍餉起見，現輸將頗形踴躍，集腋成裘，亦一要圖也。

又覆清江浦蔣都督電：

養電悉。貴軍赴徐攻敵，直指彰衛，横斷鐵路，此係用兵上策，極佩極感。乞再會合皖軍，用船運至河南周家口，立定根據，則戰守兩利，高明以爲然否，乞覆。

附來電：

清廷違約運兵，殊堪髪指。敝處現仍準備赴徐攻敵，直指彰衛，横斷京漢鐵路以爲北伐之策，是否有當，乞即電知爲盼。

又覆電：

漾電敬悉。敝處已派兵赴宿遷，相機進行，一俟肅清，即會同皖軍進據周家口，預備北伐。

又覆長沙譚都督電：

個電悉，組織全國參謀本部於臨時政府地點，極佩卓識，但軍事全集於鄂，非齊集統籌不足以利進行，高明如以爲然，請黄、袁二參謀首先莅鄂，並請電商各都督爲禱。

附來電：

組織全國參謀本部於臨時政府地點，當蒙贊成在案。茲敝省已派定黄篤謚、袁華選兩員，即日起程赴寧，乞貴都督速派幹員前往南京籌畫進行方法爲盼。

又覆雲南蔡都督電：

通電悉。宏議五條皆精當不易之言，無任欽佩。現在各省代表已赴南京組織臨時政府，必能仰體偉見，切實磋商。惟是外交不能一日無主體，當臨時政府未成以前，群議仍以敝軍政府爲對外代表，自慚寡學，日懼弗勝，惟冀早卸仔肩，以告無過。

附來電：

對外非列入國際團體，不能活動，欲列入國際團體，則中央政府之組織不宜稍遲。贛電謂承認鄂軍政府爲外交代表，本極贊同，惟内部無完全之組織，爲此臨時代表機關，恐各國未必承認。即使承認，其實力既受拘束，各省對外交涉無從劃一，設外人執以詰難，代表之責何能擔負。似不如照鄂湘電由各省迅派代表蒞鄂會商，從速組織中央政府，代表資格，須對於該省軍都督府，能確負軍事責任，或富於政治學識經驗，其人數不妨稍多，庶可就兩種資格中各選所長，代表到鄂，先設一委員會籌議國家之組織，中央地方之權責。大綱既定，即共同組織臨時政府，一面整理國内庶政，一面分遣駐使，謀外交之活動。至國家組織綱要，鄙意略有數端：一、定國名爲中華民國，合漢回蒙滿藏爲旗式，構造統一之國家。二、定國體政體爲民主立憲。三、建設有力之中央政府。總持兵政外交財政各權，由君政時代遞進爲民主共和時代。四、劃定地方區域，設軍都督專治兵事。五、縮小行政區域，以期行政敏活，消融省界，諸公於世界趨勢、民俗國情考求有素，必有宏謀偉畫，鞏固國基。管見當否，敬祈賜教。

又致各省都督電：

現雖停戰議和，然不可不極力籌畫，一旦決裂，自當立即開戰。敵既厚集兵力於漢上，我亦不能不厚集兵力以爲對待。敝處籌議至再，仍當以援鄂爲急。方略既定，自應趁此停戰機會，各省援兵一律於開戰期前到鄂，始可決定進攻計畫，敢乞諸公派遣援兵即日出發。總之能戰始能守，能守始能和，我軍計畫，但當從戰字着想，和則視爲意外結果，尊處如何籌畫，即盼電覆。

附杭州湯都督覆電：

漾電以和備戰，誠爲至計。管見以鄂吃緊，我援兵多，難保不分鋭至皖北，直擣腹地。本月十日已分電贛皖請從壽州取道一直上周家口以斷鐵路，即略信陽以攻鄭州糧台，分攻入汴，以通秦軍，而便晋軍北向，無言及此者，今不可不顧及矣。鄂既集湘桂贛之兵，必可無虞，粤軍日内可過滬，即應溯江扼浦口，恐將有反側子爲患於清徐之間。其時和議亦必要脅，不統一之可危孰甚也。

又致鎮江林司令電：

請將楚泰、楚同、楚謙、楚觀四兵艦之機關槍八尊速運來鄂之葛店，以便各艦應用爲禱。

又致山西閻都督電：

頃據上海來電。敵軍統帶萬人及多數軍火往攻娘子關、大同兩處，我軍五千人血戰一晝夜云云，當即飭外交員向英領詢問，據云必無其事。嗣又由唐紹儀發電，請照停戰條欵辦理。北軍勿再前進，請火速飭娘子關軍隊，如敵軍不前進，即當停戰，如敵軍違約前進，請即由英領轉知敝處以便交涉。

是日又據張崇來電報告陝西民軍，敗姜桂題之兵於周家口，北京又調第三鎮擬開往漢口增援，又清馬隊向襄陽搜索前進。

是日又接唐犧支來電，謂荆州城業已克復，軍務部孫武派稽查長蔡漢卿往荆州招撫。

二十四日接九江來電，謂清廷派唐紹儀赴滬與各省代表會議媾和條件，能否和平解決，尚未可必，我軍準備作戰事宜，須竭力進行。

是日接安慶來電，謂清軍三路攻潁州，太和已失守，勢甚危迫，内有倪嗣冲一軍尤爲猛暴。潁州爲西北屏障，潁失壽合隨之，大局將恐不保。安徽兵力單薄，餉械俱缺，請電由南京派兵赴援，以支危局。

是日接福州孫道仁都督來電，謂據黎都督電稱，我軍全部作戰計畫擬定以一軍固守武昌，以主力北伐。愚意我軍作戰計畫似宜於全部計畫之中，區分爲節次計畫。查武昌非可守之地，北伐非尅日所能奏效，則第一節次作戰計畫，當於江北方面取守勢，而於武昌方面取攻勢。先用聯軍主力驅逐陽夏之清軍，務以壓迫於武勝關以北爲目的，必得此目的達到後，湘鄂之根基始固，後方之連絡無虞，乃可再籌第二節次作戰計畫，否則我軍以主力北伐時，清軍乘機猛攻武昌，其危險有不堪言者。請速定方略以靖敵棼。

又接九江來電云，飛鷹兵艦裝載砲彈明日可抵葛店。

又接桂林來電，謂已運機關槍及各子彈接濟援鄂軍。

是日黎致上海、九江、南京、清江浦各都督電：

接清江浦及上海轉來各電，驚悉敵軍分三路進攻潁州，太和已失，大局可危，當以彼之破約詰問英領事，據英領事答稱，唐紹儀在漢曾電囑遵約，勿再前進，俾免會議窒礙，望全國一律停戰。袁內閣亦回電云，現已電飭切勿前進云云，擬一面再請英領事電詢，一面請各都督確查。仍盼覆。

又致各省都督電：

清使唐紹儀已於二十一日到漢，因外交長伍公無暇來漢，遂商請唐赴滬，唐慨允，遂於今晨乘洞庭輪往滬矣。此次議和之優劣端視進兵之遲速及兵力之强弱爲轉移，總乞各軍火速來鄂，以爲最後之猛着。

附杭州湯都督覆電：

改設政府於南京，唐本可由鄂而寧，益見公之磊落，今唐既向滬，是否電代表移滬，請酌。林忽被嫌，爲民國一哭，安得良晤，略罄所懷（林被嫌，指陳其美忌林述慶也）。

又覆長沙譚都督電：

漾電悉，清廷於十六日攝政退位，歸袁內閣主政，並下剪辮令。襄陽已克復，聯軍所到無多，乞請沈都督及貴處援軍迅速出發。盼切。

附來電：

聞清廷十六日遜位，確否，襄陽已否克復，蘇浙聯軍已到何處，乞速示。

又覆長沙桂軍趙統領電：

敬電悉，耿參謀已到鄂接談一切，現戰機勃發。望速蒞止。

附來電：

廣西代表參謀耿毅已到否，乞賜知。敝軍月杪到齊，即行赴戰。

又覆電：

敬電敬悉。耿君抵鄂，甚慰。桂軍本部及先發諸隊雖已抵湘，砲工輜及彈藥隊馬匹漾日始由衡陸續出發，計月杪方能到齊。一俟諸隊盡行抵湘，定即迅速出發，不致稍延有負鈞望。

二十五日各省派鄂代表有一部分尚未往南京，均齊集武昌。黎都督集合軍事重要人員及各省代表，於正午赴洪山寶通寺總司令部與總司令官吴兆麟會商戰略，黎都督主席擬將全國響應各省編爲四大軍，統歸大元帥節制，大本營設於武昌，以北京爲作戰目標，以一軍由武昌向武勝關，以一軍由江寧出潁宿，以一軍由秦皇島登陸向北京，以一軍由山陝出河南，合力進攻，以奠大局。擬電達各省斟酌，又對於武昌作戰方針議決於左：

一、以主力固守武昌，乘機轉攻勢，以一部由武昌下游赴黄陂方面，以一部由武昌上游赴孝感方面，威脅陽夏清軍之側背。

二、爲達前項目的起見，擬集中湖南、廣西、南京、江西、安徽各省援軍於武昌上下游附近。

三、各省援軍須於停戰範圍日期内陸續向集中地前進。

四、各軍隊後方連絡綫由海軍掩護，利用揚子江及通各軍隊前進之河川並道路，以期後方接濟之容易。

五、我威脅清軍部隊如不得已時，即遲滯清軍行進。

是日開會畢，吴總司令官即通知各部隊長官於明二十六日午前十一時齊集洪山總司令部。

是日江西援軍第二協及安徽援軍一標均已抵陽邏，江西軍第一協全開至倉子埠。

是日廣西、湖南兩省援軍已抵金口。

是日黎致黔湘贛各都督電：

敝處現已在上海定購法國槍三萬餘枝，兩星期可到鄂，口徑七米九，每枝槍價銀約十六兩，子彈每千枚約五十兩，尊處須購若干，乞覆示以備分撥。

又致各省都督電：

敝處軍事計畫頗以北伐道遠、時久天寒、我軍諸多缺點爲慮，不如但以水師北行聚於煙臺，相機進止，陸師則分三路：一、聚粤浙蘇各軍於武昌附近力攻黄孝。二、編江北皖北粤東西兵，利用洪澤湖河道逾太和占領周家口，趨郾城截斷敵人聯絡綫。三、湘桂軍由金口威脅敵人右側，如此則敵人三面受敵，兩漢不擊自破，且此計畫旬日即可集事，戰期迫切，望各都督速籌見教。

又覆長沙譚都督電：

待米孔亟。請速飭王委員松亭，五日内將米解鄂，毋任禱盼，槍彈礙難分潤。

附來電：

王君松亭來，銅元十萬收到，代辦油八十簍，米三千石，由敝省派龍自振、譚良弼同理財部陳洪勝先行運鄂，餘派易君業齡同王君松亭續運，到乞驗收。貴省槍彈甚多，能分運若干濟湘否，乞覆。

又覆駐寧代表電：

敬電悉。各省代表在寧議舉臨時大總統，此事關係全局，竊以爲和議未決，不宜先舉總統，致後日兵連禍結，塗炭生靈，追悔莫及。公等係鄂全權代表，責任綦重，茲事體大，亟宜注意。

附來電：

本日十四省代表議決二十六日午後一時在寧開臨時大總統選舉會，謹此奉聞。

又覆電：

各省代表會，本議十月二十六日在南京選舉臨時大總統，現因特別事故暫延時日，專此布聞。

二十六日接偵探潘仲膺報告，謂劉家廟江岸清軍，前布置野砲十餘尊，陸續運往孝感祁家灣三叉埠等處，但漢口劉家廟漢陽大別山東門等處皆有清軍砲隊，又漢陽兵工廠鋼藥廠均有機關槍，又龍根堤築有砲壘，其步兵陣地仍在沿江一帶。

是日正午，總司令官吳兆麟集合各部隊長官於洪山總司令部開軍事會議，先説明我軍作戰方針，次言各省援軍之咸集及各部隊應準備事宜，末言各部隊當重軍紀、守秩序，如有違犯，定即執法以繩之。至午後三時散會。

是日黎致九江、南昌、安慶、南京、上海各都督電：

前電敵人破約攻潁，當飭外交部與英領事嚴重交涉，頃據稟覆稱，英領事已電駐北京公使轉詰袁内閣，答以並無此事，恐係謡諑。而該領事復堅謂倘果有違約舉動，不但民軍不容，各國亦所不許等因，據此理合通告貴處，望安徽孫都督就近詳細調查確實，從速示知。

又致駐滬各省代表電：

民國臨時中央政府指日成立，所有郵電航路各政均應由中央政府統籌辦理，惟郵政久不通行，軍民皆苦不便，似可提前議定暫行辦法，先定郵政總機關，並擬印花式樣，趕造多分，頒發各省通行，餘皆仍舊印花式，以繪中國旗幟爲合宜。但國旗未定之先可用現制軍旗式，如蒙贊允，請即會商決定，通告各省照辦，一面與各國訂約，請其承認代遞。可否，乞電復。

又致上海海軍黄部長電：

現值軍務急緊之時，自應整頓海陸軍制，方足以資統一而禦敵人，聞貴部擬以第一艦隊、第二艦隊合爲一巡洋艦隊，海籌、海容、海琛屬焉，宏規碩畫，欽佩莫名。然海軍制度固宜整肅，而海軍人材尤當慎選。查有現充第二艦隊司令官湯薌銘及海容管帶杜錫珪於陽邏爭戰之際，皆能奮勇有爲，得力頗多，即外國海軍中人亦皆嘉許，擬請以湯薌銘充海容管帶兼巡洋艦隊司令長，所有海籌遺缺，即以杜錫珪接充，是否有當，乞與各艦隊長商酌委任，以固海軍基礎，而利海軍戰鬥。特此奉商，並望賜覆。

又復清江浦蔣都督電：

敬電悉。仰見計畫周詳，莫名欽佩。豫中父老至今未脱苛政，想望旌旗，不知何似，尚希時惠捷音，以慰企望。

附來電：

據徐州漾電，敵軍潰兵盤踞車站雲龍山等處，復有土匪占據豐縣，同日據安慶電，敵軍三路攻潁，太和已失，勢甚危迫。敝處現編步隊三營、砲隊兩隊，暨同駐淮鎮軍鎮江林總司令官及步隊兩營、機關槍一隊即日開往宿遷，一面勦滅潰兵，一面截堵北敵。查清江浦居南北要衝，非厚集兵力不足以固東南門户，現清廷違約進兵，我軍萬不能坐視。擬請拔北伐兵隊，分一支會同徐州各軍進攻山東，分一支聯合臨淮關各軍，直搗開封，俾敵軍首尾不能相應，魯豫一下，北京不戰自潰，是否有當戎機，請卓裁示覆。

又覆揚州李民政長電：

電悉，承示攻守計畫，審時度勢，甚合機宜，足爲敝處師法，曷勝感謝。

附來電：

聞下江援兵已至武昌，竊以爲漢陽已失，武昌難守，宜分重兵駐武昌縣田家鎮以通江路援師，一面調江西兵進據崇陽、通城各險要爲武昌屏衛，一面調湘兵由德安以入信陽，調下江赴鄂援兵由黄州以入光州，力攻北軍後路，斷其接濟以助軍力，謹陳管見，然否候裁。

又覆上海鄂胡財政部長電：

所需之欵已由小火輪運下，計日可到，望查收。刻下鄂省經濟困難，君所稔知。支出之欵除正項開銷外，望格外審慎，以重公欵爲要，餘均照辦可也。此復。

附來電：

禡漾電均敬悉。公債票刻正趕印，恐緩不濟急，借欵已有成議，但須臨時政府成立方能有效，印票紙刻不可得，擬用稍次者。此項印費與購軍械銀元均須現欵四十萬之數，至今未到，殊屬焦盼。蘇州正籌畫欵項，擬俟孫君到滬，同往切商，並請各省代表解決，懇鈞處先行分别電知，否則恐不接頭，至南洋各埠，已擇尤先致函電矣。

又覆長沙譚都督電：

頃閲來電，曷勝惋歎。伏念自起義以來清廷以全力注重武漢，來援之師首推貴省，雖曰公義，我感何如。甘協統興典，出師失利，亦屬行軍之常，尊處奪其兵柄，亦足蔽畏葸之辜。讀來電，乃竟置以重辟，在尊處固嚴罰以整士氣，而敝處念其罪雖難逭，心本無他，則不能無歉仄焉。

附來電：

湘軍第四協統甘興典率師援鄂，臨時退縮，貽誤軍機，潰逃後紀律不嚴，沿途騷擾，現已調回，立正軍法，請宣布罪狀以謝鄂省軍民。

又覆煙臺王都督電：

有電悉。議和地點移於上海，唐使於二十四日由漢乘輪赴滬，計日尚未開議。照停戰議和條約，停戰期内凡民軍光復之處，一律停戰，清軍決不敢侵犯。英領情願作保，倘清有破約之舉，祈火速電告，以便速撥援軍。

附來電：

漾電悉，和議如何，盼切。如未滿期決裂，乞速復。煙臺一隅，應竭死力。

又覆葛店兵站及楚泰艦長電：

飛鷹所裝之飛艇子彈及油箱等件，仰即轉飭派來之梅占魁護運至陽邏過載，刻已飭青山小火輪往陽邏接運，導火索直接交江西馮統領查收可也。

附葛店黄宗順來電：

飛鷹已抵葛店，運來飛艇一台，開花彈一千，導火索一千，砲臺州格梳林油十五箱，請示在何地起卸，飛鷹因江南有要公需用，楚泰船所需之小輪尚缺，請飭交通部速派，並令王光國速來葛。

附葛店馬塤鈺來電：

飛鷹運飛艇上午抵葛店，請速派船裝運，飛鷹將飛艇卸後即行開寧。

又致上海伍代表電：

有電敬悉。渠謂北方土匪蜂起、奸淫擄掠、民不聊生等語，查渠屢稱北方匪徒，從不指明何省何縣，南北郵電久絶，敝處何能懸揣幾處及其姓名。前電條欵謂秦晋及北方土匪不在其内，敝處請英領事詰駁，合前後各電觀之。安知非故甚其詞，誣民軍爲土匪，以爲合攻之計，且南北既不通電，此時停戰議和之舉應由北軍轉達太原、西安等處。渠等既知此消息，斷無進攻之理，又謂官軍責任在保民，詎知彼在漢口焚掠奸殺情形，雖非仁人，亦爲痛心。至謂停戰數日後，二十一日有皖省及江東民軍由沌口直進，向老關攻擊，查攻擊老關，則沌口朝關是我所必由之路，敵現有重兵駐紮朝關，我豈能越沌口朝關而攻擊老關乎？此事爲敝處耳目所能及，且爲此捕風捉影之談，安知所謂北方民軍擾動者不無誣枉乎？尊處爲議和樞紐，務將此種情形答復，並要其行飭官軍，轉達北方各民軍，俾保全和局至要。

附來電：

頃接袁内閣電，稱北方土匪蜂起，奸淫擄掠，民不聊生，仁人聞之皆當痛心，此等土匪大率皆冒充革命，毫無統率節制，頗足玷辱民軍名譽，尤足與民結怨。現雖互允停戰，而該匪徒竄擾如故，絶無文明思想。官軍責在保民，理難坐視，且漢口附近之民軍於停戰數日後，二十一日有皖省及江東民軍由沌口直進，向老關駐紮之官軍攻擊。該處咫尺，尚如此違法背約，他處無須枚舉。執事佛心濟世，當必妥籌實行息争之策，至北方民軍究有幾處，係何姓名，能否確守尊處公令，實行停戰，乞查明詳復，以便分別行飭，免多誤會，各保名譽等語，希尊處核議。電復。

三三、十月二十七日　王正雅收復荆州

二十七日，上海都督陳其美電稱，清軍近據太和，確係背約鐵證，當詰問唐紹儀，並聲明非全國停戰，決不開議。

是日接湘軍統領王正雅由荆州來電，謂荆州駐防滿人繳械乞降，上游可保無虞。現擬分兵北進，斯時湘軍政府參謀次長錢維驥率唐蟒、袁宗漢、袁華選等駐兵岳州，聞荆州既得，極喜。譚延闓都督立派齊樸農携狐皮袍一襲及銀物等品往勞之，知王正雅並納荆州駐防將軍女二人爲妾，得陪嫁現銀五十萬兩，珠寶不計，所以保旗人生命也。王得荆州後亦不妄戮一人，錢維驥甚嘉許之。

是日粵贛桂各省出發之援軍已接粵電，謂正籌備大宗子彈自香港運武昌。

是日總司令官吴兆麟將昨日開會事件，飭各部隊在停戰期内速爲準備，對於防務仍須勤謹防禦，勿得疎忽，並發下如左之命令：

民軍戰時總司令官命令

（十月二十七日午後二時於洪山總司令部）

一、據偵探報告，清軍仍占領漢口、漢陽一帶，但京漢鐵路各要地似在積極籌備以防我軍侵入。

我江西安徽軍已占領陽邏倉子埠附近。

我廣西湖南軍已抵金口集合。

我海軍第一艦隊同第二艦隊仍在原地停泊。

二、本軍仍續行前任務。

三、各部隊占領之陣地如左。

第一區賓司令官率所屬軍隊占領青山至大堤口原陣地。第二區何司令官率所屬軍隊占領大堤口至鮎魚套原陣地並嚴防各城門。

第三區張司令官率所屬軍隊占領鮎魚套至石嘴原陣地。第一支隊羅司令官自婆婆山北端至龍床磯附近占領陣地，但派一部占領大小軍山及黄陵磯附近。

第二支隊鄧司令官占領金口東口簰洲附近，掩護我軍之左側。

馬隊第一標（欠一營）同第二標（欠一營）仍在原陣地集合待命。

步隊第一營梁管帶率所屬軍隊仍占領白滸山。

步隊獨立標張統帶仍占領黄鄂原陣地，並警戒麻城方面。

四、以上各部隊須將防禦工事構築完善並互相連絡。

五、先鋒軍混成第一協同第二協爲總預備隊，位置於武昌城内左旗營房及城外官布局候命。

六、余在洪山寶通寺。

總司令官吴兆麟

是日黎致南京程都督電：

兩淮鹽政舉張君季直爲總理，並所籌設局運銷剔提各節，仰見蓋籌，敝處極表同情，望所派委員早到，以便實行而紓軍費。

附南京張鹽政總理來電：

謇承公推爲江蘇兩淮鹽政總理，於南京地方設立鹽務棧，本日任事，啓用關防。文曰，江蘇兩淮鹽政總理關防。特聞。

又覆南京鄂代表電：

宥電悉。萬武定所解飛艇已到鄂援鄂軍隊，務期在停戰期前到陽邏，請再探訊見復。

附來電：

有電敬悉。選舉事已議及，俟上海議和解決後再定。前日阮毓崧請兵事已經投到，此地正在豫備，萬武定所解之飛行艇及砲彈已到否，謹聞。

又覆清江浦蔣都督電：

會師援鄂，實深感佩。黄州爲黄孝毗連之區，會師黄州，便可直搗黄孝，故定黄州爲集中地點，尚期尅日會合爲禱。

附來電：

敝處編定混成一標，兵器足用，缺餉，被服現正竭力籌辦。茲派一等參謀官王榮慶趨赴尊處籌商會師辦法，望指示方略。

又致上海鄂代表電：

議和及會議諸公固俱有高見，恐人多事紛，難皆符合。擬除軍事歸孫君堯卿主持外，餘請伍先生秩庸擔任，庶事權統一，易於解決。是否有當，祈電覆。

又覆貴州楊趙兩都督電：

個電悉，承撥援軍一標，聞已出發，感謝。此覆。

附來電：

敝省援鄂軍隊本應迅發，惟槍械缺乏，移挪需時，是以遲滯，恨甚。現已撥軍隊一標由蓋誠率領兼程赴鄂，定於二十二日出發，德全駐省坐鎮。謹此奉聞。

又覆九江參謀部電：

贛派助鄂軍二營聞已抵潯，請促速赴陽邏登陸，敝處已派員前往預備營舍矣。此覆。

附南昌石傑來電：

昨日抵潯，調查贛省援軍已陸續由南昌出發，前隊已到潯，又因馬都督在贛，故本日到贛謁馬都督，陳述一切。明後日當轉潯聯絡各軍返鄂，駐紮地點，祈飭軍務司預先位置，並祈將駐紮地點先電九江，以免歧誤。

又致藍秀豪電：

接閱來電，具見熱誠謀國，籌畫精詳，至爲佩慰。惟是自起義以來錢糧早經豁免，大藏所存不過舊有之數，用兵既久，缺乏時形，此由吾鄂獨當敵衝所致。足下抱敷天之憤，爲北伐先聲，東南諸省當表同情，請既就近與陳都督切實商榷，並緬述吾鄂情形，必有以達高義也。至於代表講和一節，是由群情所推，尚祈暫駐旌旗，以慰衆望。

三四、十月二十八日　伍、唐兩代表在上海正式開始和議談判

二十八日廣東胡都督來電，謂各路援鄂北伐之師應到會師地點，聽中央總司令官命令進行，各省惟任籌餉發兵二事。因所有作戰計畫不宜遥制也。

是日接上海陳都督電，謂清使唐紹儀與民軍代表伍廷芳於本日下午三時開正式談判於上海南京路之市政廳，彼此驗看文憑，交换意見。伍廷芳之參贊與會者，爲温宗堯、王寵惠、汪兆銘（因汪於武昌起義後，清廷欲利用之，以使其報不殺之恩，故出北京獄，已來滬），唐紹儀之參贊與會者爲楊士琦，於是伍廷芳全權代表提出民軍議和條件四項：

一、廢除滿洲政府。

二、建立共和政府。

三、優給清帝歲俸。

四、優邺年老貧苦之滿人。

又議決陝西、山西、湖北、安徽、山東、奉天、江蘇七省一律停戰。

是日又接江西馬都督來電，謂各省都督所籌作戰計畫固各有所長，但綜觀各都督之策略，未免有方針各異之弊。蓋戰略上之大原則，軍令必須統一，使各省援軍據同一之作戰方針，聯合一致方能事半功倍，若仍各據方針，計畫各别，則各省援軍之行動自生參差，致有顧此失彼之患。如日前鎮江、上海、蘇州、浙江聯軍聚攻南京，致武漢兵力單弱，卒有漢陽之失，是前證也。今停戰之期將滿，宜於未開戰之先按此際之戰況及各省之兵力，預定一完全之聯軍作戰計畫，使各軍有指臂相使之效，然後可成克敵致果之功。擬請臨時中央政府速組織參謀本部密商各

省軍政府參謀部，使作戰計畫得以折中，各軍方針歸於一致，則大局之幸也云云。

是日黎覆南京程都督電：

沁電甚慰，不審黎軍器械全否，兵熟練否，仍乞賜覆。

附來電：

黎天才所部，半係龍濟光舊兵，勇鋭耐戰，器械尚欠，刻係先儘有利器者出發。

又致上海陳都督電：

沁電及陸都督感電，想已達覽，關税收入關於財政前途至重且大，桂省既已扣留，勢必出於交涉。鄙意以爲當有一定準繩方足以資遵守，即請尊處轉乞外交總長伍先生，本桂省之己事，謀各省之共同，與駐滬總税務司直接談判，伍先生深明法律，素諳約章，究應如何辦理之處，必能主持摯論，以對外人。至所論各種旗式，亦希貴處並復。

又致上海陳都督電：

廣東援鄂軍如有野戰砲或管退砲，先派一營於冬月初三日以前抵葛店，並懇復示爲盼。

又致上海鄂軍務部張副長電：

頃接湘電，該省附購德槍五千桿，子彈五千萬，價以煤米先抵，不足者補銀。但此時煤米難收，鄂不但無現銀墊湘，即餘欵亦萬分難籌，可否在滬設法購定，不然，鄂欵只能敷本省兵餉，無力匯滬。請慎重辦理。

附來電：

十五日與德商約即日赴横濱，本日見滬都督，言籌欵頗難，請都督命理財部速電撥滬存欵三十萬以便起程，下餘之欵仍請都督速電催各省匯欵來滬，直交武手查收爲盼。

又致九江參謀部電：

頃據美兵艦長海里那函稱，美援艦那山在九江下游停泊時，於西曆十二月三號被民軍攻擊，似此玷辱敝國軍旗，不得不呈訴貴政府，請知會該守砲臺長官，自後應能辨别。幸勿懷疑誤擊至盼等因，爲此電貴參謀部，究竟如何情狀，速復爲盼。

附覆電：

勘電敬悉。前敝處屢接各處來電，均稱由外國裝載有大批軍火接濟敵人等語，故美輪過潯，砲臺不得不以旗語命其停泊檢查。適因是日霧大，旗語莫辨，該輪仍鼓輪前進，砲臺不得已即放空響。忽有該砲臺已革胡稽查突來報告，該輪實載有大批軍火，迫命砲手連放三出，所以美人因此頗懷不平，嗣該輪停泊派員檢查，船中未載軍火，當已向該輪道歉，該船主亦欣然而去。嗣後查得胡稽查乃因被革挾憤，來臺擾亂等情，已於前日明正典刑矣。望將此意轉達該國領事，以重邦交爲盼。

又覆長沙譚都督電：

荊州已下，現均繳械投誠，該處馬匹甚多，鄂中需用甚急，祈飭王統領將全數馬匹撥來應用爲禱。再淮鹽來源甚少，湘中諒亦缺乏，可否借川鹽，並乞示覆。

附來電：

沁電敬悉。布置周密，佩甚。桂軍昨日始到齊，准月内偕敝省五十標出發至金口上陸，荊州王統領正雅來電，荊城滿人於養夜央教士求和，次日繳槍二百餘支，及諸軍用品限日内分繳，荊襄重鎮均克復。各省援師四集，必操勝算。

又覆電：

查湘省淮鹽在途訂運約計二百票，現正設法轉運來湘。民間食淮已慣，借銷川鹽，價昂課輕，於民食餉需似有妨礙，請暫從緩議。

又致重慶張夏二都督電：

成都已克復否，乞轉電宜昌唐司令官犧支。如三十一標兵隊到宜時，飭速下駛回鄂。

又致桂林陸王二都督電：

有感電並悉。敝省自漢口失陷，關稅之事無從考察，昨已電上海陳都督切實調查，從速奉復。今讀感電，尊處將關稅扣留，勢必出於交涉，且兹事所關非僅一省，總稅務司常駐上海，敝處既已再電陳都督，請外交總長伍先生與之談判，究應如何辦理之處，必議一定準繩以資各省共守，至各種旗式亦俟在滬議定，由陳都督一併奉聞。

附來電：

稅務司經管常關稅項，以與清廷未脫離關係，不肯徑交關道，仍解匯豐，惟新常關稅項，所關洋欵極鉅，現獨立各省既已組成臨時政府，承認各國洋欵，凡獨立省新常關稅項自應由臨時政府經理，歸各關道存儲具報，請各都督電商外交部長，速與總稅務司交涉清楚，未經議妥之前又應如何辦理，曾於嘯日通告至今，未承電復。敝省關稅爲軍餉命脈，當經扣留，懇與總稅務司迅速交涉，電示辦法。現民國旗幟及軍旗令旗式樣顏色尺寸並乞詳示，統希速復。盼切。

二十九日各省來電，均承認鄂軍政府爲臨時中央政府，各省援軍統歸節制調遣。

同日南昌馬都督電陳進軍方略如下：

一、海軍以煙臺爲假根據地，宜向秦皇島附近行動。因該處冬季不結冰，中立國之商船俱向秦皇島交通，海軍行動，此地可操制海權，得以檢查中立國商船之暗助清虜。況北伐軍由海上進取者必由秦皇島登陸，不可不預爲占領也。

二、以蘇寧贛之軍攻黄孝。

三、以江北皖北兩粵軍之一部利用洪澤湖河道趨北，然對於此方兵力不宜過薄，恐陽夏敵軍受我三面脅迫，或以少數兵力偷出武勝關以主力向太和攻我，則將移武漢之戰場於皖北也。

四、北地各軍如第二十鎮及奉天第二混成協等早表同情，若聯合北伐，由秦皇島登陸，直搗燕京，彼必樂於效力。若久不實行，恐彼等反爲清廷所用，況敵軍主力集合陽夏，其留守直隸之兵力甚形單薄，若張我六師，速行北上，虜京不足定也云云。

是日黎致南京各省代表電：

今晨得滬都督密電開，沁日伍、唐開正式談判，議決秦、晉、鄂、皖、魯、奉天、江蘇七省一律停戰，餘未提議等語，特聞。

又覆太平滬軍顧問章勤宣等：

勘電悉。大通鹽厘早經清廷備抵扣債，敝處何能以之助餉，乃趙陽勒提鹽厘，且及民間財産，既關交涉，又擾居民。請就近電詢各都督辦理可也。

又致葛店兵站電：

頃接九江電稱，前由潯拖載兵隊上駛之小火輪，希飭其火速赴潯，以便重行拖載云云。此間正盼援軍，全行來鄂以厚戰力，刻不容緩，務將小火輪速飭往潯，以便速行接運。

三五、十一月初一日　黄克强辭大元帥改舉黎黎亦辭不就

十一月初一日上海來電，謂德、美、英、法、日、俄六國駐上海領事，各以意見書勸告伍唐兩代表早日息戰議和。

是日又接上海陳都督轉來電稱，成都光復，舉蒲殿俊爲都督。

又接清江浦蔣都督來電，謂已派一混成標開往宿遷堵截北軍。

同日接黄興來電，謂慮張勳南下，商林總司令派兵十營來浦口，或會同北伐，或分别出援武昌。

同日南京所派鎮軍第一師統制黎天才，聞已率師將抵陽邏援應武昌。

是日黎都督任李烈鈞爲軍統，節制南京、安徽、江西各軍，爲鄂右翼軍，在陽邏倉子埠集中，以一部在灄口附近與海軍連絡，協同動作，以主力由六指店七里鋪向黄陂附近進展。李軍統編定蘇皖軍爲第一梯隊，預定於初三日以前占領六指店及甘棠鋪，又編定南昌援軍爲第二梯隊，預定於初三日以前在倉子埠集中。

是日黎致各省軍事機關電：

准伍外交總長來電開，二十八日與唐使開議，廷芳謂十九日停戰以後，凡湖北、山西、陝西、江蘇、奉天各省均應一律停戰，不得進攻，俟得確實回電承認後始行正式討論，且開議以後如再有此等情事，須將擅自行動之軍隊彼此均處以嚴罰，至山西、陝西等省軍政府因電報不通，應托清政府代傳電報，令其停戰，唐使允即電袁内閣，山陝兩省廷已電達，請其停戰期内不可進攻。二十九日因未得袁回電，暫不開議，今晨得唐使抄送袁電文云，停戰命令早經

通飭湖北、山西、陝西、山東、安徽、江蘇、奉天等省，均歸一律，自無疑義。倘於開議期内有擅自行動之軍隊，定行處以嚴罰。至山西、陝西兩省彼因電報不通，屬爲轉電，頃已照轉，望即告前途爲要云云。唐並約定於今日午後三點鐘再行開議，廷已應允。祈尊處通飭湖北，並轉致各省一律實行停戰，以免争端而續和議，伍廷芳東等語准此相應轉達，伏希查照。

九江蔣参謀長來電：

東電，承示與唐使開議暨暫停戰各節，當即遵照，惟敝處前派赴援軍隊所駐地點，恐敝處不能電達，仍請迅將此次與唐使議和暫停戰各情，轉飭該軍隊知照。

又覆南京各省代表電：

勘電敬悉。元洪才識凡庸，平時辦事已形竭蹶，此次起義皆賴鄂中諸君子忠勇之力，元洪何功可言，但願國是早定，民生又安，元洪乞骸骨歸田里作一公民，此心已非常滿足。大元帥之職，懇公等另選賢能，元洪決不敢受。

附代表團來電：

昨接黄克强來電，堅辭大元帥之任，並以武昌起義爲天下倡，黎都督之功爲全國人民所敬愛，應推黎大都督爲大元帥等因，代表等以組織臨時政府刻不容緩，若往復推辭，徒延時日，深恐有礙大局，當由公衆議決推舉黎大都督爲大元帥，黄克强爲副元帥，但武昌軍事關係重大，恐大都督萬難離鄂，因於組織臨時政府大綱内追加一條，臨時大總統未舉定以前，以大元帥暫行其職務，若大元帥不在臨時政府時，即以副元帥代行其職務，除專員迎迓黄副元帥蒞寧外，特推時君象晋、陶君鳳集、陳君毅、仇君亮於今日赴鄂趨謁，面陳一切，請大元帥承諾，以慰天下之望。

又致各省軍事機關電：

閩都督孫豔電開，各省公出預備金，發行民國紙幣一節，本爲切要，敝省亦表同情，請尊處就近與各省代表團磋商妥籌辦法，並乞電復閩省都督。盼切。

附福州孫都督來電：

懇我公與張季直君會商發行民國紙幣辦法，電布以求一律。

附清江浦蔣都督來電：

接粤胡都督來電，擬辦民國通行紙幣以資流通，其設立地點、應行額數由各省電鄂贛政府公決等因，流通紙幣實爲救時之策，敝處極贊成。仰祈大力維持，藎籌辦法，期早成立。

附九江馬都督來電：

粤省真電祗悉，所示民國紙幣，敝處極表同情，並乞早日成立。惟預備金各省應如何攤派，務乞大力酌量維持，届時示知。除徑覆粤省外，特電呈。

附長沙譚都督來電：

接九江馬都督電，請各省在滬設一籌餉總機關，廣爲募集，以備接濟缺餉省份，如不需此，即留作將來中央行政經費。又接廣東胡都督電稱，聯軍北伐，需欵甚鉅，浙江首先承認百萬，廣東則量力籌助，未能預定的數，尋繹兩電均屬通籌全局重要問題，敝省均表贊成。鄙見滬設總機關當注重外交，僑商助餉内輸，北伐軍需，各省缺餉即撥，恐難應付。浙省首認百萬，見義勇爲，鼓舞士氣，極爲敬佩。敝省財力支絀，亦當極力設法籌集，然受敵最猛，與出援遣兵最多之省分，實難兩面兼顧。惟有不分畛域，事定之日再由共和國會秉公核撥軍餉，自有擔任均妥之法。所冀各省各界熱心救國，協力助餉，不先限認多寡，但求速達圓快之目的而已。區區之愚，乞賜鑒諒。

附安慶統一機關處來電：

漾電悉。紙幣各省兑换，行軍商務均關緊要，敝省極表同情，仍請速電商寧、滬、浙、贛籌定辦法，指示遵行。

附南京程都督來電：

擬設紙幣兑换處以利通行，極表同情，應請尊處頒定簡章，先與上海通過，其餘各埠自易流通。

附福州孫都督來電：

連接各省來電，對於公出預備金發行紙幣一節皆視爲切要之圖，敝省亦表同情，懇由尊處議決，設立地點、發行額數應籌預備金若干，先行電示爲禱。

附上海陳都督來電：

漾電提議救濟紙幣辦法，擬就鄰省各大埠設兑换處，彼此以票易票，既於銀元價值無所偏枯，又使金融機關得以流暢，一舉兩得，敝處極爲贊成。希尊處釐定章程，通咨各省，敝處謹當遵辦。專此電復。

附杭州湯都督來電：

上海轉到漾電，各大埠設兑换處，俟定章通行，浙自遵辦。

附安慶孫都督來電：

漾電提議紙幣辦法，敝處贊成，俟見章程，即當遵辦。

又覆南京鹽政總理張季直電：

豔電敬悉。兩淮鹽政久待整頓，識者每以公之言論未見施行爲恨，今得公爲總理，足見衆望所在，久而不渝。此後國計日充，民無淡食，皆拜公之賜也。曷勝忭賀。

附來電：

兩電均悉。淮鹽存積不少，不日派員赴鄂接洽，並一面催輪上運，所示暫運浙淮一節似可緩議。

又覆長沙譚都督電：

電悉。貴軍及桂軍均由金口上陸，已派員至該處招待矣，乞釋厪念。沈都督聲望素孚，舉爲湘桂聯軍總司令官，敝處極表同情。除遵命電桂及各省外，特復。

附來電：

湘桂聯軍馬步各一隊已於今日出發，按日啓行，由金口上陸，勢取遠攻，自不能至武昌與鄂軍會合。沈都督由桂率師來湘，天下仰望。敝處擬舉沈都督任湘桂聯軍總司令官，俾前途各軍有所遵守。如尊意認可，即擬請聯名電桂及各省。盼復。

又致各省都督電：

敝處與湘都督電商，擬公推沈都督爲湘桂聯軍總司令官，俾各軍有所統屬，如蒙贊成，請電復湘都督及敝處爲盼。

附南京程都督來電：

東電，公推桂林沈都督爲湘桂聯軍總司令官，敝處極表同情，專此電復。

三六、十一月初二日　黎允任大元帥但以黃興在寧代行職權

初二日接山西來電，謂清軍於停戰期間出兵進攻山西，太原危急。是日黎致各省軍事機關電：

長沙譚都督發起組織全國參謀本部暫設於南京，實爲聯絡各省，統籌全域切要之圖，旋經多省贊成，湘桂秦江北各省所派各參謀已先後到鄂，與敝省參謀部會議決定組織全國本部，由各省選派軍事知識完全人員一二員速赴南京，設立完全機關。敝省當派妥員即日赴寧。凡未經派員各省請即由尊處電達，催其派定，尅日起程赴寧。至各省援軍參謀仍請集合於武昌，並希電復。

附南京程都督來電：

組織全國參謀本部設於南京，應請各省派來之員發給正式公文，以便接洽，至敝處所派援鄂黎天才一軍，請黎元帥節制調遣，擬不另派參謀，以期統一。謹聞。

附杭州湯都督來電：

各省各派軍事知識完全之人赴寧組織參謀部，正與參議員之制相同，浙極贊成，容日内派往。

附上海陳都督來電：

電悉。各省派員至南京組織全國參謀本部甚屬緊要，囑代電催未經派員各省，已遵辦矣。此復。

附安慶孫都督來電：

軍事參謀員，日内敝處選派赴寧，謹聞。

附揚州徐司令來電：

冬電悉。組織全國參謀本部，敝處甚爲贊成，不日即派員赴寧會議，先此電聞。

附南昌馬都督來電：

冬電敬悉，極佩偉略。敝處派蔣作賓、張文二員赴寧協同組織，並派許端赴武昌充援鄂軍參謀，理合奉聞。

附雲南蔡都督來電：

寢電組織中央參謀部之議，極佩，敝省現以道遠不及派員代表，擬請沿江海各省速行就近組織，敝省無不贊同。

又致南京各省代表電：

大元帥之職曾於東電力辭，諒已電達。頃准山西代表仇君亮、浙江代表陳君毅及敝省代表時君象晋、陶君鳳集等面稱黄克强君力推元洪爲大元帥，元洪又復固辭，長此推讓，稽延時日，致臨時政府不能即行成立，深恐有礙大局。現代表團公同議決，特推亮等來鄂，要求承諾大元帥，並懇黄克强君以副元帥職務代行大元帥職務，以定大計云云。元洪伏思大元帥原爲組織臨時政府刻不容緩之舉，黄君克强，宏才碩畫，自足勝大元帥之任，乃謙讓不居，屢推元洪承乏。元洪才識平庸，何敢當此重任，然勘電所載，若大元帥不在臨時政府時即以副元帥代行其職務，既有此明文，元洪姑順代表諸公之請，承受大元帥名義，即委任副元帥執行大元帥一切任務。蓋大局未定，勢機危迫，臨時政府急宜成立，故元洪不辭僭越之罪，望黄君與代表諸君子力任鉅艱，急求進行辦法。時賜教言，以匡不逮。

又覆杭州湯都督電：

朔電敬悉。前月奉蒸電，具仰宏謀，欽佩無已。敝處有電擬占領周家口趨郾城截斷敵人聯絡綫者，即以尊處蒸電由周家口斷鐵路襲鄭州，以撼汴爲師資，非敢委偉畫於草莽。至於和議難恃，現雖停戰展期，依然日討軍實以待，所謂能戰而後能和。

附來電：

頃由寧回，奉二十六電。海道無疑義，陸師分二道可矣。前月蒸電即請皖軍渡淮，由周家口襲鄭州，以撼汴而通秦晋，請江北蔣督由徐州詣汴，而會皖師於彰衛間，莫之應者。彼乃託詞議和，分道南下，不謀進行，可決此和必無良果。天耶人耶，全仗砥柱。

附通電：

潛何足言計畫，頗憤諸公不甚以鄂爲危，亦不甚以北爲慮，故發憤一道，周家口水行抵郾城不過百里，火車至鄭州不過兩站。特聞。

又覆長沙譚都督電：

東電悉。湘鄂一家，無分畛域。請即將王玉泉按律懲辦，以爲擅殺者戒。

附來電：

前城陵磯周稽查員在大元盤獲之邵保漢並銀二千五百九十兩，解交任司令轉解來省，迭經電詢在案，昨任已歸原銀，並本府回文，概交貴軍務部派來之王玉泉等，邵即挾銀私逃，經王等追獲，理應解交敝處發訊。而王等遽將邵在西城外商埠重地當衆擅行槍斃，查邵雖可殺，然王等無殺人之權，似此野蠻自由，不獨於法律秩序大有損礙，且致外人詰問，已由敝省暫行將王等扣留訊問，特先電聞。請示辦法。

又覆葛店黄宗貴電：

電悉。所需炭油等件當飭軍務部迅速送來，兵艦餉項亦飭照發，登瀛洲所載之炭即卸陽邏亦可。接上海來電，議和之事因事關重大，刻難就緒，又續停戰七日，希將此停戰期限傳知各營知照。

附來電：

電請所運之煤請迅送來，再兵艦需用之車油燈油棉紗，亦請火速送來，以備戰時之用。各軍艦之餉是否由鄂給發，登瀛洲在陽邏停泊，運來之炭，請速派員起卸。再，海軍作戰之命令，請速選馬管帶。以上各件，請回示爲盼。

附上海伍外交總長來電：

今日午後三時，與唐使開議，因停戰期限將滿，各事均未開議。且武昌原訂停戰規則，秦晉蜀另有專章，今則皆包括在内，故議定續停戰規則云，停戰原定至十一月初五日止，續議停戰七日，自十一月初五日早八時起至十月十二日早八時止。期内兩軍於各省現在用兵地方，一律停止進攻，再廷芳今日提議，謂今日人心傾向共和，若非承認共和，别無議和之法。唐使謂欲和平解決，非共和不可，但須電達袁内閣，再行通知會議。特此電聞。

是日總司令官吴兆麟將兩軍續停戰七日之電轉傳各部隊知照，並通知江西軍馮統領率該協自今以後歸李軍統烈鈞指揮。

三七、十一月初三日　民軍殺川督趙爾豐

初三日接四川來電，謂總督趙爾豐被民軍殺斃，聞趙爾豐爲能員，頗愛國，對於西藏極有經營云。

同日接安徽來電，舉孫毓筠爲都督。

是日季招討使雨霖來電，謂荆州新定，擬請唐犧支荆州之兵撥一營駐宜昌，二營駐荆州，餘則會合湘軍王正雅之師北伐，側攻南下之敵軍，一由應城出攻雲夢孝感，一由德安出攻廣水各處，進占武勝關。霖軍分兩路側擊清軍，一由棗陽出擊信陽，一進攻南陽，定河南各屬，與潼關陝軍合而北征。今漢陽敵兵無多，只於長江岳州南北，襄河沔陽要衝，略據支隊，防敵上竄足矣。另遣游擊隊在漢川、雲夢、孝感各界多出疑兵以疲敵人，黄陂已有江西軍與戰，如此輔助，大軍或可進取有功。又喜源、劉温玉二人在南陽糾集餘燼，希圖南犯，霖軍悉赴襄陽，荆州事宜應責成唐犧支、張鵬飛辦理云。

是日黎致南京徐總司令電：

頃據浙江吴參謀長元鈞稟稱，聯軍已派定黎天才率師援鄂，現在不知出發否。如未出發，請速飭其前來爲盼。

附來電：

江電敬悉。黎天才之軍已由滬借招商船，定於初四日到寧，初五日即出發。該軍本係前月望日派定，乃因籌餉增兵遷延日久，其十一月餉俟抵鄂後，請由鈞處核發，以歸簡便。仍乞電復。

又致葛店兵站轉贛軍李總司令電：

前據黄州府知事電稱，武昌江面爲我軍要隘，懇留江貞停泊該處，以資聯絡。當即電商楚泰馬艦長，請以各兵艦梭巡該處，不必拘定江貞等情。頃據馬艦長電稱，貴司令官將泰貞兩艦調赴陽邏聽候指揮，想尊處必以戰期迫近，須水陸夾攻始足以速報捷而立奇功，兹又續停戰七日，可否暫留一艘梭巡武黄江面，或另調一艘補充，均希與馬艦長妥商爲盼。

附葛店馬管帶來電：

接李總司令部烈鈞來信，着敝船與江貞即開赴陽邏聽候指揮等語，但葛店黄州兩處，如泰貞兩艘上駛，現無船防守。如何之處，請電覆。

三八、十一月初四日　段祺瑞在漢口漢陽布置軍事鄂方電伍代表請抗議

初四日，據各種報告，謂清軍總司令已改段祺瑞，近日在漢口漢陽預備戰事甚屬周密，又據張文由上海來電，謂清軍之新作戰計畫將以漢口漢陽爲第一防禦綫，武勝關爲第二防禦綫，密築工事，暗調大部兵力，回豫東，轉安徽，與津浦軍會攻南京，仍以小部據漢，牽制民軍。此情若確，則援軍當用間接方法進軍皖豫，不宜聚兵武漢，致中奸計，宜多方搜索敵情，以定我軍計畫。

是日我軍接得以上情報，誠恐清軍議和是緩兵之計，其意或欲出兵肅清秦晋，使京漢路安全，然後再出兵或攻武昌，或攻南京。如此，是我軍即中其計，必爲清軍各個擊破，宜速電伍廷芳代表，通告彼方於停戰期内，須遵守規條，不得密運軍隊向我軍動作，但太原之被清軍占領係在停戰期内，仍須退回原防。不然，我軍即準備進攻云云。

是日黎覆長沙譚都督電：

江電敬悉。荆州克復，王統領正雅既爲滿漢歡迎，且該處爲三省重鎮，撫治得人，無憂反側，擬將該統領駐荆籌畫善後事宜，敝處甚表同情，请即由尊處會銜飭該統領駐守荆州，以資鎮攝而收治理爲禱。

附來電：

荆州踞長江上游，爲蜀湘鄂要鎮，既經王統領正雅光復，從軍

事計畫須駐重兵以資鎮攝，況滿漢雜處，將來政治組織尤非易事。可否請王正雅暫駐荊州，籌辦一切善後事宜，敝處未便擅行，特此奉商。如荷許可，即請會銜電王，俾得事權統一。尊意何如，乞復。

又覆長沙鄂委員王松亭電：

江電悉。需米孔亟，土麵亦可，槍彈俟運來即可分運。此復。

附來電一：

桂湘軍隊已陸續進行，惟茶油米初八日准可起運，洋麵無，土麵是否合用？上海運來槍枝子彈，可分運湘否，候覆。

附來電二：

奉到米八千石，油八十簍，已由陳洪勝甘姓二人解來，其餘米五千石、麵五百袋、油三百簍自解，庚日開行。

又覆夔州阮管帶電：

電悉。比聞成都光復，川東自能堅固，兵力稍薄，似尚無妨。三十一標現已派人往迎，以爲戰備。萬縣一隅，貴處兼顧可也。

附來電：

現在川東雖云反正，兵力甚薄，萬縣一隅又多隔閡，機關不通。今三十一標兵已抵萬，意欲留該隊暫駐萬縣，以便上下靈通。可否，請示定奪施行，請速復。

又致巴城華僑書報社

尊處函早達。電匯五千元足征熱心祖國，實深感佩，但此欵尚未收到，由何銀行匯來，望即示知。

三九、十一月初五日　廣東改舉陳炯明代理都督

初五日接廣東來電，謂舉陳炯明代理都督，因胡漢民無實力，又往香港歡迎孫中山於郵船，孫中山約同至滬，故廣東實力派公舉陳炯明代之。

同日廣西都督沈秉堃（字幼嵐）到武昌與黎都督及總司令官吴兆麟磋商作戰事宜，沈云年力衰弱，指揮軍事極感困難，所有帶到金口援軍已令統領趙恒惕指揮，嗣後對於桂軍如何調遣之處，即以趙恒惕之名可耳。

是日接李軍統烈鈞轉來報告，謂該右翼軍在許家橋附近集合整頓，並探得清軍由北運到重砲二門，極能致遠，擬防禦我兵艦。

是日黎致各省都督電：

南昌馬都督支日通電想已達覽，其於各省發行紙幣多少，視各省財力强弱爲準，有無限制一節，屬敝處訂定章程，通商各省。敝處未便擅專，仍乞各省各抒意見，俾從多數。

附南昌軍政府來電：

漾電提議救濟紙幣辦法，擬就鄰省各大埠設兑换處，彼此以票易票，既於銀元價值無所偏枯，又使金融機關得以流暢，敝處極表同情。惟各省發行紙幣多少，視各省財力强弱爲準，有無限制，希速訂章程電商各省，敝處自當遵辦。

又覆南京徐總司令電：

支電悉。承派黎軍極勞碩畫，感激莫名。十一月餉項，准由敝處發給，總祈將槍械配給完全，以免徒手不能戰之弊，敝省槍械缺乏又不能補發，乞諒。黎軍望速發。

附來電：

黎軍於初五日由江寬、江孚兩輪裝載兩營赴鄂，現仍有續往之兵，擬乘江永、楚有兩輪載往，仍恐不敷輪載。請飭江寬、江孚兩輪到鄂後迅速返金陵，毋庸開回上海。

又覆南京黎指揮官天才電：

電悉。貴部尅日來鄂，感甚。惟鄂槍械缺乏，徒手新兵，萬勿率來。此次援兵實數若干，希先電知，以便預備餉項。至貴部集中地點定在黃州，已派員駐該地接洽，嗣後由黃陂進攻，屬右翼軍總司令官李烈鈞指揮。

附來電：

天才奉令援鄂，尅日啓行，集中何處，盼覆。

又致安慶孫都督電：

支電及公電悉。霖雨及時，蒼生咸慰，公爲當代偉人，衆望自有所歸。此則非獨貴省之福，抑亦民國之幸也。伏冀隨時賜教，以匡不逮爲禱。

附安慶統一機關處通電：

本日軍政府組織成立，萬衆一心，公舉孫公少侯爲皖軍政府都督，以後一切文電請逕達都督府，凡皖省對於全國及外部發生之事件悉由孫都督名義執行，計本處維持時期，自十月初八日起，至十一月初四日止，與我四萬萬同胞留一特别紀念於人間。知我罪我，其惟歷史。

又覆安慶孫都督電：

支電悉。被劫餘鹽留爲貴省濟食甚好，惟祈從速報明，早日補運。

附來電一：

鄂岸運商抵皖，據稱運鹽兩票曾經被劫，餘鹽萬難上駛，現敝省絶銷，軍民淡食，擬將劫餘之鹽留皖濟食，並由敝處報明，准令補運，即乞電復。

附來電二：

歌電敬悉，極感，即飭報明補運。

又覆九江馬都督電：

東電悉。旌旆移駐潯陽，仰荷垂問軍事，敬佩敬佩。元洪自議和以來，夙夜孜孜，以討軍實，勤訓練，枕戈待敵相勸勉，惟識見短淺，不免踈虞。尚乞時賜偉畫，用匡不逮。

附來電：

敵軍違約，雖由各處電與交涉，而和議終非可恃，毓寶已將全贛印務照會吴高等顧問官介璋護理，專意赴潯經營戰事。所有以後承商要件，請煩分電駐潯贛軍都督行轅，無任盼切。

又覆長沙譚都督電：

承派各軍陸續到鄂，無任感佩。以後轉寄金口湘電已飭局遵辦，所擬更編一軍，牽制敵勢，深佩卓見。惟鄂中曾派招討使西定各屬，現荆襄確復，該軍擬分道東向，以擾敵側。尊處新編之軍出發時，務與該軍聯絡，至鄂購槍械，尚未抵省，容後電知分用。

附來電：

趙梅兩標明日可到金口，張軍開戰前亦可到，金口不通電，擬請飭電局，以後湘電專人遞送，敵軍日增，宜圖牽制。擬更編一軍出荆襄，尊處所購槍械，何時可到。湘鄂同處危境，斷無畛域。惟現銀缺乏，公所深知，俟各縣欵解到，即行開撥。

四〇、十一月初六日　孫文歸國始抵上海

初六日，孫文自美歐洲始抵上海。同歸國者有吴稚暉、李石曾、王鴻猷、馬君武、張繼、張靖江諸人。

是日上海陳都督來電，謂探悉清軍第一鎮以全力向武昌南下，宜竭力防堵。

又接湖南譚都督來電，謂此時荆襄既爲我有，敵注意窺伺南京，擾我腹心。我軍自應猛力進據河南，西進陜西，南扼漢口一帶，抄出賊兵後路，則漢口不攻自破，再用支隊游擊山東，而後會師北進，則南京可以無虞，賊亦有瓜熟蒂落之勢，天下不足定也。

是日又接南京來電，謂各省派參謀官赴南京組織參謀本部，以定全國軍事計畫。

是日黎致各省軍事機關電：

頃有英領事遣代表來言數次，謂已與北京美使出名擔保，欲令武漢三鎮不再作爲戰場，鄙意擬先提出四條：一、敵兵須令全數退出武勝關以北。二、該軍隊退時我兵不得追襲。三、敵軍各種輜重准其携回。四、兩方面如有背約時，擔保國須負責任。敝處本知此事奇詭，不宜置議，惟該領言明日又有人來探訊，須措詞回覆，尊意對於此事何如，乞詳加指示，迅即賜復，以便應付。

附南京徐總司令來電：

魚電敬悉。英使保武漢三鎮不作戰場，將來用兵之地必在江淮。尊電雖提出第一條，北軍須全數退出武勝關以北，鄙意仍應詢問英

使，北軍既須媾和，則各省概應退出，望詳加詢問並電伍部長與唐使接洽。頃又接蔣都督來電，謂北軍作戰計畫以大部兵力合攻南京，以小部兵力據漢陽牽制民軍。查北軍命脈首在京漢，次在津浦，若無重兵扼守要害，北軍行動自由，南京異常危險，擬請皖都督分兵扼守正陽、六安等處，以防由豫入皖之路。林總司令增兵扼守臨淮，以防由徐入皖之路，揚州徐分府會合皖軍扼守宿遷，以防由京入浦之路。如和議決裂，即聚三路軍隊夾攻徐州，占據車站，再分大部兵力直搗開封，斷絶敵人後路等語，措置頗爲適當。除分電各處查照外，此間現擬先撥浙軍一支隊速往臨淮，爲各軍援應，相機進取，搜索敵情。以目下而論，武漢南京當可自保，惟皖失利則首尾不能相顧，且太和已失，北軍必有準備，武漢無論如何，南方兵力必須設法加增。楨現自編一鎮，非一月以後不能完全，時機正迫，尚乞迅示。

附上海伍總長及程陳兩都督來電：

魚電悉。尊擬四條甚爲妥協，惟第一欵敵兵須全數退出武勝關以北句，似應改爲退至黄河以北，不准調兵過此界。祈酌裁。

附清江浦蔣都督來電：

魚電敬悉。關於武漢不再作戰場之四條件，碩畫佩極，但一條敵兵既退出武勝關以北，該關以南之鐵路。及武漢作戰基點仍不得限制我軍利用，方稱完善。如武勝關以南及武漢，英領均視爲中立地，將來我軍運動進行，非皖即陜，作戰機關極形困難，如能於第一條内添設此節，我軍方得以自由行動，不受敵制。芻蕘之議，尚希鈞奪。

附揚州徐總司令來電：

通電敬悉。提出四條，還吾武漢三鎮，不再作爲戰場，須指定範圍地點不宜太寬，以礙我軍進行。第四條更宜注意，敵人狡作異常，此次議和期内屢次違約進攻，可見一斑。若擔保國非有正式確實之擔保狀，不可輕許。鄙意如此，尚祈裁奪。

附揚州林總司令來電：

魚電敬悉。武漢三鎮須以後不作戰場一事，敝處籌議，以爲無利而有害。現武漢三鎮已成焦土，原有商場早經毀壞，縱立時停戰，商務難望恢復，且北軍在武漢之兵力，其大部已移於晋皖兩方面，我之援鄂各軍正在雲集。若乘機進攻可決必勝，敵軍慮此故生詭謀，今准其要求是墮其術中也。況漢口乃入汴晋要道，此時既允其不作戰場，將來全軍北伐，即不免受其束縛，愚見宜以此事交上海議和代表，並按條協商最善。尊見然否。

附鎮江軍政分府來電：

魚電敬悉。武漢不作戰場之議，尊處所提出四條甚佩服。惟鄙意以爲尚須提出漢陽管領之權應歸我有，武勝關以内除不得開戰外，我軍一切行動仍可自由，其餘各欵敝處均表同情。

附上海陳都督來電：

魚電悉。英領提議不以武漢三鎮作戰場，奇詭異常。愚意北軍作戰方針將變换方向，蓋武漢易攻難守，得之亦不足以制天下，且滿清大兵全被武漢牽制，北之秦晋齊魯、南之皖贛蘇浙均無兵力對待。若武漢不作戰場之議定時，滿清可移武漢重兵以向南京，愚見如此，不知中否。貴處提議答復四條，鄙意稍行增改如下：一、敵軍須全數退出武勝關以北，即以武勝關北爲雙方戰場。二、該軍未退武勝關以北時，我兵不得追襲，餘二條均可，是否，希裁奪爲禱。

附長沙譚都督來電：

魚電敬悉。停戰期内英使忽出名提出清軍退兵條件，不宜置議，極爲欽佩。茲推出其原因如左：一、北方有特別變動事由發生；二、因民國軍隊四集，遂謀厚集兵力以劃分南北界限，藉圖以全力注重山陝等處；三、因滿清昔日勢力範圍條約而出於外交團之變動；四、爲和議決裂之豫備。以上四則當出其一，鄙意民國既經舉定外交總長，似應移歸總長對付，以謀統一，方爲正辦。但既歸外交總長核辦，如不承認清軍北退，則但當離進取方法，而設詞對付英領。如允其退兵，則必由總長提出左之條件：一、北軍退出武勝關所有地點須由民國以兵佔領，不得視爲中立土地；二、如和議不調，無論何人不得干涉妨礙民國軍隊之行動；三、武勝關外鐵道不得毀壞；四、漢陽兵廠、銅藥廠、鐵廠内所有兵械機件全交民國管理，不得毀壞擲去。除電達各省都督及外交總長外，謹復。

附桂林陸王兩都督來電：

魚電悉。北京英使出名擔保，欲令武漢三鎮不再作爲戰場，我公提出條件四條，頗爲周密。惟和議未定，戰事尚懸，北伐計畫仍不可緩。

附杭州湯都督來電：

夜半奉魚電。誠如鈞示四條，亦周妥，亦中正，良用佩感。鄂援既固，或託視滬議之成否爲和戰以謝之，弟寡識又遠隔，仍仗藎裁。

又致上海陳都督電：

微電悉。巴城梁君映堂、邱君雪亭由滙豐電匯來萬元，咨日已經收到，當即電謝矣。至該處篠豔來電，敝處並未接到，此覆，並懇代爲道歉。

附來電：

頃接巴城梁映堂、邱雪亭等電稱，删日由滙豐電匯鄂黎都督萬元，篠日豔日電詢，均未覆，乞代電詢，並近日情形等情。此欵究竟曾否收到，請即逕電梁君爲感。

又致福州孫都督電：

余參謀來，奉到函牘，具仰關懷桑梓，急於公義，感何可言。吾鄂用兵以來獨當敵衝，元洪才識疎淺，捍禦無方，以致出師不利，坐失名城，内疚外慚，夙夜祇懼，而賜函不加詰責，轉勞奬借，更使人悚惶無地矣。我公關係閩中至重，何敢望棨戟親臨，惟冀早發雄師，已足克敵致果。

附來電：

閩自前月決定興師北伐援鄂，擬編混成一標，一面上知，一面即行編制，最近已大概就緒，只須略籌餉械便可起行。然編隊甫就，警告迭來，汀漳一帶，土匪紛起，占踞上杭、武平、永定三縣，延平、蔨沙，合縣亦被匪困，牽動閩省全局，顧内憂外患勢實兩難，匪熾兵單，萬方同慨。而閩省交通不便，伏莽尤易蔓延，使棄之不顧，徑行出師，同赴公難，則後患之大，何堪設想，赴援之隊，首賴餉源，地方不靖，税榷皆虚，設軍需不供，轉以貽累各省，其弊一。匪餤日張，勢將竄及贛粤，致須分兵設備，各省援師，間接受其影響，其弊二。閩變不靖，人心不寧，風鶴之謡且徧中外，而南洋僑商見其家室傷殘，急公赴義之誠，亦因以稍殺。再四思維，惟有先將應援之師作平亂之計，俟地方略定即速啓行，爲期必不在遠，衆議如此，謹以奉聞，諭厥鄙計亦爲全局，非謀一隅，惟道仁德薄能淺，不克預爲籌畫，致使愆期，悲憤徒具，慚悚良深。亟當惕勵進行，早免憂戾。

又致長沙譚都督電：

支電敬悉。荆滿效順，急須推仁，以重人道，謹擬辦法大綱如下：（一）無財産者，均按甲酌給謀生費若干元。（二）有財産者，除與以必要生計費外。其餘財産均歸民軍保護。（三）凡護送出境者，由民軍指定地點，分散安置。（四）准其隨地佃田耕種，不必指定公田。又王統領留荆移節，隨飭安襄鄖荆招討使會同妥商辦理，並乞電轉荆州。

附來電：

頃接王統領正雅電稱，二十八日滿將軍聯魁，親賫印信，呈繳，哭求暫留駐荆，保全旗衆殘喘，所求之事均屬生計問題，其要求者：一、發恩餉；二、給出境謀生護照；三、擬佃原有公田。竊荆防男女數逾二萬，老稚文弱居十之九，生計之窮，已達極點，既允納欵，亦係蒼生，安插保全，誠屬難已。無如待拯既多，需欵必重，身居客位，何敢自承，乃力勸滿降，以救全城漢滿生命。比國神父馬修德代爲請命，語極懇摯。又沙市商團亦倚雅軍自安，求分隊駐沙保全秩序，自三至四，情詞俱極悲抑，應之既無其力，拒之實又不情，應請公示以方針，俾得遵守，如令雅暫留，即希電知武昌，加給照會，許以便宜，庶在雅可免主客之嫌，而在滿可宏生成之德。再二十七日鄂軍一隊入漢城駐紮，雅軍均駐滿城，合再申明等因，敝處已於江電陳明，據此是否可行，乞速電復。

又致長沙譚都督電：

頃據黄州電稱，湘運鹽船不下百數十號，因戰爭梗塞，不便上駛，停泊該處江岸一帶，任意私銷，勢將垂盡等語。查引鹽一爲商本，一爲餉源，若聽其私銷，公私兩虧。擬派員督令各該鹽船乘間上行，如萬不能行者，即請就近發交敝省鹽局出售，公私兩利，至如何辦法，均俟卓裁。

附來電：

麻電悉。湘省鹽局分設六十餘處，倉儲垂盡，紛請接濟，焦灼萬分，鹺艘停滯下游，已有所聞。現由湘商議租洋輪拖運過漢，並已派員携封來鄂，面懇維持。目下如能乘間上駛，務望督飭遄行，並乞嚴懲私銷，民食餉需均賴保全，無任禱荷。

又覆岳州鎮守部轉覃振電：

歌電悉。湘桂聯軍紮大小軍山，深佩碩畫，設置電報已派人前來敷設。王憲章一案已交軍法會議，容當續告。

附來電：

振偕同梅統領馨、趙統領恒惕，於昨晨由湘出發，今午抵嶽，擬由金口對岸上陸，紮大小軍山，進攻蔡甸。惟查該處電報不通，殊形困難，雖梅統領稍備有發電機材料，苦無綫接馬鞍山，懇速派司機員三人、工頭三人，隨帶乾濕電瓶各二十個，綫剪子四把，紙條五十並報紙三百張、瓷碗二百個，小電綫二十札，即運至金口，以便敷設。再王憲章等已由湘都督開釋交振帶回，可否准予殺敵贖愆，特先請示。

又致四川蒲都督電：

頃有陜西代表來鄂，述及光復狀況並危險情形，乞貴處迅速出師漢中，聯絡山陜以資北伐而固後援，是爲至禱。

初七日，武昌防禦任務如前，惟軍事準備極忙，而各省電報往還日見增多。

是日黎致上海外交伍總長電：

虞電敬悉，不勝詫異。查陜西民軍未出潼關，靈寶陜州則皆屬豫境，不知敵軍所謂民軍首領究係何人？是何姓名。所謂毀函慘殺，究係慘殺何人？所謂迭來圍攻，究係圍攻何地？細繹其詞，支離已極。安知彼非欺我電信不通、捏造以誣我乎？又安知彼非藉此栽誣而竟破約以攻潼關乎？前此停戰條約彼堅欲以秦晋蜀另立專條，識者皆謂係緩南攻北之計，伏願嚴詞詰駁，勿任遁飾。

附來電：

前聞太原失守，即與唐使交涉，要求三事：一、爲請兵退出太原駐地，二、爲處罰擅自行動之軍隊，三、爲賠償損害。唐使已允電告袁内閣，頃接唐使送來袁内閣覆電云，伍代表所稱並無其事，可派人會查，如有此事，當依所開之條辦理云云。特此電聞。

又致安慶孫都督及揚州徐總司令電：

清江蔣都督，魚通電，想已達覽。其作戰計畫極爲周到，願與尊處商榷施行，即希賜覆。

附江北徐總司令來電：

陽電敬悉。蔣都督作戰計畫甚爲周密，敝處擬即派兵前往清江宿遷等處防禦一切，尚祈賜教。

又致清江浦蔣都督電：

魚電敬悉。仰見擘畫精詳，度越儕輩。現已查照飭屬並電商孫都督、徐分府，按照施行，祈轉告林總司令辦理爲荷。

附來電：

疊告北軍作戰計畫，以大部兵力合攻南京，以小部兵力據漢陽牽制民軍，當用間接援鄂方法進軍皖豫，不宜聚兵武昌等語，計達尊覽。查北軍命脈，首在京漢，次在津浦，如無重兵扼守要害，北軍行動自由，南京異常危險。擬請皖都督分兵扼守正陽、六安等處，以防由豫入皖之路，林總司令增兵扼守臨淮，以防由徐入皖之路，揚州徐分府分派會合皖軍扼守宿遷，以防由京入浦之路。如和議決裂，即聯合三路軍隊夾攻徐州，驅逐敵軍，占據車站，再分大部兵力直搗開封，横截敵人後路。鐵路一歸我有，北軍命脈自絶，會師北伐當勢如破竹矣。是否有當，請卓裁分電施行，無任禱切。

又覆九江馬都督電：

麻電悉。承派劉統領帶軍一千八百餘名援鄂，感甚。雖滬軍電稱援兵宜間接助鄂，不宜屯聚武昌等語，不爲無見。然敵人大兵仍集兩漢，且恃京漢鐵路爲運輸機關，我軍似宜以大兵由黄孝進攻，一以收復兩漢，一以直搗豫省，東連皖軍，西會秦軍，則黄河以南爲我有也。請劉統領兵隊迅速仍發黄州，以厚右翼兵力，禱切盼切。

附來電：

贛遣援鄂兵一千八百餘人已由劉統領懋政統帶抵潯，該員係山東人，於軍事經歷甚深，熟習北方情形。頃據滬電稱各省援兵宜間接援鄂，不宜屯聚武昌等語，不爲無見。劉軍泊潯，究應赴鄂，或赴下游進軍皖豫，俟接電示，即行開駛。

又致長沙軍府轉沈都督電：

公之雄才偉略，中外同欽，既經各省都督公推爲湘桂聯軍總司令，一切作戰計畫仰仗尤多，乞即日首途，出奇制勝。

附通電：

陽電敬悉。秉堃謬荷公推，爲湘桂聯軍總司令，事機迫切，何敢固辭，請爲前驅，惟力是視。初八日接關防，日内組織本部，確定初十出發，惟望諸公隨時指示機宜，俾匡不逮，同濟大功，不勝企盼。

又覆雲南蔡都督電：

筱電悉。所籌招撫北方軍士之策足見慧眼佛心，曲君既籍隸齊魯，相識最多，擬爲北洋招撫使，敝處極表同情，此復。

附來電：

急，昨致筱電，舉曲君同豐爲北洋招撫使，前赴山東、直隸等省，沿海一帶招撫北洋軍隊，計已達覽。查北京爲根本重地，此舉用意一面告以大義，挺出同胞，一面曉以兵威，牽掣敵勢。事機迫急，不宜久延，擬請曲君不日出發，速與各省都督面商機要。惟滇處西邊鞭長莫及，應需軍裝餉械，不能不望沿江沿海各省大都督速爲接濟。鄙意軍艦懇由粤閩滬斟酌，派三四艘護行，槍械請粤滬製造局撥用，餉項前請各省分擔，交由粤滬兩處隨時籌濟。是否可行，望由海綫電復。

初八日，由南洋運至武昌之各種彈藥極爲豐富，黎都督已派員接收，交總司令官吴兆麟分配補充。

是時我軍在武昌各軍隊均已整頓齊備，防禦布置較前完密。

是日黎都督擬以廣西、湖南兩省援軍，爲武昌左翼軍，令趙恒惕爲司令官，由金口準備過新溝向孝感方面進展，攻擊清軍右側背，並通知該軍籌畫。

是日黎覆南京代表團電：

陽電悉。時勢變遷，清廷不履行停戰條約，於事實上恐生種種阻礙，已決定初十日開選舉臨時大總統會，仰見盡籌，極爲欽佩。蓋立國之道，非有總機關以爲之本，則外交軍事行政各方面皆無主宰，自應選舉大總統。惟現在議和期内，必須出以敏活手段方可望其和平了局，此舉似宜與伍公妥爲磋商。但能合我共和宗旨，無論何人爲大總統，愚皆歡迎，諸公熱心國事，必能委曲求全，以顧惜同胞生命、保全公私財産爲惟一之目的也。

附來電：

代表團決議於十日上午開選舉臨時大總統會，再由被選者電告袁内閣，如和議成立，即當避席。尊意如何？乞示。

又致上海外交伍總長電：

頃接日本海軍少將川島令次郎公文云，現在駐防漢口租界之敝國海軍陸戰隊，已届瓜代之期。擬由本國派來陸軍一隊以資保衛，即將日清公司輪船南陽丸作爲運送船，約在陰曆十一月初九由上海起程，十一日可到本埠。尚乞轉飭沿江一帶駐紮之貴軍，以便隨時照料，免生糾葛等語。查各國租界已有之兵如實係瓜代，可以准行，惟此事滋惑者，恐係添兵，致起紛擾。擬請尊處向該國駐滬總領事調查，或得換兵確據，即可照準。尊處爲外交總匯，鄙見當否，祈速示知，以便照會沿途。

附來電：

庚電悉。日本川島少將所稱海軍陸戰隊瓜代一節，查係實在情形，尚屬無礙。

又致長沙譚都督電：

電悉。今日英領派人來詢前事，敝處已將提議四條並尊處及他省增加之條一齊交付，尚未得復。所購槍已到滬，來鄂時當奉聞。荆武通電不能直接，須由仙桃鎮轉。此覆。

附來電一：

岳荆電信不通，現新堤沙市間專送各電，擬請將沙市新堤間協同接用，以捷戎機。

附來電二：

昨電想達，英領復來探問否？如何答復，甚念。所購槍日内能到否，荆州至武昌電綫通否，統乞賜覆爲盼。

又致四川蒲都督電：

頃接叙州公電，稱滇軍入境，人民惶恐，乞速電滇都督立行撤回等語。查滇軍原爲援川而來，川既平定，祈貴都督與滇都督迅速電商，妥籌蜀滇聯軍辦法，多派勁旅，或出漢中連絡秦晋，或順流而下轉攻豫省，以圖北伐而復漢土，不勝禱盼之至，並請傳諭開導人民，以免疑慮是幸。

四一、十一月初九日　清廷諭開臨時國會伍唐議決召集國民會議辦法四條

初九日接北京來電，謂清廷諭開臨時國會，由國民公決政體。唐紹儀遂奉旨復與伍廷芳繼續會議，在滬議決召集國民會議辦法四條：

一、國民會議由各處代表組織，每一省爲一處，内外蒙古爲一處，前後藏爲一處。

二、每處各派代表三人，每人一票。若有某處到會代表不及三人者，仍有投三票之權。

三、開會之日，如各處到會之數有四分之一，即可開議。

四、各處代表江蘇、安徽、江西、湖北、湖南、山西、陝西、浙江、福建、廣東、廣西、四川、雲南、貴州由中華民國臨時政府發電召集，直隸、山東、河南、奉天、吉林、黑龍江、甘肅、新疆由清政府發電召集，並由中華民國政府電知該省諮議局，内外蒙古、西藏由兩政府分電召集。

以上四條已經雙方代表簽訂，惟會議地點及開會日期尚未議定耳。

是日得外人報告，謂北京政府聞兩廣北伐之師將由海道長驅直入渤海，以威脅北京之側面，甚爲恐慌，已將駐奉天新民府之步隊第八十標、馬隊第二十標在秦皇島附近集中，與永平府之步隊第七十九標警戒渤海沿岸各處。又聞山西民軍敗退於太原之南，故正太鐵路仍爲清軍所有。又聞張勳殘部在徐州附近，對於安徽北部似有取攻勢之動作。

是日黎致各省都督暨外交部伍總長電：

頃據浦口柏統制文蔚電，稱潁州府失守，守城各員墜城而下，

於今日抵浦，據云敵軍率兵陸續東下，正陽壽州危險萬狀等語。敝處業已在臨淮布置一切，嚴加防禦。尊處務妥爲籌備，是爲至禱等因。查敵軍曾經破約攻陷太和，經我一再詰責，乃以勦匪塗飾，今復破約攻陷潁州，和議豈復可恃，相應電知各處準備一切以爲後盾，並乞伍先生與唐使嚴重交涉。

附上海外交伍總長通電一：

今日唐使言，自初一會議以後，日日以贊成共和之意電達袁内閣，昨日接袁電囑開國民會議，將共和問題付之多數表决，决定之後兩方均須依從，爲此欲於今日會議此事云云。廷意共和主義已爲全國人民所趨向，原不必再開會議，以視民情，但此亦可爲解决目前問題之一法，因與唐使開議决定如左：（一）現在兩方用代表會議解釋狐疑，以安大局，特訂定條欵如左。（二）開國民會議解决國體問題，從多數取决，决定兩方均須依此。（三）國民會議未解决國體以前，清政府不得提取已經借定之洋欵，亦不得再借新洋欵。（四）自十一月十二日早八時起，所有山西、陝西、湖北、安徽、江蘇等處之清兵，五日之内一律退出原駐地方百里以外，衹留巡警保衛地方，民軍亦不得進占，以免衝突。俟於五日内商妥退兵條欵，按照所訂條欵辦理。其山東、河南等處民軍已經占領之地方，清軍不得來攻，民軍亦不得進攻他處。至於國民會議辦法、地方日期等及清軍退兵條欵均於明日續議，隨時電聞。祈即電告各軍隊，按照第四條辦理爲禱。

附上海外交伍總長來電二：

頃唐使言接袁内閣電開，漢陽清軍輜重甚多，恐五日之内不能盡退出百里以外，今已發電於十一月十二日八時起退兵，惟何日始能退盡，明日再行電覆等語。特聞。

又致南京代表團電：

頃接程陳兩都督公電，略謂南洋各埠華僑總代表吴世榮、美洲各埠華僑總代表馮自由已到滬，擬赴南京組織臨時政府會，似當允其有選舉投票權，如何之處，惟公定之云云。查此次選舉大總統，其投票權每省不過一票，海外同胞散居各處，綜而言之，以南洋、美洲爲多，類能關懷祖國，見義勇爲，此次既被公舉而來，自當優其權利，如内地各省代表，使每代表有一票之權，惟正其名曰，東半球華僑代表，西半球華僑代表。不審以爲當否。

程陳兩都督自上海來電：

南洋各埠華僑總代表吴世榮、美洲各埠華僑總代表馮自由已到滬，擬赴南京組織臨時政府會。南洋美洲華僑千數百萬，關於革命事業及共和主戰之進行助力甚大，此次公舉代表赴會，似當允其有選舉投票權。如何之處，諸公等定之。惟明日即行正式選舉大總統，是否，請迅速電覆南京代表團爲禱。

蓋武昌自起義以來，凡日知會起義黨員，早主張電請孫文回國，主持國是，各省均主張一致，孫中山亦知各省之公舉已決定，遂於是日分贈十七省代表每人二百元。

四二、十一月初十日　十七省代表舉孫文爲臨時大總統

初十日接上海來電，謂公舉孫文爲臨時大總統，黎都督及武昌各機關去電道賀，聞是日到會者凡十七省代表四十五人，浙江代表湯爾和主席，共投十七票，按臨時政府組織大綱第一條之規定，滿投票總數三分之二以上者當選。投票結果，孫文得十六票，遂當選爲中華民國臨時政府第一任大總統。

是日接偵探陳成城報告，謂清軍利用議和停戰期間，連日預備戰事，甚爲忙碌，彼在黃陂已設有司令部，以防我軍由黃陂進攻。目下段祺瑞之司令部在大智門火車站，自武勝關以南清軍兵力仍約兩萬，夫役及補充兵不在其内。

同日接蔣翊武報告，謂漢口清軍表同情於我革命軍者日益繁多，逐日有人接洽，已將接洽妥協官兵名册送至武昌，並云清軍各隊不願再戰，我軍可爲樂觀。

是日總司令官吴兆麟因停戰日期行將届滿，即召集各部隊長官於洪山總司令部開軍事會議，决定之事如下：

一、令各部隊防禦布置事。

一、令兵站總監胡捷三籌備轉運事。

一、令船政局長張福麟籌畫輸送事。

一、令各部隊與左右翼軍協同動作與連絡事。

是日黎致楚泰馬艦長電：

頃准黃部長鍾瑛電，稱十二日江元送餉來鄂聽調，又據上海伍

總長南京徐總司令官電，稱英國景定輪初九晚由滬裝運軍火百箱往長江，内九江勃藍伯船用五十九箱，漢口梯而船用二十箱，漢口惟勤船用十九箱，該埠恰疊墨斯船用二箱，領有海關准單，須飭各砲臺及各兵艦詳查放行等因。又據駐漢俄領事函，稱該國停泊本埠船，載車馬兵丁，本日即駛往上海，恐長江有所妨礙，請知照沿途漢軍駐紮兵丁各砲臺兵艦等，無庸聲砲等因，合函飭知各處查照爲要。

附上海外交伍總長來電：

頃准英總領事函開。茲有英太平洋行特爲本國水師官運載軍火以備上游英國砲艇之用，由景定輪船運往，於今夜展輪。統計該貨爲九江勃藍伯船用者五十九箱，爲漢口梯而船用者二十箱，爲漢口惟勤船用者十九箱，爲該埠恰疊墨斯船用者二箱，領有海關出口准單。請煩通知沿路民軍領袖，俾利遄行等語，特此電聞。

又致長江各都督電：

頃已由敝處外交部長面商駐漢英德各領事，嗣後凡各國商船由長江上下者均須在九江檢查，以外各埠但驗檢查票即可放行，各領事均已照准。乞尊處查照辦理。

十一日黎大都督視民軍與清軍停戰之期將滿，遂發下各軍之訓令如左：

中華民國中央政府湖北大都督訓令

（十一月十一日午前八時於武昌都督府）

一、綜合各種情報，敵軍主力仍在漢口、漢陽一帶，黄孝方面亦派有軍隊據守，又黄孝以北沿京漢綫各要地皆有兵占領。

我廣東援軍已抵上海。

我南京、安徽軍已準備向徐州進攻。

我陝西軍已準備向河南進攻。

二、本軍擬於明十二日午前八時停戰期滿，如不續行停戰，準備以主力防禦武昌附近，以一軍向黄陂進展攻擊敵之左側，以一軍向孝感進展攻擊敵之右側。

三、戰時總司令官吴兆麟率所屬軍隊於明十二日午前八時，仍占領青山至金口一帶防禦，但派一部占領黄州及簰洲附近，並須援助左右翼兩軍。

四、右翼軍總司令官李烈鈞率所屬部隊明日午前八時，準備由原地前進，向黄陂方面威脅敵之左側背。

五、左翼軍司令官趙恒惕率所屬軍隊明日午前八時准備前進，向孝感方面威脅敵之右側。

六、海軍司令官馬塤鈺率第一第二艦隊明日午前八時在陽邏青山附近游弋，俟我右翼軍攻擊灄口時即援助進攻。

七、余在武昌城內都督府。

都督黎元洪

是日戰時總司令官吴兆麟接得大元帥訓令，即發下命令如左：

民軍戰時總司令官命令

（十一月十一日午前十時於洪山總司令部）

一、清軍以主力占領漢口漢陽，以一部占領黄陂孝感，又黄孝以北沿京漢綫各要地皆有兵占領。

我右翼軍明日準備向黄陂方面前進，威脅清軍之左側背。

我左翼軍明日準備向孝感方面前進，威脅清軍之右側。

我海軍明日在陽邏青山游弋，援助我右翼軍進攻。

我廣東援軍已抵上海。

我南京、安徽軍準備向徐州進攻。

我陝西軍準備向河南進攻。

二、本軍擬於明日午前八時停戰期滿，如不續行停戰，仍在武昌附近沿江一帶防禦，並援助左右翼兩軍。

三、各部隊明日午前八時停戰期滿，如左占領陣地。

第一區竇司令官率所屬部隊仍占領原陣地，但派步隊第三協援助右翼軍。

第二區何司令官率所屬部隊仍防禦原占領陣地。

第三區張司令官率所屬部隊仍占領原陣地防禦，並須在各要地施行佯渡。

第一支隊羅司令官率所屬部隊仍在原陣地防禦，先鋒軍第一混成協王統領率該協及湖南先鋒軍第一標占領黄陵磯王家嶺附近，援助我左翼軍。

第二支隊鄧司令官派一部占領金口及香蒲山附近，掩護該處砲隊，其餘所屬部隊俟先鋒軍至黄陵磯及王家嶺時，即行撤收至武昌城内。三十一標營房集合待命，步隊獨立標張統帶率該標仍占領黄州麻城掩護。

四、馬隊第一標王統帶率該標（欠一營）同第二標劉統帶率該標（欠二營）仍在原陣地集合聽調，明日須派偵探赴左右翼搜索，並設遞步哨。

五、近衛軍第一混成協統領高尚志，率該協爲總預備隊，在城内左旗營房集合待命。

六、余在洪山寶通寺。

總司令官吴兆麟

是晚上海伍代表來電，謂續行停戰十五日，黎大元帥即轉知各軍停止進攻，仍各在原陣地準備候命。

是日黎致南京臨時政府賀孫文當選爲臨時大總統電：

頃接各省代表會蒸電，稱臨時大總統之任，先生當選，曷勝欣賀。先生識高千古，慮周全球，挽末世之頹風，復唐虞之盛治，使海内重睹漢官威儀，不獨四萬萬同胞之福，即東西各國亦莫不景仰高風，爲中華民國慶。專此電賀。中華民國萬歲，中華民國大總統萬歲。

附來電：

武昌舉義，四海雲從，列國輿論，歌誦民軍，無微不至，而尤欽佩公之艱苦卓絶。文於中國革命雖奔走有年，而此次實行並無寸力，謬蒙各省代表舉爲總統，且感且愧，惟有勉爲其難，以副公之盛意。武漢爲全國之樞紐，公之責任維艱，伏維珍重。

附南京各省代表通電：

本日在寧開臨時大總統選舉會，到會者十七省，孫中山先生當選爲臨時大總統。特此布告。

又致上海陳都督電：

蒸電悉。三巴壟助欵四萬元，敝處已屬駐滬胡君瑞霖領取，請即向胡處撥作北伐之用。現已另電胡遵辦，並電謝矣。

附三巴壟華僑國民捐會來電：

請向上海滙豐收四萬元充聯軍北伐之需，早奏大功，以慰民望。

附上海陳都督來電：

爪哇三巴壟國民捐會，於初八日由滙豐電匯尊處洋四萬元，果否收到，囑敝處轉詢，希即電復。再委付飛艇價洋八千元，到時當照付。勿念。

又致九江馬都督電：

蒸電悉。具仰盡籌，滇軍已屯敘州。昨曾電請蒲都督電商蔡都督會滇蜀之兵，或東下援鄂，或出師漢中，聯絡秦晋，以作攻豫攻燕之計。深幸與偉畫暗合。

附通電：

清廷近於和議期内犯我潁州，我聯袂諸省，兵力雖屬可恃，然恐戰期延長，多傷壯士，多竭經濟，國力徒傷，將來難禦外患。毓寶擬聚最優勝之兵力一舉而直搗燕京，敝省精兵均已調集九江，以備待機出擊，然兵最貴集結，其集中計畫，不可不預定，黎元帥及各都督當亦有所預籌也。惟思滇省平時已編練精兵約四鎮，川省編練兩鎮餘，若能抽調該兩省之兵以作後援，甚爲得力。現敝處已電滇省，尚乞諸公專電該兩省，責以大義，必可收效。

四三、十一月十二日　十七省代表特派正副會長赴滬迓孫

十二日，武漢民軍與清軍彼此放槍，幾復開戰，旋北京袁内閣電在漢口清軍，謂如有擅自開槍之兵士，即行槍決，黎大元帥亦傳知各軍仍占領原陣地，嚴加警戒。須遵照議和條件，飭各軍確守射擊軍紀。

是日南京十七省代表特派正副會長湯王二人至滬，恭迓臨時大總統孫文。

是日黎覆上海陳都督電：

真電悉。南洋巴地智育會由滙豐匯到洋一萬三千元，暫存尊處亦可，然敝處在滬，差欵甚鉅，以後如有急需之處，再行指撥。

附來電：

南洋巴地智育會由滙豐匯到洋一萬三千元，囑解尊處，現暫存敝處，先此電聞。

附巴城華僑智育會來電：

由滬陳都督轉一萬三千元，乞收，寢日一萬，接否乞復。

又復長沙譚都督電：

真電悉，昨日伍公通電，諒覽，敵軍已實行退出兩漢，貴省及桂寧贛各軍均抵敝省，貴軍及桂軍一律渡江，圍紮大集廠一帶，惟槍尚未購到，一俟購到，並不論何軍，自當視其缺乏者，分潤不誤。祈釋廑念。

附來電：

蒸電悉。改派援鄂巡防陸營劉統領懋政，助守正陽壽州，以固安慶門户，防敵隔斷鄂寧，且備進取皖南，釜底抽薪，卓見極佩。但贛軍援鄂，究有若干，此隊撥調下游一帶，不致空虛否，敝處無從揣測。乞中央參謀本部與黎都督妥籌進行方法，如不患下游單薄，劉統領於豫淮兗一帶地勢極熟，必能勝任愉快。若皖北底定，進規陳汝，截敵後路，漢陽之敵將不攻自潰，誠爲上策。希熟商洽，逕電馬都督查照爲荷。

四四、中華民國元年一月一日　孫文就臨時大總統職　中央政府成立於南京　改用陽曆

十三日（即西曆一千九百十二年一月一日）接南京來電，謂中華民國臨時大總統孫文就職，於是設中央政府於南京。

聞是日晨，孫文携顧問霍馬理（美國軍官）等偕代表會會長湯爾和等，由滬乘專車赴南京，午後十時行臨時大總統受任禮於江蘇諮議局，即以諮議局爲總統府。各省代表及海陸軍代表畢至，奏軍樂，歡呼共和萬歲，代表團推景耀月報告選舉情形，謂今日之舉爲中國五千年歷史所未有，我國民今日所希望者，在共和政府之成立以掃除滿洲專制政府，使人人得到自由。孫先生爲近代革命之先覺，富有政治學識，今日就臨時大總統之職，願孫先生始終愛護民國，毋負國民期望，並請大總統向全國國民宣誓云云。孫大總統即宣誓曰：

傾覆滿洲專制政府，鞏固中華民國，圖謀民生幸福，國民之公意，文實遵之。以忠於國，爲衆服務，至專制政府既倒，國内無變亂，民國卓立於世界，爲列邦所公認，斯時文當解臨時大總統之職，謹以此誓於國民。

宣誓畢代表團授以大總統印並致頌詞曰：

惟漢曾孫失政，東胡内侵，淫虜猾夏，帝制自爲者垂三百年，我皇漢慈孫呻吟深熱，慕美利堅、法蘭西人平等之制，用是群謀衆

策，仰視俯劃，思所以傾覆虐政，恢復人權，及斷頭戕胸，群起號召，流血建議，績法美人共和之戰史。今三分天下，克復有二，用是建立民國，期成政府，揀選民主，推置總統，僉意能尊重共和，宣達民意，惟公賢，廓清專制，鞏衛自由，惟公賢，光復禹域，克定河朔，舉漢滿蒙回藏群倫，共覆於平等之政，亦惟公賢。用是投匭度情，征壓紐之信，衆意所屬，群謀僉同。既協衆符，歡迎擁戴。要知我國民久困鈐制，疾首蹙額，望民主若歲。今當公軒車涖任，蒼白扶杖，子女加額，焚香擁篲，感激涕零者，何也？汴舞自由，敦重民權也。用是不吝，付四百兆國民之太阿，寄二億里山河之大命，國民委託於公者，亦已重哉。繼自今惟公翼翼，毋違憲法，毋拂輿意，毋作威福，毋崇專斷，毋暱非德，毋任非才，凡我共和國民，有不矢忠矢信，至誠愛戴，軒轅金天列祖列宗七十二代之君，實聞斯言，代表等受國民委託之重，敢不盡意。謹致大總統璽綬，俾公發號施令，崇爲符信，欽念哉。

孫大總統敬受印綬，即啓印鈐於宣言書，書曰：

中華民國締造之始，而文以不才，膺臨時大總統之任，夙夜戒懼，慮無以副國民之望。夫中國專制政治之毒，至二百餘年來而滋甚，一旦以國民之力踣而去之，起事不過數旬，光復已十餘行省，自有歷史以來，成功未有若是之速也。國民以爲於内無統一之機關，於外無對待之主體，建設之事，刻不容緩，於是以組織臨時政府之責相屬，自推功讓能之觀念以言，文所不敢任也，自服務盡職之觀念以言，文所不敢辭也。是用黽勉從國民之後，能盡掃專制之流毒，確定共和，普利民生，以達革命之宗旨，完國民之志願。端在今日，敢披肝瀝膽爲國民告，國家之本，在於人民，合漢滿蒙回藏諸族爲一家，是曰民族之統一。武漢首義，十數行省先後獨立者，對於滿清爲脱離，對於各省爲聯合，蒙古西藏意亦同此，行動既一，決無歧趨。樞機成於中央，斯經緯周於四至，是曰領土之統一。血鐘一鳴，義旗四起，擁甲帶戈之士遍於行省，雖編制或不一，號令或未齊，而目的所在則無不同，由共同之目的，以爲共同之行動，整齊劃一，夫豈甚難，是曰軍政之統一。國家幅員遼闊，各省自有其風氣所宜。前次清廷强以中央集權之法行之，以遂其僞立憲之術，今者各省聯合，可謀自治，此後行政，期於中央政府與各省之關係調劑爲宜。大綱既挈，條目自舉，是曰内治之統一。滿清時代，藉立憲之名，行斂財之實，雜捐苛税，民不聊生。此後國家經費取給於民，必期合於理財學理，而尤在改良社會組織，使人民知有生之樂，是曰財政之統一。此上數者，爲行政之方針，持此進行，庶無大過。若夫革命主義，爲吾儕所倡言，萬國所同喻，前此雖屢起屢蹶，外人無不鑒其用心。八月以來，義旗飆發，諸友邦對之，抱和平之望，持中立之態，而報紙及輿論尤每表其同情，鄰誼之篤，良足深謝。臨時政府成立以後，當盡文明國應盡之義務，以期享文明國應享之權利。滿清時代辱國之舉措及排外之心理，務一洗而去之，持和平主義，與我友邦益增親睦，使中國見重於國際社會，且將使世界漸趨於大同，循序以進，不爲倖獲。對外方針，實在於是，夫民國新建，外交内政，百緒繁生，文顧何人，而克勝此？然而臨時政府，革命時代之政府也，十餘年來以至今日，從事於革命者，皆以誠摯純潔之精神，戰勝其所遇之艱難，即使後此之艱難遠逾於前日，而吾人惟保此革命之精神，一往無阻，必使中華民國基礎確立於大地，此後臨時政府之職務始盡，而吾人始可告無罪於國民也。今以與我國民初相見之日，披布腹心，惟我四萬萬同胞鑒之。

宣言後即發令改用陽曆，以黄帝紀元四千六百零九年十一月十三日爲中華民國元年元月元日，以新耳目。方今世界交通皆用陽曆，惟中國以農立國，行夏之時，便於農事外，與萬國周旋，確以陽曆爲便。

黎大元帥得改用陽曆之電，極表贊同，並電賀孫大總統就職之典禮

（自今而後以陽曆紀事）。

是日黎致南京臨時政府並各省都督電：

伍公與唐使開四次會議，所議各條極爲周到，但事體重大，間不容髮。亟宜格外嚴密，以防萬一之敗，兹略述管見如左：一、會場宜仍設上海，萬不可移於他處；二、會期宜速，萬不可多延時日；三、民國代表宜選確抱共和宗旨者，萬不可失人；四、此會事關特别，宜用記名投票法，並將省分注明，以防流弊。餘則乞諸公妥爲籌畫，以免疎漏，民國幸甚。

又致南京臨時政府並各省都督電：

陽夏敵軍，不第不遵約退出百里以外，且肆行射擊，反圖進攻，頃探得確情，彼軍謂民軍既舉有總統，同人生計將絶，並謂此後之戰皆爲項城，非爲滿洲云云。鄙意項城胸懷磊落，名滿天下，此次以仕清廷，未克與選，識者惜之，方期和議早成，彼此共用共和之福，人望如項城，何至不能與選？若果如敵軍所云，不第爲項城盛德之累，且以違約見責於友邦，恐非項城所許。爲此通告，並乞伍先生速與唐使嚴重交涉，請其急電項城，飭軍隊如約退出百里之外，以昭孚信。否則冠裳之會，變爲干戈，塗炭生靈，端自彼開，我可告無罪於天下矣。

又致上海伍外交總長電：

元電悉。陽夏北軍以袁未得舉爲大總統，違約不退，肆行對我射擊，我惟飭軍嚴守，並未還擊。今午曾電請先生向唐使交涉，所言甚諄，計達尊覽。今讀來電，渠竟誤聽人言，反謂我軍先開仗，無任駭異。務乞俯察前電，與之辨駁幸甚。

又致上海伍外交總長電：

連接來電，云我軍違約開槍，實係敵人詭傳。據司令部報告云，昨日屯口敵人先開槍擊我，我游擊隊還擊，尚係小戰，昨午敵人轟擊武昌，當斃銅幣局二人、糧道街商民三人，顯係敵人違約。且據英領云，敵人以項城未選總統，渠等絶望，故決死戰。其情形前已電達，現我軍已遵約停擊，並望向唐使速電敵兵如約退出百里以外，我軍已經申警軍令，萬不可輕於開槍，如違以軍法從事，並懇以此情形轉達唐使爲要。

又覆九江馬都督電：

文電悉。敝處切盼援師，多多益善，衡其輕重緩急，今日正陽、壽州之兵力似宜較蘄黄加厚，倘得劉軍紮駐蘄黄，厚吾兵力，是誠元洪所切盼者。顧以大勢觀之，敵已攻陷潁州，由潁入淮，計程不過兩日，正陽、壽州爲皖北門户，似宜分駐重兵，防敵南下。柏軍建功金陵，聲望素著，不難獨捍勁敵，何待他軍之後盾，然劉統領於皖豫淮兗一帶，地勢人情極熟，若使之助守以備進攻河南，間接援鄂，其造益敝省，與駐守蘄黄無異。目下黄孝一帶屯兵已近一鎮，其勢尚屬堅固，敵軍未必即能東竄，衡其輕重緩急，似宜查照尊處計畫，仍使劉軍間接援鄂，將來皖贛之軍溯潁以達周家口，敝軍攻其側面，會師郾城，不難尅日奏功。高明以爲如何？

附來電：

現我於金陵建設臨時政府，是今後金陵爲我民國之政界要點，故清軍之作戰方針似又改向金陵，其可供判斷之證據者有三：（一）

清廷已下明諭，將皖北劃歸汴省屬轄，是其欲便於運兵皖北也無疑；（二）清廷又運動英使不以武漢爲戰場，是其欲抽兵於皖北也亦無疑；（三）清廷已簡總兵攻我潁州，其所領之兵亦必在一協以上，而決非一小支隊也亦無疑。因此三者可知敵之作戰方針已改向金陵，將來戰場必在皖南皖北之間。若我不預於停戰期内召集兵力於皖北，待機而動，倘一旦和議決裂，皖北恐非我有，寧皖唇齒機關，不得不先事預防。以毓寶所見，擬在議和期内，各省聯合召集兵力於盧州附近，和議不成即可一鼓北向敵人，尚望格外注重。各省如何處置，或另有他見，希速賜復。

又覆湘桂沈總司令電：

文電敬悉。當飭交通部派快利尅日迎迓，惟聞水淺，只能達蘆林潭，請麾下乘拖駁到湘，再登該輪下駛。

附來電：

承派趙君均騰今日抵湘謁見，備述盛意，至感。敝司令部刻定十五出發湘省，現只拖駁，缺乏大輪，請飭快利輪船尅日駛湘，以備乘載而期便捷。無任企禱，並盼電復。

又覆長沙譚都督電：

文電悉。裝藥事已飭軍務部趕辦，槍彈尚未到，敝處亦竭力籌欵匯交，俟其到時再電告。

附來電：

真電悉。裝藥事紉感。槍欵共差若干，乞示。

又致長沙譚都督電：

據轉運公所孫斌稱鄂省需用頭號油煤甚鉅，請速運五十噸，陸續派輪拖運來鄂以濟軍需。

附來電：

電悉。貴省需煤急圖接濟，惟運煤輪駁均在下游，乞飭船政局速飭萍輪多帶空駁來湘，以便速運盼切。

又致青山楚泰馬艦長電：

頃據黄州高知事電，請留江貞防該郡，當電許留黄暫泊，俟派兵一營到黄後即行上駛，仰即遵照。

附黄州高知事來電：

前奉東電，武漢兩岸均屬要隘，欲留江貞兵艦停泊，所見極是。當電楚泰艦長，飭各兵船輪流停泊等因，即日江貞艦長得馬艦長電，派江貞駐黄防守，黄民感戴。頃江貞艦長接到馬艦長來電，派該艦赴陽邏，黄郡兵力極薄，黄郡全體環稟知事，轉懇大都督准再賞留江貞兵艦駐黄，理合轉稟，請即核覆。

又致黄陵磯左翼軍趙司令官電：

敵軍遵約於五日以內退出原駐地方百里之外，該軍不得乘其退時任意追襲及射擊，仍須保持現勢，嚴爲警戒，並希迅告附近各軍隊爲要。

又寄襄陽張司令國荃、荆州唐司令犧支電：

現議和已有條件，自冬月十二日上午八時起，限五日内北軍退出原駐地方百里之外，民軍不得追襲。定期在申開國民大會，解決國體問題，從多數取決，決定後兩方面均須依從，仰速飭駐襄及安陸各民軍，須遵守條約，嚴防原駐地方，萬不可追襲，致使北軍藉口，外人詰責。

附襄陽張司令來電：

電謹悉。查前數日有北兵四百餘人由隨州至棗邑邊界之隨陽店，南陽謝鎮亦帶兵八百餘人至襄邑邊界之新店鋪。我軍先鋒分兩路出發，一駐棗陽城外，一駐襄陽北鄉吕堰驛，準備進攻，兹奉前因遵飭該先鋒隊嚴防邊境，不可妄進，並電安陸各民軍知照，季雨霖君大隊開抵安陸，亦應遵守條約，嚴防原駐地方，不必來襄。和議結果如何，乞隨時指授機宜，以定進止。

附荆州唐司令來電：

奉電開。冬月十二日起，五日内北軍退出原占地百里外，民軍不得追擊等因，當即飛飭前進軍隊，恪遵電諭，勿稍違犯，惟會議如何解決，或戰或和，祈電示以便遵循。

又致爪哇泗水書報社電：

前匯寄滬滙豐銀行二萬元，本軍政府已着駐滬胡君子笏領取，該行尚未成交，請貴社電知該行交滬棋盤街經武公司胡君子笏親收，勿任感謝。

附來電：

請領滬滙豐二萬元，收到乞復。

四五、一月二日　清代表唐紹儀辭職照準袁世凱與伍廷芳直接電商和議

一月二日據外人通知，謂清軍准於日内撤去漢口漢陽之砲隊並輜重等件，退至孝感。又據各方情報，清軍謂民軍既舉孫文爲總統，指爲無誠意議和，欲將退兵之事作爲罷論。

同日接上海來電，謂唐紹儀辭北方議和代表職。

是日袁世凱聞南京臨時政府成立，極不滿意，即電伍廷芳，謂唐代表權限所在，祇以切實討論爲範圍，其所議各條未與本大臣商明，遽行簽定，其中實有必須聲明及礙難實行各節，電請唐代表轉致，嗣據唐代表一再辭職，現經允准，自後所商事件即由本大臣與貴代表直接電商，冀可和平解決云云。

伍廷芳即覆袁世凱電，謂唐使來滬，携有全權代表文憑，五次會議所訂各條一經簽字即生遵守之效力。來電所云不能承認，且電商極爲不便，請清内閣總理來滬面商云云。袁世凱又致伍廷芳電，謂貴代表既以電商爲不便，則請貴代表親來北京面商，又謂召集國會開議，每省代表只定三人，仍蹈少數專制之弊，又謂不能承認中華民國臨時政府，國體問題既由國會解決，現正商議辦法，乃聞南京忽已組織政府，顯與前議相背，此次選舉總統是何用意云云。

伍廷芳又覆袁世凱電，謂現在民軍光復十餘省，不能無統一機關，在國民會議未決議以前，民軍組織臨時政府，選舉臨時大總統，此乃民軍内部組織之事，爲政治上之通例。若以此相詰，請還問清政府，國民會議未決以前，何以不即行取消云云。

於是往返電詰，一日數次，和議幾致破裂，但彼此商議需時，乃繼

續停戰十五天。

是日黎致上海陳都督電：

頃據駐滬兑换局劉樹杞報告，兑换事已承認，請飭滬理財部轉知駐滬劉委員一體照辦。

又致南京臨時政府孫大總統電：

蒸日得代表團來電，知先生被舉爲大總統，當即電致金陵，奉塵左右，爲四萬萬同胞忭賀。昨接陳都督來電，知先生改定正朔，與民更始，並於元旦到寧就任，前電諒邀鈞鑒。同人正值開會慶祝，忽奉先生由滬真電，獎借逾恒，莫名慚悚。伏思元洪才識凡庸，素無表見，此次發難皆賴群策群力，共赴事機。元洪何人，敢叨天之功以爲己有？先生首倡大義，奔走呼號二十年如一日，薄海内外，莫不欽仰高風，濡沐仁化。西哲云，言論者事實之母，此次實行，豈惟元洪身受其賜，我黄帝在天之靈，實式憑之，乃至德冲虚，益自謙挹，捧讀之下，感愧交集。武漢獨當敵衝，任大責重，深懼弗勝，惟有夙夜孳孳，萬不敢稍恃和議，致懈枕戈。

南京代理參議院通電：

今日議決改用陽曆及中華民國紀元，明日即爲中華民國元年初一日，臨時大總統孫即於是日到寧，發表臨時政府之組織，請即公布。

又致南京臨時政府電：

現在共和政府成立，凡各省都督印信式樣及關於大局要事，請即規定，以便一律遵行，免致參差，盼覆。

四六、一月三日　十七省代表舉黎元洪爲副總統　南京内閣成立　又由十七省代表定五色旗爲中華民國國旗

三日接南京來電，謂公舉鄂大都督黎元洪爲臨時副總統兼海陸軍大元帥，先是推黄興爲大元帥，以黎元洪副之，至是改推黎元洪爲大元帥，黄興副之。蓋一月一日孫文既就臨時總統職，代表團遂議決，謂臨時政府應添設臨時副總統，即於是日開會投票選舉，黎元洪得十七票，全場一致，當選爲臨時副總統。又組織内閣，設陸軍、海軍、司法、財政、外交、内務、教育、實業、交通九部，各任總長一人，次長一人，提出代表會徵求同意，代表會通過，於是即日公布如下：

陸軍總長黄興，次長蔣作賓。

海軍總長黄鍾瑛，次長湯薌銘。

司法總長伍廷芳，次長吕志伊。

財政總長陳錦濤，次長王鴻猷。

外交總長王寵惠，次長魏宸組。

内務總長程德全，次長居正。

教育總長蔡元培，次長景耀月。

實業總長張謇，次長馬君武。

交通總長湯壽潛，次長于右任。

南京政府於是成立，又以武昌所定之國旗以紅、黄、藍、白、黑代表漢、滿、蒙、回、藏五族共和，以武昌起義所用之鐵血十八星旗爲陸

軍旗，以陸皓東所造之廣州革命青天白日旗爲海軍旗。

但袁世凱聞以五色旗爲國旗，即向其外國顧問莫禮遜（英探）曰，五色未必染成，恐遇風雨變成糊塗也云云。

又南京政府創設法制院，並刊印“臨時政府公報”，而各部之設施，陸軍部即頒臨時軍律，限制各省招兵；内務部則整頓全國警察，保護人民財産；財政部則取締各省借外債，發行全國公債；外交部則盡力保護外人，敦睦隣國。

是日接駐俄公使陸徵祥電，謂已聯合駐各國公使，電請清帝退位。

是日據漢口英領事照會，謂清軍仍擬退出漢口，蓋因輜重太多，車輛過少，恐五日内未能退盡，現停戰期間再展限九日，自陰曆十一月十二午前八時起，至十一月二十六日午前八時止。

是晚武昌有熱心利禄者因聞清軍擬退出漢口，而停戰又更展期，不勝狂喜，先是數日前杜錫鈞獻媚孫武，秘請孫武等磋商，請孫武等速往滬一行，謂現在停戰議和，大事已成，有一般同志非常疑忌先生，我們有一般人是很敬仰先生的，可惜我們團體太薄弱。我們常聽他們一般人説對於先生極爲憤恨，先生又無兵力，如不好爲預防，先生將來是很危險的，幸上海有一班新從北方失敗之寓公，如石星川、唐克明輩常有電與我，願回湖北替先生效力。如先生親到上海連絡，邀同一般閒散軍人來鄂，輔助先生辦事，將來先生前程未可限量云云。孫武然之，於是與黎元洪面商，携帶鉅欵往滬數日，軍務部事，請黎都督派蔡濟民暫爲代理，及孫武抵滬，正南京組織臨時政府，孫武極欲加入南京政府，黄興等均置之不理。適劉成禺以私事恨黄興，於是孫劉結爲一氣，事事以反對黄興雪恨，遂約同灤州失敗之一班逃官唐克明、石星川等回武昌。唐克明慕黎元洪之大名，因改姓黎，曰黎本唐。孫武率同入見黎都督，因與秘商湖北軍政府改組，武昌自此多事矣。

是日黎覆貴陽楊都督電：

庚電悉。現在停戰議和，君主民主問題由各省代表三人在上海

王鸿猷先生遗像

王鴻猷，湖北崇陽人。由張之洞派至比國學經濟政治科，與胡秉柯、李藩昌、魏宸組輩組織同盟會於歐洲。常奔走英法，運動革命，復組織公民黨，以聯絡留學生中之不敢昌言革命者，使之漸受革命之薰陶。武昌起義後，孫中山先生由美經歐歸，乃隨中山返國，組織南京政府，充財政次長。南北統一，袁世凱計奪臨時總統，孫中山解組，而南京政府次長多就北京職。及袁氏陰謀叛國，王鴻猷困居北京，鬱鬱不得志，屢致書於段祺瑞，請擁護共和，卒不能用。遂於民國五年冬，病歿於京寓。

開會議決，大約數日内可揭曉，如達共和目的，固屬萬幸。設不如願，惟有以戰争爲第二之解決，願共討軍實以待。

附來電：

黔獨立後省城安靖，外府縣土匪猖獗，派兵分巡，勢猶未戢，誠前月二十二日親率大軍撫勦，現抵鎮遠，暫駐策應，鄂近局如何，乞即電示知，盼切。

又覆長沙湘桂聯軍沈總司令電：

鹽電敬悉。麾下准明日起節，至爲欣慰，承命備槍，理應遵照。奈所有槍支盡資前敵，敝處衛兵，亦多徒手，待新購之槍到時，當即如命。

附來電：

敝部倉卒組織，諸未完備，刻准十五出發，直赴金口，惟湘省槍械均已發給前敵軍隊，敝部衛兵，經湘派精練五百，搜給槍枝，僅得百桿，餘均徒手，斷難因此再延。擬借鄂槍四百桿，俾資濟用。明知鄂械已絀，然爲數無多，必獲慨允，可否派弁運至金口，不勝感盼。祈賜電復。

又寄岳州兵站吴友松電：

電稱彭壽記、張恒興等爲奸商，必須查有接濟敵人實據方可處治，不得以莫須有三字陷害商人。查文明各國均以保商爲第一要義，仰速派砲船將彭壽記等米船十七支護運來省，以便訊明發落，庶免誣枉。

一月四日接偵探報告，謂清軍擬退出漢陽，在兵工廠原存子彈，聞已運往後方。

又據偵探報告，謂漢陽清軍確已準備退出，集中於祁家灣，惟兵工廠仍擬留兩營步兵防禦。

是日武昌同人計議，謂清軍忽然退却，其軍事上或變更作戰計劃亦未可料，或因京漢綫上發生危險，故而後退，集中於適當之地防禦，或向他方面攻擊，自在意中。我右翼軍擬以祁家灣爲目的準備進攻，派第一梯隊同第二梯隊占領響山至沙口之綫。

是日黎致南京臨時政府並各省代表各省都督電：

連接各省代表會與本省代表來電，知中央政府舉元洪爲臨時副總統，聞命之餘，慚悚交並。元洪才識平庸，素無表見，自起義以來全賴群策群力，互相維持，以武漢一隅而收十七省益地之圖，以前後兩月而雪三百年敷天之憤，諸君子創其苦因，而元洪收其樂果，縱諸君子謬蒙推獎，能勿恧然。現在和議未定，戰事方棘，尚望諸君子堅失初心，共襄盛業，勿爭權利而越範圍，勿懷意見而分門户，勿輕敵而有驕心，勿畏難而萌退志。豈惟我中國父兄子弟群相托命，環球萬國將於是觀聽隨之，元洪有厚望焉。

附南京各省代表團來電：

各省代表會於元年元月二日決議選舉臨時副總統，即於三日上午十時開選舉臨時副總統大會，我公當選，除通告全國外，並由本會特派員賫各省代表簽名書。敬呈鈞鑒，兼表歡迎。

附南京臨時政府來電：

今日參議院選舉副總統，經全數投票，舉我公充任，共慶得人，謹爲民國前途賀。

又覆貴陽楊都督電：

柬電備悉，秦晋及北方起義諸軍，當以全力争之，不可聽其獨陷危險，誠屬卓見。黔省餉械俱缺，援川外不能來鄂，敝處早知。至擬送武備速成卒業生來湘選用，尤見厚意，惟湘軍是否需人，敝處不得其詳。請電詢湘省爲荷。

附來電：

用兵各策，處置最當，秦晋及北方起義諸軍，吾同志之最苦者，當以全力争之，必不可聽其獨陷危境，已電商滇蜀兩省，須以全力速籌北進方法。黔餉械俱乏，土匪又熾，援川之餘不能進湖南一步，遑論來鄂，惟陸軍學生曾在以前武備學堂者頗不乏人，擬諮送來湘，聽候選用，以便他日效力前敵，不能助兵，但助以弁，亦盡力之一法，我公以爲何如。

四七、一月五日　清軍退出漢陽

五日，清軍在漢陽之隊伍已實行退却，據外人通知，謂清軍退却時民軍仍須遵守停戰條件，不得追擊。

同日有黎之左右杜錫鈞等與孫武秘商，謂漢陽清軍業已退却，漢口清軍亦準備續退，是武漢之戰可以避免，一旦和議告成則鄂省進行之事甚多，黎都督既公舉爲臨時政府副總統，日後都督一席勢必另行舉人接充。我們主張是要舉孫先生爲都督的，但是先生無有兵權甚是危險。查現在兵權都在總司令官吴兆麟一人之手，即黎都督亦不能與之相抗，一旦和議成立，鄂省全權必操之於吴兆麟一人，不如趁此時機利用組織北伐，將吴兆麟調往别處，少帶軍隊，即帶軍隊，必須與吴無關係者，此調虎離山之計。如吴兆麟離開武昌之後，則將一切軍隊請都督下令統歸軍務部節制，又此時由上海帶回人員，陸軍人才殊多，設法安插軍隊内，如經先生栽培，將來必爲先生效馳驅。再其餘人員均留於軍務部辦事。以上所議，未審以爲何如？孫武頗以爲然，於是興高采烈，時與杜某秘議進行。

是日黎寄宜昌招撫使蔡漢卿電：

頃據各國領事函稱，蜀境地方不甚安静，恐釀事端等語。查國際交涉，凡屬外人，尤當加意保護，仰即轉飭留守兵隊及地方官商會等處，如有外國教士商人往來鄂境者，務須嚴加保護，以篤邦交而免交涉。切切。

又寄荆宜司令官唐犧支電：

足下以全副精神經營荆宜，勇敢沈毅，鄙人素所欽佩。頃丁景梁（即丁人傑）等返鄂，得悉種種情節，不勝詫異。鄙人自起義以來，對諸同事無不相見以誠，豈對於足下反有歧視？荆宜道途遼遠，音問鮮通，一二小人離間，遂令志士灰心，良堪浩歎。足下素具熱忱，仰仍勉爲其難，力圖進行，並傳諭各將士代達微忱，以全大局。特電飭沙商會撥欵一萬串，藉充犒勞之資，嗣後如有重要事件均可隨時電聞，從長計議，勿庸來省。此復。

附來電一：

荆宜爲湖北重鎮，司法行政兩機關已經次第成立，其辦事人員概行仍舊：一則因其經驗較多，以資熟手，二則恐小人謂犧支濫用私人，致干物議。刻下大局既定，懇派一剛直無私之人切實調查是否稱職。昨松滋縣沈知事卸任時，紳民泣留，並開全體大會來犧支處哀懇，似此官民感情，難免非小人狹嫌誣控之所致。又沙市川鹽局專辦鄒夢麟，犧支因未奉内務部公文，未敢擅准，又施南司令部約兵一標，地方不堪其擾，可否酌調回省，或來荆聽命。又大局暫定，各司令可否擇其不關緊要者次第取消。又犧支所帶前宜昌巡防兩營及前四十一標一營、三十二標二三兩營、前沙防一營，與收集不能遣散之鐵路工人已足一鎮，可否按省城次序編制，荆宜情形可否來省面禀。以上種切，祈速電示，以便遵行。

附來電二：

歌電悉。竊以武漢起義，各省響應，區區荆州孤城安能久持。前雖血戰數次，亦軍人應盡天職。宜沙兩處市面，全賴衆軍士嚴守紀律及地方紳商熱心辦事所致，來電獎飾太甚，愧見武漢戰友，以其苦在兵士，功歸長官，竊以爲不可。犧支棉薄之才，謬任重託，苟有所見，不敢不陳。近來和議如何，乞電示。

四八、一月六日　漢口清軍亦退

一月六日，漢口清軍亦陸續向北退却。

是日總司令官吴兆麟聞清軍業經北退，將來不有戰争則已，如有戰争，勢必轉守爲攻，故於是日派步隊第八協統領羅洪升，率該協開赴麻城、黄安一帶占領，一則防清軍再南侵，一則爲進攻之準備。

是日蔣翊武報告，謂清軍在漢口被招降人員有四百餘人，均願投效民軍，不願北退，並陸續請都督撥發巨欵，惟招降機關不能即時取消云云。

是日黎致貴陽楊、趙兩都督電：

頃閲報章，載貴處立法樞密兩院各樹黨援，想兩都督深謀遠慮，必能防微杜漸，消弭無形。尚希詳示爲禱。

附復電：

來電敬悉。黔省黨派發生於諮議局成立之年，是年春間自治學社成立，九月中旬憲政會成立，兩黨皆以催促憲政進行爲宗旨，但自治主急進，憲政主漸進，而尤有異者，憲政多貴紳，自治多寒士，以此之故意見日深，時有衝突，至獨立後數月競争尤急。我省舉義之後長沙繼之，自治中人密謀響應而爲憲政所發，互相猜忌，不可終日。乃有黨外數人出爲調和，期以不相傾陷，始終相安，德全時在新軍與同志預備舉事，自治中人來相聯合，遂於雲南獨立之後合力成此事業，事定之後德全在都督府任軍事，自治黨魁張百麟爲樞密院長，任行政事。張以事體甚大，懼黨人不克負荷，乃與憲政黨解仇。引其黨魁任可澄爲副院長，期以共濟時艱，而黨員多數未能消盡畛域，仍復暗鬥，變態百出。樞密、立法兩院，兩黨皆各有人，仍爲兩黨之競争，而非兩院之競争。是時楊都督在省，德全除軍事外一不過問。九月二十日楊都督爲賞賚事，爲新兵轇轕，委過張院長，張幾被戕害，因與楊大起意見，旋由紳衆調停。楊都督東出助戰，張院長西上平匪，始得無事，德全於是代理正都督，始與兩院交涉日密，而黨争激烈，危機四伏，智盡力索，無能和解。目前兩黨皆各據有兵力，即新軍將士亦皆各有偏重，代理以來奇險迭生，德全制馭無術，告退不能，茫茫前途，誠不知稅駕何所。苟無外兵到來，尚能保持和平，除電告中央請大總統指示辦法外，因我公之垂詢，始敢略陳大概，尚望我公有以見教。黔人幸甚。

又致南京臨時政府電：

請即飭鄂派參謀胡驤龍、蔣雁南二員速赴滬東和洋行内催日人曾山，即將鄂購機關槍及子母彈由招商局撥快輪尅日運鄂，並祈給參謀官及招商局各公文一件。盼復。

附南京陸軍部復電：

電悉。日商曾山之機關槍及子母彈已由江元兵輪於微日由寧出發，諒已抵鄂。祈查收爲禱。

又覆南京徐總司令電：

支電悉。和議忽生波折，江鄂皆至重要，願共秣馬厲兵以待。

附來電：

急，頃據浦口諜報，清廷頃電津浦鐵路總局洋工程師，略謂民軍要求條件，已經内閣議駁，和議決裂無從挽回，武昌已於前日開戰，各路亦在進兵，本路南段非經本督辦命令不得售票開車，所有車輛仰車務處工程處全數開回徐州，不得再裝民軍，致干嚴辦等語，敝處已飭兵防範。現在滬上和議勢將決裂，尊處軍情如何，乞示。

又致南京臨時政府電：

現在敵人兵力似集中於河南，以周家口爲根據地，利用潁水順流達淮，不難南下以窺安慶，想安慶爲上下游通衢，亦即南京保障，伏乞預爲防禦，以免受制是幸。

附來電：

現在用兵方略，當以鄂湘爲第一軍，由京漢鐵道進，寧皖爲第二軍，向河南進，與第一軍會於開封、鄭州之間，淮陽爲第三軍，煙臺爲第四軍，向山東進，會於灤州、秦皇島，合關外之兵爲第五軍。山陝爲第六軍，向北京進，一、二、三、四軍既達第一之目的後與第五六軍直指敵。連日内據探報，敵假議和而集重兵力圖取江淮，係分三路，一由亳州，一由徐州，一由潁州等情，南京之兵已陸續開赴前敵。尊處如探得敵以退兵爲名意圖南下，務望緊逼敵軍以牽制其兵力，並一面電飭黄州及陽邏各軍，抄擊其左側。是爲至要。

又寄本省各軍事機關電：

頃接南京來電，北軍已下命令準備戰事，和議難恃，勢必用武力解決等語，務請速行準備作戰一切事宜，惟須俟伍總長通告和議決裂始可開戰，不可於未通告以前自我開釁，是爲至要。

又寄金口第八協電：

敵軍現似向我右翼動作，擬調貴協駐紥麻城縣附近，望祈準備一切，聽候開撥。

附金口沈總司令來電：

麻電悉。已轉飭湘桂各軍準備作戰事宜，俟伍總長通告和議決裂，即行進戰。

又寄荆州唐司令犧支、陳統領鎮藩電：

荆州唐司令轉沙市陳統領鎮藩，前派馮中興歡迎各軍回鄂，現因戰機已變，吴總司令又知照所部各隊開往仙桃鎮駐紥，聽候調遣，如所部到荆後，望即日撥隊赴仙爲要。

附馮參議陳統領自沙市來電：

十六協陰曆冬月十五抵沙市，因船隻難雇，不能遵諭迅速東下，實深抱慚。現已派人到城陵磯商派小輪拖帶，擬俟輪到，軍隊即分次坐民船開行，並懇派人到城陵磯接洽，以便晋省無隔，不勝叩禱待命。

又致沙市商會電：

前電貴會撥季招討使軍費八萬串，聞前已撥三萬兩，今又撥二萬串，是已足八萬之數，即可不必再撥。此外請撥錢一萬串與唐司令犧支作爲犒賞，以後非有本都督命令，無論何人不准撥欵。

又覆鎮遠楊都督電：

真電悉。麾下親督援師，熱心公難，感盼莫名，奈敝省受敵最猛，槍枝用去較夥。現有兵隊缺乏亦多，惟事關大局，自應不分彼此，通融支用。乞就已有槍械兵士先行來鄂，餘俟購到再發。此復。

附來電：

近各省時局如何，至爲盼念。黔土匪聞誠親督大軍撫勦，近俱斂迹。擬親督軍北伐，黔軍槍劣，乞鄂假精械三千，手槍二百，彈六十萬，想爲大局計，必允，希速運至常德，如何，乞即電示。

又致長沙譚都督電：

鄂省民食向來仰給貴省，軍興後彼此均以軍食爲急，敝處迭經告糴，仍承公誼，允濟軍米，惟未提及民食。現在北兵已退，民食維艱，可否再准商民持敝處護照公文赴湘辦米，以免民飢。希即見復。

又覆長沙譚都督電：

感電悉。伍外交總長暨滬都督江通電想已達覽，和議恐無良果，現已計畫作戰。湘桂聯軍屯於金口，宜得智勇兼優熟悉情勢之將爲之後勁，王統領正雅克復荊州，功勳卓著，擬借重威望移駐岳州，以資策應，所有軍需當設法籌備。盼復。

附來電：

電悉，滬江電尚未到，和議如何，陽夏敵軍有何舉動，望復。荊州大定，王正雅已令歸沈鎮守府，或令進駐下游，已電沈就近商定。

四九、一月七日 新疆光復

一月七日接馮特民來電，謂伊犁業已光復，響應武昌，以廣福爲都督。

先是前清光緒二十九年秋武昌日知會案破，劉敬安、朱子龍等九人被逮，同時黨人馮一（字特民）、馮大樹等均以重大嫌疑不能久匿武漢，馮特民、馮大樹遂結合同志李輔黄、郝可權、李克果、方孝慈隨同電調赴伊犁之標統楊纘緒出關，以圖大事。辛亥八月十九武昌革命軍起，馮特民、李輔黄擔任運動伊犁新軍，馮大樹擔任運動該地回教及緑營。當是時回教首領尚與漢人挾怨，謂殺父之仇，不共戴天，蓋深恨左宗棠輩在西北之屠殺也。馮大樹解釋之曰，左宗棠雖漢人，滿清臣子也。左之屠殺奉滿清諭旨，罪在滿清，滿清之屠殺漢人，如揚州十日、嘉定三屠，與屠殺回人又何以異？今值漢人復仇之日，回人亦義不容辭，於是回人覺悟，問計於馮大樹。馮以即日革命告之，遂於辛亥十一月十九日（即陽曆一月七日）宣布獨立，殺志鋭，占領精河。是役有六營督隊官周獻臣、隊官劉岐山及兵士十餘人死焉。當時新疆巡撫袁大化忠於滿清，與革命軍爲敵，相持於精河、西湖之間，血戰三四次，堅守四五月，伊犁革命軍内因有馬隊團長錢廣漢（山東人）通敵，遂不能完全光復新疆，不無遺憾。沙泉一戰，方孝慈陣亡，其餘馬隊營長李周仁，步隊營長李得勝、邱玉成，參謀官黄宗黄、高懷忠等數十人或駡賊不屈而死，或臨陣殺賊而亡。相持至壬子年四月，新疆伊犁兩方均因中央政府命令停戰議和，馮大樹、李輔黄、賀家棟充伊犁議和全權代表赴塔爾巴哈台開議。和議成，伊犁都督廣福又派馮大樹爲伊犁駐京代表，派馮特民爲伊犁外交司長兼伊犁都督府政治顧問，以李輔黄爲伊犁都督府參謀長。旋楊增新受袁世凱之秘命，仇視黨人，遂用調虎離山之計，保楊纘緒

馮特民先生遺像

馮一，字特民，湖北武昌人。工書能文。日知會評議員五，余與特民皆與焉。會中一切章制文告，多由余二人草擬。吴研人離漢，余與特民及張君漢傑接辦《楚報》，余署名飛鳴，特民署名鮮民，時光緒乙巳夏也。對於鄂省政治，時有論列，頓招當局之忌。九月一日，張之洞與英人簽訂《粵漢鐵路借款合同》，内容極守秘密。次日，特民即設法覓得全文，竟一夜之力抄出，於四五兩日披露報端，并爲文攻之，張大怒。六日，余作文論五大臣出洋被炸事，微言僞立憲之無濟。張之洞遂借此文發難，派會審委員某來館訪漢傑。漢傑喜交遊，且不知其來意，周旋甚殷。委員飭人持片訪特民，適特民出外購物。又持片訪余，余正盤辮赤脚，自己答覆曰："陸老爺不在。"委員乃騙漢傑去，軟禁武昌府署。特民旋歸，余等商議之下，一面託人照料漢傑，一面作文登次日報上，攻擊愈烈。將笨重之物暨勃郎林手槍一枝，棄之館後池内，即趁輪來滬，同寓中新印書局。余重理故業，特民返漢隨軍往新疆。辛亥，武昌起義，新疆響應，特民之功居多。元年，任新疆外交部長，以是片及照相寄余。是年冬，來電謂開辦小學多處，請寄教科書若干。久之無回音。去雙掛號函詢問，郵局退回，謂馮遭難死矣。詳情至今不悉也。

陸費逵誌

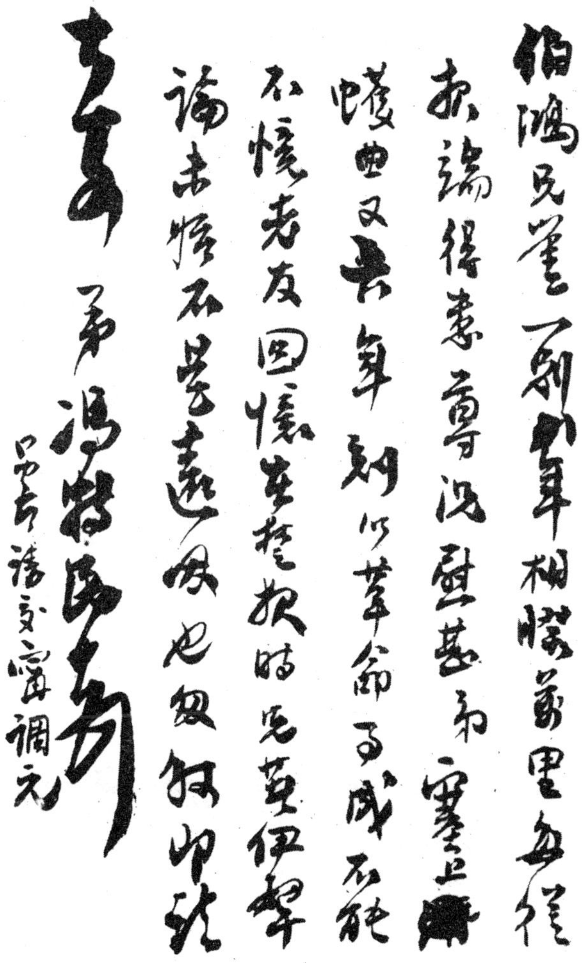
伯鸿兄鉴：别卅年，相隔万里，无从执端。得书，尊况慰甚。弟塞上尺蠖曲又六年，[illegible]革命之成，不能不忆老友。回忆在校提携时，[illegible]伊犁论去，恨不曾远从也。匆匆即颂
大安
弟鸿[illegible]顿首
四月六日 [illegible]调元

馮大樹遺像

馮大樹，字鎮撫，湖北崇陽縣人。清光緒己巳東渡，入同盟會。丙午，被駐日清使楊樞密奏清廷，下諭通緝十八人中之一人。辛亥，在伊黎起義，充參事院長。卒於民國十六年九月。

爲哈什提調，保賀家棟爲新疆民政司長，郝可權亦調往新疆任事，不久均被楊增新所逐。楊又派人運動伊犁之步兵旅長馬騰霄（回部首領）等，殺馮特民、李輔黄，新疆伊犁之人民仍受楊增新專制之毒，較前清尤甚焉。

是日又接南京來電，謂孫文總統任黄興爲參謀總長，鈕永建爲參謀次長。

同日黎大元帥召集軍事重要會議，謂清軍陸續北退，是否變更戰略，未可逆料，然我民軍欲達到中華民國共和目的，必須組織北伐軍籌備進攻，大衆均表贊同，遂決定編爲三大軍。茲將三軍名目列左：

一、戰時總司令吴兆麟任北伐第一軍總司令官。

二、右翼軍李烈鈞任北伐第二軍總司令官。

三、左翼軍趙恒惕任北伐第三軍總司令官。

以上三軍規定後，黎大元帥復云，所有戰時總司令官統轄軍隊另行組織，俟散會後由本大元帥計畫分配云云。

是日黎覆金口沈總司令官電：

麻電悉。大纛辱臨，諸多褻瀆，幸屬同舟，必能深諒。頃接湘都督電，稱王正雅軍隊已令歸貴總司令官節制，現在敵人北退，作戰計畫，擬稍變動，祈迅速電調王正雅軍隊赴金口以厚左翼兵力。

附來電一：

本部於午後一時暫泊金口上十里，糧台李副總理來謁，據稱參署非二三日不能騰出，輪舟既駐，叨擾益多，已派敝參謀部長袁華選進謁，代通悃曲。此次承派趙統帶均騰、楊科員震佺遠近歡迎，疊荷隆情，三軍感戴。一俟布署稍定，當趨謁大纛，一聆偉劃，以匡不逮。特此鳴謝。

附來電二：

陽電敬悉，金口以北勁旅無多，正患不敷分配，承示，深佩藎籌，頃已電知王統領矣。

又覆貴陽趙都督電：

漾電悉。規畫戰策，卓見甚佩，現在援鄂兵力尚不甚單弱，惟四川與秦晋接壤，急宜集合黔滇蜀三省聯軍出師漢中，秦晋當可得手。此復。

附通電：

武昌待援，敝處援川之師已發。楊都督又東向鎮篁，急切無人向鄂，焦急萬狀，光復大業，本非一戰所能定，但軍事宜有一定之規畫，以圖進取。鄙意各省須各認一路，分負責任，滇黔全力定川，連合川陝之力以定中原，此爲西路；蘇皖杭州平定南京，連合山東進取燕雲，此爲東路；中路以鄂爲第一聚兵點，以湘爲第二聚兵點，合兩廣閩贛全力以謀之；前敵以多聚兵、一事權爲要，後路以儲將弁、急訓練、備軍械爲要。勝不必喜，敗不必畏，竭同胞之力，示敵以無窮之勢，不勝不止。尊意以爲何如？

五〇、一月八日　武昌仍主繼續北伐

一月八日午前八時，黎大元帥即用軍務部孫武等計畫將武昌防禦第一、第二、第三區司令改爲三鎮，並通知總司令官吴兆麟率第三鎮混成第八協、機關槍一營、督戰敢死隊一營、護軍隊二隊、衛生隊準備北伐，務須於停戰期未滿以前三日起程，在第二軍右翼過陽邏，經三山鋪向甘家店前進。吴總司令官即傳知各部隊準備出發，一面通令其餘各部隊統歸大元帥直接調遣。

是日黎致南京臨時政府電：

現時軍務緊急，上海爲購辦軍械之地，各省分購，價值高下不一，損失甚多。請中央政府選派廉幹且明通軍械者若干員到上海辦理全國購置軍械事宜，以重軍務而免紛歧。

附南京陸軍部通電：

本部爲購運軍械器具材料等事統一起見，現在滬建設購運處，業經派員前往分别辦理，此後凡各省派員赴滬購辦軍械者必先經本部認可，發給護照，轉飭該處紹介，會同辦理，以資便捷。再如須赴外國購辦者亦須先經本部認可，通知滬軍都督，發給護照，始可前往，以昭慎重，除分電外，合先電達。請煩查照辦理可也。

又致南京臨時政府電：

頃准瀘州劉都督電，稱滇軍援川，川人甚感，惟滇軍抵叙時，叙已宣告獨立，宗旨與滇軍無異，乃無端轟擊民軍，勢甚强暴，占據叙府，各地用人行政，全爲滇人主持等語，似此大局未定，内鬩即萌。懇速電川滇調和齟齬而全大局是幸。

又覆南京臨時政府電：

電令敬悉。淮鹽統一辦法極善，惟武漢軍事方殷，正恃鹽欵爲餉源，所有鄂省舊收鹽欵擬請暫作軍費，隨時報銷，用人行政，亦請仍舊，俟大局稍定即申請核辦。

附電令：

臨時政府成立，委任張謇爲實業部總長，仍兼江蘇兩淮鹽政總理，所有江蘇省松太與淮南淮北各鹽廠、湘鄂皖贛向行淮鹽與蘇五域凡關涉運銷之事，用人行政通歸總理督率辦理。鹽課爲餉項大宗，必須事權統一，總收總支，以後應待鹽課鹽厘加價等項，由總局統收，解交財政部分别援照從前成案，關係賠欵洋償者剔儲備用，惟歸各省者一律照撥，餘俟政府指撥。各省都督、各軍政府、各司令務各顧念大局，産鹽運鹽各地方有須駐警保護者，務當協力相助，保商業即以顧餉源。毋忽，此令。

又致楚泰馬艦長電：

江元運軍火過葛店時，希飭該艦直航武昌，停泊黄鶴樓碼頭，兩漢敵兵退盡，無庸顧慮。

又致長沙譚都督電：

頃接重慶東電，稱西安兵敗，潼關失守，所有兵隊盡在西路與長升二敵相持，省城空虚，四無救援，殘敗之局勢難支持，危亡即在目前等語，其情形可想而見。敝處已派季招討使雨霖、劉司令公相機援助，貴處援陜軍隊，祈飭星夜馳往爲禱。

又覆桂林陸都督電：

陽電悉。維持公安數語，具見痌瘝在抱，疾惡如仇，無任欽佩，管見所及，不外分别首從，勦撫兼施。現北軍已表同情，鄂省安静，貴省援軍不日即當拔回以資鎮攝。特復。

又致西安張都督電：

刻下議和，清軍約以秦晋皖鄂奉天等省退出原駐地點百里以外，貴省已否退出，如彼遵約，希勿違約進攻，致啓清軍口實，並乞將近狀速告爲盼。

附復電：

電示。刻下議和，清軍允退，諭敝軍勿違約進攻等語，究竟約期幾日，起訖何時？前奉襄陽來電，聯軍北伐，約攻陜州。敝軍遵約前進，清軍第六鎮兵又違約首先開戰，敝軍已退至靈寶，兹奉電停戰，已飛飭敝軍前鋒遵約守界，甘軍同敵三路進攻，侵佔長邠鳳隴三淳等處，藉口電阻，自由行動。我不擊彼，彼必襲我，違約在彼，無從詰責。請轉電伍外交長，責令清軍東西兩路遵約停戰，敝軍亦即遵照。仍乞電示祇遵。

又覆瀘州劉都督電：

文電悉。滇軍遠道援川，同急公難，諒不致別生意見，致動人以不平之感，即令小有齟齬，務乞推誠相與，融化於無形，萬不可啓内鬨之釁端，蹈洪楊之覆轍，致令外人非笑，敵人鼓掌，千載訾議，則民國幸甚。電到後，祈轉交滇軍傳閱爲禱。

附來電：

滇軍援川，川人甚感，惟滇軍抵叙時，叙已宣告獨立，宗旨並不背殊。滇軍無端轟擊民軍，勢甚强暴，占據叙府各地，用人行政，全爲滇人主持。如此手段恐非公法所容。特電奉聞，乞轉致各省共持公理，以免滇蜀啓釁，有誤大局。幸甚。

一月九日午前八時，黎大元帥即頒發北伐各軍鎮協委札關防等件，並於正午召集陸海軍會議討論北伐各事宜，並限於停戰期滿即協同進攻。

是日午後四時會畢，各軍各自籌備，惟第一軍預定十二日由武昌開拔，陸續向目的地集中。

是日黎覆竹山縣知事電：

電悉。該邑各界深明大義，不勝欣慰。惟銅元轉運甚艱，仰即會同龔隊官出示切諭，官票須仍舊通行，並邀同正紳籌辦民團，以防土匪而安民心。

附來電：

竹山縣十月二十日官軍紳商學界集議，恪遵大都督起義興漢，歡聲雷動，同時畫押，聯絡一氣，歡懸白旗，城鄉安靖。惟山邑界連川陝，著名瘠苦，民氣囂張，且土匪日思蠢動，兵單餉缺，官票

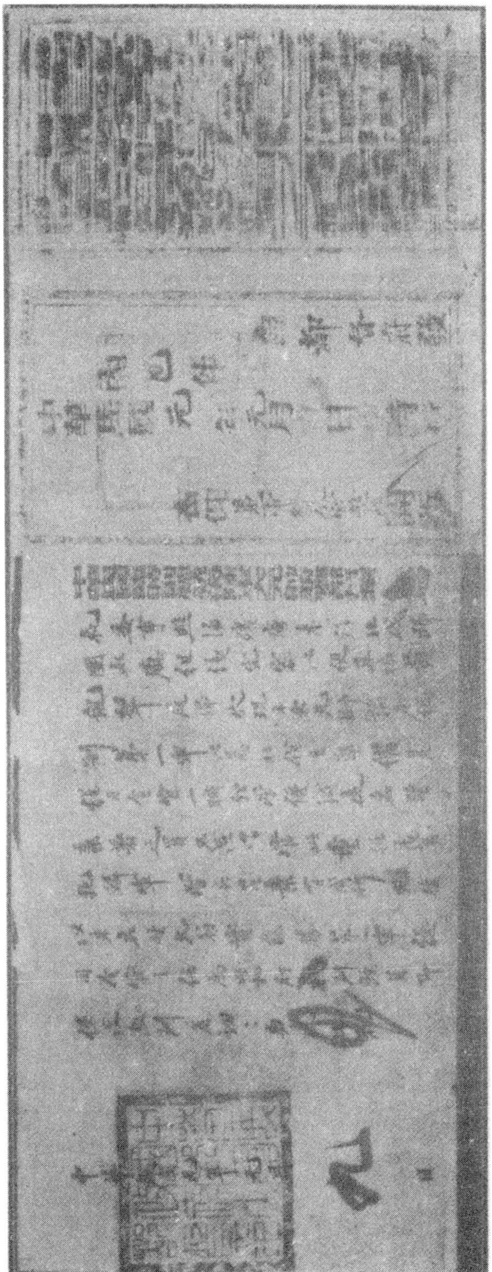

黎大元帥委吴兆麟任北伐第一軍總司令官之委札

難用。祈解銅元赴山以安民心，前因電阻，未克稟報，乞速電示。

又致長沙譚都督電：

頃接重安江電，稱黔黄平州城於昨晚被妖苗占據，匪黨甚衆等語，祈貴處催黔滇來援軍隊速返，以平匪黨，並就近籌畫對付之策。

又覆常德貴州楊都督電：

庚電悉。熱心公難，跋涉來援，曷勝欽感。昨接重安江電，稱黔黄平州城已被妖苗占據，匪黨甚衆等語，祈貴軍速返，以平匪亂。如該處有他軍可用，請暫駐節常德，以待和議着落，倘和議不諧，自當飛電相請。

附來電：

誠先抵常，餘軍已陸續離鎮，約聯北伐滇軍亦已出發，月内當可會齊。和議如不達共和目的，祈示方略，俾早進軍，濟以鐵血。但黔軍械缺，盼助極切。如何希復。

又致南京參議院電：

正朔已定，國旗及軍商各旗式應即劃歸一律，請速頒發定式，以便遵行。盼復。

附復電：

青電敬悉。沿江各省現在皆以五色旗爲國旗，經本院議決，請大總統通告各省，國旗即用五色旗，至軍商各旗暫仍其舊，俟議定後再由大總統通告。特此奉復。

又致南京陸軍部電：

前陳裕時君率廣西軍一標由海道援鄂，已否抵滬？又前由滬派招商輪往粵東運砲彈，該船已否來滬？如該軍及該輪到滬，統乞飭速來鄂，並希電復。

附覆電：

青電悉，陳裕時軍隊及廣東砲彈尚未到滬，本部派輪往接。

又致龍駒寨張都督電：

王天縱輩跅弛之士，不羈之才，史乘不少概見，麾下御之以道，即干城腹心之選，兔罝之詩，可以借詠，援川滇軍屯於叙州，已屬其由漢中聯兵秦晋，以圖北伐。伏願堅壁以待。

附來電：

敝省起義以復漢爲宗旨，以聯合各省組織中華民國爲目的，商民及外人等均極力保護，毫無擾害，各處豪俠已一律招安，使爲復漢軍臂助，不至遺害地方。現省垣以及各州府縣庶政粗就，正值經營西路兵馬，原以防守西邊，進取甘新，因長庚、升允作梗，現正交戰，東路兵馬專以東下河南，聯合東南各軍北向。今河南各大使如王天縱等均各率領數千人與敝軍合力東征，並不擾害商民外人，亦暗合敝軍主義。敝軍東來，壺食歡迎，確係實情，謹此奉聞。張鳳翙叩。

又覆襄陽軍政分府黄仁荙電：

元諫兩電皆悉。保護外人可稱周到，現在清軍遵約退出原駐地點百里以外，將來戰場必在鄂豫之間，茲已加派劉正龍一標及原三十一標共兩標，飭發襄樊，聯合各軍隊，經唐縣與陝軍會合，直取河南以定中原。頃接外交總長伍廷芳由滬來電議和，又續停戰至舊曆冬月二十七早八點鐘止，希飭各軍隊知照，並告陝西都督。

附來電：

頃奉青電。奬勸交至，感奮莫名，指示方略，已屢電請季軍速來，以便合力籌備攻守，而秦隴張都督又連電稱長、升二敵數道入犯，東西交警，求助餉械，急無以應。頃得南京陸軍部電囑，仍稟呈鈞處，就近籌撥接濟，以憑分濟秦軍等因，除遵將近情轉電西安外，特覆稟懇，務求照準，迅賜撥發，並求先電示知，以便派船赴沙洋或仙桃鎮請領。至禱。

一月十日，接偵探報告，謂漢口清軍陸續退却至陽店附近占領陣地，其兵力約一鎮，段祺瑞之總司令部已移至孝感。

是日黎大元帥即發下各軍之軍隊區分及命令，並囑各軍務於十六日停戰期滿，準備實行北伐。

軍隊區分

第一軍

總司令官　　吴兆麟

鄂軍第三鎮

混成第八協

機關槍一營
督戰敢死隊一營
護軍隊二隊
衛生隊六分三
第二軍（原右翼軍）
總司令官　　李烈鈞
皖軍混成標
潯軍混成標及混成營
贛軍混成協
寧軍第一鎮
鄂軍第三協（同砲兵一隊）
衛生隊六分一
第三軍（原左翼軍）
司令官　　趙恒惕
桂軍混成標
湘軍混成標
河南奮勇軍混成標
衛生隊六分一
長江艦隊
司令官　　馬熉鈺
楚泰
楚觀
楚同
江貞
江元
守備各處部隊
混成第一協
步隊第四協

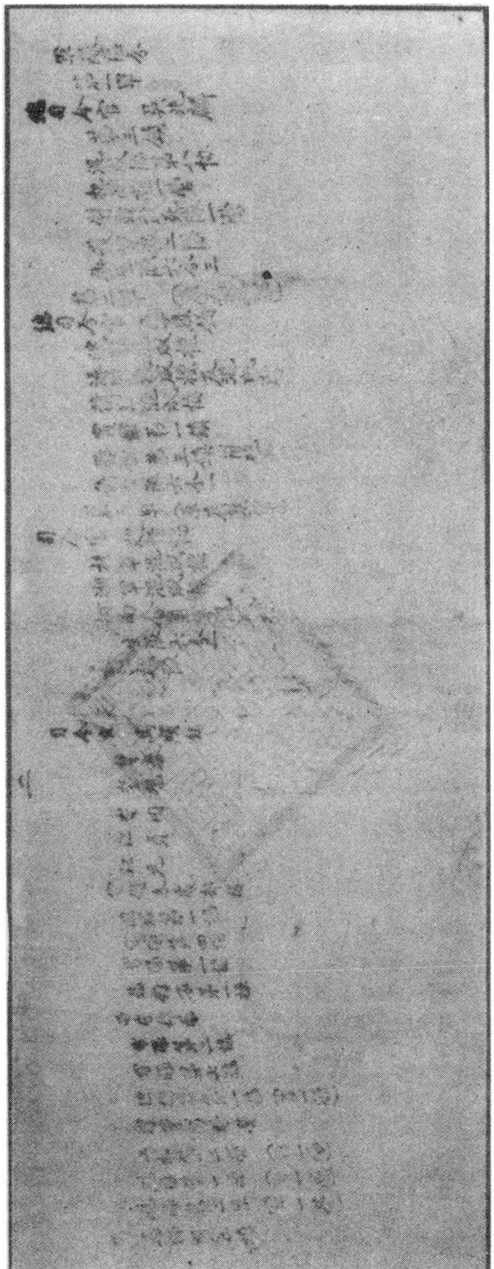

準備北伐之各軍

步隊第一協
先鋒隊第一標
留守部隊
步隊第二協
步隊第七協
近衛軍第一協（欠一標）
漢軍步隊營
工程第二營（欠一隊）
砲隊第一標（欠一營）
砲隊第二標（欠一營）

五一、一月十一日　黎大元帥下令準備北伐

一月十一日，中華民國軍海陸軍大元帥準備北伐，即下如左之命令：

命　令

（元月十一日午後八時三十分於曇花林都督府）

一、據諸方面報告，兵數不滿九千，砲四五十門之敵，其主力似集注於楊店附近，其一部駐紮孝感附近。

二、我軍擬準備攻擊此敵。

三、第一軍整頓完善後，即由陽邏經三山鋪向黄陂方面前進，須與第二軍協同動作。

四、第二軍須於陰曆二十七日午前八時準備由黄陂縣進占祁家灣，占領後沿鐵道綫向三汊埠行進。

五、第三軍須於陰曆二十七日午前八時以前確實占領新溝漢川，嗣後即由孝感進攻。

六、步隊第八協（附山砲四門）即日開赴麻城警戒我軍右側背。

七、步隊第四協（附山砲一隊）準備開赴漢口守備該地北面，特須注重灄口方面，且須與第二軍及步隊第一協連絡，但渡江時期須待後命。

八、步隊第一協準備開赴漢陽，任該地守備，務與第四協及第三軍保持連絡。但渡江時期須待後命。

九、先鋒步隊第一標即日出發，由陽邏向黄陂方向前進，務占領該地以任警戒。

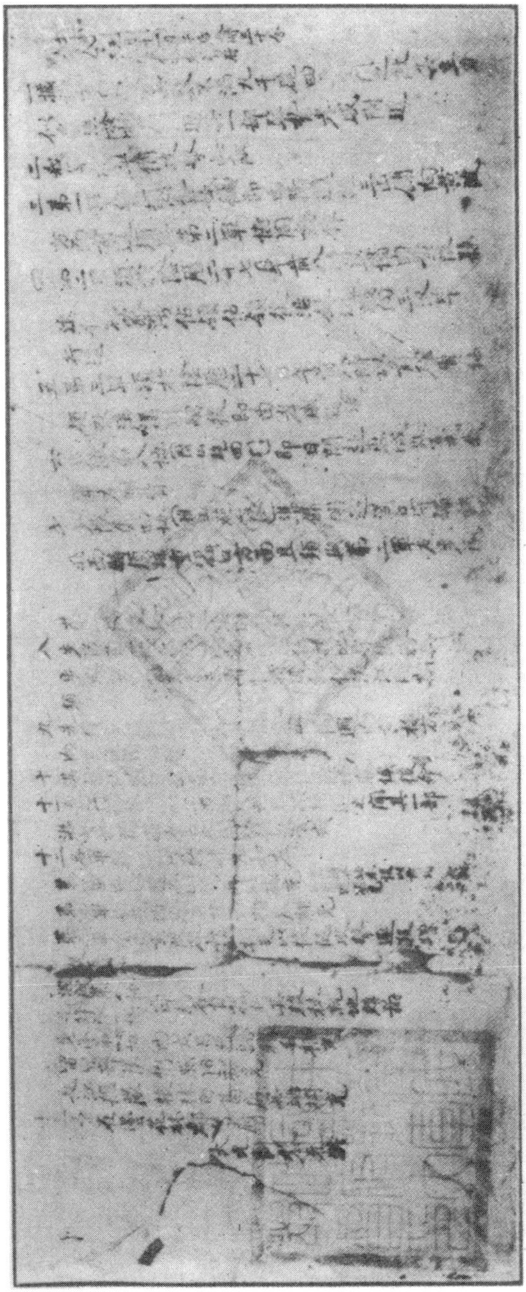

黎大元帥準備北伐之命令

十、其餘諸隊任武昌守備，其擔任區域容俟後命。

十一、長江艦隊須以主力游弋於巴河陽邏之間，其一部游弋於陽邏金口之間，以任警戒。

十二、各軍糧秣彈藥補充如下：

第一軍由陽邏三山鋪兵站補充（三山鋪兵站未設以前，均由陽邏補充）。

第二軍由陽邏倉子埠六指店補充。

第三軍暫由黄陵磯兵站補充，以後隨攻擊逐段增設兵站。

（混成第八協先鋒隊一標）彈藥各自携行，其糧秣就地購辦。

步隊第四一協由武昌後路糧台補充。

留守步隊仍照舊補充。

長江艦隊糧秣由葛店兵站補充。

十三、予在曇華林都督府。

大元帥黎元洪

是日第一軍吴總司令官接得命令後，乃給該軍各部隊如左訓令：

中華民國北伐第一軍訓令

（元月十一日午後十時於洪山寶通寺）

一、據諸方面報告云，清軍兵數不滿九千，砲四五十門，其主力似集注於陽店附近，其一部駐紮孝感附近。

我北伐第二軍於十六日午前八時開戰期前由黄陂縣進占祁家灣，占領後沿鐵道綫向三汊埠行進。

我北伐第三軍於十六日午前八時以占領新溝漢川，嗣後即由孝感進攻。

我長江艦隊以主力游弋於巴河、陽邏、青山之間，其一部游弋於陽邏、金口之間，以任警戒。

二、本軍擬於明十二日出發，經陽邏向三山鋪集合，於開戰時準備向黄陂方面進攻。

三、第三鎮實統制率該鎮准於明十二日由原地出發，經陽邏向三山鋪前進，但須搜索黄陂方面之敵情。

四、混成第一協王統領率該協准於明十二日由原地出發，向三山鋪搜索前進。

五、其餘諸隊明十二日午前八時出發，經陽邏向三山鋪前進。

六、各隊給養出發後，即在陽邏三山鋪之各兵站部領取，但三山鋪兵站未設以前，即在該處就地徵發。

七、予准於十三日午前八時由洪山出發，向陽邏前進。

第一軍總司令官吴兆麟

是日第二軍李總司令官對於該軍給以如左訓令：

中華民國北伐第二軍訓令

（元月十一日午後十時於倉子埠發）

一、據各處土人報告，祁家灣之清軍主力似已退至孝感附近。

二、本軍擬分三縱隊占領王家河西南高地，經貓山至諶家磯之綫偵察前面情況。

三、右縱隊務於明十二日轉進王家河，左與中央縱隊連絡，搜索孝感祁家灣並灄口諸方面情況（敵情與地形）並沿途附近諸村落之景況。

四、中央縱隊以甘露山爲陣地，右與右縱隊，左與武湖水師連絡，搜索孝感祁家灣並灄口諸方面情況。

五、左縱隊務迅速確實占領諶家磯，右與武湖水師連絡，左與海軍協同動作，準備向灄口實行攻擊。

六、武湖水師務速前進高家店汉泊海之綫，任武湖之警戒，並爲部隊揚陸準備偵探前面敵情地形，並揚陸地。

七、海軍諸艦一俟戰鬥重開，務請與左縱隊協同動作，先行驅逐河口沿岸之敵，竊助左縱隊向灄口實行攻擊。

八、總預備隊諸隊照左列地點集合待命。

青山混成第三協派遣之步兵大隊於許家橋普家寨。機關砲、憲兵隊駐破灣子附近。

九、給養規定

右縱隊由第一糧食縱列向許家橋糧台領給。

中央縱隊由糧食縱列向許家橋糧台領給。

左級隊及武湖水師海軍諸艦由陽邏糧台給養。

十、彈藥補充

右縱隊槍彈由步隊第一烊藥縱列，代爲運送補充，但該彈藥縱列未成立以前，由該縱隊自行設法補充。

左縱隊及砲隊槍彈、砲彈均自行補充，但機關砲彈由步隊第二彈藥縱列補充。

十一、衛生隊着從速編成一隊，分半部附右縱隊，分半部附中央縱隊，左縱隊及海軍諸艦、武湖水師，傷者患者均直接送陽邏野戰病院療治。

十二、予在倉子埠司令部。

第二軍總司令官李烈鈞

是日北伐第三軍訓令，原文遺失（從缺）。

是日接南京電，孫大總統任徐紹楨爲南京衛戍總督。

是日黎復金口沈總司令電：

參將署已飭該糧台於本日空出，以便遷入矣。

附來電一：

舟居已四日矣，非參署不敷辦公，且電報電話均設署内，機關較靈。他處防守零星均不敷用，仍祈强令糧台人員遷讓，如以什物衆多爲辭，則敝部弁兵幫同遷移，頃刻即可竣事。急切奉商，立候示復。

附來電二：

蒸電敬悉。敝部已於蒸日移入舊參署，承注感謝。

又覆金口沈總司令電：

撥槍一節本應遵行，但鄂省槍枝，自用不敷，所購之槍尚未辦來，兹撥士乃打步槍一百二十八枝，子彈十五萬解送金口，俟新槍到再行撥濟。

附來電一：

在湘寄鹽電，祈撥槍枝四百，迄未奉復。兹張其鍠一軍昨由湘出發，惟子彈缺乏，稟請暫撥制子彈三十萬前來。二者均急迫待命，統希查照飭撥，以濟需要，並先行電復。

附來電二：

蒸電感悉，撥槍如承湊足二百枝以濟眉急，尤紉公誼。

同日黎致西安張都督電：

刻下停戰議和期限，至舊曆冬月二十七日上午八點鐘止，貴省及山西近來情形如何，盼復。

五二、一月十二日　北伐第一軍總司令官吳兆麟辭職　黎委孫武繼任旋改由杜錫鈞代理

一月十二日，北伐各軍均已按命令出發，向各軍之目的地進展，惟第一軍所屬第三鎮陸續由青山開抵陽邏，向三山鋪集中，其第一混成協準備由麻城向黄安前進，其餘機關槍隊、督戰隊、護軍隊、衛生隊等均已乘輪赴陽邏矣。

連日武昌方面因清軍由陽夏退却，各派均謂大局可望成功，於是各謀發展，彼此暗鬥，各機關日來投效人員漸形增加，擁擠非常。武昌城内身挂徽章人員遍滿街市，各種團體林立，氣焰逼人，若輩在革命黨方面口稱同志，而以同志二字喧嚇於人，在官僚方面朋比爲奸，謂非撤革命黨之台不能插足，以奪權利。革命黨多半血氣用事，剛而無禮，官僚黨老奸巨猾，陰狠而貌爲謙恭。黎元洪本與官僚接近，每謂某有學問、某有經驗、某頗精明、某有才幹，實則某某皆長於造謡生事，無非害人利己，不顧大局，以黎元洪爲傀儡。此時黎元洪心中亦深恨革命黨，但不敢露於形色，惟對於革命黨絶口不言事而已。在一般無德無學、喜人逢迎之無大志黨人，亦爲官僚派所默化，漸對於同志頓改面目，亦與官僚多方連絡，而官僚派更從中挑撥，使之同室操戈，故不轉瞬而武昌之一切政權皆操之於官僚之手。古人云，鷸蚌相争，漁人得利，武昌大革命所流之血，不能減少國民毫末之痛苦，而益加其負擔，遺憾何窮。

是日杜錫鈞等與孫武秘商，謂總司令官吳兆麟現改爲北伐軍第一軍總司令，其兵力雖削，其名稱仍重。現在清軍不戰自退，或者和議告成，可以不戰；或者戰事重開，而我援軍甚多，又係節制之師，必操勝算。

指日大功告竣，吴之功勞權勢亦愈加大，是後患也，仍宜設法牽制，或掣其肘，或送其命，皆可秘密圖之。於是杜孫商定，又請黎元洪派吴爲第四鎮統制，暫指揮第一軍所屬軍隊。是晚十二時，黎元洪趕辦委札，派吴兆麟爲第四鎮統制，派人送往吴兆麟。吴兆麟接委札後，即請黎都督親接電話，吴曰："第四鎮統制委札業已收到，是何用意?"黎答："不知。"吴又曰："第四鎮統制既無兵力，徒擁虚名，何能指揮第三鎮及他各部隊乎？且刻當軍書旁午之際，大敵在前，我民軍欲操勝算，應先和衷共濟，大元帥統率各軍，事權更當劃一，用人則不疑人，疑人則不用人。"黎仍無以答，旋云："是他們之意，將辦法議妥來請照辦的。"吴又云："第一軍所屬各隊雖已出發，惟總司令部猶在洪山，既如此猜疑，是事不可爲也。我非争權奪利之人，自起義以來只知辦事，不知其他，已往成績可復考也。現在雖云北伐，不過是向前進行，或者和議可望成功，兵不再用，我先退讓可也，免得都督爲難，亦免他人時時忌妒。我就此辭職，請都督另簡賢能接替爲妙。"

黎元洪接吴兆麟電話後極爲憂慮，當派蔡濟民、吴醒漢往洪山司令部面勸吴兆麟。吴云："如此辦事，不獨無成績，頃刻即有大禍，既削權復降級，萬不能再幹。無怪岳武穆當日受冤也，實屬可歎。"蔡濟民等回報黎都督，謂吴決計不能再幹，黎復派孫武、杜錫鈞到洪山勸説亦無效，又派徐達明、朱樹烈二人往説亦無效，於是黎用電話請吴兆麟當面商議，吴仍不幹。黎云："此事本與情理不合，但不能怪我。"吴云："大元帥既有統率陸海軍之權，不能作主，專聽他人主張，將來危害真不堪設想，我向來對於富貴極爲恬淡，起義後雖迭任要職，然爲大局起見總是退讓，隱忍不言，誰知猶不我諒，是真不可爲也，仍請大元帥毅然解決，另簡賢能接替爲妙。"黎不得已，復調吴兆麟爲大元帥府參謀總長，派孫武接充北伐軍第一軍總司令官。

是日黎覆蜀軍政府電：

電悉。刻下停戰議和，北京尚未光復，惟東南各省聯軍準備北伐，不知貴省及秦晋近來情形如何？祈聯合滇黔軍隊出師漢中，一以援助秦晋，一以直搗幽燕。此復。

附來電：

聞北京已爲漢軍光復，確否，請速復，北路消息祈隨時電示。

又覆金口沈總司令電：

真電悉。據敝處赴寧代表報告，臨時政府各部總次長陸軍黄興、蔣作賓，海軍黄鍾瑛、湯薌銘，内務程德全、居正，外交王寵惠、魏宸組，司法伍廷芳、吕志伊，教育蔡元培、景耀月，財政陳錦濤、王鴻猷，交通湯壽潛、于右任，實業張謇、馬君武。特此奉聞。

附來電：

江南組織臨時政府，各部總長何人，尊處有聞，電示爲盼。

又覆重慶張夏兩都督電：

滁電敬悉。昨接秦張督都來電，潼關失守，隨即恢復。敵又攻晋，太原已陷，已電伍代表嚴重交涉矣，槍砲候飭查明再覆。

附來電：

真電於十七日奉到。和雖可成，戰不可懈，兩語實爲扼要。聯師北伐，敝處深表同情，現正與滇軍援川副使陳先沅籌議，一俟議定當再電聞。惟十月二十四日接陝西張鳳翽電，清政府派毅兵東攻潼關，甘軍西下長武，敝省兩處受敵，懇派兵駐防等語。本日又接秦隴復漢軍北路防禦使蔡席藩、井勿幕十月晨日二百里專文，略云，頃又東方告急，清軍屯重兵於河南，而潼關戰敗，因以不守等語。現據確報，敵軍又自西藏出兵，已據雅州，禁居民豎漢幟，與來電停戰期内清廷不得進攻秦晋不通電等省之約，大相違背，除將原電轉告陝西外，特此電達，請速交涉。又據宜昌初二函稱，敝省義軍過鄂，運蜀快槍若干支，大砲若干尊，機關槍若干桿，在漢爲貴都督命留助戰，蜀軍砲隊已奪回蘭州等語，已電宜昌安使曾錫九。敝處派臨時會議代表張簡廷、吴玉章直接尊處，乞查明。砲隊即遵留鄂助戰，並隨北伐。所有被留之快槍、大砲、機關槍務乞如數放行，早日到川，以便支配多數徒手之兵，以爲清匪援陝平雅鎮蜀之用。無任禱盼。

一月十三日午前十時，黎大元帥即將大元帥府參謀總長委札送到洪山寶通寺，請吴兆麟即日到差，以安軍心，旋總監察劉公偕協統王安瀾來洪山總司令部。據稱各方面對於臨戰更易總司令咸抱不平，謂前數日城内謡傳，有人以爲吴總司令官兵權過大，在黎大元帥前百般謀害，將借北伐機會另行改組，復見組織北伐編制，我等以爲是正當行動，不料現在果然發現不盡情理之事，是若輩妒賢忌能，故意搗亂，以撤中華民國之臺。黎元洪目下亦不作主，聽人播弄，危險實大，查吴總司令自首義以來，勞苦功高，漢陽失守，黎元洪由武昌出走，經過種種危險，皆由吴總司令在洪山苦心計畫，維持殘局。當斯時也，若輩何以隨黎元洪逃走，不來争權奪利？目下清軍已退，和議行將告成，又來操縱黎元洪害人利己，設我輩不設法挽救，後來隱患必有百倍勝於今日者。爲今之計，趁此總司令未解除兵柄之時，宣布若輩罪狀，繩以軍法，警一戒百，則大局之幸，亦中華民國前途之幸也云云。吴兆麟云："各位所論極是。但此時正是危急存亡之秋，我輩只宜忍耐以保全大局，萬不可走至極端使天下驚疑，若輩既不明大義，争奪權利，而外人尚不知其内容，我若

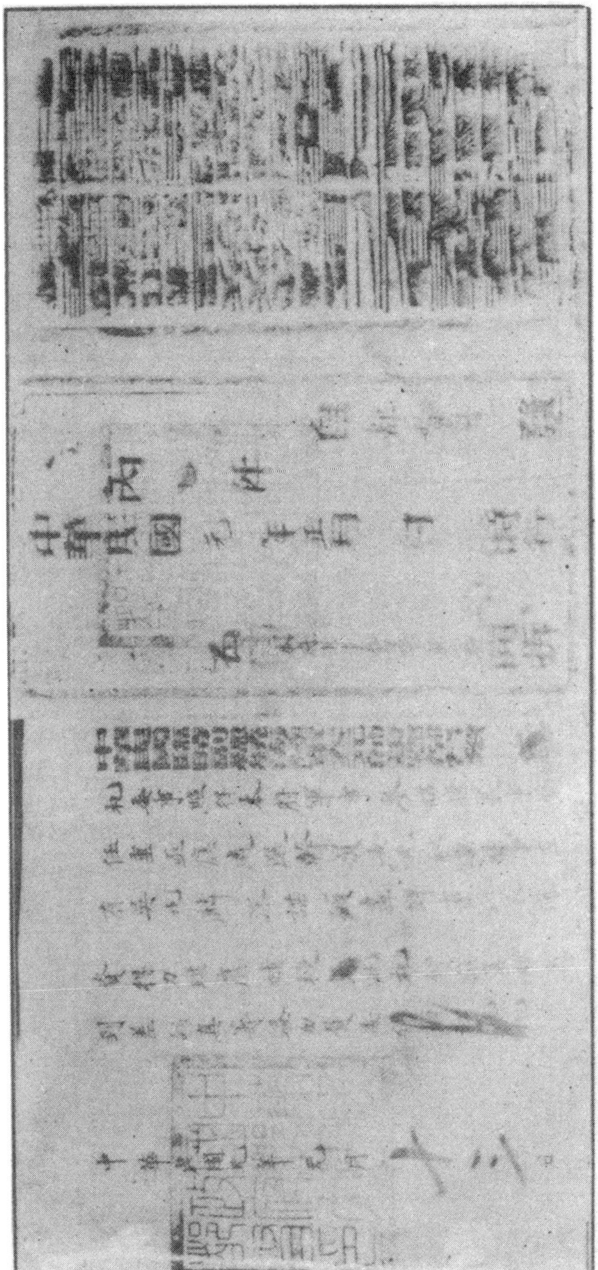

黎委吴兆麟爲參謀總長之委札

以激烈手段對付之，彼輩必借此造謡，顛倒是非。人而無禮，何事不可爲乎，大凡辦天下事，苟可以委曲求全，何能盡如人意。若甲因憤而殺乙，乙派又憤而報復，循環造業，争端必無已時，洪楊覆轍可爲殷鑒。望各位千萬忍耐爲要。”王安瀾又云：“黎不能作主，將奈何?”吴云：“既以我爲參謀總長，我輩再從長計議可也。”劉公又云：“你爲參謀總長固善，但黎之左右僉壬非驅逐不可。”遂聯合一班有勇之士欲將黎之身旁小人即時驅逐之。吴兆麟力阻之，不從。杜錫鈞聞風即逃往漢口，一面造謡，一面痛哭不已。少頃，有杜錫鈞黨徒潛往武昌大朝街孫武住宅，面晤孫武云：“湖北是首義之區，又係中央軍政府，目下黎元洪又是大元帥，重心全在此地。軍務部即滿清陸軍部，部長即等於北京之陸軍大臣，可以任命軍官。先生若就第一軍軍統，則軍務部勢必易人，就小遺大，甚爲先生不取也。不如此時辭去軍統之職，再由先生保薦一心腹之人，先生間接遥制之，此兩全之策也。”孫武然之，於是又與黎元洪面商，以第一軍總司令一職暫命杜錫鈞代理。黎元洪之從惡如流，始終慣聽小人播弄，以便其私。可慨矣夫。

五三、一月十四日　聞鐵良良弼等組織宗社黨

一月十四日，吳兆麟即組織參謀部赴大元帥府，就參謀總長之職。

同日接上海伍廷芳代表來電，謂袁内閣以停戰期限轉瞬又滿，提議延期。廷芳計議和以來，討論旬餘尚無效果，似不可復延，但據旅滬外人函稱，商務損失，中外俱感痛苦，渴望兩方不再開戰，早日和平解決，並力請清帝退位，以順人心，則希望和平，中外所同。今袁世凱又提議停戰延期，似不可過於固執，以失天下之望云云。

是日聞北京發生暗潮，清廷一班親貴以袁世凱始終與民軍周旋，停戰議和，不忠於清廷，於是載濤、載澤、溥偉、善耆、鐵良、良弼等組織宗社黨，對共和政體極端反對，並疑忌袁世凱日深，袁世凱更不得不借重民軍之勢，延長和議以玩弄天下。

同日接各方面情報，謂由漢口、漢陽退去之清軍約一鎮以上，已於孝感三汊埠陽店附近占領陣地。又武勝關至東篁店清軍約四標，信陽附近約一協，又我安徽軍現在潁州與張勳、倪嗣冲對峙。

是日黎致雲南蔡都督電：

川亂已定，貴省援川軍隊請飭速至宜昌，經襄陽趨河南唐縣，以便會同北伐。

又覆四川都督電：

電悉。川省反正，貴軍政府布置甚好。援川滇軍不必撤回，請

轉達滇軍逕至宜昌，經襄陽趨河南唐縣，並請貴軍速出漢中，會援秦晋。

附來電：

川局大定，尹昌衡羅綸爲都督，陸軍已成四鎮。滿帥既殪，滿人繳槍毁城，同志軍一律安定。請總司令官將雲南援川之兵撤回以釋群疑，不然，人心惶惑，恐生意外之變。

又致南京臨時政府電：

戰期伊邇，所有空中戰争物亟宜準備，請飭山田式飛行艇多帶硫酸亞鉛鐵屑及乾燥藥前來。劉佐成在滬軍都督處所定製大炸彈四十顆、小炸彈二百顆及伍先生廷芳向日國所購之飛行艇二隻速解來鄂，此外尚祈購飛行艇用氈鞋、駱駝絨帽、毛手套各六十件，羊毛衛生衣一百二十套，最好鋼綫一分及半分各十斤，毛襪一百二十雙。是爲至禱。

附來電：

飛船據稱適用，但運送及試驗所費甚巨，不如由尊處派人來議，並可請滬上洋工師試驗較爲便利。且尊處若無軍粟，亦可就近借用滬軍粟，如何，乞電覆。

附覆電：

飛船及尊電屬購之各物已囑前途照辦，但不知價值貴賤如何，故欲尊處派人到滬面議。既屬需用甚急，謹當囑其即運往鄂。其他各物不知能全辦否，已電駐滬鄂軍交通所總理張復漢君接洽。

又寄黄州府知事電：

頃接潯司令官余鶴松電，稱敝省劉統領懋政擒獲奸細張魁一名，據供尚有同黨黄金標、劉占魁、孫芝山已逃往武穴巡防隊，請嚴密查拿等情，除飭彭漢遺赴武查辦外，仰即通知各營一體訪查，勿任漏網。

又覆江蘇程都督電：

電悉。民國締造伊始，急應恤商便民，自以在平善壩另設湘局專征運湘川鹽，俾免重征爲最妥。已電商譚都督酌訂税額及辦法，定議再行電達。先此奉覆。

又致葛店李總司令電：

貴軍仍宜在黄陂附近擇與鐵道相近之要地占領，勿庸前進。孝感之敵如何攻擊，容續通知，架設電話一節已飭交通部照辦，能否再行轉達。

附來電：

謹報告於下：一、兵力不滿三千之敵在孝感花園附近，其馬探出没祁家灣附近；二、本軍預定於二十六日以前，前進仗馬山祁家灣之綫；三、孝感之敵應如何攻擊及本軍應否向宣化店黄陂站方面運動，請示；四、由漢口至黄陂請飭速架電話，以期報告敏捷。

又覆長沙譚都督電：

元電悉。金口蔡甸等處已設兑換處，紙幣業經流通。桂軍存貴處餉銀請即以貴省紙幣解鄂，敝處定爲兑用。

附來電：

前接副總統電，湘鄂官票務必通行，當經出示，並飭官錢局設撥兑處，暨電岳州湘潭商會錢店等，一體照辦在案，近聞鄂中市價，銀元與銀元票兑换銅幣數目相差至三四百文不等，查湘中現貨與票幣價約相同，今又示禁抑壓鄂票，票根期與湘票同等，原爲通行起見，現鄂價參差，聞有不法之徒販賣漁利，漫無限制，流弊胡底。是鄂出票愈多而湘受損愈甚，官局力顧大局，猶可勉支，商店勢難相强，仍於通行原意不能盡達。鄙意鄂票可否核一定價，湘鄂互遵，出入一律，或另有良法使兩無妨礙，各資遵守，以利推行。統乞蓋裁，賜覆是幸。

附長沙譚都督陳財政司長來電：

寒電敬悉。商市銀錢價格向視供求盈絀以爲漲落，此幣制不齊之現象，各處皆然。現時幣制尚未統一，自不能不暫聽照舊。欲如尊處之以命令劃一定價，情勢殊難辦到，查商市銀元與銀元票現每元兑銅元一串三百數十文，鄂票來湘在官錢局兑换與湘票一律，而尊電稱無論現貨紙幣，每元作一串二百行使，宜乎鄂票輸湘日多，湘票行鄂甚少，湘局現收鄂票將達二十萬，惟空久愈多，勢必不支，湘受其弊，鄂亦未見其利。求合兩省適中通行之法，不如鄂票定價一串三百文，鄂湘兑换均皆一律，於湘中現市所差無幾，鄂中商場未復，因時救弊，尊處想不難仍以命令量改。是否可行，抑尚有良策，統候卓裁賜覆，毋任跂幸。

五四、一月十五日　黎元洪仍準備北伐

一月十五日，黎大元帥另將武昌所有軍隊編爲三個支隊及武昌守備隊、總預備隊，茲將各支隊司令官姓名列後：

第一支隊司令官張廷輔。

第二支隊司令官鄧玉麟。

第三支隊司令官熊秉坤。

總預備隊司令官高尚志。

武昌守備司令官何錫藩。

同日午後九時，黎大元帥仍準備北伐，並發下如下命令：

中華民國海陸軍大元帥命令

（元月十五日午後九時於武昌城内都督府）

一、據諸方面之報告云，漢口漢陽之敵現退於孝感三汊埠陽店附近，占領陣地，其兵力約一鎮以上，又武勝關至東篁店敵兵約有四標，信陽州附近敵兵約有一協，另有兵力未詳之敵在潁州附近，與我安徽軍對峙。

二、我軍爲攻擊敵人起見，擬準備向甘家店祁家灣孝感附近前進。

三、第一軍於開戰期前由陽邏經三山鋪準備前進，占領甘家店附近，但須派一部占領黄安附近，警戒羅山方面之敵。該軍之兵站綫利用陽邏三山鋪通黄陂之道路。

四、第二軍於開戰期前由原地準備前進，占領祁家灣附近。但貴軍之兵站綫俟停戰期滿，占領祁家灣時即將原設之兵站綫變换，利用京漢鐵路。

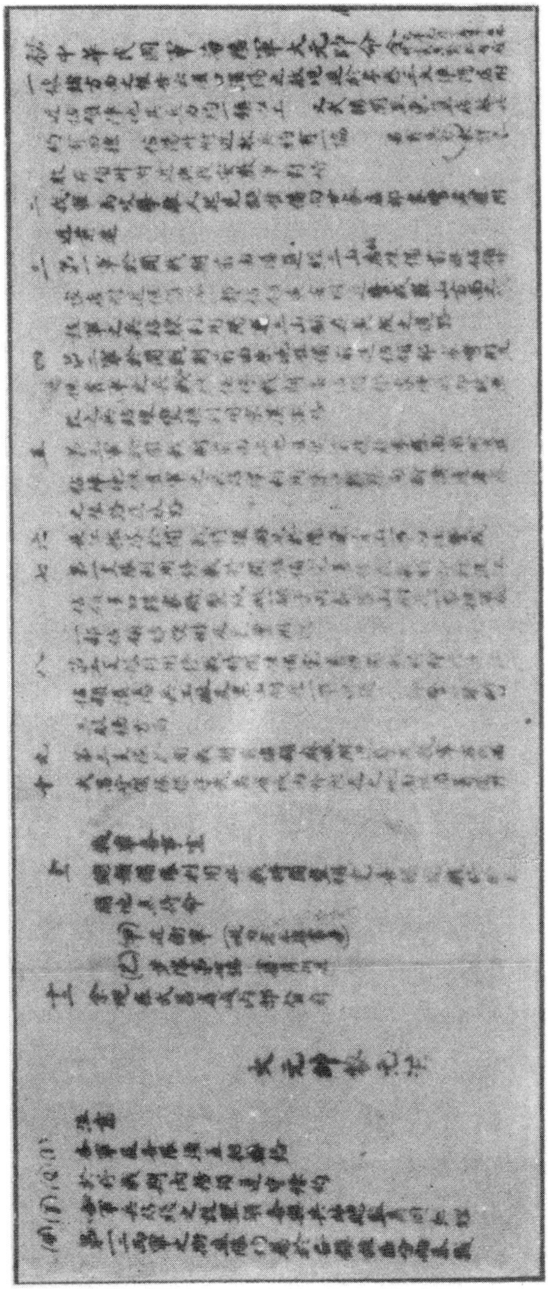

黎元洪準備北伐之命令

五、第三軍於開戰期前由原地準備前進，赴孝感西南附近占領陣地，但貴軍之兵站綫利用金口經蔡甸新溝通孝感之陸路及水路。

六、長江艦隊於開戰時須游弋於陽邏青山一帶，以任警戒。

七、第一支隊利用停戰時間準備完善，俟開戰時即行渡江，占領漢口諶家磯製紙廠藤子岡戴家山附近一帶，但須派一部占領姑嫂樹及長豐附近。

八、第二支隊利用停戰時間準備完善，俟開戰時即行渡江占領漢陽兵工廠及黑山附近一帶，但須派一部警戒琴斷口三眼橋方面。

九、第三支隊於開戰期前占領麻城附近，警戒我軍右側面。

十、武昌守備隊保守武昌省城内外附近之地面，但須籌備野戰軍各事宜。

十一、總預備隊利用停戰時間整頓完善，候開戰時於左開地點待命。

甲、近衛軍（城左旗營房）。

乙、步隊第七協（唐角附近）。

十二、余現在武昌省城内都督府。

大元帥黎元洪

注意：

一、各軍及各隊須互相聯絡。

二、於停戰期内務須遵守條約。

三、各軍兵站綫之設置須各與兵站總監商同辦理。

四、第一第二兩軍之衛生隊均屬於各鎮，故區分内未載。

給兵站總監訓令

（元年元月十五日午後九時於武昌城内都督府　第一號）

一、我第一軍之兵站綫利用陽邏三山鋪通黄陂之道路，我第二軍之兵站綫現在取用倉子埠通黄陂之道路，俟該軍占領祁家灣時改用京漢鐵路，我第三軍之兵站綫利用金口經蔡甸通孝感之陸路及水路，我第一支隊擬占領漢口製紙廠及長豐附近，第二支隊擬占領漢陽兵工廠至黑山一帶，第三支隊占領麻城。

二、本軍現以武昌省城爲兵站基地，其兵站主地之設置如左：

甲、陽邏附近。

乙、漢口附近（將來我第一支隊占領漢口時即以該地爲主地）。

丙、金口附近。

三、貴總監關於各兵站綫之設置須與各軍司令官商同辦理。

四、余現在武昌省城内都督府。

大元帥黎元洪

給軍務部訓令

（元年元月十五日午後九時於武昌城内都督府　第一號）

一、本軍於開戰時擬占領甘家店、祁家灣及孝感西南附近。

二、貴部須將野戰軍需用各項物品速急準備完善，按所發之合同命令，與兵站總監、武昌守備隊司令官及交通部接洽辦理。

三、余現在武昌省城内都督府。

大元帥黎元洪

給交通部訓令

（元年元月十五日午後九時於武昌省城内都督府　第一號）

一、本軍於開戰時擬占領甘家店、祁家灣及孝感西南附近。

二、貴部須準合同命令按各軍及各支隊前進之道路。須將電話電信及船隻等項準備妥善，以便交通。

三、余現在城内都督府。

大元帥黎元洪

是晚接南京孫大總統來電，謂停戰期再續展十四日。

是日黎致南京鹽政張總理電：

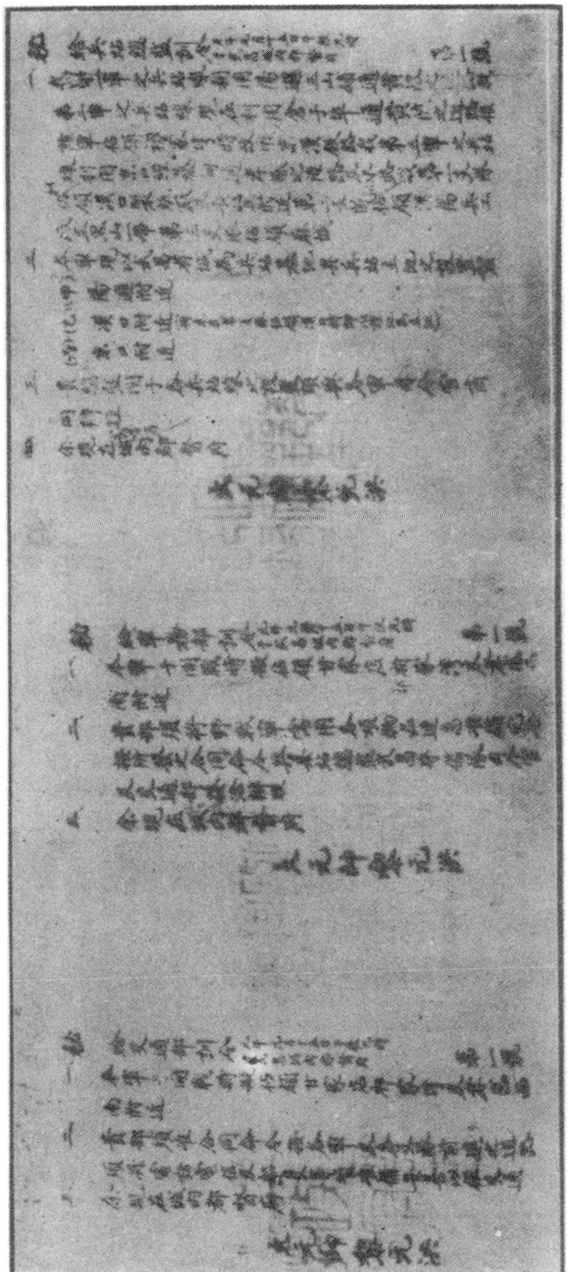

黎元洪準備北伐之命令

刻下軍事倥傯，金融機關周轉不靈，商務大受影響，即如鹽商運鹽來湘所受之欵不能匯兑，現銀又多不便，敝處擬在揚州設一兑換處，俾紙幣皆能流通，以公私兩便。如蒙允許，請即電覆，以便籌備預備金及開辦費，並請知照揚州分府爲禱。

又覆長沙譚都督電：

寒電悉。我軍守約，仍紮原駐地點，惟於黄陂地面增加一鎮及一混成協，兵力尚厚，諒可防堵。所商撥給趙軍現洋已飭理財部辦理，此覆。

附來電：

昨聞贛軍由陽邏進逼黄陂，計已駐黄陂矣，確否，詳情若何，停戰届滿，是否即行作戰，敵情均乞詳示。昨電懇撥給趙軍現洋萬元，務望照准。並復。

五五、一月十六日　袁世凱被刺未中

一月十六日接山東登州軍政分府來電，謂本日九時同志九百人兵不血刃，恢復登州府城當即成立軍政分府，以劉藝舟、徐鏡新爲正副都督，並預備歡迎南方軍艦入渤海。請速派艦二艘來登州以便載敢死隊會同北伐。

是日袁世凱在北京被刺，未中。因日來和議頓挫，皆袁世凱雙方要挾，以謀政權，實爲共和之梗。黨人之激烈者皆欲殺袁世凱而甘心，適袁世凱乘馬車入朝，護衛森嚴，沿途警備。行至丁字街忽有炸彈自道左茶樓擲下，炸死袁世凱之衛兵十餘人，北京全城大震。黨人楊雨昌、黄志明、張光培等當場被執，均直認欲殺袁世凱以去中華民國之障礙，旋從容就義。自是清廷專倚袁世凱以決大計，親貴即無疑忌袁世凱之言。

是日黎覆襄陽黄司令仁荚電：

電悉。光復襄樊，勳勞卓著。候大局底定，自當論功行賞，仍希珍衛，勉爲其難。季雨霖計可抵襄，分府名義各處一律取消，以後改稱司令。昨外交伍總長來電，又續停戰十四日，希即飭各軍隊知照。惟議和日久，戰備更宜緊嚴，務與季雨霖和衷共濟，督率軍隊，經營攻守爲要。

附來電：

連日奉到停戰改元各電遵悉。並聞臨時政府成立，總統有人，尤爲慶幸。仁荚本一病夫，因見襄漢上游關於南北大局，故不敢自愛，與二三同志冒險圖艱，仰公威福，幸乃有濟。繼則外謀北伐，内定旁縣，添兵籌餉，與地方民事相雜糅。月餘來部署方完，差告無罪，而昕夕疲勞，寢食俱廢，咯血愈劇，形神兩益不支。此間情形，陰曆十月半後謝鎮兩次河口入犯，均經擊退，現聞於新野新店鋪、孟家樓等處皆添重兵，日夜思逞。而隨陽店亦有北兵駐紮，又太原失守，西安劇戰，其聲勢皆與河口上游有密切關係。財政則自糧捐並免，各署局存款有限，一提已竭，公債預約又皆觀望不前，現和議雖開，兵防尤須嚴密，各州縣土匪蜂起，一時未能全平，善後諸端尤須明强過人者主持辦理。聞季雨霖君不日來襄，擬俟其到日即請留駐襄陽，擔負其任，俾仁荄得當衆取消軍政分府，以符當日公推暫時承認原議。仁荄並非畏難避事之人，實因衰病不能戀棧，無濟於事，不得不奉身而退。特恐季君臨事讓謙，務乞大都督俯念襄事吃重，得之甚難，棄之可惜，急電季君囑其照允，萬不可拘泥形迹，致礙大局。束裝以待，無任感盼。

又覆鄖陽府知事伍銓萃電：

電悉。鄂省境内，無軍政分府名義，所擬分府名目即行取銷，改任爲鄖陽府知事，陸防營隊及縣團應仍歸辦理，彈壓地方，亦無須添加槍枝子彈。滕君任爲鄖縣知事，其餘五知事准其暫行署理，沈樊陳龐四君可暫理陸防營隊事宜，各縣團練責成各縣官紳切實辦理。至銅元運鄖一節，道路殊多不便，可將鄖陽關稅土稅由該知事會同地方正紳暫收，以便支配一切。餘文詳。

附來電：

鄖郡九月念四日，會同各界懸旗反正，迭次文電馳禀，未奉復示，想因道梗未達。當光復伊始，上下游會匪痞徒，乘機竊發，假立名目，希圖擾害。鄖郡界連三省，幅員二千里，固圉防邊，均關緊要，非機關略備，無以提綱挈領。據各界組織軍政分府，公推知府銓萃暫理，並舉沈權爲司令支長，樊之清爲軍務支長，陳德元爲參謀支長，龐成功爲政事支長。六縣仍舊，現官制暫按報章編列，各負責任，至究底如何，祈分别加札，頒發關防，俾資遵守。反正以後，全仗兵隊彈壓，所屬六縣仍屬安堵，現就陸防營隊及各縣團練改編新軍兩標，分派駐紮，但餉項奇絀，除勸紳富酌捐外，議將老河口所收之鄖陽關税及土税、牌照捐收回自辦。目下市面銅元缺乏，官票阻滯，槍彈不敷，軍民交困。懇請飭發銅元三萬串、快槍二千桿、子彈二百箱接濟要需，而安地方，統乞電示。

一月十七日有河南軍人馬得勝，自告奮勇請黎大元帥命令，組織奮勇軍赴河南援助北伐軍進攻。黎元洪允之，即命其組織，並給以如下之訓令：

中華民國陸海軍大元帥訓令

（元月十七日於武昌都督府）

一、本軍於開戰時擬占領甘家店、祁家灣及孝感西南附近，準備向陽店及孝感進攻。

二、河南奮勇軍馬隊長即組織軍隊，準備出發，向左開目標，擾亂敵之右側背。

第一目標由原地經新溝、雲夢向孝感以北。

第二目標經應山向廣水。

第三目標過平靖關向信陽。

以上三目標着該軍擇其最有利者施行。

是日黎致南京臨時政府電：

萍鄉鑛産成效卓著，查此鑛證據尚在盛宣懷之手，而伊已逃匿。

聞前總辦林志熙近來曾往來萍滬數次，多造股票，運動股東減價售與外人，鑛中人紛紛傳播，不日即挂洋旗，勢將不可收拾。且萍煤總局業買有鐵鑛，早經化驗精良，倘萍煤落於外人之手，則此項鐵鑛必至相繼而失，後患何堪設想。懇速籌辦法，庶免轇轕而挽利權是幸。

又致南京臨時政府電：

廣西王副督於元日致電陸軍部，詳述該省困難情形，諒達均鑒。兹沈都督來鄂述及桂省情勢，似非由中央政府接濟，不能免該省之糜爛，請即設法維持大局。

又致南京臨時政府電：

停戰將近兩月，議和毫無成效，財窮兵懈，大局何堪設想，鄙意擬於停戰期内多募北方同志，與北方兵營中通聲氣者，密往河南、山東、直隸及東三省舉義，内可以收北伐之功，外可以弭違約之隙，民國可告成功矣。盼復。

又致南京陸軍部電：

現有多數陸軍學生要求川資赴寧，入陸軍學生隊擔任北伐，但該生等均係少年，若再加以學問則皆後日之將才，如徒逞血氣恐於事無補，貴處究竟有學生軍否？如有，請將該軍辦法詳細電復，以便轉達該生等爲盼。

附覆電：

筱電悉。軍官學校業已滿額，以後陸軍學生願投效者概行改編軍隊，學生軍名義一律取消，所有貴處陸軍學生應如何處置，請自酌辦。

一月十八日，黎大元帥通知各軍隊，令各軍隊於停戰期間務須勤加訓練，各級軍官尤須研究戰術，以期作戰時操必勝之權，至於軍紀風紀更須注意嚴爲整頓云云。

當是時，蔣翊武、劉公兩派謂鄧玉麟、孫武專權跋扈，布置私黨，排斥起義一班同志，後來黄申薌、蔡漢卿等結合軍隊組織群英會，反對孫武、鄧玉麟。孫武見勢不佳，避匿漢口，鄧玉麟亦潛匿焉。

和議問題，袁世凱仍堅持開國會以公決國體，伍廷芳堅持共和，主張清廷早日退位，但可以條件議定優待。

一月十九日接各種報告，謂清軍退至陽店孝感附近占領陣地，仍在積極準備，以防我軍之進攻。黎大元帥即傳知各軍，對於清軍情形須派間諜偵探詳細搜索，隨時報告，並令第一軍於開戰時務進占甘家店陽店附近，令第二軍經趙家山（祁家灣南方）向巨龍岡前進，俟第一軍進攻時即向孝感方面及三汊埠北方進展，又令第三軍準備向孝感附近進攻，但各軍須互相連絡。又令兵站總監派員赴巨龍岡附近預選地點，補設倉庫，以便給養，並傳知各軍，謂和議未成以前，對於戰事不可稍有疎忽。

是日黎致長沙譚都督電：

敝處現編三軍，應設兵站，需用火輪及船隻甚多，前敝處因公由鄂赴湘之小輪，請速悉數飭回，以便差遣。並望將貴省小輪酌借若干，尤爲盼禱。

附來電：

尊處開來之三輪敦仁、保漢、利源均運南武軍下駛，刻下省河無輪，尚有北伐五標待發，不識各該輪藏泊何處，正在派人到處探尋。

又寄兵站及各司令官電：

刻下雖停戰議和，然戰雲頃刻萬變，望督率將士準備一切以圖北伐，而達共和目的。

又覆西安張都督電：

此次停戰續至舊曆臘月十一日止，如再不解決，自當以戰爭從事。敝省已派兵出襄樊，期與貴軍相會於河洛之間，共圖北伐。各省聯軍亦皆分途掃北，祈極力準備，以資攻守，並乞轉告晋都督爲禱爲盼。

附來電：

前屢遣專使上謁，並數電告敝處情形，具達左右否？現敝軍東與清廷大股之師相拒靈陜間，已竭全力，而長庚、升允復煽誘甘軍，分道犯境。敝省兵單械絀，餉復不繼，非貴軍設法臂助恐難支持。頃得確報，太原爲旗兵占據，晋軍留守之師退敗不支，已臨敝境，似此西北上游之地將盡爲敵所有，北伐之師稍緩必難著手，已電致襄陽轉達貴軍。現聞保定實已變動，祈聯合沿江各省號召閩越，分道疾趨，速定大局，不勝盼切。

五六、一月二十日　伍廷芳、唐紹儀開始議清帝退位條件

一月二十日，黎大元帥即派參謀軍官多員赴各軍戰地偵察情形，並囑各繪圖具報，以憑籌畫。

是日伍廷芳、唐紹儀秘議關於清帝辭位後之優待條件如左：

甲、關於清帝辭位後優待之條件

第一欵　大清皇帝辭位之後，尊號仍存不廢，中華民國以待各外國君主之禮相待。

第二欵　大清皇帝辭位之後，歲用四百萬兩，俟改鑄新幣後改爲四百萬元，此欵由中華民國撥用。

第三欵　大清皇帝辭位之後，暫居宫禁，日後移居頤和園，侍衛人等照常留用。

第四欵　大清皇帝辭位之後，其宗廟陵寢永遠奉祀，由中華民國酌設衛兵妥慎保護。

第五欵　德宗崇陵未完工程如制妥修，其奉安典禮仍如舊制，所有實用經費均由中華民國支出。

第六欵　以前宫内所用各項執事人員可照常留用，惟以後不得再召閹人。

第七欵　大清皇帝辭位之後，其原有之私産由中華民國特别保護。

第八欵　原有之禁衛軍歸中華民國陸軍部編制，額數俸餉仍如其舊。

乙、關於清皇族待遇之條件

第一欵　清王公世爵概仍其舊。

第二欵　清皇族對於中華民國國家之公權及私權與國民同等。

第三欵　清皇族私產一體保護。

第四欵　清皇族免當兵之義務。

丙、關於滿蒙回藏各屬待遇之條件

第一欵　與漢人平等。

第二欵　保護其原有之私產。

第三欵　王公世爵概仍其舊。

第四欵　王公中有生計過艱者設法代籌生計。

第五欵　先籌八旗生計，於未籌定之前，八旗兵弁俸餉仍舊支放。

第六欵　從前營業居住等限制一律蠲除，各州縣聽其自由入籍。

第七欵　滿蒙回藏原有之宗教聽其自由信仰。

一月二十一日，黎大元帥傳知各軍製造戰報表册，凡所有援軍員額軍器子彈數目種號一一具報，以便分配。又偵察敵方情形，除地形敵情外所有兵數隊號將官姓名及一切配置，並後方之設置，均須詳細考查，以便開戰時容易處置，又令各軍須多預定進攻方法，比較勝算，擇其勝算多者施行之。凡事須有計畫、準備、實施三階級，臨時方不致倉皇失措，即令失敗，雖敗猶勝云云。

是日黎覆襄陽黃司令仁葰電：

删電悉。秦都督求助，已電商中央政府設法維持，尚未得復。茲又派劉公統率大隊精兵前來，合力北伐。希轉告秦都督爲要。

附來電：

頃得西安電云太原失守，實有其事，其留守之師已退至敝境，似此日趨於困難，大局將不堪設想。晋秦一失，西北上游之地全歸敵有，鄂軍進取，更難着手。祈速與安陸、鄖陽、荆沙聯合各軍，協助鄂湘，號召吴越，並力疾趨，速定大局。不然，内而國民失望，外而列强生心，恐不能善其後。請速轉達武昌以決行止等因，查議和期内彼此不得進攻，清廷違約犯陝，應如何詰責，自有鈞裁。除電復張都督外，合爲轉達。

又致長沙譚都督電：

據駐荆司令長唐犧支電稱，近日荆、沙、監利各處，到湘軍萬餘，並持湘銀紙幣在沙市通用，該處市面幾致倒塌。而目下湘米又禁止出境，紙幣無處交换等情前來，業飭理財部暫行設法應兑，以全信用。惟現在南北聯合，無事戰争，所有旅鄂各省軍隊行將次第送回，現駐荆、沙等處之湘軍，合請全體撤回，以舒財力。希速開米禁以濟民食而活金融。盼禱。

又覆南京臨時政府並上海外交部伍總長：

哿電悉。當集全體職員會議，均以此次戰争原爲改造國體，和議條件既合共和宗旨，一律甚表同情。

附南京臨時政府來電：

和議成否，決於數日之内，清帝有意退位，現正商待遇之條件：一、清皇帝之名號終身不廢，以外國君主之禮待之；二、暫居宫禁，日後退居頤和園；三、其年俸若干，由新政府提交國會議決，惟不得少於三百萬之數；四、陵寢宗廟永遠奉祀；五、奉安等處工程照實用數支出；六、滿、蒙、回、藏之待遇與漢人平等。又對於袁内閣之要約：（一）清帝退位，一切政權同時消滅，不得私授其臣民；（二）在北京不改設臨時政府；（三）各國承認中華民國之後，文即辭職，請參議院公舉項城爲大總統。以上以南北統一、民國鞏固爲主旨，現雖未列入正式談判，而進行頗確。若清廷仍不肯就範，則再戰有詞，請仍照前電準備。現北方已有重兵至宿遷窺淮揚，閩鄂桂之兵須到南陽，宜一面擾圍鐵路，一面選派洛陽山陽之民軍以牽制之。

又覆上海邵寶電：

來電云丸山等所辦機關槍零件甚不完全，並無預備品。現與丸山交涉，伊已承認補辦一切，其代價望即交付，但於該欵内暫扣五千，俟零件及預備品辦到後再行補給可也。

附來電一：

機關槍事已與日人商妥，願補各項零件。現暫交洋五千元，用否候復再定。

附來電二：

個電悉，砲彈及他欵均交，惟機關槍四萬餘元未付，嗣因日人再三要求，願補各項物品，故暫付五千元。但此槍可否留用，統候示遵，以便與日人交涉。

又覆沅州代表電：

電悉。熱心公難，欽感之至。刻幸各省援兵業數分布，且在停戰期内，請暫就地訓練，一俟開戰，當再電借重。此復。

附來電：

恢復漢國，薄海同欽，湘西士民，勇悍夙著，願盡天職，迫請紳等照新軍兵制編成一協，自備口糧，來鄂投效，協同北征。伏念民氣既不可遏，故電請鈞命知照，鎮筸沅州及沿途官府，免致驚擾。候電示。

又致南京交通部湯總長電：

長江一帶均屬我民國範圍，前以戰事，商業停滯，刻亟宜設法維持。聞招商船隻均停留滬上，請轉飭招商局，於長江一帶及沿海無敵口岸，速行照常開駛，俾維商業而保權利。一月二十二日黎大元帥通電各省，對於敵方作戰方針以及敵方情形，並我軍準備情形，請電知以便通盤籌畫，協同動作云云。

同日又電上海，請趕造子彈，以便接濟。
是日黎致九江馬都督電：

現鄂軍北伐第二軍已占領黄陂祁家灣一帶，但電話不敷聽用，故一切報告諸多阻礙。請貴處暫借多數電話材料，飭工程隊運送陽邏，以濟第二軍之用，是所切禱。

附來電：

禡電敬悉。貴省北伐軍占領要灣，欣感莫名，電話機料贛中缺乏，無以應付。

又覆安慶孫都督電：

佪電悉。清兵大部刻在武勝關，我軍已進領黄、孝、漢川之綫，又派遣一支隊經襄陽向河南以出其側背至麻城、羅田，按地形係在武勝關之東南。如其出此，則同綫之交通及其後方之轉輸俱處難境，且其側背又爲漢口方面之進擊軍所威脅，鄙意清兵圖皖，必依周家口爲其後方之基地，再依潁州爲進據之點，由此占領淮北再取壽廬，不至出麻、羅也。至全局方略，一、以一軍依海軍輸送於直魯沿海方面，並與該地之反正軍協同動作。一、以一軍依津浦鐵路北進，一、以一軍依京漢鐵路北進，一、以一軍由成都進取漢中，會秦晋之師，出滿京西北。尊處所得確切敵情，仍請隨時示知爲盼。

附來電：

敵人新計畫，陽撤漢陽之兵，陰圖進據皖北，沿鐵路以東各要隘皆須有重兵駐守。目下羅、麻一帶我軍兵力如何，能否防禦不令東竄，乞查明電覆，以便敝處計畫防堵。至院鄂兩省應如何協守之處，仍祈統籌全局，領定方略。電示遵行，無任企禱。

又覆大通軍政分府電：

養電悉。熱心公難，極爲歡迎，究不知軍士若干，槍械若何。來時祈由青山登岸，借資策應。盼復。

附來電：

敝處援鄂之師不日出發，奉陸軍部示，從黄州登岸，現派參謀官胡昭功、軍需官吴樹珊前往黄州偵察駐紮處所，乞諭該處長官接洽一切，至爲盼禱。

附覆電：

電敬悉。敝軍援鄂編成步兵一聯隊、旱雷一中隊、砲兵兩中隊，除砲兵一中隊經藍都督電商撥歸北伐外，餘均赴鄂。所有槍枝係明治三十年式，但敝處小輪僅有兩艘，運送恐延時日。現定於本月二十七號起陸續出發，承諭從青山登岸，自當遵照。謹此奉聞，伏祈睿鑒。

又覆季招討使電：

水師統領已委趙均騰，以一事權而免紛歧。希轉飭荆、襄各師各營一律遵照。

附來電：

襄河各師舊屬防營，現因軍務倥傯，沿河巡緝，非但清匪，兼利交通。曹進資深望重，素悉襄防，擬請暫充襄防水師統領，以資維持。如能允許，即請電示。

又覆貴陽軍政府電：

現在和議稍有端倪，數日可望發表，不然仍合師北伐。

附來電：

停戰期滿後未奉來電，究竟和議成否，即祈示覆。

又致陽邏第一軍杜司令電：

據第二軍報告，敵人楊店之主力已退，河南屬之宣化店有敵之步隊三四百人，黃陂站有敵之馬隊七八十人出沒，並聞有大步隊到，似將乘隙襲我。我第二軍本營兵力單薄，該軍須速派一標至黃陂界警戒，其餘與二軍自行接洽，相機處置。

附來電：

黃安方面敵情，昨已專人報告，敝軍現定廿四、五、六等日向甘家店前進，惟是敝軍現已前進，再難零星分兵回顧。此後如有大股敵人由羅山方面來襲，非步隊十七標所能抵抗。特敬請鈞處另派兵力前往勦辦，敝軍自可專一聯絡第二軍進攻，至黃安方面敵情，敝軍如有所聞，當隨時報告，仍望鈞處速派專員前往偵探是禱。

一月二十三日，黎大元帥組織顧問參議兩廳，每日午後八時各機關重要人員及顧問參議等務開會一次，共同討論進行各事宜。

是日黎覆長沙譚都督電：

敝處所購之槍尚未運到，敝軍已退至孝感，和議正在磋商條件。此復。

附來電：

聞尊處新購快槍已到一萬三千枝，現湘桂聯軍及敝省南武北伐各軍均需槍甚急，乞允借五千枝，俟敝省購槍到鄂即奉還。近日敵情若何，議和有無成效，乞示。

又覆南京陸軍部電：

禡電悉。軍營月餉請照陽曆月份計算，免致每年多出日數難於清結，爲禱。

附來電：

軍營月餉現改陽曆，請飭各軍隊嗣後領餉，均以三十日計算，以昭統一。

又致金口沈總司令電：

頃據貴軍趙司令恒惕奉函，指借餉銀一萬元，已飭理財部照撥矣。特此電達。

一月二十四日，黎大元帥派監察劉公爲北伐左翼軍司令官，帶軍隊兩混成標馳赴襄陽，連合季雨霖招討使之師向河南方面進攻。

是日黎致南京臨時政府電：

中央政府成立，軍官服制自宜首先釐定，俾得維秩序而振精神。又敝處光復以來，各員之忠勇效命爲數甚多，應請規定勳章等級，分别酬奬，以資鼓勵。

又覆淮安汪團長浩然電：

電悉。清淮要塞攻守維艱，麾下既率師駐此，於戰事慶得人，於麾下慶得地，惟望整軍經武，共圖北伐。指日會師幽燕，殊途同歸，無須來鄂。

又致長沙譚都督電：

荆州光復，王統領正雅之軍，著有勳勞，現停戰期滿，所有軍隊逐次開向前敵，武漢雖爲我有，保安尚須兵力，即請速飭王軍到鄂以資協助，無任感盼。希即電覆。

附來電：

敬電悉。已迭電催王統領，想當即赴鈞召也。

又覆黄州高知事電：

電悉。黄岡民團既已成立，自勿庸另辦，就地籌餉，擾民實甚，礙難照準。仰即轉移知照。

附來電：

頃接民軍自治團第二標統帶胡移開奉團長倪命令，將該標移駐府屬各州縣，並就地籌餉。查新章僅轄黄岡一縣，縣内民團已經成立，勿庸另辦。恐籌餉一事人民實難負擔，究應如何，請核奪示遵。

又致岳州兵站吳友松電：

據商民劉公祥等五人報稱，所運之米因戰事途梗，商船難行，經貴站將所載之米九百餘石儘數取存，現在交通稱便，希即將該民所存之米如數交出，運下接濟武漢民食。倘發軍餉，希即照市給價，以恤商民資本而保民軍名譽。盼覆。

附來電：

敬電敬悉。惟劉公祥之米九百餘石，前係曾司令扣留交給敝部起倉，並已將詳細情節申稟敝譚都督請示辦法。昨持尊電赴曾司令處商議，曾司令以既有尊電前來，自應照辦。但未得敝都督覆電，不敢放行，俟有覆電來岳，若何了結，再行電申。

一月二十五日，黎大元帥派往上海之連絡員胡瑞霖、孫發緒等，因與劉成禺、孫武、時功玖、張伯烈輩不得意於南京政府，相約回鄂。

是晚黎大元帥開會議時，都督府内之顧問參議等大半俱到，孫發緒等報告，謂孫文説話都是欺人之語。此次初到上海，百無所有，祇帶一殘廢之美國人，詐稱是美國將軍，其實非也。又云南京政府是如何如何不良，我輩萬不可與之連合，須速謀自衛，極力慫恿武昌與南京脱離關係。自此黎元洪抱定主義，另立門户，組織共和黨，壟斷湖北一切政權，聯袁拒孫。不久，而起義之一班真正愛國男兒非亡命，即歸隱，否則皆遭殺也。

是日黎致金口沈總司令電：

頃接湘都督電告，迭催王統領正雅率師東下等因，查武漢之兵均已開往他處，祈我公電催荆州之軍速來，由漢陽上岸以厚兵力。

附來電：

有電悉。王正雅一軍，屢去文電，繼以專員，當可遵照開拔。趙軍前隊已進紮東山，竊慮蔡甸空虚，已將敝部衛兵開拔一隊前往填紮，以厚聲勢。桂軍後隊均經出發，砲隊已抵衡州。

又致南京臨時政府電：

協商各條，清廷是否就範，刻得其正式答復否。現在和議難恃，停戰不日期滿，我軍即準備進擊。惟國軍運行最貴一致，使各自爲謀，則一方既難奏效，而他方又被制阻，且敵之後方有鐵道之交通，其運動容易，前次敵於停戰期内取我太原及潼關等處，即其交通上便利，而我軍無一致之運動。現擬將國軍統一計畫，可否暫歸敝處規定各方協同之運動，則我軍免各個接戰之害，而敵失其抽兵進擊之利，庶掃北之勝效，或可期於速達。鄙意屬在大局，非僅爲鄂也。如表同情，仍希教示一切，速復爲禱。

附來電：

有電悉。和議難恃，我軍戰鬥準備刻不可忽，凡關於湖北方面之作戰計畫應請尊處相機制宜，不爲牽制。惟敵人作戰目標移向南京，國軍行動之總方略應由中央規定，通告各處，然後能期統一。

五七、一月二十六日　袁世凱授意段祺瑞請清帝退位　彭家珍炸良弼斃之

一月二十六日接上海伍廷芳代表來電，謂袁世凱示意段祺瑞，並連合北方各路統兵大員，聯銜奏請清帝溥儀退位，宣布共和政體，並有即帶全部軍隊入京，與各親貴剖陳利害等語，請各省民軍萬勿稍有衝突，貽誤大局。

是日又接北京來電，謂軍諮使良弼被彭家珍所炸，清廷極惶恐。

先是吴禄貞之赴奉天也，有四川同學薦一人名彭家珍者與之同路，言彭故有親戚在奉，將從之覓事，而無資斧，故欲同行，綬卿許之。既至，則彭戚他移，欲歸不得，時綬卿亦無方面，察其材武，因送之於奉天講武堂。彭勤學勵品，每星期放假則來宿於綬卿旅宅，綬卿愛之如子弟。及將游延吉嶺、皮子溝諸處，彭意欲相隨，綬卿勸其忍耐，期之畢業。然彭固心許綬卿能知我矣，無幾，而綬卿署吉林副都統，且入京，又開府延吉。彭尚未畢業，會綬卿入爲正黄旗都統兼第六鎮統制，駐保定，則彭爲奉天留用，且派之赴黑龍江巡閲馬隊及漠河金鑛。辛亥革命軍起，綬卿聯合張紹曾、藍天蔚撤回駐奉天第二十鎮及第三十六混成協，謀響應武昌。彭家珍遠在漠河防地，不及從。當路知其爲吴禄貞弟子，防之密，家珍乃微服而逃，至奉天與劉其達相會，則第二十鎮統制張紹曾兵已至灤州，惶恐不進。藍天蔚亦畏首畏尾，遂爲其部下聶劉二標統捆縛解省城，幾被殺，賴熊希齡救不死。家珍大憤，務須追及綬卿，與同革命。乃未至石家莊，而綬卿爲袁世凱、良弼所暗殺。家珍憤不欲生，因置酒與劉其達話别曰：“吾此行如不能爲吴禄貞報仇者，枉生天下矣。但主謀未得，故遲遲而入北京，既而京津各報頗言成事爲良某。”家珍

曰："賊在是乎？"於是親至良弼所居，記其户號，聞良自革命軍起，不交生客，乃賄人四出，探良所素與往來者爲誰，並其居宅遠近，必尋仇而後快。久乃得聞良之密友爲長白文君，由是往大栅欄估衣店租衣服、袍套、緞靴，並時賃馬車一輛待用，又陰備炸彈、手槍各物，惟劉其達頗預聞其事，然不能相助也。當是時，革命軍久踞武昌，四方時有響應，良弼在軍諮府頗忙碌，而袁世凱幕僚半在天津，故軍諮開議後有時更赴天津會議，行蹤詭秘，無法可偵。彭家珍必欲誅之，是日晨起衣冠坐馬車，懷僞造文某名刺至良所居拜會，閽人言不在。問何適，曰昨日下午赴天津會議未回。問何時當返，曰下午，然亦不定。彭歸至金臺旅寓，呼劉其達於陶然亭小酌，旋分手，復乘車往良宅問良，仍未至，乃繞行他處散悶。少頃，復至良所居問良消息，曰未回，遂驅車返。方出胡同未十餘丈，見有馬車一迎面而來，騎兵從者數十，詢車夫則曰此良大人歸來矣。家珍喜曰，速回馬，吾往拜良大人。及抵門，則良弼早下，將入大門矣。家珍僕持片曰，文某拜會，弼曰請。家珍至，則素非相識，意欲行。家珍遽探手於懷，出炸彈以擊之，良弼斷腿，向門内斜撲，而炸彈之片自石門限折回，而彭家珍即成功以死。良宅大呼，彭所乘馬車及僕人分逸去。劉其達聞此信急逃，劉故爲張紹曾解餉銀五萬兩，至是恨張不從吴策，乃運其餉銀逃至滬，赴湘，以此銀貢之湖南政府。後彭馬車夫捕獲，訊口供，言彭行事，而車夫實未與謀，得免死云，次日良弼死。

是日黎覆長沙譚都督電：

敬電悉。貴省桂軍及北伐援軍，指日陸續來鄂，幸甚。但敝省快利已開往宜昌，利湘、保漢已開往陽邏，又敦仁尚待修理，一時均恐不能調用。除前已飭固陵開至貴省運接各軍外，准開君山萍順，即日來接。特此電覆。

附來電：

湘省北伐軍出發尚有萬餘人，廣西軍又指日過境，湘河現無一輪。開戰期近，事機迫切，困難萬狀，乞速派快利、敦仁、利湘、保漢並萍字號拖輪八艘，即日來接，並祈示覆。

又覆長沙譚都督電：

皓電敬悉。湘省需鹽孔亟，擬暫借川粤各商發給執照，包運到湘，並囑鄂飭各關卡免税放行等因，准此。是川鹽運鄂，其免税與否，自以銷湘銷鄂爲斷。銷湘銷鄂必以有無執照而分，嗣後鄂對川鹽認爲銷湘免税者，有貴省執照即爲確據，此件關係重大。發給執照之手續務祈格外嚴密，否則有領照少而運鹽多，以餘鹽偷銷他處，或領照後而已不辦鹽，將原照轉賣他人甚至僞造朋充，弊端百出，殊爲可慮。惟貴省既主持此義，須將製照、發照、驗照、繳照，及每次運鹽額數、達到地點、所需時日等一切詳細章程。從速規定，電知後再行酌量查照辦理。原電簡章六條似嫌疎略，至行澧州川鹽暫仍由鄂代收一節，應即照辦。此覆。

附來電：

寒電敬悉。川省子鹽行湘，從前僅澧州各屬與淮並銷，此外不能逾越。每斤代收湘釐十文五毫，又加價四文、海防二文、口捐四文，由鄂代抽每年包征十萬二千串分季解湘，另由湘設卡於澧屬花畹岡，每斤收鄰税五文，比較淮鹽科則已減十分之六，税輕價重，公私劇損。現因需鹽孔亟，擬暫招川粤各省商人發給執照，包運來湘。至岳州之城陵磯，每淨鹽百斤定價長沙省平銀一兩六錢，除預繳公費二錢外，商人實得價一兩四錢，再由湘岸運商運赴内地，歸局督銷，發收課欵。已電復程都督，如有川商願意領照包運，請飭來湘接洽。原電酌定税額及徵收地點各節，礙難照辦，如將來有領照包運之川鹽過鄂，即請飭各關卡免税放行。至行澧川鹽即向不領照，並不得過城陵磯，其應征湘省釐捐，仍請照舊代收，來電平善，以應否另設湘局，俟體察情形再行商辦，所擬招商簡章六條，呈閲。一、承辦商人，無論本局外省，如確係殷實，籌集資本，自願擔任辦鹽來湘，須赴本處訂議以便發給執照。一、應發鹽價除皮重不計外，按照十六兩八錢局科淨鹽百斤，價定湘平銀一兩六錢，交斤之後照數發交承辦商人具領。一、承辦各商須先呈樣鹽，以後辦鹽到湘，如色味較樣鹽爲劣，或有攙和等弊，不合湘中銷市，概不收受。一、承辦商人所辦鹽斤多寡，以執照爲憑，每鹽百斤應由承辦各商先繳照費湘平銀二錢，無照之鹽不准在湘發賣，以示限制。倘有領照未能辦鹽者，執照限期繳銷，照費概不發還。一、鹽斤無論辦自何省，統由商包運，到湘交缺。所有輪船租價及沿途鹽税並各雜費，概歸承辦商人自理。一、運鹽到湘，以岳州之城陵磯爲交斤地點，其起缺過駁手續及停輪期限，應由承辦商人與湘省鹽商公所直接議定。

又覆南京財政部電：

鄂省財政萬分窘迫，自起義迄今，用欵已達九百萬有奇，原存生銀、銀元、銅幣，統計不過四百萬左右，按月支出需銀三百餘萬元。近日各省援軍相繼而至，餉項多由鄂撥，無非以現銀紙幣互相搭放，雖造幣廠尚在開工，而日出無幾，難敷兑换。且湖北從前發出各種紙幣約二千萬，現仍通行，勢難漠視，致失信用。昨據理財員詳細報告，通盤籌畫，難敷一月之用，若不急爲設法，萬難支持。已將困難情形及收支數目交由參議員，要求中央政府極力維持在案，貴部總司財政必能統籌兼顧，保全大局，非獨鄂省之幸，民國前途之幸也。辱承詢問，敢以奉聞。

附來電：

本部成立暫設總統府内，並假上海戈登路七號爲駐滬辦事處，所有函電望分别遞送。目前民國財政萬緒千端，非賴周諮，曷資共濟。各省財政狀況務望詳示爲禱。

五八、一月二十七日　良弼被炸後之北方局面

一月二十七日接北京來電，謂良弼已被炸死，清廷親貴人人自危，遂不敢昌言反對共和，且紛紛離北京，走天津、青島、大連各處，託庇外人，雖清廷召集王公會議亦無人至。袁世凱更爲所欲爲，於是南北各省人民及北方文武大吏相率電請清帝退位者，日必數十起，而議和所争執之國體問題一變而爲清帝退位問題矣。

是日黎覆南京陸軍部電：

貴部所設之駐滬軍械購運處，辦法甚善，嗣後無論何省購運軍械，非經該處點驗查核，不能作算。務祈通飭，並知照洋商爲禱。

附來電一：

凡各軍現用軍械歧異，一切補充甚屬困難。本部爲統籌全局起見，請即飭各軍隊將現用槍砲子彈及器械材料等項數目種類配備，詳造清册，迅速報部，以憑核計而籌補充爲盼。

附來電二：

本部駐滬軍械購運處暫設上海四馬路棋盤街經武公司内，並派處長黄師元駐滬經理。特此電知。

一月二十八日，黎大元帥因停戰日期行將屆滿，和議仍未解決，誠恐各軍懈怠，特下如左之命令及訓令，使各軍隊準備作戰。

中華民國海陸軍大元帥命令

（元月二十八日午前九時於武昌省城都督府　二號）

一、綜合各種報告云，孝感縣之敵約混成一協以上，三汉埠之敵約混成一協以下，楊店驛附近之敵約混成一標，又雲夢應城等處似有敵之小部隊占領。

又花園、廣水、武勝關、信陽等處均有敵人占領，其兵力未詳。

我北伐左翼軍（係襄陽招討軍及河南奮勇軍）擬由襄陽預向南陽進攻。

我步隊第十五標預定由仙桃鎮向漢川縣前進，策應第三軍。我安徽軍約混成一標陸續由團風上岸，向麻城前進。

據南京陸軍部總長來電云，南京各軍陸路由徐州進攻，海路由煙臺進攻。

據第二軍李司令官報稱，鐵路公司辦事員蔡仲和由洛陽乘汴洛鐵路改乘京漢鐵路來報告云，我秦軍在潼關擊破敵軍，現已追出潼關，占領陝州及新安縣。

二、本軍擬於元月二十九日確實占領甘家店、祁家灣、巨龍岡及新溝附近，準備攻擊。

三、第一軍於元月二十九日午前八時以前占領甘家店，準備向陽店驛附近進攻，但須派一部占領黄安附近，警戒羅山方面。如於現在情形無所障礙，務須續行前進，占領黄陂站以對於羅山西方準備攻擊。

四、第二軍於元月二十九日午前八時以前占領祁家灣附近，準備向三汉埠進攻。

五、第三軍於元月二十九日午前八時以前占領新溝附近，準備向孝感進攻。

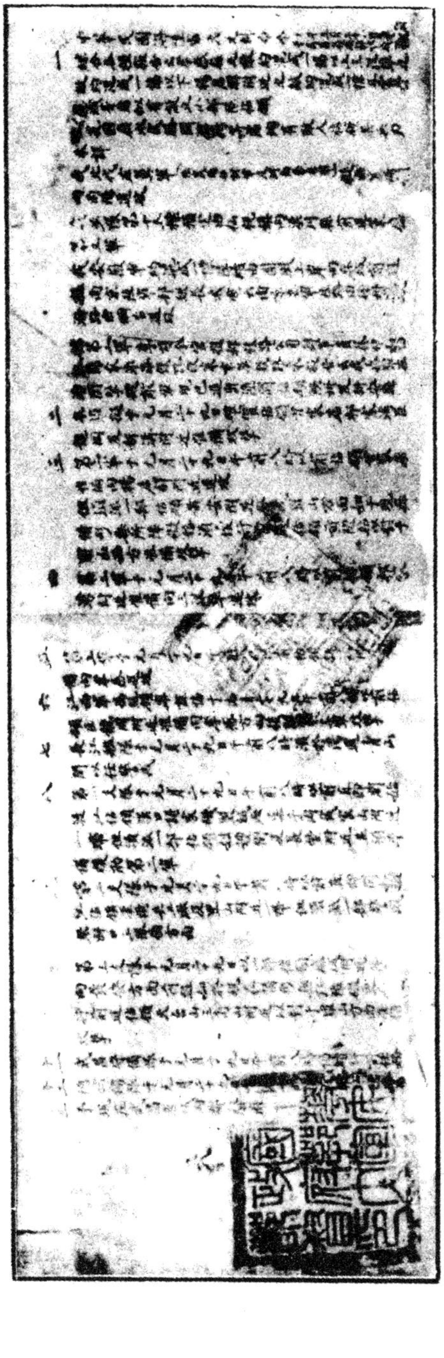

黎元洪準備北伐之命令

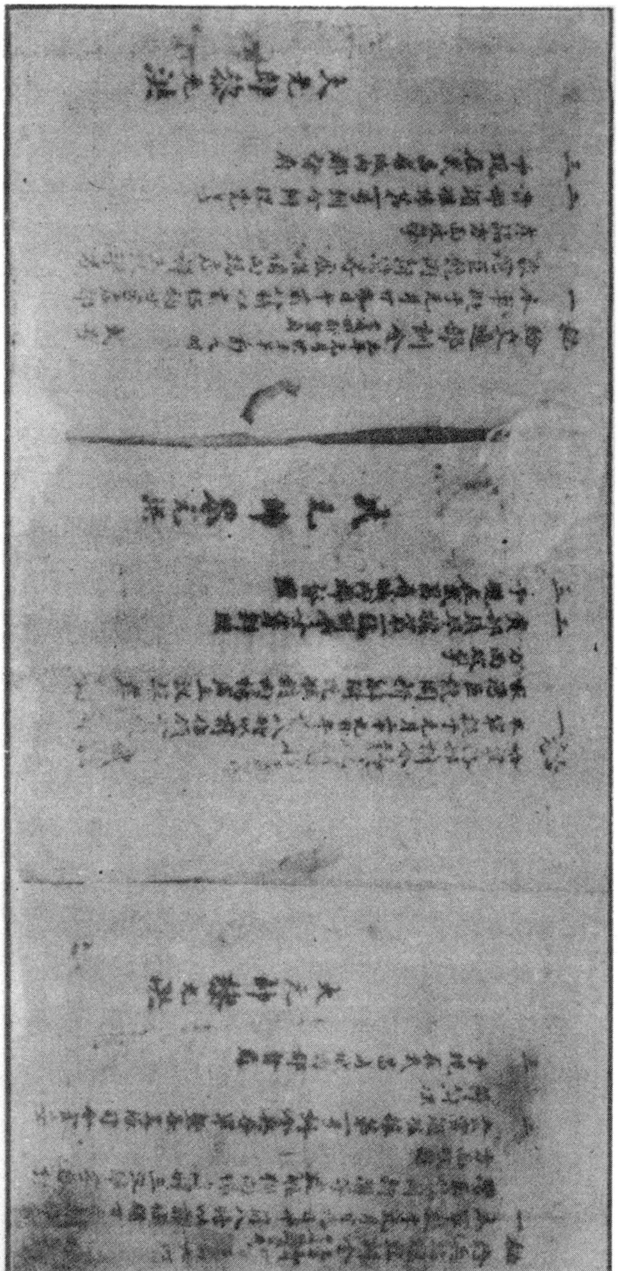

黎元洪準備北伐之命令

六、江西軍馮統領率該協於元月二十九日午前八時以前占領巨龍岡附近，準備向孝感方面援助第三軍攻擊。

七、長江艦隊於元月二十九日午前八時須於陽邏、青山間以任警戒。

八、第一支隊於元月二十九日午前八時以前直即開始渡江，占領漢口諶家磯、製紙廠、藤子岡、戴家山附近一帶，但須派一部占領姑嫂樹及長豐附近，並須準備援助第二軍。

九、第二支隊於元月二十九日午前八時以前直即開始渡江，占領漢陽兵工廠及黑山附近一帶，但須派一部警戒琴斷口、三眼橋方面。

十、第三支隊於元月二十九日以一部占領麻城附近，其主力向黄安方面前進，如於現在情形無所障礙，更令續行前進，占領天台山、三角山附近，以對於羅山方面準備攻擊。

十一、武昌守備隊於元月二十九日午前八時仍續行前任務。

十二、總預備隊於元月二十九日午前八時仍在原地聽命。

十三、予現在武昌省城内都督府。

大元帥黎元洪

給兵站總監訓令

（元年元月二十八日午前九時於省城都督府　二號）

一、本軍擬於元月二十九日午前八時以前占領甘家店、祁家灣、巨龍岡、新溝等處，準備向楊店驛、三汊埠、孝感諸方面攻擊。

二、貴官須准據第一號訓令，與各軍及各支隊司令官妥籌辦理。

三、予現在武昌省城内都督府。

大元帥黎元洪

給軍務部訓令

（元年元月二十八日午前九時於省城都督府　二號）

一、本軍擬於元月二十九日午前八時以前占領甘家店、祁家灣、巨龍岡、新溝附近，準備向楊店、三汊埠、孝感諸方面攻擊。

二、貴部須准據第一號訓令妥籌辦理。

三、予現在武昌省城内都督府。

大元帥黎元洪

給交通部訓令

（元年元月二十八日午前九時於省城都督府　二號）

一、本軍擬於元月二十九日午前八時以前占領甘家店、祁家灣、巨龍岡、新溝等處，準備向楊店驛、三汊埠、孝感諸方面攻擊。

二、貴部須據第一號訓令辦理完善。

三、予現在武昌省城内都督府。

大元帥黎元洪

給安襄鄖荆季招討使訓令

（元年元月二十八日午前九時於省城都督府　二號）

一、本軍擬於元月二十九日午前八時占領甘家店、祁家灣、巨龍岡、新溝等處，準備向楊店驛、三汊埠、孝感諸方面攻擊。

二、貴官速率所屬部隊由原地出發，向南陽前進。如於現在情形無所障礙，即向遂平縣續行進發，以擾亂敵之側背。

三、予在武昌省城内都督府。

大元帥黎元洪

給步隊第十五標訓令

（元年元月二十八日午前九時於省城都督府　二號）

一、本軍擬於元月二十九日午前八時以前占領甘家店、祁家灣、巨龍岡、新溝等處，準備向楊店驛、三汊埠、孝感諸方面攻擊。

二、貴統帶率領該標於元月二十九日午前八時由原地出發，向漢川縣前進，策應第三軍之作戰，並須掩護我軍左翼。

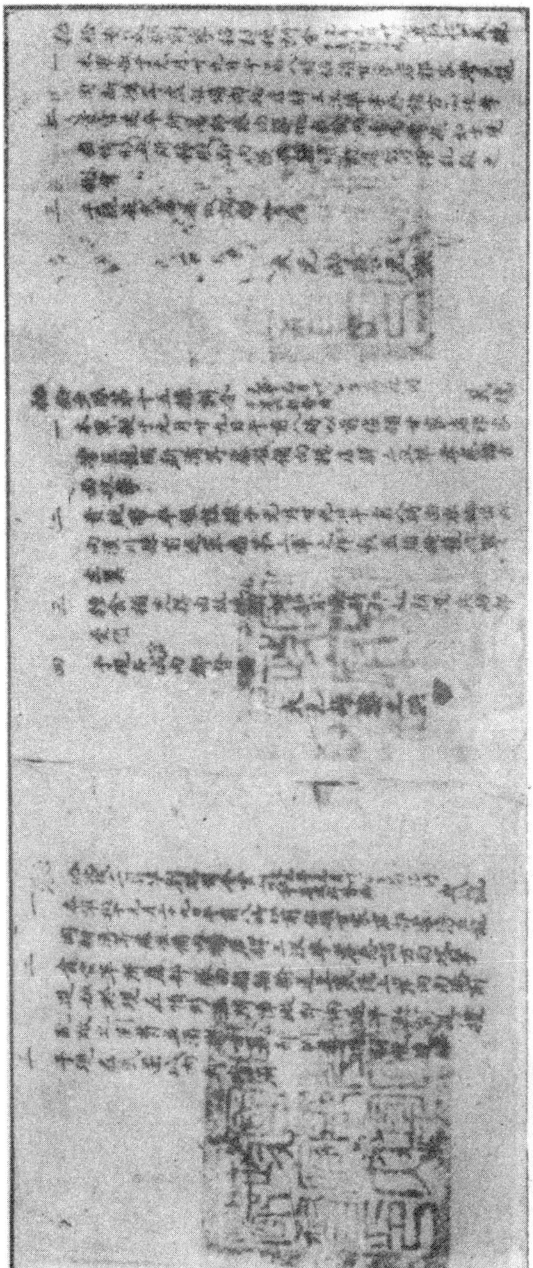

黎元洪準備北伐中之訓令

三、糧食補充得由就地購辦，如不足時即赴新溝兵站部受領。

四、予現在武昌省城内都督府。

大元帥黎元洪

給北伐左翼軍劉總司令官訓令

（元年元月二十八日午前九時於省城都督府　二號）

一、本軍擬於元月二十九日午前八時以前占領甘家店、祁家灣、巨龍岡、新溝等處，準備向楊店驛、三汊埠、孝感諸方面攻擊。

二、貴官率所屬步隊由船舶輸送至襄陽上岸，向南陽前進。如於現在情形無所障礙，即向遂平縣前進，以擾亂敵之側背，並須與安襄鄖荆季招討使連絡。

三、予現在武昌省城内都督府。

大元帥黎元洪

同日接南京來電，謂南京政府既完成，各省代表會依臨時政府組織大綱之規定代行參議院之職權，嗣各省參議員已至過半數，遂於是日開參議院正式成立大會，舉林森爲議長，王正廷爲副議長。

是日黎覆上海張振武電：

江寬運來之槍係日俄戰争之廢物，概不能用，如何速復。

附來電：

加碼江寬諒已抵鄂，二批軍火將到滬，武等擬於廿八日返鄂，此後貨價兑交事項擬請李玉山留滬接洽。

又致上海張振武電：

所購之槍係日俄戰爭時日本所得俄國廢槍，全不適用，不特虛糜鄂欵，亦且貽笑外人。宜速與前途交涉更換爲盼。

附來電：

電敬悉。查此次槍械到滬，當請丁復君往吴淞檢驗，因只有數箱舊物尚屬可用，已罰銀萬兩。今既如此，只好趕辦交涉，竭力相争。

又寄襄陽季司令官電（即是日之訓令也）：

本軍於一月二十九日午前八時占領甘家店、祁家灣、巨龍岡、新溝等處，準備向楊店驛、三汊埠、孝感諸方面攻擊，希速率所部由原地出發，向南陽前進，如於現在情形無所障礙，即向遂平縣續行進發，以窺敵之側背。

附來電：

電敬悉。敝軍整備就緒，尅日進攻南陽，奮勇隊一標請飭火速出發，陝西自接萬急電後消息梗阻，潼關安危，未知若何。現在軍火無多，應請妥籌接濟，迅速解運，俾資攻守。

五九、一月二十九日　段祺瑞贊成共和已徵實

一月二十九日接南京來電，討論中央政府地點，其時武昌開會討論，有主張移於湖北者，有主張在於南京者，又有主張仍在北京者，各有充分理由，未能表決。

是日黎覆金口沈總司令電：

昨日敝處派員與之聯絡，幸該軍甚表同情，允再向北退以表示同意。

附來電：

急。袁参謀歸，據述尊處昨午派員前往聯絡段軍，刻下專員應已回省，彼處情形如何，立盼示復。

又致南京臨時政府電：

接伍總長宥電感電，即於二十七日派員至孝感與北軍接洽，聯絡一致進行，段軍統派員接待。據稱段對於共和政體久有同意，此次軍隊退却，實不願與民軍衝突，損傷元氣。至進行方法，現已規定請民軍不必前進，致生誤會云云。敝處已通飭各軍駐紮原地，暫不前進，所有一切准備亦不得稍懈。致受勞師費財之害，庶共和政體得早日告成。下游各軍請即通知，相機動作，爲盼。

附來電：

頃接伍代表電云，沁電敬悉。停戰之期至明日上午八時爲滿，不再展期，已經決定。惟段祺瑞軍統與北洋四十二將校聯名電奏清廷，速行宣布共和。段現統第一、第二兩軍，處武漢前敵，如黎副總統與之接洽，則明日武漢方面可聯爲一致，不復有戰爭之事。至張勳一軍，唐君紹儀屢電勸其贊同共和，張回電反對，唐君又電袁内閣，囑其嚴飭張軍，勿得暴動。倘明日停戰期滿，張仍違約，則兵釁非自我開，更可令天下萬國知曲直所在。此處得袁内閣來電，據唐見皆係表面文字，其實内容尚無他意。廷昨致袁内閣電，謂若停戰期滿，尚未得清帝退位確報，則前此所訂優待條件即全行作廢。來電囑將和議無效之始末正式發表，與廷意甚合。惟須俟得覆電，如仍持勿使清帝退位之意，以致兵釁再開，再行發表，如是則清廷以争一君位之故，不惜流全國之血，必爲人道所不容。而我民國政府希望和平之意更昭著於天下，對外可得友邦之同情，對内可激同胞之義憤。似尤爲妥協，特此奉覆等語，特此奉聞。

附上海伍總長來電一：

頃唐君送來段軍統復電云，陽二電悉，瑞與各路統兵大員於今晨聯銜電奏，請定共和政體，都中已有布置，切告各路民軍萬勿稍有衝突，以免貽誤大局。瑞齊云云，前電請尊處派員與段接洽，請速派往。唐已電段妥爲接待矣。

附上海伍總長來電二：

宥電想已達覽。段軍統現統北洋第一、第二軍隊駐紮孝感，爲武漢前敵，既聯合各路統兵將帥贊同共和，似宜就近由黎副總統派員與之接洽。

又覆上海伍外交總長電：

日昨派員前往段軍接洽，聯絡一致進行。段派員至孝感車站接待，據稱目的相同，方法不便一致。段軍退至孝感以北，我軍駐紮祁家灣一帶，相離五十里。此時準備雖不得稍懈，亦不便急進，致起誤會。北軍仍攻秦省甚急，請速切實阻止，顧全大局，是幸。

附來電一：

宥寢二電想已達覽，唐君紹儀已電段君祺瑞，如尊處派員前往，彼即接洽，未審尊處已經派員前往否。北洋將士贊同共和，理宜與之聯合。段現統第一、第二兩軍處武漢前敵，則尊處就近與爲接洽，必能泯除嫌疑，同定大局。尊處二十六號電悉，於停戰期内決定不再展期。並復。

附來電二：

頃唐君紹儀送來段祺瑞電文如下：三電均悉。某國欲漁利，又豈止一某國。尚有慫恿外蒙獨立爲吞併計者，禍機之發，不知胡底。兄弟鬩牆，外猶禦侮，謀國利民福者，似宜遠瞻近矚，審慎出之。瑞夙抱宗旨，不忍地方再有糜爛，塗炭生靈，且公使俱在都門，秩序一亂，是將授以干涉之柄也。聯奏昨夜半已到京，今日未知如何。況兩軍相持太近，時有衝突，已擬稍退，民軍不可再進，致生惡感。孫黄兩公，統祈代爲致意瑞青。云云。觀此電，段君洵明大義，即請派員與之接洽，黄陂等處兩軍尤爲接近，更須妥爲處置。並望總統陸軍總長致電段君與之聯絡，以期一致進行，完全達到共和目的，是所切盼。

又覆上海張振武電：

所購到鄂之槍已經試驗，均係廢槍，不能適用。尚須速向該商嚴重交涉退换。又據來電所購槍砲子彈均已到滬，須匯欵五萬元，但不知所購之砲彈機關槍及該槍子彈各若干，已付銀若干，尚欠欵若干，分别電復，即將所購之槍砲子彈全數運鄂。俟試驗後，如能合用，再行交欵，庶免受欺。

附來電：

電敬悉。現到機關槍彈，七生的五日本速射砲彈均全，商請邵保撥欵，渠不承認，請速另匯八萬五千兩找價，免延認罰。哈喇呢雨衣已訂萬套，價五萬兩，十日内兩交，亦祈匯欵。

一月三十日，黎大元帥宣布段祺瑞聯合北方將領奏請溥儀退位之電，並伍廷芳代表來電，通告各部隊及武漢人民，軍民皆有喜色。

是日黎覆蒙自民團局電：

電悉。率隊北伐，壯志堪欽。但北軍現已漸退，貴處毗連越疆，邊防宜固。西藏多事，尤宜注意，所有貴團請勿庸來鄂。

附來電：

現組織敢死隊五百北伐，自備路費到鄂，尊處能否發給蝕項，乞示復。

又致南京内務部程總長電：

頃接渝軍政府電開，敝處對於北伐一事亟欲立刻出師，以川陝脣齒相接，吃緊情形較他省尤切。全省練兵雖到五鎮，然軍械缺乏，難敷分配等因前來，查清廷於停戰期内派遣升允攻陷太原，長庚又出兵與之會合，南北相竄，晋川俱處危境。而川爲財富之區，又處長江建瓴之勢，鄙意以川省認爲大局所必要，現川兵雖有五鎮，多數實係徒手，其前派辦械之員查不可恃，敝處正在出師北伐，無械可撥。閣下誼屬桑梓，關懷尤切，聞川省有路欵存滬，或能先其所急，籌械接濟。俾得援秦晋而保川省，如何設法之處，祈速妥籌爲盼。

是日黎致金口沈總司令電：

北軍已向我表同情，該處各員所上清廷之摺，業飭報館刻日登出，現敵軍北退，已與約定不得接觸，免生意外衝突。湘桂各軍務暫紮四汉河及新溝附近，萬不可進紮孝感爲要。

一月三十一日，聞南京陸軍部長黄興對於北伐作戰方略早已議定，將通告各省一致行動，以湘鄂爲第一軍，由京漢鐵路進攻；寧皖爲第二軍，向河南進攻，與第一軍會合於開封、鄭州之間，互爲策應；淮揚爲第三軍；煙臺爲第四軍，向山東進攻，會師於濟南及秦皇島，沿海以海軍援助；合關外之兵爲第五軍；山陝爲第六軍，向北京前進。整軍經武，合天下人心以爲後盾。袁世凱所能指揮萬餘之衆，不足平也。袁世凱亦自知之，只利用漢陽一勝之威，以要脅清廷之政權，一面與民軍議和停戰以緩民軍之氣，故民軍作戰計畫卒爲暮氣所乘，不復用也。

是日黎寄荆州李知事電：

駐沙濬川源銀行係川人貿易交通機關，務須力爲保護，無論何人不許藉詞提欵爲要。

附復電：

接三十一號電，敬悉，遵即保護，並照會沙商會轉知矣。

六〇、二月一日　章太炎主張以袁世凱爲臨時大總統仍都北京

二月一日，章太炎自上海來電，主張袁世凱爲臨時大總統，又謂中央政府仍宜在北京。

是日黎覆荆州自治會電：

電悉。王統領戰功卓著，故敦促來鄂，以壯北伐先聲。礙難久留，唐司令業令返荆，必能保護一切也。此復。

附來電：

荆州投誠後，漢滿人民均蒙唐王二公極力保護，刻下籌備善後，全賴駐荆諸公維持。現聞唐公赴省，王公又將調去，數萬生靈惶惶無依，敬懇都督垂鑒，恩准王公留荆，不勝感戴。

又覆南京臨時政府電：

電悉。段軍統已派員與之聯絡，彼軍既退，我軍自不得復進，致生惡感，早已嚴申禁令，但身爲民軍者禁之自易，心爲民軍者防之實難。查河南地方，軍民贊成共和，亟思響應者比比皆是。段君下車所遇之炸彈決非民軍所爲，或心爲民軍者之急圖一逞也。如段軍能早改用民軍旗章，昭示大信，決無此種危險，並可早立奇功。此意已令聯絡員婉達，祈尊處轉商唐代表，再爲婉勸，尤爲妥洽。

附來電一：

連接伍代表電。段軍統聯合四十二將帥電要清帝，宣布共和，又轉來段電云，祺瑞夙抱宗旨，不忍令地方再有糜爛，塗炭生靈。因兩軍所持太近，時有衝突，已擬稍退。民軍不可再進，致生惡感。孫黎兩公同此代爲致意等語。彼方軍隊既承認共和，可由尊處派人與段接洽，我民國軍隊爲共和主義而戰，若果能南北聯合，一致進行，即不血刃而功可成也。急電候復。

附來電二：

頃得唐代表電云，今日接到段復電云，電悉。孫黄所示各節殆未詳察北軍各路統兵人員聯稟，請定共和政體，明明宣布矣。既容稟請，萬勿改易。武昌派代表來言明北軍既退，南軍決不北進，迨孝感、三汊埠北軍起行，南軍即到，未免失信云云。據此則北軍贊同共和，似無疑義。段軍既經貴處與之協商，彼軍退時可勿相逼，免以疑心而生衝突。

又致南京交通部電：

鄂中郵票將罄，郵政極形困難，湘陝相繼請票，亦苦無應付，似此情形，郵政行將停止。若不設法挽救，非獨交通不便，將來外人要求代辦，何以拒絶。權利攸關，不容緩視，請速定票式，並籌加入郵會辦法頒布施行。庶足保利權而免交涉。

又致南京内務部程總長電：

川省政權紛歧内部不靖，加以援川滇軍亦不愜洽，恐釀意外之虞，想我公關懷桑梓必能融化一切也。

又致長沙譚都督電：

感電所稱之陸軍學生係由貴省陸軍小學畢業，申送來鄂之陸軍第三中學生，於湘省起義之初。該生等關懷桑梓，即集合三十餘人，由敝省譚顧問率領回湘，襄辦軍務。焦陳事起，公文遺失，又閑而未用，故至今無從稽查。現因敝省有開辦陸軍大學之説，該生等求學心切，故復請諮來鄂，但期限未定，仍請貴省予以位置，一俟學堂成立，再行電調可也。

六一、二月二日　段祺瑞派代表與武漢接洽國體問題

二月二日，黎大元帥將段祺瑞派代表至武昌接洽關於國體之事通告武漢軍民，並通電各省。

是日黎致南京陸軍部並各獨立省分軍事機關電：

頃准段軍統祺瑞派來全權代表與敝處接洽一切，並要求敝處給與照會，以便回復。其照會如下：爲照會事，准貴軍統派來全權代表吴光新、徐樹錚等與本軍政府代表孫武、余大鴻、張大昕等接洽。貴代表稱貴軍統主張共和，拔師北上。恐敝軍前進，距離太近，致生衝突，妨礙進行等語。經本府代表陳述前來，本都督甚表同情，當派本府代表與貴代表公同商酌。貴軍北上促進共和，旬日之内必可解決。約定陰曆本年之内，敝軍保持現狀，其有鄂境以外者，本都督亦設法維持。如陰曆年内不能解決，敝軍即當前進，以資援助。爲此照會貴軍統查照可也，須至照會者云云，特此電聞。再據該代表面述段軍統言，凡北軍退出地點即歸我軍管理，合併聲明。

二月三日接各省來電，謂袁世凱既贊成共和，主張清帝退位，則各省亦當止戈爲武，公推袁世凱爲臨時總統。

是日黎覆南京内務部電：

沁電先電備悉。漢口市鎮，已派員測量地盤，就緒後擬就近覓工程師規畫一切，再籌辦法。近有漢口奸商勾引外人，貪圖漢市建

築權。敝處已經阻止，並請貴部預防是盼。

附來電一：

漢口市政問題爲萬國所注意，此次被兵燹後宜規劃妥善。房屋若何建築、道路若何修理，須先行圖繪，俾有所準則，人民有所遵守，想尊處亦有同情。本部擬令工程師即日來鄂，與公籌議，應行如何下手。頃聞漢上來人言該處已有商人建築房屋，恐規劃不良，滯礙善政，且致遺萬國之譏評。可否由公處暫令停止作工，以重市政而壯觀瞻。

附來電二：

漢口街市建築及難民救濟均關重要，本部已派李四光、祝長慶、周汝翼三員前來調查，應請尊處會同辦理。

又致常德黔軍統帶蕭洪斌電：

南北統一，無須用兵，請率所部回黔，保衛地方，勿庸來鄂。

二月四日接山西來電，張錫鑾奏請宣布共和。
是日黎致安徽孫都督正陽關張司令電：

北京前二日已宣布共和，清帝退位，南北合一。據各方電報，均歡呼罷戰，何正陽關尚時時告急。潁州係倪君桑梓，前亦贊成共和，只要互相協商，不負義氣，諒不致再生衝突也。望即持平，妥籌以安大局。

附安慶孫都督來電：

頃接壽州淮上軍司令張年綸三十日電，稱我軍由潁州十八里鋪全軍退至潁上，倪兵追甚急，正陽難保，請速電陸軍部火速派兵援救盼切等因。查潁上兵力單弱，倪軍既已乘勝進攻，必須添撥重兵合力迎敵。三河尖一方面尤須厚集兵力，以扼敵軍入六安之路。目下軍情緊急，務懇中央政府念皖北安危關係全局，火速電駐紮臨淮上游各軍隊，即日前進，分向潁上，三河尖兩路迎頭截擊。敝處已飭省城北伐本隊即日向六安路出發，並電飭蕪湖，廬州兩處酌撥軍隊至六安集合，即行開赴前敵。軍情急迫，速示機宜，以便遵行，無任企盼。

附正陽關張司令來電：

火急，我軍二十八日在潁州十八里鋪七黑河等處與倪軍開戰，敵軍兵力甚厚，我軍不支，潁上隨亦失守。敵兵尾追甚急，我軍退至壽州一帶。萬一潁壽並失，皖北盡去，淮非我有，江亦難保。務懇迅電北伐各軍厚集兵力，火速往援，以救危亡而全大局，盼甚。

又致南京臨時政府電：

頃閱各報載有臨時中央政府各部掌管事務權限，極爲清晰。鄂州起義以來，日在戰局之中破壞建設，雙方並進，一切秩序雖具大概，尚恐未能盡與尊處一致，希從速詳示遵行。

附南京内務部來電：

頃奉大總統令内開，查各省光復以來地方官職均係各自爲制，所定名稱難免歧異，茲值中央政府成立，關於設官分職事項，尤宜統籌全局，從新釐定，以昭劃一。當經法制局將中央行政各部官制編纂草案具呈前來，先後諮交院議在案。所有中央行政各部既稱爲部，即各省都督府所屬之行政各部應擬改稱爲司，庶使中央各部與地方各部示有區别。且各省亦已有先行之者，即彼此更不宜有互相歧異之處。合就令行貴部，仰即分電各省都督，將都督府所屬之行政各部先改爲司，一俟地方官制草案議決後即作爲確定可也，相應分電各省都督一律照辦。

又覆西安張都督電：

漾電悉。大漢光復自當休戚相關，同心戮力。但以道路修阻，貴省來電僅能達仙桃鎮，專弁走送，往返動須數日，故裁答稽遲，尚祈原諒。

附來電：

中央政府成立已二十有餘日，敝省曾未奉一紙電命得有所遵循，豈真置秦晋諸省於化外耶？數日來，敝省東西受敵，潼關不守，屢電求援，杳無消息，不知公等視西北大局爲何如局，視秦晋山河爲何人土？事已至此，夫復何言？公等幸好爲之，勿爲天下後世所笑。臨穎涕泣，不知所云。

又致南京海軍部電：

頃據楚同艦長何廣成電，稱該艦因行駛過久，致錨機車樞俱受損傷，請趁陽夏罷兵之際開往上海修理等語。查該艦駛久受傷自屬實情，陽夏敵兵業經退去，自應准予所請，迅速開往上海修理完善以備應用，除已電飭該艦長知照外，特此電聞。

又覆西安張都督電：

個禡兩電均悉。刻下已與北軍聯絡，由北軍第一軍軍統段祺瑞會同各路軍統聯名贊成共和，敦促清帝遜位。茲將諸將姓名開列於左：署湖廣總督第一軍軍統段祺瑞，古北口提督毅軍統領姜桂題，護理兩江總督長江提督張勳，察哈台都統陸軍統制官何宗蓮，副都統段芝貴，河南布政使幫辦軍務倪嗣冲，陸軍統制官王占元、陳光遠、李純、曹錕、吴鼎元、潘榘楹、孟恩遠，總兵馬全叙、謝寶勝、王懷慶，參議官靳雲鵬、吴光新、曾毓雋、陶雲鶴，參謀徐樹錚，砲隊協領官蔣廷梓，陸軍統領官朱泮藻、王鼎鏡、鮑貴卿、盧永祥、陳文運、李厚基、何豐林、張樸元、馬繼增、周符麟、蕭廣亭、聶求萃、張錫元、施從濱、蕭安國，營務處張士鈺、袁乃寬，巡防統領王汝賢、洪自成、高文貴、劉全標、趙倜、仇圜、諶啓、劉洪順、柴得貴，幫辦天津防務張懷芝，正定鎮徐邦傑。四十二人聯名出奏，並約以該軍退却，我軍不得追擊，以免自相衝突而壞大局云云。似此各路將帥贊成共和，率兵北向，舊曆年内可望和平解決。貴軍只可聯絡，不可攻擊，致開戰端，而失諸將帥贊成之心爲禱。

二月五日接段祺瑞來電，謂和局如告成，則北軍完全退出鄂境。
是日黎寄張振武電：

所購之機關槍果能適用，須逕運鄂，照價給欵，無須通融借給。再前所購之槍業已試驗，内有壞槍三分之一，缺刺刀者三分之二。子彈因年久，藥性失效，不能用者三分之一。似此虛糜公欵，咎將誰歸？須將經手各事清理完結，迅速返鄂爲要。

附來電：

槍彈驗訖，因找價未清，致不能就江裕運上，此後滬船又須一律運兵往浦口、煙臺各處，未便借用。查快利在鄂，請速飭來滬製造局接運。

又同陳參議宏誥覆電：

譚之借欵，已遵微電推辭，惟洋商固執不允運鄂找價，並將貨物搬至岸上不交。立望電匯五萬兩，庶可早歸，否則遷延枉費，不堪設想。至前購之槍係丁復親驗無訛，缺失之處應詢丁君。此次槍彈，由武驗看，確係全新，運鄂如有不符，武負完全責任。

又寄各州縣電：

南北軍已聯合贊成共和，所有各該地方官，均係同胞。凡能維持秩序即一體優待，勿庸避匿。

是時清廷將終局，而南北無戰事，一般無德無學之冒充革命黨，招摇放縱，皆以功加海内自居，不可一世，揮金如土，假公濟私，窮奢極侈。其一幅不自愛、不自重、不可載道之器，群表現於花天酒地之中。人民對之漸有失望之態，外人見之極不滿意，黎大元帥擬通電救正之。

二月六日，清軍陸續向信陽州退却，民軍因聯絡關係亦不急於前進，擬俟清軍退至信陽州時再進至武勝關。

是日黎致南京參議院電：

頃閲東西各報，載民國光復，各省夙以志士自命念切同胞者，大半染驕奢淫逸之習，與滿清當道故態有過之無不及等語，不勝駭異。所載雖不盡實，必非無因。我國民膏血，滿清朘削二百餘年，即無此次戰争亦當力崇節儉，以恢復元氣。況干戈未已，遍地哀鴻，即嘗膽卧薪，尚恐不能造民國之福。倘昏迷如故，民國前途何堪設想。敬祈轉達大總統，速下崇儉抑奢命令，以挽頹風，而免外人訕笑，民國幸甚。

但民國不幸，而一班争權奪利之徒皆假革命之名，荒淫無度，實由於在職者不能以身作則也。

二月七日武昌軍務部與黎大元帥商議，欲將湖北所有軍隊改編八鎮。是日黎寄上海陳參議宏誥轉張振武電：

電悉。足下購辦軍械經手甚鉅，僅據清册恐難明晰。現正派員來滬接洽，務將所購軍械全數交清後再行北上爲盼。

附覆電：

電悉。武所購槍械軍衣銀照雜件，造具清册，並交陳宏誥等解回，槍械因所欠餘欵由譚人鳳君交出，已分一半作爲救烟掃北之用。現兩方面物件均已下船啓行，可勿庸派員來申（實則亂耗於酒色也）。

又致南京政府及安徽都督電：

武勝關方面北軍已逐漸北行，或慮其不能嚴守信約，用遠交近攻之計。適皖電告急，因即派黎統制天才、馮統領嗣鴻會率一鎮及一混成協由水道經蕪，循巢湖，抵盧登陸。至正陽，皖北方面各友軍宜互相聯絡，俾得協同一致。

附安慶孫都督來電：

頃據臨淮來電，稱北兵由信陽州開來兩營，在三河尖地方抄襲我軍後路，我軍力單不敷分布。壽州正陽勢甚危迫，請速加派兵隊赴援等因。據此正擬轉電布告間，奉陽電知尊處已派黎統制、馮統領率領重兵刻日赴援。敝處無任銘感，除將尊電轉告正壽各軍司令外，謹率在皖全體軍士西向拜祝萬歲。此復。

又致南京臨時政府電：

鴉片輸入，吾華受害最深。鄂省現行禁種禁吸，惟禁運尚難獨任。蓋洋藥不斷其來源，種吸必難於禁絶。查陰曆上年夏季與英國訂約，除加税外，各省進口必視人民戒否以爲衡，是禁運必難著手。敝處擬請先與英國交涉，將洋藥歸我官賣，倘能辦到，土藥自易就理。而種吸禁令尤易見功，現在能否照辦亟須商酌電復。

附復電：

虞電悉。禁烟事件須俟得某國承認後始能協商，至專賣一節非禁烟之良法。現時南洋各埠辦此，實於禁烟進步有阻。蓋視爲一種收入，必難收淨盡之效，理勢然也。故即將來官賣之法，亦恐無以取信内外而必其辦到。此復。

又致南京臨時政府電：

鄂省沙市、宜昌、江漢三關年收税欵三四百萬兩。雖由漢黄德、荆宜兩道監督，而徵收皆假手外人。自鄂軍起義，所有關税銀兩均歸外人掌握，毫未繳出。查三關税欵内，向有外人賠欵若干萬兩，此次民清戰爭尚未結局，外人留此欵以爲洋欵地步亦屬情有可原。惟税關主權我國所固有，外人祇有經手徵收權利，並無管理欵項權利。況此項税欵抵還洋欵外，爲數尚鉅，竟聽外人掌管，既失權利，復損國體。前經電請辦法，未奉復示，兹又接蜀軍政府來電商詢重慶税關辦法情形，與鄂一轍，鄂亦無從答復，此事已否交涉，究應如何辦理統希電知。

附覆電：

陽電問税關事悉。此事正在注意辦理交涉，惟必俟各國承認民國後方有結果。此復。

又致南京臨時政府及各機關電：

武昌起義原謀國利民福，毫無自私自利之念參雜其間，故不匝月而全國響應，可見我民國起義諸同志無遠無近、無先無後，均同此光明正大之公心，始得有今日之效果。乃不意專制政治尚未盡除，而假共和以遂私圖之事時有所聞，或假之以謀權利，或假之以報私怨，或假之以蹂躪商賈，或假之以損人權。種種怪狀，人道何存？是又豈起義時我同志始願之所及哉？革命軍起，革命黨消，此固有識者之言。某等敢進言曰，共和國立，革命軍消，蓋以破壞易而建設難，不如此不足以收容全國之傑俊而共救時艱。凡此所述，皆少數不肖輩之所爲，實非爲大同志之所預料。羅蘭夫人有言曰，自由自我而生，自由自我而死，言念及此，爲之寒心。若不及早補救，是武昌爲天下後世之罪人。用特通告，務乞垂念民國之成立不易，各相監督，毋令此不肖之輩自假公名，以遂私謀。人方謂滿洲去而民國成，某等則謂滿洲去而民國建設尚屬初步也。莽莽神州，不爲功魁，反爲禍首，言之殊深危懼，想全國同志必不河漢斯言。

又覆四川軍政府電：

魚電敬悉。鄂省海關江漢關向由漢黄德道監督，荆宜兩關向由荆宜道監督。自民國起義，所有徵收關税銀兩均在外人掌握，於全國財政前途殊屬危險。前已電致中央政府請示辦法，迄今尚未奉回示。來電稱奉總税司札開，擬將所收海關税項自解上海滙豐存儲，以償賠款。此事有關國體，理宜向中央政府協力同争，以挽權利。

附來電：

重慶税司照開，擬將所收海關税項自解上海滙豐存儲以償賠款一事，已詳删電，盼覆至切。迄今未奉回示，究竟宜昌等關是否如該税司所稱辦理，全國財政不宜授人以柄。諸公深謀遠識，必有周妥辦法，迫議速復，以便交涉（中國財政全在海關，清廷早已授之外人矣）。

又致援蜀滇軍師團長謝汝翼電：

勤勞公難，跋涉西川，具見熱心大局，欽佩曷極。刻下鄂與段軍統祺瑞已聯絡一致，北軍已退出鄂境，似可和平解決。現在鄂省兵力差堪支持，惟山陝兵單械絀，岌岌可危，請將川省肅清，即取道漢中以援秦晋。

附來電：

滇軍一師團訓練有年，器械齊備。已到川，駐紥叙瀘一帶，計圖北伐。惟陝局危迫，藏兵東侵，蜀中徧地皆匪，蹂躪不堪，而成都同志會，編成軍隊，人品流雜，禍機已伏，勢必破裂，平川亂固不容緩，而擣幽燕尤爲緊要。目下戰鬥大略情況若何，我北伐軍進行方向又若何，統候電示，以便刻日東下，不勝盼切。

二月八日，武昌各派均欲組織學校，藉學校以造成各派黨羽。惟軍官法政兩門仗當道勢力得以組成。

是日黎覆重慶都督電：

敬電悉。敝處並未派兵入川防堵，請轉飭該司令知照，以鎮人心。

附來電：

頃接敝省萬縣司令轉來宜電，謂宜昌代理司令楊介卿稱武昌擬派兵兩標進川防堵等語。查川鄂交界尚皆安靜，尊處有無派兵入川之事，如有派兵事故，請即止派。一面電知敝處，以免人心驚惶。敝省成瀘渝三處已聯合統一，成渝各派全權訂立合同。昨已議決，立即簽字實行，特此並聞。

又寄黄陂縣知事電：

陂邑除將鹽欵撥給奮勇軍外，其餘各欵概不准擅動。業已三令五申在案，何得將公欵强提五千串，殊屬荒謬。至自治團倪炳光等帶領軍隊在縣開會籌餉，並會同徐孝頤取用公欵，尤屬冒昧。務即會同公正紳董將各欵彌補，並將倪炳光兵隊妥爲解散，以免騷擾而靖閭閻。嗣後非經本都督許可不得創辦民團，亦不得擅動公欵，是爲至要。

又致上海陳都督電：

頃接駐滬員電，稱敝省張振武欲將所購之槍械携往他處，祈代將槍械悉數截存，並將張振武挽留。即派員接收，以保欵械爲禱。

附駐滬員楊玉如來電：

急，張振武擬借北伐名携械竊逃，請急電滬督扣留。

六二、二月九日　孫文表示共和告成即辭職從事實業

二月九日接南京來電，謂孫大總統不願生靈塗炭，如南北共和告成即行辭職從事實業。

是日黎致南昌馬都督及他機關電：

國基未固，人心易摇。當此危急存亡之時，若不尊重秩序，保衛治安，勢必至内啓紛争，外招干涉。竊願諸君共體此意，合力進行，無任禱盼。

又覆南京鹽政張總理電：

麻電悉。駐揚催運准鹽公所，前因陽夏尚未收復，鹽運不通，武昌一帶食鹽缺乏，權宜委員駐揚催運，一面勸諭鹽商趕運，一面力任沿途保護，以期源源接濟，而免鄂民淡食。兹陽夏收復，運途已通。貴局獎勵商運，無慮缺乏，刻即飭該員取消公所，迅速回鄂，以副向章而期統一。前次辦理護照等情有無失當之處，統希原諒。陷東兩電早已電覆，希即查核。

附來電：

據淮南鄂岸運商呈稱，奉飭趕速捆運食鹽赴鄂接濟岸銷，並聲明一切仍照舊章，勿再疑慮觀望等情，商等不勝感激。正在籌畫運

本，源源接運，仰副總理保商盛意。詎二月初四日忽接辦理鄂軍政府駐揚催運淮鹽公所，爲照會内稱奉鄂都督札委駐揚辦理催運淮鹽事宜。遵於元年二月一日設局辦事，啓用鈐記。一面照會鄂岸運商按照向章陸續趕運，並於啓運前赴公所挂號報明花户鹽斤數目，俾得繕給護照遣派巡丁，以便沿途查驗放行等語。商等竊查淮鹽運鄂，向章由鹽政發給護照，沿途持驗，奉行已久。蘇省光復後，經各都督公推總理總握鹽綱，設立江蘇兩淮鹽政總局。商等久已認承並蒙鈞局諭飭一切，暫仍舊章。商等方同深感頌，以爲此後政令統一，商等遇事有所禀承，不致漫無歸束，乃目下忽又有催運淮鹽公所出現，且聲明須前往挂號報名繕給護照。查護票執照，既有鈞局發給，自可通行無阻，何以又須加發，似此政令歧出，何所適從。商等前在漢口所存棧鹽迄今本利均歸無着，正在懷疑觀望。因迭蒙總理派員再三勸導，力任保護，商等深信總理信用素孚，中外仰望，斷不至失信於商人，乃墨蹟未乾，揚州咫尺之地，已别有公所名目出現。擅出條教，將來運鹽到鄂之後，總理能否始終保護，商等實深疑慮，應請明示等情，具呈前來。查淮商運鹽，初本觀望，深慮事權不一，到岸後或有損失。經謇派員再四勸諭各運商，曉以大義，力任保護，該商等方始承認，照章接運。正在籌繳解釐請領護照，忽奉梅委員照會，以致又起猜疑。謇又核梅委員照按照向章陸續趕運，在貴都督爲急於催運起見，故特派專員專事催運。意本無他，而該商等藉口向來辦法，運鹽護照由鹽政發給，今忽又有加發護照之語，以致群相懷疑，深恐到鄂後又生枝節，紛紛到本總局陳説，情詞迫切，溢於言表。相應電諮貴都督，請俛念現在時局未定，商情疑慮，電飭梅委員將挂號報名繕給護照飭派巡丁各節，准予取消，以一事權而釋重慮。現在各商已承認啓運，但使政令統一，商情安貼，敝處可以完全擔保。貴省斷無缺鹽之事，而一切課釐加價復價等欵俱能有着。蘇鄂兩省餉源亦可恃此挹注，而指抵之洋債賠欵亦不至於落空，素仰執事關懷大局，用敢縈晰詳陳，務祈查照。陷東兩電一併迅賜電覆，毋任翹盼。

又致荆州唐司令、沙市商會電：

荆州八旗多無生計，飢寒交迫，情實可憫。諸君素抱共和主義，自當一視同仁。希設法周濟，以拯無告而普大同。

又覆第一軍杜司令電：

庚電悉。請降敵兵一營，着即收納，並分配各營安置。至廣孝一帶北兵遺械甚多，已飭軍務部另派妥人前往收買。特覆。

附來電：

頃據竇統制報告，廣水附近有敵約一營，悉無槍械，多係兩湖人。現破指請降，應否收留及收留後如何處置，祈賜覆遵行。再聞廣水、孝感之間，北兵遺棄槍械不少，職軍多有請求收取者。竊慮一准收尋，難免無藉端騷擾等事，懇即飭軍務部慎選公正人員前往收買，爲叩。

二月十日接伊犁馮特民、郝可權來電，謂伊犁雖已反正，早舉廣福（蒙古人）爲都督，但俄人煽禍，仍操縱新疆巡撫袁大化作梗，請速派大兵鎮壓。其時有熊叔恒等上書黎元洪，請派兵屯邊，其略曰：今天下人心趨向共和，項城明達，和議將定，南北日就統一，即當簡練軍實，共謀對外而弭内憂，且自鐵路交通以還，世界之運將由海權而趨大陸。中國版圖遼闊，寶藏富有，人稠氣厚，誠足雄視萬方，無如四境邊陲，土蕪人稀，强鄰窺伺。若能移殖健兒於漠北天府之地以固邦基，而事定之後内地亦無冗兵之患。國家久遠之計，仁人君子當注意於民國之興亡。

云云。

是日黎致長沙滬軍兩都督電：

據内務部呈稱，興國州知事周本榮禀稱前任知事郭在璜，湖南巴陵縣人，於十月初三日捲逃公欵甚巨。現聞該逃員避匿上海租界，請查辦等情前來。玆特先行電請貴都督轉飭查拿來鄂，以憑追繳，至紉公誼。

二月十一日接各省來電，約同電北京請即日改建共和以順天下人心，否則將有圍攻北京之慘。

是日黎覆南京陸軍部電：

蒸電悉。前以皖北告急，已派黎統制天才及馮統領嗣鴻，率援鄂之寧贛各軍由蕪湖援廬，此間雖北軍已退，而攻守尤不可稍疎，如再遣桂軍赴寧，則敝處亦不敷分布。方命之處，伏祈原諒。

附來電一：

本月初七日派盛典型軍由寧經蕪湖、廬州開往正陽。刻聞到蕪後，該軍副司令張國威逕自分兵，欲赴黄州登岸。不知該處黎天才統制軍，尚須調往壽正一帶，何用再添兵隊。希尊處速派人迎截，明白曉諭，飭令即日仍開回蕪湖前往正陽，不得片延，致誤戎機是禱。

附來電二：

頃據桂軍參謀耿毅等電稱，擬取道滬上北伐，可否之處，敬祈賜覆等語。此間正擬添兵，鈞處如允將桂軍分撥敝處聽候調遣，則兵力增加，分布愈易。鈞意如何，希即賜覆。

又致南京臨時政府電：

赤十字會在武漢局中醫救傷殘，掩埋骸骨，男女同志千人雨夜霜晨，辛勤不倦，生死沾恩，至爲可敬。事後飄然而去，並無絲毫報酬，在會員義務爲懷，而敝處究深慚感。頃聞該會已經赴瑞士萬國總會締盟，又有日本松方侯爵特派會員有賀長雄博士來滬商榷，是該會效果遠大，足以信服全球，已可概見。我民國建設伊始，首獲此最大榮譽，曷勝感佩，惟日前津浦之戰，兩軍死傷甚慘，該會津浦分院竭力救濟，勢必心有餘而力不足，應請大總統提挈敝處銜名，廣爲勸募，並登各報揄揚，以期集腋成裘、衣被衽席，以補戰爭擾攘之闕。再，海外華僑此次熱心祖國，助欵甚多，對於該會必踴躍贊成，尤祈電告各埠一體協助，業由敝處捐助三千元外，謹此布達。

又覆宿州粵軍司令姚雨平浙軍司令朱瑞電：

青電悉。張倪兩君已贊成共和，聯絡辦法亦頗妥善。如再能遇之以禮，待之以誠，未必不得良好結果。從此南北融合一致，則戰爭自息，而大局易定矣。

附來電：

近頃兩奉電示内開，倪張兩軍均已贊成共和，極力維持，各派員與南軍接洽等因，南北軍隊趨向漸臻一致，民國前途曷勝慶幸。昨日張勳由徐州派人來宿州軍次，函稱業已派員與民軍協商辦法，祈即指定會議地點，當由駐宿粵軍浙軍鎮軍各司令官共同酌定，擬以距宿州北三十里之符離集爲南北軍代表會議之地，聯絡南北軍之感情，協商贊成共和實行之力作，訂定共和進行條件，俾可大局早日解決，業經將此意函告，任先電知各軍。現惟協同體認，尊崇人道，不得不推誠相待，俟得復後再當電聞。再，倪軍方面應開往潁壽各軍自行協議接洽，合併聲明。

又覆清江浦曲招撫使同豐電：

佳電備悉。張君勳既如此實心贊成共和，自應推誠相與以融化南北界限，切不可輕開戰端，貽誤大局爲禱。

附來電一：

張軍門贊成共和，往復電文茲録如下：徐州張軍門鑒，清帝遜位不決，大局難定。項城贊成共和，段公芝泉反戈要求，免致人民塗炭，以破滿廷利用我漢人自相殘殺之詭謀。公深明大義，幸勿落人後，望速贊助，奠定大局。我公實爲首勳，南北決無猜疑，請釋錦慮速行爲盼。北洋招撫使曲同豐叩，微。清江曲君同豐鑒，來電悉，段公芝泉要求共和之電，請勳恪遵列名，自是贊成共和，不言而喻。今既承示，彼此決無猜疑，得以實行息戰，免致人民塗炭，尤所深願。惟宿遷民軍現仍進攻不已，即望轉飭停戰以昭大同，是所至盼。勳皓印。徐州張軍門鑒，皓電敬悉並達蔣都督。謬参末議，遽蒙俯納，愛民悃忱，欽佩無已。承囑停戰，已請蔣都督轉飭前途，清帝遜位，遲疑不決，二三親貴，苟全禄位，把持左右，公大兵在握，何妨率之北上，掃除君側，脅制獨斷，早定大局。異日青史書勳，必推公爲民國首功，且淮泗民軍雖欲進攻，亦無從以爲口實。惟民軍來電，又稱進攻，皆由貴軍，或彼此將士不諒苦衷，乞隱察部下，是否不守尊令。總之，公能北征，不特民軍渙然冰釋，同胞大局，均荷無涯。縷陳一切，敬候電覆。

附來電二：

張軍門勳復來二電如下：清江曲君同豐鑒，虞電悉，窑灣皂河敝部實未前進，迭次皆係民軍來攻，務希轉飭即日停戰。彼此既已聯合，又何必再相殺害，故敝處已與前日民軍通函和商，指界各安。派定徐州府知府陳爲代表員，尊處亦望派員前來一起商辦，以期確有信實，尤爲至盼。勳穎印。又電：虞電悉，共和大局日内即可解決，此後南北一家，似無容再争地界。至敝軍退駐，俟大局一定，奉有政府命令即可照辦。刻下總希轉飭貴軍實行停戰，以免塗炭人民，並一面派員來徐，與敝處代表員協商妥辦。俾資信守，是所至盼。勳禡印。二電如此，請電飭各司令暫勿進攻。

又覆上海外交伍總長電：

蒸電敬悉，優待清室條件於共和主義毫無妨礙，敝處極表同情，即令各省反對，亦不過外交之後勁，非與公爲難也。此次議和，我公煞費苦心，不待智者而知，元洪深爲感佩。惟望早日解決，大局幸甚。

附來電：

初四日得袁内閣正式交來關於清帝退位後之優待條件。查閱大意，與廷前所提交者無甚出入，惟文句諸多增飾。廷因此事關係重大，特入南京與孫總統面商並徵求參議院之意見。初五日已得參議院議決，於袁内閣提交條件有所修正，玆將參議院議決之條件録呈尊覽。（甲）關於清帝遜位優待之條件。今因清帝贊成共和國體，中華民國於清帝遜位之後優待條件如左：第一欵，清帝遜位之後尊號仍存不廢，以待外國君主之禮相待；第二欵，清帝遜位之後其歲用四百萬元由中華民國政府付與；第三欵，清帝遜位之後暫居宫禁，日後移居頤和園，侍衛照常留用；第四欵，清帝遜位之後其宗廟陵寢永遠奉祀，由中華民國酌設衛兵妥慎保護；第五欵，清德宗崇陵未完工程，如制妥修，其奉安典禮仍如舊制，所有實用經費仍由中華民國支出；第六欵，以前宫内所用各項視事人員可照常留用，惟以後不得再招閹人；第七欵，清帝遜位之後其原有之私産由中華民國特別保護；第八欵，原有之禁衛軍歸中華民國陸軍部編制，其額數俸餉仍如其數。（乙）關於清皇族待遇之條件。一、清王公世爵概仍其舊；二、清皇族對於中華民國國家之公權及其私權與國民同等；三、清皇族私産一體保護；四、清皇族免兵役之義務。（丙）關於滿、蒙、回、藏各族待遇之條件。因滿、蒙、回、藏各民族贊成共和，中華民國待遇條件如左：一、與漢人平等；二、保護其原有之私産；三、王公世爵概仍其舊；四、王公有生計過艱者設法代籌生計；五、先籌八旗生計，於未籌定之前，八旗兵弁俸餉仍舊支放；六、從前營業別住等限制一律蠲除，各州縣聽其自由入籍；七、滿、蒙、回、藏原有之宗教聽其自由信仰。以上條件列於正式公文，由兩方代表照會各國駐北京公使。以上各條件已於今晨電達袁内閣，而今晨復得北洋諸將段祺瑞等及蒙古王公阿王郡王等來電，其所開條件與袁内閣所提交者無一字之異。廷已分別覆電，要之此次優待條件已極寬容，而所必須堅持者在清帝實行遜位。蓋必如是，而後中華民國之基礎始立，不致有類於虚君位之嫌也。特此布聞，以慰廑系。

附來電二：

佳電敬悉。清帝退位後優待條件現正與袁内閣磋商，大約須俟磋商決定，清帝退位始見明文。惟近日各處頗有反對優待條件者，廷意若無礙於共和主義，不妨從寬，以期早日了結，尚乞尊處賜教爲感。

附保定段軍統來電：

電悉。弟今日方到保，昨在信續發一奏，催決政體，當已入覽。優待條件所争者只虚名，希執事主持速決，以定大局。但政體解決、善後綱領亦須預籌，方免紊亂秩序，啓外人干涉之階。頃已電詢孫、黄、伍三君，略語政體解決已有端緒，善後手續自應預籌。鄙見宣布共和之日，兩方政府同時取消。臨時大總統並須預行推定，至臨時政府必要人員及臨時政府暫設地點應由兩方公同商定，即以退位之時爲共和臨時政府成立之日，庶統治機關不致中斷，兩方不致陷於無政府之危險。諸君如以爲然，即請將應推之大總統及臨時政府必要之人員與地點迅速電示，俾與北方軍界公議，免相猜疑。現在南北軍民均盼解決，望將善後綱領迅示，以便催促宣布。瑞才疎身弱，決無希圖，俟國利民福之目的達到後當即解甲歸農，藉藏鳩拙，區區微忱，統希鑒原云云。特聞。

又覆長沙譚都督電：

電悉。廣西王都督來四千人北伐，出發需船拖運，兹特派小輪四隻前來，聽候應用。

附來電：

廣西王都督六大隊三千人北伐，向司令砲兵步隊四千人均駐省垣，急於待發，無一輪船，萬分焦急。請設法速飭萍字拖輪四隻來長拖運，不勝盼禱，並乞電覆。

附王都督來電一：

譚都督轉青電敬悉。桂軍兵船計八十餘，艘亟待開發，請飭湘鄂各輪趕速上駛，以便拖帶。

附王都督來電二：

准譚都督抄送真電並軍務部真電敬悉。已派輪四艘並快輪來湘拖帶桂軍各民船，至感。已飭各兵船十三號陸續開發，沿途候輪拖帶。現在湘河水淺，快利一輪恐難到長沙，即祈飭在蘆陵潭迎候，晤教匪遥，統容面陳。

六三、二月十二日　清帝退位 北京遍懸五色國旗

二月十二日，清宣統帝溥儀降諭退位，一切政權交袁世凱主持。

是日清帝退位諭既宣布，北京即遍懸五色國旗，中華民國於是乎立。

是日袁世凱即以清帝退位上諭電告南京政府及上海議和全權代表伍廷芳、唐紹儀並各省機關，且自宣告其政見，略謂共和爲最良國體，世界之所公認。今由帝政一躍而躋及之，實諸公累年之心血，亦民國無疆之幸福。大清皇帝既明詔辭位，業經世凱署名，則宣布之日爲帝政之終局，即民國之始基。從此努力進行，務令達到圓滿地位，永不使君主政體再行於中國，云云。

是日黎覆辰沅滕陳二代表電：

電悉。壯志北伐，無任感佩，但南北軍現已聯合，共和目的不日可以達到。請就近維持内治，切勿來鄂。

附來電：

來電敬悉。援兵雖數分布，開仗之期未遠，合先自備川資來鄂操練。一俟北征，願效前驅，輿情迫請，義當如此。書生不知兵，然善用民氣，東西各邦所貴，故再乞電示。

又致雲南成都兩都督及兩軍司令官電：

據川南總司令官但懋辛等電開，確聞成都尹都督親自督師出發，望速主持等因，竊以爲中原未靖，萬不可同室操戈，致生種種障礙，況目下已與北軍聯爲一致，清帝退位，不日即可發表。務望滇軍即返昆明，川軍仍還成都，各保本省治安，以奠西南大局。

附雲南蔡都督來電：

接援蜀滇軍電，合江爲匪徒嘯聚，肆行騷擾。該處紳商乞兵滇軍，於江日率兵驅匪，合城安堵，商民欣感，乃瀘軍派方司令率防軍三四百隨同我軍克城，後彼乘間入城肆行劫掠。我軍出而阻止，彼反抵抗，遂經我軍槍斃百餘名。合江所餘巡防五營已另行編配，並云當即電飭約束。我軍秋毫無犯，俟與蜀軍平定内亂即會師援陝，早定大局。特聞。

附重慶張夏兩都督（張培爵、夏之麒）來電：

當本省十月獨立之初，滇黔軍政府各派援軍匡助，兩月以來，頗賴大力，得以維持全川之和平。迄今成都軍隊與滇軍在資州陳家場界牌自流井一帶，因彼此誤會致起衝突。爵時屢電調解，以謂陝禍方殷，北伐吃緊，請兩方捐棄小忿，顧全大局，立即停戰，勿負初心，致令同胞相殘，坐增虜焰，操戈内室，見笑外人。並謂培爵尅日親赴前途，解釋兩方之疑團，乃數電無效，戰釁已開。爵時苦口婆心，排解無術，此時對於成滇兩軍調處地位極爲困難。於成都已居統一之名，於客軍應守唇齒之義，況與滇軍締結合同，彼此固當界限於合同之内。兩方衝突祇有力勸息争，不能强迫開戰，除親到兩軍駐處直接調解外，謹電呈總統並報滇都督，請示辦法。謹略陳成滇兩軍誤會之點，惟詳察焉。成軍疑滇軍之點如下：一、在叙州時霖示有得尺則尺，得寸則寸之語。初川南亦疑之，以爲侵略。

二、滇軍以兵力解散同志會，施放機關砲，殺傷過多，又槍斃國民軍司令長劉禮謙。三、在合江執殺川南司令長黄方，宣布罪狀六條，後聞黄被梟，復挖心拔舌，黨人滇人皆以爲過當。四、在叙府一帶及自流井建設鹽政機關，把持鹽政。五、滇軍真日通電滇軍政府共和各省，痛罵成都軍政府，請電告天下，由滇黔湘鄂增發大兵，聲罪進勦。滇軍疑成都之點如下：一、成都哥會公口太多。成都重用同志會，而叙井同志會匪人亦多。滇軍遂不滿同志會，益不滿成都。二、成都疑滇軍假名援川實行侵略，資州嘉定皆駐重兵，衆口相傳將與滇軍作戰。三、滇軍師團長來電，成都不先開釁，我軍斷無首先決裂之理。據滇軍李旅長電，亦稱成都發兵向我軍前進，於自流井以北之界牌突然攻擊。此係釁自彼開，我軍不能不爲正當之禦防。現接援蜀滇軍統帶張子貞、參謀楊發源電，李旅長已往富順親察一切云云，似此釁端一開，西南半壁皆成戰場，一則不能援助關隴，二則不能出兵藏衛。北事方殷，内訌如此，民國前途何堪設想，伏乞俯念大局，速電兩方，立息戰爭。或兩軍會師北伐，滇軍後路布置，由蜀軍政府擔負，便不至有所妨害。或令滇軍直趨西藏鎮壓番人，以固邊圉。或電商滇督，電飭援川滇軍全行暫返滇境。開戰曲直，付之公斷，不僅全川之福，實爲民國之幸，並將援川滇軍與蜀軍政府訂立合同條録如下：一、蜀軍政府當成都未反正之先，趙爾豐等與同志會，血戰不解三日。駐防兵力尚厚，蜀軍政府力圖恢復全川，出同胞於水火，以謀中華民國之統一。是以電請滇軍政府派兵援川，協力共濟。今滇軍到川，滿帥雖已就戮，而大局未穩，内亂未靖，當互相借助之事頗多，故與援川滇軍略定條件。二、蜀軍政府請託援川滇軍協力維持大局，滇軍到川之兩師團關於餉項事件，蜀軍政府有擔任協助之責。但當運轉不週時，得由滇軍就地籌借各公欵應給，日後統由蜀軍政府籌還。附注，餉項每月約五萬兩。三、滇軍有贊助蜀軍政府調和統一全川軍政府之責，如蜀軍政府有請託滇軍贊助事項，滇軍須竭全力以應之。四、援川滇軍之進行方向概以蜀軍政府之所請託參酌行之。但方向酌定後，其進行上之戰術計畫得由滇軍相機行動，一面通告蜀軍政府。五、援川滇軍受蜀軍政府請託後，滇軍進行所遇之後路，其各種行政機關由蜀軍政府自行建設。但於滇軍有密切關係之地及運輸糧草各事，得由滇軍直接該地方行政機關籌辦，務期於滇軍進行毫無窒礙。六、援川滇軍所到之地有爲蜀軍政府維持秩序之責任。七、全川大局統一廓清後，即爲本條約效力完結之日。八、本條約效力完結後或未完結之前，蜀軍政府及援川滇軍彼此如有他種要求，得另行協議。九、本條約以簽字蓋印之日即作爲實行之日。陽曆正月四日，蜀軍政府特派全權委員謝持等，援川滇軍全權特派使巡按副使陳先沅等簽押。正月十八日蜀軍都督、援蜀滇軍巡按副使蓋印。

附雲南蔡都督來電：

滇軍援蜀志在救災恤鄰，並欲爲武漢後援，固西南屏衛。軍隊所至，父老歡迎。不意土匪未遂劫掠之徒，造謠誣衊，謂滇軍侵略蜀土，以致我瀘全軍政府皆啓衝突。現聞成都發兵至資州自流井一帶欲與滇軍開戰，誠恐滇人興仗義之師，反貽騷擾之誚。迭經電飭軍中將領和平辦理，勿啓釁端，然非成都共釋疑團，恐難雙方解決，乞電告成都都督，顧全大局，勿生内訌，滇蜀幸甚。

又覆南昌馬都督電：

真電悉。執事功成身退，得爲自由之民，不勝健羨。軍商挽留，具見功德在民，感人之深。惟人心浮動，一髮千鈞，鎮定維持，惟公是賴。萬一稍有不靖，必須軍隊鎮懾，得電後再爲酌撥。李君烈鈞，不日來贛，必能和衷商榷也。

附來電：

迭奉電示，敬悉公愛毓寶，勸勉備至，毓寶無以副期望之厚意，惶悚莫名，前以吐血病劇，懇請辭職。業蒙孫總統電飭贛臨時議會正式選舉，即日議會及九江各界公舉李君烈鈞接任都督。比經毓寶宣布，委係因病辭職，勸諭軍民歡迎李君，不得另有違言，切實示諭在案，惟冀保全大局。詎現在省垣兵士及商界仍有多數挽留毓寶，不承認李公，毓寶進退維谷，種種苦衷末由上達。誠恐一有衝突，地方騷擾，毓寶即以死殉，亦無以存江西人民，但求秩序不亂，死亦瞑目。惟刻下贛潯兩方面，人心浮動，勢均激烈，糜爛之象即在目前。毓寶憂惶萬狀，無所爲計，惟有拚死維持，萬乞副總統俯念危局，迅賜萬全之策。速電積潯兩方面彼此融化意見，共保治安，毋自衝突，擾亂地方，致爲國民公敵。贛省幸甚，毓寶幸甚，除電陳孫總統外，飛此急急待命，迫乞救全賜復。再九江軍隊自推翻朱司令起，早無毓寶在目，毓寶始終爲顧全大局計，皆忍受之。此中苦情諒在洞鑒之中，非一語所能伸訴，惟九江以交通要隘，設因衝突致惹交涉，毓寶實難擔此重咎，並聞。

又致上海陳參議宏浩電：

電悉。現南北聯合，煙臺已無戰事。張振武所購衣物器械望全數運鄂爲要。

附來電：

滬上購取衣物器械及清册，振武已交宏誥運回。今日開輪，途中因兩次停輪，約七日方能到鄂。青電擬派員來，請免，振武定於明日起程。

又覆襄陽季招討使電：

佳電悉。遠慮深謀，援古證今，統籌全局，曷勝欽佩，但南宋人心已去，因不能戰而請和。民國軫念同胞，並非恃和而忘戰，且清廷之勢力迥異金元。民國之共和貴持人道，倘自相殘殺，恐蹈鷸蚌相持之覆轍。廣水保定各處，早已往復電商中央政府地點及各部以下重要人員。一面清帝退位，即一面宣布民國政府成立，意見一致，本無南北分立之虞。段軍北退，我軍由漢口進駐孝感，上則奮勇軍與劉公所率軍隊開向南陽，下則麻城迤北俱屯重兵，以及川滇黔湘之兵多馳秦晋，寧燕之兵厚集徐淮，南洋艦隊開赴登萊。本非偷安，惟人民程度不齊，將士意見分歧，則和亦占便宜，本非自蹈危機。共和問題解決，清帝遜位，中華民國政府成立，土地財産皆屬民國。從前王公世爵徒擁虚名，何能有所抵押借欵，暗增兵力。我軍向南陽進發，不過和不忘戰，以備不虞，可援秦晋，可圖鄂疆。倘使秦晋各方，對於北軍能妥爲接洽，與楚豫徐淮無異。即我軍開向南陽亦當静鎮以待，不必輕啓釁端，貽誤大局。此次清帝遜位發表，北直旗軍尚近二鎮，其於項城恐滋誤會。彼時我各路軍隊當爲後勁，倘能和平解決，即民國之福，同胞之幸，可進可退，可戰可守，細心籌畫，實資群力。務望相機策應，顧全大局，盼切禱切。

六四、二月十三日　孫文向南京參議院提出辭職書並推薦袁世凱爲大總統

二月十三日接南京來電，謂臨時大總統孫文提出辭職書於南京參議院，略謂清帝退位，專制已除，南北一心，更無變亂。民國爲各國公認，旦夕可期。本大總統當踐誓言，辭職引退，並向參議院推舉袁世凱爲大總統。又云本大總統提出辭表，要求改請賢能之事，原國民公權，本大總統實無容喙之地。惟前使伍代表電北京，約以清帝實行退位。袁世凱宣布政見，贊同共和，本大總統即當推讓，提議於貴院，亦表同情。此次清帝退位，南北統一，袁君之力實多，其發表政見更爲絶對贊同，舉爲公僕，必能盡忠民國云云。

又孫大總統辭職書末附有辦法三條：

一、臨時政府地點設於南京，各省代表議定不能更改。

二、辭職後俟參議院舉定新總統，親到南京受任之時，大總統及國務各員乃行辭職。

三、臨時政府約法爲參議院所議定，新總統必須遵守頒布之一切法律章程，非經參議院改訂，仍繼續有效。

是日黎致各省都督及各軍司令電：

> 今日接北京電，清帝已於昨日奉清太后懿旨遜位，宣布共和，合漢滿蒙回藏爲中華民國。所有清帝遜位之旨及各項條件容即電知。

又寄各機關電：

昨接北京袁項城電，稱本日上諭：朕欽奉皇太后懿旨，前因民軍起事，各省響應，九夏沸騰，生靈塗炭，特命袁世凱遣員與民軍代表討論大局，議開國會公決政體。兩月以來尚無確當辦法，南北睽隔，彼此相持，商輟於塗，士露於野，徒以國體一日不決，故民生一日不安。今全國人民心理多傾向共和，南中各省既倡議於前，北方諸將亦主張於後，人心所嚮，天意可知。予何忍因一姓之尊榮拂兆人之好惡，是用外觀大勢，内察輿情，特率皇帝將統治政權公諸全國，定爲共和立憲國體。近慰海内厭亂之心，遠協古聖天下爲公之義，袁世凱業經資政院選舉爲總理大臣，當茲新舊代謝之際，定有南北統一之方，即由袁世凱以全權組織臨時共和政府，與民軍協商統一辦法，總期人民安堵，海内乂安，仍令滿漢蒙回藏五族完全領土爲一大中華民國，予與皇帝得以退處寬閑，優游歲月。長受國民之優禮，親見郅隆之告成，豈不懿歟。此旨。宣統三年十二月二十五日用寶，内閣總理大臣署名等情。現在國體改更，南北宜視爲一家，民國宜視爲一人，各軍感情，亟宜聯絡，毋令稍有衝突，以昭大信。尤須派員與豫省會齊，恢復山陝甘新各省秩序辦法，並將近情詳告，以免隔膜而生齟齬。

又寄襄陽季招討使電：

頃接保定段軍統電，北京已於今日宣布共和，民國同深鼓舞。升允向抱排漢主義，不可不慮，除電知西安張都督全力抵禦外，該軍可速開往西安援助，並電知荆州唐司令官率荆州隊伍來襄，以爲後援。段軍統又稱周趙兩統領與民軍協商，酌留軍隊彈壓地方，餘即調往北京，抵禦奉熱，合併知照。

又致上海外交伍總長電：

真電尚未奉復，段軍統之電有“兩方未取消之先，預籌善後綱領，臨時大總統預行推定政府必要人員及臨時政府暫設地點，應由兩方公同商定，即以退位之時爲共和臨時政府成立之日，庶統治機關不致中斷，兩方不致陷於無政府之危險”等語。南京政府對於預籌善後綱領各情全未注意，北方區域甚大，無政府之危險亦應慮及，此時亟宜組織正式共和政府。招集南北各省代表預籌善後綱領。即以漢口爲招集地點，除電達大總統外，請公通知唐公紹儀轉達袁、段諸公是幸。

附來電一：

連接陸軍部來電，知各處清軍與我軍接近者仍時有衝突，惟今者清帝辭位，清國統治權業已消滅，自此以往，國内所有軍隊皆中華民國之軍隊，豈宜自相衝突？廷與唐君已電告項城，通飭各處軍隊一律改懸中華民國五色旗，以示劃一。此後見有一國旗之軍隊，不可挑釁，如見從前清國軍隊尚未改懸國旗者，應即通告，囑其遵照項城電命改懸民國旗。如果始終甘爲民國之敵，則必爲兩方所共棄，謹此電聞。

附來電二：

頃接項城來電三件。其一謂廷所開清帝辭位後優待條件已照會駐京各國公使；其二則清帝辭位之詔；其三爲項城贊成共和宣言書。現在清帝既經辭位，北方秩序暫由項城維持，與南京臨時政府協商統一辦法。自此合漢滿蒙回藏同建中華民國，全國一致，悉泯猜嫌，同心協力以固共和之政體，進國民之幸福。諸君與項城有造於民國者至大且遠，謹此佈聞。

附來電三：

頃得項城電云北方一時恐難平静，京疆須以重兵鎮懾，而奉天已決計宣告反對。軍隊已準備，熱河亦附和，北方甚危險，擬請商南京、湖北電知陝西張鳳翽，移軍西向，專防升允。北軍退出潼關，決不西進，酌留隊伍，勦辦土匪。餘均開回北方防堵奉熱，祈速商復云云，祈速酌復爲盼。

又致漢口領袖領事敖康夫電：

清帝遜位已正式發表，合漢滿蒙回藏建中華民國，敝軍政府已飭艦隊於十四號十二句鐘懸挂國旗，聲砲志慶，請轉知各國領事知照是荷。

又致九江軍艦轉黎君宗嶽電：

聞君現在九江，太王居邠，田横入海，苦心厚德，佩慰無量。惟欵項一端必須交代清楚，方不至爲明德之累。將來公論昭彰，何患不披雲見日，重展鴻謨。元洪已爲此事電請大總統派員協同辦理，應請留駐九江，暫待後命，毋庸刻日來鄂，轉滋嫌疑，是所切盼。

又致南京臨時政府暨參議院電：

漢冶萍公司産業前因有抵借之説，屢經敝處電請尊處阻止在案。查該項産業關係民國前途最爲重大，只以盛宣懷於滿清時代營私舞弊，致喪失一切權利，幾於不可收拾。月前飭由理財部收歸鄂有，意在消除外患，挽回國權，並借以保守物品，留備全國軍民之用。頃聞尊處擬與外人合資開辦，藉資挹注，雖係一時權宜之計，但對外政策種種失敗實由於此。刻下民國新建，事事須確求正當辦法，萬不可再蹈滿清覆轍，致以機會均等、利益均霑之説，啓外人干預之漸。此間議會全體及各部處職員均不敢承認此舉，貴處如果有合資開辦情事，希迅即設法取消，切勿任少數人顓頊之爲，致拂輿情而生惡感，並盼從速電復，以定人心爲幸。

附南京臨時政府來電：

漢冶萍欵原急不擇蔭，前途陸續僅交過欵二百萬，隨到隨盡。現訂僅以此數變爲虚抵，而廢棄合辦之約。一面以招商局借欵成立即可盡力濟鄂，前此借欵因清廷與民國互相抵制破壞，故難成就。今既聯合，後將易辦也。敬復。

同日又接南京孫大總統來電，謂清帝已實行退位，南北兩軍聯絡一氣，民國基礎於以大定。自兹以往，無復戰争之事矣。

武昌接清帝退位之電後即慶祝中華民國共和萬歲萬萬歲，定於明日軍民一致開會舉行。

是晚黎大元帥傳知各軍隊一律在原地集合，聽候分配，並傳知各兵站部一律撤銷。

六五、二月十四日　武漢開始收束軍事

二月十四日，黎大元帥又傳知援軍，準備各回原省訓練，並將本省所改編之八鎮分爲八管區，令各區負完全責任，以維持各管區之治安，更請參謀總長吴兆麟計畫收束，於是吴按當時情形縷陳五節次辦理如下：

第一節次、劃管區以便維持。

第二節次、都督集權，以資統一。

第三節次、縮小範圍，更番訓練。

即將兩協歸併一協，將老弱裁汰。每鎮設一將校研究所，將已歸併之一協軍官研究學問，以一年卒業後，然後徵兵訓練，再將原有之一協退伍軍官復入將校研究所。如此更番訓練，使全省之士農工商不十年皆知自衛，爲國干城矣，且以八鎮分途合作，名雖八鎮，實則四鎮。既省經費，復成勁旅，兩全之策，孰過於是。況湖北首義之區，黎爲副總統而兼大都督，爲民造福，力德兼施，引政治方針，行正當軌道，更求隱逸，網羅建設賢才，天下治平，不難見之實事。誰敢擁兵割據，爲害蒼生乎？惜黎昏庸，私心太重，卒聽左右奸邪之策，將起義之師全行裁去，以迎合袁世凱之心理。迨至羽翼盡剪，袁即促之入京，囚於瀛臺，坐視袁世凱爲所欲爲，釀成洪憲叛國之禍。後來南北争戰，累國民水深火熱，元氣大傷，庸人誤國甚於庸醫殺人。

第四節次、實行徵兵制。

第五節次、逐次計畫練成國家精强隊伍。

是日黎覆清内閣袁總理電：

真電敬悉。民國成立，萬衆歡呼，去帝制而進共和，化干戈而講揖讓。大功所在，國人皆稱道我公不置。前因此間大多數人由元洪專函，特派外交部長王君正廷前往北京，請駕臨江漢，公同商議正式中央政府一切組織辦法，計尚在途，今電示不能南來情形，仰見老謀碩畫，無日不爲民國計安全，欽佩曷已。惟人心所屬，物望所歸，亦須別籌辦法，以順輿情。現在組織中央政府爲刻不容緩之圖，而會集之區似以漢口爲適中之地。前電段軍統祺瑞，祈轉達此意，倘以爲然，敬請迅速派定北方各處代表南來，會同推定大總統及中央政府各重要人員與確定政府所在地點。俟得復電後，即由敝處電告南京臨時政府派定南方各省代表，以便會商。國利民福，關係匪輕，區區餘忱，諸惟鑒察。

附來電一：

共和爲最良國體，世界所公認。今由帝政一躍而躋及之，實諸公累年之心血，亦民國無窮之幸福。大清皇帝既明詔辭位，業經世凱署名，則宣布之日爲帝政之終局，即民國之始基，從此努力進行，務令達到圓滿地位，永不使君主政體再行於中國。現在統一組織至重且繁，世凱極願南行，暢聆大教，共謀進行之法，祇因北方秩序不易維持，軍旅如林，須加部署，而東北人心未盡一致，稍有動摇牽涉各國。諸君洞審時局，必能諒此苦衷，至共和建設重要問題，諸君研究有素，成算在胸，應如何協商統一組織之法，尚希迅即見教。

附來電二：

寒電悉。偉論深佩，現在國體已定，我輩既幸得爲共和國民，自當服從輿論，然凱所注目者急在外交。舊政府業經消滅，新政府尚未得承認。交際上中國已無政府，各國頗多謡疑，且聞有兩國擬乘機思逞者，大局日益危險，尊論在漢口會議辦法，竊慮緩不濟急。昨孫黄二公及同盟會員電約鄙人赴寧，惟北方軍民意見紛歧，潛滋隱患。在京外交團向以凱離此爲非，屢經言及，奉江兩省時有動摇。外蒙各盟

南京參議院舉袁世凱爲第二任臨時大總統畢之攝影

情形複雜，内訌外患遞引互牽。若因凱一去，變端立見，殊非愛國救民之素志，反復思維，與其孫大總統辭職，不如世凱釋政。蓋就已成之局而謀統一，其事較便，擬商請南京政府將北方各省及各軍隊妥籌接收，接收以後凱立即退歸回里，爲共和之國民，當未接收以前，仍當竭智盡愚，暫維秩序。總之，共和既定以後，當以愛國爲前提，萬不願以個人地位致壞全局，已請唐使紹儀代表此意赴寧協商，玆先將鄙意電達，俟王君正廷到京後，再行奉教，尊見如何，仍祈隨時電示。

又覆蒙古王公聯合會電：

養電敬悉。推舉袁項城任新政府大總統爲救時之要着，鴻才卓識，欽佩曷勝。敝處同人亦早籌商及此，曾電段軍統、袁項城及南京臨時政府，意欲請南北各派代表會商於漢上。其事件即以推定大總統爲最先之務，而以項城爲最合資格之人。惟必出於投票公決，一以符共和之政體，一以保項城之聲價。用人行政至公無私，彼一切争意見便私圖諸陋習，必掃除淨盡。洪雖不敏，竊願竭我駑鈍，陳説於南北代表之前，以冀大局早日安全，國勢漸臻上理，洪得歸耕田里，享一分和平之福，於願足矣。敢布區區，諸惟鑒察。

附來電：

天佑吾國確定共和，惟時局之艱已臻極點，補救建設勢須同時並進，南北合一政府，非得外交軍事聲威顯著之人，難資統理。項城於大局時事始終苦心孤詣，竭力維持，名實兼施，恩威並洽，卒收轉旋之效。厥功至偉，且政治經驗至富。軍隊尤極推崇，同人僉謂統一政府臨時大總統一席必須項城力任其難，方能維繫衆心，保全大局，本會亦可藉手籌助綏馭蒙疆事務。現已公同議決由本會代表全體推項城任統一新政府臨時大總統，以冀收建設之功，兼保和平之局。公等熱心國事，諒必荷予贊成。除向項城陳請外，爲此通電諸公，即希察照備案見覆爲盼。

又致南京臨時政府電：

二月三號得滬上電，議以招商局抵押借欵，不勝詫異。頃復喧傳中央政府，將此航權向外人押欵千萬，已將簽押。鄂人聞之，群情憤懣，抗議之聲達於道路，内河航權原不能許與外人，亡清外交失敗，此其大端。然猶有招商一局保留十分之一二，若再落外人之手，交通不靈，影響於政治上甚大。此次光復長江流域，非借招商輪船之運輸，萬不能如斯敏活，援兵時集，餉需常濟，民國肇造，深資得力，此後無論有無戰事，於建設方面亦不能倚賴無主權之航運。前清屢次抵債，尚顧惜此區區，而不之畀，乃民國新造反棄此權利，恐滿清遺孽亦當笑人矣。又漢冶萍係鄂贛菁華，皆屬民國範圍，非如未確定之權利，而不必深顧惜者也。盛宣懷欲保私産，不惜斷送國權，懇祈顧全大局，勿墮奸計。漢冶萍中日合辦之約決不可允，招商局抵押之議決不可行，否則國基未固，人心已離，民國前途，不堪復問矣。不惴愚戇，希即惠納，民國幸甚。

附來電：

爲大局計，極力謀補救。漢冶萍合辦之失策，刻因彼方面不能如數交足借欵合辦之約，尚可作廢。招商局借欵一節，務望貴處贊成，可稍紓貴處及中央政府財政之困難。

又致爪哇士甲亞眉保安會電：

收到捐欵六百元，具見熱心祖國，特電致謝。

六六、二月十五日　南京參議院一致舉袁世凱爲第二任臨時大總統

二月十五日接南京電，謂參議院開臨時大總統選舉會，到會者十七省，共計十七票。投票結果，袁世凱得十七票，當選爲中華民國第二任臨時大總統。

是日黎覆上海實業張總長電：

佳電敬悉。前擬請將漢口淮鹽督銷，暫歸鄂省辦理，實有萬不獲已之苦衷，請爲執事陳之。鄂自倡義以來，即受敵兵全力攻擊，劇戰將及兩月，漢口遭焚，漢陽被占，財源盡竭，求其能如蘇省捐及富户優娼者萬不可得，况援兵四集，鄂省餉項浩繁，賴以支持，全恃紙幣，而紙幣能維信用則全仗鹽務。不寧惟是，此間惡税苛捐均先佈告停止，下半年錢糧豁免以蘇民困，僅留土膏烟酒糖税，奈敵兵占據陽夏，運道中梗，規復荆襄，用兵且多。數月以來，除鹽税稍沾餘潤外並無大宗進欵。今敵兵雖退，人民尚未盡復業，陰曆年關逼近，商賈亦未見流通。雖經籌議開辦過境銷場税、不動産契紙登録税，或正在與商會磋商之中，或甫在定章公布之際。本年上忙錢糧開徵，尚未及期，目下所處地位乃青黄不接。前電要求台端，非故梗中央之統一也。且鄂當倡義之初亦曾協欵於湘，助資於贛。今若稍有設法之地，又何敢爲此不情之請。執事高明，當能亮察，所有承示課釐，一俟税捐開辦，金融稍活，即當惟命是從。務乞仍照前電稍事寬假，使鄂得救燃眉，無任感禱。

附來電：

魚電悉。鄂省爲難，竭蹶情形誠如尊論。但就蘇省論之，其爲難情形較之鄂省過無不及。統計各路北伐之師悉萃本省境内，加之臨時政府設立南京，雖有統一全權之名，而對於財政乃不能得各路絲毫之助。蘇省人民迫於大義，犧牲本省之歲入，悉索敝賦，以供政府，以供北伐，諸軍正供不足，繼以樂輸，富户不足，募及優娼，人民之力竭矣。除臨時政府外，一省有三都督，其他某軍某隊某司令，更難縷指，計餉無所出，則皆注目於鹽，日夜環繞於鄙人之旁而嬲索之，鄙人一放手則揚場存鹽，無論爲官界爲商界皆將豆剖瓜分，落於不知誰何人之手。然坐是困難，一辭再辭三辭，當事者不令擺脱，不得已爲統籌全局，規定大概辦法。電請四岸都督，冀得同情，今奉來電，大致與敝處不相懸殊，惟敝處辦法係先繳課釐，而加價復價雜捐，則到鄂後由鄂徵收，照來電辦法欲一併在貴省徵收，微有不同耳。假如悉照尊電，則蘇省産鹽省份乃絲毫無得，更無可以供給中央矣，姑無論舊章如何，按之人情亦似未洽，執事首創大義，中外仰望。鄙人雖未識荆，然欽佩殊切，況鄂省爲首先起義之地，無論何省皆有共同扶助之義務。鄙人規畫先收課釐，照章衹八兩四錢八分，而鄂照向章，收加價復價雜捐三項，占十一兩有餘也。至於鄂岸督銷，由敝處派人亦係向來辦法。但敝處必擇與貴處有密切關係之人，或更將其人名先行奉商，如執事無異詞，然後再令前往接辦，以期遇事兩方協商，彼此有益，務乞垂念大局。查照歷次電陳各節，准由敝處令各商先繳課釐，其加價復價雜捐，則候到岸後徵收。如蒙贊成，請迅賜電示，以便進行，無任盼禱。再敝處因淮南各商僑居上海，徇商人之請，將鹽政總局事務所暫設上海。如承賜電，請逕寄上海，合併聲明。

又致長沙譚都督電：

川幫運貨商船，載有桐油雜糧等，經過岳州屬之現風港，被該處糧台官兵迭次扣留，前已數電岳州，已蒙電復放行。今據川商聚興誠稟稱，有貨船多隻仍被阻留，祈貴處速電岳州鎮守府，並飭糧台官兵，嗣後商船一律放行，勿稍留難，並妥爲保護，以便商貨流通。

附來電：

刪電悉。川幫運貨商船多隻被糧台官扣留，已電飭放行矣。

又致西安張都督電：

清帝退位，政改共和，各電諒已達到。頃得項城電開，北方一时恐難平静，京疆須以重兵鎮懾，而奉天已決計宣告反對。軍隊已整備，熱河亦附和，北方甚危險，擬請電知陝西張都督移軍西向，專防升允。北軍退出潼關決不西進，酌留隊伍剿辦土匪，餘均開回北京防堵奉熱，祈速商復等語。現在國體已定共和，南北當視爲一家，民國宜視爲一人。升允甘爲民國之敵，則當聯合南北軍隊往剿，除去此等魔障，嗣後諸事可與項城直接電商，以便速行。

附來電：

函電悉。現在奉電，清帝退位，共和成立。業與潼關兩軍統周趙議和宴會，退出閿鄉。惟升允聞知清帝退位，激而愈横，於陰曆二十六、七、八日，正月初一、二等日分兵四出，蹂躪鳳軋岐淳一帶，又陷我醴泉，殺燒奸淫，慘無人理，西北各鄉幾無人烟。軍火已發，請設法不分星夜，運回接濟爲要。

二月十六日，上海伍廷芳辭議和代表。

是日黎大元帥亦電南京參議院辭臨時副總統職。

同日袁世凱之高等顧問莫禮遜（英探）密告袁世凱，謂中國人民程度不齊，仍宜以足下之才力君臨之，方能統治。南方真正黨人大約犧牲迨盡，即有少數品學兼優之士，必不能見容於權利競争之時，而貪財愛色之徒多半以偉人自炫，驕奢淫逸，無甚大志。足下當國，外人皆願投資，若以金錢引黨人入彀，其計未有不售者。袁世凱遂以莫禮遜爲心腹。

是日莫禮遜秘電英政府，謂袁世凱之權力可治中國，英人當以對埃及之法對中國，*Egyptionising China* 旋發表於倫敦《太晤士報》。此後世界各國仍奴視中國人，不似革命時之刮目相看，僑外華人至今尚不知其故也。蓋英人之治埃及，仍以埃及之領土獨立爲名，包攬埃及之海關、郵政、鐵路、鑛山，握埃及之財政，操縱埃及人之政權，此莫禮遜所以善爲袁世凱謀也。

是日黎賀袁大總統電：

頃接南京來電，昨日參議院開臨時大總統選舉會，我公當選，不勝欣賀。我公望重中外，才貫天人，去專制而進共和，化干戈而爲揖讓。此不獨五族頌胞與之功，即萬國亦莫不樂和平之福，專此電賀，伏維亮詧。

附南京參議院通電：

民國統一，共和目的完全達到。孫大總統堅請辭職，經本院承認，昨已電達貴處。本日開臨時大總統選舉會，滿場一致選定袁君世凱爲臨時大總統，已電請袁君來寧就職。袁君未就職前，孫大總統暫不解職，謹此布聞。

附袁大總統來電一：

昨承電商漢口會議辦法，當復一電，擬請南京政府勿遽改選，即就已成之局早謀統一，頃接南京來電，知參議院於昨日投票舉定，凱自顧衰庸，恐難勝任，而公義所迫，未敢固辭，衹得暫時承乏，惟俟基礎稍固，仍即歸田。現孫大總統派專使來京，俟晤商後，再定行止。

附袁大總統來電二：

辱電馳賀，惶感交並。此次共和成立，公實倡前，名德卓著，中外僉服。凱謬承國民推舉，自維棉薄，深恐弗勝。諸希隨時惠教，以免隕越，民國全體之幸也。

又致南京臨時政府電：

側聞招商局由中央政府抵押外國，鄙見竊以爲不可。查滿清所辦之事，僅電報招商等局著有成效，而招商局又爲交通之要素，今若將該局抵押，則揚子江流域概歸外人掌握中矣。明知目下困難，自不應有所阻撓，然兩利相權則取其重，兩害相權則取其輕。敢祈別爲設法以保主權，民國幸甚。迫切惶恐，伏候卓裁賜覆。

又覆浙軍朱司令官電：

寒電敬悉。遠慮深謀，顧全大局，無任欽佩，早已疊電諸軍，請其互相接洽，以抵和平。現中國各省除升允等極力反抗，餘均意見相同，特電奉聞。

附來電:

天眷中國，建造共和，南北一心，共維大局。各軍主將既經接洽，以後再無衝突，國計民生，實均攸賴。第瑞意國家設置重兵，原爲對外起見。從前爭以武力解決國體問題本爲不得已之舉，現今南北各軍四方奔走，勞師糜餉，動逾數月，元氣傷殘，日甚一日。近時正式政府正在組織，東三省外人，又有進兵之説，事機危迫，各軍於國防上正應注重防守之時，而潁州、徐州兩方面尚復彼此屯駐，連營相望，甚無謂也。瑞意南北軍已經開誠相見，當可各釋猜疑，各任防務，擬請黎副總統、段軍統轉電袁公，宣示各軍，早定配置地點。俾南北軍立泯相持之勢，鞏固國基，防禦外侮，造福地方，胥在乎此，至南方軍隊，只求共和目的完全達到，決無再蓄野心。瑞率所部尚能自信，甚願誓守公誠，尊崇人道。皇天后土，實所鑒臨，芻蕘愚忱，伏乞采納。

孫中山祭明孝陵畢之攝影

孫中山讓臨時總統於袁世凱後在孝陵攝影

孫中山祭明孝陵畢出陵時之攝影

孫中山祭明孝陵畢將歸時之攝影（計衛兵萬五千人）

六七、二月十七日　南京臨時政府派蔡元培、汪精衛迎袁南下就職

二月十七日接南京來電，謂南京臨時政府派蔡元培、汪精衛等爲專使，赴北京歡迎袁世凱來南京就第二任臨時大總統之職。蓋袁世凱憑藉北京，既奪得清廷退位之權，又早見黄興在漢口妄攻之敗，至此已目中無人。離山之虎，智者不爲。南京派使歡迎，實爲袁世凱所竊笑，且停戰以來南方惟恐戰事重開，委靡不振，北洋六鎮至此不得不統就袁世凱範圍，京漢綫以段祺瑞壓制武昌，津浦綫以張勳抵抗南京，更命倪嗣冲弄兵淮潁，故爲挑釁，所謂奉熱反對、外交急迫皆委託之辭耳。

是日孫大總統代表中國國民致祭明孝陵引起民族觀念，以爲宋亡於元，惟朱太祖成光復之業，明亡於清，此次武昌首義，全國人心響應，又能光復故物，所以勵後世不宜再受亡國之辱也。政府全體人員及南京軍隊皆至孝陵，禮極嚴肅。

是日黎致南京臨時政府電：

漢冶萍礦抵借一節，風聲所播，物議大譁。屢經電達尊處，今來電稱急不擇蔭，將以已交之二百萬作爲虚抵，而棄合辦之約，此所謂知二五而不知十者也。清廷關於財政問題不知籌畫，不知撙節。一旦應付不及爲之謀，衹知持抵壓之物，求濟於外人，所謂喪失權利不顧也，違反輿情不顧也。推其致此之由，何嘗非急不擇蔭之意乎。敝處自起義以來四月有奇，大兵屯聚不下十萬，軍械餉糈動輒百數十萬，接濟鄰省尚不在内，非苦心設法，力求撙節，何能支持至今。前某國自願貸與鄂省三百萬，即欲以漢冶萍礦作虚抵，此間

同人一聞此事，無不憤氣填胸，極力拒絶，誠以漢冶萍礦於海陸軍前途關係至重，利權之損失猶其次也。今合辦之約可以作廢，即應將已交之欵設法歸還，以免無窮之轇轕，至以招商局抵押借欵，則民國航權亦隨之而去。敝處不敢贊同，我公於國利民福研究有素，外人之設心尤所洞悉，務望極力維持，勿僅爲目前之計，勿輕聽他人之言。事關民國前途，當不嫌言之過激也。王君正廷處，請並以此意告知。

又覆長沙譚都督電：

咸電悉。正式議會，亟應成立。誠如公言，其選舉法，中央現未頒行，敝處係按照前清舊法略爲變更，人數大縣三人，中縣二人，小縣一人。未識明見以爲何如，特覆。

又寄襄陽左翼軍劉司令公電：

清帝既已退位，北軍贊同共和，從此南北一家，必無自相攻擊之理。所有該軍北伐二字，應即取消，改名左翼軍，以免北軍誤會。

又致九江軍務司電：

武穴地方褊小，軍隊密邇。若開演女戲，於地方有百害，於公家無一利。將來闖鎮糜爛，誰任其咎。據稱黎健珊係由貴司派來，是否屬實，務希迅速查明，飛電阻止，以保閭閻，至紉公誼。

二月十八日聞有前清在奉天協統陳宧至南京，因其同鄉張昉、耿覲文、李書城、何成濬等介紹於陸軍部長黃興。陳宧貌極恭順，心最陰毒，後由黃興薦之袁世凱，爲袁畫策，以除民黨，行帝制，與莫禮遜内外夾輔，民國受害無窮。

是日黎復瀘州軍政府電：

蜀滇軍隊既已融洽，曷勝欣慰。現在清帝退位，政體改建共和，南北自成一家，所有各軍北伐字樣應即一律削去，以釋北方之疑。至升允反抗共和，亟宜戮力同心，殲此醜虜，祈蜀滇聯軍出師漢中，以平陝甘而維大局。

附來電：

庚電敬悉。滇軍第一標團駐叙，已派員前往交涉。謝標團長允將行政權交出，其第二標團前隊已抵瀘。李標團長日内亦可到朝望，已派員接洽，諒滇軍必能恪遵鈞諭，與川人聯爲一氣，共謀北伐。川人亦必盡釋前疑，開誠相與，確敦睦誼，共維大局，以期仰慰廑注。

又覆上海紅十字會電：

刪電敬悉。諸公持人道主義，抱和平宗旨，不獨中華民國所倚賴，亦天下萬國所共仰。現南北統一，戰禍永息，特電誌慶，諸希亮察。

附來電：

統一已見明文，南北戰禍已息，敝會樂贊和平，曷勝額慶。

二月十九日，黎大元帥見共和已成立，位置已穩固，對於袁世凱極尊敬，實行孫武等主張，將淡視南京政府。

是日黎上袁大總統電：

電悉，辱承獎借，愧不敢當，以公之才之學之識，總統中華民國，建設共和政體，未有不成唐虞之盛治，駕歐美而上之也。前電請南北各派代表至漢口會議辦法，實爲切要之圖。想我國地大物博，改建共和不可爲一時計，當爲久遠計；不可爲一省計，當爲全國計；不專爲對内計，當更爲對外計。如不趁此籌畫妥善，難免不別生阻力。我公識見宏遠，必能慮及，會議之區似以漢口爲適中，懇通電各處遣派代表來漢，以便組織中央政府，庶免踈虞而固國基。

附來電：

自武漢起事，天下從風，共和之基，於斯肇建。今幸得以和平解決，大業告成，非執事毅力精心，諸同志忘身愛國，曷克臻此。除本日遜位諭旨並鄙見所及，另電南京轉達外，特此奉慰，即維亮察（不曰“起義”而曰“起事”，純爲玩弄之詞）。

又覆開封齊撫台電：

洽電敬悉。襄陽派赴新野軍隊係取道南陽，以便援助陝西，防禦升允，並無他意。務望速飭南陽軍隊勿得誤會，致起衝突，無任禱盼。至光州李劉軍隊，未知是否寧軍張國威所帶，現已飭查轉知，遵照調回，特覆。

附來電：

頃接京電云，各省接南京黄陸軍總長通電，共和業已宣布，國内所有軍隊皆中華民國之軍隊，豈宜自相衝突，已由伍、唐二君電告袁公，通飭各軍一律改懸中華五色國旗，以示劃一，此後見同一國旗軍隊不可挑釁等因。查南陽府屬新野縣爲襄陽軍政分府派隊襲取，即祈電飭退駐襄界，以免衝突，切禱切盼。再據光州報稱係貴軍之李劉所帶，兵至光州，襲據南城等因，如李劉果係貴軍，應請迅即調回，希電復。

又寄施南安撫使馮仁佺電：

電悉。施鶴反正，朱君揚武之功居多，殊堪嘉許。惟現在清帝業已退位，政體改建共和，凡百政事，非得適當之人不足以資佐理。朱君既治軍有方，熟悉該處情形，即希迅速來省，藉商施鶴善後事宜，所請委充施鶴防營統領一缺，俟朱君到省，給札委用可也。

又寄襄陽季司令雨霖電：

現在清帝退位，南北已聯絡一致，各處均已接洽妥協。戰事悉泯，所有高仲和組織之北伐團，除一營管帶李明章就原有隊伍仍紮原地外，其餘名目一概取消。

又寄襄陽季司令雨霖電：

現清帝已經退位，宣布共和，由南京代表公舉袁項城爲大總統。南北軍隊已成一家，貴軍亟應西折援陝，攻擊升允，所過北軍原駐地點宜先通知，以免誤會，致傷感情。劉公到時亦望將此情通告爲盼。

六八、二月二十日　南京參議院仍一致舉黎元洪爲副總統

二月二十日接南京來電，謂南京參議院開臨時副總統選舉會，仍一致舉黎元洪爲副總統。

是日黎覆卸任襄陽府李知事步青電：

銑電悉。徒手軍隊解散二千餘人，甚慰。現各府知事，除武昌府名稱仍舊外，餘改名爲縣。襄陽既有替人，望速來省贊助一切。

附來電：

咸電敬悉。張國荃徒手軍隊，業商准該協統及部下王毛兩君於近三日内解散近二千人，季招討原率隊伍應如何辦理，步青未便置議。襄陽府知事季招討早委梁鍾漢君，善後事宜步青不能奉命，已前稟，並聞。

又覆郵傳部梁總長段軍統電：

霰電悉。京漢路規復行車，以便中外商旅，極表同情，但此時百端待理，不止鐵道一節。亟應提綱挈領，趕速認定京都組織中央政府，乃由中央交通部統籌全國鐵路等事。否則無論如何商辦，終恐後有紛更，多費手續。前因章副總管祜，久離職守，鐵路主理無人，特飭鄂交通司就近整理南局事務，粗有頭緒。軍興以來，南方

各省一切要政均係暫時就近管理，隨時協商聯給。一面在寧組織中央政府，冀達統一目的，尚未完全成立，京漢路事同一律，當中央政府未確定以前只得由各省就近整理，隨時協商聯絡。南段附近，鄂軍暨各省客軍駐紮甚衆，非有與各軍感情素孚人員管理，亦恐滋生事端。現漢上華洋貨物堆積待運，車輛太少，請尊處飭章副總管將車輛速即運交南局，即可與鄂交通司商定通行辦法，由該司擔負南段責任。俟中央交通部確定時一齊交卸，歸部接管。鄙見如此，即祈裁奪示復。

附來電：

軍興以來，鄂豫交通阻塞，致商業凋敝異常，迭次議復通車，又皆未能就緒，中外各商皆深焦盼。茲幸全局統一，自應速圖恢復。查京漢路工車輛，失修數月，敗壞不堪，行車秩序，錯雜凌亂，皆須全路通盤籌算，方可設法改良。此外應行興革之事尚多，亦須脈絡貫通方能下手，日內擬即飭令京漢局聚南路華洋人員照常管理路務，並責成章副總管祜等專司其事，迅行籌擬開車事務，以便商民，伏懇我公飭知部下各員，接洽遵照，俾免誤會。此後公有命令該路之事，請即電知士詒或逕飭南局人員遵照。此事專候尊處復音定奪，各商日來催問，伏乞早賜電示，曷勝翹盼。

又覆上海伍代表溫汪兩參贊電：

自議和以來，往復商榷將近兩月，千回百折，頗費經營。如此不辭艱難，不避勞怨，以顧惜無數生命，保全無數財産，卒能和平解決，造成共和之民國，其德無涯，其功無量。此時大局初定，百廢待舉，仍乞大力維持，建設完全共和民國，則不獨五族頌締造之功，即萬國亦慶和平之福矣。

附來電：

自議和以來，廷以踈才，謬承重任。深惟今日，共和思想已普遍於人心，北省同胞一時未能相喻，致有自相殘殺之慘。幸值停戰議和，正可藉此時機推誠相與，共泯猜嫌，同謀進取，以南北之合併成恢復之大功，蓋所謂議和，即與北省同胞和衷商榷之謂。迨前清袁内閣所遣全權代表唐君紹儀至滬，彼此開議。唐君即宣言欲和平解決。惟以北省軍民與十四省起義之民軍，情誼或有隔膜，意見自不免參差。如欲一致進行，必宜先避衝突之端，以成共濟之美，因擬彼此息戰，開國民會議，取決多數，以定國體。蓋當時彼此明知全國人心已趨於共和，特以是爲表示之作用耳。乃事機未熟，枝節横生，補救調和，費盡心力，由是乃有清帝退位之説，蓋經一次挫折即多一次進步矣。迨項城布置就緒，而北洋統將段君祺瑞等全體一致贊成共和，遂以成民國統一之結果。中華民國自此完全發達於大地之上，誠我五大民族無疆之幸福也。廷惟共和事業，我副總統率十四省之同胞成之於前，而項城率北省暨滿蒙回藏諸同胞繼之於後，曾不半載，遂竟全功，此皆由我全體軍民之苦心、毅力磅礴鼓盪，大而且速，故能收此良果。廷受任以來，夙夜儆惕，慮以覆敗，貽羞民國。今幸藉我軍民之力，全國統一，和議告竣，謹辭議和總代表之任。此後仍當盡國民之天職，竭其愚慮，以仰贊高明，伏乞鑒諒，無任禱切。

又上袁大總統電：

自軍興以來，南北阻隔，以致紙幣不能流通，市面經濟恐慌莫可言狀。南北統一，所有官幣自應一律通行，祈飭理財部速籌官幣通行辦法，以便商民。

附來電：

號電敬悉。深佩藎籌，各省經濟困難，亟待設法回復。流通紙幣亦爲各重要問題之一，現盡由度支部詳加研究，通盤籌畫。俟準備有着，設立兑换機關，届時方有確實辦法，目前現狀仍希藎慮維持至盼。

二月二十一日，湘桂及江西援鄂軍隊皆準備各回原省，或聽南京陸軍部命令開往南京改編。

是日黎上袁大總統電：

准伊犁總司令楊纘緒電開，伊犁我軍倡義九城皆已光復，惟種類甚雜，故依人道主義推前將軍廣福爲都督，以息兵端。新撫極力反對等因，如伊新戰禍一開，關係甚大，恐牽動大局，理合電達懇請轉電新撫與伊犁，彼此妥爲接洽，免起衝突，大局幸甚。

附來電：

個電悉。尊見所慮極是，已電致新撫與前將軍廣福接洽，務弭戰禍以保大局。

又覆郵傳部電：

電悉。交通機關宜聯貫不宜割截，極佩卓識。已照來電飭遵矣，特聞。

附來電：

前電計達，未承賜復。頃接京漢南路洋總段長電稱，武昌派李標爲總辦，令段長等承認等因，查交通機關宜聯貫不宜割截。前電業已詳叙，現南北合爲一致，似不宜另設機關，致華洋人員無所適從，職務多所阻隔且易滋弊病。應請俯念爲難情形，從速斷定，飭令管轄交通人員暨沿途兵隊遵照，以免再生阻礙，致失商民盼望，毋任跂禱。

又覆開封齊撫台電：

效哿電均悉。季軍方面，共和宣布之日早經飛電阻止。第恐綫道行遠，轉手太多，不能確實達到。昨又專員由鐵道趨赴南陽，剀切諭知矣。新店附近之衝突暨南陽謝鎮之報告，當在敝處函電未達季使以前，頃得該處來電，謂軍隊已全部退回鄂境，當不至再有衝突。西事由貴處派人前往接洽，深盼早得要領，免致生民塗炭是幸。

附來電一：

頃接南陽謝鎮電稱，襄陽民軍分三路來攻，中路占據新野及新店鋪，刻探已進至瓦店鋪，距宛城僅六十里。又鄧屬之孟家樊、林家扒於二十七日被民軍占據，圍攻魯家寨不休等因，查昨得尊處函電已電阻進攻。今日謝鎮電，應請迅速再飭襄陽張司令，季招討阻止進兵，並令退駐原地，免致驚擾地方，至爲感禱，盼復。

附來電二：

巧電敬悉。查新店等處兩軍衝突，事在共和未成立之前，且在停戰期内應遵如來侵犯竭力抵禦之辦法。現在共和早經宣布，南北一家，理應悉泯猜嫌，聯絡一氣，以謀生民幸福，所有北攻南陽之兵，萬祈早日調回爲盼。西事已派人前往接洽，如其反抗共和，是有意塗炭生民。無論何人，應爲公敵，並祈電知季使是荷。

又覆煙臺藍都督電：

電悉。段軍早退出武勝關外，刻下兩軍既表同情，不獨武漢方面已互相接洽，即院北各處均泯猜嫌，爲共和前途、人道主義着想。尊處宜速派妥員與之接洽，不必過於疑慮，禱切盼切。

附來電：

蔚自共和告成屢經辭職，早已分電在案。十七日奉袁大總統電云，煙臺藍都督十四十五兩電悉，執事關心大局，化除意見，深堪嘉尚，取消都督一節，已電商孫大總統酌量辦理。一面將所部軍隊妥爲收束，其關於關外民黨恤死救生之舉，亦應迅速辦理，已由唐總理撥交奉天聯合急進會代表朱錫麟、張英華銀一萬元，並派員赴奉料理，希即由該都督派員呈明奉天省趙都督辦理，總須力勸黨人消釋前嫌，共謀共和幸福，免資漁利，是爲至要。執事深諳兵事，倚任方殷。前日已電商參議院求其同意，希即迅速部署一切。事竣後，來京襄助，大總統袁銑印等因，蔚除電請袁大總統遴員蒞烟料理善後事宜外，合請鈞處同時派員來烟，並懇頒示啓行日期以便接待，是所至禱。

又致南京臨時政府電：

鄂省自起義以來，血戰數十日，尸骸枕藉，無算傷殘。幸賴中國紅十字會在武漢設立臨時醫院救治被傷兵士，並施掩埋。茲查該會已由日本赤十字社社長松方侯爵特派法學博士有賀長雄來滬，商榷修改會章，復承日本介紹得邀萬國紅十字聯合會。公認該會爲中國正式紅十字會。此次民軍起義，東西南各省均設立分會，共五十餘處，所費不資，其功甚巨，如此熱心慈善事業，似不得不特別表彰。伏懇准予立案，揭諸報章，以資提倡而重觀感，不勝盼禱。

附來電：

箇電悉。查民國軍興以來，各戰地將士赴義捐軀，傷亡不少，均賴紅十字會救濟掩埋。善功所及，非特鄂省一隅而已，文實德之。兹接電示，以該會前在武漢設立臨時病院救傷掩亡，厥功尤偉，後經日本有賀氏妥修會章，已得萬國十字會公認，囑予立案等由。該會熱心毅力不可無表彰之處，應即令由内務部准予立案，以昭獎勸。

二月二十二日，陝西高田兩代表至武昌，要求黎大元帥致電北京，欲運軍械至西安，假道鐵路。

是日黎致郵傳部段軍統電：

頃有陝西代表高正中、田中玉等在滬購得步槍三千六百枝，機關槍四桿，炸彈二百一十個，子彈一百七十八萬，共計二千二百四十八箱，運在漢口劉家廟，請尊處特派專車來漢運往洛陽，希即飭知廣水以北之軍隊及周統領妥爲保護，並希轉呈袁大總統爲荷。

附段軍統來電：

養電悉。已函郵部，即備車到漢運送，並飭李統制，周、趙兩統領查照，但空車南下，務須切囑廣水以南毋得阻止，並希與李統制直接接洽，以免誤會。

附郵傳部來電：

養電敬悉。陝西代表高正中所購軍火由漢口運往洛陽，既承鈞座核准照運，已飭京漢路局於漢口通車後迅即按照前陸軍部轉運軍火半價計算章程，備車照運，並已電飭汴洛路局照辦，起運時祈派員與車站接洽，或告知黄錫臣君轉飭亦可。漢口通車事，奉個電，承荷分電飭遵。奉日黄錫臣君來電極述鈞座維持之德意，自本日起已交由該路局自行接管，後此交通便捷，南北無阻，副總統爲客商造福不小，已飭京漢路局立即照常通車，南下通車之期至遲不得過二十六日，南段各員司已電飭速回原差，照常辦事矣。知關垂念，特以奉聞。

又致南京海軍部電：

敝處在滬所購辦之軍械，因無船運，尚堆積該埠，聞江元不日修整完全，即行上駛。兹特派參議鄺杰前來，請飭江元就便將敝處存滬軍械裝載，由鄺杰押解回鄂。

又致陝西張都督電：

清帝退位，宣布共和，南北統一。孫先生辭職，公舉袁公慰廷爲臨時大總統，從此去專制而進共和，化干戈而講揖讓，滿蒙回藏共用和平之福，現在新疆亦贊成共和，不知陝甘如何。以後一切善後事宜可直接電商袁大總統，以便速行。

附覆電：

養電悉。武漢起義，敝省首先響應，數月以來東西苦戰。三輔豪俠之士、六郡從風之子銷鋒鏑，填溝壑者何可數計。闡其所圖無非欲推翻專制，改建共和，何乃首發難端，破家捐軀而不顧乎。來電稱現在新疆亦贊成共和，但不知陝甘皆贊成否云云。在甘民爲升允所挾制，貿然爲天下公敵。敝省支持數月，心力俱瘁，飛電求援，數十百起，豈尚不能見諒乎？至孫先生辭職，公舉項城爲臨時總統一節既經各省公認，敝省無不極力贊成，請將詳情示復。

又寄襄陽季司令雨霖等電：

清帝退位，改建共和，南北已成一家。前已屢電囑勿前進，致傷和氣，何以竟違命令，冒昧争功？殊屬非是，嗣後只可接洽，萬不可進攻。倘再違令，即照懲治土匪例辦理。

附段軍統來電：

頃接齊撫電，謂得諮議局紳奎文電稱前往南軍接洽。元日到宛，城空無守，又電謂新唐鄧三州縣失守，襄軍尚進行不休，豫西將盡糜爛，爲國利民福者詎忍出此。又接柏統制電稱，尊處派到胡君翼龍，將往季軍，令其退出新唐等州縣云云，足見洞明時局，關懷民命。瑞前電意謂軍隊程度不齊，迫恐衝突，想已入覽，現在要義，速圖内地治安，共謀對外政策，諒我公必早見及於此。

附袁大總統來電一：

頃接南陽急電，新野爲襄陽軍占據，已派代表劉温玉往商。何陰曆二十九日唐縣鄧州仍被占據？現共和一致，自是一家，我重人道，彼擾治安，殊不足以昭信義等語。現應規復秩序，詎可再擾民生。請速飭襄軍立即退回原地，以保大局，至盼。

附袁大總統來電二：

來電悉。南陽民軍承屢電阻止，不致再擾民生，仁人用心，無任感佩。奉省初因有人煽惑，頗思反對，熱河亦思附和。嗣迭派員分投宣布，詳細勸釋，均就範圍，趙督並率三省各界電表同情，熱亦同贊成，暫可無慮。北方秩序安謐，惟京鐵聯軍在境，東北逼處兩大，維持手續必須面面俱到，稍一不慎即起巨禍。數日來筋疲力盡，幾不可支，達人遠識，何以教我。

附袁大總統來電三：

頃得豫撫電稱，據老河口季招討禡電，駐唐縣新野鄧州各軍隊業已調回襄陽河口，惟升允素主排漢，迭奉黎副總統電飭，並張都督電請往援，霖已部署就緒，尅日前進。惟南陽駐紮之軍隊及貴省之各軍須商聯合，勿再自相攻擊，致礙共和前途云云。查該軍由光化援陝，應取道荆紫關龍駒寨達西安，甚爲捷便，若道出南陽，路反迂緩，居民必致驚擾，請轉前途等語。該撫所電，希飭季君查照辦理。

二月二十三日，黎大元帥電南北兩京，謙謝再膺臨時副總統之職。是日黎覆孫大總統並各機關電：

個、禡兩電均悉，兩日内連接南京效、號、哿三電，譯讀之下殊深慚悚。竊念義軍發起之初，以訖民國完全成立，皆全國同胞共同之力。洪何人斯，敢忝副職，祇以力辭不獲，兵事未終，權從衆志，隨諸公後耳。今南北共和，兵戈永息，項城總國，人望攸歸，洪之才力，實難肩隨。謹以臨時之局暫從公民之命，仍望諸大君子鼎力建設，奠定國家。洪得待教，庶幾鮮所隕越，一俟端緒就理，仍當歸耕鄉里，爲民國一自由之公民。現派代表旦夕必達，仍望源源惠賜教言。鶴樓引領，曷勝馳依。

附袁大總統來電：

接南京皓電，欣審執事再膺副總統之選。國是大定，人望允孚，頌德歌功，歡騰中外，凱以衰病，謬附同舟，深盼惠示良箴，共謀同胞幸福。特此電賀。

附各部總次長來電：

公舉義武漢，天下景從，盛烈豐功，海内同仰。兹聞再膺副總統之選，曷勝歡忭。謹專電祝賀，伏祈鑒察。

附南京參議院來電一：

接來電稱中央政府已準備重行組織，副總統及大元帥之職應先辭退云云，當經開會公決，謹從鈞意，於二十日開臨時副總統選舉會，特此奉聞。

附南京參議院來電二：

二十日午後二時，開臨時副總統選舉會，舉定我公爲臨時副總統，全體一致，群情歡忭，特此奉聞。

附南京徐衛戍總督來電：

本日午後二時，參議院行選舉新副總統典禮，紹楨執行檢票事務，當衆驗票，仍舉我公當選，衆情歡舞。公率義旅，爲天下先。今副項城，肇造區夏，國利民福，詎有涯矣。謹爲民國前途馨香禱賀。

又覆老河口季招討電：

皓電悉。大局早定，凡有軍隊應一律保守秩序。果如來電所云，恐爲共和民國所不容，已電阻止。頃接南京轉來大總統效電，奉省一再派員開導，已就範圍。周趙兩統領仍留秦豫間辦理土匪。段軍統意謂回民强悍，新疆萬里，戰端一開，恐無已時。倩與升允、善耆先爲勸導，期於和平，並派毛繼成西去與張都督鳳翽晤商，相機辦理，季軍即可緩進。因軍隊太多，萬難一致，已飭謝鎮嚴禁衝突。如豫境土匪係豫撫謝鎮之責，季軍不必越俎，啓擾害人民之嫌等因。似此援陝及辦理土匪任務均可付之豫撫謝鎮，我鄂軍隊應一律退守鄂境，以保秩序而安閭閻，切勿再進，致傷和氣，並將各情一面轉電陝都督，一面阻止唐犧支軍切勿前進爲要。

附來電：

光復唐鄧新野後奉副總統電開，清帝退位，共和宣布，飭將各處軍隊調回原地等因，遵即將唐縣新野兩路軍隊撤回襄樊，鄧州軍隊撤回老河口。惟河南奮勇軍在南陽各處肆行搶殺，形同寇盜，皆該軍統帶縱容驅使，應請從速派員查辦，民國幸甚。

又致新疆袁撫台電：

北京今已宣布共和，南北統一，以增進民國之幸福，閣下領袖西北，自不忍塗炭生民，招致外侮，且閣下亦爲吾族俊傑，民國初立，尤需長才，聞伊犁已數電就商，願及時有爲以安大局，特此忠告，希即諒察。

又上袁大總統並致段軍統電：

頃接陝西張都督電，稱升允添兵猛攻，逼近省城，危急萬分，請速設法救援等情。升允若此舉動，恐非開導所能奏效，請速救援。

附袁大總統覆電：

漾電悉。西安危急，甚念。已電趙周兩統領回援，並令通告蒲州之民軍就近先往。

附段軍統來電：

援陝聯軍業由漢中出發，觀變而動，計亦良得，務求收拾人心。現倩人勸導升允，並由回教人等商其部將馬安良，更將優待條件撮要信知。但電轉蘭州恐致稽遲。茲擬逕電西安，分送升、馬。昨張都督鳳翽電信，升允連日攻擊，痛害地方，翽調東援西，力尚能勦。惟餉枯械罄，求爲接濟。此間已籌餉五萬兩，槍千枝，子彈五十萬，運洛轉送。如槍械不足，容再籌撥，已電復，並聞。

二月二十四日，孫大總統通令全國革除大人老爺等名稱，謂此種階級不平等之稱呼不合共和國之人民。自今以後，凡對官員稱官職，普通人稱先生或曰君。

是日黎寄老河口季司令電：

梗電悉。溯自起義以來，凡我同人甘自犧牲身家，不辭勞苦、不避艱險者，原欲改革政體，爲同胞求幸福，爾時陣亡者有之，被傷者有之，操勞成疾者亦有之，非獨君也。君之熱心毅力，同人夙所欽佩。茲共和目的既達，同人可告無罪於同胞矣。然大局初定，尤賴群策群力，安民攘逆以建設完全民國，萬不可稍存退志，自負初心。據稱未給一械，未給一餉，非不給械也。自兩漢失守，槍械盡失，購辦者至今未到，非不給餉也，計所携之欵及荆宜所撥之欵尚足敷用。總之，僕等爲民國辦事，自宜互相原諒，不可稍存客氣，致礙利國福民之本旨。現以南北一致，故不得不將北伐招討等字樣取銷，以昭大同。所請將襄陽總司令官兼管鄖陽軍隊事務成命收回等語礙難照准，希即遵照。

附來電：

前奉電，飭充襄陽總司令官兼管鄖陽軍隊事務，又電陝西危急，命即率隊往援各等因，聞命之下，感悚交集。惟是霖自八月起義至今將及半載，焦勞國事，未或一日稍安寢饋。雖材質魯鈍，無所建樹，然已心力交瘁，寖成疾病。前此所以不即辭退，勇爲效命者，正以大敵當前，大局未定，知遇之恩未酬萬一耳。現在清帝退位，共和告成，霖甚可乘此卸肩，安心調攝，應請收回成命，取消襄陽總司令官名號，並速派員接收經手事宜，以便交替，不勝百拜叩禱。至於陝西危急萬分，霖非不思星夜率隊飛往救援，無如餉項分文未有，槍彈亦於攻擊唐鄧新野等處耗費殆盡。孤軍遠征，危險萬狀，懇爲設身處地，熟籌深思，速示機宜，以定行止。再霖自出省以來未蒙給一槍彈，撥一餉項，副總統捫心思之，當亦爲霖涔然淚下也。

又致爪哇牙魯中華會館電：

諸君殷嚮祖國，深佩熱忱。匯來之壹千元，理財部申報數目，係由夏道南經手轉交。適因匯處地址不明，未獲電謝，至今歉然。茲承函問，特布歉忱，即希轉致前途爲盼。

又致南京臨時政府電：

日人神村送來飛船業已抵鄂，據稱購價十一萬元，未免過昂，且語多要挾。復詢之飛行家劉君佐成，謂在滬神村以七萬元願售，劉君以別故未買，如神村仍以七萬元願售，敝處購之可也。倘故高價值，敝處斷難吃虧，請設法婉辭爲禱，盼覆。

附來電：

飛行船事，前已電告，不知價值貴賤，故請尊處派人與滬接洽。今閣下既知其價昂，即請要減爲是，已轉電神村矣。

二月二十五日，據外人輿論，皆以中國經此次改革，各省必苦兵多。良善農民一經爲兵，即多流蕩，再不願作農民正業，將來中國荒亂將無可挽回，而劫殺之風尤爲危險云云。

是日黎致長沙譚都督電：

據湘米幫五邑公所首士舒宗衡等，稟請發給護照，往湘運米濟鄂，平價助餉以足軍食而便民生等因。查鄂省自軍興以來，客軍麕集，食米有惟日不足之虞，業令該湘幫首士與武昌商會商妥，各往湘運米十萬石以濟鄂食。除發給護照外，合行電達，務祈轉飭放行，是爲至禱。

又致南京陸軍部電：

刻陝西代表高正中、田中玉等運械抵鄂，懇請電商貴部，電飭威武軍護送至秦。現清帝雖已退位，而總督升允仍復頑强抵抗，且屢擊民軍。該省經戰已久，械兵兩乏，若不及早圖維，後患殊爲可慮。查威武軍將士，秦豫人士居多，志切桑梓，用以運械援陝必收效果。請貴部電飭該軍就近護送，以濟急用而全大局。

附覆電：

二十五電悉。已電命威武軍張鶚翎準備出發往陝，請飭陝西代表等迅往黄州與該軍接洽爲禱。

二月二十六日聞蔡元培等在北京，時催袁世凱至南京就職。袁世凱滿口應允，但暗中示意北方各將領及各團體向蔡元培等剖陳利害，以袁世凱不可南下爲詞。

六九、二月二十七日　袁世凱無意南來 黎元洪通電仍主建都北京

二月二十七日，黎大元帥亦以中央政府地點南北爭持不決爲慮。是日黎上兩大總統並致各機關電：

清帝遜位，已經浹旬，組織政府，瞬不容緩，徒以首都地點南北爭持，遷延未決，人心皇皇，危險萬狀。夫欲爲民國謀統一，規久遠，則臨時政府自應以地形險要、交通便利、能筦全國樞紐者爲適當之地點，居中馭遠，莫若武昌，有識者類能言之。第值此新陳代謝，情誼未孚。陝疆有戰雲未靖之憂，勝國有死灰復燃之慮，蒙藏諸邊尤爲岌岌，倘非假因利乘便之勢，從容坐鎮，必不能維持秩序、控制中邊，稍一疎虞，將至人心動摇，鄰邦干涉，内憂外患，迭起叢生，言念及此，深爲焦灼。南中參議院諸公力持建邦金陵之議，原欲改弦更張，從新締造，宅心未嘗不善。然統籌大勢，默相輿情，兩害相權必擇其輕，兩利相權必擇其重。此中關係屢詳各省函電中，毋庸贅述。且即舍北京而論，建業偏安猶不若武昌形勝。徵諸往史，利害昭然。然且以時勢所趨，不得不力圖治安，勉求讓步。若參議院諸公必欲膠執成見，事久生變，誠恐以一時未審之謀，貽全國無窮之禍。倘使後人追原罪首，悔將何及，諒熱心愛國者當不出此。竊謂爲暫時權宜之計，必仍規定燕京，藉消隱患。將來宅中建國仍在武昌，既足滌三百年舊染之污，亦可闢億萬世奠安之局，折衷定策，莫此爲宜。如蒙允諾，即請從速組織臨時政府，規畫一切，一面開闢武漢，建築新都，洪雖不敏，願董厥成，俟新都告成

之日，即爲總統移駐之時。勝朝反側，已就範圍，民國感情，亦孚一致。郅治之隆，胥操左券，豈惟我北方父老群相仰望，當亦我南中諸公所樂爲贊成也。洪雖籍隸楚北，忝執鞭弭，爲天下先，特以事機急迫，稍縱即逝，失此不言，禍患立見，審時立説，概秉大公，既不敢挾權利之心以便私圖，亦不忍存畛域之見以誤大局。皇天后土，實鑒此心，臨穎盼覆，神與電馳。

附蘇州莊都督通電（莊藴寬因程已辭）：

頃接中華民國聯合會民社、國民協會、《民立報》、《神州日報》、《時事新報》、《大共和日報》公電稱，頃報載參議院議決建都北京。政府駁令復議，並聞川陝議員相繼辭職等因。查北都關係外交内政甚巨，若捨北取南，勝國有死灰復燃之慮，强敵有乘機侵犯之虞，況立法爲行政所侵，不能保其獨立，民國開此惡例，尤可寒心。望公電抗議，以全大局，伏乞卓裁。

附杭州蔣都督通電一：

頃接江蘇莊都督咸電，謂大總統實踐誓言，薄海同欽，惟政府有辦法條件：一、臨時政府地點必在南京；二、新總統必須親到南京兩條。期期以爲不可，遂設爲問題三則：一、現勢上之觀念；一、地理與歷史上之觀念；一、外交上之觀念。藎籌碩畫，悉中肯綮，尊篹極爲贊同。且公署使館，北京咸備，移之南京，必須更築，土木之費，所費不貲。值此時艱，從何取給？是於經濟上之觀念亦甚有關係。伏乞公決，以維大局，民國幸甚。

附杭州蔣都督通電二：

接參議院刪電，謹悉。孫大總統踐誓辭職，舉袁公爲新總統。孫公之德、袁公之功皆足永留歷史之光，莫名欽佩。惟組織臨時政府地點，來電尚未明言，無從懸揣。江蘇莊都督通電，尊篤極爲贊同。此事甚有關係，請參議院以公正之眼光詳加研究爲要，並請將前後會議情形及兩方主張理由明白宣布，以釋群疑，無任禱盼。

附杭州蔣都督通電三：

黎副總統經電轉唐君養電悉。建都宛平、新總統蒞寧就任兩事，尊篤已於銑電贊同。頃觀各都督各議會各團體往來電商，於北都殆已多數主張。新總統蒞寧受任一節，唐君所云三害，慮周思遠。豔日宛平之擾即其近徵，以後處處可虞，而升允跳梁於甘肅，正在命將往征。新總統發機指畫，北較南便，苟以袁公暫蒞金陵受任，即行北歸，則亦何必虛勞往返。總之國體粗定，人情始敉，當棄虛文，而崇實事。現在大勢亟宜定都北方，新總統即在北方接任，庶免死灰復燃之患而安遠近之心，收全國統一之效而善外交之策。鄙意如此，祈惠教不吝。

附煙臺藍都督通電：

共和宣布，南北一家。爲因地點爭執將近兩旬，尚未建設政府，幾成無政府之國，人心惶惑，大局堪虞。各國鷹瞵，危機四伏，若再猶豫，不堪設想。請速暫以北京作臨時政府地點，維持大局，俟國會成立，或南或北，至易取決。今可化除目前意見，無容南北相爭，天蔚附從戎馬，無補時艱。維念民國無統一機關，不覺征衣淚濕。乞各界諸公早定方針，從速成立政府，以安大局，民國幸甚。

附清江浦蔣雁行暨軍界全體通電：

頃接蘇州莊都督咸一電，稱建都應在北京，所陳利害，洞中肯綮，卓識偉論，深堪欽佩，今更引伸其説，建都宜在邊陲。故俄由莫斯科遷於聖彼德堡，日由西京遷於東京。近俄更有遷都哈爾濱，日更有遷都三韓之説。此中消息，不言可知，請力持建都北京，勿爲浮言所惑，以維大局，禱切盼切。

附長沙譚都督來電：

建都南京只可爲暫時計畫，若爲永久起見，尤須斟酌地勢，準察時宜。今既合漢滿蒙回藏五大族成一民國，則居中馭遠，形勢固在金陵。燕京南達湖廣，北枕蒙疆，東接胡滿，西連回藏，近者鐵道四通，誠得高屋建瓴之勢。此中央政府之地點，所以宜取北京也。

附桂林陸都督通電：

迭接黎副總統各都督電，國都問題多主北京，此事體大，將來自應由國會解決。惟查現今時勢，北方多故，袁總統急難南來。臨時政府之組織又爲存亡所關，刻不可緩。不如請袁大總統即在北京受職，以支大局而安人心。是否有當，統希卓裁。

附天津張鎮芳、張懷芝、張錫鑾暨各司鎮道將領通電：

政體更新，總統舉定，南北一致，中外咸孚。民國重新古業，經緯多端。政府地點問題關係尤重，審時度勢，莫若都燕。謹奉八條，藉申一得。竊維全球大局，恒視形勢爲轉移。近日列强眼光已漸略海權而趨大陸，觀於巴拿馬河之開通、貝加爾湖之雙軌、安奉鐵路之浮橋，胥注意於太平洋暨遠東各處。此後文明輸灌，世界大同。北京由陸路直達歐洲，交通利便，是不宜舍北而南者一。近年親貴柄政，招權納賄，一旦失勢，實不甘心，是以有寧送朋友不送奴僕之論。倘總統輕去，無人坐鎮，則專制之餘威再見，劫遷之故智復萌，不特挾天子以令諸侯，抑將借外兵以平内亂，禍機一發，根本動摇，是以不宜舍北而南者二。南北滿、内外蒙古近接鄰國，皆係必争之地。燕都扼吭拊背，足資控制。若棄而之他，則雁蹟龍荒，非復我有，是不宜舍北而南者三。中國幅員遼廣，地學家或以建都偏北非之。是但就各省統觀，而未嘗合五洲並計。黄種生齒日繁，無地可以殖民，天留蒙荒，以待開闢。將來鴻規大啓，遷民實邊，遠揚聲威，兼饒畜牧，是不宜舍北而南者四。國基新立，萬端待理，餉源枯竭，着手最難。燕京自前明遷都以還，宫廷廨宇，園囿市廛，締造經營，規模廣廓。近年軍事戎器之富，學校圖籍之儲，凡百增設，甲於全國。祇論已成之局，已非財力所堪，舍此别圖，何從籌舉？是不宜舍北而南者五。共和成立，與民更始，舊時之秕政宜除，而新陳代謝，舉凡制度之見於册檔者，良有待於鈎稽，此蕭酇侯之入關，曹武惠之平吴，所以獨有偉略也。寧都倉卒草創，鮮所憑藉，何物何事可以接收？是不宜舍北而南者六。自各國締約通使以來，北京使館林立。庚子之後，展擴基址，費亦不貲，一旦遷移，微論外人認可與否，而建築各費，何計賠償？此外辛丑通道專約，京奉京漢關係條欵，牽涉多端，尤難因應，是不宜舍北而南者七。晋都建業，北服遂淪，宋遷臨安，燕雲坐失。即法美民主各國不聞舍舊設新，别營都會，覆車宜鑒，前事可師，是不宜舍北而南者八。以上理由極爲明顯，海内賢碩類已透切指陳，外人旁觀，亦復言論同致。新國至計，利害同之，欲爲久大之規模，當取多數之利便。謹本愚見，望速決定，大局幸甚，前途幸甚。

附南京浙軍朱司令瑞、粤軍姚司令雨平等通電：

自民軍起義以來，犧牲生命財產不可勝數。蓋爲全國謀幸福，非爲個人争權利，故不惜破壞一切，重行建設。不料宣布共和以來已逾旬日，因争持臨時政府地點，以致統治機關不能成立，對内對外危險異常。言念及此，中心如焚。瑞等睹瘡痍滿目，險象環生，用敢披肝瀝膽，直言布告，誓以國利民福爲前提，捍禦外侮，鎮撫内亂以盡軍人天職，至統一政府暫設地點。若就現勢外交、經濟、地理、歷史種種關係言之，自以參議院第一次議決之條爲適當。管見所及，謹電奉聞。

附上海民社通電：

建都問題，京不宜南，已成輿論。參議院附和，政府少數人之私見，率定南京爲臨時政府地點既昧大勢，復拂輿情，此吾黨所絶對不敢贊同者。際南北紛争之日，新舊暗鬥之時，吾黨似未可加重一方，啓内部黨派之争，墮外人挑撥之術。折中定制，莫若武昌。武漢倡義，爲全國人心所歸往，其地居交通之中樞，爲東南之冠冕，西通川藏，北控燕雲，既滌除北京舊染之污，亦免蹈建業偏安之習。況組織中央政府，各省早經認可，重伸前議，必表同情，戰禍方寧，國事叢脞。願我國人割除私見，各盡匡救之責，以收統一之功，大局幸甚。

附雲南蔡都督通電：

建都之議，章太炎、莊思緘兩君及各報館所論已闡發無遺矣。鄙意所尤當慮者，則建都南京後，北邊形勢當爲之一變，誠恐遺孽有乘虚竊據之虞，而强鄰啓瓜分侵蝕之心，黄河以北擾亂破裂，甚非民國之利。尚祈早定大計，建都燕京，可以控馭中外，統一南北，大局幸甚。

又寄老河口季司令電：

新撫袁大化現已贊成共和，惟升允尚極力反抗。頃准西安張都督個電開，升允於二月十八日陷我醴泉，焚殺淫擄，慘無人理。又復分兵四出，騷擾鄉村，形同流寇，見民即殺，刳腸破腹，遇婦輪奸，割舌刖足，以肆淫威，方之張李慘酷，尚不至此。二十二日又進攻洩陽，距省僅五十里。危急萬分，請速設法援救，並電援陝川滇黔各軍，火速由漢中迅速入鳳翔陽武，擊賊後路，以分其勢等語。查陝西危迫，亟應往援。茲派該總司令爲援陝鄂軍總指揮官，希迅率所部出發，勿稍刻延，是爲至要。

又致成都軍政府電：

准西安張都督個電開，升允於二月十八日陷醴泉，焚殺淫虐，慘無人理。二十二日又進攻洩陽，距省僅五十里，危急萬分。請速設法援救，並電援陝川滇黔各軍速回漢中，入鳳翔陽武，擊賊後路，以分其勢等語。升允反抗共和，民國公敵。頃河南來電，周趙兩統領已率所部星夜援陝。敝省亦電老河口季軍尅日往援，望貴省軍隊迅速出發，勿使星星之火至於燎原，大局幸甚。

又覆開封齊撫台電：

宥電悉。河南奮勇軍係旅鄂豫人集合而成，毫未摻雜他省兵士，前抵南陽，屢飭其退出豫境，而該軍隊貪戀故土，不願返鄂。茲已電囑與我公榷商辦法，分別去留，以重軍實而免紛擾，想該軍隊既關心桑梓，必能俯就範圍。請速派員妥籌編練之方，藉資援陝之用，是爲至禱。

附來電：

頃接貴軍劉風同自南陽來電，稱河南軍奉黎副總統命令北伐，於陽曆二十抵南陽。接到黎副總統來電云，現在清帝退位，民國統一，軍隊勿圖再進，致傷和氣，並請諸事與齊公妥商而保治安等情。南陽地面狹小，財政困難，大軍斷難久駐，請即送協粮食以安軍心等情。查從前停戰有限約，旋即宣布共和，尊處不至有北伐命令，況接尊處寒個兩電，均言電阻進兵，並言飭退鄂界。又承派胡参議節，持命令前往調回，計已早達。南陽季招討言係援陝假道，而劉風同南陽來電所言既非援陝，又無退出之意。請尊處酌奪，電飭退回鄂境爲盼，祈電復。

七〇、二月二十八日　袁世凱秘嗾第三鎮兵變焚掠甚慘因藉口不肯南下

二月二十八日，武昌黄申薌統帶軍隊逐孫武，因孫武專排斥起義同志，結黨營私，故動公憤，武昌幾動摇。

二月二十九日，袁世凱秘命北洋第三鎮曹錕在北京兵變，並焚燒東安門外及前門外一帶。是晚火光燭天，哭聲遍地，兵士土匪，搶掠達旦，商民被害者千餘家，於是袁世凱即以北方大局，不得不稍爲坐鎮。南京就職之言，恐事與心違。

是日黎覆梧州軍政分府電：

電悉。和議條件與共和政體毫無抵觸，務希將利國福民之美意共相研究，以免塗炭生民，致遭危險。想愛國諸君子必能顧全大局，委曲求全，以建設完全共和國家也。

又上孫大總統並致各省都督電：

前准中央内務部電開，奉大總統令開，中央行政各部既稱爲部，各省都督所屬之行政各部應改稱爲司。仰即分電各省都督，一律照辦等因，現已遵照辦理，從軍務部起一律改司。除另文諮覆内務部外，特先電聞。

又覆長沙譚都督電：

感電悉。武漢米糧向係仰給湘省，現在大局底定，士商雲集，米食缺乏，前商貴處，允爲撥濟。當經妥定條例，頒發護照，並一面出示曉諭，行知武漢商會，認真經理在案，收回成命既多礙難。鄂省米價飛騰，來源阻絕。即以軍食而論，月需三萬七八千石，計至秋收，非二十餘萬石不可。此次所訂購米簡章，販運額數以二十萬石爲限，商人請領護照，每名至多不得逾一千石，應納釐捐仍照鄂省新章，完納過境銷場税，均經嚴予規定。來電所云規避影射各弊，似可無慮，仍懇大力維持，俾紓鄂困。

旋得長沙譚都督電照允。

三月一日，黎大元帥因黄申薌逐孫武事已歸平静，即發通告以安人心。

是日黎寄本省各軍事機關電：

軍務部長孫武事昨已平和解決，市廛無驚，秩序如常。各機關照舊辦事，望勿輕聽謡諑，仍在該地鎮懾，是爲至要。

又致段軍統電：

升允在陜猖獗愈甚，陷醴泉，逼咸陽。該省危在旦夕，請尊處撥大砲數尊交洛陽陜西運輸隊高正中運陜，以維西北大局，盼覆。

又上兩大總統並致参議院電：

接敝處南京代表時功玖等豔電，政府借道勝債百十萬磅，以民國賦税作抵，定期一年償還，且許以儘先權。議員四十五人，僅有十七人到會，認爲通過等因，閲之殊堪詫異。竊謂政府雖經濟困難，但現在戰事已寧，從容建設，尚可勉力撑拄，況前清借債之失，我輩號呼力争，言猶在耳。遽自效尤，何以謝我民國父老？且我共和成立，列强均未確認，即今日南北統一，未臻十分穩固，遽因借債之故，自失租賦之權，而予外人監督之漸。一國得利，各國均霑，民國前途，何堪設想？伏乞從速取銷，免致干涉。元洪困守鄂中已歷半載，戎馬危急之頃，絶不敢言借債抵税以誤國民。敢本此意，爲政府告，並盼速覆。

附袁大總統覆電：

東電悉。道勝借欵事，前由南京陳財政總長在滬與該行議定簽押，昨據道勝京行經理函稱，因條欵過優，不能照辦，已通告南京作廢等語。特復。

三月二日，蔡元培等由北京連電南京臨時政府及參議院，解説袁世凱不能來南京就職之理由，請速籌善策，以滿北方人民之望。

是日黎上孫大總統並致各機關電：

頃據軍界同人呈稱軍務部正長孫武，不克稱職，請予更换前來。查孫武當起義以前，奔走呼號，尚著勞勳，洎筦軍務，煞費經營。近以心力交瘁，叢脞時虞，不願以疲敝之身久膺軍寄，迭請解職養疴，雖元洪優予慰留，未加允許，而該部長謙挹之懷，終必欲潔身引退，以避賢路。此次僉請更换，既昭各同志之公道，亦遂該部長之初心，元洪亦未便强留。現已遵照臨時政府電諭，改部爲司，委任曾廣大爲軍務司長，並派員敦請樊增祥爲内務司長，姚晋圻爲教育司長。從此群策群力，郅治或有可望。至外間傳言軍民暴動，孫武家屬被戕，悉無其事。知關廑注，特此電聞。

附孫大總統復電：

冬電悉。軍務司長孫武辭職，派曾廣大接充，内務教育兩司亦均得人。商民不驚，市井無恙，極見藎籌碩畫，布置周詳，聞之極慰。

又致羅田姚彦長先生電：

現值共和宣布，鄂中教育急需興辦。先生德譽素隆，衆所仰欽，已被公推爲教育司正長，望先生垂念桑梓，命駕來省，藉聆訓誨，除另具聘書外，特先電請。

又致段軍統電：

南京援陝威武軍四營已抵漢口，請速派火車來漢，以便運往洛陽，無任禱盼。

附覆電：

冬電敬悉。援陝趙鎮業已率步馬砲五千，初二三到潼，此時業經抵西安，得此大枝隊伍，驅逐升允則有餘，頃接毛繼成自澠池江電，稱升軍被民軍連日迎擊，已退至醴泉，長安無事，晋援軍已抵蒲城，擬即乘勢驅除等語。西陲既有重兵，威武四營，擬請緩行，因豫境軍隊甚雜，免有誤會。

七一、三月三日　天津保定駐兵亦繼北京譁變

三月三日接北京來電，謂天津保定駐兵亦繼北京譁變，人民甚恐慌。是日黎致各省各機關電：

清帝遜位已近二旬，政府尚未組成，鄰邦尚未承認。群龍無首，岌岌可危。徒以變象未生，偷安旦夕。頃聞京畿煽亂，宗黨操戈。首難雖平，餘孽未靖，禍變之來，尚未有艾，外人對此極爲激昂，某國並潛謀運兵入規京輔，設再稽時日，險狀環生，列强眈眈，難保不自由行動，瓜分之禍即在目前，敢伸前請，爲諸公告。國家構立，首由政府，現雖南北和解，戰禍初寧，但新舊機關，雙方對峙，國鈞不顓，郵命無儥，爾虞我詐，莫知適從。桀黠之徒，乘機思逞，鳴儔嘯黨，角立爲雄，一隅糜爛，全國隨之。是惟兵亡，天災侵尋，連年飢饉，江淮以南，餓殍載道，滿漢搆兵，群省回應，鄂寧鼙鼓，陝晉烽烟。哀我蒸民，流離墊隘，村落爲墟，田園不澮，夫僵海角，婦亡天涯，刼火餘灰，罔知所措。不圖安撫，何以善後，是謂民亡。滿清雖暴，猶可爲國，自舉義旗，倏逾半載，乃大局已定，猶事争持。高功懷讒，雄才畏禍，遷延不決，人人自危。滿蒙回藏，甫就羈縻，死灰尚燃，卧榻久睡，稍一反側，豈復我有。分裂不當，必求平均，莽莽神州，擲此孤注，是謂國亡。四海困窮，民生凋敝，帑枯於上，産匱於下，急圖統一，尚懼失時，設外患一生，兵禍連結，斬木無援，析骸不飽，黑隸紅氓，猶求弗獲，軒黄遺裔，長絶人群，是謂種亡。凡此數端，皆由於國基未定，有以召之，而究厥

原因，仍本於争都之一念。論者執南北二京，比挈利害，連篇累帙，猶未探原，總之丁此時機，萬分危迫，舍南京不至亂，舍北京必至亡。金陵形勢果勝燕京，猶當度勢審時，量爲遷就，況利便之勢相判天淵乎。元洪非喪心病狂，何敢危言聳聽，特以禍機已見，更無争意氣之時。其兄彎弓，其弟垂涕，亡無日矣，不忍不言。伏乞力祛成見，共濟時艱，早定國都，組織政府，庶可收中央統一之效，杜外人干涉之端，其他盡可從容解決，如蒙允許，即請速電北京，決定大計，無任翹盼。臨穎請命，魂電交馳。

附北京段姜馮三軍統通電：

宣布共和已逾兩旬，專使到京亦已七日，而臨時政府設置何處、袁大總統受任何時、統一政府如何組織迄無定議。北方秩序似難維持，滿蒙蠢蠢將再牽動，使館衛隊昨已調集，六國發兵既見電報。上無政府，下有反側，内不統一，外多虎視，一言可決之大計，徘徊審慎，杳無消息，誠令人有不解者，説者謂南有臨時大總統，北有新舉大總統，和衷共濟，維持治安，何得目爲無政府。不知對内而言，則臨時大總統之教令不能越江而行於北，新舉大總統之教令不能越江而行於南，歷日稍久，恐不免以統治無權召致瓜分之禍，對外而言，則新舉大總統未經布告，臨時大總統未經承認，歷日稍久，恐交涉不能續行，干涉即將踵至。日俄英美調兵昨到天津，諸君想有所聞，必可爲所欲爲，我將何以待之。對邊而言，則臨時大總統偏居南中，於聯絡控制之方均有鞭長莫及之勢，新舉大總統未受公任，既難取信於人，即難踏實辦事，歷日稍久，恐邊部各謀自立，勾結爲患，而我有唇亡齒寒之憂。在淺見者或尚靦然以兩政府自豪，而有心者已不免黯然以無政府而哭，日日哀號也。雖謂無政府爲國家之至危極險，乃日處此至危極險之地位猶夢夢而不知悟，豈不大可哀哉。四千年專制餘威一躍而入共和之局，民國基礎已定八九，若徒事無謂之爭執，功虧一簣，更召滅亡，誰尸其咎，能無遺憾？茲就内情外交邊部各方面觀之，臨時政府必應設於北京。大總統受任必暫難離京一步，統一政府必須旦夕組定，敢請主持全局，迅促議決，早日正式佈告列强，鎮定全國，以免眉睫之禍。庶尚有自立地步，否恐五族無噍類矣。情急詞迫，言短意長，伏爲垂察，鵠立候復。

附長沙譚都督通電：

黎副總統微電所言，兵亡民亡國亡種亡各節，沉痛迫切，深中現時危象，北京聯合會支電尤中肯要。延闓才學淺薄，時切隱憂，建都問題與新政府之組織曾於二月銑日及三月江日通電各處將意見發表，誠以都城爲政治樞紐，非建立燕京，不足以謀五族之統一、鞏固共和。莊都督咸電實爲顛撲不破之論，袁公既爲北部安危所係，自不能輕去燕京，致啓亂機。諸公關懷大局，務望從速決定，勿再稽延，祇得先將建都問題解決，然後將南京政府各機關移之就北，自不致有枘鑿之慮。惟一乃成，時不可失，伏望諸公立予贊成，免生他變，不勝惶悚待命之至。

又致浙江蔣都督電：

頃接杭州樓復民等函，送發起童子會簡章並祈贊成等語，查各國民法規定，凡男子未達成年，均認爲無法律上之能力。集會結社，雖云聽人自由，而取締極爲嚴密，斷非童子所能勝任。此風一開，於民國教育前途，流弊甚大，相應電請貴都督查照，希即設法禁止爲要。

七二、三月四日　蔡元培通電主臨時政府設北京袁即在北京就職南京參議院決議承認之

三月四日，接南京來電，謂參議院已議決關於袁世凱就職之變通辦法六條。

又接南京臨時政府來電：

頃得北京蔡專使電如下：培等此次奉總統令而來，本止有歡迎被選大總統袁君赴南京就職之目的，顧自抵天津而北京，各團體代表之紛紛來見，呈遞説帖者、北方各軍隊首領之馳電相商者已數十通，僉以袁君不能離京爲言，且無不併臨時政府地點爲一談。元培等以職務所在，無稍事通融之理，且袁君面稱極願早日南行，惟徇於北方各種困難問題須妥爲布置云云，是本與培等北來之目的決無差池，故培等一方面對於諸要求者撤去臨時政府地點問題，而惟堅執袁公不可不赴寧受職之理論，一方面催促袁公布置北方各事，以便迅速啓行。不意前月二十九日夜，北京軍隊忽起變亂。一般輿論以袁將南行爲其主要之一原因，内變既起，外人干涉之象亦現，無政府之狀態，其害不可終日，於是一方面袁君頗不能南行，而一方面則統一政府不可不即日成立，在事實上已有不可易之理由，培等會議數次，全體一致，謂不能不犧牲我等此來之目的，以全垂危之大局。爰於初一初二兩日疊發公電私電多次，提議改變臨時政府地點，冀得尊處同意，以便改轉交涉之方針，乃兩日間未得一復，而保定天津相繼擾亂，大局之危直如纍卵。爰於今日午後開會議，準

備於袁君爲最後之交涉，於會提議準備之主旨兩條：（一）消滅袁君南行之要求；（二）確定臨時政府之地點爲北京。共達此主旨之方法又大略袁君在北京行就職式，而與南京武昌商定内閣總理，由總理在南京組織統一政府，與南京前設之臨時政府辦交代。公遣外務總長或次長到北京任事，其參議院及内閣全部遷北京時用重兵護衛，以鞏固政府，彈壓内亂，全體贊同，然此事雖爲今日必要之舉，而以培等職務所在，決不能爲此案之提議者。迨唐紹儀、汪兆銘與袁君最後熟商之結果，遂與培等準備會議所提出之兩條相同，惟以何等手續行此兩條始無窒礙，則非在南京討論不可，嗣定於歡迎團中推數人，袁君亦派親信者數人同赴南京，儀、銘回寓告之培等，培等皆贊同，遂推定教仁、永建、正廷、漢遺四人回南。袁君所應派之人屬儀酌定，紹儀與同人商酌指定唐在禮、範源濂二君，已商袁派定同行，將來一切詳細辦法均由教仁等到南京後妥商，不先贅述。惟約計自啓行以至商定，至早必要十日以外，而北地之人以恐誤大局者函電紛至，外人亦嘖有煩言，若不從速解決以安人心，恐至敗壞不可收拾。敢請尊處迅開會議，如贊同袁君不必南行就職及臨時統一政府設在北京之議，請即電復並宣布中外，以拯危局，至培等放棄職務之罪，則敬請執法懲處，蔡元培支云云，特達。

附南京臨時政府通電：

得北京蔡專使等迭次來電報告北方最近情形，以爲袁總統急欲南來，而統一政府之組織又不可不爲大局計，應予變通，提出辦法數條，經交參議院，今日決議如下：（一）由參議院電知袁大總統，允其在北京受職；（二）袁大總統接電後即電參議院宣示；（三）參議院接到宣示之後，即復電認爲受職並通告全國；（四）袁總統，即受職後，既將擬派國務總理及國務員姓名電知參議院，求其同意；（五）國務總理及國務員任定後，即在南京接收政府交代事宜；（六）

孫總統於交代之日始行解職。以上各條除電復北京外，謹聞。

附杭州蔣都督來電：

尊電早定國都、組織政府，卓識偉論，欽佩無既，篤謹贊同。除電北京外，謹復。

是日黎覆山東軍政府電：

江電悉。赴津進援事關重大，須電詢中央或由大總統電調方可出發。頃得京津數電，皆云安謐無恙，尚希鎮静爲禱。

附來電：

廿九晚北京兵變，蔡公及代表避亂使館乃免，此間屢得京津來電，傳聞甚惡，後此統一大局恐生荆棘。瑛擬留滬軍駐守沚黄，親率陸軍一旅會同藍都督、湯司令赴津進援。五日内出發，相機因應，以鞏固共和之基礎。惟兹事重大，必大總統陸軍總長決定大計，諸公爲謀後援，始能集事。務懇宏謀，迅示機宜，共維大局爲禱。

又覆南陽馬統帶電：

有電悉。南北統一，宣布共和。轉瞬春耕，農事宜急，所有新兵，着速設法遣令歸田，以裕民食而節餉需。鄂中軍隊將近十萬，已足應用。望速領舊部，保衛桑梓，毋庸來鄂。

附來電：

接我公來電，令軍隊勿圖再進，致傷和氣。即逕與齊耀琳妥商，安撫地方，鎮壓土匪。惟南陽財政不充，糧草缺乏，實難久屯大軍。風同充第一軍司令官，雲卿充當辦理地方軍務事宜，請我副總統速示辦法，或將此軍調至汴梁，或調回武昌以拱衛軍政府，並祈我公速電汴梁巡撫辦濟糧餉，以安軍心。祈速覆。

三月五日接北京來電，謂北方接南京參議院議決，請袁世凱在北京就職，北洋各軍皆安靖如常。

是日黎致南京臨時政府並各機關電：

連日接到北京東冬江等密電，北京秩序俱已恢復，安謐如常，勿聽信謠傳等語。聞蔡君元培等電，知南京派兵赴北京一事並未經告袁公，其餘各省亦皆安謐，希格外鎮静並禁謠言，以免摇動人心，所最亟者，首都一日不定，則國基一日不立，此中危險，千鈞一髮。江電言之已詳，伏希速覆，禱切盼切。

又致信陽州電：

滬軍威武軍司令官張鶚翎所帶之軍二千人，已令調赴援陜，定於初五日拔隊前往，祈轉飭沿途照料爲禱。

三月六日聞南京發行軍用票公債外又欲大借外債，人民漸不滿意。蓋因國民素守勤儉舊道德，一旦習染歐美奢侈之風，似非所宜。

是日黎覆雲南蔡都督電：

感電悉。滇蜀兩軍問題已平和解決，甚慰鄙懷。現以維持地方秩序爲第一要着，滇軍留黔鎮懾土匪甚好。

附來電：

文號電均悉。滇蜀兩軍問題已和平解決，惟刻下黔事聞甚糜爛，現黄澤霖已就戮，牟百麟逃粤西，惟匪氛尚熾，人心未安。迭接紳商文電請援，已飭北伐隊留黔鎮懾，適與尊意相同，特聞。

又寄荆州黄知事炳言電：

荆州旗民素無生計，徒恃月餉，光復以後，生靈數萬，凍餒無依，甚至折屋毀垣，變賣度日，此種現象殊堪憐憫。曾電該知事與荆沙商會設法賑濟，未知近況何如，望速電覆，再聞。荆州出示剪辮僅及漢人，殊屬不合共和政體，亟應一體曉諭，以昭大公，並聞。

附來電：

旗民生計窮蹙，曾商沙市商會設法賑濟，據稱商務困備，無欵可籌，謹擬工賑授田工廠。辦法三條於本月六號齎呈，如蒙核准，懇電示知事，以專責成。至剪髮一節，遵即出示曉諭。

三月七日，黎大元帥令本省各軍隊分配各區，勤加訓練。
是日黎致南京臨時政府及滬督電：

據内務司呈稱，卸任黄梅縣知事李繼沅捲逃公欵，竟將前清公儲錢局及裕寧號摺據，勾結該縣紳士石炳榮等，迫令現任黄知事承認接收，意圖抵塞。查公儲錢局係李知事個人儲欵，裕寧號乃發修該縣同仁堤欵，該知事以營利被塌，於人何尤？似此勾結劣紳强抵公欵，實與吞没無異。現聞該知事已赴上海、江蘇一帶，呈請通電各處嚴密緝拿，務獲解鄂，以便覆算勒追等情前來，除批准外，相應據情電達，希即轉飭所屬地方官，嚴拿解鄂爲盼。

又致雲南蔡都督電：

准貴陽趙都督豔日通電，諒已達覽，貴軍既負有保護隣省安寧秩序之責，萬不可擾害鄰省治安。請電飭貴軍嚴肅軍律，免召不韙，如黔省安静，祈將貴軍撤回至禱。

附來電：

昨接黔省紳商軍學各界公電，稱唐司令繼堯率兵抵築，削平匪亂，紀律嚴明，匪黨遁逃，黔省人民重見天日。現公推唐君暫任臨時都督，又接唐君電，稱此次入築意在救災恤鄰，留充都督，殊非所願，惟黔局略定，喘息未安，不能不勉從群情，暫資鎮懾等語，已囑令選舉。黔省士民妥籌善後，以期一律肅清，庶黔省早復治安，滇軍亦可早卸責任，黔省素瘠，餉糈維艱，反正之初，公私赤立。前已由滇稍籌協濟，現在整理一切需欵尤繁，不能不諒力援助。一俟全境底定，滇軍自應撤還，謹以電聞。

又覆貴陽趙都督電：

豔電悉。前屢據電告貴境不靖，黨派衝突，恐貴軍不能自保安寧秩序，故中央以援鄂滇軍就便鎮懾，滇軍既爲保護鄰省安寧秩序而來，斷不致擾害鄰省治安。請一面轉飭滇軍司令官嚴肅軍律，免召不韙；一面整頓貴省内部秩序，一俟肅清，即可商之蔡都督，將該軍隊撤回。此覆。

附來電：

滇軍入境，假道赴鄂，沿途擅自行動，所過城鄉，均各自占領，黔滇素爲唇齒，究非敵國可比，抵省後，其一切舉動非爲，不合軍律，兹略述如下：一、敝省自受蔡都督電告後，即出示安民，市廛無驚，照常交易。又特派招待員離城六七十里歡迎，以表敦睦，且備牛酒相犒，又代經理物品，而該軍漠視招待。二、指定所駐地點，第二日即擅自遷移，並不預商承諾，證之公理，主權何在。三、擅據要隘，儼如臨敵，選定陣地。四、盤踞省垣，出發無期。當此民國新造之初，基礎未固，自不應多種召亂之因，設一旦禍生不測，黔局之破爛當如何。五、所帶銀票，蔡都督雖有電告，該軍到日並不送驗，竟出示令民一體遵用，市面極形恐惶，民心大爲震動，黔地雖極瘠貧，想各省同胞亦不肯決然舍去。該軍對於黔省如此舉動，人民不能無疑，德全擔此鉅責，不敢不灑血瀝誠，爲黔省七百萬同胞請命，以保大局之和平。特此專電，以備公評，並望速賜對待之策。

又致上海胡子笏電：

飛艇合同載明在鄂試驗，如能合用，再將價銀交清。兹據淩特云前在鄂有人不准開箱，實無其事。又云後經伍君廷芳訂明來滬試驗，何以伍君並未電知，至伍君所慮，前二層皆咎在西人，惟後一層尚屬可議，然鄂省需用此物，是以不惜重價與之購買，乃遲至今日並不前來。幸而和議告成，設使戰事未停，貽誤事機，殊非淺鮮。總之，該西人能任試驗，則將價銀交清，如不任試驗，則彼此退還方爲正辦。除逕電伍君外，仍請與之嚴重交涉。

附來電：

武昌黎副總統鈞鑒，奉逕電往晤凌特。據云前在鄂有人不准開箱，後經伍廷芳訂明來滬試驗，已另在菲律賓請技手來滬等候。屢經切催不付，今又月餘，技手已歸，即寄滬亦不任試驗云云。瑞霖查該西人狡展若此，非伍公嚴重交涉不可。旋謁伍公，則云鈞處前曾有電云自行修配等因，今欲與之交涉有三困難：一、該西人在鄂，何以不任試驗；二、自行試驗，何以不令西人共同；三、戰事未停，何以不寄，使彼得轉售他處，有此三層，頗難措詞云云。查此事定價訂合同均由伍公經手，此時豈能置身事外，然非鈞處再電，渠斷不肯負責，仍懇再電伍公，嚴重交涉。瑞霖回鄂在即，望速施行，並賜復電爲盼。

又致上海外交伍總長電：

頃接胡瑞霖來電，述及公意，計慮甚深。但飛艇抵鄂時屢催凌特前來試驗，而該西人竟潛身赴滬，遲遲至今，杳如黄鶴，貽誤事機，殊非淺鮮。現在財政困難，豈能購此無用之物，請公與之嚴重交涉。該西人能任試驗，無論如何困難，即將價銀交清，如不任試驗，則彼此退還，望速施行，並希賜覆。

三月八日，江西又舉李烈鈞爲都督，但江西人猶紀念馬毓寶都督不置也。

三月九日，蔡元培等請袁世凱從速在北京就臨時大總統之職。

是日黎致南京臨時政府電：

荷人之苛待華僑久矣，水深火熱，已闢洞見。此次共和成立，凡屬中華民國分子，誰不亟欲登之衽席？況華僑蟄伏異域，尤深痛滿清之漠視。冀共和之成功，奔走呼號，犧牲其財産生命而不惜。

其所以如此者，不過希得政府完全之保護，而與他國人立於平等之地位，享受平等之權利也。不意荷屬華僑，慶祖國之共和，即遭荷官之凶暴，藉故尋隙，羅織大獄，撕毁我國旗，殺傷我人民，繫累我婦孺，慘無人道，顯干公法，聞之奮氣，言之寒心。且舉行慶典，何國蔑有？升懸國旗，何與治安？乃竟至加調馬步兵隊圍擄男婦稚子達於千數。此等舉動，幾於以待亡國民之行爲待華僑，而藐視我國也。况民國之基礎初立，總統之選任始定，而當頭一棒即發於荷蘭，倘東西列强尤而效之，則將若何？彼習見滿清政府待遇華僨，種種權利甘自放棄，今日之事似故爲嘗試，以覘我民國新政府之意耳。查公法規定，外人私權，有與本國人享同一之權利者，獨我華僑之在荷屬者不然。以云言論，則封禁報館層見迭出，而今日不惟封書報社，而且禁通電矣。以云訴訟，則以波禮西虜治理華僑，凡華僑因事被逮，不准向尋常裁判所提起訴訟，必先監禁七日，然後提交甲必丹馬腰任意定罪，不准本人或請律師辯護，定罪後即爲終審，不准上訴，且公法通例，外人受本國保護，與本國人無異，如有不法之徒逮捕拘留，外人得抗議之。至於遇内變而受損害，則本國有賠償之責，不與内國人同，今華僑升旗慶祝，既不干該國之法律，而該荷人之殺傷我僑民，復不關該國之内亂，且復逮捕拘留之不已。世界上有此公法乎？夫華僑富有資財，爲民國之外府，自民軍倡義，軍需餉源，悉資取求，其引領内政之振興也可謂切矣。今民國成立，仍令我熱心之僑民，無辜受荷人之蹂躪，清夜自思，深用悱惻，况大局定後，民困財窮，一切應辦之事未有不賴其資助，兹當危迫之際，人心激昂，若無圓滿之保護，不惟失華僑内向之心，亦恐啓外人欺侮之漸，用懇向荷使嚴重交涉以保僑民。失今不圖，安見後日華僑之受荷人虐待者不更甚於今日乎？又安見他國之待華僑者不援以爲例乎？臨電依依，不盡欲言，至於如何交涉之處，請隨時電示，不勝盼切。

又致南京參議院電：

日前敝省參議員劉成禺、時功玖、張伯烈等函電辭職，究厥原因係因政府以全國賦稅向道勝銀行抵借鉅欵。該參議員等恐失國權，提議反對，乃係應行之職權。何議長竟在場呵斥，是否有違議院章程而失民國參議院性質？至該議員等辭職，敝省決不承認，請轉知該參議員等仍舊到院辦事，切勿放棄天職爲要。

附來電一：

參議員劉成禺、張伯烈、時功玖三君，儉日在議場聲稱辭職，遽行離院，本院迭次函催出席，執意不來。昨經公決，准其辭職。除一面函知三君外，特此奉聞，請迅即派員接充。

附來電二：

佳電敬悉。即遵來命辦理，但恐三君不願就任，仍希我公主持。

七三、三月十日 袁世凱在北京行正式受任禮

三月十日，袁世凱遵照參議院辦法，在北京行正式受任禮，並電告誓詞於參議院，誓詞如下：

民國建設，造端伊始，百凡待治。世凱深願竭其能力，發揚共和之精神，滌蕩專制之瑕穢，謹守憲法，供國民之願望，蘄達國家於安全强固之域，俾五大民族同臻樂利，凡兹志願，率履勿渝。俟召集國會選定第一期大總統，世凱即行解職，謹掬誠悃，誓告同胞。

是日黎覆安慶孫都督電：

接陽庚電，藉悉黎宗岳已走，地方尚獲安靖，解決之速不致牽動全局，喜慰無量。此後善後事宜仍希力予維持，俾皖江南北同臻福利，無任感禱。

又覆上海陳都督電：

歌電悉。現在大局粗定，所有軍隊似宜暫駐原地，免致摇動人心。貴軍祈勿開赴北浦及鎮江，庶免跋涉，固陵已交招商局，礙難應命，乞原。

附來電：

現因裝兵赴北浦及鎮江，需船甚急。滬上船已派盡，請速遣固陵輪迅即回滬。

又致陝西張都督電：

據貴省京官雷延壽、雷多壽、晏安瀾、薛寶辰、馬步瀛、周湛元、曹驥觀、閻登龍、吴鴻儒、程光第、張繼宗、李效功、張綬琛、王正寬、王謙炳、張尚齡、景凌霞、劉毓堃等呈稱，去年十二月内接上海電，謂該員等力請清兵勦陝，將伊等宣告死刑。又接家信，知陝都督已派兵抄家，拿辦家屬，株連戚族，業懇袁大總統電請免罪釋放，並請敝處轉達，俯賜矜全等情。查民國共和業已統一，凡從前因情形阻隔以致與民軍有嫌疑衝突等事，早經宣布，概不追究，一體免罪在案。茲該員等事同一律，相應電請貴都督。查照袁大總統前電概行釋免，查還資財，以張我中華民國錫類同仁之盛舉，而潛消意外反側之憂。貴都督公明平恕，諒必樂予恩施，特此布聞。

又覆南陽奮勇軍馬統帶等電：

電悉。現在全國軍力不可謂不厚，無事多招徒手之兵，致糜餉糈，且同爲國民份子，駐紮豫境，尤應關懷桑梓，節用公欵而減同胞之負擔，祈將衰弱及無槍械者一律汰除，以免餉項無着，至軍律尤當嚴肅，勿得擾害地方。所有編制之法及餉項等事已電齊撫台妥辦，嗣後當與齊撫台直接商承辦法可也。

七四、三月十一日　孫大總統公布臨時約法於南京

三月十一日，孫大總統公布《中華民國臨時約法》於南京：

第一章　總綱

第一條　中華民國由中華人民組織之。

第二條　中華民國之主權屬於國民全體。

第三條　中華民國領土爲二十二行省、内外蒙古、西藏、青海。

第四條　中華民國以參議院、臨時大總統、國務員、法院行使其統治權。

第二章　人民

第五條　中華民國人民一律平等，無種族、階級、宗教之區別。

第六條　人民得享有左列各項之自由權。

一、人民之身體非依法律不得逮捕、拘禁、審問、處罰。

二、人民之家宅非依法律不得侵入或搜索。

三、人民有保有財產及營業之自由。

四、人民有言論、著作刊行及集會結社之自由。

五、人民有書信秘密之自由。

六、人民有居住遷徙之自由。

七、人民有信教之自由。

第七條　人民有請願於議會之權。

第八條　人民有陳訴於行政官署之權。

第九條　人民有訴訟於法院受其審判之權。

第十條　人民對於官吏違法損害權利之行爲，有陳訴於平政院之權。

第十一條　人民有應任官考試之權。

第十二條　人民有選舉及被選舉之權。

第十三條　人民依法律有納税之義務。

第十四條　人民依法律有服兵之義務。

第十五條　本章所載人民之權利有認爲增進公益，維持治安，或非常緊急必要時，得依法律限制之。

第三章　參議院

第十六條　中華民國之立法權以參議院行之。

第十七條　參議院以第十八條所定各地方所選派之參議員組織之。

第十八條　參議員每行省、内蒙古、外蒙古、西藏各選派五人，青海選派一人。其擇派方法由各地方自定之，參議院會議時每參議員有一表决權。

第十九條　參議院之職權如左。

一、議决一切法律案。

二、議决臨時政府之預算决算。

三、議决全國之税法幣制及度量衡之準則。

四、議决公債之募集及國庫有負擔之契約。

五、承諾第三十四條、三十五條、四十條事件。

六、答復臨時政府諮詢事件。

七、受理人民之請願。

八、得以關於法律及其他事件之意見建議於政府。

九、得提出質問書於國務員並要求其出席答復。

十、得諮請臨時政府查辦官吏納賄違法事件。

十一、參議院對於臨時大總統，認爲有謀叛行爲時，得以總員五分四以上之出席，出席員四分三以上之可决，彈劾之。

十二、參議院對於國務員，認爲失職或違法時，得以總員四分三以上之出席，出席員三分二以上之可決，彈劾之。

第二十條　參議院得自行集會、開會、閉會。

第二十一條　參議院之會議須公開之，但有國務員之要求或出席參議員過半數之可決者得秘密之。

第二十二條　參議院議決事件，咨由臨時大總統公布施行。

第二十三條　臨時大總統對於參議院議決事件有否認時，得於咨達後十日内聲明理由，咨院覆議，但參議院對於覆議事件，如有到會參議員三分二以上仍執前議時，仍照第二十二條辦理。

第二十四條　參議院議長由參議員用記名投票法互選之，以投票滿投票總數之半者爲當選。

第二十五條　參議院議員於院内之言論及表決對於院外不負責任。

第二十六條　參議院議員除現行犯及關於内亂外患之犯罪外，會期中非得本院許可不得逮捕。

第二十七條　參議院法由參議員自定之。

第二十八條　參議院以國會成立之日解散，其職權由國會行之。

第四章　臨時大總統副總統

第二十九條　臨時大總統、副總統由參議院選舉之，以總員四分三以上之出席，得票滿投票總數三分二以上者爲當選。

第三十條　臨時大總統代表臨時政府總攬政務、公布法律。

第三十一條　臨時大總統爲執行法律或基於法律之委任得發布命令，並得使發布之。

第三十二條　臨時大總統統帥全國海陸軍隊。

第三十三條　臨時大總統得制定官制官規，但須提交參議院議決。

第三十四條　臨時大總統任免文武職員，但任命國務員及外交大使、公使，須得參議院之同意。

第三十五條　臨時大總統經參議院之同意，得宣戰、媾和及締結條約。

第三十六條　臨時大總統得依法律宣告戒嚴。

第三十七條　臨時大總統代表全國接受外國之大使公使。

第三十八條　臨時大總統得提出法律案於參議院。

第三十九條　臨時大總統得頒給勳章並其他榮典。

第四十條　臨時大總統得宣告大赦、特赦、減刑、復權，但大赦須經參議院之同意。

第四十一條　臨時大總統受參議院彈劾後，由最高法院全院審判官互選九人，組織特別法庭審判之。

第四十二條　臨時副總統於臨時大總統因故去職或不能視事時，得代行其職權。

第五章　國務員

第四十三條　國務總理及各總長均稱爲國務員。

第四十四條　國務員輔佐臨時大總統負其責任。

第四十五條　國務員於臨時大總統提出法律案，公布法律及發布命令時須副署之。

第四十六條　國務員及其委員得於參議院出席及發言。

第四十七條　國務員受參議院彈劾後，大總統應免其職，但得交參議院覆議一次。

第六章　法院

第四十八條　法院以臨時大總統及司法總長分別任命之法官組織之，法院之編制及法官之資格以法律定之。

第四十九條　法院依法律審判民事訴訟及刑事訴訟，但關於行政訴訟及其他特別訴訟，別以法律定之。

第五十條　法院之審判須公開之，但有認爲妨害安寧秩序者得秘密之。

第五十一條　法官獨立審判，不受上級官廳之干涉。

第五十二條　法官在任中不得減俸或轉職，非依法律受刑罰宣告或應免職之懲戒處分不得解職，懲戒條規以法律定之。

第七章　附則

第五十三條　本約法施行後，限十個月内由臨時大總統召集國會，其國會之組織及選舉法由參議院定之。

第五十四條　中華民國之憲法由國會制定，憲法未施行以前，本約法之效力與憲法等。

第五十五條　本約法由參議員三分二以上或臨時大總統之提議，經議員五分四以上之出席，出席員四分三之可決，得增修之。

第五十六條　本約法自公布之日施行，臨時政府組織大綱於本約法施行之日廢止。

是日接甘肅來電，謂甘肅軍政府成立，以黄鉞爲臨時正都督。

同日外交部以統一政府成立，通電各外交代表並萬國保和會。

三月十二日，黎大元帥得袁世凱在北京就職之電，甚喜，請秘書饒漢祥速擬電致賀。

是日黎賀袁大總統電：

得南中好音，知公於初十日受職，當此存亡呼吸之交，竟得統一車書，奠安磐石，忻慰何既。今日復由參議院代布誓詞，懷保惠鮮，情詞剴摯，顧瞻危局，感極涕零。我公抱開濟之才，丁危疑之會，恩仇不足亂其念，禍福不足撓其志，毁譽不足動其心。错節盤根，潛旋默運，卒至黄支烏弋，胥化尊親，剩水殘山，頓歸鞏固，固知天下英雄非使君莫屬也。來日方長，前功未艾，經邦道國，盡仗丕謨。洪敢率鄂中全體將士爲四海蒼生賀。

附覆電：

文電敬悉。遠承飾賀，愧不敢當，策勉之詞，曷勝紉佩。現在時局，非急謀統一不足以泯五大族之猜疑，杜五大洲之責望。執事卓識宏猷，萬流鏡仰，惟冀匡其所不逮，助以所弗能，奠國基於苞桑，媲治術於歐美。世凱亦與有榮施矣，佇耳俟教，無任依馳。

又覆袁大總統電：

蒸電悉。各部暫行官制，綱領畢具，仰見鴻謀碩畫，欽佩莫名，所擬分官，敝處亦甚贊成，惟既分設專官，似當引用專門人材，方足以資贊襄而成治理。是否有當，尚乞鈞裁，謹覆。

附來電：

各部暫行官制，現擬如下：（一）外交部；（二）內務部，此部添設次長一員，專佐理蒙回藏事；（三）理財部；（四）教育部；（五）陸軍部；（六）海軍部；（七）司法部；（八）農林部；（九）工業部，兼管鑛業；（十）商務部，兼管鑛業；（十一）交通部，管鐵路水道並航業；（十二）郵電部。民國初立自當注重實業以爲富强基礎，故於農工商鑛航電路郵，特設分官，想亦諸公所樂爲贊成也。

七五、三月十三日　袁世凱從速組織内閣決以唐紹儀爲國務總理

三月十三日，袁世凱從事於國務院之組織，國務總理一職得參議院之同意，令唐紹儀任之。

三月十四日接南京來電，謂南京對内閣之組織，主張不一。

是日黎致南京參議院電：

據覃君振文電稱，組織内閣一節，殊形困難，現參議院雖決定唐君少川爲總理，而各部閣員未有定議，有主張放任主義者，有主張首功之説者，似不如以南北聯合内閣爲適宜等語，所陳不爲無見。惟現今政府未成，禍機四伏，無論如何總宜顧全大局，萬不可盈廷聚訟，釀成亂階。參議院諸公既公認唐君爲總理，一切組織似應由唐君擔負完全責任，方可收指臂貫通之效，若必執素不相信之人，强其聯合，將來内閣必無善果。至首功之説，洪竊以爲不然，我同志諸公出生入死，萬難不辭，但爲同胞謀幸福，非爲個人謀權位，光明磊落之心早爲天人所共矚，至破壞建設，二者相資，非富於政治思想之人，不足以革故，非富於政治經驗之人，不足以鼎新。且即以首功而論，倡義與告成，實行與暗助，南北相權，孰輕孰重？此中亦驟難軒輊。以洪愚見，但視其人之品行才學閲歷何如，能否造民國健全之基礎，達吾人圓滿之目的，無論新舊，皆當竭力贊成。聞袁公已擬定閣員，指日必提交參議院，請求同意，望乞諸公共抱此心，早維邦本，無任禱切。

三月十五日，袁世凱令北方之總督、巡撫，均改稱都督，以示南北一致。又任張錫鑾署直隸都督，任趙惟熙署甘肅都督，任閻錫山署山西都督（閻督山西乃山西總司令孔庚力争，故發表）。

三月十六日，袁世凱派唐紹儀至南京向參議院商任國務員之同意。

三月十七日，黎大元帥因接奉天趙爾巽都督數電，極爲敬服。

是日黎致奉天趙都督電：

文通電及願電均悉。國是初定，内訌外患，在在堪虞，我公愛國爲懷，視民如傷，國人素所欽佩，意外流言，何足挂齒。周公之優容，子産之鎮定，將爲公馨香祝之，至云官民流離關外，擬咨回籍，自應力任保護，惟東北邊陲，正宜擴張殖民政策，以固疆域而蕃民族，且鄂人舊屬部民，諒邀青眼。如能就旅奉鄂民，分别去留，酌予墾務，似覺一舉兩得，如蒙首肯，請即賜覆，並電袁大總統，以便籌商辦法。再其中倘有决然欲歸者，請即發給護照，不勝感激待命之至。

三月十八日，南京政府致力於比國借欵，以爲善後之費。

是日黎覆福州孫都督電：

侵電悉。財力果裕，何分畛域。但鄂省連年水患，財政已覺困難，加以此次軍興，羅掘殆盡，漢口火災，財源告竭。荆州旗民及各屬生計艱窘萬分，種種苦情，諒在洞鑒，難副尊囑，敬祈曲原。

附來電：

敝省連年水災，現值春荒，谷米缺乏，遍地餓殍，滿目流亡。情狀極爲危迫，曷勝悲憫，除照懇孫袁兩大總統設法籌賑外，相應電請我副總統合力協濟，以恤災黎而昭惠政。

七六、三月十九日　甘肅、新疆均宣布承認共和

三月十九日，在煙臺之山東都督胡瑛辭職。

是日甘肅、新疆均宣布承認共和。

同日黎上袁大總統電：

現在大局粗定，最宜維持秩序。惟查自軍興以來，東南兵隊招集過多，已苦難於安插，即以敝省計之，兵力幾逾十萬，支持半載，餉械俱窮，公私交困。欲裁則士馬精研，棄擲可惜，欲留則帑項支絀，應付維艱，稍一失宜，誠恐迫我義兵流爲潰卒，影響所及，可爲寒心。伏思東三省逼處强鄰，人稀地廣，風氣狉獉，兵備單虚，當此民國初基，正宜力控邊陲，藉藩畿輔，再四籌思，似惟移東南之兵以實東北，較爲兩全之計。湖北前軍務司長張振武，弢略淵深，戰功卓著，且於東省情形尤爲洞悉，若假以東三省邊防使之任，率兵一鎮，開往駐紮，平時則從事開墾以盡地利，一有緩急，則以防窮邊而懾伏莽，靖内攘外，莫此爲宜。如蒙允諾，即請速賜復電，並一面電奉天趙都督知照。事關大局，迫切待命。

三月二十日，黎大元帥秘電袁世凱，欲索大欵以解散湖北軍隊。

三月二十一日，黎大元帥令參謀總長吴兆麟，将湖北所有軍隊皆分駐妥善，籌畫善後之策。

是日黎覆鄖陽府伍知事電：

歌電悉。百貨釐税改設過境銷場税局徵收，指定地點，俟老河口税局開辦後，鄖郡税關應即撤銷，以符新章。此復。

又致爪哇三寶壠國民捐會電：

去歲貴處由滙豐交到捐洋四萬元，早經收訖，曾電請滬都督電伸謝忱。茲承函詢，特再電復，以慰盼望。

三月二十二日，黎大元帥因南北争持閣員不決，又命饒漢祥擬電催其早日決定。

是日黎上兩大總統並致京外各機關電：

前以國都未定，曾於江電披瀝詳陳，幸蒙嘉納，迺總統蒞職已越浹旬，國務各員猶未決定，夫有政府然後有國家，有部員然後有政府，若總統擁虛號而各部無顓司，是猶五月胚胎，半齡齓齠，形骸不具，其狀與無政府同。方今一髪千鈞，存亡呼吸，直追急起，尚懼失時，十日之間，已非昔比，一之爲甚，豈堪再誤，敢就目前危象，重爲諸公涕泣陳之。自東南各省首倡義兵，外人商業損失鉅萬，徒以無隙可乘，含忍未發，迺者京畿搆變，波及津保，長衢夾巷，鞠爲邱墟，甲國增兵，乙國接踵，選地屯營，分曹巡市，自由行動，莫敢誰何，陽爲衛商，陰爲滅國，聯軍之象，復見目前，北望燕雲，已成戎索，此對於外交可爲痛哭一也。南北交戰，自秋徂冬，倉卒募軍，率無紀律，以敗爲功，以亂爲正，以囂張爲平等，以迫挾爲自由。名器爲植黨之資，主將爲護符之具，上行下傚，此仆彼興，賞罰不明，號令不飭。省自爲域，軍自爲家，凶飆所傳，如響斯應，始於導綫，終於燎原，豆剖瓜分，憯不顧恤。且長江伏莽，尚梗新朝，勝國羽林，猶沿舊幟，稍失遷就，變起蕭牆。此對於軍政可爲痛哭者二也。滿清叔世，新政繁興，財力困難已臻極點，借債修路遂爲讓王。邇者東南軍隊，名目繁賾，江漢一隅，幾盈十萬，調查各省亦逾曩額，餉械俱窮，公私交困，欲裁則有譁潰之慮，欲留則無應付之方，大局之危已如纍卵。且各司建設，經緯紛繁，匪有鉅貲，尤難擘畫，剜肉醫瘡，必仍借債，抵礦抵路，各不相謀，列强眈眈，蹈瑕思逞，壟斷借欵，監督用途，稍一失宜，已制死命，殷鑒不遠，炯在波蘭。此對於財政可爲痛哭者三也。江淮流域，久困水災，家無饔飧，道有飢饉，中更兵燹，蕩析離居，迺節屆仲春，猶未安宅，滔滔江水，已漲丈余，蕪田未除，潰堤未復，及今不救，浩刼已深。弱者化爲游魂，强者趨爲流寇，僵尸纍積，癘疫流行，骨肉相殘，將無噍類。此對於民政可爲痛哭者四也。四民雜處，惟士難馴，嘗平養客，唐宋策科，皆以羈縻，隱爲消納，迺軍事初興，學堂中輟，師徒數萬，麇集城垣，糊口無資，鳴儔横議。各區黨派，互相觝誹，裂冕毁冠，潰坊圮表，洪潮澎湃，山谷爲傾，雖有賢良，亦甘蹈引。夫國無教育則綱紀頹，士無防閑則禮義廢，回紇雖滅，猶戴祆祠，身毒雖墟，猶傳佛教。哀我神州，曾彼弗若，誰驅秀民，流爲游士，其行可怵，其境可憐，龜毁櫝中，咎歸主藏。此對於教育可爲痛哭者五也。凡此犖犖諸端，關係存亡，彰明較著。其他險狀尚有難覼縷數者，而扼要問題，首由於都會之紛争，繼由於部員之各執，感情所蔽，意見所蒙，遂致將億兆生靈擲諸孤注，言念及此，不寒而慄。夫以我同志諸公出生入死，萬禍不辭，但爲同胞謀幸福，非爲個人營權位，光明磊落之心早爲天人所共矚。中山先生號召海外垂三十年，功成身退，皭然不污，立懦廉頑，尤堪矜式。是吾黨之公言，已不待元洪表襮，至義幟初張，萬流仰鏡，民權主義昭然揭日月而行，倡憲黨者既反翊新猷，伐義軍者亦暗輸同意。現在共和成立，南北一家，起義與加功，實行與暗助，兩面相權，孰輕孰重，此中亦驟難軒輊。竊謂破壞建設，才雖相異，用實相資，當此四面楚歌，事機危迫，國務各員但須擇學識經驗，確有專長，無論新舊南北，皆當竭力贊成，以蘄成立，縱萬一少數部員，全才難得，亦當統權利害，稍示通融，斷不能以一髮之微牽動全體，一部不職，不過失司，各部未成，立召亡國，此中關係無待解人。況彈劾之權猶操國會，與斷送於今日，寧補救於將來。明達如公，諒必能共體時艱，早決大計，設再遷延不決，禍變日深，十日以外，將有復求於今而不可得者。鷸蚌相爭，漁人得利，彼時受臧獲之慘痛，悔昆弟之争持，滅種已成，噬臍何及。元洪殘喘尚存，初心未泯，沈機觀變，戰戰兢兢，誠不忍大好河山，及身剖裂，心所謂險，不敢不言。昔楚莊之訓國人也，曰禍至無日，鬥廉之誡屈氏也，曰師克在和，況在斯時，尤爲危急，近聞滿蒙諸族猶且力持大體，緩派議員，卓識公忠，同深欽佩，矧我同族反事稽延，生何以謝遺黎，死何以對烈士？伏乞互相敦促，廣爲開導，俾民國政府早日觀成，振領提綱猶可爲治，功魁禍首争此須臾。倘得邦本奠安，主權恢復，馨香尸祝，定仰元勳，元洪雖受妄言之罪，亦可以瞑目矣。臨穎雪涕，不知所云。

又上袁大總統電：

鄂財支絀，實到萬分，下月軍餉，即已難敷，再四籌維，無從着手。查漢口京漢鐵路，售票每日可收二萬餘元，現尚統存該棧，北京用度雖繁，來源較寬，請暫將此項撥借數十萬到鄂以救燃眉。再湖北金融窘迫，全賴紙幣流通，車站售票處專收銀洋，於金融界大生窒礙，並請飭該處兼收紙洋，以資周轉。是否可行，統希賜復。

附覆電：

尊處需款，廿三日已飭撥一百萬存滬，至京漢鐵路。自軍興後進款鋭減，積欠甚多，本月須付贖路借款利息十二萬五千餘鎊，此外尚欠漢口各商號回費二十餘萬，料價五十餘萬，另每月開支二十餘萬，皆屬急迫之需。百方羅掘，苦難足數，現北路進欵已竭澤而漁，專恃南路挹注，未便再飭挪撥，至紙幣一層，將來各省應有畫一辦法，容飭該管統籌核辦。

三月二十三日據偵探報告，謂雲南大軍將由川東下，黎頗恐慌。
是日黎致雲南蔡都督電：

頃據宜昌來電，稱駐蜀滇軍日内由渝下駛等語，不勝驚異。共和宣布，無須用兵，鄂軍十鎮、川軍五鎮，均足自衛，陝事復將和平，請飭該軍尅日回滇，保衛地方，切勿下駛。至盼。

附覆電：

漾電敬悉。敝省援蜀軍隊已分道撤還，由渝歸者已至畢節，由瀘叙歸者已至大關，並無由渝下駛之事，或係護運滇銅，人數當亦無多，請釋廑注。

三月二十四日，内閣總理唐紹儀至南京，與參議院磋商並及接收南京政府手續，惟黄興力保陳宧、蔣作賓、湯薌銘等，務請重用之。
三月二十五日，接劉公司令自襄陽來電，幾與河南軍隊發生誤會。
是日黎覆襄陽劉司令公電：

漾電悉。准開封齊都督箇電開，前已電請馬雲卿等，速將所部儘力裁汰，酌編防軍一營，開駐新野，以舒餉而便民，並派員接洽等語。是馬軍已歸齊都督節制，南陽唐縣地屬河南，該軍自應退駐襄陽境内，且共和宣布，先鋒隊名目亟應取消，萬勿輕信南陽報告，致啓兵端。至要。

附來電一：

頃接南陽報告，汴撫齊以重兵直侵南陽，占據唐縣，逼本軍先鋒隊退三十里安營。現既南北統一，彼此軍隊均宜謹守原駐地點，何得遽施兵力，野蠻强權，顯係背約。請急電詢齊撫，何故進兵。

附來電二：

來電奉悉，已轉知南陽諸君矣。公自出發以來，迭經豫省各省呈請速臨，祇以未奉電示，未敢擅動。此後尚希時授機宜，俾資遵守，用收臂指之效。

又寄江陵縣知事黄炳言電：

唐司令已委第七鎮統制萬城堤工，責成該知事妥爲辦理，舊有人員暫勿更换。該知事改充江陵縣知事，不另設縣知事，仰即會同各縣妥辦堤工，並將無生計旗民人數查明。速覆。

附荆州唐司令電：

竊查萬城大堤統長二百餘里，爲荆郡及下游各州縣保障，命賦所在，關繫極重。現届興築之期，各屬紳商紛紛禀請前來，犧支一再調查，前清政府向派大府及荆州府督理，所有經費先期籌墊，於歲征土費項下撥還。現在裁府留縣，府堤責任，實在本部，勢不得不派專員會同地方官紳挪欵趕修以顧大局。查有前湖北候補道朱純經，堪充總理，卸署歸州知州實缺，枝江縣余鼎元，堪充協理。該二員久官荆鄂，熟悉情形，辦事諳練，並兼委以荆旗善後之籌畫，事關民政，當務爲急，除分别委任設局開工開徵外，謹先電請鈞示，餘呈詳。

附江陵紳商學界來電：

江陵縣知事黄告病請委，本縣紳商學界全體決意公留，因李高黄朱，任免廢時，堤工徵收，遲之又遲，再易生手，恐一切要政無日爲矣。求勿准黄所請，電飭仍舊。

附沙市商會來電：

江陵黄知事，人地相宜，現在堤工徵收一切要政開辦在即，治理方幸得人。該知事告病請委，若易生手，窒礙恐多，祈勿准所請，電飭仍舊。

三月二十六日，黎大元帥因見漢冶萍公司，自武昌起義以來停工已久，亟欲整理之，以維工人生活，但無力實行。

是日黎上袁大總統電：

查漢冶萍公司倡自張文襄，本屬官辦性質，嗣因成效未著，召盛宣懷承辦。數年以來漸臻起色，然以個人承辦之故，魄力薄弱，既難展布，借債又陷重息。且凡百事業，必先規模宏具，然後出産旺而獲利豐，若枝節爲之，勢必不能發達。盛氏信用久失，國内所增之殷實股份毫無着落，外商合資，復召危險，語其流弊，不可勝言，衆議紛呈，亦無足怪。竊聞歐美各國煤鐵事業多歸國有，即使民辦，取締亦嚴，國家命脉所關，斷無許外人插足者。漢冶萍公司充其能力，足雄世界，即使盛氏慚於清議，謝絶外人，爐錘再興，狹隘如昨，何如收歸國有，大事擴張。當此民國初建，百廢待興，軌道輪舟、槍砲機械，在在皆資煤鐵，及今改良，或者利權不溢，國力可充，且一歸國有，即可立時開辦，三萬工人均全生計，消弭隱患，莫此爲尤，其利一。且停工日久，機械銹蝕，鑛穴淹没，洋工程師日事閒散，坐糜薪資，若一經興辦，即不至再虞損失，其利二。據最近調查，但得五十萬兩已足敷開辦之費，至該公司基金共三千三百萬兩，其中股票一千萬兩，日本借欵一千萬兩，陸續所借中外零債共一千三百萬兩，此種零債利息重大，受虧甚深，設開辦之後再籌得大宗借欵二千五百萬兩，償還零債之餘作爲擴充之費，假以二十五年，所有債務皆可清償，則公司發達，自可操諸左券矣。事關重大，謹就愚見所及，電達左右。伏候卓裁。

又覆袁大總統電：

漾電悉。疊據重慶、成都電稱，前與滇軍訂立條約，川人每月擔負餉銀十萬兩，先交四十萬，往復磋商，備銀三十萬，已交二十萬，餘十萬允滇軍拔完時交畢，川省屢受損失，公私告竭，請嚴飭滇軍迅即撤回各等語。查川省現已編練四鎮，足敷分布，僅瀘州請留滇軍，不足代表全川，已電達雲南都督，將駐蜀滇軍調回原省，保護地方矣。特復。

附來電：

據四川紳商學界由瀘州來電，稱成渝軍政府命令不行，盜賊四起，藉援川滇軍之力稍資鎮懾，現滇軍須回滇省，四民號呼挽留，請電飭滇軍留川整理等語。查川省内地情形，因郵電久阻，頗難詳悉，尊處相去較近，查明辦理。聞重慶以下未甚殘毁，若峽路可通，似尚不至無着手之處。川鄂關係尤密，應速設法撫輯，以保上游財富之區。是爲至要。

三月二十七日袁大總統委任張鎮芳署河南都督。
是日黎上袁大總統電：

疊接煙臺濟南急電，深爲駭愕。現在共和成立，胡越一家，況同隸省域，尤當共策進行，力圖補救，迺竟以各戴都督之故，藉武力爲後援，雖諸公熱忱義憤，或睠懷桑梓，或保護閭閻，未嘗不光明正大。然殺機一開，龍蛇起陸，牽一髮而動全身，合九洲而鑄大錯，各省效尤，列强乘釁，雖有賢智，亦無所施。設大陸神州竟從此釀瓜分之禍，我山東最親愛之同胞將何以謝天下乎？胡都督賢勞國事，奔走拘囚，海内同志久深景仰。自武漢起義贊助外交，東南半壁倚爲長城，元洪飲水思源，尤深私感。乃因政體統一，竟請取消重任，歸隱故園，視富貴若浮雲，愛共和如性命，此等人格，真當鑄金事之。設諸公堅執成見，必欲强仙鶴於樊籠，役神龍於輪輦，明德爲累，令聞不彰，揆諸君子愛人之心，豈忍出此？至張都督内清伏莽，外固邊防，其功原不可没，然甘露窘於遍施，明月窮於普照，牧民者或有叢怨於上之慮，防匪者或有變本加厲之虞。當此十手交乘，高明神惡，雖是非要可共褋，而人地究似不宜，再四思維，惟有哀懇大總統，將胡都督准予辭職，張都督調離東省，遝命一資望最優之人迅速赴任，毋庸由雙方推舉，致啓争端，將來憲法規定，再行遵照辦理，似於劃一政權之道，仍示服從輿論之心。度張都督視民如傷，當必不以此介介，一面仍開導兩軍，使悉蠲意見，共納範圍，鬩牆雖凶，終是昆弟，與長淪於異族，寧暫屈於同胞，倘再有一矢先加，恃强不服，義旗所指，咎有攸歸。洪雖駑鈍，願隨南北諸都督之後，以征不庭。我兩軍諸將士素持大體，值民國肇造之初，豈忍以偉烈豐功，甘爲戎首。事關危急，星火燎原，敢貢忠言，伏希鑒察。

附覆電：

黎副總統感電，情詞迫切，令人傾倒。自鄂軍起義，南北分離，世凱生長兵間，晚而歸隱，值神州鼎沸，漁利相乘，嗟我同胞，水深火熱。不忍視五族人民萬刼不復，入手辦法，即以尊崇人道爲宗旨，驚風駭浪，一意孤行，排難解紛，智盡能索，實賴明達。鑒此愚忱，同贊共和，亟謀統一，正欲合南方英傑，修好釋嫌。同室有鬥則披髮纓冠，其兄關弓則垂涕而道，若復各分畛域，無事補苴，豆剖瓜分，同歸於盡，犧牲一身，誠不足惜，其如我四百兆神明之胄何？大局岌岌，險象潛生，言財政則高築債臺，仰人鼻息，一有渝約，仰室難籌。言軍政則傳染惡風，如撫驕子，一有譁變，全域俱搖，加以飢饉洊臻，瘡痍滿目，函電交馳，中心如擣，九京之下，尚有訇泉，若隕深淵，靡知所屆。山東爲南北樞紐，胡都督潔身思退，足爲世道鍼砭，惟因時事艱難，不願賢者作山林之想，借重之地方多，仍望同舟共濟。張都督人地不宜，業經調離東省，諸君洞明大局，必不令世凱一身獨旁皇於漩渦之中也。鬩牆急難，人同此心，來電所云，與長淪於異域，寧暫屈於同胞，金玉之言，誠爲龜鑒，所願共襄大義，無殘同類。臨風雪涕，敢以告哀。

又覆沙市施鶴軍務科長沈嶽喬電：

感電悉。二月陝電告急，即備哈乞開司子彈三萬顆，麥利夏槍四十支，子彈三千一百一十顆，於二月十五日發交陝甘代表王卓午、竇法源等運秦，並有咨文。特復。

附來電：

頃甘肅代表竇法源輪運槍砲子彈來沙，稱係鄂督咨發運秦等語，是否屬實，希即電示。

又寄鄖陽府知事伍銓萃電：

頃據房縣紳民報告云，該縣現有委員三人，迫令該縣捐欵四十萬，限四十日守提。該縣地瘠民貧，此項捐欵果屬何名？前經通飭，不准假借名目，日事擾民，今又如此，實屬不法已極。仰飭停止，以重民命。

附覆電：

宥電敬悉。去歲臘底，因奉招討使電令，軍隊北伐，餉需缺乏，支持數月，無從接濟，斷非鄖縣一屬所能擔任，曾議攤派之法，妥任員紳分赴外五屬，酌量籌備，俟軍務平定撥還，此係全城軍紳商學各界公同籌議辦法。嗣據赴派紳士趙永清、羅訓英稱，與新任知事周君兆璜接洽，並不承認分文。該紳空手回鄖已有多日，並無迫令情形，更無派該縣捐四十萬之説，似此造謠聳聽，殊爲駭聞。現招討使派有駐鄖軍事民事参議官曾吴羅三君，籌辦鄖陽全屬善後事宜，地方倘有擾民舉動，必不共安緘默。伏乞派員澈查虛實，並轉致季招討使賜示至盼。

三月二十八日，袁大總統任周自齊爲山東都督。
是日黎覆南陽馬統帶等電：

徑電悉。貴軍已歸汴都督節制，應據實呈報汴都督設法維持，或派人至第六鎮疎通意見，勿輕用兵至要。

附來電：

雲卿駐紮南陽地方，恪遵命令，保守秩序，刻第六鎮李統制純，飭令該鎮統帶吴金彪刧進宛城，利用土匪逃兵焚殺搶掠，殘害生靈，宛民何辜，獨受共和後之慘禍。雲卿應如何對待，懇速電示。

又覆襄陽司令官劉公電：

電悉。張國荃軍隊業已電飭回省編制，毋庸歸君節制。至君所率軍隊，務希保持前狀，萬不可添招，致糜餉項，刻下湖北經濟困難已達極點，君所稔知，所有軍隊均已陸續汰除，以減我鄂同胞之負擔。想君駐節父母之邦，必能格外節省費用，保護地方，爲鄉人造無窮之福也。

附來電：

襄陽第十一協張國荃軍隊向歸季雨霖節制，季軍去襄，即將該協名册移開前來，謹予節制。目下軍政府劃定區域，左軍屯駐襄樊，事權首宜劃一，名義尤貴分明。該協軍隊應否歸公節制之處，敬乞電飭祇遵，庶權限劃清，稗益全局。

七七、三月二十九日　唐内閣各部總長通過臨時政府決四月二日北遷

三月二十九日，内閣總理唐紹儀列席南京參議院發表政見，提出各部總長名單，請求同意，並得多數贊同，且經參議員多數議決，定於四月二日將臨時政府遷至北京，參議院亦同移北京開議。

是日黎致南京臨時政府電：

禡電諒已達覽。國務各員聞唐總理已商定交院，元洪曾爲此問題聲嘶腸斷，陳情議院，至再至三，殘破之餘，獲聞吉語，遠方逖聽，喜極涕零。惟是大局顛危，瞬息千變，京津一帶，遍駐外兵，合約簽名，分圖繪色，漁人收利，顧盼自豪。遼瀋以西尤爲怵目，設我議未宣，而彼機先發，亡國滅種，即在崇朝，尚乞早催解決，迅予發表，以安人心而回天步，千秋一刻，功罪攸關，惟公式圖之，狂瞽瀆陳。伏希立覆。

三月三十日，黎大元帥接唐紹儀組成内閣之電如下。

附唐總理自南京來電：

昨提國務員名，諮交參議院，頃准諮開，所有外交總長陸徵祥、内務總長趙秉鈞、陸軍總長段祺瑞、海軍總長劉冠雄、財政總長熊希齡、教育總長蔡元培、司法總長王寵惠、農林總長宋教仁、工商總長陳其美，均多數同意。惟交通總長梁如浩，多數不同意等語，因交通總長尚未通過，致難發表，現由儀暫行代理，以免濡滯，謹

聞。儀卅。

三月三十一日，接北京來電，謂昨日袁大總統已將參議院通過諸閣員正式發表，並任黄興爲參謀總長，兼統兩江軍隊。

是日黎覆成都尹張兩都督電：

銑電悉。現西北一律反正，趙惟熙充甘肅都督，袁大化任新疆都督，升允已經解散。貴省援陝軍隊請速調回，保護地方秩序爲盼。

附來電：

前於上月迭據西安敬電，曾經先遣一梯團馳往救援，已助漢中反正，並陸續增兵一鎮在途。兹於三月十六日接西安張都督電稱，現在甘省紳民贊成共和，馬安良、彭英民業經議和，退出乾醴，惟鳳岐敵人尚負固不服，敝軍尚能支持，援師抵漢，無任感佩，請即調回收息等語。查西安解嚴，敝軍自應遵電撤回，惟甘肅已否反正，敝省並未接電，應否旋師援甘，請公迅電示，以便組織進行。至盼。

七八、四月一日　孫大總統解任

四月一日，孫大總統公佈參議院法而後解任，並至參議院行解任禮，即在院演說，其詞如下：

本大總統於中華民國元年一月初一日來南京受職，今日四月初一至貴院解職，自一月一日至四月一日，爲期適三個月，在此三個月中，均爲中華民國草創之時代。當中華民國成立以前純然爲革命時代，中國何爲發起革命，實以聯合四萬萬人推倒惡劣政府爲宗旨，自革命初起，南北界限尚未化除，不得已而有用兵之事。三月以來，南北統一，戰事告終，造成完全無缺之中華民國，此皆全國國民及全國軍人之力所致。在本大總統受職之初，不料有如此之好結果也，不料以極短之時期，而能建立如此大事業。本大總統於一個月前已提出辭職書於貴院，當時因統一政府未成故，雖已辭職，仍執行大總統事務。今國務總理唐紹儀組織内閣，已經成立，本大總統自當解職，今日特到貴院宣佈，但趁此時間，本大總統尚有數語以陳述於貴院之前。中華民國國民均有國民之天職。何謂天職，即促進世界之和平是也，此促進世界的和平，即爲中華民國前途之目的，依此目的而行，即可鞏固中華民國之基礎。蓋中國人民居世界人民四分之一，中國人民若能爲長足之進步，則多數共躋於文明，自不難結世界和平之局。況中國人種以愛和平著聞於世，於數千年前已知和平爲世界之真理。中華民國有此民習，登世界舞臺之上，與各國交際，促進和平，即是中華民國國民之天職。本大總統與全國國民同此心理，務將人民之智識習俗及一切事業切實進行，力謀善果。本大總統解職之後，即爲中華民國之一國民，政府不過一極小之機關，其力量不過國民極小之一部分，大部分之力量仍全在吾國民。本大總統今日解職，並非功成身退，實欲以中華民國國民之地位，與四萬萬國民協力造成中華民國之鞏固基礎，以冀世界之和平。望貴院與將來政府勉勵人民，同盡天職，從今而後，使中華民國得爲文明之進步，使世界人民均得享和平之幸福，固不第一人之宏願也。

詞畢，以臨時大總統印交還參議院，於是參議院致辭曰：

中山先生發宏願救國，首建共和之纛，奔走呼號，於專制淫威之下，瀕於殆者屢矣，而毅然不稍輟，二十年如一日。武漢起義未一月而響應者，三分天下有其二，固亡清無道所致，亦先生宣導鼓吹之力實多。當時民國尚未統一，國人急謀建設臨時政府於南京，適先生歸國，遂由各省代表公舉爲臨時大總統，受職纔四十日，即以和平措置使清帝退位，統一底定，迄今未忍生靈塗炭，遽訴之於兵戎，雖柄國不滿百日，而五大民族所受賜者已靡有涯際。孫大總統即發解職令如下。

附南京臨時政府通電：

臨時大總統孫令：前由參議院議決，統一政府辦法第六條，孫大總統於交代之日始行解職，今國務總理唐君南來，國務員已各任定，統一政府業已完全成立，於本月初一日在南京交代，本總統即於是日解職，是用宣布周知，此後國中一切政務悉取決於統一政府，本處各部辦事人員仍各照舊供職，以待新國務員接理，勿得懈忽，致多曠廢。本總統受任以來，慄慄危懼，深恐弗克負荷，有負付託。今幸南北一家，共和確定，本總統藉此卸責，得以退逸之身，享自由之福，私心自慶，無以逾此。所願吾百僚執事，公忠體國，勿以私見害大局，吾海陸軍士謹守秩序，勿以共和昧服從，吾五大族人民親愛團結，日益鞏固奮發，更爲宣揚國光，俾吾艱難締造之民國，與天壤共立於不敝。本總統雖亦得以公民資格，勉從國人之後，爲幸多矣。此令。

是日袁世凱任黄興爲南京留守，仍轄兩江各軍，即以徐紹楨爲參謀總長。

真史氏曰：自武昌起義至袁世凱接收南京政府，即開漢奸亂國之端矣。陳宧至北京，迎合袁世凱之心理，專用目不識丁之武人暗增軍隊，以爲爪牙，先以逼走黄興博袁歡，次則羈縻黎元洪，除袁心腹之患，次則羈縻蔡鍔，使邊疆無擁兵之人，乃使張昉奔走於津浦間。而黄興果中其計，棄留守而作同孚路二十一號之寓公，使覃師範奔走京漢路上，黎元洪亦入彀而受無形之禁於瀛臺，用范希績奔走於雲南，蔡鍔亦不得不入京而受袁氏之挾制，黄也、黎也、蔡也皆袁氏眼中釘也。釘盡拔，袁氏可以自豪矣，於是莫禮遜以滅埃及之法滅中國，利用洪憲以實行，民國之亂無已時矣，容當一一記出以爲實録。

民國十六年丙寅春間，余至漢搜集辛亥革命真史材料，並晤同志吴君兆麟，將辛亥民軍與清軍陽夏之戰，以至北伐之役一切戰報命令及陣中日記檢出交余，編爲革命實録，備軍事之參稽。吴君謂余不明戰時次第，當不交。據云，刻辦樊口堤閘兼辦襄河堤工，忙碌極矣，無暇清理，俟秋間稍閑檢出交之。余於是在漢一面等候，一面徵集他種史材。迨七月下旬，不意南軍圍武昌城，四十日不拔，其時吴君在樊口工次，旋至漢，不克入城，憂甚，恐城中屋被焚，一切底稿化爲灰燼也。及武昌城破，遣人往探，據報屋尚如故，惟什物被刼多次耳。余當謂吴君云，所刼者不過衣物，書類一切文件，當不在被刼之列，復遣人往運物，詎知屋被第七軍留守處占住，竟不許運物，幸留守諸員中有鄭副官與吴君共事有年，當留守處他遷，即由電話通知，吴君當遣陳有耀、熊國斌往守屋，並專清檢文件。是晚熊國斌果拾碎紙兩網籃來漢，而革命紀事、命令、戰報並吴君任狀等尚存三分之二，各部隊陣中日記僅存鄂軍第二協之一份耳。余與辛亥工程營暨諮議局同志名册均失去不可復得，惜哉。余是時請吴君勿一誤再誤，即將幸而未失各要件交余携至崑山，俾與其他真史彙編付梓，庶幾因革命殉身諸先烈得不湮没，其正氣可永貞於人心而不息也。真史氏又記。

附　　録

武昌首義人名表

一、官佐姓名

職　別	姓　名	備　考
督隊官	阮榮發	起義時因誤會被殺
前隊官	李占魁	故
左隊官	吴兆麟	存
右隊官	黄坤榮	起義時因誤會被殺
後隊官	羅子清	故
前隊排長	何定國	故
伍正林	存	
司務長	劉民澤	故
司書生	楊雲龍	存
左隊排長	鄺杰	故
安鴻勝	陣亡	
曹飛龍	存	
司務長	黄楚楠	存
司書生	周定原	存
右隊排長	但應權	故
魏鴻賓	存	
司務長	张文濤	因起義時誤會被殺

司書生　羅群策　故
後隊排長　方定國　陣亡
陶啓勝　起義時因誤會被殺
李忠孝　陣亡
司務長　唐仲寅　存
司書生　李乃斌　故
軍書長　冷鈺　存
書記　李雲龍
續應甲　存
軍醫　陈雨蒼

二、目兵姓名

甲　前隊

徐紹斌（陣亡）　楊正全　張良丞　鄭延軍　尹金魁　徐玉廉　贾也洪

彭正壽　張德發　王青全　孫松軒　劉丙乙　王福勝　王佩霖
贾威漢　王登榜　容生列　俞金奎　曹得銀　朱正明　張萬年
王協卿　朱萬林　夏洪發　夏明亮　陳開榜　熊福卿　萬志祥
王振東　韋少峰　王振甲　柳兆奎　陳金祥　王國保　劉興基
朱楚斌　李俊丞　胡洪啓　吕功超　陳芝翼　鄭松庭　彭洪彪
姜可鈞　馮金勝　方福生　岳占元（陣亡）

乙　左隊

方興（積劳身故）　馬榮（陣亡）　任正亮　袁世忠　羅炳順（陣亡）　袁鳳山　涂福田

唐金勝　熊國斌　張玉山　羅維坤　陳陣鵬　孫元勝　李志祥
余金勝　陳有耀　熊志明　夏國勝　王金元　朱貴廷　管鳳亭
劉金廷　陳洪勝　戴洪勳　江柏南　張輝煌　王正祥　張自强
岳少雲　石長盛　向福生　吴保雄　吴瑞卿　曹定國　胡占魁

詹幼愚　楊雲開　黃保臣　黃榮貴　江春廷　朱振鑫　陳兆峰

舒正黃　葛先佑　周彩眉　李家隄　陳潤山（陣亡）　蕭道生　夏春霆

陳松亭　吴勳元　吴貴林　周翊權　詹焕章　鄭金凱　彭燮卿

張國南（陣亡）　周榮堂（陣亡）　羅維翰（陣亡）涂鴻鈞（陣亡）陳龍　萬振漢　張金榜

賀世新（陣亡）　蕭桂林　程占鰲

丙　右隊

徫占鰲　吕中秋　張靖川　楊金龍（陣亡）　金樹林　陳亞平　詹洪標

姜洪勝　王錫斌　岳占魁　姜少起　萬有榮　汪洪勝　馬祖樹

安洪舉　蔣楚杰　蔡大發　周亞斌　顧國安　吕維忠　張棟臣

張東化　楊金山　鄧國章　姚朝中　馬福堂　沈定國　高季武

石金勝　周占魁　王瑞卿　馬祖權　王丹清　凌振邦　郭楚平

夏大發　劉紹先　詹俠生　趙良翼　王春廷（陣亡）　梁洪勝（陣亡）　張維

丁　後隊

金兆龍（故）　程正瀛（陣亡）　熊炳坤　容錦芳　薛金勝　饒春棠　林振國

陳年魁　陶金龍　陶洪勝　熊起發　安洪發　舒鈞山　鄭長勝

姚洪發　王錫林　陳金甲　蕭錫臣　方振東　葉洪發　胡文魁

熊作霖　朱萬林　王世才　陳功祥　黃漢臣　劉文斌　郭長勝

方家顯　徐干城　鄭漢章　馬連陞　林振國　諶玉山　潘榮奎

嚴定國　吴起勝　鍾士杰　李傳福　徐海卿　鄭得貴　薛金福

鄂功春　張相永　徐海臣　何可人　翁國復　黃金榮　吕鵬舉

石定鈞　徐海斌　湯啓發　程有民　夏長勝　朱國棟　殷萬茂

鄭頂山　陳克强　楊文華（陣亡）

補　遺

第一件　馬福益被湘撫端方殺害後，而俠客黄福成不久亦被害。黄福成本長沙東鄉人，精拳術，國技甚高，平江瀏陽一帶皆知其盛名。因黄興至友鄭聲之介绍遂爲黄興之死黨。鄭聲原名鄭先聲，知黄福成素以授徒習武藝爲業，弟子極多，於是曉以满漢之分及漢人亡國之慘，黄即大義凛然，忿不可遏，自願犧牲一切，以光復故物爲志。鄭聲因授黄福成以黄興名片兩大捆，並入會會證甚多，囑其傳佈，召集流亡。不幸事爲清水師統领楊明遠所知，即廣派偵探捕鄭聲及黄福成諸人。黄自長沙開秘密會後，步入醴陵，擬由醴陵而之平江，以便沿途行事。不料行至萍鄉，夜宿火鋪，而跟踪之惡探遂乘其熟睡，斷其手臂，捕解長沙。幸張臬從中衍飾，未興大獄，但承審之長沙善化某某知事，施以各種毒刑，慘出意外。黄福成終未供出一人，黄因苦痛難忍，央人運入硝强水一瓶，飲之，命遂絶。其妻子至今尚沿門乞食，見者垂憐。鄭聲亦亡命日本，後因萍醴之役被醴陵朱漢奸誘歸南京，爲清督周馥所殺。死時慷慨寫革命排满供詞萬餘言。

第二件　東京同盟會初次開成立會於黑龍會員内田良平家，到者四十餘人。二次開會於赤坂黑龍會，所到者四百餘人，並通過陳天華主稿之革命方略。

第三件　萍鄉革命本易本羲所主持，劉家運（即劉敬安）又爲易本羲之主幹。東京同盟會即派龔國煌往河南謀響應，派胡瑛、譚人鳳、寧調元、朱子龍、梁鍾漢等回長江謀響應，無如事败太速，而清政府即通緝黄興、孫文、劉家運等十八人。

第四件　徐錫麟案被難者共十三人（當詳補）。熊成基案被難者共三十二人（當詳補）。

第五件　辛亥八月初三，武昌砲隊營鬧事，測繪學校李翊东、陸軍小學孫繩往同興學舍，遇砲兵二名，手指流血，急奔而来。詢其顛末，因某排長禁兵士飲酒，大起衝突。兵士遂将大砲拖出，預備轟擊，不幸被隔壁馬隊營派兵衝散。當時同興學舍孫武、鄧玉麟聞而懼，擬走四川。李翊东阻之，謂同志陷於危險而不救爲不義，遂議通知各營同志於該晚舉義，孫繩擔任指揮陸軍小學，李翊东擔任指揮陸軍測繪學校，其餘各任各處指揮。傍晚，劉堯澂来，力持不可，謂砲隊僨事之兵已逃，慎勿輕動，以隳大業，遂止。

第六件　辛亥八月十八，漢口楚善里十四號破案，而武昌各革命機關即時波及，同興學舍亦被警圍。時工業學生陳磊、趙學魁、趙學詩等正在社内，失其自由。至十九夜，工程第八營首義後，警丁俱逃，同興學舍之圍始解。

第七件　　孫武組織軍務部後，張振武、蔡紹忠副之，部長之下設四參議，李翊东、鄧玉麟、聶豫、劉度成四人充之，謝石欽爲秘書。

（據《武昌革命真史》，中華書局1930年版）

荆楚文庫

曹亞伯集（下）

曹亞伯 著
周月峰 張陽 郭靖 編

荆楚文庫編纂出版委員會
華中師範大學出版社

荊楚文庫

日本日立銅山實習記

日本日立銅山實習記

予自留英肄習鑛學畢業後，欣欣回國，欲憑一分學力，爲民國開無盡之利源。無如時局艱難，實業無萌芽之希望，故於民國三年春，來日本日立鑛山，從事實習，以飽經驗，且將每日所作之事，筆之於書，今已積成英文一册矣。夫鑛学，專科也，非專書不能述其要，玆之所記，第就表面上之經營，粗述大致，以貢我國人之有心鑛業者，作考鏡之資云爾。

產　　地

（一）位置

日立鑛山，在日本茨城縣多賀郡日立村、高鈴村，及本縣久慈郡中里村。

（二）鑛區面積

計一百三十二萬九千五百零七坪（每坪合中國尺十八平方尺）。

（三）鑛種

金銀銅硫化鐵。

（四）交通

鑛山適當常磐鐵路綫，助川驛停車場西北三英里。其交通運輸之法，由助川驛至化煉場，特設專用電氣鐵道，以供貨物出入及鑛山人客往來之用，由化煉場而至采礦之坑道，須越崇山峻嶺，於此設架空鐵索而運輸，且由助川驛至日立鑛山（名元山）有大馬路一條，與電氣鐵道平行，化煉場采鑛場間，亦有馬路三英里，山勢雖屬險峻，然而大道坦蕩，車馬仍可通行無阻也。

沿　革

（一）發見之時代及業務之沿革

此鑛發見之歷史，世鮮知者，傳説約在四五百年前，其時屬於佐竹藩侯。安永二年八月，江户人名石澤六右衛衙門者，得藩侯幕府許可，曾雇人員及鑛夫七十餘人，從事采掘約歷四年，嗣以成效莫睹，事遂中止。降及文久、元治之交，又有常陸人名大塚源右衙門者，得水户藩侯許可，出而經營，彼時雖得荒銅少許，不幸適遭藩内騷擾，終至休業。迨至日本維新後明治六年，有東京人名副田欣一者，得地方許可試行采掘，亦不三年而屢易鑛主，事業中衰。至明治三十四年末，方有赤澤鑛業合資會社前來經營，改稱赤澤銅山。至明治三十八年十二月，小坂銅山之主事者，久原房之助氏，買收此地，又改稱日立鑛山，名曰久原鑛業所。大正元年十月，改鑛業所之組織爲久原鑛業株式會社（即有限公司），集資本一千萬元，苦心經營，至今日而發達膨漲，幾爲日本第一之大工業矣。

（二）技術上之沿革

（甲）采鑛

自此山移於久原鑛業所之後，鋭意經營，總鑛師堀哲三郎氏，使用金鋼寶石機器錐探鑛，不遺餘力，故得許多新鑛脈之發見。又用鑿巖機從事新鑛體之開展，於是舊來之面目爲之一新，今方努力擴充增加鑛石之出産，於手工鑿巖之外，又用采礦鑿巖機、錐式鑿巖機（如本月預決每日出産一千噸，來月每日出産一千一百噸增加），其由鑛内運出之法，最初由斜坑道用轉運機輸出，今則由直坑道用轉運機輸出，速度增加，尤多便利也。鑛内主要之坑道，計六層，每層相距一百五十尺，直坑今深不過一千十五尺（尚在下掘），横坑道六層，合計十英里，每月尚開展三百餘尺。凡主要坑道之上，敷有複綫輕便鐵道（與經營中國所用之軍用鐵道同式），以加運輸之速力。最初撰鑛之法，尚多困難，今則漸次改良，新設撰鑛場三所，用最新撰鑛機，加以手工，每日夜由坑内運出之千餘噸，精粗巨細，皆如法撰出，而由架空鐵索直接而送至化煉爐。

（乙）化煉

久原鑛業所創始之日，即於元山采礦場中設有土法化煉爐二十座，其製煉之法，是曰燒鑛還元法。此山鑛物爲硫黄銅與硫黄鐵之合質，先將鑛石燒去硫磺，而銅與鐵即成養氣化合物，然後將此氧氣化合物與原鑛物混合入土爐化之，而原鑛物之硫黄與燒過之養氣化合物結合，成爲一種硫養二之氣體昇騰而去，而銅與鐵與少量之硫黄合質煉成也，再將此合質入提煉爐化之，用風箱吹風送入，則鐵與爐牆爐地之石英質黏土化合而成鐵滓，硫黄與送入空氣相合而成硫養二之氣體，而粗銅於是乎分出矣，此燒鑛還元法也。至明治三十九年，新設熔鑛爐，五月起工，八月告竣，采生鑛自熔製煉法。是年九月，又增煉銅鈹爐，將煉出之銅鈹，直用真吹煉銅法，而煉出粗銅。明治四十一年二月，起新化煉場之工事於大雄院，是年十二月開始作業，將從前化煉使用石英質之熔解料減少，代用金銀銅之石英鑛石，以充熔解劑，於是他方小鑛山經營之業主，皆獲最大之市場，於鑛業發展上之裨益，誠非淺小，更於大雄院新化煉場中，改用前式真吹化煉法，而采用德國俾士麥式化煉法。明治四十二年四月，從事作業，擴張空氣壓力機而采用伯遜塔坡氏式。至於提煉粗銅之法，采用俾士麥式之初，其爐内裝備之料，即黏土與石英質之粉末，後由買鑛處買入石英質之金銀鑛石粉以代黏土，粉内所有之金銀質，提煉時皆由粗銅吸收而去，其利益較用黏土頗多也。銅鑛細粉之處置采用製團法，然而買入之鑛粉缺少團結力，故於明治四十二年三月，采用風鉢熔燒法，自此以後而一切鑛粉，皆燒成焦塊，而風力化鑛爐之能率，遂大增。明治四十四年三月，又建設電氣煉化純銅場，是年十月開工，然後粗銅内所含之金銀質，皆由電氣池中分出，而化煉場每日製出之粗铜四十餘噸，皆由此電煉場提出純銅，而電池之排列，采合加式，建築費一百萬元，每月提出純銅一千噸，金銀合物一千貫（每貫合中國秤六斤四兩），其電池内之電流密度，亦采用日本惟一之最高率，電解液環流法，用抽液唧筒機，打電解液於高處之大方池，由大方池下貫於各小方池，由各小方池貫流於電池，由電池流出而至抽液機，環流不息，而電解液中之銅質，皆由陽電銅板而結成陰電純銅也。明治四十四年十二月，又設純銅反射爐二座，其一乃用爲再熔電氣純銅場，所出原銅板之薄片，其一乃用爲製電氣純銅之錠子，以供給倫敦中國之市場。

地質及鑛脈

（一）地質

此鑛山附近之地，所謂阿武隈高原之南端，屬於秩父古生層，其巖石由角閃片巖、千枚巖、滑石片巖及石灰巖之數層組織而成，其走向由北東走約五十度，傾斜向西北約六十度，該地層之北部爲閃緑巖，有花崗石之露出，於是有角閃片巖，及千枚巖之變質，與花崗石接近之地層，化爲大石英質之石層，此石層即化煉場用爲熔解劑之材料也。

（二）鑛脈

此鑛山之鑛脈，介在角閃片巖之中，含有金銀銅硫化鐵，其地面露出之鑛脈，皆養化鐵也，毫無銅質存於其中，蓋由天氣侵蝕甚久，經如許萬年，銅質化去，而空中之養氣與鐵質結合而成養氣化也，其鑛脈露出五大支，命名爲中盛、本坑、赤澤及神峰、高鈴之五大鑛體，此日立鑛山現今主要鑛物出産之發源地也。目今開掘區域，寬約五百尺，延長跨五千尺之間，走向東方四十五度，傾斜西北方七十度也。

（甲）中盛部

中盛部之鑛體，由山嶺之起伏，而區分其名，曰第一中盛部，第二中盛部，及第三中盛部，其中第一及第二中盛部，鑛脈狹小，銅品不多，現在未加工采掘，而第三中盛部，鑛質最佳，平均銅質含有有百分之五，鑛脈亦廣大，目下此鑛山産出之上品，大半由此鑛體而得之，其鑛體之形狀甚不規則，故采掘之法亦隨之，采掘之處，分爲一號、二號、三號及四號之鑛體，今將其走向、傾斜及廣狹、長短列表如下：

	走向	傾斜	寬（最大）	厚（平均）	長
一號	北五十五度東	西北七十度	四十尺	二十尺	六百尺
二號	北四十五度東	西北七十度至三百五十尺，坑道以下九十度	五十尺	二十五尺	二百二十尺
三號	北四十五度東	西北七十度至二百尺，坑道以下九十度	八十尺	五十尺	百六十尺
四號	北四十五度東	西北七十度	六尺	三尺	二百五十尺

（乙）神峰部

神峰鑛脈，位置在中盛部之下磐，相離約三百尺，形狀比較上稍爲規則，其下磐即千枚巖，千枚巖中間，成含有銅硫化鑛物，鑛體之走向略成直角，因此鑛體中含於兩個之斷層，是以東部西部上磐之三區，爲之切斷，此地壳因地震變動之原因所致也，其鑛物品質頗佳，含銅量每百分之四・五内外也，其形體如下：

	走向	傾斜	寬（最大）	厚（平均）	長
東部	北四十五度東	西北七十度	五十尺	三十尺	五百八十尺
西部	北三十度東	西北六十五度	二十五尺	十五尺	二百尺
上磐	北六十五度東	西北六十五度	十五尺	七尺	一百六十尺

（丙）本坑部

本坑部鑛體位置在神峰部之西，夾雜硫化鐵甚多，至五十尺深上下，其上下兩磐，分爲兩類，上磐産堅鉑，平均品質僅含百分之一，下磐産千枚鑛，品質亦不優，至二百尺坑道以下，兩種併合，含銅鑛亦不多，至五百尺坑道附近，則産最純良之鑛物，品質堅密，平均含銅量每百分之四・五内外也，其形體如下：

	走向	傾斜	寬（最大）	厚（平均）	長
本坑	北四十五度東	西北七十度	四十五尺	十五尺	千五百尺

（丁）赤澤部

此鑛體乃於大正元年十月中所發見。於零尺水平綫上開一横坑道而入，又於坑道内開一直坑而至二百尺，從事開掘，此鑛體形狀亦不甚規則，大致與中盛鑛體相似，但含銅品量稍低，平均不過百分之二・五内外也。今於五百尺坑道内，用鑿巖機開一坑道，與各坑道直接，上下采掘，運輸由複綫鐵道，用電車周轉，每日出産額達四百噸，其發達真可觀也，形體如下：

	走向	傾斜	寬（最大）	厚（平均）	長
赤澤	北二十五度東	西北七十度	九十尺	四十五尺	四百尺

（戊）高鈴部

高鈴鑛體，乃明治四十三年八月由坑外試金鋼寶石錐，向下錐入所發見者也，位置在此鑛山之極西端，與赤澤鑛體相距約百尺，於零尺以下二百尺水平綫坑道内，用金鋼寶石錐探之，果得其鑛體之所在，目下從事采掘，更探其長短寬厚，其形體較赤澤部稍爲規正，然鑛質固相伯仲也。

	走向	傾斜	寬（最大）	厚（平均）	長
高鈴	北三十五度東	西北八十度	六十五尺	四十尺	五百尺

（三）主要鑛物及副鑛物

主要鑛物，即含有金銀銅之硫化鐵礦也，而副鑛物中，含有少量之閃亞鉛鑛、方鉛鑛及磁硫鐵鑛之金屬鑛物，及電氣石、白雲母石、黑雲母石等之非金屬鑛物也，其各鑛體産出之鑛物，所含之有用金屬如下：

種類		金	銀	銅
上鑛	中盛部	〇・〇〇〇一二	〇・〇〇一五九	四・九一
	神峰部	〇・〇〇〇一一	〇・〇〇一三八	四・三三
	本坑部	〇・〇〇〇一〇	〇・〇〇一四四	四・〇〇
下鑛		〇・〇〇〇一一	〇・〇〇一九六	一・四六
中鑛	赤澤部	〇・〇〇〇一〇	〇・〇〇一二〇	二・五〇
	高鈴部	〇・〇〇〇一〇	〇・〇〇一二〇	二・五〇

采 掘

(一) 鑿巖法及設備

於每月預算中決定增加之鑛物額缺少時，用急切法采取，以孚預定之額，若巖磐太堅，而化煉場又需緊急時，則於采鑛坑内於一部分采用鑿巖機，平時則用手工開鑿。

鑿巖機之種類及臺數如下：

種類		臺數
水管貫入七號式之鑿巖機		十六臺
采鑛鑿巖機	沙尼文式D二十一號	十三臺
	沙尼文式DA二十一號	一臺
	水管貫入式	一臺
錐頭鑿巖機	佛羅門式	三臺
	普尼敦式	一臺
	沙尼文式	四臺

運轉此類之鑿巖機，須用大壓力之空氣，壓此空氣，須用極大之壓氣機於坑外，將鐵管通入采礦之區域，此鑛山上備有李那氏會社所製之空氣壓力機一臺，東京佃島製作所製出之空氣壓力機四臺，其中四臺，日夜運轉，一臺以備變時補助之需，佃島式係仿李那氏製出者，其力量如下：

李那氏空氣壓力機

馬力	一百匹
低壓圓管直徑	十六寸
高壓圓管直徑	十寸
抽筒	十八寸
每分鐘回轉數	一百十五回
每分鐘壓入空氣量	四百八十立方尺
壓入空氣每平方寸之壓力	七十磅至百磅

（二）横竪坑道之面積及長短

（甲）竪坑

坑名	寬	長	深	摘要
第一直坑	七尺	十六尺	一千一百十五尺	本坑神峰之鑛石由此運出
第二稍斜直坑	六尺	十二尺	三百五十尺	目下充填用之土砂由此運入
第三稍斜直坑	六尺	十二尺	五百尺	土砂充填用
第四直坑	五尺五寸	十二尺	五百尺	中盛部鑛石由此運出
第五直坑	六尺六寸	十三尺五寸	二百尺	高鈴、赤澤部之鑛石由此運出

（乙）横坑道

坑道之面積有大小，凡單綫鐵路之坑道，高七尺，寬五尺，複綫鐵路之坑道，高七尺，寬七尺，自大正二年十月上旬開工，延長之坑道，至今日已達五萬四千二百四十五尺矣，然尚加工開鑿也。

（丙）采掘法

采掘之方法專采向上階段法，於坑道相通之鑛層内，向上采掘，使鑿出之鑛物，易於下運，又於采過之空隙，用砂土填補之，漸次上掘，掘至上層之坑道而止，此法最爲便利也。但於開掘加急時，用鑿巖機采之以增加出産之量，所用填補之砂石，多由地面運入，凡撰鑛場之廢石，化煉場之廢滓，以及地面之赤土，皆充填補之材料，以防采過之區域，上磐下落，傷及鑛山之生命財産也，間或采用簡單之支柱法，以供采掘時之急，然此乃常例以外也。

（丁）支柱法

坑道之支柱，乃鑛科上最重要之一部，而於煤鑛尤爲緊要，種種方法，另有專書，兹無從述，特就普通采用之材料以言，此鑛山坑内之裝置，坑内巖層有堅鬆之不同，故支柱之材料亦大異。若巖層十分堅固，即不用支柱，亦無危險，如英國考母耳之錫礦内，巖層皆爲花崗石，堅硬異常，故英國錫鑛内之支柱亦甚少也。銅鑛内則不然，銅鑛内之巖層，多半角閃片巖，其硬度頗低，不用支柱，則多危險也。日立鑛山所用之支柱，多半黄松，兼用日本北方青森所產之楣材，然於鑛石運輸之大直坑内，則用栗材；土砂充填運輸之直坑，則用松木，其木材之大小，普通直徑六寸至八寸之料也，但於巖石危險處，有用極大之木材以支持之者。

（戊）排水法及設備

此鑛山坑内湧出之水不甚多，故采掘頗易，於零尺以上之坑道，坑内之水，直由坑道兩旁掘溝内流出，而於零尺以下，地面無口以排洩之水量，則用唧水筒以排出之也。唧水之法，分爲數段，由極深之坑道，漸次排出而至於地面，坑内湧出之水源，四季雖不同，而唧水筒排洩之力，則有定量，平均每分鐘可排出水量五十立方尺以外也，其設備如下：

坑名	種類	馬力	臺數
二百尺坑道内唧水棧房	三連式抽管筒	五十匹	二臺
	那爾司三連式抽管筒	三十匹	一臺
五百尺坑道内唧水棧房	三連式抽管筒	五十匹	二臺
八百尺坑道内唧水棧房	那爾司三連式抽管筒	二十匹	二臺

（己）通風及設備

此鑛山坑内之通風法頗佳，横直之坑道多而空氣之流通亦速，皆自然之通風法也。然有時於未甚通風之坑道内，采掘向上階開始時，空氣不足，勞働困難，燈不易燃，人難呼吸，而且狂熱，則用三匹馬力之小形扇風機，由通風處送新空氣而入也。

（庚）點燈

役員鑛夫在此坑内，多半用炭輕氣之銅燈，氣味雖惡，然甚光亮，且不畏風，較之油燈似甚便利，而且清潔，亦較洋蠟燭便宜，但直坑與各層坑道至直坑之口處，以及各坑道之唧水機房，則點電燈，且備有電話機以便傳語。設備頗爲周密，但雜夫中尚有用舊式之油燈者。

（辛）坑内運輸及設備

坑道内全敷設輕便之軌條（每三尺計十二磅重），通電車之坑道内，則敷設每三尺二十磅重之軌條。運鑛之車，容量十二立方尺，全體鋼板。

凡零尺以下之采掘區域所出之鑛物，皆由第一、第四、第五三直坑運出於地面，掌本坑、神峰兩鑛體之運輸者，第一直坑升降機也；掌中盛鑛體之運輸者，第四直之坑升降機也；掌赤澤、高鈴兩鑛體之運輸者，第五直坑之升降機也，但第五直坑在赤澤部零尺之坑内，此處有電車運出於撰鑛場也，各直坑之升降機如下：

第一直坑雙卷升降機	李全武氏式
馬力	三百匹
圓捲筒直徑	八尺
圓捲筒長	四十寸
每分鐘之升降速度	八百尺
木架之高	五十五尺
架上之滑車輪直徑	八尺
鐵索之直徑	一寸

此部内空氣壓力機、電氣制動機，皆裝置於此也。

第四直坑雙卷升降機	李全武氏式
馬力	五十匹
圓捲筒直徑	四尺
圓捲筒長	三十八寸
每分鐘升降速度	三百尺
鐵索直徑	一寸之八分七
運鑛之鐵桶容積	二十立方尺
木架之高	六十二尺
架上之滑車輪直徑	四尺
第五直坑雙卷升降機	李全武氏式
馬力	七十五匹
圓捲筒直徑	四尺
圓捲筒長	三十八寸

續表

每分鐘升降速度	五百尺
鐵索直徑	一寸
起架之高	五十尺
架上之滑車輪直徑	八尺

近來又預備開一第六直坑於高鈴部鑛體之内，其面積之大，長十八尺，寬十二尺，分爲四區，兩區運輸鑛石，一區安置特别升降機以運輸工人，一區以供唧水機之用，此直坑之升降機，較之第一直坑之能力更大也，第一直坑八百尺坑道以下，至一千一百十五尺之坑道，於特别唧水運鑛之直坑内，設有二十馬力單捲筒之升降機一臺，以爲鑛石與工人運輸之用。

(壬) 鑛夫之坑内交通及設備

於第一直坑鑛車升降機之外，另設一工人升降機，由零尺以下，通至各坑道之口，其餘坑内各直坑之壁，設有木梯，以便工人之升降。

工人升降機	單捲筒式
馬力	七十五匹
圓捲筒直徑	六尺
圓捲筒長	三尺九寸
每分鐘升降之速度	三百尺

此升降機之載人車有二層，可容十五人。

撰　　鑛

(一) 撰鑛場之位置

舊撰鑛場在第一直坑之正東，約三百尺，新設之撰鑛場二所，皆在第一直坑之東南，約三百七十尺，延山坡之斜度，建設階級，而置各種之機器焉。

（二）撰鑛法及設備

舊撰鑛場，專撰第三中盛部之上鑛，及高鈴、赤澤部之中鑛，撰入鑛倉，裝入鐵桶，直由架空鐵索送至大雄院化煉場也。鑛物由坑内運出，路經磅秤，而至分撰，其方法如下：

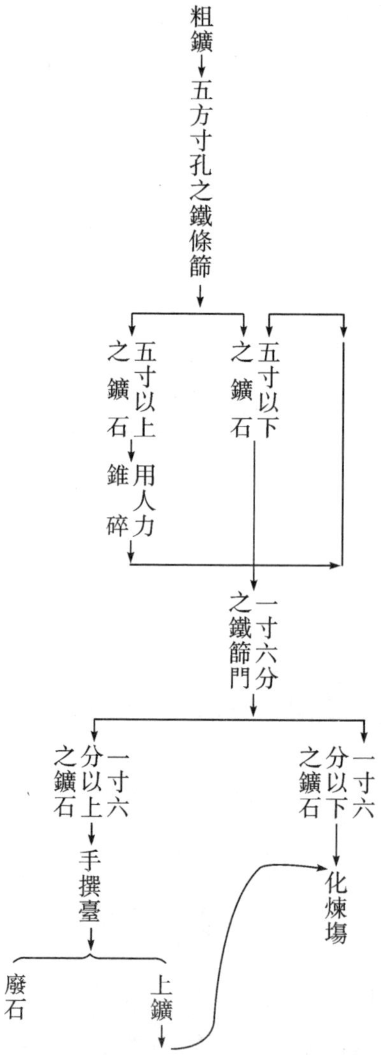

新設撰鑛場，大正二年十二月竣成，每晝夜撰出之鑛量十二萬五千貫（每貫合中國秤六斤四兩），此場專撰神峰本坑部之鑛物，其采用機械及分撰之方法如下：

（甲）分撰大鑛塊次序如下式：

（乙）手撰場之次序如下式：

（丙）機械分撰場之次序如下式：

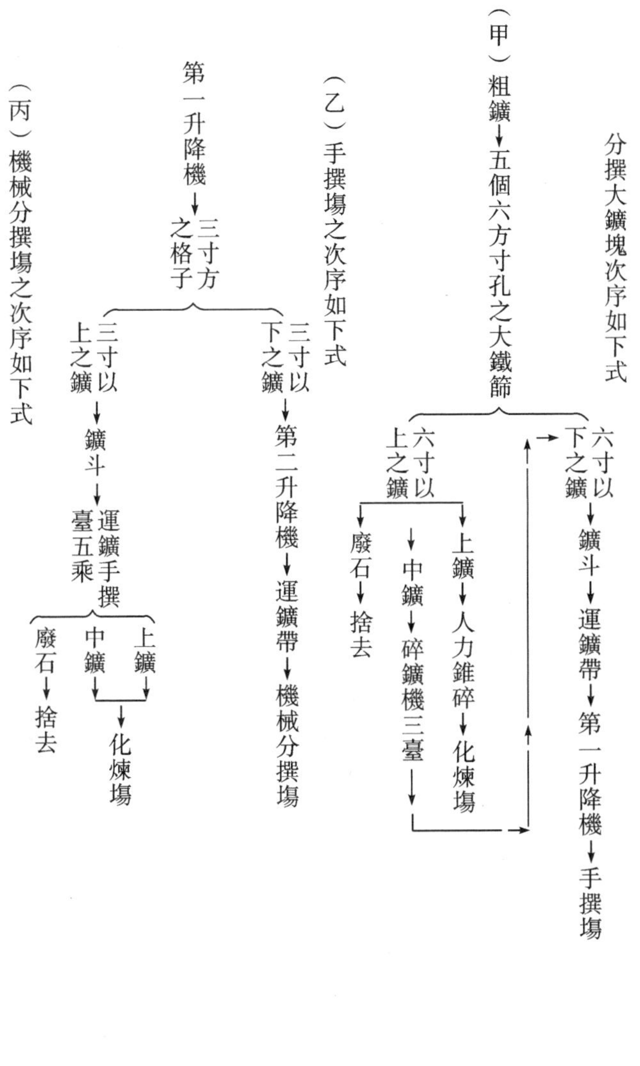

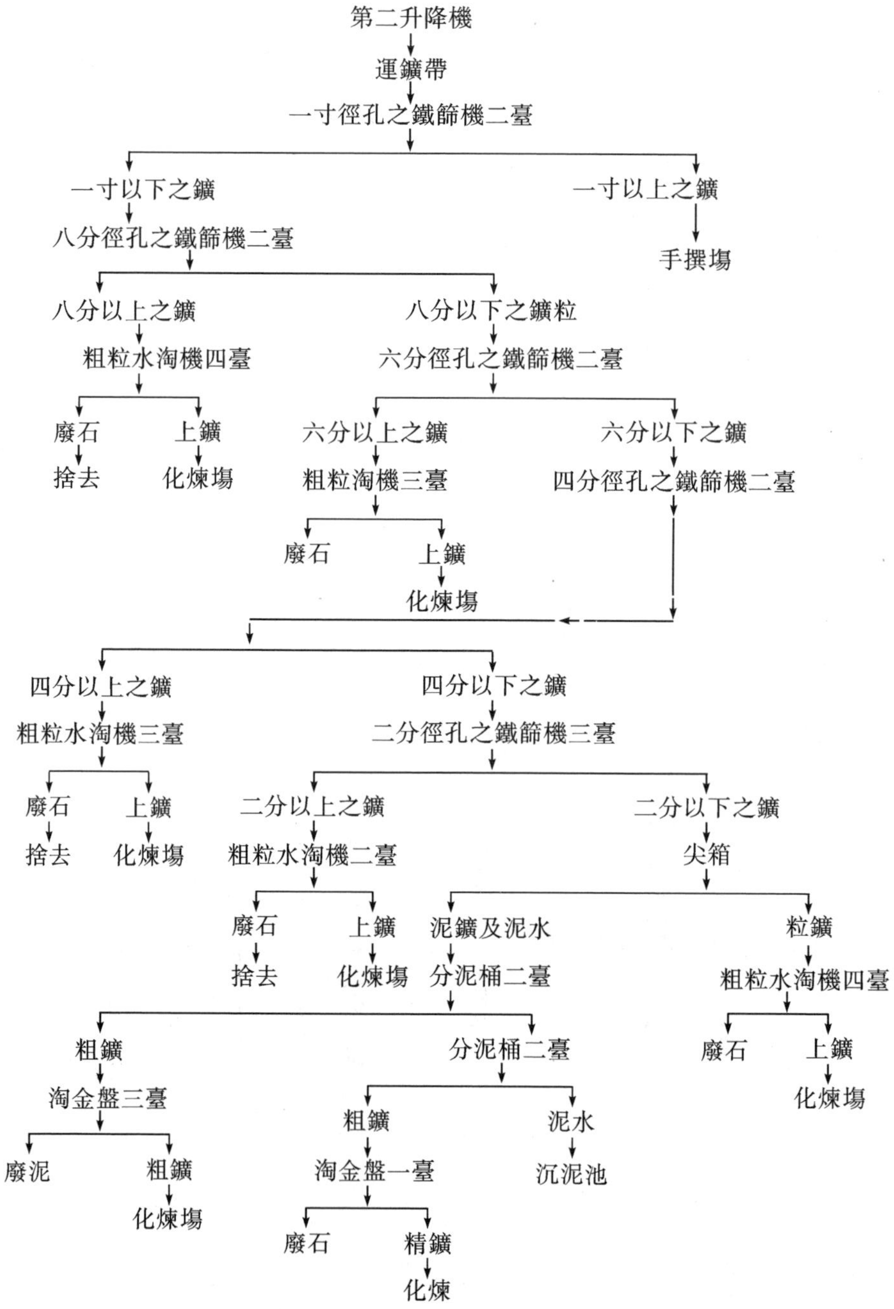
第二升降機
運鑛帶
一寸徑孔之鐵篩機二臺
一寸以下之鑛
一寸以上之鑛
手撰塲
八分徑孔之鐵篩機二臺
八分以上之鑛
八分以下之鑛粒
粗粒水淘機四臺
六分徑孔之鐵篩機二臺
廢石
上鑛
捨去
化煉塲
六分以上之鑛
六分以下之鑛
粗粒淘機三臺
四分徑孔之鐵篩機二臺
廢石
上鑛
化煉塲
四分以上之鑛
四分以下之鑛
粗粒水淘機三臺
二分徑孔之鐵篩機三臺
廢石
上鑛
捨去
化煉塲
二分以上之鑛
二分以下之鑛
粗粒水淘機二臺
尖箱
廢石
上鑛
捨去
化煉塲
泥鑛及泥水
分泥桶二臺
粒鑛
粗粒水淘機四臺
粗鑛
淘金盤三臺
分泥桶二臺
廢石
上鑛
化煉塲
粗鑛
泥水
淘金盤一臺
沉泥池
廢泥
粗鑛
化煉塲
廢石
精鑛
化煉

日本大正三年十月竣工之新撰鑛場，次序如下式：

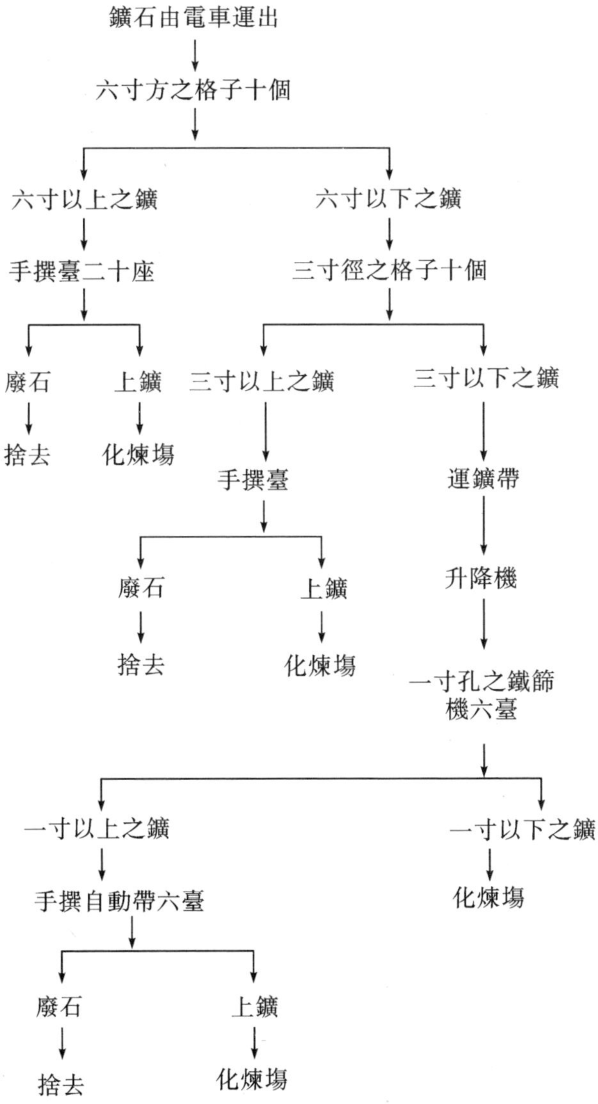

（三）沈泥銅采取法

由七十尺坑道口排出之水，與撰鑛場沈泥後之水中，加以破鐵，鋪設數畝，使鑛水流過鐵屑，而水中所含之銅，皆凝結於破鐵之上，每月用人工采取一次，平均可得三千三百貫。此泥含銅之成分，在百分之四十五以上也。

化　　煉

（一）化煉場之位置

此廠在鑛山下三英里，地名大雄院，乃一古寺之地址也。此地山溪寬宏，流水不竭，取用水供給之至便，材料供給之無窮，加以運輸便利，地址便宜，於是選定建築，擴大規模，前面太平洋，後面高山，山頂建築世界最高之排烟筒，高於海面一千六百尺，誠壯觀也。此场平面高於海平綫三百五十尺，設有事務所、倉庫、醫院、住宅、小學校、郵便局、電信局、寄宿舍，以及化煉場緊要之各機關局所也。

（二）化煉之方法

以本山采出之鑛，調和他山買入之鑛，加以熔解材料，如石灰石、石英質之塊石，決定各物之成分，入熱風化鑛爐，取半自熔化製煉法，以出銅鈹，再將此銅鈹化出粗銅，采俾士麥式煉銅法，利用鈹中之含有熱，加以極大力之熱風貫入，取熱風中之養氣，以去鈹中之硫黄，以分鈹中之鐵養，使此鐵養與石英質之爐床化合，而成鐵滓，則粗銅於是乎製出矣，此乃經濟上最便宜之方法也。

（三）化煉之順序

其系統如下式：

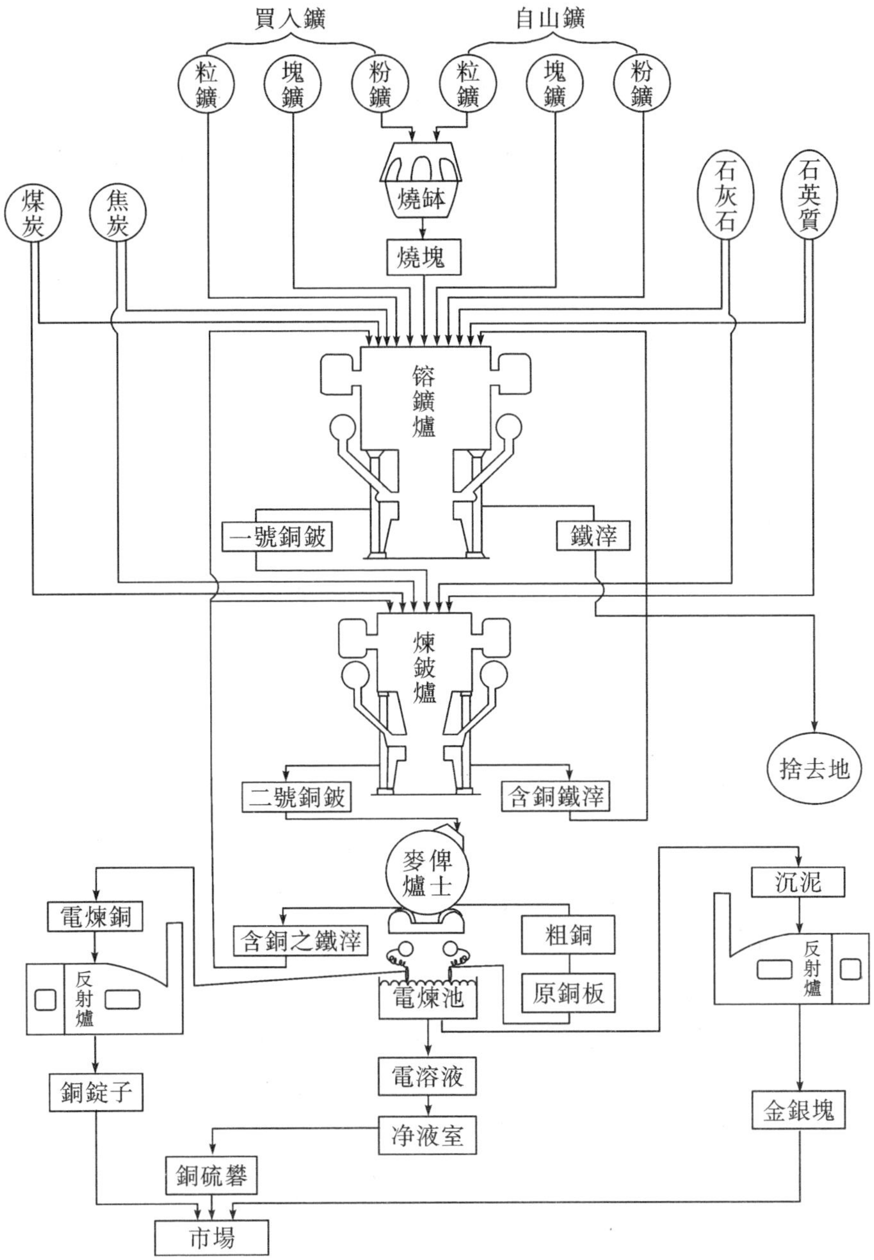
買入鑛
自山鑛
粒鑛
塊鑛
粉鑛
粒鑛
塊鑛
粉鑛
燒缽
燒塊
煤炭
焦炭
石灰石
石英質
鎔鑛爐
一號銅皷
鐵滓
煉皷爐
捨去地
二號銅皷
含銅鐵滓
麥傳爐士
沉泥
電煉銅
含銅之鐵滓
粗銅
原銅板
反射爐
電煉池
反射爐
電溶液
銅錠子
金銀塊
净液室
銅硫礬
市場

（四）化煉之設備

今特舉化煉场最重要之局所，如鑛積倉、燒粉場、化鑛場、煉銅場及附屬各工場，與電氣鐵道及傾斜升降機、架空鐵索種種聯絡，以圖運輸鑛石及貨物之利便，其設備之大要如下：

（甲）鑛石及他物之蓄積倉

自山鑛積倉

於鑛山架空鐵索之終端，建設搬運之軌道，將鐵索運至之鑛石，傾入蓄積之倉儲，其倉儲分爲六大區，分別各種之鑛石而分積之，每區可容十五萬貫之鑛石。

買鑛積倉

由助川驛電氣鐵道運至之他山鑛石，有貯積倉房三棟，合計二十五區，分別各鑛山之鑛物而積之，約可容藏七十五萬貫。

燃料積倉

由助川驛電車運至之焦炭、木炭、煤炭分配於各工場者，劃分二區，每區可容三十萬貫。

（乙）篩撰場及附屬鑛積倉

本場備有四臺之圓錐式鐵篩機，其機直徑二尺五寸，長三尺，孔徑三分者二臺，五分者二臺，凡鑛山運來未選過之鑛粉，皆由此機分撰之，篩下設置鑛積倉四區以收容之。

（丙）碎粉場

本場設有碎粉機三臺，凡化鑛爐所用之黏土及煉銅爐所用之白灰，皆由此三機製出，每臺十時間可製出一千貫之黏土，八十貫之白灰。

（丁）石灰石積倉

於化煉場附近之山腰，産石灰石，依法開采，用單式架空鐵索，運至積倉，以充化鑛爐之溶解劑，此倉可容二十萬貫。

（戊）燒粉場

此場設熱風缽形爐（即燒鑛缽也）二十八座，其爐内徑七尺五寸，深三尺五寸，風管直徑八寸，以水銀管四十五米之風壓，燒粉鑛而成焦塊，然後將此焦塊裝入化煉爐，每座一晝夜，可燒四千貫以上也。

（己）化鑛場

因地形之關係，建設二工場，第一化鑛場，有長形爐二座，同形同大，於通風口加煤處水準綫計算，爐長四十尺，寬四尺，通風口之直徑五寸，每爐通風口五十八個，分三段備置，每口相隔四寸，由階段而至爐底，於爐之一端傾斜處，前面裝置自動出銅鈹之圓爐。此爐之容積，可熔化鑛爐中排出之全量。化鑛爐之高，於通風口水準上許之，十八尺六寸，爐頂布設輕便鐵道，備有開閉板，用特別之裝鑛車投鑛石於爐中，爐中發散之濃烟濁氣，皆由爐頂兩側二十四個之排烟孔而出，由此烟孔而至烟道，由烟道而上中央排出之烟筒。

第二化鑛場

有圓形爐一座，長形爐五座，圓形爐於通風水準口處内徑四尺，長形爐寬四尺，長八尺者二座，長十五尺者三座，通風口之内長五寸，各爐皆同，圓爐之通風口，每方四個；八尺爐之通風口，每方十個；十五尺爐之通風口，每方二十個。各爐之前面，與第一化鑛場之備置相同，設有自動出銅鈹之圓爐，化鑛爐之高，自通風口而上計之，有十尺五寸，於爐頂設特別之輕便裝鑛車，由爐之兩側以裝入鑛物於爐内，爐内發散之濃烟，直由爐頂排出而至烟室，由烟室而至烟道，然後排出於最高之烟筒。

（庚）煉銅鈹爐

煉鈹爐有大小二座，於通風口裝煤處水準綫計之，大爐之長二十四尺，寬四尺；小爐之長十一尺，寬四尺，二座皆高十五尺，通風口之數，大者四十個，小者十八個，其設備與裝入之方法，與第一化鑛爐相等，此二爐即在第一化鑛場也。爐中之熔體，陸續排出於爐前之自動出銅鈹之圓爐中，由此爐排出口裝入容受器，運至煉銅場，以裝入煉銅爐也。然小煉鈹爐之前面，另設一浄鈹爐，煉鈹爐中之熔液，陸續排出於出銅鈹之圓爐，由此圓爐而排出浄鈹爐，精鈹静止而沈至爐之底面，鐵滓静止而浮於爐之上面，鐵滓陸續排出於水中，精鈹以備裝入煉銅爐。

（辛）煉銅場

本場用俾士麥式煉銅爐八座、六座日夜工作，二座以備交换之用。爐之構造，外徑六尺五寸，長八寸，形橢圓，爐之中下段，備有通風口十一個，用水頭四百尺之水壓機以運轉之熱風壓入之力，每平方寸有十二磅（每磅計中國秤），每座一晝夜可煉十五噸之第二號銅鈹而成粗銅，輸運粗銅則用二十噸之起重機工作，换爐之時，則用三十噸之起重機工作。

（壬）反射爐

本場設反射爐二座，一座以煉銅錠，凡電氣煉銅場煉出之純銅，皆運至此爐熔化，鑄成模型，以供世界之市場；一座以鑄銅屑，凡電池中未溶化之銅屑，皆運至此爐，再鑄成原銅板以入電池，每座一晝夜可鑄純銅四萬斤也。

（癸）送風機場

化煉場内所有之燒紛缽、化鑛爐、煉銅鈹爐、煉粗銅爐皆須多量之熱風也，故設送風機場，裝置魯司氏與塔坡氏之旋風機。

魯司式十二號型二臺；魯司式十號型三臺；魯司式六號型一臺；塔坡氏扇風機四臺。

但煉粗銅俾士麥式爐則另備有塔坡氏之扇風機二臺，及伯遜式扇風機一臺。

（子）烟道及烟筒

由燒粉場排出之烟，則用三百馬力之電氣風扇機，排出於神峰山頂之烟道。該烟道延長四千三百尺，内徑二百平方尺，高九百五十尺，濃烟至此山頂而後四散。第一化鑛場及煉鈹爐排出之烟，則沿場後山背之烟道，而至中央排烟筒，該烟道延長四百二十五尺，與八角形之烟筒連接。該八角烟筒内徑十五尺，高八十尺，由場面而至烟筒之頂，計三百六十尺。煉銅場及第二化鑛場之烟，則由後山背之大烟道，而至合同之大烟道，排出於新建之大烟筒，此烟道延長一千二百五十尺，内徑五十九尺，直立烟筒百二十尺，此烟筒之底部四圍，空氣混入，與濃烟化合而後排出也，由第二化鑛場而至此烟筒之頂，計四百三十尺，今化煉場日漸擴充，化出之銅與金銀量增加無已，而各場排出之烟，晝夜衝天，毒氣四散，農村苦之，故大正三年八月，又於山頂新建一世界最高之烟筒，直立五百一十尺，山高一千九十尺，合計一千六百尺，此後將合各烟道之毒烟，皆排出於此最高之烟筒也。

（五）鑛物之種類及燃料

（甲）鑛物

（一）含銅硫化鐵鑛；（二）含金銀銅鑛；（三）含銅鋁養鑛；（四）含金銀石英鑛；（五）石英；（六）石灰石。

（乙）燃料

（一）焦炭，三池公司及東京煤氣公司之出産；（二）煤炭，町田、入山、好間、清田各炭山所産。

電氣煉銅場

（一）電煉場之位置

此場設於日立村，字芝内，在化煉場與助川驛之間，沿電氣鐵道與日立製造電機廠隣接，背面即宫田川也。

（二）電煉之方法

化煉場煉出之粗銅原板内，含有貴重之金銀，及不純之雜質，故將此原銅板裝入並列式之電氣溶解池，原銅板即陽電板。原銅板之中間夾裝陰電純銅板，而原銅板之銅溶解於電池，而成電解液，電解液中之銅質與陰電純銅板配合而成純銅，此純銅生産法也。原銅板中之貴重金銀不溶化於電解液，皆沈至池底，每月掃出一次，用濾紛機濾乾，入小反射爐，加純鉛煉之，更加曹達硫養之熔解劑，每一晝夜放出，裝入模型，然後將此模型再用英國式之分金爐精煉之，每月此場可出金銀塊（金十分，銀九十分）一千貫也，其餘原銅板之不純雜質溶於電解液中，每日取出此液四百至五百立方尺之量，以製銅硫礬（日本名丹礬，即 uSo4），每日更溶新鮮之丹礬液，加硫强水注入電解液，亦與取出之量相等也。

（三）電煉之次序

可大別之爲三部：（一）電解池；（二）净電池；（三）分金爐，其次序如下式：

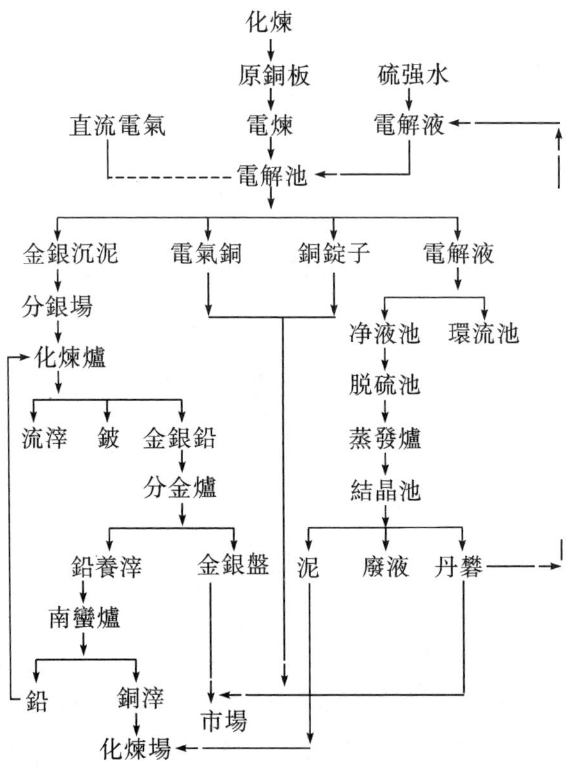

（四）電煉場之設備

設備之重要者，即積銅場、發電室、電解室、製板室、唧筒室、蒸汽室、浄液室及分銀室，其裝置之大要如下：

（甲）積銅場

由化煉場運來之原銅板，收入貯藏，及此電煉場製出之純銅板與金銀塊，衡定發送，皆由此場經過，而登簿記載之也。場内運輸則由二乘之五噸起重機工作，場内入口處電車停止場，設有原銅板裝置池九列。

（乙）發電室

此室原電皆石岡水力發電廠傳來，至入高壓交流之電動機，由此而變爲低壓直流之電氣，此室裝置同時電動發電機四臺，三臺常用，一臺以備不虞。

	同時電動機	直流發電機	磁動機	發動機
馬力	五百七十五匹	四百匹	二十一匹	七十五匹
電流	八十八	四千	一百六十八	—
電壓	三千一百五十	一百	一百二十五	四百四十
每分回轉數	五百十四	五百十四	五百十四	五百十四

（丙）電解室

此室由鐵筋、三合土建築而成，長五百零三尺，寬五十八尺，此室之中樞，裝置四百三十四個之電池，長九尺五寸，寬二尺六寸，深三尺五寸，此電池分爲四排，三十一列，每列十四池，此列與彼列相差之高度約五寸，以便電解液易於環流，每列有給液池一座，由高列而注入低列，再由低列而流入唧筒室，唧至樓上之給液池，而流轉不息也。

每電池裝置原銅板與純銅板之數如下：

	每池裝入數	一枚重量	在池日數	長	寬	厚	每平方尺之電流
原銅板	十六枚	二百五十斤	二十日	三十寸	二十四寸	一寸八分半	二十五安
電氣銅	六十八枚	十三斤	五日	三十寸半	六寸	八分三	二十安五

（丁）製板室

此室專製造純銅板（即陰電板），其製法用大母銅板（即引銅板）將洋油膏塗其四週之邊緣，放置電池二十四小時，取出洗之，撥下純銅板，用剪板機剪成長三十寸半、寬六寸之陰電板，加上銅鈎，印上商標，然後放入電池，而五日間則電氣純銅製出矣。其裝置器具如下：剪銅機二臺，刻印機一臺，製鈎機一臺，洗板池四臺。

（戊）唧筒室

此室專司電解液環流之用，凡電池溢出之電解液，由此唧筒八寸徑之硬鉛管送至樓上之温液池，由此池再由鉛管引至低處之各給液池，然後分配於各列之電池，唧筒機有二臺（一）八寸徑、（二）六寸徑之唧筒，所以送電池之沈泥，至高處之沈泥池也，樓上温液池中，配有多數一寸徑之鉛管，熱氣由蒸汽、蒸爐引至，常保電解之温度至攝氏表四十内外也。

（己）蒸汽室

凡温液池、洗板池、净液池所用之熱汽，皆由此室製出，室内設有英國蘭克省式之蒸汽爐一座、烟管式之蒸汽爐一座，平均汽壓每寸五十磅，可生七十五馬力，一臺常用，一臺備用，烟筒直徑五尺，高百尺，由鐵筋三合土築成也。

（庚）净液室

由原銅板電解液中溶出之雜質，皆由此室除去，電解液之總量，約二萬五千六百方尺，由此内每日取出百分之一於脱硫池，熱以蒸汽，裝以銅屑，使自由之硫强水，皆與銅屑化合，而成適量之溶液，引入鉛鍋蒸發爐，蒸去一部分之水氣，而溶液濃厚後，注入結晶池，冷皆結晶，純粹之丹礬取出，而雜質存於粹廢液，加以石灰乾之，再送至化煉場入爐化之，而此純粹之丹礬，一部分售之市場，一部分製成電解液以供電池之用，其設備如下：

物名	臺數	長	寬	深
脱硫池	三臺	徑六尺	—	七尺
蒸發爐	二臺	三十尺	七尺	八寸半
第一結晶池	二十臺	十二尺	六尺	一尺八寸
再結晶池	二十五臺	十三尺半	五尺半	四尺

（辛）分銀室

（一）濾泥機

凡電池底之沈泥金銀雜物，由池底之塞口注出，唧至樓上之大沈泥池，再由此池底塞口，將沈泥注入運搬車，送至濾泥室，由銅篩網將粗物分出，而細泥注入遠心濾泥機，所有水分皆濾去，而細泥粉則入反射爐化之，此機每次可濾二十貫，費時間十五分，每分回轉數七百次，電動力五馬力。

（二）反射爐

將濾乾之泥鉛，合純鉛與曹達硫養粉，加以鐵屑，入此爐化之，而成金銀混合之鉛塊，其爐式如下：

火爐之面積	爐床之面積	烟道之面積（平方尺）	一回裝入量	所要時間
長三尺	長七尺	一尺半	二百貫	二十四小時
寬二尺	寬四尺五寸	—	—	—

（三）分金爐

英國式分金爐一座。

火爐之面積	分金爐床之面積	深（尺）	排烟口之面積	一回製出之金銀
長二尺五寸	長二尺二寸	〇三五	一五	一百五十貫
寬二尺	寬四尺五寸	—	—	—

此分金爐所用之熱風，每分鐘須二百立方尺，爐中溢出之鉛養液，通過木炭，而養氣與木炭結合，成炭養氣，而鉛皆還原，盛入還原器，再鑄成鉛塊。至於未還原之鉛養，則用南蠻爐，加木炭或焦炭，用熱風

吹入化之，則純鉛復得矣。

附屬工場

（一）硫强水製造場

此場係利用化煉爐排出之濃烟，用火爐加熱，溶入硝塊，則硫養氣入鉛室，室内引蒸汽與之化合，而成硫强水。此場自明治四十四年六月開工，至今日每月可出三十六萬磅純强水，而十八萬磅可售出於市場，十八萬磅可供電煉場之用也。

（二）硫二炭化液製造場

此場利用化煉場烟道中所結之硫黄粉，裝入電氣化分爐，加以木炭，然後將炭與硫化合之氣，用冷管結露法收之。此場自大正二年三月開工，至今日每日可産二萬磅純良無色之硫二炭化液也。

（三）銅硫礬製造場

此即電氣純銅場電解液中之副産物也，其法前已略言之。

（四）鎳硫礬製造場

其法前已略言之。

（五）製材事業

此鑛山應用之建築材料，與坑内之需用之木材，其數至巨也，故於助川驛設一製材場，場内備有車鋸五臺，橢圓鋸一臺，平鋸一臺，電動百馬力之電機一臺，十五馬力之蒸汽機一臺，每臺每日可製出良材九千四百尺。

坑外運輸法及設備

（一）電氣鐵道

於化煉場内及化煉場至助川驛之間，敷設有電氣鐵道，以運輸出入之貨物，與往來工客之便乘，此鐵道係單綫架空式，軌道之寬三十寸，最大之斜度約四十分之十一，延長幹支綫，合計三十七英里。電動車使用之數，用於助川驛至化煉場之間者，計八臺（十三噸者三臺，七噸者五臺）。化煉場内使用者九臺，各七噸，電動車之速力，每小時十四英里，七噸之電動車，有牽引力三千五百貫，十三噸之電動車，有牽引力七千貫。自化煉場至助川驛之間，每日平均運輸之數，有二十萬貫。自助川驛收發出入之貨物，設有儲積倉三所：（一）在鑛山；（二）在芝内；（三）在大雄院，此鐵道設有停車場四處也。

（二）架空鐵索

采礦場與化煉場之間，所有鑛石與貨物之運輸，皆由複綫架空鐵索爲之回轉，此間有雙綫鐵索二條，一條延長九千四百尺，速度每分鐘三百五十尺，一條延長七千五百尺，速度每分鐘三百八十尺，每條二十四時間，可運輸三十萬貫之鑛石與貨物。於采鑛場附近至御岩山，采取石英質之熔解劑，設有架空單綫鐵索三千五百七十五尺，又於化煉場附近，設有運輸石灰石之單綫架空鐵索二千八百尺也。

原動機

此鑛山各工場諸機械所用之電氣原動力，皆由石岡水力發電機場而來，此地在鑛山之北十英里，多賀郡南中鄉村，石岡，其地名也。利用石岡川之水流，設立發電場二所，合計發生五千啓羅瓦斯之電力，其原動機如下：

第一發電所

水車佛蘭基式，二臺，六千五十馬力；

發電機（回轉磁電型三相交流發電機），二臺，四千啓羅瓦特。

第二發電所

水車（同前式），一臺，一千五百五十馬力；

發電機（同前式），一臺，一千啓羅瓦特。

於各工場電動機之用途，分别於下：

三相交流等期電動機，十臺，三千二百五十馬力；

電氣鐵道發電機用，六臺，九百馬力；

電氣分銅發電機用，四臺，二千三百五十五馬力；

三相交流誘導電動機，百二十二臺，六千〇二十四半馬力；

采鑛場用，十五臺，七百三十馬力；

撰鑛場用，十三臺，三百八十五馬力；

化煉場用，三十二臺，七百六十八匹半馬力；

送風用（各工場通風送風之設備），十九臺，三千一百二十八馬力；

運輸用，二十六臺，六百八十四馬力；

雜用，十七臺，三百二十九馬力。

其餘供給附屬事業之用者，尚設有蒸汽爐、蒸汽機如下：

蒸汽車汽罐型多焰管式，二座，三十五馬力（硫强水製造用一，製材機運轉用一）；

外焚多管式，一座，七十五馬力（電煉場用）；

英國蘭克省式，一座，七十五馬力（電煉場用）；

烟管式，一座，四十馬力（暖房用）；

直型横管式，一座，十二馬力（硫二炭化液製造用）；

汽機

横卧不凝汽機，一座，十五馬力（助川製材場用）。

鑛夫之類别、員數、工價及工數（大正三年之成績）：

男　工

類別		員數	工數（工）	一日最高之價（圓）	一日最低之價（圓）	一日平均之價（圓）
鑛夫		三〇九	一二，〇四四・二	一・二三	・四〇	・七六
支柱夫		九四	二九，〇六三・五	・九五	・五一	・七九
幫手		二五	五，二三六・四	・六五	・四一	・五一
撰鑛夫		九四	四三，五六三・八	・七〇	・一五	・三一
化煉夫		六五八	二二二，六六一・四	一・七八	・二七	・五〇
運輸夫	坑内	/	/	/	/	/
	坑外	/	/	/	/	/
建築夫	坑内	一六	九，四九一・二	・七八	・四二	・五四
	坑外	四〇二	八九，五八四・七	一・四八	・一三	・五八
機械夫	坑内	一二六	五一，三六七・三	一・二九	・二三	・六九
	坑外	四七七	二一四，二五四・八	一・九七	・二五	・五一
雜夫	坑内	二四一	七八，〇二六・六	・七五	・三〇	・六〇
	坑外	七三二	六五，三七九・五	・九八	・一三	・四五
合計		三，一七四	一，一三九，六七三・二四	一・九七	・一三	・五四

女　工

類別		員數	工數（工）	一日最高之價（圓）	一日最低之價（圓）	一日平均之價（圓）
撰鑛夫		五四	二〇，四四八・五	・三四	・一二	・一七
化煉夫		二七	一三，七八四・四	・二三	・一六	・一九
雜夫	坑内	四八	一一，〇六五・三	・五四	・二七	・三九
	坑外	一一〇	三二，六六四・三	・四九	・一二	・二一
合計		二三九	七七，九六二・五	・五四	・一二	・二二

幼　工

類別	員數	工數（工）	一日最高之價（圓）	一日最低之價（圓）	一日平均之價（圓）
撰鑛夫	二一	五二五	·二五	·一三	·一六

凡年未滿十四，而於各項工作中無一定之專職者，皆以雜夫計算也。

自明治四十年以降之鑛産額如下：

年次	金		銀		銅		
	量	價	量	價	量	價	百分之銅位
四十年	一三八匁	六九〇圓	四，一五四匁	五四〇圓	一，三三三，七一二貫	六七六，四一七圓	九八·三五
四十一年	一二，九八七	六二，五八五	二五七，六二九	三四，〇三二	三，一六九，二九三	一，〇一九，二四五	/
四十二年	六一，二八一	二九七，二一三	一，六九四，〇四八	二〇三，二八六	六，五〇一，〇四一	一，九八二，八一七	/
四十三年	一〇五，三八一	五一九，二一二	二，二四二，六八四	二八八，一八五	八，〇五九，〇一三	二，四〇一，三四四	九九·一九
四十四年	一五七，九七九	七八五，一五六	二，八四九，九〇〇	三七三，九〇七	九，四五六，五七一	二，八九五，三一八	九九·〇九
四十五年/大正元年	二二三，八七四	一，一一三，二九一	二，七二九，六二六	四〇八，七四八	一三，〇五七，四九八	五，四四〇，三〇五	九九·一四
大正二年	二九四，八三二	一，九七四，一六〇	三，九〇八，六二六	五七五，八六三	一六，三四二，〇二四	六，五三〇，三八四	九九·九六

附日立機器製造廠

（一）位置

日本茨城縣多賀郡日立村。

（二）名稱

日立製作所。

（三）交通

距常磐綫助川驛之西北一英里，在專設電氣鐵道之第二停車場也。

（四）沿革

於明治四十二年久原鑛業所日立鑛山之附屬事業，創立此廠，以供本鑛山各種電氣諸機械之用，兼從事修繕及補助之工作，然各地工場電氣事業之勃興，本鑛山需用之繁盛，故經營擴充此製造廠於四十四年七月開始營業，至大正元年十月，鑛業所改組爲株式會社，此廠於是乎發達矣。

（五）原動力

分用日立鑛山水力發電所之電氣以從事工作，常用者百三十馬力而已。

（六）職工數

職工及雜夫四百二十五名，徒弟九十六名。

（七）主要之製造品

發電機、電動機、變壓器、配電盤、開閉器、升降機、起重機、唧水機及各種水車。

（八）一年之生産額

約值八十餘萬圓。

（九）製品之銷場

除本鑛山應用之外，兼銷日本、滿洲、朝鮮之各電氣事業者，並各鑛山及官衙學校等處。

予記畢，不禁爲中國鑛業界喜，喜中國鑛山之多，鑛産之富，甲於全球，幾千百倍於日本；中國人工之多，生活之賤，供給之易，亦甲於全球，亦數倍於日本。然區區三島，竟能開其地中之富藏，即銅礦一端而論，已發達至於世界第二位置，每年煉出純銅八萬餘噸，除供給本國貨物、貨幣而外，兼供給倫敦、中國之市場。今日本最大銅山有四處：（一）古河公司之足尾銅山，（二）藤田公司之小坂銅山，（三）久原會社之日立銅山，（四）別子銅山，皆具資本千餘萬，年利千餘萬，其餘小公司、小資本經營之鑛山，不下千餘，所卒能轉弱爲强，轉貧爲富。由此以推，若中國紳商皆能竭力於實業，經營開鑛，並出以誠信建設公司，每縣開一大鑛，積資千萬，每縣出産千萬，每鑛山養活數十萬人，及百萬人，以中國之大，人口之衆，生財之多，則閲十年以後，其富强之程度，誰敢予侮。噫！是在國人猛省也已。

（據《中華學生界》1915 年第 1 卷第 7、8、9、10 期）

荆楚文库

黑炭精 Graphite

（中國名曰筆鉛，日本名曰石墨）

（一）黑炭精之歷史

黑炭精一物，古人曾發明而利用之，但自上古以至中世紀及於德國大化學家司克氏之時代，尚無人能分别原質，大半以黑炭精與硫黄鉬（日本名水鉛鑛）相提並論，因黑炭精與硫黄鉬形色與硬度均相似，兩者俱有金類態度，能留痕跡於紙面，與墨質無差異，故古人命名曰撲蘭巴果 Plumbago，又名摸勒伯拿 Molybdaena，其意即所謂黑鉛也。雖然，當一千五百六十五年之頃，有一地質學者，名孔悦格時樓，曾著一地質學書，於其書内畫有一枝鉛筆圖，圖下説明黑炭精之作用，此公似早知黑炭精之爲何物也。玆姑勿論，夫黑炭精之鑛物出世以來，人皆以爲此鑛物中含有鉛質不少，故黑鉛之名傳數世紀而不改，溯其名之由來，始傳自希臘，其意即“我之筆書”，繼用之於意大利，即有用之黑鉛，迨至一千七百七十九年時，司克氏用化學分析之，用硝强水與黑炭精入玻璃管熱之，則見黑炭精化出一種無色無臭之氣，引此氣入純清石灰水，而水即變白，是氣即爲炭養二也。向使黑炭精内無炭質，則此炭養二氣何自而來？此黑炭精爲炭質之鑛物可無疑，於是始知黑鉛之名爲不當，且與硫黄鉬比較之，於成分性質上適爲二物，完全無體質之相同，而黑炭精之名與實始定。

（二）黑炭精之性質與成分

黑炭精乃一如墨油滑之物，其硬度由一至二，其比重由二零一至二零二，其色如黑鐵，其光澤有金屬狀，其條痕爲黑色，其質柔，其劈開之面如鱗層，其結晶之狀爲六角平面體，用吹管吹之，燃而不熔，用强水化之，碎而不變，其化學上之成分爲純炭，與白金鋼石同元質，用極高之熱度燒之，黑炭精之生火，較金鋼石爲容易，但金鋼石於一千七百七十五年間，化學家勒危叟，將金鋼石焚於凹鏡烈日光綫之燒點，其石燒去，其灰與空中之養氣結合成爲炭養二，而黑炭精燒去之後，其灰中所含之雜質頗多，大半係養氣鐵、養氣鋁、石英質與養氣鎂，並含有百分之一零二之輕氣，所以示明黑炭精乃經億萬斯年之有機物體，受地質之變遷，由極大之壓力與熱力所蘊蓄而成者也。其黑炭精與白炭精（即金鋼寶石），不同之性質甚多：黑炭精之硬度最小，白炭精之硬度最大；黑炭精之引電力甚强，白炭精則無引電力；白炭精爲純潔透光結晶體，黑炭精則不透光而且含雜質頗多，此皆卓卓可知者也。至於黑炭精與硫黄鉬相異之處，尤甚明晰，除留黑痕於白紙，以手擦之覺甚油滑兩者與黑炭精相似外，其他性質與成分，皆純全爲特別之鑛物。硫黄鉬之色爲灰黑，其條痕帶青灰，其光澤有金屬狀，其硬度爲一・五，其比重爲四・六，其質柔脆，其結晶式爲六角薄板片，其劈開面如柔輭薄紙層，其化合之成分爲鉬硫二，用吹管吹之，而生黄緑色之火焰，置於玻璃管内加曹達粉燒之，而生針狀之白晶，用硝强水化之，即見分解，將此鑛物搗成細末畫於磁器上燒之，即成緑痕，近來德國鋼鐵廠用爲煉鋼之佳品，鑄大砲，裝鐵甲船，以及作戰時之利器，於是硫黄鉬之銷場日廣，用途日多，而價值亦爲之增漲。此時市場之價，每噸可值三千元，較之黑炭精爲尤貴。二者同爲世界化學工場之場，此場分選之法有三：一、錘分法；一、手選法；一、篩分法。錘分法即用男女工人，各持如斧狀之小錘，將鑛場運來之黑炭精，取其塊中之别種雜質巖石類除去，次則又有一班男女工人將錘清之大塊，用椰子殼製成之刷子，刷去其粉末，一一用手選出，另置鑛倉，再次則將錘分手選後之鑛粉與零碎之小塊，置於鐵板製成之大篩面，而篩孔之小，不過數分，凡小如數分之細粒及細粉，則積於篩底，而大於篩孔之塊粒，則落於鐵篩之一端，因此鐵篩之裝置稍傾斜也，自經此三種分選之後，而黑炭精即分爲四種，一爲最大塊，大如手拳，或大於手拳不等；一爲普通大塊，大如核桃，或稍大於核桃不等；一爲碎片，大如小麥，或稍大於小麥不等；一爲粉末，其細微至不可以窺測。以上四種皆分類裝入圓桶，桶以木製成，每桶容積可容一百十二磅重，二十桶，計重一噸，由是准備運送於世界之市場。至於溼法分選，則奥國之波希美亞與磨拉維亞兩黑炭精鑛可爲模範也。該鑛之黑炭精内，所含之石灰石、石英、硫黄鐵、柘榴石、閃角石等不少，且該鑛層係夾於麻片巖層中，而黑炭精内之麻片巖亦甚多，故分選之法，惟利用水，藉其性質之比重而分析之耳，其法係用搗鑛機與磨鑛盤，將鑛内運出之黑炭精鑛，使之漸次滚入機器内，用水管將水注入機内，搗成極細之質，放入木溝，引至長方形之木池，而粗砂與稍重之物體，皆沈於此池中，用人工將此沈渣陸續搬出，而水中所含之黑炭精，溢出分注於多數之長方形沈泥池，由第一池沈下後，溢出之水而至第二池，由是而三而四，以至十餘池，至最末之池，水中所含之黑炭精，皆沈下净盡，清水溢出，不復注意矣。此種貴重材料，吾國實業家不可不爲生財上加之意也。

（三）黑炭精之出産地與出産額

茫茫世界，幾爲最大之一鑛場，即黑炭精一物，其分布於地殼上，已取之不盡，用之不竭矣。據地質學理言之，黑炭精乃由古植物之體質，經熱力之變化凝結而成，故其所含之炭質，除金鋼石爲純炭精之外，而黑炭精之炭質爲最良，且其雜質爲力學上之結合，可由力學上分析之，與普通之炭合物不同也。黑炭精之鑛體，多半發見於水成巖類之地層，亦有時發見於花崗石巖中而成針狀體，有時發見於麻片巖而成薄紙層，有時發見於水成雲母石巖中，有時發見於結晶石灰巖層内，亦有時發見於火山噴出之巖石裏，有時發見於流星墜下之鐵石中，種種現狀，筆難盡述。但世界出産黑炭精有名之地，首推奥國之波希美亞與東方印度之錫蘭，次則推西伯利亞，再次則爲亞美利加，而中國黑炭精之多，尚無人染指，殊爲可惜。然亞美利加出産之額，首推烹西維尼亞 Pennsylvania，次則紐約 New York，再次則推阿拉巴馬，即 Alabama。當一千九百零五年時，美國産黑炭精三千萬磅（每磅合中國十二兩），可值美金三十一萬八千二百一十一元；當一千九百零九年時，美國出黑炭精之數，可值美金三十四萬五千元，然此區區出産之額，尚不足以供美國全國之用。據美國出入貨物統計表觀之，美國每年黑炭精入口之額，多於美國出産之額，浮於六倍之多，計值中國銀幣四百一十四萬元，其入口之黑炭精大半由歐洲之奥國與印度之錫蘭運輸而來也，而歐洲工廠仰給於奥國、印度及他鑛場所産之黑炭精，尚大於美國三倍之多也。

（四）黑炭精之開采法

錫蘭之大黑炭精鑛，係夾於水成雲母石巖與水成麻片巖之中，其層次之寬，不過數寸，而至數尺，而黑炭精之鑛層，尤與石英及硫黄鐵相混雜，然而鑛牀極多，可以采數十年而不盡，其爲利亦甚大矣。至於奥國之司太原亞 Styuir，有一黑炭精鑛在開沙埠 Kaiserberg，其黑炭精即藏於水成黑炭精巖石中，其鑛牀之厚薄，甚不平均，最薄之鑛層不過數寸，最厚之鑛層亦不過二十尺。在奥國之南方，所有之黑炭精鑛，如波希美亞 Bohemia、磨拉維亞 Moravia、伯瓦維亞 Bavaria，其鑛牀皆夾於水成麻片巖中，間與石灰巖混合，而拍梭 Passau 之黑炭精鑛，則發見於水成雲母與水成麻片巖相混之層，其鑛牀之厚，平均計十六英尺，此皆著名之鑛場也。此等鑛場開采之法，要皆大同而小異，有開直井下掘者，有開斜井下掘者，亦有開横井直掘者，依巖層之次序，定斜度之方針，而開掘之方，不外視鑛牀之大小，而定上掘下掘之工程，至於通風、唧水、轉運、施用機器，布置全局，要皆與開金類各鑛相等也。

（五）黑炭精之分選法

分選黑炭精之法有二種，一爲乾法，一爲溼法。乾法，即如印度錫蘭之黑炭精鑛，可取爲模範也。蓋黑炭精由鑛内用轉運機輸出，即由運鑛小車，推至手選場，然後男女工人用手將含有黑炭精之塊粒與細粉分出，而未含黑炭精之巖石，即時選至小車，推而棄之，於是再將分出之塊粒與細粉用鑛場火車運至哥侖布 Colombo 之選鑛①分選之法，所分出之黑炭精，亦分爲三等：第一池沈下之質爲最劣，因其所含之雜質頗多；第二、三池之質爲中等，其所含之質較爲純净；最末之一池所沈下之質最上等，由是將沈下之細泥，用人工掘起，用壓機濾乾，切成磚塊，用烘爐烘乾之，分類而裝入木桶，以供各製造場之用，其餘各公司所開之鑛、分選之法大都類此。

（六）黑炭精之價值

黑炭精之市值，平均每一百十二磅重，可值十元以上，今據去歲歐洲戰禍未開以前，五月五日連那恰普門公司 Leonard Chapmau&Co. 之報告，所有進口黑炭精之時價，依其原質之優劣，與成分之高低，爲市價之比例，倫敦市場爲世界市價之標準。此報告係依倫敦市價所列出者也，其表如下：

錫蘭大塊，每噸值英金十九鎊十五先令三便士，至三十九鎊十先令六便士（每鎊合中國幣十元）。

錫蘭普通塊，每噸值英金十五鎊四先令，至四十鎊七先令六便士。

錫蘭細粒，每噸值英金十三鎊十六先令三便士，至三十一鎊九先令。

錫蘭細粉，每噸值英金十四鎊六便士，至二十八鎊十八先令。

以上爲乾法選出之黑炭精，至於溼法選出，用機器磨細，用水洗清之黑炭精，其市價如下：

錫蘭産出含有炭質成分九十七至九十九者，每噸值英金五十九鎊至六十三鎊。

錫蘭産出含有炭質成分九十至九十一者，每噸值英金四十鎊至四十二鎊。

錫蘭産出含有炭質成分八十至八十一者，每噸值英金三十鎊至三十

---

① 此處疑有脱漏。

二鎊。

錫蘭産出含有炭質成分七十至七十一者，每噸值英金二十七鎊至二十八鎊。

美國大塊，每噸值英金四十五鎊至四十九鎊。

美國小塊，每噸值英金三十五鎊至四十五鎊。

美國細片，每桶值英金二鎊九先令，至二鎊十二先令六便士。

美國泥粉，每桶值英金二鎊十二先令六便士，至二鎊十五先令。

別號泥粉，每十鎊值英金六先令三便士，至六先令九便士。

近來戰禍延長，而美國市場需黑炭精甚急，而歐洲與東方之黑炭精不能輸出，美國所産，不足以供給美國之用，因之市價大漲，無從調查（每噸計二千二百四十英鎊，計中國一千六百八十斤）。

（七）黑炭精之作用

黑炭精之爲用甚多，爲近世界工業上、教育上須臾不可離之要物，今特略舉其作用之大端，爲國人告：一、製造鉛筆；二、製造鎔罐；三、保衛機器。製造鉛筆之法，先將其略史言之，蓋世界最老，最有名鉛筆之製造大工場，首推卡伯倫公司 Cumberland。當其初製之始，蓋將黑炭精之大塊，用小刀鋸切成小片，以木片夾之，成爲筆式，頗有良果。後經製造家屢次試驗，日求改良，遂將黑炭精之細粉與硫黄或銻鑛和勻，用火燒過，使之成爲硬度適宜之鉛筆原料，然後依法製成之鉛筆，甚爲合用。至一千八百四十餘年間，法國物理哲學家卡墨氏 Comte 介紹一新術，爲鉛筆製造家開一新紀元，其法蓋用研成細末之黑炭精與最純潔之瓷泥，用些少水分調和適度，然後將此調和之性，裝入短小鐵製之圓筒，筒底有多數之細圓孔，由是用一圓鐵柱置於圓筒之上，其直徑恰如圓筒之內容，爲凸凹狀，則見用壓力將鐵柱壓入時，而筒内裝入之物，皆由筒底之細圓孔壓出，成爲綫狀之細圓條，此等圓條可切爲長短，依鉛筆之標準，以定其裝置之尺寸。今世界各國，男女老幼衣囊中、書包中所帶之鉛筆，皆依此法製成者也。至於製造鎔罐，黑炭精尤爲貴重之料，蓋黑炭精製成之鎔罐，較之火泥製成之鎔罐爲精良，凡世界冶金之工場與造幣廠，以及鎔化生鋼之製作，與學校化學分析試驗之爐房，其需用黑炭精鎔罐之多，不能不令人驚訝。蓋黑炭精鎔罐之性質，具最大之導熱力，故當熱度變遷之頃，雖由極低而至極高，或由極高而至極低，而鎔罐無破裂之患，他種鎔罐則無此性質也。因凡物熱則漲，冷則縮，一漲一縮，破裂即因而發生，且冷熱度變遷刹那之間，尤易生崩碎之病，而黑炭精鎔罐則不慮此，是以冶金上爲必要之材料也，且黑炭精鎔罐之罐壁甚光潔，無論鎔化何等金類，皆能纖微覆出，無粘著罐面之虞。倫敦伯德西專利之撲蘭巴果鎔罐公司 Patent Plumbago Crucible Campany Batteisea 係用錫蘭之黑炭精，但德國克魯伯大槍砲廠所製之黑炭精鎔罐，用以鎔化世界最有名之生鋼者，其黑炭精皆來自奥國之波希美亞也，其製造鎔罐之法，係用研成極細之黑炭精與研成極細之火泥，各具一半，用水調勻，造成一種團結之體質，然後將水用機器壓出，而團結之體質壓成大塊，將此大塊放置於空氣流通之廠屋内，經數星期而使之乾潔，於是大塊之凝結力日增，次則用刈罐輪憑手工製成鎔罐，有時用模型製之，使之漸次陰乾，乾後裝入瓷泥製成之盒内，入燒瓷之專爐燒之，其所以用瓷泥盒以裝鎔罐入爐者，正所以防鎔罐上之黑炭精，遇最高之熱度爲之焚化也。所謂黑炭精能保衛機器者，因細末之黑炭精具有一種最油滑之特性，自有機器發明以來，世界上所有之工場，莫不以機器代人工，機器運動之神速，若無油滑物助運轉之樞機，則最易發熱，熱則機器易受損，甚至引起火災，而招莫大之損失，故保衛機器之法，於其運動之處宜時時加以油滑物使之銷去機器上之障礙力與摩擦力，則用油與用黑炭精同一功效也。然工場之理財家，每每用黑炭精之細末以代油。其餘黑炭精之作用，尚不可以枚舉，如用以引電，用以保衛火藥，用以塗鐵爐鐵竈而不使生銹，用以塗陰電板以結收金類於電液池，種種利益，實爲工場不可一日或缺之材料也。

（八）人造黑炭精之法

人造黑炭精之法，係用生鐵熔化於大爐，使之含餘量之炭質，如加焦炭於爐中，或加木炭於爐中，使與生鐵混合之，然後徐徐以待其冷，蓋生鐵融時，能吸收一定之炭質於生鐵内，但其力足以融化百分之四之炭質於熔液中，而不能與生鐵化合，此種不能與生鐵化合之餘量炭質，冷時則漸次結晶而成黑炭精也。更有一法可以造成黑炭精者，則用電氣爐裝置炭極於兩端，使電氣通過於炭極相離之二點，而生極大之熱力，熱力大而炭極因之以焚化，焚化之炭質遇冷氣而復凝結以成黑炭精也。

（九）人造黑炭精與人造白炭精之異同

人造黑炭精之法，既如前述，至於人造白炭精之法，其大致亦相同，所不同者，在冷法之遲速耳。蓋物理上之定例，凡物經烈火鎔化之後，其液體遇冷而成固體，冷時遲則爲固體而不透光，冷時極速則成透光體，如火山噴出之流質，噴出即冷，則成玻璃，遲遲冷之，則爲普通之火山巖耳。本此理以製造白炭精，而白炭精於是成矣。一千八百九十三年時，有一大化學家毛山 Moissan 發明炭質可以使之結晶於熔化之銀與鐵質内，若結晶時受異常之壓力，則成白炭精，受平常之壓力則成黑炭精，於是毛山試驗其製造之法，用純净白糖製成之炭，裝入輭鐵之圓筒，壓至極堅，用輭鐵將筒口塞緊，然後將此筒置入鎔罐，鎔罐内含有二百格蘭母 grams 之熔鐵，再將此鎔罐安置電氣爐，用最大之熱力熔之，熔至適度，即將鎔罐箝出，使之變冷於刹那之間，冷後用鹽强水將鐵溶去，其未溶去之沈渣，即白炭精也。此種白炭精與南非洲所産之金鋼石，其性質、形狀、顔色、比重與結晶體，皆無以異，不過較天然之白炭精爲小耳。夫使熔鐵變冷之法，尤不可不注意，空氣冷之則甚遲，用水冷之亦不速，蓋水之引熱力不良，且極熱之物，遽入水中，即生水汽，此汽之熱，包圍物體，故物體變冷之速率稍鈍，惟有將鎔罐自電氣爐箝出時，即插入已熔之鉛質内，則見鉛面結殼，變成固體而内面之鐵質亦變冷，大加澎漲，於是内面所含之炭質受極大之壓力，而呈結晶之異象矣。

（十）中國需用黑炭精之必要

中國人口之多，居全世界四分之一，雖經兵旱水荒瘟疫窮苦種種摧殘，而生殖之力，猶能日增不已，如此巨大之民族，日日需用之物，爲數當值幾何，誠足以驚動世界人類之耳目矣。民族需用之物，必當由本民族之製造場供給之，否則種種仰給於外人，吾民族生長繁殖之河山，反爲外人之殖民地。若能振興實業，遍立工場，凡我民族日用之所需，皆能供給而有餘，因而擴張市場於海外，國無游民，人皆富有，將見國旗飛揚，榮光可愛，何得預備而步高麗、印度之後塵。茲姑勿論，第就中國尋常小學之教育品，與各省銀元局之鎔化爐而論，凡兒童每日於講堂所用之鉛筆，來自何處？各省製銀元製銅錢之鎔罐，來自何國？試問人民所謂提倡國貨振興實業者亦曾念及此乎？根本問題，在先大興工場，以供應國人日用之所需爲急務耳！化學工場尤爲當務之急，製造鉛筆，以供給全國之兒童，得以於教育上求進步，製造鎔罐，以供給各省之造幣廠，使銅元與銀元足以供社會之用，則黑炭精爲需用必要之物也。幸近來國人之睡夢將終，頗欲於工場上求振作，聞天津設有大振鎔罐公司，將從事製造鎔罐，以應各省造幣廠之急需，此廠或可以爲中國化學工場之先導，但願大振公司將來能作東方第二之克魯伯廠，與伯德西之撲蘭巴果場，則中國幸甚，更望中國實業速爲經營黑炭精鑛，以助大振公司一類之工場。

（據《中華實業界》1915 年第 2 卷第 9、10 期）

荆楚文庫

歐戰中世界旅行記

一千九百十八年八月二十二號，我由上海乘日本郵船諏訪丸起程，向世界旅行，以觀歐洲大戰時之現狀，卜各國戰後之興衰。但就所見所聞與理想上之推測，用不文之語筆之於書，以就正於我民國之國民。

諏訪丸載重一萬二千噸，乃日本郵船會社往來美洲客船之一。該會社現有客船、貨船計二百餘隻，往來歐洲者每一星期一次，往來美洲者每一星期一次，其餘由美洲紐約過大西洋往倫敦者亦如之。該會社之發起，計在中國招商局發起之後，今則蒸蒸日上。回顧我中國之招商局，凋零腐敗，不惟不開航綫於歐美洲，並内河之揚子江亦不能開展，使外人乘機開我内河之航路。外國國旗飄揚於我大陸之内河，物産被人運去，人力被人用去，財源被人奪去，並我五萬萬人口所賴以生活之海關亦被外人騙去，嗟我國民何以生存！吾不能不愛慕日本之得以富强，憐惜我国民之積弱不振也。次日抵日本之長崎，船到海口停輪，以待砲台下之醫生船來。醫生船來後，醫生與海軍士官及海上警察數人登船檢查，船主示以載客之名單及載貨之貨單，然後醫生按單檢視，並驗各等乘客之護照，驗畢則醫生船去，而客船始入海口，此獨立國國權之威嚴所在。凡世界獨立國行使其國權，皆不得放棄，惟中國人則不顧國權，凡外國船隻入揚子江口時，而吴淞砲台下之醫生船從不登船檢視，亦不問載貨之貨單與載客之名單及乘客之護照，是以外人入中國如入無人之境。即間或醫生船來，而醫生亦屬外人，儼然中國在外人之掌握，吾不知中國之海軍部所作何事也！

諏訪丸入長崎口停泊半日，適口内有一大造船廠，廠中有一新造之大船下水，甚爲可觀。吾則細問日本人該船廠每年製造新船若干隻，船上機器從何來，造船造機器之鋼鐵從何來，日本全國有大造船廠幾處。該日本人應聲曰："日本造船廠甚多，約有十二所，最大者約有四處，一在長崎，一在神户，一在横濱，一在横須賀。但横須賀之造船廠專造軍艦，最大者可造三萬噸至四萬五千噸一隻；其餘船廠專造商船，大小不一，最大者可造至三萬噸一隻，每船廠每年可造八隻至十隻不等。船上裝置之機器，十年前多半購自英國，今則皆由日本大機器廠自製。至於鋼鐵，則全仰給於中國湖北省之大冶縣及安徽省太平府桃中之鐵礦。中國煤鐵礦之富，礦質之佳，實爲世界第一。若中國財政權操之中國政府之手，則財政部之國幣通行全國，外人不得發行紙幣於中國之國境，以侵略中國之財權，則全中國之富藏利用五萬萬人口之群力以開發之，則中國之富强可爲世界冠。日本與中國最近，有中國之煤鐵來源，每年所製造之商船、軍艦、槍砲、機器以及各種農工業之用品，皆可與歐美争雄。若中國不給日本之煤鐵材料，則日本一事不能辦也。中國有極富之煤鐵以及他種之原料，無不一備，因財政權操之於海關，中國海關操之於外國人之手，而中國最多之人力、財力皆被外人吸收以去，是以中國人直接爲官僚之奴隸，間接而爲外人之奴隸。因中國之官僚即外人之奴隸，國權斷送，國民貧弱，是以列强皆以中國人爲可欺也。日本人對於中國則甚憂之，吾聞之毛髮悚然，甚欲中國人發憤爲雄，收回海關，財政部發行全國統一之紙幣，全國通行，外國人不得在中國發行紙幣，使全國之物産、人力皆由中國國幣交換。大開鑛山，多開船廠，多開機器廠，使中國有大兵艦、大商船出現，航行於太平洋、大西洋、南洋群島，則中國人之榮華可企足而得。否則外人藉借債之陰謀，由官僚手中將中國主權一一騙去，吾恐不百年後，中國人同歸於盡也！次日船抵神户，停泊五日，予乘暇得遊大阪各工場。大阪工場最繁盛者爲紡紗廠，蓋棉花多來自中國及臺灣（臺灣即李經方納賄奉送日本者），用機器紡成細紗轉賣之於中國。因中國人口多，中國人所辦之湖北紡紗局、天津紡紗局及通州張謇所辦之紡紗廠，不足供給自國之用，日本得乘機以闢中國之市場，故大阪之工業日見發達，其餘各種工業皆蒸蒸日上，日本之鑛業亦集中於此。日本鑛業以銅爲最，煤次之。銅鑛有最大者四：一足尾銅山，一日立銅山，一小阪銅山，一别子銅山。其餘各大鑛之附近有各種小公司開鑛，有開矽石者，有開石灰石者，有開銅鐵鑛者，其資本不足以開化煉場，則皆售之於各大鑛，以供給各大鑛化煉之用。四大銅鑛中，皆各有化煉廠，將銅鑛石入風火爐，雜以石灰石、矽石及焦煤化煉之，而銅鑛之雜質與石灰石、矽石結合而成鑛殼，銅質則流入於風火爐旁之屯銅缸。此屯銅缸之銅質含純銅百分之二十至二十五，名爲初次之銅鈹；再將此銅鈹入第二風火爐，加以石灰石、矽石及焦煤化煉之，而雜質又提出一次，其銅質爲第二次之銅鈹，此銅鈹含純銅百分之四十至四十五；再將此第二次之銅鈹入分析風火爐，則雜質盡去，而純銅可煉成百分之九十九分半矣，其餘半分則爲金與銀；再將此九十九分半之銅質用電化池分析之，則成十足之電化銅，而半分之金與銀，則沈至池底，而成細泥。每月將池底之泥淘出，加純鉛入火泥磚爐鎔之，則金銀質與鉛結合而成鉛塊，更將此鉛塊入分析爐化之，鉛則成爲鉛養，金銀質則成爲金銀合質之磚。此金銀磚每月售至政府所設之造幣廠，銅則造爲銅元，銀則造成銀元，金則造成金元，以爲國家紙幣兑現之用，此日本以及世界各獨立國之組織皆然。日本四大銅鑛，每鑛每日平均出純銅四十噸（每噸合華秤一千六百八十斤），所分出金銀之價值與純銅之價值相等（銅價每噸值一千二百元），此大阪造幣廠日夜之忙碌與日本銅礦之發達，皆可以推測日本財政之雄厚也。

由神户開輪而向四日市，此市與名古屋相近，乃日本製造瓷器之名所。船開半日，途中遇大風，有一漁船被風打翻，而三菱公司之貨輪適從經過，救起漁人十二生命，不幸漁船之繩索太多，漁船繩索被浪送至三菱公司貨輪之船尾，纏繞輪機，而船不能動，由是該船主拍一無綫電報至諏訪丸求助。諏訪丸船主回其一電云：此時風浪太大，不易接近。只好拍一無綫電報至神户船局詢問，聽其布置。比接神户船局回電云：由神户即派他輪來援，着諏訪丸暫作守望。及援救之船到，諏訪丸始開輪，船抵四日市，而大風尚未息，不能載貨。至次日下午風稍平，而小輪拖名瓷三百箱來諏訪丸，聞值美金百餘萬元，由四日市運至美國，裝載畢。次日，船開清水港，在清水港載茶三百萬磅（每磅合華秤十二兩），每磅值美金一元，聞日本自得我台灣之後，每年日本茶及臺灣茶出口值八千餘萬元。日本輪船甚多，加以獲得中國煤鐵大權利以來，四大造船廠所造之大輪船，日增月盛，運出日本貨以外，並運出中國之貨，每月以數千萬計，在東三省之大豆亦其大宗也。而外人在日本不能侵犯日本財政之國權以發行紙幣，故日本貨之輸出，即外國金貨之輸入；而中國貨每月數千萬由外人輸出，而中國人不能得外人金貨之輸入，因海關在外人之手，外國銀行在中國發行紙幣，以外人流通之紙幣，易去中國無量數之物産。中國又無大輪船自運國貨，無怪中國愈與外人通商，而中國愈不能生活也，吾不知中國財政部所作何事，又不知中國交通部所作何事！中國江西景德鎮之瓷器名震寰球，較之日本名古屋之瓷器勝千百倍，中國古瓷尤爲世界所寶重。若中國政府加以獎勵，使景德鎮之瓷業家精益求精，將古日之名瓷重爲製造，將世界之名瓷摘取精華，用小輪拖至各大城鎮，設大陳列所，關卡不取厘金，則景德鎮之名瓷，除供給内地五萬萬人口之用外，並可以供給歐美及全世界人口之用，則景德鎮瓷業之進欵，每年總在數萬萬元以上。而政府於各瓷業家行印花稅，每值十元以上之瓷物收印花稅一份，則景德鎮一市，即瓷業一宗，每年可收數百萬元也。至於中國名茶，尤爲世界各國所嗜好。湖北羊樓洞之茶、湖南安化之茶、安徽六安之茶、浙江西湖之茶、雲南普洱茶、福建烏龍茶，以及各省所産之茶，皆較日本茶爲佳，出産之多，總在日本數百倍以上，如有中國自造之大輪船自爲運出，或由國家銀行專賣，則每年除供給全國五萬萬人口之用外，亦可以供給全世界之用。國家之收入，即此茶業瓷業兩項，已富甲五洲矣！況絲綢之美，煤鐵之富，以及銅、錫、鉛、銀、金、銻、鎢、錳、寶石，各種貴重之鑛，其富藏實無量數，米麥之多、魚肉之美、水果瓜菜之佳、人工之低價、花木之榮華，若財政主權不失，農商部努力獎勵實業，凡農業、林業、工商業，以及各種機器廠、化學廠、造船廠所出之貨，皆免厘金，只收印花稅（郵稅尤不可失主權）。交通部則專研求開展航綫，發展鐵路，擴充郵電，使十家之村、百家之鄉皆有郵局。每郵局皆設電報、電話，由各村而至各縣，由各縣而至各省，由各省而至各都城，皆有十丈寬之大公路，路上皆通行電車、汽車、馬車以及各種貨車，每車每年挂號一次，收稅一元，則數十萬里之大公路可容數萬萬之車輛，則交通一項之收入，吾不知富到何地也！教育部則行强迫教育，凡兒女生時，皆由地方自治局挂號，以登國譜，年至七歲，皆須入地方公辦之小學。小學畢業，送至省會之中學，中學畢業，入各省之大學。教科以物理、化學關於實業上之教育爲主，其餘各科次之。全國人口皆受教育，受教育時，皆授以兵操，使身體發育，則黄金人種可造成一極樂世界也。然皆不能希望之於官僚政府，奈何奈何！

由清水港開輪而向横濱，半日即抵横濱市。横濱乃日本最大之通商埠，與東京之街市相連，電車往來只須四十分鐘，彼此可達。予乘便往東京而訪舊友中田重治主教。中田重治主教，即日本東洋宣教會之領袖。十六年前，予曾就學於中田重治主教所設之聖書學院。當日中田君游歐洲，携予同行，予缺旅费，彼即分其預算之三等船費，與予同乘法國郵船之無等艙。登船之後，船上治客之人，與予輩每人鐵盤一盞，鐵刀一柄，鐵叉一條，食則自取，食後自洗，睡則在船頭之外層。幸船過香港而後，則每日向赤道航行，天氣極熱。中田主教愛心極誠，彼所帶之行李，有枕頭一個，有毛毯兩張，有臉盆一個。每夜睡在船頭，彼則以其枕頭與我，彼則自枕其臉盆。惟恐我夜受風寒，常以毛毯覆我身體。每食，彼則往取食物與我，食後，彼則洗我刀叉。其愛心之厚，實有耶穌當日代其門徒洗足之模範。予雖乘無等艙，亦甚快樂，至今日猶記憶其情狀，覺耶穌之真信徒，實人間之父母也。予每到東京，必先見中田重治主教以爲快。每見面時，彼必指聖書學院四大字之匾額曰："汝記得寫此匾額之人乎，乃中國湖北興國州留日士官學生蕭鐘音之手跡。"蕭君於武昌起義時，在漢陽與韃子所練之北兵戰，已作救國之犧牲矣，上帝臨汝，勿貳爾心。予此次再遊東京，甚欲見中田主教，作竟日之暢談，不幸彼已乘火車往别處傳道去矣！予只得失意而歸横濱。然沿途所見之東京，與三年前之東京，已大不相同。大火車站之新建築與街道之放寬，儼然日新月盛，與美洲新大陸争進步。電車之多，工場之發達，學校之擴充，皆改舊觀。蓋日本之電氣，皆利用高山之長流水，蓄最大之水壓力，而冲動生電機之旋轉，發生電氣，以供電車、電燈、電機、電報、電話之用，所費少而作用大。吾甚願我中國人從速效法。中國之高山最多，高山之瀑布水亦多，如九江之廬山，高至七千餘尺，有大瀑布水五六處，若於瀑布之上流，建築大蓄水池，用十尺至二十尺徑之鐵管，接至山脚，以冲動生電機之水輪，則水頭愈高，水力愈大，冲動之馬力亦甚大。水頭高至千尺以上，則發生馬力可冲動數百萬馬力之生電機，所生之電可以供給數千里電車、電燈、電機、電報、電話以及各礦山、各工場及各造船廠、各化學廠之用。鐵管可由漢陽鐵廠訂置，生電機可設廠製造，銅絲電燈砲以及電氣所用之物，皆設工場自製之。空中飛行機、海底潛水艇、大砲之發火綫，皆生電機所作用。吾願中國之電氣工業大發達，西闢西藏，南闢南洋，北闢西比利亞，東闢東海，使全國之各村、各鄉、各市、各鎮，皆夜有電燈，行有電車，通信用電話、電報，工場皆用電機，則中國之文明，當日有進步至無限量。然非先收回財政之主權，則一事不能辦也。中國執政諸公，不知保守中國之人力、物力、財力，徒以借債爲生活，得扣頭之小利，斷全國之生機，埃及之亡，即蹈此弊耳！

由横濱開船之日，頭等客座乘日本客七十餘人，二等加日本客八十人，三等加日本客一百七十人，各等乘客皆衣冠整齊，身體强健，且皆能操英語，大有新進國民之雄氣。吾見之不禁爲日本國民起敬，間有與予交談者，開口則問曰："汝是高麗人麼?"吾聞之不禁發怒，蓋問者之意，以爲中國人不知振作。人力最足、物産最富之國，任外人瓜分財政，以致束手待斃，甘作亡國之奴，而不自知，問之正所以辱之也。然無知識之官僚當權，國民之有知識者不能得志，列强外交上偵探，暗助官僚以圖久握中國之權利。國事至此，人以亡國奴視我，我惟有忍氣吞聲答之曰"我是大中華民國之國民"而已。頭等艙之日本人，多半大實業家、大學術家，在日本負有聲望者，並新簡駐瑞典之公使日置益及其女公子在。吾回憶日置益於袁世凱時代，曾以二十一欵欺我民國，對之不甚滿意。彼屢欲與予交言，予惟有遠避之而已。開輪之次日，船上接無綫電報，謂湯化龍被刺於北美加奈大之域多利亞埠，刺客名王昌，乃廣東籍之一少年。有一日本人持此電問予曰："君知湯化龍否?"予曰："不知。"

彼曰："湯化龍乃中國新官僚之一，頗有名望之小政客。"予問之曰："何謂新官僚?"彼曰："新官僚者，即挂新人物之招牌，而無知識與舊官僚等，而作惡之程度，比舊官僚尤凶，以做官爲榮，不知國事爲何物，如湯化龍、梁啓超、熊希齡、谷鐘秀、張耀曾、李根源輩，皆新官僚之一流。"予又問之曰："何謂小政客?"彼曰："小政客與大政客不同，大政客以利人爲主體，小政客以利己爲主體，如湯化龍、梁啓超輩，欲作總長，助馮國璋以篡黎元洪。馮用湯、梁之政策以取總統，湯、梁借馮氏之權以作總長。總統、總長，爲軍人政客之交换條件，不惜解散國會，違棄約法，顛倒是非，以釀南北之戰，塗炭人民，此小政客之行爲，大政客斷不出此也。黎元洪雖無知識，就人格論，比馮國璋總强百倍。馮國璋之燒漢口、劫南京、造假票、暗殺偉人、販鴉片烟，於國民有何功德。以功罪論，段祺瑞對於國民，始終保守共和之旗鼓，逼胡清退位，反對洪憲造反，打滅張勛復辟。若黎元洪不能稱職，當推戴段祺瑞登臺。乃小政客只以作官爲利己之謀，擁民國之罪人作賣國之元首，中國之不危亡者，是無天理。可惜中國民黨中之大政客太少，而新官僚中之小政客太多也。舊官僚、舊軍人，皆無害於民國，惟小政客都發總長熱，以抬舉舊官僚、舊軍人爲交换條件，則中國之人才不能得志，於民國前途之進步，實爲可憂。"予聞之頗以爲然。

次日又接無綫電報，謂徐世昌被北派欽命之兩院選爲不法之總統，又有一日本人持電來問予曰："汝知徐世昌否?"予曰："久聞其名。徐世昌乃直隸漢軍旗人，即前清之老官僚。武昌起義之日，彼代亡清畫策，召袁世凱出山，襲西太后於太平天國時之故智，以漢人殺漢人。及袁氏出山，知民心已去，胡清異族不能再奴隸漢人，於是徐世昌即教袁世凱詐降民黨，竊得總統一席，而後再圖復辟，不知袁世凱欲帝制自爲，徐世昌則另立宗社黨以待時機。徐世昌乃宗社黨首領，其忠於胡清之志，始終不改。袁氏失敗，黎元洪繼任總統，徐世昌恐民國振興，胡清無挽回之希望，即召張勛復辟，以逐黎元洪。黎氏乃官僚中之最無知識者，又不知用人，致聽李開侁、饒漢祥之謀，歡迎張勛入京，而黎元洪之諸醜畢露，卒將民國斷送。幸段祺瑞用直隸軍人李長泰、張紹曾之忠於民國，一舉而消滅張氏之惡毒，津浦鐵路之太平現狀，頓增人民交通上之幸福矣。徐世昌又恐段氏執政，硬挂民國招牌，又暗中主持馮國璋爲總統，使湯化龍、梁啓超與馮氏接洽。馮氏即乘機大發其財，大賣三海之魚，又使王克敏買辦，販米出口以接濟日本。徐世昌即黑幕中之正凶，儼然以北洋首領自居，謂馮國璋、段祺瑞之富貴，皆我老徐所賜，而馮、段乃袁世凱小站練兵時之小奴隸，一見老大官僚，不覺自稱卑職，如陸榮廷、黎天才之見岑春煊，自然高呼老帥，習慣使然，原無足爲怪。徐世昌知復辟之時機快到，正好利用與西南開戰之期，召其從前所收撫之老紅鬍子張作霖帶兵入關，以爲争奪總統之武力。今其不法總統已到手，其政策必如袁世凱一致，多封將軍，多給勳位，召各省武人入京覲見，秘授機宜，一面假和平之名，以欺民意，其各種舉動，總以復辟爲歸結。吾但望其早日復辟，使北方人民群起斷徐氏之頭，並去宣統之禍根，则根本问题，可望早日解决也。”彼日本人聞之歎息曰：“日本四十年前，德川氏之勢力正與貴國之北洋派相類，而外人又暗中助惡，使政府與人民結仇，外人藉借債政策，以奪日本利權。而德川氏頓然覺悟，以爲同種自殘，使外人得利，同歸於盡，不如放棄政府威力，使人民維新，各盡所能，以圖富强，此日本之所以有今日也。君勿過急，或者上帝保佑民國，使徐世昌學德川氏之模範，事事付之國民，自身引退，以絶外人之陰謀。或者徐氏早死，使暗幕無從張設，或早日復辟，以促其末路，皆意中事。”吾答曰：“唯唯。”船行甚速，轉瞬一星期，每日雖得無綫電報，皆無關乎中國大事，吾亦不甚注意。至禮拜日上午十一時，船上有美國宣教牧師二人，二等艙中亦有日本宣教牧師六人，於是集會於頭等艙之大客廳，歌詩禱告演説。至十二時半而止，船中聖書及各種書籍皆備，居然一藏書樓，音樂調和，各尋其樂。太平洋之風味，亦無異乎人間天上也。是日船主報告，謂是晚可經過天頂子午綫一百八十度，今日爲東半球之禮拜日，明日即西半球之禮拜日，吾輩同時而得兩禮拜日也。蓋地球子午綫爲經度，横綫爲緯度。緯綫以赤道爲零度，由赤道而至北極爲九十度，由赤道而南極亦九十度，通過兩極一週，合計三百六十度，每度計六十海里。經度以倫敦格林里基天文台爲起點，即零度，零度以東而至百八十度爲東半球，零度以西而至一百八十度爲西半球。地球繞日而東轉，每二十四小時一週，向日之時爲晝，背日之時爲夜。船向東行，每日依船行之速力，而縮短時間之鐘點。經過東半球一百八十度，即至西半球之一百七十九度也。東半球向日之時，即西半球背日之時，及西半球向日之時，而東半球即背日之時也。地球繞日東轉，東半球先向日，西半球次之。船向東行，於未經過一百八十度之日，爲東半球之時間，及經過一百八十度之日，爲西半球之時間也，故於禮拜晚渡過子午綫一百八十度，又過西半球之禮拜日也。世界各國地理之位置，以經緯綫定之，航海家之方向、時間，亦由經緯綫測之，此普通之知識。吾願吾五萬萬國民皆知之而皆能用之也。

自横滨開輪以來，至第十三日即抵加拿大之首都城多利亞埠，入海口時，有醫生來船檢查畢而後進口。船抵埠頭時，適日本郵船會社之賀茂丸從美國之瀉阿頭埠來，僅停泊一小時，裝載湯化龍之靈柩而去。諏訪丸則停泊一日以卸客貨，停泊時間，歐美人與日本人皆可自由登岸散步，惟中國人則不許。予欲登岸一遊，以换大陸之空氣，至船梯之口，有一移民局人員守之，問予曰："汝是日本人否?"予答曰："我是中國人。"彼曰："不許登岸，如欲登岸須得移民局許可，納人口税五百元，方可履加奈大之土。若汝是日本人則不同也。"予惟忍氣回吾睡房，自問吾心：我是中國人，中國人是世界最大之人種，中國是最富之國，歐美人之至我中國，我國人並不過問，任彼自由，且中國握權作官之活孔子，見外人則格外優禮相待，凡外人之至我中國，皆格外享福，何以我中國人至彼國，則不許登岸，且謂中國人與日本人不同。予不知其不同者在於何處?試再思之，始知日本乃黄人中之雄國，財權不在外人之手，政府無借債賣國之官僚，是以能擴張其海陸軍力，以與白人戰，此其所不同也。若中國人即日收回海關及各國所奪之租界，政府發行統一之紙幣，改金爲本位，全國通行，無折扣之弊；外人不能以外國之紙幣，奪我國之物産人力，則中國之富比美國可富五倍。因中國人口有美國五倍之多，財政以人口爲本位，五萬萬人口所産出之人力物力，用以興實業，用以興教育，用以擴張海陸軍，雖行們羅主義，不侵人國，吾國實有併吞世界之資格。何以中國人至美洲有不許登岸之辱？請我同胞其速醒乎！

次日守船口之移民局員，已易一人，予趨前問曰："予可以登岸一散步否？"該員問曰："汝是頭等艙之客乎？"予曰："是。"彼曰："汝自然可以登岸一遊。"彼將予所執之登岸證券上，批一許可字樣。予是以告同伴之中國人，謂吾輩可以登岸散步矣。而中國同伴即同守船口之移民局員問曰："吾輩可以登岸散步否？"該員問曰："汝等是中國人否？"彼等答曰："是。"該員曰："不許。"蓋彼之所以許我登岸者，彼認我爲日本人也。吾於是登岸，行不數十步，遇一汽車，予問駕車人幾許錢一點鐘。彼曰："每點鐘須五元。"予登車，彼開車沿海岸之大馬路而入公園，由公園而過墳園，由墳園而至居家之街道，由居家之街道而過貿易之市場，沿途駕車者説明風景，頗有意味，加以天氣温和，以海上半月之風光，重睹市鎮，格外豪爽，有一大街，屋宇極爲寬潔，駕駛謂予曰："此乃中國富豪某君之産業。"吾聞之頗爲高興。及至一大旅館之前，駕車者又謂予曰："此處即十餘日前中國理髮師王昌刺湯化龍之所在也。"予即細問曰："汝知湯化龍爲何人乎？"彼曰："不知，但知王昌乃此地有名之理髮師，壯麗少年，且有餘財，彼與湯化龍並不相識，且無仇怨，其刺湯化龍後，報章所載不一其辭。曾聞兩月以前，湯化龍在此埠居之頗久，有一湖南留學生到王昌之店剪髮，該學生與一英人談論湯化龍之爲人。該學生云湯化龍乃中國之新官僚，民國二年助袁世凱作惡，解散國會，换一總長，通過大借欵，以鹽爲抵押，以致中國産鹽最多之國，五萬萬人所日日不能缺之鹽，亦被外人經管，鹽斤加價至數倍之多，可憐苦同胞，終日勞動，産糧食最多而不得飽，産棉與絲最多而不得煖，至今日連鹽亦吃不到口矣！是真欲絶我中國之種也。官僚萬惡，外人以借債之法騙官僚，尤爲萬惡，湯化龍賣我民國之罪，比袁世凱尤凶。彼與梁啓超、熊希齡一樣糊塗，總以斷送民國爲作官之捷徑，觀其引薦乃弟湯薌銘爲湖南都督，引薦貪狠爪牙胡瑞霖爲湖南省長，槍斃無辜財政司楊德麟，刦去湖南財産七百餘萬，湯薌銘更殺湖南無辜一萬七千餘命，以取媚袁世凱。袁遭天誅，黎元洪繼任，湯化龍又與梁啓超合謀篡位，解散國會，以謀作總長。幸段祺瑞尚有知人之明。段氏雖罪不容誅，其不滿意於湯、梁，尚有正氣良心在也。今湯氏來美，其鬼謀何在，不卜可知，無非賣國以謀作總長，再燃作惡之死灰也。王昌聞之，不出一言，但見其眼中落無聲之淚，此旁見者之所言，未知確否。又聞王昌對人言，大丈夫不能爲民國與大利，當爲民國除大害。不幸湯氏又來此埠，方到一日，即遭此厄。王昌亦同時自殺。此案功罪孰是孰非，聽中國史家之判斷，吾外人不得其究竟也。”予聞之不禁太息，以爲新舊官僚，固多死罪，然當由國會憲法宣布罪狀，而後處刑。至無國會無憲法，任官僚之横行，暗無天日，不得已而出王昌之犧牲，以警天下，斯誠苦痛之事。吾囑駕車者送吾登舟，給以五元而别。

是晚諏訪丸開輪向瀉阿頭埠南行，船未開之先，有美國瀉阿頭埠移民局委員三人來。開船後，該三員即將船上各等乘客之護照一一檢查登記，與以登岸之證券。予與中國同伴亦將護照付與檢查，以换登岸之證券。該員曰：“汝輩中國人，吾不能登記，亦不能給汝登岸證券，須俟船抵瀉阿頭時，將汝輩中國人，送至移民局，由局長一一檢查登記，然後放行。白人與日人在船上登記後，給以登岸之證券，船抵埠時，可自由上陸。然中國人之三等乘客，尤須拘禁於移民局内，等候醫生考驗其身體，若眼無紅病，腹無蛔蟲，方准登岸，否則須送至口外之海島拘禁。汝輩頭等乘客之中國人，尚不費如此之周折也。”彼移民局局員，即將中國人之護照收去，納之衣袋。吾中國人只好聽其處置而已。據美國議院通過之章程，凡外人入美國境，須將行李衣物，一一填寫於所印之章程上。若行李衣物書籍價值五十元者，須帖印花税五角；若行李衣物書籍價值百元者，須帖印花税一元，由此類推，填明交於船上賬房，賬房帖上印花，將章程一半交與乘客，而人頭税每人須納美金八元。蓋人頭税於買船票時須交付，及船將抵海口，醫生船來檢驗如前。船抵岸後，行李皆運至税關檢查所。乘客皆按次序魚貫而入，將所填章程之一半，交與案上檢查員，該檢查員即覓出所填之章程另一半，交與執行檢查之人，然後執行檢查之人，引各客至行李箱所在之處，一一檢查，若於所填寫之數不誤，即於行李上帖一片黄紙印刷之單，簽明驗畢字樣，此行李方可出税關也。若檢查時有不符之物，則罰金萬元，或監禁十年。予之行李驗畢，因予係中國人，不能自由登陸，不能與白人、日本人平等，只好將行李交與運送店。該運送店人在予行李上挂一紙條，給予一憑據，憑據上寫明運送店之居址及電話之號數。予與中國同伴共五人，有一廣東官吏，係頭等艙，其帶隨員二人，在二等艙；有一福建學生初次赴美留學者；予則爲旅行客也。吾輩在税關檢查所等候兩句餘鐘之久，而白人與日人皆盡上陸。忽有一破汽車來檢查所前，將吾輩中國人載至移民局内，老候至三點多鐘。而局員來，即傳吾輩一一入其辦事室，按次詰問吾輩之來歷，生於何時，長於何地，學於何國，父母之籍貫及妻子之姓名，皆一一登記；家産幾何，身體之暗記幾處，鼻之高低，面色之淺淡，頭髮之顏色，眼睛之顏色，隨問隨記；所至何地，居留之期間幾何，因何要事而來，因何要事而去，須隨問隨答。若與護照上所載之事實相符，則局長於護照上批一許可入境之字樣，簽明某月某日某埠經某人許可，然後護照交還，吾輩方可在新大陸分享自由之味。其對於廣東之官吏及其隨員二人，則頗虐待，謂其面貌不似官吏，吩咐局員將該官吏及其隨員拘禁。吾曰："彼係廣東官吏且有財産者。"彼曰："此次准其登陸，決不留難，然其態度，甚不滿吾美國人之意也。"幸吾以英語爲之辨護，否則該三人幾被拘禁，此中國人於美國登岸時之實狀。中國人今日皆以爲美國乃中國之好朋友，好朋友之待中國尚如此，其非好朋友之待中國，其侮辱將如何？吾於是出移民局，而往濦阿頭埠之新華盛頓大旅館，抵館之後，吩咐管事者用電話與運送店交涉，請其將吾之行李送至該旅館某號房間，不一時而行李至。是夜在旅館休息一晚，次晨叫汽車一乘，載吾遍觀濦阿頭埠之風景，則見埠後山巔，皆海陸兵營，預備運至法國與德國相戰之兵士甚多，而街道之繁華，與建築之堅潔，大有新大陸風味。然此埠之日本人爲數有四萬餘，皆占有勢力，而中國人則無政府保護，衰弱之形不堪入目，不禁爲之生憐。

吾聞從前美國之虐待日本人與虐待中國人一致，數月前有日本郵船一艘，裝載日本客四百餘人，及抵埠，而移民局皆不准日本人上陸，日本人即拍一電至日本政府，日本政府回電云：全船回國。同時日本政府拍一電至美政府，謂美政府既不准日本人在美洲登岸，自今而後，凡美國人之來日本或經過日本者，當予以同樣之優待。美政府接此電後，即時道歉並令四百餘人自由登陸。此後凡日本人之抵美洲，美國移民局派員先至船上檢查護照，與以登岸之證券，船抵岸時，自由入境，不再留難，竟與白人得同等之待遇，而對於中國人之苛禁依然如故。吾不知中國政府，對於同胞之保護，對於國家之體面，曾一念及之否。吾爲中國人，爲中國政府計，亦當於上海、天津各通商口岸設移民局，凡輪船入口時，必先受海軍部醫生船之檢查，抵岸時，必一一至移民局驗明護照，登記其年齡、職業、籍貫及其財産、妻子，並其來作何事，留寓幾年，一一載明，付之地方民政廳，呈之内務部，每日一册，每年三百六十册，使外人之在中國者時時得有適當之保護，無越過範圍之事發生。此有國家之資格者，皆當由國會通過而執行之者也。吾願中國政府勿再放棄中國國家之責任，效法美國移民局之行政以對外人。美國乃共和先進，中華爲共和後生，美國在西半球，中國在東半球，美國地大物博，中國亦地大物博，且中國人口比美國有五倍之多，其出産之富，亦當在美國五倍以上，何以人富我貧，人强我弱！中國人若皆無知識如黑奴相等，斯已矣，如稍有知識，則當整理財政，使外人不得瓜分我五萬萬人所賴以生活之財政權則得之矣。

是晚乘快車而横斷新大陸，美國火車公司甚多，而火車亦甚大，予則選最新最快之火車乘之。聞美國未與德國宣戰以前，火車費甚廉，由美國西方海濱瀉阿頭埠而至美國東方海口紐約埠，爲時五晝夜，不過美金六十元，而由舊金山至紐約亦如之，但飲食費須乘客自備。車上有大餐店，有書房，有澡堂，有剪髮店，儼然一陸地飛行之大旅館。至宣戰后，而各種享福之車皆取消，各火車公司皆被政府管束，惟睡車與飯車通行而已。睡車每輛載十八人，分高低二床，低床之價稍貴，高床之價稍廉。夜間則將床位裝齊，皆幕以錦簾，床位甚寬，而被褥亦甚潔，日間則將床位撤去，依然客車。每輛車上有男女厠屋各一，有男女客堂各一，有辦事人員坐房一。客堂中備有梳妝衣鏡，自來水面池七八座，以備客人每晨洗面穿衣之用。雖行車之時間甚長，然沿途可以觀高山、大湖、深林、長洞及各種新鮮之風景，幾置身於一幅大畫圖中，不覺有疲倦之精神也。每一大車頭，拖車二十余輛，凡通過大陸之快車，無二三等客座，一例頭等，而戰時之車費加至一倍以上，由潟阿頭埠至紐約須美金一百四十元。車上行客以軍官軍士爲最多，女子次之，游客不過十分之二而已，車上行客所談論，無論男女，皆以戰事爲前題。以予觀之，皆帶有十分驕傲氣。凡美國人心目中皆以爲美國爲世界第一雄國，皆以爲美國人爲世界第一等人，每與予交談，即問中國人對於美國人感情何如？予曰："中國人以美國爲中國之好朋友，美國人之在中國尚無不法行爲，其餘列强之在中國則甚不滿中國人之意，奪我海關，强迫中國人吃鴉片烟，占我香港，占我通商口岸，美其名曰租界，奪我鐵路，奪我鑛山，侵我郵政交通權，侵我財政流通權，幾以我中國爲列强私囊之財産，以至我中國最富之國轉爲最窮，出糧食最多而人口缺糧，出絲綿最多而人口缺衣，出茶最多而人口缺好茶，教育不能興，海陸軍不能練，甚至將古人所傳之國粹，如古瓷、古器、古書、古畫皆不能開博物院以保存，古人所遺傳之游戲品，如圍棋、象棋、七絃琴、五絃琴、打毬、競馬皆不能繼續。中國未共和以前，列强助胡清異族政府，以借債政策騙中國各種權利；及共和以後，列强怕中國人脱離壓制，收回各種已失之利權，又以借債政策助亡清賣國之一般官僚重握政權，以欺我人民，再奪我利權。各租界内收税極重，即於拖小車賣小菜者，亦收税頗多，以中國之財建築公共學校，不准中國兒童入學，以中國之財建築公共花園，惟狗與中國人不准入内，种种行为反賓欺主；而美国人尚無此等凶惡，是以中國人對於美國人感情甚好，以爲美國是中國最好朋友。然最好朋友，禁止華工登岸，不許中國人在美國有選舉權，以予頭等旅客入美國境時，尚押至移民局等候三句餘鐘，七盤八問，始准放行；而白人與日本人則到時隨即自由入境，凡美國人之至中國，中國海口並不過問，一致歡迎。吾願中國之好朋友，速改苛待之章程。”彼美國人乃一律師，答之曰：“苛待華工乃美國工黨之所爲，至於華人在美國無選舉權乃中國前清政府之所爲，要求美國政府凡華人之在美國者，不准入美國籍，既不准入籍，自然無選舉權。然生於美國之華人即籍屬美國，未始無選舉權也。列强各國人在中國之不法行爲，吾美國人尚無一知之者，望中國多派人来美國到處演説，於各報上多記載，使美國愛自由之人種知之，代中國而爲不平之舉，則德國所憑藉以欺人之陸軍，與英國所憑藉以欺世界之海軍，皆無所用其武力也。”吾聞之氣爲之壯，但願救中國之責任，以中國人自負之，方不蹈飛律濱之覆轍耳。

次日車過落機山，落機山乃美國自北而南横亘之大山脈，高至萬餘尺，車至落機山之西，即换電氣大車頭，馬力最大。因落機山有大瀑布，如中國九江之廬山相似，美國鐵路公司利用大瀑布之高壓力，以冲動最大之生電機，所生之電用電綫駕過落機山四百英里，電氣火車頭拖載火車，由山之西麓，漸次循山坡而上升至山之高度六千餘尺，即穿過山洞八千餘尺，再漸次循山坡山谷而下山之東麓，車路之斜度每百尺斜高一寸。山行四百英里（每英里合華里三里）所經過之山洞、山谷、山林、山村，山上之大湖，山上之大鎮，山上之橋梁，幾如平原，不自覺火車在高山經過也。落機山之附近大銅礦最多，每一鑛山之附近，即有大市鎮。車行二日以後即至美洲中部之大平原，每經過一省則見農業甚旺，工業發達，但人烟甚少，甚至極大之行省，人口不到四十萬人。每人平均，無論男女皆可領農地三百英畝，每一農人每年平均出産可得美金八千至兩萬餘元，畜牧、小麥、玉米乃出産大宗，糧食充足，即美國致富之源也。第三日抵聖保羅鎮，有一日本教士，與予同舟來者，下車散步，以爲該車可停數十分鐘，彼竟出車場以觀街景，及回車站，而車已開動，車行甚速，趕不上車矣。日本人性質好動，處處觀察研究。吾以爲旅行途中，須稍爲注意行車之時刻，如該日本教士，失去所乘之快車，須在聖保羅鎮候下次之快車，相隔尚差三點鐘也。

次日抵芝加哥。芝加哥爲美國工業最繁榮之中心點，人口三百餘萬，爲火車之集合場，位置在美國中央緬青根湖畔，交通之便，商務之大，爲美洲第二大市鎮，與中國之漢口正相反對，形勢亦相等，經緯度之位置亦相等。芝加哥在美國之中心，漢口亦在中國之中心，東西兩大共和國之富藏亦不相上下。吾觀芝加哥之繁盛，令吾腦筋中發生一新漢口之思想而不能忘。吾至此換車，暫往厦門豪室休息半日，藉以換衣沐浴，厦門豪室（豪室即房屋之意）乃芝加哥有名之大旅館。吾沐浴后用電話唤汽車一乘，以觀湖畔之大建築，沿湖畔疾行數十里，馬路之寬，建築之高，公園之花木繁華，水清草緑，掩映眼簾，令人敬慕美國國民氣魄之雄壯。

厦門豪室斜對門，有一中國大飲食店，名瓊彩樓，在此鎮甚爲著名。予入内用餐，見内面陳設甚爲雅潔，椁椅皆廣東紅木，四壁皆張挂中國之彩繡，樓閣三層，座常客滿。該店管事人來與予交談，問予來自何處，何時到此，予一一答復，彼若甚歡迎予之經過此間也。予食畢，該管事人引予觀其廚房及其藏貨房，上下三層，皆一一參觀。廚房甚大，可容三四十人，藏貨房所藏之貨皆來自中國，如粉絲、醬油、木耳、黄花、葡薺等物。有刷印房一，專印刷每日之菜單及傳單廣告。有汽車房一，自備生電機以供該店内之燈光風扇等用。予則問其生意如何，彼云每日可進美金千元。予又問該店開設已經幾許年，由何人發起。彼云：此店係康有爲先生亡命此間時所發起。在康有爲之意，原欲開設此店，使同鄉之苦留學生得以於禮拜六、禮拜日在此店做工，伺候客人，所得工資可以自供其留學之費用。加以每年寒暑兩假期，留學生可作工三月，三月所得之工資，可以供給一年留學之費用。故瓊彩樓内，每於禮拜六、禮拜日常有五六留學生在此工作也。予聞之頗爲欽佩康南海先生之用意，然尤惜其科學知識缺乏，不脱活孔子習氣，以尊君保皇學説欺騙華僑，其不知當日之君皇，乃有尾之胡奴，非我族類，皇皇漢族，淪爲亡國之奴已數百年，不圖恢復已失之神州，猶倡保皇之妄説，吾是以爲康先生惜。若以新知識論，當從大處着手，集合華僑多數之資本，設大銀行，設大造船廠，自造最大之商輪，開歐亞各大海洋之航綫，以銀行之財幣，易人力物力之發達。近今機器發明，群以通商爲争奪利權之政策，輪船爲運輸財物之利品，銀行爲各國集財之機關，輪船最多之國爲最强，工業爲最多，人民亦最富。試觀南北美洲之歷史，從前美洲乃紅種之國土，及白人之航綫開、銀行立，而紅種之國土，漸皆爲白人之地。試觀非洲，從前乃黑人之國土，及白人之航綫開、銀行立，而非洲漸皆爲白人所瓜分。澳洲被白人占領，土人消滅，亞洲之印度、安南、馬來群島，皆入白人航綫、銀行之範圍而爲亡國奴矣。哀我中國被白人之航綫、銀行及各種陰謀，騙政府之官僚，玩之掌握，而中國所受之損失，已天高海深也。然不從輪船、銀行之大實業着手，以發揮中國之大人才，以挽回中國之厄運，徒注意於茶樓酒館，供人飲食，以圖蠅頭小利，吾是以尤憐其無科學知識也。但康有爲先生於亡命時間，尚不忘爲留學生開生路，其愛同鄉愛國民愛中國之苦心，總較之一切對於中國漠不關心之多數活孔子老官僚强萬倍也。

是晚乘快車而向紐約，僅費二十四句鐘而抵紐約市矣。車中遇一老紳士，手執一法文書閲之，與予之座位相近，彼向予自表姓名，且示予以居址。蓋彼係美京華盛頓海軍部之幫辦，其名爲赫石也。彼與美國現任大總統威爾遜君爲契友，故興高采烈，向予高談美國之政治，及此次美國對德國宣戰之宗旨。予曰："予非政治家，對於政治上之知識甚爲幼稚，願有以領教。"彼曰："世界之所謂强國者，皆大强盜也，奪人之國，占人之財，絶人之種。大强盜之武器，海陸軍也。德國之陸軍，英國之海軍，皆作惡之能手。若德國不用潛水政策，傷我美國國民之生命，則使兩大强盜相殺，同歸於盡，未始非世界之福。然德國既以潛水艇政策，害我美國國民，美國則惟有與之宣戰，以維持人道。"予問之曰："德國之陸軍打滅後，何以消滅英之海軍乎?"彼曰："此次大戰而後，英法意皆人財減少，英之海軍亦當予以限制。"予曰："誰限制之?"彼曰："美國限制之，限制之法，以世界公海爲世界各國自由之域，非英國可以獨占。凡世界開化之人種皆當平等，不准爾侵我略，使弱小之人種得以生存，不再受强權之禍，以再釀成大盜相戰之惡劇。”予曰：“既能如此，則世界之福，天國近矣。美國即放菲律賓獨立矣，英國不能再據印度，法國不能再據安南，日本不能再據高麗矣。列强在中國奪去之利權，皆當交還中國矣。香港也，澳門也，青島也，各處之租界也，海關也，郵政也，皆當交還中國人自爲整頓也。但願美國人能言之，即能行之。”彼曰：“自此次大戰以後，世界各國皆當服從美國之主張，而實行美國之政策，不然以後之戰禍不知若何慘痛。若中國五萬萬衆宣布憲法，立一良善之國會，以全國民意收回已失之利權，則以最多之人力生最多之物産；政府發行民族統一財幣，管束全國之物産，則中國五萬萬衆可練海陸軍兩萬萬也，學白人之法，與白人戰，中國必勝；至於軍艦、軍械、火藥，皆易辦之事，惟粮食物産，爲戰時操勝之武裝耳。中國素以農立國，糧食最多。試觀英國在南京下關，開設一和記公司，每日殺牛八百頭，羊五千頭，豬五千頭，雞三萬隻，鴨三萬隻，雞鴨蛋十餘萬枚。公司内設儲蓄冰房數大棟，寒壓機器八大幅，日夜工作，每兩禮拜由大商輪運至英國供給兵粮，計值三百餘萬元。此前月美國游歷家所調查，未知屬實與否，如果屬實，則中國物産之富，真令人可畏。可惜中國政府不知管理全國所出之物産，不知發行財部統一之紙幣，以保利權，以致無數萬之財物被外人輸出，而中國人尚不知之，無怪各國以爲中國人尚在大夢中也!”予曰：“英國人握我海關，制我中國死命。彼輸出我國之物産，則獨享自由，且由彼之紙幣换去。中國人自爲輸出，則税極重而多留難也。”彼曰：“事太不平，吾當乘暇與威爾遜大總統細談之。”予則對之甚表感激之意。

抵紐約時，予與赫石君握手而别，彼併囑予與之通信。予則唤一馬車往紐約市中心之一大旅館，名布利市頭，在四十八街之西，與紐約時報館相近。房間之費每日三元，器具陳設頗新，厕屋浴房皆備，食則往中國飯館，自選華餐。因中國廣東人在紐約市所開之飯館，共有二百餘家也。次日往荷蘭美國輪船公司買船票，以備渡大西洋而往荷蘭。及抵該輪船公司，管事人示予以頭等客位之價須美金三百八十元。未開戰以前，不過九十元，今則貴至四倍有餘矣。又示予以開船之日期，並云凡欲出美國境者，須至移民局要求出口證券，最末問予係何國人，予以中國人對。彼曰："中國對德宣戰否?"予曰："去年夏已對德宣戰。"彼曰："荷蘭美國輪船公司不能載協約國之人，荷蘭係中立國，船公司新立章程，荷蘭船只能裝荷蘭人及各中立國之人，凡交戰國之客人皆不能裝載。若被德國潛水艇檢查，查出荷蘭國船上有協約國人民，則汝必被捕，荷蘭船必被擊沈。"蓋予之護照係説明往荷蘭考察治水方法，欲爲中國將來治水患也。既不能由荷蘭船直接渡大西洋，則當經過英國，然英國輪船因潛水艇之故，亦無法渡北海而往荷蘭。予遊歐之志已決，只好再向向别中立國之輪船公司問訊。幸各中立國之船隻甚多，予於是更向石敢當能威輪船公司問船期。石敢當能威輪船公司，即腦威、瑞典、丹馬三國船隻往來紐約之航綫也。公司中人云，每月有三艘航行。予即選一將近開駛之輪船而定一頭等客座，其價亦稍便宜，較之未戰以前，不過三倍而已，計美金二百八十元。然買票手續甚多，先將護照向美國政府移民局要求出境，若得美政府許可，然後將護照送至各經過國駐紐約之領事館簽字，簽字後再往美國海關内之檢查所蓋印。蓋印後，給以戰時出境經過防備綫之憑證券，方可以登輪。然船期由美國海關臨時命令而定，船主與乘客皆不能豫知，此戰時美國管理海上交通機關之行政也。予欲出境，只好照手續遵行。蓋予原有之護照，係經過美國而往荷蘭者也，荷蘭船既不能裝載協約國人民，則不得不改吾旅行之路綫而往瑞典。吾原有護照不生效力，惟有另備一護照，方可向美政府作出境之要求，然而困難已達十分矣。

次日往駐紐約之中國領事館，向代理領事錢廣禧説明渡歐之故，並改吾旅行路綫之由，欲另辦一護照。彼云護照上必寫明往所在國之事故，若十分緊要，理由充足，方可得美政府出境之許可。吾曰："腦威以漁業航業爲生涯，丹馬以農業航業爲國計，惟瑞典則於航業之外，有特别工場、化鐵煉鋼，皆以電氣爐爲之。吾嘗以考察電氣化鐵事故往瑞典，遂於護照上填寫姓名、年齡、職業、國籍、住址、所向何國、所爲何事，貼上照像，該領事簽字蓋印。吾納規定之費兩元，得護照一紙而别。别後携此新護照而往紐約之移民局要求出境，而寄寓美國之歐洲人每日要求出境者以數千計，移民局内擁擠異常，按次填結發誓，局内辦事人員登記遲緩，而時至下午四句鐘，又須停息，予老候至三點多鐘，尚不能及予名下，只得携具結章程三張而出，至次晨十句鐘再去。

次晨先至瑞典領事館，請其領事將吾護照簽字。彼亦照手續請予填結二紙，結上填明姓名、年歲、職業、國籍，往瑞典作何事，在瑞典居幾年，貼上像片收去。彼云此時乃大戰之期，瑞典雖中立國，而糧食問題之困難，與交戰國無異，瑞典政府此時許外國人入境與否，尚屬疑問，彼當代我發一海電向瑞典外交部詢問，費由我出，俟回電後，簽字與否，可通知我也。予於是再往移民局將填好之具結章程三紙，每張貼上像片及姓名、年歲、生期、職業、籍貫，父母之國籍，妻子之國籍及姓名，家族之居址，旅館之住址，與敵人有無相知，曾否通信，照實寫答。予係中國人，與敵國素無關係，自然無填該項之必要。予之護照與結章三紙，交之移民局書記，彼於結章上載以號數，囑予向之發誓，然後給予一收條，謂予曰："三禮拜後，可再來此局，本局即將汝之護照與所填之結章送呈華盛頓政府，若得許可，三禮拜後當得知也。蓋移民局之所以填結三張者，一呈政府，一存本局，一送海關檢查所。此皆美國政府戰時偵探部之組織，所以杜絶敵人交通之方法也，吾中國政府亦曾效法否。予於此三禮拜中，每日得以觀紐約之風景，與戰時之氣味。

紐約爲世界第一大商場，其繁盛面積有三百二十七英方里（每英里合華里三里），人口六百餘萬，每年市政廳可以收税之財産計值百萬萬餘元，而市政廳所有之公産每年免税者如公園、學校、藏書樓、閲書館、動植物園、郵政局以及公共建築，計值十五萬萬元，每年增加之收入可及兩萬萬元，紐約市政府每年之費用須兩萬萬元，用之於教育者，計四千萬元，餘則付國民公債之利息也。公園面積有八千英畝，墳園面積有二千二百英畝，大街路綫將近五千英里，河邊海岸已經建築完美者有五百五十五英里，停船之堆棧棧橋有二百二十七英里，由市政廳所建築之棧橋計值一萬萬元。輪船每年由紐約輸出之貨，計值二十萬萬元，有半數係輸出於外國，半數輸出於美國各大埠。紐約街上之電車計三種：街面電車、地道電車、高架電車，合計有二千英里之長，每年可載往來之客數二十萬萬人。紐約建築之高亦爲世界冠，亭臺樓閣，屋頂摩天，秦始皇之咸陽宫想不能及其萬一也。紐約下街一隅共有大建築九萬二千七百四十九棟，内有三千二百四十二棟，其建築材料爲火所不能焚，其餘八萬二千五百四十四棟爲磚木所建築。十五年前，最初之高房以銅鐵爲棟梁者，不過高至一百二十九尺，多至十二層，今則勝家公司之建築高至六百十二尺矣，祖國公司之建築高至七百尺矣，武宛氏之建築高至七百九十二尺，多至六十層。今則新大美之建築高至八百零一尺，以後之新建築更不知高至何度，每棟之費不知值幾千百萬也。美國全國人口不過一萬萬，紐約市之財力不過占美國民族百分之十七，即就紐約一埠計之，其財力之富已令人驚駭。紐約國家保存物産之大銀行共十二處，與各種聯合之銀行共有四百七十八家，其資本餘利，每年有三萬萬四千四百萬元，銀行流通生財之力，每年可達四十萬萬元。紐約鐵路公司之財産有一百六十萬萬元，關於各製造廠之資本共有三百萬萬元，其餘各種公司所集之資本共有二千四百萬萬元。紐約有保火險公司一百五十家，計資本五萬萬元；有人壽保險公司二百家，計資本四十六萬萬元。紐約人口每日用去郵政印花計九萬元，郵政局每分鐘平均送信一萬二千五百函。紐約一市有三萬四千工場，工場内之工人有六十八萬五千名，每日工場所出之貨可值八百萬元，而電話公司每分鐘須接一萬七千傳話之綫，每句鐘可收費一萬八千起。此紐約之繁盛，財力之雄大，實以人口爲本位，而發達至於不可限量也。蓋財權不失於外人，而一萬萬之人力，生無數萬之物産，以物産而易世界之金融，故大開門户，美國愈富也。回望中國人口，多於美國五倍，農業鑛業之生産力，皆多於美國五倍，而中國何以與美國相反乎！財權操之外人，海關在外人掌握，以致人力不能發展，除拉黄包車作馬牛而外，幾無實業可爲，物産停滯於地方，惟外人可自由運輸以去，此所以紐約爲美國之精華，上海失中國主權之可痛，豈中國人皆無知識，甘爲亡國之犧牲乎？實官僚政治之誤國，而新舊官僚皆無知識，不知管理中國之物産，不知發財政部統一之紙幣，以流通物産，以發展人力，所以束手待斃，至於今日。雖然，官僚之政治早日消滅，中國即早日繼美國而興。觀世界已往之變遷，即可卜中國未來之命運。英國斬查爾斯第一之頭，而英國之官僚政治消滅，英國雄飛世界矣。法國斬路易十六之頭，而法國之官僚政治消滅，法國頓增富强矣。吾觀國民發展之紐約，是以希望中國早日去官僚，大建築、大工場、大學校以及大公園、大博物院，皆利用國家統一之紙幣换來。國家紙幣能易物産，物産能維持人力，人力能流通紙幣。凡大事業，皆同時發起矣，以上海爲中國之紐約，以南京爲中國之華盛頓，以漢口爲中國之芝加哥，則揚子江之濁水，滴滴可變爲黄金也，吾五萬萬之國民其快醒。

吾抵紐約後，每日接紐約各大公司之信，有請予參觀者，有欲與予會談者，皆以予爲中國大商人或大實業家。吾不知彼輩何以知吾姓名，知吾居址，美國人各機關之靈通，真令人佩服。予因暫時過客，無暇作經濟上之活動，是以皆置之不答，每日觀公園，觀博物院，觀動物園，觀閱書館，觀印書館，以求最新之科學專門書，觀各種專家俱樂部，無一不組織完善，博大無倫。化學家有化學俱樂部，内中藏無數之化學專書，供化學博士之研究。醫學家有醫家俱樂部，内中藏無數之醫書，以供醫生之研究。機械家有機械家之俱樂部，内中藏有無數之機械專書，以供機械家之研究。他如建築家、航海家、軍事家、工業家、商業家，皆有俱樂部。國家設有大博物院，以陳列各專家之成績，設有大學校以造就各種之人才，以求各實業之進步，如電報也、無綫電也、飛行也、潛航也，皆有專門學校，專門工場也，亦各有俱樂部之組織，集合人才，以求社會之真樂，無論男女，教育平等也。較之中國人之俱樂部，專以叉麻雀，打撲克，唱戲曲，而且玩弄女子，消磨歲月者，不管天淵之别也。

吾觀博物館院中所陳列之古今物品，中國之古瓷、古畫、雕刻、鐘鼎、銅器、軍樂、銅鼓、絲錦、刺繡惟最出色，予見之不覺自豪。蓋美術製造品之精粗，可以證人種文明程度之高下，中國人爲開化最早，神明貴族，可無疑義，何以中國人在中國不能見中國古來之美術國粹，至外國之博物院始得見之。中國古日美術製造品之多，今日不多見之，是何故？官僚政治自害之也。海禁既開而後，外人暗助官僚作惡，以奪我海關，握我財權，使文明貴族淪爲牛馬，故不能自開博物院及各公益之事業。吾當爲詳細言之，有一日予游紐約動物園，則見園内馬路之寬大蕩平，樹林之深，花草之茂，各動物之自然生活，獅象虎豹，鹿豕熊羆，牛羊犬馬，猿猴麒麟，犀牛龍馬，豺狼狐兔，龜蛇鼉魚，飛鵬惡鳥，分門别類，皆就其自然之生活，而分配其所居。每一動物之居，挂一黑板，寫明來自何國，産於何地，名爲何物，係何性質，使觀者一見而知世界動物之分配。中國各省有動物園否，官僚政治之愚民，使人民退化，而等於下等動物，知識上之教育，無從發生也。予在該動物園中見一猴演戲，該猴産自亞洲之南洋，面黑身大，與身材短小之人相似，其初出臺時，則身穿領褂，脚踏冰鞋，頭戴小帽，沿臺滑走，較之上海新世界内之滑走者，尤爲靈快。滑走畢，坐於臺口，脱下踏冰鞋，而管臺者，則將鞋收去。然後管臺者給以自轉車一乘，囑猴乘之，該猴則登車沿臺左右環走，前走後走，倒走曲走，管臺者給以麥酒一瓶，該猴則以隻手駕車而行，隻手持酒而飲，飲畢，停車稍爲休息，再演第三劇。第三剧係踏索，將大索架成一橋，兩端繫之木架，高四五尺，請該猴升至橋端，脚踏大索，由此端行至彼端，再由彼端行至此端，並在橋之中心退走跪走，走畢，下橋，稍爲休息，再演第四劇。第四劇係踏地球，臺上架一木橋，一端架在地板，一端架至高棹，棹前架一木梯，高四五級，請該猴踏上大橡皮地球，由地板踏至橋端，斜升踏至高棹，再由高棹踏下木梯，然後環踏臺面一週，而猴戲告終矣。惜猴類之鼻梁太低，不能發人聲而開演説耳。然猴類未始無言語，聞有德博士某，往非洲猴類甚多之地，建一鐵欄房，房内引入泉水，而飲食燃料，儲蓄充足，可供四年之用，以研究猴語。初至之日，猴類來觀者，絡繹不絶，幾如吾輩之觀動物園無異，後頗冷淡，來者日稀，然附近鄰居皆屬猴友，每日來鐵欄外交談，初頗不辨高低，漸漸通其用意，爲日既久，彼此可以叙寒暄，講交誼矣。聞一日猴類開大會，男女猴生，群賢畢至，少長咸集，數千萬計，猴長約德博士某旁聽，猴長演説甚長，大意云：吾輩天然生活，如覓得糧菓，大衆同食；覓得好水，大衆同飲；覓得好洞，大衆同居；如有禍患，大衆同避。即此可以想象其生存之道，亦自成一社會也。且猴類甚愛其子女，如其子女被獵人捕去，則猿娘哀啼至死，死後破其腹，則肝腸寸斷矣，較之中國人之溺女者，畜生尚有人道在也。吾觀此猴之戲後，知世界之進化，皆教育爲之。人類未開化之先，當與猴類無甚分别，人類開化之始，是在能用火治食物，用火治器俱，漸而進化至用火冶金作武器矣。猴類之所以不開化者，不能用火耳。今則教育發達，用火之外，又進化而用電矣，用强水矣，能用電用强水之人種爲强族，不能用電用强水之人種，漸漸被强族所滅，被强族所瓜分，無教育不進化之故也。凡屬人類皆能進化，皆當受教育，美洲新世界之富强，皆教育之結果，願我黄金人種，再勿讓人。

予旅居紐約之日，正美國募四次自由公債以充戰費之期。此次被英法外交家結合世界各國而與德奥相戰者，共有二十二國旗。此二十二國寄寓美國之民族，或已入美國籍者，爲數至多。募債之數計六百萬萬元，募債之期分爲二十二日。每日分用協約國之國旗一種，排軍隊，奏軍樂，集合該協約國之民族，往紐約海口之自由神塔前演説，然後由該民族之首領，分往該民族之商號戲館各家自由募集。每債票一紙，以美金五十元爲單位，買債票一紙者，即付現金紙幣五十元，由此類推。用中國國旗募債之日，中國公使及領事，引中國僑商及學生旅客，一律向自由神塔隨軍隊軍樂而往，以開募債演説。先數日即由美國募債機關部按中國人之住址通知，中國公使領事亦向中國人各家布告。予亦在驥尾之數，演説後，分派募債，與别國寓公相等。在此募債期内，紐約一市萬分踴躍，美洲市鎮舉國若狂，每街有音樂隊游行，有游行大車唱歌演説。凡公園、旅館、戲院、閲書館，皆有勸募男女人員，换班募集。凡郵局、電局、商場，皆有勸募專員，有扮一皮人着以德皇軍服，拖行大街，以爲勸募之舉者，凡買債票一張，可踢皮人一脚，打皮人一拳；有扮一皮人着以德皇軍服，用大繩吊於救火機升降梯之上，梯下坐一美兵，用槍射擊，以爲勸募之舉者，每射擊一槍，觀者鼓掌稱快。而紐約交易所内置一德皇之軍帽，凡入内交易，欲踢德皇軍帽一脚者，須先納美金一千元，以充軍費。各大小戲園，大小影戲園内，每於休息十分鐘時間，有募債演説五分鐘，以五分鐘由女戲子沿客座收費。吾每次見戲園内十分鐘時間，募公債二十萬元，戲臺上常演出一戲，用美國跳舞女子與德皇交游，將德皇之頭砍下，載以木盤，置之臺口，向德皇之頭大呼曰："德國死矣，我美國依然生存!"觀者聞之鼓掌，影戲院内，每日所演者皆戰事新畫片，形容德兵之如何凶惡，如何敗走；美兵及協約國之兵，如何勇敢，如何善戰，如何勝利，種種募債之舉，空氣亦爲之喧雜。每日所募得之總數，皆存之於國家銀行，每日揭示各報載之。各大街之上，懸以大比例表，如寒暑表相似，分爲六十格，每格代表十萬萬，每日募債所得之總數加增，比例表增高若干度。各家報館之外，皆懸以極大之地圖，標明歐洲戰場之戰綫，每日用大字揭出戰場之電報，消息靈通，儼然美洲全國之國民，皆在戰綫中也。吾國加入戰團以來，所作何事，不禁爲之羞愧。最後一日爲美國國旗募債之期，街上繁華，旌旗蔽日，空中飛行之忙碌，儼如雁陣飛來。予見紐約天上之天空，有百餘飛機，結陣飛繞，擲下勸募傳單，如下暴雨，現任大總統威爾遜君來紐約市政廳演説。一日之内所募得者，除成功六百萬萬而外，竟超過數萬萬元，集此極大之巨欵，以美國現金之紙幣，易世界所有之糧食、物料、戰器，結合世界多數之民族，驅入戰場，以此制敵，何敵不摧？以此圖功，何功不克？德奥雖强，而煤、鐵、銅、鎳戰事之材料與人民日用所不能缺之糧食，無以爲繼。四年之久，其竭缺之苦痛，有不能不降服而出於和議之一途。若再加以内面之革命，無論何國，皆不能支持也。今將威爾遜大總統之演説，謹就蔣夢麟君所譯如下：

國民諸君，今日余在此演説，余之目的不在勸諸君多購公債，諸君咸知公債之重要，何待余言。萬千男女國民忠愛國家，必慷慨激昂，襄兹義舉，且得銀行家盡力協助，其成績優美，余敢預卜。余之來，將欲乘此機會爲諸君陳此次大戰之重要問題，使諸君更形熱心，爲國家犧牲生命財産。男女國民苟知此次戰争之真義，則必盡其所能，犧牲一切。故今晚再將大戰之真義爲諸君詳細陳説，諸君聞之必覺切膚之痛，而各盡其應盡之責。

每次戰勢有所變遷，吾人心中常覺吾人所欲成之戰功，更有明白之理由。當吾人之希望達於最高度之際，吾人之思想亦更形精確。時機所懸，一髮千鈞，最後問題之解决，皆在此一戰。此戰有積極之目的，顯明正當，無可疑義。此目的爲此次戰争之性質及大勢所釀成，非吾人所擬定，亦非吾人所能改之，非世界政治家或議院所擬定，亦非世界政治家或議院所能改之。

政治家或議院所可爲力者，惟盡其所能達此目的而已。戰争之初，此目的或未明瞭，至今日已了如指掌。此次大戰，經已四年，世界各國盡被捲入漩渦，人類公共之意思，已將一二國家之私意掃除一空。政治家或得以個人之力開戰争之端，然無一人或其反對黨得以任意而停止之。諸君須知此次戰争已成爲平民之戰争，無論種族之有異，貧富之不同，與此戰均不能脱離關係。影響所及，無國能袖手旁觀者，戰争所至，感入人心者深，生命財産不足與之較輕重。戰争之呼聲日益清明，呼聲所至，洞穿肺腑。各國戰地之同胞與夫吾國死難之兄弟大聲疾呼，求援於吾人，吾人焉得不赴湯蹈火以援助之！

四圍空氣，現已清明，光天化日，萬物盡入眼簾，吾人注目凝視，已得萬事之真相，戰争之問題，已盡從事實上得之，一部份人之解釋，不足以爲據。吾人當開誠布公，當此問題而不辭。此問題維何？曰：

一國或數國武力得以自由操縱他國人民之命運乎！（英之待印度、法之待安南亦無公道。）

强國得任意凌辱弱國而侵奪其人民之利益爲己國用乎！（凡屬强

國皆凌辱弱國。)

即以内政而論，得任專横不負責任之權力凌加乎人民之上乎！抑人民得自由，選擇其統治法乎！（中國政府無時不賣國凌民，皆列强國暗助之。）

世界之人民及國家，無論强弱，須受公道標準之判斷乎！抑强者得任所欲爲，而弱者忍辱聽命乎！（强權可惡。）

公道之主張，一任其自然之結果，或一時之聯盟乎！（强者聯盟以期弱國而已。）

抑須有共同永久之結合，而共守公共之規約，以維持公道乎！（只見白人作惡永久結合以滅世界耳！那有公道?）

是爲戰争所釀成之問題，非一人或一部份之人所舉之問題也，此種種問題非待解决不可，然解决之道不在一時之調和，或利益之分配，而在奠定永遠和平之基礎。此基礎惟何？曰：吾人常視最弱國之利益，猶神聖不可侵犯，若最强國之利益也。若吾人真知灼見和平之真義，此即吾人所爲永久之和平（恐先生被强國利用耳）。吾人不能以交换條件，或彼此讓步之調和，與中歐帝國言和平，因吾人已與之交涉數次而無效。他交戰國政府，亦會在布雷斯立妥佛及布卡雷斯二次交涉而無效。

吾人已深知敵國之不愛名譽，而關於公道，不踐信約，不知正義，但以暴力與私利爲前提，欲與彼國議和，誠爲不可能之事。德國人民當知吾人不能信任起釁國之宣言，吾人之思想與言論，敵國已若冰炭之不相容。

吾人須知和平一道，决非彼此讓步，或改變公道所可能。吾人爲公道而戰，不可絲毫退讓，故余將推心置腹，爲諸君言推行公道之實踐辦法。

對於德國宣戰之協約，政府既抱同一之宗旨，於和平會議之際，咸願出永久和平之代價，創造一保護永久和平之利器，俾實踐及尊重和平之約章。

此代價惟何？曰合約條文之中，不論何國之利益相衝突，吾人必以無偏黨之正義爲前提，使有關係之國民，咸爲滿意，此必有賴乎利器。此利器惟何？曰國際聯合會之組織是也。此種團體以有能力及有資格之政府聯合組織之（即强權聯合共同作惡）。若無此利器，則世界之和平必不能保全，彼破壞公法者，復將乘他機會，起而蹂躪和平。德國如欲與世界各國爲友，必先改變其國性，然國性之改變與否，吾人不能以德國在和平會議中所發之言論爲據，而當以和議成後，德國能否實踐條約爲斷。

以余所見，國際聯合會之憲法，及其種種目的物之解釋，爲議和最要之條件，然此非今日所能從事也。若今日頒定國際聯合會之憲法，則不過爲協商國共同對敵之一種盟約而已，即戰事了結後，能即成立與否，亦一疑問，蓋和平必須有保障物，而又不能以事後補救之方得之。此其理由淺而易見，吾人不妨明言，蓋和平會議中必有素不守信約之國列席其間，吾人必籌種種方法使合約有穩固之基礎，若聽各國政府自行保障之，則必遭破裂之禍，俄羅斯、羅馬尼亞之被蹂躪其前車也。

概括之，言論不足以爲解決此問題之方法，吾人必規定施行之細則，使和平之約章成實踐之程序，而不爲一篇空言無補之大文章也。今請代表吾國政府之意思，以誠實懇切之道述其細則如下：

一，凡不偏不黨之正義，不知有畛域之分，若以公道待吾之所愛，以不公道待吾之所惡，則偏矣。正義不容私情，除使各民族均沾同等之利權外，不知其他。

二，凡與全體之公共利益有衝突之處，一國或數國之特殊利益，或一部分之利益，不得列爲條件作妥協之基礎（爲甚麼承認日本在中國有特殊利益）。

三，國際聯合會中，不得立各種之盟結，或各種特別之條約及各種之允許。

四，國際聯合會中，不得立各種圖私利的經濟結合，亦不得施行關於經濟之各種抵制法，惟國際聯合會爲約束各國起見，有禁止不守條約之國在世界商場活動之權，以示懲戒。

五，凡國際條約契結等項，無論其屬何種類，均須將全文宣布，毋得誨隱，俾世界各國咸與聞知。

對於特殊盟結經濟競争之種種慾望，種種籌劃，爲釀成近世戰争之大原因，若不立明確之條件，將此屏除，則世界之和平，終非出於誠意，必無穩固之希望。

余今日所發種種言論，非惟根據於吾國世傳之遺風，且以國際舉動所當守之主義爲根據。余敢宣言曰：合衆國決不與他國結特殊之盟約，不寧惟是，合衆國且將盡其完全之義務，保障國際公共之約章，俾和平得以永保。華盛頓嘗有反對糾纏盟結之遺訓，萬世金言，吾人讀之，未有不嘆其所見之遠也。雖然，彼紛亂而不可解者，惟特殊及限於一局部之盟結耳，若共同之盟結，非惟得免糾纏之禍，且將使世界大放光明，而共同保障公共之利權也。

以上所述國際之實況，爲戰事所釀成，余之所以作此國際實況之分析者，非疑協商國諸領袖抱不同之宗旨也，惟因戰時雲霧，時或遮日，致生無謂之疑慮，伏釀禍之議論，故不得不一再明白宣言，掃除一切不負責任之言論，使孰出和平詭計，孰爲軍勢衰弱，孰爲用意可疑等等無稽之談，不復發現，故不憚繁複一言再言，俾人人共知一切真相，而無絲毫之疑惑。

此次戰争之問題，非余所倡作，亦非他國政府所倡作，余前已明白言之矣。余不過以見解所及，察其實況而言之耳。然余欣然決然從事研究，今其實況愈現愈明，非有意作僞者，不能臆改此種種問題矣，故余不得不爲此而戰。余亦甚喜爲此而戰，蓋時日變遷，而此種種問題愈益顯明，非惟余所獨知，世界各國與予共知之矣。事實日趨顯明，吾人之熱心毅力亦與之日進而無疆。

爲此種種問題而戰之，各勢力日益接近，千百兆之戰鬥力已成無敵之勢，交戰國民對於戰争之問題已成顯明之觀念，然此次戰争有一種特別現象，此現象爲何？曰：人民對於戰争之目的已日益顯白，而政治家之目的反漂摇無定，難於捉摸。吾人獨謂其能爲人民作先導乎？國家之意思日削，而人類公共之意思日操勢勝，平民之勢力日增，而政治家之勢力日減，吾人猶得謂操政治之重權者爲政治家乎？故曰：此乃平民之戰争，非政治家之戰争也。政治家必隨平民公共意思之後，不然必遭覆没之禍。

凡平民聚會之時，皆要求政府解釋其戰争之意思，並宣告其妥協之條件，若政府不明白顯示，則平民終不肯放手。彼平民者，猶日在恐慌之中，以爲彼政府之條件，不過爲權利之分配、領土之併吞，而置日受痛苦之平民於不顧。若然，則大度包容之和平條件，終不可得，而平民之希望，終不可達也。或者彼政治家猶朦然不知全世界思想之變遷耶？抑彼雖知之猶不敢直説以避應付之困難耶？

以余個人而論，余惟一之用意，爲使余之意思明白曉暢於平民之思想中，而咸爲滿意。彼苟識吾之語言文字，必無誤會之餘地；苟不識之，可請人譯成其本國之文字而讀之。余願協商國之政府亦若余之明白直率，宣示其國人，並請對於余之言論評隲其戰争問題之解釋，是否有所作差誤，與夫妥協之條件，是否能得滿意之結果。統一之宗旨與言論，與在戰場上統一之軍事權同一重要，宗旨合一，則完全之戰勝，可操左券，别無他道也。苟協商國能設法保障世界之和平，使此種横暴之戰争，不復現於世界，則彼以僞和平爲嘗試者，必歸自然之消滅。德國日以宣告其所願受之條件爲事，殊不知世界並不要求條件，而世界之所欲者，在正義最後之勝利，與夫公道而已。以上乃美國大總統威爾遜氏演説之大意。十月十日乃中國武昌起義而脱奴籍之大紀念日，留美學生之在紐約哥倫比亞大學者，將近百人，開會慶祝。會場設於中國人所開之大酒館，在紐約之上街，正與哥倫比亞大學相近。知友胡君請予赴會（胡君乃胡蘭亭牧師之子，胡蘭亭與黄吉亭牧師同爲兩湖革命機關組織書報社以傳真正救漢人出奴籍之偉人，在湖南傳此福音者，更有李親仁、李泰階教師，亦甚努力，吾將另著《革命真史》記之），余偕之往，登席赴宴。席中有他友問余以祖國之大事，予曰："官僚當道，惡勝豺狼，國民公敵反居總統。予將馮國璋之燒漢口，搶南京，焚下關，造湖北、四川之假錢票，以謀殺黨人，屯買鴉片毒烟以犯國法，篡黎元洪之位以奪總統，賣公家三海之魚以入私囊，亂借外債以賣民國，亂耗國産以殘同胞，小政客之不顧大局，宗社黨魁徐世昌之登臺，民國不國，人民塗炭，種種現狀，略爲談出。”余之聲音素來清爽，滿座幾無聲無臭，忽有福建某留學生下席，至余座後干涉，請余談話之聲音縮小，余遂停止不談。有友劉君代抱不平，謂某學生無干涉予談話之權，請余續談，並欲請余大聲演説。余惟有不發一聲，並勸劉君息怒。在某留學生之意，以爲席之上座有官僚范源廉、嚴修老夫子並代理領事錢廣禧在席，予爲小百姓，何可妄發議論，以犯官僚之諱。聞事後劉君告某學生曰：“汝所干涉者，乃武昌起義前組織革命機關，奔走國事十有年，犧牲許多同志，始有武昌起義之結果，始有吾輩十月十日之紀念。若無某君，上座官僚除嚴修老先生外，皆無由産出也。”吾聞之甚爲慚愧。在余及余同志革命之初衷，正所以救國家之亡，救國民之苦，去官僚之害耳。不意項城造反，官僚作惡，較有尾胡奴尤甚。民國七載，四次兵災，國民被南北兵，刼殺逃亡，幾無寧日。國家各種之權利，被官僚政府賤價零賣，甚至宗社黨首領借强盜兵力以奪總統，仔細思之，不過革去胡清政府之名，而一般賣國之官僚，依然腐敗凶很。革命之益何在？反增國民之痛，此革命尚未成功之過。余見美國國民之自由，國家之强盛，實力之充足，教育之普及，工業、農業、商業、航業之發達，組織之完善，建築之雄大，交通之便利，利權之不失，絶無官僚出現，令余羨慕革命成功之國安樂榮耀，更令余腦筋中時時刻刻，發經營建設新中國之思想，如何而收回財權？如何而管理物産？如何而發達工業？如何而普及教育？如何而管理海關？如何而寓兵於工，寓兵於商，寓兵於農？如何而興海軍，開航綫？如何而築公路，利交通？如何而能造成中國之人民如美國人民之富强？如何而造成中國之海口如紐約之繁盛？每晚在床上想出天花亂墜，不能寐者十餘夜矣。官僚一日不去，民國即無一日能存，吾輩救國救民之責終無能卸。十月十日之紀念，益增吾之感觸耳！

是夜駐紐約領事錢廣禧亦開茶會，邀商學男女各界，在同街之一中國大酒館，以作國慶日之歡樂。宴會方終，同赴茶會。赴會者甚多，主席錢廣禧説明開會宗旨，繼請來賓演説。先演説者爲張女士，聞係在上海久辦女學之人，其演説詞不甚動聽，不過口頭上幾句新名詞説得熱鬧耳。説畢，該女士請大衆起立，三呼民國萬歲，蓋三呼民國萬歲乃閉會時之次序，且係主席之職權，非來賓之事，亦非最初演説時之次序，吾以爲張女士尚不知會場之規則也。依次演説者甚多，有用中國鄉音者，有用英語者，有某女士彈琴三曲，有某女士用英語演説，語甚動人，其大意云：今日乃吾祖國脱離異族專制，新造共和自由之紀念日，吾輩得以在海外歡集同聲歡祝者，真正快樂；然吾輩今日尤當紀念武昌起義之日，祖國各省之英雄持槍響應，犧牲其寶貴之生命，別其親愛之父母妻子，爲吾輩争得自由。吾輩國民，吾輩國家，將來若能與美洲新大陸之共和並駕齊驅，其光榮快樂更不知至於何境，須知今日以後之好民國，皆當日諸英雄爲吾輩流血之賜也。試觀吾寶貴之國旗，五色榮光，有如濛影（濛影即虹也，鄉人稱之爲濛影，極合物理之名詞，濛影之出現，係雨後空中之溼汽凝集未乾，太陽之光射入，而空中之濛溼，發出七色之光綫，所以表示天氣之將晴也，西人稱之爲雨弓）。濛影出世，則好天氣快來，吾輩見五色可愛之國旗，即可卜我民國指日與起之現象。吾心中爲民國喜，吾心中更向爲吾輩死而造我民國之先烈感謝。其演説甚長，不能一一記憶。更有唐君演説，謂吾輩留學美洲，當以美國建築其國家之實學，建築新中國爲己任，其英語甚好。其餘各種演説甚多，吾不能記憶。有一學生某問錢領事曰："今日係武昌起義日，亦是宗社黨首領漢軍旗人徐世昌學袁世凱登基而自稱總統之日。君之茶會係慶祝民國紀念日乎？抑慶祝徐世昌登基乎？"錢領事不能對，某君亦有心人也。夜半散會，吾亦歸寓。

大戰期中，在美國之國民，無論已入美籍與未入美籍，凡年在十八歲至四十五歲者，於陽曆九月十二號須一律至警察局挂號，寫明姓名、年歲、住址、職業，記入名册，貼上像片，警局即發一憑證，證票上亦寫明年歲、姓名、住址、職業，貼上像片，交與挂號之人，並寫明由何局挂號，由何人蓋印。財主也、卸任之大總統也，醫士也、教習也、富商也、政客也，凡年在十八歲至四十五歲者，皆須挂號，以預備隨時由政府調去，編入軍隊，加以訓練，送入法國之戰場，與德國人拚命，如未挂號，隨時可被巡警兵士偵探檢查，將未挂號之人捕去。予抵美國，正在九月十二日之後，是以尚未挂號，予因暫時假道，亦可不必。然舉國皆兵，已成事實，火車之上，多半著軍服者往來，大街之中，處處見著軍服者之雄武，戲園旅館，皆軍人出没之場，學校生徒，皆著軍服以演習，飛機如鳥，戰艇如梭，戰時景象，頗壯觀也。想西歐戰場中，尤爲壯烈。予在中國菜館中，遇一中國少年，著美國海軍衣冠。余問之曰："汝非中國人乎？何以穿美國海軍服也？"彼曰："余在美國兵艦上盡職已十三閲月矣。余方從法國歸，可以自由數日。"余問之曰："汝已入美國籍乎？"彼曰："余五六歲時隨父來美，父爲耶穌教教師，余入校讀書，今已十四年矣。去年在芝加哥學化學專科，將近畢業，市政廳將余編入海軍。彼美國人以余生於美國，爲美國人矣，加以當時編入行伍者，有中國人二十餘名，内中有少年中國黨員數人，不甚通英語，吾恐其在行伍中被美國人侮辱，吾亦願意陪伴，加入海軍，以照顧吾之黨員。此余之所以着美國海軍軍服，尚在海軍服務也。"余聞之，甚爲欽佩，因同黨從戎，彼亦投筆以盡友誼①，俠義之風，尚存漢族，誰謂中國人可欺乎？欺我中國人者，中國人當認爲仇敵也。

有美國人勸余由紐約乘江船，溯哈德孫江而至峨保能，峨保能乃紐約之省會。哈德孫江之風景，山青水秀，一幅好江山畫圖。其江船之舒服，尤足令人快樂，江船之建築甚大，千餘尺長，百餘尺寬，樓房五層，每層有旅館，有大廳，有散步場，有游戲場。每層有睡房二百餘間，五層合計，每船可載二千餘客，其陳設之華美，裝置之清潔，尤爲海船所不及。夜間用二萬燭光之照遠燈，可燭照兩岸之風景至百餘英里，與日中

① 编按：詣，当作"誼"。

無異，駛行甚速，取價亦廉。吾願我民國之大招商局，亦建築此種客船，上下於揚子江，以增高我國民生活之聲價，其造福於社會當無限量也。美國各處之渡船，亦闊大無比，兩旁之客廳，可容數百人，中間可載火車、汽車數十乘，客在車中，渡過海峽江灣，並不自覺，以中國人之小渡船比之，中國人之不進化，尚在原人時代也。吾願民國交通部，計畫長江大河扼要市鎮中如武漢，如下關、浦口各處，能建設鐵橋，則速建設，如不能建設鐵橋，則速造大輪渡以便國民之交通。作官之責，原在作事利民也。

時光易逝，轉瞬而所定之船期快來。余在移民局所要求出境之護照，尚未回轉，許可與否，尚在不可知之數。余心頗急，每日至移民局催問，局員答曰："華盛頓政府，尚無回信，如護照到時，即用電話通知於君也。"余曰："予所定之船，開期快到，許可與否，願早知之，以定行止。"彼曰："權在華盛頓政府，稍候可也。"余憶華盛頓政府海軍部赫石君，曾囑余當與通信，不妨請其向外交部爲予一言。信去一日，次日吾之護照即回紐約之移民局矣。余之出境要求，已得許可，然與開船之期，僅隔三天，時間匆促，换錢買票，送行李至海關檢查，持護照向經過國度駐紐約各領事簽字，忙碌精神，稍覺疲倦，加以西班牙瘟疫盛行，紐約一市，每日死者以千計。西班牙瘟疫之發現，每日有數千種。中國留學生有傳染瘟疫而死者，中國駐華盛頓公使之夫人係唐紹儀先生之女公子，亦傳染西班牙疫症，三日即棄世。余欲出境之心亦甚急，余得許可後，即持移民局所給之收條，向移民局取護照，局員將余之護照交還，又將收條簽字蓋印，寫明由何船出境，由何日開船，貼上予之像片，囑余再持此收條連同護照至海關某號房間簽字。余抵海關某號房，房外有海兵持槍守護，問余："由何船出境?"余以船名對。放予入房，房内有辦事棹四五十張，棹上皆裝設電話，每棹有辦事員一人，手持水筆，以登記出境者之號數，並簽字蓋印於出境者之護照。余將移民局之收條交於辦事者之一人，該員收余收條，取出余在移民局所填之結章一紙，問余由何船出境，所往何國，作何事業。余皆以實對。彼於余之護照上蓋一印，簽一字，由某經手字樣，由何船出境，填以月日，將余之收條收去，另給予一小紙片，名爲通過戰時防禦綫憑證，憑證上寫余姓名及余憑證號數。余持之出，更往瑞典領事館，請瑞典駐紐約領事，將余護照簽字，因余之護照，寫明往瑞典，且於三禮拜前，已由瑞典領事致電瑞典外交部要求許可。及余抵瑞典領事署，該領事將瑞典外交部之回電交予。電云：某某欲來瑞典，請勿簽字。吾問其故，彼曰："瑞典受戰事影響，糧食極爲困難故也。"然余出境之手續均已辦好，而瑞典領事不能簽字，將若之何？余默想欲往瑞典，必先經過腦威，再往丹馬，請中國駐丹馬公使向瑞典政府交涉，當非難事也。余於是再往腦威領事館，要求腦威領事將余護照簽字，彼囑余填結，貼像片於結上如前，簽字後，納簽字規費十克朗那（十克朗那合美金三元半）。再往丹馬領事館，而丹馬領事謂余護照係往瑞典，而瑞典領事尚未簽字，何能竟往丹馬？余曰："丹馬有中國公使在，余抵丹馬後，可請中國公使向瑞典政府交涉也。"彼即用棹上電話詢問瑞典領事，瑞典領事云：某某可到丹馬，再請駐丹馬之瑞典領事簽字。然後丹馬領事在予護照上簽字蓋印，並批云：只可在丹馬京城逗留三日，轉往荷蘭。因予曾向丹馬領事説明，余從中國來，原欲經過美國而往荷蘭也。

次日上午登船，石敢當能威輪船碼頭在紐約之對河，紐驕奢。予喚一乘汽車，隨帶行李至渡輪。予未下車，亦不自覺渡輪已過河矣。汽車送余入輪船停泊之棧橋，下車時，有水兵數人，持槍實彈，問余往何船，余以船名對，彼放予入。入棧橋大門，又有水兵數人問余姓名，並通過戰時防禦綫之憑證。余報姓名，並示以憑證。彼手中持一名單，對余憑證不誤，始放余入。入門後，海關檢查員再檢查行李及身上衣服囊中錢票，無論何人，只准帶美國錢票二百五十元出口，而現金不得過五元。檢查畢，至一定時間，船上始請乘客登船。船梯口中，有水兵數人，檢閲護照，次第放行。余係中國人，中國乃協約國之一，至梯口時，該船公司人員，持一油印章程，請予簽吾之姓名。章程上大旨，即謂協約國人民，如遇德潛艇或兵艦檢查被捕，客人自負其責，船公司不能保險也。

余只好簽字登船。登船後，無論何人，不准再下船，而信札亦須交水兵或船主方可付郵，此所以杜絶敵人之足跡也。美國各機關對於戰時之精密可謂盡美盡善，回憶吾國政府各機關中，除借債賣國而外，曾作一事否？物産被人吸收以去，而不知之；人力被外人用爲牛馬，而不知之；金條銀塊被外人用輪船運去，而不知之；甚至列强之偵探布滿中國，而不知之。雖屬海關在外人掌握之咎，官僚政府之無知識，無用於中國，世界所公認也。吾五萬萬之國民，請再勿被官僚所欺。

開船後，則見紐約口外，兵艦羅列，空中氣球，登高偵探，恐敵潛艇出現，而美國水兵在船上看守，恐中立船隻與敵人通聲氣。船至口外大洋，水兵始由小輪接去。船上乘客皆瑞典、腦威、丹馬人，該船向東北行，日夜船尾挂丹馬國旗，船身兩旁，亦漆上丹馬國旗，夜間並懸電燈，照於國旗之上，所以防潛艇之攻擊也。其餘協約國之兵艦商船，航行於大西洋者甚多，其船身皆塗以顔色斜紋。據物理所研究，潛艇在水内航行時，見海面波紋皆成斜綫，凡船身塗有斜紋者，與海面波紋相掩映相交錯，所以迷離潛艇之反照鏡，使其莫辨船之真僞，莫辨船之方向，即令潛艇出現，而各協約國之船隻，皆裝備大砲，可與潛艇對敵，亦避危險之一法也，然究屬冒險之事。予因避潛艇之險，是以乘中立國之船，幸風平浪静，天氣甚佳，雖遲緩數日，亦不覺困苦。船行至北緯綫六十三度時，天氣甚寒，每日有暴雪數次，然與寒帶不遠，離北極亦頗近，每夜見北極電光，騰躍天空，白光射目，真奇觀也。船由北緯綫六十三度，轉向東行，經過哀司蘭之南角（哀司意即冰也，哀司蘭即冰地也，係丹馬之屬國）。船行十四日，始經過子午綫之零度，再入東半球矣。至十五日，船抵腦威之西海口，地名北根。該船接丹馬輪船總局之無綫電，謂船上乘客，除丹馬人外，一律由北根登陸，由陸路火車至腦威京城，以避波羅的海海口與腦威、丹馬間之海峽之德國兵艦檢查。予非丹馬人，惟有在此北根埠登陸。船將入口時，海口砲臺醫生船來，檢視乘客與貨單，與别國相等。凡登岸之乘客，於檢查護照時，地方警吏於護照上蓋印簽字，簽明某某係何國人，及姓名、年歲、職業，於某年某月某日在此登陸，並登記於其薄册之上，然後給各乘客麵包票三紙。蓋腦威雖中立國，然與德國相近，協約國恐其糧食有接濟德國之時，故不准糧食進口，糧食之貴，等於黄金，若無麵包票，無論旅館菜店，皆不得麵包以充飢也。余登岸後，不知腦威語言，加以皮包内書籍太多，重而難行，頗覺苦痛，碼頭上亦無搬運行李之人，天氣又常風雨，幸遇一海軍士官，能熟英語，代余提行李，代余覔旅館，禮貌有加，並引余升登山之電車，觀四面風景，再沿山腰馬路散步歸寓，余亦疲倦而入床。次晨七時，搭快車而往腦威京城，沿途風景極佳，客車亦甚雅潔，由北根開車，漸次登高，經過高山二百餘英里，山峰長年積雪，高七千餘尺，山上長湖百餘英里。蓋兩峰之間有深谷，雪水冰天，清寒與白雲相映。寒帶風光與温帶稍有不同，夏日旅行格外令人快樂，且山上深湖可以釣魚，山上深林可以獵鹿。美國富豪，每於夏節携眷來游者甚衆。可憐被壓之中國人，尚夢不到此間幸福也！官僚當道，好江山賤價送人，民不聊生，何能與美國人民相比？吾憐中國人，亦不覺自憐也。該鐵路工程甚大，沿途開闢山洞一百零八段，懸崖峭壁，鐵路烟飛。有學問有知識之民族，無地不可以開闢也。時將半夜，車抵京城，該城名爲克利司金訥。余下車而宿旅館。

腦威京城克利司金訥風景甚佳，人口有二十五萬，職業以航海爲大宗，漁業次之，全國人口二百五十萬。航海輪船，大小有二百五十萬噸，平均每人一噸，此所以舉國無窮也。惟受戰事影響，不准糧食入口，而腦威農業不能自給，以致戰事期内，王宫花園以及博物院空地，凡公共建築之公園，平時繁植花草者，今則皆種山芋，即此可見其糧食之困難也。幸政州管理糧食，分配極均，所有糧食皆須領票方可買得，使富者不得買多，窮者不得缺少（此法中國人須速學之）。每禮拜二與禮拜六不能食肉，因肉類亦甚困難。余曾在旅館中食兩小萍菓，費兩個克朗那（合中國錢一元）。有時吃黑麵包兩薄片，夾以如紙薄之牛乳餅兩小片，亦費三個克朗那。每日費二十餘元尚不能飽，戰時旅行之苦，不言而喻。腦威冬節，每日雨雪，雲迷烟鎖，街路潮濕，余不願久居於此以受愁悶。

然欲往丹馬，須乘火車而經過瑞典，余之護照，未經瑞典領事簽字，火車上不能通過，欲乘輪船，而往丹馬各船公司，皆不載協約國人民。忽聞十一月十一號乃西歐戰場停戰之期，十一號以後，海上開禁，余可以乘船往丹馬矣。適有小輪一隻，數日内即將開輪，余買一頭等客座，海行二日，即抵丹馬京城科烹亥根。未抵岸以前，乘客須填一物單，將所有之衣服、鞋帽、手巾、蔴領共幾許件，使海關人員檢查，如住在丹馬，則海關内收存物單，如經過丹馬，則檢查後物單仍交乘客，使出境時，得以照數檢查。因戰時衣物昂貴，别國無衣服材料，丹馬所出之衣料頗足，然外人運出衣服，則丹馬之衣料即形缺乏，故丹馬政府，用填物單之法，使外人無從運出，一絲一綫，單上所填入境時之衣物，於出境時之衣物，爲數須相符合，如不相符，則罰以偷運之罪。回思中國海關在外人掌握，外人將中國之物産，明白輸出，而官僚政府不知之，外人偷運鴉片入中國，歲以萬萬元計，而官僚政府不知之。余爲中國人，不禁爲之羞憤也。船將入口，醫生船檢查如前。船抵岸時，警察局派一檢查員檢查各客之護照，簽字蓋印登記而後放行。彼檢查余之護照上，駐紐約丹馬領事所簽之字，只許在科烹亥根逗留三日，即往荷蘭，於是該警員不肯在余護照上蓋印。俟乘客皆登岸後，彼帶余往警察總局，余之行李，先着運送行李者送至指定之旅館，而後余隨該警員至警局，坐候數句鐘。警局派一警員帶余至荷蘭領事館，將余護照簽字，余欲先至中國使館，請使館中人與之交涉，警員不許。至荷蘭領事館簽字後，余又與警員交涉，請其送余至中國使館，彼又不許，該警員又不知英語，余實無可對付，幸荷蘭領事善操英語，代余翻譯，余則對該警員曰："汝丹馬係中立國，中國與丹馬係友邦，且丹馬人在中國，中國政府極優待之，中國人至丹馬，丹馬不當待余若犯人，余係旅行家，所至之國甚多，余可以向丹馬王交涉，如仍不送余至中國使館，以後中國政府亦將不許汝丹馬人之在中國者享特别之自由。"荷蘭領事一一譯出。該警員答曰："此警長之命令，吾只遵命令而行耳，他事不知也。"該警員又曰："君往荷蘭，必經過德國，荷蘭領事既簽字，君尤須往德國領事館簽字，俟德領事簽字後，方可以送君往中國公使館也。”於是該警員又送余至德領事館，德領事視余護照，謂余曰，君係中國人，中國係德國仇敵，君往荷蘭，欲經過德國，吾不能簽字，君可往德國公使館交涉，或可通融辨理。”彼囑該警員送余至德國公使館，余見該使館頭等書記某博士，説明往荷蘭欲經過德國之故。某博士曰：“中國加入戰團，與德爲敵，德人並不以仇敵待中國，且目下已經停戰，敵國人民或可以入德國國境，吾當爲君向柏林外交部致電一詢，如得許可，即回君信，君住何處，願先知之。”余即以指定之旅館對。彼又囑丹馬警員送余至中國公使館，余辭謝而出。該警員引余至電話室，唤一乘汽車，送余至中國使館。適顔惠慶公使染西班牙瘟疫，卧病未起，其頭等書記王承傳，亦染西班牙瘟疫，未來使署，使署服役之丹馬人示余以宋書記之住址。余與警員騎車而往，見宋書記説明始末。宋書記向警員云：“某君乃中國旅行家，中國公使館可具保結，請丹馬政府切勿留難。”該警員又引余至警察總局，將余之護照一一登記，請余次日早晨再往，余於是始歸所指定之旅館。然自早抵丹馬京城以來，至此時已下午四句鐘矣。次晨再往警察總局，局中管理護照者將余護照簽字蓋印，准余在科烹亥根居留半月，如半月以後不能出境，則當再往警察局簽字，以展長居留之期限，此抵丹馬時之困難也。歐美各國政府無論平時戰時，皆作國家應作之事，中國政府無論平時戰時，皆不作事，只作殃民誤國之官，此所以退化而不知痛癢羞恥也。

丹馬國之面積，其大不過中國一縣，人口有三百萬，其航海輪船，大小有三百萬噸（每人平均一噸，中國人口五萬萬，應該建築輪船五萬萬噸，方可以在世界上争人種之體面，亦可以充人口之運用。試問中國能建築輪船乎？所建築之小輪船，共有幾噸乎？無怪世界各國不算中國人爲一民族也！），農業亦最發達，每年出口之牛乳油計一萬萬七千萬磅，值丹馬金幣二萬萬二千萬克朗那（每克朗那合中國錢半元），牛馬豬羊有一千萬頭（平均每人有三頭三分餘，合計值一萬萬元，中國有一千五百縣，每縣農業之出産有總計否）。漁業次之，以農立國，以輪船商務流通其農業之出産，是以雖處大戰之期，尚無絶糧之苦痛。加以科學發達，教育普及，丹馬人民真快樂民族也。但丹馬地屬平原，四面環海，不産煤鐵，工業不甚大旺，然而有大槍砲廠、大火藥廠、大化學廠、大機器廠、大造船廠，事事可以不仰給於他國，中國人對之有愧色也！科烹亥根一城，人口有七十萬，幾占全國人口四分之一，街道寬宏，建築雄壯，博物院、動物園無一不備，人民甚有禮節，富足勝於他國。回憶中國地土最肥，氣候最好，人口最多，以農立國數千年，亦應該富甲世界，何以政府以借債度日，人民不能生活，淪爲牛馬，被外國人販買豬仔，被世界踐踏。今日之中國，今日之中國人，比一丹馬小國，尚夢想不及，何其無用至此。余知官僚政府之無知識，海關財權在外人之手，外人更助官僚作惡，使中國人無翻身之日，外人得以在中國長享洋大人之幸福，此所以中國人退化至於今日而不自知之也。

一日顏惠慶公使病愈，余在使署遇之，彼若甚歡迎余之來丹馬。彼藉以得聞中國之真現形者，余則總括言之。中國名爲共和，實則爲官僚争權奪利之所，權到手後，藉賣國以保位置，以圖小利耳。一般之小政客，欲作新官僚，皆抬舉老官僚登臺以奪權利；老官僚再倚賴强盜兵力，作威作福，以斷送民國。北方有徐世昌，南方有岑春煊，徐世昌借張作霖之兵力以登臺，岑春煊借陸榮廷之兵力以登臺。張作霖、陸榮廷皆强盜出身，强盜軍人。官僚政客調動南北旗鼓，使小百姓遭殃耳。顏君亦頗爲太息，顏君頗屬精明外交家，尚無官僚惡氣習。余請其向瑞典公使交涉，將余之護照簽字。彼以爲瑞典受戰事影響，糧食極其困難，加以俄之過激派正運動瑞典革命，飢荒凶亂，不可以居，不如往荷蘭爲妙。余則決意往荷蘭，然停戰初期，交通尚不容易，乘船而往荷蘭，則丹馬往荷蘭之航綫尚未通，乘車而往荷蘭，則德國之火車恐不許協約國人民通過，顏公使惟囑余居丹馬以稍待。不期數日以後，而德使署頭等書記來函，謂柏林外交部已回電，謂余經過德國，當此停戰之期，可以通融辦理，囑余往德國領事館，將余之護照簽字。余往德領事館，該領事已得德使署命令，將余之護照簽字，但僅許余在柏林居留四日，即當速往荷蘭。余於次日清晨，乘快車而向交戰國前進，火車自科烹亥根開車，至佛丁堡渡過小海峽，余在車中，亦不自覺。至陔溲渡過大海峽，渡輪甚大，載火車十餘乘而過，海行二小時，即抵德國之西北海口，名佛尼門顛。登岸時海關檢查員皆着軍服，乘客皆入海關之一房，先交護照，按護照交入次序，一一傳入，查問來歷，然後檢查行李，查畢放行。出海關側門，即來往柏林之火車，停車於海關之内，余之行李，搬運登車，余則往車站買票，不一時而車開輪矣。車中乘客皆德人，見余甚駭異者，以爲停戰不久，即有交戰敵人入境，未免出乎人情之外。然同車有能操英語者，問余係何國人，來德國作何事。余以經過德國往荷蘭答之。又問余能通德語否。余曰不通。又問余從前到過德國否，余曰未。彼以爲不通語言，旅行異國，其苦有不堪言者。車行六小時，即抵柏林。同車者告余曰，此即柏林也。柏林因近日革命風潮，人甚稀少，恐車站外無汽車、馬車可以呼喚，彼請余看守行李，在車站少待，彼則疾行至車站之外以覓馬車，十餘分鐘後，該同車者來告余曰，已覓得一乘馬車矣。於是彼囑車站之工人，將余送上馬車，彼偕余同往柏林最大之艾德隆旅館。開車費、定房間，因余不通語言，皆由彼料理，吾是以未遇困難。此余初入德境，初遇德人之實狀，較之經過美國及腦威、丹馬所受之苦痛，相隔若天淵也。

艾德隆旅館，爲柏林極有名之建築，在靈敦大街。街之左端，乃柏林中心之天雅大公園，街之右端，即德皇之老宫殿及柏林大學，其餘國會及各行政機關，皆在靈敦大街之附近，德國社會黨之革命戰場，亦集中於此。聞一禮拜以前，滿街皆高挂紅旗，街戰發生於大學之前門。余曾見大學墻壁之彈痕，尚留點綴之美術，然柏林驚天動地之革命，死傷不過百餘人，可見其國民程度之高尚也。次日旅館内翻譯引余至警察署報名，據柏林警察章程，無論何人到柏林時，於二十四小時以内，須往警察署報名，説明住址來歷，使警員於護照上簽字蓋印。余問警員曰："余之護照，經丹馬德領事簽字，只准余在柏林逗留四日，若余欲多留數日以觀柏林名勝，得邀許可否?"該警員曰："現已停戰，現政府爲革命黨人，所有在德國之俘虜數百萬，皆已釋放，况君爲旅行之客，任君久居。但離柏林之先，須再來警局簽字，方可出境。”該翻譯引余歸寓，謂余曰：“戰時警章甚嚴，凡敵國人民，每日須往警察署報名一次，晚間九句鐘以後，不得出街游行。”革命以來，社會黨政府已將全德國之警員解除武裝，是以各警員亦不願多事也。余初到柏林，語言不通，地方不熟，甚欲覓見中國留學生以爲快，然不知住址，無從查問，只好每日向大街散步，或者可以遇着黄金人種之面目。至第四日，忽於大街中遇一中國工人，余喜出望外，與之交言，問其姓名，並問其認識中國留學生否？彼云認識一程醫生，係中國湖北人，居於柏林飛律卜街十四號。余於是晚即覓至程醫生之寓所，適程醫生在醫院工作，尚未歸寓，余則静坐久候，不一時，程醫生手夾皮包歸來，見余在其房中，甚爲駭異，余以姓名告，彼驚喜異常。彼自中國對德宣戰以後，未接家信，未知中國事變，未見中國人來柏林，幾兩年矣。彼忽見余，精神爲之一振。彼問余何由入境，余告以在丹馬之各種交涉，暢談甚久而後歸寓。余從此而知中國留學生於大戰期内在柏林之苦況，余亦不愁寂寞矣。次日中國留學生在柏林者，皆知余之住址，陸續來旅館問中國之近訊。中國人而愛中國，天性使然。再次日，柏林中國留學生會開茶會以表示歡迎余之新從中國來，皆以爲停戰後協約國人民初入德國境内者，以余爲第一人。兩年以來，中華民國之變局，皆留學同人所欲深知，余則一一報告，謂官僚政府之如何借債賣國，小政客之如何想作總長，如何抬舉舊官僚，列强之如何陰謀，如何暗助官僚以滅民國，如何挑撥南北惡感使之同室操戈，人民之如何遭刧，如何困苦，强盜軍隊之如何搶刧，如何殘暴，中國人之如何被世界所侮辱，並將沿途經過美國之困難，美國人苛待華工之無理，種種事實，略爲指出，爲時已半夜矣。余則感謝留學生同人之優待而别。以後學會會長，每日派一幹事引余游觀柏林之名勝。程醫生亦常來。余自此得以熟聞戰時之内容，及革命時之現象。

有一日余問某君曰：“中國對德宣戰而後，德人之對待中國留學生如何？”某君曰：“世界上惟仁者無敵，弱者亦無敵。中國之弱，與亡國等。海關被外人經管，財權被外人握去，官僚蠢如鹿豕，人民不能生活。最富之國，轉爲最窮，最多人口，皆成奴隸。以致海上無戰艦、無商船；陸上無好兵、無大砲；空中無飛行之利器；海底無潛航之奇兵。全國不能興教育，並古人所發明原有之教育，亦將失傳。以此對德宣戰，戰鬥力何在？以活孔子搖頭擺尾之毛筆與之戰？純羊毫之魔法，不能出中國大門。以蠢百姓死官僚之鴉片烟槍與之戰？洋烟之惡毒，不能勝戰場之毒烟火藥，且洋烟乃英人用以滅中國人種之商品。英國人以火酒商務，滅美洲紅印度人已告成功，以洋烟滅中國人，尚未十分收效。因中國人未有孔子以前，乃最開化有科學教育之人種，不過被孔子官僚學説所迷，以致退化而失教育，遂至奇形怪狀，男子拖尾，女子纏足。皇皇漢族，不自知其滿洲韃靼之奴，降而與非洲黑種原人壓頭穿鼻相類，所以人口尚能繁殖者，地上肥美，農産豐富，人種原有之腦力尚比白人充足，是以人種不能被英人滅盡，僅留殘喘耳。何足言戰？其所以對德宣戰者，乃列强欲借中國爲戰場，欲吸收中國之物産，欲利用中國之人力，玩弄發總長夢之一班小政客，許以權利，使之賣國。一面暗助官僚，使其自殘同種，以宣戰之借欵，宣戰之槍砲，驅北方之同胞，殺南方之兄弟，亦一滅中國之妙法耳。梁啓超曾明白宣言，對德宣戰而不戰，已見其與列强通陰謀。所以藉宣戰而殺人民，使中國無圖强之機會耳。德國聞中國與之宣戰，不惟不仇視中國人，並憐中國人之太弱。凡中國之留學柏林者，入學如故，起居如故，此所以弱者無敵也。”余又問某君曰：“戰期之内，百物昂貴，糧食艱苦，留學生之學費，每月能供生活否？”某君答曰：“未戰以前，中國留學生之公費，每月三百二十馬克（每馬克合中國錢半元）。開戰以後，物價貴於平時十倍。每月三百二十馬克，實不足以買糧食延生命。每向留學生監督要求，方加至五百馬克。”余曰：“非加學費，實減學費也。因目下時價，每中國錢一元，合德國錢六馬克。教育部所定之學費，凡歐美留學者，每月計一百六十元。若按中國錢價發學費，每月應得九百六十馬克。九百六十馬克，在戰事期内，方可敷衍，五百馬克實難生活也。”某君曰：“留學敵國，不能出境，向留學生監督陳詞，不生效力，向教育部訴苦，充耳不聞，甚至有留比國學生，因學費不足，不能買得糧食，餓死兩人。若戰事延長，吾輩恐亦難免。”吾聞之，怪官僚之留學生監督，不僅無知識，而且無人心。

德國人口七千餘萬，科學上教育程度極高，工商業最爲發達，農業出産則不足以供給其人口之用。開戰以後，英國以海軍封鎖對德國，着着成功。德國以潛水艇封鎖英國，則告失敗。加以美國加入戰團以來，美國之兵力日日增加。美國之糧食物産，用之不竭。德國則糧食缺乏，人民飢寒，金錢雖多，無益於人身之生活，糧食物産，乃民族之真正强權。德國則以紙製衣，以樹葉製茶，以樹根製咖啡，以糖製火藥，以樹木中取出之澱粉，雜以麥粉製麵包，以污水池之細蟲製油。有鐵鑛而無鑛工，有煤鑛而無鑛工，有兵赴戰，則無工人工作。欲有工人工作，則無兵赴戰。戰時一千三百萬大兵，匈奥敗則援匈奥，土耳其敗則救土耳其。戰於波蘭，戰於羅馬尼亞，戰於塞耳危，戰於意大利，所戰必勝。東戰場危，則調西戰場之兵救之；西戰場危，則調東戰場之兵救之。使威廉第二每日駕一乘汽車，東奔西走，無片刻暇，卒至巴爾幹脱離德奥，土奥亦相繼言和。而西戰場協約國之攻勢連戰兩月，以粮食充足之兵，與糧食不足之兵戰，以物産充足器械增加之兵，與物産不足器械減少之兵戰。然猶血戰至四年之久，而興登堡之戰綫，仍如銅牆鐵壁，次序整齊。若非德國内亂，則勝敗之數，尚不可知。德國戰事之結果，楚霸王所謂非戰之罪也。協約國所以取勝者，全仗美國之粮食，與中國之工人。粮食多，則戰能耐久，工人多，則戰利品日出不窮。協約國外交上之陰謀，較之德國尤爲敏捷，所以歐戰告終，而世界有名英武之帝王，亦歸末路。俄皇槍斃，奥皇辭職，德帝逃亡，三大帝國，皆宣布共和也。余且看列强未來之盛衰興亡。

德國革命之發源，由於俄國過激派之運動。德國之革命黨，原與俄之革命黨通聲氣。俄國社會黨之革命，而托侖斯基得權，原爲英人之主動，李陵革命，英美之關係亦多。據某學生傳述，德國人民之輿論，謂德國之革命，由美國之金錢、英國之權術，借俄國過激派之運動，始發生德國海軍之變亂，陸軍是以受影響，威廉第二遂至逃亡（吾以爲帝王即官僚之根本，帝王絶種，官僚方能絶種，真太平方可出現也）。予皆不能深信，然而德警員於火車站内檢出俄國過激派政府寄柏林俄國公使館之印刷品數大箱，内中皆運動德國海陸軍革命之材料也，德政府與俄過激派再斷絶國交，正所以防止協約國之陰謀（吾以爲强權之結果應該失敗），有憑證可稽也。

德國革命之日，有大學教授數人，向社會黨首領云："德國政體，固當改革，然宜稍待數月，使前敵不致動摇，庶和議可期圓滿。"該革命首領云："此正其時，若再支持數月，則前敵穩固，專制之毒愈張，革命愈難矣。"德國革命黨原分三派，一自由社會黨，一憲法社會黨，一無政府黨。社會黨以亞伯、夏德門、胡戈三人爲首領。無政府黨以李僕能希德博士與女士魯申包爲首領。革命成功，皆與有力，及執權任事，皆在亞伯、夏德門、胡戈等六人之手（其餘三人尚不知名），而李僕能希德博士與女士魯申包皆被排斥。於是無政府黨首領，統帶一般散兵、一般工人，每日排隊游行於大街，以作示威之運動。夜則各持武器，與兵警作巷戰。由是無政府黨又革命而與社會黨爲仇。蓋李僕能希德博士與魯申包女士之主義，欲使富豪之財産，分布於一般社會之苦工人，頗與俄國過激派相似，德國亦稱李僕能希德博士與魯申包女士爲德國之過激派。而柏林社會黨政府之主義，則反對過激派之擾亂次序，謂德國國民，當人人勉力爲國家之奴僕，從事研究科學，發達工業，振興農業，人人作事，人人負責，使内憂外患漸次消滅。而柏林防軍聽社會黨之指揮，興登堡之大軍，亦與柏林政府負維持治安之責，加以亞伯、夏德门、胡戈三人，當此外患正烈、内憂孔多之時，日夜辛苦，忘寢廢食以維持德國之大局，使各種組織、各種行政機關絲毫不亂。而威廉第二當日執政之能員，皆依然各作其應作之事，其忙於從公如故。德國共和以後之前途，尤令人不能輕視，然過激派之革命進行不改。余經過柏林之日，曾見革命三次。每次革命之戰場，皆在靈敦大街，與艾德隆旅館相近。因此地爲柏林政府各行政機關集中之所也。有一日余在大街散步，行至歸途，而大街要口皆有兵持槍實彈，禁止行人通過。余用英語問其故，有一兵答曰："柏林又革命。”德國兵士皆熟英法語，人民亦如之，故不通德語者，旅行德國，頗不困難。余曰：“余往靈敦大街。”彼指余以别徑。及余穿過通衢，而至靈敦大街之側口，又有兵士持槍實彈，禁止行人通過。余曰：“余欲回艾德隆旅館。”該兵士見余係外國人，亦不阻難，准余通過。通過大街時，見街上有機關槍，並有小砲，預備開放。及余抵街之右側，而余之背後，步槍之響聲已亂發矣。大街兩旁各店門皆關鎖，行人極稀。余聞響聲，則傍店家之門而走。有兵士三人，先余而立於店門之外，以避流彈，彼問余曰：“汝係中國人乎？抑日本人乎？”余曰：“中國人。”彼曰：“不要驚恐。”余隨三人而行，有一兵能操華語，用中國語問余往何處。余曰：“艾德隆旅館。”於是該三兵士送余至艾德隆旅館之大門而别，爲時不過下午六句鐘也。有一日，程醫生引余至靈敏大街大學附近皇室戲園看戲，看畢，出戲園時，門前又有機關槍砲開放，革命之風潮又起矣。觀戲男女，皆奔向後街以避子彈，余與程博士亦向後街而覓歸路。又有一日，過激派統率一般工人及閒散兵士，手持紅旗，排隊游街，作示威之運動。是晚再興革命。然槍聲數響，即歸平息，交通斷絶，不過一時。此余所親見柏林之事變。每次革命，死傷不過數十人，多半街上行人，而革命黨死者亦占少數，兵士則無死傷。蓋德國革命純係主義上之競争，毫無自相殘殺之惡現象也。不數日而大街又見排隊送葬之舉。蓋每次爲革命而死者，政府並優以葬儀，花圈羅列，棺蓋鮮明，經過地方，見者皆免冠致敬，其輓章紅旗皆大書“爲民革命，歷史流芳，爲國流血，德國英雄”字樣，所以表示革命作主義之犧牲，非同種結仇之事也。

余甚愛觀活動影戲，每晚往影戲園，欲觀戰事畫片，以研究戰場之真相。蓋余在美國所觀之影戲，皆戰事畫片，無非表彰協約國戰時之勝利者。而德國自開戰以來，戰無不捷，應有戰事畫片，以示國人。然而余所看過之影戲園甚多，皆屬平常畫片，愛情小説、工場工作之情景，終不得一戰事寫真，以新余耳目，亦一怪事。戲園之忙，看戲者之多，所演之戲，全無新作。茶館之擁擠，菜館之紛忙，音樂歌舞，人民歡樂，毫無戰争氣味，亦無仇視敵國行爲，與美國之怨恨德國人，舉國若狂，大不相同。或者德國人民，故意表示其莊重態度，亦未可知。柏林市街，寬大清潔，交通便利，電車甚多，有街上電車，有地道電車，亦有高架電車，惟駕車賣票者皆女子，因男子皆服役於戰場，一切工作，皆女子代之也。街上繁華，商務興盛，男男女女皆衣冠整齊，與平時無異，不過粮食艱難，人民之面色稍形消瘦耳，然猶較中國豐年時代之人民爲活潑。政府管理物産，分配粮食之法，極其神妙。凡人口日用不能缺之糧食，不准加價，如麵包、山芋、蘿蔔、鹽、糖，按全國之人口，分配其多寡，每禮拜至管理糧食部（分部甚多）領票一次，無票則買不到糧食。富貴貧賤，男女老幼，自威廉第二以至工人，皆同甘苦也。來源不足，則以化學製造之糧食補充之，而糖則盡製火藥，將白糖研細，每白糖一斤，與加厘鹽酸半斤調勻，則可代棉花火藥也。代糖之物，則用化學製造之一種，名賽克林，其甜味多於白糖六百倍。試以白糖一匙化水一杯，其甜味甚適口。若以塞克林一匙，化水六百杯，其甜味與糖亦相等。是以茶樓酒館、人家旅店，皆一律用塞克林也。每茶或咖啡一杯，用如米大之塞克林一顆，與糖無異。德國素爲産糖之國，其糖非甘蔗所製，乃甜蘿葡所製。試以甜蘿葡切細煮熟，加以麥芽，使之發酵，然後將渣滓濾去，濾下之水，加以石灰水去其顏色，將水熬乾，白糖成矣。魚與雞鴨等類，則可自由買賣，不在政府糧食分配之列。以有限之地面、有限之農産，使七千萬餘人口，得以延其生命，不致有餓死之一人，其政府之組織法、管理法，可謂有能力矣。試問中國地大物博，農業最多，而人民反飢荒苦寒，乞丐遍地，其故何也？官僚政府無知識，海關財政送之於外人，無民族統一之紙幣，以管理流通所有之物産，有以致之也。德國通行之財物，盡屬紙幣，其紙幣出自德國民族所自主所統一之政府。有一馬克一張者，有兩馬克半一張者，有五馬克一張者，有十馬克一張者，有二十馬克一張者，有五十馬克一張者。由此類推，至千馬克一張者爲止。對現之物，純用鐵錢。每二十馬克，合金幣一塊。金幣則皆藏之金庫，不准流通，恐外人吸收以去。銀幣銅幣，皆化爲戰用品。銀製白藥，爲彈藥發火之原料；銅則製爲彈殼。白藥之製法，例以純銀一兩，放入硝强水二十四兩之内，使之温熱熔化至於净盡。然後將火酒二十兩加入，頃刻沸騰洶湧，銀質皆成白藥矣（其爆發性最大而猛，不知化學者萬不可試驗）。惟鐵則多而賤，製成鐵幣，以代銅銀，爲兑换之品，甚合宜也。以紙幣换全國之人力，人力發生農工之物産，以物産流通全國之紙幣。研究德國戰時之財政，愈知財政以人口爲本位也。中國古人有云："有人此有土，有土此有財，有財此有用。"孔子門徒已傳述之矣。何以今日中國一般官僚活孔子，反不知之？惜德國被英國封鎖，不能用其紙幣以换官僚政治國之人力，吸收官僚政治國之物産，以充其財政之實力，此所以爲失敗之原因也。何謂官僚政治國？官僚政治國，即其殖民地也。凡列强之殖民地，皆官僚政治國，酋長專制，不知理財；而開化人種，藉輪船交通之力，銀行積蓄機關，以借債政策，得以管理酋長而行官僚政治。凡酋長所管之人民，與人民所生之物産，皆可以用其銀行之紙幣，隨輪船吸收以去。此所以有殖民地之强國，財政充足、輪船甚多，享物産豐富之福也。若使德國於大戰期内，不被封鎖，如英國人在東方之活動，其糧食充足、材料充足、人力充足，世界雖大，誰爲敵手。然而協約國對於潛艇之戰争，亦險遭不測矣。

德國革命既起，德兵之在法、比戰場，不能不退；而停戰苛酷之條件，不能不受。條件共三十欵，皆制德人死命，使之不能生存者。余不能一一記憶，但就所記憶者略爲記出如下：德國所有之兵艦，須全數交於英國；德國所有之潛水艇，須全數交於英國；德國所有之飛行機，須全數交於協約國；德國所有之火車頭，須交五千乘於法國；德國所有之火車，須交二十五萬乘於法國；德國所有之汽車，須全數交於法國；德國在波蘭、羅馬尼亞、俄國之兵，須一律退回德國；德國所有之大砲，須全數交於協約國；德國所有之軍械廠，須一律停止工作；德國在戰綫之兵，須次第解散；協約國之軍隊，須占守德國境内之來因河流域，来因河以内三十英里，須爲中立界；德國内所有之英法俘虜，須一律送還，德國在英法之俘虜，尚不釋放；協約國對德國之封鎖，當依然不解……此皆最重要之條件。德國全國國民，對於此等條件，皆曰不能受，然而已簽字矣。全國男女莫不泣數行下，而革命黨則頗欣幸革命之成功，反藉此停戰條件，使德國兵力無推倒共和之餘地。余旅行柏林之日，正實行停戰條約之期。余見由戰綫撤回之兵隊甚多，滿街懸旗札彩，歡迎兵士歸來。每日下午一時至三時，爲軍士整隊經過靈敦大街之時，觀者人山人海，交通遮斷。步馬砲工輜，軍容整肅，步武森嚴，久經訓練之師，實與他國有別。每一大隊之前，有音樂兵一大隊。每兵之帽、每槍之頭、每砲之口，皆飾以鮮花緑葉，此皆各家族歡迎時，在途中所奉贈者也。觀者皆手揚白巾，於軍隊經過時，歡呼長壽，聲振天地。空中則飛機翱翔，亦如雁陣。有一大隊音樂，奏其樂器，數萬士兵，齊唱軍歌，忽而寂然無聲，有如悲痛，則見全場兵士，皆眼含淚而喉帶酸也。予雖協約國人民，對之亦增傷感。有新來之美國訪員二人，法、比、意新來領俘虜之軍官七八人，皆在艾德隆旅館樓上之欄杆，立於予之左側，亦覺甚表同情。蓋成敗興亡，國所難免之數也。羅馬之雄風何在？拿翁之戰績何存？今日之勝國，安知異日之不亡？今日之病夫，安知異日不爲世界之主腦？吾以爲德國之陸軍主義去，未始非德國國民之幸福也。

德國戰時之大損失，在於兵士之死傷。據德報所載，自開戰以來，至停戰之日止，共戰死一百五十萬人，傷四百萬人。而德人之切實調查，戰死者三百萬人，傷者六百萬人，被俘虜者百餘萬人。德國在戰綫之大兵，共一千三百萬人，受傷之大兵，大半數調養三月後，仍赴戰場。則四年之中，德國兵士傷亡者總在六百萬以上，所餘兵力，不過七百萬人，以德國全國人口總計，只七千萬人。女子去其半數，男子只有三千五百萬人。此三千五百萬人中，老者占三分之一，幼子占三分之一，而平時工作生財經商營業之精壯，足以供給女子老幼之生活者，全國不過一千三四百萬人。戰時一千三百萬大兵，分布戰綫，幾占精壯人口之全數。死傷三四百萬，即去全國精壯者三分之一。交戰四年之久，戰期之内，而國内能工作生財經商營業之精壯，足以供給女子老幼之生活者，皆不能發生國内之物産，且時時刻刻消耗國内之物産。其所以尚能勉强支持者，全仗俄國之俘虜六百萬人，使之工作，藉以發生糧食，種山芋、種菽麥、種瓜菜、種蘿蔔以製糖、砍樹木以製紙，掃街運貨，采鐵挖煤。而德國戰時之現狀，賴組織管理之得法，是以雖受大損失，而不現損失之痕迹也。協約國之損失亦如之，余不得調查其實數。但聞俄國死者有六百萬人，法國戰死者有三百萬人，英國戰死者尚少，美國則僅開首赴戰，而德國之革命即起，停戰之期來矣，是以美國可云無死傷之損失也。至於財政損失，原無關乎輕重。蓋財政原以人口爲本位，有開化之人力，可以吸收不開化之官僚政治國（殖民地）所有之物産。凡不開化國最多人力所生之物産，可以用紙幣換來，可以用極大極多之輪船運去，以補其損失之數，恢復原狀，指顧間事耳。所缺限者，開化之人力於此戰期内受大損失，莫可如何耳。人力恢復，尚待十年，使今日之兒童，十年以後，方成精壯。恐此十年以内，而官僚政治國之人種，知列强滅國之魔法，自整財政、自管物産、自興教育、自造輪船，脱離羈絆，則未來之大戰，尚不知勝敗屬誰。予且拭目以觀之。

一日，某君引余游柏林市外之薄石丹姆。薄石丹姆者，威廉第一之老宫殿，今則爲極繁盛之公園，亦一世界極有名之勝跡。威廉第二之宫殿亦在其附近。余偕某君由柏林搭快車行二句鐘始到，沿途所見之叢林甚多，用俄國俘虜砍下之樹木亦如山積，風景之佳，建築之美，誠歐洲之新國。德國本爲歐洲老國，教育普及四十年，工商業之發達，人民享憲法之自由，有官僚而無官僚政治，漸次官僚亦無之，舉國皆軍國民。老大之國，成爲極新之國，雖在歐洲爲後起，而科學上進步，輪船機器各工廠之建設，化學上各種之發明，商船之大，建築至五萬噸以上一隻。其氣魄之雄壯，實令列强驚駭而不能及。觀其國内各種布置，即可想像其維新之能力矣。到薄石丹姆下車，换電車而往威廉第一之老宫殿。公園之大，周圍四十餘英里，大樹深林中，馬路之寬大清潔，東西南北，曲徑通幽，池塘花草，點綴湖山，令人恍惚入神仙境界，知人間真有樂園也。中央有一小山，山上有大宫殿一所，居高臨下，四面皆低，層階而上，奇花異香，羅列滿前。某君謂余曰："此即威廉第一生平最得意之建築。其居於此，死於此，今則爲最貴重之博物院，内中所陳設之貴重珍品，皆别國之所無。”余甚欲入内以開余眼界，及抵殿之大門，則封鎖不開，惟守殿者在殿外之一角，來告余曰：“目下此殿不開門也。”余問何故。彼曰：“柏林革命尚未平息，此中所陳列者，爲德國民族公共之國粹，所以防損失也。”該守殿者即威廉第二之親近，見余爲黄金人種之一，問余曰：“君是中國人乎？亦日本人乎？”余曰：“余乃中華民國之旅行家也。”彼又問曰：“中國何故對德宣戰乎？”余曰：“德國以陸軍强權奪我青島，開我租界，侵我權利，欺我民族，是以对德宣戰也。”彼曰：“英國以海軍强權，奪汝香港，割汝九龍，占汝威海衛，開汝各省之租界，握汝之海關，預防汝中國人之自强，乃中國人之真仇敵，汝中國人何不對英宣戰乎？”余曰：“英國人之奪我香港，割我九龍，占我威海衛，開我各省之租界，握我之海關，乃前韃靼胡清政府以奴隸待中國人，以中國利權奉送英國，以報英人戈登助曾國藩、李鴻章打太平天國革命之功，並非預防中國之自强。今異族政府既除，中國又成共和政體。我中國人口五萬萬，人力充足，物産豐富，天時地利，與美國同，自强之易，有如反掌。此後英國人必一一歸還於我，何用宣戰？且英國人並未預備武力以與人戰，惟德國則預備四十年也。”彼曰：“英國所預備者海軍也，其武力與陸軍何異？德國陸軍之武力，尚未占領世界，試觀英國海軍武力，占領世界各國之險要矣。地中海之海口吉卜拉塔被英國占領；地中海内，意大利西西利島之南卯塔島被英國占領；蘇伊士河口被英國占領；紅海口之波雲島及亞丁被英國占領；印度洋之大印度全國被英國占領；馬來群島所有之皮南、馬六甲、新嘉坡被英國占領；中國海之香港，黄海之威海衛被英國占領；太平洋之西印度被英國占領；北美之加拿大被英國占領；大西洋之各小島全被英國占領；非洲之大半部被英國占領；澳洲之全部被英國占領。世界所有之好地皮，幾被英國全占矣。安得云未預備武力乎？實預備太久耳！”余曰：“英國之占領世界險要，爲通商耳。”彼曰：“通商則通商，何必占領他人之國土，爲英國之屬地？”余曰：“英國之占印度，所以助印度人之和平也。”彼曰：“印度人昔日之不和平，乃英人之挑撥。如英國肯助印度人，試問印度三萬萬人所出之物產，被何人運去？印度自建築之商船幾百萬噸？印度自建築之兵船幾百萬噸？印度自建築之大砲廠火藥廠有幾十所乎？”余曰：“此印度人不自强之過，非英國人之過也。”彼曰：“財政權在英國之手，試問印度人用何法能自强乎？”余曰：“德國之用武力行殖民政策，較英人尤惡耳。”彼曰：“不然，英國之所以與德戰，所以結合世界與德戰者，正所以防止德國人學英國人滅人家國之法耳。”余曰：“德國之備戰四十年，所以與英國行妬也。總之，余爲中國人，余不信世界之强權，余不愛白人之用强權滅人家國。吾願美大總統威爾遜之主張，民族平等，公海自由，使弱種亦有造輪船、興實業、整財政、受教育之機會，則世界或可免争端也。”彼曰：“爲時尚早。不進化之人種，終被進化之人種所滅。競争世界，天理安排也。”余曰：“白人進化亦不過五六十年，何國人種不可以進化乎？只須自改其官僚政治可也。”彼曰：“白種滅人之法，即先利用不進化人之官僚政治耳。”余曰：“此法未曾成功於日本。當日白人暗助日本官僚，以防日本人之維新，而日本官僚不中其計，自改其官僚政治。同爲維新之國民，進化比白人更速，今日之日本，何事在白人之下乎！”彼曰：“中國人當早學日本，當早學白人，中國自强，世界真太平矣。”余亦自信，余則轉問該守殿者曰：“威廉第二爲陸軍主義之首領，彼曾倡黄禍之説，以鼓動世界欺我黄種，黄禍未起，而黄種所受之白禍，已如水深火熱矣。此次戰端，亦由彼發，彼之結果，應該如拿破崙之受囚，方爲合宜。”彼曰：“此次戰端，實非由彼所發，乃英國逼之使然。今英國將天下之惡，皆歸之於威廉第二，使天下後世，不知有真是非，真黑白。欺人乎？實欺上帝耳！”予曰：“德國之兵占比利時，非欺人太甚乎？”彼曰：“此戰法上之作用，德國不先占，協約國必先占之也。觀協約國之占希臘可知之矣，且比國夙爲英、法、俄列國害人之機器，其待非洲孔哥自由國之土人，甚無人道。比國老王游孔哥時，砍土人之手足以爲兒戲，世界所知，比國亦當受相當之報應。”予曰：“德國非代天行道也，如果代天行道，未必有人民革命，以招失敗，至於今日。”彼曰：“人民革命，亦英國之陰謀。聞美國威爾遜總統之宣言，謂德皇退位，方可言和，此即引誘德國社會黨革命之毒計也。”予曰：“威廉第二自命爲蓋世英雄，其知識見解必出人上，何不自行宣布共和，使事權盡歸於國民，自居爲國民之一，宣言戰事畢後，任國民自選總統，社會黨革命之戲，可以無從開幕矣。計不出此，反逃出國門，形同畏死，似非大英雄本色。”彼曰：“其左右官僚誤之也。”予聞至此，頗受感觸，而大英雄如威廉第二，尚被左右所誤，無怪黎元洪、段祺瑞被左右所賣也。予對該守殿者曰：“目今戰事已停，但願和局早定，世界永無戰争之日，則威廉第二，爲戰史上最後之一人，亦可以自豪矣。”時已黄昏，予偕某君猶欲游威廉第二之宮殿，以觀其逃後之現形。該守殿者指予以方向，予偕某君循道而行，大約相隔一英里許，曲折回環，又見一高大壯觀之建築，威廉第二之宮殿，可以游觀矣。若威廉尚在宮殿中，彼必曰，花徑不曾緣客掃，皇門今特爲君開也。

予偕某君步重階而上，回廊游廓，羅列河山。予行至宮殿之大門，舉目一觀，亦自覺有帝王風味。殿門關鎖，亦無守衛，惟門外側宮有便衣看護者數人，彼云宮殿内尚未開放，予輩不得其門而入，只好在門外花園稍爲賞玩。花園四角與花園中心架有大儀器五件，係古銅所鑄，工藝之美，爲世界所罕見，高一丈餘，其儀器維何？即中國周朝文王所鑄之測星象觀天文之經緯儀也。庚子義和拳之變，白種聯軍占領北京，北京宮中之古物珍品被聯軍搶去，德國則搶此五大儀器，其價值總在千萬以上。因其爲中國民族之國粹也，今則裝備於威廉第二宮殿之前門。余見之，心爲之痛，痛中國自有孔子以後，教育失傳，官僚學説遍中國，人民退化，至於不知科學爲何物，並不知中國孔子以前，有各種科學之大發明家，甚至中國人在中國，不知有古人科學家所用之儀器。至庚子北京被外人搶刼而後，文王測天文之儀器，始陳設於柏林皇宮之公園，其恥辱爲何如！對德宣戰之後，何不出兵柏林，以雪從前之辱，將此儀器奪回中國，以示國人。蓋文王爲世界天文家之祖，倫敦天文台格林基博物院所挂世界大天文家之畫像，以中國周朝文王爲第一人，吾初見之，尚懷疑不信，因其無天文書籍傳於後世也（大約被小官僚孔子所删）。今見其所鑄之儀器，始知其真爲天文家之始祖。今世界之大天文家，所用以觀測天文之儀器，皆以文王所鑄之儀器爲模範，並不能出乎文王所鑄天文儀之範圍也。今將文王所鑄之天文儀器架於薄石丹姆威廉第二皇宫之門前者，略爲記之。一大天球，北極南極，以及天球之位置方向俱備。一大地球，地球之北極南極，赤道經緯綫，及地球之真電極，皆精詳無比。一測遠鏡，其斜測星象之位置，與測時之角度，皆備置適宜。一羅盤，盤中之指南針，與架上之對準綫，皆與今日之測繪儀器相類，其餘一件，余尚不明其作用。總之，觀文王當日所鑄之天文儀，即可想像孔子以前中國科學教育程度之高，與今日科學發達、教育普及之白種，不相上下，何以退化至於今日，百無所有，事事落白人之後，時時被世界强國所欺，其故何在？吾願中國人快受新教育，繼續孔子以前各科學之發明家，再發明今日世界民族所賴以生存之物，將孔子以前之科學，如公輸子之機器、師曠之音樂、伏羲之算數、神農之醫藥（藥爲神農所發明）、杜康之造酒、文王之天文、周公之冶金、管仲之製鹽、孫武之兵法、軒轅之羅針，以及造瓷器、造火藥、造印刷、造茶製絲，各種農化工業、各種專家、各種儀器，於各省大市鎮，設大博物院；並請德國政府將庚子搶去之大經緯儀五架，歸還中國，置之大博物院中，使中國民族以後之學生，得所研究，亦所以表彰中國民族爲世界開化最早、教育程度極高之人種，以後自新自强之前途，正未可限量。世界列强，以滅非洲、滅紅種之方法，用之以滅中國人爲不正當行爲也。某君謂余曰："天色已晚，可覓歸途。"余隨某君出宫殿之花園，尋公園之歸路，於深林馬路中，失其方向，只得沿馬路疾走，聽其所止而休，不一時，遥見燈影電光，與叢林相雜，漸近則又見宫殿一重，宫墻屋頂皆名人石像，高大森嚴。余出側門，始得公園外之大通衢，行人往來，不絶於道。某君問德人，問以薄石丹姆車站在於何處，彼則指以方向，並云此處至薄石丹姆車站，尚隔十餘英里也。路旁大樹，整列幾如禁衛軍之排隊，道旁電燈，照耀如向日之琉璃。余與某君且行且談，不久即抵薄石丹姆市也。余與某君入一麵包店，將皮夾之麵包票取出，買幾片黑麵包以充飢。

店中有一小童，年僅十餘歲，着一軍服，對余視之而笑，並呼其母出賣麵包與余兩人。余問其母曰："此汝之子乎?"彼曰："是。"余又問曰："彼着軍服，大有軍國民精神，彼成人時，將爲軍人乎?"彼曰："請君勿提及軍人二字，提起軍人二字，吾傷心也。德國經此次戰争，將全國强壯有用之軍國民，犧牲三百餘萬，財産耗至無數，其結果被英國人千方百計，毒蛇手段，勾結世界而與德國尋仇，又利用俄國之過激黨煽動德國革命，海軍發難，戰綫動摇。今則受降如此，三百萬壯士犧牲之血，全國家族之苦，令人不堪回首。"且説且泣。余曰："協約國如英法，死者亦甚多也，兵凶戰危，和平即福。"彼曰："現今世界，只有强權，若愛和平如中國，則受人侮欺，受人宰割，受人牽制，受人瓜分，財權不能自主，海關不能自主，有煤鐵不能製造輪船，不能建築鐵路，不能自造機器，只有亡國之一法耳!"余曰："德國陸軍之强，結果與中國相差不遠。"彼曰："不然，德國和平之後，輪船可以出口，世界之物産又可以運入，以七千萬開化之人力，再造千萬噸之輪船，無亡國之理由也。"余曰："英國於議和時必先限制德國商船，爲最要之條件也，請看將來。"余與某君出而往車站。

蓋歐洲各國之盛衰，以商船之多寡爲轉移，人口之多少與國土之大小，非可以計較也。羅馬帝國之强，以陸軍武力戰勝隣國，卒被德人擊破，羅馬帝國遂不復存在。後西班牙以帆船之力，泛海殖民，雄飛歐土，及殖民地獨立，而西班牙不復振興，然因有帆船之故，尚能存在。繼西班牙而起稱雄世界者爲荷蘭。荷蘭濱海，帆船最多，大練海軍，殖民遍世界，至今南洋爪哇群島，尚被其管束。當日俄皇大彼得，努力圖强，且隱姓埋名，親往荷蘭船廠學習，亦稱雄於波羅的海，後被英國擊破。英國則以海軍稱王，商船所到，英國之國力隨之，後又機器發明，鐵甲兵艦，與鐵甲商輪，揚國旗於太陽所出入，五大洲亦入其範圍，凡商船先到之國，而國即先亡，商輪後到之國則後亡。凡有大商輪之國則不亡，無商輪之國，國土雖大，人口雖多，如非洲、如印度，則永亡。而美洲紅種、澳洲土人、馬來群島之馬來人，勢必滅種。日本在東方能建築船廠，自造商船，五大洋中，每日亦有日本國旗出現，此日本所以得自强之要法，不被列强輕視。德國在歐洲爲後進，造船之速力，商輪之多，輪船之大，將駕英國之上，此英國所以恐慌，恐德國奪其海王之位置，世界弱國轉爲德國之商場，此大戰之所由起也。至於陸軍主義，不過國民之衛生體操耳，安足以爲世界之敵？吾所以預知巴黎和平會之最要議案，在限制德國，不能再擴充其商輪。且自機器發明以來，世界之局面已變，昔以稱雄於大陸爲强，今則以稱雄於大海爲强。世界海面占地球面積十分之六，大陸面積占地球十分之三，而人口可耕種之地，占地球十分之一，中國俗語有云：三山六水一分田。臨海之國，商輪必到，商輪到，則財政家以借債政策，握所到國之利權，物産皆可吸收以去，商輪愈多，所得世界之權利物産亦愈多，有商輪之國亦愈富。凡有商輪之國，以噸數最多者爲海上之主人。英國普通歌曲有云："英國有人才，英國有大海，英國輪船滿世界，英國家家有錢財。"余願吾中國人快快建設大造船廠，建設大機器廠，中國煤鐵之富，取之不盡，用之不竭，人力最多，有爲世界最後主人翁之資格，只須官僚政治消滅，財證權不失於人，海關收回，中國人非紅種、黑種之無知識也，無知識者不過少數之活孔子官僚一流耳。中國古人所云："有人此有土，有土此有財，有財此有用。"今當改爲"有人此有海，有海此有財，有財此有用。"吾願中國人勿再因循。

次日，又有某同學引余遊觀動物園。柏林動物園與柏林中心之天雅公園相接，内中動物甚爲完備，布置亦甚新奇，皆就各動物之天然性質，爲其居游之所，動物之多、種類之美，比之紐約、倫敦、巴黎、丹馬、荷蘭之動物園，尤爲完善；然受戰事影響，糧食不足，所有之動物，皆奄奄一息，與德國人口七千萬同享厄運，亦甚可憐。聞有一雄獅餓不能忍，衝破鐵欄房而出，卒被槍斃，其損失總在數萬馬克。其餘豺狼虎豹、鹿豕熊羆，皆形消瘦，惟食素之畜，如象猴龍馬、犀牛麒麟，以草爲糧食者，尚未受痛苦耳。動物園内有一大水族館，各種鱗魚，形形色色，無奇不有。海底動物如珊瑚海綿，形如植物者，羅列極多；更有一種進化之魚，生有四手，每手亦有五指；中國産之金魚，大頭三尾，紅黑争妍；蟒蛇則大如花碗，長三丈餘；鱷魚則重百餘斤。游泳熱池最上一層，則陳列昆蟲生活，蜜蜂野蜂，家蠶野蠶，生長變化，皆可目見。蓋蠶類皆屬卵生，初生則爲小蛆，大則成爲肉蠶，至蜕皮數次後，則結絲繭，蠶在繭内，謂之大眠，醒後出繭，則成蝴蝶，或曰飛蛾，公母相交，又生小卵。蒼蠅蝴蝶，生殖繁盛，皆屬繭類變化；蜂之采花釀蜜，營房成蠟，工作次序，條理井然；蟻之通信，蟻之戰争，同類相助，死傷相救，儼如人類。熱帶動物，羽毛多緑，因熱帶樹木長緑也；寒帶動物，羽毛多白，因寒帶冰雪長白也。温帶動物，各色皆備，空中飛者，陸地走者，水中游者，動物園中、自然歷史博物院内，皆增長知識之普通教育所也。吾願中國各省，亦設動物園，將中國之飛鳥走獸，黄河、揚子江之名魚，東海、黄海之水族，蕪湖之猪婆龍，蒙古之名馬，四川之大鵬，各省之龜蛇，亦分門别類，各就其天然之生活，列屋而居，使兒童有真正研究博物之標本，進化有教育之人種，當人人努力，在世界争體面也。南京紫金山，風景形勢最合動物園天然之美術，獅虎熊象，皆可建設合宜之位置，使動物不失其生活之真性情。修大馬路曲折而升，亭臺樓閣，遍山點綴，樹林花草，傍石繁華，好江山在人布置耳。南京形勝，好作民國首都。方山之巔，深谷百畝，乃天然之蓄水池，方山之下，秦淮長河用打水機接鐵管八百餘尺，可升河水於山頂，使河水經過焦炭池，以去微生物，再用鐵管接往方山四面之城鎮。南京平原，可容千萬餘家，家家設備自來水。新中國之新建築，與美國之紐約、德國之柏林争美術，則中國民族以後之快樂雄偉，當爲世界所尊敬也。明孝陵當照老建築而加修洋樓，將明代之功臣名將、戰功武績，畫像表彰；紫禁城當依原址而新修博物院，以陳設中國孔子以前之國粹及今日世界之文明物品。孔子爲官僚之祖，官僚政治大行，中國即失教育至於今日，人民幾無知識矣。教育爲中國之急務，倉頡所造之字幾被孔子所誤，不生作用也。望中國教育家，快建設動物園，快提倡科學國文國語，教以商務印書館之初學教科書，一年可通也。

某日有友人請余觀柏林之博物院，據某友所云，柏林博物院甚多，有歷史博物院，世界各國之武器、建築、美術、製造、風俗、服裝、書籍、用品皆陳設焉；有自然歷史博物院，所有空中之飛鳥、飛鳥之生活、飛鳥之蛋。蛋殼尖而光滑者爲雄蛋，產出之鳥爲雄。蛋殼圓而不光滑者則爲雌蛋，生出之鳥爲雌。山林之鳥爲山鳥，河海之鳥爲水鳥，皆備陳也。陸地之走獸，凡肉食之獸，素食之獸，大小不一，熱帶之獸，寒帶之獸，温帶之獸，皆備陳也。河海之水族，由極大之鯨魚，至極微之沙蟲，皆備陳也。地殼之鑛物，凡金類、非金類、半金類、結晶體之鑛石、非結晶體之鑛石、透光之鑛石、不透光之鑛石，皆備陳也。金類鑛物，以金、銀、銅、鐵、錫、鉛、銻、錳、鋅、鎢、水銀、白金爲用最多，其鑛石成分，多半與硫黄結合，與養氣結合，與炭養氣結合，而成特别之顔色，分不同之鑛體。非金類之鑛物，以煤炭、煤油、石墨、硫磺爲用最多，其發現大半爲天然之純質，半金類以硝、礬、硼、砂、石膏、食鹽爲用最多，皆爲人類所不能缺之物品。至於地面所生之植物，草本木本，結菓結根，開花生葉，可以爲食，可以爲衣，可以爲飲，可以爲居者，皆備陳也。更有交通博物院，所有輪船、火車、飛船、電車，山洞建築、橋梁建築、地道建築、船塢建築，電報設備、電話設備、無綫電設備，各種機器，各種模型，無一不備，皆令人一見而知科學教育之作用，實爲人類進化生存之本源。中國人以作空文發政見爲學問，吾不解其學問之玄妙也。更有物理化學博物院，凡物理上所發明之留聲機、活動寫真機、照像機、傳話機、起重機、火車發動機、電車發動機，輪船發動機、飛行機、潛航機、摩托機、開鑛機及一切製造廠所用機器，皆有模型陳列，並説明作用。化學上所發明之藥料、顔色、火藥、脂油、合金、水泥、瓷器、玻璃，以及分析冶金各物品，皆有様式，日新月異，進步無窮。其餘美術博物院、油畫院、臘人館，皆材料豐富，見之可以知世界人類古今進化之陳迹，頗可遊觀，以增旅行之興味也。惜余身體疲弱，加以食料不足，稍染西班牙疫症，不能如願。幸程醫生引余疹治，訪一柏林最有名之醫博士爲之除疫，並以驗余精神上有無神經病，因中國知友多以予有神經病，吾則甚不以爲然也。柏林天氣，風雨最多，冬寒而濕，四面皆平原，地勢與上海相類，遥望無山，惟大樹林甚多耳。一日旅館中人謂余曰："近日俄國過激派之軍隊，將入德國境，以助德國過激派再起革命，内應外合，德國之大痛苦更多也，糧食困難，較戰時尤甚。火車頭交與法國，日多一日，則德國火車之交通日見困難，由各戰綫退回之兵，皆須回鄉度耶穌誕節，擁擠異常，此種境遇，德國人民實難受也。"余曰："中國並無交通，糧食問題雖長享豐年，而多數窮人尚愁衣食，加以官僚造反，各霸一方，人民苦痛，有口難言。外人則握我財權，吸我物産，較協約國之占守德國來因河爲惡，德人在中國亦曾以借債政策，助我官僚作惡，以玩弄中國國民，吸我物産，亦如别國。汝輩不知中國人所享受之苦痛，今德人亦可以領略其中之風味也。"彼曰："中國人口衆多，雖經亡國，亦能恢復，德國人口不多，不可以受摧殘也。"余曰："不然。印度人口三萬萬，物産亦富，何以亡國後不能恢復乎？現世人種，在有科學教育，自造輪船，及各種實業，自管財政，方可自强獨立耳。德國爲科學教育最高之民族，財政完全自主，各種大實業、大建築，皆以紙幣换人力之知識，流通物産，漸次發達也。所受苦痛，不過暫時，和平後恢復原狀，固非難事。"彼曰："人力減少，根本上已傷元氣也，恐各交戰國亦有同病之感。"余曰："美國與日本兵力未受損失，元氣未傷。中國則被列强操縱，暗助官僚政府與人民相戰，人力財力，皆消耗殆盡，恢復所受之損失，不知須幾許商輪，幾許工廠，方可補救？況財源流通之海關在人掌握，自强根本早已取消乎，中國以後之苦痛不堪設想也。吾是以切望中國於議和之時，努力收回海關，爲自强之關鍵。"

旅館中每日穿大禮服以伺候客人者，皆由戰場歸來之兵士。有一日余在大餐間午膳，問伺候者曰："汝曾赴戰場否？"彼曰："已在戰場四年矣。先在東戰場以攻俄，後調至西戰場以攻法。"余又問曰："汝係何等兵？"彼曰："砲兵，在機關砲隊。"余又問曰："汝喜戰事否？"彼曰："自今而後，但願世界和平，永無戰事發生爲幸。方今戰事，並非相戰如古日之刀兵，實機器殺人，以生命爲草芥。吾在東戰場時，每日與俄兵相戰，吾輩總以少數之機關砲，藏在戰壕，不動聲色，俟俄兵大隊前進，抵機關砲之火綫，則開砲射擊，不數分鐘，即見全隊數百人皆尸積沙場。吾輩每日以性命相搏，見陳尸狼籍，不忍入目。今敢曰，無論何國，無論何種，戰争一事，乃極無人道之行爲。凡閲歷戰場者，皆知戰事之慘痛矣。試問協約國之兵士喜戰事否，吾敢斷言曰，人人以戰事爲苦也。”予則又問曰：“若仇敵欺凌，滅汝國，奴汝種，汝願戰否?”彼曰：“若强權用事，滅吾國，奴吾種，吾輩惟有戰而死，不願生爲亡國奴也。吾信此次大戰而後，强權當取消矣。用强權者，皆帝王與資本家耳。帝王與帝王戰，資本家與資本家戰可也，驅人民送死，爲帝王資本家保利益，不願爲也。所謂爲自由而戰，爲公理而戰者，皆帝皇、資本家欺人、欺世界之口頭禪耳，如真爲國、爲種、爲自由而戰，則弱國之事，非强國所能發言也。”予曰：“誠如君言，但願世界人皆知之，則世界有真自由矣。”

予病將愈，予亦略知德國戰時之内容，與革命時之現狀。予願早日出境，免受糧食上之苦楚。予請旅館翻譯引予往警察署交涉，將予護照簽字，得出境之許可。次日清晨，則乘快車而往荷蘭。余在柏林佛悦端雲口車站，買一頭等車票。及登車，座位皆被還鄉之兵所坐，走廊厠屋，亦被占滿。予不惟不得頭等座位，並三等座位亦不能插入，加以不通語言，何時何處换車，皆不得知。車中亦無餐館，又無熱爐，飢寒苦渴，只有忍受而已。予在車中，置所携之小皮箱於厠屋門前，以皮箱作座位。幸遇一荷蘭軍官，充柏林大學語言教授者，頗通英語，與予擠在一處，得以交談，彼亦回荷蘭，與予同道。予則欣幸異常，請其沿途指教。彼則囑予隨其行動，彼换車，予亦换車，彼落旅館，予亦落旅館。蓋停戰期内，邊界戒嚴，與戰時無異，由柏林至荷蘭之要隘，市名北檀塢（大約德皇威廉第二乘汽車逃往荷蘭時，亦由此隘經過。聞抵隘口邊界，守備兵亦曾以槍向之，使之停車搜查，及報名威廉第二，始放行出境），夜間無論何人，不得在北檀塢市留宿，軍令如是。予於下午三時换車後，只得隨某荷蘭人在北檀塢之前一站下車落旅館，因爲時已晚，不能通過邊界也。下車之時，擁擠特甚，男男女女皆自負其行裝。車站甚大，由車站月台至車站外旅館，相隔半里許，車站無運送行李之工人。予之皮箱，多半書籍，重八十餘斤，只得自行提出。予因染西班牙疫症初愈，又在擁擠車上終日不得飲食，至此四肢無力，提八十餘斤之行李，實覺寸步難移，然亦無可奈何，只好以疲困之身，與行裝奮門，移一步，停一步，卒得抵旅館以安息。予自命頗能耐勞苦矣。次晨，予托旅館中人覓一工人，將予行李送上火車。予偕該荷蘭人登車，不數句鐘，而車抵北檀塢邊界之車站，所有乘客，一律下車。行李由站上守兵搬入站内檢查，客則循序而入，先交護照於着軍服之檢查員，檢察員將護照收去，並將各客身上之皮夾所帶錢票，照數交上以付檢查。該檢查員則一一登記，給以小證券一紙，各客則持小證券至行李安頓之長案。開箱檢查畢，則另至一室。室内有小房數間，按次請入小房，房門關鎖，搜查身上衣服。檢查畢，則交小證券於案上登記之人員，該人員則問客來歷，給還護照與皮夾錢數，然後再至一候車之客廳，或吃茶，或飲皮酒，以俟開車之時刻。將開車，則客廳大門開放，火車管票者，在門外按客剪票而出，而行李則皆陳列車外。予得予之行李登車，不多時，汽笛一聲，將與德國告别也。

及抵荷蘭邊界下車，站名窩敦左，檢查行李如前，按次檢查護照而後放行。有一軍官檢查予之護照，謂予之護照未經柏林荷蘭領事簽字，不准放行。予曰："予之護照在上海荷蘭領事、紐約荷領事簽字，經過丹馬時，亦由荷蘭領事簽字。予之經過柏林，不過暫時假道，可以不由荷蘭領事簽字也。"彼曰："君當再往柏林，由駐柏林荷蘭領事簽字後再來，或在此鎮居留半月，俟調查君之來歷竣事，方可放行。"予曰："予尚有介紹書在此，荷蘭官吏介紹予與荷蘭政府接洽之憑證也。"彼持余之介紹書與護照而去，請余在車站餐館内久待，至下午三時，能否通過，當有回音也。由窩敦左開往荷京海牙之快車，已預備開駛。余被關吏留難，不能搭快車而去，令人焦灼。該關吏將余護照及介紹書交於吏長，吏長用電話詢問海牙政府管理護照局，回信云：可以往海牙，但明晨九時須往海牙護照局登記。彼將余之護照簽字蓋印，並將予之介紹書交還，予於停戰期中旅行，又過一難關也。予於是乘慢車而往海牙，途中換車數次，至晚十一時始抵荷京，覓大旅館寄宿，無如各大旅館皆客爲之滿，只得在大旅館内用電話覓小旅館以安身。次晨九時，往海牙管理護照局，將余之護照登記，又往覓中國公使館報到。公使館之書記沈君崇勛，在予之護照上蓋印簽字。吾於大戰期内，辛苦數月，所欲到之荷蘭，可如願以償矣。

荷蘭位置，在北海之東岸，爲來因河入海之要口，東北與德國連界，南方與比利時接壤。比利時原離荷蘭而獨立之國也，荷蘭地勢極低，海水平面高於荷蘭國之内地，故河堤建築，運河交通，舉國皆然。有時輪船在河上疾行，見兩岸外之市街，與平原之村落，低於河底，然近世百年永無水患，故河工之善，以荷蘭爲最著名。全國面積，合中國大縣兩屬，人口五百餘萬，航海業最大，農業、漁業次之。三百年前，曾爲歐洲盟主，海軍武力侵及東方，臺灣嘗被其占領，南非洲曾被其侵略，美洲紐約大商場亦爲荷蘭移民所開闢，至今南洋群島尚被其統治。中國僑民，生聚數百萬於馬來南洋各屬，被極少數之白種凌辱欺侮，無所不至。以中國最大之國土，五萬萬人口之衆，不能開疆拓土，飛揚國旗於世界各國，並已經華人殖民之地，亦不能盡保護之責，且中國之海口，内地之口岸，亦被白人侵占以去。試與荷蘭小國五百萬人口比之，中國人能勿愧死！亡國弱種，是誰之咎？不能不怪無知識之一般活孔子官僚，送我海關，失我財政，使人民無建築商輪、建築船廠之能力，早争海上之霸權，是以至於今日也。海牙中國使館書記沈君崇勛，及使館隨員張君其棟，與余談荷屬華僑之苦狀甚詳。兩君皆久供職於外交，且熟知南洋之利弊，愛國心長，固中國外交界之人才，余甚感佩，領教於兩君者甚多。彼以爲中國圖强，當從大造商輪、擴充銀行事業於海外，爲惟一無二之急務也。

次日余持介紹書至皇族工程師學會。該學會書記某博士招待頗優，介紹余與荷蘭政府。蓋荷蘭國低於海，爲來因河分流出口之地，河工事業，無時稍息，治水大政，政府列爲專部，謂之水部也。部中總長書記，每日於河工水道，或經營，或開濬，或修理，或淘深，或測量，或改造，機器之增加、材料之設備、人工之分配、費用之預算、入欵之進步、田畝之擴充，各有專科，各有進行，各有記載，各有成績，辦事鐘點，無片刻暇。余得與水部之總工程師握手，彼向余表歡迎之敬意，彼曰："從前荷蘭政府，派有委員及工程師往中國專查中國之水患，謂中國江河湖澤，氣魄甚大，水道交通，當爲世界文明之冠。無如政府官僚皆無教育，自大禹治水而後，田地肥沃，農業振興，政府以收税愚民爲大政，關於防患興利、有益於民之事業，全未見聞，以致大禹所辛苦開倡之工程，至今日已衰頹廢敗，無人修治，無人過問，以致黄河水患爲中國人民難受之禍源。而無知識無教育之官僚，反藉治水肥差，爲升官發財之捷徑。觀其以浮沙築岸，稻草爲堤，令世界建築家見之而發狂笑，其以國家之財産爲敝屣，以人民之生命爲兒戲，實爲開化有科學教育之人種所鄙薄之也。今君不遠萬里而來，當此歐洲大戰之期，不避困難辛苦，來此海邦，以考查荷蘭治水方法，君或有繼大禹之業，爲中國國民造福也。"余聞之且憂且喜，憂中國之忌刻人才，受有科學教育者，每不能見之實行，以成其大志。喜某工程師之直言不諱，説破官僚活孔子之爲害於中國，使余中國人勿再被孔子所誤，以失雄飛世界之資格。余惟有感謝某工程師之厚意，請其指教治水上之行政，與治水之工程。彼則展案上之河圖，一一指點説明，如河堤之建築法，海堤之建築法，河道之測繪法，河底之淘深法，堤岸之保護法，水綫之引導法，某年該河道之深淺如何，某年該河道之進步如何，圖中皆精詳記載，一目了然。壁上所挂之河圖、海圖亦甚多，彼皆略爲解説。然後彼選一河工最大極可研究之處，薦余實地觀察。彼以爲荷蘭河口至羅豆丹姆之河工工程，可以爲一切治河之模範。彼即用電話通知羅豆丹姆河工工程局，請其工程師次日引余以觀羅豆丹姆至荷蘭河口之工程。

次晨，余由海牙搭電車而往羅豆丹姆，一小時即抵羅豆丹姆之電車站。余下車時，而河工工程局之某工程師來問余姓名，彼即水部所指派以引余觀荷蘭河口至羅豆丹姆河工之建築者也。余隨某工程師換火車而往荷蘭河口，口内有一大建築，爲工程師辦事之所，壁上皆懸挂河工之圖，案上皆備有電話之器，繪圖計畫，各忙其事。並附設一河工博物院，凡河堤建築之法、海岸建築之法、燈塔建築之法、深海築堤之法、船塢建築之法，皆有模型，並建築材料，各極其妙。余觀其海口築堤之法爲最可學，法以柳條紮成細綑，接長如索，回環相接，式如木排。每隔尺餘，直竪木樁，四角繫以長繩，繩之長度，與海水之深度相等。繩端繫以浮標，然後以砂石平鋪於柳排之上，與直竪立之木樁齊厚，再加一柳排於其上，竪以木樁，鋪以沙石，層疊相加，至於柳排加重，自沈水底。在柳排四角所繫之浮標，浮於水面，而柳排在水底之位置，一定不移。由是再沈以尺寸較小之柳排，如法沈下，如法鋪以沙石，層累而上，而堤岸之根基穩固矣。再於此根基之上，壓入最長之木樁，如陸上之築基相等，及此堤根將與水面相近，即用火成石大方塊，砌成長堤，堤上修以欄杆，鋪以鐵道，設以燈塔，加以建築各種美術，任人布置。此世界各通商大埠海口之建築，不外此種工程也。兩堤之中，爲輪船出入之路綫，必用淘深機器工作，使泥沙無淤淺之虞，此水部所以每年忙碌也。該工程師指荷蘭河口謂余曰："此地爲新開闢之水道，五十六年前乃一沙州。因羅豆丹姆商務發達，而大輪船由海入河，水淺不便，故於一千八百六十三年，荷蘭政府水部決計開此新河，築此長堤，至於海水深處。由深海直達羅豆丹姆，大輪船三四萬噸一隻者，可出入自由也。此地海口之通報處，與沿海岸之各處燈塔，守海兵棧，皆有電話電報聯絡，海上有何變故發生，各處通報機關，皆能隨時營救。自此新河開後，而羅豆丹姆商務之繁盛，日增月盛，至今日已爲歐洲大陸第二大商場，僅居德國漢堡之後也。羅豆丹姆六十年前，人口不過五萬，今則人口六十餘萬，出入羅豆丹姆之大商輪，平均每日有七十餘艘。自海口至羅豆丹姆，河路僅十八英里，兩岸皆極堅固之長堤，堤上皆鐵道，堤外皆工場，河中與兩岸相近之處，皆設以燈標。燈標以内爲深水，燈標以外爲淺水。

淺水河面並築有横堰，使水綫集於河之中流，永無淤淺之患。燈標皆燃以煤氣，所燃之燈，日夜不息。河之中流水深處，大輪船同時出入，可無妨阻。河面頗寬也，一萬噸以下之輪船，可由羅豆丹姆沿河而上，直達德國來因河，流域甚遠。兩岸工場林立，物産豐富，大城巨鎮，人口繁殖，加以鐵路交通，四通八達，此所以羅豆丹姆成爲大陸第二商場也。來因河流域，風景極佳，河岸皆建築整齊，岸外低溼之沙洲，皆繁植楊柳，深水修堤之材料，可無虞缺乏也。平原沃壤，水患全消，德國治水工程，亦甚精密。凡山水發源之處，彼於深山大澤之口，築以極堅固之高堤，水蓄高谷，河水無急漲之患。若天旱缺雨，高處所蓄之水，亦可以救濟田原，而且河岸皆深林，高山皆叢木，小沙細泥，無由洗出，河水所以長清，沿河工場皆賴此水以蒸汽，用汽以發動機器。來因河之水，實點點黄金也。余聞之甚以爲然。彼請余同登河工工程局之輪船，由荷蘭河口溯流而上，展開河圖，按圖指明兩岸之建築，與河水之深淺，並云此時荷蘭受戰事影響甚大，兩岸之各大工場，因缺煤不能使機器工作，大半停工，如造船廠、化學廠、機器廠，以及火車公司，電車、電燈公司，同受缺煤之苦。從來荷蘭所用之煤，夙仰給於英德兩國，德國因人力缺乏，所出之煤不敷德國之用，是以無煤出口，英國則欲荷蘭與德國斷絶交通，故以不賣煤與荷蘭爲牽制，以致荷蘭各大商輪，皆不能按期出口，絶糧之患，與德國同厄，真苦痛也。荷蘭在東方爪哇群島殖民地甚大，物産之富，不僅足以供給荷蘭，荷蘭且輸出以供給各國，如爪哇之糖，爪哇之米、橡皮、金錫，皆爲荷蘭之富源。今因輪船無煤，不能出口，所有物産無法運來，即有一二商輪得英國許可，給以煤炭，開往爪哇，然後運來之物，只准賣之英國或其他協約國。荷蘭亦同受封鎖也。英德俘虜在荷蘭者甚多，合計不下百萬人，荷蘭政府須供給糧食，戰時荷蘭嚴守中立，召集大兵，嚴防邊界，武裝和平，所費甚大，糧食之供給極繁，而來源斷絶，荷蘭所産之糧食，不敷荷蘭之用，此所以百物昂貴，並無由買得也。河工工程局，亦因缺煤之故，許多機器只得停工，淘深機亦不工作，抽水機亦不能運用。因荷蘭平原低於海面，河堤高築，汜濫不生。然有時雨雪太多，平原深溝積水爲患，故用抽水機將平原之水抽上深河，亦河工工程局之大事業也。今因缺煤，只有停工，否則河工工作，每日亦甚忙也。余於是領教於某工程師者甚多，回想中國黄河、揚子江兩大流域，横貫神州大陸，田地肥沃，平原萬里，湖沼支河，有如人身之筋脉，各種水利不知利用，以致大禹之功，任無知之官僚政府荒廢，水患頻來，民生困苦，治水之法，研究無人，實爲可惜。若能效荷蘭水部之經營，使中國之黄河、揚子江以及各省之長河大湖，遍地測繪，成爲詳細河圖。水之深淺、兩岸之高低、水流之速度，與每分鐘流下之水量、入海之要口、沿海之沙灘，詳爲記載。日日派專輪專員實測，於河岸之低者築以極堅固之長堤，材料以火成石與水泥爲建築之上品，運輸以鐵道鋪於堤上。堤岸成，而交通與市鎮亦同時興起。堤岸以内之平原肥壤，有益於國家之歲入者實多。畜牧農林，沿流域而發達，工場教育，随人口以擴張，沿河沿海皆建設通信機關，使電報電話節節聯絡，不特財源發達，黄河、揚子江之水，亦可以轉清矣。更於河之淺者，用淘沙機淘深，即小河小湖，凡可以行輪者，皆按人口物産之多少以開航路，大江沿海，遍達商輪，同時擴張航綫於世界，使五色國旗，日日飛揚於五大洋。荷蘭小國，以五百萬人口能爲之，豈中國人皆無知識如官僚活孔子，而無一能爲之者乎？海關財權不收回，則不僅不能興國，且將滅種也。官僚政治去，則中國之强可發端矣。且歐美有科學教育之人種，無官僚孔子之昏迷病，進化太速，從前雄飛大陸，轉瞬而雄飛大洋。今則電氣發達，電機日多，轉瞬又雄飛於太空矣。用飛機、飛船轉運物産，交通郵政，載送往來旅客，則大商輪之勢力，或將爲大飛船之勢力所奪。望中國國民快醒來，努力於科學教育以進化。

余與某工程師别時，彼囑余再往羅豆丹姆河工工程局，以學局中之組織行政，且謂余若有不解之處，不妨随時問難。余甚感激。彼並給余數册圖書，皆關於治水之工程方法，及近年之成績記載，余從此粗知荷蘭水政之皮毛矣。荷蘭低原，農業頗盛，北部多種植水菓及大麥、小麥。中部及南部多種草場以興畜牧，畜牧之牛羊騾馬爲最。馬爲運輸及耕作之用，羊爲養生之食料，牛則取牛乳，以牛乳製牛乳餅，製牛乳油，爲人類日用飲食必需之品。牛乳之蛋白質最富（豆腐之蛋白質亦富，可謂人造牛乳），乃養血之補料。製牛乳油之法，即以牛乳盛之鍋中，用火煮之，至温度九十八度即將沸（水煮至温度百度，即沸而爲水汽），然後減温度至九十六度，使牛乳在鍋中漸成濃厚之質，以待其冷。冷後將水質除去，以濃厚之牛乳膏加鹽少許，置之圓徑之木桶内。木桶内裝有木齒，木桶兩端裝有摇柄。桶門關鎖後，將木桶擱之架上，用手摇轉，大約一小時或兩小時，而牛乳油成矣。製牛乳餅之法，即以牛乳盛之大桶，加硫强水數滴或白醋數滴，而牛乳之蛋白質皆凝結而成膏，沈之桶底，牛乳中所含之糖質、鹽質與水質，皆浮於桶面（如製豆腐者以石膏水，加於豆漿攪之，豆漿之蛋白質，皆凝結而成豆腐矣；製橡皮者，亦用此法，將樹上割下之樹膠，盛之大缸，用木瓢分配於長方形之木?，每?加以礬水一茶杯，或白醋數滴，則樹膠皆凝結而成橡皮矣），然後用細洋布濾之，將水質濾去，而凝結之蛋白質，加鹽少許，製成大餅，使之乾堅，而牛乳餅成矣。荷蘭出口之牛乳餅、牛乳油，每年總在兩千萬元以上，此種收入，皆受河工工程之賜。若無河工工程，則水患頻來，農業無收成之希望也。吾願中國農家於畜牧之法，快快講求。中國人口五萬萬，以每家平均五口計之，應有一萬萬家，每家除耕種之外，當養猪三頭，喂馬兩匹，養母牛十頭，喂羊二十匹，養犬兩匹，以作看家及看護畜牧之用，豬以充一家全年之肉食，馬作拖車運物之用，取母牛之乳以作牛乳餅、牛乳油，取羊之毛以織絨綫作呢衣，平均每一人口可得畜牧七頭。而雞鴨鵝類，足以生蛋充滋養衛生之食品者，尚不在計之列，以五萬萬人口統計之，應得畜牧三十五萬萬頭。每畜一頭，平均值銀錢二十元，則三十五萬萬，應值七百萬萬元。此中國農家，每年畜牧一項，進欵之數已可觀也，誰謂中國困窮，須借債生活乎！美國人口，不過一萬萬，其農業畜牧之數，尚不止此，彼亦人也，我亦人也，吾何讓彼哉？事在人爲耳。然海關在外人之手，財權被人操縱，全國物産被人吸收以去。商輪運輸之際，中國小工人代表爲搬貨，僅得以收回萬分之一之工價耳。

無知識之官僚活孔子，猶日日借債賣國，何其無人心也。

荷蘭美術，以油畫爲最著名。三四年百前，荷蘭學校之油畫已甚進步。今各博物院所陳列之有名油畫最多，可以觀其教育程度之高，已非一日矣。海牙爲風景最佳之所，公園極大，亦與海岸相近，電車馬路四通八達，且皆整齊清潔，居家最爲適宜。荷蘭女后長居於此，各國駐荷蘭之公使館亦皆在海牙，而舊京亞姆斯丹專爲通商大埠矣。海牙萬國和平會，有大宮殿一所，其建築材料，皆世界各國所奉贈。如法國産砂石，則宮殿大門之天花板，皆砂石砌成；意大利産大理石，則所贈之石階地板，皆大理石砌成；英國産有名之畫像玻璃，則宮殿窗門之大玻璃，爲英國所贈；德國産有名之鋼鐵，則宮殿周圍之鐵門欄杆，爲德國所贈；由此類推，世界有名之材料，皆代表一部以集合於此。中國所贈之物，爲北京景泰藍大花瓶一對、大爐鼎一對，人工美術，亦足以代表中國之文明。各國之元首，皆有照像，或油畫照像。宮中器俱棹椅，亦由各國所贈。椅上皆繡有名畫一塊，以誌國徽。萬國和平會發起人，爲被槍斃之俄皇尼古拉第二；首先助欵美金一百二十萬元者，爲美國之一富豪。今此兩人之油畫大像，皆懸挂於大廳，而代表中華民國之首領爲袁世凱照像。蓋袁世凱爲民國之叛徒，又爲賣國之國賊，安足以代表中華民國？若以袁世凱照像代表中華民国，即謂之無民國也，其耻辱中國者孰甚！吾願中國人民，當請民國政府，速與萬國和平會交涉，將袁世凱短頸矮足之怪像拆下，而以建造民國之真人物孫文先生之照像懸上，則中華民國之代表，庶可以徵信於萬國也。試思俄皇尼古拉第二爲發起萬國和平會之人，德皇威廉第二爲首先贊成者，歐洲大戰，俄德最凶，以和平發起之人而身爲戎首，其和平彌兵之用意，實所以欺天下弱國耳！威爾遜總統所言之自由公理，得毋類是乎？是在弱國之争氣與不争氣以定之也。

余旅居荷蘭之日，歐洲大事，以美總統威爾遜之來巴黎及巴黎和平會之開幕，與德國無政府黨之失敗數事，爲各國新聞之要件。威爾遜之來巴黎，原欲實行其公海自由、民族平等之政策，以彌未來世界之戰禍。巴黎和平會之開幕，正法人復仇成功之歡樂史。當德國俾士馬克兵圍巴黎之時，兵臨城下，降服言和、賠欵之外，復割愛拉司、羅倫司兩省之地與德國，賠欵未付清之日，德兵三萬分配於法國各家族者，亦不撤去（中國亡於蒙古九十年，九十年中漢人家族每家須養一蒙古兵。衣食婚姻，必蒙古人先嘗之。后被白蓮教秘密運動，以八月十五送月餅，月餅内藏一紙片云：八月十五殺家韃。不約而同，卒將蒙古主人用菜刀一夜滅盡。至今中秋佳節，尚爲民族之大紀念日。及中國亡於胡清之後，清韃子則於中國各省駐兵，名曰駐防，使漢族人民，納糧養之，亦被革命黨秘密運動，於一千九百十一年陰曆八月十九，即陽曆十月十日，武昌起義，各省一致響應，各省駐防同時消滅，則民國每年十月十日，又爲民族之大紀念日也）。法人懷仇發憤，兩年以内，即將大賠欵付清，而駐防於法國各家族之德兵亦盡數撤去。同時法國人於巴黎建築一大戲園，每禮拜演被辱戲劇，以紀念割地賠欵之大羞恥。此次議和，法人將從前割與德國之愛拉司、羅倫司兩省土地收回（該兩省煤鐵最多，德國工業之發達，大半以兩省之煤鐵爲富源）。又須開和平會議於從前與俾士馬克議和之建築内，以表示國弱時代之不可侮（中國人對於各處之租界，當發同情之感觸）。至於德國無政府黨之失敗，由於該黨首領李僕能希德博士與魯申包女士之侵犯德國言論自由權。聞柏林無政府黨革命最盛之時，占領各報館言論機關，並毀傷報館印刷物，以致人心解體，大動公憤，人民與政府一致將李僕能希德博士及魯申包女士兩首領同時擊死。雖曰人民凶惡，然而侵犯人民之言論自由權，究屬自取滅亡也。試問中國官僚政府，時時以摧殘輿論爲事，以致人民無言論之自由，報館機關，皆托庇於租界外人勢力之下，而一班無知識之新官僚、小政客，如北京《公言報》之王世徵、上海《時事新報》之張東蓀反助桀爲虐，顛倒是非，以促中國之退化，惟恐中國人不早自滅亡者，若以德國人處之，則一班官僚活孔子之生命，早已送入地獄矣。吾願中國早開言禁，如英美法及各獨立國之言論自由、出版自由，政府人民一律遵守之，免得各報館機關皆托外人旗下也。巴黎和平會開幕之日，中國代表與日本代表俱到，駐海牙中國使館書記沈崇勛君，亦在議和代表之列。余是以得通信於沈崇勛君，請其於議和席上，將中國民族所有之海關收回，及收回治外法權。余一面由郵局發一信與日本代表，信中之語如下：

大日本議和各代表諸君先生惠鑒：

敬啓者！

歐戰告終，乃多數武力戰勝少數武力之效果，自今而後，則白人武力，將用之於亞細亞洲無疑。非洲早被白人瓜分，美洲紅種已被白人滅去，澳洲早被白人占領，惟亞洲僅有一雄飛世界之日本。然印度爲奴，安南亡國，馬來群島之失權，列强在華之種種借債投資政策，皆非黄人之福。今當群雄疲乏之秋，停戰議和，正貴國提倡正義俠氣之好時機，主張大亞細亞主義，争回亞洲各弱國之獨立。根據美總統威爾遜之宣言，種族平等、公海自由，豈非貴國爲公理開歷史之新紀元乎？在白種，今日對於貴國之感情，表面朋友，實際妒忌，將來趨勢，德意志之前車可危。爲貴國計，惟有切實提携中華，使中華國民與貴國國民真正親善，歸還青島於中國，暗助民國收回治外法權，及海關交通財政實業上之各種主權，勿再暗助民國之官僚政治，務剷除白人在華之陰謀，則中國之人力、財力、物力，皆足爲貴國之後盾，一旦有事，不獨中國有力，而印度、安南及南洋群島之人心皆歸響於貴國，亦爲之助，大亞細亞主義之實現，在指顧間事耳。如種族平等之實行，則亞洲有文化之弱國，較之歐洲之波蘭、比利時爲多，非律賓、印度、安南、馬來群島皆當釋放，而白人之殖民政策應即取消，否則白人有滅人家國之特權，有色人種將無立足之地，豈不與威爾遜總統之宣言相反？在貴國尤當及時覺悟，勿爲白人之陰謀所欺，若貴國不切實從提携中華着手，時懷侵略，與白人合謀五萬萬人口之中國，使中華民國國民與貴國國民永無相見以誠之日，則黄人自殺，白人之大利也。望諸公努力圖之，並將此意秘告首相爲禱。敬請勛安，某某頓首。

荷蘭天氣，甚爲潮溼，而糧食問題，受戰事影響，極貴而且粗惡。余於病後孱弱之身，實不能耐，加以預算之費用，擬居荷蘭半年者，因戰時所經過之旅費，貴於平時數倍，今將告罄，於是歸心甚急。此次閲歷各國而後，始知世界最好之國，莫如我中華民國。地土之大而肥，天氣之寒熱皆備，人民之耐勞勤敏，物産之豐富，無所不有，所食者好米，所飲者好茶，所衣者好綢，皆爲世界各國所不能及。若加以科學之新教育，利用國内各種之物産，發達工業，發達交通，使科學人才日多，得以發展實力於世界，多立大船廠，大造商船，以中國有餘之物産，自爲運出，以吸收海外之物産黄金，不十年後，而中華民國國民皆安富尊榮矣。余甚願早日歸國，以盡余對於國家、對於社會、對於個人之義務。余於是往中國公館，辦一歸國之護照，同時往輪船公司，問輪船之開期。荷蘭輪船公司之輪船，因缺煤之故，須得英國許可，給煤而後，方能出口，且由荷蘭往美國之商輪，早無客座，船價亦太貴。凡往美國或經過美國之乘客，必須得駐荷蘭美領事館許可，將護照簽字後，方可買得船票。美領事尤須先問美國華盛頓政府，將乘客之護照姓名、年歲、職業，往美國或經過美國之理由，報告於華盛頓政府，經美國政府許可後，方能簽字，費時、費事、費錢，非一二月時間不能辦到。余經過美國回華之念，是以取消。由荷蘭往英國倫敦以搭日本郵船或英國郵船，經過蘇伊士河而回中國，船價亦廉，亦不甚費事。然據輪船公司回信，日本郵船與英國輪船之客座，皆無隙可乘，須候至陽曆四月，方可買得船票，然尤須兩月以前定客座也。加以英國防制外人入境之法甚嚴，凡欲往英國或經過英國之客，以及不往英國之客，由荷蘭出口時，皆先將護照送與英國駐荷蘭領事簽字，若未簽字，皆無由出境。英國之勢力，居然操縱荷蘭也。余持護照往駐荷蘭英國領事署，請其將余之護照簽字。署中辦事人員，將余之護照收去，給余以結章兩紙，囑余填好、貼上像片，明日再往。结章上之條文，即問姓名、年歲、職業、何國籍貫、出境理由、戰期中曾否到過德國、在荷蘭居過幾年、居於何處、在荷蘭作何事業、戰前之住址、父母之籍貫姓名、能説幾國語言、有無入境之老護照，若有老護照，須同填好之結章交來檢查。余一一填答。次日再往英國領事署，彼在余之護照上簽字蓋印，再批數語，謂某君自荷蘭返國，沿途不得在大英帝國屬土上登岸。余是以不得不乘荷蘭輪船以出境也。蓋荷蘭輪船無直接往中國之航綫，只可以搭至南洋之爪哇。客輪座位已滿，余不得已搭乘一貨船。船出境後，更須往英國之威爾司省裝煤，因無煤而輪船機器不能動也。船抵英國之威爾斯新埠，埠中偵探人員，率防兵一人，登船驗貨及乘客之護照並行李，據戰時命令，無論男女乘客，經過英國，不得登岸。船停新埠，裝煤三日，煤灰飛揚，全船皆黑，余之衣服面貌，幾變爲非洲之黑奴矣。該貨船名美南陀，載重九千噸，每一小時僅行十海里，一晝夜可行二百四十海里。自荷蘭海口至南洋之爪哇，其海程約爲九千海里，沿途須行四十餘日。余於此四十餘日之中，得以將戰時所經過國境之閱歷，與所聞所見所思者，用不通之文筆，仿日記之法，略爲記出，亦所以消磨海上長旅行之寂寞也。船上頭等客座，僅兩三人；二等客座，有十餘人。船主姓名爲侯敦，爲人甚好。彼每日偕余散步船面，並示余以航行之要法。侯敦君曰："現今世界，無商輪航行海上占海洋之勢力者，其國必亡，其種必滅。試觀世界地圖，商輪最多之國，殖民地幾遍世界，而被滅之國，永不能建築一商輪。商輪之有無，國家存亡之關鍵。荷蘭於三四百年前，機器尚未發明，即以帆船兩三百噸一隻者，航行於世界之各海角。航船所到，國旗隨之，並非海陸軍武力戰勝他國也。當日開闢殖民地之妙法，不外利用野蠻國之官僚，暗助酋長，以其官僚專制愚民之法，使其人民無生活之餘地，然後將其酋長除去，則殖民地開闢矣。航船先到之國，則殖民地先爲所得。非洲大陸，與歐洲相近，所以先受滅國之禍，至今日非洲四圍，濱海之國皆屬於歐洲白人旗下，而土人之能作牛馬者，則用爲奴隸，不能作牛馬苦力者，則暗助其酋長官僚自滅之。百年以來，全非洲之物産，以及黄金、金鋼寶石、鉛、錫、煤、鐵，皆被商輪席捲而去也。美洲澳洲之土人，亦同被滅。亞洲各國，亦皆入白人商輪勢力範圍之下，所餘未滅而一息尚存者，僅日本與中國耳。日本今已自造商輪，與白人競争海上權利矣，中國則尚在睡夢中。白人正利用中國之官僚，以滅中國人，以借債之法操縱之，如滅非洲時，以非洲酋長之官僚政治，以滅非洲人，收效甚速也。更有一法，使亞洲全滅，改爲白人之殖民地，即使日本與中國尋仇，或使中國與日本開釁，白人暗中操縱，暗中挑撥，使亞洲未滅之國，黄種同室操戈，亦勢所必至之事。亞洲天時之善，物産之多，鑛源之富，煤鐵遍地，金銀滿山，白人斷不肯放棄之也。若中國、日本爲白人所得，則於沿海各省建築大船廠，每月造大商輪十隻二十隻不等，材料豐富，以奴隸之衆多人力爲之勞動，則太平洋之勢力繁華，遠勝於大西洋。紐約之大建築，將發達於白人之横濱、上海也，而黄人即與紅人同爲過去之人種矣。然世界被滅之國，大半皆野蠻人種，自取之咎。試觀非洲黑奴，奇形怪狀，窮凶極惡，自相殘殺，無時或已。有同一國而南北相殺者，有同一國而東西相殺者，酋長官僚之權力相争，不知國家人民爲何物，人民之愚蠢無知，退化等於禽獸，赤身露體，游蕩無業。女子穿鼻穿耳，穿生殖器，壓頭爲扁，以爲美觀；男子割破臉皮，長成黑斑，以爲美觀。他如埃及阿剌伯女子，以竹管懸於鼻梁，頭與身體皆蒙以黑布；男子赤身赤脚，無知識如老牛。及至印度，男子以紅巾裹頭，女子以銅環穿鼻。南洋群島，亦無奇不有，染齒爲黑，纏頭赤足，游惰無業，污濁厭人。至於中國形相，尤爲奇怪，男子拖一長尾，女子裹以臭脚，穿耳穿鼻之俗，與野蠻人種，同一臭味。澳洲土人，皆飾以花臉，美洲紅種，皆飾以鷹毛。白人以開化有科學教育之民族，利用商輪以飛渡海洋，所見世界人種，多半無知識如犬馬，其奇怪形相，尤爲可笑，安得不用野蠻之法，以滅野蠻人。故英國人知紅種好飲酒，則製火水售之飲，紅種飲火水後，肺經腐爛，不能生存矣。英國人知中國人好吃烟，則製鴉片烟售之吸，吃鴉片者，皆成廢物矣。總之，大商輪一艘，可作强兵十萬，商輪所到，而無商輪之國，未有不被滅者。所謂航海要法，最要者爲精細海圖及天文詳圖、大羅盤（即指南針，係軒轅皇帝所發明）。倫敦天文台之時計，與測星日之儀器，名賽格司敦。精細海圖中，凡五大洋及世界内海，海岸之長短、海水之深淺、暗礁之記號、海面之遠近、經緯度之位置、海岸之通商埠及要塞，皆一目了然。航海時先由海口測定輪船在海面之位置，按海圖之方向，以羅盤針定之，船尾拖有計里表，輪機速力，每點鐘能行幾許里，早經算定，每三小時將計里表所載之里數記出，每與輪機所定之速力相符。在大洋面航行，每夜須測星之高度，以定船之位置，每晨須測太陽之高度，以定時刻與子午綫。每日正午，须测太陽之高度，以定輪船在海洋一定之地點，由某處至某處，須行幾日，皆不得失之毫厘也。俗語有云：失之毫厘，差之千里，航海之謂也。世界海面，凡有海島沙灘之處，皆有明記，或立燈塔，或置浮標。海口商埠，皆有無綫電局，世界消息時刻可通也。測星以定輪船在大洋面經緯綫幾何度之法，多半於日落後，測北極星以定之。北極星爲在北斗斗口外弦兩星相隔五倍遠之一大星，或同時測金星以定之。金星爲日落後正西之一大星，試於下午六時二十九分鐘，以測北極星之高度，所得角度爲十一度十分，海水浮光，於測繪時相差有十分三十秒之多，則於十一度十分之内減去十分三十秒，則北極星高度之實數，爲十度五十九分三十秒也。測星之時，船上鐘點正下午六時二十九分。檢航海曆書，同時北極星之升高，以倫敦天文台計之，爲二十二點鐘二十七分。以二十二點鐘二十七分與六點鐘二十九分相加，則得二十八點鐘五十六分。每日夜各星於二十四點鐘以内，經過天頂綫兩次，於二十八點鐘五十六分内減去二十四點鐘，則得四點鐘五十六分。檢航海曆書，某年某日四點五十六分内之差數爲四十三分，而測出北極星高度之實數，爲十度五十九分三十秒。於此十度五十九分三十秒内再減去差數四十三分，則得緯綫在十度十六分三十秒以北，此測緯綫之法也。同時可測四五星，如法計算，而得數相同。每日正午十二时，亦可測得太陽之高度，以定輪船在洋面航行之緯綫。太陽於正午十二時升至天頂之最高度，爲九十度。若於正午十二時，船在北緯綫上，測太陽之高度得七十三度。檢航海曆書，某年某月某日正午太陽北斜綫，差數爲十三度，則於九十度内減去七十三度，再減去差數十三度，則得緯綫在四度以北也（船在北緯，太陽斜綫在北則減，在南則加）。至於測經綫之法，可用倫敦天文台之鐘點與航海時之鐘點，於正午十二時比較之，相差時刻，即可定經綫位置也。蓋地球每於二十四點鐘繞日一週，每週分爲三百六十度，則每點鐘地球可轉經綫十五分，每一秒鐘則可轉經綫十五秒，每一秒鐘則可轉經綫十五秒。若船向東行，時刻相差爲四點三十分，則得經綫在六十七度三十分以東也，以測得之經緯度，與海圖上之經緯綫觀之，則船於海面一定之位置，與每二十四點鐘所行之里數皆得之矣。至於船員之組織，船主一人，航海士官四人，機器工程師三人，醫生一人，無綫電師一人或兩人，航海見習生兩人，其餘皆爲水手厨工。郵船之組織法，更爲完備，今特就貨輪之組織法論之。商輪財産屬於公司，船主爲公司多數股東所選出之有航海經驗，航海學最優者充之。船主爲全船之首領，全船上之生命財産、組織行政，皆由船主負責。航海士官，分爲四等。一等士官原由二等士官升任，二等士官原由三等升任，三等士官原由四等升任，四等士官原由航海學校畢業，考得文憑最優者充任。四等士官無專責，然作事最多，以受各等之經驗，一二年後，升爲三等士官，則專管航海時之天氣、風雨表之壓力高低、寒暑表之温度升降、船面之温度幾何、船艙之温度幾何、海水之温度幾何，每於兩小時登記一次，每日有簿記一紙、報告一紙。蓋風雨表所以測天氣之變遷，天氣善，則空氣乾而重，表中之水銀則升高；天氣變，則空氣濕而輕，表中之水銀則稍下降。船内之温度太高，則通風以使之凉。每日之報告，皆交於船主。船主每年將航海時之天氣報告，交之政府天文台。天文台人員則集合各商船數百艘之報告，按月按日按海圖統計各洋天氣之變遷，與熱潮冷潮之方向，再誌之於海圖，此三等士官之責也。二等士官則管船上之旗號，與測海水之深淺。每日每夜須測星測日，以定行船之位置，每六小時一次，登之簿記，録爲報告，記入圖表，於某年某月某日某時，船航在經緯綫幾何度，每日船行幾何里。日間在大海遇着何船，則用旗語通問；夜間在海面遇着何船，則用電燈通問。每日記入之海圖，與每日之報告，須交於船主，此二等士官之責也。一等士官，則管船上之倫敦天文台時針，及船上航行之一切儀器，並有管理全船之責，其經驗學問須與船主相等，此一等士官之責也。航海時間，每士官於二十四小時内，在航海橋上盡職兩次，每次三小時。盡職時之船行方向、空氣温度、海水温度、風雨表之高低、風之方向速度、機器每分鐘所轉之次數，皆於换班時登之簿記，船主須隨時偵察，以防失誤，以防士官之不盡職。船中作事之次序，每日皆由船主之命令而行之。機器師之報告，則於每小時機器所用之水汽幾何、所用之煤幾何、機器所轉之次數幾何、水汽之壓力幾何、水櫃所屯之水量幾何，登之簿記，按日報告。無綫電師，隨時接他船之消息與海岸之消息，記之册内，隨時報告。醫生則隨時疹治船上一切人等病事之發生。水手則每日工作，按班作其應作之事。帳房則登記各種之用度，各種之出入，按日報告。船中組織，各盡其職，無時或暇，稍爲失誤，則全船之生命財産恐遭危險。船上行政與國家等，船主受公司之托，以保管全船之生命財産，並發達航綫商業，如國家之總統也。各等士官，如國家之内閣也；一等士官，如内閣之總理也；見習士官，即造就後起人才也。各盡其職，以盡其航海之知識能力，以振興航業，如好政府之各盡其職，以盡其行政之知識能力以振興國家也，稍爲失誤，則全船之生命財産，恐遭危險，如政府之失職，則全國之生命財産，即招危亡也。公司多造商輪，則航海人才多有造就，且易於升發。航海人才之出現，全由教育所養成。航海學校優等生，於世界地理、各國語言、沿海口岸、各國出産、天文測繪、各海深淺、船上組織、船上管理、船上行政，以及航海之通語暗號、旗號、燈號、大海之冷熱潮流與潮流之位置方向、大海四季之風雨，以及一切知識，皆充足後，然後分送各船見習，以得所學之經驗。見習二年，再回學校，再加研究，則可得航海學之文憑。畢業後，可充船上之四等士官，按年遞升以至公司信任，選爲船主。此等人才愈多，則航海之事業愈發達，而公司之財政愈豐富。如国家之爲政，人才各受專門教育，得有文憑後，分之各行政機關盡職，以增其經驗，按功升級，以至人民信仰，選爲總理、總統。有教育之人才愈多，則國家之各種事業愈發達，而國民愈平安富厚也。且航業發達之國，其國家實力增，而腐敗游惰愚蠢無知識之官僚派皆絶種也，此航海之要法。

航業與國家之關係，可以得其大概矣。余聞船主侯敦之言，甚多感觸。試問中國政府，有專門教育及世界知識者幾何人？以一班無知識無教育之活孔子小政客，皆争爲總統、總長，其不亡國而送死國民者，未之有也！即航業之一事論之，自英人石弟芬孫於一千八百二十一年發明汽機以來，至今不過百年，而自强各國陸地皆火車，海上皆輪船，人民之科學教育與世界知識同時發達，其進步之速實一日千里。中國於此過去百年中，曾進步否？長尾奴入主中華，活孔子作官賣國，而於鐵路商輪，凡有益於民之各要政，則滿朝反對。一般无知识之官僚，皆向胡清酋長流狗淚而痛哭陳詞，鄙科學爲異端邪説，鄙汽機爲奇器淫巧，使我神明貴族，退化而一無所知。大好河山，全盤斷送；海關租界，拱手送人；沿海口岸，被人宰割；長江内河，被人航船，甚至招商局之幾百噸殘破小輪，船主亦惟白人可作。繁華大海，不見中國國旗，可恥哉中國！可羞哉中國！豈真不可教育如野人乎？官僚政治害之也。外人以借債政策利用官僚政治，以滅中國人，以防中國人之進化，所以海關租界被奪去也。吾願中國人快建船廠，快造商輪，快開航海學校，以養航海人才；快送學生至航海著名之國，以學航海，以學造船，以學造汽機；一面派航海見習士官，至各國商輪實習。不十年後，而中國可以興矣。亡羊補牢，尚未爲晚，及今不圖，以後無圖强之日矣。收回海關、租界，擴張財政之主權，其先著也。

該船自英國威爾斯省新埠開輪以來，沿大西洋東岸南行。至第五日，即入地中海海口，左岸爲吉卜拉塔，係西班牙之海岸，爲英國所占之海軍要塞；右岸爲大利發，係非洲西北角之要口，爲法國所占之海軍要塞。兩岸相隔僅十二海里，戰時非敵人所能飛渡也。船沿地中海之南、非洲之北岸，行八日即抵蘇伊士河口之泡色埠。所經過非洲北岸之摩洛哥、阿金利、土能司、缺坡里、埃及各大國，皆被英法意大利所滅。泡色埠爲歐洲、非洲、亞洲三大陸交界之地點，亦爲白人商船出文明國境，而入不開化、半開化國度之門户。商船先到之國，而不開化、無商船之國即先被滅，非洲所以先受禍也。泡色爲蘇伊士河要口，係埃及之國防。

船抵口時，而英國防兵登船檢查，並驗乘客之護照。登岸散步，須得英人許可，方能入海關大門，入關檢查。而埃及檢查關吏，查各客之護照，蓋以印章，然後放行。放行時，復稟命於門外監督之英國兵。且戰時埃及之郵政不許通行，只可用英國之陸軍郵政。聞埃及財政、海關、郵政，皆在英人之手。英國人經營埃及之法，全仗借債政策，以操縱埃及王及其官僚政治。埃及人已無生活，將滅種矣。無怪英人於中國武昌起義之後，北京英使署某，致信倫敦各報，請英國政府暗助袁世凱，以滅埃及之法滅中國也。吾觀埃及之亡，不禁爲中國心痛。由泡色開輪船行五日，過紅海口之波雲島，此島係阿剌伯海岸，被英國占領，爲海軍要塞。過波雲島即入亞丁灣，亞丁灣亦被英人占領。船行二日，即出薩可家。薩可家係非洲東北之尖角，自此即入印度洋矣。余每日在印度大洋中，記事數百字後，即學航海要法，並觀行星天文。風平浪静，日煖氣和，頗快人意也。

船上有一醫學博士名羅克，醫學甚優，與余談醫學之重要，當速介紹西醫之新法以救中國人。余亦爲之記出。羅克博士云："醫藥一道，中國舊法早爲世界所欽仰，然中國舊法皆由古人歷代所經驗而來，非由精細之學理所推出。今科學發明，醫理進步，而數千年之陳法不能見效於生人，且傳染症之流行，最易發生於温熱帶以内之民族。寒帶之内空氣乾燥，冷而清潔，疫蟲微菌，無由生辰，而温热带之空氣，最多潮濕，温度頗高，疫虫微菌，蔓延甚速。蓋瘟疫殺人，甚於兵刼。每於大城巨鎮之中，一人染疫而千百萬人傳染疫症而死者，常有所聞，其爲害於生人之性命也，亦甚酷。即如此次西班牙疫症之發現，先由西班牙王夫婦之同時受症，轉瞬而宫中全體罹同樣之疫，不數日而西班牙、葡萄牙全國受症而死者，不下數十萬人。又轉瞬而法蘭西、英格蘭、德意志、意大利以及歐洲各國，皆傳染流行，每日罹疫而死者數十萬人。又轉瞬而美洲而日本而中國而澳洲，以及南洋群島、印度、非洲皆傳染流行。全世界成爲疫世界，罹疫而死者，每日以百萬計也。大約此疫之發源，先在西歐戰壕之兵士。戰場醫士皆注意於傷兵，而於疫症之流行無暇研究，即每日有罹疫而死者，亦以爲受毒氣火藥所致也。及此症傳染於法國或英國，而西班牙王夫婦常往來於倫敦、巴黎，故傳染以去。發現而後，據西班牙醫生考驗，始知爲未曾先見之傳染瘟疫，乃新發生之傳染症也，故名之爲西班牙症。西班牙症之危險，與天花症同。百年以前，天花症之爲害幾遍温熱帶以内之各國，每一天花症之發現，而全城全村被疫而死者，十人中將死七人。每日罹天花症死去之人，亦在數十萬以上，與西班牙症之爲禍於人命相等，即或不死，而男男女女受天花症之毒，滿面麻斑者甚衆。然天花症與西班牙症不同之處，則天花症發表於人之外皮，西班牙症發表於人之内肺；染天花症者愈後不再傳染，染西班牙症者愈後亦可再發。自一千八百十三年間，英人金男發明種牛痘之法，以後天花症之危險漸除，至今不過百年。而歐美各國，天花症之種已絶矣。當日金男發明牛痘之故，彼曾見一母牛亦種天花，而取牛乳之女工每日取此母牛之乳，手背上亦染母牛之天花種一粒。及後天花症流行之時，傳染天花症而死者甚衆，惟染過母牛天花種之女工則獨倖免。金男於是取母牛之天花種，種之於人之身體，謂之牛痘，以試驗之。不數月，有一大鎮，天花症盛行，凡種過牛痘者，皆未傳染，而種牛痘以除天花症之聖法發明矣。自此種牛痘法發明後，屢試屢驗。英國民族歡樂異常，英國議會提出三萬金磅，以酬其發明牛痘之功積。此後英國議會通過議案，全國人民須種牛痘，未種牛痘，無醫生種過牛痘之證書者，不得出國。男女孩提無醫生種過牛痘之證書者，不得入校。著爲成法及强迫教育案通過後，男女孩提年至六歲，不送入公開學校者，則罰其父母。由是歐洲各國，皆仿種牛痘之法以救其人種，以行其法律，而死人無數之疫症從此消滅矣。今特就製造牛痘之法再爲説明：試取牛痘，種之於肥狀之小牛，俟牛痘發出後，設法取出其牛痘之種，裝之於小玻璃管内，其端用火封固，不透空氣，則可以運送至世界各國，作種牛痘之原料矣。今日世界教育發達，而化學、物理進步甚速，每遇一新病發生，則須發明一種新藥以救之。而牲畜爲實驗室之要物，因其與人類同爲動物也，若將新病用打針法傳之於犬馬之身體，以新藥用打針法治之，苦心試驗，至見效時方告成功，吾知不久而西班牙疫亦可以如法防止也。試觀德國醫學博士伯烈，發明以牲畜血液治小兒喉痧之法，可以知醫學之妙也。蓋歐洲各國，小兒生後，七日以内，常有喉痧症發現（中國小兒生後發喉痧症者亦甚多，中國名爲“小兒風”，又名“白喉風”）。發喉痧時，則小兒即不能吃乳，全身發熱，面色轉青，未有不死者。因小兒氣管甚小，喉痧症係一種微生毒虫，在小兒血管之内，使小兒喉管血輪漲大，而氣管閉塞，以致血氣不通、面色轉青而死。伯烈博士研究此種微生毒虫，於發喉痧之小兒血管中取出，置之玻璃管内，用火熱之，熱度高至六十度（攝氏表），則喉痧微生虫即死，然而病毒尚在也。然後用打針法，將已死之微生虫，打入肥馬之身體，則見馬亦發喉痧，甚不自由。及馬之喉痧病癒，再將已死之微生蟲打入肥馬之身體，則馬不再發喉痧也。由是再三再四，如法試之，即取此馬之血，或十磅至二十磅，置之大玻璃瓶，瓶外用冰水冷之，則紅血沈於瓶底，而無色血液浮於瓶面，即將此無色血液置之小玻璃管内，管口用火封固，不透空氣。每管分量含血液十格蘭姆（每格蘭姆合中國三分半），名爲治喉痧血液（Anti-Diphtheria Serum）。歐美各國政府衛生部，皆有製造各種血液專廠，各西藥店皆有出售。以後凡遇小兒發喉痧症，則用打针法，將治喉痧血液注射於小兒之大腿，即見小兒熱度漸退，面色轉正，而喉管通氣矣。此血液發明，不過二十年，至今日而歐美小兒生後之喉痧症，一律無危險。其救活人間之生命，當無量數也。其餘他種血液，以治人身血管之毒菌微生虫者尚多。即如治腦經病者，名爲治腦經血液（Anti-Meningitis Serum）；治子彈傷者，名爲治彈傷血液（Anti-Tetanus Serum）；治痢症者，名爲治痢症血液（Anti-Dysentery Serum）。此等新藥，百發百中，從前死症，今皆可治，皆醫學家苦心孤詣，於化學試驗室中，不知廢幾許心血幾許光陰，始能發明，非無意中由閱歷而得之者也。人間一切病源皆由疫虫微菌所傳染，治疫虫微菌之新藥，如伯烈博士所發明之治小兒喉痧血液，皆根據於法國微生物學大家柏司徒、德國微生物學大家魯伯高之原理，所謂以毒攻毒，借牛馬血液中之疫虫微菌，治生人血液之疫虫微菌，所以收效如神也。種牛痘法，亦同此理。至於治楊梅花柳各症之新藥，其發明之精神，尤爲可貴，其神效實無他藥可比。即普通名詞所稱之六百零六是也。蓋六百零六之藥，名爲沙哇山，乃日本醫學博士秦君留學德國時，在化學試驗室，試驗至六百零六次，始發明沙哇山，爲殺楊梅毒蟲之妙品，故名之曰六百零六。至今製造之法尚在秘密之中，他國尚不能仿造之，幾成爲德國之專賣品也。此藥未發明之先，治楊梅毒者，多半以水銀製出之藥醫之，然爲效無多，且甚遲緩。及沙哇山發明以後，凡有楊梅毒者皆以六百零六醫之，無不去其毒根。沙哇山之原料大半取砒霜之精華，雜以有機化學之物質，配合而成，不能多露之於空氣，恐其受空氣而生變化也。其藥爲淺黄色之細粉，用打針法打入人身，則見已發現之梅毒，漸漸全愈。即未發現皮外藏於血内之梅毒，亦化爲無跡也。此後德人再將沙哇山精益求精，加功試驗及至九百十四次，又發明一種新沙哇山，名九百十四，較之六百零六尤爲神妙。至今全世界皆通用之，然人猶多以六百零六稱之也。蓋楊梅毒蟲之傳染，甚爲容易，其爲害於男女之身體面貌生命者甚大，且於民族生存之關係亦甚密切。凡男女染有梅毒者，多不生育，即生育亦皆不養，即令有一二養成者，其身體亦甚弱。其各牙齒之尖皆破碎不齊，顔色不潔。若見小兒之牙齒有破碎不完、顔色不潔之病，即可知其血管内尚有梅毒未除，亦由此可推出其父母身内之有梅毒也。若不用六百零六醫之，恐其生命亦不長也。今世界各國人種所傳染之梅毒，得沙哇山之益，亦將除盡，即有時傳染蔓延，亦易醫治，其爲功於世界人類，造福實無量也。至於五淋、白濁、痔瘡，爲害亦大，究無傷於生命。但白濁若沾於人眼，則眼即失明，中國人稱爲青光瞎。若以檀木油丸每於飯前吞一二粒治之，並多飲清水，使小便多而且長，則淋濁微菌可以洗出。同時可用小抽管打入鋅硫養水洗之，或卜落他果（西藥名）洗之，爲效更速也。製鋅硫養水之法，則以鋅硫養粉五分，用蒸汽水五兩化之則可用也。若用卜落他果水，則取卜落他果水一分，加汽水百分，用之可也。今更就治瘧症（發冷後發大熱之症，俗名皮寒症，天氣熱時多發現）之藥論之，藥名奎林（俗名稱爲金鷄納霜）。數十餘年前，有一西班牙王后遊歷南美洲之秘魯國，被蚊蟲所傷，發皮寒症，甚爲危險，地方土人以金鷄納霜樹皮進獻，謂用金鷄納樹皮煎水飲之，則皮寒症立愈。王后從其言，煎水飲之，果然立愈。然後將金鷄纳霜介紹至歐洲各國，歐洲各國之染此症者，皆用金鷄納霜治之，至今日而皮寒症已絶跡於歐美兩大洲矣。蓋此症之發源，由於蚊蟲咬人所傳染，蚊蟲多生於陰溝污水，其腹内皆含有微生疫蟲，其咬人血時，蚊蟲口中之疫蟲即傳染於人身之血管。此種疫蟲在人身血管内發生滋長甚速，不久即將身上之極細血管停塞，而血不能自由流通，則見指甲發青，全身暴冷。及至血管稍通，全身即發暴熱，而人受其苦痛，四肢無力，氣血爲之不調。若無奎林聖藥爲之疹治，則多傷其生命。金鷄納霜乃殺皮寒疫蟲惟一無二之上品，此藥發明後，亦可謂活人無數也。製金鷄納霜之法，即用金鷄納樹皮，加水煎成濃湯，然後將樹皮除去，加以硫强水少許於濃湯中，用木箸調勻，再用細紙濾之，濾下之清水，用火煎乾，而奎林硫養成矣。奎林硫養爲結晶體之細粉，其色白如霜，故中國人稱爲金鷄納霜。治皮寒症，可使病人將金鷄納霜或金鷄納丸，每日用清水吞之，每日一次，兩三日後，皮寒症不復發矣。如此等類，不一而足。歐美醫藥之重要，稍有知識者，皆當知之也。歐美醫藥之成效，見之於此次大戰期間内者，尤令人不能忘述。試觀歷代戰史，每於戰争末期，時疫繼起，死人與戰時有過之無不及。此次西歐戰場，合計有九百萬人，停戰以來，未聞時疫發現一次，僅西班牙瘟疫流行。然西班牙症與时疫大不相同，乃新發現之疫症也。可知從前之時疫，至今日而歐洲已無蹤迹，數十年醫藥發明之成效，可以觀矣。然歐美絶種之病，今日猶存於東方諸國，若不從速介紹歐美之醫藥於東方，則疫蟲微菌之殺人，豈不甚於洪水猛獸？且天氣温熱之地，疫蟲微菌之發生甚繁，傳染及人，令人不及防備。其傳染之處甚多，今特就普通顯而易見者略爲一談。温熱諸國惡病之傳人，多半由於飲食之不潔，與蚊蟲跳蚤之咬傷，疫蟲微菌多存在於未經焦炭濾過之冷水，或叢生於死水溝渠。蒼蠅飛蟲即傳染之媒介，時飛於污水，時飛於食物，將疫蟲微菌，傳染於食物之上。人類食之，惡病之根栽入也。東方諸國，各市各鎮，各鄉各村，所用之水，皆未經過焦炭深池濾過，水中存在之疫蟲微菌，有由糞桶洗下者，有由死蛇、死鼠及一切腐朽之物由雨洗下者，皆在水中，繁生滋長。人類飲之，惡病之根栽入也。由不潔之飲食，傳入人身，所發現之惡症多半爲時疫，上吐下瀉，頭痛眼昏，若再發熱，則難救治。再則爲痢疾，疫蟲微菌，入人腸胃，以致腹内腐敗，膿血成災。若治之不速，至於全身發熱，則難挽救。救治之法，惟有於痢症發生之初，用鎂硫養鹽化清水吞之，或用萆蔴油化水吞之，以洗出腹内之疫蟲微菌，則易收效。若至沈重，則惟有用打針法，將治痢症血液打入人身，可無患矣。更發生一種熱症，亦最危險。預防以上各症之法，惟有於各城、各市、各鎮、各大村莊中製自來水，水皆由焦炭濾過，由自治團體之衛生部管理，如歐洲各國之組織布置，則以上各症可不發生也。再則禁止國民飲冷水，凡未經過焦炭濾過之水，非煎開而後，不得入口。且禁止無知之人，用未經製過之水以作凉粉等類，以免惡症之發生。更當除去陰溝之污濁，以及死水溝渠之蓄積，用防疫臭藥水洗之。一面除去蒼蠅，除去穢氣。一切公共之所，如戲園、游戲場、茶樓、酒館、廚房、便所，皆當洒以防疫藥水，使疫蟲微菌隨生隨滅，亦一預防之要法。回憶五十年前，荷蘭防兵駐防於爪哇群島者近十萬人，因飲食不潔，傳染疫蟲微菌，發生痢症，不一月而死去大半。以後爪哇群岛，大城大鎮皆設自來水，而防兵操演遠出，由長官號令不得飲冷水，只準飲茶。營房内外之溝渠皆用防疫臭藥水洗之，從此再無痢症發生也。温熱帶之蚊蟲跳蚤，格外繁衍，由蚊蟲傳染之疫症多半爲皮寒，奎林治法已經論及。而較皮寒尤惡之疫症，則爲黄病、水腫病，診治之妙藥尚未發明。中國古法用田螺、大蒜、車前草搗細作一大餅，敷之臍上，則水由小便而出。由跳蚤傳染之疫症，多半爲鼠疫。鼠疫發源，由於鼠身之跳蚤，跳入人身之上，跳蚤口中所含之疫蟲微菌傳於人身血管，則發生甚速，傳染甚易。每鼠疫發生，則人身發極高之熱度，二十四小時以内，則人命危險。醫治新藥尚爲發明，預防之法惟有捕鼠浄盡，或家家養貓。而防蚊蟲之法，惟有用蚊帳或點蚊烟，並於死水污池之上，洒以火油，洒以防疫藥水。蓋蚊蟲皆發生於死水污池中，復生蛋於死水污池上。蚊蛋破後則成小蛆，浮於污水之上層，每吸水面之空氣以滋長。及蛆死脱皮，蚊蟲出矣。死水污池最多之處，則蚊蟲最多，瘟疫之發生亦最廣。回思巴拿馬運河未開之先，有法人某曾包工開鑿，卒被瘟疫盛行，工人死者無數，河工是以停止。而美國政府亦無法可設，後被美國醫生高格師設法，於巴拿馬全部，凡境内死水污池皆灑以火油，火油發展水面，使蚊蟲小蛆，皆不能出水面吸空氣以滋長。蚊蛆滅盡，蚊蟲無由繁生，以致世界有名之第一大工程——巴拿馬運河，得以開工建築，得以成功，大西洋太平洋兩半球之海面，得以溝通矣。此皆預防瘟疫之功效也。他如肺病、爛眼病，亦爲東方諸國所最盛。肺病皆發生於吐痰，痰乾則生瘟蟲，飛於空氣中，人類呼吸，易爲傳染。肺病疫蟲最難醫治，少年男女傳染最多。醫肺之藥，尚未完善。然歐美各國，多用克利沙加之於魚肝油内，每魚肝油一大瓶加克利沙四錢，每日吃三大匙。如此調養數月，尚多見效。防止之法，惟禁止吐痰，即吐痰時，當吐之痰盂之内，痰盂内加以防疫臭藥水，使肺病疫蟲無由生長。凡有肺病之人，其用過之飲食器俱，皆當用開水煮之，並不可與之共食，因其口中之沫與鼻中之氣，皆有肺蟲出入，最易傳人也。至於爛眼病之傳染，皆由洗面之盆巾爲介紹之物。爛眼病名爲“缺顆麻”，日本人譯爲“托利火姆”，爲害於人之眼光甚烈。醫治之法多用銅硫養粉，化蒸汽水點入眼内。每銅硫養粉一錢化蒸汽水十兩，每點鐘點入眼内一次；或用銀硝强水點入眼内，每銀硝强水一滴加蒸汽水百滴，每點鐘點入眼内一次；或用加厘錳養化蒸汽水點入眼内，每加厘錳養一分化蒸汽水三千分，每點鐘點入眼内一次。如法醫治，可以無恙也。至於普通眼症，眼内紅腫多半由於污濁灰塵，飛入眼内，加以受寒，眼内之細血管血輪停滯，以致受症，然亦傳染甚易，爲害無窮。醫治之法，多用硼酸八錢、鋅硫養八錢，加蒸汽水三十兩化水洗之，數日可愈也。普通洗眼之藥甚多，皆可收效，如用加厘緑養三錢化蒸汽水十兩洗之，或點入眼内；或用水銀重緑養一分化蒸汽水五千分洗之，或點入眼内；

或用加厘錳養一分加蒸汽水三千分洗之，或點入眼内；或用硼酸三錢化蒸汽水十兩洗之，或點入眼内，皆治眼之妙藥也。如不診治，則一人眼病，全家傳染，以致兩眼失明，爲害於人生社會者實大也。至於家常衛生藥品，肚中固結，則用鎂硫養一兩化水一杯飲之，則肚内通矣。頭痛眼花，則用奎林一顆，合愛司卜林一顆，飲水一口吞之，則頭痛止矣。若受風寒，則吞愛司卜林一顆，入床睡之，次晨即愈矣。若小兒肚内生蛔蟲，則吞山打林一小顆，而蛔蟲皆打出矣。若脚指間受濕，破皮發癢，則用沙利沙里克酸，化於酒精内擦之，則濕氣可除矣。如此等類，皆成普通知識，人人所當知者也。總之，防疫衛生首重清潔。人類天然長壽之術，莫如常晒太陽，常换新鮮空氣，長在曠野散步，長履潔清沙土，食消化物，飲潔清水。熱力亦可除病，霜雪亦可宜人；多受光綫，少受黑暗；夜早睡，晨早起；多作事，少游樂；多沐浴，多换衣，則百歲年華，尚稱幼稚也。至於家常防疫藥品則須常備者，爲防疫臭藥水，以除溝毒，以滅厠臭；柴炭、焦炭，以去穢水之毒蟲；柏油以去蒼蠅之飛入；碳酸、石灰、硝强水、緑氣、養氣、加厘錳養、石灰硫養，以及硫强水、新炒咖啡，皆消毒之要物，可以清空氣，可以清陰溝，亦清潔之常法。有知識者當實行之，而無知識不知愛清潔者，政府衛生部當負其責，免致瘟疫發生，傳染社會，傷男女之性命，滅民族之實力。歐美各國所以於醫藥教育，無時或懈也。全國普種牛痘，著爲憲法，市鎮皆設自來水，以去病源。吾願今日東方各國，所有之惡症漸次消滅，即中國廣東之麻風惡症亦漸除清，則人種成爲健康之民族，即指日成爲健康之國家也，豈不幸甚？吾聞羅克博士之言，甚望中華民國政府，各省各市鎮，速設自來水於各通商口岸，速防疫症之傳入，更加提倡新醫藥之教育，以造人才，則内政之急務也。即無知識之官僚活孔子，於此新教育發達之世界，亦當從早發蒙。

余自出紅海以來，船行九日，方過印度洋之錫蘭島。船行位置，在錫蘭島之南，與錫蘭相隔六十海里，故不能望見陸地。天氣頗熱，余在船面乘涼，有一乘客，係荷蘭人之久居爪哇者，來與余交談。因彼在爪哇頗久，所見之中國人甚多，其鄙薄欺侮中國人之習慣，亦自然發現，故談論之時，有輕薄予爲中國人之意，彼問余曰："中國苦力在中國每日所得之工價幾何?"予曰："中國工人，每日工價可得一元至兩元不等。"彼曰："既在中國每日可得工價一二元，何以我買苦力兩百人作工，每日工價給以小洋三毛，尚自備飲食，彼等尚甚滿意?"予曰："此等工人大半被騙而來。因中國政府係無知識之官僚當權，不知開闢航綫於海外，而通商口岸，又被官僚政府送與外人，在外人掌握。中國政府不能保護人民，是以被騙子將中國工人騙來海外，販買販賣，謂之豬仔。如從前販賣黑奴相等，此等工人，既經騙來，而販賣者轉賣之於小資本家。每工人一名，賣洋錢四十元、五十元不等。工人既經被賣，則其身體不能自由，只有每日得小洋三毛，換得極粗惡之粮食，以度其生命，爲資本家生財耳。每百工人中，作苦工一二年後，可生存者不過二十人，其餘大半被勞苦而死，而販賣豬仔者與白人通氣，是以皆由外人之輪船運至南洋。此種無人道之事，騙中國人爲奴隸，已數十年。中國革命以後，已經禁止，中國工人與白種工人相等，何得稱之爲苦力?何可稱之爲豬仔?何可任人販買販賣?凡工人出洋，須領護照，如無盤費，地方政府可以扶助。及至海外，中國政府當盡力保護。中國爲共和獨立國，中國人爲共和國民。世界各國欺虐中國人已久，中國人皆知之。其欺中國人之故，由於昔日中國被有尾韃奴所管，韃奴以奴隸待中國人。白人暗助韃奴，亦以奴隸待中國人，所以中國人在美國，不准入美籍，並苛待華工，禁止華人登岸。中國人之在南洋荷屬，不准中國人自由，由此街過彼街，亦須查驗護照。此皆從前韃奴政府，與世界列强政府之無理也。今胡清官僚政府已被中國人革去，中國人乃自由民族。加以國度之大大於歐洲全土，人口之衆有五萬萬。吾願世界各國人，勿以從前之習慣，再欺我中國人也!"彼客聞之冷笑曰："汝所云云，吾皆不信。所謂胡清政府已去，今日中華民國政府中人，孰非胡清時代之無知識官僚?所謂中國國度之大，非洲全洲比中國更大也。今日之非洲，何處非白人之殖民地?至謂中國人口五萬萬，不潔之國，蚊蟲之數，何只五萬萬?蒼蠅之數，何只五萬萬？以白人之知識處之，滅蚊蟲蒼蠅之種，易於反掌也。在今日世界，欲爲民族，須有稱爲民族之資格。最要者，人民須有知識。知識之範圍甚大，須有科學教育，方可得真正之知識。試問中國人有科學教育者幾何人？而於機器上、化學上、電學上，能發明無綫電、無綫德律風者有人否？化學上能發明月電母者有人否？（法國女士寇悦，曾發明月電母者，其原質係由鑛物片奇伯蘭德中所取出。月電母長自發電光，能照人骨髓，其光可殺病人身内之疫蟲微菌，醫人無算。月電母甚貴，每錢可值八千萬元。發明不過十五年，至今寇悦女士，尚爲法國巴黎大學教授。開片奇伯蘭德鑛者，各國皆有。）機器上能發明幾種火車頭，幾種輪船機及他種用電機、用油機、用風機否？不惟於科學教育上無發明家，即白人所已發明之科學，而中國人尚未能學得。民族既有知識，其實力自然澎漲發達，凡於人民有益之交通實業、自然建設，鐵路商輪製造廠，自然擴張。試問中國鐵路幾萬里？商輪幾萬隻？製造廠幾萬所乎？即有鐵路幾條，亦由白人所修築，在白人之勢力範圍。商船則幾隻破船，皆由白人手中所買得，係無用之廢物。海上不見中國國旗之影，而中國人之出國歸國者，皆乘外國船。至於大製造廠，則可謂百無一有。而且海口被外人所得，海關被外人所管，中國所有之好物産，中國人不知自爲管理，皆由外人吸收以去，中國無形中已爲白人之殖民地，如非洲之亡國，相隔不遠也。中國人在此世界，尚不能稱爲民族也。”余則曰：“中國開化最早，開化已七千年。中國開化之日，白人尚屬野蠻，如猿猴相類，中國則教育程度甚高也。伏羲發明算數，神農發明醫藥，倉頡發明文字，以後發明印刷者有人，發明機器者有人，發明指南針者爲軒轅，發明火藥者有人，以及造酒造瓷器皆中國人，師曠作音樂，易牙作烹調，孫武子作兵法。四五千年前，白人有一受教育者乎？若謂中國五萬萬人口不能稱爲民族，則荷蘭五百萬人口，獨能稱爲民族乎？”彼客人冷笑曰：“君所云中國有教育，皆四五千年前之教育，爲過去之文明，爲已死之世界。吾所謂之科學教育，乃今日之文明，及未來之世界。荷蘭人口雖僅五百萬，然荷蘭有大商輪數百隻，人人有教育，各種機器皆能自造，各種貨物皆能自造。殖民地甚大，商輪上之國旗，亦飛揚於世界。昔亦曾與英國開戰四次，每次由英國求和。今雖未能稱一等强國，然荷蘭民族，固爲一等民族也。今日有民族之資格者，不僅教育普及，商輪發達，並天空有飛機，海底有潛艇，高山架大砲，海岸駐戰艦。試問中國天空有幾萬飛機飛船乎？海岸綫内有幾千隻潛艇乎？砲台上有幾萬尊大砲乎？海岸綫内有幾千艘戰艦乎？不惟一無所有，並此種教育亦未夢及之也。且有教育之國，男女平等，歐美各國，男子皆尊敬女子。教育平等，事業亦平等，男女之婚姻，亦甚自由。試問中國男子曾尊敬女子乎？男女婚姻不能自主。若女子開親，父母得錢；女子失去男人，憑家族出賣，竟將女子等於牲畜。試問以女子爲牲畜之國，所生兒女安得不爲豬仔奴隸乎？以白人視中國人，無論官僚人民，一律爲豬仔奴隸也。白人尊敬女子，以女子爲國民之母。全國國民，皆由女子所生，女子尊貴，所以民族尊貴也。尊貴民族所以不願爲奴隸，不願亡國，不願無知識如中國人，不願海口被外人占領，不願財政被人操縱，不願海關被人管理。而且商船滿世界，商輪所到，殖民地即大開闢。以一有教育之人種，一有機器之商輪，一有信用之銀行，數十白人，可以滅無數有色賤種也，數十有知識之白人，亦可稱爲民族，何況人口五百萬之荷蘭人乎？稱爲民族，在有民族之資格，不在人口之多少也。”余曰：“白種民族受科學教育而得知識，不過五十年。白人能得科學教育，中國人亦能受科學教育。以五萬萬人口之國，皆受科學教育，自今日始，努力十年，亦可以空中有飛機、海底有潛艇、山上有大砲、海上有商輪。白人所有之知識，黄人亦皆可學得也。造成大民族之資格，原非難事，且中國人於數千年前爲已有科學教育之種族，不過被孔子之學説所誤，以致退化如今日也。若謂中國人在世界上不算民族，未免太侮辱中國人也！”船主在旁爲之勸解，請余不要生氣，各種民族皆有强弱盛衰之時，以後之中國正未可量。余亦惟有忍氣吞聲，不再與辨。

余自與該荷蘭人辨論之後，余甚氣憤。若彼侮辱余個人，原無關乎輕重。彼既侮辱我中國，若侮辱我中國之民族，余則甚抱不平。左思右想，心花怒發，以致全夜未能熟睡。試細追究中國退化之由，有兩大原因：一由於官僚學説之害人，一由於官僚政治之害國。官僚政治由於官僚學説所造成，所謂官僚學説，即孔子學説是也。無孔子學説之歐美人，皆爲有科學教育之民族；有孔子學説之中國人，以及染有孔子學説之安南、高麗人，皆成爲退化無教育之亡國奴。則官僚學説之害人，其罪惡實甚於桀紂。何謂官僚學説乎？即愚民學説，以人民爲奴隸，使人民不平等之學説也。孔子嘗云："民可使由之，不可使知之。"又云："惟女人與小人最難養。"此即官僚學説之根據。蓋中國自倉頡造文字以後，科學教育漸次發達。如神農發明醫藥等類，前已略爲説出。至東周列國，科學教育漸次普及，是以人才衆多，戰争亦烈。孔子生於其時，既未受科學教育，而又好作官僚，讀古人科學書又不甚解，惟於政治法律之空論，詩歌風俗之流傳，稍爲涉獵。所謂删詩書、訂禮樂，即其將政治法律上有益於民權，音樂詩歌上有功於社會者，皆爲之删去。凡可以逢迎權貴，可以專制愚民者，則編述成書，此即官僚学说發源之初級也。孔子一生對於官僚政府之功，在删去古人所遺傳之科學書籍，使人民失科學之教育，而無知識，即所謂"民可使由之，不可使知之"學説也。孔子一生無著作，其所傳述稍爲合理之言，皆古人所已言之者，其知識實遠遜於今日之康有爲。有友人爲孔子辨護曰："設孔子生於今日，安知其不進化爲歐美之科學發明家乎?"余曰："康有爲即生於今日之活孔子也，其進化之程度，亦不過如是。因官僚學説之成竹在胸，則於科學教育即格格不入。其知識之最高處，不過於官僚政治上發幾篇似是而非之妄説，以熱心作官爲宗旨。不知地質之生成，迷信風水葬祖墳，以求死骨頭默佑活人作大官；不知物理之真詮，迷信扶乩，藉巫術判語，"江城五月落梅花"一句，即於五月約張勳復辟，此進化之孔子，亦不過如是。而舉國之讀過孔子學説以作官僚者，皆今日未進化之活孔子也。因孔子即官僚之祖，孔子以前未見有無知識之官僚如今日之甚，孔子一生所經營者皆作官。想其當日率一群流氓，今日至齊，明日至魯，甚至作官之心太切，以致三月不知肉味（梁鼎芬於韃婆西太后逃在西安時，召梁鼎芬引見，梁鼎芬奉召往西安時，沿途食肉，不知其味，其親口在兩湖書院對學生説出者，即孔子當日之形狀）。乃至爲魯司寇，即殺少正卯而不宣布罪狀，此即官僚政治以人命爲兒戲之首倡。及其罷官歸里，不肯步行（如胡瑛之充過山東都督，即不肯步行），謂吾從大夫之後，不可徒行也。孔子甚好飲食，且極有研究，割不正不食，魚餒而肉敗不食，不得其醬不食，不轍薑食，不多食，惟酒無量不及亂。若他人講衛生，愛飲食，彼則責之曰："士志於道，而恥惡衣惡食者未足與議也。"孔子曰："人而無信，不知其可也。"陽貨欲見孔子，則曰他出，即當面説謊。孔子亦知君子之道，造端乎夫婦，彼則出妻，以女子爲玩物，愛則用之，不愛則借小故出之。彼見權貴尊長，則鞠躬如也，屏氣似不息者，即今日之小官僚見大官僚，不敢坐，即坐也只坐半邊椅角，而腰則折彎如長弓，而鼻孔則不敢出氣。大官僚有所問，總答之曰是是，此即活孔子之現形。其待同胞極不平等，稱之爲女子、小人，以致孔子後之官僚活孔子，皆以女子等於玉帛貨物，以同胞國民爲牛馬奴隸，其所謂尊周室、攘夷狄，即諂事强權，以欺弱國，借勢欺人，一朝權在手，殺人不轉睛，愛之欲其生，惡之欲其死，皆孔子當日作官僚之事實也。有孔子愚民賤民之學説，是以助成官僚專制之政治，人民愈愚，而君主愈貴，作帝王之强盜愈多。强盜帝王皆崇祝孔子，以獎勵孔子愚民之學説，人民日愚一日，帝王即日形專制，甚至民不聊生，教育全失，將古人所發明之算數、醫藥、機器、化學、天文、物理，皆全然失傳，即古人所遺傳之游戲，如五弦七弦琴、象棋、圍棋、雅樂風歌，皆掃地以盡，至今日戲園歌館、野蠻鑼鼓，亂人聽聞，花臉畫眉、滿場妖怪，以黄陂、黄岡人發明之京漢調，作爲普通教育之音樂，而人民之淺陋，愈不堪設想矣！人民愈愚而官僚之權愈强，以無知識之活孔子作地方之長官，政治、法律、教育、交通、財政、實業，一概不知，只知隨意騙錢，欺壓國民，人民無自治之機關，有益於民之生活，有益於民之教育者，皆無由興起，此强權治奴隸之政策，即中國之官僚政治也。官僚政治之内容，即愚民專制政治，以民爲奴隸之政治。所謂"民爲邦本，本固邦寧"之説，皆孔子以前之政治也。自孔子之官僚學説行，而中國之民權失、教育失，人民無權無教育，而官僚愈横行，人民愈不能生活，是以每不百年，而盜强蜂起，將國家之文明，人民之生命財産，爲之摧殘殆盡，卒至國亡於蒙古，國亡於胡清，而官僚之學説如故，官僚之政治如故，而活孔子之作官如故、殺人如故。加以中國亡於胡清之時，男子拖尾，女子纏足。歐美有教育之民族，擴張商輪之實力，來我中土，見中國人皆野蠻現象，不得不以滅野蠻人之毒法，以滅中國人，此所以今日中國幾成爲白人之殖民地。英人鼇兒所作之字典，謂中國揚子江乃英國人所保爲己有之商場也。海關被外人奪去，財政被外人干涉，香港租界被外人騙去，教育不能興，實業不能興，天空無飛機，海上無商輪，山上無大砲，海底無潛艇，此皆官僚政治之結果也。且每次亡國，活孔子皆先作順民，光復國家，皆非讀孔子書之人物，其故何在？凡未受過官僚學説所害者，尚有愛國愛種之知識良心在也。吾是以佩服孫逸仙先生之言，謂“行之非艱，知之惟艱也。”欲開知識，須受科學教育，吾願中國人快學科學，快開知識，掃除官僚之學説與官僚之政治。地方自治，努力圖强。更望官僚勿再作官僚，以害自己，以害子孫，以害國人，改過自新，作中華民國之好國民。或出洋留學，或安分還鄉，使有知識之一班少年，犧牲其能力，以與此新世界競争，則中國之前途，真未可限量。且興廢國、繼絶世，皆中國人之責任也。

過印度洋錫蘭島後，至第五日即過赤道之零度而入南半球。至第六日即抵薩馬袈之巴東埠。薩馬袈，即爪哇西北角之大島也。船過赤道之時，荷蘭人有一游戲，謂船過赤道，而海王即上船替人施洗禮。彼已出國度過赤道者，即扮一海王，將初出國初次經過赤道者，一一捉住，用火油調黑烟脂，將初出國者，面目皆塗黑，謂之施洗，以爲游戲。洗後各給一文憑，於凡洗過者之文憑上，賜一名字，如海狗、海龜、海鷗、海泡、海馬、海草等類，亦一謔劇也。予已環繞地球二次，故黑烟脂尚未塗及余之面目，否則予亦不免。船近薩馬袈時（薩馬袈，中國人譯爲蘇門答臘），望見雲山高聳，叢樹常青。有一士官謂予曰：“此萬尺之雲山，皆火山也。有已息火而未出烟雲者，大半尚未全息火焰。”彼問何故，予曰：“汝學地質學否？此地球之發源，有謂係太陽崩下之一部，皆極熱之氣體，不知經過幾千萬年，環繞太陽，而極熱之氣體漸漸低其熱度，而成爲流質。又不知經過幾千萬年，環繞太陽，而極熱之流質漸漸低其熱度，而四圍外壳竟成固體矣。地球形狀，如厚皮之圓橘，皮面有高低，高者分爲大陸，低者分爲大海也。然地心之熱力尚在，故每每有火山爆烈，發出地震之患。火山多半發生於沿海一帶。試由日本而至墨西哥，由墨西哥而至意大利之西西利，由西西利而至紅海，由紅海而至爪哇，沿大海一帶，皆火山發現之所。其所以火山沿海而發生者，由於地壳之上常有深隙，沿海之深隙最多，海水尋隙而入，遇地心之高熱，則水化爲汽（水熱至百度即成汽也），汽則澎漲，日久月長，汽之澎脹力，大於海水之壓力，則爆發炸裂。而地心之流質，即湧出海面而成火山矣。火山噴出之流質，愈出愈多，愈積愈高，則大海之中發現大陸矣。地球之大陸皆由火山所建築，然大陸之高山大湖不知經幾千萬年，被天氣之冷熱變化，熱脹冷縮，被風雨之洗刷剥削，塵飛污流。高山崩成大原，大湖淤成平地矣。又不知經幾千萬年，而海上之大陸愈高出海面，而大陸之低降者又成大海矣。滄海桑田，變遷無定。以人生百歲之眼光，看不出地球變遷之年華也。今日世界最高之山，如印度之喜馬拉雅，如日本之富士，如爪哇一帶之高山，皆年最幼稚之山脈耳。”該士官又指爪哇群島謂予曰：“荷蘭小國，人口只有五百萬，得此亞洲爪哇群島大殖民地，可以知荷蘭之富也。”予則曰：“荷蘭人富，爪哇人窮矣。白人之殖民政策，即强盜政策也。滅人之國，奪人之地，以爪哇群島五千萬馬來人，爲荷蘭五百萬人之奴隸，以荷蘭人所發明之紙幣，换去爪哇群島馬來人之物産。荷蘭人享福，爪哇人遭殃。殖民政策，吾甚反對。其結果不過如歐洲之大戰，殺人盈野，流血成河，以各保其殖民地。稍一失敗，則殖民地即爲他强國所奪。所謂公理，所謂自由，皆騙人之詞耳。”該士官又曰：“荷蘭人之治爪哇群島，總比爪哇土王之自治爲良。當日爪哇土王之腐敗官僚政治，其人民比今日更苦也。”予曰：“爪哇土王之官僚政治萬惡，而爪哇人未必無可教者。何不助其人民自治？以爪哇自治政府發行爪哇紙幣，教其製造商船與各國通商，則爪哇五千萬人，亦可與荷蘭人、英國人平等也。”該士官曰：“此等殖民地人口太多，若教其製造商船，則爪哇人將學日本而欺我白人也。”予曰：“此白人之殖民政策，即滅人種族之政策。握爪哇之財政，防制爪哇人之自强。吾則甚反對之也。我中國人來此南洋群島，比荷蘭人之來此者尤早。至今日南洋群島之商業、農業，皆在中國人之手。我中國人從不滅人國家，以南洋群島爲中國人之殖民地，可見中國人甚有公道也。”該士官曰：“中國之不取南洋群島爲中國之殖民地者，因中國之官僚政府，所知者爲官僚政治，愚民虐民，而不知保民。中國又無商船來南洋群島通商，是以未能行殖民政策耳。荷蘭商船專行爪哇群島者，已逾百隻，而由荷蘭來之大商輪，每萬噸以上者，每禮拜數隻。有此商輪，即荷蘭殖民之實力也。若將南洋群島交與中國，而中國無商輪來此，即此地遍處黄金，汝中國人亦無由運去。且中國内地，亦被英國、日本及列强開闢航路，已作白人之殖民地，自顧不暇，何暇念及南洋群島？汝之反對殖民政策，因汝中國人尚無知識以行殖民政策耳。”予曰：“中國人除官僚活孔子以外，皆有知識，指日即大造商輪，開世界之航路，然只與人通商，斷不滅人家國，如白人今日之强盜行爲也。請看將來。”

船抵巴東，而荷蘭警官來船，以驗乘客之護照，准予登岸旅行。予見巴東有中華會館，有閲書報社，有中國小學校。予遇一中國小學之教習，彼引予游覽巴東之風景，所見之農業、商業，皆在華人之手。荷蘭政府收華人之税極重，而權利則荷人所獨享。中國政府全不負保護華人之責，遇事則被荷人所欺，實爲苦痛。尤可憐者，中國自英人輸入鴉片以來，毒我民族，奪我權利。每年被毒而死者，不知幾十百萬。十年前中國禁之，萬國共同嚴禁，而荷屬政府在爪哇群島，到處設鴉片專賣局，一面毒中國人之身體，一面剥中國人之財利。中國工人在爪哇群島者，身體皆極健壯，作工甚多，工價極廉，而荷人則利用之以生大利。其害工人之妙法，使工人吃鴉片賭博。每每工人長年勞動所得之工價，大半耗之鴉片烟，輸之賭博。而荷人則專賣鴉片，大開賭場，則多數華工，不啻作荷人牛馬也。中國人口既多，商業亦盛，農工各業，皆華人占大勢力。而荷人則暗中指使土人，與華人結仇，謂華人有錢，又有土地，商務又盛，爪哇人不能生活，皆華人所致。以致無知識之土人，竟與華人尋仇，常殺華人，常焚華人之房屋。中國不加保護，即質問荷人，荷人亦不理，甚至荷兵任意殺死華人，亦不問罪。有一荷兵殺死華人，死者家族控告，僅判該凶手五年監禁，入監不到一年，即行釋放，如此等類，筆不盡書。中國人開闢南洋群島，在荷人、英人之先數百年。如羅大剛，嘉應州人，自宋朝即到婆羅洲。當日羅公發見婆羅洲後，强迫土人説中國語。至今日而婆羅洲土人，尚説中國語言也。鄭和之到爪哇三保壠，開殖民之雄業，至今三保壠之鄭公廟，群稱爲三保大人，此皆遺跡所在也。華人久居爪哇群島者，大半爲南洋之地主，富有資産，今荷屬政府設法没收。據一千九百十年，荷蘭政府與韃清政府所訂關於領事之條約，謂華人之生長爪哇群島者，皆認爲荷民。其所以認爲荷民之故，非待華人與荷人平等，實認華人與爪哇土人同爲奴隸。華人所有之地權資産，荷屬政府可任意没收，故認華人爲荷民也。今荷屬政府没收華人資産之法，强迫華人所有之土地，賤價售於荷屬政府。凡價值百萬千萬元之地，荷屬政府給以債票一紙，每年付息三厘。若中國政府不速改一千九百十年與荷蘭政府所訂之約，吾恐不十年後，而中國人在爪哇群島數百年辛苦經營所得之億萬黄金，以及地權，皆被荷屬政府一張空紙换去也。挽救之法，惟有請招商局，或甯紹輪船公司，或中國郵政公司，速開航綫至南洋群島。每週由上海達厦門，由厦門達香港，由香港達西貢，由西貢達新加坡，再由新加坡達爪哇之巴達維亞，航綫所至之處，而中國銀行或廣東銀行，即分設支局，以作匯兑機關，使華僑無數萬之資財，得以附商輪銀行以保存之。更擴充大船廠，自造大商輪，開歐洲美洲之航路，五色國旗飛揚於世界及各大海洋之上，銀行機關布滿世界列國。民族雄飛之實力在是，吾願中國人努力圖之。

船由巴東開輪，一日即入孫厥海峽，二日即抵爪哇首都巴達維亞。

抵岸時，荷官登船驗乘客之護照，並收入口人頭税二十五盾（每盾平時合華銀一元，戰時合華銀半元）。予於是往中國領事署報到，駐此中國總領事名歐陽祺，頗與華僑聯絡。彼問予來此所作何事，予以遊歷世界對。彼甚表歡迎之意，並介紹予與巴達維亞總商會會長丘君燮亭、副會長黎君純熙，及巴達維亞機器廠主人梁君炳農。此數人皆工商學界之首領，熱心祖國，勤敏過人。並聞薩馬袈日里埠有一開闢荒島，擁資八千餘萬之地主張耀軒，爪哇三寶壠有擁資萬萬之糖業大王黄仲涵。漢族英雄，海外大有人在也。若中國早有大商輪航行此島，大銀行握其金融，安知南洋群島數千里之富源，不在中國旗下乎？當年長尾韃奴入據中國，官僚活孔子皆俯首稱臣，奴我國民，賣我漢土，不惟不保護我辛苦殖民之漢族，且要求荷政府殘殺我僑胞。至今亞洲大陸，除日本以外，並無完全獨立國，群仰鼻息於白人商輪銀行勢力之下。亡國可憐，思之猶有餘痛。吾願亡清之一般賣國大夫、老官僚、活孔子，快快知罪遠引，勿再作惡。如猶争權奪利，借外人之勢力以賣我民國，藉以保其罪孽深重之禄位，則汝輩之血終不免作韃奴償罪之賠欵也。爪哇位置在東經綫九十六度至一百二十五度，合薩馬袈婆羅洲計算，自赤道以北緯綫至六度，赤道以南緯綫至十度爲止，東西横亘一千七百四十餘海里，南北九百六十餘海里（每海里合華里三里半）。在印度洋之東，太平洋之西，群島横列，與印度、緬甸、馬來、暹羅、安南相近，不啻爲中國之屏藩。中國南方沿海各省，如廣東、福建來此南洋各島殖民者已七八百年，當日來此群島之人多半有科學腦筋，有冒險性質，未受退化毒藥孔子學説者，開闢數千年原有之荒林而爲種植之肥地，發現無窮之錫鑛，而爲鑛業之主人，經商理財，皆有知識，故各島土人莫能對抗，群趨向於中國之文明。中國人製造磚瓦，教土人建築房屋，製造棹椅，使家家得用木器；教土人耕種，穀菓菜蔬食之不盡；湖沼池澤，中國人用以養魚。至今日而椰子園、橡皮園，多半操之於中國人之手，徒以中國無商輪無銀行之故，致二百餘萬華僑，被荷蘭萬餘人所壓制，未免太不近人情。爪哇群島以及薩馬袈、婆羅洲，皆富於鑛産。産錫産金以及銅鐵、煤炭煤油，無一不備。而荷屬政府則限制華人開采。從前華人所開闢之錫鑛，今則盡被荷屬政府没收。而糖業烟草，尚屬華人之大農業。然而荷屬政府之苛税極多，待華人則極不平等，吾以爲荷蘭人不應如是也。華人開闢之地，而荷人坐享華人之福，此種殖民政策，應即停止。從前虐殺華人數萬，河水成赤，至今日而人稱其地爲紅海，强盜殘暴行爲，中國人當不忘之也。聞中國未革命以前，荷蘭人之在爪哇群島者，待中國人如奴隸，街上電车、頭等車房不许中國人乘坐。至武昌起義以後，則待華人甚優。至英人助袁世凱操權，破壞民國成功，而荷蘭人又苛待華人如前。今又禁止華工入境，凡工人到巴達維亞埠，荷屬政府殖民部則將華工禁制貨倉之破樓，每小房一間，關閉七八十人，熱如蒸爐，不啻制華人於死地。吾謂荷屬政府太無人道，若待日本人如此，則日本人早已將荷人驅逐於爪哇之外也。歐戰之時，英國限制荷蘭輪船出口，是以荷蘭小國五百萬人口所依賴以生存之爪哇物産，無由輸去，而荷屬政府則異想天開，没收華人之米業，使華人與土人日日所不能缺之米糧漲價而不能生活。彼又藉口恐華人將米抬價，恐土人暴動，是以没收華人之米業，實則荷人將爪哇所産之好米没收屯積，待運出口，以暹邏産之惡米代之。因荷蘭米價，每石值六十餘盾，恐華人與土人米糧充足，有所動作也。今又不准華茶入口，華人慣飲華茶，而爪哇産之黑茶，不適華人之口，而荷屬政府則奪華人之茶業，使華人無從活動。荷蘭係中立國，不應勒取華人戰税，今則以收戰税爲名，凡華人之資産值百萬以上者，彼則勒收至數十萬，華人苦痛異常。吾甚願巴黎和平會中，實行美總統威爾遜之宣言，使種族平等，早廢除殖民政策，則荷蘭人早歸荷蘭，不再在爪哇群島肆行無忌，則不僅造福於華人，亦造福於爪哇土人也。

中國人之在爪哇者，道德甚爲高尚。有一日黎君純熙招予飲宴，酒席甚豐，同席者皆商務中首領，有巴達維亞甲必丹李千貞君在座。餐後黎君廚房發火，因洋油燈不慎，燒及木房，火燄甚凶。李君千貞即登上屋頂，以水撲之，不數分鐘，而火光滅息矣，即此可見中國人道德之高尚也。爪哇群島馬路甚爲整齊，皆利用華人之人力財力所建築，而管理之權，則在荷人之手。巴達維亞有大植物園一所，稱爲世界第一。美國人之游歷爪哇者，皆甚注意此植物園之風景。内中有一大部係公園，世界之名花、名樹皆繁殖之；有一部係種植模範園，將世界各種之咖啡、可菓、茶樹、椰子、橡樹皆分部種植之，以爲選種改良農業之材料，甚爲可觀。巴達維亞亦有博物院一所，内中所陳設者，多半水族鑛産植物數種，亦有在婆羅州搶來之牌匾，係羅大剛廟中所懸挂者，予見之不覺爲之嘆息。中國人冒險殖民，開疆拓土，因祖國不加保護，以致被荷蘭少數人所壓制，中國人未免太馴良也。

有一日爪哇巴達維亞荷報新聞載一論説，評論中國之時局，謂中國同種自殘，南北分立，若長此不改，立召滅亡。又謂歐戰期中，英國不能守其在中國所竊得之利權，多半將其已得之利權讓渡於日本。即就漢冶萍煤鐵公司論之，歐戰未開之先，爲英所有，今則由英人讓與日本，則該漢冶萍公司，爲日本人收去，如此論調，是直認中國爲英日私相授受之物，其侮辱中國實甚。予閲之，即投緘質問該報主筆之荒唐。予信中所云：“大主筆先生閣下，予讀閣下評論中國之時局，甚爲欽佩，然錯誤之處太多，故稍爲辨正，望登之貴報以釋群疑。日本在巴黎和平會之代表，只以開放中國爲條件，在日本人之意，似乎此次大戰，非戰勝强德，實所以戰勝中國也，其荒謬實甚。中國人受世界所欺，已五六十年，世界列强，利用中國亡於胡清之時機，得以攘奪中國之權利，中國人痛苦流離，不得不將異族政府逐去，以救中國之危亡。幸共和告成，胡清倒滅，不意英、日陰謀政治家又恐中國富强，與外人以不利，故助漢奸袁世凱造反。袁世凱倒斃而後，又助段祺瑞作惡。今又助無恥無知之徐世昌以破壞民國，以圖長握中國之利權。吾中國神明貴族，非無知識如黑人，可長爲外人所欺也。予謂日本當從速還我青島，英國當從速還我海關與香港及一切租界。中國人被汝輩政策受害而死者，不知幾千百萬，汝之罪惡今已滿盈，汝輩白人當知悔改，否則上帝斷不汝恕。即漢冶萍煤鐵公司而論，完全係中國人之實業，爲中國人所獨辦，與英國不相關涉，亦與日本不相關涉。漢冶萍公司賣鐵鑛與日本，日本買我鐵鑛，先付現金，以每年交付若干噸爲實行還欵之規定。該公司借日本人之債，每年付其利息，彼此交易，無可相欺，何得云係英國人之權利，又何可云係英人讓與日本，被日本人所收？此種政治之狂言，願貴主筆稍爲審慎，且中國原屬一家，原無分乎南北，其所以分南分北，同種自殘者，乃外人慣用滅人家國之陰謀，暗助野蠻未開化之官僚，使之以北洋軍隊與南方同袍相殺，彼外人即可以常握我海關，常得我租界，常握我財權，即荷蘭人滅爪哇人之方法，汝白人所慣用之，而常收效者也。吾願汝白人從此回頭，勿再作惡，勿謂我中國人可欺而不知之。”此信寄去，次日該報即譯成荷文登出。又有一日，荷文報紙登一論説，謂英美乃同文同種之國，今已聯絡而戰勝强德，恐日本與中國觀世界大勢之所趨，亦將聯合而同争進步，因日本與中國亦同文同種之故也（同文同種即相聯絡，係騙人之語）。若中日聯盟，則白人瓜分亞洲之政策恐招失敗，此後白人當努力從事於挑撥手段，使日本與中國多生惡感，使黄人自相殘殺，則英人在東方外交之慣技，方可成功，即可以滅全世界爲己有也。予則曰：“予黄人原爲世界文明之祖，白人之陰謀，黄人素所深悉。此後英美若與日本開釁，予中國人即當負援救日本之責，日本若中白人之計以欺侮中國，則中國人當先制日本死命，然後制世界僞善家之死命。滅人之國，奴人之種，奪人之財，吾黄人之道德所不許。美總統威爾遜之宣言，種族平等，公海自由，庶可以彌後來之兵刼矣。”

爪哇荷屬政府，最怕中國人有政治性質者入境調查，因荷蘭小國，人口僅五百萬，與爪哇相隔有九千英里，在爪哇群島之荷蘭人不過萬餘，土人與中國人甚爲接洽，同爲亞洲人種之關係也。爪哇土人，將近五千萬，中國人之在爪哇者，則二百餘萬。若中國政府中人，稍有知識，稍知世界之公理，稍顧同胞之生命財産，每年派兵艦至爪哇巡遊一二次，若遇不平之事，則直言忠告荷屬政府，請其更改，若不更改，則中國爲人道故，請荷蘭人讓出爪哇，交還爪哇人，中國人所當負之責也。若日本人有僑胞在爪哇群島如中國僑胞之衆多，則荷蘭人早已安分回國矣，何敢稍加虐待乎！吾願中國速開航綫至爪哇群島，速分銀行支局於巴達維亞及各大商埠，此乃目前最急之事。爪哇土王對於土人，依然行其官僚政治。爪哇内閣諸總長，依然對於土人有作福作威之態度。爪哇土王之内閣總理出衙門時，每每前者有護卒，後有衛隊，挂刀倚劍，勢焰熏人，不過皆赤脚黑皮，自爲尊貴。一見白人則鞠躬如也，屏氣似不息者，其與北京各官僚極爲相類。吾以爲爪哇土王及其閣員，皆學過孔子秘訣，是以無知識而退化至於麻木不仁也。荷蘭人之滅爪哇，全仗爪哇土王及其内閣閣員之力。荷人以藉債政策使爪哇全國盡數歸荷蘭管理，而荷蘭人則發行統一之紙幣，使爪哇群島之人力、物力、財力，皆爲荷蘭人囊中之物，無數黄金被荷蘭輪船捲運而去。荷蘭人則雄據我南洋，爪哇人則萬刼不復也。予聞爪哇土人近亦有秘密會社，希圖革命而倡獨立。然財政權在荷蘭人之手，財富又爲華人所獨有。每每爪哇土人向華人勒索助款，以圖反動，華人多不願給以金錢，以爲爪哇土人無能力可以驅逐荷人，徒滋紛擾耳。故爪哇土人多有與華人尋仇者，謂華人爲守財奴，動則結死華人，燒華人之房屋。有一小鎮名古突，係華人所開闢，有華店六十餘家，全被燒去，並殺死華人十四名。荷蘭政府既無保護能力，且從中挑撥土人與華人生惡感。中國政府諸公，對此漠不相關，只争利禄以害民國。將來徐世昌做成一個爪哇亡國土王，錢能訓及一般賣國官僚，做成爪哇土王之内閣，每月向外人討幾萬紙幣，只在同胞面前耀武揚威，見外人則成牛馬奴隸，其尊榮何在？吾實不解之也。

爪哇人之稍明世界之大勢者，近來亦頗有人，有一日荷蘭駐爪哇總督欲開荷蘭治爪哇三百年紀念大會，於爪哇土人團體中提議，有一議員起而答曰：“汝荷蘭人滅我爪哇，在爪哇享福三百年。此三百年中，爪哇人之物産膏血被汝荷蘭人吸收以去，並殺死我爪哇親愛之同胞無數，汝荷蘭人欲開治爪哇三百年紀念大會，我爪哇人即開亡國三百年之紀念大會也！”該荷蘭總督聞之，甚爲惶恐，而紀念大會遂以消滅。予留巴達維亞僅十日，即乘客輪至新加坡。船抵新加坡口，英國醫生船來檢查乘客之護照畢，始入口。予則尋友人家暫居數日，候船回國。聞馬來半島之華人對於祖國政局，格外注意，其愛中國之心甚切。有多數僑商致電巴黎和平會，要求中國代表向和平會提議，將中國内地所有一切租界收回，青島、香港收回，海關收回，取消外人在中國所設之郵政交通權，禁止外國銀行在中國發行紙幣，取消從前外人與滿清政府所訂之秘約，及民國成立後，外人與漢奸袁世凱所訂之密約。以後凡外人與不法政府所訂之約，未經國會通過者，皆係私人交涉，國家無承認之理由。各種電報，皆被英國居留政府扣留，並追究發電人之姓名、住址，嚴加申訴，謂華人之在馬來半島者，不准干涉政治，不准酷愛祖國，只准多納税，多報效英國，以盡被保護者之義務。又聞商會中人云："從前中國貨物來馬來半島者，甚有起色，今皆被英人限制，苦痛異常。馬來半島係華人所開闢，華人人口有二百餘萬，華人所到之處，而橡皮、椰子園以及各種農業，皆甚發達，各種錫鑛皆爲之開闢。華人富有科學之能力，能變荒林爲沃野，今被英人所限制，不准華人領地以開拓馬來之實業，而英人又無能力發展，馬來土人則庸惰無知，如中國之官僚，世界不平之事，未有如今日之殖民政策者也！"

由新嘉坡開輪，船行五日，即抵香港。中國錦繡之河山，南方第一之軍港，被英國人强迫中國人吸鴉片之故，爲之割去。凡屬中國國民，見英國國旗飛揚於中國之海口，莫不爲之心痛。在英國人對於中國之陰謀，一面暗助中國政府作惡，使人民無所托庇；一面利用中國官僚之愚昧，奪中國之利權；又一面施假仁假義之柔術，使中國人之財産生命，得租界之保護，苟延殘喘。而國家之組織被其破壞，金融被其操縱，國民之生活愈趨愈下，而五萬萬最有知識之人口，無從團結，以管理中國之物産，以發達中國之實業教育。英國人之陰謀險惡，真令人生畏。吾願中國國民，無論在位在野，當一體知之，使危弱之國家重爲組織，不被外人暗中指使，則收回海關，收回青島、香港及一切租界爲第一先着也。

船由香港開輪，二日半即抵上海。進吴淞口之時，砲台下之醫生船，亦不登船查驗船上之貨單，與乘客之護照，自由出入，如入無人之境，不禁爲中國人羞憤。世界獨立國，未有如此之無知識如中國之官僚政府者也。抵岸而後，但聞南北議和，北方帝制餘孽朱啓鈐，充宗社黨首領徐世昌相國之代表，南方唐紹儀充南方宗社黨首領岑春煊宫保之代表，兩方議和，而國民護法之問題，置之不議不問之列。但聞所議者，某作總長、某作次長之分派，某作總統、某作總理之安排。尤可恨者，彼此協商，借外債四萬萬以解散軍隊，以五萬萬國民生命所托之地丁錢糧爲抵押品。其賣國之行爲，較之曹汝霖、陸宗輿、章宗祥、徐樹錚輩尤當千刀萬剮。幸章太炎、孫伯蘭兩君皆將南北兩方面協同賣國之罪狀，於護法後援會中一一宣布，而朱帝孽與唐金星是以再不敢繼續議和。無恥之三朝元老宗社黨首徐世昌賣國之四萬萬借欵，亦不能到手，以供其揮霍。然而南方軍政府岑春煊與强盜武人，比之北方非法政府，究屬一邱之貉，國民從此絶望矣。爲今之計，惟有國民自決，不放棄國民之天職，中國庶有豸乎！吾之旅行記是以告終。

（據復旦大學圖書館藏本，出版於1919年，出版者不詳，署名爲“鄉下人”）

荆楚文库

遊川日記

叙　　言

十八年春正月，重爲自虞来崑，得識亞伯先生於其隱居之所，先生出示其《游川日記》一巨帙，斤斤於救國之義，心甚儀之。夫山川之秀，毓其至清，賢聖英豪，代不世出，一傑臨而億兆安，一才治而萬衆謐。賢哲之於世，其關係爲如何耶？黄帝苗裔，垂祀四千餘載，文治之殷，遠播四土，迺以獨夫當權，被海拱服，著於典册載籍之中，而我神胄遂赫明慴居於城闕之下矣，然中州豪傑，屢抗金人，排斥满清，喋血千萬，史册揭其光，閭里咏其成，一唱而三嘆，民氣之平也。先 生弱冠從文，力膺革命，秉艱難之世，格神而明之，以將以瘏，遂造今日。黠者因利竊名，掩塞人智，服居帝夷而猶侈言愛國，人心之爲喪，不亦大可哀耶！國土日以蹙，民生日以困，疆者之窺伺日益厲，而爲亂之攘陸尚日弗衰。先生愛在鴻慈，施於世度，川之游，蓋欲設計川土，爲民國先，西闢草萊，遂援印度，發吾智能，推動華胄，十年生聚，十年教訓，而亞洲之雄，世界萬族，各得其老安少懷之郅矣。以物物人，以德德人，王者之所希，亦社會所共存，先生之訓世，庸有朽乎？重爲亟願先生公是記於衆，衆因得涉此風土，記其富藏，利其能力，以治亞洲，以速帝國主義之滅，而維社會之安定，則幸甚矣。三月二十九日，四川陳重爲謹叙。

吴　　序

亞伯先生與余同客英倫，相叙有年，無日不同游息。惟其時皆窘於資力與日力，不能爲經時越月之遠游，故曹先生長時浪游之興味，余未與一同領略。歸國後聚散不常，但從歐戰時聞先生作環球之游，即艷羡非常。然十年以來，余東牽西捽，幾忘游觀之樂。近來數月，小住湯山，日睹山水之美，忽動游興，於是每數日必走數十里，登山涉水，興會彌高。近來因事有太原之行，在太行萬山中，盤曲循行，中心悦愉，不可名狀。渡海南歸，又在海舶中遇汪、張兩生，漢中人也，述説終南山之南境，如何清美。正動游川之興，語云"老不入川"。此古代文弱書生之言，非所限於我輩。且曹先生新有《游川日記》，索序已久，連帶憶及曹先生之游，其興味必倍於他人，恨不能相從，然有其游記作先導，來日吾之川游，必更有如歸之樂。今日適遇於滬寧車中，先生堅不肯放行，必令車中交卷，於是即將余之心契與曹先生善游之歷史，寫此數十百字爲塞責，且曹先生之書一出，吾知挾以游川者必多。吾將來伴侶，不啻先生親爲介紹也，愉快更何如。民國十有八年七月十七日，吴敬恒序。

自十六世紀機械發明，而世界組織悉爲變動，在世界經濟網網羅之下，一切政治、法律、宗教、文藝、美術均有新穎進展，而傳播此文化之交通技術日盛月新，超邁千古，舉凡山谷之險峻，河海之廣闊，昔所目爲艱險者，今皆納於此變動之中，而夷爲平砥矣。山也鐵路，水也汽輪，陸也摩托，鐵路、汽輪、摩托之所不及者，則有飛航以濟之，四海之大，五洲之遥，余前後環游二週，閱時僅十二月耳（留英八年不在内）。

鴉片來而吾國之海禁開，外貨侵而國民之經濟蹙，海關被外人所佔，全國之財源以枯，舉國承兵革疾疫之後，救死不遑，奚論開闢。民國以還，大盜竊據，藉不便之交通，爲負隅之企圖，於是旅行之困難，十七年中猶如故也。

數年來崑山小隱，潛讀佛書，天相吾身，得此清静。老友吴兆麟因共産黨挾嫌報復，誣其爲湖北將軍團之一，没收其在武漢之小房産數間，約余伴之歸漢，圖清黨之武漢當局發還。余難拂其意，又適至契黄吉亭會長在滬，遂樂偕往。十七年夏歷九月十一日，晨，與吉亭、兆麟、宋如海、沈文卿等乘滬寧特別快車赴寧，在上海北站送別者，有王文清、周宗碩、龔三寶兄弟，顧惠公站長，下午三點四十六分抵下關車站，來迎者有包笑雄、邵逸周、曹錫祺兄弟及錢維驥先生代表。

十二日，在南京與友人周旋。

十三日，晨，由下關登怡和公司之德和輪上駛，船位爲郭禮鈞先生在滬所定。輪行三日，始抵漢口，計上海至漢口水程，凡二千一百華里。

在武漢留十日，郭禮鈞先生因事往重慶，約余與黄吉亭牧師朝峨眉。峨眉在四川南部，本普賢菩薩道場，萬佛千山，藏奇挹秀，曩披圖志，久欲往遊，輒因事不果。此度來漢，塵心久滑，亟欲一睹此著名之靈山，與夫三峽之險、劍閣之雄、青城之清、成都之秀，以償夙願，遂以二十四日下午八時乘怡和公司之江和輪赴宜昌，由漢至宜水程計一千四百四十華里，歷金口、牌洲、新堤、城陵磯、監利。二十七日抵沙市，荆州在其南，沙市商業繁盛，人烟稠密，輪埠附近，日本商店在焉。

由此乘快船赴宜都，計程九十華里。宜都爲七國時楚之舊都，上通巴夔，下達荆鄂，楚不能取蜀，蜀巴相繼爲秦所夷，秦兵由巴出，楚都遂倉皇北徙，其在楚之地位如此。漢武帝伐西南夷，路由此出，遂更名夷道縣。昭烈帝改爲宜都郡，令張翼德爲宜都守。陳始改爲縣。唐又改名江州。

杜甫詩：

前聞辨陶牧，轉盼拂宜都。縣郭南畿好，津亭北望孤。

二十八日，至宜昌，即由江和輪過美輪其春號，其春買辦王介臣與郭禮鈞先生友善，招待極周。

連日登岸，赴聖公會陳繞樞會長、彭人豐會長、甘文龍教士、胡濟成先生、李翊東監督、向岩局長等之宴。

宜昌爲鄂西之門户，商務繁盛，又當入川孔道，川人商於此者甚衆，所執之業，出口有烟葉、鵶片、生絲、糖、鹽、牛羊皮、藥材、綢緞、水果等物，進口有江西瓷、棉紗、化裝品、洋紙等物，交易多用沙平，四川之七一銀元，與當五十銅元，通行市面。街市之繁盛者，以城外二馬路、通惠路一帶爲最，城内則二架牌坊、鼓樓街、北街亦尚熱鬧，英美日經理商店數家在城外。

宜昌本古之夷陵州，漢置爲縣。秦令武安君白起伐楚，三戰伐西陵而燒先王夷陵，唐劉禹錫所謂“夷陵土黑有秦灰”是也。應劭曰“夷山在西北”，蓋因山以名縣也，縣有西陵山，郡志云即夷山也，三游洞在城西北十五里，即夷山（今名彝山）之麓，坐小船溯江可至。唐白樂天與其弟知退及元微之曾會飲於此，故名。宋蘇東坡弟兄同黄山谷亦曾來飲宴。歷代文人騷客題詩石壁者甚多。洞爲大石俯合而成，有室一間，供佛及觀音等數尊，司香火之老僧二，對客極謙。前臨大江之支流，流中蹲巨石，阻水不前，水激而下，爲聲淙淙然。

爾雅書院有爾雅臺，爲歐陽修所建。宜昌對岸，名點軍坡，傳爲漢關羽點軍之處。龍潭、天然塔、東山寺均在城外。城外山上，紅屋洋房甚多，大概皆外商及教會所在之地。

宜昌對岸山上，尚有日本仁丹、清快丸之鉅大廣告，泊江中及碼頭之汽輪，百分之九十爲外商産業。

十月初四正午，美商輪數艘，由美兵艦保護，自宜西上。十五里，南津關，即三游洞之前面市街。又十里，有石龍洞，民國四年夏，大水沖成，土人附會爲僞洪憲之瑞，愚謬至可笑也。又四里，平善壩。自此而上，爲西陵峽之起點。峽中陰晴無定，變化倏忽，風勢猛烈，吹人可倒，白浪翻騰，全江震動。袁崧所謂“自黄牛灘入西陵界至峡口，一百許里，山水紆曲，兩岸高山重障，非日中夜半，不見日月，絶壁或千許丈，其石彩色”，形容多所像，林木高茂，草密山深，寂野之氣，迥出塵表。又五十五里，黄陵廟，一名玉皇觀，廟祀大禹，山峰巨石，如屏風，其絶頂有石牛，昂首北向，頭角宛然。又十里，鹿角潭，杜子美詩，有“鹿角真走險”之句。又八十里，牛肝馬肺峽，石壁重疊如菌，形如肝肺，其色黄，故云。又二十里，通嶺大灘，地名苗河，輪泊灘上，兩岸崇山峻嶺，風景極佳，石灰岩層如案頭經傳，疎林紅葉點綴山村，犬吠雞啼，蕭然物外，古人謂“蜀道難，難於上青天”，誠不可執言於機械發明之世也。但以兵匪遍地，苛税百出，商旅靡不視爲畏途，然此一分交通之自由，均藉外力之庇蔭，人不厭亂，如之何哉。

自宜昌至重慶往來之汽輪，構造新奇，船小而馬力極大，已通行往來者，有六十餘艘，十之九爲外國旗。招商局之江慶輪，亦懸法國旗以避兵匪之騷擾。輪船懸中國旗者，納税至一元之值，有十元之税。自川鄂交界至嘉定之航綫，須經過八九部分軍隊之防區，即須納八九次之惡税，尤横暴者，所謂附加海關之二五税，因外貨入口税率，例不得過百分之五（每值百元之货抽收五元），上海總海關抽收一次，即可通行全國。中國政府力争二五者，即每百元增收二元五角也（只徵外貨之税率），不知此端一開，内地各埠即藉此爲敲詐勒索之媒，既無法再徵外货，遂反爲苛徵國货之例，種種留難，漸使國貨日趨消滅，甚至旅客行李亦被此二五税之搜刮。嗚呼，苛政猛於虎，民生日就困矣。

初五日，晨六時，自苗河拔錨前進。二十里入黄牛峽，巖陡峻，江流曲折，童山濯濯，古謡云“朝發黄牛，暮宿黄牛，朝朝暮暮，黄牛如故”，即形容此曲折也。又四十里新灘，時正八時十分，灘接連有四，曰三灘、二灘、新灘、小心灘，著名之險灘也。上灘即入兵書峽，峽壁立可千仞，紅黄色相間，壁顛有洞，大如桌，傳諸葛孔明藏兵書於内。又五里出峽，即香溪，有居民二十餘家，又號明妃村，蓋爲漢王昭君誕生之地。疎林掩蔭，煤層甚富，山磽瘠，尚秀美，一曲琵琶嗟出塞，美人宣力報君王。回想餘風，曷勝嚮往，杜甫《懷古》之三云：

群山萬壑赴荆門，生長明妃尚有村。一去紫臺連朔漠，獨留青塚向黄昏（邊地多白草，昭君塚獨青。塚在黄昏村，距綏遠歸化城南三十里）。畫圖省識春風面，環珮空歸月夜魂。千載琵琶作胡語，分明怨恨曲中論。

又二十里，過秭歸縣城，停輪以俟前行之輪上洩灘。後漢章武元年，昭烈帝自將伐孫權，爲關羽復仇，自巫峽建平連營至夷陵界，立數十屯，與吴相拒。二年，夏，六月，進軍猇亭，吴將陸遜度帝兵疲，以火攻諸屯，諸軍敗績，帝遁還永安。當日屯兵之所，即在此地山麓一帶。秭歸，故周之夔國，子爵，熊姓，即夔之歸鄉也。魯僖公二十六年，楚滅夔，漢名秭歸，孟康曰：“秭音姊。”袁崧曰：“屈原有賢姊，聞原放逐，亦來歸。喻令自寬全，鄉人冀其見從，因名秭歸，即《離騷》（屈原著）所謂‘女嬃嬋媛以詈余’也。”史記曰：“屈原名平，楚之同姓，爲楚懷王左徒，博聞彊志，明於治亂，嫺於辭令，王甚任之。”上官大夫害其能，因讒之於王，遂被放逐，原作《離騷》以自見。太史公曰：“離騷者，猶離憂也。屈平之作離騷，蓋自怨生也。”懷王受秦詐，不納原諫，卒客死於秦，令尹子蘭又短□於頃襄王（懷王子），原乃作《懷沙賦》，懷石投汨羅而死（汨羅水在今湘陰之下，岳州之上），原死之日，爲五月五日，後人哀原，多於是日作角黍投江以弔。秭歸縣城踞山面河，人口甚少，城内外荒蕪滿目，對岸有極大之煤層，有舊式煤廠二家，城東二十里，有故夔子城，宋王十朋有詩云：

身乘箪輅思熊繹，詞誦《離騷》弔屈原。城邑舊爲夔子國，人民多是楚王孫。

《漢志》："縣北有屈原舊田，名玉米田，雖畦堰糜漫，猶保屈田之稱。"又有屈原舊宅，方七頃，叠石爲屋，地名樂平宅。又東北六十里，有原姊女嬃廟，擣衣石猶存，又有宋玉故宅，其師與居耳。午十二時，其春輪逆急流而上，順利異常，遂過洩灘。洩灘與新灘互爲起落，均以險著聞。下午二時，上流口，流口亦大灘，但尚平易，不似新灘水流激於江底之亂石而作雷鳴，水花搏擊，高至數丈，最可怵心動魄也。但流口因水觸江底巨石而起之漩渦甚多，汽輪及柏木船（川中大木船名，長可五六丈，容量可百數十噸）當之，浪及船頭而止；小船當之，立在漩渦内受水漩擊而沈没矣。三時半，過巴東縣。縣始於梁，初名信陵，隋改今名。縣南有巴山，一名金字山，縣治依之，層層結聚，一峰分三岡而下，縣之得名昉此。唐戴叔倫詩："巴山不可上，徒馭亦徘徊。"《縣志》云："巴東古丹陽地，上接夔巫，當三峽之中，群山合圍，江流中激。"縣治人口亦少，有商店二三十家，所販賣不過油鹽柴米等，日常生活品而已。城外一望荒茫，對岸有由巴至秭歸之縣道，沿途僅有三五茅舍草屋。五時，停輪官渡，巫峽口也。是日行一百八十里，較昨日少行四十五里。自宜昌至巴東之地質，上層石灰岩，高至二千餘尺，下層間雜以紅砂石，並有煤層及鐵層，兩岸亦有工人利用江流之便，挖煤與燒石灰、鑿石塊者，但僅供本地之用而已。林業未興，只有天然之楓栗與松竹。農業以紅藷（土名紅苕）、玉蜀黍（土名包穀）爲大宗，但因不知擇種及增加肥料，收穫因之甚少。江岸有沙土之處，皆種有小麥、油麥、蠶豆（土名胡豆），足見山居之民勤儉可風也。

初六日，晨，自峽口開輪，進巫峽，峽長凡一西二十里，自官渡西上，十里，火圖石。又五里，楊家棚。又五里，竹流。又五里，野狐山背。又六里，楠木園。又十里，小灔澦石。又二里，宮内崎。又六里，冷水磧。又四里，金匾担。又二里，排沱。又一里，棺材峽。又五里，培石，川鄂交界地也，舊有川軍戍守於此，鄂軍則守於山頂之火風嶺焉。又五里，白石路。又五里，黄草坡。又八里，沙木瀼。又五里，小木灘。又三里，大木灘。又三里，青石洞。又五里，三峽厦。又三里，霸土楚。又一里，碎石灘。又二里，金盔銀鎧峽，因山層方長，石面劈皺而得名。又三里，野蟒洞。又二里，老鼠錯。又五里，横石溪。又五里，刀背石。又七里，跳石。又七里，梅湖子。又二里，空王沱。又三里，鷄翅膀。又一里，巫山縣，巫峽與秭歸之歸峽。巴東之巴峽稱三峽，長凡七百里，兩岸連山，略無闕處，重岩叠嶂，隱天蔽日。巫山在巫山縣之南，有峰十二，形如巫字，宋玉《高唐賦》所謂“妾在巫山之陽，高丘之岨，日爲行雲，暮爲行雨”即此。樂府巫山高，亦本乎此。縣治之北有陽臺山，高可百仞，上有雲陽臺遺址，宋玉《高唐賦》所謂“朝朝暮暮，陽臺之下”（讀古音如俯），其即此耶。（宋玉，屈原弟子，爲詞人，與屈原景差，同爲辭賦之祖。）《水經》云：“此山當抗峰岷峨，偕嶺衡疑。”李白諷明皇入蜀，有《蜀道難》之詠，詩云：

噫吁嚱，危乎高哉！蜀道之難，難於上青天！蠶叢及魚鳧，開國何茫然。爾來四萬八千歲，不與秦塞通人烟。西當太白有鳥道，可以横絶蛾眉顛。地崩山摧壯士死，然後石天梯石棧相鈎連。上有六龍回日之高標，下有衝波逆折之回川。黄鶴之飛尚不得①，猿猱欲度愁攀援。青泥何盤盤，百步九折縈岩巒。捫参歷井仰脅息，以手撫膺坐長歎。問君西游何時還，畏途巉岩不可攀。但見悲鳥號古木，雄飛雌從繞林間。又聞子規啼夜月，愁空山。蜀道之難，難於上青天！使人聽此凋朱顔。連峰去天不盈尺，枯松倒挂倚絶壁。飛

① “得”後漏一“過”字。

湍瀑流争喧豗，砯崖轉石萬壑雷。其險也若此，嗟爾遠道之人胡爲乎來哉！劍閣峥嶸而崔嵬，一夫當關，萬夫莫開。所守或匪親，化爲狼與豺。朝避猛虎，夕避長蛇，磨牙吮血，殺人如麻。錦城雖云樂，不如早還家。蜀道之難，難於上青天！側身西望長咨嗟。

人在輪中，可望見峰之八九也。巫山縣治在山麓，其北城則居山腰，道路不便，行旅甚鮮，商店約有三十餘家，貧瘠與巴東相等，出產有水果：梨、葡萄、柚柿、橘柑、山藷、包穀，麥米甚少，水果出口者，年約三千餘担。江岸峭壁峥崚，間稍平坦，亦以路削而蕪，山頂青葱之地，多爲土人所墾者。

輪過巫山，正十一時零。二里，流石。又二里，炭廠灣，煤層甚富。又五里，紅石梁。又五里，巫磧。又六里，將軍灘。又三里，魚鬏老。又五里，三流子。又五里，拖肚子。又五里，龍寶子。又七里，焦灘。又八里，寶子灘。又五里，荒張壩。又五里，升子岩。又八里，油札崎。又三里，曹家沱。又五里，軍營河。又一里，餓谷堆。又二里，大溪口。又二里，峽門口。又十里，白黑石。又六里，風箱峽。又一里，倒弔和尚。又四里，孟良梯。又一里，閻王埫。又三里，灩澦堆。風箱峽即瞿塘峽之一部，兩山峙立如門，江面驟狹，仰視蒼天，有如匹練，古有瞿塘關之稱。王介臣買辦約余與黃吉亭牧師、費宗之博士夫婦至其春輪之最高層，觀瞿塘峽名勝。北岸石壁之上，有道路一，通峽外戴溪及巫山（戴溪爲夔巫至施南要道，川鹽糖米運往者絡繹於道，皆以肩負或擔）。清時鲍超捐廉所鑿，長三十里，頒額四字，曰“開闢奇工”，解脱一段蜀道之難，爲功於行人，亦可謂造福無量也。灩澦堆一石巍然，水涸時高數十丈，下小上大，屹立江中，夏季水漲，但見其頂，土謡云：“灩澦大如象，瞿塘不可上；灩澦大如馬，瞿塘不可下。”木船上下，均以此爲候云。明萊瞿塘先生在附近之求溪讀書四十年，始得覺悟，有“求溪三十載，吾道自然孤”之句。甚矣，山水之感人也。山上有白帝城遺址，城爲公孫述所築。後漢昭烈帝伐吴，敗還，入白帝城而病，改名永安。病篤，托孤於丞相諸葛亮而歿，城中有先主廟，唐劉禹錫有詩云：

天地英雄氣，千秋尚懔然。勢分三足鼎，業復五銖錢。得相能開國，生兒不象賢。凄凉蜀故妓，來舞魏宫前。

白帝城在唐時尚爲大縣，李白有詩云：

朝辭白帝綵雲間，千里江陵一日還。兩岸猿聲啼不住，輕舟已過萬重山。

白去今千有餘歲，山川如故，人物已非。昔之猿聲，已逃避距白帝千餘里之峨眉越巂諸山去矣。

自白帝城東望，群山突兀，岡陵起伏，綿亘不絶。上三里，爲魚腹浦，有孔明八陣圖遺蹟。八陣即“天地風雲雷虎鳥蛇”也，圖以小石堆成，水落時可見。

杜甫有詩云：

功蓋三分國，名成八陣圖。江流石不轉，遺恨失吞吴。

小石在夏秋水深疾流中不没，故甫云“不轉”也。八陣圖上一里，即臭鹽磧。冬季水枯，南北兩岸均成沙洲，浮於洲邊之鹽水甚多，居民就洲上架草爲舍，砌土爲灶，取水置於鍋中，煎乾即成白鹽。春末水漲，鹽水亦没。年産鹽約五六百噸，銷本地及施南宜昌。附近有煤廠，大半因煮鹽而采用。又三里，奉節縣，即世所傳之夔門也。夔，春秋國名，熊姓，子爵，摯所封之域也。魯僖公二十六年，滅於楚，楚置扞關。奉節之名始於唐，以其奉山南東道總管節制也，土産以麵爲最著。杜甫在夔，寓甚久，在西閣有詩云：

歲暮陰陽催短景，天涯霜雪霽寒宵。五更鼓角聲悲壯，三峽星河影動摇。野哭幾家聞戰伐，夷歌數處起漁樵。卧龍躍馬終黄土，人事音書漫寂寥。

又登高詩云：

風急天高猿嘯哀，渚清沙白鳥飛回。無邊落木蕭蕭下，不盡長江滚滚來。萬里悲秋常作客，百年多病獨登臺。艱難苦恨繁霜鬢，潦倒新停濁酒杯。

過奉節，已爲時五時餘。上十二里，寸千磧。又十里，觀武陣。又五里，關刀峽。又六里，漫流三沱。又五里，篙竿灘。又十里，安坪。又十三里，黄石嘴。又三十里，三塊石。三塊石之上，爲啞吧灘，灘側鑿石爲塔，川人弄船者，有“水浸寶塔脚，行船休要錯”之謡，蓋以此測江流之淺深也。又十里，二道溪。又十五里，思莊子，蓋古人懷弔屈原之地。又十九里，東洋子。水流急陡，江狹而水深。江底巨石激水作漩渦，大可一二十米突。駭浪喧騰，排空怒號，怵人心目。聞木船在此爲漩水所擊沉，及受輪船高浪趨避不及墮沉漩渦者，年可數十隻。又十四里，半邊街，美輪宜賓、彝陵、其南及美淺水兵艦均停於此，其春亦就泊焉。是日，天氣清明，凡行三百六十餘里。

初七日，晨，七時，開輪。四里，大砂霸。五里，寶塔子。自此轉角，雲陽縣已在望。又五里，即雲陽縣城。雲陽，漢縣，原名朐䏰，又名雲安。唐名雲安監，宋名軍，元名州，明始更名雲陽，清因之，以其地兩山夾江，四時多雲，而縣當山水之陽也。對岸有桓侯廟，祀漢張飛，樹林環抱，金碧輝煌。雲陽城甚低，夏秋水漲，傍江之街，水可没足，人户甚少。江流至此，急而深，有小河二，入注於江。上二里，二郎灘。又十二里，三把溪。又八里，大五里。又十一里，興隆灘，水聲如雷吼，川江大灘也。兩岸水層，岩多夾鐵層。天氣温和，農業甚盛，雜糧已收穫不及見，紅藷與甘蔗極多。山地開闢至頂，高下爲層，麥苗青秀，一望皆緑。書聲出自茅舍籬落間，似與叱犢聲、山歌聲相應答，怡怡自樂，不識外情。蚩蚩山民，古風尚在。惟地方官吏貪詐成習，敲剥是尚，民無完膚。惡風所及，無業流氓競爲棒客（川中土匪也，以其初尚無用槍者，刼人惟手執木棒爲械，因名。俗又呼爲棒老二）。横行刼殺，竭盡慘酷，山巔水角，亦難倖免，與鄂交界之地，神兵棒客，互相爲害，官吏亦不過問，民生益加痛苦矣。由灘而上，八里，下岩寺。又五里，打魚磧。又五十八里，弔林灘。又六里，虎頭磧，石磧昂偉似虎頭然。又八里，紅砂磧。又五里，萬縣。興隆灘上游四十里，有水，曰小江。其南爲盤沱。小江之水，由開縣東西二源至趙家場，受綢羅溪之水出注於江。沿江農作物，以紅藷、玉蜀黍、麥、甘蔗，水果如柿、橘及桐油等亦甚夥。居民甚勤樸耐勞，但教育極低落，鄉村政治及一切之中心，均由前清秀才輩主之。自宜昌至萬縣，沿途甚多上水之柏木船，船之容量大，大多運載桐油、鹽、油、糖、米、茶、蔴等至宜。糖、鹽、藥材之船有直至沙市，間亦有放漢口者。上水所載，以瓷器爲多，四川需用之瓷，盡爲江西出産。川商采買，率在宜昌。川江航綫行汽輪，瓷商裝瓷運渝。輪船上下，以木槓瓷，破碎極多，瓷商於是仍由木船運載。但瓷雖碎，瓷商仍不能虧折。因川中富有之棺材，類皆以碎瓷灰和漆漆棺，可發帆光而歷久也。上行風常反覆，不任帆船，行均以竹綆爲纜，繫於船桅，以人拉之。拉者肩一隻環之繩，上結一扣，扣着纜，結而弗脱。船小者三五人，船大者三四十人，拉纜行於岸，其行胸常伏向前，有時伏且及地，多不着褲，有時行水中，行止由船首之人司之。船首之人，手一竹竿，長尺許，高呼新奇之“杭育”聲，間雜俚歌，一聲既竟，拉纜者群應和之。船之轉折，船尾之梢子（土名太公）任之，充此職者，非老於水性及江流狀況者弗勝也。船中人什九吸鴉片嗜賭，拉纜之人，類皆别地盜竊匪類犯罪而不敢外出者，則來充此作。由宜至重慶，約行一月或二十日，可得工貲川洋二元至二元五角（食在外），此輩所得之疾，與人力車夫相等，什九患痢疥及腰痛（俗名内傷）。上行船日食五六餐不等，行可日三十里。止時船上擊鼓，衆即立止。船上供有神，名楊泗王爺，朝晚必焚香致敬。每過灘，必先焚香燭敬神，在灘上或遇險，群必大呼“王爺”，一如基督教徒之呼“天主”焉。其食甚粗礪，月之初二十六有肉食。船裝貨之地，有鷄一，於開行前殺以祀神，後即以饗衆。大船船主，船多爲其産業（一船值三四千元），其妻女子媳類多服務船上。春冬由宜沙返渝，夏秋由渝下放，下行七八日可達。上行則非二三十日不可矣。

楊泗王爺，傳爲宋時人，名太，一名么，聚洞庭湖爲盜，擁衆數萬人，與劉豫通，欲順流而下。宋高宗令岳飛討之，太赴水死，後爲神，江湖船户皆祀之。曾國藩與太平天國戰，敗績，曾憤而投河，在靖港（長沙下游六十里）遇救，得不死。港口有楊泗將軍廟，有人題一聯云：

此水太無情，自殘同種曾國藩，溺而不死；其人能獨立，不逢飛渡岳武穆，成則爲王。

抵萬縣時，正下午一時半，停輪上煤，而各種檢查船客之機關人員，不勝其騷擾，足過於華工被戴文明而行野蠻之歐洲人之留難一二倍。萬縣本漢朐䏰地，蜀漢更名南浦，梁名萬州，以地居四達之衝，衆川之統會也。後周名萬川郡，城治尚存梁山。唐宋復名萬州，明改縣。縣治西，有人存山，四面懸壁，周圍數十里，一名萬户城，縣之得名，或又以是，駐此者爲楊森，修橋補路，建築公園，大修江岸，街道清潔，頗有可觀。惟街上往來兵士極多，而巷口街頭，步兵放哨，背大刀，宛如戰綫上臨敵戒嚴狀況。街中各店所陳之貨，以洋貨爲多，國货幾絶迹，惟水果核桃、紅橘與柚，爲時頗佳。柚之味尤不亞於著名之蓬溪柚云。煙土與煙槍，似爲國貨之特色，而煙燈玻罩，尚日本製造。人种亦甚清秀儉樸，面帶煙色者甚衆。工人以拉黄包車、抬轎爲生活者佔十之八九。城外南津街，爲商業最盛之所，燬於十五年九月五日英之砲火。先是英商輪撞沉民船，不理交涉，楊森乃將輪扣留，英艦二艘由宜渝來，開砲轟擊縣城及南津街，燬壞商店、民居千餘棟。死者七百餘人，傷千餘人，世謂之“萬縣慘案”。

名勝古蹟，有太白岩，在南津街後，岑公洞在對岸陳家壩，甘霖洞在兩層橋後，流杯池在青羊宫前，印盒石在萬州橋下。天生橋有石鐫之“響雪石琴”四字，在萬州橋下，高三丈餘，以石疊成。西山有黄山谷字碑二。鐵鳳山寺有大鐘，傳聲可達萬雲開三縣。旁有井，井側有樹，大二十餘圍，葉細花黄，花向某方開者多，則某方年稔，屢試不爽，世謂仙人鑄鐘時，棄餘鐵於井，鐵氣發洩而生此樹，因名樹曰鐵樹。慈善團體，有恤孤堂、安懷所、醫藥所、全貞會、義塚會、育嬰社。萬縣有銀行三、錢店十五、工廠六、海關一、信局二、戲院二、教堂三，美孚有油棧一。

鄭谷《寄南浦謫官》詩：

白馬爲遷客，青山遶萬州。醉欹梅障曉，歌壓竹枝秋。望闕懷鄉淚，荆江水共流。

宋時陸游（放翁）有《偶游》之咏詩云：

硤中天下最窮處，萬州蕭條誰更顧。南浦尋梅雪滿舟，西山載酒雲生樓。

初八日，晨，七時，輪自萬縣發。六十里，大溪口。兩岸亂山重疊，崇林翠竹，掩映人家。山頂或青或紅，爲麥及鴉片種植地。又三十里，武陵磧。又三十里，石寶岩。石高數丈，屹立江心，依石壁建樓，九級，彷彿塔形。又十五里，官溪。有人家五六十户，一山鎮也。又五里，折魚灘。有石嘴横插江心，水流湍急，魚不能上，往往折回。又十里，猴子灘。傳舊有猴子聚居，明初人衆殺猴，猴遠避，今且絶跡。間有來者，多秋深穀熟時，猴乘人不覺，潛入玉蜀黍中，拉莖徑折，折取一包（俗呼玉蜀黍在未脱葉包護時一株爲一包），輒挾脅下，手一上伸，脅下之包已墜落，猴不知也，竟折竟墜，依然只有手内之一包。猴怒，連折帶打，故所經之處，無一完好者。以是農人恨之刺骨，遇之非獵取之不止也。又十里，福星場。又二十里，忠縣。忠縣本巴地。“周末，巴蔓子，巴國人，仕爲將軍，國亂，蔓子請師於楚，許以三城。楚已救巴，遣使請城，蔓子曰，藉楚之靈，克濟禍難，誠許楚王城，可持吾頭往謝，城不可得也，乃自刎。使者以蔓子首報楚王，王曰，使吾得臣如蔓子者，何用城爲，乃以上卿之禮葬其首。巴亦舉其尸，以上卿之禮葬於施州。”漢末，劉璋使嚴顏守巴郡，爲張飛所擒，顏曰：“有斷頭將軍，無投降將軍。”飛怒，命斬之。顏色不變，曰：“殺即殺，何怒耶!”飛壯而釋之，由此忠烈表著。州因以名，後周及隋均名臨州，唐名忠州，明清仍之，民元改縣。唐順宗時，白樂天謫居於此，鬱鬱不得志，託詩自遣，曾咏草云：

離離原上草，一歲一枯榮。野火燒不盡，東風吹又生。遠芳侵古道，晴翠接荒城。又送王孫去，萋萋滿別情。

又《宮詞》云：

淚盡羅巾夢不成，夜深前殿按歌聲。紅顏未老恩先斷，斜倚薰籠坐到明。

杜甫於永泰元年去成都，過此，有《書懷》之詠詩云：

細草微風岸，危檣獨夜舟。星垂平野闊，月湧大江流。名豈文章著，官應老病休。飄飄何所似，天地一沙鷗。

明末，奢崇明叛於重慶，進陷成都，四川巡撫檄秦良玉討平之。良玉，忠州人，石砫宣撫使覃千乘之妻也。萬歷廿一年，千乘從征播州夷，良玉率千人以從，連破七寨，千乘因事死。良玉代領其衆，充總兵，饒胆智，善騎射，兼通詞翰，儀度嫺雅而馭下嚴峻，所部號白捍兵，爲遠近所憚。奢崇明叛，遣使以金玉結援，良玉斬其使，發兵轉戰平之，詔封夫人，授提督。良玉上言“總兵李維新一戰敗衄回營，閉門拒臣，不容一見。以六尺鬚眉男子，忌一巾幗婦人，静夜思之，亦當媿死。”莊烈帝優詔報之。崇禎三年，召見於平臺，賜綵幣羊酒，賦四詩旌其功，有“桃花馬上一紅顏”之句。張獻忠破楚，將入蜀，良玉陳守蜀之策，並圖全蜀形要於川撫，不見用。賊入川，良玉欲討之而無兵，乃守石砫，賊不敢犯。川民爲賊屠戮殆盡，石砫一草一木皆得保全。獻忠死，良玉始歿，亂世忠貞，愧今人多矣。忠縣有人口約三十萬，縣境山九倍於田，近年盛種鴉片，馳名全國之榨菜，以此地所産爲最多。連年被兵，瘡痍滿目，商業蕭條。下午二時，鼓輪西上。三十里，烏羊鎮。又三十五里，羊渡溪，有居民五六十家。天已薄暮，輪遂泊於此。是日天晴，凡行二百四十五里。

初九日，清晨，七時，輪繼續前進。二十五里，鐵門灘，水淺而急，吼聲悽厲，浪花如白雪，亦壯觀也。又五里，高家鎮。又三十里，酆都縣。縣爲漢枳縣地，東漢和帝分置邑，名平都，縣東北有平都山，即道書七十二福地之一也。後漢更名臨江，隋改名豐都縣，唐屬南濱，明易豐爲酆，邑曰豐陵，里曰豐樂，皆本此山而名。明以前，世俗即相傳豐都爲地獄，郭子章曾辯駁之。清仍明稱。縣治在山麓，山上有空城，爲居民夏季避水之所。有酆都廟，廟始於明。原爲觀，廟左有五雲洞，洞側爲冥王廟，祀十王（一秦廣，二楚江，三宋帝，四五官，五森羅，六卞城，七泰山，八都市，九平等，十轉輪），無稽之談，傳世甚多。川人好迷信，有“四川邪魔地，宜假不宜真”之謡。媚神者宿於洞側僧舍，有託辭見神見鬼以炫衆。甚且謂街市交易，往來所得之錢，必投水盆以驗真錢與否，百十相傳，言之鑿鑿，一若真似者，其謬妄至可笑也。九時，輪由酆都上駛。十里，觀音灘，灘長十五里，水小，尚平安。又三十里，梨市鎮，年産梨千數百擔。又二十里，南沱。又十里，珍溪，有小溪流來注。又三十里，青溪場。又三十里，涪陵縣。《漢書》云：“涪陵出丹注巴。”《漢志》云：“涪陵，巴郡之南鄙，從枳南入折丹。”涪水本與楚商於之地接，漢時，赤田軍嘗取其民。後漢名涪陵郡。隋名縣，唐名涪州。涪江在城西北，來自嘉陵江。北入岷江，由湖北施南，及貴州安縣東部，發源而來之黔江，繞縣城東南，而入注於大江。船如櫛比，附於城下，竹筏甚多。大江至此折而至西，至三十里之李渡後，折而南。又三十里，藺市場。又五里，生沱。大江又復折而北矣。輪停不復進，是日天陰微雨，霧氣濛濛，兩岸山村較密，竹木更多，葱籠秀鬱，清雅宜人，無一寸土不比黄金貴也。

初十日，晨，七時，自生沱開輪。二十五里，石家沱。又三里，張爺廟，及桓侯不語灘。昔時行舟，皆屏息股慄而過，相傳如有人聲，則“江流啨湧”，语殊不經也。又二里，爲長壽縣城，縣楚黔中地，漢置爲枳縣，唐更名樂温，明改今名，因縣東北七十里有長壽山故。縣城依山蜿蜒而成，人家甚少，縣中文武廟均在山上，遠望甚壯觀。城外小峰上有文昌閣，甚雄偉。山後有由萬縣至重慶之道，崎嶇山間，荒蕪失修久矣。輪西行，三十里，扇背沱。又二十五里，羅磧。又三十里，黑石灘。亂石堆積，頗礙舟行。又三十五里，騾沱。又十五里，烏羊鎮。又十五里，唐家沱，市鎮不大而商務繁盛，護商局（内地税卡之一）有分局一，月收三四萬、五六萬不等。又二十里，大佛沱。南岸有石，佛高數丈。江中遥望，氣象峥嶸。又十里，抵重慶。恰正下午二時。此輪無碼頭，泊江心，即偕郭禮鈞先生坐小划登岸，寓萬國儲蓄會，郭先生之住宅（在大梁子）。是日行二百一十三里，柚黄橘緑，滿樹成金，殊快胸臆。

重慶在周爲巴子國，秦置巴郡，漢末劉璋改爲永寧，晋更巴都郡，隋唐渝周，唐南平郡，宋恭州，後名巴州，陞重慶軍節度，以其地介紹慶順慶之間也。明改府，又置爲巴縣，因閬水（嘉陵江）與白水（揚子江）合流，曲折成巴字，故名。縣城三面臨水，形如半島，人烟稠密，建築雄壯。街道清潔，物産豐饒，人口約七十萬。據長江上游，爲四川之第一商埠，雲貴各省貨物多由此轉運，川中貨物全由此出口，商業之盛，冠於全川。與江北縣城隔江相望，對岸彈子石，有日本租界，縣城係鑿山而成，與香港相似，街市高低不平，難以行車（近來修馬路環山而上，但尚未成功），代步通用轎子。居民服食奢侈，飲食調味甚佳，飯菜中多用辣椒、花椒，有商業場一（最盛之街，爲陝西街、都郵街、白象街，多爲書店及外商所在地）、戲院五、影戲院三、公園二，學校大小五十餘，川東師範爲巨擘焉，銀行十餘，以聚興誠營業極佳，醫院七，英德美法日各一，工廠十七八，西餐館四，中餐館四五十，茶館大小以百計，日報大小七八家，通訊社三四家，書店除商務印書館、中華書局外，尚有八九家。印刷店能印五六華尺巨幅之印刷品。商店除日用品、奢侈品業外，進出口莊最多。出口以鴉片烟爲大宗，每年出口約四千萬元，而雲南土經過重慶者，不過百分之二十五。次爲桐油，每年出口約三千萬元，以重慶長壽、萬縣爲出口之地。再次則爲藥材，年出口約二千萬元。再次爲牛羊皮，年出口約一千五百萬元。再次爲絲綢，年出口約一千萬元。鹽出口額，與絲綢相等。至紅糖、蔴、水果雜物年出口額約在一千萬元上下，而入口洋貨超過出口至鉅，單是美孚、亞細亞二洋油商，年銷川省三千萬元有奇，棉紗亦如之，其他五金、雜貨、消耗品等物稱是。四川自流井（富順縣屬）與川邊之洋油礦，居世界第一位，而煤鐵與石灰石則更甲天下，誠所謂山國之雄。苟能自製機器，開闢富藏，大造水泥，廣設工廠，則萬國無敵也。四川東部開江梁山，西部温江、郫縣、雙流等處，俱有廣大原野，或十餘萬方里，或萬餘方里，或數千方里之廣闊，而積土質均極肥沃，即巫山、奉節、酉陽、秀水、黔江、彭水、雷波、屏山、峨眉、懋功、理蕃、松潘等處，雖萬山叢挫，而一片青翠，天地相連，不特宜於森林牧畜，亦可種麥薯及稻黍，且饒於藥材鑛産，他省之童山赤地，寸草不生者，在四川則爲罕見，且物無不備，備無不豐，寒熱温三帶物産，在他省之所無或不能生長收穫者，在川則均應有盡有。最近十餘年間，歲歲戰争，年年剥削，外人經濟侵略，隨百十汽輪日夜輸出，普通生活日見高漲。但餓死之事，仍屬罕聞，若能停止内争，人民復業，開發寶藏，供給人類，國本民生，豈難解決哉。

四川歲入，在前清年約三千萬，近年收入繁重，爲古未有，估其數，當在一萬萬以上，予本製有川省詳細收入表，因限於篇幅從略。

四川歲出，□軍費占第一位。民國二年，四川有軍隊五師，支出達七，〇四三，八三二元，現在兵額擴充至七八十師，例增數目，當在一萬萬左右。宣統三年，四川外交、内務、財政、教育、陸軍、司法、農商、交通各種年費，計共一三，二二九，一九六元。民國二年，支出共一一，八二二，九六九元。民國三年，支出八，九八五，四〇一元。民國五年，支出一〇，八七六，二九七元。民國八年，支出九，九九五，八四八元。

四川人口在滿清光緒十八年調查有七二，九三〇，〇〇〇人。民國十一年，郵局調查僅四九，七八二，八一〇人。十七年郵局報告，除西川區内道孚、打箭爐等五處未列入外，計有五二，〇六三，六〇六人，郵局調查，並不精確，此統計不足爲憑。查嘉慶十七年，四川有人口二一，四三五，六一八人。道光二十二年，有人口二二，二五六，九六四人。庚子變難後公布，有六八，七二四，八九〇人。民國七年，有七一，四五六，〇〇〇人。同年海關報告，則爲七二，九三〇，〇〇〇人，則道光念二年至光緒十八年，爲時不過五十年，人口增加，已能超越三倍以上。光緒十八年，迄至現在，又將四十年。照前例至少當增二倍以上(即一萬四千餘萬)，斷不至反減少七分之二弱也。川省在明以前，亦爲村落制度（同姓聚族而居），後經流寇之難，死亡逃徙殆盡，地皆荒蕪。清初令湖廣人民填川，雜居獨立之習，兼以山明水秀之靈，遂毓成今日活潑强毅，富有獨立性之川人，但因川江直流疾下，一無含蓄，地靈所感，致多數川人，行勤思想，皆缺乏涵養矣。

川中軍隊，太無紀律，官長扣餉自肥，部下因而作惡，奸殺刼掠，層出不窮，相習成風，兵匪如一。次則苛捐繁重，阻滯運輸，防商偷漏，甚於防匪，甚至因一言誤會，竟阻貨物，或至扣留旅客，而對外商，或其保護之物，則極端恭維，罔敢逾犯。爲淵驅魚，爲叢驅爵，是以近年川省商務，漸歸外人掌握，境内交通不便，加以戰亂相尋，土匪騷擾，以致彼地過剩出産，往往坐視其腐爛，而此地則缺乏需要，人民失業，轉徙流亡，餓斃日漸增加，亦四川年來多兵匪之故也。民團首領，擁槍稱雄，派餉勒捐，與軍隊無異，人民無法律之保障。懷璧其罪，川人有之，而幣制之紊亂，尤達於極點。各軍師旅，均能設廠自鑄，計有廠十七處，所出之幣，竟達二十餘種，茲就四川現行之幣，列表如下：

種類	名稱	形狀	行使區域	流通數目	價值
毫洋	雙毫	面有□形	叙府、富順、自流井、隆昌、内江	百數十萬元	每五枚合市洋一元、大洋九角二分
	龍毫	面有龍形	瀘縣、合江、納溪	三四十萬元	同上
四川半元	老川半元	面有十八圈，圈中一篆文漢字	成都、重慶及附近之縣	數百萬元	每二枚合市洋一元、大洋五角至六角
	新川半元	同上	同上	一千餘萬元	每二枚合市洋一元、大洋四角至五角
	雜板（劣幣）	同上	成都	三千餘萬元	每二枚合大洋二角至三角
雲南半元	全龍半元	一面鑄滿文，一面鑄龍形	通用（但重慶以下不用）	數十萬元	每二枚合市洋一元、大洋九角二三分
	半龍半元	有龍無滿文	同上	一百餘萬元	同上
	唐繼堯半元	有唐繼堯肖像	同上	數十萬元	同上
	鋼板	與半龍半元同	川南各縣通用	百萬元	同上
大洋	漢字大洋	形同廠板	通用	千萬以上	合大洋九角餘
	老龍洋	滿清所鑄	普通大洋以此爲標準通用	數十萬元	—
	僞造漢字大洋	—	不用	十餘萬元	值大洋七八角
	人頭大洋	袁世凱像	通用	—	爲大洋標準
	湖北江南北洋雲南等大洋	—	通用	—	爲大洋標準
	“造”字人頭大洋	一面有袁世凱像，一面有一“造”字	不用	—	—
	鋼大洋	雲南造	不用	—	—

續表

種類	名稱	形狀	行使區域	流通數目	價值
銅幣	老二百文	一面鑄嘉禾，直徑爲五生米突	重慶以上通用	—	每枚當制錢二百文，但瀘縣、合江只作百四十文用
	新二百文	直徑約3.5生米突，形式同上	成都、重慶附近通用	—	同上
	老一百文	直徑約4生米突	通用，成都附近有用，當一百四十文者	—	每枚當一百文
	新一百文	直徑約3生米突	成都、重慶附近通用	—	同上
	五十文	直徑約5.□生米突	通用至湖北、宜昌省内，幾絶迹	—	每枚當五十文，成都附近有當一百文用者
	二十文	直徑約□.3生米突	—	很少	每枚當二十文
	十文	大小與外省同	—	很少	—
	銅元瓣	形式不一	遂寧等縣用	—	照原價，分作幾分即作幾分使用，如原是當二百文，分作四分，每分即作五十用
	制錢	前清所鑄	通用	很少	每四枚作十文
錫幣	十文	與北平所用本子相同，較制錢稍小	不通用（各縣商會所鑄）	—	—
	五文	同	同	—	—
竹幣	廿文	印烙字於上	不通用（小鋪私用）	—	照字使用，作買賣找零用
	十文	同	同	—	—
	五文	同	同	—	—
	四文	同	同	—	—
	二文	同	同	—	—
	一文	同	同	—	—

續表

種類	名稱	形狀	行使區域	流通數目	價值
幣	鈔票	形式不一	鄉僻小縣不用，外人及商家、銀行所發行者尚通用	千萬元以上	—
	執照	形式不一	僞造太多，已禁止流行	—	—
	銅元票	形式不一	照字面行使	—	鄉僻地方維持市面之用

余到重慶之日，因同船之费宗之博士，新自猶太耶路撒冷宗教大會歸，其友唐步瀛（字殿丞）爲重慶衞戍司令王陵基之參謀長，由费博士之介紹，得與軍政當局説佛法。

次日，參觀市街，陝西街一帶前曾毁於火，現在市房崇閎，皆新建築者。

全城飲料，除有少許就地鑿水井外，大半仰給於江，用抽水機抽入山頂，由人力挑送於用户，水濁甚。全城之廁所，既小且臭，甚矣！中國人之講進不講出也。南紀門外，有宜園，通遠門外有魏園、桂花園，及前著名之张家花園，皆爲私人園亭而可供公衆游覽者。通遠門西上十五里，爲浮屠關，高踞川巔，川軍歷年均以此作得失重慶之判斷，攻既不易，守亦困難。對岸爲銅元局，鑄造值二百文一枚之銅元，並鑄大洋五角等幣，每日可鑄大洋四五千，銅元五六萬，劉湘所有也。銅元局之下，名兩路口，爲重慶至雲南之大道，大道之上爲真武山，山側有老君洞、金硝峽、銀硝峽、獅子山、人頭山、歌樂山、塗山等名勝。重慶至成都，大水之際，小輪可航至距成都平原三百五十里之嘉定，凡一千一百九十華里。再啓陸赴成都，由嘉定至重慶，乘小輪，需船資，統艙九元，房艙頭等廿七元，二等十八元，上水加倍。由重慶至宜昌，統艙十五元，房艙三十元，官艙（大餐間）五十元，上水亦加倍。由重慶啓陸至成都，經永川、隆昌、榮昌、内江、資陽、資中、簡陽等縣，凡一千零廿華里。自重慶轎坊雇二人轎，約需洋三十元，三人轎加十元，逐途乘滑竿二十元可達。所經之地多山，榮隆、二昌、永川等處，道路在兩山坳或山傍，森林叢密，藏匪亦多。有運货物之信局，如轉運公司性質者，名麻鄉約。主人陳姓，運資華斤百五十斤約需九元餘。由重慶至雲南至貴州均陸行，路峻而匪多，行者非有軍隊保險，不易通過也。重慶有祠廟七，以夜雨寺（在通遠門外）爲最大，第一山（大梁子）之長安寺，有佛教社及研究佛教之學校，有清真寺二、天主堂一、福音堂五、真原堂一、慈母堂一、若瑟堂一。重慶之氣候，華氏寒暑表，夏季最高九十餘度，冬季最低三十餘度，江水至四月漸漲，六月爲洪水期，往往淹閉朝天門，水深時，且可由朝天門城樓進。民十，城外之居民被水飄去數百家，死數百人。八月水漸落。雨以四月、八月爲最多，七月之水，川人名曰“矮子水”。霜雪平地甚少，惟高山有之。

第三日，楊森之總參議周代本（字稻孫）約往參觀其主辦之新記淑和絲廠，絲廠總理鄒列三先生親來郭宅迓余。十一時，偕郭禮鈞先生、伯仲黄吉亭會長、費宗之博士同往，至晚方歸。憩未幾，即聞重慶公園附近大火，延燒三百餘家，重慶市街均依山建築，山高水遠，又無自來水可引，火一着風，撲滅不易。當搬移貨物呼號雜沓之際，踏死兒孩數十人，傷者甚衆，死於火者，次日猶未得確數。公園外陳尸未殮，母哭其子，婦哭其夫，哀聲震地，慘不忍言。負市責者，其當亟辦自來水爲市民謀安全，以修積不朽功德也。

第四日，唐殿丞請吾輩晚膳，座設於其家。來賓皆軍政界人，群賢皆提倡佛學，研究上乘，以慈悲處世，主張免死刑，施仁政，並組織六齋日，聚會軍政要人，共守六齋之戒。劉湘與王陵基、唐殿丞皆爲提倡之人，如果上行下效，仁風自必大扇，吾信不淫、不殺、不盜之佛法實行，而綁票、殘殺□□之禍可立滅，並可以爲中國保存一片乾净土。誠哉，挽回刼運之一大喜信也。

第五日（星期）重慶自立教會請黄鏡亭牧師、黄吉亭會長、費宗之博士説教。正午，王世才先生備筵素食，又小大字自養美道會堂劉子如、毛宅三、田海源、連雅各、楊法三、王烈光請宴，迭據多人談論，謂四川軍人均愛錢不作事。民五以前軍人聚斂，至多不過十餘萬，今則多至千餘萬，少亦三四百萬，軍需處長刮至百萬以上，縣知事局徵收局長任職一年，可刮三四十萬。就軍人中比較，楊森雖愛錢，但尚愛作事，彼曾擬鑿開重慶西門浮屠關之山爲□，使岷江、嘉陵江包圍合流，以利船舶。另於大梁子（重慶城中嚴高處）架鐵橋二以過江北縣及彈子石（約長八九里），脩築江北至唐家沱四十里之江岸，建造新商埠。重慶城内之市街，則仿香港青島式，修馬路通至山頂之計劃，後因戰事而停止。瀘州、成都、萬縣辦市政，修馬路，拆城，擴大通俗教育，劃肉稅爲教育經費，主张男女同學，提倡林業，發展工藝等，於川民有益之事，均彼所舉行。對於人民自衞之民團，尤庇翼不遺餘力，故在今日有兵即有匪之區域，人民亦稍能自衞者，不可謂非楊森之厚賜也。至於支持川局，排去客軍，使川人不受亡省之辱者，厥惟熊克武一人，有德於民，功當不朽，聞川人尚念念不忘之。又謂號稱革命軍之政府，及一班依 黨爲勢之青年，動排□外貨，自命愛國，惜其所愛非中國，乃外國耳。自排日貨以來，日輪停止輸送，而由美英法各輪代輸，中國商船皆被軍隊壓迫，關卡留難，土匪攔刼，外輪則平安無事。於是中國商人之貨，亦不得不由外輪運輸，甚至中國船商所需之貨，亦由外輪代運，自願停業，而外輪則故高運資，什百倍其利。川省船户，在滿清宣統二年，有一萬五千五百三十七户，以一家夫婦子女四口計算，當有五八，二四八人，其餘如橈販（摇櫓者）、縴夫（拉纜者）、舵工等人與船户每爲十五與一之比，此外以造船爲生，如木匠、鐵匠、篷匠、篾匠、縫工、牽索匠賴船爲生，如脚夫（即苦力）、雜货店、飲食店、布店、宿客店等等人口，當不下百萬以上，自受汽輪之打擊，因而失業餓斃流徙者，不知凡幾。船户能生存者，已減少十之八九，僅有此些微挹注之中國船商之營業，亦爲此輩愛國之故。而受莫大之損失，至於一班新式貪污官吏，急起直追，搜刼更甚於老軍閥、老官僚，一絲一粒，皆存外國銀行，直接間接，惟恐外人不早滅中國者。嗚呼！若輩之愛國，非真愛國也哉。

十月十五日，清晨，五時，自重慶向成都，出千斯門，溯合川而上，揚子江至重慶而成巨大之水流，其南流由甘肅以西、崑崙以南，發水爲岷江，南行至嘉定，受大渡河之水。東南行至宜賓，受由西藏須彌發水至鹽邊受鴉礱江之水，東行至雲南折而北爲金沙江之水，然後合而東行。至瀘縣，受岷江分流沱江（外江）之水，及叙永之水，又東北而東南行。至合江受赤水，折而東至綦江，受綦河之水，合於重慶之朝天門。北流爲由平武、北川、綿竹發源而來之涪江，及由青海天山之南發源經甘肅入川之嘉陵江，由萬源、儀隴、南江發源而來之渠河合注於合州之水。涪江發源，禹貢謂爲“嶓冢導漾”是也。至合州前，與嘉陵江合，謂之墊江，又名内江，蓋重慶上瀘州謂之外江，上合州謂之内江。杜甫送十五弟使蜀，有詩云：“數杯巫峽酒，百丈内江船。”渠河古名渠江，在巴州名宕江。渠縣有山，名宕渠山，勢極崇峻，險不可躡。東西二石門，可以出入，山澗狹而長，有類溝渠，故名。山之麓有石刻“宕渠”二字，縣因以名。嘉陵江一名閬水，由陝西鳳縣入嘉陵谷至閬中，吴道子畫嘉陵山水，所謂“嘉陵山水冠天下”。杜甫詩“閬中勝事可斷腸，閬州城南天下稀”，《方輿勝覽》謂“蜀有三秀：眉秀於山，閬秀於水，普秀於石”，此江之美蓋可知也。是晨大霧迷江，待於城下之天新小汽輪，延至九時方開，先由唐殿丞參謀長代包一全艙，同行男女主僕大小共二十人。行三十里，江流漸清。五十里，磁器口。又七十里，土沱。又三十里，黄桷樹。又三十五里，草街子，由重慶陸行至合川須由此渡河。又三十里，沙溪廟。又四十里，合川縣。已午後九時矣，是晚寄宿福音堂。合川舊名合州，魏所名，古巴子國地。隋名涪陵郡，唐改爲巴川郡，元更名赤水，清仍明名。合州因渠河、涪江、嘉陵江三水至此合也，市政甚善，馬路極清潔，有新氣象。城外南津街，爲商務發達之區。最盛之商業，爲鴉片與妓。桃片糕最有名。

十六日，清晨，五時，自合川陸行，乘轎起程。一時半，抵大河壩。七時抵潼南縣。由合川起，三十里，雲門鎮。又四十里，大河壩。又四十里，野猫溪。又三十里，潼南縣。是日，凡行一百四十里。大河壩爲漢安居縣故址，今尚有安居里、安樂里、安正里等名，皆取安寧攸居之義也，縣於清時廢。潼南民國置，割銅梁、遂寧之地而成。縣城有人家三四百户，無城，街已翻脩馬路。是日沿途所經，農業均發達，上至山巔，下至江滸，無一寸土不治。就土爲層，團團如窩狀，山頂有堡壘，雉堞女牆皆具，云爲清時民間避亂所築。潼南縣後山上有一較大。自合至潼，道路不寬而整，平石作長綫，雨中行石路，足不易滑。轎夫什九吸鴉片嗜賭，勞動血汗之資，輒付之烟賭，烟癖深者日僅一飯。有時雖乏飯資，彼亦弗顧，質衣及轎爲烟資。夜晚則就客店求顧主，得則以顧主之定資爲贖衣轎之具。但彼之行止非常遲慢，行旅厭苦之。彼輩兼善挑擔，在昔東大路（山成都東門至重慶）、北大路（由成都北門經陝西入北京）上，靠肩挑背負而食者，無慮六七萬人。今則悉充槍下之鬼（軍隊拉夫，防其逃，待遇極苛，拘押如囚犯，出發前三五日即拘入獄中，行有荷槍持鞭之兵從。晚又拘入一室，步履稍遲，鞭撻立至。或且以刀穴其腕，貫以鐵絲，什五爲一連，往往行二三日，不給一食。川中年年作戰，似此而死者，甚多）及失業之殍（北大路衰落後，此輩惟靠東大路。近來成渝汽車路遂漸脩成，舊路艱險多匪，輸運漸歸天然淘汰）蓋暮營朝食，昔時已感困難。一遇冬令，死亡累累（此輩之衣，鶉懸百結，飢寒所驅，不死何待）。然川人失業者，千萬成群，此不過萬分之一耳。潼南物產甚豐，米能出口，人口亦密，當局勒捐，年徵糧税地丁至一百餘萬，糧徵至民國三十三年，强收房捐，加征畝捐，紳民棄田屋而逃者甚多。

十七日，晨五時，自潼南乘轎行。五里，大佛寺。寺就石岩凹部構成，有佛造像一，高三丈許，金光燦爛，莊嚴無比。出寺行十五里，雙江鎮。早膳。市街整潔，有居民三四百家。下午四時，過龍鳳場，同行者皆就市爲晚膳。沿途食物極多，價廉物美。四川真天國也。五時，抵遂寧，自雙江鎮至此，凡一百里。自潼至遂汽車路，已開行七日，惟尚未通車，故余等今日仍以轎代步也。遂寧，漢德陽地，晋永興間，李雄據蜀，改廣漢名遂寧郡。東晋因之，唐改名遂州。宋陞爲遂寧府，明降爲縣，義無所考，意者，西蜀得遂寧謚意乎？明令羅瑶題門柱云：

邑號遂寧，惟願群生寧且遂。官名知縣，但存一念縣皆知。

遂寧地土肥沃，出産豐饒，五皇場青布最有名，産棉花及紗布。又爲成都至順慶、保寧、萬縣、重慶要衝，遂簡段已有馬路通汽車，遂順、遂合段不久亦可告厥成。而太和鎮之豆豉，綿陽之棉烟，均由此出口。江干（涪江）船舶（木船）雲集，進出口雖無統計，然以市面金融計，年至少當不下三千萬。城中有清學士張問陶故居，道德文章，猶著人口。張有著作二十餘卷，已刻板行世，其字宗趙、王，變而成家，秀妙可喜。張之祖鵬翮，清康熙中官大學士。遂寧之風景極佳，河流曲折，人物樸儉，房屋閎大，節婦貞女之坊甚多。但聞現在之婦女則甚墮落，妾婢尤不重貞操，社會似已視若固然矣。一嘆。市政亦善，馬路光潔，駐軍爲鄧錫侯之邊防軍總司令李其相部。李與郭禮鈞先生友善，因往訪，彼甚優待。彼之部隊，有一萬四五千人，槍一萬餘枝。

十八日，晨九時半啓行。至車站，則所有之車輛均開出。後李其相派汽車二，來送吾等二十餘人赴簡州。五十里，安居壩。又三十里，東禪寺。又三十里，分水嶺，爲遂寧、安岳、樂至三縣交界處。安岳在分水嶺南五十里，漢名牛鞞，梁名普利，後周名普州。梁建德間，移縣治於邑北之岳陽山，豐厚鎮重，四面險固，故名安岳。故址今尚存，宋陳彦章有詩云：

岳陽山外杏花紅，醉取游人興更濃。舊日山童今老大，少年行色竟龍鐘。谿邊流水分漁釣，島外清風到寺鐘。欲與閒雲共舒卷，十年心在夢魂中。

自分水嶺西行五十里，即樂至縣城，已午後二時矣。樂至本鎮，城外有樂至池。唐武德間設，明成化二年，升爲縣。汽車過縣，仍西行。

二十五里，童家垻。又十里，高家寺。又二十里，香泉鋪。又十里，施家壩。又三十里，龍泉寺。傍沱江西北上，又四十里，簡州。渡江入城，城本漢犍爲郡之牛鞞縣，西魏名陽安縣，隋初名簡州，唐宋元因之。後漢涿郡簡雍節鎮於此，民德之。於其所居處有山有池，皆名曰賴簡，志不忘也，言所利賴於簡公者多也。賴簡山及池在州東北五十里，民元改簡陽縣。出城過橋，坐鷄公車至石橋，凡十里，宿於客棧。是日凡行二百八十里。同行者，有鄧錫侯部江防總司令黄逸民之參謀長陳述宗先生。棧费爲彼先付，汽車所經之路，只有規模，未鋪砂石，稍遇天雨，即不能行。但川人經營馬路市政之心，固不弱於别省也。自宜昌至簡州，所見之婦女，除重慶較多放足外，各地能放足者，不過萬之一二。衣服服飾，猶存古色。樂至一帶，尤多著藍布衣、黑布褲。年輕者紅布褲，邊鑲青，黑綫爲花，任田野中操作，間有挑担，作鉅烈辛苦之勞動者。由簡州至石橋，沿途石砌之牌坊甚多。

（聞人言，川省馬路，自民國十四年楊森在成都發起後，人民多反對，其後漸知馬路利益，呈請自動修築，當局反不允許。實因官辦馬路，每方丈需大洋廿八九元，而人民自築，不過七八元即足。如内江資州段卅餘里，實在费用不過四五萬元，而當局已支十五六萬元，尚未完功。且工程均不合法，外國政府帮助地方開發，中國政府藉地方事項揩人民之油。一嘆。）

十九日，晨，五時，自石橋乘滑竿起行。滑竿者，似轎之略形，無蓬，而坐位亦小，取其便於上山也。路自此漸盤曲向上十五里，赤水鋪。又十五里，石盤鋪。十二時，過茶店子（石盤鋪至茶店子二十里）。由茶店子上山廿五里，下山十五里，二時，抵龍泉驛。萬國儲蓄會成都經理楊友和先生至此來迎。龍泉驛爲唐時設，驛後之山（茶店子之上）高出海面三千餘尺，路極闊，可容轎馬四五並肩行。路全以石級成，來往者極多，而苦力居什之七八。山之西有張飛營，漢張飛曾率兵駐此。民國九年，川軍驅逐滇軍，戰於此，傷亡甚衆。川名將謝秋岩歿於是役。民十三，楊森與熊克武戰於此地，三進三退，荒塚纍纍，皆其成績。屬於前者，爲省獨立，義有可言。屬於後者，則個人榮辱，遂矢干戈。川民何辜，遭此荼毒。誰無父母，誰無兄弟，誰無妻子，生也何恩，殺之何咎。嗟乎！王道衰末，好亂犇起，彼起隴畝之中，乘利因便，裂天下而王諸侯，號爲霸王，自矜功伐，五年卒亡其身者，不猶愈於今之草澤英雄萬萬哉。時移世易，格林威爾已能殺查理士 之頭於十六世紀，中國進化雖緩，豈路易十四之治，尚可行於此閉關自守之巴蜀也耶？人不讀書，無由知過，而黄雀螳螂之勢，尋成禍亂之階。吾不禁爲川軍人三嘆也。三時，自龍泉驛乘楊友和先生預備之大汽車向成都。三時三刻，抵成都。凡五十里。成都始於周末，古梁州也，常據《華陽國志》謂“開明王九世尚自夢廓移治成都”，成都之名始此。注云：“夢廓，今温江縣西二十二里，有郭城遺址，尚存。秦惠王遣張儀使蜀，滅蜀，置蜀郡。儀築城不成，得龜。就龜行跡，成城。象咸陽，始皇名其縣曰成都。”《蜀都赋》（左思著）注，武帝元鼎二年立成都屬益州，立郭十八門。公孫述據成都，稱帝號。東漢末劉備逐劉璋，帝於此，稱後漢，凡十八年而滅。晋李雄叛，據成都，稱帝號。隋末蕭銑亦據成都，稱梁王。唐滅之。至德中，改名成都府。天寶中，安禄山叛，唐玄宗幸蜀，杜甫、李白等詞人均入川。唐末，王建據西川，稱蜀帝。傳子後主，爲後唐莊宗所滅。孟昶又繼前蜀稱帝，及子，爲宋太祖所亡。析蜀爲劍南道西川節度使，明太祖封子爲蜀王。今城内王城（俗呼皇城）即其故址。《一統志》成都山，乃青城山之案山也。成都在漢時，有户七六，二五六，有工官，已爲大邑矣（見《漢書》）。成都縣與華陽縣同一城，禹貢“華陽黑水惟梁州”，楊雄《益州箴》曰“華陽西極，黑水東流”，《洛書》曰“華陽之壤，梁岷之域”，《華陽國志》曰“原曰華陽”，注云“華山之陽也”。二城周圍四十八里，由東城至西城，長九里三，有城門六，閉一。街一百餘。

二十日，清晨，華西協合中學校校長楊開甲先生來，導予與黄吉亭牧師游成都公園。公園在舊旗人之少城，市人均以少城公園名也。園爲兩部，進出凡四門。東部假山曠地，亭榭池塘，疎柳古柏，點綴成趣。

橋隨地轉，數二十有五。有動物園，獸如虎、豹、熊、狐、鹿、猞猁、野兔，鳥如鷹鷲、鶴雉之屬均有之。有佛學社位於西，國技院位於東，池塘樹下有茶舍數家，清雅殊宜人。西部爲通俗教育館。民國十四年，楊森改商品陳列館而成，隨列植物、動物、礦物、糧食，全川土產，標本甚多。附設圖書館，有圖書一二萬册。陳列室有古物，如新出土之菩薩、莊嚴石像、西藏之經文、花苗之聖經、五代以前之磚瓦、隕星、隕石、峨眉山石、鐵鑄菩薩、大像、大鐘、大鼎、古碑刻、古錢、古印、瓦棺，石達開（太平天國翼王之）詔書及玉桌玉印各種。最令人觸目者，爲張獻忠之七殺碑，碑已殘破，字磨滅不復可識，邊緣造龍及碑末一“盛”字尚明白。聞原碑係六言體，文云：

天生萬物與人，人無一物與天，殺殺殺殺殺殺殺。

張蓋明末陝西流寇，入川稱王，四出屠殺，致萬里無一人。清兵入川，殺獻忠，亂始平。有一碑，爲吴道子筆，所畫龜蛇，班駁可見。有武器陳列所，列舊式盔甲戈矛劍刀及新槍砲之屬。園口爲一極大之公共體育館，亦楊森拆民居所所成。場中有辛亥秋川人保路死難烈士紀念碑，高可十餘丈，額爲川名士顔楷等所題篆。當清之季，盛宣懷爲郵傳部大臣，受川奸甘大章之慫恿，擬收川漢鐵路爲國有而不償民資。部令一頒，川商反對，由諮議局發難，川督趙爾豐、勸業道周孝懷，捕諮議局議長蒲伯英及羅綸、張表、方顔楷等六人於獄。商民沸騰，以木板書血書，鷄插毛（古羽書之意，川諺“鷄毛當令箭”，欲速之意也）由御河浮出，各地響應，揭保路同志會爲旗幟，旬日之間，聚衆數萬，由一班秀才舉人，禮服，抱萬歲牌，跪督署請願。趙爾豐不可，統領田某槍擊請願者，死數十人，傷數百人，衆愈憤，欲圍城。趙以謀反奏清廷，於是清廷有派端方率兵入川勦辦之命，群衆誤以“勦辦”爲“勦半”，益惶恐，遂有圍城襲督署之舉。時駐川之新軍，爲七十三混成協，及省巡防軍三四千人，新軍中擁戴尹昌衡爲首領，殺同志會首領金某（臨時都督），入王城

（督署），擒趙爾豐於卧榻，斬之督署外“爲國求賢”石坊下。尹遂爲四川都督，鄂軍三十一標，遂刺殺端方於資州。辛亥八月十九，武昌義師起而清庭以灰。巍巍華表，國殤之英，當其抗萬乘，争人權，奮發號呼，不顧危難，豈不欲犧牲我生，以揚先民光，奠七千萬民衆於自由之域，孰知逾十七年而民生日苦且困哉。成都公園側，有四川圖書館，藏書甚富，經史子集之屬，約十餘萬卷，依類編架，收藏甚佳。書多有南皮張之洞之手澤（張於清時，曾督學四川）。公園之後，爲君平街，漢嚴君平賣卜處。園之西北，約三里，有森林公園，就大樹百章構成。夏日來遊，必能袪署十丈也。由森林公園馬路南行，經舊玉龍街至後宰門入王城（俗名皇城）。民六，川軍首領劉存厚與滇軍羅佩金（羅時爲川督）、黔軍戴戡（戴時任省長）戰三月，王城附近回民居所，悉付一炬，損失數千萬。三橋（王城大門口）及後宰門尤爲砲火最烈點，劉掘地道八次始成。後宰門炸，城墻上升數丈，城上之滇黔軍，化肉絲血水飛濡地上，慘矣。督署遷出，今爲四川師範大學校址。地方宏闊，舊宫殿龍鳳棟梁猶有存者。出王城而東，二里許，爲中山公園，舊提督署所改築，小於成都公園五分之三。成都市商業，以此街及總府街、華興街、東大街爲全城巨擘。商業場在總府街，中有商店五百餘，對街爲錦華館，有商店二百餘，洋貨、五金、化粧品、綢緞、棉布、毛織物、漆石，所謂衣食住之具，靡不備焉。西式浴池，尤以滄浪歌浴室爲合法。茶館最多，整潔廣闊，茶甚精緻，種類亦多，普通喜毛尖，老人喜沱茶及雲南普洱。土産最著名者，爲綿竹大麯酒、温江醬油、内江乾醋、資陽陳色酒、瀘州香花酒（有十餘種）、彭山杏仁豆瓣醬、灌縣白茶、隆昌榮昌夏布、嘉定綢、順慶大綢、成都青布、江安竹篁器具、叙府糟蛋、青石橋棒棒鷄、温江豆花、郫縣蘿荀乾、太和豆豉、稻香村點心、鐘湯元湯元、成都油茶、灌縣煤、南路松柴、牛市口辣椒、鹿蒿廠磁器、彭山曹達等。學道街青石橋有書店五六十家，筆墨店三四十家。全城有銀行八九家，錢莊五十餘家，典當店五十餘家，米油鹽柴店一千四五百家，洋貨店千餘家，玉石古董五金店千餘家，旅店大小八九百家，布疋綢緞三四百家，毛棉絲織物房千餘家，醫院十餘所，以平安橋法國醫院較爲完備。公園五所，慈善會廿餘所，救火會二十餘所，舊劇院七八所，影劇院五六所，藥店八九百家，醫生約有二千餘人。西醫信用很微，中醫出診，最高診金十元，最低一千。交易用沙秤，以銀兩爲本位，每大洋一元，合銅幣十千。日報七八家，通訊社三四家，定期刊物十餘種，工廠三十餘，小作房約四五百所，教堂二十餘所，廟宇二百餘所，學校大中小共約四五百所。教會主辦約五六十所，最大爲華西協合大學，省立者以四川師範大學規模最大。法政、工業、農業、外國語、國學各有專門學校一，中學約二十餘，成都聯合中學及省立一中最發達，有學生一千餘人。國技館十餘所，清真寺十餘所，無名教壇聞有五六十所，皆請仙扶乩畫符傳教之類。川人未脱盡野蠻性氣，信□。鴉片烟館，聞有五六百處，上者陳設極精，並有女侍供招待云。全城人口約六十萬，回人約二萬，旗人約三萬。回人以殺牛爲業，旗婦多操淫業，可憐也。錢莊票號在銀行及郵政未通時之所有權，均操於山西人，近年漸歸淘汰。四川商業，舊操於晉贛陝三省人，晉人業匯兑，陝人業借債及典當，贛人營棉紗及進出口業。陝人在清季，包辦鹽税，川人恨之，今則都成過去陳迹矣。成都之馬路，創於民國十四年。楊森令王纘緒督辦市政，諸政並興，雖不盡善，但規模已備。所惜者，工程人員非專家，材費而工程不堅，資耗而不盡材用。交通除汽車、人力車外，轎尚盛行。軍政人員位高而多薪者，莫不人一汽車、一包車或一轎。富人尤必人一轎或三四轎。轎有常備之伕，三或六。行時，二人爲一班，力注於腰，兩肩左右轉，其臀團團然。行甚速，長途旅行，則加班三五，日可行二百里。成都至重慶一千零華里，凡十站。旅行者須按日一站，此特别之轎伕。五日即可到，即可見其技不同於一班矣。薪俸亦厚，人月可廿元。凡起碼之政客，即備有一轎，以供□奔走也。青年男女，及許多可造之士，沈醉於此較摩托舒服之轎而墮落者，不知凡幾。一轎值二三百元至卅元，公子王孫、留學生、大少爺供職於高等機關，月終支二百元輿馬費，僅足伕費，真所謂名符其實矣。乞丐之多，甲於全蜀，多聚於庵堂寺觀路途，但多爲殘廢老弱聾瞽之流也。

二十一日，上午，楊開甲（字少荃）校長來，請余及黄吉亭牧師、郭禮鈞先生等，午餐於成都南門外華西協合大學。是校建築规模，極爲偉大，佔地一千餘畝，位於錦江（岷江至成都，水清瑩，可濯錦，因名）南岸，地勢極佳，馬路縱横，不啻一新式公園也。大學爲歐美各國教會共同組織之教育機關，但各教會在大學内之建築，仍分門别户，又不啻廬山租界之歇暑場。其設備之佳，眼光之遠，蓋欲將西方物質文化灌輸於西南各省及蒙藏大於内地十八省三倍之領土，以大學爲教會行政中央。……大學學生極少，尚不逾三百。倘在歐美，則此建築物至少亦當容三萬人也。大學門前可望見全城唯一飲料之水車，其水由鐵管流入城内鹽道街之貯水池，汲者就池汲取。大學之左爲國學專門學校。校爲尊經書院存古學堂國學院遞嬗而來。川經學家廖平、小學家兼詞章家宋育仁、文學家趙熙（堯生）等，先後爲之長。所習仍經史子集小學詞翰之學。學生有二三百人。四川歷來在中國文化史上貢獻至鉅，清代較爲落後。帖括之學，聚於四郊。張之洞督川，始提倡漢學（即考據訓詁之謂），立尊經書院以毓士，刻廿四史、十三經等書，風氣丕變，川人士始注力於文章。然鄉僻之地，蔽陋猶甚深也。川人對外人感情極惡，邊遠之人，至有謂“外人有尾”、“喫小孩”、“取死人天靈蓋配洋藥”一類劣詞。其崇拜外人者，不過少數留學生及比较有新知識之青年而已。出大學，東行八九里，有橋，以木作梁，柱桷均施刻繪。傍江而下，又八九里，爲九眼橋。橋下五六里，爲農業專門學校。校東五六里，即望江樓，名勝地也。白樂天詩：“望江樓上臨江望，東西南北水茫茫。”

薛濤井在樓之左。薛、唐時人，幼聰慧，能詩，爲人所誘，遂成名妓。韋皋爲西川節度使，嬖之，爲之游揚，濤名益噪。居於此，汲井水拭墨寫新箋，尤爲士大夫所嘆賞。近人劉豫波題一聯云：“古井冷斜陽，問幾樹枇杷，何處是校書門巷；大江横曲檻，看一樓烟月，要平分工部草堂。”頗爲人所傳誦。望江樓對岸爲四川兵工廠，附近爲白藥廠，有工人一千餘，每日出槍百，子彈數萬。春二三月，成都人士，扁舟來游，信足樂也。望江樓一名崇麗閣，上爲濯錦樓，浣箋亭、吟詩樓、薛濤墓均在其左右。題刻無慮百千，佳構亦不少也。成都人言語較外縣人秀麗，婦女談吐極清細柔和。川北人贛直而粗陋，重慶人多狡詐，大都市“滑頭氣”使然也。成都以西之田，年三種，一穀，一麥，或蔴或菜，一烟（旱烟），土肥沃，爲他處所不及。一畝田（二尺五寸一弓，横十六弓，縱十七弓爲一畝）年可收穀二石（一石重二八〇斤）至三石，麥一石五斗至二石，烟一石五至一石八（百斤一石）。田塋植豆，年可收黄豆三四斗，豌豆二三斗，但農人極辛苦，所用之肥料亦多。余自巫山至成都，所見之農田，無草一莖，雜立田内。聞川西之農人更爲勤懇，每晨輒以鍬鑿田，使土質鬆活，俾種植得以速長，全國農人倘悉能照此法，相信年産必可多二三倍也。

二十二日，下午，成都郵政總局局長魯堯卿先生來，請予等及費宗之博士、楊開甲先生、郭禮銑、郭禮鈞先生等晚膳。予雖守過午不食之戒，然不能不一往。坐席側，聽新聞，聞近來謀財害命之事，時有所聞，而城外僻静之處尤甚。消費及浪費之具日增而生産日減，而浪費之徒於是作奸犯科，而從此中國無乾浄土矣。成都電燈光小，而燈多，光如陰火。日落後，黄包車夫即不敢出城。先是有大公館，每日在外喚多數黄包車拖客人，而車夫不見出。客冒稱車夫，拖車至他處變賣。每車橡輪可賣八十餘元，而車夫遂以八十餘元之資亡其身。匪徒謀及車夫，亦可謂無惡不作矣。明日爲郭禮鈞四十初度，楊友和先生爲之祝。川俗，於先一 日以麵致壽者，祝其如麵之綿長也。川名士昌爾大先生（字介人）書聯以壽，文云：“五福兼全，真汾陽後起；七策利用，喜范蠡復生。”書法漢魏，文亦清潁，可謂善頌禱矣。昌君有心救國，無力回天，根本天真，寄托詩酒。及其醉飽，耳熱面酣，即不分恩怨朋仇，一律謾駡。稽叔夜剛腸疾惡，輕肆直言，遇事便發，何其酷相類也。但直心即是道場，不直不能成佛。予藉此因緣，即拈《華嚴疎鈔》清凉之花以獻之。冀其勇猛精進於世出世法，得圓覺耳。予一生昏動，不計春秋。自十歲祖父爲之壽外，三年前五十之年，内子文英代備酒一席，不期是晚記事之後，忽自悟今日即本身五十四歲生期，回向母恩，即亟欲對衆生立三不朽以圖報於萬一。然作客成都，又值郭君壽，彼此遇合，何其巧也。

二十三日，上午，費宗之博士來，邀游文殊院，作午膳。同席除熟人外，有法光長老及尹昌衡將軍。文殊院與昭覺寺、二仙庵、青羊宫、草堂寺，同爲成都之大叢林，刻有經籍甚多。住院者多優婆夷、優婆塞。成都有歌云："一昭覺，二草堂，三馬堵，四迎祥。"此四廟爲四川廟宇之最大者，各常有十方長住僧道一二千或數百不等。廟産本富有，歷年爲軍人提去過半。昭覺寺在成都北門外十五里，殿宇爲四川冠。廟中有餉客之"鍋巴"最著名。廚房規模甚大，由竈下至竈上，無梯莫能升也。藏經極富。寺北十里有鳳凰山。辛亥，周孝懷夷山麓之亂墳爲營房，棄毁萬千，尸骨暴露。營成後，宿者時患不安嚷鬼云。山南有鳳公祠，清欽差大臣旗人鳳某入川邊，極箕倨，以烟斗擊土司首，土司怒，殺之，後葬於此。强凌弱，暴御寡，豈天理耶？其殺身也宜矣。祠前爲北大路，往來雜踏，車馬輻輳。去祠而西五里，有駟馬橋，橋因司馬相如名。相如漢人，納卓文君之奔，入長安求仕。過橋自誓曰："不乘高車駟馬，不過此橋"，後果仕顯。橋左有機器麵廠一，開辦逾十年，年産二三十萬合。入城不遠，有五擔山，《華陽國志》曰："蜀王妃歿，哀之，遣五丁力士擔土爲山，紀哀。"山前即北較場，有營房，本劉存厚督軍署也。是日，下午三時，又同楊友和、郭禮鈞兩先生赴劉耀奎大隊長之宴。席中除午宴同席者外，師旅長及軍政界人多在坐，因得因緣，久談佛法，並得聆諸善知識，教益誠不少也。

二十四日，清晨，姚秘書來，約往訪劉文輝主席。適先有黄時英團長之約，未果。早膳後，同往訪鄧錫侯軍長於其軍部。鄧温恭儒雅，以善戰爲川名將，其部下如楊秀春旅長、劉耀奎大隊長、黄時英團長等，皆喜讀書，工書畫，研究佛學，果能發皇我佛慈悲，維持川局，不許同室操戈，則造福於川民，當無量頌禱矣。在成都之將領，如鄧錫侯有槍七萬餘，劉文輝有槍六萬餘，各有防地四十五縣。二十九軍田頌堯駐潼川，有槍四萬餘。二十二軍賴星輝，有槍三四千。在重慶之劉湘，有槍三萬餘。在萬縣之楊森，有槍三萬。與楊分化之郭汝棟等，有槍二萬餘。在綏定之劉存厚，有枪三四千枝。民團在全川一百四十六縣中，約有槍八九十萬。一縣民團，操於各市鎮團總。縣有團防局長，三五縣或十餘縣，有一聯團，勢力極可與軍隊相抗。但因團局負責者，多擁槍自肥，轉而勾結軍隊，爲地方害。民十二以後，川亂迭興，團總乘機由民團而軍隊，由團總而旅團長。川北之楊胡子、川東之曹燮陽等，皆此類也。民十以還，各師旅競辦軍校（随營幹部講習班），升官慾極富之青年學生，受害甚衆。明季天假流寇以屠天下，清亡而天亦假兵凶以屠四萬萬群衆，哀哉。午後，出南門，五里，武侯寺。寺祀諸葛亮及劉關張，後漢諸臣，皆塑像陪祀左右。武侯綸巾羽扇，風采若生，昭烈帝、關雲長、張飛像如其神，高長二三丈，望之凛然。杜甫曾有詩云：

> 丞相祠堂何處尋，錦官城外栢森森。映堦碧草自春色，隔葉黄鸝空好音。三顧頻煩天下計，兩朝開濟老臣心。出師未捷身先死，長使英雄淚滿襟。

又《詠懷古跡》之五云：

> 諸葛大名垂宇宙，宗臣遺像肅清高。三分割據紆籌策，萬古雲霄一羽毛。伯仲之間見伊吕，指揮若定失蕭曹。運移漢祚終難復，志決身殲軍務勞。

寺後爲昭烈帝陵墓，大可五十咪。騷人詞客，題刻殆遍。寺址廣闊，森林古栢，鬱鬱參天，游客如雲。僧堂池邊山上茶舍中，常皆滿坐。神像於民國十二年，四川總司令劉成勛，以劉姓之故，斥資輝皇，及今猶朱紅燦然（張獻忠與張飛聯譜，沐猴而冠。無獨有偶，一笑）。寺南五里，爲草堂寺，杜甫草堂故居也。有僧二三百，奉香火於此。寺址亦廣，游者乘車馬來，絡繹於道，僧居於寺東，佛像在焉。杜甫像肖於西，有屋二三十間，疎竹曲石，極盡奇趣，題刻多清名士手筆。有黄山谷石像，位於左。寺中餐館茶室均備，寺後有闊地一萬餘咪。清周孝懷曾於此爲新式之公園建築。辛亥秋，全燬於火。出寺東北行五里，爲青羊宫。左爲二仙庵，道家太上道君錫教之處，川人有古跡謡云：

一進東門天涯石，二出南門五塊磚。三橋九洞石獅子，青羊宫去會神僊。

青羊宫外，每年二月，舉行花會十五日，相傳每日有一神僊過也。青羊宫内道祖殿，有青羊，銅所鑄，寺因以名。花會者，全川之花，期以是日聚以資競賽。雖每照例有花，而實質已變爲各縣土産展覽會。今且更名勸業會矣，届期，各縣貨集，千奇萬有，而邊遠人士，多乘此際一瞻省會之繁華，既開文明，又銷國貨，誠善舉也。二仙庵傳爲吕純陽及鍾離子降世渡人之處，二寺年因花會，而收入地租及香資，約有二三萬元。寺前有市鎮，約有二三百户，爲成都去川西之又一道。西去五里，有萬里橋，杜甫野望詩云："西山白雪三城戍，南浦清江萬里橋。海内風塵諸弟隔，天涯涕淚一身遥。惟將遲暮供多病，未有涓埃答聖朝。跨馬出郊時極目，不堪大事日蕭條。"即指此。又十五里，即蘇坡橋。蘇東坡曾讀書於此，因名。青羊宫東一里許，爲浣花溪。溪上有百花潭，潭中有放生池一，游者亦衆。自是循江流至成都之南門，古樹夾藤，蒼松蔽日，蓊鬱遒勁，添人逸興不少。

成都在清季，袍哥之勢力極大。袍哥者，即哥老會之流，俗又名江湖。明末遺老反清復明之組織也。其組織凡市鎮縣城，均曰碼頭，碼頭有大哥。總碼頭兄弟入會及招待别碼頭來往之弟兄等事，共分十位。第一曰大爺，象劉備。二曰二爺，象關雲長。三曰三爺，象張飛。四曰四哥，象趙雲。五曰管事，任總務。至六、七、八、九、十止，大老么爲九哥，小老么爲十哥。入會者多由小老么起，逐步遞升至大哥，其升也，多因才力、能力、經驗而得。大哥能生死人，其權均載於會册。弟兄犯規者，大哥集衆而宣布犯者之事實，並讀懲罰之條文，即令照例或打或殺。犯者不敢抗，在坐者不敢有違言也。飲食衣服均可以共。無業者，大哥爲之設法。其戒有三：曰不殺，不淫，不盜。其條有二：曰同患難，同死生。袍哥勢力最强而規律最嚴之時代，莫過於民元二年。辛亥四川保路同志會之隊伍，即由大哥號召弟兄爲之也。民元，同志會改編。編餘者失業，習爲盜，戒條日惰，以後人品亦不齊。土匪棒客，皆出其門，賢者日亦遠之，但各縣仍有此組織，民團警隊之 首領，均爲此會之大哥充當。現據川邊之劉文輝部羊清全，即川邊袍哥之大哥也，劉以旅長羈縻之。劉名爲擁有川邊，但實權却完全在羊之手握，是亦四川社會特別之現象也。

舊成都府署，有武侯觀天台及龜蛇圖石碑，相傳用紙榻之，可避火災。西門外有司馬相如撫琴臺，諸葛武侯故宅之井，現夷爲街。井尚存，支磯石街之支機石，傳爲張騫乘槎泛至天河得之織女手，荒誕不可信也。華陽縣文廟傍有何公何母墓，前明學官何氏夫婦盡節處也。今之金馬街，即漢之金馬碧鷄坊。趙子龍之洗馬池，在駱文忠公祠内。成都之氣候，華氏表夏季最高九十六七度，冬季最低四十度。夏多暴風雨，冬多雨雪。十一月中，即降雨雪。

二十五日，清晨，郭禮鈞先生與楊友和先生，備大汽車一，乘好友十餘人游灌縣，觀青城之勝。劉耀奎大隊長率衛隊數人來護送。成都距灌縣一百二十華里，有馬路可達。馬路楊森所修。西行五十里，郫縣。郫縣秦所名，古蜀帝杜宇舊都。遺址在縣北，週遭數里，高可二丈，俗名杜鵑城。李雄據蜀繼都焉，揚雄《蜀王本紀》曰："蜀王之先，名蠶叢、柏灌、魚鳧、蒲澤、開明，積三萬四千歲。"《成都紀》曰："杜宇繼魚鳧之地，秦惠王滅蜀，封公子通爲蜀侯，望帝傷之，悲鳴而死，化爲杜鵑（一名子規）。"高適詩云"子規猶是蜀王魂"是也。

《益州記》："縣有望川源鑿石二十里，引取郫江水，灌廣都田。"又有郫筒井在治内東，土臺突起，二井並列。臺下有池，池畔産竹，相傳昔人刳竹爲筒，汲水釀於筒中，包以蕉葉，纏以藕絲。信宿馨香，達於筒外，名曰郫筒酒。或曰“晋山濤治郫時，用�釀酴醾酒。一旬開之，香聞百步”。今池井並存，而竹不産，法亦失傳矣。杜甫詩“酒憶郫筒不用沽”是也。顔師古曰“郫音疲”。漢楊雄，字子雲，郫人，能文章，著書數十卷，以仕新莽爲世所詬病，然文不以其人廢也。郫縣一帶，田土肥沃，土作黑色，上沙而下黏，極易發育。農夫甚勤，一人一牛，年可耕十五畝。犁地極細，種穀之田，犁三次，耙三次，始放水灌田。插秧後，糊田二次，拔草二次，鎬田二次。種麥之田，犁二次，耙二次，始鋤爲窩，以麥植之。及長，復勻其苗，大小相距皆若，苗内無一草存在，復以小鋤鎬一次，以是發育極皇大，而結實纍纍如贯珠，穀一蕙，多至三百粒至五百粒，其去他省人之疎懶閒散，播種後皆置若不聞不問者，誠不可以道里計也。又七十里，灌縣。車達城内，縣名始於唐開元初。蜀漢名縣曰都安。晋徙治灌口。唐貞觀中，名灌寧縣。縣西有灌口山，《釋名》曰：“秦蜀守李冰父子鑿離堆山，築都江堰，分岷江爲數十流，以灌益州千里之田。水由此出，故云灌口。”杜詩云“江從灌口來”，任豫《益州記》：“江出羊膊，經甘松至灌千餘里。”水至灌口上十餘里，受山衝激，急而陡，冰父子導江爲沱、岷二流，别岷爲内外二江，下又别十餘流，水遂弱而不濫。西川三十二縣，賴此無旱泛災。每届年冬，即從事修治。江流所及之縣，富者出資，貧者荷鋤鍬之屬治堰。編竹爲簍，實以巨石，每簍重可一二千噸。大小相壓，新堰遂成。修内江則堰外江，修外江則堰内江，石壁有石刻水表，可測水流深淺，爲分配標準。清明前十日，即開堰引水，爲沿江灌溉之需，視所需之量，爲開堰多少之衡。大德曰生，生川人民者冰父子也。立功，不朽之一，冰父子不朽矣。川人建祠享之，一曰伏龍觀，二曰二郎廟，並尊冰曰川主，崇德功報，先王所祀。冰之獲祀，固其宜也。歷代皆設專官，司分水事，守其政。刻其治水之訣“深淘灘，淺築堰”六字，懸之廟碑，並繪有分水圖以告後世。廟壁題字，曰：“願天常生好人，願人常作好事。”就地紓情，殊能發人深省也。二郎傳即冰子，西游記所謂“玉皇命二郎討孫悟空，悟空變幻二郎入灌江，據廟惡鬥”即指此。伏龍觀下，水迅而深。傳二郎治水，伏妖龍於此云。二寺風景絶佳，外人建屋數幢於觀側，爲避暑之所。二郎廟之前，有索橋一，長八百四十尺，以竹纜十餘爲經，互相牽挽，上鋪木板而成。年换一經，地方有專欵。惟橋身過長，人行至中段，橋身左右動如鞦韆然。但行者人馬車仗，安之若素，蓋習慣成自然矣。橋之兩欄，以竹纜四構成，此世界奇異之橋梁也。但年年耗費人財，殊非一勞永逸之計。上游十里許，有大灘一，水流如千軍萬馬疾馳。川人擬借此水力發電，以供給全川。惜爲時太促，未能一往參觀。由橋上望之，其形勢殊可驚訝。此水力蕴蓄無量財富爲川人儲藏，只待有智慧之賢豪，起而利用之耳。四川名山，首推青城。山脈綿延七八百里，蜿蜒不絶。山峰秀麗，樹木葱美，有天師洞、上清宫、元明宫諸寺。其最高處，出海面八九千尺，富於森林、礦産、藥材、糧食，煤尤最著，均以灌縣爲出口。青城山有三十六峰，峰挺如林。其最南有六頂山，山有觀音殿。殿基及神像爲一石所琢成，有木牌一，書“佛”字，傳爲張三豐手筆。山高林密，水分最重。夏季午前九時至十一時，爲山清水明時間，過此則大霧滿天，冬季更甚，或且對面譚話，可聞聲不能睹其面。山中最富於瀑布，懸岩千丈，日夜不休。鹿兔走松林，萬鳥鳴草野，以美風景名世界之瑞士，其美果可以逾於此耶？山箐之中，藏虎、豹、熊、猴、野牛、野猪、野驢之屬最多。山居之人，智識極低。男長辮，女小足，日出而作，日入而息，受豪强者之剥削壓迫，呻吟而已。迷信性强，五金之屬，多委棄不開采。山以上爲大雪山，高海面一萬五六千尺，其南爲大小金川，居者爲唐古忒民族，性耐勞儉樸而剛勇好殺伐，其社會爲原始部落酋長及游牧制度。唐名土谷渾。宋名西夏，屢爲邊患。元世祖征平之，協爲小部落，以蒙古人充土司，使其民信奉佛教，以減殺其野心。灌縣以西及金川以南，有土司三十八。土司之下有溝主（依山溝而分）、寨主（蠻人聚而居伐大木爲寨）牌頭、花户、壯丁等稱謂，有人口七八十萬，佔土地一百四十萬餘方里，因無知識，有富源而不知開發。其甲於世界之洋油礦，居世界第二位之煤，金、銀、銅、鐵、錫、銻、鎧、鉀、鏻、硫礦等礦，尚藴藏如故也。其氣候與川有異，大率山顛奇寒而山谷中暴熱。大小圍等地，年一二雨，雨不過數分鐘。其人之習慣、嗜好、風俗、服食，略具歐美雛形。不過此爲未進化野蠻狀態，彼爲已進化之文明狀態耳（陳重爲君曾親涉其地，著有《四川的蠻子》一書，記載甚詳）。

二十六日，上午，尹昌衡（字碩權，號太昭。民元，曾任四川都督，川邊經略使，進秩上將軍，今川邊碩督、太昭等縣，皆其所手置）將軍，請予與費宗之博士，黃吉亭會長，郭禮鈞，楊友和先生，楊開甲校長，魯堯卿郵政司，法光（字道悟）長老，四川佛教會會長、峨眉山接引殿聖欽（字榮崇）長老等素餐於其將軍府。府後有止園，亭臺樓閣，花鳥池塘，布置雅潔，以成都闤市之中心（府在會府南街）而有此山林逸趣，不覺別有天地也。碩權老友，事事率真，自絶意政治後，專心念佛，笑傲花香鳥語間，寄意於讀書著述，較之韓世忠湖上騎驢，尤爲别致，並贈其自著之《止園理海》及《止園叢書》各一。道德文章，兩得其美，不可謂前世無夙因也。其父母累功積德，遂福後昆，尤堪欽羨。據其書所載，其家貧甚，父負販，母豢豕，深夜剉蒭授經，誤斷一指，因作詩訓碩權曰："寒夜清燈夜剉蒭，子身豐碩母身癯。我生割草三千日，汝室無桑八百株。幾粒熊丸雙淚落，萬言龜鑒一心孤。男兒應有風雲志，莫使貧親老豢豬。"其父得詩和之曰："苦君夜夜剉青蒭，志遠心高體骨癯。晝荻莫愁傷一指，種槐須記數三株。無錢日月真難度，有望生涯幸不孤。眼見吾家英物起，豈能長豢笠中豬。"讀之令人觀感不置，足見國家聖賢豪傑，皆由母德孕育而成。倘人子一日得志，放縱卑劣，有辱先人，是大不孝。孟子之有孟母，武穆之有賢親，國運所關，亦民族興亡所繫也。

二十七日，上午，十一時，赴昌介人先生之邀，居室整潔，有逸致。壁懸名書畫，如姚元之之漢隸、八大山人之奇畫、何子貞之扇面、翁覃溪之題跋。西式高樓，得古人墨寶爲之點綴，古香古色，妙逸横生。午餐由其夫人所親製。五味適宜，並有家藏老酒餉吾等遠客。飽食後始知上海有名之川菜館，皆非川菜之真味也。餐後，楊友和先生提議同謁太慈寺。寺有大雄殿，有藏經樓，有銅鑄丈六阿彌陀佛金身，爲禹後第一治水聖人李冰所鑄，用以鎮壓海眼，流澤後世，指衆生之迷者也。有顔楷聯云：立脚鎮潮音，預防滄海横流日；以手援天下，應現金剛不壞身。”

適熱心宏揚佛化之謝子厚、景浩初、劉珠圓居士等，歡迎新自西藏學佛歸來之能海法師説法於太慈。予等於無意中，結識諸善知識，歡喜讚嘆，得未曾有。是晚又赴王國源先生之約，更於楊鳴九先生得聞桂湖之勝。桂湖在成都北四十里之新都縣，湖大卅畝，饒有亭園池沼山石樹木之雅。夏日荷開，香溢四野，游者甚衆也。

二十八日，訪文殊院法光長老，遇昭覺寺知了、澄一法師及聖欽法師。聖欽贈予以所著成《佛心印》十册，法光贈所供之銅佛一尊。佛乃西藏喇嘛贈彼者，得此諸寶，感激無量。十一時，至魯堯卿先生家，午膳。晚，楊友和先生又設筵祖餞。昌介人秘書惠以佳章，劉耀奎大隊長贈以珍物，黄時英團長特來酧酢，黄逸民總司令來會談，殷勤備至。自愧方外間人，無以酬諸善知識耳。川中十一月温度即低，雨雪交加。上峨眉禮普賢之願，因是不果。而川局又發生動摇，尤恐變遷立至，有阻歸程，決於明日行矣。

二十九日，晨，九時，乘汽車至龍泉驛，仍坐滑竿上山。是夜宿石橋，並遇張敬堯先生字用吾云，革命非有道德學問者莫辦。

三十日，晨，六時，自石橋起程，渡沱河至遂簡長途汽車站，已無汽車。不得已，唤滑竿前進。是晚，宿童家壩。

十一月初一日，清晨，六時起行，一百二十里，宿東禪寺。

初二日，晨，六時起行，改小道，經三家場、馬家店、花岩場而上潼遂汽車道。夜行十五里，而至雙江鎮宿焉，幸天地眷顧，平安不雨。

初三日，晨九時半，過潼南。下午四時，至大河壩，轎伕不肯行，遂宿於張飛廟内之旅店。

初四日，晨，六時，啓行。下午一時，抵合州。初住合達賓館，旋因住兵太多，不守軍紀，過郭先生眷屬室，意態輕佻，乃移寓福音堂。

初五日，在合待船。

初六日，晨八時，自合乘合浦小汽船（每人船费一元五角，飯菜資在外）。下午三時，抵重慶，沿途檢查極嚴，似有戰事狀態。

初七日，訪周代本先生於其寓。彼談川局甚詳，謂："川軍派别極多，其東洋系如周道剛、熊克武、尹昌衡一派及武備系劉成勛等已失勢。現在勢均力敵者，爲保定系之鄧錫候、田頌堯、賴星輝、劉文輝及速成系之劉湘、楊森。劉文輝與劉湘爲叔侄，二劉互結爲一派。楊森與劉湘爲世仇，二劉附甲，餘則附乙。劉存厚、楊森且勾結失敗之吴佩孚。日英欲以操縱北洋軍閥亂中國十七年之故技，操縱甲乙，日以助張作霖之法助甲，英以助孫傳芳攻棲霞山之法助乙，使互相争權奪利、借欵購械、嗜財愛色之吴三桂，自相魚肉，以摧滅中國之人民。日英則爲卞莊子之刺虎，坐收漁人之利。川軍不悟，投入漩渦，竊爲憂之。"予曰："川戰可設法調停制止乎?"周曰："惟賴楊森以武力調停之耳。楊駐川東，助二劉，則二劉勝。助其餘，則其餘勝。兩派皆求楊之援，楊已有舉足輕重之勢。"予乃以國民身分，請周勸楊設法制止戰事，以楊森建設之才、辦事之力，引川軍一致從事於川邊之開墾，則川西南八千里之荒原草野，立變爲沃土肥田，移屯之三十萬兵，皆成闢草萊之大地主。即使此輩擁兵者爲彼地之無冠皇帝，亦無損於來日之發皇也，周甚然之。

初八日，上午，周代本宴予等於重慶公園，謂劉湘與李其相部，昨晚已於桃子埡接觸，而任劉、楊合作之代表王芳州方自涪陵回，以劉湘只承認楊森要求三之一（楊要洋五十萬，子彈五十萬，而劉僅允二十萬）。楊乃謂："聯軍（李其相、羅澤洲、賴星輝等）逼重慶，乃我所赞成。萬一聯軍失敗，我亦當率兵來攻。"劉、楊決絶，備戰益急，劉將來只有固守重慶待劉文輝之援，及退瀘州保存實力二途。下午五時，登英商船慶和輪，是時康定（英輪）不載客，而慶和亦需切實保人，幸黄吉亭會長與慶和大買辦李挹青、二買辦程秉堒識，始得上輪。出城時，嚴受守兵檢查。各城門拉伕甚多，聞九門各拉一千二百名，所有轎伕、水伕、路過工人亦拉去不少，以麻繩穿被拉者之衣襟，如釣者以柳條穿魚腮然。民國人民喪失自由，至於如此。吾等不覺爲之淚下。兵士上輪，檢查數次，名爲查私鹽烟土，實則借此敲詐而已。

初九日，清晨，七時半，慶和自重慶開出，三十里，即經過聯軍攻重慶之戰綫。因戰綫緊迫，此地一帶雙方都無暇來檢查，是晚，泊猫兒溪。

初十日，晨，六時半，開輪。九時許，過萬縣，泊一小時。檢查之機關凡十二處，皆上輪爲一度之檢查。執行者如餓鬼争食，其凶惡之氣，令人不可嚮邇。是晚泊巫山縣，同船一卸職軍官，劉姓，季和其名，談川情甚詳，研究佛學亦有素，盛贊楊森建設之勇敢。及盧作孚任合川市政，努力熱心不置，並介紹四川佛學社一班善士，如羅雨蒼、蔣特生、趙巨旭、陳福五、謝龍文、冷述生、謝汝霖、龔緝熙、海玉和尚等，皆以上級軍人，皈依三寶，並多出家蛾眉，甘爲苦行頭陀，卓絶堅貞，令人不可及也。又謂重慶南岸獅子山有雲岩法師，偕西藏活佛諾那呼圖克圖同居。雲岩精禪宗，通一切佛典，弟子極多。活佛係前藏班禪之大臣。班禪爲前藏達賴喇嘛所逐，達賴附於英，班禪乃來北京依段祺瑞，段因被安福系包圍，不暇愛國，乃來四川求援，又適四川軍人互相争奪，遂告絶望，乃大傳紅教於重慶，聞劉湘曾按月接濟焉。

十一日，清晨，六時，自巫山下行，予立船頭望十二峰，樂而不疲，瑞士風景其能與此京哉？下午二時，抵宜昌，仍住輪上，待輪。胡濟成、楊玉珊、鮑先生、陳繞樞會長等，又有熱烈之招待，至可感也。

十三日，又赴胡濟成先生等之宴。次日，即耶穌聖誕節，各輪皆紮柏枝鮮花爲禮。是晚，郭禮鈞先生、夫人及黄吉亭會長在聖公會作慶祝通宵。

十四日，八時，同和輪自宜昌開，下午三時抵沙市。又同訪楊器之會長。

十五日，晨，六時。自沙市開輪，啓行，是晚宿車灣。

十六日，晨，自車灣開輪。是晚九時，即抵漢口一碼頭矣，四川之游於是乎畢，計程一萬〇四百二十九華里，凡行六十六日。回憶三年前，偕陳少白、王證澄二先生游太原，出雁門；又一年，偕陳少白、張純一二先生游五原，觀蒙古，其所聞見，皆不及四川之多，惜少白、純一、證澄諸公此次未一同游，不無缺陷。然他年結伴重來，同登蛾眉極巔，固在不可知之數，權懸一圓滿希望，與郭禮鈞、黄吉亭先生作一預約可也。川中遍地皆紅土，而綠苗點綴其上，若以鳥眼俯瞰，恰似錦繡一幅。善男女攘往熙來，生息於斯，得非大福？但不善用之，抑一禍之根耳。“象有齒以焚其身”、“匹夫無罪，懷璧其罪”，古人閲歷之言，實爲後世之法語也。

何謂善用？姑獻一二方法，以備川中父老采擇（至於修馬路，築橋梁，開鑛山，設各種工廠之方法，須專書説明之，不備述）。

先哲有言：“工欲善其事，必先利其器。”川中天府，物阜民康，惟缺利器，欲與世界争物質之雌雄，造清明之幸福，終覺太遲緩，日月逝矣，歲不我與，故當先以急則治標之法行之。川中急需之政，莫過於建設。建設上需要最多者，莫若水泥。三峽中石灰岩高數千尺，若於夔門附近大設水泥廠，鑿通數百里之峽路，用鑿下之石以製造水泥，以水泥建設橋梁及其他建築物，通山川，去險阻，交通則有利器矣。次則鋼鐵。鋼鐵材料，川中極富，但開采化煉需大機器。馬路及鐵道之交通未具備以前，運輸此種機器極爲困難，而飛機亦不能載重，只有利用漢陽化鐵廠，擴充範圍，與川人合作，先供給川人鋼鐵，同時大製鐵軌，修築川漢及成都潼關間和成都拉薩間之鐵路，然後再設鋼鐵廠於川中適要之地，則製造有利器矣。次則媒油。川中煤油礦爲世界第一富藏，英之所以窺伺两藏，日夜陰謀，不遺餘力以侵略中國，由印度整隊而來者，以此故也。成拉高原鐵路一成功，即能大規模開采之，以之供給全國摩托車、摩托船、飛機等之燃料，恢乎綽有餘裕，不惟如長江日夜不息之漏巵可塞（本國有馬路，有摩托車、摩托船、飛機、汽油機而無汽油出産，則此種新工具，即不啻替外國汽油多闢市場，本國的馬路、航空愈發達，金錢溢出即更多），且可執遠東汽油之牛耳，則燃料有利器矣。

世界經濟之變化，早已由農業而趨向工業，中國農業衰落影響生活之危險，只有振興工業始足以救濟之，而全國中“農業工業化”、“工業國民經濟化”之地則莫四川若。而建設此基礎者，厥賴交通，四川誠能遵此計劃進行，則鉅量委棄之高山大川，立成金山銀穴矣。蓋有鋼鐵即可製機器，有鑛物即可製造一切用品，有水泥、鋼鐵即可製造交通器具，有交通器具即可將製造之物輸出售賣，交通一便利，則荒地荆蕪，川人不願操作者，有人代爲操作矣。高邱低陵，川人視爲無足輕重者，亦值巨價矣。二十餘省之同胞，及東西洋之科學家，行人旅客，將紛集於三峽川邊，舟車之所集，川人營飲食、安歇、衣履等業者，將萬萬倍其利矣。收集川邊、川西遍地之硫磺鐵於硫酸廠，即可以製造一切西藥。收集川邊之動植礦古生物於一室，即足供東西學者研究百年之材料。利用灌縣及岷江、金沙江、嘉陵江之水力，即可足全川機器發動及人民生活之需。而將巨大之煤，輸供別省之用。如此前進，不須二十年，四川即可執遠東經濟之牛耳。

然而四川目下對於此種建設之障礙維何？即巨量之軍隊是也。川人誠能明白了解其無量數之寶藏亟待開發，開發之後，七千萬主人人人都有千萬私財之希望，則應當一致要求此百萬之軍隊、民團、游擊隊等等，共同爲不擾亂發此大財之行動，而處理此百萬軍隊、民團、游擊隊等等之最善方法，則莫過於遵照余前對周代本先生之條陳，將軍隊、游擊隊完全開赴川邊，實行開墾建築（方法説明如後）。民團改爲門户丁，廢除常備制度，其組織上之官長，概以選舉法選舉，務使一縣、一區、一鄉之武力，在多數不在一二人，造成野心之形勢不緊張，則雖有野心之人亦不易措置活動。野心家之初心，亦未嘗不以救濟民衆之英雄事業爲己任，但當權之後，亂臣賊子之環境包圍之，務逼其爲野心家而後已。然野心家之失敗，千中之千，皆爲其野心行動養成之人所爲，所謂螳螂捕蟬，黄雀在後是也。川中之野心家及川人苟悟及此，極力避免此環境之構成，而一致銷除兵革，則個人將來之富，必百千倍於今日搜括剷剥之戔戔餘屑。歐洲自科學發明，而中世紀劃地自守，不想發大財，只争眼前一根骨頭之攘奪内戰，即日漸消滅。余以萬分誠心，願川人熟思及此也。

以前開墾之無大效者，多因方法不良技術不進之故。歐人之闢美洲也，一日之中，凡耕種讀書研究建築道路抵抗印第安人之事，均一一歷之，五十年中，遂成繁庶之新大陸。川西、川邊開墾之術，亦何莫不然。而主要之工作，即在能擴展教育，開導土人，士兵之待遇，一若以前之漢軍，主客相安，進行自易，每人每日工作八時至十時，計操課（學術科）三時，讀書一時半，耕種或開鑛或其他工作二時半，建築一時至二時，開墾之先，劃地爲區，每師或旅各任一區之經營，於中央之地，設立農事、工業、擇種、化驗等大場所，川中初二三年，供給費若干萬，以開采此天然與人工培植之富源，個人之經濟日充，以後不待招募而往者，必能如華工出洋赴金山之同一踴躍也。至於開墾之初之工作人，當以軍隊、游擊隊、無業游民、民刑事犯任之。

一省一國之貫串，首在交通，國道、省道、縣道之交通完成，立可使貧瘠之區日臻富庶，富庶區域更加繁盛，古今中外毋或逾此。文化之發展、經濟之調劑、邊防之鞏固、人民生活之安定，以及縮減據險自雄之形勢，靡不於此賴之。川省交通，尤負有勾通歐亞交通、調劑全國經濟、抵抗强鄰侵略、解決人口問題等重要責任也。

其次，則川省之教育，亦甚重要，在此時際，應當適用“强迫工業化”制度，小學至大學側重實驗，以養成生活職業化之人材。

然川省最困難一時之問題，即爲財政之統一，主理此問題，惟有確定省幣，節出爲入，但以川中狀況言，則軍隊一去，亦易整理也。

總之，四川是救濟中國良好地方之一，是東亞民族整頓自强區域之一。年來兵刀水火風盜匪蝗災害遍於全國，獨此惟一之妙藥，猶蘊藏於人不知識之區，甚望讀余書者，即以其游西湖、莫干山、普陀或牯嶺等游資，集合而爲川峽區域之游，共同研究此進行之方。庶乎，可以回答外人對於川邊形勢、位置、價值之問也。

附旅行途程表

一、由宜昌水行至重慶（詳細途程可參閱十月初四至初十之日記）

宜昌二百二十里秭歸縣，九十七里巴東縣，一百五十八里巫山縣，一百二十九里奉節縣，一百八十里雲陽縣，一百八十里萬縣，一百八十里忠縣，一百二十五里酆都縣，一百三十里涪陵縣，一百二十二里長壽縣，一百七十八里重慶，計一千六百九十華里。

二、由宜昌陸行至萬縣

宜昌八里點軍坡，十里黄泥坑，八里河西場，十里心橋子，十里曹家巷，八里毛家谷，十七里高家堰，十里硝礦嶺，十里木橋溪，十五里半聶家坪，二十里青林口，十二里賀家坪，十六里鐵馬坡，八里上堡子里，十五里鹿子坪，十五里沙坪，二十里冷水橋，廿里郎坪，十三里奈子溝，五里汪家嶺，九里四渡河，十五里天門坡，廿一里花柳樹，十二里野三關，十八里孫馬嶺，廿八里支井河，廿五里大支坪，廿五里唐岩頭，三十里落水硐，廿八里清黍林，十四里新塘，三十四里張家溝，三十八里鷄心場，廿五里大龍潭，三十里黄草坡，三十五里麥天灣，十七里關口，廿□里下馬溪，廿七里黄栗坡，廿里求男台，廿里利川縣城，廿里小心塘，卅二里雲山，廿二里大店子，廿七里磨刀溪，卅五里王爺廟，卅五里郎家坡，廿里龍駒壩，卅里馬巴場，廿五里長灘井，卅里小本馬山，廿里蘇家壩，廿五里萬縣，共計一千零六十九華里。

三、由萬縣陸行至重慶

萬縣六十里瀼渡，三十里武陵，三十里西界沱，五里石寶寨，四十五里福興場，三十里忠州，六十里福興鎮，四十里高家鎮，六十里酆都，三十里馬頸了，卅里南沱，卅里清溪場，九十里涪陵縣，卅里李渡，四十五里大柏樹，四十五里長壽縣，六十里洛磧，四十五里本洞，六十里唐家沱，二十五里重慶，共計一千一百五十三華里。

四、由萬縣陸行至成都

萬縣二十里高梁鋪，廿里佛寺鋪，廿里望平了，廿里靳家河，廿二里大坪，廿四里平脊，廿三里遼葉河，廿里松樹坪，八里梁山縣，十五里蝴蝶鋪，十五里沙河鋪，十五里老鷹場，十五里豐勝場，十里小溝，十六里元壩驛，十里黄泥壩，十五里石橋鋪，廿五里黄泥塥，十七里青溪鋪，十五里雙龍場，十五里大竹縣，廿二里風洞，廿七里觀音岩，廿九里李渡河，廿五里中灘橋，十五里吴家場，廿里沙石坡，廿五里新市鎮，廿八里濫九子，十七里羅家場，廿九里韓家店，十七楠木嶺，廿八里石了子，十七里東觀場，十四里半老君場，廿四里半東興場，廿里順慶府，卅里八角鋪，廿里烏蘢場，卅里新場，廿里李琪鋪，廿里蓬溪縣，卅里槐花鋪，廿里觀音店，廿里擋家鋪，卅里太和鎮，卅里文聚場，卅五里景福院，卅三里凉水井，卅里魯班橋，卅里白樹埡，廿里牛場，卅里龍安壩，廿三里磨子場，十七里興隱場，廿里山王廟，廿里趙家渡，廿里姚家渡，廿八里新店子，十里黄泥損，廿五里將軍碑，十二里成都縣，共計一千三百三十華里。

五、由重慶陸行至成都

重慶十五里浮圖關，十五里石橋鋪，三十里白市鐸，廿里走馬崗，卅里來鳳驛，廿里里丁家坳，廿里馬坊橋，廿里大安場，卅里永川縣，卅里雙石橋，卅里郵亭鋪，卅里峰高鋪，卅里榮昌縣，廿里廣順場，廿里燒酒房，廿五里李市鎮，卅五里隆昌縣，六十里雙鳳驛，卅里椑木鎮，卅里内江縣，卅里史家街，廿里銀山鎮，四十里資中縣，七十里銅鐘河，卅里南津驛，四十里資陽縣，四十里臨江寺，廿里楊家街，廿里新市鋪，廿里簡陽縣，十里石橋井，卅里石盤鋪，廿里茶店子，四十里龍泉驛，廿里大麵鋪，卅里成都，共計一千零二十華里。

六、由重慶水行至成都

朝天門七里沙河壩，十五里回回石，五里青岩子，十里大渡口，廿里魚硐溪，十五里小南海，五里緑花石，十五里銅罐驛，卅里江口，廿里業鼻沱，卅里中渡街，八里江津縣，卅里龍門灘，十五里油溪，廿里金剛沱，廿里中白沙，十五里石門，廿里二溪口，廿里松溉，十五里猪家沱，廿里十八沱，十里羊石盤，三里王家場，廿里鉗口兒，十里合江縣，卅三里大橋，十五里灌口，卅五里新路口，五里兩倏牛，五里新磯子，三里大湖灘，十五里湖灘，十里内口，十里小米灘，五里羅漢場，十里瀘州，十里南田壩，廿里納谿縣，五里石明場，五里野猪牙，廿里大渡口，十五里井口，十五里二龍口，十里白沙渡，五里江安縣，廿里木頭浩，十里城墻岩，十里九龍灘，三里南溪縣，卅里石笥沱，卅五里李庄，廿里國公沱，廿里南廣，十五里叙府，四十里牛石壩，廿里高家場，卅里渣口石，十里蕨溪，廿里乾柏樹，廿里泥溪，廿里月坡，卅里麻柳場，十五里猪圈門，五里么姑沱，卅里犍爲縣，十里岔魚寺，十七屯石門灘，三里石板溪，十五里磨子場，七里鐵蛇壩，三里道士罐，十里竹根灘，廿里沙板灘，十五里嘉定府，廿五里荔枝灣，十里板橋溪，廿里平羌峽，五里漢陽壩，十里鴨婆灘，十里劉場，十五里青神縣，卅里洪花堰，十里張家坎，十里王家場，十里眉州，廿里太和場，八里鍋廠灘，十二里彭山縣，十里江口，十二里半邊街，十八里黄泥溪，十五里古佛洞，十二里傅家壩，二十里蘇碼頭，廿里中興場，十里中和場，七里高河坎，十三里成都，共計一千四百三十九華里 。

七、由重慶陸行至瀘州

重慶六十里白市驛，廿里走馬崗，廿五里九龍鋪，廿五里江津縣，四十三里油溪，四十五里白沙，八十里松溉，十五里朱家沱，八十里合江，六十里彌陀場，六十里瀘州，共計五百一十三華里 。

八、由重慶陸行至順慶

重慶卅里鴛鴦橋，卅里悦來場，廿里土沱，卅里黄桷樹，卅里草街子，卅里沙溪廟，廿里合川縣，卅里雲門鎮，六十里定遠，五十里興隆場，六十里烈面溪，四十里李波場，七十里順慶，共計五百華里。

九、由成都陸行至嘉定（乘轎可達）（小川南）

成都廿里簇橋，廿里雙流縣，廿里黄水河，卅五里新津縣，十里鄧公場，卅里青龍場，卅里彭山縣，廿里太和場，廿里眉山縣，廿里張家坎，四十里青神縣，廿里劉家場，廿卅板橋溪，廿里牟子場，廿里嘉定，共計三百四十五華里。

十、由成都陸行至打箭鑪（乘轎騎馬可達）（川南）

成都四十里雙流縣，五十五里新津縣，五里太平場，廿里羊場，六十里印崍縣，八十里百丈場，四十里名山縣，四十里雅安縣，九十里滎經縣，一百里漢源縣，七十里泥頭，一百里冷磧，四十五里瀘定橋，一百二十里打箭鑪，共計八百廿五華里。

十一、由成都陸行至松潘（川西）

成都二十里犀浦，三十里郫縣，二十里安德鋪，二十里崇義鋪，四十里灌縣，三十里龍溪，一百二十里汶川縣，四十里舊威州，九十里茂縣，一百廿里疊溪，二百四十里松潘，共計七百五十華里（由威州至理番縣，凡七十里埋番，至雜谷腦又六十里）。

十二、由成都陸行至廣元（川北）

成都廿五里天回鎮，十五里新都縣，廿里唐家寺，卅里廣漢縣，廿里小漢鎮，卅里德陽縣，廿五里黃許鎮，廿五里羅江縣，卅里金山鋪，六十里老緜州，六十五里魏城，六十里梓潼縣，八十里武連驛，八十里劍州，七十里劍門關，七十五里昭化縣，五十五里廣元縣，共計一千零一十華里。

十三、由成都陸行至閬中（小川北）

成都五十里龍泉驛，四十里茶店子，五十五里石橋井，十里簡陽縣，四十里龍泉寺，卅里施家壩，卅里高寺場，卅里樂至縣，五十里分水嶺，卅里東禪寺，卅里安居壩，五十里遂寧縣，九十里蓬溪縣，七十里五龍場，五十里南充縣，九十卅西充縣，五十五里鼓樓場，六十五里南部縣，廿五里雙龍場，四十五里閬中縣，共計九百卅五華里。由閬中北行七十里蒼溪縣，一百里永寧鋪，一百八十里廣元縣（由廣元至陝西漢中府，凡四百里）。

十四、由成都陸行至會理（川南）

成都縣四十里雙流縣，五十五〔里〕新津縣，八十五里印崍縣，一百二十里名山縣，四十里雅安縣，九十里滎經縣，一百里漢源縣，三十里漢源場，十五里復興場，二十五里林富，四十里大樹堡，一百四十里海棠，一百四十里越嶲縣，十五里中所壩，一百五十五里冕山，五十里瀘沽，七十里禮州，二十五里西昌縣，四十五里黃連坡，十五里黃水塘，四十里德昌，五十里鐵匠房，三十里永定營，廿里摩裟營，四十里百菓灣，六十里會理縣，共計一千八百三十五華里（由會理至雲南昆明縣，共六百里）。

十五、由成都陸行至峨眉

成都四十里雙流縣，五十五里新津縣，七十里彭山縣，四十里眉山縣，六十里青神縣，八十里嘉定，三十里葛老場，卅里鎮子場，卅里峨眉縣（峨眉山在縣城後，由山麓至山頂，凡一百廿華里），共計四百三十五里。

十六、由成都陸行至自流井（鹽井最富之區有自來火井）

成都廿里中和場，卅里蘇碼頭，四十里籍田鋪，四十里清水鋪，廿里楊柳場，六十里仁壽縣，五十八里鎮子場，卅里松峰場，六十里雙古墳，六十里榮縣，九十里小溪，十五里自流井，凡五百二十三華里。

十七、由自流井陸行至嘉定

自流井十五里小溪，九十里榮縣，六十里長山橋，卅里竹菌鋪，卅里三江鎮，十里馬踏井，卅里河岬坎，四十里嘉定，凡三百零五里。

十八、由自流井陸行至叙府（即宜賓縣）

自流井四十五里雙石鋪，二十五里漆樹蕩，五十里白花場，卅里永興場，九十里叙府，凡二百四十華里。

十九、由自流井陸行至瀘州

自流井四十里沿灘，四十五里鄧井關，十五里富順縣，七十五里趙化鎮，卅里懷德鎮，五十里胡市場，四十里瀘州，凡三百華里。

二十、由叙府陸行至瀘州

叙府六十里李莊，六十里南溪縣，七十五里南井，八十五里瀘州，凡二百八十華里。

二十一、由叙府陸行至雲南老鴉灘（今鹽津縣）

叙府一百卅五里慶符縣，廿五里高縣，一百廿里筠連縣，一百廿里老鴉灘（英人丁格爾則由叙府起九十里安平，五十五里黄溪，一百四十里灘頭，七十里老鴉灘）（老鴉灘高海面一 千一百四十英尺）。

二十二、由瀘州陸行至貴州畢節

瀘州四十里藍田壩，卅里納溪縣，卅里渠霸驛，四十五里大洲驛，四十五里江門，卅里馬嶺，七十五里永寧縣，三百三十六里畢節縣，凡六百三十一華里。

二十三、由重慶陸行至貴州松坎

重慶四十里鹿角場，八十里龍岡寨，六十里綦江縣，八十里鎮子街，三十里趕水場，九十里松坎縣，凡三百六十華里。

二十四、由成都陸行至大金川

成都五十里郫縣，八十里灌縣，一百里水磨溝，五百四十里懋功縣，一百八十里崇化屯（崇化屯至綏靖屯九十里），四百里小金川，一百二十里大金川，凡一千四百六十華里。

（據曹亞伯：《遊川日記》，《中國旅行社》1929 年版）

荆楚文库

函電雜著

目　　録

湖北之金窖

人可食者粮食，而不可食者金銀。世界人類，偏不重粮食，而獨愛金銀，其故何在？因金銀可以易粮食也，並可以交换一切雜物也。金銀等類，藏之於地，謂之礦物，取其鑛物，除去砂石，化煉而成純品，如金、銀、銅、鐵、錫、錳、鋅、鉛、鎢、鋁，以及流質之水銀、火油，炭質之煤與石墨，皆人生日用所不可缺之進化材料也。無論何國，富有此種材料，謂之金窖。無論何類民族，能利用此種材料，謂之進化之人。予生於湖北，不得不先向湖北人而説明湖北之金窖。湖北最近數十年所開發而最著名於全世界之礦，莫如大冶之鐵山。大冶鐵山，最初由張之洞以湖北公欵所開闢，同時在漢陽設一化鐵廠。化鐵燃料，必需焦炭，因焦炭可以化去鐵礦之養氣，而生鐵方可製出，故同時在江夏馬鞍山開一大煤鑛以煉焦。後因馬鞍山所煉之焦炭不合用，旋聞江西萍鄉安源之煤鑛，以接濟漢陽鐵廠化煉之用。當日張之洞之以湖北公欵，辦湖北之大實業，原欲利用湖北之煤鐵煉鋼，以製槍砲，以製鐵路之軌條，以製輪船之鋼板，以製工場之機械，並非有所私也。無如鐵廠甫經籌備，而在湖北候補之官僚，爲數逾萬，群鑽營而求鐵廠鑛山之差委，甚至挂名委員月領乾薪者數千人，以生財之工場，作官僚分贓之巢穴。每年以湖北全省之收入，尚不足以開支漢陽鐵廠之耗費，此所以不數年後，而張之洞竟以湖北公産，私相授受於上海著名之賣空買空滑頭盛宣懷也。武昌起義而後，漢陽鐵廠未能開工，盛宣懷則逃匿日本，藉日本保護，將漢冶萍之資金，改爲借日本之債券。予適從英國礦務大學畢業歸，襄助黎元洪辦事於武昌都督府，又值以革命起家之孫武，貪此漢冶萍之巨産以供其揮霍。予則以爲漢冶萍之大實業，乃中國民族對於世界之光榮，不可再經貪鄙無知之小人，操其權而壞其業，是以取消孫武之漢冶萍督辦，此民國元年八九月間事也。不意該漢冶萍公司黑幕重重，猶是官僚分贓氣習，坐使世界有名之大礦廠，委靡不振，幾無形而入於日本之陰謀，吾湖北人後有不能不負責之趨勢也。今就湖北大冶鐵礦之富源而論，有令人驚訝其蘊藏之厚，湖北人對之亦可以自豪。大冶鐵山位置，在武昌省城之東，距武昌不及三百華里，距揚子江之南岸石灰窰，亦不過五十華里，運輸之便，可謂不難。其礦脈之發源，直由興國州之鹿耳山，迤西北而經大冶横亘而至武昌縣城之西山，礦脈之長，連綿三縣，然猶不止此，此不過就表面而言之耳。大冶開掘之處，俗名得道灣，又名鐵門閂，山高三百餘尺至五百餘尺，一面爲火成石（即花岡石），一面爲水成石（即大理石），中間一層，純爲鐵礦，寬至四五百尺，深至地心，則尚未能限量。自張之洞以湖北人之公欵開掘以來，至今三十餘年，日夜鑽孔，日夜炸崩，尚不過取出山巔之一角。礦質之成分，爲養化鐵，每百分中含有六十一分之純鐵，是即每百斤之鐵鑛，可以化出六十一斤之生鐵也。據最初德礦師之估計，謂大冶之鐵礦，可以供給全世界每日造火車、輪船、機械、槍砲、器俱、建築用物至五百餘年，如此金窟，如此窖藏，可謂極世界之大觀，爲湖北人之幸福矣。鐵山開出之鐵礦，每日由火車運至石灰窰江干者，計六列車。六列車之中，僅一列車供給漢陽化煉廠之用，其餘五列車爲供給日本製鐵所之來源。漢陽鐵廠有化鐵爐三座，一號爐三座，每日可出生鐵三百噸（每噸一千六百八十斤）；二號爐兩座，每座日出生鐵六十噸，三座合計，每日可製出生鐵四百二十噸。生鐵時價，平均每噸值銀六十兩，則漢陽鐵廠每日製出之生鐵，可值三萬五千二百兩。而日本製鐵廠每日所製之生鐵，較漢陽鐵廠有五倍之多，此所以日本之輪船、火車、機械、槍砲、建築材料、工場器俱發達無限，用以之吞滅高麗，欺陵中國，可以從容無事而收極大效果也。數年前漢冶萍公司，新設一化鐵廠於石灰窰，設備至六年之久，若在歐美日本等國，久已開工化煉，擴充世界之市場，若此化煉新廠由中國礦師經營，亦早已發達完備，無如此漢冶萍中國政府式之公司，竟引用日本工師，爲之遷延歲月，虛耗巨資，而開工化煉之期，尚渺茫而不可得，自取敗亡之中國人，腐敗不堪之漢冶萍公司，實有以欺負我湖北人而污我湖北之富藏也。此湖北已開之金窖如是，而湖北人未開之金窖，更可以壓倒歐美及全世界而有餘。即就大冶、興國兩縣而論，與大冶鐵礦附近平行之大礦脈，有鉛鑛焉，有銀鑛焉，有銅鑛焉，有錳鑛焉。據鄉老流傳，無紀録可考，在宋朝岳飛時代，興國州之龍角山，曹家灣之後底山，興國城北之銀山頭，大冶城西之銅緑山、鹿耳山，皆大開銀鑛，發達富源，至今日而殘廢之鑛洞，遍山皆是，大冶湖邊、銅録山畔、商糧嘴頭、銀山頭下，化煉時委棄之滓渣，金黄色之小塊，堆積成山，試分析之，皆含有百分之七十之鉛，與百分之三十之鐵，此可以證明我中國人於數千年前，即深明鑛學與化煉學之遺跡也。就此遺迹而推想興國、大冶之鑛藏，真所謂取之不盡，用之不竭，誰謂我湖北人窮而不能與黄金世界抗衡乎！至於他種鑛物，埋藏於地，不勝其數，煤也，錫也，遍地皆是。巴東之鹽礦，應城之石膏，鄖陽之銅山，施南之水銀，蒲圻、嘉魚之煤田，蘄州、廣濟之金鋼石，皆無寶不有。湖北之大，人口四千餘萬，除農業供給衣食充足外，具有此種無限未掘之金窖，實有雄飛世界之資格。何況湖北而外，中國二十五行省，省省所有之金窖，較之湖北有過之無不及，何苦向外人求借債爲生活哉。無如湖北人之主權，亡之於湖北惡官僚之手，將我湖北四千萬人生命相依之金窖産業，拱手而送之於山東一馬弁王占元之私囊，拍賣斷送，不留餘地。我湖北人所以不能再放棄天職，任人宰割，推而及我中華民國之主權，亡於一外人暗探、中國漢奸、復辟首領、漢軍旗奴、三朝元老徐世昌之手，據北京之政柄，作賣國之首魁，使我四萬萬衆相依爲命之無限礦藏，隨國家以作媚外之禮物，萬刼不復，禍在吾炎黄子孫，彼權奸尚不失爲擁資千萬之囚長，豈我各省之愛國志士、求學青年所甘心哉！吾是以首先勸告湖北人，速發憤而起，共保存湖北之金窖，亡秦三户終歸楚，爲國犧牲賴有材。

（據《新湖北》1920 年第 3 期）

曹亞伯致書倫敦中國留學生會館同學及會長諸幹事

頃由北京同學來函，謂留法海軍學生向國華爲偷海軍秘密課程，經法政府監禁將一月，其咎由於不死不活之劉式訓，代表不死不活之清政府，一味庸柔任法人欺侮，是以留比同學全體，於前已開特別大會，並派專員往巴黎助劉，照公法與法政府交涉，並望留英同學對此稍動公憤，以顧團體，致一公啓與劉公使，繼續設法向法政府交涉。

（作於 1909 年，據曹志鵬：《曹亞伯先生致力革命大業年表》）

曹亞伯致吴稚暉函

吴綬卿處，六月前弟已發有一函，請其從速取北京，效葡萄牙之棋局。且綬卿乃哥老會首領，與弟素稱同志者，其不奉滿奴命以攻武昌，即可見其志也，請先生勿慮，成功在即，天授人歸，先爲我先生恭賀。孫中山歷史及肖像，已傳載歐美，甚屬美善，亦一勵世界感情之一法。廑午想已入内地矣。湯化龍本奸險過人者，今則可表白其愛國愛種之心矣。

（作於 1911 年，據曹志鵬：《曹亞伯先生致力革命大業年表》）

曹亞伯致吴稚暉函

閱英報謂吴君禄貞被韃虜暗殺，可憐吾黨又弱一人。吴君本哥老會首領，會名夢澤雄，庚子之役，彼在大通與秦力山同虜兵一戰，逃返日本，士官畢業後，在湖北充陸軍士官教習，弟曾住在其家。密謀大事良久。後以北京調去在陸軍部供事，其人本熱度過人，而無忍耐性者。今其人已死，其歷史斷不可埋没。吴君去歲來歐，與弟通信兩次，今將奉上，以表彰吾黨之偉人。

（作於1911年，據曹志鵬：《曹亞伯先生致力革命大業年表》）

曹亞伯之談話

曹君亞伯，新從英倫返國，痛中國社會之不良，慨夫社會黨人責任之遠大，又以急於赴鄂，不克久留，同人等特於七月十號之夕，開談話會請曹先生講演，以資勉策，復囑鎮以蕪鈍之筆，記之於書，冀以榜示萬人，揮污[①]大衆。吴稺暉先生、章水天先生、林宗素女史及褚民誼君伉儷，均惠然蒞止，復承稺暉先生現身説法，陳誼甚高，説理透闢，兹篇之録，何能盡其萬一，特舉一反三，幸閲者有以諒之。安鎮附誌。

社會主義是世界公共的主義，就是有福同享的意思。世界上富的人、喫閒飯的多住好房子，着好衣服，飲食車馬無不逾於恆常。歐洲貧人，每日做牛做馬，從事生産的事業，所得工價僅足糊口，優美的幸福絲毫不能享受。因此不平之故，群設社會黨，求得其應享之幸福。蓋世界各種優美物，實皆勞動工人之所作，則勞動者自應享受之，今反爲不事生産之流霸佔而去，豈是公允？

中國社會黨，初事組織，社會主義，初在萌芽。中國之工人，勞苦實甚，如歐洲工人每日工作至多八時，工價五元或至十元，中國工人則勞動時間往往過度，工金不過三角五角。歐洲搬運等事，均用牛馬，而中國都以肩挑代之，人力車夫衣不蔽體，奔喘流汗，尤非人道。救之之法，惟有普及社會主義。

歐洲社會黨到處鼓吹，到處演説，每逢休沐日，東演説場，西演説

---

① 污，疑有誤。

場，執鮮艷之旗，唱極樂之歌，以透利之言詞激發市人的良心，相將入黨，擴張勢力，其方法與傳教無異。蓋社會主義，實一種最新之宗教，協力同心，慈悲救世，中國社會黨亦當如此辦法。中國工人智識甚淺，吾黨員當竭力鼓吹演說，以提醒其迷夢。各集團體先從改良惡習慣入手，漸趨進化，各小地方印刷報紙小册，舉凡改良之方法，改良後之成績，明悉報告。開闢利源，歐洲做鞋均用機器，每日三百名之工人，即可出二千雙之鞋，較徒手所出可多數倍，國中出貨多，富强自在其中，他如建設水管電氣，多養驢馬拖車，均是維持人道、改良社會的要務。

西國政府用費，先必有預算，後必有報告，家喻户曉，官吏無所用其欺詐，人民有從監核，中國社會黨亦可要求政府明白宣布。

又有一最要之事，即保障自由。凡言論出版，有自由，有生氣，然後有進步。中國二千餘年毫無進境，實受專制政體之流毒，西國文明進步所以如是之速，亦以得自由之故。

殺人之事，最傷人道，社會黨當出全力要求政府永遠廢止殺人之刑。

按遠見之士，言論舉動往往爲流俗官吏所驚駭，急欲置諸死地，數年之後，勢易情移，前之大逆不道者，始知爲正義之人，如清帝無優容之特别，則今日汪兆銘諸子，早已含恨九泉矣。民國官吏往往用槍斃之刑，人道黑暗，深可浩嘆。

當日歐洲西班牙等國政府往往濫用非刑，歐洲社會黨曾聯盟竭力鼓吹反對，以達廢止而後已。

按日本前次幸德秋水之獄，歐美社會黨，亦曾爲之出死力以反抗得以減少殺戮。

弟急於返里，無多預備，但弟返鄂後，當竭力從事社會黨之實業，則可預約也。

記者按：人道久晦，社會黨如初升之旭日，抑强扶弱，祛陰闢霾，一般僞學士往往以成見利害之故，作蜀犬之吠，肆其蠱惑，狠毒官吏尤爲深痛惡拒，好施其一網打盡之手段，約法人權，棄置弗顧，如長沙平民小學之被毀，五代表之被狗，是其前鑒。武昌黎副總統，近復有取締全鄂社會黨支部之風説，經本部聯工黨電詰理由，雖覆電有如果欽企字樣，然其不利於官吏之專横，在所必有，吾望曹君返鄂後，有以補之也。次記者起述同人對於稺暉先生學問道德素所渴慕，前次講演大會請吴先生講演，先生因事未到，今晚爲時尚早，請先生演説。

（據《天聲》1912 年第 1 期）

曹亞伯致吴稚暉函

稚暉先生惠鑒：

亞伯於滬上别後，前日清晨始抵武昌，比日謁見黎宋卿先生，頗爲歡迎。今日同盟會開會歡迎，弟演説一點鐘，大致以消除黨見，振興同盟，實行建設民國。方演畢，忽得一惡音，衡青在興國州城被兵士一哨統帶官楊某惡打一次，死去數時之久，今方醒，幾有性命之憂。弟擬明早隨同丁人傑君，帶一英醫士，差一小火輪馳救。如能救活此人，則吾輩之幸，否則吾亦不知何所措手也。手此。

敬請

暑安

諸同志統此。

弟　曹亞伯書

孫武兄已會談，甚洽。彼已許不攻擊不鬧黨見也。又及。

（作於 1912 年，據《湖北文獻》1981 年第 58 期）

曹亞伯致鄭螺生、李源水、區慎剛、李孝章、朱赤霓以及諸同志函

螺生、源水、慎剛、孝章、赤霓以及諸同志先生大鑒：

今午得上海切實電報，謂日本於本月四日議院閉會，即於是日與袁政府行最後之通牒，將從前磋商之廿一條改爲十六條，逼袁凶承認。如袁不承認，則日兵由東三省、山東兩路夾攻北京，半日之程，北京可破；一面由日本駐防漢口之一師團（計三萬人）占領武昌，已準備好矣。如袁承認，袁畏人民反抗，只好借日本兵力平之。英國議院欲反對，質問政府，無奈英國正打敗仗，自顧不暇，美國亦愛莫能助，只好任袁賊將大好江山極多人民斷送，高麗亡國之慘行將見之民國矣。此中山前日有事急之電也，望諸公速爲布告同志，力助中山一臂，以圖救亡於萬一，是所切禱。手此。敬請偉安！弟曹亞伯頓首。諸同志統此。自星州陸祐街二號發。

精衛前日偕其女妖與褚民誼來星加坡，只會協和一人，餘概不見，極秘密。聞已往東京去矣。又聞宋淵源引譚人鳳至各埠行騙。又及。

（作於1915年，據程存潔：《南洋籌餉——廣州博物館藏孫中山及其同志有關籌餉手札集》，文物出版社2011年）

曹亞伯、陳耿夫致鄭螺生函

螺生先生大鑒：

煩先生厚愛，爲國奔馳，送弟等來檳城，轉瞬將一星期矣。李協和至今不願與弟相見，或者彼以爲吾輩乃中山死黨，故意拒絕之也。吾輩惟努力進行，各行其是而已。昨日與岑春煊先生談一次，彼尚熱心，但

求現金百萬，百事可爲。弟擬下禮拜一仍回鄧澤如先生處，以待内地消息。弟個人事覺難得手，陳耿夫允欲組織一日報於吉隆玻。此地報館與學堂據弟看來不過私人機關耳。幸仗先生與源水諸公能作中流砥柱，否則南洋人心又不知摇惑至若何境地也。在貴埠多承諸同志優待，實感激難忘。奈弟等行蹤未定，未能一一致函奉謝，手此，特祈先生代爲致候。

敬請

偉安

弟　曹亞伯　陳耿夫　頓首

三月廿日

源水、孝章、秀南、仁甫、赤寬、金蘭、伯耀、思權以及諸同志統此。

（作於1916年3月20日，據《湖北文獻》1981年7月第60期）

曹亞伯致劉人熙等電

長沙劉人熙、龍璋、唐蟒諸公鑒：

湯逆禍湘與湯逆之黨皆罪該萬死，然鄂商在湘素與政治無涉，望勿株連，是禱。曹亞伯叩。

（據《民國日報》1916年7月15日，第3版）

曹亞伯上大總統電

北京大總統鑒：

武昌首義，袁逆助清而焚漢口。癸丑，江西仗義，袁軍扼武漢爲其糧械之府，人民痛苦萬分。今各省義軍以死戰救共和，大總統被中外所推戴，去袁逆之毒，政體、民意而更新。於①孽尚存，國基未穩，頃滬上西報謂，漢口鐵道軍隊竟假民軍旗幟焚掠漢口，鄂人何辜，長遭浩劫，關懷桑梓，難已於言，望大總統速派員調查，速撤駐鄂客軍，並遣蔡濟民回鄂，畀以事權，亟籌善後，以救同胞於水火，民國幸甚。曹亞伯叩。

（據《民國日報》1916年8月2日，第2版）

曹亞伯吊黃克强

曹亞伯電福開森路三九三，黃一歐兄鑒：

尊公溘逝，不勝哀痛。

曹亞伯

（據《申報》1916年11月5日，第11版）

曹亞伯爲外交案忠告段總理

段總理大鑒：

此次外交問題，聞閣下誤信梁任公之陰謀，陷中國於危亡之局。如果加入協約於中國有利，誰不樂從？無如利未得而害即至。亞伯雖與大總統爲友，然素來酷愛段總理之一人，是以不願中國亡於段總理之手。目下中國大勢純操之於協約國各公使之門，既與强德斷交，即不能不勉强加入。但加入以後，中國主權全失，事事將見越俎代庖，全國必激起内亂，兵變而匪，民變而盜，列强從而干涉，吾恐總理之險不言而喻，即不負責任之大總統亦牽涉而入於險惡之一途。世界大勢所趨，非三数人可玩弄，項城兵力終歸失敗，前車之鑒，可不寒心！吾愛段總理，是

---

① 於，疑應爲“餘”。

以敢盡忠告，爲段總理計，惟有暫時引退，以避列强强迫加入之鋒，外交上與德斷交而止，使繼任總理稍變方針。一二月後，再由我公總理國務，以收殘局，國庶可救。否則國亡而後，我總理與總統遺後世無窮之唾罵，竊爲閣下不取也。

（據《益世報》1917年3月27日，第2版）

曹亞伯之瀝述賣國外交談

此次反對加入協約，京中以馬君武、曹亞伯二人爲最激烈。昨據曹君來館，携有一稿題爲《賣國之外交》，並聲明願負責任。雖所述多過去之事，然曹君係公府中人，見聞必確。兹摘其大要以供衆覽，並以補前紀之缺（上略）：

此次外交問題黑幕中性質甚爲複雜，現在之閣員欲藉加入協約問題以保其固有之位置，陰謀派如梁啓超、湯化龍輩欲藉加入協約問題以握政權，帝制派如徐世昌、曹汝霖、梁士詒、汪大炎、陸宗輿、陸徵祥輩欲藉加入協約問題以謀復辟。在協約國欲藉中國加入以實行瓜分，故於二月九號送抗議書於德使署之後，予知中國政局將有不可收拾之一日，即於十號晨謁黎大總統，將種種暗幕説明。黎公始恍然大悟，並謂以後決不再進一步。當勸告書發去後，各省督軍、省長、商會、人民、各團體一致來電反對，上海民黨要人章太炎、譚人鳳來華，密一電尤爲激烈。黎公囑丁世嶧用電話三次催予入府，並用曹亞伯名義電復章、譚二公，不意段總理與梁任公已受協約國之運動，堅持加入，牢不可破。梁啓超、陸徵祥二人派人往德使署，與德使辛慈送行，一面與協約國各使每日密商斷送中國之條件。予亦每日與黎總統痛陳利害，謂媾和宣戰乃大總統之特權，萬不可使段總理中陰謀家之毒計，將中國斷送。又謂堅持不加入協約與堅持不受武義親王同爲救國之舉。於是三月四號，段總理、馮國璋率一班閣員要求入府與大總統密開會議，大總統許之。及至居仁堂，段總理即以與日政府密約之條件逼大總統蓋印，電復其條件分權利義務兩種（已録前報，茲略）。總統不肯應允，而梁啓超之高足范源廉即拍棹而起曰："總統既阻礙責任内閣辦事，則吾輩可去矣。"段氏即赴天津（以下情形均散見前報，茲略）。段氏回京後大爲運動國會，買收報館，而斷交之書送至德使署矣。今則預備宣戰，預備戒嚴，藉戒嚴而解散國會，藉解散國會而陰謀派得以做總長，帝制派得以攬政權，謀復辟，黎元洪將成瀛臺之餐客，中國從此斷送天下，從此大亂。吾甚憂之，是以前週致一書忠告段總理，已載之京津各報及上海《申報》（已見本报，茲略）。段氏阅此書不惟不反省，更覺爲加入之進行愈速。然加入協約之權利三條皆爲日本所不許，及伍廷芳質問協約國諸公使，諸公使謂此乃吾輩對於陸徵祥之私言。陸徵祥非政府中人，何可據爲信條？日本政府謂賠欵一條，日本與中國有特別關係，萬不可遲付。撤兵一節，尤爲日本所辦不到者。海關加税，日本要中國之煤鐵、棉花及一切鑛苗須出口自由，日本輸入之棉紗洋货須入口自由，三條權利萬做不到。然梁任公與段總理所以猶堅決加入者，明眼人自能知之也。吾但願段氏悔悟，勿亡中國。如段氏絶望，則望上天佑我民國，使全國人發憤自保。雖黎總統日指我有神經病，是瘋子，吾之對國人覺有良心之主張，對於賣國之外交則絶對的不從同也。

（據《益世報》1917年4月2日，第2版）

曹亞伯致大總統暨參衆兩院電

大總統、參衆兩院鈞鑒：

段氏襲袁奸之故智，爲不軌之陰謀，罪狀昭彰，神人共憤。當袁氏逝時，段不肯即迎副座繼任，某公以袁氏遺令正色相争，繼開軍事會議，軍人深明大義，咸不附和，乃不得已而迎黎公。此其陰謀者一。民國約法，總統出缺時，副總統繼任。袁氏新約法，則副總統代理三日，即行選舉。段欲自爲，主用新約法，争執紛擾，月有餘日。賴海軍獨立，各省協力反對，卒不得逞。此其陰謀者二。段氏憤無可洩，乃以府院權限問題喧呶國中，日與府尋釁衝突，圖逼黎公使自引退。此其陰謀者三。黎不爲動，計無所施，段氏私人密議天津，謀於閲兵時不利於總統。風聲所播，道路皆知，總統不敢獨行，挈段偕行，保衛森嚴，幸得無事。此其陰謀者四。屢欲解散國會，而總統不肯；屢欲廢置總統，而國會爲礙。適因外交事件，乃欲利得協商國之助以壓服國内而逕行其旦夕廢約法，散國會，逐總統之謀。今使其鷹犬爪牙圍迫議院，毆辱議員，亂端已見，民國推翻，禍不旋踵。段氏戀棧一日，則政局無一日甯，憲政更無一綫生機之望。萬乞伸張大義，力遏其詭謀，以弭禍亂而維共和，天下幸甚。（按此電由曹君寄來兩日，因詞太激烈，未便照登，昨見上海《中華新報》等已登此電故轉録之。）

（據《民國日報》1917年5月16日，第2版）

曹亞伯致段總理書

段總理大鑒：

此次外交問題，聞閣下誤聽梁任公之陰謀，致中國於危亡之局。若果加入協約於中國有利，誰不樂從，無如利未得而害即至。亞伯雖與大總統爲友，然素來酷愛段總理之爲人，是以不願中國亡於段總理之手。目下中國大勢，徒操之於協約國各公使之門，既與强德斷交，即不能不勉强加入。但加入以後，中國主權全失，事事將見越俎代庖，全國必激起内亂，南北兵變而匪，民變而盜，吾恐段總理之險不言而喻，即不負責任之大總統亦牽涉而入於險惡之一途。世界大勢所趨，非三數人可以玩弄，項城兵力終歸失敗，前車之鑒可不寒心。吾愛段總理，是以敢盡忠告，為段總理計，惟有從速引退，以避列强强迫加入之鋒，使繼任者稍變方針，與德斷交而止。一二月後，再由我公總理國務以收殘局，國庶可救。否則國亡以後，我總理與總統遺賣國之罪名，為閣下不取也。

（據《民國日報》1917 年 3 月 30 日，第 6 版）

曹亞伯致大總統電

北京大總統鈞鑒：

叛賊以解散國會，推翻民國，實湯化龍之奸細夏壽康與張勳勾串而成，望大總統速將夏、張槍斃。曹亞伯叩。

（據《民國日報》1917 年 6 月 14 日，第 2 版）

曹亞伯啓事

逕啓者：

鄙人於去年冬由鄭廷甫介绍向德人盤頂閘北化學廠，當時鄙人因事赴京，當函託趙林士君出資盤頂。嗣後返滬，擬定合資開設，旋於陰曆三月初三日先行訂立合同，定名曰“亞林化學製藥廠”，計部人四股、趙君四股、盛君一股、鄭君一股，當推定鄭君爲製藥部主任。不料合同簽定後，股本銀尚未交出，而鄭君廷甫忽然另組他廠，曠廢職務，經亞伯與之交涉，仍置不顧。因思彼此意見，既然不合，衹有分手離廠，惟鄭君既未將股本交出，所執合同當然無效，曾一再函請囑其將合同繳銷，乃鄭君延不交還，故不得已邀集趙、盛兩君，將前項合同註銷另訂外，特再登報通告所有。鄙人與趙、盛、鄭三君陰歷三月初三日所訂《亞林化學廠合同》，一概作廢，特此聲明。

（據《申報》1917 年 7 月 12 日，第 1 版）

曹亞伯通電

各報館各團體共鑒：

張勳叛國，發源於馮國璋之總統夢，徐州每次會議，馮必派代表參加，湯化龍、梁啓超、林長民、徐世昌、段祺瑞、倪嗣冲等，早與張勳一氣。今馮、段又反抗張勳，捏造黎大總統付託之電，竟自稱總統。張勳不過有陽惡之名，馮、段有陰惡之實。望全國父兄子弟，一致共討之，切勿爲所欺，民國幸甚。

（據上海《中華新報》1917年7月9日，第2張第3版）

曹亞伯請辦禍首電

廣州孫大元帥，梧州陸元帥，四川唐元帥、劉督軍及各省商會鑒：

段氏賣國，全國憤恨，今雖逃竄，非緝捕正法不足以警奸邪。望西南諸公努力進兵，至恢復舊國會，維持舊約法，照海軍雲南之宣言實行做去。至於賣國諸奴，如梁啓超、湯化龍、曹汝霖、倪嗣冲、張作霖，非一一拿辦，不可罷兵，共和幸甚。曹亞伯叩。

（據《民國日報》1917年11月18日，第2版）

曹亞伯致黎黃陂書

宋卿先生、大總統鈞鑒：

京塵別後，屢變政潮，每欲函候起居，旋因事忙不果，想先生被篡以來，道躬安健爲幸。憶自武昌起義以來，已經四次改革，政府莫得正人，國本幾乎斷送。推原禍始，先生斷難辭咎，以十餘年流血經營之武昌抬出先生，爲一倡義之元首，卒至不明是非，誤聽宵小，如湯化龍、胡瑞霖、孫發緒、饒漢祥、夏壽康輩之讒佞，每每視爲正人，墮入利禄牢籠，助成項城稱帝，而起義諸君子殺者殺、逐者逐，至今流落逃亡有家不能歸者到處皆是。武昌起義之都，被先生斷送而入於頑固之手。及項城既死，先生再興，竊以爲既閱艱難，當知過失，無奈一經正位，故態復萌，天下正人莫得相見，而宵小盈左右，如湯化龍、胡瑞霖、饒漢祥、夏壽康、李開侁一班不齒人類之儔，復爲先生之干城，卒至迎接張勳復辟，而全國傾家盪産，拚命流血換來之民國被先生完全斷送，而項城餘孽又大肆淫威，甘心賣國，是以西南仗義，天心民意爲之後援。先生此時正宜閉門思過，以待民國恢復、國會約法復原後向國人請罪，可以留千秋之令譽，作一國之模型。乃計不出此，忽聞先生又派代表至南京，與李秀山接洽，所云何事，姑且勿論，然而先生萬不宜有所舉動再誤前途，區區直言，望勿見罪。手此。

敬請

勳安

（據《民國日報》1917 年 12 月 3 日，第 7 版）

曹亞伯主戰之通電

廣州孫大元帥，非常國會，西南各省前敵總司令，南京李秀山督軍，南昌陳秀峰督軍，武穴馮玉祥司令，上海孫伯蘭先生、柏烈武、徐朗西、郭泰祺、陳友仁諸先生及各省商會，各報館鈞鑒：

北京非法政府諸人，皆賣國罪魁。北方將士，不願兄弟鬩牆。馮、段等賣國技窮，指日有伏誅之勢，今又藉口外交禍迫，恐嚇西南。殊不知外交緊急即彼惡政府所造成，惡政府不除，外交將愈陷於窮境。或謂外交緊急，亟宜速自罷戰。亞伯以爲外交緊急，更宜速去内奸，群奸早滅，民國其昌。望全國義師憤發爲雄，貫澈終始，勿爲當局賣國奴及一般陰謀政客之誘言所惑，是所切盼。曹亞伯叩。

（據《民國日報》1918年2月27日，第7版）

曹亞伯致曹錕書

仲珊督軍麾下，敬啓者：

馮、段賣國，攘權奪利。袁亡而後，種種陰謀，彰彰在人耳目。值此欧戰方酣之秋，正民國圖强之會，乃利令智昏，不守中立，致使全國男女老幼痛心疾首於權奸賣國之外交。是以西南起義，天下歸心。而馮、段尤復任意妄爲，驅北洋勁旅爲殘害同胞，以圖自利之計，又與徐世昌、曹汝霖輩狼狽爲奸，專學李完用第二，所謂軍械借欵、幣制借欵、水災借欵、實業借欵，無非縛全國父老子弟之手足，使之作亡國之奴民，巧立名目，斷送主權，各部群小分贓自肥。馮、段得志以來，此外别無成績。今俄德已經媾和，而全國所反對之群奸自知大禍即在眉睫，西南仗義之師，又決以擒賊爲志，北派士卒愛國原不讓於西南，馮、段技窮，又與徐世昌秘謀復辟，藉口虚君共和以求東鄰兵械財力之援助，如果成爲事實，則直隸以北慘禍將不忍言，大江南北永無安枕之日。救亡之法，惟有南北前敵諸將領一致除奸，使北京賊巢全體覆滅，然後自强有法，外交問題亦迎刃而解。至於岑西林輩，主張與賊言和，猶是擁護武人乘機竊柄。袁宫保去，岑宫保來，徒增纷擾，終非民國之幸。所望閣下當仁不讓，與西南一致進行，勿爲外交所恐嚇，勿爲合議所游移，有德有力，立功不朽，惟努力圖之。回憶項城稱帝之日，閣下擁兵渝城，停止前進，以成蓂賡、松坡護國之功，民國得以不亡。段氏跋扈恣睢倒行逆施之時，閣下又與秀峰、秀山同意，使之罷戰，旋因黎元洪昏庸顛倒，宵小爲奸，不知國家爲何物。閣下知其不可與有爲，乃不與援助，使之自墮。張勳復辟，閣下又與馮玉祥、李長泰諸傑舉兵討賊，恢復共和。今當馮、段賣國、無惡不作，徐世昌輩一班餘孽又主持於黑幕。閣下大兵在握，正好登高一呼，以清群逆，立救國救民之盛業，勿失千載一時之機。手此。

敬請

勳安

曹亞伯頓首

（據《民國日報》1918年3月2日，第7版）

曹亞伯爲外交争主權通電

廣州非常國會，孫大元帥，兩粵各省督軍，長沙譚聯軍總司令及各總司令，四川唐聯軍總司令及各總司令，陝西靖國軍各總司令，南京李秀山督軍，南昌陳秀峰督軍，武穴馮玉祥旅長，上海孫伯蘭、温世霖、汪精衛、徐朗西、郭泰祺、陳友仁諸先生，重慶章太炎先生及全國各報館、各商會、各教育會鈞鑒：

處置敵僑自有戰時成例，且關係交戰國主權，豈容他國干涉。兹聞外交總長陸徵祥擬將敵僑交英人處置，喪權辱國莫此爲甚。凡我國民，務望一致反對，力保主權，民國幸甚。曹亞伯。庚。

（據《民國日報》1918年3月9日，第2版）

曹亞伯致孫中山函

中山先生大元帥大鑒：

聞軍府漸有實權，不勝欣慰，但求上帝助先生得行大志爲禱。近來西林一派陰謀有總長熱者，到處活動，章行嚴實爲中樞，當力爲排之。軍府當速占地盤，使吾輩所主張之民憲於地盤内實行，司法表明獨立，並免死刑。但官吏爲袁皇以來之人物，當以死刑處之。交通須去其障礙，凡與地方人民有不便利之處，當速修改，以表彰吾輩建設之能力。財政當發行軍用票，一元的、五元十元的、百元的、千元的，以最小最簡單之格式，如日本打青島時所用者最宜。凡獨立護法省區一律通用，吾軍所轄之域所收之財俱可作軍票對現之用，不折不扣。各區之造幣廠，改鑄大元帥銅銀元，以小而輕之式，劃一通行。各省鹽税雜税之收入皆兑現流轉之資料。軍事所到之省分，收税亦可收軍票，信用實行，軍票到處，可以買物。古魯家之佔領南非洲即此法也。望速仿行之，並可以不借外債，延長戰争，獲最後之勝利。

安徽各處發動，奉天二十八師指日當可舉義。陜西靖國軍所缺者子彈、器械，兵甚多而子彈不敢亂放，西安垂手可得，無奈不敢用去子彈，如子彈用盡，雖得西安皆成徒手，倘敵援一至，束手就縛，甚非計也。曹世美乃同盟會會員，亦屬中華革命黨，每次出力皆被假民黨所壓。此次舉義，純是中華民國軍政府之勢力，萬不可以無聊政客之吹牛，亂委人員，以自釀禍。郎西①在滬甚忙，陜西有力者惟郎西可以操縱，餘均有吹之力，而無行之之力也。湖北事詳昨日子蔭函中。

滬上外報漸有推尊軍府之向，因實權漸可擴充故也。伍博士宜速就外交總長職，此老之招牌一出，而軍府與外交界之力即充也。少川想做首領，王正廷亦想作首領，諸如此類，令我發笑，若要吹牛取利，則吾首先在教會組織革命機關，在兩湖經營二十一年，同志死者累千，不知要出何等風頭也。望先生努力做去，勿畏宵小，勿畏强敵，上帝與先生同在者，同志皆先生死黨，不做到頭不放手，努力圖之。但對於一切老年老同志皆當親愛，以動其感情。盧梭云：爲大者當如爲小，爲首領者應服事人，持此態度則蓋世功成矣。

馮國璋實北方之罪魁，陸榮廷乃南方之惡賊，李純又最取巧之滑頭，西林輩不過官僚中之醜類。整頓中國，非吾輩抬先生上臺不成功也。北方有大文章可作，俟李藩昌兄來面述，不好形之文墨。李兄四五日内可乘舟也。

北軍攻長嶽，救急之法，速請湘進攻打去張敬堯，則張懷芝假贛攻

---

① 郎西，即徐郎西。

長沙之計破矣。一面催重慶大兵速東下，則武漢可不戰而得。閩宜速攻，浙蘇尚可爲也。

前代借之萬元，催還甚急，望速籌匯還以救燃眉，餘俟再續。如有需用亞伯之處，當從命奔走。手此。

敬請

勳安

曹亞伯頓首

三月十三號

子蔭、季龍諸兄統此不另。

（作於1918年3月13日，據《湖北文獻》1980年第57期）

曹亞伯反對中日新約電

廣州孫大元帥，西南前敵各總司令、各軍官，全國商會、教育會，各報館，上海孫伯蘭、温世霖、徐朗西、陳友仁諸先生鈞鑒：

段氏專學李完用，將中國賣與日本，一切軍政由日本指揮，兵工廠由日本監督，財政、地租由日本管理，外交、實業、教育由日本支配，又將敵僑交與外人處理，主權全失，亡國之慘痛難嘗，望全體國民誓死反對，是所切禱。曹亞伯叩。

（據《民國日報》1918年4月12日，第2版）

曹亞伯對各要人評述函

宋卿先生大鑒：

久未致書問候，愧甚念甚。憶自項城造反而後，亞伯之忙無日或暇，卒得诸多同志協助，使凶惡袁兒倒斃。及先生得志，亞伯遂無心政治，以爲先生已经備嘗辛苦，而用人行政必有以改良。不意又被湯化龍、梁啓超及饶漢祥、李開侁一班自私自利之徒包圍，而愛國男兒並無從与先生一見。即亞伯當日之來京，亦無從与先生談大事。然而東奔西走，猶負爲先生出力，而先生不知也。及督軍督團造反，亞伯則起四次革命，强迫薩鎮冰放棄海軍，與中山先生接洽。及至張勳復辟，中山先生則在滬寓開海陸軍大會議。當日盧永祥、薩鎮冰、孫伯蘭、唐少川、程璧光、胡漢民、陳競存、柏烈武均在座，大多数贊成在滬設立軍政府討賊，惟唐少川則聽郭復初、陳友仁二人之謀反對之，以致不成結果。蓋復初、友仁以爲中山先生出頭，则無先生復往餘地。此種小人心理，卒誤大事。不知中山乃坦白無私，與亞伯一致，中山出頭正所以爲先生留餘地也。曉峯始終對於先生頗忠，然知人不多，僅知得一陸幹卿，究非有力有德之将領，謀之不臧，國與偕亡，可爲浩歎。亞伯自組織革命以來，至今二十三年，並未露一頭角，然既與先生有同心之契合，故常向先生出忠言。自今而後，乃中國圖强之機，而現今之一班官僚終當與洪述祖同運命。徐世昌即英國暗探，中國之禍根在，是國人尚不知之也。段祺瑞乃一好男兒，當日亞伯與之結仇，全係爲先生之故，然而吾良心上終欽佩其爲人也。望先生與之結合，或以世界大勢開導其良心爲禱。亞伯以爲徐世昌必不能終局，不過唐少川與徐世昌有金蘭拜結，今特爲之出力耳。總之南方失敗之處，皆由於小人章士釗想作總長，故政策顛倒也。餘不盡言，手此。

敬請

勳安

曹亞伯頓首

四月廿八号

回示請寄上海閘北恒通路口亞林化學廠。

（作於1919年4月28日，據《北洋军阀史料·黎元洪卷》第2册，天津古籍出版社1996年，第96—100頁）

曹亞伯之救國意見

各報館、各國民團體均鑒：

僕於段祺瑞對德宣戰之初，在公府内竭力反對，致免段氏總理之職，並在天津《益世報》發表《段祺瑞賣國之外交》。今日之結果，皆於兩年前一一揭出。中國若不守中立加入戰爭，戰事了局時，德勝則中國將作賠償之物，協約國勝則中國則作酬勞日本之品。今□青島問題，協約國於巴黎和會已宣布當日與日本所訂之秘約，以青島爲酬勞品矣。段氏本一光明磊落之武夫，被一班热心□長之政客，如湯化龍、梁啓超輩所利用亦從而賣國，而不自知。今段祺瑞對人宣言，謂湯化龍、梁啓超賣國，又謂段氏不賣國，徐世昌賣國。如果段氏真正覺悟，則大兵在握，斬賣國奴之首於北京城門，宣布梁啓趣［超］之罪於友邦，而賣國之小奴如章宗祥、曹汝霖、陸宗輿、丁士元、徐樹錚皆一一斬首示衆，以爲天下之賣國圖利者戒，則段氏之不賣國，方可表白於天下。否則段氏難免作賣國之罪魁，與徐世昌同爲禍首。且西南早已獨立，青島一失，北方首當其衝，祖宗墳墓、生命財産均先□害，吾恐北方軍士□群起而作北京學生之後援，不斬賣國者之首，決不罷手。凡勾結北方賣國黨之西南政客，亦在處死之列，此時段氏必悔之莫及矣。挽救之法，尤望段氏真正覺悟。全國五萬萬國民，從此當一律禁用外票，禁用外貨，並禁止糧食煤鐵出口，非經政府内務部許可，海關不得通過，則中國之人力財力物力，宰割世界而有餘，何至任人分割，任人欺侮如今日之現形？是在全國國民之決心與段祺瑞之覺悟。若倚賴巴黎和會與他人協助，則試思協約國戰勝，上海開提燈會，則外人歡喜你這一班好順民。你們開國民大會救青島，則租界不許你們通過，可以知之矣。曹亞伯敬告。

（據《民國日報》1919 年 5 月 10 日，第 6 版）

曹亞伯致朱執信函

環龍路四十四號

執信先生大鑒：

劉君震寰，欲往廣東，請中山先生給助川資二十元，已承面允。望如數照發，是所切禱。手此。

敬請

勳安

弟　亞伯書

五月廿六

（作於1919年5月26日，據《湖北文獻》1981年第58期）

電工聯合會成立演説

世界電汽之發明，最初者實推軒轅黄帝爲鼻祖，即創行指南針時也。講旨略分三端：

一 中華鼻祖爲發明世界電汽學之最早第一人，實爲歷史上之光榮。

二 電業關於世界之功用增進文化之要領。

三 電學各界對於現世潮流及中國社會之義務權利的觀念，實於聯合一事大有關鍵。

（據《申報》1919年8月11日，第10版，原題爲“電工聯合會成立記”）

曹亞伯要求黎元洪禁止左右與徐世昌往來函

宋卿先生大鑒：

黎二爺挂名先生代表，實作徐世昌走使，與老緑林陸榮廷辦投降、收降之手續。今吾輩惟有反對南北两政府爲一丘之貉，不承認解散國會之命令，以先生为存在之正式總統，與芝泉为存在之正式總理。徐世昌爲宗社黨首領，爲漢軍旗人，爲復辟政罪魁，爲英國暗探，爲賣國主腦，此賊不除，國無寧日。望先生禁止左右爲黎二爺者与徐賊往來，是所至禱。子蔭、姚雨平、太炎、伯蘭諸公皆與亞伯一致也。餘不盡言，手此。

敬請

動安

曹亞伯頓首

八月十八号

住址：上海法界巨籟達路一百七十二号

（作於1919年8月18日，據《北洋军阀史料·黎元洪卷》第2册，天津古籍出版社1996年版，第135—136頁）

請緝行刺吴、程兇手電

長沙張督軍鑒：

敝會代表吴程二君在湘突遭慘害，生死不明，全體悲憤，務請迅緝兇首，盡法懲辦，以釋羣疑。中華工業協會代理理事長曹亞伯率全體職會員同叩。冬。

（據《申報》1919年8月29日，第10版，原題爲“請緝行刺吴程兇手之函電”）

請緝行刺吴、程兇手函

勳臣督軍節下敬啓者：

昨接湘訊，敝會前後所派來湘組織支部代表吴燦煌、程鵬二君，突於本月十六晚十時在船山學社被軍服便服十餘人亂刀刺死，狀極淒慘。查吴君此次來湘，除敝會託其組織支部外（吴君係本會理事之一），尚含有上海國民大會職務。至程君純係籌設支部事宜，並携有敝會正式公函陳請鈞座提倡保護，乃抵湘數日，亦同遭慘禍。敝會同人聞之痛極，當開職員大會。僉以在貴治兵警森嚴之地，竟有暴徒聚衆，黑夜携帶武器入室殺人，實屬目無法紀，議决除另派專員調查此案真相，再開追悼大會闡揚外，並函請鈞座嚴飭所屬，限緝兇犯，追究主謀，盡法懲辦，昭雪冤抑。並希優加撫恤吴、程二君身後之事，以瞑死者之目。專此。

敬頌

崇社，並候覆示

中華工業協會總部代理理事長曹亞伯啓

（據《申報》1919年8月29日，第10版，原題爲“請緝行刺吴程兇手之函電”）

孫中山與客談話

中華工業協會理事長曹亞伯，對於王緝唐來滬議和，特就孫中山處詢問，云：

北方不法，西南護法，吾輩中華工人，一方受不法武人之鞭撻，一方受護法武人之蹂躪。兩年以來，擄掠負重，驅爲牛馬，待死不暇。吾輩工人固不反對合法之議和，但反對分贓之和議，如某爲總統，某爲總長，某爲督軍，某爲省長，大借外債，以地丁爲抵押，分配於陰謀政客、强盜武人之手，則全國工人，無論南北，惟有拒絕不許，以救住我全國男女老幼生活勞動之地盤。凡假和議之名，爲分派權利之實，集合一班賣國小醜，媚外求榮，諒中山先生亦不忍見之也。

中山答曰：和之一字，當根本取銷，若北方能服從條件，以舊國會完全自由行使職權，則南北本屬一家，國民同心救國，本可減輕全國工人之負擔。吾當即日將徐、段來商始末宣佈，使中外咸知也云云。

（據《申報》1919 年 9 月 24 日，第 10 版）

中華工業協會開會演説

此次華盛頓之國際保工會議，較之巴黎和會尤爲重大，各國均重視之。吾國資本家與勞動家均無代表，僅北京政府就派容代使與會，該會視爲無足重輕。昨有留美學生薛仙舟新自美國歸曾語予（曹自稱），美國現有一位女士（係勞動黨派出）到滬，專爲聯絡中國工黨首領，予擬不日與彼接洽，探詢意見。

（據《申報》1919 年 11 月 22 日，第 10 版，原題爲“中華工業協會開會紀”）

中華工業協會月會演説

工爲立國之要素。我國向分士農工商爲四民，但四民均可以工目之，不過有用腦力之工及用腕力之工耳。本會不含政治臭味，祇圖對於我工界從根本上實力進行，俾逐漸推廣，結成一最堅之團體，則此佔全世界四分之一民族，庶幾不致受外人侵凌也。

（據《申報》1919 年 12 月 31 日，第 10 版，原題爲“中華工業協會月會紀事”）

工業協會覆旅法華工會函

伯遼先生大鑒：

昨接大札，諄諄訓誨，不勝感激。中國人口，居全世界四分之一，而工人亦居全世界四分之一。只因工人無一定團體，是以被世界少數强權所輕視，所欺侮，非有切實辦法，組織一完善團體，實不足以謀人類之生存。敬將先生所條陳者，明白答覆。

定名。當以工業協會爲國内外之統一名稱。

總部地址。當以上海爲適當地點。

章程。擬於各工團聯合後，加全團體之公意修改之。

總部主人。亦當依大會公衆選舉之。

工業銀行。爲著手最要之信條，俟本會財政專家薛君仙舟，於民國九年三月由美洲回國後籌辦。

華工歸國之處置。當由旅法華工會擬定辦法，由本會照辦。

至於義務學校、工人醫院、薦工處、設工廠、開採礦産、修築鐵路、擇取船塢一切應辦之事，皆本會工人團體，應作而不容緩之圖，决不畏難從事。但願先生輩在海外竭力相助，是所切禱。李石曾君乃弟老友，並致意。

（據《申報》1920 年 1 月 18 日，第 10 版，原題爲“工業協會理事長曹亞伯，昨復旅法華工會函”）

附：旅法華工會之來函

亞伯先生執事：

大書並貴章程頒來，讀之不禁爲我勞働前途額賀也。

我國數千年來，諸當道均視實業如漠然，國人賤工惡習，幾慣爲病柄。近數十年，仍然如故。夫我國當道之不良，本不可諱。而國人之愚昧，亦可謂極點，以致使東西列强，垂涎我國之不動産，攘奪我有之經濟權，逞志施毒，不遺餘力，以致搆成今日之局面。來日大難，伊害胡底。真不知我國人民暨政府各當道，對於國家，抱有若何之感想，而居何良心也。

超等栖身海外，目擊心傷，見人國之强盛，政府之精良，人民之勇悍，真正令人欽佩無既。相形之下，愧死無地矣。伏思國家興亡，匹夫有責，天職所在，義不容辭。是以應時勢之激刺，組織旅法華工會，以匡國家之不逮，責任重大，隕越時虞。况且我輩工界之組織，正值幼稚時代，諸事非羣策羣力，不足以輔其進行，事事非和衷共濟，不足以襄成工界之事實。前者致函先生接洽，正爲此也。今蒙不棄，承認合併，以期達到最後之目的，足見志士相印於一心。超一介武夫，不貢諛詞，既允其請，理宜磋商善後之辦法，第恨寄身海外，心與力違，縱有策應，有志莫逮。維今之計，務祈先生等對於國内進行，應取急進主義爲要。至於海外一方面，超當竭誠努力，與諸同志共勉之，祈勿遠慮。尚有一事領教，今後既稱携手一致，應將海内外合併之手續融洽方妥，超對於此層辦法，不甚明瞭，祈即示知，俾利進行，至盼至盼。再將超之愚見，條陳如後，祈先生逐項據實答覆，切勿敷衍，函示爲盼。條陳如下：

一、定名。期國内國外統一之名稱，俾爲市面一致遵施實行，勿使混亂，方可收羣策羣力之效。

二、總部地址。應擇一適用地點，永遠不移爲妥。

三、章程。仰工業協會原訂之章程，如要删改，另一問題，俟大生效力後，再行提議修改可也。

四、選舉總部主人。充任事總席者，代理實非長策，久而久之，恐有疏懈之慮，此種手續，祈自裁奪。

五、工業銀行組織。斯銀行爲必要，至於辦理手續，亦祈自裁。如海外一方面，無不樂從，如有用海外財政之處，祈函示知，一切超定遵行。

六、華工歸國之處置。凡在海外之華工，已入工會者，歸國時，理宜安置伊等，方可取信於人，藉此亦可警勵全國人民之心理，如華工善後之問題，正爲此也。

餘如義務學校、工人醫院、薦工處、設工廠、開採礦産、修築鐵道、擇取船塢，種種應辦之事件，均在刻不容緩之際，先生等富有經驗，實非超之管見所逮。超今所希望於先生者，即毋見難生退，勿以驕傲從事是也。區區直言，幸勿見怪，爲國爲民，當能諒此。

（據《申報》1920年1月17日，第10版，原題爲“旅法華工會張超伯致工業協會曹亞伯函”）

美國女工會員與曹亞伯談話

美國世界婦女勞工會特别委員佛理門女士 Miss Friedman，於昨日特訪中華工業協會曹亞伯談話，偕來者有女青年會英人江世敦女士 Miss Johnston、廣東韋女士。詢其來意，即美京華盛頓萬國勞工會特託佛理門女士來華調查中國工黨之現勢。

佛女士問曰：中國工黨，有正式工人之結合否?

曹答曰：中國工黨，向無偉大結合，近來稍有團體五六。

又問曰：上海一市，有工人若干。

答曰：大約有六十萬人。

又問曰：華盛頓萬國勞工會，中國工黨何以不派代表?華政府所委之容先生，乃使館官僚，何以能代表工人?且此次萬國勞工會之組織，無論何國，皆當派代表三人：政府一人、資本家一人、勞動界一人，中國無人，難道中國無國乎？

答曰：中國工人，居世界最多數，只因無團體結合，是以被世界所欺。以後當派代表與萬國一致行動。

又問曰：中國工人，對於萬國勞工會之條件，工人每日作工六小時，所得工資，需足以養活一家之衣食，並使兒女得以受教育，年老時國家須供養之，中國工人以爲然否？

答曰：此正中國工人所求之而不可得者也。

又問曰：貴工黨有儲蓄銀行乎？

答曰：正欲開辦，須俟薛仙舟先生回國時，方有把握。

又問曰：貴會有女工黨員乎？

答曰：正在聯絡，此時尚無女員入會。

佛女士曰：我之來意，正欲貴會注意於女工黨員。今年美京萬國勞工會，僅以男工爲限，然國際聯盟席上，女工尤當加入，故目下正籌備萬國勞工女會，希望各國明年皆能派女代表與會，代表資格，總以真正女工爲限，如無經費，華盛頓總會，可以資助。出發之日，須由貴工會會長簽字給憑，方生效力，此所以特來與貴工會接洽也。

言畢，别去。自謂六號往天津，再由北京至武漢，事畢，即回國云。

（據《申報》1920 年 2 月 10 日，第 10 版）

孫洪伊譚人鳳曹亞伯電

夔州黎總司令鑒：

高固羣兄弟，在君防地被殺，既明知有便服數人，任其脱逃，誰爲之而誰縱之？回念蔡案正兇，唐克明被君包庇，任其漏網，今於高君一事，又臨時故縱，事後始虚懸賞格，舉動如是，殊欠光明，望速將高案正兇根底查究示復。

（據《申報》1920 年 3 月 27 日，第 10 版）

章太炎孫洪伊譚人鳳曹亞伯電

云南唐總裁成都熊督軍鑒：

高中將尚志，乃武昌起義功人，於十六日在夔州永壽橋黎天才防地被殺。據黎電稱，便服持手槍者數人，何以略不救護，且任兇手脱逃，則爲防軍眼見可知，其中情弊，不难懸揣。回念蔡案正兇，唐克明被黎包庇，任其漏網，今於高案，又有嫌疑，似此假借義師，以作逋逃淵藪，恐未便任其恣睢。望諸公嚴電詰責，勒令緝兇爲禱。

（據《申報》1920年3月27日，第10版）

中華工業協會曹亞伯來函

頃讀上海各報載稱上海縣沈知事致本埠工商學各團體公函，謂各團體並公舉僕爲上海工界全權總代表，僕全然不知有此舉動，並未接到上海縣沈知事公函。僕本係代理中華工業協會理事長，敝公會從未干涉政治。至謂山東問題乃關中國存亡，凡屬中國國民應有救亡之天職，無論何人以國土媚外藉保私權，皆當與國人共棄之，又何待上海各團體之結合。今南北稱兵各争權利，南與南争，北與北戰，一丘之貉，亂我神州，各據一方，殘民以逞。僕恐當道之滅亡，不在外界之反抗，即在心腹之内鬩也。恐傳聞失實，庸人自擾，望稍爲更正爲禱。

曹亞伯顿首

三月二十七號

（據《申報》1920年3月29日，第11版）

工業協會周年大會演説

本會今日開周年大會，此一年中，吾國工人自被五四愛國運動喚醒後，已漸有生氣，而本會此一年中成績有二端：（一）爲旅法華工與本會聯絡一致；（二）爲外國工黨與本會提携，共謀世界工人之幸福。但國外工人對於本會雖有所聯絡，尤希望本會工人自能振作，以期與外國工界一致進行。

（語極懇切，而於該會發展，尤多急要之主張。）

（據《申報》1920年4月3日，第10版，原題爲“工業協會周年大會記”）

船務棧房工界聯合會成立大會演説

我國工人，不應口頭干涉政治，一無工夫，二缺知識。與其口説，孰若力行？水有江海，任人行船，陸有鐵路，任人駛車，亡國景象，在在皆是。再不從實力做起，亡無日矣！

（並列舉海上工人團體，每蹈言而不行之弊，無益國家。）

（據《申報》1920年4月3日，第10版，原題爲“船務棧房工界聯合會成立紀”）

電工聯合會紀念會演説

兄弟今日無别話預備，不過要請諸位曉得，凡世界上的人，不做工即不能吃飯，若吃飯而不做工，即吃人是也。無論何人，總是天天有工可做。不過所做之工不同，遂有名稱之異。外國人最重視工，吾國反此，故所有鐵路鑛務工廠等，大好權利，均斷送於外人，而不知惜。今雖稍有覺悟，然已晚矣。勞工神聖，何可輕視耶？

（據《申報》1920年9月6日，第10版，原題爲“紀電工聯合會之紀念會”）

基督教救國會周年大會演講

鄙人自十五岁奉教後，即深信教徒應當救國。大都基督徒，常以救靈魂爲要，不知國家如亡，則靈魂亦將墮落，所謂皮之不存，毛將焉附。故前清時，在湘與同志創設日知書會，以新智識之输入，並鼓吹革命，以與滿人争，一面演講革命。此蓋本諸良心的作用，即根諸靈魂的作用而發也。故基督教徒，固當以救靈魂爲主，而尤當以救國家爲救靈魂之初基，而應視彼皇帝、總統、總長、政客爲魔鬼也云云。

（據《申報》1920年9月28日，第10版，原題爲“基督教救國會周年大會紀”）

曹亞伯君函

《民國日報》主筆先生，並轉上海各報及各埠諸大報館主筆先生均鑒：

旬日以來，滬上各報群注目於湘鄂戰争，僕以爲湘鄂二字，名詞不正，盖鄂軍自癸丑變後，盡被解散。此後西南各省擁護共和者，多被北軍犯境，雞犬不寧，惟鄂省亡於北軍之手，痛苦尤甚。近鄂人聯合湘軍以圖恢復武漢，爲主者乃鄂人，爲敵者則北軍而非鄂人，湘人所助者乃鄂人，湘人所敵者則北軍而非鄂人，此即共和國民與亡清餘孽之戰争。就狹意言之，即南方民黨與北方降虜之戰争。簡單解釋，□南北戰争也。南方勝，則各省實行自治，永無亡清餘孽賣國叛國之行爲，國民從此强盛。北方勝，則亡清餘孽永據各省地盤，長見賣國叛國之行爲，國民將降爲數重奴隸。此僕所以顧名思義，希望主持輿論之各報，亦顧名思義。對於湘鄂地方發現之戰争，□名南北戰争僅亦内幕中之一人，不得不希望民國得以長存，清孽早爲消滅，諒□諸公及天下之同情也。手此。

敬叩

公安

（據《民國日報》1921年8月1日，第11版）

致黎宋卿電

天津黎宋卿先生鑒：

鄂民久苦兵禍，宜武爲墟者，實公之借重王占元有以致之。此天下所公認，亦我公所自承者也。鄂人於創鉅痛深之餘，奮起自救，凡有人心，莫不矜許。迺者王氏畏罪潛逃，蕭耀南取而代之，虎去狼進，甯能安枕？而公突於此時率領因利乘便之徒，謬託調停，通電阻我義師，是一次一誤不足而又二三，斯亦可以已矣！旅滬湖北同鄉曹亞伯等八百餘人同叩。真。

（據《時報》1921年8月14日，第15版）

曹亞伯陳述粵直及其他政界要人情况函

黄陂先生大總統鈞鑒：

粵中孫陳内容及海軍實在情形，無形中可爲先生效力，在致曉峯函中已略言之。亞伯與太炎在滬早爲秘商，前因少川與菊人爲盟兄弟，故利用伯蘭反對少川破壞和議。今伯蘭與仲三有謀最好利用少川組閣以制保定，此中管見，特派至友唐仲勳前來面呈一切。然反對借款，凡關於討伐命令拒不盖印。對於胡漢民、王正廷輩宵小勿使得志，皆收人心，順天命之急務。

敬請

勳安

曹亞伯頓首

七月四号

（作於1922年7月4日，據《北洋军阀史料·黎元洪卷》第3册，天津古籍出版社1996年版，第729頁）

出盤上海亞林化學藥廠曹亞伯聲明

啓者：

鄙人因事務紛繁，無暇兼顧，業將亞林化學藥廠事業，挽盧鴻滄先生、盧志學先生作證，將全廠出盤與五洲大藥房爲業，所有議定盤價如數收清，當由亞伯訂立盤受合同交割清楚，如有以前亞林廠欠人人欠，應向亞伯清理，概與五洲公司無涉，以後生意盈虧亞伯亦不過問，特此登報聲明。

出盤人曹亞伯啓

（據《申報》1922年7月22日，第1版）

反對江西用兵電

洛陽吴子玉先生鑒：

李烈鈞率師回籍，本應全贛士民之請，爲其鄉國除殘，非有所私於何人何黨也。蔡成勳援贛之命，出自徐世昌，足下既知徐世昌篡竊，公行黜逐。今者民心厭亂，渴望和平，停戰命令，業已宣布，李已固守贛南，停止進取，即蔡亦不欲窮兵矣。而足下雄心未已，必欲征服贛民而後快，始則欲遣胡景翼，繼則欲遣張福來，近復電蔡稱將在外君命有所不受，是仍欲追奉徐酋遺令，爲篡竊者成未竟之功也。長此不悛，恢復法統之功，豈如與亂同事之罪。近觀段閣，再造民國，勳業爛然，徒以貪狠好戰，羣情棄之，遂爲足下所覆，足下昔受督軍團之命，屢挫南軍，百戰成功，祇爲奸回效命。今茲晚蓋，庶幾知非，乃復紹述徐酋，播其餘毒，此與段閣亦何以異？豈所謂北洋正統者，自有此傳授耶？今之將帥，誰能久長？朝爲元勳，暮爲禍首，一朝顛仆，身名俱隳。足下自度能永爲天之驕子否？勉速戢兵，庶免自焚之悔。

章炳麟、譚延闓、曹亞伯、朱樹藩、趙鐵橋、王希閔、李次山、劉白宥

（據《申報》1922 年 7 月 27 日，第 13 版）

曹亞伯就對胡漢明等人的看法事致吴景濂

蓮伯議長老同志如握：

弟自今春宣言殺胡漢民以來，對於南北皆不沾染，中山之迷信漢民，恐老同志皆不願与之共事矣。京中醜相百出，仍望我兄本奮鬥之精神，作根本改革之行動。弟总不問世事，對於我兄之所爲不勝大快，然王正廷、顧維鈞、高思洪輩，俱被國人共棄，此宜速逐之爲禱。茲有懇者，新化老友譚建侯，乃譚人鳳之舊詣，困守京師七八年矣，特請我兄一安置之爲禱。

敬請

勳安

弟曹亞伯頓首

十二月二號

石蘅青附候

（約作於 1922 年，據《北洋軍閥史料·吴景濂卷》第 4 册，天津古籍出版社 1996 年版，第 253 頁）

曹亞伯致宋慶齡函

孫夫人大鑒：

茲有金雅丞自甘肅來函，托亞伯在先生前消差。亞伯因恨胡漢民，故不到先生處，因拜托夫人將雅丞消差之書奉上先生一閱。

亞伯將作《革命真史》，必有以宣佈小人之罪狀，以告天下後世也。

敬請

道安

曹亞伯　頓首

十二月四號

（作於1922年12月4日，原函藏於中國國民黨黨史會，現標題爲編者所擬）

曹亞伯之來電

章太炎、柏烈武、馬君武、居覺生、張浦泉、趙鐵橋、徐朗西、凌子黄、朱香溪諸同志及各報館均鑒：

曹、吴篡國，深忌憲成，驅出黄陂，迫散國會，叛跡昭著，罪不容誅。正誼未盡銷歇，國内豈無男子，共和既隳，無分南北，當伸大義，除此奸宄。曹亞伯銑。

（據《申報》1923年6月20日，第13版）

曹亞伯痛數孫文罪狀代電

中山先生大鑒：

公以未與武昌革命之勤，而欲貪手造民國之功，亞伯不敏，曾盲從數十寒暑；只求有利於國，固不願干不實之名。革命何事？原犧牲個人以求有益於大衆，救垂亡之疆土，以存祖宗盧墓之靈，生斯長斯，誰甘奴隸，不意公一念稱尊之私，强人盲從，縱己瞎□。往事勿論，即此次之引狼入室，糜爛鄉邦，開賭販烟，拉夫勒贖，大賣公産，遍□匪兵，甚至許廣九鐵路與鄂漢接軌，使廣東、湖南、湖北數省入香港政府之版圖，以黄埔建築，暗送英商，换得港督歡迎，以便即真於士敏土廠，似此賣國行爲，與唆使日政府提出二十一條以倒袁，皆非革命方法。不僅此也，今聞又勾結英美商會，鼓吹共管中國之論，國民雖若，困獸猶鬥，若成事實，天下後世將以公爲何如人，至於托楊度以降曹，背人心以取利，俱爲公不取焉。亞伯本革命天良，如假革命之名，以行賣國之實者，當大興天下之兵以攻之，北洋正統更無論矣。曹亞伯真。

（據《益世報》1923年7月20日，第6版）

曹亞伯致蕭耀南電

衡珊先生鑒：

報載吴佩孚稱五省總司令之説，亂國夜郎，鄂州留戀，對内用□□國遺殃，閣下以湖北公産，供給曹、吴揮霍，至今不悟，仍任其逍遥西山，自稱□長，豈保境安民者所宜有耶？爲鄂省治安計，無論何人會師武漢，皆當視爲土匪，對於子玉，當令其速離鄂境，省中行政，公之正人，□□國民會議解決，若猶徘徊歧路，莫謂天下可欺，僕乃倡義之人，萬難坐視，特爲敬告，乞留意焉。曹亞伯叩。

（據《益世報》1925年2月17日，第3版）

曹亞伯致《申報》記者函

亞伯自壬戌桂林北伐而還，即隱身於崑山，山高水長，學佛習字，亟脱家國一切煩惱，雖未受戒，實同沙門。頃閲各報載離婚案内，載曹亞伯爲《金融日報》經理，甚爲駭異，恐屬另一同名也。望即更正，禱切。

十月十九號
曹亞伯頓首

（據《申報》1928 年 10 月 20 日，第 16 版“來函”欄）

《墨子閒詁箋》序

吾友張君仲如，蓋勇於振世救敝，能以其所學見諸實行者也。遭清之季，力謀維新。甲辰與劉敬安、馮特民諸同志假武昌聖公會設日知會，謀革命。嘗用白話作軍歌，密喻軍士，感導甚衆。此武昌起義之因也。丙午冬謀舉事，會同志被逮者九人，軍界被牽連者數十人，仲如乃匿迹路工，以增進勞動社會之知識。嘗憫學子習染文弱，巧宦求活，特爲米商，赤足肩囊以矯之，獲利即罄所有，在漢陽沌口購地四十畝，捐入孤貧工藝學校。又以積年所入脩金，築室漢陽城内，奉養父母。及其父母相繼謝世，即捐之社會作紀念，並盡力購募書報藏其中，用供衆覽，而自無立錐地。民國既興，仍甘守窮約，惟著書講學以資家，絶不與聞政治。蓋以改造時局，莫急於改造人心，使皆屈己以利羣。於是自處恢然，日夕爲天下憂不足。仲如可謂能遵墨教，有力則以勞人，有財則以分人，有道則肆相教誨者。以故莘莘學子才性淳樸者，既與之接，靡不重其言論，感於其誠而動，或且依依弗欲與之離也。莊子謂墨子以绳墨自矯而備世之急，又好學而博不異。仲如有焉。余與仲如交廿餘年，故於其孜孜講學救世之苦心知之甚悉。因仲如此書付梓，聊舉其生平以爲讀墨書者告。

民國十一年八月曹亞伯識於申江

（據張純一：《墨子閒詁箋》，商務印書館 1922 年版）

《武昌革命真史》出版

中華民國，産生於辛亥八月十九武昌之首義，亦由於人心思漢，舉國同仇，不數月竟將亡於滿清二百六十七年之江山光復，不可謂非世界歷史上之一大革命也。然武昌革命之醖釀，及起義時之艱難，起義後之血戰，本本原原，是是非非，不可不記載清楚，以爲舉國人心之鑒别。作者雖遺忘缺漏之處尚多，但所親歷及耳聞目見之事實，實無一字之附會，全部共四卷，已成四十萬餘言，由中華書局出版。凡我國民，如皆能閲畢全編，於中華民國之掌故，澈底澄清，而猶嘆大亂之不止者，無有是處，更望親與武昌革命之役者，有所補助，於再版時一一增入，則尤爲切禱。民國十八年夏，曹亞伯敬啓。

（據《遊川日記》初版封内廣告）

陳少白遊熱河記

民國十八年六月一號，孫中山先生安葬南京之前，其總角之交，陳少白先生遊熱河。熱河名勝，冠乎燕雲十六州，即較世界著名之瑞士湖山，亦未必稍遜。胡清一代，奄有中國，以中國無窮之財富，供奉其荒淫無度之帝王，雍正、康熙、乾隆乃至咸豐，每年必駐蹕於熱河半歲，以天下爲私有，禁漢人遊獵其中，所謂不與民同樂者是也。秦始皇築萬里長城，固一世之英雄也，而今安在哉！陳少白先生在熱河遊觀十日，其感慨當何如。熱河在北京之北，稍偏東，爲灤河之發源地，昔稱内蒙古，今改特别區，距北京四百餘里，其位置在東經綫一百七十八度，北緯綫二十七度，介乎興安山脈與陰山脈之交，風景之佳，令人流連而不欲别，無怪乎雍正選熱河築行宫也。熱河水源，即已冷之温泉，嚴寒亦不凍，四時氣候，花木如茵，避寒避暑，且住爲佳，有病者居之，並可以轉弱爲强也。

北方自張作霖主政以來，熱河即爲汤玉麟所有，張作霖在皇姑屯被難後，退兵遼海，息鼓中原，榆關附近，尚無有敢攖其鋒者。湯玉麟安守熱河，與何成濬、周震鱗輩周旋，得舊交政敵閻錫山總司令之同意，易懸青天白日之幟，亦南京政府之健將矣。湯玉麟本與馮麟閣、張作霖爲異姓兄弟，頗有俠義，尤精射擊，吴禄貞督辦邊防之日，並賞識之，欲選爲大用，以禦外侮，其人品甚爲忠厚。

當陳少白先生動熱河遊興之時，先由周震鱗先生致電湯玉麟，謂真正革命老前輩陳少白先生，將遊熱河，請其招待，旋得覆電歡迎。於是仁者行旌，隨汽車飄揚，向古北口舊戰場，踰越崇山峻嶺去矣，不三日安抵熱河之南天門，入清帝王遊樂之故土。

自南天門而進熱河行宫，直徑六里餘，周圍十六里，内中深林蔥鬱，流水多灣，野鹿成群，好鳥葉唱，亭臺樓閣，點綴烟霞，此中樂，誠不可爲外人道。值此遍國中無一寸乾淨土之厄運，忽逢此世外桃源，湯玉麟先生不知幾生修到也。

倘中國有人，真正建設民國，不贪財色，以自取敗亡，將百姓有用之血汗錢，用之於有用之地，開放此帝王之禁地，爲普天遊賞之場，築公路以通汽車，修鐵道以利轉運，並擴大熱河行宫範圍，永爲國民同樂之大公園，則天下遊人，何必浪遊日本之熱海箱根，與美洲之黄石公園，方得稱心滿意哉。又安知世界各國之佳人才子、帝王豪客不聯袂來共遊，共賞中華民國之勝迹，以度人生過客之尋常事乎。

咸豐被英法聯軍攻入北京時，即逃往熱河，憤而成疾，旋死於行宫，其死時之房，與死於其上之床，依然如昨，湯玉麟將軍引陳少白先生一一觀覽，咸豐而後，即無清帝王足迹再至熱河矣。

西太后慈禧，自熱河返北京，又利用漢人殺漢人於太平天國之後（今外人乘中國之亂，亦行此故技），由是無暇顧及熱河行宮之壯麗，任其頽廢，至今幾無人收拾，可惜已極。

咸豐以前之清帝，每年必至熱河行宮一次，在清帝之用意，並不在怡情山水，放縱遊嬉，以顯其帝王之尊嚴，如庸庸無志氣易驕易盈者可比。蓋自吴三桂爲争一陳沅歌女，引清兵入關，斷送有明天下以前，蒙藏活佛，早知明代君臣，荒淫財色，百政不舉，有取敗亡之兆，而長白山下發憤自强之遼金，久懷侵略，加以不得志於中原之小醜，投效於金人者日多，彼能容之，蒙藏活佛多不歸明而歸清，於是因吴三桂之勾引，一舉而得中國，屠城虐殺，示威以制漢人。揚州十日，嘉定三屠，廣州、蘇州流血成河，亡國慘痛，今猶心悸。當時蒙藏佛教盛興，邊民多智，文才武略，强於滿洲，漢人利用漢人制之，固無慮其反動。蒙藏人强大其族，不可以力取也，因皈依佛教，尊蒙藏活佛爲國師，遂築熱河行宫以羈縻之，清帝日伴其遊戲，擬之美女和親，尤顯外交身手矣。

蒙古自成吉斯汗，奄有歐亞，統一全球以來，佛教早爲文化之源，所謂四大活佛、爲天人師、庫倫活佛、章嘉活佛、達賴喇嘛、班禪等，久爲國家崇奉。蓋蒙藏佛教，素行密宗，分爲紅黄二派，信紅教者衣紅服，信黄教者衣黄服，善男信女，紅黄紛披，一見即知其派别。佛以慈悲救世爲心，蒙藏人之信仰，究竟高尚，其體魄之雄壯，不畏世界物質文明之摧殘，良有以也。且物質文明，亦佛教五明之一，所謂内明因明聲明醫六明之外，工巧明也，蒙藏人甚易學之，歐美人之有科學，亦不過五十年而已，有何難哉。達賴喇嘛、班禪二活佛，在烏斯藏，即今西藏，稱古佛國，分爲前後兩藏。自成都西行十二驛至打箭爐，再西行七十三驛至前藏之首都拉薩，又十二驛至後藏，又十二驛在濟隴，又三十驛至石宿橋，爲後藏邊地，過橋之西，則廓爾喀，前藏有呼圖克圖，曰達賴喇嘛，相傳爲宗喀巴高徒，世世轉輪爲之，每將死，則自言其往生處，弟子如言物色之，得嬰兒即奉以歸，謂前喇嘛所托生也，其真僞不可知，而準噶爾、喀爾喀，及内部落各蒙古王公，皆尊信之，爲佛教大宗。後藏班禪喀爾德呢，其位視達賴喇嘛稍次，而諸蒙古番人，亦崇奉惟謹。此二藏古吐番地，元世祖時有八思巴尊爲帝師，明成祖時有哈麻立册爲大寶法王，未嘗待以屬禮，且漢代裴岑大破呼延於西藏之烏魯木齊，立有呼延碑於其地。乾隆時築城掘得之，字體完善，遠勝曹全夏侯碑搨本，紀曉嵐曾藏一通，罕以示人，足證蒙藏文化之力，決非滿清所能及。雍正、康熙、乾隆流連熱河行宮，以聯絡蒙藏喇嘛，實有陰謀不可以告人也。

蒙藏人民之衣食居行，程度極低，因未脱遊牧種族之惡習慣，食肉太多，神志昏迷，無公共衞生之浄行。然各大喇嘛，則智慧出衆，故衣食居行四大政，則極有研究，所居寺宇，每有以純金爲建築材料，清帝牢籠喇嘛於熱河行宮内，設喇嘛王宫，亦以真金爲瓦，所以示莊嚴隆重也。

今故宫頹敗，金瓦依然，土匪飢兵，不敢偷盜，佛法之力乎？抑建築高堅不易攀折乎？

蒙藏喇嘛住熱河行宫内，早晚必觀莊嚴佛像，故清帝附建一大佛寺，佛身高七丈餘，全身着色繪之，佛寺崇高，百年來無人修理，已殘敗不堪，加以北洋軍閥屢駐兵於此，摧毁尤甚，此國家所當寶存之，不可任其廢去者也。陳少白先生曾勸湯玉麟將軍爲之修補，彼驚甚，謂非巨金不可從事，然苟有心整理，天下原無難事也，苟不修葺，任其破壞，他年國家大興，民族繁盛，欲重建築此莊嚴不二之佛相，不易舉也。

陳少白先生住此十日，攝照甚多，選其佳者贈亞伯，亞伯轉贈之中國旅行社，將陳先生所談遊熱河之興味，略爲紀之，登之旅行雜誌，以公同好，亦以表示不以天下爲私之意耳。

予好浪遊，每以韓蘄王之湖上騎驢，范蠡之泛舟五湖爲最樂之境，視名利可憐虫，輪回生死於苦海中，頭出頭没者，有天淵之别，且隨少白先生遊息於南北名山大川之日甚多，恨此熱河之遊，不邀亞伯同往，影片之贈，聊以快意云耳。

（據《旅行雜誌》1929 年第 3 卷第 9 期）

上海之陳跡

海禁未開之日，上海孤城，極形冷落，所見者不過平沙落雁、夕照漁歌而已。當日之繁盛市場，惟太倉之瀏河、崑山之青陽港耳，上海固無人游覽焉。及至道光十九年鴉片之戰，英人强迫中國銷行烟土之故，以海軍霸占舟山，清政府遂割香港，並開五口通商，上海之洋涇浜條約，於是乎締結，因劃蘇州河以南，洋涇浜以北，西至泥城橋，東至黄埔灘，十里洋場始入英國租界範圍，並無建築。五十年前唐少川先生初自美國哥倫比亞大學畢業歸，供職於上海之海關時，曾於暑天乘涼於蘇州河畔之沙灘，潮水高時，非渡船尚不能至天后宫之門，一片低濕之土，固不料有今日平闊之街衢，與摩天之高閣也，滄桑之感，興亡之數，豈天意哉，全關乎人事耳。些小地球，凡物阜民康之國，莫不利用水陸交通之便，以應人類一切之所需。上海之應有今日，並以後之發展，或駕乎倫敦、羅馬、巴黎、紐約及一切世界名都之上，亦未可知，是在有法治之保障，與人民之智識耳。過去之陳跡，又何必寄意。然人事代謝，往來以成古今，前車爲後車之鑒，前賢即後世之師，中國之大，文化之遠，無一寸土無掌故可考，況上海爲今日世界東方之第一市場哉。上海原名春申江，更名黄歇浦。春秋戰國時，楚威王既滅越，盡有吴地，黄歇楚人，游學博聞，使於秦，並説秦與楚約爲與國，楚以太子完質於秦，會楚頃襄王病，歇令完亡歸，自待罪於秦，秦賢之，乃放還，完以是得立爲考烈王，因以歇爲相，對春申君，門下食客千人，躡珠履。楚復强。至是考烈王徙歇對吴，宫室極盛，然較之今日之上海，尚百分不及一，乃至那由他分不及一也。今上海跑馬廳之西北角，馬霍路口，静安寺路旁，有外人新建之馬房，園門尚保存石人二具，即相傳爲黄歇之墓也。闤市增華，馬龍車水，紅男緑女作態争妍，數百萬人口，攘往熙來，並不自知其爲印度阿三所管束，而黄埔灘頭，凡奪我海關之洋大人，佔我租界之洋紳士，莫不高豎銅像，表彰其對於彼祖國之功。如斯上海，乃中國之上海乎，抑外人之上海乎？歷史可考之春申君，廟墓亦被湮没，僅遺灰石翁仲，拱衛馬門。舉國紛紛，若不知有亡國之恥者，甚至受人鞭撻，以爲分所應得之權利，忍痛而强作笑顔者，比比皆是。黄歇有知，必爲我黄人矜憐不已也。上海既爲各省富厚之家與貪贜枉法者恃爲安樂窩，亦爲各省並世界各國衣食無依者之栖身所，而商人組織之市政，操其權者純屬客籍，且彼朝夕所經營所顧慮者，都是持籌握算，圖利身家，何能專心致志，爲無量數市民謀久遠之公益哉！公益者何？一市之民，無論男女老幼，皆得身心之安樂是也。衣食足而後知禮節，禮教興而復能進化，規行矩步，聲明文物，方表現於人間，而爲世界人類之模範，所謂大國民是也。決非露體嬉游，放心情欲，圖一時之私快，墮落人類之衣冠，可誤爲身心安樂也。中國主人翁，不可長自暴棄，事事依賴他人，而不爲之深謀遠慮也。所謂身安樂者，必使人人有工可作，有屋可居，以之自贍身家，衣食無慮。是在有力者提倡實業，遍立工場，製造世界需用之貨物，不必專求香烟一項以經營，補他人之缺，實自己之虚，自利利他，相资相助，則流氓日滅，游手好閒、處心積慮以争奪國家之權利而害民爲事者必不多，然後盜賊無踪，綁票之風亦自息，此市民身安樂之根本問題也。所謂心安樂者，必使教育普及，廣開學校，不納學費，而男女老幼皆可自由讀書，自由閲報，自由信仰，牧師努力於稠人廣衆中宣教，和尚静心於寺庵叢林内説經，儒者多多以修身齊家之道爲人宣傳，大街小巷皆設閲書報室，使天下蒼生，皆知因果報應，如影隨形，絲毫不爽，種瓜得瓜，種豆得豆，作聖作賊，自作自受，則人類之心塵自淨，而無惡不作之念頭皆空。然後人品高尚，學識漸進，科學自然發達，哲理無師自明，人人以不枉生爲人立志，時時以利人利國爲心，此心安樂之根本問題也。否則物質之文明愈高，罪業之程度愈大，强者横行於白日，不畏青天，弱者投死於浦江，沈冤海底。工業不興，壯者除拉黄包車而外無生活，且黄包車行資本主人，收租車之税極重，車夫衝酷暑，冒嚴寒，供人驅策，牛馬不如，每日所得，不足餬口，遑論養家。少艾除夜深站立街頭，遍處拉人，以賣皮肉爲生涯，與入跳舞場陪客戲弄，及受宴會呼喚，度曲深宵之外，無多職業。此輩青春之女，多產自各省鄉村名門，爲貧所迫，爲惡人所誘，墮落烟花地獄，身不自主，受制於人，苟不能爲資主博得纏頭，則飢寒與打罵齊至，至謂家庭之樂，助夫育子，則更非所望矣。上海通商埠如是，而中國之神京繁華地，通都大邑省會鎮市又何莫不然。國家生存，以民爲貴，倘舉國男女，現狀如是，長此以往，而人種不滅者幾希。桀紂之窮奢極欲，魚池肉林，終不及管仲之齊民要術。官山府海，巴比侖之震陷，羅馬城之建設，亦由人心之積累而來，上海市民不可不立挽救之願也。上海縣城既撤，改良建設，當與南京路、霞飛路並駕齊驅，不必苛取於民，專圖自飽，但願稍爲市民設備，表示取之於民者，尚可用之於民，則沿十六鋪上至半淞園，再上而至松江，沿楊樹浦而至滬濱大學，再下而至吴淞口，皆可變成黄浦灘之繁盛，電車、電燈往來照耀，光明不夜，如入普光明宫殿，升上海爲世界第一之樂園，又何難之有哉？上海工部局，有建設之規則與人才，擴充十里洋場，至於東西南北，先修馬路，以利行人，馬路所至，巡警隨之，郵政電話，自來水火，隨力之所及，無不爲市民謀居處之安全，豈真大鐵甲毒烟砲所侵略哉？市民謀需要之所致也。汝既不能爲人民謀公益，只知自私自利，爲國民賊，撫我則后，虐我則仇，安能恨人之越俎代庖。列强之所以有殖民地者，大半其地之舊主人，不能爲其大衆謀公益，自私自利，彼此争奪，外人雖不滅之，彼自不能生存，中國之蒙古人、美州之紅人，以及非州，並各國之不開化人種，莫不坐此勇於私鬥、怯於公戰之弊也，上海人更當思之。上海城隍廟尚保存中國舊風俗、舊習慣、舊風景，而未嘗大變，茶樓雀店，形形色色，猶有古風，凡世界各國之游歷家、商人學子、技師官吏，與夫内地各省之游歷上海者，無論男女老幼，莫不一游上海城隍廟以嘗真上海之風味，采風問俗，猶其餘事也。故上海城隍廟之香火，長年興盛，與南京路之紅廟，幾乎相等，佛教之深入人心，數千年善男信女依菩薩之大慈大悲，救苦救難，制其心而不敢放逸，亦不爲世界物質之文化所轉移，較之無法無天之時髦青年，登報休妻，任情放縱，打倒一切，遺害衆生，迷歐美之强權，幾不可以理喻者，則佛教之功德，造福於人心，實不能以言語形容之也。上海之徐家匯即明季徐光啓先生之故居，其人著作等身，開東南科學之先河，對於農化算術，俱有編輯。今徐家匯之天主堂，即昔年徐先生著作之所也，人亡物在，學業遺不朽之紀功碑，上海人不可忘之。上海之九畝地，即昔年顧名世先生所建之露香園故址，因其兄顧名儒築萬竹山房於城北之黑橋，名世即築是香園以争勝，並植盤桃桃果，遺傳今日龍華三月之桃花，不可謂非上海歷史中之一佳話也。自該園頹廢，即就其園中所遺之青蓮座，改爲青蓮禪院，以爲信佛者清修之所。至道光中葉，復就其地改爲社倉及火藥局，未幾皆燬於火。復於其東偏設一演武廳，即俗稱之曰舊校場是也，今之新舞臺即露香園之一角耳。上海之三茅閣橋，昔有三茅閣，以祀春申君。自咸豐三年劉麗川起兵上海，踞縣城，號紅巾，以響應太平天國，後李鴻章借法人之助，與劉戰，三茅閣被毁，而三茅閣橋之名，至今尚存，乃國民有歷史遺傳之記憶力也。法租界之法商，因助李滅劉之故，與上海道尹要求擴充租界，彼即於法文自書爲法之殖民地字樣，中國官僚，不諳法文，私相授受，幸國民尚以租界呼之，其意不過表示此地准外人租地建屋耳，主權固屬中國也。民國四年，袁世凱竊據民國，籌備稱帝，設法消滅民黨。鄂黨人劉鐵先生在法租界製造炸彈，被劉仲文之弟老六墮紙烟灰於炸藥中，以致起火，劉鐵被捕，袁世凱要求引渡，再割十六鋪以至徐家匯數十方里之地以爲交换引渡之條件，卒至殺我黨人，割我民國，賣國謀叛。即此可知，今之新法租界，即劉鐵之痛心史也。上海之龍華塔，乃上海最古之建築，爲南北朝時所建，南朝佛教頗興，相傳有四百八十寺，寺建四百八十塔，龍華塔即其一也。每届春夏之交，士女踏青，車馬如雲，競向龍華游賞，以换上海鬧市之空氣者，亦可謂有益於人之風景也。其餘上海之陳迹頗多，不能一一記憶。後之視今，亦猶今之視昔，但願天多生好人，願人多作好事，自兹以往，使上海之修羅場，變爲真正之極樂園，學術與實業並進，道德與建築俱高，恢復固有之主權，吸收世界之文化，則上海以後之陳跡，爲人類身心之法燈，見之皆喜，豈僅上海人之公益哉，凡旅行上海者當稱贊不置也。尤有進者，上海居水陸空之交通位置，將來大開歐美洲及南半球之航綫，每年製造三四萬噸之大艦，裝客運貨至於各國，使中華民國國旗，隨商船飄揚於世界之大海洋，業航綫之上海人，發達超乎今日英人之上，則人才雲興，財富山積，擴充江南製造廠而與英德之大造船廠争雄，然後上海人之生活，必優勝天下矣。鐵路直通歐洲之葡萄牙，每日通車，所過之國，不分爾疆我界，縮地球爲一大上海，合人種爲一家，則温寒熱三帶之物産，上海皆得以集中，而供給各家以享受，内地各省更朝發夕至矣，樂何如也。空中飛機，可四通八達，隨意之所動，即可直達其地點，交游酬答，如在書齋，無费時費力之艱難。斯時也，旅行之愉快，必較今日之上海萬萬倍矣。天下無難事，端賴有心人，予日望之。

（據《旅行雜誌》1930 年 1 月第 4 卷第 1 期）

追述山西及内蒙古之遊

回憶民國十三年秋，齊、盧因争上海之鴉片烟税開戰，禍延江浙兩省，十室九空，北兵淫掠騷殺，不忍筆記。予以慈悲心腸，向北兵演説齊、盧之罪，遂被齊燮元之憲兵所捕，押之真茹警局，幸馮玉祥反戈，老友徐朗西、馬少卿、唐少川、李澂五、凌蕉安等營救，未遭豺狼毒手。事後石瑛博士約予遊北京，予遂借項君松茂旅費千元，偕王將軍證澄買舟北去。十四年春，予約陳少白、王證澄游太原，以观光閻錫山先生治晋之成績。先由執政府劉將軍倚仁，及百川先生代表温君壽泉，致閻先生一電。次日即得覆，並曰歡迎。予於是偕陈少白、王證澄登程，由北京前門西車站而向石家莊。石家莊乃老友吴禄貞於武昌起義後被袁世凱暗殺之所也。及抵石家莊，正值愛祖國之西藏人王班禪由石家莊入京，山西官場歡送至此，客棧俱滿，且逾夜半，不得不遷就一宿。次晨，即换正太鐵路入娘子關，沿太行山盤曲巡行而上太原矣。太原即太行山巔之大平原，爲山西之首都，秦中建都之日，名爲河東，古之重鎮。山西之名，當以中嶽嵩山爲界，山以東之地曰山東，山以西之地曰山西。嵩山聳立中原，爲中國五嶽之一也。又曰太行山以西爲山西，山西地勢與四川類似，乃山國之雄，而文化獨早，堯舜禹湯文武，聖君賢相，以及忠臣孝子，節婦文豪具慈悲心，澤及萬世者，無代蔑有，俗語有云：山東多名將，山西多名王，良有以也。據清涼國師著《華嚴疎鈔》，如來壽量品第三十一，所傳之山西勝迹，與夫古佛應化山西之善緣，聊録一二，以引起旅行家之興味。清涼國師疎云，清涼山即代州雁門郡五臺山也。於中現有清涼寺，以歲積堅冰，夏仍飛雪，曾無炎暑，故曰清涼。五峰聳出，頂無林木，有如疊土之臺，故曰五臺。表我大聖五智已圓，五眼已淨，總五部之真秘，洞五陰之真源，故首戴五佛之冠，頂分五方之髻，運五乘之要，清五濁之災矣。但云東北方者，其言猶漫，按《寶藏陀羅尼經》云：我滅度後，於贍部州東北方，有國名大振那，其國中間有山，號爲五頂，文殊師利童子游行居住，爲諸菩薩衆於中說法，及與無量數藥叉、羅刹、緊那羅，摩睺羅伽、人非人等圍繞，供養恭敬。斯言審矣。其山靈迹，備諸傳記，余幼尋茲典，每至斯文，皆掩卷長嘆，遂不遠萬里，委命棲託，聖境相誘，十載於茲，其感應昭著，盈於耳目。及夫夏景，勝事尤多，歷歷龍宮，夜開千月，纖纖細草，朝間百花，或萬聖羅空，或五雲凝岫，圓光映乎山翠，瑞鳥翥於烟霄，唯聞大聖之名，無復人間之慮，入聖境者接武，革凡心者架肩，相親互謂非凡，觸目皆爲佛事。其山勢寺宇，難以盡言，自大師晦迹於西天，妙德揚輝於東夏，雖法身長在，而鷄山空掩於荒榛，應现有方，而鷲嶺得名於兹土。神僧顯彰於靈境，宣公上禀於諸天，漢明肇啓於崇基，魏帝中孚於至化，北齊數州以傾俸，有唐九帝之回光，五天殉命以奔風，八表亡軀而競託，其有居神州而一生不到，亦奚異舍衛三億之徒哉？願皆修敬。鈔曰：“清涼山”疎文分六：一、略释經文，然略有二名，言代州五臺，即五臺縣及繁峙兩縣之界，往者非一，可略言也，“表我大聖”下，第二：彰其所表，多出《金剛頂》（經名），《瑜伽》（經名）亦有，以理榷析，言大聖者，即文殊也，不指其名，直言大聖，今山中稱念，但云大聖菩薩，即舉總稱，别指吉祥耳，言五智者，若準《佛地經論》，五法攝大覺性，謂四智菩提，一真法界，依《金剛頂》，即一真法界，名清淨法界智，故成五智。二、五眼可知（即天眼、佛眼、法眼、肉眼、慧眼）。三、言五部者，一佛部，二金剛部，三寶部，四蓮花部，五羯磨部。一切諸天真言，皆屬寶部，諸鬼神真言，屬羯磨部。四、五陰者，即我五陰，表是五臺，中有大覺，即不動智佛，妙智自在，即是文殊。五、言首戴五佛之冠者，諸大菩薩，多有此冠，而大聖不論戴冠。六、佛常有五髻，然諸五類例大同，謂當中髻，即中臺表之，毘盧遮那佛居，是佛部主，法界清淨智，亦佛眼也。其東一髻，即是東臺，是阿閦佛居，爲金剛部主，是大圓鏡智，即是慧眼。其南一髻，即是南臺，寶生如來所居，是寶部主，是平等性智，即是天眼。其西一髻，即是西臺，阿彌陀如來所居，是蓮花部主，即妙觀察智，即是法眼。其北一髻，即是北臺，不空成就如來所居，是羯磨部主，是成所作智，即是肉眼。七、若配五乘，中即佛乘，東菩薩乘，南緣覺乘，西聲聞乘，北人天乘，若人天乘别，北即人乘，合佛菩薩，餘如次第。八、若清五濁，但取五不同，不必如次，若配五陰，中即識陰，東爲行陰，南爲想陰，西爲受陰，北爲色陰，例爲其次，識爲主故，然五如來皆有種子，一一觀行，各各不同，學密教者，方知其要，今但略屬而已。“然但云東北”下，三定方所，以經不指國名，但云東北，故引經定所，以此經不指者，以在八方之例，餘之七方，皆不指國名，在下文故。今恐淺識者惑，故引經證，此經亦名《八字陀羅尼經》，廣説文殊之德，疎引猶略，今更引之，謂彼經金剛密迹主菩薩問如來云：“文殊師利，於何處方面住，復何方面能行利益?”如來答云：“我滅度……”以下疎文全引。下有偈云：“文殊大菩薩，不捨大悲願，變身爲童貞，或冠或露體，或處小兒叢，游戲邑聚落，或作貧窮人，衰形爲老狀，亦現飢寒苦，巡行坊市鄽，求乞衣財寶，令人發一施，與滿一切願，使令發信心，信心既發已，爲説六度法，領萬諸菩薩，居於五顶山，放億衆光明，人天咸悉睹，罪垢皆消滅，或得聞持法，一切陀羅尼，秘密深藏門，修行證實法，究竟佛果願，具空三昧門，習盡泥洹路，文殊大願力，與佛同境界。”下更廣讚其德，不能繁叙，要當尋經。“其山靈迹”下，第四顯其聖靈，於中有二，初略指諸文，本傳甚廣，略有六門：一立名標化，二封域里數，三臺頂塔廟，四諸寺廟宇，五古今靈應，六聞名禮敬功德。然今文中，皆已略有，今初二句，通指前五門，《地里誌》云，其山層盤秀峙，路徑紓深，靈嶽神溪，非薄俗所居，悉是棲神禪寂之士，寞搜造微之儔矣。“余幼尋”下，二自述見聞，於中有二，先叙至山元由，由此菩薩住處清凉山之文，當時逆寇亂常，兵戈鋒起，豺狼滿路，山川阻絶，不憚而游，故云委命棲託，途雖五千，返覆萬里，始本暫游，日復一日，傾馳里境一十五年，作疎至斯，正當十載。“其山勢寺宇”下，略指佳境，其山在長安東北一千六百里，離代州之東南百餘里，左鄰恒嶽，秀出千峰，右接孟津，長流一帶，北臨絶塞，遏萬里之烟塵，南擁汾陽，爲大國之艮背，回泊日月，蓄洩雲龍，雖積雪夏凝，而名花萬品，寒風勁烈，而瑞草千般，丹嶂横開，翠屏疊起，排雲撥霧。時逢物外之峰，捫蘿履危，每到非常之境，白雲凝望，奪萬里之澄江，杲日將昇，見三尺之大海，五峰一一，難具言也。言“寺宇”者，北齊崇敬，置立伽藍，見有故壞二百餘所，當時棲託，寺有八焉。貞元以來，數早過十，或五峰抱出，或雙嶺中開，或疊起嚴中，或聳居雲外，不可具言也。“自大師晦迹”下，五徵元由，兼彰聖迹，初對正叙本源，《大集經》中佛將涅槃，委諸菩薩，分衞大千，此土多有毒龍爲害，人多愛樂大乘，故妙吉祥菩薩處斯以行化，故云“妙德揚輝於東夏”。《文殊般泥洹經》云，若但聞名者，除十二億劫生死之罪，若禮拜者，恆生佛家，若稱名字，一日七日，文殊必降，若有宿障，夢中得見，得見形像，斯人位階聖果，應化廣大，故曰揚輝。次對成上兩句，初成上大師晦迹，兼通妨難，謂有問言，常在靈鷲山，及餘諸住處，何言晦迹，故今云二聖之本，本皆湛然，二聖之迹，迹有隱顯。今靈鷲山盡是荒榛所翳，鷄山即是鷄足，亦鷲嶺所管，應現下成上揚輝於東夏，山似靈鷲，故言鷲嶺得名，次下當説。“神僧”等者，《感通傳》云，宇文後周時，文殊化爲梵僧，來游此土，云欲禮拜迦葉佛說法處，並往文殊師利所住之處，名清涼山。唐初長安師子國僧九十九夏，三果人也，聞斯聖迹，跣行至此，禮清涼山，皆神僧顯彰也。“宣公”等者，南山《感通傳》云，時有天人，姓陸，名玄暢，來詣云：“弟子周穆王時生天。”余乃問曰：“宇内所疑，自昔相傳，文殊在清涼山，領五百仙人說法，經中說文殊久住娑婆世界，娑婆則大千之總號，如何偏在此方？”天人答曰：“文殊是諸佛先師，隨緣利見，應變不同，大土大功，非凡境界，不勞評薄，但知多在清涼五臺之中，往往有人見之，不得不信，故云上禀於諸天。”又今山南有清涼府五臺縣，山北有五臺府，亦可爲萬代之龜鏡，故無惑矣。“漢明”等者，按《感通傳》云：“今五臺山東南三十里，現有大孚靈鷲寺，兩堂舊迹猶存，南有花園，可二頃許，四時發彩，人莫究之，或云是漢明所立，又云魏文所作，互說不同，如何？天人答曰：俱是二帝所作。周穆王時，已有佛法，此山靈異，文殊所居，周穆於中造寺供養，及阿育王亦依置塔，漢明之初，摩騰天眼，亦見有塔，請帝王立寺，山形似於靈鷲，故號爲大孚靈鷲寺，大孚者，弘信也，帝信佛理，立寺勸人。”花園今在寺前，後之君王，或改爲大花園寺，至則天皇后，與于闐三藏，譯《華嚴經》，見菩薩住清涼山，因改爲大華嚴寺焉，五頂攢擁，中開山心，離坎乾坤，得其中理，千巖聳秀，萬壑森沈，拔鷲嶺之仙峰，成華嚴之一葉，信可謂衆靈翔集之冲府，參贊觀聖之玄都矣，所以前云鷲嶺得名於茲土。“北齊”等者，傳云：“北齊高帝，篤崇大教，置二百餘寺於茲山，割八州租稅，而供山衆衣藥之資，至今猶有五道場莊。”“有唐”等者，自我大唐至於今帝，相繼九葉，無不回於聖鑒。言“今聖”者，當德宗帝，傾仰靈山，御札天衣，每光於五頂，中使香藥，不斷於歲時，金閣岧嶢於雲端，猶疑聖化，竹林森聳於巖畔，宛似天來，故得百辟歸崇，九州持供，雲委霧合，市地盈山。非我諸佛之祖師，積萬行於曠刧，慈雲彌漫而普覆，智海黯湛而包納，廓法界爲疆域，盡衆生爲願門，孰能應感若茲？宿善何濃，遇斯遺迹，情躍不已，形於詠言。“五天殉命”下，第六勸物修敬，初二句引例勸修，五天竺國，粗云二十萬里，孰知其實數耶？若以陸行，途經數百國，雲山幾萬重，或捫索憑虛，或飛梯架迥，或風行雪卧，或木食松棲，或惡獸盈群，或盜賊相繼；若水行，洪濤無岸，雲島潛回，精闇摇風，鯨鯢鼓浪，日月出没於波底，魂魄飄颻於夢中，縱使浪息風停，只見水涵於天際，舟行棹舉，猶將息念作生涯，雖此艱危，而三藏名僧，相繼而至，總緣大聖，委命輕生，故云五天殉命以奔風（今工巧已明，陸用汽車，海用汽輪，迥非昔比矣）。“八表”等者，自東向西，自南向北，天徼月窟，海潮日出，有耳目者，不憚艱辛，遠而必至焉。“其有居神州”下，正勸，即反舉不往之失，以彰往者之得，謂葱嶺之東，地方數千里，曰赤縣神州，即中華大國也，去清凉之境，途程不遥，坦然通衢，車馬溢路，隨方觀化，不失家常，往必感徵，如何不往？是知不往，即是三億之徒，故今秉鉞分茆，方面之重，無不傾仰，西域諸王，恨生五天，不産東夏，豈唯遥禮大聖，每多仰羡此居，故有游西天者，先問曾居五臺山否，若不曾居，棄而不顧，今此國衆生，宿因多幸，得誕中華，諸佛祖帥，不解修敬，故此勸之。三億之徒者，《智論》第十一云，佛出世難值，如優曇華（即無花果之花）時一有之，如是罪人輪轉三惡道，或在人天中，佛出世時，天人不見，如説舍衛城中有九億家，三億家眼見佛，三億家耳聞有佛而眼不見，三億家不見不聞，佛在舍衛國二十五年，而此衆生不見不聞，何况遠者？故今中華有人曾到五臺山，即亦聞亦見，有聞清凉山而不得到，即同聞名不見，只近五臺亦有不聞不見之者，况於遠乎？故勸修敬，若見文殊，功德之廣，如前略説，廣在經文。經曰：“東北方有處名清凉山，從昔以來，諸菩薩衆於中止住，現有菩薩名文殊師利，與其眷屬，諸菩薩衆，一萬人俱，常在其中而演説法。”讀至此，即悟中國古昔之聖賢，皆古佛也，佛與中國有緣，故應化中國最早。清凉山不過中國四大名山之一耳，其餘四川之峨眉山，乃普贤菩薩道場；安徽之九華山，乃地藏王菩薩道場；浙江之普陀山，乃觀世音菩薩道場。古德有云：天下名山僧佔多。旅行家一瞻佛地，身心隨喜，豈止日本之箱根日光擅勝東方哉！吾願中國善信，對兹佛地，大開國道以赴之，其功德誠不可思議矣。吾友盧君乘成章，曾游五臺聖迹，攝其風景頗多，惜未得其照片。老友田桐，丁卯游五臺，賦詩三章，亦饒風味，見之《太平雜誌》曰：“花開六月滿山香（五臺山六月花始開，遍山香黄），采藥人來自莽蒼（山上多台黨、黄芪、大黄諸藥）。蛺蝶迎風過斷澗，牛羊遍地踏斜陽（每年夏曆五月中，四鄰千餘里，牛羊皆飯於此，過暑方歸）。四邊青嶂傾雲表，萬里黄河下朔方。野老祈年話筱麥（即燕麥，南人呼野麥，以爲稷稗之類，宜於寒地，五臺多種此，口外尤夥，歐美人多煮充早餐），游人閒暇馬蹄忙。”其二云：“聲動西臺鍾磬清，解鞍池畔午風輕（西臺頂上有池）。將軍北過明洪武（洪武間傅友德等北伐過此，尚有碑志其事），我佛西來漢永平。三晋烟雲漫大壑，九邊雷雨出長城。人間應有慈悲客，洒遍甘霖濟衆生。”其三云：“東望平蕪北望沙，恒山丘垤點烟霞（北臺頂上望恒山如丘垤）。千年雁塞争胡漢，萬里鴻嗷破室家。太古懸冰危鳥道（北臺之北有萬古懸冰），漫山飛雹走騾車。登高底事煩車騎，可是蘇秦抑孟嘉。”予與陳少白、王證澄抵太原，因時間短促，未及朝拜五臺。次日，即與閻百川先生晤談，再次日，百川先生又約少白、證澄兩先生相見，並派王憲先生招待伴游諸名勝，禮貌極周。第三日，百川先生派王憲先生伴游晋祠。晋祠在太原之南三十里，乘百川先生之汽車馳往，费時不過一鈎鐘。晋祠風景極佳，晋水發源處也，源出懸甕山麓，智伯亡於此，唐太宗興於此，今有唐太宗所書之碑，字迹秀勁，巍立亭内，蒼松翠柏，依然唐代之遺，山僧保此勝迹，任吾輩登臨，亦韻事也。田桐先生游後，曾詠詩一章曰：“懸甕山頭晋水長，良田無數稻花香（晋水來自懸甕山麓地中，經極長之石灰岩層，其水極清，但含石灰質頗富，科學家名爲硬水是也。晋水經行地，有水田六百餘頃，皆種稻焉）。並州城郭留磐石（朱子曰，太行山極高，晋州蒲坂山之盡頭，太行自崑崙北支入中國，西南行，歷並冀三晋抵河東，復與河會。程子曰，太行山千里，長石諸山皆起峰，蓋太行形大而原遠，連亘數千里不絶，地界夷夏，省畫東西，聳爲恒岳，融爲霍鎮，秀如中條，奇如五臺，險如三關，靈境名迹，隨地異稱，皆其支脉云，其曰冀並者，山西古冀州域，虞分衛水以北爲並州也，堯都平陽，舜都蒲坂，禹都安邑，乃唐虞夏之名都也。曰晋者，成王封弟叔虞於其地，爲唐國，南有晋水，至王子燮改號曰晋也。曰三晋者，晋三卿分晋國，魏取蒲河以東，都安邑，徙大梁；韓取澤潞以南，都新鄭；趙取太原以北，都邯鄲，仍號三晋也。古並州晋陽是一城，宋太宗始遷陽曲，故城在水北山麓），趙國山河鎮太行。洶涌已經亡智伯，潺湲何事濟唐王。古今成敗君知否，紅棗離離熟夕陽。”第四日，百川先生又派王憲君伴游太原之新式監獄，及太原大學，並槍砲廠，每日承諸老友如太原大學校長王録勳，槍砲廠長李君，以及武漢三等，招宴於諸君之私宅，或設筵於太原市上之酒家，他鄉故知，暢談民國模範省之政治實業，愉快逾於尋常。第五日，百川先生派一大汽車送予與陳少白、王證澄兩先生，及侍役二人，自太原游大同，蓋山西路政，支幹俱多，東西南北，田野皆治，全省無游手好閒之乞丐，舉目都見勤儉禮讓之良民，沿途平易，不逢風雨。至下午三時越大山，出雁門，斜曲巡行，上山俗稱四十里，下山俗稱三十里，山高約高於太原五千尺，高峰積雪，尚似群玉瑶臺，回想王昭君昔年過此，一曲琵琶嗟出塞，美人宣力報君王，不勝今昔之感也。出關而後，人烟漸稀，轉望長城，空餘雉堞，塞外草衰，天邊陰暗，不幸車輪破壞，而機器不靈，前無村莊，後無部落，微月寒風，沙漠遼遠，若竟御者不修，無怪李陵失意時夜不能寐也。俗語有云：雁門關外少人家，早着皮袍午穿紗。更有一件稀奇事，抱著火爐吃西瓜。邊疆天氣，大異中原，即改用外人適用之陽曆，於農人無甚不便也。旋因駕車者努力修理，予偕陳少白、王證澄及侍役工人猛力推行，而電機復活，遂又勉行四十里，抵一車站，得寄宿焉，亦可謂不幸中之大幸耳。次日正午抵大同，大同即周大同川地，秦置雲中郡，《水經注》曰：“趙侯於河西造大城，不就，禱焉，見群鵠游於雲中，經日有光氣在其下，乃即於此處築城，故名雲中。”或云取其地之極高也。五代唐置大同軍，遼陞大同府，以大同，川名也。今山川志無大同川，或遺之耳。大同城郭頗堅，惟各城門樓瓦傾頽，僅存昔日繁華之迹耳。城内有上華嚴寺，殿宇莊嚴，壁上所繪佛像甚多，惟妙惟肖，畫工善巧，得未曾有。又有九龍壁，相傳大旱之歲，鄉民祈雨，見有九龍出現，竟得甘霖，因造九龍壁以紀之。北京大内北海之九龍壁，即仿大同之美術也。大同附近，古迹極多，至清初仍爲繁盛之地，觀雍正時年賡堯之秘書長浙江汪景祺先生所著之《西征隨筆》一書，内有《步光傳》一篇，讀之即可想像當日大同之現狀焉，其文曰：

余素好狹邪之游，辛丑觸暑南還，遘疾幾殆，遂不復爲之，但客途寂寞，藉此以解羈愁，錦衾爛然，共處其中，雖不敢云大程之心中無妓，亦庶幾柳下惠之坐懷不亂，所謂姑蘇台半生貼肉，不如若耶溪頭一面也。

二月二十六日，次侯馬驛，日方卓午，索居無賴，問逆旅主人，此地校書有舉止可觀、談笑有致者乎？主人曰："有步光者，色冠一時，善騎射，能爲新聲，第其人好酒悲歌，固奇女子也。"余急呼之，入門，豐姿綽約，體不勝衣，如姑射山神人，光耀一室，然不平之氣，躍躍眉宇間，且其意不在客。余諷曰："卿既失身風塵，宜少貶氣節，往來皆俗子也，不徒自苦乎？"步光俛而思，仰而笑曰："君似知我者。"始稍稍欵狎，顧見壁間弓矢，反唇曰："文人携此何爲？"余曰："聞君雅善此技，可一見乎？"步光曰："諾。"因臂弓抽矢，至屋後隙地，植鞭桿於數十步外，三發皆中。余曰："卿紅綫之儔，惜僕非薛節度，奈何。"步光笑曰："君乃郵亭一夜之陶學士耳，若作風光好一闋，妾當爲君歌之。"余心不測其爲何如人，細叩之，不答一語。酒半，强之歌，琵琶半面，其聲甚哀，聆其所歌之詞，則曰："你將這言兒語兒，休只管牢牢刀刀的問，有甚麽方兒法兒，解得俺昏昏沈沈的悶，俺對着衾兒枕兒，怕與那腌腌臢臢的近，談甚麽歌兒舞兒，鎮日裏荒荒獐獐的混，兀得不恨殺人也麽哥，兀得不恨殺人也麽哥，俺只願荆兒布兒，出了這風風流流的陣。"蓋正宫調之叨叨令也。余曰："此卿自製曲也，章臺一枝，似有所屬，不妨爲我明言，僕不敢比薛節度，獨不能爲許虞侯乎？陶學士因緣，老夫計不出此。”步光置琵琶几上，頗有不樂之色，既而曰：“月白風清，如此良夜何?”余益駭然，既就寢，余更以言挑之，步光雪涕曰：“妾，將家女也。十歲，父死滇南官所，嫡母携妾還大同，生母亦病亡，嫡母遂以妾付媒媪，遂失身娼家。假母延女師教之識字，且作北曲，頃所歌者，乃北鄙之音，幸勿見笑。”余曰：“卿隸樂籍有年，豈無風流儒雅，可托終身者乎?”步光曰：“有江南進士某郎，以謁選者上，迂道至大同，其親知蒞任此土，竟不禮焉。某郎流離失所，不免飢寒，邂逅相逢，情懷頗厚，妾時年十七，爲其所愚，遂有終身之訂，留妾家者一年。選期已近，而貧不能行，妾傾囊爲千金之裝，某郎以詩扇一留贈，妾拔玉釵遺之，約他日即不自來，遣人相迎，以此爲信。居二載，音問杳然，後聞其官河南，走一使以手書，責踐舊約。某郎已別納寵姬二人，頓乖夙好，呼妾使至署曰：‘身既爲官，自惜名節，豈有堂堂縣令而以娼爲妾者? 歸語妖姬，不必更言前事。’焚妾所寄尺素，擲玉釵於地，推碎之，且朴妾使，械還大同。假母遇妾素厚，因爲某郎所負，資用乏絶，相待無復人理，常駡曰：‘死奴。曾語汝，書生不可信，今竟何如? 某郎高座琴臺，如在天上，能插翅飛入舊薄情郎索一錢耶?’頃所歌者，乃答某郎之曲，尚有二曲，請爲君歌之。”即披衣授琵琶而歌，其《望某郎信不至》曰：“想當初香兒火兒，發下了真真誠誠的誓，送他去車兒馬兒，掉下些孤孤悽悽的淚，盼殺那魚兒雁兒，並没有寒寒温温的寄，提起那輕兒薄兒，不由人熬熬煎煎的氣，兀的不痛殺人也麽哥，兀的不痛殺人也麽哥! 閃得俺朝兒暮兒，受盡了烟烟花花的罪。”又《某郎薄倖》曰：“你聽那金兒鼓兒，每日裏丁丁東東的响，你和那姬兒妾兒，不住的伊伊啞啞的浪，不想着鞋兒襪兒，當日過寒寒酸酸的様，也念我腸兒肚兒，可憐殺癡癡呆呆的望，兀的不氣殺人也麽哥，兀的不氣殺人也麽哥! 爲甚的神兒聖兒，似這等糊糊塗塗的賬。”歌罷，擲琵琶痛哭。余窮途失意，聞之涕泗交頤，止之曰：“是將江州司馬我也。”步光拭淚嗚咽曰：“妾安得爲商人婦哉!”

挑燈起坐，縱談至大天明，惘惘作别，步光亦將返雲中，以樂户之禁甚嚴也。從兹分手，後會何時？某郎薄倖至此，聞於去年丁内憂去官，旋以虧帑削籍矣。嗚呼！某郎一措大耳，步光所贈金帛，皆從床席中得來，乃以此得官，以此赴任，以此贍其父母妻子，以此别納寵姬二人，而捐棄舊盟，終不一顧，我不知其是何心肝也？某郎不欲言其姓名，蓋居然賜進士出身者，可勝慨哉。步光年二十一，不知其姓，小字曰青兒，大同人。附載絶句八首：

搴簾微笑道勝常，翠葉花鈿碧玉璫。更换舞衣香滿室，葳蕤自啓鏤金箱。

明月雕弓挽鐵胎，風流格調小身材。兒家生長雲中郡，曾向恒山射虎來。

河光清淺月黄昏，琥珀光浮酒滿樽。宛轉柔情人半醉，這般時節最銷魂。

彈出哀弦放玉箏，停歌揮淚訴平生。誰憐薄命傷心語，似聽花間百囀鶯。

代雲燕月路茫茫，紅粉相憐住教坊。百里牽絲名進士，千金胠篋薄情郎。

天涯蕩子悔綢繆，玉碎釵殘翠黛愁。聞賜蘭房新半臂，尚分柳巷舊纏頭。

數奇我亦嘆顛連，北里南宫共愴然。顦顇風塵淪落苦，香焦燭跋不成眠。

背人私語暈紅潮，戍鼓沈沈漏漸遥。獸炭已熏鴛被煖，莫將閒恨負良宵。

讀至此，可悟世道之苦，而繁華之罪業矣。

大同西南四十里，有石佛寺，佛數無量，皆鑿石而成，鬼斧神工，巧妙無倫。但北方春寒，不易參謁，惟有俟之異日耳。在大同旅居三日，即乘京綏車至張家口，在張家口旅居一日，遂返北京，予偕王證澄又與陳少白握别南旋矣。是歲春夏之交，老友黄吉亭牧師、胡蘭亭牧師及劉玉堂先生等，因耶穌教曾議於滬，約予作漢口之游，予因二次革命出亡以來，至今十餘年，未歸鄉國，遂願同行。及抵漢口，適馮玉祥邀請黄吉亭牧師往張家口説法，不久予亦返滬。正值五卅凶案起，英僑欺我主人，在大馬路隨意開槍擊死我徒手無衛之青年學生二十餘人，一時公憤勃興，各省激動，而北洋軍閥反爲無禮之外人以强壓民氣，人心懷恨，北方之武力，因而瓦解，廣州□□從此依人民之心理，大肆宣傳，是爲會師武漢之先兆。是秋，馮玉祥托黄吉亭牧師約予游張家口，予以浪游成癖，得電即行，偕李文輔由滬而漢，復由漢而北京，再由北京而張家口，車中遇劉驥，多承招待，下車即移寓於馮玉祥所築之新村，村中先有馬伯援等在焉，旋馮玉祥知予至，即請會晤，又面托予邀請陳少白先生來游，電致北京。陳少白先生允速就道。老友張純一，時在張之江都統處居師位。張朗村爲馮玉祥邊防督辦署秘書長。老同志聚首一堂，興趣彌富。予與陳少白先生游興更濃，遂與張純一同作内蒙古之游，沿途承馮玉祥部下招待，自張家口登京綏快車，經大同，過豐鎮，上平地泉，越十八台，再繞山而下，停宿於綏遠。時李鳴鐘爲綏遠都統，招待極周。次日轉車至包頭鎮，老友孔庚在包頭鎮設有漠南公司，開煤礦，歡迎予與陳少白、張純一三人居停焉。時劉郁芬領軍一師駐此，招待備至，又派大汽車一乘，衛兵四人，送予與陳少白、张純一兩先生游五原，張君、丁君春膏伴游焉。五原自民國四年始立縣治，位黄河北岸六十里，居河套之中心，河套幅員東自包頭，西近寧夏，北抵烏拉山，南及陝西之長城，東西八百餘里，南北一千二百餘里，共計一百萬方里，黄河直貫其中；地質肥美，氣候温和，高於海面約三千尺，一望平原，青草如茵，鮮花遍地，若能廣開河渠，引黄河之水，四通八達，則河套天府永爲世界膏腴也。今公路已達寧夏，而鐵路亦正在建築，西北之富，即河套一處，可甲十八省，望内地人烟稠密之處，速行移民之策，則五原今日之縣治，不難立殖爲省會也。按河套地質，乃古日之一死海，四圍高山，淤流積塞，黄河上游之水，無此海面之屯蓄，遂生下游泛濫之憂，治黄河者，不可不注意於河套者此也，河套土泥，俱含鹽質，而硝碱亦多，足爲古日死海之。

五原有一紳士王同春，直隸人，十二歲時乞食來此，今年七十四證歲，前數日去世，此地未立縣治之先，即王同春稱主一方，百政悉出，内地各省來此開墾者，王同春皆樂爲東道主，所謂最初來此之一殖民英雄也。内蒙人士頗排外，屢與王同春戰，皆敗之，而内地來此者亦漸多，今則五原一縣，已達二三萬人矣。王同春之功德，在能開闢河渠八條，引黄河之水，灌溉平原，受灌溉之地，可及數百里，白菜每根十餘斤，蘿葡每根七八斤。而蒙人好戰，性懶，不治農，而業農最勤者，全世界厥惟漢族，天下大利在此，而民族得以不敗者亦在此，予不禁爲黄帝子孫作頌禱之詞。

次日，即由五原返包頭。休息一日，又游漠南公司之煤鑛山。山在包頭鎮之北六十里，騎馬四句鐘可達，劉郁芬派馬隊一排護送，抵山後，次日參觀鑛場，煤層甚富，而煤質極佳，惜交通不便，徒借驢馬之力，背負而行，運至包頭鎮，费時費力，已不資矣。第三日，再游五當召。五當召在鑛山之西北三十里，仍由馬隊護行。蒙古人謂廟爲召，五當召即五當廟，漢名廣覺寺，有兩活佛居焉，一爲甘珠活佛，即前世多倫活佛。民國元年外蒙獨立，多倫活佛附和之，袁世凱令駐軍李某斬之，今年已十三，頸上尚現刀痕，聞李某之名即生畏。一爲濟勒活佛，年纔七歲，其前世即五當召之活佛，享壽三十二歲，即投生於五當召附近百餘里之一蒙古村落，由五當召大喇嘛詣首於西藏之班禪，班禪指示其投生之處，於是證以宿緣，迎而居之。予偕陳少白、張純一兩居士參觀佛堂，訪晤活佛，見其氣象莊嚴，令人起敬，但活佛年幼，頗畏生人，見予狀似不安，予向之行禮，始露笑容。蒙藏人之崇信密宗，乃有活佛轉輪之法，究竟佛法，絶不著相也。五當召有喇嘛六百餘人，年長當家，皆執禮招待，並殷勤問孔庚將軍起居。緣孔庚於民國二年鎮守包頭，對於山西軍隊之騷擾，嚴加約束，對於土匪之刦殺，竭力勦撫。内蒙十餘大召，皆被焚毁，惟五常召得孔庚莅任之速，得以保全，故各喇嘛戴孔庚如萬家生佛焉，孔庚去後，土匪又多，而綏遠一帶之農商，皆念其德政而不忘。民國六年，段祺瑞當國，小徐操縱政權，五原及包頭鎮商會，集資六千元，入京運動孔庚復職，小徐索欵九萬，許其發表，商民亦諾之，適將軍團造反，繼以張勳復辟，其事遂寢，蓋真民黨苟稍得志，必有遺愛在民，證之孔庚，其一端也，而冒民黨以謀私利害國者，其罪益甚，漢奸當國，更不待言。五常召在包頭鎮之北百餘里，在陰山、烏拉山之間，風景絶佳，氣候亦善，而遍地煤鑛，尤稱富厚。山下間有蒙古包，乃逐水草游牧之習，種植非其所知也，但以羊易粟，習以爲常耳，但蒙古人待賓客極恭，對漢人尤加禮貌，而近年漢兵所至，則淫掠者多，大爲蒙人所苦，而内地戰場，更不堪言矣。第四日，仍乘馬返包頭。是日大風揚沙，黄塵蔽日，衝風前進，不見道途，而馬隊前導，故弗迷焉。在包頭休息数日，孔庚約偕行，再游綏遠，謁昭君墓。及抵綏遠，又承李鳴鐘優禮有加，次日，派馬兵護衛，皆乘馬而至漢明妃王昭君埋骨之所也。昭君墓在歸化城南二十里，黑水河邊，一堆青塚，不知秭歸故里，尚有其生長之村焉？以女和戎，炎劉負德之果，單于稱順，功在美人，明妃亦漢家第一女丈夫也。五族共和以來，昔之塞外，今之域中，大好河山，何分南北，但願輿圖生色，黄河早清，昭君有知，固樂見中國之繁盛已時也。今將道光十一年長白昇寅勒石所刻之詩，抄録以作觀感云：

乾坤毓秀無遐邇，半出簪纓半床第。才貌豈足定閨賢，總觀大節知臧否。呼韓入覲詔六官，願嫁烏孫挺身起。一枝穠艷入椒闈，三千粉黛皆委靡。畫師伏罪漢王嗔，昭君遂志單于喜。御溝紅葉水融融，團扇秋風處處同。回憶簪花衆姊妹，可憐白首甘泉宫。琵琶酥酪日歌舞，寵擅閼氏塞北空。外無胡馬飲江水，内無野鷄興女戎。寧爲鷄口不牛後，誰識女子真英雄。大青山下黑河沚，旁有孤墳如壁壘。空餘牧豎任樵蘇，自昔流傳青塚是。當年夫没請還朝，詔令從胡亂倫理。守志賢妃從一終，君王忍不諒人只。視彼文姬返漢關，失節屢嫁中朝士。典屬老人吞雪終，牧羊又娶胡兒婢。名臣才女縱千秋，貞操應令昭君鄙。聞道黄河西岸邊，亦有明妃舊芳址。噫嘻吁！一坯黄土易銷沈，青塚傳疑勝青史。

又有民國十二年馬福祥所撰之漢王昭君墓碑如次：

余少讀杜詩，至《明妃村》篇，不禁神爲之往，及官寧夏，即聞歸化有昭君墓，而《雲中志》以爲在拂雲堆，不知何據。後讀《遼史·地理志》，拂雲堆在雲内州，並不言有昭君墓，而"豐州"下，則直書曰：青塚即王昭君墓。據此，則昭君墓之在豐州，已無疑義。又考清初張文端《使俄行程録》云：歸化城南有青塚，高二十丈，闊數十畝，塚前石虎雙列，白石獅子僅存其一，光瑩精工，必中國所製以賜明妃者也。又有緑琉璃瓦礫狼籍，似享殿遺址等語。則昭君墓之在今地益信，竊擬因公晋京，必假道一至其地，以紓景仰。頻年路出歸綏，每限於期程，未得展謁墓下，深以爲憾。民國十年，拜綏遠都統之命，又以軍事旁午，弗敢自暇逸以勤軨駕。今秋歲豐民和，邊徼寧謐，因得一往，償所願焉。至則塚高如昔，見所立碑碣，類皆近人撰擬，所謂石獅、石虎及享殿遺址，俱蕩然無一存者。夫清初距今，不及三百年耳，已湮没若此，回溯元明以至於漢，其足以增環佩畫圖之色者，不知凡幾，獨蒙地文化晚開，志乘從缺，聽其湮没，爲可惜也。雖然，漢自和親以來，公主之遠嫁單于者，存殁多無可考，而昭君獨於今爲烈，亦可謂不幸中之幸，倘以昭君長處漢宫，不過良娣、貴人之屬耳，何足稱道於世。今漢家陵寢，已無寸土，而青塚巋然獨存，至使騷人遷客，形諸詠歌，豈不以昭君既出塞，號寧胡閼氏，邊境賴以無事，能使呼韓邪稽首稱臣，願保塞自效，其功豈在衛霍下哉！

至其生平事蹟，散見於傳記者，頗不一致，兹弗具録，因念蹈揚邊功以慰逝者，與保護勝蹟以示將來，皆守土者之責也。爰補樹若干株，並立石墓側。又有民國五年天津李廷玉刻詩一章曰：

奇策安邊付女流，琵琶一曲自千秋。寒凝青塚烟猶慘，聲咽黄河水帶愁。忍辱肯爲胡地妾，論功羞煞漢關侯。炎劉已盡單于没，賸有昭君土一邱。

尚有兩碑，不及鈔記。因歸化大開陳列所，陳列西北實業教育之成績極多，急欲參觀，遂偕陳少白、張純一兩先生，及孔庚將軍、屠義源知事策馬歸城，不得不與昭君墓言别也。陳少白先生亦咏十絶四章曰：

萬里豐州謁斷阡，離離青草黑河邊。已無翁仲陪陵寢，碎瓦零磚委暮烟。佳人絶代名千古，當日應推延壽功。不譜琵琶出塞曲，早隨團扇没秋風。虜氛如草燒難盡，衞霍功高奔命疲。漢代百年邊患絶，應知收效在蛾眉。痛絶功成不賜環，芳魂寂寞隔陰山。版圖已改匈奴滅，青塚而今入漢關。

綏遠游罷，仍至大同，孔庚將軍舊部，並音樂隊，歡迎於大同車站，時趙戴文鎮守於斯，導予等至鎮守使署。次日閻百川先生派專車來迎孔庚，予偕陳少白、張純一兩先生並大同鎮守使署人員乘轎馬往謁石佛寺，前屬乾河，寺藏石壁，沿山七里，皆鑿深洞，洞内四壁，盡雕佛像，中間石佛，四面皆聖像莊嚴，誠壯观也。山西善信佛子，當寶存此莊嚴佛地，感化人天，於洞前修治佛殿，招引男女清修，築一大馬路至大同，使汽車易於來往。京綏鐵路之名勝，當有以招引天下之游客，飽受眼福，發育心田，自利利他之功德，豈有涯哉！聞日本人已將石佛攝影，印成專書，每於夏日，歐美士女乘專車來瞻仰者絡繹不絶，但願中國旅行家皆注意及之也。次日，仍返張家口，馮玉祥督辦、張之江都統欵待甚優。予等蒙古之游，亦稍增閲歷，至今印象，就未能忘，特追述之，以爲逆旅過客旅行之一助。

（據《旅行雜誌》1930 年第 4 卷第 3 期）

輓陳炯明聯

釋家成佛，普渡衆生，但不免調達糾纏，畢任群魔終亂魯；
虞舜升遐，爲化苗族，誰忍見軒轅華貴，將由逆子沼於吴。

弟曹亞伯拜輓

（據陳定炎、高宗魯：《陳炯明：聯省自治的實行者（一二）》，《傳記文學》1994 年第 64 卷第 6 期）

紀念項松茂先生

民國二十二年六月既望，因黄松厂師有遠行，李翊東、黄一歐兩居士餞之於上海之覺林，邀老拙陪座，老拙以師長關係勉離家獄寄錢生文豪家。次日參訪故人章太炎、楊敦甫、盧成章諸先生，又承項繩武世兄施膳於覺林之佛堂，盧成章先生、林滌厂先生在座語老拙曰，五洲藥房將發行學刊第一期特紀念項松茂先生，囑老拙題箋並撰一社論。老拙荒疎不文，何敢附會文壇，攀緣筆墨，況一生放浪，未事詩書者耶。然對於項松茂先生有不能不紀念之事，實略爲記載以報時賢。

回憶夏曆民國二十年臘月十四正午，家慈侯太夫人於漢皋去世，得電奔喪。二十晨，輪船抵漢口一碼頭，匍匐趨棺，親視含殮。先一晚而日本駐滬陸戰隊得租界許可，宣言以六小時占領上海，蓋恃不抵抗之中國當局而不恐也，不意第十九路軍竟與日軍鏖戰三十二日，且百戰百勝，卒致日本外失主將，内死權臣，天道好還，可僥倖耶！但上海閘北之損失，民命之死亡，租界巨商名士之遭刧，有不能不令中國民族效越王句踐之卧薪嘗膽以待之也。項松茂先生乃上海五洲藥房總經理，戰勝商場分店遍中國，忠於其事，不絲毫假借於人，故於萬惡盜藪之上海獨能不受欺騙，振興實業，收買德商經營之固本肥皂廠，老拙經營之亞林化學廠以及多數之洋燭、藥棉種種工廠，或投資，或收買，使國貨蒸蒸日上，工人多得生活，外商無由操縱，其有功於中國豈弱於百萬義師哉！老拙抵漢之三四日尚得項松茂先生之貽書，殷殷垂唁，有逾骨肉。不幸朝發鴻雁，晚遇國仇，及閱報章，見項繩武世兄啓事，謂項松茂先生失蹤，念及故人自然流涕。蓋項松茂先生之爲人也，孝於親，信於友，待人厚，作事忠。年來中國多故，兵災遍地，水旱頻煩，受國破家亡之慘者，幾於罄竹難書，項松茂先生無不解囊救濟，且勸賑有加，並對於老拙之奔走國事源源接濟，只求於國有利，不惜補助盈千。老拙自桂林北伐歸隱以來，每每告貸，未曾一吝，甚至臘鼓催新，憐老拙之貧累，欲助老拙巨欵，年年如是，並不提及舊債之積多，老拙亦以負欠太多不忍過累故人，寧洗囊以度歲也。今項松茂先生失蹤將兩寒暑矣，雖日望故人歸來，握手於功德林。覺林午齋席上時談因果回向慈悲，苟得如是，想項先生之全體知交必破涕爲笑矣。但世間火宅苦空，無常無我，彭殤不二，富貴皆虛，與其多煩惱於人間，何若早安歸於極樂。但願一聲慈佛普渡善人，則項松茂先生固與五洲藥房同壽，並壽之於一切知交之腦海，而無盡期也。特紀念之，並欲特别紀念之以報知己。

（據《五洲》1934 年第 1 卷第 1 期）

贊助章氏國學講習會書札

章太炎先生講學會諸公慧鑒：

頃讀公啓，欽佩無量。太炎先生乃國學泰斗、海内名家，集民族文化之薪傳，樹萬世人才之模楷，流螢暈日，極望重光，殺盜淫風，任他自息，五明兼學，一貫爲期，固不讓杏壇專美於前也，隨喜震動。

敬答

高明

弟曹亞伯頓首

夏曆五月二十五自崑山

（據《制言》1935年第1期）

善醫治病

人生假借地、水、火、風四大以爲身。一大不調，則百一病起。四大不調，則四百四病并作，未有不死者。善醫智慧，别知諸病。若水病者以火藥治，若火病者以水藥治，地、風亦爾。不善醫師，不别病相，枉授藥方，其病加劇，生命即危。何謂水病？即冷病。何謂火病？即熱病。水藥即冷藥，火藥即熱藥。地病以風藥治，風病以地藥治。臃腫癥癖，是地大病，應以風藥散之。驚悸不安，是風大病，應以地藥鎮之，以通關竅，消積滯者。名風藥，風以動爲性故，以镇心腑，利筋骨者。名地藥，地以静爲性故。此善醫妙理。無論中外古今，解人生之痛苦，救民族之安全，同一慈悲也。中國多良藥，但缺良醫。外國多良醫，苦無良藥。今德人苦學，將中國之藥，精微分析，善知化學上之成分，并物理上之性質，投之四大不調之病夫，恢復其民族之健康，促進其人種之發達，可謂多學而有術也。中國乃世界一大病夫國，其病不治，亦無藥可醫。人民苦兵、苦旱、苦水災、苦瘟疫、苦虐政、苦外患。一切大病，叢聚於奄奄一息之破産農民，舉國無一善醫之人，酖毒更充滿於全國。老夫不幸，與之同受苦業。真所謂業不重不生娑婆也。但願我佛醫王，大發慈悲，立投方術，起死回生，顯明報應，張恢恢之天眼，秦卒無漏網之坑，救緫緫之孑遺，輪王多安邦之寶，善醫治病，勿稍游移。老拙不明《内經》，亦未讀《本草》，并未入西人醫校，得牙醫六月之文憑，懸牌博士，何敢妄談醫人，兼言醫國？然對症發藥，勢所必至，理有固然者矣。今之中國，受亡國之症，必須救國之醫。故録《大般涅槃經·如來性品》之佛語曰，譬之四大，其性不同，各自違反。良醫善知隨其偏發而消息之。善男子、如來亦爾，於諸衆生有如良醫。寄語强權，汝病不治，起貪嗔癡，造殺盜淫，受地獄餓鬼畜生之報，如不懺悔，實爲可愍。

（據《上海留英同學會月刊》1936年第4卷第1期）

陰陽不和

《新崑日報》亦爲惡風所移，過陽曆新年，向予徵文。予昏迷醉心於歐化時，主張用陽曆。孫中山先生在倫敦與予同居時，曾力言之，以爲全世界皆用陽曆，中國何必獨異？此辛亥南京臨時政府成立後用陽曆之所由也。今回國已二十四年矣，轉瞬陽曆二十五年。此二十四年中，稍讀儒書，始知孔子主張行夏之時。誠聖人施化中國之善用天時，所以孔子成爲聖之時者也。尊周室，攘夷狄，四時宣化，并作《春秋》，定春王正月，使亂臣賊子不能逃斧鉞之誅，此陰曆所以爲中國國統所繫，而爲以農立國之標準也。今改陽曆，即全國農村破産，雖屬苛捐雜税之剥削，而民失法則，先亂心田。究之中國文化，非夷狄所能變。元清之消滅，可爲日本前車之鑒。而漢奸自走死路，終不能刻人糞爲旃擅，故名之曰陰陽不合，但國民仍用陰曆如故也。用陽曆者，以夷亂華；用陰曆者，用夏變夷。國民固有之性，終爲世界主人，斯可賀也。否則陰陽不合，必至公私不分，以天下爲私，有隨意威福，奚用賀爲？

（據《上海留英同學會月刊》1936年第4卷第1期）

楊溥詩

一代之興，由朝野善業所積而成，所以聖君賴有賢臣也。明逐元胡之後，三楊最負天下之望。三楊者何？楊榮、楊士奇、楊溥也。王振嘗謂三楊曰："天下事多虧三位老先生。"楊榮、楊士奇二公之德姑勿論，但論楊溥，其德已可風當世而厲後賢。楊溥，湖北荆州石首縣人，爲明成祖、仁宗、宣宗、英宗四朝宰相。初因冤繫獄十年，勵志讀書，並潛心念佛。或止之曰："读书何用？"溥曰："朝闻道，夕死可矣。"卒白其冤，仍復相位。一日送其子还鄉，贈詩一首，讀之即知其爲人謹慎不放逸，足爲天下後世法也。詩曰：拂拂西風吹繡鞍，送兒歸去自心寬。菜根有味休嫌淡，茅屋無書可借觀。朝夕旨甘勤養母，夏秋租稅早输官。回家若問居官事，做到雙台澈底寒。據其詩句，一段忠孝廉儉之德，可爲普世青年座右铭。今之高官棄职後两袖清風，冬無一襲輕裘，居無半间茅屋，惟有朱慶瀾将军一人。吾幼时學友曹冠英典獄石首數年，讀《石首縣志》，記其詩，因崇拜其人，録示予。予讀明史，未見其詩，特敬宣傳，亦拜善言之意耳。若责以思想落後，則思想進步者亦不過畜生道焉。

（據《制言》1936年第10期）

谈章太炎先生

太炎先生，長予八歲，予幼時奔走革命於兩湖，即耳章枚叔維新之名。蘇報案發，先生與鄒容入滬獄，斯時予正努力於長沙日知會，謀革命。長沙日知會案破，黄興與宋教仁輩逃。又值萬福華刺賣國賊王之春於上海，未中。萬福華當場被捕，章士釗往探萬福華於巡捕房，捕房問章士釗住址，章以楊毓麟、黄興之所寓對，章因扣留，而革命之真魁首皆一網打盡矣，上海租界之巡捕房變爲成湯之夏臺，文王之羑里矣。太炎先生斯時，亦可謂德不孤也。甲辰冬，黃楊輩俱得解脱，東渡扶桑。乙巳春，予亦亡命東京，於是結合一致行動之江浙光復會，與兩湖之日知會，並中國各省留學日本之文武學生加入同盟。適戊戌政變，亡命日本之徒反對黃興爲首領，不得已由馮自由輩紹介孫中山先生爲同盟會領袖，然後出一《民報》雜誌，鼓吹革命。予爲不通秀才，爲文皆不録。是年秋，日本政府受滿清政府運動，施行取締留學生規則，革命大文豪陳天華投海死，以堅志士抵抗强權之心。予爲激急分子之一，所願不遂，又亡命於英國之倫敦。是冬初，孫中山先生遷居星加坡，歲暮即太炎先生出滬獄之期，同盟會派人先至滬迎之，出獄之日即渡日本，主《民報》雜誌筆政。予知先生善文章，但予致力革命以來，不讀舊書，不識説文正字，故於巴黎發起新世紀念週刊後，予與吴稚輝先生主張用文言以代古字，隱以對治太炎先生之漢魏體裁也。武昌倡義，太炎先生言論益高。予於民國元年，始晤太炎先生於武昌都督府，自後過從益密，彼此不假一兵，不用一文，以直心説直言，予以口誅，太炎先生以筆伐，作救民救國之聲，聞而行者自得福，違者自受惡報，因而馬君武加太炎先生與予以章瘋曹瘋之名。近十年來，舉國奉蘇俄，陳獨秀之毒計大行，蔡元培之陰謀成熟，衆生受亡國之報，非口誅筆伐可以挽回，任他四維不張，放逸過度，只好忍辱慈悲，學楚囚對泣焉。予因姓曹，相見太炎先生必以家祖曹操爲戲論，有時篆一曹操名片，上欵丞相魏王，下欵孟德譙，予至今實存焉。有時借曹操事功，發抒政見，謂漢末君臣淫溺宦官，上無道揆，下無法守，以致諸侯各據一方，魚肉百姓，漢末人種僅存千萬，若無曹操，人種滅矣。曹操用兵，不事賂敵，兵過秋毫無犯，不入民居，自奉極儉，臨終遺囑，不過皮衣數襲，粗履數雙而已，待人甚厚，即陳琳之駡其祖宗，從不咎其既往。讀書精博，著作等身，家教尊嚴。魏文帝、陳思王之才，古今奇絶，尤難能者，不盜湯武革命之名，行救國救民之實，使後世小説家名之爲篡位奸雄，實即曹操之最安分處也。太炎先生之所見如是。予於太炎先生死後終身不能忘也。太炎先生未遷居蘇州以前，賣文字爲生活，文則每篇千元，字則另有潤格，平常習篆，皆有寄意，見舉國民不聊生，即篆《大學》末章：“孟獻子曰：‘畜馬乘，不察於鷄豚，伐冰之家，不畜牛羊，百乘之家，不畜聚斂之臣。與其有聚斂之臣，寧有盜臣。’此謂國不以利爲利，以義爲利也。長國家而務財用者，必自小人矣。彼爲善之，小人之使爲國家，菑害並至，雖有善者，亦無如之何矣。此謂國不以利爲利，以義爲利也。”見日本以一千四百人而佔領奉天，東北三十萬雄兵不抵抗，又篆一立軸曰：“吴其爲沼乎。”如此種種，予收藏頗多，惜太炎先生不早聽其賢内助湯國棃女士之而言講學，轉移世運，遂令賊民朋興，邦國殄瘁。太炎先生雖未負民國，恐有負其夫人焉。但願太炎先生乘願再來，重光漢族。予若不死，尚有無量因緣。

（據《制言》1936 年第 25 期）

荆楚文库

附　　録

目　　録

黄岡軍學界講習社始末

當日知會勃興之時，其分會如雨後春筍，密布於上下軍學各界，尤以黄岡軍學界讲習社爲重要，謂爲日知會之外府，其社員姓名可查者有50餘人。先是，鄂中軍人與學生互相聯絡，軍界中僅有少數志士秘密投身其間，但無組織形式，也無其影響。1906年（丙午春），黄岡籍日知會熊子贞（十力）、熊飛宇、鍾大聲、邱介甫、馮群先、張海濤、張其亞、易介三、涂浩、童澍（又名愚）等，倡議聯合黄岡肄業於武昌各學堂（如兩湖學堂、文普通學堂、陸軍特别學堂、四路高等小學堂等）之學生，及駐省充各軍兵役的軍人，組成黄岡軍學界講習社，以黄岡籍（同鄉）在漢軍學兩界同仁一起究習學問爲名，意在取明末黄岡杜榮村、易明甫等抗清志節，藉以激勵人心投身革命，故一呼百應，此組織迅即成立。

熊十力爲該講習社主要發起人與主持者，社址設在武昌正衛街，房屋爲社員張炳南、張海濤父子捐助。組織發展以結“蘭譜”方式，10人爲一譜，此10人又各約10人，推而廣之。每星期日爲大規模之集會演講，其内容多根據孟子與王船山、黄宗羲諸家之説，闡發民族民權思想。而亡國之苦實爲人類最痛心之境，每每發揮無遺。有時也講援《周禮》，倡地方自治之理，更主要者爲文籍之宣傳，如《民報》、《孔孟心肝》等，幾乎各軍兵士人手一册。

初入社成員均係黄岡籍學界志士，迨成立半月後，則不分縣界，廣結同志，外縣人首先加入並成爲骨幹者，有荆門季雨霖、沔陽趙光華、蘄春郝可權、鄂城徐叔淵、蘄水畢振英、孝感李實栗等，故其宣傳甚力，影響極大。是年，熊十力欲乘機起義，提出暗結荆、襄、巴、蜀及河南等地秘密會黨與洪門哥老會，使之發難於各地，清廷必然派遣軍隊去圍勦，而軍中同志即可乘機以舉義旗反戈一擊，中原便可光復。是時熊十力肄業於武昌陸軍特别學堂，以此日夜奔走軍中，宣傳聯絡甚爲得力，響應者衆多，其風聲漸大。

清軍監督劉幫驥得知情報後，向統制張彪報告，張聞之惶恐不安，立即命令混成協統領黎元洪逮捕熊十力。緣陸軍特別學堂學生皆就各營兵士挑選，故熊十力原屬黎元洪部下。當黎欲捕熊時，被在黎部任督隊官的季雨霖得知，立即密告熊十力，十力在何季達幫助下，化裝逃走。黎遂懸賞白銀500兩購其頭顱。統制張彪遭過熊十力的張文痛駡，早已懷恨在心，竟於丙午年夏，即1906年4月將黄岡軍學界講習社封閉，玆此勃興一時之革命團體遭到破壞。

黄岡軍學界講習社雖爲期僅4月，但由於創始諸人努力宣傳，其影響極大，成績甚著。如黄梅宛思演其時年僅15，因受講習所的宣傳教育，産生革命思想，積極投入日知會工作，不久因日知會被查封，無法在漢立足，宛思演便考入黄州府中學，在學生中又組織明德學會，繼續進行革命活動。後於兩湖師範學堂肄業，爲革命變賣祖産得銀2000兩。在漢先後創辦《商務報》、《大江報》的革命烈士詹大悲參與辦報，即受宛的陶冶。又如黄岡張統（字潤三），乃日知會的健將，講習社骨幹。年少投筆從戎，在軍中密謀革命甚力，武昌首義中頗具功績。當時起義軍政府用五權分立制，設總監察處，内分參議、稽查二處，張統率稽查部軍務司長。清軍攻下漢陽時，都督黎元洪遁退洪山。張統率同僚抨擊黎元洪（並記黎大過一次）；南北議和後，張統料袁世凱必然叛逆，痛惡黎元洪附袁，欲除之。詎黎密電袁下令通緝，先將張統捕拿，並於癸丑（1913年）3月押至黄陂江岸殺害，投尸江中，張統爲革命犧牲，甚爲慘烈。

（據《湖北文史資料》1991年第1輯，黄岡縣政協供稿）

國民政府訓令 第三八零號 十九年六月二十六日

爲令遵事。案據本府文官處簽呈稱，准中央執行委員會秘書處函開，頃奉常務委員交下中央宣傳部呈，爲查有中華書局出版之《武昌革命真史》一書，諸多失實，請函國民政府通令各省政府轉行所屬一體禁售一案，奉批照辦，特抄同原呈函請查照轉陳辦理等由，附抄原呈一件，准此。理合簽請鑒核等情，自應照辦。除函復外，合行抄發原附件，令仰該院轉飭遵照辦理。此令。

計抄發原抄呈一件

（據《国民政府公报》第507期，1930年6月28日，第1页）

查禁《武昌革命真史》令　十九年八月六日

爲令飭事。現奉省政府民字第四六三　號訊令開，爲令飭事。現准内政部警字第五五五號咨開，案奉行政院二七四二號訓令開，奉國民政府三八　號訓令内開，爲令遵事。案據本府文官處簽呈稱，准中央執行委員會秘書處函開，頃奉常務委員交下中央宣傳部呈（會一〇三八六）爲查有中華書局出版之《武昌革命真史》一書，諸多失實，請函國民政府通令各省政府轉行所屬一體禁售一案，奉批照辦。特抄同原呈，函請查照轉陳辦理等由，附抄原呈一件，准此，理合簽請鑒核等情，自應照辦，除函復外，合行抄發原附件，令仰該院轉飭遵照辦理，此令，等因，奉此合行抄發原呈，令仰該部即便遵照，轉行各省市政府飭屬一體禁售，此令，等因，奉此除呈復並分行各省市政府外，相應抄發原呈咨請查照，轉發所所屬一體禁售爲荷等由，計抄發原呈一件到府，自應照辦，合將附件抄發仰該廳長即便遵照。轉飭所屬一體禁售爲要，此令，計抄發原呈一件等因，奉此除分行外，今將奉發原呈抄發，仰該局縣市長即便遵照轉飭所屬一體查禁爲要。此令。

抄原抄呈

呈爲呈請事。查有中華書屬出版之《武昌革命真史》一書，紀載事實，諸多謬誤。如該書前編第九頁（乙巳春清廷端方撫湖南即殺劉道一於瀏陽門，）不知劉道一被害，係在丙午之冬，而湘撫則爲岑春萱。如第二三五頁謂居正、田桐，曾參加鎮南關之役，而事實上則未曾參加。又如彭家珍之炸良弼時，僞用奉天講武堂監督崇恭之名刺，而本書正編第六一三頁，則訛爲長白文君。至紀同盟會在歐洲之事實，及國内各地之革命運動，亦多錯誤。其正編所紀自武昌發難，以及北京臨時政府成立之材料，則係雜槃新聞文電而成，毫不加以整理。至其文理之不通順，上下文之顛倒，章節之錯亂，尤其小焉者也。查該書編緝人曹亞伯，曾於陳炯叛明亂時附和陳逆，攻訐總理。該書前編一百頁，總理遺像後之評語，復横加譏諷，仍不脱陳黨本色。該書之内容如此，不但有淆聽聞，影响民眾欽敬之心，亦且以僞亂真，不免動摇革命真實之史蹟，中華書局竟爾刊行，極屬孟浪。爲防止流傳計，除由屬部函飭該局不得售賣該書，並分令各省各特别市黨部、宣傳部轉飭所屬一體嚴行禁售外，理合呈請，鈞會鑒核准即轉函國民政府，令飭各省政府轉行所屬一體禁售該書，以臻周密而免傳播，實爲黨便。謹呈

中央常務委員會

（據《廣東民政公報》第 68 期，1930 年 8 月 31 日，第 84—85 頁）

《武昌革命真史》之商榷

吾識曹君亞伯，略稔其爲人。性剛直不諧俗，主觀甚强，有拂其意者輒加謾駡，人以其生性然也，故不以爲忤。其友黄吉亭爲之戒，口不茹葷，而以勿使酒駡座爲約，君欣然，誓之以悔，其豪邁類如此。君固基督徒，近乃學佛，顧耽於柔翰，好上下議論，其著《武昌革命真史》，肇意於丙寅春，吾見之漢口曾貢狂愚，以爲史而名真，曷若直謂爲信，所謂信而有徵也。卒未邀可，今竟殺青問世，殆勇於自信矣。吾讀之覺其網羅搜剔，似甚詳贍，用力之勤，在私家著述中不可謂非鉅觀也。考史有六家二體之說。所謂六家者，一曰《尚書》家，二曰《春秋》家，

三曰《左傳》家，四曰《國語》家，五曰《史記》家，六曰《漢書》家。所謂二體者，曰編年，曰紀傳。自邱明傳《春秋》，子長著《史記》，二體始備。子元有言："史之爲務，厥途有三焉。何則？彰善貶惡，不避强禦，若晋之董狐、齊之南史，此其上也。編次勒成，鬱爲不朽，若魯之邱明、漢之子長，此其次也。高才博學，名重一時，若周之史佚、楚之倚相，此其下也。苟三者并缺，復何爲哉？"後世因之鮮能脱其窠臼，降及近代，雖體例雜出，人事繁縟，未可泥古，然其年代之先後、事緒之統系，終不可絲毫紊。今曹君之作以其個人爲線索，始叙克强長沙之役，再作中山革命之追紀，是以其所經歷者爲先後加以穿插，宛如小説家言。揆諸史例，頗多未合，且作史者當以客觀精神爲主，不可置身其中。如梁啓超氏著《清代學術概論》，對其本身叙論有云："本篇以超然客觀之精神論列，即以現在執筆之另一梁啓超批評三十年來史料上之梁啓超。"梁氏可謂知史例矣。此書前編以曹君參與之跡，判叙法之先後，是可謂曹君個人參與革命之片斷史。以史例言之，僅得以别史或外史目之，不得爲正史也。正者，真也。史而曰真，已啟非真之疑矣。其正編雖以月日爲斷，然瑣碎偏激，觸處皆是。其體例亦不甚謹嚴，與其名之曰史，似不如謂爲史料或史稿爲當，夫以邃於史學之梁啓超氏著《先秦政治思想史》，仍有標題曰"中國聖哲之人生觀及其政治哲學"，未敢遽稱爲史，是史之爲義，重矣哉。

善爲史者之馭事實也，横的方面最注意於其背景與其交光，然後甲事實與乙事實之關係明，而整個的不至變爲碎件，縱的方面最注意於其來因與其去果，然後前事實與後事實之關係明，而成套的不至變爲斷幅。是故不能僅以叙述畢乃事，必也有説明焉，有推論焉。所叙事實雖千差萬别，而各有其凑筍之處。書雖累百萬言而筋摇脈注，如一結構精悍之短札也。夫如是，可以語於今日之史，此新會梁氏之言也。今曹君此作是否合於斯例，固屬另一問題，然其體例不謹嚴，用筆不整潔，實莫能爲諱。再以"武昌革命"四字言之，據章太炎氏曰："改制同族謂之革命，驅除異族謂之光復。"辛亥武漢一役除專制，驅異族，衡以章説是兼革命、光復二義，僅曰革命，略而不全。即以廣義言之，亦覺未諦，概括二義，宜稱武昌起義，或不必紀之以地，而紀之以年，尚較得體也。

曹君自叙有云：“革命者，本天性之慈悲，而爲世人除凶暴、求平等之事業也。”此説頗得個中三昧，惜其用筆瑣碎，甚落言詮。其記前清知新化縣事張某，逕稱知事，以民國之銜名，記前清之官吏，用筆不檢，可見一斑。

史家貴有三長：曰才，曰識，曰學。才非超凡，不能爲透闢之議論；識不高遠，所斷必失之枉妄；學不賅博，所見不免於偏狹。是知三長缺一，雖資料山積，議論風生，不可謂之真史。蓋史眼如炬，非立身於過去、現在、未來之外，以運其靈筆，終不能力透紙背也。曹君以日知會加入同盟會，厚於黄克强而有疑乎中山，宜其所叙未能超然物外也。革命在乙巳以前原分三派：一曰興中會，以中山爲領袖，其勢力以兩廣及海外爲主；二曰光復會，爲章太炎、陶成章等所組織，以江浙爲大本營；三曰華興會，爲黄興、宋教仁等所發起，其根據在湖湘間。至乙巳始，合組同盟會，推中山爲之總理。其外有日知會發動於愛國思想，而漸趨於革命者，至共進會則爲同盟會之外府而實行革命者也。兹以意圖記之如左：

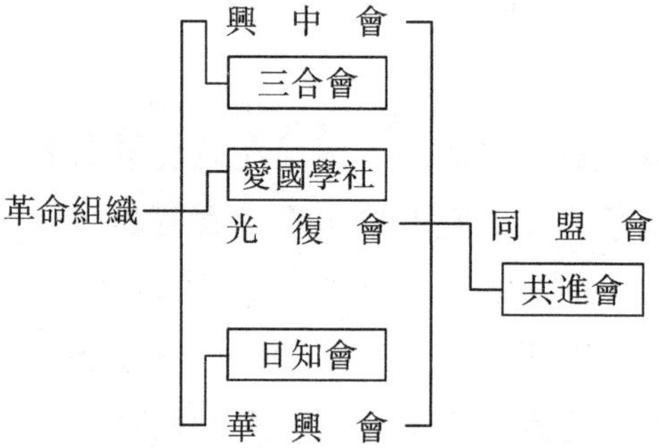

革命思想本志士所同具，自清政失綱，外侮憑陵，而革命潮流一日千里，祇以各自爲戰，無統籌之樞紐，遂使前仆後繼，備嘗艱辛。及同盟會之成立，黨人本共信互信之精神，一致推戴中山，如衆星之拱北辰，故論者以革命之成，乙巳之功居首，非阿論也。革命首刱，應推中山，

而志士仁人各懷斯見者，亦復不少。在忠於中山者，則極端推崇，而稍涉懷疑者，或始信而終叛，或陽奉而陰違，失敗則怨其遥居異國，謂接濟之不周，成功則覺其未作前鋒，倖舉事之自我。此所以章太炎、陶成章紛呶於海外，黄克强、孫堯欽分道於壬癸也。要之中山終爲百世不没之偉人，而其精神之宏博遠大，尤應爲後人所矜式。其不知有身，不知有家，不知有敵友，不知有艱難，恕於待人而嚴於律己，敏於察事而忍於圖功，種種精神，實爲建樹事業、刱造主義之泉源。彼滔滔者又何能知中山於萬一，損中山於毫末哉？

考日知會發起於癸卯鄂湘聖公會，黄吉亭、胡蘭亭等，初以倡辦報社、開通民智爲職志，原無與於政聞也，及後參加日衆，有挾革命主義以入者，藉教會爲掩護，傳播其思想。蓋日知會會員，其愛國思想雖同，有革命與不革命之别，故吾以爲日知會者，發動於爱國思想，漸趨於革命者也。此殆半革命式之團體，與上海之愛國學社同。曹君竟謂之曰實係革命機關，表面則講道、閲書報（見原書第二章），未免因果倒置，溢譽失實。平情論之，日知會發起不盡革命，久則漸趨革命，實大有造於革命運動，且爲武漢光復之一大關鍵，然係因有組織而後談革命，非先革命而後有組織也。個中消息，不可不辨。即證以原書所引張純一之言，“革命在精神不在形迹，若必舍日知會而入同盟會，是以人爲强制之結合，重於血性至誠之契合也”云云（見原書第七章），概可相見。

共進會者，成立於乙巳以後，由張百祥、余晋域、焦達峯等發起於東京，本同盟會之外府，即遥戴同盟會之總理爲總理，鄂人孫武、劉公、劉英等均加入之。鄂湘革命多用其名，其制畧如同盟會，不過入會不尚嚴格，其宗旨亦與同盟會同，但改“平均地權”爲“平均人權”耳，組織亦甚擴大，江西、湖南、四川、湖北均有分會，各有負責人員。據《武昌辛亥革命實録》云，鄧文輝領江西都督，張百祥領四川都督，焦達峯領湖南都督，孫武領湖北都督，而曹君原書僅曰：黨人大半爲日知會老會員。取名共進會（見原書第十五章），據其書法，不過由日知會會員臨時組織共進會耳，似與有組織、有計劃之共進會事實不符。曹君對中山有微詞，其記同盟會成立之演説曰：“革命即造反。造者即造世界，反者即反對異族强權、賣國政府。”云云（見原書第三章）。其詞甚簡，在當時中山或有此説，然以意度之，對留學生不應作此粗淺語，且革命爲顺天（《易》曰：湯武革命，顺天應人），造反爲逆天，順逆之界甚嚴，中山豈作此含混之語滋人疑竇？雖有剏造、反對二新義，然以之作演説中之烘托則可，若執爲定義，似失之矣。中山在同盟會成立之演説迄今不傳，言人人殊，遍考胡輯全集及鄒著《國民黨史稿》均無之。曹君此記僅載數語，固不敢謂其意存微詞，其何解於筆不忠實，願與曹君一商榷之。

其題中山遺像有云：“武昌倡義，推爲元首，惜爲左右所包圍，一念及私，則同舟立成敵國，帝制餘孽得以竊據國權，爲天下禍。”曹君如此評隲中山，本具古人諍友之義，較今之一味阿諛者自別宵壤；惟中山當時是否誤於羣小，或一念及私，似宜確搜證據，不可任意周内。遍閲曹君原書，未有一字提及。以當時情況考之，袁世凱挾民軍以制清廷，恃武力以壓民黨，藉遂其左右時局之奸。中山本擬澈底解決，乃因（一）借款見扼於參議院，（二）各軍多爲和議所動，（三）中堅黨員亦主和議至堅，以致提出協議，舉袁自代，在當時本有不得已之苦衷，故中山自序其學説云：爲總統時之主張反不若爲革命領袖時之有效，而見之施行。是慨乎言之矣，且於其解職演説申言并非功成身退，磊落光明，於兹可見。曹君謂爲左右所包圍，據其原書（見第十二章小注）似指汪精衛，其原文云：“汪出獄與袁克定周旋，逼中山讓位於袁。”云云。至謂“一念及私”，吾百思不得其解，深覺厚誣中山也。

其記已酉中山由英赴美之窘狀，書曰：當日孫中山曾百感交集，言其高堂老母在香港病已垂危，無法侍疾，言時聲淚咽噎，經曹君與石瑛慰以國事而行（見原書第十二章）。雖寫中山之孝思，歷歷如繪，而中山之窮於應付亦躍躍紙上。其實中山之大無畏精神，不知艱難困苦，爲世共知。即就曹君原書而言，其記廣州之敗，中山勉慰同志曰：“一敗何足餒，吾曩之失敗幾爲舉世所棄。”云云。似前後判若兩人，不知爲中山個性偶爾之表現，抑或曹君過於刻劃之耶？其他如謂“黄興擁孫文刱中國同盟會”（見原書第十二章），“孫文歸國始抵上海”（見原書正編四十），曰“擁”曰“始”，似均有微詞耳。

曹君記鐵路國有問題，與武昌起義前之準備，以爲前編之殿，記載詳贍，頗多可採，惟有數點似待商榷也：

（一）黨人劉公被迫出資以爲革命基金。既曰黨人劉公，即不應形容過甚；既擬過事形容，即不應冠以黨人。蓋黨人乃確認其爲革命者，此項形容適足以張其醜也。

（二）孫武原名葆仁，據曹君記載，係辛亥七月由潘善伯等秘商改名，冒稱孫文之弟。查孫武原名治安，亦名葆仁，字堯欽，其改名孫武在庚巳間，意在仰慕中山或有所假借，原無可諱。至謂於辛亥七月始改今名，未免失實。即據曹君原著（第十三章），亦引譚人鳳之言曰“今居正、孫武日夕爲武昌謀”云云，其時爲辛亥一月六日，亦可見七月更名之説爲矛盾也。

（三）吴兆麟等主張佔領湖北爲根據地，曹君謂爲起義前戰畧之一，夷攷吴君爲湖北工程營左隊隊官。據吴醒漢云，武昌起義吴兆麟駐楚王臺，避匿不面，醒漢迫之，始任指揮。又據孫武云，吴兆麟事前未經加盟，後頗得其指揮之力。准此二説，是吴兆麟在起義前絶不致有此主張。

吾輯《辛亥春秋》，記武漢首義事，與曹君畧有出入，特摘録之。

孫武、居正奉統籌部命入武漢爲主動，以歸自海外，人多依之。先是同盟會立，黨人張百祥、余晋域、焦達峯、孫武等復組共進會爲外府，以天運甲子紀年，亦不奉清正朔也。徽章旗幟用十八錐角交錯形，取十八省鐵血聯合之義。武漢起義時，以之標櫫民元，採爲陸軍旗者。是武漢自經庚子（唐才常）、丙午（劉静安）之役，人心頗憤，有志者深相結納。劉公饒於貲，任經濟孫武、劉英等，結納會黨。居正、查光佛等致力新軍，時新軍林兆棟、黄申薌、黄元吉、曾省三、梁經亞等已爲軍事運動。蔣翊武、楊王鵬、蔡大輔、唐犧支、劉復基、李抱良、鍾琦、宛思演等組羣治學社，旋改振武社，後爲文學社。孫武、居正、楊舒武等議設總機關於武昌黄土坡分水嶺五號（孫武宅）、漢口寶善里十四號。復設同興酒樓於黄土坡，以鄧玉麟爲招待。同興學社於巡道嶺及胭脂巷五號，以胡玉齋爲經理；商家巷七號以潘公復爲經理。又設理化講習所於三道街，以李春軒爲經理；雄楚樓十一號以劉公爲經理；法租界長清里九十一號及漢興里三十三號，以劉燮卿爲經理；德租界鴻順里十三號大成印字館，以丁立中爲經理；歆生路容康照相館，以李柏貞爲經理；歆生路書畫研究社，以高楚觀爲經理。秘密機關林立武漢，然斯時共進會與文學社各自爲政，不相統率，乃於辛亥夏復開聯合會於漢口。鑒廣州之失，更主急進。湘中同志焦達峯、楊晋康、鄒永成、謝介僧、譚二式、閻鴻飛、劉承烈、張斗樞等亦多主以武漢發難，湖南響應。議由譚人鳳、曾伯興負下游責，武漢則仍由孫武、居正、查光佛等主之。復由蔡濟民、吴醒漢、張廷輔、王憲章等組將校研究團，秋七月開各標營代表大會於抱冰堂，由彭楚藩、徐萬年、熊秉坤等分任代表。會四川鐵路風潮起，謀於中秋起義。先期查光佛去皖，居正赴申邀黄興、宋教仁等時，清吏已有所聞，封《大江報》（鄒著《黨史稿》誤爲《大漢報》），拘詹大悲、何海鳴入獄，防範甚嚴，及期未果。十八日孫武於寶善里配製炸藥，爆烈受傷，聲聞於俄捕房，搜文告名册、彈藥旗幟、印信及數同志而去，孫避入同仁醫院。當晚武漢機關失事甚多，清吏惶恐，閉户大索。無何，楊宏勝被逮於學社機關部，劉復基、彭楚藩被逮於張廷輔宅，旋即就義於清督署前，是爲武漢首義三烈士。由是戒備綦嚴，交通斷絶，軍界同志痛三烈士横遭慘殺，義憤填膺，兼以名册被搜，人人自危，乃矢志犧牲，義無反顧。武漢隔江，聲息不通，鄧玉麟本負傳達命令之責，急切莫達。蔡濟民、吴醒漢等謀於十九晚各在本營發難，熊秉坤、金兆龍、方興等亦同有是謀。及晚，工程營熊秉坤率隊待發，方興等投以炸彈，金兆龍、程正瀛槍擊阮宏發、陶啓發①，斃之。於是全營發動進攻楚王臺，同時駐塘角混成協錢芸生、蔡鵬來放火爲號，率隊出發。蔡濟民、

① 發，當爲"勝"。

吴醒漢等亦先後至楚王臺。時守臺者爲吴兆麟，知事起應之，公推吴兆麟爲總指揮。由蔡濟民、馬榮、熊秉坤等分攻督署，并派馬明熙赴南湖迎砲隊。時砲隊已由鄧玉麟間道往，徐萬年、孟發城等曳砲出發，馬隊旋亦響應入中和門（後改起義門，旋廢），佔領城樓。旋據黄鵠山，紛向督署轟擊，鏖戰至旦，瑞澂、張彪相繼遁。二十晨，鄂藩聯甲，率消防隊扼南樓，由蔡、吴等夾攻，聯不支亦遁。時三十標有旗兵二營，分竄雄楚樓一帶，經吴醒漢率軍擊走。迨午正十二時，武昌遂完全佔領，并新加編制，肅清殘敵，分守要隘。同志之在武漢者，亦各出力有差。以孫武炸傷未愈，劉公謙讓未遑（用《中山自傳》語），乃脅清陸軍二十一混成協協統黎元洪出，擁之爲都督。復分兵渡江，佔領漢陽、漢口。即由蔡濟民、吴醒漢、鄧玉麟、高尚志、張廷輔、王憲章、徐達明、王文錦、陳宏誥、謝石欽等十五人組謀略處，商諮議局議長湯化龍等，通電全國。旋即成立都督府及軍務、軍令、内務、財政、外交各部。舉孫武爲軍務部長，適蔣翊武歸自岳州，張振武較爲幹練，舉爲孫副，故時人有三武之稱。初瑞澂遁某國兵船，求砲擊民軍，法領羅氏悉革命内容，不主干涉，遂於七日間認民軍爲交戰團體，宣布中立。時清廷已派蔭昌、薩鎮冰率陸海軍進擊，民軍與戰於黄、夏之野，卒以人心思漢，奠定民國（上係《辛亥春秋》中之一段）。

曹君所著正編以月日爲斷，關於起義文獻及作戰命令，搜羅極詳，攷其來源，半出於黄陂政書，半出於吴君日記（見原書最後一頁）。而黄君吉亭富於收藏，它山之助想亦不少。蓋此項材料搜集匪易，且所關甚鉅，彙而刊之，洵爲緊要。惜多未翦裁，其無關大局者亦一例羼入，遂使瑕瑜互見。

其記起義後在諮議局首次集議進行各事（見原書正編一），計十四款，而第四款云，规定國旗爲五色，以紅黄藍白黑代表漢滿蒙回藏爲一家。此與事實絶對不符。在十四款中本多拉雜，姑置不論，即以國旗一項言，亦殊失其真相。武漢起義時所揭櫫者爲十八星旗，在起義前一日，李次生實冒險攜之入城舉事，樹之於黄鵠山頭。李隸孫武部屬，與邵焕章齊名，《武漢陽秋》稱爲李龍、邵虎者是，惜孫武不爲人重，兹事遂以不傳。然美之撞自由鐘、樹獨立旗者，恒爲國人所稱道。今事同一轍，竟致湮没，寧非遺憾也耶？至五色國旗之説，絶不聞發表於當日諮議局中，在南京政府未經頒定以前，亦未見懸於武漢。爲時未久，當能記憶，但未悉曹君根據何説，竟於十九日之後，首次集議，即條列而揭舉之也，此真令人大惑不解者矣。攷辛亥各省先後光復所揭櫫者，多用白旗，示滌舊污、復故物也。有用青天白日旗者，據《中山自傳》，爲陸皓東所制，粤桂等省用之，是爲同盟會所定。有用十八星旗者，據田桐《革命閒話》，爲孫堯欽所制，鄂湘等省用之，是爲共進會所定。江蘇獨立時用五色旗，爲程德全所制。亦有一小部用井字旗，則爲廖仲凱所原作也。中山原定國旗爲紅藍白三色旗，以此爲世界革命黨所通用者，其立義：紅者血之色，言必以流血求自由；藍者天之色，取義公正，公正即平等也；白者清潔之色，言人心清潔則能博愛也。至南京政府成立，始定五色旗爲國旗。而以十八星旗爲陸軍旗，青天白日旗爲海軍旗。及國民政府統一全國原定各旗始廢，而以青天白日滿地紅爲國旗焉。即證以曹君原書所引蔡鍔電主五事（見原書正編四三六頁）及鄂軍政府致各省電，亦以軍旗代國旗爲言（見原書正編四四五頁），是可見編著時之未检及，前後自相矛盾也。

曹君關於武漢起義前之幾段推論，極爲有見，如清吏之顢頇（見原書正編第一頁），革命之倖成（見原書正編十五頁及三二頁），民心之歸附（見原書正編七九及九一頁），民黨之輕躁（見原書正編一　七頁及一　八頁），等等，可謂刻畫盡致，入木三分，讀之令人擊節三歎。惟封於吴君兆麟推崇倍至，據其記述，似武昌之役非吴君莫成。是否有所阿私，吾不敢必。然吾以爲辛亥之役，人不知兵，黨人之所結納者爲會黨與士兵，蓋會黨可以亂秩序，士兵可以供驅策。一旦有事，羣龍無首，而黨人中之負責如孫武、居正等，亦皆無軍事經驗，兼以或傷或去，未克直接指揮。而在武昌親與其役者，如熊秉坤、蔡濟民、吴醒漢、鄧玉麟等，其本身不過一目兵耳，指揮能力自屬無多，而吴兆麟畢業於参謀學堂，已爲左隊隧官，爲人深沉富謀略，其爲個中翹楚，自係實情。然吴君是否事前加盟，或事後放論得失，在今已多聚訟，在吴君雖大有造於民國，願曹君勿盡以天下之美皆歸焉。

武漢起義時有所謂三武者，孫武、蔣翊武、張振武是也。曹君對之均示弗滿，記張振武則謂其購械營私，并組將校團，而性情暴烈，好面折人過，放縱財色，不自檢點，又時予黎元洪以難堪，故後至北京爲袁槍斃云云（見原書正編四三一頁）。按張振武，字春山，湖北竹山縣人，爲一小學教師。加盟未久，光復時以善演説頗爲人重，被推爲軍務部副部長。因當日在事諸人，絶無權利思想，故張以文人任武職也。猶憶孫武臥病漢口，鄧玉麟引見之於病所，指張謂孫曰："武昌無人主持，伊竟被舉爲君副。"其輕視之狀如畫，是可見張在革命中之地位矣。後以大局敉平，漸形驕縱，樹黨營私，遂失本來面目，賈禍固有自也。記蔣翊武則謂其以文學社爲中心，專以膨漲勢力爲主云云（見原書正編入九頁）。按蔣翊武，原名伯夔，湖南人，組織文學社。起義前，楊宏勝被逮，彭楚藩與劉復基及蔣商於某所。蔣主延避，劉以手槍擬之曰："吾輩事前，公舉爾爲臨時總司令，若爾遽畏死，請先飲吾彈。"彭急止之，而邏者至，劉挺身以炸弹擲之，不中被執。彭、蔣越墻逃，旋亦被執。時彭服憲兵服，監視者嚴，而對蔣則稍疏，遂乘間逸出，避之岳州，及武漢麤定始返，任軍務部副部長。時三武各懷異見，不能合作，故排斥民黨者得肆其間離也。蔣後去廣西，黎元洪電陸榮廷殺之。其記孫武則謂始則幸其未至（見原番正編八七頁），既則謂其敗功（見原書正編一八二頁），而於其去職，則曰排斥同志，結黨营私（見原書正編七三　頁）。其他散見原書，曰誤聽人言（見原書正精五三四頁），曰專事播弄（見原書正編五七八頁），是孫氏不惟首義無功，且其罪實不減於二武也。三武已死其二，説者謂三武仍一武耳（算學有三五一五之訣，識三武者每以此戲之）。已死二武，姑置不論，而此碩果僅存之孫武，吾請得而論之。

孫武者，陳勝、吴廣之流也。揭竿有功，領導乏術，革命事跡盡掩於黎。當其北走遼，南走粵，棲身海外，奉命返鄂，孰不以發難首領期之？蓋其時革命未成，相與共圖大業者，均披肝胆、共患難之儔，只知有義務，不知有權利也。及武漢光復，驟躋高位，貪功而驕，黠者植黨营私，愚者拔劍擊柱，互争雄長，各不相下。貌似謹厚者，反得以操縱離間，玩二三革命青年於掌上，以張其不肖之名。利用革命者復伺其互相詆毀之隙，藉以分化之耳。在孫氏爲人，才氣甚豪而短於學，宅心較厚而絀於養，一旦居高位，則適示其不學無術，使驕寡斷而已。吾以爲孫氏者，固辛亥功人也。及後離異中山，其失在驕，依附袁氏，其失在惰，失之驕者必敗，失之惰者難成，故辛亥迄今終浮沉而不可拔也。論之者歎爲晚蓋之愆則可，奪其首義之名則不可。中山著《孫文學説》，於其自傳仍據實直書，其記武漢倡義則曰孫武、劉公積極進行，再則曰孫武炸傷未瘉，劉公謙讓未遑，絶不以其行徑之不同，而異其記載。如中山者其偉大誠不可及也。

曹君熟於革命掌故，叙黨人遺聞佚事，摭採繁富，闡發幽光，功德不淺。惟有一事爲曹君所未及知者，特補之於此。曹君記漢陽失守，黎元洪走葛店，英僑調停戰事，而以都督印爲黎攜走，當命刻字工人照樣刻之云云，與真相頗有出入。蓋此印爲軍務部秘書張漢傑所鐫，非出於刻字工人。張精八體，能金石刻畫，近猶潦倒於茫茫人海中也。吾於曹君原書，僅就關於武漢首義者略爲商榷，以作流壤之助，然於其附録所謂武昌首義人名表一事，深致慊慊。夫既名武昌首義人名表，則所搜集者應如何周密詳審，方克名副其實。然細查其历列者，僅工程營一部份之官佐目兵耳。如謂工程營爲武昌光復之首先舉義者，應稱之爲武昌首義發難人名表，不可含混僅稱之如此，以啓冒濫之嫌。武昌首義爲歷史最光榮之一頁，卒以各方記載，互相菲視，其聲光爲之顿減。據吾所見及私人著述中，有《武漢陽秋》、《武昌兩日記》、《武昌辛亥革命實録》等，相比覈校，似以曹君此作爲最詳贍。雖記載各有出入，然排叙諸節多所參證，使後之讀曹君書者，猶可窺革命事迹於萬一。故不揣固陋，用抒所見，以爲商兑，質之曹君，或不以唐突爲罪也。

（據楊鐸：《〈武昌革命真史〉之商榷》，《江苏革命博物馆月刊》第2卷第1期，1930年8月，第1—19页）

批評與介紹：《武昌革命真史》

（前编三九四頁，正编七九〇頁）

曹亞伯著　　中華書局出版

歷史不只是事實的記載，事實固然重要，但僅只一堆事實，尚不能稱爲歷史。歷史是連續性的事實的“貫穿”，不僅是個別事實的“堆積”。人羣進化的過程，具有一贯的连续性，决非孤立的事實之凑合。歷史家在寫歷史的時候，他固然不能不運用事實的資料，但尤其重要的，是在這些雜亂無章的一堆事實資料中，找出因果的脈絡。所以真真歷史家的任務，不只在忠實的“記載”事實，並且要精密的“解釋”事實。只知事實而不知解釋的人，僅能稱爲掌故家，而不是歷史家。

其次，歷史是歷史，不是小説。歷史上的事實不一定都可以做歷史家的資料。有些事實對於歷史的進程有極大的關係；有些事實却僅是偶然的發生，與歷史進程的路線無關（固然歷史上是否有偶然的事實，尚是問題，但以整個的歷史進程以觀，有些事實的確只是偶爾的觸發，與大局無關）。歷史家在運用材料的時候，必須先加以選擇，决定何者須加詳述，何者可以略述，何者竟可略而不提。歷史决不是一個雜貨鋪，破布爛絮，都可引爲材料；可以用爲材料的，只是那些足以影響歷史進程的事實。

要做一個歷史家並不是一件容易的事情。第一，他要有科學的訓练，他要在一堆雜亂無緒的史實之中，找出一條歷史進程的線索。第二，他應當要有鑑別的能力，知道何種史實爲重要，何種史實爲不要重，而能於著作時有所選擇取舍。第三，他要有公正的態度，對於任何史實皆無先入的主見。他可以解釋史實，而不可以個人的好惡作爲批評的標準，所以歷史之中，最好少有作者個人的議論，而讓讀者自己去評判。關於這一點，實在是我國舊史中所犯的最大的毛病。

以上是就一般歷史而論，但這種理論，尤其可以適用於革命史。革命是歷史進程中的大關键，牠對於人羣進化的影響，一般的要比任何事實爲大，牠的因果關係，亦往往比較的最爲複雜。再則歷史家在描寫革命的時侯，又最容易滲入自己主觀的見解。所以寫革命史是一種最不容易的工作。没有以上三點涵養的人，便没有動手的資格。

關於中國革命史的書籍，在中文之中雖不能算多，但 以予所見，亦已有五六部，但除馮自由所作《中華民國開國前革命史》一書稍能使人滿意之外，幾乎沒有一部可以配得上稱爲歷史。而其中尤以曹亞伯氏所著《武昌革命真史》一書，最爲下乘。

《武昌革命真史》是一部一千二日頁的巨著，共分前編、正編二部分，前編述武昌起義以前的革命史，正編自武昌起義説到孫中山解大總統職爲止。前編共占全書三分之一，正編占全書三分之二。前編分章（共十五章），記事本末體；正編僅分節（共七十八節），編年體，逐日記事，大似日記，事實毫無連貫，不啻一本流水賬簿。

本書除了幾頁初次印行的照片之外，可以説無一點可取。反之，他的缺點却不勝枚舉。第一，本書僅是一堆未曾組織過的材料，不足以稱爲“史”，尤以正編爲然。寫歷史原有兩種方法：一種是直接引用原料，著作者僅作必要的整理與解釋；一種是著作者將原料從新寫過，而不直接顯露原料的痕跡。這兩種方法，各有利弊，但是都須要經過作者的整理組織則一。即使是直接引用原料的歷史，亦須以科學方法加以編制，絕非僅依年月先後編排即可了事。而本書則非驢非馬，前編似依第二方法寫成，而正編則有時似用第一方法，有時似用第二方法。事實雜亂無章，如果一個從前沒有讀過中國革命史的人閱讀一過，必至毫無所得，除幾個人地名之外，對於武昌革命的整個過程，必不能有清晰的了解。這是本書的最大缺點。第二，本書作者對於史料可謂毫無鑒别取舍的能力。往往有頗關重要之史實，竟略而不提；而無關大局的史實，反而連篇載牘。譬如漢口之役、萍體之役、大通之役等重要事實，本書前編竟無一語提及；而無關重要之殷子衡日記，却反别立一章，占二十三頁之多。陳天華之《猛回頭》、《警世鐘》對於當時影響雖大，然究竟篇幅太长，不宜整篇録入，以妨碍史筆之進行。又當時報章雜誌，風起雲湧，封於革命之影響，决不在陳天華革①小册之下，如《民報》、《中國報》、《浙江潮》、《民呼報》、《民吁報》（手頭無書，不能一一列舉）等，或則略略提過，或則全未提及，而獨使陳天華之著作占六七十頁之多。又如正篇上海光復，僅百餘字，而騰越光復反占十餘頁。其篇幅分配方法，實足驚人。第三，本書對於各種重要實，往往不説明其来歷。如本書第一章謂黄興立華興會以號召會黨，秘圖起義，而對於華興會之來歷及其人物内容，曾無一語道及，其後華興會如何合併於同盟會，亦全未提到。又如正編載清廷解散皇屬内閣，而何謂皇屬内閣亦未説明，諸如此類，不勝列舉，何作者之疎忽，一至如是？第四，叙事往往重覆，徒增篇幅，於史實毫無益處。如前編第三章叙述廣州三月二十九日之役，全章材料，大半取諸黄興、胡漢民二人之報告書，既已叙述之後，又將此報告書整篇附入正文，占去約二十頁篇幅，此外更附入報告書之照片。又如正編第二四七頁以下既附入許崇灝之《鎮江獨立記》，而此記之半，即記述蘇浙聯軍圍攻南京事，而至三七五頁以下又有南京光復一節。南京光復，原不應與鎮江光復分開敘述，而此二節竟相隔至一百二十餘頁之多，此真使人不解曹氏作史，究用何種方法！第五，革命事實固重要，而革命之原因背景更重要，此書開篇即寫黄興長沙革命之失敗，未説明革命之原因，而僅於前編第十五章鐵路國有問題（僅數百字）一叙武昌革命之導火線，一若鐵路國有問題爲武昌革命的唯一原因者。抑何可笑！第六，正編以日記體寫成，完全抄截當時報張②记事，即其語氣口吻，亦未加

① 革，後疑脱一“命”字。

② 報張，應爲“報章”。

以改變。此外當時千篇一律之五七言安民布告，原與革命無關毫末，而不辭一一録入，以廣篇幅。以上數點，尚爲其顯著之缺點，其餘如文字之生硬，議論之迂腐，使人讀之，頓起不快之感。

總之，此書實僅一堆雜材料，如能加以剪裁補充，則三百頁篇幅，即可完全容納，而此書竟至一千二百餘頁，實則徒然糟蹋紙張，於史實無補補也。

（據芷蓀：《批評與介紹：〈武昌革命真史〉》，《清华周刊》第 39 卷第 2 期，1933 年 3 月 20 日，第 250—252 页。）

革命先進曹亞伯逝世

曹亞伯氏，鄂之興國人。少與先烈黄克强先生同學兩湖書院，輒宣傳種族革命。及見知於先總理，加入興中會暨同盟會，爲有力分子。其足跡遍於環球，並諳練各國語言，故中外人士，咸樂與遊。自瀏陽起義至辛亥革命告成，無役不從。惟功成身退，甘自淡泊，於先總理逝世後，輒息影崑山，長齋茹素，精究内典。兹聞溘然長逝，知與不知，無不痛悼。曹氏年六十有三，著有《武昌革命真史》傳世。

（據《申報》1937 年 10 月 15 日，第 6 版）

函國民政府文官處 祕函字第一〇〇五號

頃准貴處文字一四一三號函開“根據曹李朗蘭呈爲外子曹亞伯生前追隨總理，潛心革命，反共贊和，悲憤病故，身後蕭條，懇請給卹等情到府，事關黨員遺族請卹檢同原呈函請查照辦理”等由；並附抄原呈乙件，准此。查曹君病故，遠在民國二十六年，所敘事實空泛，核與《黨員撫卹暫行條例》第四條各項之規定不符，未便准如所請。准函前由，

相應覆達，即希照轉知爲荷。此致

國民政府文官處

祕書長　褚民誼

中華民國三十一年九月十日

（據《中央黨務報》1942 年第 4—5 期，3，32—33 頁）

國民政府令

曹亞伯早歲加入同盟，經歷險阻，嗣出亡海外，留學英倫。歸國後，爲國馳驅，不求榮利。晚年崑山隱處，益勵清操。抗戰軍興，攖心國難，憂憤成疾，賫志以終。追念遺型，良深軫惜。應予明令褒揚，以彰潛德。此令。

（《國民政府公報（南京，1927）》1946 年 12 月 7 日，第 2694 期）

萬竹樓隨筆：關於《武昌革命真史》

凡辛亥前後的革命老輩，殆無不知有曹亞伯其人。余與曹君素未謀面，僅知其爲湖北人，並略知其參加革命之經過。抗戰前數年，曹君以《武昌革命真史》原稿一鉅册，寄交中華書局出版，時余任中華書局編輯所新書部主任，總經理陸費伯鴻商之於余，問是否可以印行。余大體翻閱一過，即告伯鴻：以史料眼光讀此書則價值頗高，以著作體裁論，則奇商榷。伯鴻本曹君革命老同志（按伯鴻在辛亥前曾加入湖北日知會），誼無可却，卒爲印行。精裝一厚册約五六十萬言，搜集革命有關文獻不少，惜過度重視兩湖，於廣東、浙江及其他各省之革命史實，則徵嫌簡略。出版後不久，即被政府禁止，並將所剩之餘數百册，每本切去一角，絶對不許流行。余以職務上之方便，仍得保留完整者一册，並曾攜以入川。惜居重慶鄉間，一夜被竊去書籍數千册，此書以精裝之故，亦同被竊去（偷書者係一笨賊，專偷洋裝書，線裝者一本未動）。余以喜搜集近代史料之故，對此書之失，心常怏怏。昨日偶遊某舊書市，則此書赫然在焉！余以三萬元得之，且喜出望外。可見書不能禁，而革命先烈之史蹟，亦終不容湮没也。

（據左舜生：《萬竹樓隨筆：關於〈武昌革命真史〉》，《宁光》第3期，1947年8月25日）

興國州人曹亞伯

曹亞伯，湖北武昌興國州（民國改稱陽新縣）人，太平天國用兵湘鄂時，興國州人應募者極眾，而立功亦至偉。劉成禺著《〈太平天國戰史〉題詞》，有“興國州人策異勳”一句，即指此事。

亞伯賦性率直，嫉惡如仇，自幼居鄉，每聆鄉中父老述太平軍當年起兵殺賊遺事，輒眉飛色舞，油然萌種族思想。稍長肄業兩湖書院，時任書院山長者爲梁鼎芬，嘗仰承鄂督張之洞意旨，日以誘導學生效忠滿清爲事。亞伯以諸生多熱衷利禄，不脱奴隸根性，遂呵之曰“無氣骨”，或曰“走狗奴才”。同學中惡其好使氣罵人，咸以“曹瘋子”三字報之。

癸卯甲辰間（一九〇三至一九〇四年），亞伯初結識武昌基督教聖公會牧師胡蘭亭、黄吉亭等，胡黄均有心革命，常於説教講道時，假基督捨身救世等事爲宣傳革命資料。亞伯與之志同道合，遂亦皈依基督教。未幾相與發起一革命團體，名曰日知會。其會所均附設於武昌、漢口、長沙等處之聖公會内。一時湘鄂兩省志士，如鄂之劉貞一、馮特民、季雨霖、朱子龍、吴貢三、李亞東、梁鍾漢、石志泉、張難先、吴崐、殷子衡、吴兆麟；湘之黄軫（後更名興，字克强）、劉揆一、禹之謨、宋教仁、易本羲、陳天華、胡瑛諸人，咸陸續附入焉。

甲辰九月，黄克强、馬福益、劉揆一等謀在湖南起事，亞伯至長沙助之，不幸期前事泄，黄克强潛避於長沙吉長巷聖公會黄吉亭寓所。後乃乘二人肩輿，垂下轎簾，亞伯與張繼二人各懷手槍，緊隨其後，卒獲脱險。

乙巳（一九〇五年），各省志士云集日本東京，亞伯與焉。是歲七月孫總理自歐洲抵日本，遂與黄克强聯合旅日全國各派革命黨人組織中國同盟會，第一次成立會假座赤阪檜町黑龍會所，馮自由預約亞伯赴會。當各寫盟書時，亞伯自書籍貫曰興國州。有廣西人某不知有興國州地名，以爲兒戲。亞伯曰："君不知太平天國大敗清軍時有興國州人包打洪山之事乎？（事見劉著《太平天國戰史》）若無興國州人，你們兩廣的天王洪秀全焉能安然在金陵登基也。"眾笑解之。

丙午（一九〇六年）夏秋間，亞伯自日本赴英國遊學，道經香港，偕張繼訪馮自由於《中國日報》，馮自由請其任駐英義務通信員，亞伯慨然不辭。在倫敦數年，日操其不規則之英語，向外人宣傳中國革命，孜孜不倦。

己酉（一九〇九年），孫總理自南洋赴英倫。亞伯介紹吴敬恒入同盟會，且向留英同志籌款八十金鎊助總理旅費。及辛亥八月武昌革命軍起，總理復至倫敦，嘗邀亞伯與吴敬恒結伴歸國，亞伯以事辭。

民元夏秋間，鄂省民黨有國民黨與共和黨兩派之争，共和黨孫武一派以素與都督黎元洪有好感，頗佔優勢。適亞伯自英回，黎元洪與彼爲舊識，特邀入幕府贊勷機要，國民黨乃大得其助。其後卒爲共和黨所擠，不安於位。

民二，贛寧討袁軍失敗後，亞伯東渡謁孫總理，參加中華革命黨之討袁工作。

民三，中華革命黨既成立，陳炯明等在南洋表示異議，另創水利速成社以相對抗，孫總理乃派亞伯及陳耿夫二人至南洋各埠，向華僑黨員宣佈改組宗旨。

民六六月，總統黎元洪被督軍團逼脅解散國會，國人大憤，孫總理在上海力圖起兵護法，而絀於經費，會有素與亞伯相識之美籍某國醫士告亞伯曰：如孫公有起兵護法之決心，某國願助資百萬。亞伯以告總理，總理大悦，惟囑亞伯堅守秘密。亞伯曰：吾乃基督教徒，當指天爲誓。自是每當夕陽西下，亞伯恒偕女友吴□□乘馬車遊行各馬路兜風，順道至虹口某醫士寓所攜去大皮篋一具，其中累累皆各國鈔票，外人雖偵伺嚴密，無疑之者。未幾遂有程璧光率海軍南下及廣州召集非常國會之舉，亞伯之力爲多焉。事後亞伯擬措資創辦亞林臭藥水廠，求助於總理，總理助以萬元，即酬其是役奔走之勞也。此事已隔多年，亞伯以信誓旦旦，諱莫如深，有時酒後狂醉，始爲老友道之。

民十十月，總理督師北伐，駐節桂林，亞伯隨行。嘗因細故與參軍某不協，某令侍役勿爲其供食，亞伯大窘，陳少白憐之，乃使就食於己室，少白每日例與總理同桌而食，至是乃特爲亞伯設供，禮之逾恒。某以是遷怒於少白，亞伯意不自安，遂偕少白先後返廣州，逢人必訴某氏弟兄閉塞賢路，妨害大局等事，聞者多爲不平。時陳炯明方極力抑制北伐軍進展，知亞伯與某氏兄弟有隙，且素得海軍將領温樹德等心，遂多方聯絡，備致推崇，使慫恿海軍將士宣言中止北伐，謂“某氏歷年攬權伐異，妨功害能，吾等非釜底抽薪，不足以保全總理”。亞伯惑之，以告少白，少白曰：“北伐關係大局安危，君與某氏發生惡感，乃屬私事，安能因私害公！”馮自由適在座，亦謂亞伯曰：“陳派謀不利於總理，盡人皆知，君萬勿捲入漩渦，爲君計，應立即避嫌離粤，庶免危險。”亞伯憤然顧余曰：“都是你從前介紹我入同盟會之過，今日他們如此忘恩負義，我倘有不測，惟君是問。”少白與馮自由力勸之。亞伯卒從陳馮等言，怏怏歸滬。行後不及兩月，而陳部叛變圍攻總統府之禍作矣。亞伯自是厭聞時政，以亞林臭藥水廠售諸五洲大藥房，在崑山購地數十畝經營農業，差足自給。

民十五，國民革命軍入江蘇，亞伯號召鄉民起義於崑山，附近各鄉聞風回應，革命軍某支隊疑亞伯屬投機分子，誘禁之於上海司令部。亞伯移書上海交涉使郭泰祺求援，郭以告蔣總司令，蔣立下令開釋。

亞伯既脱罪，謂國民黨改組後，一般青年多數典忘祖，鄙視前輩，皆由不知革命歷史所致，遂發憤搜集其多年珍藏之日知會文書筆記，及辛亥武昌革命一切文告等等，編輯成書，題曰《武昌革命真史》，凡數十萬言，民十八特托中華書局舊友陸某代其發行。出版未久，在京鄂人吴某等謂曹著批評起義人物過於露骨，且抹煞起義之各團體，而獨歸功於日知會，有失公道，遂聯名呈請黨部禁止發行，並没收之，中華書局因之損失不貲。

亞伯受此打擊，決意擺脱世事，專心學佛，且禁絶葷腥，盡改其平日好使氣駡人之故態。嘗語人曰："吾輩革命黨人作孽過重，惟有竭誠念佛，足以懺悔一切，死後庶免淪入畜生道"等語。大有拋下屠刀立地成佛之概。民二十五元旦，嘗至蘇州章太炎宅祝壽，人見其須長逾尺，道貌盎然，迥非昔比。

民二十六秋，日軍犯滬，崑山地近戰區，迭受日機轟炸，亞伯猶念佛農舍，不願遷避。至十月某日，滬報忽傳載其圓寂消息。時在崑山失陷之前半月。生平友好，以交通阻塞，無從吊唁，咸爲哀悼不置。然亞伯能於所居未淪陷前作大解脱，得免身受阿鼻地獄之慘，當是佛學有得之效，不可謂非幸事也。

（據馮自由：《革命逸史》，中華書局 1981 年版）

曹君亞白傳

君諱亞白，曹姓，以字行，湖北興國州人，民國初，廢州置陽新縣，故爲陽新人。州人多有從太平軍立功者，君幼聞其事，必動容，光復之志始萌矣。長而肄業兩湖書院，同學多志在禄利，君輒呵之曰："走狗奴才。"同學無奈何，以曹瘋子目之。甲辰歲，與吕大森、張難先諸同志規建科學補習所於武昌，謀覆清。其九月，同學黄公克强謀起兵長沙，君趨赴之，不幸事泄，君與張繼各挾手銃，護送克强出險，武昌科學補習所遂遭封閉。君與潛江劉敬庵素善武昌聖公會會長胡蘭亭，乃假其閱報室曰日知會者爲革命機關部，以敬庵主其事，日知會之名仍舊，實乃爲新組織之黨團矣。乙巳秋，孫、黄二公成立中國同盟會於日本東京，君奔走聯絡之力爲多，宣誓時署名興國州籍，有廣西人不知州名，謂故造興國二字，近兒戲。君曰："汝不知太平天國興國州人專攻洪山之事乎？貴省洪王若無興國州人，焉能登基金陵耶？"衆爲之笑解。明年夏，遊學英國倫敦，兼任香港《中國日報》駐英通訊員，在英數年，向外人宣傳中国革命，孜孜不倦。己酉歲，孫公赴倫敦，君介紹吴敬恒入盟，並籌八十金鎊爲孫公旅費。民國元年秋，君歸武昌，都督黎公禮爲上賓，事無大小，悉以諮之。時共和黨攀緣黎公，以排擠民黨，君竭力爲同志調護，會孫公謀整飭黨紀，不得不改組，陳炯明在南洋持異議，另立水利速成社相抗，君與陳耿夫往説改組宗旨，事乃已。六年，督軍團叛，大總統黎公蒙塵，孫公在上海謀起兵護法，絀於經費，有美籍某國醫生以君故，陰助百萬版，孫公乃使程璧光率海軍南下，召集非常國會。事定，孫公酬庸萬元，乃創辦亞林臭水廠於上海。十年冬，孫公督師北伐，師次桂林，君參戎幕，嘗以某氏閉塞賢路，意不自安，偕陳少白返廣州。陳炯明方懷異志，知君深得海軍心，陽示尊榮，曰："某氏歷年攬權伐異，妨功害能，吾輩非釜底抽薪，不足以保全孫公。"君素愷直，待人推心置腹，不悉人情詐變，信之。陳少白、馮自由爲言陳氏陰謀，君大感悟，自是不問政事，歸居昆山，躬勤隴畝，未二月，陳氏之亂作矣。十五年，國民革命軍入江蘇，君糾集鄉民數千，起而回應，以不慊於某總指揮，縛禁於上海總司令部，事爲上海交涉使郭某所知，上白於蔣總司令，始釋出。君歎曰："民國以來，新柄國者多數典忘祖，侮耆舊，擅興作，此皆由不知前事所致。"乃發憤作《武昌革命真史》，以前事之艱難示後進，凡數十萬言，書出，又被封禁。自是不欲問世事，誦佛茹素，日一餐一盂，過午不食，其肌體亦豐。時翊東客上海，君居昆山，月必來滬一次，約赴章太炎先生所，竟日傾談。每晤舊同志，必曰："吾輩革命黨，作孽深，惟有竭誠念佛以求懺悔。"其中心淡定如此。及日本軍陷瀋陽，政府訟直國際聯盟會，君獨鬱鬱不能終日，歎曰："不自禦侮，國亡無日矣。"奔走南北呼籲，每至公共場所，必演説喚起民衆抵抗，其孤懷忠憤，發乎不容已。二十六年十月，卒於昆山，倭寇陷昆山前半月也，年六十餘。君自幼好學，經史百家之書，無不讀，留學東西洋，專習礦冶，旁逮政治，言行忠信篤敬。使得柄用於時，其績必有可觀，然終不能一伸其志，窮老以死，悲矣。其作篆根底深固，視世所傳吴昌碩書，雅鄭相絶，然識之者寡。君歿於兹六年矣，莫有念其功者，其子弟又不能知其詳，翊東以交深，懼久湮没，乃銓叙其事爲之傳。

（據鄒魯：《中國國民黨史稿》，中華書局1960年版）

曹亞伯先生致力革命大業年表

先生早歲奔走革命，宣導同盟，心恫淪胥，志存匡復。躬預開國護法諸役，與國父孫中山先生暨黎大總統及當代顯要，多屬至交。惟以賦性澹泊，富貴浮雲，功成不居，甘心隱遁，爲黨人别開生面。論其高風亮節，洵堪於式群倫。繼以敝屣功名，潛德弗曜，故其姓名不顯於當世。後生末學，侈談革命，竟數典忘祖，甚至不知先生爲何許人。生前既落落寡合，死後復寂寂無聞，其何以慰先生在天之靈乎？用是不揣譾陋，摭拾有關資料，及所知所聞者，草爲先生大事年表，無曲筆，無諛詞，凡所徵引，皆系實録，間有不嫌繁複，以示多方求證，當祈覽者垂察焉。

1875（清光緒元年，乙亥），先生一歲。

是年先生降生於湖北省興國州（民國改稱陽新縣）北鄉大箕山麓曹家灣柯懈村祖宅。

1882（光緒八年，壬午），先生八歲。

先生觀吾族始祖智一公誕辰演劇及聽故老述洪楊軼事，油然萌種族思想。

參閲先生所撰《武昌革命真史自叙》（以下簡稱先生《真史》）。前稽勳局局長、立法委員、總統府國策顧問、革命耆宿南海馮自由先生撰《革命逸史》第二集《興國州人曹亞伯》（以下簡稱馮撰《曹傳》）。中華民國各界紀念國父百年誕辰委員會編纂《革命先烈先進傳》，李翊東撰《曹亞伯傳》（以下簡稱李撰《曹傳》），暨昔年先生向予親述童年觀劇之反應，及拙作《五湖煙水暮雲高——曹亞伯先生》（臺北《暢流日刊》一九六二年第二十六卷第五、六期）。》

1889（光緒十五年，己丑），先生十五歲。

先生自大冶縣城福音堂借閱上海廣學會所譯《格物探源》一書，頓悟守舊之非，即入該堂爲信徒。於是家庭革命、社會革命之思想日往復於胸中。不顧自身之一切，時與舊習慣相抗矣。（參閱《真史》。）

1898（光緒二十四年，戊戌），先生二十四歲。

是年先生始離故鄉，負笈武昌農務學堂。

參閱中華民國史料研究中心《中國現代史專題研究報告》（四）蘇云峰主講《武昌學界與清季革命運動》（以下簡稱《蘇云峰專題報告》。）

1900（光緒二十六年，庚子），先生二十六歲。

是年先生因舉止詭異，被學校當局勒令退學。其冬，考入兩湖書院，與黄軫（即黄興）、王文豹等過從甚密，革命的一個火種，進入原已不安之兩湖書院。（參閱先生《真史》，《蘇云峰專題報告》。）

鵬注：先生爲邑庠生（俗稱秀才），惟不知是何年獲中。至兩湖書院，依例須有秀才資格，始准予報考。時作書院山長爲梁鼎芬，嘗仰承鄂督張之洞意旨，日以誘導學生效忠滿清爲事，先生以諸生多熱中利禄，不脱奴隸根性，遂呵之曰“無氣骨”或曰“走狗奴才”。同學中惡其好使氣罵人，咸以“曹瘋子”三字報之。（參閱馮撰《曹傳》、李撰《曹傳》。）

1902（光緒二十八年，壬寅），先生二十八歲。

是年春，兩湖輿地教授鄒沅帆先生應清學部張百熙之召，調先生與王文豹二人入京充編纂，臨行變卦，派先生與王文豹往湖南新化辦中學。先生教博學及數學，然處處引發學生革命之思想。又教授柔軟體操，每上操場，必向學生演説漢人文弱被壓制之苦痛。是時譚人鳳在新化教小學，常率學生來會操，聆演講。同時陳天華所著《警世鐘》、《猛回頭》等革命小册，輸入兩湖各學堂各軍營中，而新化學界革命之思想，亦不可遏止矣。

是年秋，錢維驥介紹先生與湖南革命先烈禹之謨訂交。冬假，先生渡日本，過長沙時，先生介紹經正學堂小學生胡宗琬（原注：即胡瑛，至民國後失節“勸進”，種種無行，非意料所及。）於建築武昌武普通學校之吴禄貞。是年，吴禄貞與耿覲文、李書城亦遊湘以觀革命運動之成績。（參閲先生《真史》。）

1903（光緒二十九年，癸卯），先生二十九歲。

是年三月，先生復返新化中學。不及二月，新化知縣張某向湘撫趙爾巽密告先生謀反叛逆，趙爲人忠厚，不惟不究，反參去張某。然先生亦被校董輩脅迫離職。

是年五月，先生下益陽，至長沙，受聘爲甯鄉中學、求中學校及長沙中學之教席。聞黄吉亭牧師爲長沙聖公會會長，愛國心長，並辦有日知會以開民智，先生遂依之。爾時黄克强已與黄牧師相見，記名爲會員，從此學界軍界皆入於聖公會之門，而長沙之日知會，乃極一時之盛。（參閲先生《真史》。）

是年夏，先生與吕大森、時功玖等率領學生數百人赴武昌曾公祠集會，直斥清政府昏庸無能，喪權辱國，此爲湖北從來未有之最大學生政治性集會。（參閲《蘇云峰專題報告》。）

是年秋，長沙華興會成立，先生與黄興、宋教仁、譚人鳳、章士釗、劉揆一、張繼、周震麟等，同爲該會之骨幹份子。（參閲左舜生《黄興評傳》附録周震麟撰《關於黄興華興會與辛亥革命後的孫黄關係》。）

1904（光緒三十年，甲辰），先生三十歲。

是年五月，武昌科學補習所成立，是爲湖北革命團體之嚆矢。共推吕大森爲所長，胡瑛爲總幹事，先生任宣傳，時功璧任財政，宋教仁任文書，康建唐任庶務。先生並被推爲湘鄂聯絡員，凡餉械俱在共同籌畫之列。（參閲國父百年誕辰紀念會編纂之《國父年譜》——以下簡稱《年譜》，張難先撰《湖北革命知之録》，以下簡稱《知之録》，居正撰《居覺生全集》，《辛亥劄記》，蘇云峰《專題報告》。）

科學補習所者乃湖北陸軍第八鎮工程營士兵所發起組織之革命機關也。先是曹亞伯、吕大森、胡瑛、張難先等俱認革命非運動軍隊不可，運動軍隊，非親身加入行伍不可。於是張難先、胡瑛遂投工程營，充兵士。乃於甲辰四日，發起組織機關，宗旨標明研究科學，實則意在愚官府耳目。”（參閲張撰《知之録》。）

蔣總統秘録：“胡瑛、吕大森、宋教仁等人，於一九〇四年六月，在武昌組織科學補習所，並曾和黄興等人結合，策劃起義，雖被查封，但後來成了在武昌對清軍進行滲透工作的中心，對辛亥革命有極大助力”。（參閲公元一九七四年十二月四日臺北各大報轉載日本《産經新聞》。）

是年夏，先生至吉安運動軍隊，演講革命，散發革命宣傳品。江西巡撫夏時曾有萬急公文密飭嚴拿就地正法之命令，幸先生得脱於難。（參閲先生《真史自叙》、章士釗撰《趙聲傳略》。章文所舉之湖北曹工丞，即先生之别名也。）

是年暑假，先生回武昌科學補習所開大會，討論進行方略。決定派吕槐庭（即吕大森）、康建唐、趙施南、何季達赴荆宜，聯絡會黨；宋教仁赴長沙與東文講習所華興會會長黄克强接洽；武高等學堂，由劉熙卿負責推動；文普通學生，由歐陽瑞華負責；馬隊由劉静庵（即劉貞一、亦名劉敬安）負責，工程營由張難先負責。其餘各校各營，均有負責幹事。其分配之彈械，由胡瑛、王漢赴湖口起運來鄂。（參閲張撰《知之録》。）

是年，先生與黄克强先生等亟謀聯絡會黨，藉以擴大聲勢，遂派人密往遊説哥老會首領馬福益，共圖大業。（參閲《華中革命運動》，萬武撰《追記運動馬福益及紅鞋》。）鵬注：當時係派劉道一、萬武二人前往遊説馬福益。

是年，先生與胡蘭亭會長劉敬安三人商議擴充日知會，軍學兩界之有心革命者，均歸納於日知會，會務發達，一日千里。（參閲先生《真史》。)

是年，劉静安（即劉静庵）等利用聖公會内之日知會，爲宣傳革命機關。自唐才常於漢口失敗後，兩湖革命志士，頗難覓適當地點爲運動機關。有劉静安者，字貞一，湖北潛江人，爲聖公會信徒，以國勢日非，非和平手段所能匡救，遂與湖北陽新人曹亞伯等，利用武昌高家巷聖公會之閲報社日知會爲革命運動機關，蓋以清吏憚外人教會，藉資掩擴，並廣宣傳，鼓吹革命，收效甚宏，兩湖志士皆踴躍參加，故聲勢日盛。(參閲羅家倫撰《國父年譜初稿》。)

1904（癸卯甲辰間），亞伯初結識武昌基督教聖公會牧師胡蘭亭、黄吉亭等，胡黄均有心革命，常於説教講道時，假基督捨身救世等事爲宣傳革命資料。亞伯與之志同道合，遂亦皈依基督教。未幾相與發起一革命團體，名曰日知會。其會所均附設於武昌、漢口、長沙等處之聖公會内。一時湘鄂兩省志士，如鄂之劉貞一、馮特民、季雨霖、朱子龍、吴貢三、李亞東、梁鍾漢、石志泉、張難先、吴昆、殷子衡、吴兆麟；湘之黄軫（原注：後更名興，字克强）、劉揆一、禹之謨、宋教仁、易本義、陳天華、胡瑛諸人，咸陸續附入焉。(參閲馮撰《曹傳》。)

鵬按：除馮氏所述人外，根據中華民國開國五十年文獻《武昌首義》李廉方撰《武昌起義前之革命團體》所附《革命團體黨員表》所列日知會時代尚有何自新（字季達，一字季俠，湖北黄岡人，早故。）熊子貞(即熊十力)、余誠、孫武、時功璧、歐陽瑞驊、劉復、劉彦、許崇灝、歐陽振聲、田桐、黄申薌、蔡濟民、熊秉坤、彭楚藩、劉堯澄、李長齡、丁笏堂、陸費逵（鵬注：陸後創辦中華書局，任總經理多年，有功文化事業)，張純一、熊子貞（字十力，湖北黄岡人)，范騰霄、馮大樹、郝可權、吴禄貞、王漢、黄古亭、胡蘭亭等人，不及備舉。其中彭楚藩、劉堯澄，爲開國三烈士之二，熊秉坤爲首義發難放第一槍，孫武爲武昌首義三武之一，吴禄貞、王漢均爲國犧牲，馮大樹、郝可權光復新疆，而熊十力治佛學，張純一治墨學，均都講上庠號稱絶學。是皆科學補習所與日知會之菁英，皆曹亞伯、劉敬安諸君子所培植灌溉的革命之花，而大放異彩，蔚爲邦家之光者也。

是年九月，黄克强、馬福益、劉揆一等謀在湖南起事，先生至長沙助之，不幸期前事泄。先生與長沙聖公會黄吉亭牧師密謀營救，卒獲脱險。並資助宋教仁遠走避禍。（參閲先生《真史》、《國父年譜》、宋教仁《我之歷史》、《張溥泉先生全集》自撰折譜、劉揆一撰《黄興傳記》、章士釗撰《與黄克强相交始末》、周震麟撰《孫黄關係》、馮自由撰《中華民國開國前革命史》、黄一歐撰《回憶先君克强先生》、左舜生撰《黄興評傳》、李劍農撰《中國近百年政治史》。）

鵬按：根據上述躬與斯役諸人及諸史學家之記載，足證係先生與黄吉亭牧師密謀營救黄克强先生脱險，爲千真萬確之事實。不意數十年後，竟有易君左謂係胡九（即胡元倓）先生將克强先生裝在棺材内混出長沙。（易文見公元一九七一年年六月二十七日、臺北中華日報副刊《傳記與傳奇》專欄）。又有陸曼炎者，謂克强先生隨後得金封三、李廉方的照拂，避入黄吉亭牧師的聖公會内。（見華中革命運動《胡子靖與明德中學》，原注：録自陸曼炎編《時賢別記》）。皆向壁虚構之神話，予昔曾根據史實，爲文糾正駁斥，兹不復贅。（參閲公元一九七九年三月二十日中央日報《文史專刊》補登拙作《先烈黄克强先生長沙脱險之真相》。）

鄂雷道以學生趨向革命，留之恐釀成巨患，殺之又未有罪名，不如遣往外洋留學，法爲最善。計湖北先後派赴德、法、比各國者百數十人，留歐學生，什九屬鄂籍者。（參閲鄧慕韓《孫中山先生傳記》。）

總督張之洞，亦以曹亞伯、吕大森、馮特民、孔庚、李書城、胡秉柯、時功玖、陳同如、賀之傑、朱和中、史青、魏宸組、耿覲文、時功璧等鼓吹革命，常有戒心。甲辰秋，擇其激烈者，派往西洋留學，以殺其勢。（參閲張難先撰《湖北革命知之録》，一〇三頁。）

1905（光緒三十一年，乙巳），先生三十一歲。

是年春，清廷派端方撫湖南，下車之日，即殺劉道一；旋又捕馬福益，亦斬於長沙瀏陽門。先生乃兩湖書院學生，端方曾署兩湖總督，認爲有師生之誼，加以爲耶穌教徒，遂不殺先生，又不任其在長沙運動革命，不得已派先生往日本爲調查宗教委員。此仇殺之清廷，派學生出洋調查宗教，此爲第一次。（參閱先生《真史》。）

先生渡日本後，即入東京府下澱橋町中田重治主教所主辦之聖書學院。旋接武昌報告，悉日知會曾開大會，會務日臻發達，劉敬安在大會演説云：日前同志曹亞伯由湘來鄂與蘭亭先生及兄弟三人，商議擴充日知會，現曹君已往日本，從事運動。我們日知會重又成立。（先生《真史》。）

先生入聖書學院，研究宗教，每週必至東京中心之神田區，與日知會同志黄興、宋教仁輩會晤，謀革命進行之法。（參閱先生《真史》。）

七月十七日，晴，午初曹亞伯來坐良久。亞伯已成爲純粹之宗教家。戒煙禁酒，專奉耶氏之説。此次來東，特入此間聖書學院學宗教學也。（參閱《革命先烈先進詩文選集》，宋教仁《宋漁父日記》。）

同盟會成立前之革命黨——吾國革命黨人之提倡逐滿建國，始於興中會。然興中會自庚子秋惠州及廣州史堅如之謀炸撫署二役以後，元氣實力爲之大傷。故自庚子秋以至乙己（一九〇五年）夏之五年間，興中會實無如何之軍事動作可言。惟我國之留東學界及内地志士，自經庚子惠州革命及唐才常漢口自立兩役之怒潮所激蕩，影響之巨得未曾有。就中各革命團體至乙己春夏間爲保全相當勢力者，爲湘北之日知會及湖南之華興會，江浙、皖之光復會，時距長沙舉義失敗及萬福華槍擊王之春之獄未遠，各派首領多避地日本，共圖捲土重來之計。顧以各派勢均力敵，未能集中力量，合組一大團體，以與清政府抗衡，識者憾焉。（參閱馮自由《革命逸史》、《中國同盟會史略》。）

先生抵東京後，爲團結革命力量，特聯絡奔走，發起組織東京同盟會。

"乙巳秋，孫黄二公成立中國同盟會於日本東京，君奔走聯絡之力爲多。"（參閱李翊東撰《曹亞伯傳》。）

是年五月，國父由歐東歸，六月初抵横濱，留東各省志士紛紛晋謁，相與討論全國革命黨合組新黨問題。遂於六月二十八日（陽曆七月三十日）假座東京趣町區檜町黑龍會開第一次成立會，列席者六十餘人。諸發起人中，屬興中會者有國父及馮自由、梁慕光、黎勇錫、胡毅生等。屬湖北日知會者有曹亞伯、時功玖等。屬湖南華興會者有黄興、陳天華、宋教仁、張繼等。屬光復會者有吴春陽等。屬二十世紀之支那社者有田桐、魯魚等。衆議定名爲中國同盟會。盟書曰：驅除韃虜，恢復中華，創立民國，平均地權。（參閱馮自由《革命逸史》、《興中會組織史》。）

是日，先生爲繼國父發表演説之第二人。

首請國父演説，説明革命即造反，造者：即造世界；反者，即反對異族强權賣國政府。演説甚長。次即先生演説：説明漢人亡國，韃子入主，凡屬漢人，皆當驅除異族，恢復漢人江山。再次則爲黄興演説，説明革命後，如何普及教育，如何振興實業，如何整理内治，如何修睦外交。聽者皆爲奮發。演説畢，故意由同志假反對論，反駁之，以探在座者之革命心理，是否堅定，先生勝氣與之争鋒，衆皆鼓掌。（參閱先生《真史》。）

首由總理宣佈開會理由，兼及革命形勢，次由黄興、曹亞伯等相繼演説，咸慷慨陳革命大義。（參閱張難先《湖北革命知之録·東京同盟會成立經過》）。

籌備會開始時，推孫中山爲主席，孫演説革命之理由形勢方法，約一時許，詳言全國各派革命志士，合組新團體，以從事反滿工作之必要。之後，曹亞伯演説排滿的道理，黄興演説革命成功後的建設事業。（參閱臺北近代史研究所專刊張玉法著《清季的革命團體》，頁三一四。）

是日，先生爲首先簽名於盟書之第一人。

是時演説辯論畢，然後宫崎寅藏持出日本信紙一束請衆簽名。於是按次皆簽名矣。最後有二人，年頗長，忘其名，不肯簽字，以反對先生所寫之三大字太不恭敬爲由，先生則謂今日之會，非考翰林。黄興補之曰：老兄欲考翰林，則請向滿清政府投考，衆則解和勸勉，二人卒簽名。（參閱先生《真史》。）

當各寫盟書時，亞伯自書籍貫曰興國州，有廣西人某不知有興國州地名，以爲兒戲。亞伯曰：君不知太平天國大敗清軍時有興國州人包打洪山之事乎？（原注：事見劉著《太平天國戰史》）若無興國州人，你們廣西的天王洪秀全焉能在金陵登基也。衆笑解之。（參閲馮撰《曹傳》、李撰《曹傳》。）

翌日開會，國父操國語，立而演講達三小時之久。國父演講完，有張某起而質問，這同盟會可否加“排滿”二字於其上，國父答云：“這似乎不必要，因爲我們革命，若滿人願意加入，也可許其入黨。”曹亞伯老實忍不住，立而言曰：“大家贊同革命才來，若至此還有甚麽疑竇，又何必來！”言罷即簽名，於是衆趨和之，各書誓約一紙云：“立誓約人某省某府某縣某某，當天發誓：同心協力，驅除韃虜，恢復中華，創立民國，平均地權。矢信矢忠，有始有終，如或渝此，任衆重罰。”（參閲《大陸雜誌》第二十二卷第二期鄧家彦《中華民國開國史（A）同盟會之起源》。）

同盟會成立記——到會者四十餘人，公衆皆歡叙，忽有湘人張明戈，以定名不當，謂既抱傾覆滿廷之志，當爲對象立名。孫曰：“不必也，滿洲政府腐敗，我輩所以革命，即令滿人同情於我，亦可許其入黨。”曹亞伯起曰：“今日大家主張革命，始來此間，如有異議，何必來！”“兄弟憑良心，首先簽名。”衆皆和之，各書誓約一紙。（參閲《革命文獻》第二輯田桐撰《同盟會成立記》。）

有數人於平均地權一節，略有疑問。總理乃歷舉世界革命之趨勢及當今社會民生問題之重要，謂：“平均地權即解決社會問題之第一步方法，吾黨爲世界最新之革命黨，應高瞻遠矚，不當專向種族政治二大問題，必須並將來最大困難之問題亦連帶解決之，庶可建設一最良善富强之國家。”云云。演講約一時許，衆大鼓掌。曹亞伯首言：“我憑良心簽名。”全場無異議。（參閲中國國民黨中央黨史會編《革命文獻》第二輯馮自由撰《記中國同盟會》。）

東京同盟會成立之後，先生被推爲湖北省主盟員，或曰評議部議員。“曹亞伯、胡毅生等爲各省分會主盟員。”（參閲《國父年譜》、《中國國民黨八十年大事年表》、《革命人物志·黄興傳》、馮自由撰《中國國民黨開國前革命史》、張難先《湖北革命知之録》、李劍農撰《中國近百年政治史》。）

是年七月中旬，開第二次正式成立大會，兹録述所通過之組織大略及各部前後職員姓名如次：一、執行部（姓名略）；二、司法部（姓名略）；三、評議部，議長汪兆銘，議員：田桐、曹亞伯、馮自由、梁慕光、胡衍鴻（即胡漢民）、董修武、范治焕、張樹枏、熊克武、周來蘇、但懋辛、朱大符（即朱執信）、吴昆、胡瑛、康寶忠、吴鼎昌、於德坤、王琦。此部以各議員先後歸國者衆，一年後漸同虚設。（參閲馮撰《革命逸史》、鄒魯《中國國民黨史稿》——商務印書館出版。）

《民報》出版之日，無法發行，先生與蕭鍾英、陳謨（鵬注：此二人皆陽新同鄉）、龔國輝等數人，包紮封寄，先生每日提一大包往各學校發賣，一時《民報》之聲價，風行海内外。（參閲先生《真史》。）

是時留學生反對日本之取締規則，因陳天華蹈海，更加激烈，先生遂憤而離日本返國。先生在武昌日知會將東京同盟會之組織，一一介紹於劉敬安、馮特民二人，並請劉馮二人爲同盟會主盟人，自此同盟會與日知會之聲氣，息息相通矣。（參閲先生《真史》第四章《陳天華投海》。）

鵬按，馮自由先生有言曰：辛亥武昌義師之發動，衆咸歸功於同盟會所組織之共進會及文學社，而不知共進會及文學社成立之前八九年，已有一日知會爲之先導。日知會蓋唐才常富有票一役失敗後湘鄂二省之革命策源地也。（參閲馮撰《革命逸史·日知會首領劉敬安》）馮氏又有言曰：從庚子秋以至乙巳（一九〇五年）夏之五年間，興中會元氣大傷，實無如何之軍事動作可言。就中各革命團體至乙巳春夏間尚保全相當勢力者，爲湖北之日知會，及湖南之華興會，江浙皖之光復會。（參閲馮撰《中國同盟會史略》）馮氏更有言曰：諸發起人中屬興中會者有總理等，屬湖北日知會者有曹亞伯等，屬湖南華興會者有黄興等，屬光復會者有吴春陽等，屬二十世紀之支那社者有田桐等。（參閲馮撰《興中會組織史》）其首書興中會者尊領導也，次書日知會者，重實力也；又其次則書華興會，光復會，二十世紀之支那社。文字有分量，叙次有等差，有若權衡輕重之不爽焉。馮先生粤人也，而著籍興中會，並非對日知會特加揄揚，無非根據事實，操筆直書，蓋深得史家求實求真之旨，爲此秉公持平之論，所以其書足以見重於當時，傳信於後世也。吾人若就日知會所擁有之會員而言，則其陣容之堅强，實力之雄厚，組織之嚴密，部署之周到，在當時無出其右。其後共進會、文學社，名稱雖有變更，精神仍爲一貫（參閲左舜生撰《黄興評傳》）繩徵繼軌，奮揚前烈，武昌首義，克集大勳，完成曠古無前之偉業，此豈一朝一夕意外僥倖所能爲？追本探原，崇功德德，若論飲水思源之義，敢忘華路藍褸之勞乎？乃不幸因日知會領導人亞伯先生等之不矜功成，不争名位；而貪天之功，以爲己力者，反得以自炫自媒，以獵取功名富貴，而勳名顯赫。而治史者除少數人如馮自由等外，亦多曲筆阿世，以取悦於當道，甚至削去日知會名稱，泯滅其艱難締造之跡。故至今殊鮮有知革命團體日知會及革命先進曹亞伯其人者。章太炎先生撰《焦達峯贊》曰：“民黨日偷，惡直上諛，揚浮名，没實功。此予所爲擲筆三歎而不能自已也”。稍後日知會會員全體加入同盟會，如虎添翼，聲勢爲之大振。國父自傳所稱，不期年而加盟者已逾萬人，支部則已先後成立於各省，從此革命風潮，一日千丈，始信革命大業，可以及身而成者也。

是時，先生偕東洋宣教會主教中田重治同行回鄉，見老母並妻子於曹家灣，僅一夕而出，抵上海，即乘船赴英。船中遇張繼，係往爪哇任教。過香港，謁老同志陳少白，斯時少白主持《中國報》鼓吹革命，馮自由亦在該報辦事，陳少白並托先生在倫敦作《中國報》之通訊員。船抵新加坡，與張繼同謁國父。先生抵倫敦後，即留學其間，仍爲中國革命之運動。（參閲先生《真史》。）

是年冬，先生介紹吴敬恒稚暉加入中國同盟會。

當日先生在倫敦，不與予言加盟之事，想見予之頭巾氣，足以隱拒先生於千里之外。予之入同盟會也，在是年之冬，由曹亞伯自東京來，向予提議，出盟書見示，有“當天發誓……平均地權”等語，予大笑，且作惡。揚言曰：我輩革命則革命耳，豈亦學康有爲造作富有票之所爲？曹瞠目無如我何。忽同座孫鴻哲，徐冷語曰：“‘我不入地獄，誰入地獄？’先生亦嘗用其説乎？予已先書此盟書矣。”恒聞言大詫，頓即大悟。立書盟詞一紙給曹君。（録自吴稚暉撰《中山先生年系》，參閲馮撰《曹傳》、李撰《曹傳》。）

先生在英國，宣傳中國革命運動，孜孜不倦，其寓所即爲中國同盟會倫敦辦事處，爲歐洲革命團體之重鎮，楊守仁、吴敬恒、虞少岐、石瑛等，均假之傳遞消息。

是歲秋，東京中國同盟會本部成立，留歐學界之革命團體得本部通告，始確定同盟會之名稱，並先後在比、德、法、英、瑞士各國設立通訊處，其所在地如下：

英國倫敦通訊處：曹亞伯、吴敬恒、楊篤生、Abel TsAo cane of Mr. Palmer，nb shelgate Road chapham common，London. S. W. England（參閲馮自由《留歐學界與同盟會》）。同盟會的分支會，其名稱某地通信處者，没有正式組織。（參閲張玉法撰《清季的革命團體》。）

1906（光緒三十二年，丙午），先生三十二歲。

是年夏，歐洲留學生監督吴一清，聽王鴻猷、賀子才等之請求，曾電兩湖總督張之洞，代請補先生官費以學海軍，得張之洞覆電云：“該生曹亞伯，前在湘省充當教習，宗旨悖謬，去歲留東風潮，該生使强有力，性情尤屬乖張，所請萬不能允。”（參閲先生《真史》。）

丙午夏，王鴻猷、石鴻翥來倫敦，吴稚暉亦由蘇格蘭至，孫鴻哲亦來吴稚暉寓，予偕王鴻猷訪之，比請吴孫二人入同盟會矣。是年夏再遊巴黎，而石瑛亦加入同盟會矣。（録自先生《真史·歐洲學生之革命潮》。）

巴黎同志張人傑（字静江）、李石曾組織一週刊，名《新世紀》，聘吴稚暉主筆政，先生亦按期投稿，自是留歐學生中革命主義亦普及矣。不久馬君武、張繼、蔡元培、褚民誼輩亦齊至焉。（參閲先生《真史》。）

鵬按，謹按吴稚老撰《中山先生年系》云：係光緒三十一年由先生介紹加盟，此云丙午夏（光緒三十二年）入盟，未知孰是？又按《李石曾先生年譜》（臺灣商務印書館發行），民國前五年——清光緒三十三年一月，先生（李石曾）在巴黎與吴敬恒、張人傑籌備《新世紀》週刊，由張負責經費，吴負責編排，先生與蔡元培、褚民誼等供給文稿。時先生（石曾）與吴敬恒，傾心無政府主義，週刊亦多介紹蒲魯東、克魯泡特金等學説。以後每週出版，頗能贊助革命，並與國父同盟會相呼應。

是年夏，國父以法國當局有贊助中國革命之表示，派山西人喬義生隨法武官歐極樂（Aptain Ogal）巡遊長江沿岸各省，調查革命黨實力，是年五月初八日抵武昌，既蒞會所（鵬注：日知會會所），軍學兩界到場歡迎者千數百人，極形擁擠。歐演説法國革命演史及中國不得不革命之理由，聽者莫不感動。時清廷巡警道馮啓鈞之密探亦雜人叢中，因得盡覰其實。是歲十月，萍鄉、醴陵革命軍猝然起事而敗，黨人蕭克昌、蔡兆南、劉道一、禹之謨等人死之。清吏藉此大興黨獄，武昌日知會職員劉敬安、朱子龍、殷子衡諸人均在懸賞通緝之列，有郭堯階者告密，馮遂會同總兵張彪於十一月二十九日派兵先後逮捕敬安及朱子龍、梁鍾漢、胡瑛、李亞東、季雨霖、吴貢三、殷子衡、張難先等九人，敬安等均供認實行革命不諱。清吏强指劉敬安即萍醴黨案有關之哥老會頭目劉家運一語，堅不承認，清吏令招供，迭用藤條笞背一千四百下，血肉横飛，肉盡骨見，死而後生者數次。九人下獄後，迭經嚴刑逼供，時聞有斬決之訊。聖公會牧師黄吉亭，乃請美人孟良佐牧師及吴德施主教致電北京美國公使樂光希向清政府極力營救，而同志吴禄貞、程家檉時在北京亦屢向慶平肅王條陳，主張勿殺黨人，以免加增滿清種族惡感。此案延至第二年，丁未（一九〇七年）五月始確定罪名，敬安與胡瑛均定永遠監禁，餘人則分監禁十五年或十年不等。是年六月敬安大病，病癒後乃與同獄胡瑛、吴貢三、李亞東等秘密組織一中華鐵血軍於獄中，陰與日知會會員變名分設之各種機關通聲氣，實爲日知會被禁後革命運動之中堅。迨辛亥夏舊病復發，是年五月十六日竟死於武昌模範監獄。（參閲馮自由

《日知會首領劉敬安》。)

清光緒三十二年冬，湖廣總督張之洞，令按察使梁鼎芬會司道七八輩鞠囚，時一囚慷慨言中國危殆，觸鼎芬怒，笞之；囚怒罵鼎芬，鼎芬怒益笞，囚益益詈，鼎芬益益笞，囚自首至踵趾無寸完膚，頻死者數；稍甦，仍戟手罵不絶，當時號爲鐵漢。即辛亥前吾鄂革命黨首領潛江劉静庵先生也，先生少隨父琪讀，縱觀六經諸子，並究心閔洛姚江，旁逮内典道藏，罔不學，學俱有心得。稍長，見中原多故，投鄂軍爲管帶，黎元洪司書記，頓假軍隊作根基進行改革。有吕大森等設機關於武昌，名曰科學補習所，以愚官府耳目。先生與宋鈍初（即宋教仁）先後入所，急謀聯合湘省，期於清那拉後壽節舉義，無何湘事泄，鼎芬方爲官武昌知府，遂承旨封科學補習所而逮捕黨人，先生遂被逐於黎氏。旋清廷命鐵良南下搜括財賦，先生聞之怒，密令胡瑛、王漢偵刺之，不中而漢死，先生益憤，復會合同志圖再舉。先是美教堂設有日知會，即教士閲報所也。先生來養其會長胡蘭亭，因緣爲會中司理，得藉其地爲機關，集同志。會例星期演講，先生每登壇，痛述大局危亡狀，以輸其革命大義。不數月，軍學界大感動，相率入會者達數千人。(録自張難先撰《烈士劉静庵先生墓碑》。)

前所員曹亞伯在湘同黄克强、張繼脱險後，亦來鄂住聖公會，静安既失職，走告其會長胡蘭亭，蘭亭留與亞伯居。旋静庵不自安求去，亞伯商之蘭亭謂："静庵狷介人，恥素餐。"即聘爲日知會司理。

數月會務大進，黨人稍稍來歸。於是静庵商諸蘭亭曰："國勢誠亟亟矣，公中國人，當不忍其淪胥。下走愚妄，竊願借此謀革命以救國，公能許我乎？蘭亭曰："君意誠善，若外人何？"静庵曰："貴會諸外國人，均領教深矣，類皆道德高尚，願力弘大，當能本基督救世之旨，同情吾輩。"蘭亭慨然曰："國危至此，尚何所顧慮，願與君共爲其難。即如君言，第好爲籌畫也。"静庵感泣，便從事草規約，仍用日知會名義，惟質變耳。又數月，無論是否黨人，凡來聽講者，多醉心革命，執守不惑矣。至丙午正月，始開成立會，由静庵報告籌備經過，張漢傑記録，馮特民宣讀會章，何季逵（即何自新）、熊十力作傳。馮特民、孫武、朱元成等俱有極激烈之演説，特民並痛哭流涕。未幾東京同盟會派餘誠（鵬注：余誠亦日知會會員）爲湖北分會會長，傍日知會進行會務，得同盟會之指導，聲勢更大。（録自歐陽瑞驊《武昌科學補習所革命運動始末記》、原注《越風月刊辛亥革命特號》引張難先《湖北革命知之録》。）

鵬按：先烈潛江劉静庵先生（亦作敬安、静安、字貞一），昔與亞伯先生、胡蘭亭牧師三人密謀協商擴大日知會爲革命團體之領導人物。當光緒乙巳之際，烈士僅二十八歲，尚未娶，有聖公會某女教習欲與訂婚。烈士詢之亞伯先生，先生曰："君欲爲國犧牲，而忍遺孤兒寡婦無窮之苦痛乎?"烈士遂不娶。（參閱先生《真史》)》胡虜未滅，何以家爲？蓋烈士爲國犧牲之心，早決於獻身革命之時。迨夫慘酷逼供，嚴刑拷掠，血肉横飛，正氣磅礴，求仁得仁，視死如歸。而同難諸君子皆痛詈清廷，直承革命不諱。白刃可蹈，碧血可流，而革命救國之志，百折不回。推此志也，雖與日月争光可也。觀夫馮自由先生所述先烈入棺之項，其母痛不欲生，見屍幾不辨爲其子之真相，蓋骨瘦如柴，年僅三十餘，而鬚髮皆白，其爲國所受之苦，可以想見。（參閲馮撰《日知會首領劉敬安》）此與當年陸皓東、史堅如、徐錫麟、吴樾諸先烈之爲國捐軀，殊無二致。因鄂人樸訥不自表揚，黠慧者侵冒居功。而治史述史，載筆操觚之士，除少數尚能持嚴正立場，作忠實記録外，大率重現實，忽史實，不惟漠視其事，抑且淡忘其人，類皆摒棄而不書，一若其人其事，無足輕重者，其何以慰烈士在天之靈乎？故予詮次稍詳焉，藉申個人崇敬之忱云爾。

1908（光緒三十四年，戊申），先生三十四歲。

是歲國父過倫敦，先生醵金四十鎊相贈，以助旅費。

我又記得，總理在一九〇八年，四十三歲，又經過倫敦，要往美國。有位老同志湖北的曹亞伯先生，他揣度總理旅費不充足，他集了四十鎊錢，送到他的寓裏，總理在這種辭受，又毫不矯揉造作。總理凡遇見各國説到中國的書，又凡遇最新講到各種主義的書，是借錢也要買的。明天總理就拿四十鎊，買到一大堆的書。曹先生見了大爲吃驚。他告訴我：

“看他付房錢也恐怕付不出了，爲什麼買這許多的書?”我笑道：“你管他做什麼呢？他帶有箱子四五隻，都是書，還有一部局刻的《資治通鑒》，他兒子在三藩市留學，要帶給他的。他不厭舟車笨重，卻帶些書。這種好習慣，我們淺薄的見解，代他顧慮是不對。”這種買書，買得來飯都没有吃。古來的書□，也是如此。（録自吴稚暉講述《總理行誼》。）

一九〇八年，他（國父）到倫敦時，似乎旅費甚窮。所以有位朋友曹亞伯，在學生中湊了三四十鎊送他。不料三天以後，我們到他寓裏見他，已把那個錢買了一大堆緊要書籍，指示我們什麼什麼。我是驚駭他的好學，曹君便以爲他不吃麪包，買那種不急之物，有些不滿意。（録自吴稚暉《我亦一講中山先生》。）

鵬按：馮自由撰《曹傳》曰：己酉（一九〇九年）孫總理自南洋赴英倫，亞伯介紹吴敬恒入同盟會，且向留英同志籌款八十金鎊助總理旅費。李翊東撰《曹傳》，亦云已酉歲介紹吴敬恒入盟，並籌八十鎊爲孫公旅費。其所述年分與款額顯有不同，然吴系親自經歷，當以吴説爲是。

又按：先生在英倫與吴稚老過從最密，投分最宗，風雨綢繆，肝膽共照。（參閲《吴稚暉先生全集・留英日記》）自民前六年至民前二年之間，幾乎隨時歡聚，極朝夕酣談之樂。其後雖偶有誤會，不久亦涣然冰釋。而書疏往還，胥關革命大業。故先生遺劄，亦以稚老保存送交黨史會珍藏者爲獨多。（詳原函影本）猶憶曩渝州時，予曾面叩稚老曰：“曹亞老對民國有功乎？有罪乎？”稚老連稱：“有大功，有大功，可惜總理去世太早了，否則會提拔他的。”可見稚老猶有眷眷故人之意也。

又按：吴稚老與吾邑另一革命先進石瑛蘅青先生亦最相契，其所撰石蘅青事略曰：“我知道蘅青先生的學問志節，知道我們黨中有這麼一位偉大人物，已是很早。而見面則在民國五、六年，前先在倫敦與先生同縣的一位老同志曹亞伯先生，他心直口快，是黨中天不怕、地不怕的一個，什麼人都被他謾駡，惟有説到蘅青先生，他翹起大拇指，贊他是湖北的聖人，先生在法國學海軍。他是一個做過八股的腐敗舉人，卻不曾失了他的革命勇氣，後來先生也到倫敦來了，知道他來英的緣故，也可以表現他的蠻幹精神。（録自《革命先烈先進傳》吴敬恒撰《石蘅青事略》——原注：録自《石故中委蘅青先生特刊》）。亞伯先生爲邑庠生，蘅青先生爲邑舉人，二人在前清皆有科名。二人皆留英專攻科學，一習礦物，一習冶金。二人皆革命先覺，皆蒙國父特達之知，而深加信任。（鵬注：蘅青先生乃中國國民黨第一次全國代表大會時，由國父親自指定爲二十四位正式中央委員之一。歷任國立北京大學教授，國立武昌師範大學校長，國會議員，湖北、浙江建設廳長，南京市長、銓叙部長、湖北省議會議長等職。現代史權威吴相湘撰《民國百人傳》，稱蘅青先生爲民國以來第一清官者也。）二人皆與吴稚暉先生爲至交，皆以風節著聞於當世。亞伯先生爲吾邑北鄉龍山鎮人，蘅青先生爲吾邑南鄉燕廈鎮人，南北輝映，各有千秋，不惟江漢之望，抑亦邦家之光也。

1909（宣統元年，己酉），先生三十五歲。

己酉春，東京同盟會黨員，因經濟困難，自相離異。重要黨員，非深入内地，即避身歐美，民報宣傳機關亦不能按期出版。章太炎主民報筆政，與亡命南洋群島之陶成章、田桐輩，皆以孫中山逍遥海外，不接濟東京同盟會總部。憤而宣佈孫中山罪狀，通傳海内外。斯時予任倫敦中國留學生會館會長，傳單寄至，予皆毁之。石瑛與孫中山在倫敦發起抵制德貨，抵制德之助滿洲政府以行其侵略中國之謀，終亦失效。而滿洲政府之摧殘同盟會更急。派唐紹儀至歐美爲調查財政大使，特過日本，奉清旨與日本政府交涉，封禁《民報》，不許繼續發行。黨人之德智稍薄者，多匿跡喪氣，惟黄興與趙聲，則更勇猛精進，運動兩廣之新軍，至己酉之冬，而廣州常備新軍，表同情於二人者，已十居八九。（録自先生《真史》。）

1907（丁未）正月，日政府詢法公使楊樞之求，饋總理贐儀數千元，令之出境！總理因此取道赴南洋，瀕行留給《民報》維持費二千元。章與宋教仁、譚人鳳、張繼、田桐、白逾桓、日本人平山周等對於總理受日人贐金事，大起非議，經黄興、劉揆一、何天炯等多方排解，風潮始息。（録自馮自由撰《革命逸史》第一集《章太炎事略》。）

國父致吴敬恒函：昨日先生之意，以爲宜將此事和盤托出，解第三者之惑，而表世界之公道。弟再思之，先生之言甚是。所攻者以我得名以我攫利爲言。而不知我之經營革命，在甲午以前，此時因無留學生爲我吹嘘也。而己未廣州之事失敗，中國舉國之人無不以我爲大逆不道，爲亂臣賊子，爲匪徒海盜，當時如有陶成章，想亦不欲得此等之名辭也。今日風氣漸開，留學之士以革命爲大光榮之事業，而陶輩始妒人之得名。然我之初意，只在赴大義，行宗旨，而與共事之同志亦無不如此。若爲圖利計，我亦何樂於革命，而致失我謀生之地位，去我固有之資財，折我兄已立之恒産耶？此各項之開支，皆有數目，皆有經手，此同事之人所共知共見者也。此我攫利之實跡，因可昭示於天下也。（節録《國父全集・致倫敦吴敬恒函》。）

是年五月，先生致書倫敦中國留學生會館同學及會長諸幹事：頃由北京同學來函，謂留法海軍學生向國華爲偷海軍秘密課程，經法政府監禁將一月，其咎由於不死不活之劉式訓，代表不死不活之清政府，一味庸柔任法人欺侮，是以留比同學全體，於前已開特别大會，並派專員往巴黎助劉，照公法與法政府交涉，並望留英同學對此稍動公憤，以顧團體，致一公啓與劉公使，繼續設法向法政府交涉。（録自中國國民黨黨史編纂會影印庫藏《曹亞伯先生函劄原件》。）

是年，先生在留比學生大會中發表演説云：講的是良心，重的是博愛，而最無良心最兇惡者即滿政府，而賣良心想做官者就是留學生。提出英國留學生之腐敗，大罵特罵，以警留比之犯腐敗病者，所謂指例和尚罵道人也。（録自黨史會庫藏曹亞伯先生《致吴敬恒函劄》原件。）

1910（宣統二年，庚戌），先生三十六歲。

國父自美洲來書，請先生籌款援救汪精衛，又托先生爲孫科籌學費。

自汪精衛被捕後，孫中山自美洲來書，請予籌款援救汪精衛於北京，寄香港胡展堂。又托予爲孫科籌學費，斯時孫科已在美洲留學也。回憶己酉之夏，（鵬注：據吴稚暉先生記載爲一九〇八年，戊申，較爲正確。）孫中山自倫敦赴美之時，請予籌旅費，予則函致石鴻翥將留比法之公民黨員歷年所捐集之款，已全數付與孫中山矣。當日孫中山曾百感交集，並言其高堂老母在香港病已垂危，無法侍疾，言時聲淚咽噎，予與石瑛皆以國事慰其心而行。至倪映典失敗，汪精衛被捕，又不知其若何不安也。（録自先生《真史》。）

時東京與南洋聲同轉疏，孫黄異議，逸仙亦他去。克强在香港，與丹徒趙聲伯先合。伯先始爲江蘇標統，練達戎事，以黨人見黜。南行與克强、石屏（鵬注：即譚人鳳）計事。焕卿（鵬注：即陶成章）數言克强得伯先，事或可就，逸仙似無成者。余謂："集黨數年，未有規劃，恐詒之後人耳。然清自袁世凱廢，張之洞死，宗室用事，人民胥怨，固不能久，粤人好利而無兵略，湘中樸氣衰矣，亦未必屬孫黄也。君以光復令號召，所謂自靖自獻，成敗利鈍，誰能知之。"（録自《章太炎先生自定年譜》。）

當庚戌新軍之失敗也，孫文在三藩市，取道檀香山日本而至庇能（原注：即檳榔嶼）乃約趙聲、黄興、胡漢民來會，以商捲土重來之計畫。時各人以新敗之時，破壞最良好之機關，失卻最利便之地盤，加以新軍亡命南來者，實聚有徒，招待支援爲力已窮，而吾人食住行動之資，將虞不繼，舉目前途，衆有憂色，詢及將來計畫，莫不噎嘘太息，相視無言。孫中山乃慰以一敗何足餒。吾曩之失敗，幾爲舉世所棄，比之今日，其困難實百倍。今日吾輩艱窮，而革命之風潮則已甚，或華僑之思想已開，從今以後只慮吾人之無計畫無勇氣耳。孫乃函約南洋各埠黨員於庇能開會，中山乃謂現在時機已迫，吾人當爲破釜沉舟之謀，款項多一分，則籌備足一分，今舉全力以經營，鑒於前車，故爲充分款項之籌集。庇能會議既以籌款爲要著，計畫已定，中山擬遍歷南洋各處，乃荷屬拒絶不許前往日本、安南、暹羅有孫逸仙出境之令，英屬則因在庇能演説籌款，當地政府乃限孫出境，孫乃委諸黄興、胡漢民等，卒經艱難困苦，得各地華僑同志踴躍輸將，籌得之款，竟溢乎原定之額。及孫不容於南洋之政府，始決定自歐赴美，促款項籌集。美洲華僑籌款，本甚踴躍，加以中山親至，詳陳計畫，成績更爲可觀。（摘録先生《真史》。）

1911（宣統三年，辛亥），先生三十七歲。

《國父自傳》：東亞大陸之廣，南洋島嶼之多，竟無一寸爲予立足之地，予遂不得不遠赴歐美矣。到美之日，遍遊各地，勸華僑捐資以助革命，則多有樂從矣。於是乃有辛亥三月二十九日廣州之舉。是役也，集各省革命黨之精英，與彼爲最後之一搏，事雖不成，而黄花崗七十二烈士轟轟烈烈之概，已震動全球，而國内革命之時勢，實以之造成矣。此爲吾黨第十次之失敗也。

"廣州三月二十九之役，同志死者太多，清吏每每冒功行賞，多謂黄興等重要黨人皆死。而曾充歐洲留學生監督蒯光典之秘書長楊毓麟同志（鵬注：字篤生，又名叔壬，復更名守仁。）留學於美國，聞死者皆知友，且皆爲國家精華，更以爲黄興亦死，於是憂傷過度，夜不成寐，頭痛浮腫，時哭時歌，余亦甚悲傷。加以瓜分之論，世界同無異詞。英報昌言長江四川及西藏區域，可與印度同歸統治。俄則管接至長城以北，法則奄有兩廣，日本則並福建與東三省，德則全握山東，皆以借債修路爲題，實爲解決遠東之策。清政府因用盛宣懷爲郵傳部尚書，以各省鐵路爲國有，恰如列强所劃之範圍。楊君見瓜分之禍迫，而頭腫更大，愈不成眠。不幸感於廣州三月二十九之役及清廷賣國行爲，遂憤而投海。"（録自先生《真史》。）

是年八月十九日武昌首義，先生知我軍大勝，各國公使宣佈嚴守中立之訊，驚喜欲狂。

在留英學生中，曹亞伯是最激動最熱情者。他連連寫信給吴稚暉，表示他的喜怒哀樂。當知德水兵登岸與市民戰鬥時，他説："實屬可恨，請先生速檄留德同志快爲演説，運動德報與我共和軍政府表同情。"某英報論説反對新中國，曹函吴稚暉："望諸公速與該報主筆通問，以興起同情。"德報主張干涉，"更爲可恨，並請留德同志速作文與德報聯絡之，以消其反對之鋒。"及聞各國公使宣佈中立，則大喜，函吴"恭喜！恭喜！我軍大勝，各國公使已宣佈嚴守中立。……漢族河山，指日光復，不覺喜之欲狂也！"既聞日本借債於滿清，則寫："日本可惡！借債於滿虜，而爲我四萬萬同胞之國仇，望速討論，與各國政界連絡攻擊之。”其後見袁世凱復出，責袁“媚異殘國”，“此賊不死，爲害滋大！”認爲應暗殺之。（參閲一九七九年三月六日陳哲三撰《武昌起義後留學生的救國運動》。）

革命軍自十九日天黑時首義，至二十日正午全城光復時大衆皆枵腹奮鬥，疲困已極，嚴守紀律，無一兵入民家之房，無一人奪民家之食。武漢秩序如常，秋毫無犯，武漢百姓，極爲歡悦，謂革命軍真是仁義之師，衆兵士真是愛國軍人。於是一人傳十，十人傳百，無論老幼男女，俱表歡迎，即外國人亦甚欽佩。而一種莊嚴悲壯之氣，有非筆墨所能形容者。諸同志都抱定愛國熱忱，議定軍官及各部與辦事人員，一律對於軍政府盡義務，每月各職員僅支夫馬費二十元，兵士每月支十元。是日（八月二十一日）吴兆麟、李作棟、蔡濟民、徐達明四人，同往藩庫、銅幣局、官錢局。點驗儲款數目，計藩庫實存現銀一百二十余萬兩，銅幣局實存現洋七十萬元，銀八十萬兩，銅元四十萬串，官錢局實存銅元二百萬串，官票八百萬張，未蓋印官票二千萬張，洋元票二百四十萬張，庫銀二十萬兩，現洋三十萬元，以上總計湖北財政存款約四千萬元，可謂充裕。是時湖北不僅財政充裕，同志皆緊已從公，而軍械子彈、被服、亦甚充足。（參閲先生《真史・武昌首義》。）

先生函吴稚暉云：吴綬卿（鵬按：即先烈吴禄貞）處，六月前弟已發有一函，請其從速取北京，效葡萄牙之棋局。且綬卿乃哥老會首領，與弟素稱同志者，其不奉滿奴命以攻武昌，即可見其志也，請先生勿慮，成功在即，天授人歸先爲我先生恭賀。孫中山歷史及肖像，已傳載歐美，甚屬美善，亦一勵世界感情之一法。廑午（即黄興）想已入内地矣。湯化龍本奸險過人者，今則可表白其愛國愛種之心矣。

一九一一年十一月又函云：閲英報謂吴君禄貞被韃虜暗殺，可憐吾黨又弱一人。吴君本哥老會首領，會名夢澤雄，庚子之役，彼在大通與秦力山同虜兵一戰，逃返日本，士官畢業後，在湖北充陸軍士官教習，弟曾住在其家。密謀大事良久。後以北京調去在陸軍部供事，其人本熱度過人，而無忍耐性者。今其人已死，其歷史斷不可埋没。吴君去歲來歐，與弟通信兩次，今將奉上，以表彰吾黨之偉人。

鵬按：梁啓超任公對吴烈士推崇備至，其言曰：國勢阢隉，不可終日，中智以下咸憂崩離。然曆征我國史乘，大都際陽九否極之運，然後有非常之才出而拯之，其樞機則在一二人而已。今後中國，其所以起其衰而拱諸安者，舍瑰瑋絶特之軍人莫屬也。由此一談，則天下蒼生所望於公者，豈有量哉！（參閲丁文江編《梁任公年譜長編·宣統三年》）是時吴烈士原任第六鎮統制，曾會議率同張紹曾、藍天蔚等部直取北京，爲釜底抽薪之計，倘獲得成功，則此後袁世凱竊國禍國及北洋軍閥連年混戰之局面自無從發生，民國史亦將改觀。乃天厭中國，喪我元戎，出師未捷身先死，人之云亡，邦國殄瘁，不亦可慨也夫。

又按：吴禄貞烈士，乃當年武昌日知會倡辦人之一，並捐月薪五十兩，以作開辦費（參閲先生《真史》），藍天蔚亦日知會會員。而武昌首義臨時總指揮吴兆麟，喋血陽夏攻戰最力之蔡濟民，與夫前述彭楚藩、劉堯徵、熊秉坤、孫武諸公皆開國烈士與首義元勳，而著籍日知會者也。殷子衡《獄中日記》云："予舅父吴貢三與李亞東、梁鍾漢得獄官熊家祺之庇護，組織一中華鐵血軍於獄中，得以與日知會會員變名分設之各種機關通聲氣。如武昌省垣之閲書報室、溢中書局、明新學社、集賢學社、容光照相館、共進會、文學社、民社，以及沔陽之群進會、黄州之明明德社，皆以中華鐵血軍爲日知會被案後之中堅，作鐵血軍之壯士（參閲先生《真史》）。吾人確信武昌首義之革命團體，誠爲馮自由先生所言，皆導源於日知會，予故曰：日知會者乃武昌首義之原動力也。

現代史專家，已故左舜生先生曾論《武昌革命成功的基本原因》，並謂："後來中山先生《孫文學説》第八章"有志竟成"裏面近述武昌革命成功的原因説：'按武昌之成功，乃成於意外，其主因則在瑞澄一逃；倘瑞澄不逃，則張彪斷不走，而彼之統馭必不失，秩序必不亂也。以當時武昌之新軍，其贊成革命者，大部分已由瑞方調往四川，其尚留武昌者，只炮兵及工程營之小部分耳，其尚留武昌之新軍，尚屬毫無成見也。乃此小部分以機關破壞而自危，決冒險以圖功，成敗在所不計，初不意一擊而中也。此殆天正助漢而亡胡者歟？’中山這一記載僅有一部分合於事實，但不足以説明武昌成功的真象。他的行蹤大致以往來歐美爲主，對國内黨人在各地活動情形，自不免相當隔膜。他這段近述武昌革命的話，當係得自同志的轉告，語焉不詳，自在意中。”（參閱《湖北文獻》民國六十年十月十日第二十一期轉載左舜生遺著《武昌革命成功的基本原因》——録自左著《黃興評傳》、《宋教仁評傳》。）

予曾於轉載左氏前文爲編者識語曰：夫革命大業，艱難險阻，予以國父躬自領導之革命運動而言，尚有十次之失敗，豈可認爲武昌首義乃行險儌倖，而收意外之功乎？況兩湖革命志士，遠在東京同盟會以前，即已創立革命機關，播送革命種子，策劃革命運動。最早爲武昌科學補習所，繼之者爲武昌日知會，其後演變而有湖北軍隊同盟會、群治學社、振武學社以及最後之文學社、共進會等。名稱雖有變更，精神則爲一貫，組織日臻嚴密，範圍會益擴展，力量更趨强大。經過多年來之苦心孤詣，慘澹經營，已擁有引沸待發，滅此而後朝食之勢，當時武漢實具備足以獨自發動偉大革命行動之條件，即不藉外在影響與力量而使然也。

綜合上述，足見武昌革命，自有其必然成功之條件，決非偶然儌倖所致。左舜生先生之言，最爲務實持平之論。然欲瞭解其實際真象，則當年躬與斯役已故湖北省政府主席萬耀煌武樵先生所撰《辛亥首義答客問》、已故國大代表曹振武所撰《武昌首義是儌倖成功的嗎》二文。（參閲《湖北文獻》第九期。）允爲當年耳聞目睹親身經歷之實録，亦足以代表當年出生入死冒險犯難所有首義袍澤之心聲。章太炎先生《武昌首義紀念詞》曰“功大如此，而報薄如彼”。以予所見有關辛亥革命史籍之記載，多有剔除其姓名焉，抹殺其事實焉，攘奪其功績焉。其何以昭大公而傳信史，慰忠魂而勸方來乎！

1912（民國元年，壬子），先生三十八歲。

武昌首義，共和告成，國父嘗邀先生與吴稚暉結伴歸國，先生以事辭。迨南京政府部署已定，先生始襆被言旋。（參閲馮撰《逸史》。）

鵬按：在他人將視隨同國父返國，乃獵取功名富貴之絶好機會，而先生失之交臂，棄之如遺，其心胸之澹泊，品節之崇高，可以想見。

是年四月六日，張謇、章炳麟等所組織之統一黨，假上海愛儷園歡宴國父，先生與焉。

鵬按，是日曾攝影留念，據于右任先生指述此照片：第一排居中爲國父，右爲唐紹儀、陳其美（英士）、熊希齡、黄郛、于右任、胡漢民；左爲程德全、譚人鳳、蔡元培、張謇、汪兆銘（精衛）、曹亞伯。據《右任文存》其後二三排站立者，尚有褚輔成、林長民、馬君武等，據《中華民國史事紀要》，尚有景耀月、易天民、趙鳳昌等。餘人因時間太久，右老亦不復省憶矣。觀夫前排諸公，無一不勳業彪炳，名聞寰宇，而先生赫然並座，則先生當年聲望之隆，可以概見。于右老曾題《民元照片》云："不信青春呼唤不回，不容青史盡成灰。低回海上成功宴，萬里江山酒一杯。"再題《民元照片》："開國於今歲幾更，艱難日月作長征。元戎元老騎龍去，我是攀髯一老兵。"想見其眷眷懷念之忱。（參閲公元一九五七年四月十八日《臺北攝影新聞于院長七秩晉九華誕特刊》、《中華民國史事紀要·民國元年》、《右任文存》、《蔡元培先生年譜》。）

是年，先生贊襄副總統兼湖北大都督黎元洪幕府，國民黨大得其助。

民元夏秋間，鄂省民黨有國民黨與共和黨兩派之争。共和黨孫武一派，以素與鄂督黎元洪有好感，頗佔優勢。適亞伯自英回，黎元洪與彼爲舊識，特邀入幕府，贊襄機要，國民黨乃大得其助。其後卒爲共和黨所擠，不安於位。（參閲馮撰《曹傳》。）

民國元年秋，君歸武昌，都督黎元洪禮爲上賓，事無大小，悉以諮之。時共和黨攀援黎公，以排擠國民黨，君竭力爲同志調護。（參閲李撰《曹傳》。）

是年先生自武昌致函吴稚暉先生云："謁見黎宋卿（鵬注：黎元洪字宋卿）頗爲歡迎。"又云："石衡青（鵬注：即同邑石瑛字衡青）在興國（鵬注：即故鄉陽新縣原名興國州）城外被人惡打，受傷甚重，擬偕英醫士差輪馳救。"（參閲國史館庫藏《曹亞伯致吴稚暉函紮》原件。）又同年七月二十九日函云："武昌酷熱異常，衡青已逃出興國，傷痕漸愈。"又同年九月十八日函云："弟偕林君述慶（鵬注：林述慶字頌亭、福建人。辛亥率鎮軍光復南京，厥功甚偉，曾口號一絶云："降幡高拂石頭城，日照雄關萬角聲。如此江山將一戰，依然還我漢家營。"先生《真史》云：當時滬軍都督陳其美極忌林述慶之功，屢欲害之，並殺陶金保，以其爲鎮軍要人也。（《李根源自撰年譜》：林頌亭、述慶，爲袁世凱遣梁士詒毒死於孫毓筠宅，頌亭與余交厚，余撫屍慟哭之。）來上海有許多大事關於大局者相商，望先生約胡瑛（鵬注：字經武，其後變節，爲袁世凱籌安會六君子之一）、行嚴（鵬注：章士釗，字行嚴，湖南人。曾任北京政府司法總長、教育總長，其夫人吴弱男女士，即亞伯先生女友之胞妹也）至南京路同盟會支部一敘。（録自同上。）

1913（民國二年，癸丑），先生三十九歲。

是年三月，宋教仁被刺，討袁軍失敗，先生東渡日本。

《李根源自撰年譜》：陽曆二年一月一日，抵上海，風雪漫天，奇冷刺骨，經二十餘日，終日爲應酬忙碌頗苦。自注：會見孫、章、黄三先生、陳英士、于右任、馬君武、王儒堂、陳少白、馮自由……曹亞伯……黄膺白、戴天仇、張季鸞……諸君。

（同上）偵者四聚，不可少留，乃亡命日本，至東京時，孫黄二先生、李協和、陳英士、柏烈武、胡漢民、朱執信、廖仲凱、章行嚴、戴天仇、陳仲甫、鄒海濱、鈕惕生、許汝爲、程頊重、居覺生……曹亞伯、田梓琴、謝慧生、楊滄白、黄膺白諸君，皆在日本矣。自注：汪精衛、陳竟存（炯明）則至南洋經新加坡。蔡和卿（鶴卿，即蔡元培）、吴稚暉、李石曾、石衡青（瑛），走歐洲。章太炎禁錮北京，絶食幾死。譚組安（延凱）、趙夷午（恒惕）取銷獨立，袁誘至北京，賴黎黄陂力保始無事。一時震袁威，羡袁禄，變節事袁者，頗不乏人，當日報章可參稽也。

民二，贛甯討袁軍失敗，亞伯東渡日本謁孫總理，參加中華革命黨之討袁工作。（參閲馮撰《曹傳》。）

鵬注：先生昔曾語予，曩昔亡命東京，與黄公克强、何公雪竹同寓，黄親自下廚作湖南式豆腐。何公笑語人曰：我們真闊氣，我們的廚子是陸軍上將。蓋黄公曾任陸軍總長，官階上將。先生哂之曰：克强知我酷嗜湖南豆腐，故親自作羹餉我，豈真上將爲廚子耶？雪公在世時，予曾以此奉詢，雪公曰：事誠有之，當年亡命生涯，有事大家作，固無分彼此與高下也。

1914（民國三年，甲寅），先生四十歲。

是年初，先生曾奉命主持美洲支部黨務工作。其年二月黄克强先生游美，國父先爲電告先生，囑爲克强先生照料旅居方便。先是國父另組中華革命黨，同志多持異議，克强先生亦不同意，故藉便赴美一行，以資休養。

初，孫公好爲與克强異，厭薄軍官，而憙少年輕薄與江湖屯聚者，訖爲大總統不能悛。二年之變，孫公勸克强急起，克强不從，後亦致敗，孫黄同時羸日本。英士等日夜慫恿孫公，雜集同盟會人及新附者爲中華革命黨，氣甚盛，尤排擠克强。克强漸憤，避之美洲。（參閲章太炎自訂《年譜》。）

討袁軍事失敗，中山先生對於克强先生頗有責難。他不同意中山先生另組中華革命黨，並且表示他個人決不參加。中山先生雖一時不能説服克强先生，但仍積極籌建中華革命黨，而將協理職務仍然虚以待黄。陳英士方面的人早就覬覦協理一席，歐事研究會的出現，更使他們振振有詞了。克强先生因奔走革命多年，已染胃病，亟思易地療養。乃向中山先生表明對革命事業始終不渝的態度，於一九一四年春離日遊美。中山先生對他仍然極表關懷，當電告美洲支部同志曹亞伯等爲克强先生照料旅居方便。（録自左舜生撰《黄興評傳》附録周震麟著《關於黄興、華興會和辛亥革命後的孫黄關係》。）

劉揆一先生述其事云："孫總理欲恢復民國以前革命黨之面目，乃組織中華革命黨，即固有國民黨員，亦加以嚴格之入黨手續，公（原注：按指黄先生）意袁派勢力日加擴張，吾黨似不必過事取締，而收容各派，以爲奬勵與發展之，故未立即贊同。孫總理於是以中華革命黨協理一職，虚以待公。而覬覦此職者，乃自相離間，適有歐事研究會之組織，故參間孫黄二公者，更以顯分黨派相詆娼。公向孫總理表明心跡，遂往遊美洲，孫總理先爲電告美洲同志，抵三藩市，少年中國報記者曹亞伯、黄伯耀等偕美國移民局員上船招待，中外人士鵠立埠頭歡迎者萬餘人。”居三藩市數月，屢對華僑宣傳討袁復國大業。並與當時駐美總支部長林森（原注：子超）先生約，訪問加州北部各地僑胞，每有演講，多由科代用粵語傳譯，同遊半月，至第一次歐戰爆發乃返。（參閱《孫科文集》第八編雜著《國父與黄克强先生之追憶》。）

鵬按：根據上項記載，黄克强先生係民國三年春遊美，國父先爲電美洲支部同志曹亞伯等照料。又據《革命文獻》第四十五輯《中華革命黨史料各支分部職員録》美洲支部長林森、副部長馮自由，民國四年二月二日給委。足見在林森先生未奉派赴美以前，所有美洲支部黨務，係由亞伯先生負責主持，故國父特電囑其照料克强先生。至劉揆一所云：少年中國報記者曹亞伯，或係當時袁氏當國，故以記者名義掩護，以便進行反袁工作。又查其時並無總支部名稱，所云美洲支部，即係總攬南北美洲各地之黨務。又據曾任廣州市教育局長、久任華僑協會秘書長、現正纂述華僑革命史之祝秀俠先生迭次語予：彼曾在某項資料中，獲知已故國民政府主席林子超先生，係繼亞伯先生爲美洲黨務負責人，惜彼已忘卻此資料之名稱。至亞伯先生何時抵美，何時離美，均無從查考。或系其時袁氏爪牙遍及海内外，中華革命黨尚未成立，對美洲黨務，尚在秘密進行，故先生主持黨務，事屬草創，文獻無徵。然即就周震鱗所述電告美洲支部曹亞伯，及孫科所述駐美總支部長林森云云，亦可見曹去林來之端倪矣。又承亞伯先生昔年見告，林主席曾四往昆山候起居，足見林公其時以元首之尊，而彌篤於故舊之情也。

是年六月，先生在東京加入中華革命黨。

是月，在東京入黨者有曹亞伯、李海云等五十餘人，在上海入黨者十餘人。（參閱《國父年譜》、《中國國民黨八十年大事年表》。）

是年七月八日，國父就任中華革命黨總理，宣誓再舉革命。（參閱

《國父年譜》。）

鵬按：予前云在林子超先生赴美以前，所有美洲支部黨務，係由先生負責主持；而此云先生在東京加入中華革命黨，或係先生於參加中華革命黨成立大會後，仍返美國工作也。又按：予曩歲寓居臺北縣新店五峰山麓，與黄克强先生長女公子現任立法委員黄振華女士爲鄰，時相過從。黄委員曾語予曰："民初返國，往謁張繼（溥泉），面詢：'張伯伯，究竟誰人離間孫黄，想作協理？'張公脱口而出，怫然作色曰：'陳英士！他配?'"足見章太炎、周震麟、劉揆一諸人之説，並非空穴來風，皆有所據而云然也。

1915（民國四年，乙卯），先生四十一歲。

陳炯明等在南洋組織水利速成社，對抗中華革命黨，國父乃派先生及陳耿夫二人至南洋各埠，向華僑黨員宣佈改組宗旨，事乃得已。

民三，中華革命黨既成立，陳炯明等在南洋表示異議，另創水利速成社以相對抗，孫總理乃派亞伯及陳耿夫二人至南洋各埠，向華橋黨員宣佈改組宗旨。（參閱馮撰《曹傳》。）

會孫公謀整飭黨紀，不得不改組，陳炯明在南洋持異，另立水利速成社相抗，君與陳耿夫往説改組宗旨，事乃得已。（録自李撰《曹傳》。）

（耿夫）乃偕鄂同志曹亞伯聯游南洋英屬群島，向僑胞力辟暫停革命之説。蓋自民四，日政府向袁世凱提出二十一條款之後，革命黨分裂爲急進緩進二派，孫總理向領導中華革命黨主張急進，謂非倒袁不足以救亡。其他歐事研究會及水利促進社一派，則主張緩進，謂因日人亟圖侵略，應暫停革命工作，以免增加時局之嚴重。亞伯、耿夫均屬中華革命黨，性情剛烈，每至一埠，輒向緩進派大肆抨擊，緩進派俱憚見之。汪精衛、陳璧君時在檳榔嶼，態度曖昧，尤觸二人之怒。（録自馮自由撰《革命逸史·粤記者陳耿夫被害始末》。）

陳炯明與李烈鈞於民國三年冬，由巴黎回抵南洋，李寓庇能（即檳榔嶼），陳寓於新加坡，均倡緩進主義，不善中山先生改組之中華革命黨所爲。歐戰起後，李根源等設歐事研究會，主張停止革命，一致救國，李、陳等和之。梁啓超等倡排日主戰甚力，竟言募兵籌餉，供袁對日之需，而排斥革命爲反於一致對外主張。黄興在美，情勢隔膜，因聯李烈鈞、陳炯明、柏文蔚、鈕永建五人，通電宣言革命，一致對外，多懺悔辯解之語。以日本爲敵地，黨人不宜再留爲詞，謂中山一部沈迷於革命，不足與言救國也。折柬遍邀留日歐事研究會各員，如柏文蔚、譚人鳳、周震麟、龔振鵬等來南洋開大會議，炯明出資招待，欲藉爲搜括海外華僑報效之金錢，招降薄行之革命黨。旋後乘廣東水災，組織水利公司，派員赴各埠募款，聲言辦郵船，並派學生赴歐美留學習飛機。所至輒阻撓中華革命黨之籌餉，反對孫中山。惟我南洋各埠多數同志，於是漸知陳炯明之宗旨，不獨政見不同，蓋欲爲一黨之首領也。（參閲《革命文獻》第四十五輯《中華革命黨史料》鄧澤如編《中國國民黨史稿》。）

是年，先生並就便考察南洋礦務。

國父致鄧澤如、李源水、鄭螺生等介紹曹亞伯南來考察礦務函：兹有友人曹亞伯君曾在美國學礦畢業，近以國事被嫌，不能復返故土。即乘此暇日欲到南洋考察礦務。用爲介紹，如有可供其參觀之機會，請乞指導勿辭。專此，即頌道安。一月二十五日。（録自《國父全書·中華革命黨時代函劄》。）

稍後，先生與陳耿夫聯名貽書僑領鄭螺生先生曰：煩先生厚愛，爲國賓士，送弟等來檳城，轉瞬將一星期矣。李協和至今不願與弟相見，或者彼以爲吾輩乃中山死黨，故意拒絶之也。吾輩惟努力進行，各行其是而已。昨日與岑春暄先生談一次，彼尚熱心。但求現金百萬，百事可爲。弟擬下禮拜一仍回鄧澤如先生處，以待内地消息。幸仗先生與源水諸公能作中流砥柱，否則南洋人心，又不知摇惑至若何境地也。三月二十六日（録自影印中央黨史會庫藏《曹亞伯先生函劄原件》）

是年冬，先生參加密謀剪除袁世凱爪牙、上海鎮守使鄭汝成，並參與肇和軍艦起義。

鵬按：先生系留學英國習礦務，並非美國。又按：是役由先烈陳英士主持其事，先生則在上海法沮界秘密製造炸彈，門懸“曹工丞化學師”

招牌，以掩外人耳目。先生長公子文錫，年僅十二三歲，頗有膽識，曾負責雇用馬車輸運炸彈，以供討袁軍急需焉。（參閱《湖北文獻》第四十五期曹文錫撰《我參加肇和起義憶往》。）

1916（民國五年，丙辰），先生四十二歲。

是年三月，袁世凱撤銷帝制，尚留戀總統職位，馮國璋且通電提出辦法八條，多方回護。先生參加旅滬公民唐少儀等聯銜通電，痛斥其非。

南京將軍馮國璋，本袁世凱之心腹，只以袁氏年來猜忌宿將，意不自安。護國軍起，亦頗暗表贊成。我國人嘉其慕義之心，予以自新之路。故或有揭其曖昧，跡近兩可者，吾人始終曲加原恕，未肯遽予決絕；蓋抱與人爲善之念，爲有濟於國事，即不願億兆生靈重受其塗炭耳。乃圖窮匕現，竟有破壞成憲，擾害大局之通電八款，舉國駭異，視爲不祥。某等懼亂天下耳目，是用痛予辭辟。廣東唐紹儀、温崇堯、王寵惠、徐傅霖、鄒魯等三千三十六人。湖南譚延凱、范源濂、歐陽振聲、周震麟、曾毅等四百四十八人。湖北湯化龍、劉成禺、劉公、馬宙伯、李步青、吴養之、何成浚、耿覲文、彭養光、曹亞伯、高尚志、鄧玉麟、彭介石、白逾桓、蕭萱、孫武、蔡濟民等五百五十人。四川胡景伊、陳廷傑、楊應堪等。江蘇唐文治、張相文等。奉天吴景濂等。江西彭程萬等。浙江虞和德、王正廷等。直隸張繼、谷鐘秀、孫洪伊等。廣西張其煌、鄧家彦等。河南夏述唐、劉積學等。山東丁維汾等。福建林森等。（録自黄毅編《袁氏竊國記》。）

同上致馮國璋書，署名者唐紹儀等一萬三千九百七十一人同叩。（參閲五年五月十六日上海《中華新報》。）

十九省公民否認袁世凱冒稱總統書。

署名者：陜西林勿幕、范輔；湖北彭養光、曹亞伯；安徽方漢城、高亞東；江蘇張東蓀；湖南龍璋等。（參閲《革命文獻》第四十七輯《討袁史料》原注：民國五年三月。）

1917（民國六年，丁巳），先生四十三歲。

國父反對我國參加對德宣戰，特電北京參衆兩院，反對加入協約國，並電英首相阻止勸誘中國參戰（參閲《國父全集·國父年譜》)，國會議員馬君武等三百餘人，暨唐紹儀、温崇堯、章炳麟、譚人鳳、康有爲等，均通電反對參戰。梁啓超、汪精衛、蔡元培、劉彦等贊成參戰。（參閲《梁任公年譜長編》、《中華民國史事紀要》。）

國父以先生與當時大總統黎元洪系屬舊交，特囑其至北京，力促黎氏贊同國父之主張，黎公頗爲嘉納，故亦不贊成對德宣戰。而當時國務總理段祺瑞一意孤行，堅主參戰，竟脅迫黎公去位，使國父聯德計畫，無法實行。

是年二月，國父開始著《中國存亡問題》，反對中國參加歐戰：吾不憚千百反覆言之，以獨立不撓之精神，維待嚴正之中立。（參閲《中華民國史事紀要》。）

是年二月二十七日，黎大總統答記者問，説明對於時局之方針，最要者，吾人更不可以冒險投機之精神，加入戰争。（參閲同上紀要。）

譚人鳳覆曹亞伯述對德嚴守中立函：議和宣戰，大總統原有特權，無庸萃爾下士參議。若不量力而貿然加入，則無論誰勝誰負，前途之禍害，將可立而待矣。敢乞執事商諸大總統，審慎周祥，仍以鎮静觀望爲要。（六年）二月十六日。（節録《革命文獻》第四十九輯原注、黨史會藏《譚人鳳遺墨》。）

譚人鳳覆曹亞伯勉其輔佐總統黎元洪阻止對德絶交函：接誦賜書，敬悉執事已將此事暗幕揭破，使總統覺悟，將設法轉圜，國之幸，亦總統之幸也。不勝忻慰之至。惟是協約國多方誘我，日本一變反對之論調，亦觀加入，且或將出要脅之手段，亦未可知。帝制陰謀兩派，想達其升官晉爵之目的，亦必將極力主張，是亦難處之問題也。務望執事等輔佐大總統，始終堅定，毋爲外勢所脅，毋爲内奸所迷，且禍患或可無形消滅。人鳳自此事發生後，起居食息，均抱不安，今得執事等從中啓沃，則可解杞憂矣。二月二十六日。（參閲同上。）

段祺瑞以對德絶交之主張既見諸實行，欲再進一步對德宣戰，而大總統黎元洪扼之於内，國會議員與在野人物阻撓於外，段乃電召各省區督軍赴京開軍事會議能決宣戰問題，此即世所稱“督軍團”會議也。（參閲《梁燕孫先生士詒年譜》。）

是役也（鵬注：指張勳復辟之役），起滅不過旬日間，然秘密醞多時。内有各派政客之運籌，外有國際陰謀之牽綫，中有各軍團之佈局與投操，遂成此局，扮演固爲張勳，其後台尚有無數人在也。馮段登台，表示脅從國治，乃政略所應爾。實亦不能窮究也。張勳七月八日通電，謂河間東海，均與其謀，督軍團集議徐州，亦列諸計畫，雖語難宣傳，然可料其中固甚多内幕也。（參閲同上。）

是年七月九日，先生通電全國，指斥馮國璋，段祺瑞之陰謀。

電曰：各報館各團體共鑒：張勳叛國，發源於馮國璋之總統夢，徐州每次會議，馮必派代表參加，湯化龍、梁啓超、林長民、徐世昌、段祺瑞、倪嗣冲等，早與張勳一氣。今馮段又反抗張勳，捏造黎總統付託之電，竟自稱總統。張勳不過有陽惡之名，馮段有陰惡之實。望全國父兄子弟，一致共討之，切勿爲所欺，民國幸甚。曹亞伯叩。（參閲《中華民國史事紀要》原注：民國六年七月九日上海《中華新報》。）

鵬按：是時馮氏甫任代理大總統，段氏再任國務總理，正值馬廠誓師。進逼北京，追擊復辟叛軍之際，亦即二氏聲勢煊赫，氣焰薰天之時。獨先生毅然以個人名義，揭發陰謀，聲罪致討，捋虎鬚，批逆鱗，置生死於度外。一片丹心，千秋正氣，足以褫奸回之魄，而奪軍閥政客之魂矣。吴推老稱先生心直口快，是黨中天不怕，地不怕的一個，豈不然哉！

是年八月，國父因先生之特殊關係，獲得德國支持，遂有海軍總長程璧光率領海軍南下回應護法，暨國父在廣州召開國會非常會議，組織護法軍政府之舉。

民六，六月，總統黎元洪被督軍團逼脅解散國會，國人大憤，孫總統在上海市力圖起義護法，而絀於經費，會有素與亞伯相識之美籍某國醫士告亞伯曰：如系公有起兵護法之決心，某國願助資百萬。亞伯以告總理，總理大悦，惟囑亞伯堅守秘密。亞伯曰：吾乃基督教徒，當指天爲誓，自是每當夕陽西下，亞伯恒偕女友吴××乘馬車遊行各馬路兜風，順道至虹口某醫士寓所攜去大皮篋一具，其中累累皆各國鈔票，外人雖偵伺嚴密，無疑之者。未幾，遂有程璧光率海軍南下及廣州召開非常國會之舉，亞伯之力爲多焉。事後亞伯擬措資創辦亞林臭藥水廠，求助於總理，總理助以萬元，即酬其是役奔走之勞也。此事已隔多年，亞伯以信誓旦旦，諱莫如深。有時酒後狂醉，始爲老友道之。（録自馮撰《曹傳》，參閲李撰《曹傳》。）

鵬按：現任國史館長黄季陸先生有言曰：國父爲了革命用外國人的錢和武器並不算個人收買，他也曾用華僑和日本資本家的錢。這些只是革命手段，歐戰中，德日的活動偶然與我們的政策相配合，並非賄略，我們不用避諱。並非我們因他們的幫助而革命，乃是我們爲了要革命而接受别人的幫助。（録自《現代史專題研究報告（四）》，李國祁主講《德國檔案中有關中國參加第一次世界大戰的幾項記載》。）

是年九月，護法軍政府大本營發表先生爲大元帥府參議，是否到職，無從稽考。

鵬按：根據《大元帥府職員録》：先後發表吕復、吴宗蕙、宋淵源、周震麟、吕志伊、王法勤、劉成禺、鄒魯、謝持、曹亞伯、汪兆銘、馮自由、田桐、時功玖、曾彦、楊永泰、李定成、焦易堂、王國賓等爲參議。先總統蔣公、黄大偉、鄧玉麟、吴鐵城、熊秉坤、蔡公時、吴忠信、張群、楊虎等爲參軍。馬君武、但燾、劉盥訓、古應芬、邵元沖等爲秘書。此乃亞伯先生發表空銜名義見於正式官文書之第一次。（參閲《革命文獻》第四十五輯《中華革命黨史料·軍政府公報》。）是年十二月一日，黎天才、石星川據荆襄獨立，國父遣使慰勞。（參閲《國父全集·國父年譜》。）

鵬按：石星川爲吾邑北鄉人，日本士官學校畢業，時任鄂軍第一師師長，實力頗爲雄厚。於是日組織靖國軍，宣佈獨立，發表宣言。可能係派亞伯先生以同鄉關係，策動其據荆州獨立，或係遣先生前往慰勞，觀於國父致何成濬函，可爲證明。

1918（民國七年，戊午），先生四十四歲。

先生赴粤，向國父報告何成濬聯絡長江方面軍界經過情形。

《國父年譜》：曹亞伯來粤，向先生（國父）報告何成濬努力聯絡長江方面軍界同志，以期大舉。先生（國父）因命成濬專意經營長江軍事，是日致成濬函："雪竹吾兄大鑒：亞伯來粤，藉知盛況，爲國勤勞，無任敬佩。日來此方，仍以停戰聒西南，各路來電，均謂其絶無誠意，再戰之期，當不在遠。長江一帶，知兄近來多所盡力。茲特請兄專意經理，並望與荆襄黎石兩總司令商榷，如寧贛早動，則北寇爲不足慮矣，余由亞伯轉達。此請台安。一月二日。（録自《國父全書中華革命黨時代函札》。）

國會二次解散，全國輿論譁然。總理回到廣東，召集國會，組織護法之軍政府，命余負責聯絡各省軍隊之責，囑特别注意余之故鄉湖北。蓋以湖北居形勝之區，控長江上下游，動静關天下安危也。其時湖北革命武力之碩果僅存者，爲駐荆沙之石星川師，該師旅長朱兆熊、團長胡廷佐尚保有革命思想，亟欲驅走鄂督王占元，樹湖北獨立之幟，所部中下級幹部，亦均躍躍欲試，其遲疑不决者，石師長一人而已。余潛往沙市，力加策動，獨立之旗，遂以樹立。王占元派旅長王都慶及駐在宜昌之師長盧金山，分由長江上下游夾擊沙市，接戰旬餘，戰局不佳，石師長棄軍宵遁。（録自《何雪竹先生八十自述》，鵬注：何成濬字雪竹，湖北隨縣人。）

蓂賡（鵬注：云南唐繼堯、字蓂賡）問計，余曰：南北相持，不得湖北，不能取均勢。今桂軍方援湖南，荆襄黎天才、石星川亦思獨立，宜分兵自貴州出湘西，取長沅常澧爲根本，北與江陵相望，黎如一起，計時湘中亦已下矣，乃與桂軍會師武漢，敵人震聳，形勢在我，劉存厚亦焉能倔强也。蓂賡爲四川富厚，不肯舍。值湘桂軍據長沙，黎石反正；貴州軍自綦江取黄角亞，距巴十餘里，吴光新走。未幾吴光新復熾，荆襄潰敗，石星川先走，黎天才斜竄入秭歸。（録自《章太炎先生自定年譜》。）

是年三月，先生上書國父，陳述對目前軍事財政司法及各方人事活動暨國内形勢之意見。

鵬按：是書首稱國父爲大元帥，末具三月十三日，並未寫明是何年何地。謹按國父於民國六年九月十日就軍政府大元帥職。七年五月四日辭大元帥職。張懷芝、張敬堯於七年春率兵入鄂，張敬堯爲攻岳前敵總司令。

而先生此書曾云，北軍攻長嶽，救急之法。速請湘進攻打去張敬堯，則張懷芝假報攻長沙之計破矣。又云滬上外報漸有推尊軍府之向，因實權漸可擴充故也云云。足見先生此書系在民國七年國父尚任大元帥，及張敬堯進軍岳州長沙；張懷芝企圖假贛攻湘之時。度其時先生正在上海，故有滬上外報之説也。（參閲黨史會庫藏《曹亞伯先生函劄》原件，李劍農《中國近百年政治史南北護法戰爭的開始》第五〇六、五一四、五一五、五二二等頁。）

是年，先生曾在廣州大元帥府參贊戎機。

三月二十三日（原注：陽曆五月三日）七時抵省城，元帥府派黄大偉、曹亞伯等迎於車站，二十四日午後，同亞伯渡海晤中山，談頗洽，晚留宴會，在座除帥府人員外，有日本人等。（録自《革命先烈先進傳・譚人鳳日記》。）

是年十一月底，先生奉國父之命抵柏林商洽中德聯合問題，先生並提出國父龐大的聯德計畫，惜因德國新敗之後，自顧不遑，未曾達成動議。

德使辛策（Von Hinfze，鵬注：他書亦譯作辛慈）於三月二十五日下旗返國，並於過上海時命令德上海總領事克裏平（Knipping）竭力聯絡國父，支持國民黨倒段（段祺瑞）運動。據克裏平稱，TSAO 氏爲國父之友人，極爲國父信任。Abel TSAO 何時自北京返抵上海，克裏平的報告中未曾言明。僅言 Abel TSAO 抵滬後，克裏平即派員與 TASO 氏共同秘密謁國父，商談倒段。國父對共同倒段一舉甚爲贊同。一九一八年十一月七日，德駐挪威使館向德政府報告，是日有華人 Abel TSAO 自中國南方經紐約來館稱，曾任黎元洪顧問，與前德駐華公使辛策爲好友，現奉中國南方政府國父孫中山先生之命，來德商談合作辦法，德政府經辛策證實 TSAO 確爲德國友人後，允許其來德，派范相格 ThanBerg 中尉及辛策予以接待，十二月一日，TSAO 氏提出國父聯德建議。此建議書係 Abel TSAO 以奉國父之命的身份，在旅館用英文草成者。其龐大情形萬勝於歐戰初期德人舒爾兹（Dr. Joachim Schzzlze）的鐵路計畫，當時因歐戰已經結束，德人戰敗，對此興趣顯然不高，視之爲近乎狂想。（録自前引李國祁主講（德國檔案記載）原注引（德國外交部專刊政治檔案《China7，BD，9-10，A42651，BD11-12 A48632，A53674》等號檔案。）

鵬按：黃季陸先生云：聯德是孫先生外交上的重要主張，在《中國存亡問題》内有説明：謂必須用歐洲大陸的力量牽制俄國，因就地緣政治來看，俄國是中國的大患。（參閲前述主講自由發言。）

1919（民國八年，己未），先生四十五歲。

民國七八年間，國父居滬，除感人心陷溺，未由自振，非從事心理建設，物質建設，社會建設不爲功。遂手草《建國方略》（鵬按：即《行易知難》、《實業計畫》、《民權初步》），先生持往商務印書館印行，竟遭拒絶。乃於民國八年五月二十日，將《孫文學説》改由上海華强書局發行焉。（參閲羅家倫編纂《國父年譜初稿·民國八年》。）

民國七八年，軍政府改爲七總裁制，孫公未就職，著《建國方略》，書成，以原稿囑曹亞伯付印，亞伯持至商務印書館，館人拒之，亞伯曰："爾爲營業性質，焉能拒我？"館人曰："營業亦有自由，不印孫文之書，不亦可乎？"亞伯與争不獲，忿然而歸報孫公，孫公怒甚。明日余至公處，有同仁在座，正談此事。同仁曰："在美國定一電影機歸，宣傳該館教科書之不當，下半年其事敗矣。"孫公曰："善，爾其任之。"余以同仁在場略事婉言而出。又明日余復往曰："商務印書館牟利之人也，安能以道義相期？今日革命黨未得志，不敢與親。昔吕東萊有言曰：'使我先貧賤而後富貴，則向之侮我者亦轉爲奉我矣。'將來之商務印書館，即奉公之人也。"公曰："善，子爲我告某君勿辦可也。"（録自《太平雜誌》第三期田桐撰《革命閒話》。）

民國九年一月二十九日，中山先生致海外同志書中，曾論及設立印刷機關的重要，在書中對當時的商務印書館頗有微詞。書中説："我國印刷機關惟商務印書館號稱宏大，而其在營業上有壟斷性質，固無論矣……又且壓折新出版物，及吾黨印刷之件及外界與新思想有關之著作，彼皆拒不代印。即如《孫文學説》一書曾經其拒絶，不得已自己印刷。"由於上面所引述的一段文字，一直到國民革命軍北伐時期，國民黨人對於商務印書館還印象不佳，以致雲五先生也難免於不被諒解。細考起來，雲五先生與拒印《孫文學説》毫無關係。我們知道《孫文學説》一書完成於民國九年，中山先生所説拒印一事，一定是民國九年以前的往事。而雲五先生入商務印書館任編譯所所長，則是民國十年以後的事。設若雲五先生提早出任編譯所長，以他對中山先生的敬仰及其與國民革命的關係，其樂於承印《孫文學説》一書必可斷言。（録自《傳記文學》第三十五卷第三期黄季陸撰《爲一件歷史事實作證——敬悼王雲五先生》。）

1920（民國九年，庚申），先生四十六歲。

是年，桂軍莫榮新尚佔據廣東。八月十二日，陳炯明在漳州誓師，是謂“粵軍回粵”，討伐客軍。民國九年十一月，陳炯明奉命自漳州率粵軍回師廣州，逐走護法軍政府總裁岑春煊等，迎孫中山先生自滬返粵，炯明以功受任爲廣東省長兼粵軍總司令。（參閲《傳記文學》沈雲龍《陳炯明叛變與聯・共的由來》。）

先是國父於民國六年十二月任命陳氏爲“振動閩粵軍總司令”，民國七年一月誓師征閩，不久即盡有閩南，進駐漳州。陳氏在漳州爲準備回粵力量，鋭意地方建設，整理教育，表揚文化，派遣留學生，頗有一番新氣象。當時留滬黨國要人朱執信、廖仲愷、戴季陶、鄒魯、邵元沖等，時常往來漳州、上海之間。度其時先生亦留滬重要黨人之一，或亦承國父之命前往漳州相助爲理，亦未可知。（參閲《傳記文學》第三十二卷第二期吴相湘撰《陳炯明造反出身》。）

先是，國父孫中山先生以先生對護法籌款貢獻甚大，特給萬元以酬其奔走之勞。先生遂築室於上海近郊之昆山，是年遂定居焉。

是年，先生與寧波商人趙林士合營亞林化學製藥廠，以“亞”伯、“林”士爲名。因趙林士經營不善，被迫於民國十一年，將此廠售與五洲大藥房項松茂。（據先生哲嗣曹文錫前輩所提供之資料。）

1921（民國十年，辛酉），先生四十七歲。

是年十月間，粵軍平廣西，任馬君武爲省長，同時廣東陳炯明亦能勵精圖治。（參閲《居覺生先生全集・梅川譜偈》。）國父移節桂林，準備北伐，陳少白及先生等隨行。（参閲胡漢民撰《六月十六日之回顧》。）

嘗因細故與參軍某不協，某令侍役勿爲其供食，亞伯大窘，陳少白憐之，乃使就食於己室，少白往日例與總理同桌而食，至是乃特爲亞伯設供，禮之逾恒。某以是遷怒於少白，亞伯意不自安，遂偕少白先後返廣州，逢人必訴某氏兄弟閉塞賢路，妨害大局等事，聞者多爲不平。（録自馮撰《曹傳》，參閲李撰《曹傳》。）

鵬按：原任國史館館長、南京臨時政府秘書、廣州大元帥府秘書長、追隨國父最久已故黨國元老蒲圻但燾植之先生在世時曾親語予："當年國父系與亞伯先生同席而食，胡某某爲此吃醋，故必欲排擠而後快。至究竟因何細故齟齬，因時間太久，不復省憶，可能亞伯好使氣罵人，胡某某心胸狹隘受不了云云。蓋先生與國父乃布衣之交，與胡氏兄弟固有不同，因胡氏兄弟係國父部屬，先生則賦性澹泊，從未服官從政，其崇高品節極爲國父所欽敬，每呼先生而不名，國父每餐邀與共席，亦屬情理之常。至胡氏與陳少白交惡，另有原因，並非因先生而遷怒，與馮氏所述，不免稍有出入。但先生侍從國父最久，其言似較爲可信也。"

是年十二月，中山先生師次桂林，籌備北伐，第三國際代表馬林（Maning）馳謁孫先生於軍次，即提出三項建議。馬林第二次晉謁中山先生，在座者有胡漢民、許崇智、陳少白、鄧家彦、曹亞伯、林云陔、朱卓文、李禄超、孫科諸人，馬林尚促國民黨與第三國際聯盟（aeeiancc）。中山先生顧謂諸人曰：諸同志有説乎？衆默然。中山先生乃鄭重答覆曰："革命主義，各國不同，甲能行者，乙或扞格不通，故共産之在俄行之，而在中國，斷乎不能。况吾師次桂林，志在北伐，今吴佩孚屯軍洞庭以逆我。吾奪洞庭窥武漢，直取長江，而長江流域爲英國勢力範圍，英若知我聯俄，必懷忌恨，力圖遏我以助直系，北伐之師，從此殆矣。爲安全計，今僅能與蘇俄作道義上之聯合。一俟義師北指直搗幽燕，再謀具體合作，未爲晚也。（録自《傳記文學》第三十二卷第二期，桂崇基原著，沈世平譯《中國國民黨與中國共産黨》。）

1922（民國十一年，壬戌），先生四十八歲。

是年三月八日，國父自桂林北伐軍大本營致函財政部次長廖仲愷及先生，信封寫明："要函交廖次長仲愷啓别人不得開拆。"内文云："仲愷、亞伯兩兄同鑒：兹得朱和中來函，所圖各事已有頭緒。其有需兩兄協辦者，特將所關之函附來共閲，便知應付矣。"（旁行原注：此函閲後付丙。）一要仲愷兄照所請發給四千二百元分寄北京柏林。寄柏林者要買美金或英鎊，不可買馬克。因恐馬克有跌無起。美金英鎊則有起無跌故也。並附來支票一紙，交由會計司出帳可也。二要亞伯兄在廣州等候辛慈到港，則親往接，直帶他來大本營。此事要十分秘密。故接此信之後，則要看電報處留心歐洲或歐亞沿途各埠所來電報，如有 H 字樣來者，即如期往港候船便妥矣。朱和中處於未接他此信以前，已有信著他回國。然無論如何，此三千元當寄。匯款時可加一函轉囑他回國之期，由他自定；如尚有重要事件須辦者，當可稍留；如無要事當以早回爲佳。最好能與辛慈齊來，則諸事更爲融洽也。又亞伯兄在廣州等候時，由會計司每月支公費三百元，到大本營時，則由大本營支，廣州可以停止，並附支令一紙。辛慈之事，愈密愈佳，如非萬不得已，則政府中人亦不可使之知也。此致大安。孫文三月八日。（末注：此信看完付丙。）

民國十一年六月十六日陳炯明部衆炮轟觀音山，企圖謀害孫中山先生的事變，在若干論述中都只指出這是人倫之大變，國内政局上的叛亂。事實上是自當年九月陳炯明得自廖仲愷處拾獲的孫中山、朱和中密函三件在香港報紙公開發表，這一事變的國際背景與其意義，就更顯現出來了。陳炯明公佈孫先生與朱和中往來函件，目的在證明中山先生有意聯絡俄國，是過激黨，以此聳動國外及國内人的聽聞。當時有不少的人受陳欺蒙，例如著名的北京《晨報》即專替陳宣傳辯護。殊不知陳炯明實是信仰無政府主義的人，並且是國内公開歌頌蘇俄及與其往返較早的一人。（録自《中國現代史叢刊》第二册吴相湘撰《陳炯明與俄共中共關係初探》。）

就當時的國際局勢觀察：德以戰敗國亟思緩和或衝破英法規之限制以巨額賠款。俄共奪得政權近五年，仍限於孤立及圍困，更力謀改變現狀。中國雖受不平等條約的壓迫，但在華盛頓會議九國公約下尚可苟安瓦全。故德、俄聯華企圖甚於中國，有意挾中國以自重。（參閲一九八〇年十一月十一日臺灣《中國時報》第八版吴相湘撰《孫文策略被曲解》。)

九月杪，余養疴天童，見報紙有發表孫總統聯德密函者，不禁髪指眥裂，益覺陳氏謀害總統之心毒於蛇蠍，余雖欲爲其緘默而亦不可得矣。嗚呼陳逆！汝不能在廣州嫁總統以拳匪之禍，汝今猶指總統爲過激黨乎！而總統此函，又僅爲同志間磋商之詞，豈足爲謀害總統之勝券乎？於此不悔昔日之非，翻然自新，以恢復其墮落人格之不暇，奈何必欲置其十餘年父事師事之長上於死地而後甘心乎？嗚呼陳逆？（録自先總統蔣公撰《孫大總統廣州蒙難日報》。)

觀音山事變以後，陳炯明公佈孫中山朱和中的函件，企圖證明孫是過激黨！但以今看來，卻顯現中山先生對蘇俄關係是採取非常審慎的態度。孫朱來往函件是在馬林訪孫以後，也就是如汪精衛報告已由馬林口中獲悉蘇俄若干事實，但仍舊希望自德人之第三者方面取得旁證。因之就某一方面説：陳炯明公佈孫朱函件，無寧是我們所歡迎的，因爲這正證明中山先生的審慎，暴露炯明自己一知半解企圖包攬對俄交際的失敗。（録自同上吴相湘撰《陳炯明與俄共中共關係初探》。)

是年四月十六日，國父抵梧州，陳炯明拒不來晤。時先生與陳少白均自廣州來梧，爲炯明緩頰。國父云：他總不能教我不革命。（參閲《國父年譜》。)

少白本來同曹亞伯一起隨從總理到桂林去。他在桂林時，總是説陳炯明如何如何的不好，總理聽厭了，不久叫他走了。現在大兵回到梧州，他又從廣州來説陳炯明是如何如何靠得住，如何如何披肝瀝膽相信他。總理説："他總不能教我不革命。"總理此時憤恨已極。汪精衛及覺生同志等人，多勸總理恢復陳炯明的軍權，總理不肯。陳從惠州來電説："我是服從總理的，不過要總理把左右文武佞人清除"云云，總理接到此曾説："競存這樣，那裏是服從，簡直是和我作對。"（録自胡漢民撰《六月十六日之回顧》，參閲臺北正中書局出版《中國現代史叢刊》第二册。)

時陳炯明方極力抑制北伐軍進展，知亞伯與某氏兄弟有隙，且素得海軍將領温樹德等心，遂多方聯絡，備致推崇，使慫恿海軍將士宣言中止北伐。謂“某氏歷年攬權伐異，妨功害能，吾等非釜底抽薪，不足以保全總理”。亞伯惑之，以告少白，少白曰：“北伐關係大局安危，君與某氏發生惡感，乃屬私事，安能因私害公！”馮自由適在座，亦謂亞伯曰：“陳派謀不利於總理，盡人皆知。君萬勿捲入漩渦，爲君計，應立即避嫌離粵庶免危險。”亞伯憤然顧余曰：“都是你從前介紹我入同盟會之過，今日他們如此忘恩負義，我倘有不測，惟君是問。”少白與馮自由力勸，亞伯卒從陳馮等言怏怏歸滬。行後不及兩月，而陳部叛變圍攻總理府之禍作矣。（録自馮撰《曹傳》，參閲李撰《曹傳》。）

鵬按：向國父爲陳炯明緩頰者，除先生與陳少白外，尚有多人，吴稚暉先生亦其一也，吴稚暉先生與陳炯明夙具交誼，而又爲國父之老友。民國十三年春，曾致書炯明力勸孫陳復合，長達萬餘言。吴旋赴廣州，向國父進言，請恕炯明既往，許其自新。國父初盛怒，經吴氏跪求云：“我吴敬恒代陳炯明悔過！”國父始允仍持前議，允陳炯明具一悔過書，則百事可了。繼而吴續請電陳爲寬恕之詞，國父毅然不許。吴旋至汕尾，勸陳具悔過書，炯明堅執不允，乃離粵返滬，而孫陳復合之機，遂告絶望。其後陳氏逝世，吴挽以聯曰：“一身外竟能無長物，青史流傳，足見英雄有價；十年前所索悔過書，黄泉送達，定邀師弟如初。”此聯吴並有長跋，港滬報紙争相刊載，傳誦一時。（參閲《傳記文學》第三十二卷第四期沈云龍撰《有關陳炯明叛孫的資料》，香港出版康白石著《陳炯明傳》。）

又按：陳炯明背叛國父之舉，與胡漢民實有重大關係，當年陳氏電國父請清除左右佞人，即系指胡氏等人。故當年葉舉等曾向國父要求恢復陳炯明粵軍總司令及廣東省長職，並免文官長胡漢民職，因陳胡於民初争長粵督有宿怨也。（參閲上引沈云龍前文。原注：請參閲《民主潮》五卷七期拙文《陳炯明叛孫之由來》。）

朱執信與陳炯明有師生之誼，及朱遇害，國父與陳炯明之間從此失掉一互可信靠之橋梁。而另一方面，則胡漢民等對炯明在漳州“貪新好大，不知籌款之艱”的設施又久懷不滿，炯明與孫關係的乖離，這時就已見端倪。（參閲《傳記文學》第三十二卷第二期吴相湘撰《陳炯明造反出身》。）

又按：據莫紀彭先生回憶：（陳炯明傳原注：《莫紀彭先生訪問紀録初稿》臺北，未出版）以下簡稱初稿。莫氏廣東東莞人，辛亥三月二十九日起義時，黄興任先鋒“敢死隊”第一隊長，莫紀彭任第三隊長，陳炯明任第四隊長。國府遷守臺灣後，莫氏爲參與黄花崗起義碩果僅存的黨國元老。）從事調停的不只吴敬恒一人，“在國父旁邊的人，只有胡漢民除外”。因此莫氏斷言：“但是令競存（陳炯明字競存）戒懼自危者，乃胡漢民之陰謀排擠，故“孫陳分裂”，不如説是“陳胡分裂”。展堂（胡漢民字展堂）出身刀筆吏世家，舞文弄墨，而量狹不能容物，當年同志無不非議之。（康撰《陳炯明傳》原注九：《胡適留學日記》商務第三册六一五頁至一六一六頁。）

又按：當時香港《華星報》記載：聞當競存駐節百花洲時，稚老奉孫中山命，往見競存，再相晤，便抱頭痛哭。競存頻言粤局弄到如此田地，挑撥離間者大有其人，不去此輩，吾與中山先生當永無復合之日。蓋競存此言，欲請稚老勸孫速清君側也。而中山此時方怒陳，不知其他，欲進此説，當不能納。稚老以辱命，徒虚此行，乃怏怏去。（録自《陳炯明傳》附録香港《華星報》一九三三年九月二十八日《吴稚老與陳競存之交誼》。）

關於胡漢民（展堂）量狹不能容物，當年同志無不非議之，並非莫紀彭一人之私言，確爲當年同志公認之事實。故其排擠亞伯先生以快意，此則其心胸狹隘，把持包攬，唯我獨尊之個性使然，無足異者。觀於吴稚暉先生於民國十四年撰寫《國父年系》時，論及汪、胡曰：“當革命未成功，人皆以多盡義務爲當。故當時汪胡以少數人獨向先生（國父）多盡力，人豔稱相得之益彰，以爲學生無先生（國父）不醒，先生（國父）無汪胡不盛。迨略有基礎，實則革命尚未成功，而權利義務已夾雜縈繞。雖仍以舊同志盡向來之義務，亦有少數包圍之嫌矣。”意即指汪胡包圍國父，排除異己，弦外之音，可以想見。足見陳炯明之背叛國父與亞伯先生脱離革命陣營及久共患難之國父，皆胡漢民氏以利憾爲厲之階也。兹更刊舉實例，以證吾言：

（一）胡氏與蔣故總統之衝突——民國二十年，胡氏因約法問題，堅持己見，與先總統蔣公發生衝突，被幽居於南京湯山，此乃盡人皆知之事實，毋庸重述。

（二）胡氏與陳少白之衝突——國民銀行成立，即由行長伍某擬定該行規程，其職員待遇比較其他機關爲高，展堂先生即批示“發回另議”。而陳少白先生以伍某爲其介紹，竟故意爲難，極不滿意，陳胡二人因此誤會，遂成冰炭。少白先生旋向國父辭返。（原注：少白先生原系以顧問名義同赴桂林，國父挽留不獲，遂爲餞行，同行者有湖北人曹亞伯。）此事雙方誠有誤會。嗣後陳胡二人意見參商到底，殊可惜也。（參閱香港《天文臺報》一九五七年四月十二日港新字第一一五九號香宇《民十隨國父北伐回憶録（七）》。）

（三）胡氏與李烈鈞之衝突——民國十二年陳炯明被逐出廣州之際，國父命李烈鈞暫代大元帥職權，聲勢極炫赫，胡漢民偕湘籍老黨人譚人鳳蒞粤往謁，詎李以事忙卻見，胡受此刺激，大爲惎忿，胡胸襟又偪窄，銜李尤甚，以後遂多方排斥，使李卒鬱鬱以終。（參閱《江西文獻》一九七〇年二月第四七期雷嘯嶺撰《革命元勳李烈鈞》，原注：摘自詹詹録。）

（四）胡氏與居正之衝突——“繼長司民奠後方，會商内政惱文長，贛州軍報頻傳捷，不料番愚釁起牆。”自注：總統任余繼任内務總長，以論光復地帶關於内政事宜觸怒胡漢民文官長，總統調息其間，余甚慚愧。（參閱《居覺生先生全集·梅川譜偈》民國十一年壬戌。）

（五）胡氏與許崇智之衝突——中華民國十四年八月。外交部長胡漢民前以廣東省長大本營總參議代行大元帥職務，已歷多月，與軍事部長原任粤軍總司令許崇智意見不協，嫌隙日深，許部長因有不能相容之表示。蔣司令官中正不願見雙方衝突，特勸胡展堂離粤出洋，俾事態得以冲淡。（參閱《中華民國史事紀要》原注：毛思誠撰《民國十五年以前之蔣介石先生》。）

（六）胡氏與汪精衛之衝突——蔣總司令辭職後，胡漢民同時入京，主持黨務，譚延闓仍任國民政府主席，汪精衛雖有擁戴功，然不理於衆口。且胡氏既來，汪即鮮遊刃之餘地矣，汪胡素不投洽，惟有黯然神傷託病隱。（參閲雷撰《革命元勳李烈鈞》。）民國二十三年，汪精衛從國外漫遊歸國，道經香港，約晤胡氏，彼此交换國是意見。時汪由國府發表爲行政院長，胡勸汪不就來粵，汪不同意，汪並反謂粵中實力派亦未必能接納胡之政治主張。兩人意見相左，不歡而散。胡氏有詩云：“故人喜仕恨奚如，胸腹平生未可輸。背信出門無直道，嵇康慵作絶交書。”蓋不屑汪氏之戀戀行政院長，有絶交之意也。（參閲一九八一年一月十六日美國洛杉磯華文《南華時報》祝季俠撰《粵海舊聞録》。）

以上就予所知者述之，予所不知暨胡氏與人訴誶，未曾見諸文字，不足登大雅之堂者，蓋闕如也。由此可見胡氏對當年友好同志，不惜逞意氣之争，修睚眦之怨，至於没齒而後已。至亞伯先生心直口快，疇昔或係面斥其非，不稍假借，胡氏惱羞成怒，必欲排擠而後快。即先生事隔多年所撰之《武昌革命真史》，亦聽極少數鄂籍黨人之請求而禁止發行始甘心焉。使亞伯先生從此脱離久共患難之國父及其同志，而歸於窮愁落寞之鄉，終於踽踽涼涼鬱鬱以死，倘泉下有知，吾不知胡氏有何面目，以對故人也。抑吾昔聞先生之言曰：當胡氏之被幽禁也，有著籍吴興原籍四川廣漢之黨國元老某使人暗諷先生曰：公昔與胡氏有隙，曷不乘機攻訐，以資報復，且博當道歡。先生答曰：“落井下石，吾不爲也。”與胡氏久矣不相聞問，至是且函候，備致奉舉焉，其度量爲何如也。

抑胡氏不獨對不慊於心者，輒予報復，即素無恩怨者，亦加詆毁。如對武昌首義之黎大都督，不念其艱難締造之豐功偉績，而肆其諷刺刻毒之蜚語讕言，此無他，詳革命迭遭失敗，十一革命一舉成功，不外招忌嫉視之狹隘心理作祟而已。觀於曾任教育總長、司法總長，爲過去政壇論壇煊赫人物之當年上海《民主報》記者章士釗隨國父游鄂所發表之觀感社論，對黎大都督及鄂人備致推崇，與胡氏之尖刻文字，適成一强烈之對照。（參閲《中華民國史事紀要》民國元年……原注：民國元年四月十日《民主報》（上海）第五三九號。《革命文獻》第三輯《胡漢民自傳》。）孰渾厚，孰刻薄，孰博好感，孰起反感，孰導祥和之氣，孰開戾争之端，覽者當自得之也。且胡氏不獨對黎大都督一人已也，即對開國元勳黃克强、宋教仁、章太炎諸公亦信口批評，不留餘地，亦若普天之下，唯我獨尊。誠如莫紀彭先生所言刀筆吏世家，刻薄寡恩，吹毛求疵，唯口興戎，職爲亂階，影響革命大業者至巨。此予深惜胡氏而不能已於言也。

據已故桂系軍人曾任副總統之李宗仁曾有言曰："至於胡漢民則確爲一守正不阿有爲有守之君子。然胡氏之器量亦極狹隘，恃才傲物，言語尖刻，絶無物與民胞的政治家風度。"對胡氏以當時國府主席之地位，而結歡上海黑社會首領杜月笙、黄金榮輩，認爲"如此降格，實爲全黨之恥!"（參閲香港《明報月刊》第一五五期《李宗仁回憶録》、李宗仁口述唐德剛撰稿。）李在羈旅失意之時，尚能爲此嚴正持平之論，固不可以人廢言也。

是年七月二十二日，先生與章太炎先生等在上海組織省自治促進會，除四川、雲南均有代表與會外，又有舊議員多人共同加入。（參閲《東方雜誌》民國十一年八月號、《時事日誌》及傳記文字出版社出版《民國大事日誌》、《梁燕孫先生士詒年譜》。）

袁（袁世凱）死，政局擾攘，護法不成，軍閥割據，於是又有"聯省自治"的運動。聯省自治，目擊亂象環生的政局，在理論上也自有其理然。舊進步黨人如熊希齡、梁啓超，舊官僚如梁士詒，乃至舊民黨人士如章炳麟、曹亞伯、張繼、都曾爲聯省自治奔走。（録自《中國現代史叢刊》第二册王德昭撰《孫中山先生革命思想之研究》。）

民國十三年四月七日，梁士詒在倫敦答路透社通信部長安密氏（Fnederiok W・Emeff）及各大報主筆談話：中國之政制，當然有改革之必要，惟以各種政制爲最適宜，主張猶未一致。然最有勢力而爲輿情所共趨者，即聯省自治之説也，余亦主張聯省自治最力之一人。因余在中央執政甚久，深感中央集權之不易施行，非速修地方分權之制，不能求政局之調和及地方人民之發達。聯省自治在今日之中國，實亦最適宜之地方分權制也。（參閲《梁燕孫士詒先生年譜》。）

1923（民國十二年，癸亥）先生四十九歲。

先生自粤返滬後，從此厭聞時政。在昆山購地數十畝，種植農産，差可自給。並購樓房一幢，顔曰"山高水長"，以嚴光自況。旋皈依印光大師，誦經禮佛，日與法燈清磬爲伍，自是韜光晦跡，幾乎與世相忘矣。《維摩經》曰："以智慧劍，破煩惱賊。"先生舊日時艱，怵心世變，蓋亦有所不得已而然者也。先生精参浄業，深契冥機，更期溥拯群迷，同趨正覺。昔日已故國民政府主席林公子超、司法院院長居公覺生暨各界人士，當年皆藉先生指引，而耽禪悦也。（參閱馮撰《曹傳》。）

鵬按：據吾族健修前輩自三藩市函告：民十二年秋天去香港，與亞老同住一棟樓房，亞老住上層，幾個同事住樓下（原注：都是黄大偉的人）。這時陳炯明已失勢，想東山再起，我曾看見夜晚陳炯明親自來看亞老云云。查健修前輩係由先生介紹與黄大偉，追隨有年，頗爲信任，此其親身經歷，自屬確然無疑。先生昔曾語予曰：當年陳炯明統軍入閩趕走李厚基（時爲福建督軍），旋師返粤驅逐莫榮新（時爲廣東督軍），揮戈至桂消滅陸榮廷（時爲兩廣巡閲使）。然後奉迎孫中山自上海安安穩穩回廣州主持大政，坐享其成。竟聽信左右讒言，對陳炯明疑忌排擠，漸有不利陳氏之行爲。我乃孫中山老友，陳炯明系民初在南洋時始相識。我主張公道，我同情陳炯明，我爲陳炯明鳴不平。

又按，胡漢民撰《六月十六日之回顧》：鄧（鏗）既遇害，後方更無人信賴，所以汝爲（許崇智）同志主張回兵，介石同志卻主張討伐陳炯明。總理講，此事可問展堂，我就對總理説，前爲大局計，凡事都取寬容，今競存竟如此，自然回兵。總理遂計回兵。足見對陳炯明是否用兵，國父初尚遲疑，待胡漢民一言而決。可見早在國父蒙難以前，即有採取翦除陳氏之行動，故六月十六日觀音山之變，實有所激而然也。

又按，《章炳麟自訂年譜》：（民國十一年六月）十七日，競存部將葉舉發難廣東，孫公走。溥泉（張繼）復來，言嘗電致北伐諸軍，歸討陳氏。余曰："不可。軍士前則氣盛，歸則氣衰。今下南昌，其勢如破竹，既定江西，與競存争曲直，未晚也，歸討必敗。"溥泉曰："競存大逆無道，發電痛斥之，何如?"余曰，"亦不可。其人陰鷙，然猶好名，今雖通吴佩孚，未顯也。痛斥之，則遂往矣，此危及西南，非一省之事。然孫公部黨皆與溥泉同計，盡反余策，卒棄江西而旋歸之師亦敗。小不忍，亂大謀，有如此也。”方徐世昌未走時，溥泉來問計。余曰：“競存陰鷙，恨孫公罷其職，必報仇。徐世昌在，彼不欲居逐主名，世昌退，孫公亦黜矣。亟電孫公，勸以去名號，勿負氣忿争，以招反動。”

又按，李劍農《最近三十年中國政治史·聯法運動中南方的孫陳鬥争》：陳炯明與直系有聯絡，孫中山與奉系有聯絡，奉系既被直系打倒，中山北伐成功的希望，已經是很少了。因爲此時一般國人的心理，都深惡奉系，左袒直系，中山聯奉倒直，實與一般國人的心理相反。陳炯明一派的武夫，便揣摩一般人的心理行事。當中山削奪陳炯明職權時，便有人替陳表同情，以爲陳氏不贊成北伐，是志在保境安民，整理兩廣内部，無可厚非，中山削奪他的職權，未免操之過激。及至徐世昌退位，總統恢復，見諸事實。葉舉等圍攻總統府時，也藉口護法的任務已了，通電請孫文實踐與徐世昌同時下野之宣言。國内各方也紛紛通電贊成統一，勸中山下野，就是學者名流如蔡元培等，都表示同樣的意見，可見一般人急切求和平統一的心理。其實陳炯明是利用一般人渴想和平的心理而行，雖説是失敗於陳炯明，還是失敗於一般人不能瞭解中山的意思。

又按，《梁士詒先生年譜》：（民國十二年二月）二十日，北政府任命沈鴻英督粤，孫傳芳督閩。中山先生再開府廣東，遍發通電。直隸曹錕、洛陽吴佩孚惡之，爲平南初步，因强迫國務總理張紹曾下令沈、孫督粤閩。粤閩兩督令下，張紹曾爲敷衍中山計，乃以内閣全體名義（鵬注：其時施肇基爲外交總長、高淩蔚内務總長、劉恩源財政總長、李鼎新海軍總長、王正廷司法總長、彭允彝教育總長、李根源農商總長、吴毓麟交通總長、張紹曾兼陸軍總長。）派王寵惠、楊天驥賫函赴粤，勸中山先生取消大元帥名義，離粤北上。函略云：“念自法統重光，中樞有主，既無當於非常之舉，又奚取乎無名之師。……敢援動兄弟垂涕之義，聊盡朋友忠告之懷。尤望顧念民邦，取消名義，棄一隅之事業，謀全國之安寧，凛破壞之非宜，期和平之實現。”

又按，康白石撰《陳炯明傳》：自孫陳分裂後，兩軍征戰經年，勝負難分，形成僵局。國民黨中有識之士，力主由分而合，劃界而治，俾共圖中原。吴敬恒（稚暉）就是曾盡力調停孫陳分裂，不幸而未成功的一位。（民國十三年）九月，吴敬恒由香港赴汕尾，同行者僅莫紀彭。陳炯明已在岸邊等候，吴陳二人當即談至深夜。陳吴二人獲得協議：是大軍沿江西綫再進，另外陳軍攻福建。北伐至長江後，問題自然解決。且擬好兩封通電，並已由陳炯明簽字，吴敬恒攜回廣州，由孫中山裁可後，擬同時發出。孫中山爲個人面子，用“綱常名義”，用“悔過書”一紙，迫使陳炯明和解的希望破滅了。

又按，章炳麟撰《定威將軍陳君墓誌銘》：按自黎公蒙難，法統中圮，孫公乃大名以之，因不得已。其後黎公已復位，而孫公猶稱號自若，名義不可説已。且是時君已免職，與孫公義絶，與曩覆軍政府同遇，可也，必以後者爲逆，毋乃昧名分，違此類耶？倭破關東，君如天津覘國，倭人或説君與同謀，君言返我東三省，我即與共通好，非是無可語者。君卒後，家貧幾不能備棺殮，於是知君清操絶於時人，於廣中彌不可得已。君自覆兩假政府，有驍名，人莫敢近，卒落魄以死。余獨傷其不幸，以惡名見蔑，故平其議而爲之銘。（銘不録）章氏挽陳之聯曰：“祭仲逐突，春秋不非，嗟斯人何獨蒙謗？項王劉印，英雄一短，願時賢藉以自懲。”而最爲當時港滬報紙争相刊載，傳誦一時者，是國民黨元老吴敬恒（稚暉）的一幅挽聯，並有跋，文曰：“一身外竟能無長物，青史流傳，足見英雄有價；十年前所索悔過書，黄泉送達，定邀師弟如初！”（跋文長不録，參閲康白石撰《陳炯明傳》（參閲沈云龍撰《有關陳炯明叛孫的資料》。）

又按，現代史學家沈雲龍先生評論當年陳炯明答覆吴稚暉先生自述其事實真象原函之言曰：“揆其詞氣，並不諱言造反，强項悍厲，洋溢於字裹行間。似亦未嘗不持之有故，言之成理，其是非曲直，尚有待史家之客觀論斷也。”（參閲《傳記文學》第三十二卷第四期沈雲龍撰《有關陳炯明叛孫的資料》。）

謹按：關於國父與陳炯明復合問題，雖經汪精衛、廖仲凱、鄒魯、黄居素、馬育航等人奔走斡旋，（參閲《傳記文學》第三十二卷第二期吴相湘撰《陳炯明造反出身》，參閲康白石撰《陳炯明傳》及楊愷齡撰《吴稚暉先生年譜，先生則又應汪兆銘、陳璧君之請求，同赴香港，先至汕尾晤陳炯明談反正，陳許可，復偕鄒魯至韶關，面請國父致電陳炯明勉爲寬恕，國父堅持陳炯明一紙悔過書。）及其他方面從旁調處：（民國十三年）九月二十八日，孫中山回廣州，段祺瑞派代爲許世英見孫，亦力勸與陳炯明和解，聯合討伐曹錕、吴佩孚，再統一中國，自然也被孫中山拒絶了。（參閲康撰《陳炯明傳》頁七七。）此時奉方曾派人向中山獻策，主張放棄廣東的恢復計畫，令福建許崇智等部，會同駐桂的滇軍分向江西、湖南進窺武漢。奉方則擔任由北部進攻。中山因爲痛恨陳炯明，因答覆奉方的使者説："孔明欲圖中原，先定南中，吾黨欲出長江，非先滅陳不可。"（參閲李劍農《最近三十年中國政治史》，臺灣學生書局版第五一一頁。）

浙江方面，盧氏（永祥）自孫傳芳、周蔭人在閩得勢，知道自己陷入兩面夾攻的形勢中，因極力與廣東、奉天方面聯絡，對於廣東，並盡力調解孫、陳，一面勸陳炯明向福建發展，不要死守惠州，與中山爲敵，一面托人勸中山寬恕陳氏。（參閲同上頁五八三。）

且由吴稚老當面向國父下跪請求，亦因陳炯明未爲悔過書而不蒙寬恕。查向人出具悔過書，爲受人挾待，予人把柄之恥辱行爲，即匹夫匹婦非萬不得已亦不願爲，而況以陳氏當時之地位，豈肯低首下心，爲此自隳人格，貽人笑駡之舉乎。倘寫此悔過書，足使陳氏蒙羞受辱，無所容於天地之間。不寫此悔過書，更使陳氏抗拒到底，永遠無復合之望。吾意國父胸次廓然，寬大爲懷，何以對陳炯明竟如此嚴苛，不稍寬貸。吾頗疑有人從旁慫恿國父，堅待此無法接受之條件。使國父與陳氏永遠無法復合，以遂其排擠報復之企圖，從此兵戎相見，同室操戈，使粤民飽受戰争之苦。

國父有一次在軍事會議席上，當著楊（希閔）、劉（震寰）等一班軍官作很沈痛的演説。他説："滇桂軍各軍官，你們趕走了陳炯明，我是很感激你們的。雖知你們都是戴著我的帽子來蹂躪我的家鄉，如果於國家有益，我就約同廣東的父老兄弟一齊犧牲，也都是願意的。可惜你們把我們的家鄉這樣蹂躪，而於國事是毫無益處的。那我就不能再和各位一塊辦事，我不得不和你們離開；我要回香山去了。"（録自李撰同上，頁五六八至五六九。）

“我本造反出身，再造一次反，亦不算事，歸斯受之而已。此種痛心不祥之債，殆有與生俱來，不可避免。惟糾纏至今，孫陳亦何足惜！所痛恨者，縻爛廣東而已，阻遏民黨爲國家努力而已。今先生發大慈悲心，作垂涕泣之言，我即無似，寧無恒心?”（參閱李撰《陳炯明傳》及《傳記文學》第三十二卷第四期沈雲龍撰：《有關陳炯明叛孫的資料·陳炯明覆吴稚暉先生書》）使陳炯明贏得犯上作亂之罪名，而爲千古垂鑒戒矣。

關於陳炯明背叛國父之舉，影響國民黨及國家前途者至爲重大。而亞伯先生雖未直接捲入漩渦，然亦間接遭受衝擊。使其徹底改變對革命事業與革命人物之看法及評價。從此厭聞時政，諱言革命，以逃禪遁世爲解脱。從此與久共患難之國父及其同志，山林廊廟，分道揚鑣。其思想由積極而趨於消極，其行爲由活躍而底於静止。其生活由絢爛而歸於平淡，亦可云完全改變其人生觀。前後相較，判若兩人。予嘗推究其何以有此重大變化而不得其解。故持摭拾諸家有關陳氏此舉之記載，見是非得失治亂興衰之跡象焉。

1927（民國十六年，丁卯），先生五十三歲。

國民革命軍北伐入江蘇，北洋直魯軍褚玉璞、白寶山（?）等部擬在滬大事掠奪。先生號召鄉民起義於昆山，北軍聞之宵遁。淞滬免遭蹂躪，先生之力也。革命軍某支隊疑先生爲投機份子，誘禁之於上海司令部。先生移書上海交涉使郭泰祺求援，郭以告蔣總司令，蔣立下令開釋。（參閲馮撰《曹傳》。）

鵬按，李翊東撰《曹亞伯傳》云：“國民革命軍入江蘇，君糾集鄉民數千，起而回應。以不慊於某總指揮，縛禁於上海總司令部，事爲上海交涉員郭某所知，上白於蔣總司令，始釋出。”

又按：先生應昆山士紳包笑雄君（抗戰勝利後任職南京紫金山國父陵園管理）爲免北軍荼毒淞滬一帶，糾集鄉民數千，並承李大成布行慨捐陰丹士林布（即藍色布）有匹，以鹽酸畫上黨徽，製成大小數千幅青天白日黨旗，並以爆竹外裹松香者數萬枚，交由鄉民備用；更收買北軍參謀閔君

（擬脱隊定居昆山），於北軍放假，部屬均各自在外遊樂、掠奪時突然舉事，閔君聽到松香爆竹聲響即向部隊長謊報革命軍已攻至南門外鐵路邊，因之其部眾紛紛向北門外逃潰，數千鄉民各持黨旗在城牆上在城内各處摇旗吶喊，其聲勢嚇走北軍，遺下馬匹、駱駝（於抗戰前馬鞍山下公園尚養數雙）、輜重無數，經電報向上海革命軍指揮部報捷，請求派兵接收輜重，當夜即被革命軍包圍，數十槍兵入宅翻箱倒櫃搜查違禁品（即槍彈），無所獲，以事先未向指揮部報備……形同造失之罪，繩縛先生與包君，押至滬提籃橋監獄幽禁，祖母因受驚嚇而患病，其夫人魯文英（前清任江南造船局督辦魯衡山之長女，畢業於金陵大學，曾在滬任務本女中英語教師）修書煩請阮雙十君（鄂人，曾擔任傳達於革命軍某部，即革命黨人戲呼之“飛毛腿”者也，民國成立在崑山落户務農）送滬向郭泰祺求助，郭即電稟蔣總司令介石（時駐浙江、杭州），蔣總司令即下令開釋。（先生哲嗣曹昭蘇君面告之資料。）

又按，《中華民國史事紀要》云：民國十六年三月二十一日，國民革命軍東路軍克復蘇州、上海，白總指揮進駐龍華，直魯軍見勢不佳，紛紛向北潰亂，革命軍遂進上海。先生之被幽禁，應在此時。李撰《曹傳》稱先生不慊於某總指揮，意者先生見疑於白氏而被幽禁歟？不可得而知也。

又按：先生曾效法國父，接近幫會組織，以便從事革命活動。據已故杜門鉅子曾任上海市黨部委員王先青兄語予：亞伯先生在幫會中輩份很高。與杜月笙、楊虎輩均屬知交，因藉幫會關係，故能號召鄉民起義響應革命軍而嚇走北軍也。

先生遭此意外，悵觸萬端，謂民國以來，後進多數典忘祖，皆由不知革命歷史所致，遂發憤搜集其多年珍藏之日知會文書筆記，及辛亥武昌革命一切文告等等，精輯成書，題曰《武昌革命真史》。凡數十萬言，民十八年特托中華書局舊友陸某代其發行。出版未久，在京鄂人吴某等謂曹著批評起義人物過於露骨，且抹殺起義之各團體，而獨歸功於日知會，有失公道，遂聯名呈請黨部禁止發行，並没收之，中華書局因之損失不貲。（録自馮撰《曹傳》。）

君歎曰："民國以來，新柄國者多數典忘祖，侮耆舊，擅興作，此皆由不知前事所致。"乃發憤作《武昌革命真史》，以前事之艱難示後進，凡數十萬言，書成，又被封禁。(録自李撰《曹傳》。)

鵬按：先生昔曾贈予《真史》一部，並親題其首頁曰：此書仿簿計式，只有遺漏，決無妄言，故敢言真，是以被禁。其後又貽書曰：胡漢民聽查光佛、吴醒漢等言所封禁。有如家譜，苟有失錯，鬼亦不饒。無數忠魂烈魄，豈忍埋没無傳，禁之者罪在不赦矣。關於真史之評價，各報刊多有評論，足見此書頗受各方之重視，至今各圖書館亦視此書爲珍本。此書見仁見智，各有不同，惟已故現代史權威左舜生先生之言最爲允當。其言曰："此書所搜集之資料，無一而非真實。假令今有人焉，欲就辛亥一役，成一完整之著作，如不得曹書參考，余真不知其從何著筆也。"(參閲左舜生《萬竹樓隨筆·曹亞伯與武昌革命真史》。)

又按：先生《真史》自叙云：民國十六年六月十五日叙於昆山之平居，則馮撰《曹傳》所云：十八年出版之説，自屬不確，又所云陸某，係指陸費逵、字伯鴻，浙江桐鄉人；爲當年武昌日知會重要幹部之一，所有會章規程，多爲陸擬訂。其後創辦中華書局，致力文化事業，對國家甚有貢獻。(參閲《陸伯鴻先生年譜》。)

1928（民國十七年，戊辰），先生五十四歲。

是年秋冬之交，先生曾在蘇州訪晤李印泉。

李根源《自撰年譜》：秋冬之交，莫日初（榮新）、張西（耀曾）、劉定五（治州）、冷禦秋（適）……楊愓卿（永泰）……張季鸞……曹亞伯……楊晳子（度）……諸君先後來訪，或住闕園，歡聚多日。

是年先生入川遊覽峨眉名勝。先生應當年對革命貢獻甚大，武昌日知會老友黄吉亭牧師之弟子，在川經商致富之郭禮鈞君，邀請入川遊覽峨眉勝跡。並由曾任四川督軍老友熊克武介紹與川省將領認識，大受歡迎，其中鄧錫侯對先生事以師禮，尤爲傾服。(見先生哲嗣曹文錫前輩所提供資料。)先生撰有《遊川日記》，曾發表於老友陳光甫所經營之《旅行雜誌》，惜早已絶版，當年先生亦未留存，故無從覓得矣。

1931（民國二十年，辛亥），先生五十七歲。

是年九月十八日夜，日軍突擊我東北，占瀋陽，“九一八”事件爆後，先生奔走南北，呼籲共禦外侮。

日本軍陷瀋陽，政府訟直國際聯盟會，君獨鬱鬱不能終日，歎曰：“不自禦侮，國亡無日矣。”奔走南北呼籲，每至公共場所，必演説唤起民衆抵抗，本孤懷忠憤，發乎不容已。（録自李撰《曹傳》。）

1935（民國二十四年，乙亥），先生六十一歲。

是年章炳麟太炎在蘇州倡辦“國學講習會”，先生馳書贊助。

太炎先生國學泰斗，海内名家，集中華文化之薪傳，樹萬世人倫之模楷。流螢暈日，亟望重光，殺盜淫風，任他自息，一日克己復禮，天下歸仁。（參閲民國二十四年九月《制言月刊》第一期《先生講習會函》。）

是年三月，予乘學校觀光蘇杭之便，謁候先生於崑山。昔先生與先君及二三兩叔父在故里兩度同學，頗相契好，視予爲故人子弟，留住三日，渥蒙款待。先生特指其樓上大皮箱語予曰：“此中有孫中山遺留衣物，孫科屢欲以重金相易，我不與也。我與孫中山財帛不分家。”

就予所知之資料考之，例如吴稚老撰《國父行誼》及《我亦一談中山先生》，均云：“國父昔在倫敦，困於資斧，由先生醵金相助。又先生在英致書吴稚老云：“前博公已對弟言過貴報館帶有英金一磅，托其轉交，彼時弟正補得民膏。（鵬注：當係補得官費。）是以彼亦未交與我。（鵬注：予前已考證，博公款即指國父而言。）又護法之役，國父因先生關係獲得德國鉅款，事後給以萬元，以酬其奔走之勞。又中華革命黨時代國父親筆手令云：“支交亞伯五千元正，五月二十五日。”“交曹亞伯四千五百元正，六月二十四日，文經手。”又民國七年三月十三日，先生上書國父云：“前代借之萬元，催還甚急，望速籌匯還，以救燃眉。”又某年月日先生上書國父云：“請提款五千元買去（鵬注：即指亞林化學制藥廠貨品。）則救亞伯之工廠。不啻救亞伯之生命。”以上均見黨史會庫藏《曹亞伯先生函紮》原件。

謹按：先生追隨國父數十年，彼此金錢來往，有無相通。其口頭商洽，無任何手續。或縱有字據檔，亦因時間太久，動亂太多，無法保存，而被遺失消毀者，何可勝數。即就以上所引資料，尤其“交曹亞伯四千五百元正，文經手”一條而言：既云交曹亞伯，又云文經手，則此款是國父自用，抑先生獨用，或兩人共用，均不得而知。足見國父與先生兩人，在金錢運用方面，並未嚴格劃分。換言之，即國父與先生對金錢彼此挪用，混淆不清。足見國父與先生患難至交，肝膽共照。故能推誠相與，財帛不分家。誠如前述：民初“德國駐上海總領事克裹平（KNI－PPING）向其政府報告，稱先生爲國父之友人，極爲國父信任。”因此與汪精衛、胡漢民輩與國父爲僚屬關係者，固有不同。故先生所説當年我與孫中山財帛不分家之言，洵屬信則有征。蓋事實上確是如此也。

1936（民國二十五年，丙子），先生六十二歲。

是年元旦，先生赴蘇州章太炎宅祝壽，人見其髯長逾尺，道貌盎然，迥非昔比。（參閱馮撰《曹傳》。）

1937（民國二十六年，丁丑），先生六十三歲。

是年夏，先生曾奉命北上泰山，與馮玉祥洽商團結禦侮問題。

鵬按：馮玉祥乃基督將軍，昔由武昌聖公會牧師黄吉亭介紹與先生相識，對先生推崇備至，交誼頗篤，故馮氏遁居泰山時，迭邀先生晤談。民國二十四春間，予乘觀光之便至崑山謁先生，留居三日，渥蒙款待。示以馮氏最近親筆長函凡七紙，大意謂印度以崇佛而亡國，梁武以佞佛而焚身，忠告先生勿再迷信而墮入無底的深淵。足見彼此投契甚深，故能如此肺腑剴切之言。予曩在大陸曾閱馮所撰自傳《我的生活》，常有與先生往還之記載。據吾族曹森前輩言：“彼昔曾乞先生介函與當時參謀總長程潛謀職，久無著落。”迨閱南京某月日，某報載有曹亞伯奉命北上新聞一則，森公即持先生名刺往謁程氏，翌日即發表爲城塞局科員，不兩月而全面抗戰即開始矣。現森公尚保存此項任命狀。足見程頌雲（潛）勢利眼光，知當局尚借重先生，即予發表職務以見好也。蓋其時敵焰日張，戰事一觸即發。中央爲團結禦侮，不能不安撫馮氏，望其出山，共肩艱巨。故予敢斷言，此次先生奉命北上，即係登泰山與馮氏懇談共赴國難問題，所以不久馮氏即盡釋前嫌，袱被至南京與當局共圖禦侮救亡之大計。先生以久矣息影在野之身，年垂老矣，尚爲國奔走斡旋，蓋即李翊東所稱，“本孤懷忠憤，發乎不容己”者也。

是年十月，先生卒於崑山。

鵬按：自“八一三”淞滬神聖民族保衛戰争開始後，我國軍英勇作戰，迭挫凶鋒；我空軍新發於硎，尤有輝煌戰果。先生喜形於色，特貽予書曰：“昔時政敵，至此皆親，反敗爲勝，轉弱爲强，在此一舉。”先生久居其間，熟悉地形險要。其後戰況日烈，逼近崑山，故當時指揮大軍之馮玉祥、白崇禧、陳誠諸軍師咸就先生研求作戰方略，先生借箸而籌，每操勝算，極爲馮等所欽。惟崑山與淞滬接壤，前綫傷兵麇至，先生慈憫爲懷，救死扶傷，勞瘁不堪，終於染疫以殁。此則先生幼子昭蘇，長孫紹興曩昔爲予言者，時彼等年才十齡左右，童騃無知，惜乎不得其詳也。先生眷眷忠愛，皦皦丹心，憂國憂民之志，未嘗斯須去懷，想見其易簀之際，猶有“身騎箕尾歸天上，氣作山河壯本朝”之感也。

先生殁後，值敵軍進逼，烽火彌天，而兒女稚弱，喪禮乏人主持；於是不封不樹，槁葬於崑山之農地，其住宅亦被敵機投彈毁爲平地矣。生平友好以交通阻塞，無從弔唁，咸爲哀悼不置焉。（參閲馮撰《曹亞伯傳》。）

中華民國三十五年十二月七日國民政府明令褒揚曰：

> 曹亞伯早歲加入同盟，歷經險阻。嗣出亡海外，留學英倫。歸國後，爲國馳驅，不求榮利。晚年崑山隱處，益勵清操。抗戰軍興，攖心國難，憂憤成疾，賫志以終。追念遺憂，良深軫惜。應予明令褒揚，以彰潛德。此令。

中華民國某年某月某日，國父孫中山先生語覃振云：劉成禹、曹亞伯兩人，於黨國革命，曾盡大力，而未獲相當報酬。介之推不言禄，禄亦弗及，我則不然。

劉成禹撰《先總理舊德録》："覃振一日告予，謂與先生（鵬注：黨人昔年多稱國父爲先生）談革命舊人，先生曰：'劉成禹、曹亞伯兩人，於黨國革命，曾盡大力，而未獲相當報酬。數次欲用，人皆謂其悠悠忽忽，不能任事。'一日與先生閒話，涉及理鳴（鵬注：覃振字理鳴，湖南人，抗戰前後曾任司法院副院長，乃國父在世時，親自遴選國民黨二十四位中央委員之一）述先生語曰：'成禹數十年從先生，原不爲功名富貴。以家世言，門生故舊滿天下，以材調言，以獲優選，清貴功名，不難直上青雲，捐侯補道之數萬金，隨意爲革命用之。功成不受賞，此魯仲連之可貴也，豈望報乎。'先生曰：'介之推不言禄，禄亦弗及，我則不然。'予又曰：'今日××言革命，字字談主義，據高官厚禄之權位者，氣焰張甚，真爲主義而從先生乎，此悠悠忽忽，即自全之道也。先生悒默者久之。'"（録自民國三十六年出版之《國史館館刊》創刊號。）

謹按：自國父與覃振、劉成禹兩人談話觀之，國父對亞伯先生於黨國革命大業之評價，然而當年並未重用此兩人，顯有歉然内疚之意。足徵先生正其誼不謀其利，明其道不計其功，獻身革命，遺大投艱，作大事而不作大官，不事王侯，高尚其事。誠如范文正公所言，而使貪夫廉，懦夫立。是大有功於名教也。先生自顔其居宅曰：山高水長。以嚴光自況。歷代開國，每有高人奇士，點綴其間，爲山川生色，豈非今古輝映，各有千秋哉！至國父所云：數次欲用，人皆謂其悠悠忽忽，不能任事。則胡漢民輩之讒言排擠，亦可於國父言語中，見其端倪。果其不能任事，何以能從事艱巨無比之革命大業而不僨事耶？至劉氏家世，予孤陋寡聞，殊無所知。但彼久任國會議員，抗戰前後，曾任兩廣監察使，與先生從未一履仕途，生活極爲清苦者，榮悴不同。其對革命大業之貢獻，亦不能與先生相比。且劉氏位躋通顯，又勤於撰述，常用詩文發表，其知名度頗高，與先生晦跡韜光，遁世逃名者迥然有别。然劉氏撰此舊德録時，覃振及亞伯先生與黨國元老尚健在，其所述國父談話，自系實録而不容置疑。我國父片言褒嘉，榮逾華袞，溯前勞而崇往績，彰公道且旌善人。斯足慰先生在天之靈，殆亦世之治史者，所當秉筆直書，藉以昭示方來者也。

附注：

一、劉成禹——字寓生，湖北武昌人，爲最早日本留學生，彼認識國父亦最早，曾任北京國會議員，抗戰前後，曾任兩廣監察使。

二、覃振——字理鳴，湖南人，抗戰前後曾任司法院副院長。

三、先生——由舊德録文内所稱之先生，皆指國父孫中山先生。

四、悠悠忽忽——《淮南子·修務訓》："我誕謾而悠忽"。注：誕謾倨傲，悠忽、遊蕩輕物也。遊蕩，飄遊放蕩，輕物，看輕物欲。即爲人逍遥自在，看輕一切事物，屏除一切欲念，因此富貴於我如浮雲。淺言之，即其人行止飄忽，一切不順眼，有點神經兮兮也。

五、不能任事——謂不能擔任實際工作。

六、魯仲連——戰國時代，齊國人，有奇謀遠略，而高蹈不仕，不求富貴。

七、介之推——《左傳》：介之推不言禄，禄亦弗及。春秋時人，從晉文公出亡十九年，晉文公還國爲君，介之推不言禄，禄亦弗及。

八、自全之道——言他人假革命之名，而獲高官厚禄。彼二人悠悠忽忽者，乃不願同流合污，而無法保全其高尚之人格矣。

附録：

一、在黨史會所贈影印曹亞伯先生致吴稚暉先生函劄中，發見其一函云：博公已對弟言過，貴報帶有英金一鎊，托其轉交。又函云：博公入山一舉，弟甚不贊成，然權屬他人，又非弟所能談論，弟愚見則往北美較善於留法也。博公去後，章楊又來；並望將博公住址示知。又一函云：博公弟曾致一片，不見覆，未知已返巴否？查吴、曹兩公，當年皆崖岸自高，鋒芒甚鋭之時，決不會隨便稱人爲"公"，且其時亦無如此身分之人，然則此博公爲誰耶？就以上諸函觀之，此"博公"與兩公交往頗密，且函云往北美較善於留法，此函又云篤生之尾，於抵倫三日，即爲弟割去。據《楊毓麟傳》：字篤生，後更名守仁，"戊申至歐洲"，蓋甫抵英倫，即剪去髮辮也，戊申即一九〇八年，亦即國父離歐赴美之年，意者國父接受亞伯先生建議，即於是年赴美耶？則此之"博公"非指國父而言，其孰能當此

“博公”之稱，而時間又如此吻合耶？故予敢斷言此“博公”即指國父而言，意者歐洲學界對國父有此昵稱，抑僅吴曹兩公之昵稱耶？其稱“博公”者，殆以國父博愛爲懷耶？博大精深耶？博濟學校出身耶？國父中山之稱最爲普遍，亦曾以高野爲名，而博公之稱，則殊少見。予特撮而録之，以爲治國父文獻者告焉。

二、予在崑山先生宅中，見客廳懸有“天下引以爲己任，我事皆可對人言”一聯，上款書“亞伯正字”，下署“克强”二字，由此可見二公交誼之深，友情之篤。此十四字可以概括先生之生平。昔司馬温公無事不可對人言，而先生胸無城府，無事不對人言。獨對秘密進行革命運動，則三緘其口，亦可異矣。

三、昔黨國元老但燾植之先生撰《辛亥革命閒話》一文，並附感舊詩七絶十首，均加附注，藉抒其對國父孫先生、黄公克强、林公子超（林森，曾任國民政府主席十二年之久）、章公太炎、曹公亞伯、張公溥泉、居公覺生、吴議長景濂、周干城烈士、江夏葉潤民顧問等。此十公者，周葉事績不詳，餘七公者，皆勳業綗然，昭堂天壤，惟亞伯先生之功績，則久已湮没無聞。但先生懷念亞伯先生之詩曰：“推賢讓賞功難並，護法辭榮節不撓。浄業精參人我泯，五湖煙水暮雲高。”並附注曰：“君在倫敦介紹吴稚暉先生加盟，身予開國及護法諸役，口不言功，隱於崑山，晚年修浄業，抗戰前夕坐化，著有《武昌革命真史》、《歐遊記》等。”但先生在世時，並以莊重語氣謂予曰：“没有曹亞伯，就没有武昌起義；没有武昌起義，就没有中華民國!”此言但先生追念老友，爲此揄揚過甚之詞。要之，亞伯先生雖口不言功，禄亦弗及，然公道自在人心，其對革命大業之貢獻，事實俱在，固不容完全抹殺者也。此亦今日治革命史乘者所當秉筆直書者也。（參閲臺北《自由談雜誌》，一九五四年十月專號。）

四、亞伯先生譜名茂瑞字慶雲，别名工丞。自幼倜儻有大志，念傾扶危，以亞洲之伯主自居，故名亞伯也。父諱衍森，以德行著聞鄉里；母侯太夫人，崇禮法有大家風。先考常言，非此母不生此子，舉丈夫子三，先生其長也。次亞倫，三亞端。予曾見亞端，其形貌與先生酷似，爲鄉里排難解紛，聞早被清算鬥争以死矣。

五、亞伯先生與先考暨先二、三兩叔父，同游吾族耆儒東川鳳翔兩師之門。性穎悟，篤學不倦，爲文亦淵，雅閎肆，所撰《真史·成功光復》一篇睹撫太史公，簡峭而生動，可作大學國文教材。李撰《曹傳》云："君自幼好學，經史百家之書無不讀，留學東西洋，專習礦冶，旁逮政治，言行忠信篤教，使得柄用於時，其績必有可觀。然終不能一伸其志，窮老以死，悲夫！其作篆根底深固，視世所傳吴昌碩書，雅鄭相絶，然識之者寡。"何成浚《戰時日記》稱先生"本兩湖大學同學，亦先總理信徒，於革命事業貢獻頗多，先總理及先總裁蔣公對之均甚優厚。"現代史專家沈雲龍先生爲之注曰："佐助孫中山先生革命活動，奔走海内外，無役不從，惟與胡漢民不協，始決意退隱，亦革命黨人之不得志於時者。"（參閲《傳記文學》第三十七卷第四期。）

六、現代史權威沈雲龍教授撰何成浚將軍《戰時日記》校注曰：曹亞伯，原名茂瑞、字慶雲，湖北興國州人（按即今陽新縣），兩湖書院畢業。曾先後參與創設科學補習所及日知會，爲湖北最早之革命團體。後以官費留英，卒業牛津大學。佐助孫中山先生革命活動，奔走國内外，無役不從，惟與胡漢民不協，始決意退隱，著有《武昌革命真史》，以偏重日知會出版未久即遭查禁，民國二十六年十月，歿於崑山寓所，亦革命黨人之不得志於時者。（見《傳記文學》第三十七卷第四期，公元一九八〇年十月號。）

七、黨史會陳哲三撰曹亞伯傳：曹亞伯，原名茂瑞，字慶雲……及曹文錫、曹昭蘇致陳哲三函。（見《傳記文學》第二十八卷第三期，民國人物小傳——中華民國六十五年三月號。）

八、民國八年，亞伯先生經唐紹儀介紹，孫洪伊證婚，與魯文英女士結婚。魯係前清江南造船局督辦魯衡山之長女，金陵大學外文系畢業，曾充上海務本女中教員。先生元配李夫人生長子文錫等，繼魯夫人生女林枝、會白，男昭蘇、昭常等，共有子女八九人。文錫即參加肇和起義，現年逾八旬，久寓香港九龍，頗有文名，仍以舌耕翻譯自給。昭蘇等幼失怙恃，現在臺。惟幼子昭蘇，在石油公司以工代職，生活頗爲艱苦。而昭常且爲他人收養改姓矣。當年故舊，罕加存恤。此劉孝標《廣絶交論》所由作也。

曹志鵬　恭輯

（據《黄石文史資料》1995年第19期，内部發行）